Curso de
DIREITO
ADMINISTRATIVO

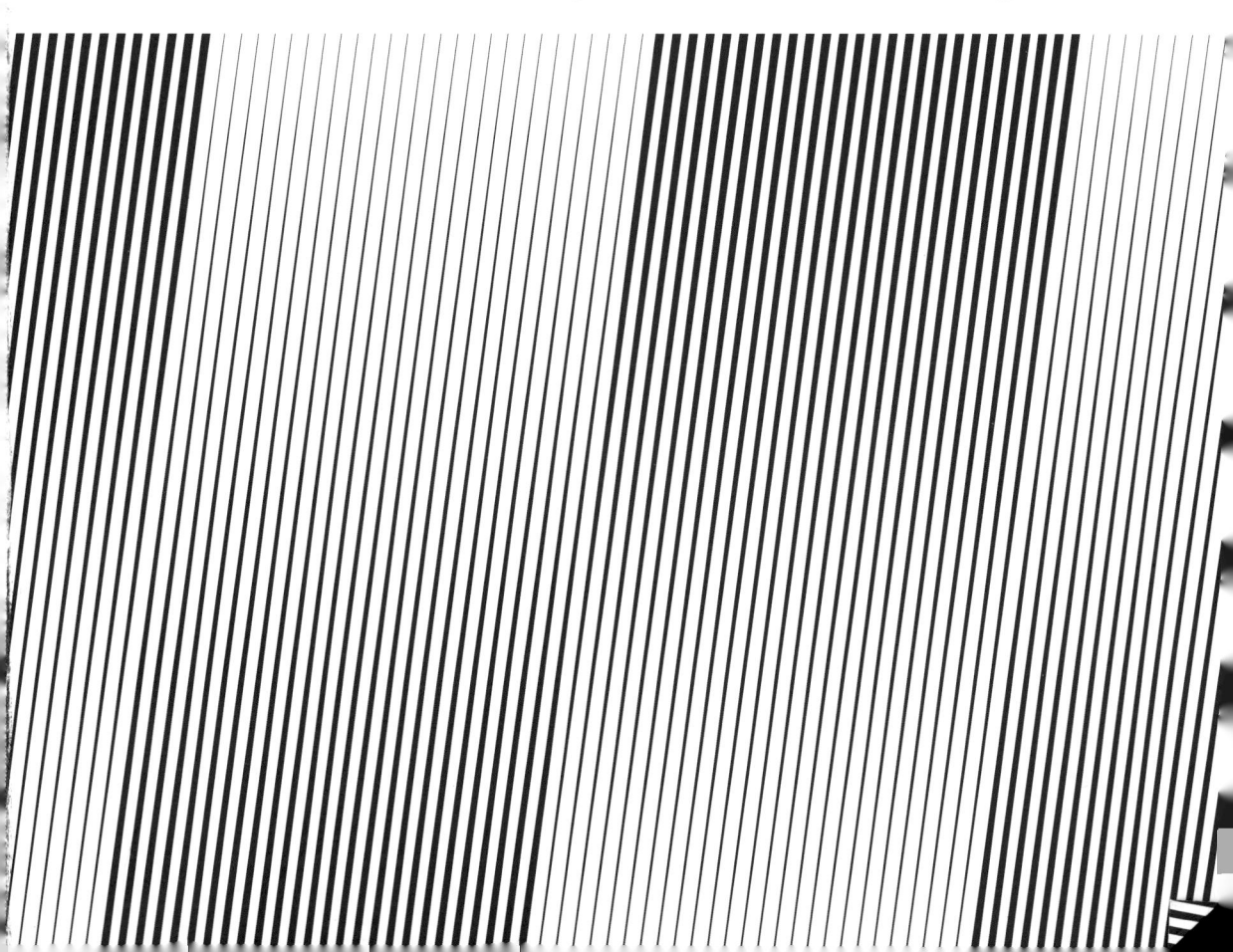

SÉRIE CURSOS DE DIREITO

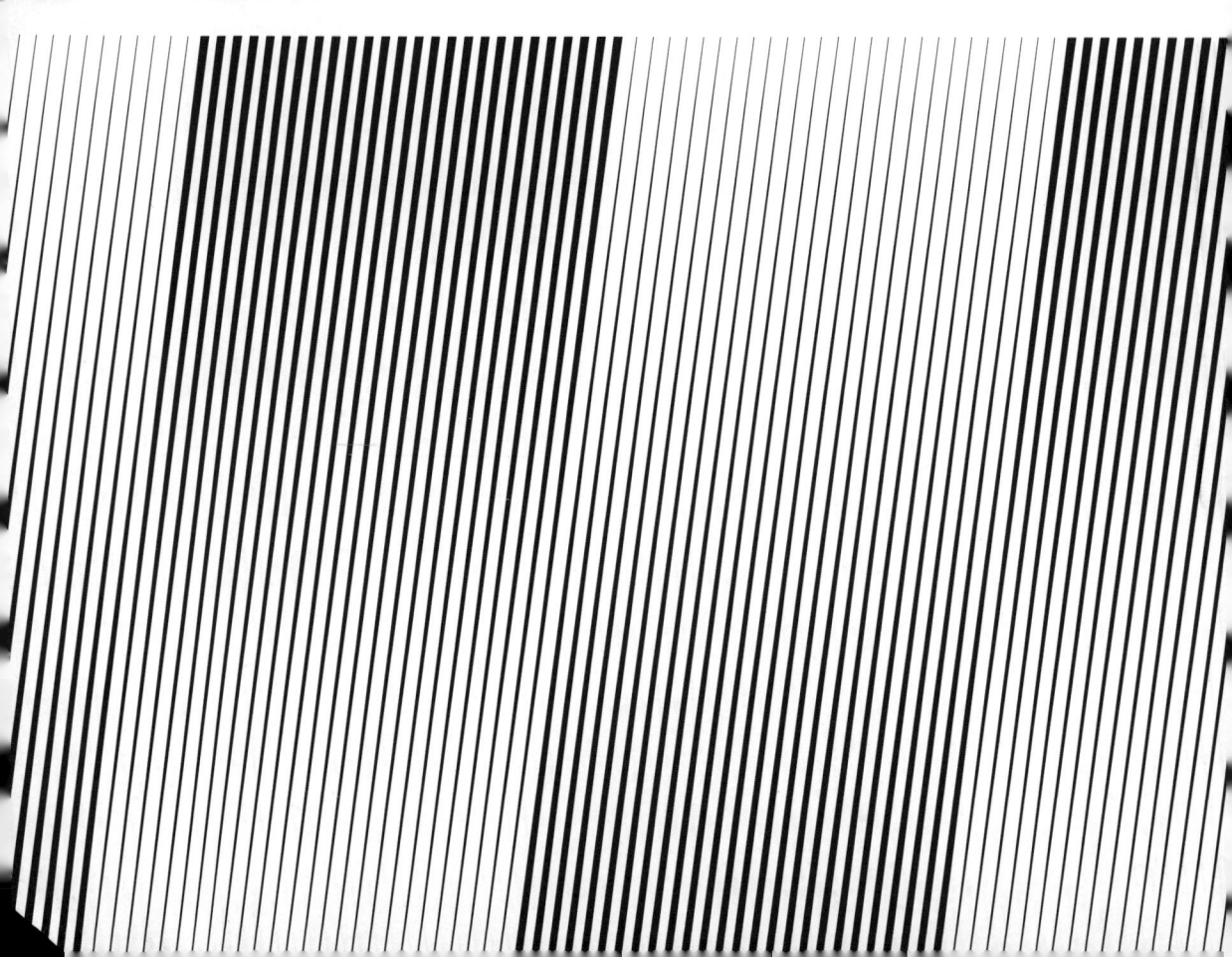

inter
saberes

Ana Flávia Messa

Curso de
DIREITO ADMINISTRATIVO

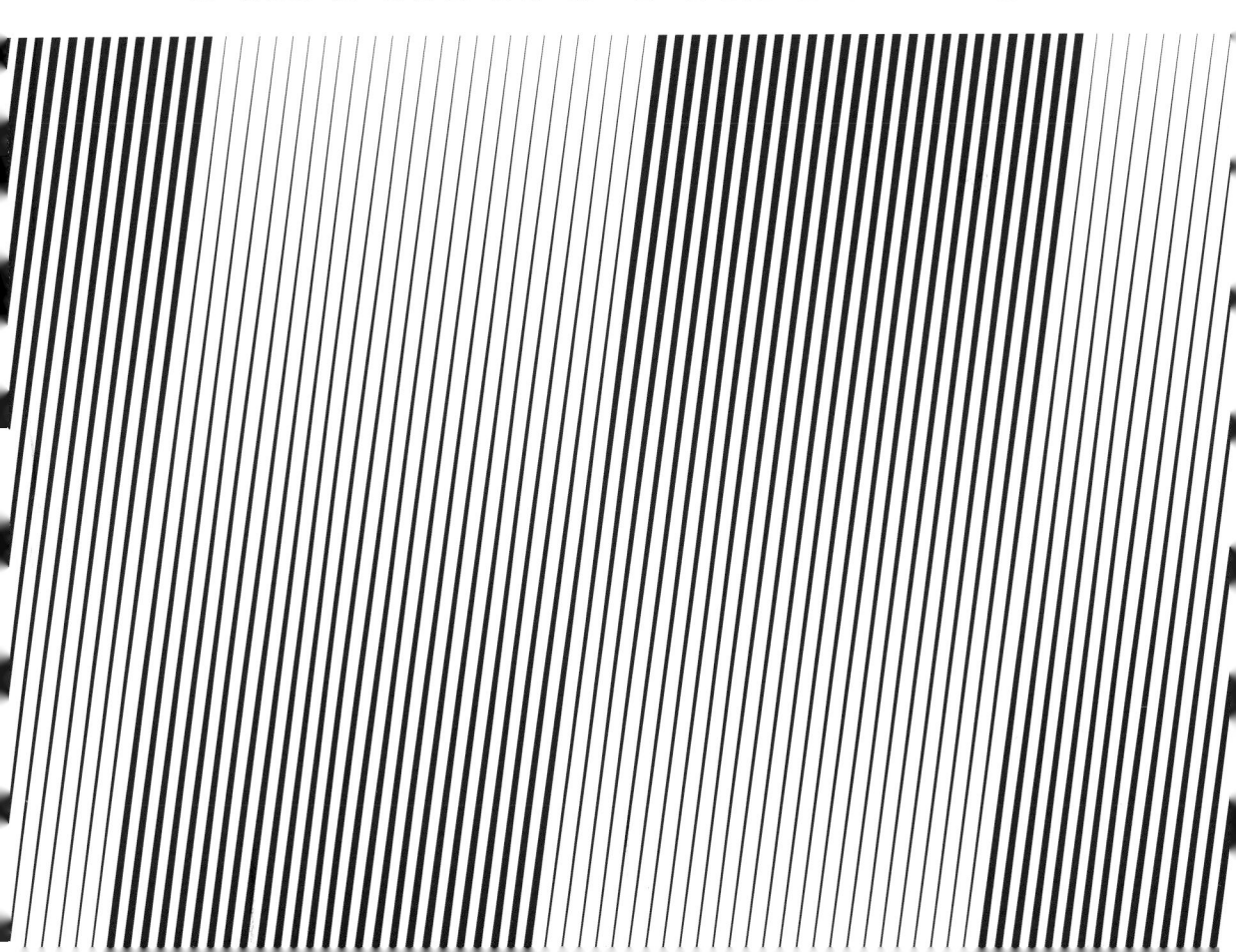

inter saberes

Rua Clara Vendramin, 58 ■ Mossunguê
CEP 81200-170 ■ Curitiba ■ PR ■ Brasil
Fone: (41) 2106-4170
www.intersaberes.com
editora@intersaberes.com

Conselho editorial Dr. Alexandre Coutinho Pagliarini ■ Dr.ª Elena Godoy ■ Dr. Neri dos Santos ■ M.ª Maria Lúcia Prado Sabatella
Editora-chefe Lindsay Azambuja
Gerente editorial Ariadne Nunes Wenger
Assistente editorial Daniela Viroli Pereira Pinto
Edição de texto Tiago Krelling Marinaska
Capa Iná Trigo
Projeto gráfico Sílvio Gabriel Spannenberg
Designer **responsável** Sílvio Gabriel Spannenberg
Diagramação Fabrício Tacahashi
Iconografia Regina Claudia Cruz Prestes

Dados Internacionais de Catalogação na Publicação (CIP)
(Câmara Brasileira do Livro, SP, Brasil)

Messa, Ana Flávia
   Curso de direito administrativo / Ana Flávia Messa. Curitiba: InterSaberes, 2025. — (Série cursos de direito)
   ISBN 978-85-227-1317-2
   1. Direito administrativo I. Título. II. Série.
24-220781   CDU-35

Índices para catálogo sistemático:
1. Direito administrativo 35
Cibele Maria Dias – Bibliotecária – CRB-8/9427

1ª edição, 2025.
Foi feito o depósito legal.
Informamos que é de inteira responsabilidade da autora a emissão de conceitos.
Nenhuma parte desta publicação poderá ser reproduzida por qualquer meio ou forma sem a prévia autorização da Editora InterSaberes.
A violação dos direitos autorais é crime estabelecido na Lei n. 9.610/1998 e punido pelo art. 184 do Código Penal.

Sumário

Prefácio 23
Apresentação 25

TÍTULO 1
INTRODUÇÃO 27

Capítulo 1
Conhecimento, ciência e direito 29

1. Mundo humano: espaço de construção da vida 30
2. Conhecimento humano: compreensão da realidade 32
3. Dinâmica evolutiva do conhecimento: percepção, mediação e assimilação crítica 33
4. Produção do conhecimento científico como objeto da epistemologia: paradigmas 37
5. Progresso das ciências: revoluções do pensamento e construções de paradigmas 40
6. Mudança paradigmática: renovação e/ou reconstrução 42
7. Produção do conhecimento científico como objeto do paradigma moderno ao pós-moderno: crise ou transição? 45

Capítulo 2
Sociedade, Direito e Estado 57

1. Homem como ser social 58
2. Segurança como necessidade 62
3. Convivência social 64
4. Organização da vida em sociedade 67
5. Estado de direito 70

TÍTULO 2
DIREITO ADMINISTRATIVO 81

Capítulo 1
Noções de Direito Administrativo 83

1. Terminologia *Direito Administrativo* 84
2. Conceito do Direito Administrativo 84
3. Natureza jurídica do Direito Administrativo 89
4. Características do Direito Administrativo 90
5. Importância do Direito Administrativo 92
6. Objeto do Direito Administrativo 92
7. Direito Administrativo e Ciência da Administração 93

Capítulo 2
Surgimento, Consolidação e Evolução do Direito Administrativo   95
1. Origem do Direito Administrativo   96
2. Marcos históricos do surgimento do Direito Administrativo   106

Capítulo 3
Conteúdo do Direito Administrativo   113
1. Bases ideológicas do Direito Administrativo   114
2. Direito Administrativo e sua divisão   115
3. Relações do Direito Administrativo com outros ramos do Direito   116
4. Sistema administrativo e direitos humanos fundamentais   117
5. Interpretação do Direito Administrativo   120
6. Codificação do Direito Administrativo   132
7. Lei de Introdução das Normas ao Direito Brasileiro   133

Capítulo 4
Fontes do Direito Administrativo   137
1. Conceito de fonte do Direito   138
2. Espécies de fontes do Direito   138
3. Espécies de fontes formais no Direito Administrativo   139

TÍTULO 3
MUTAÇÕES E TENDÊNCIAS DO DIREITO ADMINISTRATIVO   153
1. Existe um "novo Direito Administrativo"?   154
2. Direito Administrativo e democracia: Administração Pública democrática   159
3. Direito Administrativo e Constituição Federal: constitucionalização do Direito Administrativo   182
4. Direito Administrativo e concretização constitucional   193
5. Direito Administrativo e sua processualização   202
6. Direito Administrativo e Era Digital   205
7. Direito Administrativo, reforma administrativa e governança pública   215
8. Direito Administrativo e consensualidade: Administração Pública consensual   224
9. Direito Administrativo e direitos fundamentais: Administração Pública proativa   229
10. Outras transformações do Direito Administrativo   238

TÍTULO 4
REGIME JURÍDICO DA ADMINISTRAÇÃO PÚBLICA   241

Capítulo 1
Regime jurídico e princípios   243
1. Conceito e fundamento   244
2. Regime jurídico público e privado   246
3. Princípios jurídicos   247
4. Princípios fundamentais   256

Capítulo 2
Princípios do Direito Administrativo   289
1. Princípios expressos na Constituição Federal de 1988   290
2. Princípios implícitos na Constituição Federal de 1988   297

TÍTULO 5
ÉTICA NA ADMINISTRAÇÃO PÚBLICA   313

Capítulo 1
Ética e Administração Pública   315
1. Ética e moral   316
2. Boa Administração Pública   317

Capítulo 2
Ética e corrupção na gestão pública   321
1. As patologias na Administração Pública: o fenômeno da corrupção   322
2. Enfoques da corrupção na gestão pública   325
3. Combate da corrupção na gestão pública   332

Capítulo 3
Ética e democracia: exercício da cidadania   379
1. Democracia e cidadania   380
2. Transparência administrativa   381
3. *Accountability* democrática   386

Capítulo 4
Ética e função pública   387
1. O que é código de ética?   388
2. Dimensões do Código de Ética Profissional do Servidor Público Civil do Poder Executivo Federal   388
3. Dimensões do Código de Conduta da Alta Administração Federal   393
4. Condutas vedadas aos agentes públicos em campanhas eleitorais   397

Capítulo 5
Ética e integridade 403
1. Governança pública (Decreto n. 9.203/2017)   404
2. Sistema de Integridade, Transparência e Acesso à Informação da Administração Pública Federal – SITAI (Decreto n. 11.529/2023)   408
3. Da Política de Transparência e Acesso à Informação da Administração Pública Federal (Decreto n. 11.529/2023)   409
4. Programa de integridade   413

TÍTULO 6
ESTRUTURA DA ADMINISTRAÇÃO PÚBLICA   421

Capítulo 1
Estado, Governo e Administração Pública   423
1. Estado   424
2. Organização do Estado   425
3. Estado e governo   426
4. Atividades do Estado   427
5. Administração Pública   427

Capítulo 2
Aspecto subjetivo da Administração Pública   449
1. Organização administrativa   450
2. Centralização administrativa   450
3. Descentralização administrativa   450
4. Outorga e delegação   454
5. Desconcentração administrativa   454
6. Entidade no Direito Administrativo   456

Capítulo 3
Administração Pública Direta   457
1. Noções gerais da Administração Direta   458
2. Teoria do órgão público   459

Capítulo 4
Administração Indireta   469
1. Noções gerais da Administração Indireta   470
2. Autarquia   470
3. Fundação pública   472
4. Empresa pública   473
5. Sociedade de economia mista   474
6. Agências   475

7. Consórcios públicos   477

Capítulo 5
Terceiro setor e os entes de cooperação   483
1. Setores do Estado   484
2. Organização Social (Lei n. 9.637/1998)   484
3. Organização da sociedade civil de interesse público (Lei n. 9.790/1999)   487
4. Entidades paraestatais   489

Capítulo 6
Agentes públicos   491
1. Classificação   492
2. Deveres dos agentes públicos   493
3. Regime constitucional da Administração Pública   494
4. Direitos e vantagens   501
5. Das férias   505
6. Das licenças   505
7. Dos afastamentos   507
8. Das concessões   508
9. Regime disciplinar   508
10. Responsabilidade   513
11. Penalidades disciplinares   513
12. Responsabilidade   517

TÍTULO 7
FUNÇÃO ADMINISTRATIVA   529

Capítulo 1
Modelos de gestão pública   531
1. Patrimonialismo   532
2. Administração Pública burocrática   532
3. Administração Pública gerencial   532
4. Governança pública   533

Capítulo 2
Administração como função do Estado   535
1. Separação de poderes e funções do Estado   536
2. Funções do Estado   539
3. Distinção das funções do Estado   540
4. Função política ou de governo   541
5. Função administrativa   542

TÍTULO 8
PODERES ADMINISTRATIVOS   547

Capítulo 1
Noções gerais   *549*
1. Conceito e características   550
2. Abuso de poder   551

Capítulo 2
Poder disciplinar   *553*
1. Conceito do poder disciplinar   554
2. Elementos do poder disciplinar   555
3. Características do poder disciplinar   555
4. Poder disciplinar e poder de polícia   557
5. Poder disciplinar e o *jus puniendi*   557
6. Infração funcional com mais de uma punição   558
7. Dimensões do poder disciplinar   559
8. Controle judicial do poder disciplinar   560
9. Meios sumários   560

Capítulo 3
Poder hierárquico   *561*
1. Conceito e características do poder hierárquico   562
2. Poderes decorrentes da hierarquia   562
3. Poder disciplinar e poder hierárquico   563
4. Administração Direta e Administração Indireta   563

Capítulo 4
Poder regulamentar   *565*
1. Poder normativo   566
2. Poder regulamentar   566
3. Regulamento   567

Capítulo 5
Poder de polícia   *571*
1. Poder de polícia e os direitos fundamentais   572
2. Conceito de poder de polícia   574
3. Elementos do poder de polícia   575
4. Evolução do poder de polícia   575
5. Poder de polícia e combate da criminalidade   576
6. Sentidos de poder de polícia   576
7. Meios de atuação do poder de polícia   576

8. Atributos do poder de polícia 577
9. Caráter do poder de polícia 578
10. Espécies de poder de polícia 579
11. Prescrição do poder de polícia 580
12. Fases no exercício do poder de polícia (ciclo de polícia) 580
13. Polícia administrativa e polícia judiciária 581
14. Poder de polícia e poder de disciplinar 582
15. Limites do poder de polícia 582
16. Campos de atuação 582
17. Taxa de polícia 583
18. Poder de polícia e guardas municipais 584
19. Crimes de abuso de autoridade (Lei n. 13.869/2019) 586

TÍTULO 9
ATO ADMINISTRATIVO 587

1. Fato jurídico 588
2. Fato da administração e fato administrativo 588
3. Ato da Administração e ato administrativo 588
4. Ato administrativo e fato administrativo 589
5. Conceito de ato administrativo 589
6. Ato administrativo e separação de poderes 589
7. Requisitos do ato administrativo 590
8. Perfeição, validade e eficácia do ato administrativo 593
9. Atributos do ato administrativo 593
10. Classificação dos atos administrativos 595
11. Espécies de atos administrativos 598
12. Exteriorização do ato administrativo 599
13. Extinção do ato administrativo 600
14. Convalidação dos atos administrativos 605

TÍTULO 10
CONTROLE DA ADMINISTRAÇÃO PÚBLICA 607

Capítulo 1
Noções gerais do controle da Administração Pública 609

1. Conceito 610
2. Características 613
3. Fundamentos 614
4. Classificação 615

Capítulo 2
Controle interno da Administração Pública 617
1. Conceito 618
2. Características 618

Capítulo 3
Controle externo da Administração Pública 621
1. Conceito 622
2. Características 622

Capítulo 4
Controle administrativo 623
1. Noções gerais 624
2. Meios de controle 624

Capítulo 5
Controle parlamentar da Administração Pública 627
1. Noções gerais 628
2. Espécies 628

Capítulo 6
Controle jurisdicional da Administração Pública 633
1. Conceito 634
2. Prerrogativas da Administração Pública em juízo 634
3. Sistema 636
4. Meios de controle 636

Capítulo 7
Controle social da Administração Pública 661

TÍTULO 11
LICITAÇÃO 665
1. Conceito de licitação 666
2. Elementos da licitação 667
3. Objetivos da licitação 667
4. Modalidades de licitação 669
5. Princípios da licitação 677
6. Desfazimento da licitação 680
7. Procedimento da licitação 681

TÍTULO 12
CONTRATOS ADMINISTRATIVOS   691

Capítulo 1
Noções gerais   693

Capítulo 2
Contratos da Administração Pública   695
1. Conceito   696
2. Contrato administrativo e contrato de direito privado   696
3. Contratos de direito público   697

Capítulo 3
Contrato administrativo   699
1. Conceito   700
2. Características   701
3. Natureza jurídica   701
4. Elementos   702
5. Competência legislativa   702

Capítulo 4
Formalização dos contratos administrativos   703
1. Regulamento dos contratos administrativos   704
2. Requisitos do contrato administrativo   704
3. Redação do contrato administrativo   706
4. Convocação do adjudicatário   706
5. Forma do contrato administrativo   708
6. Instrumento do contrato   708
7. Condição de eficácia dos contratos administrativos   709
8. Cláusulas do contrato administrativo   710
9. Riscos no contrato administrativo   720
10. Subcontratação   723
11. Execução dos contratos administrativos   724
12. Responsabilidade civil nos Contratos Administrativos   726
13. Duração dos contratos administrativos   728
14. Inexecução contratual   731
15. Extinção do contrato administrativo   732
16. Recebimento do objeto do contrato   735
17. Dos pagamentos no contrato administrativo   736
18. Nulidades no contrato administrativo   738
19. Dos meios alternativos de resolução de controvérsias   740
20. Do controle das contratações públicas   741

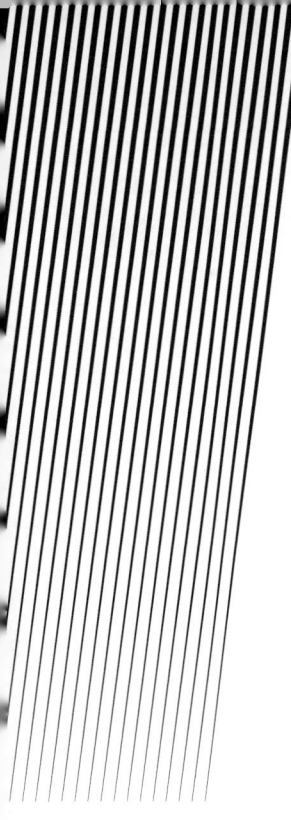

21. Do Portal Nacional de Contratações Públicas (PNCP)   744
22. Espécies de contratos administrativos   746

TÍTULO 13
SERVIÇOS PÚBLICOS   751

1. Origem do serviço público   752
2. Conceito de serviço público   752
3. Enfoque jurídico do serviço público   753
4. Classificação dos serviços públicos   755
5. Regulamentação e controle   758
6. Princípios aplicáveis aos serviços públicos   759
7. Formas de prestação do serviço público   764
8. Serviços públicos e o Código de Defesa do Consumidor   765
9. Participação, proteção e defesa dos direitos do usuário dos serviços públicos da Administração Pública   766
10. Concessão do serviço público   772
11. Permissão do serviço público   781
12. Autorização do serviço público   781

TÍTULO 14
INTERVENÇÃO DO ESTADO NA PROPRIEDADE   783

1. Direito de propriedade   784
2. Convivência das liberdades públicas   784
3. Direito de propriedade é absoluto?   784
4. Formas de intervenção do Estado na propriedade privada   785
5. Limitação administrativa   786
6. Requisição administrativa   787
7. Ocupação temporária   789
8. Tombamento   790
9. Servidão administrativa   793
10. Autointervenção   794
11. Desapropriação   794
12. Procedimento da desapropriação   799

TÍTULO 15
DIREITO ADMINISTRATIVO ECONÔMICO   801

Capítulo 1
Direito econômico   *803*

1. Conceito   804

2. Fontes   805
3. Competência legislativa   806
4. Autonomia   806
5. Objeto   807
6. Normas   807
7. Características   808
8. Relações com outros ramos do Direito   808
9. Estado e economia   809

Capítulo 2
Atividade econômica   811
1. Conceito   812
2. Espécies   812
3. Regulação   813

Capítulo 3
Constituição econômica   815
1. Conceito   816
2. Espécies   816
3. Constituição econômica e ordem econômica   816
4. Elemento da Constituição   817
5. Forma econômica   817

Capítulo 4
Ordem econômica   819
1. Dimensão jurídica   820
2. Conceito   820
3. Características   820
4. Fundamentos   821
5. Finalidade   821
6. Sistema econômico   821
7. Princípios gerais da atividade econômica   822

Capítulo 5
Atuação do Estado brasileiro no domínio econômico   827
1. Liberalismo e intervencionismo   828
2. Formas de atuação do Estado no domínio econômico   829
3. Intervenção direta do Estado no domínio econômico   830
4. Intervenção indireta do Estado no domínio econômico   832

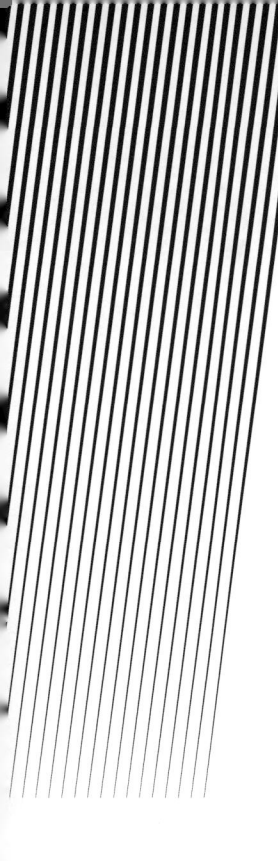

Capítulo 6
Ordem econômica na Constituição de 1988   835
1. Capital estrangeiro   836
2. Serviço público   836
3. Recursos minerais   837
4. Transporte   838
5. Microempresa e empresa de pequeno porte   840
6. Turismo   846
7. Requisição estrangeira   848
8. Propriedade urbana   848
9. Propriedade rural   851

Capítulo 7
Temas econômicos   859
1. Índios   860
2. Telecomunicações   864
3. Serviço postal   865
4. Minérios nucleares   865
5. Petróleo e gás natural   867
6. Desenvolvimento sustentável   867
7. Agências reguladoras   869
8. Domínio ambiental   872

TÍTULO 16
BENS PÚBLICOS   879
1. Domínio do Estado e domínio público   880
2. Conceito de bens públicos   881
3. Características dos bens públicos   882
4. Classificação dos bens públicos   884
5. Afetação e desafetação   888
6. Utilização dos bens públicos   889
7. Alienação dos bens públicos   896
8. Bens públicos em espécie   901

TÍTULO 17
RESPONSABILIDADE EXTRACONTRATUAL DO ESTADO   925
1. Responsabilidade civil   926
2. Noções gerais da responsabilidade civil do Estado   928
3. Responsabilidade civil extrancontratual do Estado   929
4. Casuística na responsabilidade civil extracontratual do Estado   936

TÍTULO 18
PROCESSO ADMINISTRATIVO 945

1. Conceito de processo 946
2. Elementos do processo 946
3. Processo, procedimento e rito 946
4. Espécies de processo 947
5. Noções gerais do processo administrativo 948
6. Procedimentalização administrativa 949
7. Fases do processo administrativo 950
8. Espécies de processo administrativo 953
9. Devido processo legal administrativo 954
10. Processo administrativo federal 955
11. Direito Administrativo disciplinar 970
12. Processo administrativo disciplinar 971
13. Sindicância 973
14. Controle jurisdicional do processo administrativo disciplinar (Súmula n. 665 do STJ) 973

Referências 975
Sobre a autora 1031

À minha vovó Leonor, *in memoriam*, exemplo de vida. Uma parte de você sempre viverá em mim!

Ao meu amigo R. T., *in memoriam*, pelo legado de honra, honestidade e trabalho.

À minha tia Zabel Samouilian, por todo o carinho e toda a atenção. Ter uma tia como você é um presente. Obrigado por sempre me apoiar e acreditar em mim.

Ao meu tio Gabriel Samouilian, *in memoriam*. Onde quer que esteja, saiba que meu amor e minha admiração são enormes. Saudades eternas!

Agradeço aos meus alunos, fonte de inspiração na labuta do magistério.

Agradeço ao Professor Doutor Alexandre Coutinho Pagliarini, por acreditar neste meu grande sonho.

Agradeço a Tiago Krelling Marinaska, pela cuidadosa edição desta obra.

Prefácio

Em meados de 2023, a Editora InterSaberes, que é a maior e mais importante do Paraná, decidiu intensificar sua participação no mercado editorial de livros jurídicos. Tal decisão se fez acompanhar de uma exigência: os autores deviam ser consagrados internacionalmente. Para tanto, resolvemos trabalhar em duas coleções especiais: (i) a mais antiga, intitulada *Clássicos do Direito*, na qual veiculamos obras de autores renomados como Otto Pfersmann, Paulo Ferreira da Cunha, Mário Lúcio Quintão Soares, Fauzi Hassan Choukr, André Ramos Tavares e Marina Faraco; (ii) e a coleção mais recente, intitulada *Cursos de Direito*, na qual publicamos César Fiuza, José Alfredo de Oliveira Baracho Jr. e Felipe Mitre, Daniel Nagao Menezes, Fauzi Hassan Choukr, Adriano Caldeira, Ana Flávia Messa e eu próprio.

Convidou-me Ana Flávia Messa para prefaciar seu notável *Curso de Direito Administrativo*. A autora é doutora pela Universidade de Coimbra e professora da tradicional Universidade Presbiteriana Mackenzie, onde mantém importantes projetos de pesquisa.

Nesta obra, Ana Flávia Messa enfrenta as temáticas clássicas referentes às normas que regem a Administração Pública no Brasil. Contudo, para muito além do usual, a autora, que é grande escritora, faz Ciência do Direito Administrativo com base em premissas únicas – que não estão analisadas em outros Cursos –, tais como: o autoquestionamento sobre se existe, ou não, um novo Direito Administrativo; a correlação entre Direito Administrativo e regime democrático; o respeito que a Administração Pública deve aos postulados constitucionais da cidadania, da dignidade da pessoa humana, do valor social do trabalho e da livre iniciativa, sem ter-se olvidado que o Brasil não se encontra isolado no *mundus* que o circunda, razão pela qual a estudiosa imprime inédito enfoque internacional ao Direito Administrativo.

Por todo o anteriormente exposto, não temo afirmar, com todas as letras, que a InterSaberes e a autora lançam o melhor e mais ousado Curso de Direito Administrativo deste país.

Curitiba, sob as águas de fevereiro de 2025.

Alexandre Coutinho Pagliarini
Professor titular na UNINTER, conselheiro da Editora InterSaberes e advogado

Apresentação

O Direito Administrativo desempenha um papel essencial na estruturação e funcionamento do Estado de direito, garantindo que as ações da Administração Pública sejam realizadas dentro dos limites estabelecidos pela lei. Para além da estrita legalidade, sua relevância se manifesta na promoção da transparência, da eficiência e da legalidade nas atividades estatais, assegurando que o Poder Público atue em prol do interesse coletivo e respeite os direitos fundamentais dos cidadãos. A elaboração e a aplicação de normas administrativas são cruciais para a implementação de políticas públicas eficazes, a gestão adequada dos recursos públicos e o fortalecimento da confiança da sociedade nas instituições governamentais.

Ao longo do tempo, o Direito Administrativo tem se transformado para acompanhar as mudanças sociais, econômicas e tecnológicas que impactam a Administração Pública. A digitalização dos serviços públicos, a adoção de práticas de governança corporativa nas estatais, a proteção de dados pessoais e o combate à corrupção são exemplos de temas contemporâneos que exigem uma atualização constante das normas e princípios administrativos. Essas transformações refletem a necessidade de um Estado de Direito dinâmico e adaptável, capaz de responder aos desafios do século XXI e garantir uma administração pública mais justa, transparente e eficiente.

Conectada a esse perfil, Ana Flávia Messa traz à luz este magnífico livro, fruto da dedicação ao estudo e aprofundamento na pesquisa jurídica que caracterizam a autora. Sua trajetória profissional e seu entendimento sobre o Direito brasileiro e estrangeiro, fruto do trabalho incessante na construção de pontes acadêmicas ligando universidades brasileiras e europeias, são fatores decisivos que culminaram naturalmente na construção desta obra. *Curso de Direito Administrativo* é um estudo pujante, resultado de anos de estudo e trabalho na área do Direito Administrativo.

A obra perpassa temas basilares da matéria, desde as noções essenciais até as discussões clássicas da área, como ato administrativo, bens públicos e poderes da Administração. Não obstante, o livro também destaca temáticas que recentemente passaram por relevante atualização normativa, como licitações e contratos. Ao abordar as principais discussões do Direito Administrativo, Curso de Direito Administrativo de Ana Flávia Messa coloca-se ao lado dos grandes tratados sobre o tema.

Fevereiro de 2024.

Prof. Dr. João Luiz Martins Esteves
Universidade Estadual de Londrina

TÍTULO 1
INTRODUÇÃO

Sumário

Capítulo 1
Conhecimento, ciência e direito 29

Capítulo 2
Sociedade, Direito e Estado 57

Capítulo 1
Conhecimento, ciência e direito

1. Mundo humano: espaço de construção da vida

O mundo humano é construído pelos seres humanos em suas relações culturais[1], interpessoais e ambientais[2]. Portanto, é um espaço de encontros e confrontos de relações sociais estabelecidas pelos indivíduos, cujo funcionamento envolve singularidades e complexidades constitutivas das significações e articulações das pautas interativas estabelecidas pela realidade.

Nesse âmbito comum, o mundo humano é estruturado pelo cultivo de um cotidiano de interações sociais envolvidas num processo permanente de diálogo[3] e convivência, de um horizonte de reflexão da essência humana em suas dimensões, desde os processos de reprodução até os de conservação[4].

Esse mundo pode ser entendido como um processo de construção da vida – cujas transformações, eivadas de avanços e recuos, podem ser deduzidas de uma análise das dissensões e dos questionamentos encontrados entre a configuração de ideias e ideologias e a caracterização da contingência biocultural do ser humano e da vida comunitária – constantemente renovado no decurso não progressivo da história.

Todavia, essa construção não se faz sem a apreensão sobre o observado, o sentido e o vivido no mundo. O homem, ao entrar em contato com a realidade, quer compreender suas relações e produções para garantir seu modo de ser, estar e viver no mundo[5]. Nessa busca de direção e segurança na trajetória dinâmica e inacabada da vida humana, repleta de mudanças de valores, crenças, conceitos

---

1 "A cultura constitui a herança social do ser humano" (MORIN, Edgar. **O Método V**: a humanidade da humanidade. Porto Alegre: Sulina, 2002. p. 64).
2 ZANELLA, Andréa Vieira; LESSA, Clarissa Terres; DA ROS, Sílvia Zanatta. Contextos grupais e sujeitos em relação: contribuições às reflexões sobre grupos sociais. **Psicologia: Reflexão e Crítica**, v. 15, n. 1, p. 211-218, 2002. Disponível em: <https://www.scielo.br/j/prc/a/TT3B3txRfFtPG7ZDfxtMp5J/?lang=pt#>. Acesso em: 24 jun. 2024; FONTES, Virgínia. Freud, conflito, contradição e história: elementos para uma discussão sobre a historicidade. **Revista TRIEB**, Rio de Janeiro, v. II, n. 2, set. 2003; **Revista da Sociedade Brasileira de Psicanálise do Rio de Janeiro**/Relume Dumará, 2003. p. 19.
3 "Um diálogo é antes de tudo um problema de interculturalidade. A distância física que separa os interlocutores e as voltas retóricas para se entenderem faz referência a um problema cultural" (KUSCH, Rodolfo. **Esbozo de una Antropologia Filosófica Americana**. Buenos Aires: Ediciones Castañeda, 1978. p. 13. Tradução nossa).
4 CHARDIN, Pierre Teilhard de. **O fenômeno humano**. São Paulo: Cultrix, 1986. p. 25; RABUSKE, Edvino Aloisio. **Antropologia filosófica**. Petrópolis: Vozes, 1999. p. 123.
5 "(…) há em todas as coisas um desejo natural de serem do melhor modo que lhes permite a sua condição natural, que agem em ordem a esse fim e dispõem dos instrumentos adequados. Entre estes, a capacidade de julgar corresponde ao objetivo de conhecer, para que não seja em vão a apetência e cada uma possa atingir no [objeto] amado o repouso de sua própria natureza" (CUSA, Nicolau de. **A douta ignorância**. Tradução, introdução e notas de João Maria André. Lisboa: Fundação Calouste Gulbenkian, 2003. Livro I. Cap. I. p. 3.).

e ideias, surgem inquietações e preocupações sobre as quais o homem procura explicações e soluções.

Esse processo humano singular e constante que surge de reflexões sobre o mundo e as coisas é o **conhecimento**, cuja busca é uma premissa que acompanha a humanidade, que deseja desvendar os mistérios da vida. Nesse contexto, o anseio do homem de compreender a realidade, buscando referenciais de sentido sobre os objetos que o cercam, acompanha a existência da humanidade[6].

Em outras palavras, o desejo humano de conhecer a realidade fundamenta a atividade de construção de modelos explicativos de aprendizagem e manipulação do mundo[7]. Nesse contexto, o ato de conhecer vai além da capacidade de adaptação do meio, incluindo a interação com criatividade e inventividade, competências que auxiliam o ser humano a lidar com a imprevisibilidade característica de um contexto sistêmico de contínuas e descontínuas mudanças[8].

A evolução da capacidade humana de conhecer a realidade, da Antiguidade à Pós-modernidade, influenciou fortemente a distinção entre homem e animal e o desenvolvimento da essência do conhecimento humano. Nesse contexto de apropriação que o indivíduo faz da realidade[9], o problema do conhecimento é identificado com base nas especificidades do ser humano e na tentativa de fixação de sentido para o conhecimento humano, construindo justificativas num âmbito histórico-espacial em forma de teorias argumentativas e reflexivas da realidade[10].

Na linha divisória entre o humano e o restante do mundo animal, partindo da condição de limitação enigmática do conhecimento para apreenderem o mundo humano e sua diversidade, infinitamente mais rico do que nossa simples compreensão, os seres humanos se constroem por meio das opções que tomam. Nesse

---

6 O ser humano como organismo vivo é um sistema cognitivo, capaz de conhecer o mundo por meio de enredos explicativos (MATURANA, Humberto; VARELA, Francisco. **A árvore do conhecimento**: as bases biológicas do conhecimento humano. Campinas: Psy, 1995).
7 O homem tende a captar uma realidade, fazendo-a objeto de seus conhecimentos. Assume a postura de um sujeito cognoscente de um objeto cognoscível. Isso é próprio de todos os homens e não privilégio de alguns (por isso a consciência reflexiva deve ser estimulada, de modo que o educando reflita sobre sua própria realidade). Quando o homem compreende sua realidade, pode levantar hipóteses sobre o desafio dessa realidade e procurar soluções. Assim, pode transformá-la e com seu trabalho pode criar um mundo próprio: seu eu e suas circunstâncias (FREIRE, Paulo. **Educação e mudança**. Tradução de Moacir Gadotti e Lílian Lopes Martin. São Paulo: Paz e Terra, 1983).
8 CAMPBELL, Donald. Evolutionary Epistemology. In: SCHILPP, Paul (Ed.). **Library of Living Philosophers**. La Salle: Open Court, 1974. p. 413-463. v. "Popper".
9 "O dualismo sujeito e objeto pertence à essência do conhecimento" (HESSEN, Johannes. **Teoria do conhecimento**. Coimbra: Arménio Amado, 1980. p. 26).
10 "O homem é um ente que não se limita a por-se frente aos outros entes, mas que se caracteriza justamente por compreender o ser das coisas, especialmente o seu próprio, reconhecendo um sentido e não apenas existência às coisas" (HEIDEGGER, Martin. **Ser e tempo**. Petrópolis: Vozes, 2006. p. 39 e ss.).

contexto, na reconstrução "mental" de suas relações reais[11], usam o engenho do raciocínio como substância da capacidade de formular conhecimento e produzir sistemas ordenados[12].

2. Conhecimento humano: compreensão da realidade

A singularidade humana exsurge da descoberta e da vivência dos significados atribuídos ao mundo e organizados de forma articulada. No território simbólico de significados, contextos cognitivos surgem e se modificam a cada momento da transformação das condições sócio-históricas, exigindo dos seres humanos constante revisão e ajustamento aos novos contextos.

Na busca por um sentido por meio do conhecimento, o homem procura compreender o mundo que o circunda, incluindo os objetos culturais que o cercam, adotando recursos explicativos para solucionar os problemas da realidade, compreendida pelo ser humano não apenas através de suas percepções imediatas, mas também da mediação das abstrações teóricas no contexto histórico-social, em que cada conhecimento novo consiste em uma assimilação crítica de saberes anteriormente estabelecidos.

A compreensão inteligível da realidade – ao permitir que o homem efetue ações adequadas para a satisfação de suas necessidades e a resolução de seus problemas e ultrapasse as aparências para chegar à essência dos elementos do seu entorno – necessita de um caminho um método que garanta a elucidação da realidade, e não a verdade[13].

Em contraposição aos céticos, que se fundamentam na dúvida e na impossibilidade e/ou dificuldade para se chegar ao conhecimento ou à verdade, entendemos que o conhecimento do mundo é possível, sem ignorar a dúvida, sendo um processo de construção de estruturas em constante evolução. Nesse contexto, é importante destacar o conhecimento científico, espécie de conhecimento com metodologia própria surgido com os filósofos gregos que assumiu destaque no período pós-iluminista, colocando-se, desde então, como objeto de reflexão ao

---

11 MADURO, Otto. **Mapas para a festa**: reflexões latino-americanas sobre a crise e o conhecimento. Petrópolis, RJ: Vozes, 1994. p. 181.
12 "O Homo Sapiens destaca-se do resto da criação animal por ser indefinido e indeterminado, e portanto condenado à transcendência, a desafiar o status quo, a chegar 'acima' e 'além'" (BAUMAN, Zigmund. **Sobre educação e juventude**. Rio de Janeiro: Zahar, 2013. p. 27).
13 LUCKESI, Cipriano. **Filosofia da educação**. São Paulo: Cortez, 1994. p. 121-131.

longo da história do pensamento até os dias atuais, **um campo social como outro qualquer, cheio de relações de força, disputas e estratégias**[14].

Ao longo dos séculos, a sociedade se viu às voltas de uma série de problemas e questionamentos que envolvem seu modo de relacionar-se com o mundo que a rodeia, colocando em questão o conhecimento, não apenas como mecanismo de compreensão e transformação do mundo, mas como uma necessidade para a ação.

Portanto, pensar o mundo e a forma como o homem se relaciona com ele no contexto da realidade social nos remete às formas de conhecimento que pautam a organização do pensamento na ânsia de compreender as mudanças que se processam no modo da sociedade pensar, interagir e compreender o funcionamento da vida em suas diversas dimensões.

Não é de hoje que ouvimos falar que a inteligibilidade do mundo é uma preocupação constante do ser humano. Da mesma forma que tal preocupação não é nova, a relação do homem com o conhecimento também não o é; pelo contrário, é tão antiga quanto a própria existência humana de dominar a natureza para sua realização existencial.

3. Dinâmica evolutiva do conhecimento: percepção, mediação e assimilação crítica

Muitas são as formas de conhecimento e compreensão do mundo concebidas pelo ser humano no decorrer da história. Dessa constante atividade de apreensão consciente da realidade surge o conhecimento como significação e compreensão contextualizada, já que reflete o momento em que é elaborado, apoia-se em conhecimentos anteriores produzidos por outros sujeitos e se materializa por meio da experiência.

O conhecimento, como capacidade humana para resolver os problemas da vida, resultante da dinâmica simultânea dos aspectos físico, biológico e social, refletida num processo de conscientização da realidade e de apropriação da natureza pelo homem, é desenvolvido progressivamente em escalas cada vez mais complexas e com novas respostas às novas necessidades.

Além de um processo histórico-social, o conhecimento, como atividade humana de transformação da opacidade da realidade em caminhos "iluminados"[15]

---

14 BOURDIEU, Pierre. **Os usos sociais da ciência:** por uma sociologia clínica do campo científico. São Paulo: Ed. da Unesp, 2002.
15 LUCKESI, Cipriano. **Fazer universidade:** uma proposta metodológica. São Paulo: Cortez, 1985. p. 51.

por meio do controle dos fenômenos naturais ou do estímulo à curiosidade intelectual, é uma criação da mente humana com base em seus conceitos e suas ideias imbricados em um caminho não linear, constante e complexo da evolução que, partindo dos mitos, passou pela filosofia até alcançar o *status* de ciência experimental moderna[16].

Durante a Pré-História até parte da Antiguidade, visões mitológicas do mundo predominavam como uma maneira de aquisição de conhecimento inspirado pelos deuses. Portanto, a verdade sobrenatural revelada por inspiração divina se impôs como forma dominante de organização do pensamento característico desses períodos[17]. Já o século VI a.C. foi o marco do desabrochar da era filosófica dimensionada por uma especulação racional da existência humana.

Do início da Idade Média ao século XV, o senso comum, aliado à explicação religiosa e ao conhecimento filosófico, orientavam o conhecimento humano acerca do universo. Nesse cenário, o medievo legou ao mundo o conhecimento religioso formulado com base nos dogmas protegidos pela Igreja Católica, ensejando no estabelecimento do pensamento teológico, de acordo com o qual o único caminho confiável para a compreensão da realidade era a fé.

O conhecimento da realidade, que se consolidou como característica inerente ao ser humano no decorrer da história que culminaram na produção de explicações e soluções, passando pelo amadurecimento promovido pela capacidade de observação e pensamento, veio a se desenvolver exponencialmente com o surgimento do **conhecimento científico**[18], que só veio a se desenvolver de fato a partir do século XVI, foi que se desenvolveu o método científico[19]. Já na Renascença, o pensamento humano científico passa a ser estruturado em direção oposta

---

16 GERMANO, Marcelo Gomes. **Uma nova ciência para um novo senso comum**. Campina Grande: EDUEPB, 2011. p. 41. Disponível em: <http://static.scielo.org/scielobooks/qdy2w/pdf/germano-9788578791209.pdf>. Acesso em: 16 fev. 2024.
17 MATALLO JÚNIOR, Heitor. A problemática do conhecimento. In: CARVALHO, Maria Cecília Maringoni de. **Construindo o saber**: metodologia científica – fundamentos e técnicas. Campinas: Papirus, 1989. p. 13-28; "o mito conta como, graças aos feitos dos Seres Sobrenaturais, uma realidade passou a existir, quer seja a realidade total, o Cosmos, quer apenas um fragmento: uma ilha, uma espécie vegetal, um comportamento humano, uma instituição" (ELIADE, Mircea. **Aspectos do mito**. Lisboa: Edições 70, 1963. p. 13).
18 "Conhecimento científico é conhecimento provado. As teorias científicas são derivadas de maneira rigorosa da obtenção dos dados da experiência adquiridos por observação e experimento" (CHALMERS, Alan Francis. **O que é ciência, afinal?** São Paulo: Brasiliense, 1993. p. 24).
19 SILVA, Edima Aranha. Evolução histórica do método científico. Desafios e paradigmas para o século XXI. **Econ. Pesqui**. Araçatuba, v. 3, n. 3, p. 109-118, mar. 2001. Disponível em: <https://feata.edu.br/downloads/revistas/economiaepesquisa/v3_artigo07_evolucao.pdf>. Acesso em: 24 jun. 2024.

ao ascetismo, característica da Idade Média[20], vendo a relevância da relação do indivíduo com o mundo natural[21].

Até o Renascimento, com as raras exceções do racionalismo grego materializadas nas obras de Platão e Aristóteles, o mundo só havia conhecido o pensamento sagrado, desde o modelo das verdades míticas, fundado numa aceitação das certezas pela fé, passando pelo modelo filosófico, caracterizado pela especulação desvinculada da realidade prática e técnica, até o modelo medieval, organizado em torno da filosofia cristã, observando-se que, sem variações significativas, todo o conhecimento se apresentava concentrado na pessoa de Deus, que encarnava o foco[22].

A partir da Idade Moderna, graças aos trabalhos de Copérnico, Galileu, Descartes e Newton[23], que inseriram a natureza física e o homem no centro da produção do saber, surgiu o conhecimento garantido pela certeza e objetividade capaz de revelar os fenômenos pela observação e experimentação. Nesse contexto, a valorização da razão se fez presente[24]. Esse período newtoniano-cartesiano, centrado na lógica, na matemática e no controle da natureza, nega o sagrado e a subjetividade[25].

Para POPPER, aqueles que não desejam expor suas ideias à possibilidade de refutação não participam do jogo científico[26]. Nessa esteira, embora a definição da ciência tenha começado a ser construída no século XVII com a emergência

---

20 "Reconheciam os medievais que a razão humana pode descobrir muita coisa, pois pode pesquisar, raciocinar, inventar. Mas existem verdades supremas que a razão não chega a conhecer, pensavam eles. Essas Deus revelou. Estão na Bíblia" (LARA, Thiago Adão. **Caminhos da razão no ocidente**: a filosofia ocidental do renascimento aos nossos dias. Petrópolis: Vozes, 1991. p. 25).
21 PRIMON, Ana Lúcia de Mônaco et al. História da ciência: da Idade Média à atualidade. **Psicólogo inFormação**, ano 4, n. 4, p. 35-51, jan./dez. 2000. Disponível em: <http://das.inpe.br/~alex/Ensino/cursos/historia_da_ciencia/HC_artigo_idade_moderna.pdf>. Acesso em: 24 jun. 2024.
22 "A ideia da modernidade substitui Deus no centro da sociedade pela ciência, deixando as crenças religiosas para a vida privada" (TOURAINE, Alain. **Crítica da modernidade**. Tradução de Elia Ferreira Edel. Petrópolis, RJ: Vozes, 1994. p. 17-18).
23 "Descartes criou a estrutura conceitual para a ciência do século XVII (...) Newton desenvolveu uma completa formulação matemática da concepção mecanicista da natureza (...) A filosofia Newtoniana (...) forneceu uma consistente teoria matemática do mundo" (CAPRA, Fritjof. **O ponto de mutação**. Tradução de Álvaro Cabral. 22. ed. São Paulo: Cultrix, 2001. p. 58).
24 "O pensamento especulativo, abstrativo, que era característica predominante no pensamento medieval, cedeu lugar a uma nova orientação, que propõe como meta o controle e não só o conhecimento da natureza. A filosofia não será mais o conhecimento da realidade e sim, mais fundamental e radicalmente o poder sobre a natureza. Por isso a razão será simultaneamente crítica, exploratória e demonstrative" (GILES, Thomas Ranson. **Introdução à filosofia**. São Paulo: Edusp, 1979. p. 62).
25 ANDERY, Maria Amélia et al. **Para compreender a ciência**: uma perspectiva histórica. São Paulo: Educ, 1999.
26 POPPER, Karl. **A lógica da pesquisa científica**. São Paulo: Cultrix, 2007.

das ciências naturais[27], é possível afirmar que já no século VI a.C., na Grécia Antiga, o espírito científico se desenvolvia face os questionamentos do homem a respeito da origem e natureza do mundo, desvinculado do conhecimento mítico e fundamentado na observação e na razão para a explicação do Cosmos[28]. Na realidade, embora os gregos ainda não tivessem o método científico, suas inquirições eram feitas por meio de rigorosos raciocínios mediantes discussões sobre pensar a verdade com base na razão[29].

No período do Renascimento, formou-se na consciência social ampla a convicção da racionalidade científica ocidental, fundamentada em leis simples, redutíveis à matemática e apreendidas pelo raciocínio lógico[30]. A ideia de modernidade está, portanto, estreitamente associada à da racionalização. A razão não comanda apenas as atividades científica e técnica, mas o governo dos homens e a administração das coisas, fazendo da racionalização o único princípio de organização da vida pessoal e coletiva[31].

Em outras palavras, o paradigma da modernidade oriundo de concepções do iluminismo, fundamentado na certeza cartesiana e na estabilidade newtoniana, é caracterizado pelo triunfo da razão em todos os campos do conhecimento, como elemento de progresso linear e emancipação humana[32].

Para descrever essa compreensão moderna do mundo, GOERDEN trata da existência de uma verdadeira confiança na razão e uma crença na trajetória humana rumo a uma sociedade melhor[33]. SANTOS FILHO afirma que essa visão é fundamentada em três concepções:

---

27 "A pluralidade e a arbitrariedade das múltiplas filosofias da natureza que floresceram entre os séculos XV e XVI à margem da escolástica dominante, as fantasias irracionais da magia e da astrologia, as ilusões dos alquimistas deram lugar a uma imagem simples e tendencialmente unitária do mundo: uma imagem finalmente objectiva e científica, no sentido preciso em que se impõe globalmente pela sua certeza, evidência, universalidade e necessidade, a uma comunidade sempre crescente de investigadores" (CASINI, Paolo. **As filosofias da natureza**. Tradução de Ana Falcão Bastos e Luis Leitão. Lisboa: Presença, 1987. p. 77).
28 CHAUÍ, Marilena et al. **Primeira filosofia**. São Paulo: Brasiliense, 1987. p. 19-45.
29 CAPRA, Fritjof. **A teia da vida**: uma nova compreensão científica dos sistemas vivos. São Paulo: Cultrix, 1996; MORIN, Edgar. **Introducción al pensamiento complejo**. Barcelona: Gedisa, 1997; "não é de surpreender que a Grécia também tenha produzido as primeiras teorias coerentes sobre o método científico" (LAUDAN, Larry. Teorias do método científico de Platão a Mach. **Cadernos de História e Filosofia da Ciência**, Campinas, série 3, v. 10, n. 2, jul./dez. 2000. p. 26. Disponível em: <https://www.cle.unicamp.br/eprints/index.php/cadernos/article/download/562/442/1066>. Acesso em: 24 jun. 2024).
30 "A 'matematização da natureza', que foi considerada um elemento importante da revolução científica, em geral era atribuída a uma formidável mudança no sistema metafísico que endossava todos os conceitos do mundo" (HENRY, John. **A revolução científica e as origens da ciência moderna**. Rio de Janeiro: J. Zahar, 1997. p. 20. Disponível em: <https://www.cle.unicamp.br/eprints/index.php/cadernos/article/download/562/442/1066>. Acesso em: 24 jun. 2024).
31 TOURAINE, Alain. **Crítica da modernidade**. Tradução de Elia Ferreira Edel. Petrópolis, RJ: Vozes, 1994. p. 18.
32 HARVEY, David. **Condição pós-moderna**. São Paulo: Edições Loyola, 2011.
33 GOERGEN, Pedro. **Pós-modernidade, ética e educação**. Campinas: Autores Associados, 2005.

1] crença no progresso da sociedade e do indivíduo;
2] crença em teorias universais;
3] regularidade dos fenômenos[34].

O século XIX foi o momento do cientismo que reavivou o método positivo das ciências naturais aplicado às ciências humanas e sociais, num contexto de unidade metodológica sobre o conhecimento, com base na observação e na experiência, numa dinâmica evolutiva crítica aos dogmas religiosos e de entusiasmo no progresso humano.

A abordagem positivista no meio científico só admitia a verdade apreendida pelos sentidos e o que podia ser mensurado, desacreditando o conhecimento filosófico. **Todos os bons espíritos repetem, desde Bacon, que somente são reais os conhecimentos que repousam sobre fatos observados**[35].

Contudo, o paradigma moderno teria pela frente um longo processo de transformações. Com o avanço histórico das propostas reflexivas, começava um progressivo desgaste da infalibilidade da ciência, de modo que, com o decorrer do tempo, surgiu uma nova leitura da realidade com base no desenvolvimento científico e na concepção de novas perspectivas filosóficas para a regulação social da caminhada da humanidade.

O paradigma tradicional que resultou na suprema valorização da visão racional e a fragmentação do saber, com a validação científica e pública do conhecimento, revelou-se a insatisfatória partir do início do século XX em razão dos fenômenos e das situações da complexa realidade social emergente.

4. Produção do conhecimento científico como objeto da epistemologia: paradigmas

O ser humano busca conhecimento, cujas formas são variadas e sujeitas à evolução histórica. Nessa trajetória de construção e estabelecimento de bases e fundamentos da compreensão da realidade, surgiu o conhecimento científico,

---

34 SANTOS FILHO, José Campos. Universidade, modernidade e pós-modernidade. In: SANTOS FILHO, José Campos; MORAES, Sílvia Elizabeth (Org.). **Escola e universidade na pós-modernidade**. Campinas: Mercado das Letras, 2000. p. 15-60.
35 COMTE, Augusto. Curso de filosofia positiva. In: **Os pensadores**: Comte. São Paulo: Abril Cultural, 1988. p. 5.

cuja estrutura teórica fundamenta-se em estudos comprovados por observações, pesquisas e experimentações[36].

É importante destacar que, no conhecimento científico[37], o estudioso se utiliza da observação e da reflexão para analisar determinado fenômeno da realidade, valendo-se de experiências pregressas e atuais dos indivíduos para resolver determinados problemas, de modo a conceber instrumentos apropriados para sua iniciativa, alterando seu mundo e adequando às suas necessidades[38], com respostas inteligentes e fundamentadas em teorias reflexivas e construídas em cada período histórico[39].

O cientista lida com uma "estrutura organizada" de doutrinas já existentes e com situações da vida real que são reconhecidas como problemas nesse arranjo[40]. A partir daí, o estudioso constrói e contrasta explicações, formulando teorias e práticas[41]. Portanto, o conhecimento científico é estruturado com dados de teorias reflexivas num contexto histórico-social.

Com a dinâmica evolutiva, o pensamento científico passou por mudanças que geraram novos modelos explicativos de ver o mundo, de explicar o novo e de olhar para o passado. Nessa construção e elaboração do conhecimento científico, é importante acentuar sua condição de processo dinâmico de aquisição[42], falível[43], cuja evidência evolutiva gera diferentes dimensões e hipóteses ao longo

---

36 CHALMERS, Alan Francis. **O que é ciência afinal?** São Paulo: Brasiliense, 1994. p. 27.
37 "O discurso científico bem construído, sobretudo quando tem pretensões cognitivas, deve ser: 1) formalmente impecável (requisito sintático); 2) referir-se de maneira unívoca a estados da realidade (requisito semântico). Só assim pode se habilitar a 3) convencer (requisito pragmático) a comunidade de pesquisadores do valor explicativo das teses defendida" (OLIVA, Alberto. **Filosofia da ciência**. Rio de Janeiro: J. Zahar, 2010. p. 13).
38 CHIZZOTTI, A. **Pesquisa em ciências humanas e sociais**. São Paulo: Cortez, 1991.
39 "Ogni epoca storica ha conosciuto suoi miti specifici. Anche la nostra non si sottrae a questa sorta di legge dell'evoluzione sociale. Si pensi al mito dell' homo oeconomicus, al mito tecnológico, al mito dell'individualismo" (ZAMAGNI, Stefano. Economia del dono. In: AGAMBEN, Giorgio et al. **Del cooperare**: manifesto per una nuova economia. Milano: Feltrinelli, 2012. p. 58).
40 POPPER, Karl. **A lógica da pesquisa científica**. São Paulo: Cultrix, 2011. p. 23.
41 POPPER, Karl. **La miséria del historicismo**. Madrid: Alianza, 1973. p. 45.
42 KUHN, Thomas. Logic of Discovery or Psycology of Research. In: LAKATOS, Imre; MUSGRAVE, Alan (Org.). **Criticism and the Growth of Knowledge**. London: Cambridge University Press, 1970. p. 1-2.
43 "A ciência em momento algum é totalmente exata, mas raramente é inteiramente errada, e tem, como regra, mais chance de ser exata do que as teorias não científicas. É, portanto, racional aceitá-la hipoteticamente" (RUSSELL, Bertrand. **My philosophical development**. Routledge, London: 1995. p. 13).

do tempo[44], com formulação rigorosa na modernidade[45], e uma constatação de descontinuidade imersa e atuante na concepção do mundo.

Considerando-se que o conhecimento avança progressivamente, seja pela construção, seja pela retificação[46], é possível afirmar que o cientista lida com a realidade social resultante do dinamismo da vida individual e coletiva cujos produtos humanos encarnam valores que dão sentido às constelações singulares que constituem a história humana[47].

Essa leitura da realidade social pela ciência possibilita, além do discernimento do que é aceito ou não pela própria comunidade científica[48] e pela população em geral, a revelação de "expressões humanas constantes nas estruturas, nos processos, nos sujeitos, nos significados e nas representações", em que o "presente é marcado pelo passado e projetado para o futuro, num embate constante entre o que está dado e o que está sendo construído"[49].

GRAY já alertava que a "história não é progresso ou declínio, mas uma sucessão de ganhos ou perdas"[50]. O avanço do conhecimento, ao nos guiar no mundo da vida e possibilitar o debate em torno de seus problemas reais, gera novas perspectivas para a compreensão e explicação de certos aspectos da realidade.

---

44 POPPER, Karl. **A lógica da pesquisa científica**. São Paulo: Cultrix, 2011.
45 Embora a busca por explicações racionais da realidade tenham sido iniciada na Grécia Clássica, afirma-se que foi a partir da modernidade que a ciência constituiu-se como uma nova concepção de mundo (GRESSLER, Lori Alice. **Introdução à pesquisa**: projetos e relatórios. São Paulo: Loyola, 2003. p. 27; ANDERY, Maria Amália et al. **Para compreender a ciência**: uma perspectiva histórica. Rio de Janeiro: Espaço e Tempo, 1996. p. 20; JAPIASSÚ, Hilton. **A revolução científica moderna**: de Galileu a Newton. São Paulo: Letras e Letras, 1997. p. 58).
46 BACHELARD, Gaston. **A formação do espírito científico**: contribuição para uma psicanálise do conhecimento. Rio de Janeiro: Contraponto, 1996. p. 17.
47 HUGHES, John. **A Filosofia da pesquisa social**. Rio de Janeiro: Zahar, 1980. p. 73.
48 Para MENON, "a comunidade científica como parte da sociedade deve contribuir para as necessárias transformações sociais que podem implantar o desenvolvimento" (MENON, Mambillikalathil Govind Kumar. O papel da ciência no desenvolvimento sustentável. **Estudos Avançados**, v. 6, n. 15, 1992. Disponível em: <http://www.scielo.br/pdf/ea/v6n15/v6n15a10.pdf>. Acesso em: 19 fev. 2024).
49 MINAYO, Maria Cecília de Souza (Org.). **Pesquisa social**: teoria, método e criatividade. Petrópolis: Vozes, 2000. p. 13, 15.
50 GRAY, John. **Cachorros de palha**: reflexões sobre humanos e outros animais. Tradução de Maria Lucia de Oliveira. Rio de Janeiro: Record, 2005. p. 169.

5. Progresso das ciências: revoluções do pensamento e construções de paradigmas

O desenvolvimento das ciências é um processo contraditório, marcado pelas revoluções do pensamento científico e pela construção de paradigmas, processo complexo e multifacetado que, na qualidade de modelo explicativo, contempla problemas, pressupõe métodos e viabiliza o foco da pesquisa.

Nesse contexto, é necessário citar a teoria dos paradigmas de Thomas Kuhn, iniciada na revolução copernicana e sistematizada em 1962 na trajetória das revoluções científicas e na dinâmica de produção do saber, já que a ciência é um território que pode ser explorado com base em paradigmas que caracterizam o conhecimento, de acordo com explicações racionais que buscam compreender a realidade, sem excluir a análise da dinâmica evolutiva da própria ciência.

Essa diversidade de mudanças paradigmáticas da ciência é uma característica relevante da evolução do pensamento científico e corresponde à própria necessidade de referenciais teóricos que fundamentem as transformações dos valores, das crenças, dos conceitos e das ideias acerca da realidade.

A teoria de paradigmas de Kuhn ganhou força e relevância na década de 1970, passando a ser usada pela comunidade de cientistas como um auxílio à compreensão da realidade por meio do reconhecimento construtivo do saber, em oposição à postura empirista-indutivista. A concepção de Kuhn, com pressupostos inaceitáveis na perspectiva do positivismo lógico, propõe, na compreensão da dinâmica de teorias, que episódios revolucionários são um traço estrutural do desenvolvimento científico num sistema social que, além de controlar seus membros e suas atividades, também veicula orientações e representações cognitivas. Na visão epistemológica do filósofo, um modelo científico vigente em certo momento histórico, no qual a comunidade científica adere à dinâmica evolutiva, é substituído pela introdução de novas premissas teóricas que passam a atuar sistematicamente no meio social. Em outros termos, novas premissas teóricas representam a complementação e/ou superação à teoria paradigmática anterior, inspirando a ruptura renovadora da estrutura do conhecimento, fornecendo-lhe uma nova forma de colocar e resolver problemas.

O desencanto com o paradigma vigente é acompanhado, num ciclo sucessivo, por uma substituição de princípios, em que se alternam períodos de ciência trivial e ciência extraordinária. No modelo kuhniano, a produção do conhecimento científico passa por estágios contínuos nos quais "cada revolução científica altera a perspectiva histórica da comunidade que o experimenta, afetando a estrutura das publicações de pesquisa e dos manuais do período pós-revolucionário"[51].

O período pré-paradigmático caracteriza-se mais por uma competição de tratativas e concepções que pela promoção de unidade e progresso no campo de investigação, ou seja, "é regularmente marcado por debates frequentes e profundos a respeito de métodos, problemas e padrões de solução legítimos – embora esses debates sirvam mais para definir linhas teóricas do que para produzir um acordo"[52].

Trata-se de um período de maturação de métodos, problemas e padrões de solução que culminam no período de ciência normal. Ao final dos debates pré-paradigmáticos, os cientistas entram em consenso sobre normas, regras, crenças e valores resultantes de estudos, projetos e reflexões profundas sobre as implicações teóricas e práticas do objeto da investigação.

No estágio de ciência normal, a comunidade de cientistas adere aos paradigmas como as "realizações científicas universalmente reconhecidas que, durante algum tempo, fornecem problemas e soluções modelares para uma comunidade de praticantes de uma ciência"[53]. Forma-se o paradigma vigente revelado por conhecimentos admitidos pela comunidade científica na resolução de problemas, ao passo que os participantes de uma tradição de pesquisa aceitam o paradigma orientador.

Ao aceitar um paradigma, a comunidade científica adota um método ou modelo de teorias e maneiras de definir dados para solucionar de forma satisfatória às anomalias e questões que surgem da leitura da realidade, criando um referencial que possibilita a organização da sociedade[54].

Após detectado o paradigma, surge seu desenvolvimento (fase da ciência normal), permitindo a capacitação dos estudiosos na compreensão da realidade. Antes de o paradigma tornar-se dominante, revogando-se o método e as crenças do modelo anterior, ele passa por período em que se introduz mudanças na formulação de problemas e suas resoluções.

---

51 KUHN, Thomas. **A estrutura das revoluções científicas**. São Paulo: Perspectiva, 1994. p. 14.
52 Op. cit., p. 72.
53 Op. cit., p. 13.
54 "Paradigmas ajudam o cientista a ver novos significados em dados antigos ou buscar novas informações para a solução de quebra-cabeças" (NOVAK, Joseph Donald. **Uma teoria da educação**. Tradução de Marco Antônio Moreira. São Paulo: Pioneira, 1981. p. 28).

6. Mudança paradigmática: renovação e/ou reconstrução

O paradigma como modelo de conceitos e valores prevalece num certo momento histórico por meio da concepção de teorias que o fundamentam e que influenciam nas atividades correlatas desenvolvidas.

Com o avanço da história, sucessivas descobertas e mudanças acabam por apresentar um novo mundo, dando origem a novos problemas que escapam às explicações dos paradigmas vigentes (anomalia) e demandando novas respostas. Implanta-se, nesse caso, a crise do paradigma. Quando a solução da crise é encontrada em novos paradigmas, ocorre uma ruptura (revolução científica), seja por complementação, seja por substituição.

As anomalias ganham sentido e passam a estimular questionamentos às teorias paradigmáticas, dando origem a uma crise, uma crescente perda de confiança no paradigma vigente, culminando com o surgimento de uma nova maneira de pensar, um redirecionamento do olhar científico: "o já conhecido condiciona a forma e a maneira do novo conhecimento, e este conhecer expande, renova e dá sentido ao novo ao conhecer"[55].

Com a substituição de paradigmas, inicia-se uma revolução ("como se a comunidade profissional fosse subtamente transportada para um novo planeta, onde objetos familiares são vistos sob uma luz diferente e a eles se pregam objetos desconhecidos"[56]). Após a revolução, surge o novo paradigma, uma nova visão de mundo seguida de rupturas e descontinuidades no desenvolvimento científico. Assim, surge no mundo das ciências a mudança de paradigmas[57]. Trata-se de uma nova maneira de pensar, de se relacionar e de agir com vistas à integração da nova realidade.

Os novos paradigmas podem surgir em razão de rupturas totais ou parciais, sendo possível a existência simultânea e/ou interdependente entre paradigmas divergentes, bem como a continuidade de um paradigma graças à aparição de

---

55 FLECK, Ludwik. **La génesis y el desarrollo de um hecho científico**. Madrid: Alianza Editorial, 1986. p. 85.
56 KUHN, Thomas. **A estrutura das revoluções científicas**. São Paulo: Perspectiva, 1994. p. 147.
57 A palavra *paradigma* tem sua origem do grego *parádeima*, que significa "modelo ou padrão" (VASCONCELLOS, Maria José Esteves. **Pensamento sistêmico**: novo paradigma da ciência. Campinas: Papirus, 2002). No mundo das ciências, paradigmas são realizações científicas universalmente reconhecidas que por certo tempo fornecem problemas e soluções para uma comunidade de profissionais (KUHN, Tomas. **A estrutura das revoluções científicas**. São Paulo: Perspectiva, 1994); "o princípio, o modelo ou a regra geral, seja o conjunto das representações, crenças, ideias que se ilustram de maneira exemplar ou que ilustram casos exemplares" (MORIN, Edgar. **Ciência com consciência**. Tradução de Maria D. Alexandre e Maria Alice Sampaio Dória. Rio de Janeiro: Bertrand Brasil, 2001. p. 258-259).

novos paradigmas[58]. Esse processo de mudança paradigmática, como uma dinâmica difícil e lenta de renovação da concepção anterior de toda uma estrutura de ideias[59], envolve algumas análises no sentido de colaborar para a reconstrução do conhecimento sob novas perspectivas e em diferentes épocas históricas[60]. Assim, quando surge um novo paradigma, temos um processo desenvolvido nos seguintes termos:

a] **Uma nova perspectiva**: uma nova estrutura de pensamento na compreensão do mundo, dos seres humanos e da realidade, visando à solução de antigos e novos problemas. Nesse contexto, surgem novas descobertas com mudanças das crenças e dos valores subjacentes à prática científica. Em relação às teorias anteriormente aceitas, pode-se afirmar que os respectivos problemas abordados receberam soluções possíveis. Contudo, as mudanças nas circunstâncias históricas e sociais tornam as teorias aceitas no passado falsas e/ou insuficientes, pois já não conseguem responder novas perguntas e dar conta de novos fenômenos.
b] **Falta de tipicidade**: os velhos paradigmas são insuficientes como modelo explicativo. Nessa esteira, para KUHN, as referências teóricas que fornecem respostas são chamadas de *paradigmas*, que, por sua vez, sofrem rupturas e

---

58 "(...) o superado não deixa de existir, não recai no puro e simples nada; ao contrário, o superado é elevado a nível superior. E isso porque ele serviu de etapa, de mediação para a obtenção do resultado superior; certamente, a etapa atravessada não mais existe em si mesma, isoladamente como ocorria num estágio anterior; mas persiste no resultado, através de sua negação" (LEFEBVRE, Henri. Lógica concreta (dialética): a superação. In: LEFEBVRE, Henri. **Lógica formal/lógica dialética**. Tradução de Carlos Nelson Coutinho. Rio de Janeiro: Civilização brasileira, 1991. p. 228-233. p. 231); "Conhecer significa voltar-se para a realidade, e 'deixar falar' o nosso objeto, mas conhecer significa também apreender o mundo através de esquemas já conhecidos, identificar no novo a permanência de algo já existente ou reconhecível" (FRANÇA, Vera Regina Veiga. Teorias da comunicação: busca de identidade e dos caminhos. **Rev. Esc. Biblioteconomia**, UFMG, n. 23, p. 138-153, 1994. p. 140. Disponível em: <https://periodicos.ufmg.br/index.php/reb/article/view/38276/29816>. Acesso em: 24 jun. 2024).
59 Na coexistência de paradigmas, o paradigma antecessor apenas perde sua centralidade, mas continua atuante na sociedade (DE MASI, Domenico (Org.). **A sociedade pós-industrial**. Tradução de Anna Maria Capovilla e outros. São Paulo: Senac, 2000. p. 29).
60 "(...) a ciência segue o seguinte modelo de desenvolvimento: uma sequência de períodos de ciência normal, nos quais a comunidade de pesquisadores adere a um paradigma, interrompidos por revoluções científicas (ciência extraordinária). Os episódios extraordinários são marcados por anomalias/crises no paradigma dominante, culminando com sua ruptura" (OSTERMANN, Fernanda. A epistemologia de Kuhn. **Caderno Catarinense de Ensino de Física**, v. 13, n. 3, p. 184-196, 1996. p. 185. Disponível em: <https://periodicos.ufsc.br/index.php/fisica/article/view/7045/6521>. Acesso em: 24 jun. 2024).

superações na dinâmica evolutiva, surgindo revoluções científicas[61]. Fala-se em **crise paradigmática**, com o reconhecimento de que os acontecimentos e problemas da realidade não se encaixam no padrão de soluções modulares, provocando um mal-estar na comunidade científica.

c] **Amplitude:** o novo paradigma pode introduzir uma nova percepção, uma visão mais ampla do conhecimento tradicional, conciliando aparentes contradições[62].

d] **Mudança de postura:** a adesão à nova ideia deve ser percebida de forma imediata, resultando numa ampliação de conhecimentos. A conscientização da comunidade científica é sinal de maturidade no que se refere à percepção do momento oportuno para uma compreensão mais aprofundada do conhecimento. Nesse contexto, os problemas da realidade social podem ser compartilhados por diferentes paradigmas de forma complementar, e os paradigmas nem sempre são progressivos, podendo se falar, inclusive, em *progresso cumulativo*[63].

A mudança de paradigmas tem origem na constatação de que a teoria científica é dinâmica e traduzida num processo de construção de novas formas de pensar e entender a realidade e superação de outros modelos de racionalidade. Essas mudanças encontram-se de tal forma imbricadas nas estruturas sociais que se torna necessário considerar a atividade do cientista sob o influxo de fatores sociais, externos ao conhecimento científico, sem descurar da causalidade intrínseca do domínio interno da ciência.

Pensar e escrever sobre a mudança científica consiste em refletir sobre ideias e coisas dentro da contingência e heterogeneidade dos processos históricos, evidenciando as influências socioculturais nos conteúdos cognitivos, sendo lógico considerar na linha de entendimento de SHAPIN e SCHAFFER que soluções para problemas de conhecimento são soluções para problemas de ordem social[64].

---

[61] "(...) as crises são uma pré-condição necessária para a emergência de novas teorias [...]: uma teoria científica, após ter atingido o status de paradigma, somente é considerada inválida quando existe uma alternativa disponível para substituí-la. (...). Decidir rejeitar um paradigma é sempre decidir simultaneamente aceitar outro e o juízo que conduz a essa decisão envolvem a comparação de ambos os paradigmas com a natureza, bem como sua comparação mútua" (KUHN, Thomas. **A estrutura das revoluções científicas**. São Paulo: Perspectiva, 1994. p. 107-108).

[62] "(...) muitas observações intrigantes acumulam-se fora do antigo modelo explicativo, forçando-o a modificar-se (...). Uma nova e poderosa percepção explica as aparentes contradições. É introduzido um novo princípio (...) uma nova perspectiva. Forçando uma teoria mais ampla, a crise não é destrutiva, e sim instrutiva (...). Por sua perspectiva mais ampla, transforma o conhecimento tradicional e as novas e persistentes observações, conciliando as aparentes contradições. O novo paradigma é mais produtivo que o antigo. Prevê com mais precisão. E, além do mais, escancara portas e janelas a novas explorações" (FERGUSON, Marilyn. **A conspiração aquariana**. Tradução de Carlos Evaristo M. Costa. Rio de Janeiro: Record; Nova Era, 2000. p. 1-42).

[63] LAUDAN, Larry. **O progresso e seus problemas**: rumo a uma teoria do crescimento científico. Tradução de Roberto Leal Ferreira. São Paulo: Ed. da Unesp, 2011.

[64] SHAPIN, Steven; SCHAFFER, Simon. **Leviathan and the Air-Pump:** Hobbes, Boyle and The Experimental Life. Princeton: Princeton University Press, 1985.

7 Produção do conhecimento científico como objeto do paradigma moderno ao pós-moderno: crise ou transição?

7.1 Pós-modernidade

Desde a última década do século XX até os dias atuais, transformações significativas e rápidas e que afetam nosso modo de pensar, interagir, agir e nos comunicar são vistas em todos os setores da nossa sociedade. Mudanças que culminam num quadro complexo, fascinante e assustador do mundo em que vivemos hoje.

Vivemos a pós-modernidade, um conceito ainda em construção, repleto de transformações em relação a diversos temas[65] e demarcado pela ênfase na tecnologia eletrônica, na automação e na informação.

A imagem que caracteriza de forma mais original as relações entre paradigmas nos dias atuais parece ser, sem dúvida, a de um **período de transição paradigmática**[66], em que a dinâmica da realidade exige novos paradigmas que expliquem

---

65 "A pós-modernidade não representa verdadeira ruptura com o ideal de cálculo e desempenho da modernidade, mas apresenta algumas transformações em relação a diversos temas, que serão abordados a seguir, a exemplo da ruptura entre fronteiras do Estado nacional, dada integração global, da noção de privacidade e de publicidade, sobretudo pela influência das redes sociais, e, por fim, das próprias atividades públicas e particulares, com a presença mais intensiva de um setor público, mas não estatal" (NOHARA, Irene. **Fundamentos do Direito Público**. São Paulo: Atlas, 2022. p. 206).

66 A transição paradigmática exige a transformação dos paradigmas científicos tradicionais e a produção de novos conhecimentos, com debate da sociedade envolvida. Acontece que ainda não foram criados modelos teóricos satisfatórios para a compreensão das novas formas de organização político-social. Essa demanda surgiu como uma ruptura entre o sistema vigente e a realidade das novas relações do contexto contemporâneo marcadas pelos impactos da pós-modernidade, com a necessidade de repensar elementos coerentes com a nova realidade. Nessa transição há uma tensão entre teorias que resistem em se despojar da condição de estruturação da realidade e as conquistas que ainda não conhecem o novo campo de caminhos emancipatórios. Por isso, reconhece-se nos novos problemas "verdades" novas, e é a partir desse processo que se estabelece um diálogo com a realidade permeado de evidências e resistências, com a produção de conhecimentos que enfrentem os desafios decorrentes das novas necessidades da época: "a definição da transição paradigmática implica a definição das lutas paradigmáticas, ou seja, das lutas que visam aprofundar a crise do paradigma dominante e acelerar a transição para o paradigma ou paradigmas emergentes" (SANTOS, Boaventura de Sousa. **A crítica da razão indolente**. Contra o desperdício da experiência. Para um novo senso comum. A ciência, o direito e a política na transição paradigmática. São Paulo: Cortez, 2000. v. 1. p. 19).

os problemas contemporâneos[67] mais adequadamente. Essa imagem espelha de maneira muito sugestiva os dilemas e os desafios epistemológicos existentes no século XXI, em que problemas múltiplos e inter-relacionados evidenciam a existência de um estado de mal-estar[68].

Com a evolução do conhecimento científico, experimentamos nos dias atuais uma transição paradigmática do moderno[69] ao pós-moderno[70]. O contexto da pós-modernidade, ainda em elaboração, apresenta transformações causadoras de uma ruptura renovadora da estrutura do conhecimento científico, com reflexos no direito público[71]. Nesse sentido, BORDONI abre passagem para a reflexão sobre a transição paradigmática ao apontar que a modernidade não cumpriu suas promessas, ao passo que a pós-modernidade as subestimou, até zombando delas. Ao apresentar essa visão da modernidade em crise, articulada com a de BAUMAN, o autor anteriormente citado afirma que as promessas ficaram imunes às ondas cruzadas da história, sendo abandonadas estratégias

---

[67] "Os paradigmas fazem a ponte entre a teoria e a realidade por meio da elaboração de teses científicas que são utilizadas na elaboração de programas e sistemas, na execução de políticas, de projetos de desenvolvimento. Estes têm como referências os conhecimentos construídos a partir de determinada visão de mundo que projeta as ações necessárias para a transformação da realidade" (ARENDT, Hannah. O que é política? In: ARENDT, Hannah. **O que é política?** Tradução de Reinaldo Guarany. Rio Janeiro: Bertrand Brasil, 1998. p. 21-25); "A pós-modernidade é um conceito ainda em construção. Existem, portanto, várias interpretações dadas à expressão, desde os que entendem que ela representa uma elevação dos ideais modernos de desempenho, calculabilidade e valorização do indivíduo autônomo, até os que enxergam nela uma significativa ruptura com a modernidade" (NOHARA, Irene. **Fundamentos do Direito Público**. São Paulo: Atlas, 2022. p. 197).

[68] BAUMAN, Zygmunt. **O mal-estar da pós-modernidade**. Rio de Janeiro: J. Zahar, 1998; "O 'novo' já está acontecendo, o problema é que os atuais modelos teóricos não conseguem percebê-lo e retratá-lo. Há de se criar um modelo que permita reproduzir a realidade concreta e a partir daí articular uma proposta de mudança" (WOLKMER, Antônio Carlos. **Pluralismo jurídico**: fundamentos de uma nova cultura no Direito. São Paulo: Alfa Ômega, 2001. p. 352).

[69] "Na medida em que tudo está fundamentado pelo ideário da utilidade para o bem-estar do homem, a razão se manifesta no Estado burocraticamente organizado, na nação sociologicamente construída, no território geográfico mapeado, na natureza cientificamente controlada, nos procedimentos produtivos fabris controlados pela arquitetura das esteiras de produção e técnicas de mecanização do trabalho (cuja maior expressão foi o fordismo), nas doenças remediadas pela medicina, nos corpos perigosos encarcerados pela prisão etc. Aqui se manifesta a verdadeira ideologia da modernidade" (BITTAR, Eduardo Carlos Bianca. **O Direito na pós-modernidade**. Rio de Janeiro: Forense Universitária, 2009. p. 35).

[70] "(...) dissolução do moderno: idade do enfraquecimento da razões e das suas pretensões e da emergência de uma pluralidade de modelos e paradigmas de uma racionalidade não homogênea, de um pensamento sem fundamentos, da desconstrução e da crítica da razão instrumental" (BORDIN, Luigi. Razão pós-moderna. In: HUHNE, Leda Miranda (Org.). **Razões**. Rio de Janeiro: Uapê, 1994. p. 159-160).

[71] "Produto cultural, o direito é, sempre, fruto de uma determinada cultura. Por isso não pode ser concebido como um fenômeno universal e atemporal" (GRAU, Eros Roberto. **O direito posto e o direito pressuposto**. São Paulo: Malheiros, 2008. p. 20-21).

favorecidas, assim como modelos de "boa sociedade" eventualmente concebidos para coroar o esforço de persegui-los de forma resoluta e fiel[72].

É verdade que, na prática, o fracasso do paradigma moderno, originado no século XVI e influente até o século XX, é estimulante para a busca de novas alternativas que visem à solução de problemas e à compreensão da realidade; além disso, tal fenômeno é marcadamente desafiador no que se refere à escolha de estratégias que se imponham como formas dominantes num reino de incerteza, acaso e criatividade.

O paradigma da modernidade, como princípio articulador do pensamento linear de causa-efeito, mostra-se insuficiente para lidar com os paradoxos de um mundo complexo. Seus conceitos e métodos articulados no referencial tradicional funcionam como instrumental incompatível para a pretensão moderna e hegemônica de uma cultura universal fundamentada na indeterminação e descontinuidade de modelos e projetos de vida[73].

A crise do paradigma moderno demanda a reformulação de suas premissas epistemológicas, seja por oposição, com a ruptura de seus parâmetros, seja por uma continuidade remodelada da modernidade[74]. As forças que levam às crises trazem em si as sementes da renovação.

As possibilidades de salvação nesse momento de crise partem da compreensão das características da condição pós-moderna, que inclui elementos orientadores do universo de incerteza para o entendimento da realidade[75]. A pós-modernidade se coloca no contexto da complexidade e interconexão em âmbito global, em função de um processo evolutivo contínuo e inacabado, caracterizando uma pretensa "solidez" que pode acabar por se tornar "fluidez"[76], passando a considerar a variabilidade no conhecimento e viabilizar uma reflexão multidimensional.

---

72 BAUMAN, Zygmunt; BORDONI, Carlo. **Estado de crise**. Tradução de Renato Aguiar. Rio de Janeiro: Zahar, 2016. p. 9-75.
73 "(...) há uma notável mutação na sensibilidade, nas práticas e nas formações discursivas que distingue um conjunto pós-moderno de pressupostos, experiências e proposições do de um período precedente" (HUYSSEN, Andreas. Mapping the Postmodern. **New German Critique**, n. 33, p. 5-52; **The Independent**, May 28th, 1987. Tradução nossa).
74 HARVEY, David. **Condição pós-moderna**. São Paulo: Loyola, 1992.
75 "Entre as ruínas que se escondem atrás das fachadas, podem pressentir-se os sinais, por enquanto vagos, da emergência de um novo paradigma" (SANTOS, Boaventura de Souza. **A crítica da razão indolente**: contra o desperdício da experiência. São Paulo: Cortez, 2000. p. 56).
76 BAUMAN, Zygmunt. **Modernidade líquida**. Rio de Janeiro: Zahar, 1998.

A expressão *pós-modernidade* gera muitos debates, cujos defensores e detratores se confrontam com concepções estruturalmente diferentes[77]. Em razão da fluidez dos conceitos pós-modernos e do rompimento desse fenômeno com os marcos da modernidade (a supervalorização da ciência, da razão e do progresso), esse novo movimento traz novas perspectivas com relação aos pressupostos anteriores. Não há como buscar uma verdade chamada *pós-modernidade*; contudo, há, sim, como colocar em evidência a construção de sentido sobre um processo de recomposição de diversos elementos (políticos, econômicos, culturais, religiosos etc.).

Certos princípios e leis que modelaram por meio milênio o pensamento científico moderno, estruturado desde o Renascimento, foram substituídos ou revistos no pensamento científico pós-moderno desenvolvido a partir da segunda metade do século XX. Nessa perspectiva, houve um rompimento com as referências teóricas construídas pelo pensamento moderno europeu[78], dando origem ao paradigma emergente do "mal-estar da modernidade"[79], em reação ao paradigma da modernidade definido na razão iluminista entre os séculos XVI e XVIII, gestado por um processo crescente de secularização e racionalização provenientes de fenômenos culturais como o humanismo do Renascimento e a Reforma Protestante[80].

"A pós-modernidade é uma linha de pensamento que questiona as noções clássicas de verdade, razão, identidade e objetividade, progresso, emancipação universal, sistemas únicos, grandes narrativas e fundamentos definitivos da explicação", enxergando o mundo como "contingente, gratuito, diverso, instável, imprevisível, um conjunto de culturas ou interpretações desunificadas e dotado de certo grau de ceticismo"[81].

---

[77] No campo específico da sociologia, vários dos autores consagrados do nosso período histórico afirmam não gostar do conceito – desde Anthony Giddens, que prefere falar de "modernidade radicalizada", até Zygmunt Bauman, que, em tempos recentes, preferiu o termo *modernidade líquida*. Apesar de toda a problemática que envolve a afirmação desta expressão, ela ganha alento no vocabulário filosófico e sociológico contemporâneo (Habermas, Beck, Bauman, Boaventura de Souza Santos), e entra definitivamente na linguagem corrente. O curioso é perceber que é esta já a primeira característica da pós-modernidade: a incapacidade de gerar consensos.

[78] CASTORIADIS, Cornelius. **As encruzilhadas do labirinto**. Rio de Janeiro: Paz e Terra, 1997. p. 202. v. 1.

[79] "O pós-moderno é muito mais a fadiga crepuscular de uma época que parece extinguir-se ingloriosamente que o hino de júbilo de amanhãs que despontam" (ROUANET, Sérgio Paulo. **As razões do iluminismo**. São Paulo: Companhia das Letras, 1987. p. 229-277).

[80] WOLKMER, Antonio Carlos. **Síntese de uma história das ideias jurídicas**: da Antiguidade Clássica à Modernidade. Florianópolis: Fundação Boiteux, 2008. p. 109.

[81] EAGLETON, Terry. **As ilusões do pós-modernismo**. Tradução de Elisabeth Barbosa. Rio de Janeiro: J. Zahar, 1996. p. 3.

A pós-modernidade[82] pode se projetar como um paradigma emergente pelo fato de pressupor uma nova realidade social marcada pela globalização e por uma comunicação generalizada e de pluralidade de culturas. Portanto, uma premissa da condição pós-moderna[83] é a constatação de que a modernidade acabou e que as transformações trazidas com esse evento demandam novos olhares sobre a vida social contemporânea[84].

É importante frisar que, a despeito do descrédito pós-moderno endereçado ao projeto da modernidade, à sustentação da crença da verdade alcançável pela razão[85] e à promessa de uma vida de progresso e segura para o ser humano[86], a racionalidade humana não foi abandonada – o que a pós-modernidade defende é o reconhecimento da fragmentação da razão marcada por um contexto efêmero, no qual os problemas devem ser enfrentados individualmente e em ritmo acelerado.

BAUMAN retrata o cenário de fragmentação da sociedade como uma "modernidade líquida", em que os preceitos sedimentados da modernidade, instituídos a partir dos séculos XVII e XVIII, derreteram-se[87]. Nesse contexto, LYON chama a atenção para um cenário de mudanças no final do século XX[88].

Enquanto as concepções modernas partem de um sujeito racional com identidade fixa e preocupações coletivas, a pós-modernidade se caracteriza pelo individualismo exacerbado, em que os interesses individuais tendem a suplantar

---

[82] "A pós-modernidade é um conceito ainda em construção. Existem, portanto, várias interpretações dadas à expressão, desde que os que entendem que ela representa uma elevação de ideais modernos de desempenho, calculabilidade e valorização do indivíduo autônomo, até o que enxergam nela uma significativa ruptura com a modernidade" (NOHARA, Irene. **Fundamentos do Direito Público**. São Paulo: Atlas, 2016).

[83] Ciro Flamarion Cardoso identifica quatro características básicas que constituem a pós-modernidade: 1) a crítica da presença em favor da representação; 2) a crítica da origem em favor dos fenômenos; 3) a crítica da unidade em favor da pluralidade radicalizada; e 4) a crítica da transcendência em favor da sua imanência (CARDOSO, Ciro Flamarion. Epistemologia pós-moderna: a visão de um historiador. In: FRIGOTTO, Gaudêncio; CIAVATTA, Maria (Org.). **Teoria e educação no labirinto do capital**. Petrópolis: Vozes, 2001. p. 75-90, p. 84-89).

[84] VATTIMO, Gianni. Pós-moderno: uma sociedade transparente? In: VATTIMO, Gianni. A sociedade transparente. Lisboa: Edições 70, 1991.

[85] "É ela quem deve, a partir de agora, dar unidade e sentido a todas as esferas que compõem a existência humana. Tudo quanto pretenda ter legitimidade para existir necessita, pois, de submeter-se ao crivo da Razão" (HANSEN, Gilvan Luiz. **Modernidade, utopia e trabalho**. Londrina: CEFIL, 1999. p. 37).

[86] "(...) perda das ilusões sobre o progresso como emancipação, da morte do sujeito unitário da história universal e da descrença na educação ou perfectibilidade do género humano" (PINTO, José Fernando Vasconcelos Cabral. **A formação do homem no projecto da modernidade**. 598 f. Tese (Doutorado em Ciências da Educação) – Faculdade de Psicologia e Ciências da Educação da Universidade do Porto, Porto, 1994. p. 8. Disponível em: <https://repositorio-aberto.up.pt/bitstream/10216/53620/1/TD-116_TD_01_P.pdf>. Acesso em: 24 jun. 2024).

[87] BAUMAN, Zygmunt. **Modernidade líquida**. Rio de Janeiro: Zahar, 1998.

[88] LYON, David. **Pós-modernidade**. São Paulo: Paulus, 1998. p. 9.

os interesses voltados ao bem-estar coletivo[89]. "Nesse âmbito, é o eu que está em questão o tempo todo, alargado e exaltado em suas fronteiras até o espaço sideral"[90].

A pós-modernidade se apoia num sujeito de identidade aberta e contraditória, em que o aumento da liberdade individual não adquire o *status* de libertação racionalizada com valores categorizados, mas um viver com angústia, imediatismo e incerteza, num cenário de complexidade e pluralismo social[91].

A indiferença com as questões de âmbito coletivo, aliada com a postura autocentrada do indivíduo, acentua a busca de crescimento econômico e acúmulo de riqueza numa lógica competitiva de produzir mais e mais, a não fraquejar nesse afã, a não parar, a tornar-se cada vez mais maquinal, o que já era previsto por Charles Chaplin como a nova doença do ser humano[92].

A noção de cultura do narcisismo ocupa um lugar de destaque na pós-modernidade, porque a lógica desse casulo é a autoabsorção, fator que confere uma preocupação excessiva com o "eu", com "olhos em nossos próprios desempenhos particulares, tornarmo-nos peritos em nossa própria decadência"[93].

Embora o individualismo da pós-modernidade, acompanhado da lógica acumulativa de riquezas, seja a indiferença com assuntos de interesse coletivo e a formação de uma personalidade competitiva, e até destrutiva, SINGLY acentua o elo do indivíduo em grupos, com uma multiplicação das pertenças geradoras de uma diversidade de laços que, tomados um a um, são menos sólidos, mas que, juntos, unem os indivíduos e a sociedade[94].

O reflexo da pós-modernidade pode representar historicamente o término das expressões estagnadas e dar lugar a uma ressignificação do mundo atual, que passa a fragmentar as barreiras existentes entre o presente e o passado numa dicotomia interpretativa, ou seja, por meio da eliminação das fronteiras que antes existiam.

---

89 CHAVES, Jacqueline. **Contextuais e pragmáticos**: os relacionamentos amorosos na pós--modernidade. 2004. 212 f. Tese (Doutorado em Psicologia Social e da Personalidade) – Instituto de Psicologia, Universidade Federal do Rio de Janeiro, Rio de Janeiro, 2004. Disponível em: <https://buscaintegrada.ufrj.br/Record/aleph-UFR01-000627288/Description#holdings>. Acesso em: 24 jun. 2024.
90 BIRMAN, Joel. **Mal-estar na atualidade**: a psicanálise e as novas formas de subjetivação. Rio de Janeiro: Civilização Brasileira, 2001. p. 246.
91 HALL, Stuart. **A identidade cultural na pós-modernidade.** Tradução de Tomaz Tadeu da Silva e Guaracira Lopes Louro. Rio de Janeiro: DP&A Editora, 2003; BAUMAN, Zygmunt. **Identidade**: entrevista a Benedetto Vechi. Rio de Janeiro: J. Zahar, 2005.
92 MARIN, Jeferson Dytz Marin; MARIN, Karen Irena Dytz. A imperatividade do reordenamento do espaço urbano e os contributos ambientais. **REDESG/Revista Direitos Emergentes na Sociedade Global**, v. 1, n. 1, jan./jun. 2012.
93 LASCH, Cristopher. **A cultura do narcisismo**: a vida americana numa era de esperanças em declínio. Rio de Janeiro: Imago, 1983. p. 26.
94 SINGLY, François de. **Uns com os outros**: quando o individualismo cria laços. Lisboa: Instituto Piaget, 2003. p. 24.

A expressão "pós-modernidade" batiza um contexto sócio-histórico particular, que se funda na base de reflexões críticas acerca do esgotamento dos paradigmas instituídos e construídos pela modernidade ocidental.

A pós-modernidade deve ser encarada como uma certa percepção que parte da consciência de ausência de limites e de segurança, num contexto de transformação. A pós-modernidade, ao produzir rupturas e introduzir novas definições axiológicas, trouxe não apenas reflexão crítica e criteriosa nas relações do indivíduo, da sociedade e do Estado, mas também uma procura ainda não exaurida de referenciais possíveis para reestruturação da vida e do projeto social.

7.2 Dimensões da pós-modernidade

7.2.1 Dimensão organizacional

A pós-modernidade traz consigo mutações culturais derivadas da globalização, processo multidimensional[95] expansionista de interesses das sociedades humanas e de integração mundial com a intensificação da interdependência entre Estados, organizações e indivíduos[96].

Nessa dinâmica civilizacional inevitável, essa imagem espelha de forma clara a desterritorialização, com remoção de fronteiras[97] e uma complexidade relacional entre os atores internacionais e nacionais intensificadas com as implicações na convivência entre a ordem jurídica global e as ordens jurídicas nacionais.

O estreitamento das relações entre os países e os povos – resultante de um progressivo desenvolvimento de certas tendências antigas[98] de contatos e viagens intercontinentais ou de eventos historicamente recentes[99], como o advento das Grandes Navegações dos séculos XV e XVI[100] – caracterizou por uma propagação

---

95 BALL, Stephen John. Cidadania global, consumo e política educacional. In: SILVA, Luiz Heron da. **A escola cidadã no contexto da globalização**. Petrópolis: Vozes, 1998. p. 121-137.
96 MILLER, M. Where is Globalization Taking us? Why We Need a New "Bretton Woods". **Futures**, v. 27, n. 2, p. 126, 1995.
97 OHMAE, Keinichi. **O fim do Estado-nação**: a ascensão das economias regionais. Rio de Janeiro: Campus, 1996. p. 5; SCHOLTE, Jan. **Globalization**: a Critical Introduction. New York: Palgrave, 2000. p. 46; HELD, David et al. Global Transformations: Politics, Economics and Culture. Cambridge: Polity Press, 1999. p. 16.
98 HIRST, Paul; THOMPSON, Grahame. **Globalização em questão**. Petrópolis: Vozes, 2002; RODRIK, Dani. **Has Globalization Gone too Far?** Washington: Institute for International Economics, 1997.
99 HARDT, Michael; NEGRI, Antonio. **Império**. Buenos Aires: Paidós, 2001; SOROS, George. **Globalização**. Lisboa: Temas e Debates, 2003; GARRETT, Geoffrey. The Causes of Globalization. **Comparative Political Studies**, v. 33, n. 6/7, p. 941-991, 2000. Disponível em: <https://journals.sagepub.com/doi/abs/10.1177/001041400003300610>. Acesso em: 24 jun. 2024.
100 MAGNOLI, Demétrio. **Globalização, Estado nacional e espaço mundial**. São Paulo: Moderna, 1997.

ampla, diversificada e profunda[101] desde o último quartel do século XX, graças à revolução das comunicações.

É fato que, na prática, as consequências desse movimento intenso e multidirecional – que tem o capitalismo como um de seus fundamentos mais importantes[102] – comportam conteúdos valorativos de dimensão positiva, uma vez que pressupõem uma interação que visa ao crescimento e à consolidação socioeconômica, política e cultural da sociedade, bem como de dimensão negativa, posto que tais repercussões representam uma fonte geradora de dificuldades, levando-se em consideração a natureza dos problemas mundiais que exigem solução na atualidade[103].

No entanto, também é verdade que a globalização na era da informação gera impactos significativos no espaço social e na estrutura estatal por assumir um papel regulador num conjunto de redes e conexões interativas. Isso explica precisamente por que, na perspectiva sociopolítica, há mudanças não apenas na estrutura do Estado nacional (nos aspectos da governabilidade, legitimidade e juridicidade), mas também na configuração de uma sociedade civil mais informada e consciente de seus interesses, que exerce pressão por participação e eficiência no atendimento de suas necessidades.

Assim surgiu um Estado em mutação fundamentado na referida globalização, que, por um lado, fragmenta a soberania estatal[104] num contexto policêntrico[105], e, por outro, demanda uma organização de poder coerente com o pluralismo jurídico e a eficiência no atendimento das necessidades sociais.

A rigor, a mutação estatal, por meio da qual se busca uma funcionalidade político-administrativa fundamentada em premissas de realização de valores de

---

101 MOREIRA NETO, Diogo de Figueiredo. A globalização e o Direito Administrativo. **Revista de Direito Administrativo**, Rio de Janeiro, n. 226, out./dez., p. 265-280, 2001. Disponível em: <https://periodicos.fgv.br/rda/article/view/47246/44653>. Acesso em: 24 jun. 2024; CHESNAIS, François. A mundialização do capital. São Paulo: Xamã, 1996; COX, Robert W. A Perspective on Globalization. In: MITTELMAN, James H. (Ed.). **Globalization**: Critical Reflections. London: Lynne Rienner Publishers, 1997; TOFFLER, Alvin. **A terceira vaga**. Tradução de F. P. Rodrigues. Lisboa: Livros do Brasil, 1999.
102 IANNI, Octavio. **Teorias da globalização**. Rio de Janeiro: Civilização Brasileira, 1998.
103 HENRIQUES, Mendo Castro. **A globalização**: mitos e realidades. 1998. Disponível em: <http://pwp.netcabo.pt/netmendo/Artigo%20globalização.htm>. Acesso em: 27 mar. 2024; STIGLITZ, Joseph Eugene. **A globalização e seus malefícios**. Tradução de Balzan Tecnologia e Linguística. São Paulo: Futura, 2002. p. 299; GUILLÉN, Mauro F. Is Globalization Civilizing, Destructive or Feeble? A Critique of Five Key Debates in the Social-Science Literature. **Annual Review of Sociology**, n. 27, p. 235-260, 2001. Disponível em: <https://www.researchgate.net/publication/234838556_Is_Globalization_Civilizing_Destructive_or_Feeble_A_Critique_of_Five_Key_Debates_in_the_Social_Science_Literature>. Acesso em: 24 jun. 2024.
104 ARNAUD, André-Jean. **O direito entre modernidade e globalização**: lições de filosofia do direito e do Estado. Tradução de Patrice Charles Wuillaume. Rio de Janeiro: Renovar, 1999. p. 214.
105 OLIVEIRA, Fábio Corrêa Souza de. **Por uma teoria de princípios**: o princípio constitucional da razoabilidade. Porto Alegre: Lumen Juris, 2007.

convivência definidas por princípios e direitos fundamentais[106], torna-se bizarra e artificial em Estados com uma política fechada e sem precedentes democráticos.

Para descrever as mutações produzidas na estrutura social e político-administrativa, causadas pela inexorável intensificação das relações no espaço mundial e incrementadas pelas novas tecnologias de informação e comunicação[107], é necessário deslocar a atenção do historicismo do poder centralizado e unilateral do direito como produto do Estado-Nação para a pluralidade, com a disseminação do poder e uma regulação jurídica de consensos múltiplos.

Justifica-se, assim, a utilização do processo aberto da globalização na reformulação do direito administrativo, num processo de abandono, desincorporação e problematização de sua dogmática tradicional. A criação do espaço jurídico transnacional fomenta a reflexividade na ação administrativa entre atores e fontes jurídicas diversas.

A globalização e a expansão dos fluxos de pessoas, informações e capital trouxeram desafios e questionamentos sobre a condução responsável em um espaço que envolve atores multifacetados que atendem às demandas da coletividade. Nesse contexto, surge a governança e a demanda pela capacidade do governo de formular políticas, cumprir funções e estabelecer relação com organizações não governamentais, movimentos civis, empresas multinacionais e mercados de capitais globais, bem como mecanismos de cooperação, direção conjunta e ganhos compartilhados[108].

A globalização como um fenômeno complexo, interpretado por alguns como ilusão e por outros como avanço no desenvolvimento, foi intensificada, sobretudo nos anos 1980-1990, por inovações tecnológicas nas esferas da informática e da robótica, influenciando a sociedade e dando origem a uma consciência e organização cada vez maiores, que exigem eficiência no atendimento de suas necessidades[109].

Uma reflexão que permita compreender as presentes transformações sociais como consequência inevitável da era da informação e avaliar suas implicações com base em critérios definidos deve permitir a compreensão de uma participação ativa do cidadão na construção do seu futuro.

---

106 ARENDT, Hannah. **As origens do totalitarismo**. São Paulo: Companhia das Letras, 2004.
107 McMAHON, P. Technology and Globalization: an Overview. **Prometheus**, v. 19, n. 3, p. 211-220, 2001. Disponível em: <https://www.researchgate.net/publication/227623186_Technology_and_Globalisation_An_Overview>. Acesso em: 24 jun. 2024.
108 YOUNG, O. **Drawing Insights from the Environmental Experience**. Cambridge: MIT Press, 2000.
109 MOREIRA NETO, Diogo de Figueiredo. A globalização e o Direito Administrativo. **Revista de Direito Administrativo**, Rio de Janeiro, n. 226, p. 265-280, out./dez. 2001. Disponível em: <https://periodicos.fgv.br/rda/article/view/47246/44653>. Acesso em: 24 jun. 2024.

7.2.2 Dimensão da incerteza

A contemporaneidade é marcada pela falta de critérios que sejam suficientemente sólidos para definição de padrões de orientação de conduta.

Vivemos num mundo da incerteza, no qual as respostas para os problemas sociais não encontram mais referenciais seguros. LYOTARD[110] chamou esse momento de "fim das grandes narrativas". Não existem mais uma ou duas escolhas a se fazer diante de um problema, mas uma multiplicidade de opções, de alternativas.

Surge o tempo da indefinição, do medo, da insegurança. Vive-se a angústia do que não pode ser e a perplexidade de um tempo sem verdades seguras[111]. A única certeza possível é a imprevisibilidade do futuro e a inafastabilidade do risco.

Na pós-modernidade, vive-se a era dos excessos, das celebridades instantâneas e momentâneas, dos "quinze minutos de fama" e de uma urgência implacável, causadora de grandes sofrimentos psíquicos.

7.2.3 Dimensão do risco

O sociólogo alemão Ulrich BECK[112] chama a nossa sociedade contemporânea de *sociedade global do risco*, uma verdadeira "caixa de pandora" que promove o crescente e contínuo processo de liberação aleatória de "novos riscos" que redundam no retorno da incerteza, da imprevisibilidade e da insegurança em suas dimensões cognitiva e normativa.

Vivemos em um mundo fora de controle. Não há nada certo além da incerteza. As situações imponderáveis, contingentes e aleatórias cresceram progressivamente, deixando de haver espaço para as certezas do passado dentro da dinâmica da modernidade.

É o que o sociólogo britânico Antony Giddens chama de *crise de controle*[113], como perda do domínio sobre o mundo em virtude do surgimento de perigos novos.

O universo do risco, diante das modificações contemporâneas processadas, foi ampliado; a humanidade, por sua vez, se vê confrontada pela necessidade de ter de refletir sobre um potencial de ameaça tradicionalmente inimaginável e que desafia categorias até então utilizadas para o pensamento e a ação[114].

---

110 LYOTARD, Jean-François. **A condição pós-moderna**. Rio de Janeiro: J. Olympio, 1979.
111 BARROSO, Luís Roberto. Fundamentos teóricos e filosóficos do novo Direito Constitucional brasileiro (pós-modernidade, teoria crítica e pós-positivismo). **Revista de Direito Administrativo**. Rio de Janeiro, n. 225, p. 5-37, jul./set. 2001.
112 BECK, Ulrich. **Sociedade de risco**: rumo a uma outra modernidade. Tradução de Sebastião Nascimento. 2. ed. São Paulo: Editora 34, 2011.
113 GIDDENS, Anthony. **A Terceira Via**. Brasília: Instituto Teotônio Vilela, 1999.
114 NOHARA, Irene. **Direito Administrativo**. São Paulo: Gen, 2024.

O filósofo e sociólogo polonês BAUMAN[115] acentua que a contemporaneidade é marcada pela "ambivalência", pelo "mal-estar" e pelas "vidas desperdiçadas". Se a sociedade dita *moderna* vivia em uma espécie de "solidez", na contemporaneidade, com seus projetos sociais e suas ideologias condutoras, o antigo cenário deixou de existir. Vive-se, como o pensador citado denomina, uma espécie de "modernidade líquida", fluida, desapegada de promessas ideológicas, compromissos sociais e políticos e caracterizada por um consumismo exacerbado.

7.2.4 Dimensão tecnológica

De modo geral, os países são compostos por sociedades de conhecimento fundadas no progresso científico e tecnológico, bem como na informação mediatizada e universalizada.

A internet e as tecnologias digitais fizeram emergir a sociedade da informação, que começou a tomar forma nos anos 1960 graças aos trabalhos de Alain Touraine[116] e Daniel Bell[117] sobre as influências dos avanços tecnológicos nas relações de poder, identificando a informação como ponto central da sociedade contemporânea.

Nessa sociedade, o fluxo de mensagens e imagens entre redes é o ingrediente básico das relações sociais. Desde os anos de 1990, vivemos na era da digitalização de informações e automação das indústrias. A base de todas as relações se estabelece por meio da informação e da sua capacidade de processamento e de geração de conhecimentos. A esse fenômeno CASTELLS denomina *sociedade em rede*; Lévy lhe confere o codinome *cibercultura* – "um estágio de desenvolvimento social caracterizado pela capacidade de seus membros (cidadãos, empresas e administração pública) de obter e compartilhar qualquer informação, instantaneamente, de qualquer lugar e da maneira mais adequada"[118]. Nasce uma forma de comunicação de flexibilidade jamais vista.

Assim como *smartphones* e redes sociais oferecem uma conectividade muito além de qualquer coisa que pudéssemos imaginar, os robôs estão começando a desenvolver capacidades físicas e cognitivas (inteligência artificial) muito acima de nossas expectativas. A ascensão da computação quântica.

Contudo, o que se vive hoje é o isolamento pessoal e a violência virtual. Todo tipo de ignorância, preconceito e doença encontra livre espaço, tornando as redes

---

115 BAUMAN, Zygmunt. **Vidas desperdiçadas**. Tradução de Carlos Alberto Medeiros, feita a partir de Wasted Lives (Modernity and Outcats), primeira edição inglesa publicada em 2004 por Polity Press, Cambridge, Inglaterra. Rio de Janeiro: J. Zahar Editor, 2005.
116 TOURAINE, Alain. **A sociedade post-industrial**. Tradução Ruth Delgado. Lisboa: Moraes, 1970.
117 BELL, Daniel. **O advento da sociedade pós-industrial**: uma tentativa de previsão social. São Paulo: Cultrix, 1977.
118 GASPARETTO JÚNIOR, Renato et al. **A sociedade da informação no Brasil**: presente e perspectivas. São Paulo: Telefonica, 2002. p. 16.

sociais o ninho da perversidade. Além disso, a facilidade de informação nos encheu de dados, acontecimentos e notícias que são apenas assistidas e pouco absorvidas.

Vivemos a era do efêmero, na qual músicas, artistas e até pensadores produzem conteúdo "enlatado" para o mercado em busca dos famosos "15 minutos de fama", das "curtidas" e da projeção instantânea. No lugar de conhecimento, reflexão e crítica, recebemos ostentação, caricaturas e apelo sexual. Assim a cultura brasileira é reduzida à meia dúzia de "famosos" e à futilidade nossa de cada dia.

7.2.5 Dimensão da integridade

No aspecto positivo da dimensão da integridade, podemos observar o resgate de valores e da proteção à dignidade humana nas constituições, bem como a restauração da importância dos princípios constitucionais, auxiliada pela expansão da jurisdição constitucional no cenário mundial.

Nesse contexto, as constituições assumem um papel significativo, com funções importantes: sendo norma das normas, ela fixa o valor, a força e a eficácia das demais normas que compõem o ordenamento jurídico do Estado.

Há uma releitura na separação de poderes: de um lado, os procedimentalistas visam à proteção das condições do procedimento democrático e à lógica da divisão dos poderes, colocando-se contra a extrapolação, pelo Poder Judiciário, de suas atribuições primárias e contra a intervenção dessa instância na esfera política; de outro, os substancialistas defendem a função intervencionista dos juízes e tribunais, cuja função é a de fazer valer os princípios e valores fundamentais constitucionalmente positivados, tendo como novo paradigma o Estado democrático de direito.

No aspecto negativo da dimensão da integridade – além da cultura da improbidade, com a incorporação de valores antiéticos e imorais no ambiente social, atribuição ao patrimônio público da condição de coisa perdida ou de ninguém, preocupação maior com o jogo político-partidário do que com o bem-estar da sociedade –, temos a revalorização do crime organizado (que fragiliza os poderes do Estado, provocando danos sociais extensos com base em uma estratégia global e em uma estrutura organizativa que permite a esse movimento criminoso aproveitar as fraquezas estruturais do sistema penal) e o cenário da corrupção, que faz parte da história de todos os países, prejudicando a provisão dos serviços públicos, aprofundando as desigualdades e colocando em risco a própria democracia.

Capítulo 2
Sociedade, Direito e Estado

7. Homem como ser social

O ser humano, possuidor da capacidade racional de refletir sobre o mundo, toma consciência das situações que vivencia interagindo em um espaço e um tempo, tendo a possibilidade de transformar e adaptar a natureza às suas necessidades.

Nesse cenário, o ser humano não vive sozinho[1]. Para evitar as dificuldades e obter benefícios, busca a vida coletiva. O estado de convivência entre os seres humanos é originado da busca de vínculos comuns entre eles, formando-se grupos, dos mais simples (família, clube, igreja, universidade) aos mais complexos (cidade, Estado, planeta Terra). Partindo da ideia de que a realidade é problemática, desafiadora e resistente, o ser humano busca pela compreensão da experiência compartilhada dos sujeitos com o mundo e das coisas que o cercam e utilizar suas cognições e habilidades, inteligência e criatividade para resolver os problemas da vida, tentando buscar respostas para os perigos e obstáculos que surgem na trajetória humana.

De acordo com MESSA[2],

> O caráter sociológico da segurança é apoiado na necessidade natural do homem de viver em grupos[3]. Há uma disposição natural do homem para a vida associativa, sendo a necessidade de convivência uma característica humana. Há uma uma necessidade instintiva e insuperável de associação presente na natureza humana de buscar uma estabilidade e previsibilidade no enfrentamento do cotidiano do dia a dia[4].

---

1 "Analisando o homem – enquanto indivíduo, pessoa, criatura – observa-se que tem tudo do seu intrínseco modo de existir para se definir sociável. Tem uma situação, uma Constituição, um devir que o titula, compreende e define como ente sociável. Não se pode compreender o homem se excluirmos essa constatação. Essa sociabilidade é inata, estrutural, específica do humano enquanto existente por quanto se observa neste planeta" (MENEGHETTI, Antonio. **A crise das democracias contemporâneas**. Recanto Maestro: Ontopsicológica Editora Universitária, 2014).

2 MESSA, Ana Flávia. Dimensão objetiva da segurança jurídica. **Cadernos de Dereito Actual**, n. 3, p. 411-434, 2015. p. 413. Disponível em: <https://www.cadernosdedereitoactual.es/ojs/index.php/cadernos/article/view/60/50>. Acesso em: 24 jun. 2024.

3 "(...) o homem é naturalmente um animal político" (ARISTÓTELES. In: **A Política**. p. 9. v. I); "A primeira causa de agregação de uns homens a outros é menos a sua debilidade do que um certo instinto de sociabilidade em todos inato; a espécie humana não nasceu para o isolamento e para a vida errante, mas com uma disposição que, mesmo na abundância de todos os bens, a leva a procurar o apoio comum" (CÍCERO. In: **República**. p. 15. v. I).

4 "O homem é induzido fundamentalmente por uma necessidade natural, porque o associar-se com os outros seres humanos é para ele condição essencial de vida. Só em tais uniões e com o concurso dos outros é que o homem pode conseguir todos os meios necessários para satisfazer as suas necessidades e, portanto, conservar e melhorar a si mesmo, conseguindo atingir os fins de sua existência" (RANELLETTI, Oreste. **Instituzioni di Diritto Pubblico**. Milano: Editora A. Giuffrè, 1955. p. 8-9).

As sociedades, desde os primórdios, foram surgindo por necessidade de segurança, concretizada na busca da sobrevivência[5] e proteção[6], e, com a evolução, foram adquirindo formas de organização, sendo que cada avanço representava a construção de novas relações sociais. Na trajetória evolutiva, o homem desenvolveu o conforto e a capacidade de interação.

A satisfação da necessidade social de segurança[7], através da compreensão, da certeza das coisas e da realidade[8], bem público[9], é uma tarefa que deve ser cumprida, e que depende de meios que visem prover previsibilidade na vida social e planejamento em relação ao futuro, de forma a garantir o exercício da cidadania.

Além da sociedade formada dentro da realidade de um Estado, temos a sociedade internacional. Com a intensificação do intercâmbio internacional de bens, serviços e pessoas, as relações humanas perpassam as fronteiras dos Estados, gerando estruturas diferentes, organismos internacionais e pessoas (físicas e jurídicas) em diferentes partes do globo terrestre. A reunião entre os Estados, organismos internacionais e o ser humano forma a sociedade internacional[10].

---

5   Em sentido contrário: segurança é uma habilidade para consolidar ambições políticas e sociais prioritárias; a sociedade, por sua vez, é uma condição existencial (WILLIAMS, Paul D. Security Studies: an Introduction. In: WILLIAMS, Paul D. (Ed.) **Security Studies**: an Introduction. London; New York: Routledge, 2008).
6   Nos grupos sociais de tempos primitivos, a sobrevivência foi alcançada por meio do desenvolvimento da capacidade humana de superar o mundo natural através das formas de cooperação e divisão de tarefas entre os membros de um grupo. Os seres humanos precisavam se organizar em sociedade, para se defender dos inimigos, abrigar-se e produzir comida para sobreviver. Nessas coletividades, o desenvolvimento social humano foi condicionado à necessidade de que os esforços cooperativos fossem mais eficientes que as ações individuais. Além de cooperar, os indivíduos desses agrupamentos partilhavam conhecimentos, experiências e sentimentos com seus semelhantes. No decorrer desse processo evolutivo, a busca da sobrevivência nessas sociedades primitivas envolveu desde a adaptação ao mundo natural até a transformação do meio ambiente com o surgimento de estruturas de poder e propriedade – **Período Paleolítico (5.500.000-10.000 a.C.):** caça e coleta de alimentos, controle do fogo e uso de instrumento de ossos, madeira e pedra; **Período Mesolítico (10.000-8.000 a.C.):** cultivo de plantas, domesticação de animais, uso de armas mais sofisticadas; **Período Neolítico (8.000-4.000 a.C.):** formação das sociedades comunitárias, baseadas na cooperação entre todos os membros do grupo e nas divisões de trabalho sob os critérios etário e sexual, com aprimoramento de tecnologias, surgimento das atividades comerciais e urbanização (PERRY, Marvin. **Civilização ocidental**: uma história concisa. São Paulo: M. Fontes, 2002).
7   "Num Estado de direito democrático, sem um sentimento geral e profundo de segurança, não são praticáveis as mais elementares facetas da liberdade" (LOUREIRO, Manuel Dias. **A política de segurança interna**. Lisboa: Ministério da Administração Interna, 1995. p. 15).
8   "A segurança ontológica se refere à crença que a maioria das pessoas têm na continuidade de sua autoidentidade e na constância dos ambientes de ação social e material circundantes" (BECK, Ulrich; GIDDENS, Anthony; LASH, Scott. **Modernidade reflexiva**: trabalho e estética na ordem social moderna. São Paulo: Ed. da Unesp, 1997. p. 95).
9   TEIXEIRA, Nuno Severiano. **Contributos para a política de segurança interna**: setembro de 2000 a Março de 2002. Lisboa: Ministério da Administração Interna, 2002.
10 "A sociedade internacional caracteriza-se por ser universal, igualitária, aberta, sem organização rígida e com Direito Originário" (HUSEK, Carlos Roberto. **Curso de direito internacional público**. São Paulo: LTr, 2004. p. 10).

Nesse tipo de sociedade, estreita-se a integração internacional por um processo paulatino de disseminação mundial[11] por meio da eliminação de barreiras e aumento nas trocas de bens e serviços, no progresso tecnológico desenvolvido entre as nações[12].

A globalização[13] restringe a capacidade de auto-organização dos Estados; demanda a reconfiguração das relações econômicas em um contexto de utilidade e eficiência; gera abertura de fronteiras com aumento de produtos e serviços de abrangências mundiais; acarreta revolução tecnológica por meio do fluxo intenso nas telecomunicações e na informática da interdependência dos mercados financeiros e transações econômicas; padroniza comportamentos consumeristas; e, por fim, diminui sensivelmente a qualidade de vida com aumento do desemprego, da pobreza e da fome.

Graças ao desenvolvimento e à intensificação da integração das relações sociais em escala mundial, surgiu a necessidade de estabelecer normas aceitas e reconhecidas pela comunidade internacional dos Estados como consagradoras de valores essenciais para a convivência coletiva, imperativa ou, pelo menos, cooperativa com as leis constitucionais dos Estados, restritivas da soberania estatal e variáveis no tempo e no espaço.

Apesar da crescente integração internacional, inclusive com a criação de blocos regionais e o poderio crescente de empresas multinacionais, é difícil empreender a construção de um conjunto de normas que representem o interesse comum de todos os Estados, estabelecendo um novo Direito que irmanasse, por um sentimento de união global, nações de diversos continentes por meio da fixação de padrões jurídicos mínimos, conformadores de uma sociedade internacional plural e complexa de nossa era.

Com o gradativo desaparecimento das fronteiras das nações, surgiu a necessidade mundial de um ordenamento que estabeleça normas que visem enfrentar os graves problemas de globalização com a tentativa (aí se encontra o dilema) de estabelecer sistemas de proteção das relações internacionais com vistas a permitir o convívio entre os membros da sociedade internacional. Dessa necessidade

---

11 PASSET, René. **Elogio da globalização**. São Paulo: Record, 2003.
12 CALDAS, Ricardo W. **Introdução à globalização**: noções básicas de economia, marketing & globalização. São Paulo: Instituto Brasileiro de Direito Constitucional, 1998.
13 "Consideraremos que a globalização constitui um processo de internacionalização de regras de convivência ou interferência política entre países, impulsionado por fatores da produção e da circulação do capital em âmbito internacional, movidos pela força propulsora da revolução tecnológica" (MALUF, Sahid. **Teoria geral do Estado**. São Paulo: Saraiva, 2010. p. 26).

surgiu o objeto do Direito Internacional Constitucional[14], que é a delimitação de um ordenamento[15] estruturante da sociedade internacional[16] por meio da fixação de parâmetros e valores comuns, com respeito à autodeterminação e independência dos Estados.

No desenvolvimento histórico dos povos antigos, o estrangeiro era sempre o inimigo que deveria ser submetido ou destruído[17]; nos dias atuais, com a interdependência das nações, a sociedade internacional busca uma comunidade de valores partilháveis com firmeza concordante e consciência jurídica internacional. A dificuldade é, em face da diversificação internacional e da complexidade social, identificar os parâmetros jurídicos mínimos que conferem coerência e harmonia ao convívio internacional[18], bem como estabelecer a aceitação desses conceitos, não só pela conscientização da internacionalização que ocorre na

---

14 A definição das características do Direito Internacional Constitucional é fruto da análise do modelo constitucional contemporâneo extraído da realidade histórica, política e social de integração internacional: a) **Área do Direito Internacional**: o Direito Internacional Constitucional é uma parte do Direito Internacional estruturante das relações internacionais; b) **Imprecisão**: não há delimitação precisa com normas próprias, sendo para alguns uma flexibilização generalizada do direito ou para outros um compromisso ético universal; c) **Complexidade**: apesar da constatação da existência e da necessidade de valores comuns imperativos na comunidade internacional, há o dilema entre o consenso cultural e de costumes e a divergência valorativa que gera progresso social; d) **Diversidade temática**: os preceitos jurídicos mínimos estruturantes da sociedade internacional são voltados a tratar de temas como Direitos Humanos, proteção ambiental e promoção da paz e segurança mundiais. Mas como saber os temas que resguardam, em última análise, o mínimo necessário para garantir a dignidade dos povos na comunidade mundial?; e) Mudança de paradigma: no Direito Internacional Constitucional, a questão constitucional é repensada como reflexo da ocorrência da perspectiva globalizante de uma ordem sem limites geográficos e com conteúdo imprecisos (MESSA, Ana Flávia. Caracteres do Direito Internacional Constitucional. **Revista Tributária e de Finanças Públicas: RTrib**, v. 21, n. 109, p. 15-24, mar./abr. 2013. Disponível em: <https://pge.es.gov.br/Media/pge/docs/Alertas%20de%20Sum%C3%A1rios/2013/junho/Revista%20Tribut%C3%A1ria%20e%20de%20Finan%C3%A7as%20P%C3%BAblicas,%20v.%2021,%20n.%20109,%20mar.abr.%202013.pdf>. Acesso em: 24 jun. 2024).
15 "(…) as normas jurídicas nunca existem isoladamente, mas sempre em um contexto de normas com relações particulares entre si (…). Esse contexto de normas costuma ser chamado de 'ordenamento'" (BOBBIO, Norberto. **Teoria do ordenamento jurídico**. Tradução de Ari Marcelo Sólon. São Paulo: Edipro, 2011. p. 19).
16 "Poder-se-á então falar em Direito Internacional fundamental ou constitucional, em Direito estruturante das relações internacionais e da própria comunidade internacional; num conjunto de normas definidoras da posição jurídica dos sujeitos de tais relações e do quadro em que elas se desenvolvem" (MIRANDA, Jorge. **Curso de Direito Internacional Público**. Portugal: Principia, 2009. p. 30).
17 CAVARÉ, Louis. **Le droit international public positif**. Paris: A. Pedone, 1951.
18 "O paradoxal é que apesar desse consenso em torno das qualidades do constitucionalismo, vive-se hoje uma espécie de 'mal-estar da Constituição', no dizer de Canotilho, decorrente de um rápido processo de integração regional e mesmo de globalização econômica. Assim, para muitos, o modelo constitucional está se esgotando, devendo ser substituído por um direito sem fronteiras, produzido de forma reflexiva, pelas mais variadas fontes. Para os mais idealistas, por outro lado, coloca-se hoje a possibilidade de realização de um constitucionalismo universal, como projetado na Paz Perpétua, de Immanuel Kant, aproveitando um momento de fragilização das soberanias" (VIEIRA, Oscar Vilhena; SUNDFELD, Carlos Ari. **Direito global**. São Paulo: Max Limonad, 1999).

atualidade, mas também pelo reconhecimento do complexo jurídico internacional[19] integrado por normas costumeiras, principiológicas ou convencionais[20].

2. Segurança como necessidade

Desde o início da humanidade, a segurança pode ser entendida como uma necessidade[21] individual, ou seja, uma aspiração básica[22] inerente ao ser humano[23] de buscar um estado de proteção sem ameaças, ou então como uma necessidade social[24], ou seja, o desejo da coletividade de querer compreender a realidade[25] com a obtenção de condições de proteção contra ameaças ou perigos que garantam um planejamento de vida e a produção de um futuro de forma consciente. Portanto, foi numa perspectiva cognitiva que começou a existir a segurança.

No primeiro sentido, privilegia-se o ângulo subjetivo da segurança[26]; no segundo, dá-se relevo ao ângulo objetivo ou funcional. Nesse quadro, o estudo da segurança será feito sob o ângulo funcional, e não do ponto de vista subjetivo em que se avalia a segurança, no seu sentido interno ou psicológico, como um estado

---

19 "No estágio presente das relações internacionais, é inconcebível que uma norma jurídica se imponha ao Estado soberano e à sua revelia" (RESEK, Francisco. **Direito Internacional Público**: curso elementar. São Paulo: Saraiva, 2012. p. 36).
20 "(...) o direito constitui uma unidade, um sistema e que tanto o Direito Internacional quanto o Direito Interno integram esse sistema. Por assim ser, torna-se imperativo a existência de normas que coordenem esses dois domínios e que estabeleçam qual deles deve prevalecer em caso de conflito (BARROSO, Luís Roberto. **Interpretação e aplicação da Constituição**. São Paulo: Saraiva, 2001. p. 370).
21 "Necessidade é, em resumo, a privação de certas satisfações" (MASLOW, A. **Introdução à psicologia do ser**. Rio de Janeiro: Eldorado, 1962).
22 STORK, Ricardo Yepes; ECHEVARRÍA, Javier Aranguren. **Fundamentos de antropologia**: um ideal de excelência humana. São Paulo: Inst. Bras. Filosofia Ciência Raimundo Lúlio, 2005. p. 338.
23 "El último [la seguridad], sobre todo, y como ya se ha indicado numerosas veces, va junto con el terror del hombre ante la inseguridad de su existencia, ante la imprevisibilidad y la incertidumbre a que está sometido" (COING, Helmut. **Fundamentos de filosofía del Derecho**. Traducción de Juan Manuel Mauri. Barcelona: Ariel, 1961. p. 67).
24 "Entre as principais necessidades e aspirações das sociedades humanas encontra-se a segurança jurídica. Não há pessoa, grupo social, entidade pública ou privada que não tenha necessidade de segurança jurídica para atingir os objetivos e até mesmo sobreviver" (DALLARI, Dalmo de Abreu. **Segurança e Direito**: o renascer do Direito. São Paulo: Saraiva, 1980. p. 26-30).
25 "Não há dúvida de que o homem almeja conhecer a si mesmo e conhecer o mundo em que está imerso, com o desejo de atingir aquele saber fundamental que dê coerência a seu agir, aquele saber básico que forneça o sentido último de sua vida e lhe ofereça mais plena explicação da realidade que o cerca" (HERVADA, Javier. **Lições propedêuticas de filosofia do Direito**. São Paulo: M. Fontes, 2008. p. 42).
26 Nesse ângulo, Agra faz distinção entre insegurança objetiva, como aquela relativa a problemas sociais, e a subjetiva, como sentimento com dimensões cognitivas e afetivas (AGRA, Cândido da. Podemos medir a criminalidade e a segurança? [CONGRESSO] INOVAÇÃO, PODER E DESENVOLVIMENTO: CONGRESSO DE CIDADANIA, **Separata**... p. 227-234, 2007).

de espírito ou um sentimento[27] das pessoas[28], já que se trata de um ângulo variável no contexto dos processos intrapsíquicos[29] e comportamentais dos sujeitos[30].

Além de ser necessidade social, a segurança, em uma acepção ampla e não isenta de subjetividade, é um valor jurídico[31], na medida em que funciona como fator de consenso social[32] e mínimo existencial da dignidade de uma comunidade política[33]. Como valor, a segurança pressupõe uma diretriz geral que inspira a vida em sociedade, bem como um fim primordial do Estado na consecução das suas tarefas de consecução do interesse público, devendo funcionar[34] como

---

27 MIRANDA, Ana Paula Mendes de. Informação, política de segurança pública e sentimento de (in)segurança. In: CONGRESSO LUSO-AFRO-BRASILEIRO DE CIÊNCIAS SOCIAIS. 8., **Actas**... Coimbra: Centro de Estudos Sociais, 2004. p. 18. Disponível em: <https://www.ces.uc.pt/lab2004/inscricao/pdfs/painel56/AnaPaulaMendesMiranda.pdf>. Acesso em: 24 jun. 2024.

28 "La seguridad es una de las principales aspiraciones humanas, surge de las necesidades de la interacción social, implica un estado subjetivo de certeza que proporciona al ser humano una sensación de confianza" (GIANOPOULOS, Set Leonel López. La retroacción de los efectos de la sentencia de concurso mercantil: un análisis desde la seguridade jurídica. **Revista Del Instituto de la Judicatura Federal**, p. 119-138, 12 nov. 2013. Disponível em: <https://revistas-colaboracion.juridicas.unam.mx/index.php/judicatura/article/viewFile/32106/29099>. Acesso em: 24 jun. 2024).

29 BOWLBY, J. **La separación afectiva**. Barcelona: Edicion es Paidos, 1985.

30 "Entretanto, ainda que se venha inserir grande parte da discussão das necessidades ou carências nas condições de qualidade, bem-estar e materialidade social de vida, não se pode desconsiderar as variáveis culturais, políticas, filosóficas, religiosas e biopsicológicas" (WOLKMER, Antônio Carlos. As necessidades humanas como fonte insurgente de direitos fundamentais. **Veredas do Direito**, v. I, n. 3, p. 85-92, jul./dez. 2004. Disponível em: <https://revista.domhelder.edu.br/index.php/veredas/article/view/133/112>. Acesso em: 24 jun. 2024).

31 "Valores, por exemplo, segurança, liberdade, riqueza, patriotismo, são símbolos de preferência para ações indeterminadamente permanentes. A este nível de abstração, eles podem ser entendidos, e, de fato, afirmados sem inibições, como fórmulas integradoras e sintéticas para a representação de consenso social" (FERRAZ JR., Tercio Sampaio. Rigidez ideológica e flexibilidade valorativa: para uma análise da dimensão axiológica do Direito. CONGRESSO INTERAMERICANO DE FILOSOFIA E DA SOCIEDADE INTERAMERICANA DE FILOSOFIA. 8.; 5. **Anais**... São Paulo: Instituto Brasileiro de Filosofia, 1974. p. 471-478).

32 "Com efeito, desde que o homem se reúne em sociedade, não pode deixar de reconhecer que é preciso que esta goze de segurança, de ordem, de meios para seu progresso; e que ele deve concorrer para a felicidade da comunidade social de que faz parte: esse é o interesse geral" (PIMENTA BUENO, José Antônio. **Direito Público Brasileiro e Análise da Constituição do Império**. São Paulo: 34, 2002).

33 "Se não há segurança na sociedade, a vida se torna insuportável" (TORRES, João Camillo de Oliveira. **Natureza e fins da sociedade política**: visão cristã do Estado. Petrópolis: Vozes, 1968).

34 "(...) não seremos humanos sem segurança ou sem liberdade; mas não podemos ter as duas ao mesmo tempo e ambas na quantidade que quisermos" (BAUMAN, Zygmunt. **Comunidade**: a busca por segurança no mundo atual. Tradução de Plínio Dentizien. Rio de Janeiro: Zahar, 2003).

instrumento de equilíbrio entre a ordem e progresso social[35], entre a manutenção e evolução da ordem[36], tendo como objetivo racionalizar a estabilidade e evolução sob a égide de uma postura de adaptação à realidade[37], tentando ressignificar aspectos da cultura que se transformam em razão de mudanças[38] e inovações causadas pelo progresso[39], baseando-se na capacidade efetiva de resolução de problemas[40].

3. Convivência social

Como demonstrado anteriormente, a segurança inicialmente surgiu como necessidade de agrupamento social. Todavia, quando a necessidade relacionada a esse fenômeno passou a ser de organização da convivência entre os membros da sociedade, nasceu a noção da segurança jurídica[41], que, por sua vez, representa um anseio ou uma necessidade do ser humano[42] de viver em uma sociedade

---

35 "Em si, progredir significa apenas 'ir para frente' implicando a ideia de um acréscimo. Entretanto, nem sempre é possível afirmar que tal acréscimo é necessariamente positivo. Com efeito, até a respeito de um tumor se pode dizer que está progredindo; mas, neste caso, o que aumenta é um mal, uma doença. Portanto, em muitos contextos a noção de progresso é neutra. Todavia, com referência ao progredir da história, a noção de progresso é positiva. Para o iluminismo, como também para nós hoje, progresso é um crescimento da civilização, um aumento para melhor, um melhoramento" (SARTORI, Giovanni. **Homo videns**: televisão e pós-pensamento. Tradução de Antonio Angonese. Bauru: Edusc, 2001).

36 "(...) a segurança implica um equacionamento entre outros importantes valores: a ordem e o progresso. O primeiro refere-se à manutenção, à continuidade, enquanto o segundo relaciona-se à evolução" (GUSSI, Evandro. **A segurança na Constituição**. 169 f. Dissertação (Mestrado em Direito) – Porto Alegre: UFRGS, 2005. Disponível em: <https://lume.ufrgs.br/bitstream/handle/10183/8782/000588871.pdf?sequence=1&isAllowed=y>. Acesso em: 24 jun. 2024).

37 "(...) o Direito é, pois, o resultado de uma relação permanente e iterativa entre a mutabilidade e a estabilidade" (RIVAS DE SIMONE, Diego Caldas. **Segurança jurídica e tributação**: da certeza do direito à proteção da confiança legítima do contribuinte. São Paulo: Quartier Latin, 2011).

38 "Não há nada permanente, exceto a mudança" (Heráclito).

39 "O homem tem uma capacidade biológica limitada para mudança. Quando essa capacidade é ultrapassada, ele entra em choque com o future (...). A maioria dos voluntários do Corpo de Paz e, na realidade, dos viajantes, tem a reconfortante certeza de que regressará à cultura que deixou; a vítima do choque do futuro não tem essa certeza" (TOFFLER, Alvin. **O choque do futuro**. Lisboa: Edição Livros do Brasil, 1970).

40 "A dificuldade maior não está em persuadir as pessoas a aceitarem as ideias novas, mas em persuadi-las a abandonar as antigas" (KEYNES, John Maynard. **Teoria geral do emprego, do juro e da moeda**. São Paulo: Atlas, 2009).

41 "A segurança é uma necessidade humana básica, considerada uma das principais causas da própria existência do Direito. Se a existência do ordenamento jurídico decorre da necessidade humana de segurança, não há como conceder um ordenamento em que ela não esteja presente (...) enquanto a concretização da segurança é causa final do Direito, a necessidade da segurança é sua causa eficiente" (MARTINS, Ricardo Marcondes. **Efeitos dos vícios do ato administrativo**: temas de direito administrativo 19. São Paulo: Malheiros, 2008).

42 "A segurança e a liberdade são elementos essenciais, logo, ontológicos da relação de cuidado de perigo que estrutura todo o comportamento humano" (COSTA, José Faria da. Poder e Direito Penal. **Revista de Legislação e Jurisprudência**, ano 136, n. 3942, jan./fev. 2007. p. 154).

organizada[43] e com proteção jurídica[44] contra perigos, riscos ou contingências do tempo, do espaço e do convívio social[45].

A exigência da segurança jurídica, ínsita no princípio constitucional do Estado democrático de direito, traduz e reflete valor fundamental contemplado de forma expressa ou implícita, em normas de direito positivo, impregnado de elevada significação político-jurídica, da estabilidade da ordem jurídica, da previsibilidade das consequências jurídicas de determinada conduta e da interdição da arbitrariedade[46] dos poderes públicos com a salvaguarda dos cidadãos perante o Estado[47].

Independentemente do tipo de segurança, podemos afirmar que a satisfação da necessidade social de segurança[48] é obtida pela organização e proteção

---

43 CINTRA. Marcos. Segurança jurídica e os tributos. In: BOTTINO, Marco Túlio (Org.). **Segurança jurídica no Brasil**. São Paulo: RG Editores, 2012.

44 SILVA, José Afonso da. Democracia: segurança e garantismo. **Notícia do Direito Brasileiro**, Brasília, n. 7, p. 163-174, 2000.

45 "La seguridade es, sobre todo y antes que nada, uma radical necessidade antropológica humana y el 'saber a que atenerse' es el elemento constitutivo de la aspiración individual y social a la seguridade; raíz comum de sus distintas manifestaciones em la vida y fundamento de su razón de ser como valor jurídico" (LUÑO, Antônio Enrique Perez. In: GUSMÃO, Mônica. Considerações sobre a Lei n. 14.122/2020. **Revista Brasileira de Direito Societário e Registro Empresarial**, ano 1, n. 2, jun./dez. 2022. Disponível em: <https://rbdsre.ibremp.org.br/pdf-magazines/revista-ano-1-2.pdf>. Acesso em: 24 jun. 2024).

46 "A segurança é, assim, praticamente, a base da Justiça. Um regime social em que haja segurança, em que haja ordem, estabilidade nessa ordem e certeza de que será respeitada e mantida, será por isso só um regime justo. O fim do Direito é realizar esse regime, conseguir o máximo possível de segurança, eliminando o máximo possível de arbitrariedade, de anarquia, de incerteza e instabilidade" (NÓBREGA, José. Flóscolo da. **Introdução ao Direito**. São Paulo: Sugestões Literárias, 1981).

47 "A segurança jurídica se expressa, hoje, praticamente, na previsibilidade da atuação estatal, partindo a doutrina moderna do conceito de paz jurídica para a compreensão de que a segurança jurídica requer confiabilidade, certeza e interdição da arbitrariedade no Estado de Direito" (PRUDENTE, Antonio Souza. Medida provisória e segurança jurídica. **Revista de Informação Legislativa**, n. 138, p. 237-248, abr./jun. 1998. Disponível em: <https://bdjur.stj.jus.br/jspui/bitstream/2011/176564/medida_provisoria_seguranca_prudente.pdf>. Acesso em: 24 jun. 2024).

48 "La seguridad es otro de los valores de gran consideración, por cierto, de importancia básica porque la certeza de saber a que atenerse, es decir, la certeza de que el orden vigente a de ser mantenido aún mediante la coacción, da al ser humano la posibilidad de desarrollar su actividad, previendo en buena medida cuál será la marcha de su vida jurídica" (GARRONE, José Alberto. **Dicionário jurídico**. Buenos Aires: **Abeledo-Perrot**, 1987. Tomo 3).

estabelecidas pelo Direito[49] e pelo Estado[50]. A convivência social depende de uma organização estabelecida pela existência de normas jurídicas que determinem como devem ser as relações entre todos (o conjunto dessas normas jurídicas forma o Direito), pela consagração da liberdade dos cidadãos[51] e de uma força que seja capaz de fazer cumprir as normas jurídicas, que no caso atual é o Estado, que detém o poder político[52], o comando sobre todas as pessoas e bens do território.

De acordo com o contexto histórico e o processo evolutivo, os anseios sociais por segurança mudam, sofrendo variação temporal e espacial, devendo o

---

[49] "A segurança é a razão do Direito" (CAVALCANTI FILHO, Theophilo. **O problema da segurança no direito**. São Paulo: RT, 1964); "O objetivo do Direito é a paz" (IHERING, Rudolf Von. **A luta pelo direito**. Tradução de Pietro Nassetti. 2. ed. São Paulo: M. Claret, 2008). "O direito é, portanto, uma ferramenta que fornece as condições necessárias para vida interativa em sociedade e para realização de valores morais inquestionáveis como a liberdade e a justiça" (SUMMERS, Robert S. **Lon Fuller**. Stanford: Stanford University Press, 1984); "O Direito tem dupla vocação: a de proporcionar segurança a uma sociedade e a de fazer imperar a justiça em suas relações. Como se pode observar, se, por um lado, o anseio de justiça é profundo e tem movido toda a evolução do Direito, é certo que, desde as sociedades primitivas, a necessidade de segurança, que nos vem do próprio instinto, tem precedência lógica e cronológica, pois sem ela nenhuma ordem poderia sequer existir" (MOREIRA NETO, Diogo de Figueiredo. **Mutações do Direito Público**. Rio de Janeiro: Renovar, 2006).

[50] "A segurança, a par da liberdade e da paz pública, é encarada como uma das tarefas mais complexas e prioritárias dos Estados democráticos" (PARREIRA, Luis Newton. Tardes de Queluz: a guarda face aos desafios do ambiente de segurança do século XXI. **Revista Pela Lei e Pela Grei**, n. 92, out./dez. 2011. p. 63).

[51] "Os vários estudos sobre direitos humanos fundamentais sempre tiveram como ponto de partida a necessidade de consagração de um rol de liberdades públicas tendentes a limitar a possibilidade de ingerência do Poder estatal na vida do cidadão. Essas ideias (...) encontravam um ponto fundamental em comum, a necessidade de limitação e controle dos abusos de poder do próprio Estado e de suas autoridades constituídas e a consagração dos princípios básicos da igualdade e da legalidade como regentes do Estado moderno e contemporâneo, pois nos Estados onde o respeito à efetividade dos direitos humanos fundamentais não for prioridade, a verdadeira Democracia inexiste, como ensina Norberto Bobbio, ao afirmar que 'sem respeito às liberdades civis, a participação do povo no poder político é um engano, e sem essa participação popular no poder estatal, as liberdades civis têm poucas probabilidades de durar'" (BRASIL. Superior Tribunal de Justiça. Habeas Corpus 82.009. Relatora: Denise Arruda. Decisão monocrática. Data de publicação: 2 maio 2007).

[52] Há na doutrina dois posicionamentos a respeito da caracterização conceitual de soberania. O primeiro posicionamento sustenta que *soberania*, em termos objetivos, tem um aspecto substantivo (poder) e um aspecto adjetivo (qualidade do poder estatal) (RANELLETTI, Oreste. **Instituzioni di Diritto Pubblico**. Milão: Giuffrè, 1955). No segundo posicionamento, há em comum a percepção do aspecto unitário no conceito de soberania, porém existem nesse posicionamento duas vertentes: a) é o poder (JELLINEK, Georg. **Teoria general del Estado**. Buenos Aires: Albatroz, 1954); b) é a qualidade do poder estatal (HELLER, Hermann. **Teoria do Estado**. Buenos Aires: Fondo de Cultura Econômica, 1961).

Direito[53] e o Estado promover adequação às mudanças, com respostas aos problemas e necessidades estruturais da vida do indivíduo e do grupo compatíveis no horizonte do presente e futuro, para que haja o estabelecimento do equilíbrio, justiça e bem-estar.

4. Organização da vida em sociedade

A convivência entre os seres humanos é possível, desde que exista uma organização representada por normas jurídicas. Conforme o saudoso Washington de Barros:[54] "Sem essas regras, disciplinadoras do nosso proceder, ter-se-ia o caos. Os conflitos individuais, resultantes do choque de interesses, seriam inevitáveis e a desordem constituiria o estado natural da humanidade".

O Direito, na qualidade de ordem normativa[55], é instrumento da segurança jurídica, já que por meio do estabelecimento de normas jurídicas tem o papel de reger as relações humanas de modo a garantir coexistência social pacífica[56]. A formulação do complexo normativo numa sociedade exprime a exigência

---

53 "Segurança na teoria jurídica significa garantia, proteção, estabilidade de situação ou pessoa em vários campos" (SILVA, José Afonso da. Democracia: segurança e garantismo. **Notícia do Direito Brasileiro**. Brasília, n. 7, p. 163-174, 2000); "segurança não é imutabilidade, pois esta é própria da morte. A vida, esta, rege-se pelo movimento, que é próprio de tudo que vive. A sociedade, como o direito que nela e para ela se cria, é movível. O que se busca é a segurança do movimento" (ROCHA, Carmen Lúcia Antunes. O princípio da coisa julgada e o vício da inconstitucionalidade. In: ROCHA, Carmen Lúcia Antunes . (Coord.) **Constituição e segurança jurídica**: direito adquirido, ato jurídico perfeito e coisa julgada. Belo Horizonte: Fórum, 2004).

54 MONTEIRO, Washington de Barros. **Curso de Direito Civil**. São Paulo: Saraiva, 2010.

55 O direito é o que se precisa para que povo possa alcançar a sua estabilidade (CARNELUTTI, Francesco. **A arte do Direito**. São Paulo: Bookseller Editora, 2005); "O Direito pode ser examinado sob o ângulo objetivo, denominado 'Direito como ordenamento' ou 'Direito Positivo', e sob o ângulo científico, designado 'Direito como ciência' ou 'Ciência do Direito'. O Direito Positivo é consubstanciado pelas regras e princípios que regulam o comportamento das pessoas por meio da coerção. A Ciência do Direito é contemplada pelos estudos acerca das normas jurídicas, ou seja, prescrições descritivas sobre as regras e os princípios do Direito Positivo, sendo cindida, para fins didáticos, em ramos jurídicos" (MORAES, Guilherme Peña de. **Curso de Direito Constitucional**. São Paulo: Atlas, 2022).

56 "É sabido e ressabido que a ordem jurídica corresponde a um quadro normativo que enseja às pessoas a possibilidade de ser orientarem, graças à ciência que, de antemão, lhes é dada sobre o que devem ou que podem fazer, por lhes ser obrigatório ou conveniente, e o que não devem, não podem ou não lhes convém fazer, tendo em vista as ulteriores consequências imputáveis a seus atos. Com isto, os sujeitos de direito podem ter uma certa segurança em relação ao futuro, o qual se lhes apresenta, então, com alguma estabilidade no que atina aos efeitos que terão amanhã os comportamentos que praticarem hoje (MELLO, Celso Antônio Bandeira de. **Grandes temas de Direito Administrativo**. São Paulo: Malheiros, 2009. p. 12).

necessária de ordem nas inter-relações[57], prevenindo conflitos e possibilitando estabilidade, harmonia e equilíbrio na vida social[58].

No aspecto formal da segurança jurídica, vinculado à própria ideia de Direito, dá-se relevo à positividade na existência do Direito, que, por sua vez, ordena[59] e viabiliza o convívio do ser humano nas relações intersubjetivas e com o Estado[60]; é por meio da existência da estrutura normativa, que representa a organização da vida em sociedade, que o Direito exprime sua verdadeira vocação de proporcionar segurança a uma sociedade[61].

Além do Direito, que possibilita a organização da vida em sociedade, é necessário, outrossim, a existência de uma força capaz de aplicar as normas jurídicas, que no caso atual é o Estado. No sentido de sociedade política permanente, a expressão Estado surge pela primeira vez no século XVI na obra O Príncipe, de Maquiavel. A matéria tem seu estudo aprofundado na teoria geral do Estado.

Para o Direito Administrativo, interessa que o Estado é um ente personalizado que detém poder político[62] (alguns sustentam a ideia de poder[63]; outros, a da qualidade inerente ao poder[64]), o comando sobre todas as pessoas e bens

---

[57] "A regra de direito é social pelo seu fundamento, no sentido de que só existe porque os homens vivem em sociedade" (DUGUIT, Léon. **Fundamentos do Direito**. Revisão e Tradução de Marcio Pugliesi. São Paulo: Ícone, 1996).

[58] "Uma das principais funções das instituições sociais é criar estruturas de ordem e estabilidade nas relações entre membros da comunidade. Cabe ao direito acrescentar a essa estabilidade ordenadora das instituições sociais uma segurança ordenadora específica e própria a que se pode dar o nome genérico de segurança jurídica" (MACHADO, João Baptista. **Introdução ao direito e ao discurso legitimador**. Coimbra: Almedina, 1999).

[59] "Direito é a ordenação das relações de convivência" (GRINOVER, Ada Pellegrini; ARAÚJO CINTRA, Antônio Carlos; DINAMARCO, Cândido Rangel. **Teoria geral do processo**. São Paulo: Malheiros, 2007).

[60] "A sociedade sem o direito não resistiria, seria anárquica, teria o seu fim. O direito é a grande coluna que sustenta a sociedade. Criado pelo homem, para corrigir a sua imperfeição, o direito representa um grande esforço para adaptar o mundo exterior às suas necessidades de vida" (DURKHEIM, Émile. **As regras do método sociológico**. São Paulo: Cia. Editora Nacional, 1960).

[61] "(...) segurança pelo Direito, é representativa da concepção clássica de segurança jurídica, segundo a qual o Direito corresponderia às aspirações de ordem e paz dos indivíduos. A mera positividade das normas proporcionaria segurança às pessoas" (VALIM, Rafael. **O princípio da segurança jurídica no direito administrativo brasileiro**. São Paulo: Malheiros, 2010).

[62] Há na doutrina dois posicionamentos a respeito da caracterização conceitual de soberania. O primeiro posicionamento sustenta que soberania, em termos objetivos, apresenta um aspecto substantivo (poder) e um aspecto adjetivo (qualidade do poder estatal) (RANELLETTI, Oreste. **Istituzioni di diritto pubblico**. Milano: Giuffrè, 1955). No segundo posicionamento, há em comum a percepção do aspecto unitário no conceito de soberania; porém, existem nesse posicionamento duas vertentes: a) é o poder (JELLINEK, Georg. **Teoria general del Estado**. Buenos Aires: Albatroz, 1954); b) é a qualidade do poder estatal (HELLER, Hermann. **Teoria do Estado**. Buenos Aires: Fondo de Cultura Econômica, 1961).

[63] CAETANO, Marcello. **Manual de ciência política e Direito Constitucional**. Lisboa: Coimbra Ed., 1972.

[64] REALE, Miguel. **Teoria do direito e do Estado**. São Paulo: Martins, 1960.

do território. O poder político do Estado pode ser analisado em dois aspectos[65]: a) externo[66]: soberania é a independência; nesse contexto, a República Federativa do Brasil relaciona-se com outros Estados estrangeiros na base da igualdade jurídica, de maneira que o vínculo internacional é caracterizado como relação de coordenação e não de subordinação[67]; b) interno: soberania é supremacia interna; nesse caso, é o comando que o Estado exerce sobre todas as pessoas e os bens do território nacional, visando o bem comum[68]. Manzini[69] afirma que a relação de submissão de todos à soberania estatal interna é denominada relação política. Para o Estado manter a supremacia interna precisa de organização que pode se dar de duas maneiras: a) orgânica ou horizontal – por meio da opção de criar a divisão funcional do poder; b) espacial ou vertical – pela opção de espalhar ou não o comando no território.

A supremacia estatal, exigência, por vezes, necessária para a manutenção da convivência social, não implica, no sistema constitucional vigente, uma cláusula de caráter absoluto, de modo que sobre ela incidem limitações da ordem jurídica, especialmente de cunho garantista que reflitam o respeito aos direitos básicos do indivíduo. Conforme acentua Antonio Scarance Fernandes[70]: "Na evolução do relacionamento indivíduo-Estado houve a necessidade de normas que garantissem os direitos fundamentais do ser humano contra o forte poder estatal intervencionista".

---

[65] "A soberania tem um aspecto interno e um aspecto externo. O primeiro se manifesta nos diferentes poderes do Estado: no Legislativo, no Executivo e no Judiciário. Ele é a consagração do direito de autodeterminação, isto é, o direito do Estado de ter o governo e as leis que bem entender sem sofrer interferência estrangeira. O aspecto externo é o direito à independência que se manifesta no direito de convenção; direito à igualdade política; direito de legação; direito ao respeito mútuo" (MELLO, Celso D. de Albuquerque. **A soberania através da história**. Anuário: direito e globalização – a soberania. São Cristóvão-RJ: Renovar, 1999).

[66] "No plano internacional não existe autoridade superior nem milícia permanente. Os Estados se organizam horizontalmente, e dispõe-se a proceder de acordo com as normas jurídicas na exata medida em que estas tenham constituído objeto de seu consentimento" (RESEK, José Francisco. **Direito internacional público**. São Paulo: Saraiva, 2005).

[67] DUGUIT, Léon. **Traité de droit constitutionnel**. Paris: Ancienne Librarie e Fontemoing, 1930.

[68] Há na doutrina dois posicionamentos a respeito do estudo da finalidade do Estado. O primeiro posicionamento sustenta que a finalidade do Estado não é elemento formador do Estado (KELSEN, Hans. **Teoria general del estado**. México: Editora Nacional, 1950). O segundo posicionamento sustenta que a finalidade do Estado é elemento formador do Estado (GROPPALI, Alexandre. **Doutrina do Estado**. São Paulo: Saraiva, 1962).

[69] Entre o Estado e os particulares surge uma relação política que a todos vincula, subordinados que se acham à soberania dele: obrigação geral de respeitar as leis (MANZINI, Vincenzo. **Tratado de derecho procesal penal**. Torino: Unione Tipografico-Editrice Torinese, 1948).

[70] FERNANDES, Antonio Scarance. **Processo penal constitucional**. São Paulo: Revista dos Tribunais, 2005.

A soberania interna[71] na realidade contemporânea, caracterizada pela supremacia, é um conceito relativo por dois motivos: a) é suscetível de limites e restrições impostos pela ordem jurídica e pelo respeito aos direitos fundamentais; b) pela inserção gradativa dos Estados na comunidade internacional, em busca da cooperação internacional dos Estados em prol das finalidades comuns[72].

No âmbito da soberania interna, além da exigência de uma administração pública dialógica preocupada com a máxima garantia dos direitos fundamentais, é necessário que a atuação estatal reflita as diretrizes básicas conciliatórias da ampliação da participação comunitária nos destinos políticos do país com o bem-estar social consubstanciado no respeito à dignidade da pessoa humana[73].

5. Estado de direito

A realidade jurídica chamada *Estado de direito*[74] é compreendida com base na história das sociedades políticas e do Direito. Naturalmente, correspondem aos diversos tipos históricos de Estado[75], aos significados da expressão Direito e a diversos modelos e concepções de Estado de direito, sendo possível falar em *fases evolutivas* surgidas nos Estados ocidentais em conformidade com as condições

---

71 "É o poder de produzir o Direito Positivo, que é o direito contra o qual não há direito; o direito que não pode ser contrastado; e é um poder de decidir em última instância, 'porque é o poder mais alto, o poder acima do qual [internamente] não há poder'" (TELLES JUNIOR, Goffredo. **Iniciação na ciência do direito**. São Paulo: Saraiva, 2001).

72 MAZZUOLI, Valério de Oliveira. Soberania e a proteção internacional dos direitos humanos: dois fundamentos irreconciliáveis. **Revista de Informação Legislativa**. Brasília: Senado Federal, Subsecretaria de Edições Técnicas, ano 39, n. 156, out./dez. 2002.

73 "O Estado moderno, para assegurar a paz, afirmou-se, em última análise, graças a uma ordem jurídica coativa e ao monopólio legítimo do uso da força. O objetivo foi sempre o de garantir as condições mínimas externas possibilitadoras do livre desenvolvimento da personalidade do indivíduo e do funcionamento do corpo social" (DIAS, Hélder Valente. **Metamorfoses da polícia**: novos paradigmas de segurança e liberdade. Coimbra: Almedina, 2012).

74 É uma expressão que foi utilizada pela primeira vez por Robert Von Mohl nos anos de 1830. Trata-se de uma construção linguística alemã (BÖCKENFÖRDE, Ernest Wolfgang. **Estudios sobre el Estado de Derecho y la Democracia**. Madrid: Trota, 2000. p. 20; BILLIER, Jean-Cassien; MARYOLI, Aglaé. **História da filosofia do Direito**. Tradução de Maurício de Andrade. São Paulo: Manole, 2005. p. 248.

75 Atribui-se a Maquiavel o primeiro uso do termo *Estado* como sociedade politicamente organizada em O Príncipe (1513) (MAQUIAVEL, Nicolau. **O Príncipe; e, Escritos Políticos**. São Paulo: Folha de São Paulo, 2010. p. 12); "O estado não é conceito geral, válido para todos os tempos, mas conceito histórico, conceito que surge quando nascem a ideia e a prática da soberania, na nova ordem espacial do século XVI". ANDRADE ARAÚJO, Aloízio Gonzaga de. **O Direito e o Estado como estruturas e sistemas**. 288 f. Tese (Doutorado em Direito Público) – Faculdade de Direito da UFMG, Belo Horizonte 2001. p. 7.

concretas existentes nos vários países da Europa e, mais tarde, no continente americano[76].

Embora exista divergência, heterogeneidade e imprecisão no seu desenvolvimento histórico, o Estado de direito[77], que, para alguns, resulta de uma construção permanente de convivência sociopolítica e das tendências constitucionais que nasceram com os movimentos revolucionários do Iluminismo[78], e, para outros, tem como origem remota na ideia antiga da superioridade do governo das leis sobre o governo dos homens[79], é uma conquista emergente da eterna contenda entre novas liberdades e velhos poderes[80], para controlar o poder político com a proclamação de limites jurídicos e o reconhecimento dos direitos e garantias fundamentais[81].

---

76 A complexidade do campo semântico "Estado de direito" não é um fenômeno recente, mas um traço que caracterizou toda a parábola histórica da expressão: uma expressão inseparável das sociedades e das culturas nacionais nas quais ela surgiu e foi concretamente utilizada; uma expressão ligada a projetos e a conflitos político-jurídicos, congenitamente dotada de múltiplos sentidos, sobrecarregada de valores, ideologicamente imbuída de significados (COSTA, Pietro; ZOLO, Danilo; SANTORO, Emilio (Org.). **O Estado de direito**: história, teoria e crítica. São Paulo: M. Fontes, 2006. p. XII).

77 "Em sentido amplo ou fraco ou formal, ela designa qualquer ordenamento no qual os poderes públicos são conferidos pela lei e exercidos nas formas e com os procedimentos por ela estabelecidos. (...) Em um segundo sentido, forte ou substancial, 'Estado de Direito' designa, ao contrário, aqueles ordenamentos nos quais os poderes públicos estão igualmente sujeitos à (e por isso limitados ou vinculados pela) lei, não apenas quanto às formas, mas também quanto ao conteúdo de seu exercício" (FERRAJOLI, Luigi. O Estado de Direito entre o passado e o futuro. In: COSTA, Pietro et al. (Org.). **O Estado de Direito**: história, teoria e crítica. São Paulo: M. Fontes, 2006. p. 417); "O Estado de Direito é uma virtude crucial das sociedades civilizadas. Onde o Estado de Direito se estabelece, o governo de um Estado, ou de uma entidade não estatal como a União Europeia, ou de entidades políticas dentro de um Estado, como a Inglaterra, a Escócia, o país de Gales ou Irlanda do Norte, é sempre conduzido dentro de uma moldura ditada pelo Direito" (MacCORMICK, Neil. **Retórica e Estado de direito**. Tradução de Conrado Hübner Mendes. Rio de Janeiro: Elsevier, 2008. p. 17).

78 VERDÚ, Pablo Lucas. **A luta pelo Estado de Direito**. Tradução de Agassiz Almeida Filho. Rio de Janeiro: Ed. Forense, 2007.

79 AMARAL, Maria Lúcia. **A forma da República**. Coimbra: Coimbra Editora, 2005. p. 140-141.

80 BOBBIO, Norberto. **A era dos direitos**. Rio de Janeiro: Campus, 1992. p. 5.

81 DÍAZ, Elias. **Estado de derecho y sociedad democratica**. Madrid: Taurus, 1986. p. 31 e ss.; REIS NOVAIS, Jorge. **Contributo para uma teoria do Estado de direito**. Coimbra: Almedina, 2006; SCHMITT, Carl. **Legalidade e legitimidade**. Tradução de Tito Lívio Cruz Romão. Belo Horizonte: Del Rey, 2007; FERREIRA FILHO, Manoel Gonçalves. **Estado de Direito e Constituição**. São Paulo: Saraiva, 1999; TAVARES, Marcelo Leonardo. **Estado de emergência**: o controle do poder em situação de crise. Rio de Janeiro: Lumen Juris, 2008. p. 18.

Trata-se de um conceito que se opõe ao Estado do não direito, cujos limites de ação são postos pelo Direito[82], exigindo um ordenamento jurídico justo[83] com abrigo das liberdades públicas e que vise evitar o autoritarismo[84].

A luta pelo Estado de direito pressupõe esforços jurídicos para controlar o funcionamento do Estado e o poder político, resultante de uma construção permanente de convivência sociopolítica e das tendências constitucionais que nasceram com os movimentos revolucionários do Iluminismo[85].

5.1 Estado de direito liberal

Nessa primeira fase do Estado de direito[86], a preocupação central foi implantar limites à atuação estatal, preservando os direitos fundamentais, em especial a propriedade e a liberdade[87].

Em oposição ao Estado de Polícia, elegeu-se um Estado limitado pela lei (fonte de segurança), em correlação com o respeito à pessoa humana e aos seus direitos fundamentais[88], organizado de acordo com as diretrizes das Declarações de Direitos do século XVIII.

A segurança jurídica no Estado de direito liberal se dava por meio do Direito expresso nas leis[89], concepção formalista da segurança jurídica. O Direito é como

---

82 GARCÍA-PELAYO, Manoel. **As transformações do Estado Contemporâneo**. Tradução de Agassiz Almeida Filho. Rio de Janeiro: Forense, 2009. p. 41; MacCORMICK, Neil. **Retórica e Estado de direito**. Tradução de Conrado Hübner Mendes. Rio de Janeiro: Elsevier, 2008. p. 17.
83 LARENZ, Karl. **Derecho justo**. Madrid: Civitas, 1985. p. 151 e ss.
84 MICHELON, Cláudio et al. Retórica e o Estado de direito no Brasil. In: MacCORMICK, Neil. **Retórica e Estado de direito**. Tradução de Conrado Hübner Mendes. Rio de Janeiro: Elsevier, 2008. p. XXVII.
85 VERDÚ, Pablo Lucas. **A luta pelo Estado de direito**. Tradução de Agassiz Almeida Filho. Rio de Janeiro: Forense, 2007.
86 "O papel do Estado e do Direito era o de proteger os direitos fundamentais, em especial, a propriedade e a liberdade. Era um papel essencialmente negativo ou abstencionista. Daí esse período ser chamado de Estado Mínimo, inspirado na fórmula do laisser-faire, laisse-passer" (PIETRO, Maria Sylvia Zanella Di. O princípio da segurança jurídica diante do princípio da legalidade. In: MARRARA, Thiago (Org.). **Princípios de direito administrativo**: legalidade, segurança jurídica, impessoalidade, publicidade, motivação, eficiência, moralidade, razoabilidade, interesse público. São Paulo: Atlas, 2012).
87 "Na propriedade só a lei pode tocar (...) porque a lei representa o consenso dos contribuintes, a sua generalidade, a sua comunidade, a sua totalidade" (BARBOSA, Rui. As **Docas de Santos e as taxas de capatazia**: obras completas, XLV, 1918, I. Rio de Janeiro: MEC, 1967. p. 212).
88 DÍAZ, Elias. **Estado de derecho y sociedad democratica**. Madrid: Editorial Cuadernos para El Dialogo, 1975.
89 "Por ello, la seguridad en el Estado no podrá ser outra cosa que la seguridade mediante la positividad del Derecho; seguridad, por uma parte, previa al conflicto, entendida como la existencia de instrumentos tuteladores de intereses individuales. Y seguridad, por otra parte, en tanto componedora y armonizadora de tales intereses cuando los mismos colisionen en eventuales conflitos" (NOVOA, César Garcia. **El princípio de seguridad jurídica em matéria tributária**. Madrid: Marcial Pons, 2001).

um instrumento de adequação social[90], já que, com sua positividade[91], confere condições de ordenação de comportamentos e organização na convivência social. Nesse contexto, a segurança aparece como a própria razão de ser ou finalidade principal do próprio Direito[92]. A limitação do poder estatal e a garantia das liberdades negativas eram os principais objetivos. O indivíduo é valorizado contra as arbitrariedades do poder.

Na vigência do Estado liberal, fruto das revoluções liberais burguesas dos séculos XVII e XVIII, a simples contenção do poder para evitar abusos encampados pelo Estado absolutista, fundamentada numa concepção técnico-formal típica de um ambiente positivista que, ao longo do século XIX, cultivou a desvinculação com a preocupação extrajurídica, serviu aos interesses de manutenção do sistema capitalista.

A concentração do poder típica do absolutismo, geradora de arbitrariedades, era um empecilho para os liberais burgueses no desenvolvimento de suas atividades econômicas, de modo que o livre mercado e a proteção dos cidadãos contra os abusos do poder, além de assegurar a permanência do domínio da burguesia, prejudicou a soberania popular com o afastamento dos cidadãos dos assuntos públicos.

Como reação ao Estado absoluto, surgiu o Estado liberal, inaugurado após a Revolução Francesa no fim do século XVIII e acompanhado de formas de limitação do poder. Esse evento, fundamentado numa lógica associada à doutrina dos direitos humanos e à separação de poderes, ficou consagrada a necessidade de contenção do abuso do poder estatal em prol da liberdade.

Na vigência do Estado liberal, com a fórmula negativa de Estado, influenciada pela teoria de Adam Smith, não houve preocupação com o oferecimento de condições matérias e oportunidades iguais para as pessoas. A não intervenção estatal na economia era apenas uma forma de a burguesia evitar a ingerência dos antigos monarcas e senhores feudais na expansão de seus empreendimentos e obter lucro.

Com o predomínio da doutrina do liberalismo, e a fim de evitar discriminação em prejuízo da expansão econômica da burguesia, aplicava-se a ideia da igualdade formal, na qual se buscava a submissão de todos perante a lei, sem privilégios para a realeza (monarcas) e a nobreza (senhores feudais em

---

90 "O Direito nasce originariamente na vida humana para satisfazer uma necessidade de certeza e de segurança em determinadas relações sociais, consideradas da maior importância" (SICHES, Luis Recaséns. **Tratado de sociologia**. Porto Alegre: Globo, 1968).
91 A segurança do direito, como visto, é um valor jurídico que exige a positividade do direito. (SILVA, José Afonso. Constituição e segurança jurídica. In: ROCHA, Cármem Lúcia Antunes (Coord.). **Constituição e segurança jurídica**: direito adquirido, ato jurídico perfeito e coisa julgada. Belo Horizonte: Fórum, 2004).
92 "Uma das funções relevantes do Direito é conferir certeza à incerteza das relações sociais" (BECKER, Alfredo Augusto. **Teoria geral do direito tributário**. São Paulo: Saraiva, 1972).

decadência). Criado e regulado por uma Constituição, expressão do contrato social, além da superioridade da lei, que deve ser necessariamente observada por todas as pessoas, inclusive pelo próprio Estado, o cidadão exige o cumprimento de uma obrigação pactuada com outro cidadão e em face do Estado.

Na doutrina liberal, influenciada pelas ideias iluministas e jusnaturalistas, surgem os direitos de primeira geração, civis e políticos, como direitos de não intromissão dos poderes públicos no espaço de autodeterminação de cada indivíduo, interpretados e integrados à luz dos valores supremos da iniciativa privada, da segurança da propriedade e das exigências da calculabilidade requeridas pelo funcionamento do sistema capitalista[93].

No Estado de direito legal, o parâmetro de legitimação do poder político e do direito é o princípio da legalidade, que pressupõe a assimilação do direito pela lei, apresentando-se sem qualquer referência substantiva. A concepção do primado da lei surge em pleno período do liberalismo em contraposição ao Estado absolutista[94], caracterizado pela concentração e limitação do poder[95]. Nessa primeira fase do Estado de direito[96] a preocupação central foi implantar limites à atuação estatal, preservando os direitos fundamentais, em especial a propriedade e a liberdade[97].

Na formação do Estado de direito liberal, cumpre-se a ideia do controle do poder pela vinculação do exercício do poder à observância da lei. Todavia, nessa configuração estatal fica nítida a demarcação entre as esferas do Estado e da sociedade civil. Nessa rígida demarcação liberal, permite-se a existência de decisão

---

93 NOVAIS, Jorge Reis. **Contributo para uma teoria do Estado de direito**: do Estado de direito liberal ao Estado social e democrático de direito. Coimbra: Coimbra Editora, 1987. p. 67-68.

94 Nas monarquias da Europa Ocidental dos séculos XVII e XVIII e na Rússia, até 1905 vigorou o absolutismo, sistema caracterizado pela concentração do poder nas mãos do soberano, surgido com o fim do feudalismo. Nesse sistema, o soberano governa sem limitações ou reservas, com concentração total do poder nas mãos de um indivíduo ou de um grupo de pessoas. O poder do soberano resultava de uma combinação de fatores político-ideológicos, quais sejam, o poder de Deus, uma força armada unificada e o apoio da burguesia.

95 "Nos regimes absolutos, o administrador – veículo da vontade do soberano – é, como este, irresponsável. A administração é apenas uma técnica a serviço de privilégios de nascimento. O Estado de direito, ao contrário, submete o poder ao domínio da lei: a atividade arbitrária se transforma em atividade jurídica. A lei, como expressão da vontade coletiva, incide tanto sobre os indivíduos como as autoridades públicas" (TÁCITO, Caio. Bases constitucionais do Direito Administrativo. **Revista de Direito Administrativo**, Rio de Janeiro, n. 166, p. 37-44, out./dez. 1986. p. 37).

96 "O papel do Estado e do Direito era o de proteger os direitos fundamentais, em especial, a propriedade e a liberdade. Era um papel essencialmente negativo ou abstencionista. Daí esse período ser chamado de Estado Mínimo, inspirado na fórmula do laisser-faire, laisse-passer" (PIETRO, Maria Sylvia Zanella Di. O princípio da segurança jurídica diante do princípio da legalidade. MARRARA, Thiago (Org.). **Princípios de direito administrativo**: legalidade, segurança jurídica, impessoalidade, publicidade, motivação, eficiência, moralidade, razoabilidade, interesse público. São Paulo: Atlas, 2012).

97 "(...) na propriedade só a lei pode tocar (...) porque a lei representa o consenso dos contribuintes, a sua generalidade, a sua comunidade, a sua totalidade" (BARBOSA, Rui. **As Docas de Santos e as taxas de capatazia**: obras completas – XLV – 1918 – I. Rio de Janeiro: MEC, 1967. p. 212).

política desvinculada do que ocorre na sociedade civil. A ideia do controle do exercício do poder, embora surgida como forma de combater um Estado Policial e arbitrário, fica distante da cidadania. O cidadão não tem controle das políticas.

O regime jurídico-administrativo é construído para funcionar como uma reação à concentração do poder absolutista, com normas que colocam a Administração Pública numa postura distante da sociedade, apenas para proteger a segurança e a propriedade privada. Trata-se de um regime exorbitante e excepcional ao direito privado.

Sob o paradigma liberal, no regime jurídico-administrativo, a Administração Pública tem posição de supremacia em face do particular, apenas com a função executiva dos comandos legais por meio de uma estrutura concentrada e centralizada em que o agir administrativo representava-se por atos administrativos.

Toda a atividade administrativa deve respeitar estritamente as determinações legais, sob pena de invalidade[98]. Dentro da lógica do liberalismo clássico, a lei, como expressão da vontade coletiva, era entendida em seu sentido negativo pela proibição da atuação da administração *contra legem*. Ainda no período liberal, o exercício da função administrativa encontra-se vinculada à observância da lei, entendida como domínio normativo exclusivo do parlamento, editada no exercício da função legislativa e identificada com as normas jurídicas. Surge a reserva da lei.

5.2 Estado de direito social

Com as reinvindicações sociais pós-Revolução Industrial na busca pela justiça social, o Estado passou a ter uma atuação positiva, tornando-se prestador de serviços públicos. As novas configurações surgidas nesse período criaram condições que tornam necessária a intervenção do Estado em favor da melhoria das condições materiais que permitam a fruição da liberdade.

Após a Primeira Guerra Mundial, a atividade estatal estende-se a todos os aspectos da vida social. Foi nesse período que houve a incorporação de direitos sociais às constituições.

Ao mesmo tempo que se dilatava a esfera de atribuições do Estado e ampliava-se seu poder, tomava-se plena consciência da necessidade do desenvolvimento econômico como condição da justiça social. Nesse contexto, iniciou-se a estatização, acompanhada do incremento da burocracia, que forma a ideia de uma responsabilidade global do Estado com relação à economia em seu conjunto.

Com o advento do Estado social de direito, além do empenho da promoção do bem-estar social, ganhou força na ciência jurídica o positivismo. Com a crise

---

98 ANDRADE, José Carlos Vieira. **Lições de Direito Administrativo**. Coimbra: Imprensa da Universidade de Coimbra, 2010.

do Estado social, aliada à ascensão de extremismos ideológicos, surgiu a partir da segunda metade do século XX a necessidade de estrutura que conciliasse os objetivos sociais do Estado com o princípio democrático.

Com o advento do Estado social, oriundo das reivindicações sociais pós-Revolução Industrial, o constitucionalismo tornou-se político, econômico e social, já que os textos constitucionais passaram a consagrar direitos e liberdades sociais, uma autêntica democracia social, e a organização da solidariedade.

No Estado do bem-estar social, constata-se que a legalidade com o objetivo de proteger o cidadão perante o Poder Público não constitui uma ordem segura. Era necessária a intervenção do Estado nos domínios econômico e social para assegurar a igualdade entre os cidadãos.

Nessa época, surgiu o Estado-providência, com a consequente expansão da atuação do Estado na vida econômica, social e cultural, e a inserção do tema da Administração Pública nas Constituições. Em bom rigor, a Administração Pública passou a receber uma disciplina constitucional, encontrando na Lei Maior sua base normativa e o padrão de conformidade e validade de sua atuação[99].

Marcado pela exigência de que o Estado ofertasse prestações positivas em favor dos indivíduos (direitos sociais), após a Revolução Industrial surgiram reivindicações sociais marcadas pelo contraste entre os interesses do capital e do proletariado. Somada a essa luta pela realização efetiva da justiça social, sob o influxo da crise de 1929 e a Grande Depressão, fazia-se presente a necessidade de substituir a ideia do livre-mercado para um necessário capitalismo de Estado, influenciado pelas ideias keynesianas de busca do pleno emprego.

A Revolução Russa de 1917 inspirou concessões no âmbito das relações sociais para garantir a legitimidade estatal em face da ordem mundial polarizada, com a consequente incorporação de direitos sociais no âmbito das constituições. No final do século XIX, com a substituição do Estado liberal pelo Estado social, rompendo com a linhagem excessivamente não intervencionista do Estado liberal, a Administração Pública assumiu um papel de prestadora e planificadora para assegurar a igualdade social.

O regime jurídico-administrativo passou a disciplinar o alargamento de funções e tarefas cumpridas pela Administração Pública para assegurar o bem-estar social acompanhado da forte regulação e hipertrofia da atividade privada. Nesse cenário, o Estado social assumiu um papel de garantidor dos direitos

---

99 "(...) a atuação rotineira da administração é um dos elementos reveladores da efetividade das normas constitucionais na vida da coletividade" (MEDAUAR, Odete. **Direito Administrativo moderno**. São Paulo: Revista dos Tribunais, 2015. p. 66); MIRANDA, Jorge. **Manual de Direito Constitucional**. Coimbra: Editora Coimbra, 1985. t. I; OLIVEIRA, José Carlos de. **Administração Pública e sua vinculação ao conteúdo da legalidade**. Disponível em: <http://www.acervodigital.unesp.br/bitstream/123456789/65495/5/a2_m01_s01_l01_Print.pdf>. Acesso em: 11 mar. 2024.

sociais[100], assumindo a condição de agente do desenvolvimento econômico e social. No aspecto social, essa estrutura é garantidora do bem-estar da coletividade por meio da satisfação de suas necessidades básicas. No aspecto econômico, passou a desempenhar um papel de intervenção na economia não apenas para alcançar o pleno emprego, mas também para atuar nos setores importantes da economia. No aspecto administrativo, surge o fenômeno da estatização com o incremento da burocracia de modelo weberiano, em que "o próprio 'Estado', tomado como entidade política, [possui] uma 'Constituição' racionalmente redigida, um Direito racionalmente ordenado, uma administração orientada por regras racionais, as leis, e é administrado por funcionários especializados"[101].

Na implementação desse novo modelo estatal, ao mesmo tempo que o Estado assumiu um papel positivo, no cenário jurídico, ganhou fama o positivismo em contraposição ao jusnaturalismo predominante no Estado liberal. Foram necessárias crises para que houvesse uma modificação substancial no papel do Estado.

Sob o paradigma do Estado social, como a autodeterminação individual representa uma grave ameaça ao interesse público, todo o regime jurídico-administrativo é público, haja vista que o Poder Público abandona sua posição de absenteísmo, e passa a intervir no afã de proteger as partes mais débeis[102].

Com a transição do Estado liberal para o Estado social, substituindo um papel negativo para um papel ativo no desenvolvimento econômico da sociedade e no desenvolvimento pessoal dos próprios cidadãos, a Administração Pública assumiu a gestão das necessidades coletivas de segurança, bem-estar econômico e social.

A partir de 1980, em razão da ineficácia, da democratização econômica e social decorrente de uma estrutura administrativa burocrática e da crise econômica da década de 1970, impôs-se o questionamento acerca da legitimação do poder administrativo em face das demandas sociais, na busca de meios que viabilizassem a capacidade da administração para gerar e manter a crença em sua gestão pública direcionada na satisfação do interesse público.

---

100 No Brasil, surgiu somente na década de 1930, no fim da República Velha. Em Portugal, teve expressão no final do Estado Novo, verificando-se sua implementação após a Revolução de 1974.

101 "(...) o próprio 'Estado' tomado como entidade política, [possui] uma 'Constituição' racionalmente redigida, um Direito racionalmente ordenado, uma administração orientada por regras racionais, as leis, e é administrado por funcionários especializados" (WEBER, Max. **A ética protestante e o espírito do capitalismo**. São Paulo: Pioneira, 1985. p. 4).

102 SARMENTO, Daniel. Interesses públicos vs. interesses privados na perspectiva da teoria e da filosofia constitucional. In: SARMENTO, Daniel. (Org.). **Interesses públicos versus interesses privados**: desconstruindo o princípio da supremacia do interesse público. Rio de Janeiro: Lumen Juris, 2010. p. 40.

5.3 Estado democrático de direito

A fundamentação constitucional do Estado democrático de direito é fornecida pelo próprio ordenamento constitucional brasileiro vigente. Com efeito, a menção do Estado democrático de direito já é feita no preâmbulo. Além da previsão preambular, a CF/1988 faz referência direta ao Estado democrático de direito, como um princípio fundamental no art. 1º, devendo ser respeitado e protegido para a construção de uma sociedade livre, justa e solidária.

Trata-se de um dos princípios estruturantes condensadores dos valores superiores adotados em uma sociedade política, previstos na Constituição como uma estrutura fundada em princípios afirmadores da segurança jurídica e da existência digna, que envolve a interação e conjunção do princípio do Estado de direito, do princípio da sociabilidade e do princípio democrático. Tal modelo faz-se acompanhar de uma semântica renovada que inclui o reposicionamento do papel do Estado na sociedade[103].

O Estado democrático de direito constitui-se em torno de duas bases fundamentais: a soberania popular e a dignidade da pessoa humana. Na perspectiva da supremacia da vontade popular, o Estado democrático de direito se estrutura através de uma democracia representativa, pluralista e participativa. Além da escolha de representantes políticos, busca-se assegurar e incentivar a participação democrática dos cidadãos na resolução dos problemas comuns, a fim de promover a realização prática dos direitos fundamentais. Na perspectiva da dignidade da pessoa humana, a par do reconhecimento e da garantia de um sistema de direitos fundamentais e do imperativo da juridicidade, a democracia passa a ser vista não apenas como regime político, mas forma de vida e processo para promover o bem-estar e a qualidade de vida do povo.

Essa formação estatal, tendo origem na evolução histórica do Estado de direito, nasceu da necessidade de potenciar a virtualidade do princípio democrático no seio do Estado social de direito[104], e é justificada por dois eixos.

---

103 NOVAIS, Jorge Reis. **Os princípios constitucionais estruturantes da República Portuguesa**. Coimbra: Coimbra Editora, 2011.

104 "Entre os antigos, o ideal democrático foi comum na Grécia, cujo modelo é o ateniense da democracia direta, em que todo cidadão, exceto os escravos e outras categorias desconsideradas da cidadania, tinha o direito de participar das decisões políticas fundamentais, sendo a cidade administrada pela maioria e a liberdade o princípio regente da vida política. Jean-Jacques Rousseau defendeu a democracia direta, em que o povo atuaria diretamente fazendo prevalecer a vontade de todos. Mesmo consciente da inviabilidade da democracia direta nos grandes Estados, Rousseau, através do Contrato Social, era firme em suas convicções ao combater a representatividade e divulgar a crença da soberania popular como única fonte real de legitimidade do poder. Foi o século XVIII quem cunhou à luz do pensamento iluminista guiado pela busca de uma explicação racional para todas as coisas, representado por filósofos que, rompendo com todas as formas de pensar até então consagradas pela tradição, refletiram sobre as instituições políticas, por meio dos quais se exerce o poder, a democracia representativa, onde os representantes eleitos pelo povo agem em seu nome, (...) na preservação do direito à vida, à liberdade e à busca da felicidade" (ROUSSEAU, Jean-Jacque. **O contrato social**. São Paulo: M. Fontes, 1998. p. 407-408).

O primeiro eixo parte da perspectiva política: o desgaste da suficiência da democracia formal limitada às formalidades procedimentais para escolha dos políticos, com a instalação da democracia material, que exige novos instrumentos de participação nas políticas e nos controles públicos. A nota distintiva do Estado democrático de direito reside não mais na representatividade, mas na abertura democrática do exercício da soberania popular. O problema da abertura democrática está ligado à ampliação da participação popular[105] abrangendo a intervenção do povo no controle e tomado de decisões.

O segundo eixo parte da perspectiva jurídica: a constitucionalização da Administração Pública agrega ao regime jurídico-administrativo preocupações materiais e não meramente organizatórias, com a doutrina da efetividade, a teoria normativa dos princípios e a noção dos direitos fundamentais como ordem objetiva de valores[106].

---

[105] A participação popular representa um pressuposto necessário para a existência da democracia, em sintonia com a clássica conceituação de Abraham Lincoln, no célebre Discurso de Gettysburg, em 19 de novembro de 1863, um governo do povo, pelo povo e para o povo. Aléxis de Tocqueville, em sua obra A democracia na América, postula a importância da participação popular na democracia. Assim, o historiador francês resolve considerar as manifestações participativas do povo soberano e a ação política dos cidadãos como fundamentos da democracia ("o povo participa da composição das leis, pela escolha dos legisladores, da sua aplicação pela eleição dos agentes do poder executivo; pode-se dizer que ele mesmo governa, tão frágil e restrita é a parte deixada à administração, tanto se ressente esta da sua origem popular e obedece ao poder de que emana. O povo reina sobre o mundo político americano como Deus sobre o universo. É ele a causa e o fim de todas as coisas; tudo sai do seu seio, e tudo se absorve nele" – TOCQUEVILLE, Aléxis de. **A democracia na América**. Tradução, prefácio e notas de Neil Ribeiro da Silva. Belo Horizonte: Itatiaia; São Paulo: Edusp, 1998). A participação popular é o instrumento modelar no grau de desenvolvimento e efetivação da democracia, e apto a interferir no governo da sociedade. Por isso, os sistemas democráticos, além de poderem ser realizados no quadro da sistemática da participação política, são até mesmo aperfeiçoados por intermédio da mesma.

[106] MORGADO, Cintia. A nova face da separação de podres: capacidades institucionais, vinculação dos poderes e constitucionalismo cooperativo. **Revista da Procuradoria Geral**. Rio de Janeiro, n. 66, 2011, p. 64-93. Disponível em: <http://febreamarela.rj.gov.br/comum/code/MostrarArquivo.php?C=MTExMA%2C%2C.>. Acesso em: 31 jan. 2025.

TÍTULO 2

DIREITO ADMINISTRATIVO

Sumário

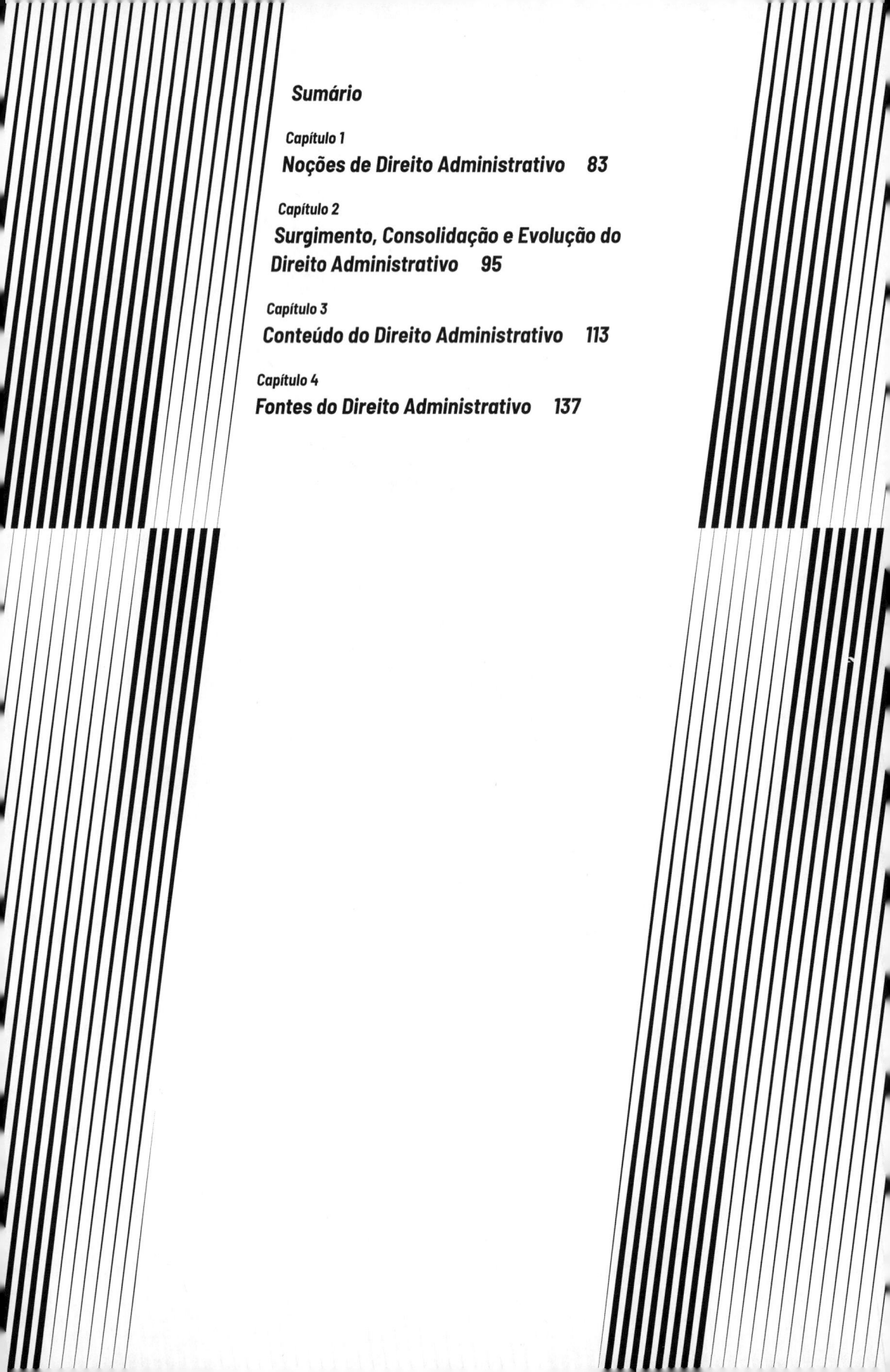

Capítulo 1
Noções de Direito Administrativo   83

Capítulo 2
Surgimento, Consolidação e Evolução do Direito Administrativo   95

Capítulo 3
Conteúdo do Direito Administrativo   113

Capítulo 4
Fontes do Direito Administrativo   137

Capítulo 1
Noções de Direito Administrativo

1. Terminologia *Direito Administrativo*

A terminologia Direito Administrativo formalizou-se nas primeiras décadas do século XIX, precisamente após a reforma política decorrente da Revolução Francesa, quando os ideais liberal-democráticos contribuíram para a instauração dos governos constitucionais e a consagração do Estado de direito.

Com a separação de poderes, o princípio da legalidade e a declaração dos direitos do homem e do cidadão, formou-se o clima necessário à elaboração do Direito Administrativo, como um ramo especial do Direito, ao lado do direito privado, regulador das relações envolvendo o Estado e o exercício das atividades administrativas.

Com a queda do Absolutismo e o surgimento do Estado liberal implantado pela Revolução Francesa, o Direito Administrativo materializou-se de fato com a Lei do 28 pluviose do ano VIII de 1800, com normas de organização administrativa e de solução de litígios contra a Administração Pública, apontada como a "certidão de nascimento" dessa esfera.

Ressalta-se que, embora o contexto para a criação do Direito Administrativo fossem os princípios da Revolução Francesa, quando da autolimitação do Estado, algumas noções e práticas do Antigo Regime foram mantidas nesse ramo de direito em formação[1].

Na atualidade, a expressão Direito Administrativo está consolidada em todo o mundo. Essa terminologia é adotada na realidade contemporânea para designar um Direito da Administração Pública. A locução afigura-se útil e apropriada, pois o Direito Administrativo analisa as regras e os princípios que regem a Administração Pública, tanto em sua dimensão subjetiva (órgãos, agentes e pessoas jurídicas administrativas) como na sua dimensão objetiva (atividade jurídica não contenciosa que exerce e os bens e meios de que se utiliza para a consecução de seus fins, de natureza pública)[2].

2. Conceito do Direito Administrativo

2.1 Critérios de definição do Direito Administrativo

A conceituação do Direito Administrativo não é uma tarefa fácil, pois, entre várias razões, há os critérios compatíveis com o pensamento científico de cada

---

1 MEDAUAR, Odete. **O Direito Administrativo em Evolução**. São Paulo: Revista dos Tribunais, 2022.
2 DI PIETRO, Maria Sylvia Zanella. **Direito Administrativo**. São Paulo: Atlas, 2023.

doutrinador[3]. A maioria dos conceitos existentes peca pela unilateralidade; além disso, cada Estado possui uma estrutura singular, com normas próprias e adaptadas à sua organização.

O conceito e o conteúdo do Direito Administrativo variam conforme o critério adotado pelo doutrinador. Dos estudos doutrinários e dos sistemas legais, decorreu o surgimento de várias teorias, entre as apresentadas nas subseções a seguir.

2.1.1 Escola do serviço público

a) **Terminologia**: Escola realista ou de Bordeaux.
b) **Origem**: França.
c) **Inspiração**: jurisprudência do Conselho de Estado Francês, a partir do caso Blanco, julgado em 1873.
d) **Direito Administrativo**: ramo do Direito formado por um conjunto de regras de organização e gestão dos serviços públicos.
e) **Objeto**: limita o Direito Administrativo à regulação da organização e funcionamento dos serviços públicos.
f) **Abrangência do Serviço Público**: há duas vertentes sobre a concepção de serviço público: 1) Duguit e Bonard: serviço público é o conjunto das funções do Estado (conceito amplo de serviço público); 2) Jèze: serviço público é conjunto de atividades materiais exercidas pelo Estado para a satisfação das necessidades coletivas, com submissão a um regime exorbitante comum (conceito restrito de serviço público).
g) **Críticas**: 1) não distingue a atividade jurídica do Estado e o serviço público que é atividade material; 2) o serviço público não abrange todo o conteúdo do Direito Administrativo; 3) o conceito amplo de serviço público ultrapassa do objeto do Direito Administrativo.

---

3   No âmbito do conhecimento científico, é característica do estudioso que empreenda uma pesquisa se valer de sua capacidade análise para se debruçar sobre determinada questão, assim como recorrer aos saberes consolidados no passado e no presente para resolver tal problema, utilizando-se de uma fundamentação apropriada para melhorar a realidade à sua volta por meio de soluções devidamente sopesadas e alicerçadas no que há melhor do conhecimento humano. É nesse mundo de pensamentos previamente construídos e eventos vistos como problemáticos por essas mesmas estruturas que o cientista faz suas elocubrações, constrói suas teorias e realiza suas práticas. Portanto, o conhecimento científico resulta da junção de informações e conhecimentos adquiridos por meio de construções teóricas e o contexto histórico-social de sua época; obviamente, esse processo gera evoluções e alterações do modo como os estudiosos enxergam a realidade à sua volta e interferem em seu entorno (OLIVA, Alberto. **Filosofia da ciência**. Rio de Janeiro: J. Zahar, 2010; CHIZZOTTI, A. **Pesquisa em ciências humanas e sociais**. São Paulo: Cortez, 1991; ZAMAGNI, Stefano. Economia del dono. In: AGAMBEN, Giorgio et al. **Del cooperare**: manifesto per una nuova economia. Milano: Feltrinelli, 2012; POPPER, Karl. **A lógica da pesquisa científica**. São Paulo: Cultrix, 2011; POPPER, Karl. **La miséria del historicismo**. Madrid: Alianza, 1973).

2.1.2 Critério do Poder Executivo

a) **Direito Administrativo**: ramo do Direito que rege a atividade exercida pelo Poder Executivo.
b) **Objeto**: limita o Direito Administrativo para disciplina jurídica das atividades do Poder Executivo.
c) **Crítica**: o problema desse critério é que os demais Poderes podem exercer atividade administrativa; o Poder Executivo exerce, além da função administrativa, a função política ou de governo.

2.1.3 Critério das relações jurídicas

a) **Direito Administrativo**: conjunto de normas que norteiam o enlace entre a Administração e os administrados.
b) **Crítica**: outros ramos do Direito disciplinam essa relação, como o Direito Constitucional e o Direito Tributário; o Direito Administrativo trata de outros assuntos – organização interna da administração; atividade administrativa; disciplina jurídica atinente aos bens públicos.

2.1.4 Critério teleológico

a) **Terminologia**: finalístico.
b) **Direito Administrativo**: sistema de regras, normas jurídicas que orientam a atividade do Estado para o cumprimento de seus fins; que norteiam o atendimento dos fins do Estado; conjunto de normas que disciplina a atuação concreta do Estado para consecução de seus fins.
c) **Crítica**: não especifica as atividades do Estado; discute os fins do Estado que gera respostas diferentes conforme a matriz ideológica.

2.1.5 Critério residual

a) **Terminologia**: negativo.
b) **Direito Administrativo**: tem por objeto as atividades desenvolvidas para a consecução dos fins estatais, excluídas a legislação e a jurisdição ou somente esta, além das atividades patrimoniais regidas pelo direito privado.
c) **Objeto**: definido por exclusão.
d) **Crítica**: submete o alcance do conceito à questão ideológica sobre os fins públicos.

2.1.6 Critério da Administração Pública

a] **Direito administrativo**: é conjunto de normas e princípios que regem a Administração Pública no que concerne às suas entidades, aos órgãos, aos agentes e às atividades para realizar o que o Estado almeja.
b] **Crítica**: existem normas de direito privado que são aplicadas para a Administração Pública.

2.1.7 Critério da distinção

a] **Direito administrativo**: é o conjunto dos princípios que regulam a atividade jurídica não contenciosa do Estado e a constituição dos órgãos e meios de sua atuação em geral. É um desdobramento do critério da Administração Pública.
b] **Critério**: leva em consideração a Administração Pública em seu sentido subjetivo e objetivo.

2.1.8 Escola da potestade pública

a] **Potestade pública** (*potestas imperii* ou *puissance publice*): advém a situação privilegiada da Administração, desnivelando-a diante do particular e tornando-a idônea para impor, em condição bastante vantajosa, sua vontade, em nome do interesse público.
b] **Direito Administrativo**: ramo que estuda as atividades de autoridade (o Estado atua como autoridade sobre os particulares, utilizando-se de prerrogativas próprias, ou seja, com supremacia sobre o particular; o Estado atua com poder de império, por um direito exorbitante do comum).
c] **Critério**: parte da distinção entre as atividades de autoridade e as atividades de gestão (o Estado atua em posição de igualdade perante os particulares, regendo-se pelo direito privado). Esse critério exclui atos que são praticados sem prerrogativas públicas, como os atos negociais.

2.1.9 Critério legalista

a] **Terminologia**: escola francesa, exegética, empírica ou caótica.
b] **Direito Administrativo**: conjunto de leis administrativas.
c] **Crítica**: o Direito Administrativa não se resume às leis; o direito positivo não representa toda a gama de temas e relações jurídicas objeto do Direito Administrativo.

d] **Fase:** teve uma fase dentro do critério legalista onde se busca compreender o Direito Administrativo por meio da jurisprudência dos tribunais administrativos franceses

No contexto da divergência entre os doutrinadores[4], nenhum critério escolhido pelo doutrinador como o mais apto para chegar ao conceito é suficiente, se tomado isoladamente. Dessa maneira, entende-se que os critérios devem ser combinados para se aproximar da ideia do Direito Administrativo. Apesar de cada doutrinador defender seu conceito, podemos extrair elementos comuns que formam a essência da conceituação do Direito Administrativo:

a] **Ramo do direito público interno** – ramo da ciência jurídica em que há presença do Estado; além do interesse público estar presente em toda e qualquer de suas regras ou relação jurídica, um dos polos da relação jurídica é a Administração Pública.
b] **Ramo autônomo** – ramo independente dos demais, possuindo conceito e princípios próprios.

---

4 a) Celso Antônio Bandeira de Melo: "o ramo do direito público que disciplina a função administrativa e os órgãos que a exercem" (BANDEIRA DE MELLO, Celso Antônio. **Curso de direito administrativo.** 25. ed. São Paulo: Malheiros, 2023. p. 37-38); b) Hely Lopes de Meireles: "conjunto harmônico de princípios jurídicos que regem os órgãos, os agentes e as atividades públicas tendentes a realizar concreta, direta e imediatamente os fins desejados pelo Estado" (MEIRELLES, Hely Lopes. **Direito administrativo brasileiro.** São Paulo: Malheiros, 2023); c) Maria Sylvia Zanella Di Pietro: "ramo do direito público que tem por objeto os órgãos, agentes e pessoas jurídicas administrativistas que integram a Administração Pública, a atividade jurídica não contenciosa que exerce e os bens de que se utiliza para a consecução de seus fins, de natureza pública" (DI PIETRO, Maria Sylvia Zanella. **Direito administrativo.** 25. ed. São Paulo: Atlas, 2023); d) José dos Santos Carvalho Filho: "é o conjunto de normas e princípios que, visando sempre ao interesse público, regem as relações jurídicas entre as pessoas e órgãos do Estado e entre este e as coletividades a que devem servir" (CARVALHO FILHO, José dos Santos. **Manual de direito administrativo.** São Paulo: Atlas, 2023); e) Marçal Justen Filho: "é o conjunto das normas jurídicas de direito público que disciplinam a atividade administrativa pública necessária à realização dos direitos fundamentais e a organização e o funcionamento das estruturas estatais e não estatais encarregadas de seu desempenho" (JUSTEN FILHO, Marçal. **Curso de direito administrativo.** São Paulo: Saraiva, 2023); f) Diogo de Figueiredo Moreira Neto: "é o ramo do Direito Público que estuda os princípios e normas que regem as atividades jurídicas do Estado e de seus delegados, as relações de subordinação e de coordenação delas derivadas e as garantias de limitação e de controle de sua legalidade e legitimidade, na prossecução dos interesses públicos, excluídas a criação da norma legal e sua aplicação judiciária contenciosa" (MOREIRA NETO, Diogo de Figueiredo. **Curso de direito administrativo.** Rio de Janeiro: Forense, 2023); g) Themístocles Brandão Cavalcanti: "é o ramo do Direito Público que regula a estrutura e o funcionamento da administração pública, bem como dos organismos criados para executar os serviços públicos; regula também as relações entre a administração e terceiros, quando vinculados às finalidades próprias dos serviços públicos" (CAVALCANTI, Themístocles Brandão. **Instituições de Direito Administrativo Brasileiro.** 2 ed. Rio de Janeiro: Freitas Bastos, 1938. v. II); h) Irene Nohara: "é o ramo do direito público que trata de princípios e regras que disciplinam a função administrativa e que abrange entes, órgãos, agentes e atividades desempenhadas pela Administração Pública na consecução do interesse público" (NOHARA, Irene. **Direito Administrativo.** São Paulo: Atlas, 2023).

c] **Tem por objeto a Administração Pública**[5] – visando regular seus aspectos – material (atividade jurídica não contenciosa do Estado e de seus delegados); subjetivo (pessoas jurídicas, órgãos e agentes) e finalístico (visa ao interesse público, com a realização concreta, imediata e direta dos fins estatais; preordenado à satisfação dos direitos fundamentais).
d] **Elemento normativo** – formado por um conjunto articulado e harmônico de normas e princípios jurídicos.
e] **Elemento garantidor** – garantias de limite e controle de legalidade e legitimidade[6].

3. Natureza jurídica[7] do Direito Administrativo

O problema da natureza jurídica[8] do Direito Administrativo é o de descobrir sua essência por meio do seu enquadramento em uma das categorias gerais do Direito, de modo a possibilitar sua compreensão para sistematizar seu alcance e significado entre vários institutos[9] na área.

Nesse contexto, o Direito Administrativo, ramo do Direito Positivo (conjunto de normas em vigor em determinado país e em determinada época, para reger a particular maneira de ser do Estado) pertence ao **ramo do direito público**, pois: a) se destina a regular relação jurídicas em que predomina o interesse público; b) regula o exercício da função administrativa do Estado.

Direito Administrativo **é direito excepcional**, ou seja, um conjunto de exceções ao direito privado. O Direito Civil era a regra geral aplicável sempre que o Direito Administrativo não tivesse uma norma que fosse possível de aplicar ao

---

5 "(...) Direito administrativo é a ciência jurídica que analisa as regras e os princípios que regem a Administração Pública (ARAGÃO, Alexandre Santos de; MARQUES NETO, Floriano de Azevedo (Coord.). **Direito administrativo e seus novos paradigmas**. Belo Horizonte: Fórum, 2008).
6 "Ora, sendo a Administração Pública, em seus vários aspectos, objeto central do direito administrativo, este se caracteriza essencialmente pela busca de um equilíbrio entre as prerrogativas da autoridade e os direitos individuais (DI PIETRO, Maria Sylvia Zanella. **Direito administrativo**. 25. ed. São Paulo: Atlas, 2023. p. 36-37).
7 *Taxinomia* é a natureza jurídica de determinado instituto no direito.
8 "(...) é o significado último dos institutos jurídicos, podendo ser tida como a afinidade que um instituto jurídico tem em diversos pontos, com uma grande categoria jurídica, podendo nela ser incluído a título de classificação" (DINIZ, Maria Helena. **Dicionário jurídico**. São Paulo: Saraiva, 1998. v. 3. p. 337).
9 "Instituto – (Lat. *institutu*.) S.m. O mesmo que instituído; o que está regulamentado; corporação ou organização jurídica, científica, econômica, administrativa etc., regulamentada por um conjunto orgânico de normas de Direito Público ou Privado" (SANTOS, Washington dos. **Dicionário jurídico brasileiro**. Belo Horizonte: Del Rey, 2001. p. 126).

caso. Na realidade, as lacunas na legislação administrativa devem ser supridas com a analogia do próprio Direito Administrativo. Na falta destes, deve-se então aplicar os princípios gerais do direito público.

Direito Administrativo é **Direito Constitucional concretizado**, ou seja, se ocupa do estudo da instituição estatal, em sua aplicação ou enfoque executivo[10].

4. Características do Direito Administrativo

A seguir, elencamos especificidades essenciais do Direito Administrativo:

- É um **Direito sistematizador**, que faz a articulação da legislação, da doutrina e da jurisprudência concernentes aos elementos que estruturam e organizam a Administração Pública.
- É **transversal ou multidisciplinar**, porque busca na sua estruturação elementos em todos os ramos do Direito, não se fechando em si mesmo.
- É **interdisciplinar**, pois possui relações com outros ramos do conhecimento.
- É um **direito de interações**, pois se encontra disperso em várias regulamentações.
- É um **direito em formação**, não tendo concluído toda sua ordenação sistemática.
- É **não codificado**, pois não apresenta ordenação legislativa unitária; não está reunido em uma única lei, mas sim em várias leis específicas, chamadas de *legislações esparsas*. Os princípios informativos do Direito Administrativo contribuem para sua sistematização.
- É **fragmentário**, já que não regula de forma rigorosa e global o exercício da função administrativa. Há novos setores da vida social que necessitam permanentemente de regulação, criando lacunas.
- É **extenso**, pois apresenta variedade temática, regulando os mais variados aspectos da atividade administrativa, demandando estudo regular com incidência em matérias interligadas.
- É **mutável**, pois se encontra em constante transformação, apresentando uma ininterrupta extensão, com instabilidade normativa, dependente das mudanças que ocorrem ao nível das estruturas políticas, econômicas, sociais e culturais do país.

---

10 ENTERRÍA, Eduardo García de. **La Constitución como norma y el Tribunal Constitucional**. 3. ed. Madrid: Civitas, 1985. p. 20; "o direito administrativo terá sempre o caracter e a physionomia do direito constitucional" (CAVALCANTI, Themístocles Brandão. **Instituições de Direito Administrativo Brasileiro**. 2 ed. Rio de Janeiro: Freitas Bastos, 1938. v. II. p. 95).

- **Não é meramente descritivo**, pois, além de descrever, sistematiza e critica o regime comum da função administrativa.
- É **autônomo**[11], já que é unidade articulada de preceitos e princípios normativos regentes da função administrativa do Estado. No contexto da autonomia do Direito Administrativo, como ramo do Direito dotado de objeto, método, institutos, princípios e regime jurídico próprio, podemos afirmar que existem as seguintes espécies de autonomia: **a) Didática**: nas faculdades e universidades, o Direito Administrativo é estudado como uma cadeira autônoma; **b) Científica**: já que tem regras, conta com princípios e institutos próprios; **c) Legal**: o Direito Administrativo é formado por normas que regem a Administração Pública; **d) Doutrinária**: o Direito Administrativo é reconhecido pelos estudiosos e comentaristas do Direito como o ramo que dispõe de institutos e princípios próprios; **e) Constitucional**: a Constituição Federal (CF), além de dedicar um capítulo próprio sobre a Administração Pública, possibilitou sua competência legislativa por determinados órgãos (é definida no art. 24, inciso I, c/c o art. 30, inciso II, ambos da CF, que estabelecem que a competência legislativa de Direito Administrativo é do tipo *concorrente não cumulativa*.[12]
- É **novo**, tendo surgido após o surgimento dos ramos tradicionais do Direito, como o Direito Civil; foi um produto da Revolução Francesa.
- É de **elaboração pretoriana**, pois, em seus primórdios na França, teve a base de seus institutos e princípios formados pela jurisprudência do Conselho de Estado[13].
- É **concreto**, já que incide sobre relações sociais conhecidas.

---

11 Antes de analisar as espécies de autonomia do Direito Administrativo, cabe ressalvar que a divisão do Direito em ramos tem função didática. Na verdade, nenhum ramo do Direito possui autonomia ou vida independente da Ciência Jurídica, pois o Direito é uno e indivisível (princípio da unicidade do Direito). A divisão do Direito em diversos ramos serve para melhor compreensão da ciência jurídica como um todo. "Além das finalidades didáticas, informativas, as enumerações e tipologias propiciam melhor apreensão do instituto ou figura jurídica que se examina, visão panorâmica da sua extensão e reflexão mais aprimorada sobre as diversas facetas com que se apresenta e, mesmo, sobre a sua essência" (MEDAUAR, Odete. **Controle da administração pública**. São Paulo: Revista dos Tribunais, 2012); "O Direito (...) pode ser estudado por unidades estruturais que o compõem, sem perder de vista a totalidade de suas manifestações" (SILVA, José Afonso. **Curso de Direito Constitucional Positivo**. São Paulo: Malheiros, 2022).
12 A aptidão para legislar pertence à União, aos Estados, ao Distrito Federal e aos Municípios, cujas tarefas são divididas da seguinte maneira: a União edita normas gerais dos assuntos arrolados no art. 24 da CF; se a União fizer as normas gerais, os Estados/o Distrito Federal editam normas específicas em seus territórios; se a União não fizer as normas gerais, os Estados/o Distrito Federal editam normas gerais e específicas em seus territórios; se a União fizer norma geral após os Estados/o Distrito Federal, prevalece a norma geral federal, podendo a estadual/distrital geral ser aproveitada naquilo que não conflitar com norma geral federal superveniente; o Município fica responsável em suplementar a legislação federal e estadual no que couber.
13 MEDAUAR, Odete. **Direito Administrativo moderno**. São Paulo: Revista dos Tribunais, 2022.

- É **não contencioso**, ou seja, não existe a previsão legal de tribunais e juízes administrativos ligados ao Poder Judiciário, em face do princípio da jurisdição única.

5. Importância do Direito Administrativo

Para captar o sentido e o alcance do Direito Administrativo, cumpre acentuar sua aplicação prática no dia a dia. O Direito Administrativo é um ramo do Direito diretamente relacionado aos fundamentos da vida em sociedade, em áreas relacionadas à saúde, à limpeza, à mobilidade, seja no atendimento de suas necessidades básicas, seja na estruturação na defesa da coesão social em condições adversas.

Tendo como pano de fundo a manutenção da ordem e harmonia da gestão pública, o Direito Administrativo, elemento presente no cotidiano social, é o tratamento jurídico no exercício das atividades administrativas, buscando a realização eficaz dos programas públicos nas sociedades cada vez mais complexas.

A necessidade de cumprir os comandos normativos para a realização dos fins públicos, com vistas a disciplinar o exercício da função administrativa, deu azo ao Direito Administrativo, que se ocupa direta e sistematicamente da grande parte dos aspectos essenciais da vida em comunidade.

Além da importância prática, o Direito Administrativo tem relevância teórica, já que permite a compreensão dos paradigmas científicos e conceitos básicos do direito público, que influenciam diretamente na regulação da função administrativa.

Cabe salientar que o Direito Administrativo, além de funcionar como fio condutor na formação dos conhecimentos básicos das áreas científicas do direito público, apresenta em sua essência um objetivo que lhe dá sentido e fundamento: a satisfação do interesse público, com a realização dos direitos fundamentais.

6. Objeto do Direito Administrativo

O objeto do Direito Administrativo é a Administração Pública, suas relações e os processos de condução dos negócios públicos envolvidos. Tal objeto conta com duas vertentes:

a] **Imediata** – são os princípios e normas que regulam a função administrativa, concebida como um conjunto de atividades exercidas pelo agente público na defesa do interesse público, que pode ser examinado sob o ângulo objetivo, denominado *material*, em que se busca identificar quais as atividades são exercidas, e sob o ângulo finalístico, designado *teleológico*, que examina a finalidade que direciona as atividades exercidas pela Administração Pública. O bem tutelado pelo Direito Administrativo é o bem comum da coletividade consubstanciado no atendimento satisfatório das necessidades públicas.
b] **Mediata** – são os princípios e normas que regulam pessoas, agentes e órgãos da Administração Pública. O exercício da função administrativa designa a quem é atribuído o desempenho da função, compreendendo as pessoas, agentes e órgãos da Administração Pública.

7 Direito Administrativo e Ciência da Administração

O Direito Administrativo e a ciência da administração têm como objeto o estudo da atividade administrativa, que conta com realidades distintas:

a] O Direito Administrativo é uma ciência normativa (disciplina normativamente a atividade administrativa do Estado); a ciência da administração é uma ciência especulativa, pura.
b] O Direito Administrativo se preocupa com a regulamentação jurídica da atividade administrativa, buscando compreender e bem aplicar as normas administrativas; a ciência da administração se preocupa com conveniência e a oportunidade das diversas formas de agir do Estado.
c] O Direito Administrativo é formado por um conjunto de normas que regula a atividade administrativa, uma ciência de organismo, de procedimento jurídico e de tutela jurídica[14]; a ciência da administração tem maleabilidade das ciências empíricas que se amoldam às conveniências de momento e às exigências do interesse público e da Administração[15].

---

14 CAVALCANTI, Themístocles Brandão. A importância de Rousseau. In: CAVALCANTI, Themístocles Brandão. **Estudos em homenagem a J. J. Rousseau**. Rio de Janeiro: FGV, 1962.
15 CAVALCANTI, Themístocles Brandão. **Tratado de Direito Administrativo**. 5. ed. Rio de Janeiro: Freitas Bastos, 1964. v. 1.

Capítulo 2

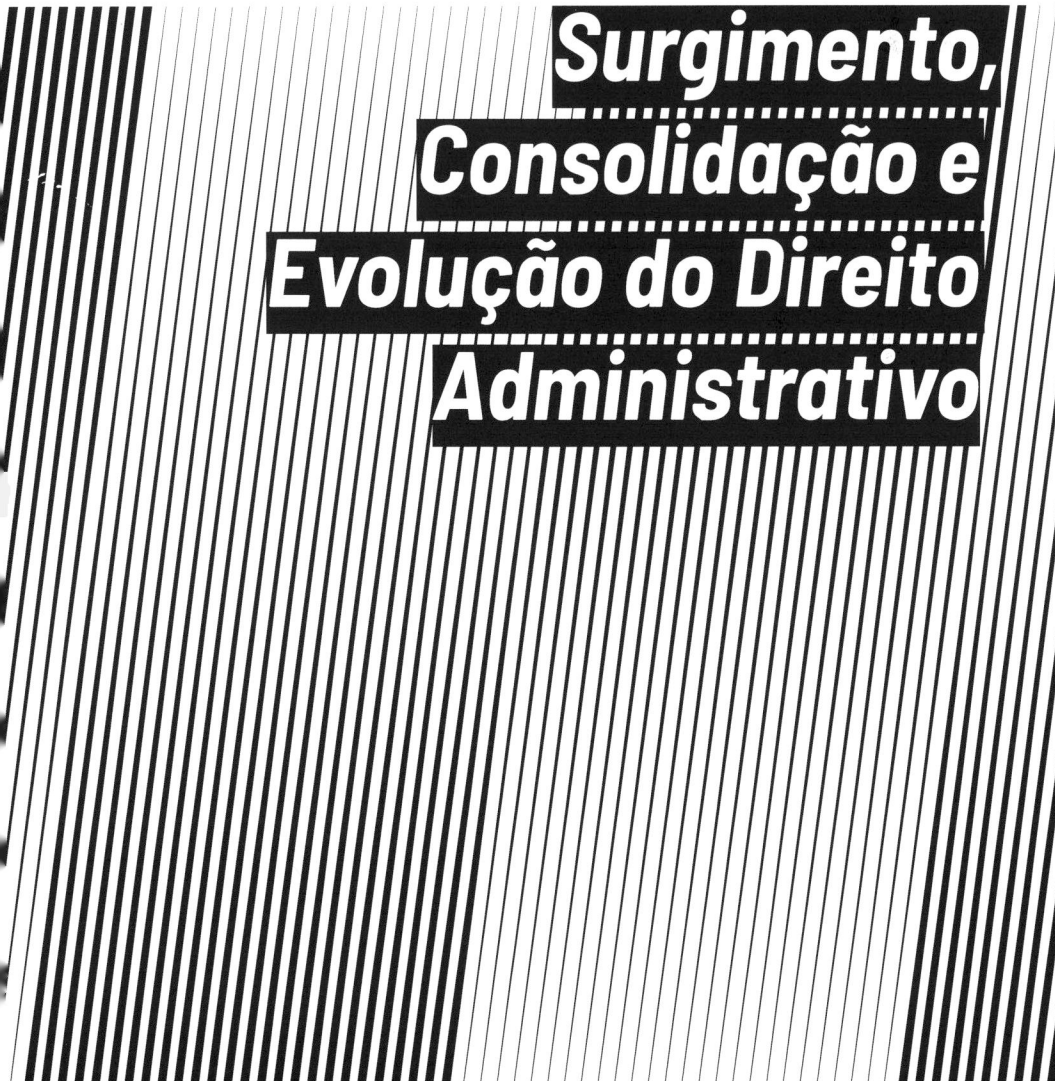

Surgimento, Consolidação e Evolução do Direito Administrativo

1. Origem do Direito Administrativo

1.1 Direito Administrativo e Revolução Francesa

O Direito Administrativo tem origem na Revolução Francesa, apoiando-se no combate ao Absolutismo do Antigo Regime. As bases do pensamento liberal trazido com o movimento revolucionário proclama os direitos do homem, fundando-os na própria natureza e declarando-os, por isso, invioláveis e irrenunciáveis, anteriores e superiores ao Estado.

A ênfase na limitação do poder do Estado, visando certeza, estabilidade e segurança jurídica, originária dos ideários burgueses da Revolução Francesa, inspira-se no pensamento iluminista, principalmente em Rousseau, e constitui-se na luta contra o arbítrio incontrolável do soberano déspota característico do Estado de Polícia do Antigo Regime.

Com efeito, em oposição à existência de um poder administrativo originário completamente liberto de quaisquer amarras jurídicas, em um regime de direito público incompatível com a ideia de liberdades fundamentais que estava na origem de todo o movimento revolucionário[1], surge a ideologia em que a liberdade individual tornou-se valor fundante de um novo modelo de Estado que impunha o império da lei ao império do rei.

1.2 Direito Administrativo e o Estado de direito

O Direito Administrativo como ramo do Direito autônomo surgiu entre os séculos XVIII e XIX, a partir início do processo de desenvolvimento do Estado de direito[2], quando o exercício do poder político passou a ser submetido a normas jurídicas

---

[1] GUANDALINI JÚNIOR, Walter. **História do direito administrativo brasileiro**: formação (1821-1895). Curitiba: Juruá, 2016.
[2] É o Estado que respeita o direito objetivo vigente e os direitos subjetivos que existam (SCHMITT, Carl. **Teoria de la Constitución**. México: Editora Nacional, 1970. p. 150); "É entre a Revolução de 1789 e o fim do Segundo Império [por volta de 1870] que o direito administrativo emerge lentamente do nada e se esboçam os traços dominantes daquilo que Hauriou virá a chamar mais tarde de 'regime administrativo" (WEIL, Prosper. **Direito administrativo**. Tradução de Maria da Glória Ferreira Pinto. Coimbra: Almedina, 1977. p. 11); RIVERO, Jean. **Droit administratif**. 3. ed. Paris: Dalloz, 1965; ZANOBINI, Guido. **Corso di diritto amministrativo**. 5. ed. Milão: Dott. A. Giufrè, 1947. v. I; CUESTA, Rafael Entrena. **Curso de derecho administrativo**. 12. ed. Madrid: Tecnos, 1998. v. I; ENTERRÍA, Eduardo García. **Curso de derecho administrativo**. 13. ed. Madrid: Thomson, 2006, v. 1; FALLA, Fernando Garrido; OLMEDA, Alberto Palomar; GONZÁLEZ, Herminio Losada. **Tratado de derecho administrativo**. 14. ed. Madrid: Tecnos, 2005; MAURER, Hartmuter. **Direito administrativo geral**. São Paulo: Manole, 2006.

predeterminadas, garantindo os direitos e liberdades dos indivíduos e dos grupos a que se associam[3].

Com a implantação do Estado de direito, abriu-se via para uma nova concepção de um ordem jurídica que não se identificasse com o Antigo Regime[4]. Sob essa nova concepção, era preciso ter um ramo jurídico que disciplinasse especificamente as relações entre Estado e indivíduo; este, agora concebido como um sujeito de direitos, e aquele, embora soberano, como um garantidor desses direitos[5]. Por isso, na França revolucionária, começaram a se articular no final do século XVIII e início do século XIX ideais de igualdade, legalidade e separação de poderes que eram incompatíveis com o Antigo Regime e as monarquias absolutistas[6].

A realidade jurídica chamada *Estado de direito*[7] é compreendida com base na história das sociedades políticas e do Direito. Aos diversos tipos históricos de Estado[8] e aos significados do vocábulo *Direito* correspondem, naturalmente, diversos modelos e concepções de Estado de direito, sendo possível falar em *fases evolutivas* surgidas nos Estados ocidentais em conformidade com as condições

---

3   VERDÚ, Pablo Lucas. **Curso de Derecho Político**. Editorial Tecnos, 1974. A origem do Direito Administrativo é associada à instauração do liberalismo político baseado numa lógica de necessidade de contenção do abuso do poder estatal em prol da liberdade. Com o predomínio da doutrina do liberalismo, e a fim de evitar discriminação em prejuízo da expansão econômica da burguesia, aplicava-se a ideia da igualdade formal, na qual se buscava a submissão de todos perante a lei, sem privilégios para a realeza (monarcas) e a nobreza (senhores feudais em decadência). Criado e regulado por uma Constituição, expressão do contrato social, além da superioridade da lei, que deve ser necessariamente observada por todas as pessoas, inclusive pelo próprio Estado, o cidadão podia exigir o cumprimento de uma obrigação pactuada com outro cidadão, e em face do Estado.
4   CAVALCANTI, Francisco. Contexto histórico do direito administrativo brasileiro e os atos administrativos. **Revista Acadêmica**, v. 84, 2012. Disponível em: <https://ns1.jfpe.jus.br/JFPE/Biblioteca%20Juizes%20que%20atuaram%20na%20JFPE/Biblioteca_Juizes_que_atuaram_na_JFPE/2021/05/11/20210511ContextoRevAcademicav842012.PDF>. Acesso em: 25 jun. 2024.
5   MESURINI, Mauricio Costa. História do Direito Administrativo no Brasil (1937-1964): o debate em torno das delegações legislativas. **Revista da Faculdade de Direito da UFRGS**, n. 35, dez. 2016. Disponível em: <https://seer.ufrgs.br/revfacdir/article/download/68051/39967>. Acesso em: 25 jun. 2024.
6   MAFRA FILHO, Francisco de Saltes Almeida. Nascimento e evolução do Direito Administrativo. **Revista de Direito Administrativo**. Rio de Janeiro, 238, out./dez. 2004. Disponível em: <https://periodicos.fgv.br/rda/article/download/44077/44750/92423>. Acesso em: 25 jun. 2024.
7   É uma expressão que foi utilizada pela primeira vez por Robert Von Mohl nos anos 30 do século XIX. Trata-se de uma construção linguística alemã (BÖCKENFÖRDE, Ernest Wolfgang, **Estudios sobre el Estado de Derecho y la Democracia**. Madrid: Trota, 2000. p. 20; BILLIER, Jean-Cassien; MARYOLI, Aglaé. **História da filosofia do Direito**. Tradução de Maurício de Andrade. São Paulo: Manole, 2005. p. 248).
8   Atribui-se a Maquiavel o primeiro uso do termo *Estado* como sociedade politicamente organizada em O Príncipe, de 1513 (MAQUIAVEL, Nicolau. **O Príncipe e Escritos Políticos**. São Paulo: Folha de São Paulo, 2010. p. 12); "O Estado não é conceito geral, válido para todos os tempos, mas conceito histórico, conceito que surge quando nascem a ideia e a prática da soberania, na nova ordem espacial do século XVI" (ANDRADE ARAÚJO, Aloizio Gonzaga de. **O Direito e o Estado como estruturas e sistemas**. Tese (Doutorado em Direito Público) – Belo Horizonte: Faculdade de Direito da UFMG, 2001. p. 7).

concretas existentes nos vários países da Europa e, mais tarde, no continente americano.

É uma conquista emergente da eterna contenda entre novas liberdades e velhos poderes[9] para controlar o poder político com a proclamação de limites jurídicos e o reconhecimento dos direitos e garantias fundamentais[10]. Trata-se de um conceito que se opõe ao Estado do não direito, cujos limites de ação são postos pelo Direito[11], exigindo um direito justo[12] com abrigo dos direitos fundamentais, e que visa evitar o autoritarismo[13].

O Direito Administrativo surge quando as consequências deletérias do regime do absolutismo mostraram a necessidade de uma mudança no paradigma então vigente[14], pois se começava a perceber a incidência de arbitrariedades decorrentes da ausência de limitações ao exercício do poder e da autoridade na figura do monarca nas mais variadas formas, como os efeitos da irresponsabilidade do Estado e a criação de tributos e figuras criminais *ex-post-facto*[15].

A necessidade de limitar o exercício do poder, com vistas a refrear os desmandos da concentração de poderes, deu azo ao surgimento de um novo direito, que se ocupasse sistematicamente da submissão do Estado ao Direito. Nessa ótica, seu objetivo é delimitar a organização do Estado-poder e da sua ação estabelecendo balizas jurídicas na atividade desenvolvida pela Administração Pública, tendo em vista a proteção da liberdade dos cidadãos contra seus abusos.

---

9   BOBBIO, Norberto. **A era dos direitos**. Rio de Janeiro: Campus, 1992. p. 5.
10 DÍAZ, Elias. **Estado de Derecho y Sociedad Democratica**. Madrid: Taurus, 1986. p. 31 e ss.; REIS NOVAIS, Jorge, **Contributo para uma Teoria do Estado de Direito**. Coimbra: Almedina, 2006; SCHMITT, Carl. **Legalidade e legitimidade**. Tradução de Tito Lívio Cruz Romão. Belo Horizonte: Del Rey, 2007; FERREIRA FILHO, Manoel Gonçalves. **Estado de Direito e Constituição**. São Paulo: Saraiva, 1999; TAVARES, Marcelo Leonardo. **Estado de Emergência**: o controle do poder em situação de crise. Rio de Janeiro: Lumen Juris, 2008. p. 18.
11 GARCÍA-PELAYO, Manoel. **As transformações do Estado Contemporâneo**. Tradução de Agassiz Almeida Filho. Rio de Janeiro: Forense, 2009. p. 41; MacCORMICK, Neil. **Retórica e Estado de Direito**. Tradução de Conrado Hübner Mendes. Rio de Janeiro: Elsevier, 2008. p. 17.
12 LARENZ, Karl. **Derecho Justo**. Madrid: Civitas, 1985. p. 151 e ss.
13 MICHELON, Cláudio et al. Retórica e o Estado de Direito no Brasil. In: MacCORMICK, Neil. **Retórica e Estado de Direito**. Tradução de Conrado Hübner Mendes. Rio de Janeiro: Elsevier, 2008. p. XXVII.
14 "O Direito Administrativo constitui disciplina própria do Estado Moderno, ou melhor, do chamado Estado de Direito, porque só então se cogitou de normas delimitadoras da organização do Estado-poder e de sua ação, estabelecendo balizas às prerrogativas dos governantes, nas suas relações recíprocas, e, outrossim, nas relações com os governados. Na verdade, o direito administrativo só se plasmou como disciplina autônoma quando se prescreveu processo jurídico para atuação do Estado-poder, através de programas e comportas na realização de suas funções" (BANDEIRA DE MELLO, Oswaldo Aranha. **Princípios gerais de direito administrativo**. Rio de Janeiro: Forense, 1979. v. 1. p. 52).
15 "No Estado absolutista, um compromisso legal da administração não era exequível" (RADBRUCH, Gustav. **Introdução à ciência do direito**. São Paulo: M. Fontes, 1999).

A origem do Direito Administrativo remonta à origem do Estado de direito[16], fruto do triunfo político das revoluções liberais do século XVIII, especialmente a francesa[17]. A vitória dessas revoluções, estruturada na subordinação do Estado ao império da lei (legalidade) e num sistema de separação de funções estatais entre órgãos distintos com controle de um pelo outro (separação de poderes) leva à existência autônoma do Direito Administrativo.

Cabe salientar que o Direito Administrativo, além de resultar de uma construção permanente de convivência sociopolítica e das tendências constitucionais que nasceram com os movimentos revolucionários do Iluminismo[18], possui, em sua essência, um objetivo que lhe dá sentido e fundamento: a inserção de uma "dimensão de controle" no funcionamento do Estado e do poder político[19].

A disciplina no exercício de poderes públicos de autoridade é uma peça nuclear do Direito Administrativo. Sua preocupação fundamental tem sido desde o fim do século XVIII, em última análise, a outorga de uma garantia ao cidadão contra o arbítrio do administrador. Todavia, essa outorga garantista não é alcançada pela destruição das conquistas doutrinárias alcançadas, mas pela harmonização com os novos valores que acolhem os direitos fundamentais como pressupostos essenciais da atuação estatal. Ganha, assim, relevante importância diretiva a ideia do Direito Administrativo, pois se justifica como instrumento para realização dos direitos fundamentais, que são decorrência da afirmação da dignidade humana[20].

1.3 Direito Administrativo e o Conselho de Estado da França

As interações entre as ideias liberal-democráticas difundidas pela Revolução Francesa se adensaram, produzindo uma recíproca fertilização que resultou na elaboração do Direito Administrativo, que cresce e ganha cientificidade com as construções jurisprudenciais do Conselho de Estado da França.

---

16 A expressão *Estado de direito* é utilizada normalmente com dois significados diversos: **a) Sentido formal:** Estado submetido ao direito positivo, seja qual for seu conteúdo. A existência do Estado de direito independe do caráter justo ou injusto de suas normas; **b) Sentido material:** é o Estado submetido ao direito positivo, desde que seu conteúdo seja compatível com os postulados da justiça e valores consagrados pela sociedade. É um Estado justo.

17 O Estado de direito passou por diversas transformações até atingir a atual configuração. A primeira institucionalização ocorreu com a Revolução Francesa, a despeito de incipientes elocubrações sobre o império da lei na Antiguidade, na Idade Média e no Antigo Regime (DÍAZ, 1992, citado por NOVELINO, Marcelo. **Curso de Direito Constitucional**. 18. ed. Salvador: 2023).

18 VERDÚ, Pablo Lucas. **A luta pelo Estado de Direito**. Tradução de Agassiz Almeida Filho. Rio de Janeiro: Forense, 2007.

19 "O Direito Administrativo visa, no seu núcleo, disciplinar o exercício dos poderes públicos de autoridade, que justifica a sua autonomia substancial como subsistema jurídico" (VIEIRA DE ANDRADE, José Carlos. **Lições de Direito Administrativo**. Coimbra: Imprensa da Universidade de Coimbra, 2012. p. 14).

20 JUSTEN FILHO, Marçal. **Curso de Direito Administrativo**. Belo Horizonte: Fórum, 2012.

O ato de nascimento do Direito Administrativo é geralmente encontrado na Lei francesa de 1800 ("28 *pluviose* do ano VIII"[21]), que organizou a Administração daquele país, reestruturou o Conselho de Estado e fixou as competências para o tratamento de litígios envolvendo o Estado[22]. No Brasil, com o Decreto Imperial n. 608/1851, o Direito Administrativo passou a ser cátedra obrigatória nas faculdades de Direito existentes.

O Direito Administrativo como ramo autônomo do Direito se originou na França tomando como referência o ideário liberal, originado da elaboração pretoriana em decorrência do trabalho do Conselho de Estado Francês, instituído como órgão máximo da jurisdição administrativa.

O Conselho de Estado foi o responsável inicial pela racionalização interna do Direito Administrativo, na medida em que facilitou a construção de um regime jurídico próprio à administração a partir e além dos conceitos do direito privado. O contencioso administrativo justificava-se, em síntese, a partir de três argumentos. Os juízes "comuns" não eram aptos a enfrentar os novos desafios jurídicos, pois, além de não conhecerem da matéria. Eram muito apegados ao direito privado. Tais juízes, caracteristicamente conservadores, ainda guardavam sólidos vínculos com o Antigo Regime. Por fim, a própria teoria liberal da separação dos poderes explicava aquela jurisdição extravagante, eis que julgar a administração era uma maneira de administrar[23].

1.4 Direito Administrativo: mescla, evolução ou rompimento com o Absolutismo?

No período do Estado liberal, as relações jurídicas travadas entre a Administração Pública e os particulares eram remetidas ao Direito Administrativo, cuja

---

21 O dia 28 do mês pluvioso do ano VIII do calendário revolucionário corresponde ao dia 16 de fevereiro de 1800 do calendário gregoriano.

22 "Até a reforma política decorrente da revolução francesa não se podia caracterizar a independência científica dos preceitos reguladores da atividade administrativa do Estado (...) No depoimento de ZANOBINI a certidão de nascimento do direito administrativo terá sido a lei de 28 pluviose do ano VIII (1800) que, pela primeira vez atribuiu à administração francesa uma organização juridicamente garantida e exteriormente obrigatória" (TÁCITO, Caio. Perspectivas do direito administrativo no próximo milênio. **Revista de Direito Administrativo**. Rio de Janeiro, n. 212, abr./jun. 1998. p. 1. Disponível em: <https://periodicos.fgv.br/rda/article/view/47160/45630>. Acesso em: 25 jun. 2024).

23 MESURINI, Mauricio Costa. História do Direito Administrativo no Brasil (1937-1964): o debate em torno das delegações legislativas. **Revista da Faculdade de Direito da UFRGS**, n. 35, dez. 2016. Disponível em: <https://seer.ufrgs.br/revfacdir/article/download/68051/39967>. Acesso em: 25 jun. 2024.

fonte próxima foi a filosofia e a concepção de Estado que se impuseram com a Revolução Francesa de 1789[24].

Apesar de o Direito Administrativo nascer sob o viés da Revolução Francesa e da noção do Estado de direito, também é produto dos valores herdados do absolutismo monárquico[25]. Existe uma mescla dos valores originais que consagra dito Estado revolucionário e dos herdados do regime anterior caducado e desenvolvido com premissas de autoridade em contraposição à lógica das conquistas liberais e democráticas[26].

Parece haver consenso entre os juspublicistas[27] que tratam da origem do Direito Administrativo que no seu nascimento conjugam-se elementos liberais e autoritários[28]. Com efeito, a Revolução Francesa de 1789 e o ideário liberal são marcos históricos para o reconhecimento formal desse ramo jurídico autônomo do direito público. Ocorre que a identificação do nascimento do Direito

---

24 WOLFF, Hans J.; BACHOF, Otto; STOBER, Rolf. **Direito administrativo**. Tradução de António F. de Souza. 11. ed. Lisboa: Fundação Calouste Gulbenkian, 1999. v. 1; RIBAS, Antonio Joaquim. **Direito Administrativo brasileiro**. Rio de Janeiro: F. L. Pinto & C., Livreiros Editores, 1866; MEUCCI, Lourenzo. **Instituzioni di diritto amministrativo**. 3. ed. Torino: Fratelli Bocca, 1898;
25 AFONSO, Luciano Parejo. **El concepto del derecho administrativo**. Caracas: Jurídica Venezolana, 1984.
26 RODRIGUEZ, Libardo. Explicación histórica del derecho administrativo. In: SALGADO, David Cienfuegos; OLIVEIRA, Miguel Alejandro López (Coord.). **Derecho Administrativo**: estúdios en homenaje a don Jorge Fernández Ruiz. Mexico: Universidad Nacional Autônoma do México, 2005.
27 Em sentido contrário: "A alusão a uma pretensa origem autoritária parece ter como escopo reduzir a força legitimatória de princípios como o do interesse público, ou mais especificamente, da 'supremacia do interesse público' – sem dúvida uma interessante crítica que, por sua vez, merece ser refutada. Trata-se, portanto, de uma interpretação da história cujo fim é conferir às proposições do presente um sentido mais facilmente apreensível e consonante com a mentalidade vigente, que é a de maior liberalização e flexibilização da vida. E embora seja uma 'tese' muito atraente para o indivíduo pós-moderno, que é um sujeito por definição voltado à autonomia, à liberdade e à consensualidade negocial, trata-se de uma teoria de precária capacidade explicativa" (GABARDO, Emerson; HACHEM, Daniel Wunder. O suposto caráter autoritário da supremacia do interesse público e das origens do direito administrativo. In: DI PIETRO, Maria Sylvia Zanella; RIBEIRO, Carlos Vinícius Alves (Org.) **Supremacia do interesse público e outros temas relevantes do direito administrativo**. São Paulo: Atlas, 2010. p. 15).
28 O "elemento liberal liga-se à organização do poder político e o autoritário ao funcionamento da Administração" (PINTO NETTO, Luísa Cristina. **A contratualização da Função Pública**. Belo Horizonte: Del Rey, 2005. p. 43).

Administrativo com o Estado de direito não significou efetivo rompimento com o Antigo Regime, mas tão somente um aperfeiçoamento de diversos de seus institutos[29].

1.5 Origem no Direito brasileiro

Na perspectiva histórica, o pensamento jurídico brasileiro em sede de Direito Administrativo[30] remonta a independência do Brasil em 1822, com forte influência francesa com seu modelo de Administração Pública racional e objetiva.

No período colonial e na vigência da monarquia absolutista[31], não havia um Direito Administrativo como ramo autônomo do Direito. Até 1822 (independência do Brasil), a estrutura da Administração Pública e as normas aplicáveis eram de origem portuguesa. Não havia separação de poderes. A Administração Pública submetia-se, predominantemente, ao direito privado.

Em 25 de março de 1824, foi outorgada a primeira Constituição do Brasil, conhecida como *Constituição Política do Império* (vigente durante mais de 65 anos),

---

29 MEDAUAR, Odete. **Direito administrativo em evolução**. 2. ed. São Paulo: RT, 1992; "É uma reprodução e sobrevivência das práticas administrativas do Antigo Regime, vinculando-se o Executivo às suas próprias decisões e não à vontade geral" (BINENBOJM, Gustavo. **Uma teoria do Direito Administrativo**: direitos fundamentais, democracia e constitucionalização. Rio de Janeiro: Renovar, 2006); "Neste contexto, as categorias básicas do direito administrativo, como a de discricionariedade e sua insindicabilidade perante os órgãos contenciosos, supremacia do interesse público e prerrogativas jurídicas da Administração, são tributárias deste pecado original consistente no estigma da suspeita de parcialidade de um sistema normativo criado pela Administração Pública em proveito próprio, e que ainda se arroga o poder de dirimir em caráter definitivo, e em causa própria, seus litígios com os administrados. Na melhor tradição absolutista, além de propriamente administrar, os donos do poder criam o direito que lhe é aplicável e o aplicam às situações litigiosas com caráter de definitividade" (BINENBOJM, Gustavo. Da supremacia do interesse público ao dever de proporcionalidade: um novo paradigma para o direito administrativo. In: SARMENTO, Daniel (Org.). **Interesses Públicos versus Interesses Privados**: desconstruindo o princípio de supremacia do interesse público. Rio de Janeiro: Lumen Juris, 2007).

30 "Já possuímos duas obras sobre o direito administrativo, a saber: os Elementos de Direito Administrativo comparado com o Direito administrativo francez, segundo o méthodo de Pradier Foderé, pelo Dr Vicente Pereira do Rego, lente da faculdade de Direito do Recife. Neste trabalho, que não deixa de ter merecimento, 'tomou seu autor por modelo (são suas expressões) o direito adimistrativo francez, porque he principalmente nos livros francezes onde se podem por ora colher os princípios gerais do nosso, compilando a summa das nossas principais leis administrativas' (...) O Direito Administrativo Brasileiro pelo finado conselheiro Veiga Cabral, o qual foi meu lente do Direito Pátrio na academia de São Paulo. Abstenho-me, por isso de observações" (URUGUAY, Visconde do. **Ensaio sobre o direito administrativo**: tomo II. Rio de Janeiro: Typografia Nacional, 1862. p. XIII).

31 O fim do sistema feudal permitiu a ascensão do aboslutismo, estrutura de poder que vigorou na Europa Ocindetal até o século XVIII e no Império Russo até 1905 e que se caracterizou pela influência absoluta do soberano sobre todos os aspectos do poder em uma nação. Desprovido de quaisquer obstáculos aos desdígnios do monarca, esse sistema conferia ao rei um poder que resultava da orquestração de vários elementos político-ideológicos que emanavam de uma figura divina que confere autoridades ao soberano, de um exército poderoso e do suporte das classes mais poderosas (ROSA, Carlos Augusto de Proença. **História da ciência**. 2. ed. Brasília: Funag, 2012. v. 2. t. 1).

que marcou o processo de independência de Portugal com retorno ao absolutismo monárquico e com o enfraquecimento dos Parlamentos.

A Constituição Imperial foi a única que adotou a divisão quadripartite do poder: Moderador, Judiciário, Executivo e Legislativo. O território era dividido em províncias; era um Estado teocrático e adotava sufrágio censitário, aberto e indireto.

O Poder Executivo era exercido pelo Imperador e pelos Ministros (referendavam ou assinavam todos os atos do Poder Executivo, sem o que não poderiam ter execução), com função de administração. A pessoa do Imperador era inviolável e sagrada e tinha por função garantir a independência, o equilíbrio e a harmonia dos demais poderes políticos.

Nesse contexto, havia um Conselho de Estado, composto de conselheiros vitalícios nomeados pelo Imperador, para participar de todos os negócios e medidas gerais da Administração Pública. Com a criação do grupo, foi instaurado um contencioso administrativo; todavia, esse corpo era apenas um órgão auxiliar da Administração Pública sem poder jurisdicional[32].

O Poder Judiciário era composto por: a) juízes; b) jurados (apreciar fatos). Para as causas em segunda instância e última instância, havia as Relações. Na capital, havia o Supremo Tribunal de Justiça. O controle jurisdicional sobre os atos Administrativos do Estado brasileiro encontrava-se fortemente influenciado pelo modelo francês clássico[33].

O Poder Legislativo era exercido pela Assembleia-Geral, composta pela Câmara dos Deputados (eletiva e temporária) e pelo Senado (com membros vitalícios e organizados por eleição provincial).

O Direito Administrativo passou a ser incluído nos programas das faculdades de Direito (Decreto n. 608, de 16 de agosto de 1851), tendo sido instalada a cátedra

---

[32] A Constituição Imperial não deu ao Conselho de Estado a necessária independência, para que de fato representasse eficiente mecanismo de controle da função administrativa do Estado (DI PIETRO, Maria Sylvia Zanella. 500 Anos de Direito Administrativo brasileiro. **REDE: Revista Eletrônica de Direito do Estado**, n. 5, Bahia, jan./fev./mar. 2006. Disponível em: <https://turma55fadi.wordpress.com/wp-content/uploads/2013/02/artigo-500-anos-de-direito-administrativo-no-brasil-profc2aa-maria-sylvia-di-pietro1.pdf>. Acesso em: 25 jun. 2024; CAVALCANTI, Francisco. Contexto histórico do Direito Administrativo brasileiro e os atos administrativos. **Revista Acadêmica**, v. 84, 2012. Disponível em: <https://periodicos.ufpe.br/revistas/index.php/ACADEMICA/article/view/356/300>. Acesso em: 25 jun. 2024); "Registra-se, contudo, na Constituição Imperial, de 1824 a criação de um Conselho de Estado que, tal como na França em semelhante período, exercia justiça retida – dependente, portanto, do aval do Imperador. O Conselho de Estado brasileiro teve papel consultivo e nunca desempenhou atribuições jurisdicionais propriamente ditas, tendo sido suprimido pelo Ato Adicional de 1834, recriado em 1841, e definitivamente extinto com a República brasileira e sua influência norte-americana" (NOHARA, Irene. **Direito Administrativo**. São Paulo: Atlas, 2023).

[33] CAVALCANTI, Francisco. Contexto histórico do direito administrativo brasileiro e os atos administrativos. **Revista Acadêmica**, v. 84, 2012. Disponível em: <https://periodicos.ufpe.br/revistas/index.php/ACADEMICA/article/view/356/300>. Acesso em: 25 jun. 2024.

da disciplina na Faculdade de Direito da Universidade de São Paulo em 1856, cujo primeiro regente foi Francisco Maria de Souza Furtado de Mendonça[34]; o curso passou a se desenvolver em temáticas diversas, acompanhada de intensa produção normativa[35].

No final do século XVIII, o Direito Administrativo surgiu no Brasil como conjunto normativo regulador da Administração Pública e de suas relações. O modelo liberal forneceu as condições para o florescimento do Direito Administrativo, tais como a separação dos poderes, os limites jurídicos à administração e a proteção da liberdade individual[36].

Em 24 de fevereiro de 1891, foi promulgada pela Assembleia Nacional Constituinte, convocada pelo Governo Provisório do Marechal Deodoro da Fonseca, a segunda Constituição Brasileira, conhecida como *Constituição da República dos Estados Unidos do Brasil*, caracterizada pelo federalismo, pelo presidencialismo e pela tripartição de poderes e publicada pelo Decreto n. 510, de 22 de junho de 1890. Foi abolido o poder moderador.

O território era dividido em estados; o Estado passou a ser laico e a adotar processo seletivo por voto direto e aberto, com sufrágio censitário (mendigos e analfabetos eram proibidos de exercer o voto). Foi instituído o *habeas corpus* e extinto o Conselho de Estado.

O Poder Executivo era exercido pelo Presidente da República dos Estados Unidos do Brasil e auxiliado pelos Ministros. O Poder Judiciário era composto dos seguintes órgãos: a) STF; b) Juízes e Tribunais Federais; c) Juízes e Tribunais Estaduais.

O Poder Legislativo era exercido pelo Congresso Nacional, composto por dois ramos: a Câmara dos Deputados (composta de representantes do povo eleitos pelos Estados e pelo Distrito Federal, mediante o sufrágio direto, garantida a representação da minoria) e o Senado Federal (composto de cidadãos elegíveis

---

34 MAFRA FILHO, Francisco de Saltes Almeida. Nascimento e evolução do Direito Administrativo. **Revista de Direito Administrativo**, Rio de Janeiro, n. 238, out./dez. 2004. Disponível em: <https://periodicos.fgv.br/rda/article/download/44077/44750/92423>. Acesso em: 25 jun. 2024.

35 "Compulsando-se os doutrinadores da época, verifica-se que não havia uniformidade no tratamento da matéria, nem mesmo em relação ao seu objeto. A grosso modo, pode-se afirmar que eles se preocupam em distinguir ciência da administração e direito administrativo tratam de matérias que hoje constituem ramos autônomos, como o direito constitucional e o tributário, tratam também de problemas afetos à teoria do Estado e às finanças públicas. Tratam dos atos administrativos, porém sem as características hoje apontadas. Preocupam-se em analisar as relações da Administração (poder administrativo) com os Poderes Legislativos, Judiciário e Moderador" (DI PIETRO, Maria Sylvia Zanella. 500 Anos de Direito Administrativo Brasileiro. **REDE: Revista Eletrônica de Direito do Estado**, Bahia, n. 5, jan./fev./mar. 2006. Disponível em: <https://turma55fadi.wordpress.com/wp-content/uploads/2013/02/artigo-500-anos-de-direito--administrativo-no-brasil-profc2aa-maria-sylvia-di-pietro1.pdf>. Acesso em: 25 jun. 2024).

36 FORSTHOFF, Ernst. **Tratado de Derecho Administrativo**. Tradução de Legaz Lacambra. Madrid: Instituto de Estudos Políticos, 1958.

maiores de 35 anos, em número de três Senadores por Estado e três pelo Distrito Federal, eleitos pelo mesmo modo por que o forem os Deputados).

No âmbito do Direito Administrativo: a) jurisprudência passou a ter relevância como fonte de direito; b) a Administração Pública passou a estar submetida ao poder jurisdicional; c) ficava instituído o sistema da unidade de jurisdição, em que os únicos órgãos que podiam tomar decisões com atributo de coisa julgada eram os do Poder Judiciário.

Em 1930, houve uma revolução política, com a instituição de um Governo Provisório oligárquico e ditador, que assinalou o fim da República Velha e o início da Era de Vargas. Em 1932, houve uma Revolução Constitucionalista Paulista que incentivou o campo político, tanto que, em 1933, Vargas promoveu eleições para Assembleia Constituinte, e em 16 de julho de 1934 foi promulgada a Constituição da República dos Estados Unidos do Brasil, inspirada na Constituição alemã de Weimar e marcada pelo liberalismo, pelo presidencialismo e pela instituição de uma ordem econômica e social.

A nação brasileira era constituída pela união perpétua e indissolúvel dos Estados, do Distrito Federal e dos Territórios em Estados Unidos do Brasil, mantendo como forma de governo, sob o regime representativo, a República Federativa proclamada em 15 de novembro de 1889.

O Poder Executivo era exercido pelo Presidente da República e auxiliado pelos Ministros de Estado. O Poder Judiciário era composto pelos seguintes órgãos: a) a Corte Suprema; b) os Juízes e Tribunais federais; c) os Juízes e Tribunais militares; d) os Juízes e Tribunais eleitorais. O Poder Legislativo é exercido pela Câmara dos Deputados com a colaboração do Senado Federal.

No âmbito do Direito Administrativo, a administração passou a atuar em diversas áreas, por influência do Estado social de direito, aumento do poder de polícia e da criação de pessoas jurídicas de direito público em colaboração para com o Estado. O Direito Administrativo passou a ser ramo autônomo do Direito com o regime jurídico especial[37].

Em 1937, Getúlio Vargas deu um golpe de Estado e estabeleceu uma ditadura, o Estado Novo, suprimindo a Constituição de 1934 e outorgando, em 10 de novembro de 1937, uma Carta Constitucional conhecida como *Constituição dos Estados Unidos do Brasil*, com características fascistas, sendo também conhecida como "Constituição Polaca", já que, para alguns, foi inspirada na Constituição polonesa então vigente, que concentrava amplos poderes nas mãos do presidente da República; para outros, é denominada "Polaca" por ser ilegítima, fruto de ato de imposição.

---

37 DI PIETRO, Maria Sylvia Zanella. Transformações do Direito Administrativo. **Revista de Direito da Administração Pública**, ano 1, v. 1, n. 2, jun./dez. 2016.

Em 30 de outubro de 1945, Vargas renunciou, consagrando a queda do Estado Novo e o surgimento da Segunda República, que se estendeu de 1945 até o golpe militar de 1964. Em 18 de setembro de 1946, foi promulgada a Constituição da República dos Estados Unidos do Brasil, marcando o início da redemocratização do país. Os Estados Unidos do Brasil mantiveram o regime representativo, a Federação e a República. A União compreendia, além dos estados, o Distrito Federal e os territórios.

Em 1º de abril de 1964, foi instaurado o regime militar por um golpe de Estado. No dia 15 de março de 1967, foi outorgada a Constituição de 1967, que traduziu o regime militar e institucionalizou a ditadura. A carta aumentou os poderes da União e do Poder Executivo, bem como aniquilou a autonomia dos municípios; o Brasil era uma República Federativa, constituída sob o regime representativo, pela união indissolúvel dos Estados, do Distrito Federal e dos Territórios.

O ambiente ditatorial no qual então se inseriu o Direito Administrativo a partir da década de 1960 reforçou seus paradigmas de poder, já existentes desde suas origens francesas, ficando os aspectos de realização dos direitos fundamentais, de proteção das garantias individuais do cidadão e de limitação e controle do poder em segundo plano[38].

Em 5 de outubro de 1988, foi promulgada a Constituição Federal, também conhecida como *Constituição Cidadã*, preocupada com a dignidade da pessoa humana. Depois da instauração da democracia ao fim do regime militar, a Lei Maior tornou-se o marco do Direito Administrativo influenciado pelo Estado democrático de direito.

Com a constitucionalização do Direito Administrativo, além da elevação de temas administrativos na Constituição de 1988, surgiram os efeitos das normas constitucionais por todo o sistema jurídico. As normas da Administração Pública foram elevadas à condição de garantias individuais dos administrados em face do Poder Público.

2. Marcos históricos do surgimento do Direito Administrativo

A reflexão histórico-teórica sobre a origem do Direito Administrativo conta com marcos históricos, ou seja, acontecimentos que contribuíram para seu surgimento como disciplina jurídica autônoma e para suas bases teóricas decorrentes da necessidade de organização no pensamento jurídica dos preceitos reguladores

---

38 ARAGÃO, Alexandre Santos de. **Curso de Direito Administrativo**. São Paulo: Gen, 2019.

da atividade administrativa do Estado. A doutrina aponta como marcos histórico no surgimento do Direito Administrativo[39] os eventos apontados a seguir.

2.1 Fim do Absolutismo[40]

Parece haver consenso entre os estudiosos que tratam do fim do Absolutismo que com esse fenômeno se impôs a **lógica iluminista**. Trata-se de uma cadeia causal na qual as sociedades com ideais de racionalidade, liberdade e virtudes se tornam, por isso, cada vez mais exigentes e demandantes de soluções para seus problemas causados pela concentração de privilégios nas mãos de poucos, em busca de uma "modernização do aparelho administrativo" para ultimar o progresso e a felicidade.

Com efeito, a opressão e a tirania vivenciada pela sociedade durante o Absolutismo motivaram diversos movimentos sociais de oposição, culminando com a Revolução Francesa de 1789: o importante para o surgimento do Direito Administrativo foi o rompimento paradigmático[41] por conta do substrato do movimento iluminista, desde sua criação, que tivesse viabilidade (restrição do poder estatal

---

39 As constituições, a democracia, o Estado de direito, a separação de poderes e a salvaguarda de direitos fundamentais seriam as ideias diretrizes que caracterizam a evolução das constituições na França e Alemanha depois do fim do século XIV (WURTENBERGER, Thomas. **Distance et rapprochement entre le droit administratif allemand et le droit administrati français**. Disponível em: <https://www.sciencespo.fr/chaire-madp/sites/sciencespo.fr.chaire-madp/files/thomas_wurterberger.pdf>. Acesso em: 18 mar. 2024).

40 "Na conjugação de fatores que levam ao colapso, pesou não somente o caráter frágil de Luís XVI, os custos do Estado e as limitações de recursos para mantê-lo, mas a reação dos particularismos provinciais (quarenta gouvernements, 34 generalités, 135 dioceses, treze parlements em Paris, Toulouse etc, e quatro conselhos soberanos). Poderes, aliás, cujos limites se sobrepunham e se chocavam: o Sul e o Norte, por exemplo, não se regiam pelas mesmas leis e a administração municipal variava de cidade a cidade" (MOTA, Carlos Guilherme. **A Revolução Francesa**. São Paulo: Perspectiva, 2007. p. 11).

41 Quando surge um novo paradigma, temos um processo desenvolvido nos seguintes termos: **a) Uma nova perspectiva**: uma nova estrutura de pensamento na compreensão do mundo, dos homens e das coisas, visando à solução de velhos e novos problemas; **b) Falta de tipicidade**: os velhos paradigmas são insuficientes como modelos explicativos. Nessa esteira, para KUHN, as referências teóricas que fornecem respostas são chamadas de *paradigmas*, que, por sua vez, sofrem rupturas e superações na dinâmica evolutiva, surgindo revoluções científicas. Fala-se em *crise paradigmática*, com o reconhecimento de que os acontecimentos e problemas da realidade não se encaixam dentro do padrão de soluções modulares, provocando um mal-estar na comunidade científica; **c) Amplitude**: o novo paradigma pode introduzir uma nova percepção, uma visão mais ampla do conhecimento tradicional, conciliando aparentes contradições; **d) Mudança de postura**: a adesão à nova ideia deve ser percebida de maneira imediata resultando numa ampliação de conhecimentos. A conscientização da comunidade científica é sinal de maturidade científica no entendimento de ser momento oportuno para uma melhor compreensão do conhecimento. Os problemas da realidade social podem ser compartilhados por diferentes paradigmas de forma complementar (KUHN, Tomas Samuel. **A estrutura das revoluções científicas**. São Paulo: Perspectiva, 1994; FERGUSON, Marilyn. **A conspiração aquariana**. Tradução de Carlos Evaristo M. Costa. Rio de Janeiro: Record: Nova Era, 2000; LAUDAN, Larry. **O progresso e seus problemas**: rumo a uma teoria do crescimento científico. Tradução de Roberto Leal Ferreira. São Paulo: Ed. da Unesp, 2011).

por meio da sua submissão à ordem jurídica), que inspirasse credibilidade (o poder político é uma autodisposição da sociedade sobre si mesma, através da vontade geral surgida do pacto social, a qual se expressa por meio da lei, uma lei geral e igualitária[42]), que a utilização dos direitos fundamentais fosse eficiente, em contraposição ao arbítrio no exercício do poder político considerado como fonte de injustiças e desordens, e que produzisse os resultados de interesse público com a superação da estrutura de poder do Antigo Regime fundado na vontade do soberano.

2.2 Separação de poderes[43]

É inegável a influência que a doutrina ou técnica da separação de poderes[44] exerce no desenvolvimento do direito público, em especial na configuração da estrutura do Estado e do poder.

O princípio da separação de Poderes[45], previsto no art. 2º da CF, além de reconhecer a divisão funcional e orgânica do Poder, cria um sistema de freios e contrapesos[46] que evita a predominância de um Poder sobre o outro, contendo o arbítrio estatal e efetivando os direitos e garantias fundamentais[47].

---

42 ENTERRÍA, Eduardo García de. **La lengua de los derechos**: la formación del derecho público europeo tras la revolución francesa. Madrid: Alianza, 1994.
43 "É a acolhida do princípio da separação de poderes e a submissão do Poder Executivo às normas emitidas pelo Poder Legislativo que levam à existência autônoma do Direito Administrativo" (TÁCITO, Caio. Transformações no Direito Administrativo. **Boletim de Direito Administrativo**, São Paulo, v. 15, n. 2, p. 82-86, fev. 1999. Disponível em: <https://periodicos.fgv.br/rda/article/view/47264/45342>. Acesso em: 25 jun. 2024. p. 27).
44 "A essência do postulado da divisão funcional do poder, além de derivar da necessidade de conter os excessos dos órgãos que compõem o aparelho de Estado, representa o princípio conservador das liberdades do cidadão e constitui o meio mais adequado para tornar efetivos os direitos e garantias proclamados pela Constituição" (BRASIL. Supremo Tribunal Federal. **Mandado de Segurança n. 25668/DF**. Relator: Min. Celso de Mello. Data de publicação: 4 ago. 2006).
45 CHOUKR, Fauzi Hassan. **Código de Processo Penal**: comentários consolidados e crítica jurisprudencial. Rio de Janeiro: Lumen Juris, 2005.
46 "A essência do postulado da divisão funcional do poder, além de derivar da necessidade de conter os excessos dos órgãos que compõem o aparelho de Estado, representa o princípio conservador das liberdades do cidadão e constitui o meio mais adequado para tornar efetivos os direitos e garantias proclamados pela Constituição" (BRASIL. Supremo Tribunal Federal. **Mandado de Segurança n. 25668/DF**. Relator: Min. Celso de Mello. Data de publicação: 4 ago. 2006).
47 "(...) mas a experiência mostra que todo homem que tem o poder é tentado a abusar dele; vai até onde encontra limites. Quem diria! A própria virtude tem necessidade de limites. Para que não possa abusar do poder é preciso que, pela disposição das coisas, o poder freie o poder" (MONTESQUIEU. **Do espírito das leis**. São Paulo: Nova Cultural, 1977. Coleção Os Pensadores); "Uma das razões para a tendência de expansão e fortalecimento do poder é que a busca por sua conquista e manutenção se revela como uma das mais fortes paixões do homem, cujo objeto, muito mais do que o resultado de seu exercício, ou seja, as transformações na realidade que podem decorrer da ação daquele que o detém, é o seu próprio exercício, pois o respeito, a veneração e a submissão que ele muitas vezes desperta é que causam prazer no seu detentor. Essa paixão acaba fazendo com que aquele que exerce o poder sem limitações acabe sendo dominado por ele, procurando conservá-lo e ampliá-lo a qualquer custo, inclusive se corrompendo" (COMPARATO, Fábio Konder. **Ética**: direito, moral e religião no mundo moderno. São Paulo: Companhia das Letras, 2006. p. 15-16).

A divisão funcional do poder foi reconhecida na Antiguidade Clássica por Aristóteles, enxergava três funções em todo governo: legislar, executar as leis e julgar os conflitos. A divisão orgânica do poder (cada função deveria ser exercida por um órgão específico) surgiu no pensamento de Locke (reconhecer a existência do legislativo, executivo, federativo e prerrogativo) e mais tarde sistematizada por Montesquieu, em 1748, em sua obra O espírito das leis[48].

Pilar do constitucionalismo[49] moderno, a separação de poderes[50], surgida em reação ao poder absolutizado gerador de arbitrariedades[51] como mecanismo estrutural do Estado, apresenta dois aspectos que contribuíram para o surgimento do Direito Administrativo:

1] **Enfoque substancial** consubstanciado na distribuição de funções a diferentes órgãos do Estado reconhece a existência autônoma da função administrativa do Estado.
2] **Enfoque instrumental** como mecanismo estrutural do poder (limita o poder em contraposição ao fenômeno da concentração de poder vigorante no Absolutismo monárquico de origem divina, contribuindo para o surgimento do princípio da legalidade), do Estado (organiza do Estado por meio da distribuição orgânico-funcional) e garantista (protege os indivíduos contra o arbítrio, garante liberdade em face da vocação abusiva gerada na concentração de atribuições ou governo autocrático)[52].

Nesse contexto, as profundas transformações do Estado e da sociedade exigem uma mudança de compreensão acerca do sentido e alcance do princípio

---

48 MONTESQUIEU. **O espírito das leis**. São Paulo: Nova Cultural, 2000. v. 1.
49 "(...) a separação de poderes não é um fim em si mesmo, mas um instrumento concebido com o intuito de viabilizar uma efetividade às conquistas obtidas com o movimento constitucionalista" (FREIRE JUNIOR, Américo Bedê. **O controle judicial das políticas públicas**. São Paulo: Revista dos Tribunais, 2005. p. 127).
50 "Uma das razões para a tendência de expansão e fortalecimento do poder é que a busca por sua conquista e manutenção se revela como uma das mais fortes paixões do homem, cujo objeto, muito mais do que o resultado de seu exercício, ou seja, as transformações na realidade que podem decorrer da ação daquele que o detém, é o seu próprio exercício, pois o respeito, a veneração e a submissão que ele muitas vezes desperta é que causam prazer no seu detentor. Essa paixão acaba fazendo com que aquele que exerce o poder sem limitações acabe sendo dominado por ele, procurando conservá-lo e ampliá-lo a qualquer custo, inclusive se corrompendo" (COMPARATO, Fábio Konder. **Ética**: direito, moral e religião no mundo moderno. São Paulo: Companhia das Letras, 2006. p. 15-16).
51 "A acumulação de todos os poderes, legislativos, executivos e judiciais, nas mesmas mãos, sejam estas de um, de poucos ou de muitos, hereditárias, autonomeadas ou eletivas, pode-se dizer com exatidão que constitui a própria definição da tirania" (HAMILTON, Alexander; JAY, John; MADISON, James. **O Federalista**. Rio de Janeiro: Editora Nacional de Direito, 1959. p. 176).
52 "(...) o essencial da doutrina da separação de poderes esta em que, se quiser constituir um Estado respeitoso das liberdades, é mister dividir o exercício do poder, estabelecendo um sistema de freios e contrapesos capaz de conter os poderes e fazê-los andar de concerto" (FERRAZ, Ana Cândida Cunha. **Conflito entre poderes**: o poder congressual de sustar atos normativos do poder executivo. São Paulo: Revista dos Tribunais, 1994. p. 13).

da separação de poderes. O esquema tradicional tripartite, idealizado a partir de uma racionalidade rígida, não se demonstra mais adequado para satisfazer as cada vez mais sofisticadas demandas da sociedade.

Em plena sociedade pós-moderna, não existem mais razões para compreender a separação de poderes como um instrumento de luta contra o poder absoluto, nos moldes formulados por Montesquieu ainda na primeira metade do século XVIII, resultando em uma divisão rígida das funções políticas do Estado em compartimentos estanques. Com o advento da visão de mundo carreada pela pós-modernidade, no Direito, a temática já não é a liberdade individual e seus limites. Liberdade e igualdade já não são os ícones da temporada. No direito público, a nova onda é a governabilidade.

2.3 Estado de direito

Embora exista divergência, heterogeneidade e imprecisão no seu desenvolvimento histórico, o Estado de direito – que para alguns resulta de uma construção permanente de convivência sociopolítica e das tendências constitucionais que nasceram com os movimentos revolucionários do Iluminismo[53], e para outros tem como origem remota na ideia antiga da superioridade do governo das leis sobre o governo dos homens[54] –, será analisado como fator de contribuição para o surgimento do Direito Administrativo.

Nesse contexto, o Estado de direito, sob a concepção de um Estado legal de direito teve essa influência porque o parâmetro de legitimação do poder político e do direito era o princípio da legalidade traduzido na subordinação da Administração Pública aos limites impostos pelo Direito. A segurança jurídica no Estado liberal de direito era a segurança por meio do Direito expresso nas leis[55]. É a concepção formalista da segurança jurídica. O Direito é como instrumento de adequação social[56], já que com sua positividade[57], confere condições

---

53 VERDÚ, Pablo Lucas. **A luta pelo Estado de Direito**. Tradução de Agassiz Almeida Filho. Rio de Janeiro: Forense, 2007.
54 AMARAL, Maria Lúcia. **A forma da República**. Coimbra: Coimbra Editora, 2005. p. 140-141.
55 "Por ello, la seguridad en el Estado no podrá ser outra cosa que la seguridad mediante la positividad del Derecho; seguridad, por uma parte, previa al conflicto, entendida como la existencia de instrumentos tuteladores de intereses individuales. Y seguridad, por otra parte, en tanto componedora y armonizadora de tales interesses cuando los mismos colisionen en eventuales conflitos" (NOVOA, César García. **El Princípio de Seguridad Jurídica em matéria tributária**. Madrid: Marcial Pons, 2001).
56 "O Direito nasce originariamente na vida humana para satisfazer uma necessidade de certeza e de segurança em determinadas relações sociais, consideradas da maior importância" (SICHES, Luis Recaséns. **Tratado de sociologia**. Porto Alegre: Globo, 1968).
57 A segurança do direito, como visto, é um valor jurídico que exige a positividade do direito. (SILVA, José Afonso. Constituição e segurança jurídica. In: ROCHA, Cármem Lúcia Antunes (Coord.). **Constituição e segurança jurídica**: direito adquirido, ato jurídico perfeito e coisa julgada. Belo Horizonte: Fórum, 2004).

de ordenação de comportamentos e organização na convivência social. Nesse contexto, a segurança aparece como a própria razão de ser ou finalidade principal do próprio Direito[58].

Nessa primeira fase do Estado de direito[59], a preocupação central foi implantar limites à atuação estatal, preservando os direitos fundamentais, em especial a propriedade e a liberdade[60]. Em oposição ao Estado de polícia, elegeu-se um Estado limitado pela lei (fonte de segurança), em correlação com o respeito à pessoa humana e seus direitos fundamentais[61], organizado de acordo com as diretrizes das Declarações de direitos do século XVIII.

Sob a concepção de um Estado legislativo de direito, certos fatores conjugados assumem o que se poderia definir com uma dimensão caracterizadora dos pilares próprios da existência do Direito Administrativo: **1) Centralidade da lei:** a regulação da vida social era feita pelas leis editadas pelos parlamentos, com destaque para os códigos; **2) Primado ou império da lei**[62]: em que a lei é superior e vincula os atos da administração. Toda a atividade administrativa deve respeitar estritamente as determinações legais, sob pena de invalidade[63]. Dentro da lógica do liberalismo clássico, a lei, como expressão da vontade coletiva, era entendida em seu sentido negativo através da proibição da atuação

---

58 "Um das funções relevantes do Direito é conferir certeza à incerteza das relações sociais" (BECKER, Alfredo Augusto. **Teoria geral do Direito Tributário**. São Paulo: Saraiva, 1972).

59 "O papel do Estado e do Direito era o de proteger os direitos fundamentais, em especial, a propriedade e a liberdade. Era um papel essencialmente negativo ou abstencionista. Daí esse período ser chamado de Estado Mínimo, inspirado na fórmula do laisser faire, laisse passer" (DI PIETRO, Maria Sylvia Zanella. O princípio da segurança jurídica diante do princípio da legalidade. In: MARRARA, Thiago (Org.). **Princípios de direito administrativo**: legalidade, segurança jurídica, impessoalidade, publicidade, motivação, eficiência, moralidade, razoabilidade, interesse público. São Paulo: Atlas, 2012).

60 "Na propriedade só a lei pode tocar (...) porque a lei representa o consenso dos contribuintes, a sua generalidade, a sua comunidade, a sua totalidade" (BARBOSA, Rui. **As Docas de Santos e as taxas de capatazia**. Obras Completas, XLV, 1918, I. Rio de Janeiro: MEC, 1967. p. 212).

61 DÍAZ, Elias. **Estado de Derecho y Sociedad Democrática**. Madrid: Editorial Cuadernos para El Dialogo, 1975.

62 A concepção do primado da lei surge em pleno período do liberalismo em contraposição ao Estado absolutista, caracterizado pela concentração e ilimitação do poder. "Nos regimes absolutos, o administrador – veículo da vontade do soberano – é, como este, irresponsável. A administração é apenas uma técnica a serviço de privilégios de nascimento. O estado de direito, ao contrário, submete o poder ao domínio da lei: a atividade arbitrária se transforma em atividade jurídica. A lei, como expressão da vontade coletiva, incide tanto sobre os indivíduos como as autoridades públicas" (TÁCITO, Caio. Bases Constitucionais do Direito Administrativo. **Revista de Direito Administrativo**, Rio de Janeiro, v. 166, n. 37-44, out./dez. 1986. p. 37. Disponível em: <https://periodicos.fgv.br/rda/article/view/45317/43804>. Acesso em: 25 jun. 2024); CORREIA, José Manoel Sérvulo. **Legalidade e autonomia contratual nos contratos administrativos**. Coimbra: Almedina, 1987; DIAS, José Eduardo Figueiredo; OLIVEIRA, Fernanda Paula. **Noções fundamentais de Direito Administrativo**. Coimbra: Almedina, 2006; ABREU, Jorge Manuel Coutinho de. **Sobre os regulamentos administrativos e o princípio da legalidade**. Coimbra: Almedina, 1987.

63 ANDRADE, José Carlos Vieira. **Lições de Direito Administrativo**. Coimbra: Imprensa da Universidade de Coimbra, 2010.

da administração *contra legem*; **3) Reserva da lei:** em que o exercício da função administrativa encontra-se vinculada à observância da lei, entendida como domínio normativo exclusivo do parlamento, editado no exercício da função legislativa e identificado com as normas jurídicas.

2.4 Declaração dos Direitos do Homem e do Cidadão

A diretriz de que todos os cidadãos devem ter garantidos os direitos de "liberdade, propriedade, segurança, e resistência à opressão" contribui para o surgimento do Direito Administrativo. Ganha, assim, relevante importância prática a ideia um sistema de direitos positivos ou efetivos, pois se define a intenção de proibir ações prejudiciais para a sociedade. Ao instituir a garantia de proteção dos indivíduos contra a administração, proclamava desprovida de Constituição e, pois, autocrática, toda sociedade na qual a garantia desses direitos não fosse assegurada.

Capítulo 3
Conteúdo do Direito Administrativo

7. Bases ideológicas do Direito Administrativo

As bases ideológicas do Direito Administrativo podem ser consideradas por duas perspectivas: como alicerces de um ramo do direito concebido em favor do Poder – **perspectiva autoritária** – e como fundamentos de um ramo do Direito orientado no dever de servir – **perspectiva funcional**.

Na perspectiva autoritária, o Direito Administrativo é visto como um conjunto de poderes de autoridade detidos pelo Estado e exercitáveis em relação aos administrados. Os fundamentos nesse eixo metodológico do Direito Administrativo são: a) seu surgimento como Direito excepcional em discrepância com o Direito comum (direito privado); b) a existência de prerrogativas exorbitantes para o Estado, não comuns nas relações entre particulares; c) concepção francesa de potestade pública.

Na perspectiva autoritária, o poder é a razão dos institutos e normas do Direito Administrativo. O conceito-chave é o poder de impor. Nas relações entre o poder, encarnado na pessoa do soberano, e os membros da sociedade, então súditos, vigoravam ideias de um poder político desvinculado dos limites jurídicos. É uma concepção que faz da força ou do exercício abusivo do poder o direito, deixando sem qualquer defesa jurídica eficaz o indivíduo, os cidadãos, os povos e as minorias. O Direito se identifica com a razão do Estado, imposta e iluminada por chefes, pautada por radical injustiça e desigualdade na aplicação do Direito.

Na perspectiva funcional, o Direito Administrativo é visto como um conjunto de limitações dos poderes do Estado e/ou deveres da Administração Pública em favor dos administrados. Os fundamentos desse conteúdo do Direito Administrativo são: a) concepção francesa do serviço público; b) advento do Estado de direito com a submissão do Estado à ordem jurídica.

Na perspectiva funcional, o dever é a razão explicativa dos institutos e normas do Direito Administrativo. O conceito-chave é o dever de servir. Nas relações entre o poder e os membros da sociedade vigoram ideias da disciplina do poder, sua contenção e a inauguração dos direitos dos administrados. É uma concepção em que o poder político se proclama vinculado dos limites jurídicos e reconhece aos indivíduos uma esfera de liberdade ante o poder protegido pelo Direito[1].

---

1 "(...) o Estado de Direito é exatamente um modelo de organização social que absorve para o mundo das normas, para o mundo jurídico, uma concepção política e a traduz em preceitos concebidos expressamente para a montagem de um esquema de controle do Poder (...) o Estado de Direito é um gigantesco projeto político, juridicizado, de contenção do Poder e de proclamação de igualdade de todos os homens. (BANDEIRA DE MELLO, Celso Antonio. **Curso de Direito Administrativo**. São Paulo: Malheiros, 2015. p. 49).

2. Direito Administrativo e sua divisão

O conteúdo científico do Direito Administrativo abrange aspectos que dão lugar às seguintes disciplinas:

a) **Direito Administrativo Geral** – abrange os institutos e conceitos basilares que são aplicados a todas as atividades e situações da Administração Pública (princípios, fontes, atos administrativos, organização administrativa etc.)[2]; são as normas genéricas fundamentais desse ramo do Direito[3].

b) **Direito Administrativo Especial**[4] – são os setores específicos da Administração Pública, em que cada um dispõe de um regime jurídico com disposições específicas, como no caso do Direito Administrativo Sancionador, do Direito Administrativo Econômico etc. Formam um conjunto de ramos autônomos do Direito Administrativo[5].

c) **Direito Administrativo Processual** – é um conjunto de normas que regulam o processo administrativo.

d) **Direito Administrativo Penal** – é um conjunto de normas que disciplinam as infrações contra a Administração Pública.

e) **Direito Administrativo Comparado** – tem por objeto de estudo as normas jurídico-administrativas dos vários países, visando acentuar suas semelhanças e diferenças.

---

[2] ARAGÃO, Alexandre Santos de; MARQUES NETO, Floriano de Azevedo (Coord.). **Direito administrativo e seus novos paradigmas**. Belo Horizonte: Fórum, 2008.

[3] "O direito administrativo geral inclui o estudo das normas fundamentais deste ramo do direito, os seus conceitos basilares e os seus princípios gerais, versando, ainda, sobre matérias como a relação entre a Administração e o Direito, a organização administrativa, a atividade administrativa (regulamentos, atos administrativos e contratos administrativos), além dos direitos e garantias dos cidadãos perante a Administração Pública" (CORREIA, Fernando Alves. **Alguns conceitos de direito administrativo**. Coimbra: Almedina, 1998).

[4] AMARAL, Diogo de Freitas do. **Curso de Direito Administrativo**. Coimbra: Almedina, 2022. v. I.

[5] OTERO, Paulo; GONÇALVES, Pedro. **Tratado de Direito Administrativo Especial**. Coimbra: Almedina, 2009. v. I; "Por sua vez, o direito administrativo especial incide sobre matérias que dizem respeito a setores específicos do direito administrativo (por exemplo, o direito administrativo da economia, o direito administrativo cultural, o direito administrativo militar, o direito do ordenamento do território e do urbanismo, o direito das telecomunicações, o direito administrativo social, o direito administrativo do ambiente, o direito administrativo da água e o direito financeiro)" (CORREIA, Fernando Alves. **Alguns conceitos de direito administrativo**. Coimbra: Almedina, 1998).

3. Relações do Direito Administrativo com outros ramos do Direito[6]

O Direito Constitucional e o Direito Administrativo mantêm relação íntima, pois, enquanto o primeiro trata da organização do Estado (aspecto estático), o segundo estuda o funcionamento do Estado (aspecto dinâmico). O Direito Constitucional fornece normas básicas do Direito Administrativo, regulando a estrutura de ação da Administração Pública[7]. O Direito Constitucional trata da anatomia e fisiologia do direito público e ensina a essência do Estado na teoria e na prática. O Direito Administrativo ensina o que o organismo do Estado deve fazer[8].

O Direito Administrativo e o Direito Ambiental guardam relação transversal, dado que o segundo visa sistematizar a atuação administrativa das pessoas jurídicas públicas para indução, preservação ou restauração do equilíbrio harmônico dos espaços habitáveis e dos elementos naturais, artificiais e culturais que integram a vida humana em termos de ordem, higiene, salubridade, tranquilidade pública e respeito à propriedade, aos direitos individuais ou coletivos e aos interesses difusos[9].

O Direito Administrativo e o Direito Eleitoral estabelecem relação de conexão, já que alguns temas eleitorais dependem do Direito Administrativo, como a requisição de bens nos locais de votação e apuração dos pleitos e a organização na propaganda partidária.

O Direito Administrativo e o Direito Penal sustentam relação punitiva e protetiva, já que as normas penais, além de definirem os crimes contra a Administração Pública e praticados por funcionário público, enumeram as garantias criminais que protegem a dignidade da função pública.

O Direito Administrativo e o Direito Processual apresentam relação direta, já que no Direito Administrativo existem mecanismos de controle judicial da Administração Pública revelados por ações propostas no Judiciário reguladas por normas do Direito Processual; as normas do processo administrativo sofrem incidência das garantais gerais do processo previstas na CF.

O Direito Administrativo e o Direito Tributário mantêm relação de orientação, já que o segundo rege o exercício das atividades impositivas, arrecadadoras, fiscalizadoras, além do próprio funcionamento dos seus órgãos e disciplina dos seus servidores e procedimentos tributários.

---

6   MORAES, Guilherme Peña de. **Curso de Direito Constitucional**. São Paulo: Gen, 2024.
7   BASTOS, Celso Ribeiro. **Curso de Direito Administrativo**. 5. ed. São Paulo: Saraiva, 2001.
8   CAETANO, Marcelo. **Manual de Direito Administrativo**. Coimbra: Coimbra Editora, 1951; BIELSA, Rafael. **Derecho administrativo**. Buenos Aires: La Ley, 1964.
9   GUALAZZI, Eduardo Lobo Botelho. **Direito Administrativo Ambiental**. Disponível em: <https://www.revistas.usp.br/rfdusp/article/view/67098>. Acesso em: 18 mar. 2024.

4. Sistema administrativo e direitos humanos fundamentais[10]

O vocábulo *sistema* nasceu no campo das ciências exatas e, em especial, no campo das ciências biológicas, irradiando destas para outros setores do pensamento científico. Sistema é a combinação de elementos articulados para a consecução de determinado fim. Paralela à ideia de sistema está a noção de ordem, harmonia, organização.

Sistema jurídico ou *sistema de Direito* é um bloco unitário de normas com características comuns. Resulta de fatores dominantes num dado momento da história dos povos: fatores ambientais, étnicos, econômicos, religiosos, políticos, sociais ou filosóficos. Existem diferentes critérios para enquadrar os Direitos dos diferentes países em "sistemas" ou em "famílias"; não há concordância sobre o modo de efetuar esse agrupamento.

Para a compreensão do direito administrativo brasileiro, destacaremos duas classificações: 1) sistemas administrativos ligados à organização do convívio social sob princípio unificador: sistema romano-germânico, nos quais se insere o direito administrativo brasileiro, e o common law, pela influência que exerceu e ainda exerce sobre alguns temas do nosso direito administrativo; 2) sistemas administrativos ligados ao controle jurisdicional da Administração Pública: a) sistema da unidade da jurisdição; b) sistema da dualidade de jurisdição.

4.1 Sistemas administrativos ligados à organização do convívio social

4.1.1 Sistema romano-germânico ou continental

a) O Direito tem função nuclear na regulação da vida social, sendo que a ciência do Direito agrupa as regras da área na divisão básica nos Direitos Público e Privado, com base no Direito Romano[11].

b) A lei é fonte primária do Direito[12].

---

10 AMARAL, Diogo Freitas do. **Curso de Direito Administrativo**. Lisboa: Almedina, 1994. v. I.
11 DAVID, René. **Os grandes sistemas do Direito Contemporâneo**. Tradução de Hermínio A. Carvalho. São Paulo: M. Fontes, 1996.
12 "(...) os juristas procuram, antes de tudo, descobrir regras e soluções do direito, estribando-se nos textos legislativos ou regulamentares emanados do parlamento ou das autoridades governamentais ou administrativas... as outras fontes aparecem, nesta análise, ocupando uma posição subordinada e de importância muito reduzida" (DAVID, René. **Os grandes sistemas do Direito Contemporâneo**. Tradução de Hermínio A. Carvalho. São Paulo: M. Fontes, 1996).

c] A codificação é certamente a técnica mais característica dos direitos da família romanista[13].
d] Reconhecimento do Princípio da Separação de Poderes, sendo cabível ao juiz a função de interpretar e aplicar a lei.
e] Há definição prévia da norma aplicável às situações concretas da vida social;
f] Reconhecimento do Princípio do Estado de Direito.
g] Influência do Direito Romano na formação dos institutos.
h] Subordinação da administração ao Direito Administrativo.
i] Garantias jurídicas dos administrados.
j] Sujeição da Administração aos Tribunais Administrativos.
k] Privilégio da Execução Prévia.

4.1.2 Sistema administrativo britânico

a] A essência do direito é a experiência, sendo o Direito o conjunto de soluções criadas pela jurisprudência.
b] A jurisprudência é fonte primordial do Direito.
c] A definição da norma aplicável às situações concretas da vida social surge, no mais das vezes, da própria decisão do caso.
d] O regime administrativo é equiparado ao regime comum, quanto aos processos, aos contratos e aos próprios atos.

4.2 Sistemas administrativos ligados ao controle jurisdicional da Administração Pública

4.2.1 Sistema da unidade de jurisdição

a] **Terminologia**: sistema inglês ou do monopólio da jurisdição.
b] **Origem**: inglesa e norte-americana.

---

13 "Nos sistemas de direito romano-germânico, a lei é a fonte primária do direito. A codificação aumenta consideravelmente a força da lei, hierarquizando as suas disposições e as reagrupando em um conjunto exaustivo e coerente: em suma, racional. A codificação é certamente a técnica mais característica dos direitos da família romanista. Longe de ser uma simples coletânea de regras, o código é um edifício legislativo que pretende ser o espelho de uma polis harmoniosa. Ele deve fornecer ao cidadão um material legível, ao qual seja sempre possível referir-se, e ser, para o juiz, um guia precioso para perceber, através da disposição dos princípios e da classificação das regras, a intenção legisladora" (GARAPON, Antoine; PAPAPOULOS, Ioannis. **Julgar nos Estados Unidos e na França**: cultura jurídica francesa e Common Law em uma perspectiva comparada. Tradução de Regina Vasconcelos. Rio de Janeiro: Lumen Juris, 2008).

c] **Revestimento da coisa julgada**: somente o Poder Judiciário tem o poder de apreciar com força de coisa julgada qualquer lesão ou ameaça de lesão a direitos.
d] **Função Jurisdicional**: somente é exercida de forma típica pelo Poder Judiciário.
e] **Decisões dos Tribunais Administrativos**: podem ser sempre reapreciados pelo Judiciário.
f] **Papel do Poder Judiciário**: julga todos os litígios, administrativos ou de caráter privado.
g] **Atos da Administração Pública**: podem ser julgados pelos órgãos administrativos e pelo Judiciário. Apenas os julgamentos feitos pelos órgãos administrativos podem ser revistos pelo Poder Judiciário.
h] **Relação entre Administração Pública e administrados**: colocam-se em plano jurídico de igualdade quando seus conflitos de interesse são deduzidos nas ações judiciais.

4.2.2 Sistema da dualidade de jurisdição

a] **Terminologia**: sistema francês, do contencioso administrativo, da jurisdição administrativa ou da jurisdição dupla.
b] **Origem**: França.
c] **Revestimento da coisa julgada**: tanto o Poder Judiciário como a Justiça Administrativa têm o poder de apreciar com força de coisa julgada qualquer lesão ou ameaça de lesão a direitos.
d] **Função jurisdicional**: repartição entre o Poder Judiciário (causas comuns) e tribunais administrativos (causas de interesse da Administração Pública).
e] **Decisões dos Tribunais Administrativos**: não podem ser sempre reapreciados pelo judiciário.
f] **Papel do Poder Judiciário**: só julga as causas que não envolvam a Administração Pública.
g] **Atos da Administração Pública**: julgados somente por tribunais especializados, independentes.
h] **Relação entre Administração Pública e administrados**: não se colocam em plano jurídico de igualdade, já que, na Justiça Administrativa, o Estado, em tese, é parte e juiz do conflito.

4.2.3 Sistema adotado no Direito brasileiro

a) **Sistema da dualidade de jurisdição**: foi adotado pela Emenda Constitucional n. 7, de 13 de abril de 1977 à Constituição de 1967, com a seguinte redação ao art. 203: "Poderão ser criados contenciosos administrativos, federais e estaduais, sem poder jurisdicional, para a decisão de questões fiscais e previdenciárias, inclusive relativas a acidentes do trabalho"[14].
b) **Sistema da unidade de jurisdição**: é o sistema adotado nos dias atuais, conforme art. 5º, inciso XXXV da CF: "a lei não excluirá da apreciação do Poder Judiciário lesão ou ameaça a direito"[15].

5. Interpretação do Direito Administrativo

5.1 Interpretação e hermenêutica

A interpretação jurídica diferencia-se dos demais tipos de interpretação por um fator muito preciso: ela tem por objeto não só as normas jurídicas como também o Direito como sistema[16]. Uma interpretação que não tenha esse objeto pode relacionar-se com qualquer ciência.

O estudo da interpretação jurídica oscila conforme o debate sobre como fixar o sentido e alcance das normas jurídicas. A hermenêutica jurídica tem por objeto o estudo e a sistematização dos processos aplicáveis para determinar o sentido e o alcance da norma[17].

A interpretação jurídica como atividade humana de esclarecimento da linguagem e das coisas visa determinar, ao final, o sentido e o alcance das expressões do direito. Nesse processo, a atribuição de sentido às normas jurídicas é a

---

14 BRASIL. Emenda Constitucional n. 7, de 13 de abril de 1977. **Diário Oficial da União**, Poder Legislativo, Brasília, DF, 13 abr. 1977. Disponível em: <https://www.planalto.gov.br/CCIVIL_03/////Constituicao/Emendas/Emc_anterior1988/emc07-77.htm#:~:text=Lei%20complementar%20denominada%20Lei%20Org%C3%A2nica,nesta%20Constitui%C3%A7%C3%A3o%20ou%20dela%20decorrentes.>. Acesso em: 5 set. 2024.
15 BRASIL. Constituição (1988). **Diário Oficial da União**, Brasília, DF, 5 out. 1988. Disponível em: <http://www.planalto.gov.br/ccivil_03/constituicao/constituicao.htm>. Acesso em: 5 set. 2024.
16 "Interpretação que interessa ao Direito é uma atividade voltada a conhecer e a reconstruir o significado a ser atribuído, na órbita de uma ordem jurídica, as formas representativas, que são fontes de avaliação jurídica ou que tais avaliações constituem o objeto" (BETTI, Emilio. **Interpretação da Lei e dos atos jurídicos**: teoria geral e dogmática. Tradução de Karina Janinni. São Paulo: M. Fontes, 2007. p. 5).
17 MAXIMILIANO, Carlos. **Hermenêutica e aplicação do Direito**. Rio de Janeiro: Forense, 2003. p. 1.

construção de um significado que venha corresponder às necessidades reais e atuais de caráter social[18].

A interpretação permite a compreensão, pois, quando o intérprete penetra no horizonte do significado, identificando informações, age sobre o mundo dentro de uma sociedade[19].

A hermenêutica jurídica atravessou a história trazendo consigo modos como o homem compreende o mundo e suas concepções de conhecimento e das relações entre a função de interpretar e o contexto histórico-linguístico.

Na concepção realista de interpretação, o intérprete extrai objetivamente o significado dos sinais linguísticos. O processo de atribuição de sentido não abre margem para diferentes interpretações, a não ser quando apresenta ambiguidades semânticas ou sintáticas.

Outra vertente é o modelo hermenêutico, que tem igualmente informado o processo de interpretação sob a influência das variáveis próprias do intérprete. Nesse sentido, o significado de algo a ser interpretado é atrelado à carga cultural, aos preconceitos e aos valores do analista.

Existe ainda o campo da interpretação pragmática, que se ocupa das relações entre a linguagem e o contexto em que são inseridas. Com efeito, é uma concepção que contribui para a aquisição e as representações do conhecimento sobre o mundo pelo processo inferencial[20], considerado uma extensão das estruturas dos conhecimentos prévios e permeados pelo contexto sociocultural.

Hermenêutica é a ciência que estuda a interpretação constitucional entendida como a atividade mental que busca estabelecer o significado e o alcance das normas jurídicas. *Interpretação* é a investigação e compreensão do conteúdo semântico dos enunciados linguísticos que formam o texto normativo. É o processo lógico que busca estabelecer a vontade da lei.

Qualquer que seja o método hermenêutico utilizado, essa atividade tem por objetivo definir o sentido e esclarecer o alcance de determinado preceito inscrito no ordenamento jurídico, não se confundindo, por isso mesmo, com o ato estatal de produção normativa. Existem várias espécies de interpretação:

1] **Quanto ao sujeito que a realiza** – a) autêntica ou legislativa: realizada pelo próprio legislador, podendo ser contextual (feita pelo próprio texto) ou posterior (quando feita após a entrada em vigor da lei); b) doutrinária ou científica:

---

18 MACHADO NETO, Antônio Luiz **Compêndio de introdução à ciência do Direito**. São Paulo: Saraiva, 1975. p. 216-217.
19 MARCUSCHI, Luiz Antônio. **Produção textual, análise de gênero e compreensão**. São Paulo: Parábola, 2008. p. 230.
20 "O leitor traz para o texto um universo individual que interfere na sua leitura, uma vez que extrai inferências determinadas por contexto psicológico, social, cultural, situacional, dentre outros" (DELL ISOLA, Regina Lúcia Péret. **Leitura**: inferências e contexto sociocultural. Belo Horizonte: Formato, 2011. p. 44).

realizada pelos estudiosos do Direito; c) jurisprudencial ou judicial: realizada segundo a orientação que os juízes e tribunais dão à norma.

2] **Quanto aos meios empregados** – a) gramatical, literal ou sintática: procura-se fixar o sentido das palavras ou expressões empregadas pelo legislador; analisa-se a "letra da lei", seu sentido literal; b) lógica: o intérprete se serve das regras gerais do raciocínio para compreender o espírito da lei; c) teleológica: busca-se a finalidade da norma; d) sistemática: analisa-se o contexto da lei; e) histórica: leva-se em conta a evolução histórica da lei.

3] **Quanto aos resultados obtidos** – a) declarativa: o texto examinado não é ampliado nem restringido, havendo uma perfeita correspondência entre a palavra da lei e a sua vontade; b) restritiva: reduz-se o alcance da lei para que se possa encontrar sua exata vontade; c) extensiva: ocorre quando é necessário ampliar o sentido ou alcance da lei.

4] **Outras modalidades** – a) progressiva: é a que acompanha as transformações sociais, científicas, jurídicas ou morais originadas com a evolução da sociedade; b) analógica: fórmulas casuísticas inscritas em um dispositivo são seguidas de expressões genéricas, abertas; utiliza-se a semelhança (analogia) para uma correta interpretação dessas expressões genéricas.

5.2 Pressupostos da interpretação do Direito Administrativo

A boa compreensão do Direito Administrativo exige o entendimento de três pressupostos que devem ser considerados em sua interpretação e aplicação[21]:

a] **Existência de desigualdade jurídica entre a Administração Pública e o administrado** – é a consequência da supremacia do Poder Público sobre os cidadãos, dada a prevalência dos interesses coletivos sobre os individuais. Dessa desigualdade originária entre a Administração e os particulares resultam inegáveis privilégios, prerrogativas para o Poder Público, que não podem ser desconhecidos ou desconsiderados pelo intérprete ou aplicador das regras e princípios desse ramo do Direito. No entanto, deve-se atentar para a noção de que o agir administrativo deve ser fundamentado numa comunicação pública dialógica, realizada por meio de uma prestação de contas da Administração Pública à sociedade que vá além do mero processo informativo e funcione como um espaço de debates dos assuntos de interesse público para exercício da cidadania.

---

21 MEIRELLES, Hely Lopes. **Direito Administrativo brasileiro**. São Paulo: Malheiros, 2009.

b] **Existência da presunção de legitimidade dos atos da Administração Pública** – os atos da Administração Pública são presumidos verdadeiros e feitos em conformidade com a lei.

c] **Existência dos poderes discricionários para a Administração Pública** – a lei, ao atribuir determinada competência, deixa para a Administração a apreciação de alguns aspectos do ato diante do caso concreto, implicando liberdade a ser exercida nos limites fixados na lei.

5.3 Interpretação do Direito Administrativo e a Constituição Federal

Apesar da autonomia do Direito Administrativo[22], não há dúvida sobre a influência do Direito Constitucional na aplicação e interpretação desse ramo do Direito[23]. Dessa maneira, a CF, como um organismo vivo delimitador da organização estrutural do Estado, exerce influência direta e imediata sobre os temas dessa área[24].

A influência exige um esforço interpretativo pela prática, jurisprudência e construção dogmática dos juristas para que haja uma aproximação aberta e franca às mutações e aquisições que a dinâmica evolutiva da sociedade traz na compreensão dos esquemas teóricos com os quais se aprendem e transmitem os fundamentos do Direito Administrativo e a eficácia do agir político-administrativo, tornando real a ideia de um verdadeiro Direito Constitucional concretizado[25].

No decorrer do século XX, a Constituição passa a ser vista não mais apenas como um documento essencialmente político, um estatuto do poder[26], mas como um ordenamento normativo capaz de determinar as relações de um país, fixando diretrizes e valores que servem de padrões de conduta política e jurídica, em torno do qual se forma um consenso fundamental para os integrantes de uma comunidade[27]. É o que Konrad Hesse chama *força normativa da Constituição*.

Com o fim da Segunda Guerra Mundial e a revivescência da dignidade da pessoa humana como fundamento do Estado, a Constituição deixa de ser um

---

22 Apesar de possuir objeto próprio e princípios específicos, a doutrina consente, especialmente com a ampliação do intervencionismo estatal na ordem econômica, social e cultural, que é difícil fixar linhas para a separação ou demarcação entre os dois ramos do Direito.

23 "Traçando as linhas fundamentais da organização dos poderes do Estado, o Direito Constitucional determina o rumo a ser seguido pelo Direito Administrativo" (FERREIRA FILHO, Manoel Gonçalves. **Curso de Direito Constitucional**. São Paulo: Saraiva, 2008. p. 9).

24 "O direito constitucional é a espinha dorsal do direito administrativo" (DIEZ, Manoel Maria. **Derecho Administrativo**. Buenos Aires: Omeba, 1963. v. 1. p. 323).

25 MAUER, Hamut. **Droit Administratif Allemand**. Paris: LGDJ, 1994. p. 72; TÁCITO, Caio. Bases constitucionais do Direito Administrativo. **Revista de Direito Administrativo**, n. 166, out./dez. 1986. p. 39; VEDEL, Georges. **Droit Administratif**: tomo I. Paris: PUF, 1958. p. 23.

26 BURDEAU, George. **O Estado**. São Paulo: M. Fontes, 2005.

27 CANOTILHO, José Joaquim Gomes. **Teoria da Constituição e Direito Constitucional**. Coimbra: Editora Coimbra, 2014.

documento organizador do Estado e seus limites para, por meio de sua normatividade, impor diretrizes que justificam o sistema jurídico na sua totalidade.

O surgimento do neoconstitucionalismo[28], cuja expressão foi inicialmente cunhada em 1993 pela jurista italiana Suzanna Pozzolo, numa conferência em Buenos Aires[29], com a superação do jusnaturalismo e do positivismo jurídico dos séculos XIX e XX, traz transformações dos sistemas jurídicos contemporâneos, consistentes na configuração de uma Constituição invasora, na onipresença de princípios e regras constitucionais e na existência de peculiaridades na interpretação e aplicação das leis com base na incidência desse conjunto de leis[30].

Ao prescrever a constitucionalização do Direito, o neoconstitucionalismo, reconhece a força normativa dos textos constitucionais vinculada à necessidade e a importância do conteúdo substantivo na aplicação do Direito, considerando a Constituição não como mero repositório de recomendações, mas como um conjunto de normas jurídicas imperativas e eficazes, que reflitam os valores mais importantes para a sociedade e tenham como base a dignidade da pessoa humana.

---

28 Luís Roberto Barroso aponta três marcos fundamentais do neoconstitucionalismo: "**marco teórico**: a) o reconhecimento de força normativa à Constituição; 2) a expansão da jurisdição constitucional; 3) o desenvolvimento de uma nova dogmática da interpretação constitucional. [...] **marco histórico**: foi o constitucionalismo do pós-guerra, especialmente na Alemanha e na Itália. No Brasil, foi a Constituição de 1988 e o processo de redemocratização. [...] **marco filosófico**: é o pós-positivismo" (BARROSO, Luiz Roberto. Neoconstitucionalismo e constitucionalização do direito. In: SAMPAIO, José Adércio Leite (Coord.). **Constituição e crise política**. Belo Horizonte: Del Rey, 2006. p. 3, 5, 6); Comanduci classifica o neoconstitucionalismo em três espécies: a) teórico: é uma teoria do Direito em que a Constituição é vista como ordenamento normativo capaz de determinar as relações sociais do Estado e o sentido das normas infraconstitucionais, trazendo em seu bojo direitos fundamentais e princípios consagradores de valores essenciais à dignidade da pessoa humana; b) ideológico: é ampliação dos direitos fundamentais e irradiação da Constituição sobre toda a ordem jurídica; c) metodológico: é aproximação entre direito e moral com o fomento dos princípios e direitos fundamentais (COMANDUCCI, Paolo. Formas de (neo) constitucionalismos: un análisis metateorico. Traducción de Miguel Carbonell. In: CARBONELL, Miguel (Org.). **Neoconstitucionalismo (s)**. Madrid: Trotta, 2003).

29 MAIA, Mário Sérgio Falcão. A recepção da teoria neoconstitucional pelo Supremo Tribunal Federal Brasileiro. **Revista Internacional de Direito e Cidadania**, n. 5, p. 151-163, out. 2009. Disponível em: <https://egov.ufsc.br/portal/sites/default/files/anexos/33287-42426-1-PB.pdf>. Acesso em: 25 jun. 2024.

30 A doutrina menciona como notas do neoconstitucionalismo: a) princípios em vez de regras: relevância de princípios e valores como fatores constituintes dos sistemas jurídicos constitucionalizados; b) ponderação no lugar de subsunção; c) justiça particular em vez de justiça geral; d) Poder Judiciário em vez dos Poderes Legislativo ou Executivo, com a judicialização da política e das relações sociais; e) Constituição em substituição à lei; f) a aceitação de alguma conexão entre Direito e moral, inclusive com a inserção da filosofia do direito na teoria da Constituição; g) constitucionalização do direito; h) efetivação e caráter não taxativo dos direitos humanos fundamentais (MOREIRA, Eduardo Ribeiro. **Neoconstitucionalismo**: a invasão da Constituição. São Paulo: Método, 2008; PRIETO SANCHÍS, Luis. Sobre el neoconstitucionalismo y sus implicaciones. In: PRIETO SANCHÍS, Luis. **Justicia Constitucional y Derechos Fundamentales**. Madrid: Trotta, 2003).

Com reconhecimento da força normativa da Constituição, surge a introdução dos princípios[31], como cláusulas gerais que demandam uma interpretação aberta das normas jurídicas, bem como o acolhimento da Constituição como parâmetro normativo a fim de que a Administração Pública possa na sua atuação velar pela sua observância, na maior harmonia possível, para consecução dos seus fins.

Assim, a análise dessa força normativa e seus efeitos é necessária para que se possa extrair do texto constitucional uma interpretação de seus princípios, expressos ou implícitos, capaz de determinar um significado que venha a corresponder às necessidades reais e atuais de caráter social[32].

Nesse cenário, a interpretação constitucional, ao permitir flexibilidade na fixação do conteúdo da norma pelo intérprete, dentro de uma lógica discursiva, permite ponderação legítima de valores.

5.4 Interpretação do Direito Administrativo e diretrizes da Lei de Introdução de Normas ao Direito Brasileiro

5.4.1 Fundamentação das decisões

As decisões, sejam elas proferidas pelos órgãos administrativos, controladores ou judiciais, devem ser motivadas, ou seja, devem indicar os motivos de fato e de direito que o levaram a agir daquela maneira.

Motivação é a contextualização dos fatos (explicação das circunstâncias fáticas que envolvem a situação), quando cabível, e com a indicação dos fundamentos de mérito e jurídicos.

A motivação da decisão conterá seus fundamentos e apresentará a congruência entre as normas e os fatos que a embasaram de forma argumentativa (uma argumentação que demonstre que há harmonia entre as normas invocadas e os fatos que estavam em julgamento).

A motivação indicará as normas, a interpretação jurídica, a jurisprudência ou a doutrina que a embasaram.

---

31 "Com efeito, o Direito, tanto como qualquer outra Ciência, que não fosse apenas por sê-lo, não prescinde de princípios, como proposições que lhe conferem coerência epistemológica e unidade sistemática, qualidades imprescindíveis para que qualquer conjunto de conhecimentos integrado adquira o status científico" (MOREIRA NETO, Diogo Figueiredo. **Curso de Direito Administrativo**. Rio de Janeiro: Editora Forense, 2009. p. 77).
32 MACHADO NETO, Antônio Luiz. **Compêndio de introdução à ciência do Direito**. São Paulo: Saraiva, 1975. p. 216-217.

É possível a utilização da técnica de motivação *per relationem* nas decisões proferidas pelos órgãos administrativos, controladores ou judiciais, ou seja, feita por remissão ou referência às alegações de uma das partes, a precedente ou a decisão anterior nos autos do mesmo processo.

5.4.2 Fundamentação das decisões e dos valores jurídicos abstratos

Nas esferas administrativa, controladora e judicial, não se decidirá com base em valores jurídicos abstratos (previstos em normas jurídicas com alto grau de indeterminação e abstração) sem que sejam consideradas as consequências práticas da decisão.

A motivação da decisão para gerar a responsabilidade decisória depende de fundamentação concreta com base em fatos, impactos e consequências reais. Não é possível motivações com fórmulas genéricas. A fundamentação deve ser baseada em motivos concretos e sólidos, com razões fáticas e jurídicas justificadoras para a tomada da decisão.

A análise das consequências práticas da decisão passa a fazer parte das razões de decidir. Na indicação das consequências práticas da decisão, o decisor apresentará apenas aquelas consequências práticas que, no exercício diligente de sua atuação, consiga vislumbrar diante dos fatos e fundamentos de mérito e jurídicos.

5.4.3 Motivação e decisão na invalidação

A fim de se obter um exercício responsável na função judicante estatal, a decisão nas esferas administrativa, controladora ou judicial que decretar a invalidação de ato, contrato, ajuste, processo ou norma administrativa deverá demonstrar a necessidade e adequação da invalidação; apontar as razões pelas quais não são cabíveis outras possíveis alternativas; e indicar de modo expresso, suas consequências jurídicas e administrativas.

Quando a invalidação de um ato, contrato, ajuste, processo ou norma puder acarretar graves prejuízos para a parte envolvida, para a própria administração e também para terceiros, a decisão deverá, quando for o caso, indicar as condições para que a regularização ocorra de modo proporcional e equânime e sem prejuízo aos interesses gerais, não se podendo impor aos sujeitos atingidos ônus ou perdas que, em função das peculiaridades do caso, sejam anormais ou excessivas.

A análise da regularidade da decisão não poderá substituir a atribuição do agente público, dos órgãos ou das entidades da Administração Pública no exercício de suas atribuições e competências, inclusive quanto à definição de políticas públicas.

5.4.4 Interpretação das normas sobre gestão pública

Pelo primado da realidade serão considerados os obstáculos e as dificuldades reais do gestor e as exigências das políticas públicas a seu cargo, sem prejuízo dos direitos dos administrados.

Na decisão sobre regularidade de conduta ou validade de ato, contrato, ajuste, processo ou norma administrativa serão consideradas as circunstâncias práticas que houverem imposto, limitado ou condicionado a ação do agente.

São critérios considerados na aplicação de sanções: a) natureza e gravidade da infração cometida; b) danos causados à Administração Pública; c) agravantes; d) atenuantes; e) antecedentes. As sanções aplicadas ao agente serão levadas em conta na dosimetria das demais sanções de mesma natureza e relativas ao mesmo fato.

5.4.5 Mudança de interpretação e modulação dos efeitos da decisão

Quando a decisão administrativa, controladora ou judicial estabelecer interpretação ou orientação nova (altera o entendimento anterior consolidado) sobre norma de conteúdo indeterminado, impondo novo dever ou novo condicionamento de direito, deverá prever regime de transição (concessão de um prazo de adaptação) quando indispensável para que o novo dever ou condicionamento de direito seja cumprido de modo proporcional, equânime e eficiente e sem prejuízo aos interesses gerais.

A motivação considerará as condições e o tempo necessário para o cumprimento proporcional, equânime e eficiente do novo dever ou do novo condicionamento de direito e os eventuais prejuízos aos interesses gerais.

São requisitos para a aplicação do regime de transição: a) a decisão administrativa, controladora ou judicial deve estabelecer uma interpretação ou orientação nova; considera-se nova interpretação ou nova orientação aquela que altera o entendimento anterior consolidado; b) essa interpretação nova deve recair sobre uma norma de conteúdo indeterminado; c) por conta dessa interpretação, será imposto novo dever ou novo condicionamento de direito; d) o regime de transição mostra-se, no caso concreto, indispensável para que o novo dever ou condicionamento de direito seja cumprido de modo proporcional, equânime e eficiente; e) a imposição desse regime de transição não pode acarretar prejuízo aos interesses gerais.

Cabe ao órgão julgador a análise dos preenchimentos dos requisitos, sendo passível de recurso caso o interessado entenda que deveria ter direito ao regime de transição. A instituição do regime de transição será motivada. A motivação considerará as condições e o tempo necessário para o cumprimento proporcional, equânime e eficiente do novo dever ou do novo condicionamento de direito e os eventuais prejuízos aos interesses gerais.

O regime de transição deverá prever: I – os órgãos e as entidades da Administração Pública e os terceiros destinatários; II – as medidas administrativas a serem adotadas para adequação à interpretação ou à nova orientação sobre norma de conteúdo indeterminado; e III – o prazo e o modo para que o novo dever ou novo condicionamento de direito seja cumprido.

A revisão nas esferas administrativa, controladora ou judicial quanto à validade de atos, contratos, ajustes, processos ou normas administrativos cuja produção de efeitos esteja em curso ou que tenha sido concluída levará em conta as orientações gerais da época, sendo vedado que, com base em mudança posterior de orientação geral, se declarem inválidas situações plenamente constituídas.

5.4.6 Orientações gerais

Em relação às interpretações e especificações contidas em atos públicos de caráter geral ou em jurisprudência judicial ou administrativa majoritária, e ainda as adotadas por prática administrativa reiterada e de amplo conhecimento público, não é possível declarar inválida situação plenamente constituída em razão da mudança posterior de orientação geral.

5.4.7 Compromisso na aplicação do direito público

A autoridade administrativa poderá, após oitiva do órgão jurídico e, quando for o caso, após realização de consulta pública, e presentes razões de relevante interesse geral, celebrar compromisso com os interessados (observada a legislação aplicável) o qual só produzirá efeitos a partir de sua publicação oficial.

Compromisso é o acordo da autoridade administrativa com os particulares com o objetivo de eliminar eventual irregularidade, incerteza jurídica ou um litígio (situação contenciosa). Para que esse compromisso seja realizado, é indispensável a prévia manifestação do órgão jurídico.

São condições para que seja possível o compromisso: I – após oitiva do órgão jurídico; II – após realização de consulta pública, caso seja cabível; e III – presença de razões de relevante interesse geral.

São requisitos do compromisso: I – buscará solução jurídica proporcional, equânime, eficiente e compatível com os interesses gerais; II – não poderá conferir desoneração permanente de dever ou condicionamento de direito reconhecidos por orientação geral; III – deverá prever com clareza as obrigações das partes, o prazo para seu cumprimento e as sanções aplicáveis em caso de descumprimento.

São requisitos do termo de compromisso: a) as obrigações das partes; b) o prazo e o modo para seu cumprimento; c) a forma de fiscalização quanto a sua observância; d) os fundamentos de fato e de direito; e) a sua eficácia de título executivo extrajudicial; e f) as sanções aplicáveis em caso de descumprimento.

O compromisso firmado somente produzirá efeitos a partir de sua publicação. O processo administrativo que subsidiará a decisão de celebrar o compromisso deve ser instruído: I – pelo parecer técnico conclusivo do órgão competente sobre a viabilidade técnica, operacional e, quando for o caso, sobre as obrigações orçamentário-financeiras a serem assumidas; II – pelo parecer conclusivo do órgão jurídico sobre a viabilidade jurídica do compromisso, que conterá a análise da minuta proposta; III – pela minuta do compromisso, que conterá as alterações decorrentes das análises técnica e jurídica previstas nos incisos I e II; e IV – pela cópia de outros documentos que possam auxiliar na decisão de celebrar o compromisso.

O processo administrativo que subsidiará a decisão de celebrar o compromisso, se depender de autorização da Advocacia-Geral da União (AGU) e de Ministro de Estado ou ser firmado pela AGU, será acompanhado de manifestação de interesse da autoridade máxima do órgão ou da entidade da Administração Pública na celebração do compromisso. A decisão final quanto à celebração do compromisso será do Advogado-Geral da União.

5.4.8 Termo de ajustamento de gestão

É o acordo entre os agentes públicos e os órgãos de controle interno da Administração Pública com a finalidade de corrigir falhas apontadas em ações de controle, aprimoramento de procedimentos, certificação da continuidade da execução do objeto, sempre que possível, e garantia do atendimento do interesse geral.

A decisão de celebrar o termo de ajustamento de gestão será motivada.

Não será celebrado termo de ajustamento de gestão na hipótese de ocorrência de danos ao erário praticado por agentes públicos que agirem com dolo ou erro grosseiro. Com a assinatura de termo de ajustamento de gestão, será comunicada ao órgão central do sistema de controle interno. É previsto pelo Decreto n. 9.830/2019.

5.4.9 Imposição de compensação

A decisão do processo nas esferas administrativa, controladora ou judicial poderá impor compensação por benefícios indevidos ou prejuízos anormais ou injustos resultantes do processo ou da conduta dos envolvidos.

A decisão do processo administrativo é de competência da autoridade pública, que poderá exigir compensação por benefícios indevidamente fruídos pelo particular ou por prejuízos resultantes do processo ou da conduta do particular. Será a decisão sobre a compensação motivada, ouvidas previamente as partes sobre seu cabimento, sua forma e, se for o caso, seu valor.

A finalidade da decisão do processo administrativo impor diretamente à pessoa obrigada compensação por benefícios indevidos ou prejuízos anormais ou injustos resultantes do processo ou da conduta dos envolvidos é evitar procedimentos contenciosos de ressarcimento de danos.

Para prevenir ou regular a compensação, poderá ser celebrado compromisso processual entre os envolvidos. Evitar que partes, públicas ou privadas, em processo na esfera administrativa, controladora ou judicial aufiram benefícios indevidos ou sofram prejuízos anormais ou injustos resultantes do próprio processo ou da conduta de qualquer dos envolvidos.

5.4.10 Responsabilização na hipótese de dolo ou erro grosseiro

O agente público tem responsabilidade por suas decisões ou opiniões técnicas, se agir ou se omitir com dolo, direto ou eventual, ou cometer erro grosseiro (aquele manifesto, evidente e inescusável praticado com culpa grave, caracterizado por ação ou omissão com elevado grau de negligência, imprudência ou imperícia), no desempenho de suas funções.

A complexidade da matéria e das atribuições exercidas pelo agente público serão consideradas em eventual responsabilização do agente público.

O montante do dano ao erário, ainda que expressivo, por si só, não serve de elemento para caracterizar o erro grosseiro ou o dolo.

A responsabilização pela opinião técnica não se estende de forma automática ao decisor que a adotou como fundamento de decidir, e somente se configurará se estiverem presentes elementos suficientes para o decisor aferir o dolo ou o erro grosseiro da opinião técnica ou se houver conluio entre os agentes. Responsabilidade do parecerista e do decisor devem ser analisadas de forma independente.

Para que o decisor seja responsabilizado, será necessário que fique demonstrado que ele tinha condições de aferir que o parecerista agia com dolo ou erro grosseiro ou estivesse em conluio com o parecerista. No caso de **parecer facultativo**: o parecerista pode ser responsabilizado se ficar configurada a existência de culpa ou erro grosseiro; **parecer obrigatório**: o parecerista pode ser responsabilizado se ficar configurada a existência de culpa ou erro grosseiro; **parecer vinculante**: o parecerista responde solidariamente com o administrador pela prática do ato, não sendo necessário demonstrar culpa ou erro grosseiro.

No exercício do poder hierárquico, o agente público responderá por culpa in vigilando, cuja omissão caracteriza erro grosseiro ou dolo. O superior do agente que atuou com dolo ou erro grosseiro somente responderá se houver comprovação de que houve falha em seu dever de vigilância e que isso decorreu de dolo ou de culpa grave (erro grosseiro).

A decisão que impuser sanção ao agente público considerará: I – a natureza e a gravidade da infração cometida; II – os danos que dela provierem para a Administração Pública; III – as circunstâncias agravantes ou atenuantes; IV – os antecedentes do agente; V – o nexo de causalidade; e VI – a culpabilidade do agente. A motivação da decisão observará o disposto em decreto. As sanções aplicadas ao agente público serão levadas em conta na dosimetria das demais sanções da mesma natureza e relativas ao mesmo fato. A responsabilização em caso de dolo ou erro grosseiro não afasta a possibilidade de aplicação de sanções previstas em normas disciplinares, inclusive nos casos de ação ou de omissão culposas de natureza leve.

5.4.11 Consulta pública

Em qualquer órgão ou Poder, a edição de atos normativos por autoridade administrativa, salvo os de mera organização interna, poderá ser precedida de consulta pública para manifestação de interessados, preferencialmente por meio eletrônico, a qual será considerada na decisão.

A convocação conterá a minuta do ato normativo e fixará o prazo e as demais condições da consulta pública, observadas as normas legais e regulamentares específicas, se houver. A decisão pela convocação de consulta pública será motivada. A convocação de consulta pública conterá a minuta do ato normativo, disponibilizará a motivação do ato e fixará o prazo e as demais condições.

A edição de atos normativos por autoridade administrativa poderá ser precedida de consulta pública para manifestação de interessados, preferencialmente por meio eletrônico. A finalidade é trazer transparência e previsibilidade à atividade normativa do Executivo. Trata-se de medida consentânea com as melhores práticas.

Não será obrigada a comentar ou considerar individualmente as manifestações apresentadas e poderá agrupar manifestações por conexão e eliminar aquelas repetitivas ou de conteúdo não conexo ou irrelevante para a matéria em apreciação.

As propostas de consulta pública que envolverem atos normativos sujeitos a despacho presidencial serão formuladas nos termos do disposto no Decreto n. 9.191, de 1º de novembro de 2017.

5.4.12 Instrumentos de segurança jurídica

As autoridades públicas atuarão com vistas a aumentar a segurança jurídica na aplicação das normas, inclusive por meio de normas complementares, regulamentos orientações normativas, súmulas, enunciados e respostas a consultas.

Os instrumentos terão caráter vinculante em relação ao órgão ou entidade da Administração Pública a que se destinarem, até ulterior revisão.

a) **Orientações normativas**: a competência para editar é da autoridade que representa órgão central de sistema. Em relação à eficácia, vincula os órgãos setoriais e seccionais. As controvérsias jurídicas sobre a interpretação de norma, instrução ou orientação de órgão central de sistema poderão ser submetidas à Advocacia-Geral da União. A submissão à Advocacia-Geral da União será instruída com a posição do órgão jurídico do órgão central do sistema, do órgão jurídico que divergiu e dos outros órgãos que se pronunciaram sobre o caso.

b) **Enunciados**: a competência para editar é da autoridade máxima do órgão ou da entidade da Administração Pública. Em relação à eficácia, vincula o próprio órgão ou a entidade e os seus órgãos subordinados.

c) **Transparência**: a transparência dos órgãos e das entidades da Administração Pública consiste na constante atualização, em seus sítios eletrônicos, das normas complementares, das orientações normativas, das súmulas e dos enunciados.

6. Codificação do Direito Administrativo

a) **Conceito**: a reunião das leis de um Estado, relativas a um ramo jurídico determinado, em um corpo orgânico, sistemático e com unidade científica.

b) **Argumentos contrários**: 1) dificuldade pela abundância excessiva de normas; 2) normatividade instável; 3) heterogeneidade desordenada das normas.
c) **Argumentos favoráveis**: 1) a sistematização confere estabilidade; 2) redução da arbitrariedade do Poder Público na atividade administrativa; 3) facilita as relações jurídico-administrativas[33].

7. Lei de Introdução das Normas ao Direito Brasileiro

7.1 Noções gerais

a) **Conteúdo**: aplica-se para todos os ramos do Direito.
b) **Natureza**: norma de sobredireito.

7.2 Vigência da Lei

a) **Duração da vigência da lei**: prazo indeterminado, salvo leis de vigência temporária.
b) **Existência de cláusula de vigência**: existência de norma dispondo sobre o momento da entrada em vigor da lei; se houver o problema da vigência, está resolvido.
c) **Não existência de cláusula de vigência**: deve ser aplicada a Lei de Introdução das Normas ao Direito Brasileiro, de forma que existem duas regras: 1) se a lei tiver vigência dentro do Brasil, entra em vigor 45 dias depois de oficialmente publicada; 2) se a lei tiver vigência fora do Brasil, entra em vigor três meses.
d) **Sistema do prazo de vigência único ou sincrônico ou simultâneo**: a lei entra em vigor ao mesmo tempo em todo o território nacional.
e) **Correção da lei**: 1) *lei já em vigor* – precisa da edição de nova lei. É a lei corretiva; 2) *lei ainda não em vigor* – não é necessária nova lei. Basta a repetição da publicação, sanando os erros. Será reaberto prazo da *vacatio legis* em relação aos artigos republicados.

---

[33] "(...) a reunião dos textos administrativos num só corpo de lei não só é perfeitamente exequível, a exemplo do que ocorre com os demais ramos do Direito, já codificados, como propiciará à Administração e aos administrados maior segurança e facilidade na observação e aplicação das normas administrativas. As leis esparsas tornam-se de difícil conhecimento e obtenção pelos interessados, sobre não permitirem uma visão panorâmica do Direito a que pertencem" (MEIRELLES, Hely Lopes. **Direito Administrativo brasileiro**. 38. ed. São Paulo: Malheiros, 2022. p. 48).

f] **Repristinação:** é restauração de vigência de lei revogada por ter a lei revogadora perdido sua vigência. Não é automático, precisando de cláusula expressa.

7.3 *Vacatio legis*

a] **Conceito:** é o período entre a publicação da lei e sua entrada em vigor.
b] **Caráter:** só é obrigatória em relação a lei que cria ou aumenta tributo ou contribuição social.
c] **Contagem:** inclui no dia da contagem o dia da publicação e o último dia do prazo, entrando em vigor no dia subsequente à sua consumação integral.
d] **Forma:** as leis que estabeleçam período de vacância deverão utilizar a cláusula "esta lei entra em vigor após decorridos (o número de) dias de sua publicação oficial".

7.4 Princípios aplicáveis

a] **Princípio da continuidade das leis:** uma lei permanece em vigor até que outra a modifique ou revogue.
b] **Princípio da obrigatoriedade das leis:** ninguém se escusa de cumprir a lei, alegando que não a conhece, com uma exceção – o juiz pode deixar de aplicar pena na contravenção penal se reconhecer que o acusado não tinha pleno conhecimento do caráter ilícito do fato.
c] **Princípio da conciliação ou das esferas autônomas:** é a convivência das normas gerais e especiais que versam sobre o mesmo assunto. A lei geral pode revogar a especial e vice-versa, quando houver incompatibilidade absoluta entre essas normas.
d] **Princípio da segurança e da estabilidade social:** a lei em vigor terá efeito imediato e geral, respeitados o ato jurídico perfeito (consumado segundo a lei vigente ao tempo em que se efetuou), o direito adquirido e a coisa julgada (decisão judicial de que já não caiba recurso).

7.5 Perda da validade da norma

a] **Hipóteses:** revogação e ineficácia.
b] **Lei revogada:** produz efeitos quando há direito adquirido, ato jurídico perfeito e coisa julgada.
c] **Cláusula da revogação:** deverá enumerar, expressamente, as leis ou disposições legais revogadas.

d] **"Revogam-se as disposições em contrário"**: Miguel Maria de Serpa LOPES[34] diz que é revogação expressa; Caio Mário da Silva PEREIRA[35] diz que é revogação tácita. É cláusula inócua, pois, de qualquer maneira, as disposições são revogadas por força da revogação tácita.
e] **Revogação**: cessação da vigência da lei em razão de lei nova.
f] **Espécies de revogação**: 1) *expressa ou direta* – a lei nova indica os dispositivos que estão sendo por ela revogados; 2) *tácita ou indireta* – a lei nova é incompatível com a lei anterior; 3) *global* – lei nova disciplina inteiramente a matéria da lei anterior.
g] **Abrangência da revogação**: ab-rogação é a revogação total; derrogação é revogação parcial.
h] **Lei vigente pode ser ineficaz**: nos casos de caducidade (superveniência de uma situação cronológica ou factual), desuso (cessação do pressuposto de aplicação da norma), costume negativo (é o que contraria a lei), decisão do STF declarando lei inconstitucional em Adin, resolução do Senado Federal, cancelamento da eficácia da lei declarada inconstitucional de forma incidental pelo STF, anterioridade tributária e lei que altera o processo eleitoral que entra em vigor na da data de sua publicação.
i] **Não aplicação da lei**: não implica a renúncia do Estado em atribuir-lhe efeito, pois a lei só pode ser revogada por outra lei.

7.6 Decisão judicial

a] **Lei omissa**: juiz decidirá o caso de acordo com a analogia, os costumes e os princípios gerais de direito.
b] **Com base na equidade**: quando autorizado por lei.
c] *Iura novit cúria*: o juiz conhece a lei. Há casos em que a parte precisa provar o teor e a vigência do Direito – Direito Estrangeiro, Direito Municipal, Direito Estadual e Direito Consuetudinário.
d] **Justiça alternativa**: movimento que preconiza a aplicação do Direito com base em duas premissas – o juiz deve deixar de aplicar uma lei inconstitucional; a interpretação da lei deve atender aos fins sociais e às exigências do bem comum. A ideia é o questionamento na interpretação do Direito, tomando o fato como objeto principal do conhecimento.
e] **Aplicação da lei pelo juiz**: atenderá aos fins sociais a que ela se dirige e às exigências do bem comum.

---

34 LOPES, Miguel Maria de Serpa. **Curso de Direito Civil**: Volume I – Introdução, Parte Geral e Teoria dos Negócios Jurídicos. São Paulo: Livraria Freitas Bastos, 1971.
35 PEREIRA. Caio Mario da Silva. **Instituições do Direito Civil**: introdução ao Direito Civil – Teoria geral do Direito Civil. Volume I. Rio de Janeiro: Forense, 2023.

7.7 Retroatividade da lei

A lei retroage nos seguintes casos – lei penal benéfica; cláusula expressa de retroatividade, desde que viole direito adquirido (os direitos que seu titular, ou alguém por ele, possa exercer, como aqueles cujo começo do exercício tenha termo pré-fixo, ou condição preestabelecida inalterável, a arbítrio de outrem), ato jurídico perfeito e coisa julgada; lei interpretativa.

7.8 Integração

a] **Lacunas:** o Direito não tem lacunas, pois, diante delas (ausência de lei regulando determinada situação jurídica), o juiz usa os mecanismos de integração.

b] **Mecanismos de integração do ordenamento jurídico:** analogia (aplicação ao caso não previsto em lei de norma reguladora de caso semelhante), costume (repetição da conduta de maneira constante e uniforme em razão da convicção de sua obrigatoriedade), princípios gerais do Direito (premissas éticas que inspiram na elaboração das normas jurídicas) e equidade (justiça bem aplicada).

c] **Espécies de analogia:** 1) *legal* – aplica lei; 2) *jurídica* – aplica um princípio geral do Direito.

d] **Leis que não admitem analogia:** leis restritivas de Direito; leis excepcionais; leis administrativas.

Capítulo 4
Fontes do Direito Administrativo

1. Conceito de fonte do Direito

Fonte, do latim *fontis*, tem um sentido metafórico tradicional de "lugar de onde brota água continuamente; nascente"[1]. No caso desta obra, é o lugar de onde nasce o Direito Administrativo, ou seja, de onde advêm os elementos que integram e formam esse ramo do Direito. Procurar uma fonte de uma regra é buscar o ponto de onde ela "brotou" para a vida social.

A doutrina jurídica não é uniforme quanto ao estudo das fontes do Direito, de maneira que é possível apontar dois sentidos para essas origens: a) são fatores reais que condicionaram o aparecimento de norma jurídica; b) é fonte jurídica a norma superior que regula a produção da norma inferior. É objeto de estudo da teoria geral do Direito.

2. Espécies de fontes do Direito

Entre os cultores da ciência do Direito, há divergência de opiniões, principalmente em relação ao elenco das fontes. Nesse contexto, classificar é distribuir objetos em categorias, levando em conta critérios que acentuem semelhanças e diferenças e facilitem a compreensão do assunto.

a) **Fontes históricas:** a) indicam a gênese das instituições modernas.
b) **Fontes materiais:** contam com dois sentidos: 1) como *fontes diretas*, que são as instituições ou grupos sociais que dispõem de capacidade de editar normas; 2) como *fontes indiretas*, que são os elementos que influenciam o surgimento do Direito. Essa dinâmica envolve a tradição, os costumes, as necessidades presentes num certo momento. É a consciência da coletividade em determinado momento histórico.
c) **Fontes formais:** são os modos, instrumentos ou formas por meio dos quais o Direito se manifesta perante a sociedade. São os modos de expressão do Direito. O elenco das fontes formais varia de acordo com os sistemas jurídicos e também conforme as diferentes fases históricas.
d) **Fontes escritas:** são as normas escritas, como a lei.
e) **Fontes não escritas:** são as normas não escritas, como os costumes.
f) **Fontes formais:** são emanadas do Estado, como a lei.
g) **Fontes não formais:** são emanadas do Estado, como os costumes.
h) **Fontes imediatas ou diretas:** geram normas jurídicas, como a lei.

---

1 FONTE. In: **Infopédia**. Disponível em: <https://www.infopedia.pt/dicionarios/lingua-portuguesa/fonte>. Acesso em: 16 dez. 2024).

i] **Fontes mediatas ou indiretas**: não geram normas jurídicas (parte da doutrina não considera fontes, mas formas de interpretação e integração do Direito).
j] **Fontes legislativas**: originadas do Legislador, como a lei.
k] **Fontes jurisprudenciais**: originadas do Judiciário, como a súmula vinculante.
l] **Fontes Administrativas**: originadas da Administração Pública, como as portarias.
m] **Fontes de aplicação obrigatória ou de normas vinculantes**: são imperativas, como a lei.
n] **Fontes de uso opcional ou de normas indicativas**: não são imperativas, mas ajudam na compreensão do sentido e o alcance das normas jurídicas, como a doutrina.
o] **Fontes supranacionais**: são as previstas em normas internacionais, abrangendo os tratados e as convenções, bem como os princípios jurídicos supranacionais.
p] **Fontes nacionais**: são as previstas em normas internas do Estado.

3. Espécies de fontes formais no Direito Administrativo

3.1 Posicionamentos doutrinários

As fontes do Direito Administrativo são:

- a lei (juridicidade);
- a doutrina;
- a jurisprudência;
- os precedentes administrativos[2];
- os costumes[3];
- os preceitos normativos do ordenamento jurídico.

3.2 Fontes primárias do Direito Administrativo

A fonte primária é o meio capaz de criar direitos e obrigações no Direito Administrativo.

---

2   OLIVEIRA, Rafael Carvalho Rezende. **Curso de Direito Administrativo**. São Paulo: Gen, 2023.
3   NOHARA, Irene. **Direito Administrativo**. São Paulo: Atlas, 2023.

Em conformidade com o art. 5º, inciso II da CF ("Ninguém será obrigado a fazer ou deixar de fazer alguma coisa senão em virtude de lei"[4]), a fonte primária é a lei em sentido amplo que abrange a Lei Maior, emendas constitucionais, constituições estaduais[5], leis orgânicas[6], ordinárias, complementares e delegadas, decretos legislativos, regulamentos, resoluções e medidas provisórias e tratados internacionais.

A noção de lei em sentido amplo deriva da juridicidade segundo a qual o administrador deve respeitar a lei e o Direito, as normas jurídicas que, quanto à estrutura, podem ser regras ou princípios.

3.2.1 Constituição Federal

3.2.1.1 Características

1] **Lei fundamental do Estado:** fonte de validade de todas as demais normas jurídicas.
2] **Lei suprema:** norma hierarquicamente superior a todas as demais, com normas e valores que formam o conteúdo do direito que não pode ser desatendido pelas normas infraconstitucionais; não há hierarquia entre as normas constitucionais frutos do poder constituinte originário – todas contam com o mesmo grau ou patamar jurídico. O Brasil não adotou a teoria alemã que sustenta a hierarquia entre as normas constitucionais.
3] **Caráter de supraestatalidade:** a Constituição está acima do Estado e de todos os agentes públicos.
4] **Natureza polifacética:** a Constituição é formada por normas que buscam a concretização dos mais diversificados valores, sendo uma ordem aberta com interação permanente com a realidade.
5] **Estabilidade relativa:** as normas constitucionais visam assegurar a convivência social acompanhando a evolução através de procedimentos de alteração solenes e dificultosos.

---

4 BRASIL, 1988.
5 "Cada assembleia legislativa, com poderes constituintes, elaborará a Constituição do estado, no prazo de um ano, contado da promulgação da CF, obedecidos os princípios desta" (art. 11, BRASIL/1988).
6 "O município reger-se-á por lei orgânica, votada em dois turnos, com o interstício mínimo de dez dias, e aprovada por dois terços dos membros da Câmara Municipal, que a promulgará, atendidos os princípios estabelecidos nesta Constituição, na Carta do respectivo estado" (art. 29, BRASIL/1988); "O Distrito Federal, vedada sua divisão em municípios, reger-se-á por lei orgânica, votada em dois turnos com interstício mínimo de dez dias, e aprovada por dois terços da câmara legislativa, que a promulgará, atendidos os princípios estabelecidos nesta Constituição" (art. 32, BRASIL/1988).

3.2.1.2 Funções da Constituição Federal[7]

a) **Ordem:** é norma das normas – ela fixa o valor, a força e a eficácia das demais normas que compõem o ordenamento jurídico do Estado.
b) **Ordenação:** conforma e modela juridicamente o Estado, composto por uma multiplicidade de órgãos diferenciados.
c) **Integração ou unidade:** fixa princípios, valores, ideias e diretrizes que servem de padrões de conduta política e jurídica em torno dos quais se forma um consenso fundamental entre os integrantes da comunidade política.
d) **Garantia:** a Constituição serve para garantir os direitos e as liberdades entendidos como inerentes aos indivíduos e preexistentes ao Estado.
e) **Organização do poder político:** cria os órgãos constitucionais, definindo suas competências e atribuições; define os princípios estruturantes da organização do poder político; dá forma ao Estado, dando origem à sua forma e ao seu sistema de governo.
f) **Legitimidade e legitimação da ordem jurídica constitucional:** justifica o poder de governo e a autoridade; conformidade com os anseios do povo e limitação do poder.

3.2.1.3 Constituição Federal e o Direito Administrativo

a) **Constituição-elevação:** previsão de matérias de Direito Administrativo na CF.
b) **Constituição-invasão:** irradiação dos efeitos das normas constitucionais sobre o Direito Administrativo.
c) **Constituição-concretização:** o Direito Administrativo visa concretizar ou dar efetividade aos dispositivos constitucionais.
d) **Constituição-substanciação:** positivação de princípios regentes da atividade da Administração Pública e consagração de direitos fundamentais.
e) **Constituição-participação:** incorporação de formas de democracia participativa na gestão e controle da coisa pública.

3.2.1.4 Alteração da Constituição Federal

a) **Reforma constitucional:** a emenda e a revisão são espécies do gênero *reforma constitucional*, ou seja, são técnicas de alteração formal do texto da Constituição por meio de órgãos especializados e formalidades próprias.
b) **Dias atuais:** no Brasil, só é possível emenda constitucional. A revisão constitucional já não é mais viável em razão da eficácia já exaurida com a elaboração de suas emendas constitucionais de revisão.

---

7 CANOTILHO, José Joaquim Gomes. **Direito Constitucional e teoria da Constituição.** Coimbra: Almedina, 2023.

c] **Emenda constitucional:** é a forma utilizada nos dias atuais de alteração formal da CF, com observância de formalidades específicas. Já na qualidade de emenda constitucional, é norma constitucional, fruto do poder constituinte derivado.
d] **Proposta de emenda constitucional:** Como proposta, a emenda é ato infraconstitucional sem normatividade, ou seja, manifestação humana abaixo da Constituição e que não gera direitos e deveres.

3.2.2 Tratados internacionais

a] **Conceito:** acordo formal concluído entre sujeitos de Direito Internacional Público destinado a produzir efeitos jurídicos na órbita internacional. Indivíduos e empresas, públicas ou privadas, ainda que multinacionais, não têm capacidade para promover tratados.
b] **Celebração:** negociação e assinatura do tratado internacional. De acordo com o art. 84, inciso VIII da CF: "Compete privativamente ao Presidente da República celebrar tratados, convenções e atos internacionais"[8]. A negociação abrange as tratativas e discussões na realização do tratado. Tal competência negocial está prevista expressamente na CF, em seu art. 84, inciso VII: "Compete privativamente ao Presidente da República manter relações com Estados estrangeiros e acreditar seus representantes diplomáticos"[9].
c] **Ratificação parlamentar:** aprovação do tratado internacional pelo Congresso Nacional, por meio de um decreto legislativo. Cabe ressaltar que somente os tratados, acordos ou atos internacionais que acarretem encargos ou compromissos gravosos ao patrimônio nacional serão submetidos à apreciação do Congresso Nacional, nos termos do art. 49, inciso I da CF/1988 ("Art. 49. É da competência exclusiva do Congresso Nacional: I – resolver definitivamente sobre tratados, acordos ou atos internacionais que acarretem encargos ou compromissos gravosos ao patrimônio nacional")[10].
d] **Ratificação do tratado:** após a ratificação parlamentar, o presidente da República realiza a validação por meio do depósito do tratado no órgão indicado no texto do tratado. A partir desse processo, o Estado passa a ter aptidão de se obrigar no cenário internacional.
e] **Promulgação do tratado:** autorização de execução do tratado na ordem jurídica interna por meio de um decreto do presidente da República.

---

8 BRASIL, 1988.
9 BRASIL, 1988.
10 BRASIL, 1988.

f] **Internalização do tratado**: incorporação do tratado internacional na ordem jurídica interna; além de ser desenvolvida por etapas, trata-se um ato complexo, já que envolve a participação do Poder Executivo (presidente da República) e do Legislativo (Congresso Nacional). A internalização é aperfeiçoada com a promulgação feita por decreto do presidente da República e promovida pela aprovação do Congresso Nacional, por meio de um decreto legislativo. Há entendimento doutrinário (Flávia Piovesan[11]) no sentido de que, no caso de tratados de direitos humanos, a internalização é aperfeiçoada com a ratificação do tratado feita pelo depósito. A incorporação do tratado internacional permite a execução do tratado na ordem jurídica interna. Após a incorporação, o tratado assume uma qualificação jurídica no sistema jurídico. No caso do Brasil, o sistema normativo é organizado com base na hierarquia normativa, na qual a CF é a norma hierarquicamente superior a todas as demais normas do ordenamento jurídico.

g] *Status* **normativo**: de acordo com a doutrina, a qualificação jurídica que o tratado internacional pode assumir após sua incorporação pode ser de norma constitucional, norma supraconstitucional (acima da Constituição), norma legal (mesma hierarquia da lei) ou ainda supralegal (acima da lei e abaixo da Constituição). Em face da CF/1988, após a incorporação do tratado internacional na ordem jurídica interna, tais acordos assumem natureza infraconstitucional, no mesmo nível hierárquico da lei. Todavia, no caso de tratados sobre direitos humanos: a) se for aprovado pelo trâmite da emenda constitucional (art. 60, § 2º – A proposta será discutida e votada em cada Casa do Congresso Nacional, em dois turnos, considerando-se aprovada se obtiver, em ambos, três quintos dos votos dos respectivos membros), assume a natureza de emenda constitucional; b) se não for aprovado pelo trâmite da emenda constitucional, assume a natureza supralegal (acima da lei e abaixo da CF). O Pacto de São José da Costa Rica tem caráter supralegal, superior à lei ordinária, conforme entendimento do Supremo Tribunal Federal (STF) exarado nos julgamentos do RE n. 466.343/SP e HC n. 87.585/TO (Informativo n. 531[12]).

h] **Conflito entre tratado internacional e CF**: prevalece a Lei Maior, em razão do princípio da supremacia constitucional. Não importa a natureza jurídica do tratado (natureza de emenda ou supralegal). Nesse sentido, proclama o STF que a Constituição qualifica-se como estatuto fundamental da República.

---

11 PIOVESAN, Flávia. **Direitos humanos e o Direito Constitucional Internacional**. São Paulo: Saraiva, 2023.
12 BRASIL. Supremo Tribunal Federal. **Informativo n. 531, de 1º a 5 de dezembro de 2008**. Disponível em: <https://arquivos-trilhante-sp.s3.sa-east-1.amazonaws.com/documentos/informativos/informativo-0531-stf.pdf>. Acesso em: 4 abr. 2024.

Nessa condição, todas as leis e tratados celebrados pelo Brasil estão subordinados à autoridade normativa desse instrumento básico[13].

3.2.3 Lei

a) **Base da atuação administrativa**: a lei define o agir administrativo, estabelecendo seus limites.
b) **Instrumento do agir administrativo**: a lei é o veículo do agir administrativo e fundamento do princípio da legalidade que rege a Administração Pública e fundamenta o Estado de direito.
c) **Lei federal, estadual, distrital e municipal**: não há hierarquia entre lei federal, estadual, distrital e municipal, pois na Federação vigora o princípio da paridade federativa, ou seja, existe igualdade jurídica entre os entes federativos. No conflito entre as referidas leis prevalecerá a editada pelo ente que tiver competência na matéria, de acordo com a CF.
d) **Lei complementar**: ato legislativo que exige quórum qualificado da maioria absoluta dos votos dos membros das duas Casas do Congresso Nacional (art. 69, CF) e cuja matéria é expressa na Constituição.
e) **Lei ordinária**: ato legislativo aprovado por um quórum de maioria simples ou relativa (art. 47, CF).
f) **Lei complementar e lei ordinária**: se a lei complementar disciplinar matéria de lei ordinária, ela poderá ser alterada ou revogada por lei ordinária. Se a lei ordinária invadir o campo de lei complementar, ela será inconstitucional. O Pleno do STF, em 17 de setembro de 2008, ao concluir o julgamento do RE n. 377.457-3/PR[14], decidiu que não existe relação hierárquica entre lei complementar e lei ordinária, mas apenas competências diferentes.
g) **Lei delegada**: lei elaborada pelo presidente da República com autorização do Congresso Nacional por meio de resolução; ocupa a mesma hierarquia da lei ordinária.

3.2.4 Decretos

3.2.4.1 Decreto legislativo

a) **Conceito**: espécie normativa que dispensa sanção ou veto do Executivo.

---

13 BRASIL. Supremo Tribunal Federal. **Medida Cautelar na ADI n. 1048/DF**. Tribunal Pleno. Relator: Ministro Celso de Mello. 1997.
14 BRASIL. Supremo Tribunal Federal. **Recurso Extraordinário n. 377.457-3/PR, de 17 de setembro de 2008**. Relator: Min. Gilmar Mendes. Data de julgamento: 17 set. 2008. Data de publicação: Diário de Justiça Eletrônico, 19 dez. 2008. Disponível em: <https://redir.stf.jus.br/paginadorpub/paginador.jsp?docTP=AC&docID=570335>. Acesso em: 4 abr. 2024.

b] **Natureza:** ato normativo primário.
c] **Elaboração:** pelo Congresso Nacional.
d] **Promulgação e publicação:** são feitas pelo presidente do Senado Federal.
e] **Procedimento de elaboração:** previsto em regimento interno. O decreto é discutido e votado em separado em ambas as casas legislativas, salvo disposição constitucional em contrário.
f] **Quórum de aprovação:** é de maioria simples ou relativa.
g] **Conteúdo:** as matérias veiculadas por decreto legislativo estão previstas nos arts. 49 e 62, ambos da CF.

3.2.4.2 Decreto executivo

a] **Conceito:** regulamentos, normas que visam explicar determinada lei. Se editados pelo chefe do Executivo, denominam-se *decretos*; se concebidos por ministro de Estado, chamam-se *instruções normativas*.
b] **Finalidade:** regulamentar a lei para seu fiel cumprimento, já que os regulamentos estão submetidos ao princípio da legalidade; traçar pormenores e detalhes necessários à aplicação da lei em função da qual o decreto é editado.
c] **Hierarquia:** ato normativo infralegal.
d] **Limite:** não podem regular matéria sob reserva legal.
e] **Contrariedade à lei:** será ilegal e não obriga o administrado.

3.2.5 Medida provisória

a] **Natureza:** ato com força de lei.
b] **Competência:** elaborada pelo chefe do Executivo; porém, no caso de governador estadual, será necessária previsão expressa na respectiva constituição estadual; no caso de prefeito, será necessária previsão expressa na lei orgânica.
c] **Cabimento:** em caso de urgência e relevância.
d] **Inspiração:** nos provimentos provisórios da Constituição Italiana.
e] **Antecessor:** decreto-lei.
f] **Prazo:** é de 60 dias, contados da data da publicação da medida provisória. É admitida prorrogação, apenas uma vez, por mais 60 dias, quando sua votação não tiver sido concluída nas Casas do Congresso Nacional. O prazo da MP será suspenso quando houver recesso parlamentar; nessa situação, o prazo máximo do ato pode ultrapassar 120 dias. No regime de urgência constitucional, se não for votada em até 45 dias, haverá o trancamento da pauta. Se não for apreciada em até 45 dias contados de sua publicação, entrará em regime de urgência, subsequentemente, em cada uma das Casas do Congresso

Nacional, ficando sobrestadas, até que se ultime a votação, todas as demais deliberações legislativas da Casa em que estiver tramitando.

g) **Aprovação da medida provisória pelo Congresso Nacional sem alterações:** a medida provisória será convertida em lei, que será promulgada pelo presidente do Senado Federal e publicada pelo presidente da República.

h) **Aprovação da medida provisória pelo Congresso Nacional com alterações:** a medida provisória será transformada em projeto de lei de conversão; tal projeto será enviado ao presidente da República, que poderá: 1) sancionar: o projeto será promulgado e publicado; 2) vetar: o projeto será arquivado.

i) **Rejeição expressa da medida provisória pelo Congresso Nacional:** é a manifestação de discordância do Congresso Nacional diante da medida provisória; nesse caso, não pode existir reedição, sob pena de o presidente da República estar cometendo crime de responsabilidade, nos termos do art. 85, inciso II, da CF.

j) **Rejeição tácita da medida provisória pelo Congresso Nacional:** ocorre quando o Congresso Nacional ficar em silêncio no prazo total da medida provisória; nesse caso, é cabível reedição.

k) **Efeitos da rejeição da medida provisória pelo Congresso Nacional:** 1) a medida provisória perde a eficácia desde a edição (*ex tunc*); 2) os efeitos gerados serão disciplinados pelo Congresso Nacional por meio de um decreto legislativo, que deverá ser editado em até 60 dias, contados da rejeição, sob pena de os efeitos gerados continuarem sendo disciplinados pela MP rejeitada.

l) **Impacto da medida provisória:** suspende a eficácia da lei que tratar do mesmo assunto. Se houver conversão do ato em lei, a lei cuja eficácia estava suspensa será revogada. Se houver rejeição ou perda da eficácia da MP, a lei que estava com eficácia suspensa volta a produzir efeitos.

3.3 Fontes secundárias do Direito Administrativo

3.3.1 Costumes

a) **Conceito:** são comportamentos reiterados que geram convicção generalizada de sua obrigatoriedade.
b) **Elementos:** objetivo: comportamento constante, geral e uniforme; subjetivo: convicção de sua obrigatoriedade.
c) **Distinção:** costume não se confunde com hábito, pois neste não há o elemento subjetivo do costume.

d] **Origem**: os costumes podem derivar de comportamentos reiterados da própria Administração (praxe administrativa).
e] **Espécies**: os costumes podem ser: *contra legem* (contra a lei); *secundum legem* (de acordo com a lei); *praeter legem* (para suprir lacunas da lei).
f] **Fonte no Direito Administrativo**: há dois posicionamentos: a) não é fonte do Direito Administrativo, uma vez que sua observância depende do seu acolhimento pela lei; b) é fonte do Direito Administrativo apenas quando cria direitos para os particulares perante a Administração.
g] **Relevância**: o costume administrativo não é fonte relevante do Direito Administrativo; contudo, o costume em geral, quando aceito como fonte, vincula a Administração Pública na medida em que constitui o bloco normativo que rege suas condutas em alguns setores[15].

3.3.2 Princípios gerais do Direito

Segundo Miguel Reale[16], princípios são "verdades fundantes" de um sistema de conhecimento. Em outros termos, mandamentos nucleares de um sistema. No Direito Administrativo, exercem as seguintes funções:

1] **Imperatividade**: são de observância obrigatória no agir administrativo, sob pena de invalidação do ato.
2] **Negativa**: serve de limitação na discricionariedade administrativa.
3] **Positiva**: auxilia na interpretação das leis e no equilíbrio entre as prerrogativas da Administração Pública e os direitos do cidadão.

3.3.3 Atos normativos da Administração Pública

a] **Competência**: Administração Pública direta ou indireta.
b] **Conteúdo**: são atos gerais e abstratos.
c] **Efeitos**: podem ter efeitos internos ou externos.
d] **Subordinação**: devem obedecer à CF e à lei.
e] **Obrigatoriedade**: vinculam toda a Administração Pública.

---

15 MARRARA, Thiago. As fontes do direito administrativo e o princípio da legalidade. In: DI PIETRO, Maria Sylvia Zanella; RIBEIRO, Carlos Vínicius Alves (Coord.). **Supremacia do interesse público e outros temas relevantes do direito administrativo**. São Paulo: Atlas, 2010. p. 68; "O costume deve ser igualmente visto como fonte secundária de direito administrativo. Se por costume os administradores adotam determinada interpretação das normas jurídicas, a fonte primária será aquela de onde surgiu a norma – a lei, o decreto, a jurisprudência etc. O costume contrário à lei é fonte tão somente de ilegalidade e não pode ser arguido como pretexto para favorecer servidores públicos ou particulares ou para manter práticas infelizmente ainda frequentes em nosso Direito" (FURTADO, Lucas Rocha. **Curso de Direito Administrativo**. Belo Horizonte: Fórum, 2007).
16 REALE, Miguel. **Lições preliminares de direito**. São Paulo: Saraiva, 2023. p. 337.

f) **Controle judicial:** são passíveis de apreciação judicial, quando eivados de ilegalidade ou inconstitucionalidade.
g) **Função:** são manifestações da Administração Pública que visam explicitar a norma legal (ex.: portaria, regulamento). Podem funcionar como complemento necessário para interpretar a lei administrativa.

3.3.4 Precedente administrativo

a) **Conceito:** decisões administrativas em casos concretos e que devem ser respeitadas em casos semelhantes.
b) **Origem:** prática reiterada e uniforme de atos administrativos em situações similares ou uma única decisão administrativa.

3.3.5 Doutrina

É o entendimento dos estudiosos da área administrativa e parte da doutrina sustenta sua natureza de fonte material. No âmbito do Direito Administrativo, exerce as seguintes funções:

a) **Exegética:** ajuda na interpretação das leis administrativas.
b) **Constitutiva:** também funciona como fonte de inspiração na criação e na extinção de institutos no Direito Administrativo.
c) **Direcionamento:** serve de fundamentação e de orientação para as decisões administrativas e judiciais, bem como de inspiração para o legislador.
d) **Não vinculante:** não obriga, mas gera o convencimento dos operadores do direito.
e) **Crítica:** pois criticar o direito positivo, oferecendo formas de aperfeiçoamento do sistema jurídico.

3.3.6 Jurisprudência

Trata-se do conjunto das decisões judiciais reiteradas sobre casos idênticos e tomadas de maneira uniforme. Há divergência sobre a natureza como fonte: a) é fonte secundária ou mediata; b) após a Emenda n. 45/2004, passou a ser fonte primária; c) fonte material. No âmbito do Direito Administrativo, exerce as seguintes funções:

a) **Exegética:** ajuda na interpretação das leis administrativas.
b) **Constitutiva:** também funciona como fonte de inspiração na criação e na extinção de institutos no Direito Administrativo.

c] **Direcionamento**: serve de fundamentação e de orientação para as decisões administrativas e judiciais, bem como de inspiração para o legislador.
d] **Histórica**: as construções jurisprudências do Conselho de Estado Francês ajudaram a formar a autonomia do Direito Administrativo.
e] **Vinculante**: com o reconhecimento da força vinculante de determinados entendimentos consagrados no âmbito do STF, com destaque para as decisões de mérito proferidas nas ações diretas de inconstitucionalidade e nas ações declaratórias de constitucionalidade (art. 102, § 2º, CF), bem como na hipótese de aprovação de súmula vinculante (art. 103-A da CF, regulamentado pela Lei n. 11.417/2006).

3.3.7 Súmula vinculante[17]

a] **Conceito e regulamentação**: *súmula* é um resumo da jurisprudência predominante e pacífica de determinado tribunal. Quando tem efeito vinculante, impõe força cogente sobre os órgãos do Poder Judiciário e toda a Administração Pública. É instrumento próprio do sistema da *commow law*, que visa combater a morosidade da justiça. No Direito brasileiro, foi criada com a Emenda Constitucional n. 45/2004, regulamentada pela Lei n. 11.407/2006 (que entrou em vigor três meses após a sua publicação – 20 de dezembro de 2006).
b] **Competência para edição, a revisão e o cancelamento de enunciado de súmula vinculante**: STF.
c] **Iniciativa**: o STF poderá, de ofício ou por provocação, editar enunciado de súmula.
d] **Termo inicial do efeito vinculante**: a partir de sua publicação na imprensa oficial.
e] **Destinatários da súmula vinculante**: órgãos do Poder Judiciário e à Administração Pública direta e indireta nas esferas federal, estadual e municipal.
f] **Requisitos**: aprovação por pelo menos 8 ministros (2/3). Regra que também vale para revisão ou cancelamento da súmula vinculante; reiteradas decisões sobre matéria constitucional; controvérsia atual entre órgãos judiciários ou entre essas instituições e a Administração Pública que acarrete grave insegurança jurídica e relevante multiplicação de processos sobre questão idêntica.
g] **Objeto**: validade, a interpretação e a eficácia de normas determinadas acerca das quais haja, entre órgãos judiciários ou entre estes e a Administração

---

[17] Seção fundamentada na em: BRASIL. Lei n. 11.417, de 19 de dezembro de 2006. **Diário Oficial da União**, Poder Legislativo, Brasília, DF, 20 dez. 2006. Disponível em: <https://www.planalto.gov.br/ccivil_03/_ato2004-2006/2006/lei/l11417.htm>. Acesso em: 11 set. 2024.

Pública, controvérsia atual que acarrete grave insegurança jurídica e relevante multiplicação de processos sobre idêntica questão.

h] **Manifestação do procurador-geral da República**: nas propostas que não houver formulado, será manifestação prévia à edição, revisão ou cancelamento de enunciado de súmula vinculante.

i] **Quórum de aprovação da edição, a revisão e o cancelamento de enunciado de súmula com efeito vinculante**: 2/3 (dois terços) dos membros do STF, em sessão plenária.

j] **Publicação do enunciado da súmula com efeito vinculante**: no prazo de 10 (dez) dias após a sessão em que editar, rever ou cancelar enunciado de súmula com efeito vinculante, o STF fará publicar, em seção especial do Diário da Justiça e do Diário Oficial da União, o enunciado respectivo.

k] **Legitimidade ativa**: são os legitimados a propor a edição, a revisão ou o cancelamento de enunciado de súmula vinculante: I – o Presidente da República; II – a Mesa do Senado Federal; III – a Mesa da Câmara dos Deputados; IV – o procurador-geral da República; V – o Conselho Federal da Ordem dos Advogados do Brasil; VI – o defensor público-geral da União; VII – partido político com representação no Congresso Nacional; VIII – confederação sindical ou entidade de classe de âmbito nacional; IX – a Mesa de Assembleia Legislativa ou da Câmara Legislativa do Distrito Federal; X – o Governador de Estado ou do Distrito Federal; XI – os tribunais superiores, os tribunais de justiça de estados ou do Distrito Federal e territórios, os tribunais regionais federais, os tribunais regionais do trabalho, os tribunais regionais eleitorais e os tribunais militares.

l] **Participação do município**: o município poderá propor, incidentalmente ao curso de processo em que seja parte, a edição, a revisão ou o cancelamento de enunciado de súmula vinculante, o que não autoriza a suspensão do processo.

m] ***Amicus curiae* no procedimento de edição, revisão ou cancelamento de enunciado da súmula vinculante**: o relator poderá admitir, por decisão irrecorrível, a manifestação de terceiros na questão, nos termos do Regimento Interno do Supremo Tribunal Federal.

n] **Eficácia da Súmula com efeito vinculante**: em regra, terá eficácia imediata, mas pode o STF modular os efeitos temporais: por decisão de 2/3 (dois terços) dos seus membros, poderá restringir os efeitos vinculantes ou decidir que só tenha eficácia a partir de outro momento, tendo em vista razões de segurança jurídica ou de excepcional interesse público.

o] **Revogação ou cancelamento do enunciado de súmula vinculante**: quando revogada ou modificada a lei em que se fundou a edição de enunciado de súmula vinculante, o STF, de ofício ou por provocação, procederá à sua revisão ou cancelamento, conforme o caso.

p] **Efeito não suspensivo:** a proposta de edição, revisão ou cancelamento de enunciado de súmula vinculante não autoriza a suspensão dos processos em que se discuta a mesma questão.

q] **Contrariedade:** se decisão judicial ou do ato administrativo que contrariar enunciado de súmula vinculante negar-lhe vigência ou aplicá-lo indevidamente, caberá reclamação ao STF, sem prejuízo dos recursos ou outros meios admissíveis de impugnação. Contra omissão ou ato da Administração Pública, o uso da reclamação só será admitido após esgotamento das vias administrativas. Ao julgar procedente a reclamação, o STF anulará o ato administrativo ou cassará a decisão judicial impugnada, determinando que outra seja proferida com ou sem aplicação da súmula, conforme o caso.

r] **Aplicação subsidiária:** regimento interno do STF.

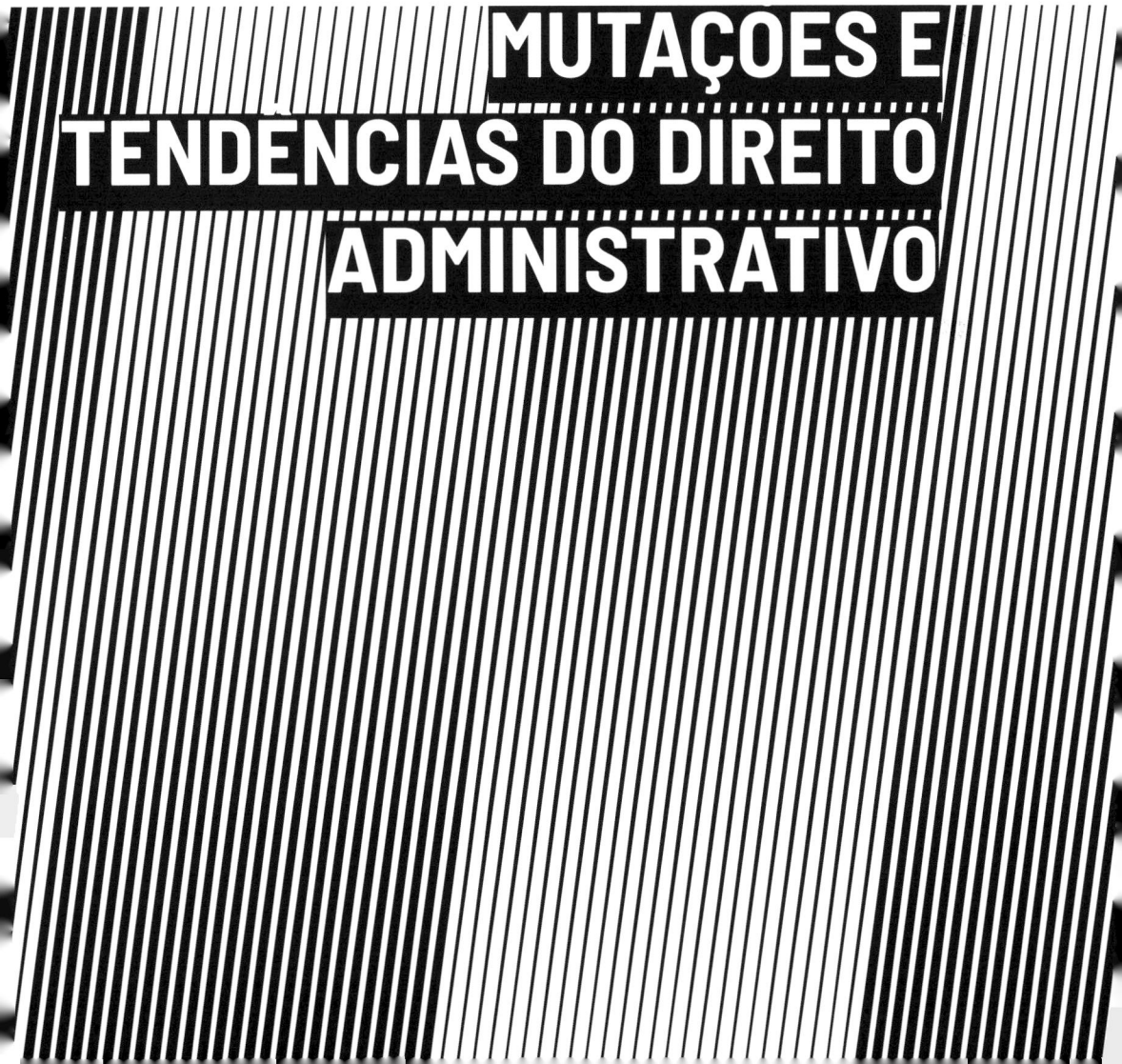

TÍTULO 3
MUTAÇÕES E TENDÊNCIAS DO DIREITO ADMINISTRATIVO

7. Existe um "novo Direito Administrativo"?

O presente não deixa de ser a continuidade do passado, de maneira que o Direito Administrativo, nascido na primeira metade do século XIX, está sendo renovado de acordo com os padrões exigidos pela sociedade contemporânea.

Com a dinâmica evolutiva, a realidade originária do Estado de direito passa por mudanças que geram novos modelos explicativos de ver o Estado, de explicar o novo e de olhar para o passado, contexto em que a Administração Pública foi ganhando atribuições muito distintas, de modo que os conceitos e as definições ligados ao Direito Administrativo[1] foram e ainda são objeto de transformações[2].

A dinâmica evolutiva da sociedade reflete na compreensão das características do Direito[3] e do Estado no século XXI. Constatam-se mudanças qualitativas que exigem uma reformulação dos esquemas teóricos com os quais se apreendem e transmitem os fenômenos jurídicos e a atuação estatal, dando origem a novos horizontes de análise.

Sob esse prisma, pode-se afirmar que a teoria política e jurídica enfrenta atualmente uma crise de legitimidade, já que as novas condições institucionais e culturais no cenário sociopolítico contemporâneo tornaram obsoletos os fundamentos do direito e a eficácia do agir político-administrativo.

Hespanha[4] afirma com acerto que "não se pode ignorar que estamos hoje perante um direito realmente diferente daquele para o qual foi construída a dogmática jurídica corrente". Com efeito, face ao descompasso entre a realidade contemporânea e o instrumental jurídico-político criado para os séculos XIX e XX, surge a necessidade de se refletir sobre como o governo[5] e a Administração Pública, nomeadamente na sua atividade administrativa, enfrentarão os novos desafios.

---

1 Trata-se de uma categoria de Direito inédita, que ainda ainda está se desenvolvendo do ponto de vista científico, constituindo-se em uma abordagem ainda em evolução.

2 Ao constatar que o conhecimento avança de maneira progressiva, seja pela construção, seja pela retificação, pode-se afirmar que o cientista lida com a realidade social extraída do dinamismo da vida individual e coletiva cujos produtos humanos encarnam valores que dão sentido às constelações singulares que constituem a história (BACHELARD, Gaston. **A formação do espírito científico**: contribuição para uma psicanálise do conhecimento. Rio de Janeiro: Contraponto, 1996; HUGHES, John. **A filosofia da pesquisa social**. Rio de Janeiro: Zahar, 1980).

3 "(...) o Direito, entre as outras ciências sociais, tem o caráter distintivo do ser, como a língua, não só parte integrante mas também espelho integral da vida social" (TARDE, Gabriel. **Les Transformations Du Droit**. Paris: Berg, 1994. p. 20).

4 HESPANHA, Antônio Manuel. **Pluralismo Jurídico e Direito Democrático**. São Paulo: Annablume, 2013.

5 "O Governo é, do ponto de vista administrativo, o órgão principal da administração central do Estado, incumbido do Poder Executivo" (AMARAL, Diogo Freitas do. **Curso de Direito Administrativo**. Coimbra: Almedina, 2006. v. 1. p. 640).

O Direito Administrativo só tem sentido se considerado como uma obrigação de resultados. Daí a importância de garantir a efetividade das normas administrativas, cujo objetivo precípuo é proporcionar resultados concretos aos administrados de modo a satisfazer os interesses concretos mais amplos da coletividade, ou, em outras palavras, garantir o interesse público.

São muitas as mudanças ocorridas no cenário jurídico nos últimos tempos – a atuação do Estado garantidor[6]; a emergência de uma quinta[7], ou até sexta[8], geração dos direitos fundamentais; o desenvolvimento das tecnologias de informação e comunicação[9]; a globalização; a constitucionalização dos ramos do Direito; a valorização dos direitos fundamentais, que se põe obrigatoriamente na agenda da discussão, em face da inadequação da "dogmática jurídica clássica"[10] às novas realidades jurídico-administrativas; a releitura de parâmetros comportamentais da Administração Pública em compatibilização com a temática da dignidade da pessoa humana; a melhoria da *performance* administrativa e a ampliação da prática democrática.

No contexto da renovação conceitual e compreensiva, a insuficiência das tradicionais matizes teóricas do Direito Administrativo para a resolução dos

---

[6] "(...) há quem fale de Estado 'Pós-Social', visto que o Estado deixa de ser o Estado Providência (o Estado Social de Serviço Público) e, sem regressar ao Estado Liberal, se transforma, nas áreas econômicas e sociais num Estado de Garantia (ou 'Estado Garantidor') que regula, orienta, incentiva as atividades privadas, designadamente e com especial intensidade aquelas que prosseguem interesses gerais ou colectivos" (ANDRADE, José Carlos Vieira de. **Lições de Direito Administrativo**. Coimbra: Coimbra Editora, 2011. p. 22).

[7] Paulo Bonavides destaca "a paz como um direito de quinta geração que legitima o estabelecimento da ordem, da liberdade e do bem comum na convivência dos povos. Segundo ele, a concepção da paz no âmbito da normatividade jurídica configura um dos mais notáveis progressos já alcançados pela teoria dos direitos fundamentais" (BONAVIDES, Paulo. A quinta geração de direitos fundamentais. **Revista Brasileira de Direitos Fundamentais & Justiça**, Rio Grande do Sul, v. 2, n. 3, p. 82-93, abr./jun. 2008); outros defendem que a biotecnologia e a informática fazem parte dos direitos de quinta geração (MELO, A. N. **Liberdade de expressão**: um direito fundamental na concretização da democracia. Fortaleza: Premius, 2009).

[8] FACHIN, Zulmar; SILVA, Deise Marcelino da. **Acesso à água potável**: direito fundamental de sexta geração. São Paulo: Millennium, 2010. p. 74.

[9] DOMINGUEZ LUIS, José Antonio. El derecho de información administrativa: información documentada y transparencia administrativa. **Civitas: Revista Española de Derecho Administrativo**, Madrid, n. 88, out./dez. 1995.

[10] Não é possível defender o dogmatismo na ciência jurídica, que considera a norma jurídica como algo dado e imobilizado, pois tal situação é incompatível com a dinamicidade do conhecimento científico, e com o influxo determinante dos aspectos axiológicos e críticos no estudo do Direito. A adoção do termo da dogmática foi com o sentido de ramo da ciência jurídica que estuda as normas jurídicas vigentes em uma determinada comunidade. O uso das aspas é justificado, pois tal expressão reúne dois termos antagônicos. No estudo do direito, as normas só possuem sentido quando conectados com os fatos e os valores (KAUFMANN, Arthur. **Filosofia del derecho**. Tradução de Luis Villar Borda e Ana Maria Montoya. Bogotá: Universidad Externado de Colômbia, 2002; MARQUES NETO, Agostinho Ramalho. **A ciência do direito**: conceito, objeto, método. Rio de Janeiro: Renovar, 2001; MARÍN, Rafael Hernández. **Introducción a la teoría de la norma jurídica**. Madrid: Marcial Pons, 2002).

problemas surgidos no seio da sociedade contemporânea, demonstra a necessidade de repensar institutos, conceitos e princípios desse ramo do Direito.

Após um período caracterizado na crença do progresso e nos ideais iluministas, vive-se a partir da segunda metade do século XX numa condição histórica pós-moderna[11] de incertezas e riscos, com a desconstrução de princípios e valores construídos na modernidade e ausência de projeto do futuro.

A realidade atual é regida por uma narrativa do inconstante[12] combinada com a evolução tecnológica, a revolução digital e a globalização, no contexto de transição[13] e busca de uma estrutura social.

As novas configurações jurídico-institucionais do Estado administrativo do final do século XX já estão acontecendo; o problema é que os atuais modelos teóricos formados por todos os princípios e normas pertencentes ao Direito Administrativo não conseguem percebê-los e retratá-los. Há de se criar um modelo que permita reproduzir a realidade concreta e a partir daí articular uma proposta de mudança[14].

---

11 "Na noção de uma não história é que o pensamento pós-moderno procura se estabelecer enquanto ruptura com o moderno" (MENEZES, Philadelpho. **A crise do passado**. São Paulo: Experimento, 1994); "O pós-moderno sem dúvida traz ambiguidades. É isso que ele propõe: a prudência como método, a ironia como crítica, o fragmento como base e o descontínuo como limite [...]" (SEVCENKO, Nicolau. O enigma pós-moderno. In: OLIVEIRA, Roberto Cardoso de (Org.). **Pós-modernidade**. Campinas, SP: Ed. da Unicamp, 1987).

12 "O rótulo genérico abriga a mistura de estilos, a descrença no poder absoluto da razão, o desprestígio do Estado. A era da velocidade. A imagem acima do conteúdo. O efêmero e o volátil parecem derrotar o permanente e o essencial. Vive-se a angústia do que não pode ser e a perplexidade de um tempo sem verdades seguras. Uma época aparentemente pós-tudo: pós-marxista, pós-kelseniana, pós-freudiana" (ADEODATO, João Maurício. **Ética & Retórica**: para uma teoria da dogmática jurídica. São Paulo: Saraiva, 2009. p. 353).

13 "O mundo é 'um' em certo sentido, mas radicalmente cindido por desigualdades de poder em outro. E um dos traços mais característicos da modernidade é a descoberta de que o desenvolvimento do conhecimento empírico não nos permite, por si mesmo, decidir entre diferentes posições de valor" (GIDDENS, Anthony. **As consequências da Modernidade**. São Paulo: Edunesp, 1991).

14 WOLKMER, Antônio Carlos. **Pluralismo jurídico**: fundamentos de uma nova cultura no Direito. São Paulo: Alfa Ômega, 2001. p. 352.

A marcha das novas configurações jurídico-institucionais do Estado administrativo[15] com os dilemas e desafios do modelo do Estado democrático de direito é uma transição reflexo da nova realidade da

> pós-modernidade[16] que questiona as noções clássicas de verdade, razão, identidade e objetividade, a ideia de progresso ou emancipação universal, os sistemas únicos, as grandes narrativas ou os fundamentos definitivos de explicação (...) vê o mundo como contingente, gratuito, diverso, instável, imprevisível[17].

É verdade que, na prática, o fracasso do paradigma[18] moderno, originado no século XVI e influente até o século XX, é estimulante para a busca de novas alternativas que visem solucionar problemas e compreender a realidade; ao mesmo tempo, tal contexto é desafiador no que se refere à escolha de estratégias que se imponham como formas dominantes nos reinos da incerteza, do acaso e da criatividade.

A crise do paradigma moderno nos mostra a necessidade de reformulação de suas premissas epistemológicas, seja por oposição, com a ruptura de seus parâmetros, seja por uma continuidade remodelada da modernidade[19]. As forças que nos levam às crises trazem em si as sementes da renovação. As possibilidades de salvação nesse momento de crise partem da constatação das características dessa condição pós-moderna, reconhecendo elementos orientadores dentro do universo de incerteza a fim de compreender a realidade[20].

---

15 "La administración es un aparato dependiente de la configuración del Estado en cada lugar y en cada momento histórico y de la forma de sus relaciones con la sociedad civil y, por tanto sometida a cambios incesantes paralelos a los que la sociedad política experimenta" (SANTAMARÍA PASTOR, Juan Alfonso. **Fundamentos de derecho administrativo I**. Madrid: Centro de Estudios Ramón Areces, 1988. p. 61).
16 "Pós-modernidade é uma tentativa de descrever o grande ceticismo, o fim do racionalismo, o vazio teórico, a insegurança jurídica que se observam efetivamente na sociedade, no modelo de Estado, nas formas de economia, na ciência, nos princípios e nos valores de nossos povos nos dias atuais. Os pensadores europeus estão a denominar este momento de rompimento (Umbruch), de fim de uma era e de início de algo novo, ainda não identificado" (MARQUES, Cláudia Lima. **A crise científica do direito na pós-modernidade e seus reflexos na pesquisa**. Cidadania e Justiça, Porto Alegre, n. 6, 1999. p. 251).
17 EAGLETON, Terry. **As ilusões do pós-modernismo**. Tradução de Elisabeth Barbosa. Rio de Janeiro: J. Zahar, 1996. p. 7.
18 "Os paradigmas fazem a ponte entre a teoria e a realidade por meio da elaboração de teses científicas que são utilizadas na elaboração de programas e sistemas, na execução de políticas, de projetos de desenvolvimento. Estes têm como referências os conhecimentos construídos a partir de determinada visão de mundo que projeta as ações necessárias para a transformação da realidade" (ARENDT, Hannah, citada por FERNANDES, Bernardo Mançano; MOLINA, Mônica Castagna. **O campo da educação do campo**. Disponível em: <https://www2.fct.unesp.br/nera/publicacoes/ArtigoMonicaBernardoEC5.pdf>. Acesso em: 26 jun. 2024).
19 HARVEY, David. **Condição pós-moderna**. São Paulo: Loyola, 1992.
20 "Entre as ruínas que se escondem atrás das fachadas, podem pressentir-se os sinais, por enquanto vagos, da emergência de um novo paradigma" (SANTOS, Boaventura de Souza. **A crítica da razão indolente**: contra o desperdício da experiência. São Paulo: Cortez, 2000. p. 56).

A transição paradigmática surge como uma ruptura entre o sistema vigente e a realidade das novas relações do contexto contemporâneo marcadas pelos impactos do contexto contemporâneo e pelas repercussões da sociedade globalizada, interligada por uma rede mundial de comunicação e informação[21], demandando a ressignificação de elementos coerentes com a nova realidade.

Nessa transformação, há uma tensão entre teorias que resistem em se despojar da condição de estruturação da realidade e as conquistas que ainda não conhecem o novo campo de caminhos emancipatórios. Por isso, reconhece-se, em relação aos novos problemas, "verdades" novas; com base nesse processo, é estabelecido um diálogo com a realidade permeado de evidências e resistências, com a produção de conhecimentos que enfrentam os desafios decorrentes das novas necessidades da época.

Diante dos novos desafios impostos por essa realidade em mudança, é importante destacar a necessidade de um Direito Administrativo transparente e flexível, democrático e participativo, conciliando os interesses do Estado, das empresas e dos usuários, superando a feição puramente autoritária com adoção de medidas administrativas sem prévia possibilidade de discussão pública; portanto, que tenha um papel democrático, permitindo uma maior participação dos cidadãos na esfera administrativa.

O advento do Estado democrático de direito, resultante do processo de evolução política estatal, provocou uma substancial mudança na Administração Pública, evidenciando a necessidade de práticas de gestão compatíveis com a satisfação das demandas da coletividade relacionadas não apenas à crescente falta de recursos financeiros, mas da conjuntura globalizada e informatizada, bem como das mudanças culturais e sociais que incitaram os cidadãos a exigirem um melhor setor público. Nesse cenário em constante mudança, surge como forma de equilibrar o intervencionismo e o respeito das liberdades individuais[22] o modelo do Estado democrático de direito.

---

21 LÉVY, Pierre. **Cibercultura**. Tradução de Carlos Irineu da Costa. São Paulo: 34, 1999. p. 25; BASTOS, João Augusto de Souza L. A. Educação Tecnológica: conceitos, características e perspectivas. Revista Tecnologia e Interação, Curitiba, CEFET-PR, 1998.

22 XIMENES, Julia Maurmann. **Reflexões sobre o conteúdo do Estado Democrático de Direito**. 2007. Disponível em: <https://campanhanaweb.com.br/acsmce-antigo/wp-content/uploads/2012/10/ESTADO-DE-DIREITO-E-ESTADO-DEMOCR%C3%81TICO-DE-DIREIT.pdf>. Acesso em: 22 mar. 2024.

2. Direito Administrativo e democracia[23]: Administração Pública democrática

2.1 Princípio do Estado democrático de direito: base axiológica-funcional da Administração Pública democrática

A fundamentação constitucional do Estado democrático de direito é fornecida pelo próprio ordenamento constitucional brasileiro vigente. Com efeito, a menção ao Estado democrático de direito é feita no preâmbulo[24]; como um princípio fundamental, esse aspecto deve ser respeitado e protegido para a construção de uma sociedade livre, justa e solidária[25].

Trata-se de um dos princípios estruturantes condensadores dos valores superiores adotados em uma sociedade política, previstos na Constituição, "lei" fundamental do Estado, parâmetro a ser seguido na intepretação, aplicação e integração das normas jurídicas, representativa da regulação jurídica estatal.

Num de seus princípios mais correntes e divulgados, a doutrina publicista apresenta-nos o princípio do Estado democrático de direito como uma estrutura fundada em princípios afirmadores da segurança jurídica e da existência digna, que envolve a interação e conjunção do princípio do Estado de direito,

---

23 "(...) a democracia é um modo de vida que não pode ser negociável. Estamos num tempo em que é importante reter que demasiadas pessoas esperam maravilhas da democracia quando a maior maravilha de todas é apenas tê-la" (PINTO, Nuno Mota. **Novos desafios à governação democrática**: o impacto da crise global e as vantagens da democracia. Disponível em: <http://www.scielo.mec.pt/pdf/ri/n22/n22a03.pdf>. Acesso em: 22 mar. 2024).

24 "Nós, representantes do povo brasileiro, reunidos em Assembleia Nacional Constituinte para instituir um Estado Democrático, destinado a assegurar o exercício dos direitos sociais e individuais, a liberdade, a segurança, o bem-estar, o desenvolvimento, a igualdade e a justiça como valores supremos de uma sociedade fraterna, pluralista e sem preconceitos, fundada na harmonia social e comprometida, na ordem interna e internacional, com a solução pacífica das controvérsias, promulgamos, sob a proteção de Deus, a seguinte CONSTITUIÇÃO DA REPÚBLICA FEDERATIVA DO BRASIL" (Preâmbulo, Brasil, 1988).

25 "A República Federativa do Brasil, formada pela união indissolúvel dos Estados e Municípios e do Distrito Federal, constitui-se em Estado Democrático de Direito e tem como fundamentos: I – a soberania; II – a cidadania; III – a dignidade da pessoa humana; IV – os valores sociais do trabalho e da livre iniciativa; V – o pluralismo político. Parágrafo único. Todo o poder emana do povo, que o exerce por meio de representantes eleitos ou diretamente, nos termos desta Constituição" (art. 1º, Brasil/1988).

do princípio da socialidade e do princípio democrático[26]. Tal modelo faz-se acompanhar de uma semântica renovada que inclui o reposicionamento do papel do Estado na sociedade.

Ao mencionar o Estado democrático de direito como princípio fundamental, as referidas constituições fixam as bases e os fundamentos da ordem constitucional, conformando um tipo de Estado que tem fundamentos e objetivos concretos. Tal arranjo institucional constitui-se em torno de duas bases fundamentais: a soberania popular e a dignidade da pessoa humana.

Na perspectiva da supremacia da vontade popular, o Estado democrático de direito se estrutura por meio de uma democracia representativa, pluralista e participativa. Além da escolha de representantes políticos, busca-se assegurar e incentivar a participação democrática dos cidadãos na resolução dos problemas comuns, a fim de promover a realização prática dos direitos fundamentais.

No que se refere à dignidade da pessoa humana, a par do reconhecimento e garantia de um sistema de direitos fundamentais e do imperativo da juridicidade, a democracia[27] passa a ser vista não apenas como regime político, mas forma de vida e processo para promover o bem-estar e a qualidade de vida do povo.

A opção constitucional brasileira justifica-se como decisão político-jurídica no plano histórico, como resultado da concepção evolutiva do Estado de direito, na luta contra arbitrariedades no exercício do poder, especificamente da evolução histórica do Estado social, que agrega o elemento participativo e, no plano jurídico, como modelo que legitima o domínio público e o exercício do poder,

---

26 NOVAIS, Jorge Reis. **Os princípios constitucionais estruturantes da República Portuguesa.** Coimbra: Coimbra Editora, 2011. p. 30-43.

27 Entre os antigos, o ideal democrático foi comum na Grécia, cujo modelo é o ateniense da democracia direta, em que todo o cidadão, exceto os escravos e outras categorias desconsideradas da cidadania, tinha o direito de participar e deliberar nas decisões políticas fundamentais, sendo a cidade administrada pela maioria e a liberdade o princípio regente da vida política. Jean Jacques Rousseau defendeu a democracia direta, em que o povo atuaria diretamente fazendo prevalecer a vontade geral, a vontade de todos. Mesmo consciente da inviabilidade da democracia direta nos grandes Estados, Rousseau, por meio do conceito de contrato social, era firme em suas convicções ao combater a representatividade e divulgar a crença da soberania popular como única fonte real de legitimidade do poder. Foi o século XVIII que cunhou à luz do pensamento iluminista guiado pela busca de uma explicação racional para todas as coisas, representado por filósofos que, rompendo com todas as formas de pensar até então consagradas pela tradição, refletiram sobre as instituições políticas, por meio dos quais se exercia o poder, a democracia representativa, onde os representantes eleitos pelo povo agem em seu nome, em defesa ideal supremo surgiu como fruto de movimentos políticos e sociais consagradores das aspirações democráticas consubstanciadas na supremacia da vontade popular, na afirmação dos direitos naturais, na igualdade de direitos, no governo da maioria e na preservação do direito à vida, à liberdade e à busca da felicidade (BOBBIO, Norberto. **Liberalismo e democracia.** São Paulo: Brasiliense, 2005; FERREIRA FILHO, Manoel Gonçalves. **A democracia no limiar do século XXI.** São Paulo: Saraiva, 2001; BARKER, Sir Ernest. **Teoria política grega.** Brasília: Ed. da UNB, 1978. p. 35; ROUSSEAU, Jean-Jacques. **O contrato social.** São Paulo: M. Fontes, 1998; DALLARI, Dalmo de Abreu. **Elementos da teoria geral do Estado.** São Paulo: Saraiva, 1989; COMPARATO, Fábio Konder. **A afirmação histórica dos direitos humanos.** São Paulo: Saraiva, 2010.

a fim de garantir a efetivação dos direitos fundamentais do homem, com sua autonomia perante os poderes públicos, informado pelo paradigma teórico da supremacia constitucional fundamentada no reconhecimento normativo dos princípios e na eficácia das liberdades públicas.

O Estado democrático de direito é, por conseguinte, o Estado de direito, com todas as suas características fundamentais e alguns acréscimos, entre os quais se sobressai o empenho na proteção e promoção dos direitos básicos da pessoa e o reconhecimento de um relacionamento simbiótico entre Estado e sociedade, com ênfase na participação da sociedade na formação das decisões estatais.

Além dos resultados legítimos relacionados à consolidação do constitucionalismo e das conquistas históricas dos direitos humanos, o Estado democrático de direito inclui medidas para promover a cidadania ativa com a participação na formulação das decisões estatais e incentivando a construção da futura democracia integral, produzindo soluções para os problemas comuns.

2.2 Qualidade na democracia: responsividade e intensificação do controle democrático do poder

Embora a democracia tenha se convertido em valor universal, sendo considerada melhor forma de governo, convertendo-se em uma das expressões mais influentes e bem-sucedidas na política contemporânea[28], verifica-se, por meio da incursão de diversas implicações argumentativas do princípio democrático, um contraste entre os ideais democráticos e a democracia real.

Nesse contexto, em boa parte das nações do mundo, o ideal democrático, disseminado desde o início da década de 1980, apesar do consenso de uma crise cujo desconforto social que apresenta, na visão de GALLI[29], além de uma dimensão emocional relacionada ao sentimento de descontentamento com o cidadão, uma dimensão estrutural evidenciada pelo descumprimento das suas promessas de liberdade, igualdade e dignidade das pessoas, é ainda uma referência[30] no exercício do poder e direção da sociedade.

---

28 O'DONNELL, Guillermo. Teoria democrática e política comparada. **Revista Dados**, n. 42, p. 577-654, 1999. Disponível em: <https://www.scielo.br/j/dados/a/rvQLbNfP5vTkW6F4ymxJXhq/>. Acesso em: 26 jun. 2024.
29 GALLI, Carlo. **Il disagio della democrazia**. Torino: Einaudi, 2011.
30 "A democracia tornou-se o padrão fundamental de legitimidade política dos tempos actuais" (HELD, David. **Modelos de democracia**. Belo Horizonte: Paideia, 1987).

Diante das promessas não cumpridas da democracia, perfeitamente justificável por fatores diversos e obstaculizantes[31], e confirmando o que HAYER[32] chama de *descrença social generalizada* na perda do ideal inspirador da democracia, especialmente constatada pela inviabilidade real de um sistema político capaz de garantir os valores e objetivos de interesse comum, é possível encontrar, nos diversos modelos e teorias sobre democracia, fundamentação positiva de mudança, desmistificando a conotação negativa da crise associada com circunstâncias desfavoráveis e adversas[33] e promovendo a ressignificação do cânone democrático no Estado constitucional.

Assim, escapando à polarização que coloca em extremos do processo da legitimação do poder, por um lado, a democracia ideal e, por outro, a democracia real, e buscando uma definição "integradora" na ideia de uma democracia qualificada, consideramos que o paradigma de qualidade é uma fusão da orientação de correspondência entre as ações do governo democrático e os anseios dos governados e da orientação instrumental da democracia a partir das regras e procedimentos que define quem está autorizado a tomar decisões coletivas.

No primeiro aspecto, a democracia aceita a responsividade[34] consubstanciada na ideia de um processo democrático que induz o governo a formar e implantar políticas que os cidadãos querem. A orientação instrumental incorpora teorias elitistas e com isso a ideia de que um governo do povo é feito de um ambiente democrático caracterizado por procedimentos para constituição do governo. Com isso, o modelo democrático proposto pela teoria procedimental, vinculado ao liberalismo, e focado na preservação das regras do jogo democrático, nada mais é do que um arranjo institucional que regula a competição entre os grupos políticos pelo poder.

Nessa linha de compreensão de uma democracia qualificada, a ideia central é acrescer ao conceito de seleção do governo por meio de eleições, com ênfase no aspecto procedimental da democracia, estruturas que permitam uma aproximação entre governantes e governados. Rompe-se, com isso, a visão de um

---

31 FERREIRA FILHO, Manoel Gonçalves. **A democracia no limiar do século XXI**. São Paulo: Saraiva, 2001.
32 HAYER, Friedrich A. **El Ideal Democrático y la Contención del Poder**. Disponível em: <http://www.plataformademocratica.org/Publicacoes/9325.pdf>. Acesso em: 22 mar. 2024.
33 "(...) a crise é o fator que predispõe à mudança, que prepara para futuros ajustes sobre novas bases, o que absolutamente não é depressivo" (BAUMAN, Zygmunt; BORDONI, Carlo. **Estado de crise**. Tradução de Renato Aguiar. Rio de Janeiro: Zahar, 2016).
34 DAHL, Robert A. **Polyarchy**: Participation and Opposition. New Haven: Yale University Press, 1971; FRIEDRICH, Carl Joachim. **Constitutional Government and Politics, Nature and Development**. New York: Harper & Brothers Publisher, 1937; DIAMOND, Larry; MORLINO, Leonardo (Ed.). **Assessing the Quality of Democracy**. Baltimore, EUA: The Johns Hopkins University Press, 2004; PRZEWORSKI, Adam; STOKES, Susan C.; MANIN, Bernard. **Democracy, Accountability, and Representation**. New York: Cambridge University Press, 1999.

governo distante e contraposto à sociedade; muda a perspectiva do cidadão que assume um papel ativo.

As estruturas institucionais e normativas da responsividade se estendem às superfícies de contato entre governantes e governados, instrumentalizando, assim, as exigências democráticas do contexto sociopolítico do fim do século XX e primórdios do século XXI[35] de caracterizar a relação entre Estado e sociedade como de "mão dupla", incluindo a implantação de políticas e as demandas dos atores sociais sobre os decisores[36].

A qualidade democrática parte da constatação dos limites da democracia do Estado político-representativo, assentada no estreitamento da participação popular, exige novas fórmulas jurídico-políticas para viabilizar a contínua perquirição dos ideais democráticos[37], de modo a construir um poder responsivo às demandas dos diversos grupos da sociedade exigido como esteio legitimador do poder no Estado constitucional democrático.

Discutir o princípio democrático no estágio atual é ampliar as estratégias focadas na tradicional capacidade de resposta dos representantes aos representados na teoria da representação, em direção a uma correspondência do agir estatal com os lídimos anseios dos cidadãos[38]. A chave para o sucesso de um regime político responsivo é criar estruturas institucionais e normativas que permitam a satisfação dos interesses e expectativas da sociedade, até porque a transformação das demandas públicas em resultados políticos faz parte de qualquer governo, democrático ou não[39].

A partir de uma revisão dos parâmetros mínimos que um Estado deve atender para que possa ser considerado democrático, identificamos convergências com a abordagem responsiva, de maneira que a democracia não é mais vista apenas

---

35 MEDAUAR, Odete. **A Processualidade no Direito Administrativo**. São Paulo: Revista dos Tribunais, 2008. p. 60-80.
36 PIERRE, Jon. **New Governance, New Democracy?** Gothenburg: The Quality of Government Institute, 2009 (Working Paper Serie, n. 2009/4).
37 Por intermédio do ideal da democracia é que se pretende concretizar o real poder do povo, em suas perspectivas formais e materiais. Trata-se da viabilidade no cumprimento das suas promessas de liberdade, igualdade e dignidade das pessoas.
38 "In this book, I should like to reserve the term 'democracy' for a political system one of the characteristics of which is the quality of being completely or almost completely responsive to all its citizens" (DAHL, Robert A. **Polyarchy**: Participation and Opposition. New Haven: Yale University Press, 1971. p. 3).
39 "Hence, a political system is responsive if it transforms publica demands into policy outputs" (SHAFFER, William R.; WEBER, Ronald E. **Policy Responsiveness in the American States**. Bervely Hills: Sage Publications, 1974. p. 8); "In a democracy, moreover, responsiveness cannot depend solely on the good will of policy makers. Responsiveness implies that institutionalized arrangements, and above all elections, reliably connect citizens to those who make policy in their name" (POWELL JR., G. Bingham. The chain of responsiveness. In: DIAMOND, Larry; MORLINO, Leonardo (Ed.). **Assessing the Quality of Democracy**. Baltimore: The Johns Hopkins University Press, 2004. p. 62).

como um processo seletivo de líderes eleitos, mas como um processo que busca conectar os cidadãos a uma tomada de decisão autorizada.

As novas teorias democráticas assumem que as condições necessárias para a democracia qualificada que possibilita a conexão dos cidadãos na tomada de decisões são exatamente a capacidade de acompanhamento do exercício do poder pelos cidadãos, a inserção de processos comunicativos de discussão, o escrutínio e a aceitação ou rejeição de soluções e medidas. Além disso, atribuem centralidade à produção de parâmetros para aferir da qualidade da democracia e índices com os quais essa mesma qualidade pode ser mensurada[40].

A questão central para a construção de uma resposta democrática em satisfação das expectativas sociais é a definição do arranjo institucional de um esquema legitimador da administração plural e diferenciada das constelações políticas contemporâneas que efetive liberdade, participação, sustentabilidade e responsabilidade, sob um paradigma da *democratic responsiveness*.

Aderir ao regime democrático significa apoiar a democracia como ideal político normativo, representativo de uma conquista que necessita ser, simultaneamente, protegida e aprofundada[41]. Todavia, tal adesão se constitui ainda em fenômeno relativamente frágil, principalmente quando se propõe a transformar em realidade os variados aspectos de sua idealização.

Assim, como ideal no qual se busca alcançar[42], a democracia pode ter uma **conotação positiva**, que expressa ideias e metas realizáveis e importantes para determinada comunidade, como também **negativa**, quando associada à sua inviabilidade na realidade concreta.

Nesse quadro, verificamos que, na sua feição positiva, o ideal é desenvolvido por teorias e modelos formulados com base na existência de características e propriedades dinâmicas e relacionais do fenômeno democrático e influenciados pelo contexto geopolítico. Já a feição negativa é extraída da vinculação do ideal democrático com um estado de perfeição que jamais pode ser atingido e que é revelado pela combinação do procedimento com a consecução dos valores democráticos (harmonização entre democracia formal, forma de governo, e democracia substancial, fins ou valores buscados no grupo político)[43].

---

40 ROCHA, Joaquim de Freitas. Contributo para um conceito de democracia plena. In: CONFERÊNCIA "AS AUTARQUIAS LOCAIS NO NOVO CONSTITUCIONALISMO", Lubango, Angola, 14 out. 2013, Universidade Mandume Ya Nde. Disponível em: <http://repositorium.sdum.uminho.pt/bitstream/1822/37516/1/D%c3%a9fice%20democr%c3%a1t.pdf>. Acesso em: 5 out. 2014.
41 MOUFFE, Chantal. **O regresso do político**. Tradução de Ana Cecília Simões. Lisboa: Gradiva, 1996. p. 193.
42 Numa visão otimista, é possível pensar em ideal democrático, de modo que existem diversos graus de aproximação com o modelo ideal, resultando em democracias mais ou menos sólidas. Numa visão pessimista, não existe um tipo ideal, pois tudo depende das condições especiais de cada povo.
43 BOBBIO, Norberto. **Estado, governo, sociedade**. São Paulo: Paz e Terra, 1999. p. 135-165.

É possível afirmar que a qualidade da democracia deve ser analisada pela perspectiva de que o assunto não é consolidado e não dispõe de um corpo teórico único e delimitado. Sob a rubrica da democracia qualificada, adotamos uma abordagem mais ampla de compreensão do formato da relação Estado-sociedade, com uma mescla da orientação eleitoral e das preocupações responsivas na ação governamental.

Trata-se de uma análise do processo de rediscussão do cânone democrático em relação ao problema da legitimidade do poder nos dias atuais, do movimento de responsabilização de quem exerce o poder com a vigilância em relação ao exercício do poder e as consequentes restrições institucionais sobre seu exercício[44], bem como da crise da representação política e do surgimento da cidadania democrática com a participação efetiva dos cidadãos nas formas de demandas, comunicação de preferências e prioridades, que informem e estimulem o governo e o sistema político para responder[45].

A imposição de um conjunto de mecanismos que busquem a coincidência entre os sistemas político-administrativos concretos e os ideais democráticos representa um atributo de uma realidade político-administrativa[46]. Nesse cenário, os resultados da imposição de um conjunto de estruturas e regras organizacionais, seja para produzir melhoria da governança, seja para reduzir a corrupção, no sentido de construir uma resposta democrática articulada com os anseios sociais satisfazem as exigências de uma "boa governança" além dos benefícios de aprovação dos cidadãos nos mecanismos eleitorais e na condução da própria gestão pública.

No quadro de referências da qualificação democrática, destacam-se a participação política e a *accountability*.

---

44 "(...) os governos são responsáveis [e, portanto, democráticos] na medida em que os cidadãos podem discernir se os governantes estão agindo de acordo com os seus interesses e sancioná-los apropriadamente" (CHEIBUB, José Antônio; PRZEWORSKI, Adam. Democracia, Eleições e Responsabilidade Política. **Revista Brasileira de Ciências Sociais**. São Paulo, v. 12, n. 35, out. 1997. p. 2. Disponível em: <https://www.scielo.br/j/rbcsoc/a/Yf5ypDQ4DjV6VGTVj6YGPnh/?lang=pt>. Acesso em: 2 jul. 2024); "accountability pública é importante por possibilitar meios democráticos de monitorar e controlar a conduta dos governantes, por prevenir concentrações de poder e por aumentar a capacidade de aprendizado e a efetividade da administração pública" (BOVENS, Mark. Analysing and Assessing Public Accountability: a Conceptual Framework. **European Governance Papers: EUROGOV. C-06-01**, 16 jan. 2006. p. 25).

45 ARAUJO, Roberta Corrêa. **Legitimidade do poder político na democracia contemporânea**. Curitiba: Juruá, 2015. p. 299.

46 "'Democratic responsiveness' is what occurs when the democratic process induces the government to form and implement policies that the citizens want. When the process induces such policies consistently, we consider democracy to be of higher quality. Indeed, responsiveness in this sense is one of the justifications for democracy itself" (DIAMOND, Larry; MORLINO, Leonardo (Ed.). **Assessing the Quality of Democracy**. Baltimore: The Johns Hopkins University Press, 2004. p. 62).

O entendimento sobre democracia constitui um assunto de grande vastidão e complexidade, destacando-se como um regime político em que seu elemento fundamental é a participação do povo no governo. É indiscutível a influência que a participação[47] direta ou indireta do povo no poder exerce no desenvolvimento da democracia[48], desde seu surgimento na Grécia Antiga até os dias atuais, criando raízes sólidas no pensamento jurídico contemporâneo.

A participação popular representa um pressuposto necessário para a existência da democracia, em sintonia com a clássica conceituação de Abraham Lincoln, no célebre "Discurso de Gettysburg", em 19 de novembro de 1863: um governo do povo, pelo povo e para o povo. Aléxis de Tocqueville, em sua obra A democracia na América, postula a importância da participação popular na democracia. Assim, o historiador francês resolve considerar as manifestações participativas do povo soberano e a ação política dos cidadãos como fundamentos da democracia[49].

A participação popular é o instrumento modelar no grau de desenvolvimento e efetivação da democracia e apto a interferir no governo da sociedade. Por isso, os sistemas democráticos, além de poderem ser realizados no quadro da sistemática da participação política, são até mesmo aperfeiçoados por intermédio dessa dinâmica.

Primeiramente, no plano político, sobretudo na Grécia Antiga, a participação na vida política era um direito especial dos homens livres detentores de posses, isentos de preocupações relativas aos meios de sobrevivência[50]. Na Grécia Antiga se formou a convicção de que a participação não podia ser de todos, mas apenas de uma minoria cidadã, com exclusão das mulheres, estrangeiros, escravos, assalariados e pequenos agricultores.

Já sob uma perspectiva moderna, a participação foi viabilizada pela representação política, em que as decisões coletivas são tomadas, por pessoas eleitas para

---

47 "O objetivo principal da participação é o de facilitar, tornar mais direto e mais cotidiano o contato entre cidadãos e as diversas instituições do Estado" (BORJA, Jordi. **Estado Y Ciudad**. Barcelona: PPU, 1988).
48 "(...) é o único regime político compatível com o pleno respeito aos direitos humanos" (COMPARATO, Fábio Konder. **A afirmação histórica dos direitos humanos**. São Paulo: Saraiva, 2010).
49 "(...) o povo participa da composição das leis, pela escolha dos legisladores, da sua aplicação pela eleição dos agentes do poder executivo; pode-se dizer que ele mesmo governa, tão frágil e restrita é a parte deixada à administração, tanto se ressente esta da sua origem popular e obedece ao poder de que emana. O povo reina sobre o mundo político americano como Deus sobre o universo. É ele a causa e o fim de todas as coisas; tudo sai do seu seio, e tudo se absorve nele" (TOCQUEVILLE, Aléxis de. **A democracia na América**. Tradução, prefácio e notas de Neil Ribeiro da Silva. 2. ed. Belo Horizonte: Itatiaia; São Paulo: Edusp, 1998).
50 ARENDT, Hannah. **A condição humana**. Rio de Janeiro: Forense Universitária, 1995.

esse propósito, e acompanhada da delimitação da interferência participativa dos cidadãos nas decisões políticas[51].

No contexto das sociedades modernas, a eleição afigura-se completamente necessária na manutenção da soberania popular. Para isso, na dimensão mais relevante da representação política, o representante terá que produzir políticas públicas, em lugar da intervenção direta e constante dos cidadãos[52].

Numa abordagem política, a consideração da democracia como regime político que está em constante aprimoramento expõe a incorporação, na sua relação com a sociedade, de metas de um desenvolvimento progressivo[53] de aproximação da vontade do povo no processo político[54], com coordenação recíproca de interesses e ações[55] com a ordem estatal.

Nesse contexto, as ideias e práticas chocam-se e competem por reconhecimento e adesão, revelando configurações em movimento, logrando efetivar parâmetros com acordos sociais mais justos e equitativos[56], que viabilizem o exercício do poder político transparente, fundamentado na defesa do direito à informação, de maneira a proporcionar participação popular nas decisões sobre questões públicas.

---

51 JAMBEIRO, O.; BORGES, J. Internet, participação política e organizações da sociedade civil. **Revista Eco-Pós**, v. 13, n. 1, 2010. p. 124-145; MARQUES, Francisco Paulo Jamil Almeida. **Participação política e internet**: meios e oportunidades digitais de participação civil na democracia contemporânea, com um estudo do caso do estado brasileiro. 498 f. Tese (Doutorado em Comunicação e Cultura Contemporâneas) – Faculdade de Comunicação, Universidade Federal da Bahia, Salvador, 2008. Disponível em: <https://repositorio.ufba.br/bitstream/ri/11303/1/tese%20Francisco%20Marques.pdf>. Acesso em: 26 jun. 2024.

52 "A ideia era clara: o povo sabe escolher, mas não governar. E, por não saber governar, deve escolher quem o faça. Aí estão, sinteticamente, alguns dos elementos do conceito de democracia: eleição, sufrágio e representação. Importante notar que Montesquieu fala em 'escolher' a autoridade. Isso significa de um lado, que o povo deve constituir o poder político, e, de outro, que essa opção deve ser feita num contexto de garantias para a oposição. Sem isso não há escolha e, consequentemente, não há democracia representativa" (CAMPILONGO, Celso Fernandes. **O direito na sociedade complexa**. São Paulo: Max Limonad, 2000); "Sabe-se que eleições são instrumentos necessários para a constituição de governos democráticos, mas não suficientes para garantir o controle dos governantes pelos governados" (MANIN, Bernard; PRZEWORSKI, Adam; STOKES, Susan C. (Org.). **Democracy and Accountability**. New York: Cambridge University Press, 2000).

53 PINTO FERREIRA, Luiz. **Princípios gerais do Direito Constitucional moderno**. São Paulo: Saraiva, 1983.

54 "Democracia, ao nosso ver, é processo de participação dos governados na formação da vontade governativa; participação que se alarga e dilata na direção certa de um fim todavia inatingível: a identidade de governantes e governados" (BONAVIDES, Paulo. **Teoria constitucional da democracia participativa**: por um Direito Constitucional de luta e resistência – por uma nova hermenêutica – por uma repolitização da legitimidade. 3. ed. São Paulo: Malheiros, 2008. p. 35).

55 MEDAUAR, Odete. **Direito Administrativo em evolução**. São Paulo: Revista dos Tribunais, 2003.

56 POPKEWITZ, Thomas. **Reforma educacional**: uma política sociológica – poder e conhecimento em educação. Porto Alegre: Artes Médicas, 1997.

Uma reflexão sobre a legitimidade democrática do poder conduz-nos à conclusão de que a influência da *accountability*[57] na representação política trouxe uma ressignificação para o princípio democrático que passou a considerar a relação entre representantes e representados uma via de mão dupla, de maneira que os cidadãos têm o poder de vigilância sobre o uso do poder concedido aos que foram escolhidos para governá-los; e dos governantes, de prestar contas de suas ações aos cidadãos que os escolheram.

A *accountability* é avaliada em termos de controle da soberania popular sobre os atos dos agentes públicos em geral. O controle é não apenas o objetivo primário desse conjunto de práticas, mas o principal meio de obter a prestação de contas. Trata-se de um mecanismo vigente na relação de representação que nos aproxima do mundo da política. Diferentemente da concepção formalista da representação, tal conceito, como instrumento do povo para que os representantes ajam segundo seus interesses, deve permitir responsabilidades nas ações públicas. Nesse sentido, não se limita à ação, mas à incorporação de responsabilidades, à sua definição e articulação operativa, à sua orientação pelos interesses dos representados[58].

Buscando delimitar a *accountability*, O'Donnell fixa dois marcos na abordagem do assunto: um teórico, associado à fundamentação feita pelas correntes clássicas do pensamento político (democracia, liberalismo e o republicanismo)[59], e outro jurídico, que pode ser exercido verticalmente, quando aplicado pelos atores sociais em relação aos atores estatais mediante sua manutenção no poder ou sua retirada dele por intermédio do voto direto em eleições livres, além de outros mecanismos de pressão política, e horizontalmente quando exercido no interior do próprio Estado pelas diversas agências estatais, e que se efetiva mediante a mútua fiscalização entre os poderes (*checks and balances*).

Para DAHL[60], a *accountability* depende da igualdade intrínseca entre representantes e representados no nível de conhecimento e informação.

---

57 "Buscando uma síntese, *accountability* encerra a responsabilidade, a obrigação e a responsabilização de quem ocupa um cargo em prestar contas segundo os parâmetros da lei, estando envolvida a possibilidade de ônus, o que seria a pena para o não cumprimento dessa diretiva" (PINHO, José Antônio Gomes de; SACRAMENTO, Ana Rita Silva. Accountability: já podemos traduzi-la para o português? **Revista de Administração Pública**, v. 43, n. 6. Rio de Janeiro, nov./dez. 2009. p. 1348).
58 PITKIN, Hannah Fenichel. **The Concept of Representation**. Berkley: University of California Press, 1972. p. 42-43.
59 "A democracia com seus impulsos igualadores, o liberalismo com sua vocação de proteger as liberdades individuais e o republicanismo com sua severa concepção das obrigações dos governantes" (O'DONNELL, Guillermo. Accountability horizontal e novas poliarquias. **Revista Lua Nova**. São Paulo, n. 44, p. 27-54, 1998 Disponível em: <https://www.scielo.br/j/ln/a/jbXvTQR88QggqcdWW6vXP8j/?lang=pt>. Acesso em: 26 jun. 2024).
60 DAHL, Robert A. **Sobre a democracia**. Tradução de Beatriz Sidou. Brasília: Universidade de Brasília, 2001. p. 75-81.

A partir dessa revisão na literatura[61], podemos defender que a **responsividade** está no centro dos objetivos dos representantes políticos[62], o qual depende da capacidade de prestação de contas e inserção dos processos comunicativos. Para reforçar o argumento, surge o controle dessa responsividade pela sociedade como um processo de avaliação e responsabilização permanente dos agentes públicos, com sanções aos governantes, inclusive a reeleição.

A revalorização da *accountability* e de seus mecanismos e a ênfase da ligação entre representantes e a sociedade trazem à tona a necessidade de criar condições de responsividade de natureza ambivalente para que os representados expressem seus interesses e suas opiniões, bem como canais de comunicação para que os representantes prestem esclarecimentos sobre suas decisões.

Na busca de uma visão "integradora", a *accountability* é uma fusão da orientação normativa do múnus público dos representantes, e da orientação fática de que o povo não governa através de representantes. No primeiro aspecto, a representação incorpora temas como natureza e fins da gestão pública voltada ao bem-estar social; da orientação fática, aceita que os representantes atuem no interesse dos representados, criando uma sinergia e/ou eficácia social.

Pela via da *accountability*, renova-se a antiga discussão da relação entre representantes e representados e, por fim, da própria reflexão sobre os mecanismos de implementação da ação do interesse público no sentido de viabilizar a correspondência nas políticas com as preferências expressas pelos cidadãos[63]. Nesse sentido, a *accountabilty* remete à necessidade de ampliar transparência nos negócios públicos[64].

---

61 ABRUCIO, Fernando Luiz; LOUREIRO, Maria Rita. Finanças públicas, democracia e accountability. In: ARVATE, Paulo Roberto; BIDERMAN, Ciro (Org.). **Economia do Setor Público no Brasil**. Rio de Janeiro: Elsevier/Campus, 2004; O'DONNELL, Guillermo. Poliarquias e a (in)efetividade da lei na América Latina. **Revista Novos Estudos**. São Paulo, n. 51, jul. 1998; PHILP, Mark. Delimiting Democratic Accountability. **Political Studies**. Newcastle, v. 57, n. 1, 2009. p. 28-53.

62 "No nível do modelo institucional, accountability deve ser complementada por instituições de deliberação, constitucionalismo e representatividade descritiva. Mas a precondição mais importante para que um sistema de *accountability* realmente funcione é a atividade dos cidadãos nos fóruns públicos democráticos e na sociedade civil" (ARATO, Andrew. Representação, soberania popular e *accountability*. **Revista Lua Nova**. São Paulo, n. 55-56, p. 85-103, 2002. Disponível em: <https://www.scielo.br/j/ln/a/VpWCp39q68qHYsRdzkC77Qk/?lang=pt>. Acesso em: 25 jun. 2024).

63 DAHL, Robert A. **Polyarchy**: Participation and Opposition. New Haven: Yale University Press, 1971. p. 2; POWELL JR., G. Bingham. The Chain of Responsiveness. In: DIAMOND, Larry; MORLINO, Leonardo (Ed.). **Assessing the Quality of Democracy**. Baltimore: The Johns Hopkins University Press, 2004. p. 63.

64 MANIN, Bernard. **The Principles of Representative Government**. Cambridge: Cambridge University Press, 1997. p. 161.

2.3 Expansão da democracia: efeito irradiante do princípio democrático

O ponto de partida para análise da Administração Pública democrática é o princípio democrático. A democracia como fenômeno óbvio ou natural[65] nas sociedades tende a avançar como forma de governo, mas seu progresso tem sido contestado por cientistas políticos[66] como PLATTNER[67], que afirma que "hoje estamos em um período de estagnação em termos de progresso democrático, mas não percebemos uma reversão completa da democracia ou autocracia".

A postura de adesão cada vez mais significativa dos Estados à democracia, que, embora não seja perfeito, é o melhor regime à disposição, representa uma propagação significativa dos ideais democráticos, como forma de gerar condições favoráveis que tentem impedir o autoritarismo e favoreçam a proteção e a realização dos direitos fundamentais[68].

Cada vez mais os Estados estão aderindo a essa forma de governo. Fala-se em *expansão da democracia*, sem excluir a dimensão crítica revelada na insatisfação da sua concepção[69]. Diversas e complexas questões são postas no fascinante estudo do fenômeno democrático, que, além de configurar um princípio jurídico estruturante do regime político, é um ideal em contínua transformação, descoberta e aprendizagem coletiva[70].

---

65 BEÇAK, Rubens. **Democracia:** hegemonia e aperfeiçoamento. São Paulo: Saraiva, 2014.
66 "Não há política que não requeira sua organização jurídica por meio de um corpus de regras cuja vocação é, a um só tempo, a de uma ordem-ordenamento que fixa as relações formais entre as normas constitutivas do sistema e uma ordem-comando que expressa a autoridade de que esta investido essa instância político" (GOYARD-FABRE, Simone. **Os princípios filosóficos do direito político moderno.** São Paulo: M. Fontes, 1999. p. 2-3).
67 PLATTNER, Marc. Para especialista, 'melhor democracia não significa melhor sociedade': depoimento (7 de maio de 2010). **BBC Brasil em Londres.** Entrevista concedida a Pablo Uchoa.
68 DAHL, Robert A. **Sobre a democracia.** Brasília: Ed. da UNB, 2001.
69 "A democracia, ao mesmo tempo que se afirmar por toda a parte como triunfante, apresenta graves indícios de incerteza. Se é pouco defrontada, a respeito do seu ideal, aparecendo com um valor por todos exaltado, coexiste com alguma perplexidade em relação às formas da sua realização. Ao mesmo tempo que se impõe como ideário, fragiliza-se no seu funcionamento. Configura-se como regime, mas tende a entrar em crise como forma de convivência política" (FERNANDES, António Teixeira. **Democracia e cidadania.** Disponível em: <http://ler.letras.up.pt/uploads/ficheiros/7207.pdf>. Acesso em: 25 mar. 2024. p. 181).
70 UNGER, Roberto Mangabeira. A Constituição do Experimentalismo Democrático. **Revista de Direito Administrativo.** Rio de Janeiro, n. 257, maio/ago. 2011.

A ampliação da democracia, compatível com sua valorização positiva[71], é uma necessidade social, pois há o desejo da coletividade de querer uma forma de governação "justa", legitimada pelo reconhecimento, tolerância e inclusão. Neste sentido, acentua RANCIÈRE que o "bom governo democrático é aquele capaz de controlar um mal que se chama simplesmente vida democrática"[72].

É possível identificar três características principais que ajudam a compreender a funcionalidade na ampliação do fenômeno democrático: **1) extensão**: a ampliação deve se estender a outros domínios que não apenas o político[73]; **2) expansão**: a ampliação deve ser disseminada cada vez mais pelas vantagens positivas. A democracia é, por um lado, um regime político; por outro lado, ela é forma de convívio social[74]. Embora imperfeita e contraditória, adotada em quase metade

---

[71] "(...) a valorização positiva da democracia parece ser um dado natural da nossa cultura, empiricamente verificável" (AMARAL, Maria Lúcia. **A Forma da República**. Coimbra: Coimbra Editora, 2005. p. 230); "O consenso acerca de suas virtudes aparece como inequívoco de modo a torna-la uma espécie de emblema que fundamenta o sistema simbólico de legitimação do poder político e do direito" (VILLAS BÔAS FILHO, Orlando. Democracia: A Polissemia de um Conceito Político Fundamental. **Revista da Faculdade de Direito da Universidade de São Paulo**, v. 108, p. 651-696, jan./dez. 2013. p. 651. Disponível em: <https://www.revistas.usp.br/rfdusp/article/download/67999/70856/89966>. Acesso em: 26 jun. 2024).

[72] RANCIÈRE, Jacques. **O ódio à democracia**. Tradução de Mariana Echalar. São Paulo: Boitempo, 2014. p. 16.

[73] "Das relações nas quais o indivíduo é considerado em seu papel de cidadão, para a esfera das relações sociais, onde o indivíduo é considerado na variedade de seu status e de seus papéis específicos" (BOBBIO, Norberto. **O futuro da democracia**. Tradução de Marco Aurélio Nogueira. São Paulo: Paz e Terra, 2000. p. 67).

[74] GOYARD-FABRE, Simone. **Os princípios filosóficos do direito político moderno**. São Paulo: M. Fontes, 1999; PLATTNER, Marc. Para especialista, 'melhor democracia não significa melhor sociedade': depoimento (7 de maio de 2010). **BBC Brasil em Londres**. Entrevista concedida a Pablo Uchoa; DAHL, Robert A. **Sobre a democracia**. Tradução de Beatriz Sidou. Brasília: Ed. da UnB, 2001.

AMARAL, Maria Lúcia. **A forma da República**. Coimbra: Coimbra Editora, 2005; FILHO, Orlando. Democracia: a polissemia de um conceito político fundamental. **Revista da Faculdade de Direito da Universidade de São Paulo**, v. 108, p. 651-696, jan./dez. 2013. Disponível em: <https://www.revistas.usp.br/rfdusp/article/view/67999/70856>. Acesso em: 26 jun. 2024; RANCIÈRE, Jacques. **O ódio à democracia**. São Paulo: Boitempo, 2014. p. 16; BOBBIO, Norberto. **O futuro da democracia**. Tradução de Marco Aurélio Nogueira. São Paulo: Paz e Terra, 2000. p. 67; FERREIRA FILHO, Manoel Gonçalves. **A democracia no limiar do século XXI**. São Paulo: Saraiva, 2001; HAYER, Friedrich A. **El ideal democrático y la contención del Poder**. Disponível em: <http://www.plataformademocratica.org/Publicacoes/9325.pdf>. Acesso em: 25 mar. 2024. PANIAGO, Einstein Almeida Ferreira. Accountability e publicidade no Estado democrático de direito.**Cad. Fin. Públ.** Brasília, n. 11, p. 59-89, dez. 2011; GALLI, Carlo. **Il disagio della democrazia**. Torino: Einaudi, 2011;

HELD, David. **Modelos de democracia**. Belo Horizonte: Paideia, 1987; BEÇAK, Rubens. **Democracia: hegemonia e aperfeiçoamento**. São Paulo: Saraiva, 2014; LIPSON, Leslie. **História y filosofía de la democracia**. Buenos Aires: Tipográfica Editora Argentina TEA, 1969; OSBORNE, Roger. **Do povo para o povo**: uma nova história da democracia. São Paulo: Bertrand Brasil, 2013; HELD, David. **Prospects for Democracy**: North, South, East, West. Stanford: Stanford University Press, 1993; HELLER, Herman. **Teoria do Estado**. Buenos Aires: Fondo de Cultura Económica, 1961.

COLLIER, David; STEVEN, Levitsky. **Democracy "With Adjectives"**: Conceptual Innovation in Comparative Research. **Kellogg Institute Working Paper.** Helen Kellogg Institute for International Studies, 1996. Disponível em: <https://kellogg.nd.edu/publications/workingpapers/WPS/230.pdf>. Acesso em: 25 mar. 2024; DIAMOND, Larry; PLATTNER, Marc F. (Ed.). **Nationalism, Ethnic Conflict and Democracy**. Baltimore: John Hopkins University Press, 1994.

dos países do mundo[75] em virtude do consenso acerca de suas virtudes[76], é uma forma de governo aceitável e rica em conquistas já alcançadas, marcando uma vitória histórica sobre formas alternativas de governança. "Quase todo mundo professa hoje ser democrata" (tradução nossa)[77]; **3) incremento**: a ampliação deve buscar maior aproximação do Estado com a sociedade, promovendo uma maior abertura, proximidade, racionalidade e responsabilidade do poder público frente ao cidadão.

Em relação à extensão, o princípio democrático faz-se acompanhar de uma semântica renovada que, além de incluir fundamentos e fórmulas de aplicação numa dada realidade[78], possui uma eficácia irradiante[79] para além das fronteiras do território político como parâmetro para atuação dos poderes públicos.

Embora a democracia tenha sido alvo de diversas interpretações em vários períodos e diferentes sociedades, a verdade é que atuar "democraticamente" se converte em um das expressões mais influentes e bem-sucedidas na política contemporânea[80].

A eficácia irradiante do ideal democrático para além das fronteiras do território político justifica-se em dois planos: no das constituições (CF/88), pelo sentido da democratização ; e no político, como uma realidade de constante referência na justificação das atividades estatais. A propagação do ideal democrático quando

---

75 Dos países analisados pelo The Economist Intelligence Unit, 20 foram considerados "democracias plenas", 50 "democracias imperfeitas", 37 "democracias híbridas" e 51 "regimes autoritários". Disponível em: <https://dataspace.princeton.edu/handle/88435/dsp017p88ck01w>. Acesso em: 25 mar. 2024.

76 VILLAS BÔAS FILHO, Orlando. Democracia: a polissemia de um conceito político fundamental. **Revista da Faculdade de Direito da Universidade São Paulo**, v. 108, jan./dez., p. 651-696, 2013. Disponível em: <https://www.revistas.usp.br/rfdusp/article/download/67999/70856/89966>. Acesso em: 26 jun. 2024.

77 "Democracy seems to have scored an historic victory over alternative forms of governance. Nearly everyone today professes to be a democrat" (HELD, David. **Prospects for Democracy**. Stanford: Stanford University Press, 1993. p. 13).

78 Considerando as principais perspectivas teóricas da democracia, podemos mencionar duas vertentes. **A minimalista**, que exclui da democracia o conteúdo substantivo, considerando apenas os meios e os procedimentos que definam as relações de poder, e **maximalista**, que, ao levar em conta os fins ou valores buscados nos grupos políticos, harmonizando os padrões procedimentais e de justiça, fundamenta-se nos direitos fundamentais e na realização da dignidade da pessoa humana, com premissas de limite, de controle, de uso, e de ação do poder político (DALLA-ROSA, Luiz Vergílio. Democracia substancial: um instrumento para o poder político. In: CLÈVE, Clèmerson Melin; SARLET, Ingo Wolfgang et al. (Org.). **Direitos humanos e democracia**. Rio de Janeiro: Forense, 2007. p. 217).

79 "To become legitimate the rule of law would seem to have to be (I) democratically accountable, (II) procedurally fair and even perhaps e (III) substantively grounded" (ROSENFELD, Michael. The Rule of Law, and the Legitimacy of Constitutional Democracy. **Working Paper Series, n. 36. Cardozo Law School** – Jacob Burns Institute for Advanced Legal Studies, 2001. Disponível em: <https://papers.ssrn.com/sol3/papers.cfm?abstract_id=262350>. Acesso em: 26 jun. 2024).

80 O'DONNELL, Guillermo. Teoria democrática e política comparada. **Revista Dados**, v. 42, n. 4, p. 577-654, 1999. Disponível em: <https://www.scielo.br/j/dados/a/rvQLbNfP5vTkW6F4ymxJXhq/?lang=pt>. Acesso em: 26 jun. 2024.

atinge o plano administrativo é, nitidamente, um afloramento da tendência atual dos sistemas administrativos para a consagração de uma administração pública democrática.

No plano político, a eficácia irradiante fundamenta-se no discurso responsivo da atividade administrativa: sob a rubrica da responsividade, de um lado, a Administração Pública cumpre o dever de transparência; do outro, o cidadão exerce o acompanhamento público e esclarecido da atuação administrativa.

A lógica da responsividade se aplica de forma imediata à Administração Pública, cuja função é conferir respostas às demandas sociais. A função administrativa veicula claro exercício de poder delegado por parte do povo, na condição de servidor do bem público e, por isso mesmo, exige transparência administrativa.

No plano constitucional, a irradiação do princípio democrático na Administração Pública acompanha a relação entre essa estrutura e a Constituição na dinâmica evolutiva, resultando que apenas na vigência do Estado democrático de direito percebe-se a consolidação de um modelo fundado na força normativa dos princípios constitucionais.

2.4 Princípio democrático no plano administrativo: a Administração Pública democrática

Concebida pela *New Public Management* como instrumento e meio de realização da eficiência na provisão de serviços públicos à coletividade, a atividade administrativa incorporou métodos de gestão dos negócios privados em sintonia com a visão do neoliberalismo[81], tendo sido mantida nesse perfil lastreado de princípios e mecanismos de mercado até o final dos anos 1990, quando surgiu a necessidade de desenvolver uma concepção de Administração Pública compatível com as condições de legitimação do Estado democrático de direito.

Esse entendimento, que favorecia o racionalismo econômico numa linguagem gerencialista exagerada na gestão pública como forma de alcançar a eficiência, foi desenvolvido para concretizar a capacidade de resposta da Administração Pública às demandas sociais.

Acontece que a motivação das reformas gerenciais influenciou e influencia profundamente a Administração Pública, de tal sorte que ainda hoje se considera necessário uma correspondência entre a gestão pública e os interesses da coletividade com base na eficiência. No entanto, sob o influxo dessa justificativa, busca-se uma concepção capaz de possibilitar a adaptação da atividade administrativa à realidade do Estado democrático de direito.

---

81 DRECHSLER, Wolfgang. The Rise and Demise of the New Public Management. **Post-Autistic Economics Review**, n. 33, 2005. Disponível em: <http://www.paecon.net/PAEReview/issue33/Drechsler33.htm> Acesso em: 26 mar. 2024.

Nesse cenário, é preciso unir à dimensão técnica-instrumental reduzida a valores e normas econômicas a orientação sociopolítca do Estado Democrático de Direito situada nos marcos da democracia, de forma a assegurar maior responsividade por meio de uma gestão pública responsável e dialógica.

Com base na literatura publicista[82], é sedimentado que, com base no vetor normativo estruturante do Estado democrático de direito, o papel da Administração Pública é enfatizado e visto como uma mudança de paradigma da gestão pública, com a construção e ampliação dos canais de controle social e participação democrática na fiscalização da gestão pública.

A valorização do cidadão como sujeito destinatário da construção democrática e ênfase da ligação entre burocracia pública e a sociedade permitem a compreensão da Administração Pública democrática, que, enquanto tal, marca uma legitimação da atuação administrativa para fora dos limites das instituições formais do Estado mediante ampliação dos canais de comunicação pública e mecanismos de envolvimento dos cidadãos nos negócios públicos.

O estilo tecnocrático da gestão e a falta de esclarecimento e justificativa na filtragem das demandas sociais e decisões administrativas impedem um espaço permanente de construção de entendimentos que garantem a interlocução comunitária dimensionada em políticas públicas efetivadoras das necessidades da coletividade.

Se, por um lado, a sujeição da atividade administrativa a um paradigma democrático constitui instrumento importante de realização da opção política pelo Estado democrático de direito, revela-se necessária para assegurar-lhe uma maior responsividade e eficácia social.

Na verdade, quando se pretende que o Estado democrático de direito não seja apenas retórica, mas uma realização quotidiana por meio da qual se amplie a participação dos atores sociais na formulação das políticas, práticas e procedimentos da Administração Pública, é necessário reivindicar instrumentos que possibilitem controle social sobre as ações estatais, de modo a garantir a melhoria da provisão de serviços e da implantação de políticas públicas.

Essa formulação, que exprime a exigência de adaptação e renovação da Administração Pública ao Estado democrático de direito como resposta à evolução da disciplina jurídico-administrativa de uma posição de rigidez autoritária para uma postura de flexibilidade democrática, constitui uma garantia de legitimação das decisões administrativas na medida em que promove a democratização dos

---

82 DIAS, Maria Teresa Fonseca. **Direito Administrativo pós-moderno**. Belo Horizonte: Mandamentos, 2003; LEAL, Rogério Gesta. **Estado, Administração Pública e sociedade**: novos paradigmas. Porto Alegre: Livraria do Advogado, 2006; MÜLLER, Friedrich. **Quem é o povo?** A questão fundamental da democracia. São Paulo: Max Limonad, 2000; PAES DE PAULA, Ana Paula. **Por uma nova gestão pública**. Rio de Janeiro: Fundação Getulio Vargas, 2005.

procedimentos formativos da vontade administrativa em torno da explicitação e promoção do interesse coletivo.

A literatura jurídica tem se inquietado com o questionamento e o debate acerca de formas de densificação da Administração Pública democrática, no sentido de reforçar sua legitimidade para responder às demandas sociais para o desenvolvimento das condições de vida aos cidadãos. Buscando responder à pergunta sobre quais seriam os parâmetros substanciais no desenvolvimento de uma Administração Pública democrática no século XXI, consideramos fazer referência às suas vertentes condicionais.

Trata-se, no entanto, de um conteúdo mais arejado à burocracia teorizada originariamente para um cenário modernizante e industrial, com ampliação das estratégias focadas aos desafios da contemporaneidade, objetivando, conforme constatação de NOHARA[83], de harmonizar a proposta de modernização do Estado com um modelo sustentável e reflexivo de desenvolvimento.

Com o advento do Estado democrático de direito, o princípio democrático ganhou eficácia como princípio informador na estruturação e funcionamento da Administração Pública. Assume-se aqui a concepção de uma democratização da atividade administrativa como reflexo necessário da democracia política.

Trata-se de uma concepção que remete à necessidade de articular a confiança nos governantes como forte indicador de um bom governo e a necessidade de gerir a coisa pública considerando o cidadão como sujeito que participa e interfere na condução dos negócios públicos para alcance dos objetivos ligados ao bem comum.

A consagração da noção democrática de Administração Pública permite a expressão de valores que levam ao aprimoramento da expressão da vontade popular. Nesse sentido, não se limita aos meios, mas incorpora também maior participação dos cidadãos nas decisões fundamentais, orientando-se com base na responsividade incrementada pela processualização motivada pelo agir administrativo.

Partindo do pressuposto de que a gestão pública é um encargo de defesa, conservação e aprimoramento dos bens, serviços e interesses da coletividade, o discurso da responsividade reflete sobre a função administrativa no século XXI para inspirar e fundar ações públicas voltadas a salvaguardar uma aproximação entre a Administração Pública e as demandas sociais.

Isso se faz num contexto pós "onda" neoliberal, sob a influência de elementos transformadores da disciplina jurídico-administrativa na busca da modernização e legitimação das atividades da Administração Pública, fundamentadas num aperfeiçoamento democrático traduzido na conciliação entre os anseios do cidadão e a atuação administrativa.

---

83 NOHARA, Irene Patrícia. Burocracia reflexiva. In: MARARA, Thiago (Coord.). **Direito Administrativo**: transformações e tendências. São Paulo: Almedina, 2014. p. 372.

Embora a eficiência seja fator de modernização da Administração Pública, é importante afirmar que, no discurso administrativo da contemporaneidade, fica constatado que esse elemento não consegue gerar a prometida reação da gestão pública nas democracias em concordância com a vontade dos cidadãos, de modo que o debate atual se abriu ao confronto das ideias e à era das reformas orientadas para suprir o déficit real de legitimidade da função administrativa, apostando-se em respostas para criar maior proximidade do cidadão com a Administração Pública.

A democratização da Administração Pública se mostra favorável a posturas mais receptivas da responsividade, particularmente com o movimento de legitimação do sistema administrativo para além do respeito pela legalidade dos seus procedimentos construtivos.

Nesse cenário, a democratização da Administração Pública exige a identificação do poder administrativo com os valores comunitários do bem comum e da cidadania democrática dominantes na agenda contemporânea da sociedade. Essa identificação reflete a frustração de uma legitimação apenas formal e aspiração por estratégias de colocação da administração à serviço da coletividade.

Dentro da lógica democrática, a gestão pública deve efetivar a expressão da soberania popular não só pela investidura, mas pela forma de administrar, encontrando valores e mecanismos para conduzir a afirmação da democracia no exercício do poder administrativo. Nessa perspectiva, a abertura e o fomento à participação dos cidadãos nos processos decisórios é indissociável da análise do novo formato relacional entre Administração Pública e sociedade.

Não há dúvidas de que, desde a década de 1990 até o início do século XXI, têm havido transformações na democracia que afetam tanto as estruturas estatais e a gestão pública como a relação entre Estado e sociedade civil, embora essas mudanças variem de intérpretes e mecanismos para sua realização e promoção do desenvolvimento humano.

Entretanto, a discussão sobre esse processo se deu mais no contexto da democracia constitucional, com a articulação entre a representatividade com a perspectiva substancial da democracia compreendida como um processo aberto de formulação de escolhas públicas comprometida com a realização da igualdade e justiça social. A interação democrática do Estado com a sociedade civil qualificada por uma cidadania ativa possibilita a efetivação dos direitos fundamentais, de modo a garantir a credibilidade institucional.

Essas transformações estão vinculadas ao movimento político-jurídico de propostas e ações, de modo a construir um modelo de organização político-administrativa de fusão do aprofundamento democrático, bem como a inserção de valores legitimadores e substanciais definidos pelo consenso comunitário no exercício do poder.

Esse tema da implantação de uma Administração Pública efetivamente democrática entra na agenda dos debates políticos e institucionais como fundamento necessário para romper com sua tradição burocrática e atuar em estreita relação com a sociedade.

A conjugação da realidade elistista, assentada no estreitamento da participação e na redução dos ideais democráticos da ampliação da vontade popular, a qual demanda um desenho institucional que propicie uma aproximação entre a sociedade e o Estado, assume, no contexto da configuração da Administração Pública democrática, um relevo decisivo.

Todavia, a ideia e a lógica da otimização da participação direta e ativa dos cidadãos nos processos decisórios baseiam-se também na consagração de arranjos estruturais e instrumentais garantidores da vida e dignidade. Nesse sentido, afirma-se, com razão, que a democratização administrativa não tem sido só motivada por razões políticas, mas também pela promoção e tutela dos direitos fundamentais.

Na interpretação do novo paradigma da Administração Pública democrática, a valoração de uma práxis democrática, por meio da qual as decisões administrativas sejam correspondentes aos anseios sociais, se transmuta na necessidade de um aprofundamento democrático, cuja ênfase seria a participação ou deliberação como fundamentos de inclusão política, apontando para um redimensionamento tanto na confiança dos cidadãos nas instituições como na capacidade responsiva da Administração Pública.

A Administração Pública democrática é assinalada como ambiente de proliferação de diálogo aberto e inclusive que permite a construção da confiança necessária para alcançar acordos sobre ações concretas. No rastro dessa linha de interpretação focada na dimensão sociopolítica, emergem a adjudicação de direitos e o exercício democrático da administração.

A revalorização da deliberação seria um sintoma da fragilidade da democracia procedimental e representativa em garantir a prevalência dos interesses da coletividade em direção ao bem comum. A característica política mais influente é associada a HABERMAS[84], que proclama, na deliberação dialógica, a pressão no sentido da legitimação satisfatória da democracia constitucional e, por extensão, as condições procedimentais e processos comunicativos a formação democrática de opinião.

---

84 HABERMAS, Jurgen. **Direito e democracia**: entre facticidade e validade. Tradução do Flávio Beno Siebeneichler. Rio de Janeiro: Tempo brasileiro, 1997. v. 1 e 2.

2.5 Razões fundamentais da Administração Pública democrática

As razões que se apresentam para justificar a Administração Pública democrática podem ser analisadas em quatro planos: **o político, o jurídico, o tecnológico** e **o organizacional**.

O plano político analisa a relação entre a Administração Pública e a democracia. Nessa perspectiva, a justificativa decorre do fato de que essa construção contemporânea da Administração Pública emerge da intensificação democrática com a participação efetiva dos cidadãos na construção conjunta e plural das decisões fundamentais da sociedade. Nessa dinâmica, a construção da Administração Pública democrática é inserida num processo de construção histórica das relações entre Administração Pública e democracia, desde o Estado liberal até os dias atuais com o advento do Estado democrático de direito.

Com o advento do Estado democrático de direito, o problema da legitimidade do poder político torna-se a tônica do debate desde a revalorização da dignidade da pessoa humana como valor de afirmação de uma ética universal após o fim da Segunda Guerra Mundial.

Numa perspectiva axiológica, o reconhecimento da democracia como um conjunto de regras de procedimento, no contexto da reflexão sobre a constituição do governo e a formação das decisões políticas, apresenta-se, com a expansão do humanismo ao cabo das duas grandes guerras mundiais, como um sistema político insuficiente.

A internacionalização dos direitos humanos, no pós-Segunda Guerra, ao colocar os direitos humanos como ponto central no debate jurídico, fez reconhecer a afirmação dos direitos mínimos das pessoas com a limitação do exercício do poder. Nesse reconhecimento, as exigências de concretização de uma existência digna com a realização das promessas de efetivação dos direitos básicos gerou uma necessidade de conduzir a vida democrática para além da fixação de meios do exercício do jogo democrático e incluir a implementação de fins, de resultados.

De todo modo, a recognição da importância da proteção da dignidade da pessoa no cenário jurídico, que contribui para a mudança de preocupação no ambiente democrático, corresponde à implementação de condições substanciais (valorativas) de validade sobre o governo e seus parâmetros de agir. Nesse processo de efetivação de parâmetros substanciais (axiológicos) de validade do sistema democrático, impõe-se na reordenação do espaço democrático a identificação de um incremento ao aspecto formal da democracia.

À legitimidade do poder político associam-se o reconhecimento da insuficiência instrumental da democracia representativa e da limitação constitucional do poder majoritário pelos direitos fundamentais. Por isso, aos poucos, começa a se por em causa a ressignificação do cânone democrático e defender a necessidade de repensar a dimensão substancial da democracia como complemento da democracia formal.

A crise da representação política[85] conduziu ao questionamento da democracia apenas com respeito às regras do jogo. Nesse contexto, a Administração Pública procura hoje reencontrar a efetividade, nomeadamente por meio da revalorização da sociedade civil e sujeição da decisão estatal às demandas sociais. Uma crise da materialidade identificativa da representação política, uma espécie de "patologia da representação"[86], não pode fazer obscurecer, no entanto, a importância do modelo de representatividade como parâmetro de organização política.

Embora a democracia representativa tenha se expandido mundialmente, respeitada trajetória histórico-política dos diferentes países surgiu a partir das últimas décadas do século XX, concomitantemente ao problema da legitimidade da representação caracterizada pela perda da capacidade de dar respostas satisfatórias aos problemas da sociedade complexa. Nesse sentido, a reconstrução da legitimidade depende da análise dos fatores que afetam de forma diversa o mecanismo representativo e a adoção de ações e soluções que contribuem para seu aprimoramento.

Nesse contexto, o processo de efetividade da Administração Pública, levado a cabo na vigência do Estado democrático de direito com a substanciação democrática, exige a ligação da dimensão da participação social com a da inclusão política.

A falta de legitimidade resultante do distanciamento entre representantes políticos e a esfera civil pode ser percebida pela desconfiança do cidadão em relação

---

[85] A crise da representação política pode ser apresentada como um **fenômeno disruptivo** em sua existência, na qual práticas políticas e conceitos estabelecidos se mostram degenerados e/ou inoperantes no encargo de defesa, conservação e aprimoramento dos interesses coletivos por parte dos representantes. A crise como fenômeno disruptivo pode ser entendida como a não aceitação das compreensões preestabelecidas sobre a o campo de ação e interação ligado à aquisição e ao exercício do poder político no âmbito da representatividade, ou então como a reconstrução dos papéis dos participantes e processos aptos na resolução de desafios na funcionalidade do sistema democrático. No primeiro sentido, privilegia-se o aspecto negativo da ruptura, associando-o a uma quebra coletiva do sentido partilhado e da estruturação dos papéis sociais com fatores que prejudicam as metas prioritárias da democracia representativa. No segundo sentido, dá-se relevo à conotação positiva da ruptura, integrando-a ao reconhecimento da necessidade de mudanças de referenciais como resposta a novas problemáticas da ordem social e da violação aos princípios da legitimidade política. Nesse quadro, a quebra e transformação constituem o binômio em torno do qual gira a crise na representação política (LERBINGER, Otto. **The Crisis Manager:** Facing Risk and Responsability. Mahwah, New Jersey: Lawrence Erlbaum Associates Publishers, 1997. p. 6; THOMPSON, John B. **Political Scandal:** Power and Visibility int the Media Age. London: Polity Press, 2000; PEARSON, C. M.; CLAIR, Judith A. Reframing Crises Management. **Academy of Management Review**, v. 23, n. 1, p. 59-76, 1998. Disponível em: <https://www.jstor.org/stable/259099?origin=crossref>. Acesso em: 26 jun. 2024).

[86] SANTOS, Boaventura de Sousa. **Pela mão de Alice:** o social e o político na pós-modernidade. São Paulo: Cortez, 1999.

aos atores e às instituições políticas[87] e constatada pela insuficiência do vínculo eleitoral, bem como no que se refere à exigência do exercício representativo em conformidade com os valores sociais consensualmente aceitos[88] traduzidos na incorporação de dinâmicas cívicas de participação.

É com base nessa constatação que o debate democrático estabelece um aprofundamento na teoria e na prática da democracia para além dos limites do elitismo. Afirma-se, assim, que a legitimação do agir administrativo no contexto do Estado democrático de direito se dá com base na responsividade possibilitar a participação popular qualificada por uma cidadania ativa na atuação administrativa e direcionada à satisfação dos direitos fundamentais.

O segundo plano é o jurídico: a constitucionalização do Direito Administrativo. Paralelamente ao fundamento da Administração Pública democrática, que decorre da ligação entre a Administração Pública e democracia, o certo é que a consolidação de um modelo fundado na prevalência da Constituição repercute sobre a função administrativa e lhe impõe a abertura democrática.

Esse fenômeno, de abertura constitucional, que surge desde o Segundo Pós-Guerra, muito mais do que uma conquista da juridicidade administrativa, representa a superação do modelo positivista do Estado de direito para, sob o influxo da justiça na ordem jurídico-positiva, reconhecer a insuficiência do critério formalista no agir do Poder Público para o surgimento de referenciais que prestigiam os direitos fundamentais, postos, assim, como fundamentos numa qualidade de agir estatal.

O terceiro plano é o tecnológico, ou seja, referente à influência das tecnologias de informação e comunicação no ambiente da Administração Pública.

Na era eletrônica, ancorada nas novas tecnologias digitais, surgiu um novo ambiente de informação e comunicação, com transmissão global, velocidade ímpar e subversão dos fatores de tempo e espaço, que propicia novas formas de sociabilidade, influenciando no relacionamento entre o público e o privado.

---

87 GASTIL, John. **By Popular Demand**: Revitalizing Representative Democracy through Deliberative Elections. Berkeley, CA: University of California Press, 2000.
88 MOREIRA NETO, Diogo de Figueiredo. **Legitimidade e discricionariedade**: novas reflexões sobre os limites e controle da discricionariedade. Rio de Janeiro: Forense, 1998. p. 5.

É nesse ambiente virtual, ou ciberespaço[89], meio heterogêneo e transfronteiriço[90], que, a partir da digitalização da informação, com o potencial da interatividade, podemos observar uma maior acessibilidade da informação à sociedade.

Essa abordagem, proporcionada pelas novas características e pelo desenvolvimento das tecnologias de informação e comunicação, com o compartilhamento simplificado, veloz e em escala mundial de dados, repercute sobre toda a sociedade, inclusive na expressão da cidadania e na atuação da Administração Pública[91].

O último plano é o organizacional: a introdução da ideia da governança pública[92] e da necessidade da modernização administrativa[93], que traz desafios estimulantes para a redefinição do papel gestacional dos negócios públicos no discurso administrativo por meio de uma articulação na gestão democrática na construção de um consenso cidadão e que encontra na prática da boa governança seu fundamento de legitimidade. Essa dimensão se caracteriza pela consagração da *accountability* democrática revelada por uma sociedade de papel ativo, tanto em relação à adoção dos atos administrativos como em relação ao pedido de prestação de contas por parte da administração pública.

---

[89] "O *ciberespaço*, termo citado por William Gibson no romance *Neuromancer*, deve ser entendido como um espaço de comunicação aberta que surge da interconexão mundial de computadores. Deste modo, parece-nos útil delimitar o âmbito do ciberespaço em dois aspectos: **a) aspecto subjetivo**: ele designa os seres que navegam e alimentam o universo das redes digitais; dentro do aspecto subjetivo do ciberespaço a concepção dos seres se utiliza desse espaço, se identificam como identidades nômades sem corpo, sem simultaneidade de presença, apenas em solidão coletiva. Nessa linha, há um universo complexo e dinâmico de interações de sujeitos que transitam no ambiente virtual com discursos, práticas e imagens que passam a influenciar a conformação social; **b) aspecto objetivo**: ele designa o conteúdo que abrange um universo oceânico de informações com base numa infraestrutura material da comunicação digital. Ao lado da socialização, o ambiente virtual proporciona intercâmbio intenso de informações e imagens, especialmente com o advento da internet e o desenvolvimento da web (MESSA, Ana Flávia. **Transparência, compliance e práticas de anticorrupção na Administração Pública**. São Paulo: Almedina, 2019).

[90] FERRAZ, Maria Nélida Sampaio. **Um novo sujeito para um novo espaço**. Disponível em: <http://www.revistaconecta.com/conectados/nelida_sujeito.htm>. Acesso em: 26 mar. 2024.

[91] ESTEVES, João Pissarra. Sociedade da informação e democracia deliberativa. In: ESTEVES, João Pissarra (Org.). **Ciências da comunicação**: espaço público e democracia. Lisboa: Colibril, 2003. p. 169-205.

[92] "The path towards good governance requires a long-term vision centred on a genuine consideration of the needs of citizens and business. Building trust should be a priority. Consensus building and a strategic approach are the pre-conditions for successful reform. The active engagement of all stakeholders is needed. The European Commission is a partner in this process, providing funding and guidance, as well as facilitating the exchange of know-how and experience. Together, we will build high-quality public services that meet the needs of citizens and foster business and job creation" (PROMOTING good governance: European Social Fund Thematic Paper. European Commission: Directorate-General for Employment, Social Affairs and Inclusion Unit E1 Manuscript Completed, Jan. 2014).

[93] FORJAZ, Maria Cecília Spina. Globalização e crise do Estado nacional. **Revista de Administração de Empresas**. São Paulo, Brasil, v. 40, n. 2, abr./jun. 2000. Disponível em: <https://periodicos.fgv.br/rae/article/view/37692/36439>. Acesso em: 27 jun. 2024.

O modelo bipolar tradicional[94] já não é mais suficiente para a satisfação das demandas sociais, que agora no século XXI se insere na era da governança pública, uma nova geração de reformas administrativas, com compartilhamento do agir estatal cada vez mais intenso entre Poder Público, empresas e sociedade manifesto pela da gestão horizontal e integrada entre os distintos níveis de governo e entre estes e as organizações empresariais e da sociedade civil.

3. Direito Administrativo e Constituição Federal: constitucionalização do Direito Administrativo

3.1 Administração Pública e Constituição Federal

A relação entre a Administração Pública e a Constituição no período do Estado liberal[95] era frágil, já que, no século XIX, os textos constitucionais regulavam o tema da Administração Pública, no máximo, em preceitos isolados.

É verdade que, na prática, as consequências dessa fragilidade revelam que as relações jurídicas travadas entre a Administração Pública e os particulares eram remetidas ao Direito Administrativo, escapando completamente ao Direito Constitucional, cuja função era outra, e à disciplina do Direito Civil.

O Direito Constitucional e o Direito Administrativo se identificam porque guardam uma origem comum consubstanciada na necessidade de limitação do Estado pelo direito como consequência das revoluções liberais. Todavia, o desenvolvimento na origem das duas disciplinas permitiu a formação da tese da autonomia do Direito Administrativo.

---

94 O modelo tradicional assentado até hoje nos delineamentos teóricos postos por Max Weber é um modelo de administração hierárquica, profissional e politicamente neutra, caracterizada por um sistema verticalizado, ampla discricionariedade administrativa e reduzido controle jurisdicional e da condução responsável dos assuntos da Administração Pública.

95 "No início do período moderno, a dissolução da ordem feudal, a contestação do poder temporal da Igreja, o combate à monarquia absoluta e ao estado centralizado, surgido principalmente na França do séc. XVII criam a necessidade da busca e discussão de um novo modelo de ordem social, de organização política de legitimação do exercício do poder, representado pelas teses dos teóricos do liberalismo" (MARCONDES, Danilo. **Iniciação à história da filosofia**. São Paulo: Zahar, 2002. p. 197).

A tese da autonomia[96] do Direito Administrativo em relação ao direito privado, como direito especial[97], decorre do fato de ele contar com um regime jurídico que lhe é próprio, cujo conteúdo é formado por normas associadas ao primado do interesse geral sobre os interesses privados, exorbitantes ao direito comum[98]. Nesse sentido, acentua CASSESE[99] que "o direito administrativo implica que os poderes públicos estão submetidos a normas derrogatórias do direito comum e que poderes especiais lhe são atribuídos, decorrentes de sua participação na soberania do Estado".

Essa autonomia, justificada pela rígida separação de poderes e a jurisprudência administrativa produzida pelo Conselho de Estado e conjugada com um trabalho de sistematização doutrinária, revelada como uma balança desigual em que as administrações públicas ocupam posição de superioridade em relação aos administrados[100], decorre de uma dinâmica evolutiva da própria sistematicidade do Direito Administrativo, sendo que o direito privado permaneceu como sua fonte de inspiração e atuação[101].

Além da autonomia em face do direito privado, registra-se uma fuga do Direito Administrativo ao Direito Constitucional pela falta de força jurídica das normas constitucionais em face da perpetuidade das práticas burocráticas[102].

---

96 "(...) a autonomia de um sistema de direito com respeito a um outro significa simplesmente que as fontes de direito são distintas para cada um deles e que as regras promulgadas para reger um dos dois não são automaticamente aplicáveis ao outro" (LAMARQUE, Jean. **Reserches Sur L'Application Du Droit Privé Aux Services Publics Administratifs**. Paris: Librarie Generale di Droit et Jurisprudence, 1960. p. 18).

97 "No mundo da *common-law*, os princípios básicos do direito administrativo foram construídos por cortes comuns por analogia com os princípios do direito privado" (SCHWARTZ, Bernard. **French Administrative Law and the Common-Law World**. New York: New York University Press, 1954. p. 3); Sobre o Direito Administrativo atual: "Ambos, inglês e americano, apresentam predomínio do aspecto processual, pelo peso conferido ao modo de tomada das decisões administrativa e pela importância dada ao controle da administração pelo judiciário" (MEDAUAR, Odete. **Direito Administrativo moderno**. São Paulo: Revista dos Tribunais, 2015. p. 53).

98 ESTORNINHO, Maria João. **A fuga para o Direito Privado**: contributo para o estudo da atividade de Direito Privado da Administração Pública. Coimbra: Almedina, 1999. p. 27-28; ENTERRÍA, Eduardo Garcia de; FERNÁNDEZ, Tomás-Ramón. **Curso de Direito Administrativo**. São Paulo: Revista dos Tribunais, 2015. v. I. p. 43; ZANOBI, Guido. **Corso di Diritto Ammnistrative**. Milão: Giuffrè, 1947. v. I. p. 31.

99 CASSESE, Sabino. **La Construction du Droit Administratif France et Royaume-une**. Paris: Montchrestien, 2000. p. 23.

100 HAURIOU, André. A utilização em Direito Administrativo das regras e princípios do Direito Privado. **Revista de Direito Administrativo**. Rio de Janeiro, ano 1, n. 1, p. 466-467, abr. 1945. Disponível em: <https://periodicos.fgv.br/rda/article/view/8416/7165>. Acesso em: 27 jun. 2024.

101 GONÇALVES, Pedro. **O contrato administrativo**: uma instituição do direito Administrativo do nosso tempo. Coimbra: Almedina, 2004. p. 46.

102 MARTÍN-RETORILLO BAQUER, Sebastian. **El Derecho Civil en la Genesis del Derecho Administrativo y de sus Instituciones**. Madrid: Editorial Civitas, 1996. p. 215; trata-se de um direito administrativo acéfalo e anacrônico (GALLEGO ANABITARTE, Alfredo. **Derecho Administrativo**: programa, sistemática y guia para su estudio. Santiago de Compostela: Universidad de Santiago de Compostela, 1973. p. 35).

Essa fuga, rebatida por alguns doutrinadores[103], permaneceu no decurso do século XX, quando o Direito Constitucional alcançou o patamar de disciplina condicionadora e informadora de todos os ramos do Direito, formando-se, particularmente entre os ramos do Direito Constitucional e do Direito Administrativo[104], uma relação de interdependência – de um lado, por meio da Constituição, o Direito Administrativo garante seus limites, objetivos e meios de realização; de outro, por meio do Direito Administrativo, a Constituição encontra sua concretização no tocante ao funcionamento do Estado[105].

No entanto, também é verdade que, nessa época, o Direito Administrativo, nascido como superação histórica do Antigo Regime, foi desenvolvido com premissas de autoridade em contraposição à lógica das conquistas liberais e democráticas[106].

A fragilidade no relacionamento entre Administração Pública e Constituição, no Estado liberal, é um reflexo do perfil político dos textos constitucionais que surgiram nessa época, cuja preocupação era a limitação do poder com a previsão dos direitos e garantias fundamentais[107]. Nesse sentido, MIRANDA[108] acentua que,

---

103 VEDEL, Georges; DELVOLVÉ, Pierre. **Droit Admnistratif**. Paris: PUF, 1992. 2 t. p. 25.

104 "(...) o direito constitucional é a espinha dorsal do direito administrativo" (DIEZ, Manoel Maria. **Derecho Administrativo**. Buenos Aires: Omeba, 1963. v. 1. p. 323); BAPTISTA, Patrícia. **Transformações do Direito Administrativo**. Rio de Janeiro: Renovar, 2003. p. 39.

105 BÉNOIT, Francis-Paul. **Le droit administratif français**. Paris: Dalloz, 1968. p. 3.

106 "A ideia de uma origem liberal e garantística do direito administrativo, forjada a partir de uma milagrosa submissão da burocracia estatal à lei e aos direitos individuais, não passa de um mito (...) a dogmática administrativista estruturou-se a partir de premissas teóricas comprometidas com a preservação do princípio da autoridade, e não com a promoção das conquistas liberais e democráticas. O direito administrativo, nascido da superação histórica do Antigo Regime, serviu como instrumento retórico para a preservação daquela mesma lógica de poder" (BINENBOJM, Gustavo. A constitucionalização do Direito Administrativo no Brasil: um inventário de avanços e retrocessos. **Revista Eletrônica sobre a Reforma do Estado (RERE)**. Salvador, Instituto Brasileiro de Direito Público, n. 13, p. 1-32, mar./abr./maio 2008. Disponível em: <http://www.direitodoestado.com.br/rere.asp>. Acesso em: 26 mar. 2024).

107 "O Estado de Direito significou um corte abissal com o passado, revelando-se uma orientação forte contra o arbítrio régio, reinante no Estado Absoluto, em que as decisões praticamente correspondiam ao exercício puro do poder, sem um mínimo de parametrização material" (GOUVEIA, Jorge Bacelar. O Estado Constitucional Contemporâneo e o Princípio do Estado de Direito. **Themis**, Faculdade de Direito da Universidade Nova de Lisboa, ano XI, n. 20-21, p. 7-18, 2011. Disponível em: <https://run.unl.pt/bitstream/10362/15398/1/JBG_Themis_2011.pdf>. Acesso em: 27 jun. 2024; BARBOSA, Rui. **As docas de Santos e as taxas de capatazia**: obras completas – XLV – 1918 – I. Rio de Janeiro: MEC, 1967. p. 212; DÍAZ, Elias. **Estado de Derecho y Sociedad Democratica**. Madrid: Editorial Cuadernos para El Dialogo, 1975; NOVOA, César García. **El Principio de Seguridad Jurídica en materia tributaria**. Madrid: Marcial Pons, 2001; SICHES, Luis Recaséns. **Tratado de sociologia**. Porto Alegre: Globo, 1968; SILVA, José Afonso. Constituição e segurança jurídica. In: ROCHA, Cármem Lúcia Antunes (Coord.). **Constituição e segurança jurídica**: direito adquirido, ato jurídico perfeito e coisa julgada. Belo Horizonte: Fórum, 2004; BECKER, Alfredo Augusto. Teoria geral do **Direito Tributário**. São Paulo: Saraiva, 1972.

108 MIRANDA, Jorge. Os novos paradigmas do Estado Social. **Revista Brasileira de Direito Comparado**, ano I, n. 1, jul. 1982. Rio de Janeiro: Instituto de Direito Comparado Luso-Brasileiro, 2011. Disponível em: <https://icjp.pt/sites/default/files/media/1116-2433.pdf>. Acesso em: 27 jun. 2024.

no Estado liberal, em nome da liberdade, a necessidade era conter o poder, tanto internamente, pela sua divisão, quanto externamente, pela redução ao mínimo de suas funções para a sociedade. O parâmetro de legitimação do poder político e do Direito é o princípio da legalidade, significando que o direito é assimilado à lei, apresentando-se sem qualquer referência substantiva.

Essa preocupação surgiu como uma reação à contenção dos abusos do Absolutismo[109], caracterizado pela concentração e ilimitação do poder[110], por meio do estabelecimento de Constituições escritas em todos os Estados com a finalidade de impor limites aos governantes, mediante a separação dos poderes, e ampla proteção aos direitos dos cidadãos. Conforme BATISTA[111], àquela ocasião os constitucionalistas achavam-se mais preocupados com a consolidação do Estado de direito, sofrendo forte influência da ciência política.

Embora exista divergência, heterogeneidade e imprecisão em seu desenvolvimento histórico, o Estado de direito, que, para alguns, resulta de uma construção permanente de convivência sociopolítica e das tendências constitucionais que nasceram com os movimentos revolucionários do Iluminismo[112], e, para outros, tem como origem remota na ideia antiga da superioridade do governo das leis sobre o governo dos homens[113], é uma conquista emergente da eterna contenda entre novas liberdades e velhos poderes[114], para controlar o poder político com a proclamação de limites jurídicos e o reconhecimento dos direitos

---

[109] O fim do sistema feudal permitiu a ascensão do Aboslutismo, estrutura de poder que vigorou na Europa Ocindetal até o século XVIII e no Império Russo até 1905 e que se caracterizou pela influência absoluta do soberano sobre todos os aspectos do poder em uma nação. Desprovido de quaisquer obstáculos aos desígnios do monarca, esse sistema conferia ao rei um poder que resultava da orquestração de vários elementos político-ideológicos que emanavam de uma figura divina que confere autoridade ao soberano, de um exército poderoso e do suporte das classes mais poderosas (ROSA, Carlos Augusto de Proença. **História da ciência**. 2. ed. Brasília: Funag, 2012. v. 2. t. 1).

[110] "Nos regimes absolutos, o administrador – veículo da vontade do soberano – é, como este, irresponsável. A administração é apenas uma técnica a serviço de privilégios de nascimento. O estado de direito, ao contrário, submete o poder ao domínio da lei: a atividade arbitrária se transforma em atividade jurídica. A lei, como expressão da vontade coletiva, incide tanto sobre os indivíduos como as autoridades públicas" (TÁCITO, Caio. Bases constitucionais do Direito Administrativo. **Revista de Direito Administrativo**. Rio de Janeiro, n. 166, p. 37-44, out./dez. 1986. p. 37).

[111] BAPTISTA, Patrícia. **Transformações do Direito Administrativo**. Rio de Janeiro: Renovar, 2003. p. 37.

[112] VERDÚ, Pablo Lucas. **A luta pelo Estado de Direito**. Tradução de Agassiz Almeida Filho. Rio de Janeiro: Forense, 2007.

[113] AMARAL, Maria Lúcia. **A Forma da República**. Coimbra: Coimbra Editora, 2005. p. 140-141.

[114] BOBBIO, Norberto. **A era dos direitos**. Rio de Janeiro: Campus, 1992. p. 5.

e das garantias fundamentais[115]. Nessa primeira fase do Estado de Direito[116], a preocupação central foi implantar limites à atuação estatal, preservando os direitos fundamentais, em especial a propriedade e a liberdade[117].

Com o advento do Estado social, oriundo das reivindicações sociais pós-Revolução Industrial, o constitucionalismo torna-se político, econômico e social, já que os textos constitucionais passam a consagrar também direitos e liberdades sociais, uma autêntica democracia social, e organização da solidariedade.

No Estado do bem-estar social, há a constatação de que a legalidade com o objetivo de proteger o cidadão perante o Poder Público não constitui uma ordem segura. Era necessária a intervenção do Estado nos domínios econômico e social para assegurar a igualdade entre os cidadãos. Nessa época, surgiu o Estado-providência, com a consequente expansão da atuação do Estado na vida econômica, social e cultural e a inserção do tema da Administração Pública nas Constituições. Em bom rigor, a administração pública passou a receber uma disciplina constitucional, encontrando na Constituição sua base normativa e o padrão de conformidade e validade de sua atuação[118].

No decorrer do século XX, o Direito Administrativo passou por um processo de renovação, especialmente após a Segunda Guerra Mundial, sob a influência de uma nova realidade constitucional. O período pós-guerra inspira a reabilitação da dimensão valorativa, pautando e legitimando a aplicação do Direito e o papel da Administração Pública.

Com o fim do conflito e a revivescência da dignidade da pessoa humana como fundamento do Estado, a Constituição deixou de ser um documento organizador

---

[115] DÍAZ, Elias. **Estado de derecho y sociedad democratica**. Madrid: Taurus, 1986. p. 31 e ss.; REIS NOVAIS, Jorge. **Contributo para uma teoria do Estado de direito**. Coimbra: Almedina, 2006; SCHMITT, Carl. **Legalidade e legitimidade**. Tradução de Tito Lívio Cruz Romão. Belo Horizonte: Del Rey, 2007; FERREIRA FILHO, Manoel Gonçalves. **Estado de direito e Constituição**. São Paulo: Saraiva, 1999; TAVARES, Marcelo Leonardo. **Estado de emergência**: o controle do poder em situação de crise. Rio de Janeiro: Lumen Juris, 2008. p. 18.

[116] O papel do Estado e do Direito era o de proteger os direitos fundamentais, em especial, a propriedade e a liberdade. Era um papel essencialmente negativo ou abstencionista. Daí esse período ser chamado de *Estado mínimo*, inspirado na fórmula do *laisser-faire, laisse-passer* (DI PIETRO, Maria Sylvia Zanella. O princípio da segurança jurídica diante do princípio da legalidade. In: MARRARA, Thiago (Org.). **Princípios de direito administrativo**: legalidade, segurança jurídica, impessoalidade, publicidade, motivação, eficiência, moralidade, razoabilidade, interesse público. São Paulo: Atlas, 2012).

[117] "Na propriedade só a lei pode tocar (...) porque a lei representa o consenso dos contribuintes, a sua generalidade, a sua comunidade, a sua totalidade" (BARBOSA, Rui. **As Docas de Santos e as taxas de capatazia**: obras completas – XLV – 1918 – I. Rio de Janeiro: MEC, 1967. p. 212).

[118] "(...) a atuação rotineira da administração é um dos elementos reveladores da efetividade das normas constitucionais na vida da coletividade" (MEDAUAR, Odete. **Direito Administrativo Moderno**. São Paulo: Revista dos Tribunais, 2015. p. 66); MIRANDA, Jorge. **Manual de Direito Constitucional**. Coimbra: Editora Coimbra, 1985. t. I; OLIVEIRA, José Carlos de. **Administração Pública e sua vinculação ao conteúdo da legalidade**. Disponível em: <http://www.acervodigital.unesp.br/bitstream/123456789/65495/5/a2_m01_s01_l01_Print.pdf>. Acesso em: 26 mar. 2024.

do Estado e de seus limites, para, por meio de sua normatividade, impor diretrizes que justificam o sistema jurídico na sua totalidade[119].

Na mudança de paradigma, teve origem o efeito expansivo das normas constitucionais, em que seu conteúdo material e axiológico passaram a condicionar a validade e o sentido das normas infraconstitucionais e das relações sociais (constitucionalização do Direito)[120].

Para descrever essa construção jurídica, GUASTINI trata da existência de um modelo de "Constituição invasiva"[121], revelado não apenas pela incorporação de temas administrativos no plano constitucional, mas pela influência progressiva dos parâmetros constitucionais no exercício da autoridade pública, resultando inclusive na releitura de dogmas e critérios do planejamento e gestão da coisa pública[122].

Justifica-se, assim, a utilização dessa imagem da "invasão constitucional" em relação à densificação da normatividade da Constituição à base de princípios e diretrizes substanciais com ingerência a um só tempo de legitimação e limitação da atuação da Administração Pública.

Neste ponto do texto, é necessário precisar o relacionamento entre a Administração Pública e Constituição, a partir do fenômeno da constitucionalização do Direito[123], que emergiu em meados do século XX sob a influência da centra-

---

119 ANDERSON, Gavin W. **Constitutional Rights after Globalization**. Oxford; Portland, Oregon: Hart Publishing, 2005. p. 5-6.
120 BARROSO, Luís Roberto. Neoconstitucionalismo e constitucionalização do Direito. **Revista de Direito Administrativo**. Rio de Janeiro, v. 240, abr./jun. 2005. Disponível em: <https://periodicos.fgv.br/rda/article/view/43618/44695>. Acesso em: 27 jun. 2024.
121 GUASTINI, Ricardo. La "constitucionalización" del ordenamiento jurídico. In: CARBONELL, Miguel (Org.). **Neoconstitucionalismo(s)**. Madrid: Trotta, 2003. p. 50-58.
122 "El marco del Derecho Administrativo, ya lo hemos señalado, no puede ser otro que la Constitución, de manera que las instituciones, categorías y conceptos que configuran nuestra disciplina encuentran sus pilares y fundamentos en la Constitución" (RODRÍGUEZ-ARANA MUÑOZ, Jaime. El marco constitucional del Derecho Administrativo: el Derecho Administrativo Constitucional. **Anuario da Faculdade de Dereito da Universidade da Coruña**, Coruña, n. 15, p. 87-102, 2011. p. 99); "(...) a Lei Maior vem incorporando cada vez mais normas dirigidas à atividade tipicamente administrativa do Estado, mas, principalmente, porque, pelas novas características desenvolvidas no constitucionalismo contemporâneo, a força vinculante de suas normas passou a ser muito mais forte e direta do que era no constitucionalismo clássico ou tradicional" (MOREIRA NETO, Diogo de Figueiredo. **Curso de Direito Administrativo**. Rio de Janeiro: Forense, 2005. p. 71).
123 A expressão *constitucionalização do direito* comporta na linguagem jurídica um duplo sentido: de um lado, a existência de uma Constituição, lei fundamental do Estado que estabelece normas de organização do Estado e seus limites, fruto do movimento surgido no final do século XVIII para limitar o poder do Estado e garantir a liberdade dos cidadãos; e de outro, a influência da Constituição sobre os diversos ramos do direito, decorrência da força normativa dos textos constitucionais, vinculada à materialidade da Constituição e a um discurso de maximização de proteção dos bens jurídicos fundamentais; considerando a Constituição, não como mero repositório de recomendações, mas um conjunto de normas jurídicas imperativas e eficazes, que reflitam os valores mais importantes para a sociedade, e tem como base a dignidade da pessoa humana (HESSE, Konrad. **A força normativa da Constituição**. Tradução de Gilmar Ferreira Mendes. Porto Alegre: Sergio Antonio Fabris Editor, 1991; VAZ, Manuel Afonso. **Teoria da Constituição**: o que é a Constituição, hoje? Coimbra: Coimbra Editora, 2012).

lidade do princípio da dignidade humana, da teoria dos direitos fundamentais, do Estado democrático de direitos e do método de ponderação proporcional[124].

Há um entendido que, utilizando a Administração Pública da Constituição como fonte normativa do seu agir, um verdadeiro quadro referencial obrigatório de sua atuação, ela está sujeita ao plano constitucional, ou seja, a Constituição funciona como limite e fundamento (formal e material) da disciplina jurídico-administrativa. Paulo OTERO acentua que a "substituição da lei pela Constituição no fundamento do agir administrativo não ocorre apenas ao nível da definição das regras de competência dos órgãos da Administração Pública, observando-se que também a própria atividade administrativa passa a encontrar no texto constitucional o critério directo e imediato de decisão"[125].

A Administração Pública assumiu diversas competências e atribuições no século XX em razão da expansão do papel do Estado na vida econômica, social e cultural. Junto a essa ascendência crescente do protagonismo administrativo, a disciplina constitucional da administração pública ganhou nova importância, bem como vinculação à normatividade constitucional. Nesse cenário, essa relação exterioriza-se pelo dever de administrar à luz das regras e princípios[126] previstos na CF, conferindo o máximo possível de efetividade às liberdades públicas.

No período pós-Segunda Guerra Mundial, a insuficiência do positivismo jurídico gera a necessidade de um resgate ético nos produtos normativos por meio da valorização dos princípios reveladores dos valores sociais. Trata-se da

---

124 CRISTÓVAM, José Sérgio da Silva. O Direito Administrativo no divã do Estado Constitucional de Direito: a travessia da legalidade para juridicidade administrativa. **Revista da ESMESC**, v. 21, n. 27, p. 195-228, 2014.

125 OTERO, Paulo. **Legalidade e Administração Pública**: o sentido da vinculação administrativa à juridicidade. Coimbra: Almedina, 2007. p. 740.

126 Os princípios não se confundem com as regras. Os princípios são vagos e indeterminados, possuindo elevado grau de abstração. Com mandatos de otimização possuem vários graus de concretização, podendo ser cumpridos em diferentes níveis da graduação, conforme condições normativas e fáticas subjacentes. Na colisão entre princípios, aplica-se a ponderação de valores, verificando pelas circunstâncias do caso concreto qual prevalecerá. Já as regras são específicas e caracterizadas por reduzido grau de abstração. Têm aplicação direta no caso concreto e possuem como conteúdo uma conduta ou uma estrutura. Como mandatos de determinação, são aplicadas sob a perspectiva do "tudo ou nada". Na colisão entre regras, a solução encontra-se no âmbito da validez, com utilização dos critérios hierárquico, cronológico ou especial (CANOTILHO, José Gomes. **Direito Constitucional e teoria da Constituição**. Coimbra: Almedina, 1999; ALEXY, Robert. **Teoria de Los Derechos Fundamentales**. Madrid: Centro de Estudios Constitucionales, 1993. p. 90; BARROSO, Luís Roberto. Fundamentos teóricos e filosóficos do novo Direito Constitucional brasileiro (pós-modernidade, teoria crítica e pós-positivismo). **Revista Interesse Público**, Sapucaia do Sul, n. 11, jul./set. 2001. p. 69. Disponível em: <https://www.emerj.tjrj.jus.br/revistaemerj_online/edicoes/revista15/revista15_11.pdf>. Acesso em: 27 jun. 2024; BOBBIO, Norberto. **Teoria do ordenamento jurídico**. Tradução de Maria Celeste Cordeiro Leite dos Santos. Brasília: UnB, 1996; ALEXY, Robert. **Teoria de los derechos fundamentales**. Madrid: Centro de Estudios Constitucionales, 1993; DWORKIN, Ronald. Los derechos en serio. Tradução de Marta Guastavino. Barcelona: Ariel, 1995).

"atualização"[127] do modelo positivista do Estado de direito para, sob o influxo da justiça na ordem jurídico-positiva, reconhecer a insuficiência ao critério formalista no agir do Poder Público, para o surgimento de referenciais que prestigiam os direitos fundamentais, postos, assim, como fundamentos numa qualidade de agir estatal.

Nesse contexto em que critérios e referências de índole moral começam a surgir como fazendo parte integrante do Direito[128], dando origem a uma nova maneira de ver o direito, com a consciência de que se trata de uma moralidade intersubjetiva, a Constituição passa a ser vista não mais apenas como um documento essencialmente político, um estatuto do poder[129], mas como um ordenamento normativo capaz de determinar as relações de um país, fixando diretrizes e os valores que servem de padrões de conduta política e jurídica, em torno do qual se forma um consenso fundamental para os integrantes de uma comunidade[130].

Essa "revolução" na visão do pensamento jurídico no pós-guerra significa assumir uma relação de complementação recíproca entre moral e o direito positivo, reconhecendo força normativa aos princípios[131]. O foco dessa visão está em uma concepção valorativa, seja pelos princípios, seja pela abordagem dos direitos fundamentais, e se refere ao mínimo ético nos produtos normativos[132].

---

127 BARBERIS, Mauro. Neoconstitucionalismo. **Revista Brasileira de Direito Constitucional: Revista de Pós-Graduação Lato Sensu em Direito Constitucional**. São Paulo, Escola Superior de Direito Constitucional (ESDC), n. 7, v. I, p. 18-30, jan./jun. 2006. Disponível em: <https://www.esdc.com.br/seer/index.php/rbdc/article/view/311/304>. Acesso em: 27 jun. 2024.
128 ATIENZA, Manuel. Argumentación y Constitución. In: AGUILÓ REGLA, Joseph; ATIENZA, Manuel; RUIZ MANERO, Juan. **Fragmentos para uma teoria de la constitución**. Madrid: Iustel, 2007. p. 113-182.
129 BURDEAU, George. **O Estado**. São Paulo: M. Fontes, 2005.
130 CANOTILHO, José Joaquim Gomes. **Teoria da Constituição e Direito Constitucional**. Coimbra: Editora Coimbra, 2014.
131 Em face da doutrina, o princípio possui os seguintes aspectos: **a) finalístico**: os princípios definem a lógica e a racionalidade do sistema; dão tônica, harmonia, estrutura e coesão para o sistema; e traçam rumos a serem seguidos pela sociedade e pelo Estado; **b) funcional**: os princípios são ideias fundamentais e informadoras da organização jurídica da nação; cumprem uma função informadora, devendo as diversas normas do ordenamento jurídico estarem em sintonia com os princípios; são vetores para soluções interpretativas; são nortes da atividade interpretativa e judicial; fortalecem o respeito à Constituição e garantem respeito a um bem da vida indispensável à essência do Estado democrático; **c) conceitual**: os princípios integram o Direito Positivo; são fontes do Direito; são ideias-base de normas jurídicas; são normas qualificadas (validade maior); são ideias matrizes, funcionando como mandamento nuclear do sistema, base do ordenamento jurídico; HABERMAS, Jürgen. **Direito e democracia**: entre facticidade e validade – volume I. Tradução de Flávio Beno Siebeneichler. Rio de Janeiro: Tempo Brasileiro, 1997. p. 139-141.
132 "(...) o pensamento jurídico ocidental está sendo conduzido a uma concepção substancialista e não formal do direito, cujo ponto de penetração mais que uma metafísica da justiça, em um axioma de matéria legal, tem sido encontrado nos princípios gerais do direito, expressão desde logo de uma justiça material, porém especificada tecnicamente em função dos problemas jurídicos concretos" (ENTERRÍA. Eduardo García. **Reflexiones sobre la ley y los principios generales del derecho**. Madrid: Editorial Civital, 1986. p. 30).

Significa assumir a responsabilidade de imposição dos limites valorativos ao aplicador do Direito, com uma pretensão de correção do sistema, admitindo critérios materiais de validade das normas, reconhecendo com a abertura valorativa do sistema jurídico princípios como normas jurídicas[133].

A efetivação dessa abertura só se tornou possível com a afirmação de um sentido material da Constituição, ou seja, conforme explica CARBONELL, um texto que "não se limita à disposição de competências ou à separação dos poderes públicos, mas, para, além disso, contêm um alto nível de normas materiais ou substantivas que condicionam o Estado por meio de fins e objetivos"[134].

Com a conquista do Estado de direito material, dá-se a irradiação de valores materiais e axiológicos contidos na constituição nas relações humanas, como representação que certa comunidade faz da sua ordenação e do seu destino à luz dos princípios jurídicos[135].

Os valores constitucionalizados são critérios jurídicos construídos pela vontade popular na dinâmica da vida, compatível com os reclames de uma justiça voltada à proteção jurídica dos direitos do homem, encontrada na prática da boa governança, e representativa da efetividade constitucional.

Além da influência do pós-positivismo no sistema jurídico resultante na ampliação valorativa da Constituição decorrente da concepção substantiva do Estado de direito, contribui para a atualização do sistema administrativo no paradigma democrático o reconhecimento da força normativa constitucional, cuja eficácia depende não apenas da acomodação do texto à realidade integrante e constitutiva da própria norma, mas da vontade da Lei que surge como ideia ativista, como atuação dos participantes da vida constitucional, especialmente o judiciário, a fim de viabilizar a Constituição como fonte da realidade social cambiante.

---

[133] Sobre pós-positivismo: para alguns, confunde-se com o jusnaturalismo, em que o direito é fundado na moralidade; para outros, marca o rompimento com o positivismo clássico fundamentado na segurança jurídica pela adoção dos valores que "ingressam no sistema jurídico, por intermédio dos princípios, com o intuito de permitir a tomada de decisões com base em parâmetros de justiça" ou tem significado mais amplo como uma posição jusfilosófica coerente à "complexidade social que demanda um Direito mais atento ao pluralismo do mundo pós-moderno" (ATIENZA, Manuel. Es el positivismo jurídico una teoría aceptable del derecho? In: MOREIRA, Eduardo Ribeiro; GONÇALVES JÚNIOR, Jerson Carneiro; BETTINI, Lucia Helena Polleti (Org.). **Hermenêutica constitucional**: homenagem aos 22 anos do grupo de estudos Maria Garcia. Florianópolis: Conceito Editorial, 2009; CARVALHO FERNANDES, Ricardo Vieira de; BICALHO, Guilherme Pereira Dolabella. Do positivismo ao pós-positivismo jurídico: o atual paradigma jusfilosófico constitucional. **Revista de Informação Legislativa**. Brasília, ano 48, n. 189, p. 105-131, jan./mar. 2011. Disponível em: <https://www2.senado.leg.br/bdsf/bitstream/handle/id/242864/000910796.pdf?sequence=1>. Acesso em: 27 jun. 2024).

[134] CARBONELL, Miguel. **Neoconstitucionalismo(s)**. Madrid: Trotta, 2005. p. 9-10.

[135] ANDRADE, José Carlos Vieira. **Os direitos fundamentais na Constituição Portuguesa de 1976**. Coimbra: Almedina, 1983. p. 56.

3.2 Constitucionalização do Direito Administrativo

A expressão *constitucionalização do direito* comporta na linguagem jurídica um duplo sentido: de um lado, a existência de uma Constituição, lei fundamental que estabelece normas de organização estatal e seus limites, fruto do movimento surgido no final do século XVIII para limitar o poder do Estado e garantir a liberdade dos cidadãos; e de outro, a influência da Constituição sobre os diversos ramos do direito, decorrência da força normativa dos textos constitucionais[136], vinculada à materialidade da Constituição e a um discurso de maximização de proteção dos bens jurídicos fundamentais[137].

A caracterização e a consequente definição dos contornos da influência do constitucionalismo no Direito Administrativo partem da superação do Estado legal de direito, até chegar-se ao seu perfil contemporâneo, que evidencia o Estado de direito democrático constitucional decorrente de elementos detectados no estado da arte que supere o hermetismo positivista, que resgate o conteúdo material da Constituição, num contexto de interação entre democracia, direitos humanos[138] e reposição da autoridade política na condução dos assuntos públicos[139].

Na análise proposta, a configuração do postulado do Estado de direito e a necessidade de buscar fundamentação podem ser vistas a partir de um contexto marcado por uma transição da **concepção formal**[140] sem qualquer associação com o conteúdo substantivo da lei, referindo-se a um modelo positivista, para uma **concepção material**[141], como preocupações axiológicas ligadas à justiça e aos valores consagrados pela sociedade que se firma na força normativa da Constituição e volta-se ao equacionamento do Direito, da moral e da política.

A concepção formal do Estado de direito, como manifestação do positivismo normativista, mostra-se impregnada da ideia de legalidade sem qualquer conotação moral ou ética, projetando-se sobre o papel do intérprete na aplicação da subsunção.

---

136 HESSE, Konrad. **A força normativa da Constituição**. Tradução de Gilmar Ferreira Mendes. Porto Alegre: Sergio Antonio Fabris Editor, 1991.
137 VAZ, Manuel Afonso. **Teoria da Constituição**: o que é a Constituição, hoje? Coimbra: Coimbra Editora, 2012.
138 "(...) os direitos humanos foram identificados com os valores mais importantes da convivência humana" (COMPARATO, Fábio Konder. **A afirmação história dos direitos humanos**. São Paulo: Saraiva, 1999. p. 25).
139 LEFORT, Claude. Os direitos do homem e o Estado-providência. In: CLAUDE, Lefort. Pensando o político: ensaios sobre democracia, revolução e liberdade. Tradução de Eliana M. Souza. Rio de Janeiro: Paz e Terra, 1991.
140 RAZ, Joseph. **The Autority of Law**: Essays on Law and Morality. Nova York: Clarendon Press, 1979. p. 211.
141 HAYEK, Friedrich August von. **O caminho da servidão**. São Paulo: Instituto Liberal, 1990. p. 87-97.

Nas décadas de 1950 e 1960, com o fortalecimento do constitucionalismo e o reconhecimento do pluralismo jurídico, surgiu a concepção material com o retorno de valores e a viabilização da técnica da ponderação na hermenêutica[142].

A passagem do formalismo jurídico para a eficácia substantiva representa um progresso ético para a sociedade consubstanciada na realização de direitos fundamentais segundo os princípios axiológicos que apontam e ordenam valores que dão conteúdo fundante a essa declaração[143].

Esse fenômeno, de abertura constitucional, que surgiu no pós-Segunda Guerra, muito mais do que uma conquista da juridicidade administrativa, representou a superação do modelo positivista do Estado de direito para, sob o influxo da justiça na ordem jurídico-positiva, reconhecer a insuficiência ao critério formalista no agir do Poder Público, para o surgimento de referenciais que prestigiassem os direitos fundamentais, postos, assim, como fundamentos numa qualidade de agir estatal.

A constitucionalização do Direito Administrativo contribui com a afirmação de um agir estatal menos positivista e menos formalista para uma atuação administrativa de qualidade caracterizada por empregar e espelhar a supremacia dos direitos fundamentais e a uma ética político-administrativa responsável e legítima.

Com efeito, na constitucionalização, a afirmação de que a Constituição vale para todas as manifestações estatais é o inequívoco reconhecimento de que ela é parâmetro de juridicidade e racionalidade jurídicas nos Estados, o que redimensiona, em consequência, toda a gestão pública, definindo-a como atividade reverente à Constituição e refletindo na ampliação do controle judicial e na redução da discricionariedade administrativa, condições necessárias à busca da legitimidade constitucional.

---

142 MÜLLER, Friedrich. **Métodos de trabalho do Direito Constitucional**. Rio de Janeiro: Renovar, 2005. p. 59-89.

143 SALGADO, Joaquim Carlos. O Estado ético e o Estado poiético. **Revista do Tribunal de Contas do Estado de Minas Gerais**, Belo Horizonte, v. 27, n. 2, abr./jun. 1998. p. 53.

Com a mudança de paradigma no período pós-guerras, os direitos fundamentais deixaram de ser apenas direitos subjetivos para serem vistos como uma ordem de valores informadores da ordenação da sociedade. Nessa perspectiva, a efetivação dos direitos fundamentais funciona como a razão de existência do próprio Estado já que expressam valores da comunidade[144].

4. Direito Administrativo e concretização constitucional

4.1 Constituição e realidade constitucional: o mito da eternidade constitucional[145]

Quando se fala na mudança e subsistência da Constituição, é preciso ter em mente a relação entre a constituição (direito) e o tempo, na ótica da teoria jurídica. A reflexão que se faz busca situar a investigação ontológica constitucional com o fato da temporalidade[146], visando adaptá-la à realidade e aos novos tempos[147].

---

[144] "Esse recuo da Administração autoritária, resultado da evolução dos tempos, colocou de lado a agressividade para dar lugar à fase constitutiva de direitos, onde a mesma é chamada a desempenhar uma atividade prestadora favorável aos particulares, se adaptando ao atual sistema ao Estado Democrático de Direito. [...] Assim, o ato administrativo deixou de ser visto apenas como uma agressão da esfera individual, para passar a ser igualmente um instrumento de satisfação de interesses individuais" (MATTOS, Mauro Roberto Gomes de. **Tratado de Direito Administrativo disciplinar**. Rio de Janeiro: Ed. Forense. 2010. p. 25); "O direito administrativo tem um compromisso com a realização dos interesses coletivos e com a produção ativa dos valores humanos. Há valores fundamentais a serem realizados, cuja afirmação é inquestionável e cuja produção não pode ser deixada às escolhas individuais e egoísticas. [...] O direito administrativo é o instrumento jurídico e social para a atuação dessas organizações e para a realização dessas atividades" (JUSTEN FILHO, Marçal. **Curso de Direito Administrativo**. São Paulo: Revista dos Tribunais, 2023. p. 3-4).

[145] Uma "temporalidade que se absolutiza é perigosa. Do mesmo modo que a fixação exclusiva no passado da memória é portadora de desvio, do mesmo modo o ir simplesmente rumo ao futuro é suspeito" (OST, François. **O tempo do direito**. Tradução de Élcio Fernandes. Bauru: Edusc, 2005. p. 348).

[146] "El problema ontológico fundamental, de la exégesis del ser en cuanto tal, abarca, por ende el poner de manifiesto la 'temporalidad' del ser. En la exposición de los problemas de la temporalidad se da por primera vez la respuesta concreta a la pregunta que interroga por el sentido del ser" (HEIDEGGER, Martin. **El ser y el tiempo**. Tradução de José Gaos. Madrid: Fondo de Cultura Económica, 2000. p. 29).

[147] "O persistente não deve converter-se em impedimento onde o movimento e progresso estão dados; senão o desenvolvimento passa por cima da normatização jurídica" (HESSE, Konrad. **Elementos de Direito Constitucional da República Federal da Alemanha**. Tradução de Luís Afonso Heck. Porto Alegre: Fabris, 1998. p. 46).

O eixo básico à reflexão é a que a Constituição, representativa do direito, se insere no horizonte temporal, como referência de orientação na vida da coletividade jamais concluída e sempre a refazer, face às configurações culturais e históricas em movimento da realidade social.

As características e as propriedades dinâmicas e relacionais de circunstâncias históricas, sociais, teóricas e filosóficas refletem nas expressões temporais[148], permitindo a apreensão do significado da Constituição como estrutura jurídica cuja eficácia dependeria do grau de concretização do texto em prol da implementação dos direitos fundamentais.

A Constituição, como documento jurídico, conta com um conceito interpretativo medido pelo tempo que se revela por meio das premissas gerais adotadas pelos detentores do poder e destinatários das normas como fundamento de sua aplicação no sistema social.

Dessa maneira, embora vocacionada para estabilidade e permanência, em face da exigência social de um mínimo de certeza e estabilidade no direito, a Constituição não é documento eterno, embora o Direito concebido até meados do século XX tenha assumindo feição de algo autônomo do tempo e limitado ao seu aspecto normativo.

A ideia de eternidade na perspectiva jurídica, ao considerar o Direito um modelo fundamental da vida em grupo, indiferente ao tempo, apesar de acolhida pelo jusnaturalismo antigo e moderno e incrementada sob os auspícios do positivismo jurídico, não se revela compatível ao mundo histórico cultural em que se insere, que, por sua vez, exige uma leitura construída por meio do consenso social, linguístico e progressivo na solução de problemas[149].

O jusnaturalismo (antigo, medieval e moderno) não apresenta aspecto histórico, proclamando a existência de uma lei natural, eterna e imutável, distinta do Direito Positivo[150] e que engloba as mais amplas manifestações do idealismo

---

148 "A vida social do grupo se reflete nas expressões temporais. (...) Cada grupo, com seu íntimo nexo de entendimento mútuo e comum sobre o ritmo das atividades sociais, define seu tempo a fim de se ajustar ao seu comportamento. Nenhum cálculo altamente complexo baseado na precisão matemática, nem a beleza das observações astronômicas são necessárias para coordenar e sincronizar o comportamento societal" (MERTON, Robert K.; SOROKIN, Pitirim A. Social Time: a Methodological and Functional Analysis. **American Journal of Sociology**, Chicago, v. 42, n. 5, p. 615-629, mar. 1937, tradução nossa. Disponível em: <https://www.d.umn.edu/cla/faculty/jhamlin/4111/Readings/MertonSocialtime.pdf>. Acesso em: 27 jun. 2024).

149 "Se, porém, aceitarmos a proposta de que a avaliação das doutrinas deve basear-se na progressividade e na efetividade quanto à solução de problemas da tradição de pesquisa com que estão associadas, estaremos comprometidos com a ideia de que a História intelectual deve ser um ingrediente indispensável de qualquer situação de escolha racional" (LAUDAN, Larry. **O progresso e seus problemas**: rumo a uma teoria do conhecimento científico. Tradução Roberto Leal Ferreira. São Paulo: Ed. da Unesp, 2011. p. 273).

150 "(...) o direito positivo, posto por autoridade, deve respeitar os ditames da natureza humana, a natureza das coisas, os princípios éticos e religiosos, sob pena de não ser direito" (FERRAZ JR., Tércio Sampaio. **Introdução ao estudo do direito**. São Paulo: Atlas, 2003. p. 110).

que se traduzem na crença de um preceito superior advindo da vontade divina, da ordem natural das coisas, do instinto social, ou mesmo da consciência e da razão do homem[151].

Desde Aristóteles até o final do século XV, a compreensão quanto ao estado atemporal do Direito, nesse contexto jusnaturalistas, tem sido beneficiada pelos aportes estoicos e teleológicos no que se refere ao papel do direito natural como uma ordem moral imutável, embora o conflito da ordem positiva e ordem natural possa ser encontrado em passagens de Heráclito, Platão e Sófocles, em sua peça *Antígona*.

O direito natural na antiguidade greco-latina, distintamente do entendimento moderno, aferrado ao método geométrico, brota da própria ordem do cosmos, cuja visão era fundamentada na ordem natural das coisas. Nesse jusnaturalismo cosmológico, a atemporalidade do direito natural era revelada pelas leis eternas e imutáveis que regiam o funcionamento do cosmos.

Cabe ressalvar que, na Antiguidade Clássica, a Constituição concebida como ordem fundamental de uma comunidade política era percebida com perpétua e imutável, sendo que a possibilidade de sua alteração representava uma ofensa a um tabu, muito embora, no plano real, as reformas acontecessem a fim de evitar a destruição da pólis.

Essa concepção eleva o direito natural a um papel de ordenação natural e social que governava o mundo[152] e passa a ser legitimada por deus como expressão da lei eterna, divina, com os teólogos da Igreja. Essa concepção teleológica marcada pela tendência teocêntrica no período medieval, com as contribuições de Santo Agostinho e São Tomás de Aquino, e fundamentada na razão eterna divina[153], contribui para a atemporalidade do direito em razão das exigências imutáveis da divindade.

Embora ao lado do jusnaturalismo coexista a crença de um direito superior ao positivo, como um sistema de normas de conduta intersubjetiva diversa do

---

151 WOLKMER, Antonio Carlos. **Ideologia, Estado e Direito**. São Paulo: Revista dos Tribunais, 1989. p. 124.
152 JUNGES, Márcia; CULLETON, Alfredo. Bartolomeu de Las Casas, primeiro teólogo e filósofo da libertação. **IHU on-line – Revista do Instituto Humanitas**, Unisinos, São Leopoldo, ano 10, n. 342, p. 17-19, 6 set. 2010. Entrevista de Giuseppe Tosi. Disponível em: <https://www.ihuonline.unisinos.br/artigo/3488-giuseppe-tosi>. Acesso em: 27 jun. 2024.
153 "Assim, existe uma lei superior ou natural distinta e superior aos costumes de grupos sociais particulares e dos comandos dos soberanos terrenos. A lei positiva humana faz dos ditados abstratos da lei superior concreta ou as adapta às condições particulares de cada sociedade. A imagem da relação entre a lei natural e a lei positiva tem implicações cruciais para a autonomia e a generalidade do ordenamento jurídico. Porque a lei superior deriva de uma fonte divina e, portanto, atravessa o tempo e o espaço, ela serve como um ponto arquimediano a partir do qual todos os arranjos sociais podem ser avaliados" (UNGER, Roberto Mangabeira. **Law in Modern Society**: Towards a Criticism of Social Theory. New York: The Free Press, 1977. p. 78-79).

sistema constituído pelas normas fixadas pelo Estado (direito positivo)[154], surgiu na Idade Moderna, desenvolvida a partir do renascimento, a concepção do direito natural fundamentado na razão humana, que, por sua vez, mantém a característica da imutabilidade[155]. "A lei da natureza, novamente, é imutável – mesmo no sentido de que não pode ser modificada por Deus. Imensurável como é o poder de Deus, ainda assim pode ser dito que existem certas coisas sobre as quais esse poder não se estende"[156].

A ideia de uma articulação do direito com o tempo social não encontra respaldo no positivismo jurídico, que, embora conceba um direito contingente e mutável, não permite uma interpretação evolutiva do direito, pois a significação era obtida pelos sentidos imediatos encontrados nos textos legislativos, como resultado de um legalismo hermenêutico.

A ideia da separação do direito do tempo social na ótica positivista é fomentada pelas técnicas interpretativas em que a busca do alcance e significado da norma ou se limita à busca da vontade da lei/legislador ou à descoberta das convenções linguísticas.

A compreensão temporal da Constituição, como referência verdadeira no seio da sociedade, ainda que desconsiderada nas vertentes jusnaturalista (antiga e moderna) e positivista, é resgatada no período pós-positivista e será analisada com base na atividade hermenêutica com base em sua relação com a temporalidade inserida como metodologia de compreensão das normas jurídicas.

No cenário hermenêutico, a proposta é buscar a perpetuação da Constituição no tempo por meio de uma mutabilidade evolutiva informada pelas novas exigências da realidade[157], já que "é evidente que sem Constituição prestigiosa e estável, duradoura e firme, nunca teremos uma permanência de abertura e realização institucional"[158].

---

154 BOBBIO, Norberto. **Dicionário de Política**. Brasília: UnB, 1992. p. 655.
155 "Numa teoria que tinha de se comprovar perante o fórum da razão através da exactidão matemática das suas premissas, o conceito geral adquiriu uma nova dignidade metodológica. Agora, ele não era já apenas um apoio tópico, um artifício na exegese e harmonização dos textos, mas o símbolo central que exprimia a pretensão de ordenação lógica da ciência jurídica" (WIEACKER, Franz. **História do Direito Privado moderno**. Tradução de António Manuel Hespanha. 2. ed. Lisboa: Calouste Gulbenkian, 1993. p. 310).
156 GRÓCIO, Hugo. **The Law of War and Peace**. Livonia: LONANG, 2005. Disponível em: <http://www.lonang.com/exlibris/grotius/>. Acesso em: 26 mar. 2024.
157 "A mudança na constituição não se identifica, necessariamente, com a desestima da constituição. Ela se propõe, via de rega, a introduzir aperfeiçoamentos e correções no texto constitucional. Opera no rumo da evolução" (HORTA, Raul Machado. **Direito Constitucional**. Belo Horizonte: Del Rey, 2002. p. 106).
158 PACHECO, Cláudio. Excessos de instabilidade institucional. **Revista de Informação Legislativa**, Brasília, v. 24, n. 93, p. 32-36, jan./mar. 1987. Disponível em: <https://www2.senado.leg.br/bdsf/bitstream/handle/id/181725/000426995.pdf?sequence=3&isAllowed=y>. Acesso em: 27 jun. 2024.

4.2 Lei fundamental da sociedade: relação de continuidade-mudança garantida pela Constituição

Parece haver um consenso entre os autores que tratam da concretização constitucional que com ela se impõe a lógica da interação entre a Constituição e a realidade, produzindo uma recíproca fertilização que tem ganhado maior intensidade quando a Constituição é concebida como um sistema aberto de regras e princípios que permite pensar suas normas em diálogo com a realidade circundante.

Trata-se de uma cadeia causal, na qual as constituições, progressivamente mais conectadas com a realidade, se tornam, por isso, cada vez mais conformadas com as forças de transformação da sociedade e aderentes às exigências sociais, políticas e jurídicas do Estado e da comunidade.

Muito embora a ideia de Constituição como ordenação tenha despontado na Idade Antiga e perpetrado a Idade Média com a Magna Carta, foi a partir do século XVIII, tanto nos Estados Unidos como na França, que floresceu sua concepção clássica de organização do poder do Estado.

O reconhecimento da ideia da Constituição, no âmbito político, como documento escrito de limitação do poder do Estado e garantia das liberdades dos cidadãos, no contexto de reflexão sobre a Constituição e seu valor normativo, apresenta-se, no seio de toda sociedade politicamente organizada, como uma referência verdadeira, porém sujeita ao dinamismo dos sistemas jurídicos.

Desde o final do século XVIII, formou-se na consciência jurídica geral, com a consolidação dos regimes liberais nos Estados Unidos e Europa, a convicção de que a Constituição é norma fundamental do Estado que garante os direitos dos indivíduos.

Foi essa conotação formalista que sempre moveu o positivismo constitucional. O postulado central de oposição ao modelo estatal absolutista que o sustentou não foi mais do que a ideia de organização e limitação do poder político.

Dessa mesma conotação, de conceber a constituição a partir de seus aspectos formais, alimentou-se a concepção jurídica de KELSEN e a concepção positivista de JELLINEK. Ambos os autores representam o formalismo positivista.

No período weberiano, essa noção restritiva de constituição passa a ser questionada, surgindo como ideário triunfante para o constitucionalismo, teorias alternativas ordenadas a integrar fatores políticos, históricos e sociológicos ao tema constitucional. Nesse sentido, acentua SMEND que a constituição é, a um só tempo, norma e realidade, possuindo, como consequência, um efeito integrador, que se realiza historicamente[159].

A concepção clássica de constituição, gerada pelo constitucionalismo do final do século XVIII, permanece independentemente da situação histórica concreta do país que for; contudo, de acordo com a dinâmica evolutiva, tal abordagem sofre um alargamento de seu campo de incidência.

O processo de expansão da força normativa da constituição, justificado pelas características da realidade do Estado e da sociedade, gerou desde a última década do século XX uma mudança na concepção de constituição no sentido de sua consagração como estrutura normativa que envolve um conjunto de valores éticos e sociais.

Precisamente após a Segunda Guerra Mundial, foi constatada a insuficiência dos elementos formais para determinar o sentido da constituição, com a consequente valorização da Constituição como ordem material fundamentada em normas e valores, abandonando a concepção positivista que reduz o direito à lei do Estado[160].

Desde logo ressalta-se uma concepção material de constituição que, por se apresentar mais compatível com a complexidade das relações entre constituição, Estado e poder político, propicia uma maior aproximação entre constituição e realidade, estimulando uma desejável totalidade formada pela realidade sociocultural e a normatividade jurídica.

Segue-se que, com a formulação da concepção material da constituição em oposição ao formalismo lógico-positivista, coloca-se em foco seu papel de legitimação do poder, na qualidade de indispensável instrumento de interação entre Estado e sociedade, refletindo as condições fáticas de sua vigência, e imprimindo ordem e conformação à realidade política e social[161].

Nesse contexto, HELLER acentua que a normalidade (o ser) e a normatividade (o dever ser) não podem ser separadas da Constituição. Essa dualidade, asseverou o jurista alemão, qualifica-se num processo de complementação

---

159 SMEND, Rudolf. **Constituición e Derecho Constitucional**. Traducción de José María Beneyto Prez. Madri: Centro de Estudios Constitucionales, 1985. p. 135-136.
160 "A Constituição material tem, portanto, condições de se apresentar como a real fonte de validade do sistema (e, consequentemente, também da Constituição formal), de lhe garantir a unidade como fundamento de avaliação interpretativa das normas existentes e de preencher suas lacunas, de permitir identificar os limites da continuidade e mudança do Estado, sendo ela o parâmetro de referência" (VERGOTTINI, Giuseppe de. Constituição. In: BOBBIO, Norberto; MATTEUCCI, Nicola; PASQUINO, Gianfranco (Org.). **Dicionário de política**. Tradução de Carmen C. Varriale, Gaetano Lo Mônaco, João Ferreira, Luís Guerreiro Pinto Cacais e Renzo Dini. Brasília, Ed. da UnB, 1998. v. 1. p. 260).
161 HESSE, Konrad. **A forma normativa da Constituição**. Tradução de Gilmar Ferreira Mendes. Porto Alegre: SAFE, 1991. p. 15.

recíproca[162]. No mesmo sentido, na caracterização da Constituição material, MORTATI propõe a correspondência do conteúdo da constituição formal à realidade social, compondo a unidade entre o Estado e a sociedade[163].

A integração das dimensões normativas, sociais e políticas em torno da Constituição, ao propiciar uma maior abertura epistemológica para compreensão do fenômeno constitucional[164], desenvolve a teoria material da Lei Maior com a inclusão dos elementos da realidade social nesse âmbito ao deixar exposto, com nitidez, uma consciência substantiva de equilíbrio entre texto, realidade e cultura constitucionais, com reflexos na normatividade do referido texto e na sua interpretação.

Com efeito, nas sociedades contemporâneas caracterizadas pela complexidade, diferenciação social e pluralismo político, torna-se essencial conceber a constituição, no seu sentido material, entendida como fator de equilíbrio entre a normatividade do texto constitucional com os valores e a realidade concreta.

> Assiste-se, assim, à revalorização do texto constitucional, sem prejuízo, no entanto da realidade e dos valores constitucionais (...) Esta concepção de tridimensionalidade constitucional engloba valores (elementos axiológicos) e a realidade (elementos políticos e sociológicos) que caracterizam o ambiente em que o texto vai ser interpretado e aplicado.[165]

Para HESSE, a Constituição jurídica (texto) e a Constituição real (realidade), condicionam-se mutuamente, sem serem simplesmente dependentes uma da outra. Nesse sentido, o publicista alemão indica que um dos pressupostos da força normativa da constituição é a capacidade de adaptação da constituição às mudanças das circunstâncias reais do presente (conformação material): "Se a constituição deve possibilitar o vencimento da multiplicidade de situações problemáticas que se transformam historicamente, então seu conteúdo deve ficar necessariamente 'aberto para dentro do tempo'"[166].

---

162 HELLER, Herman. **A Constituição do Estado.** In: HELLER, Herman. Teoria do Estado. São Paulo: Mestre Jou, 1968. p. 295-300.
163 MORTATI, Constantino. **La constitución en sentido material.** Tradução de Almudena Bergareche Gros. Madrid: Centro de Estúdios Políticos y Constitucionales, 2000.
164 LOIS, Cecilia Caballero. A Teoria Constitucional no liminar do século XXI: mudança política e crise de racionalidade. **Anuario de Derecho Constitucional Latinoamericano,** 2003. p. 197-108. Disponível em: <http://www.juridicas.unam.mx/publica/librev/rev/dconstla/cont/2003/pr/pr8.pdf>. Acesso em: 27 mar. 2024.
165 VAZ, Manuel Afonso. **Teoria da Constituição:** O que é a constituição, hoje? Coimbra: Coimbra Editora, 2012. p. 67-70.
166 HESSE, Konrad. **Elementos de Direito Constitucional da República Federal da Alemanha.** Porto Alegre: Sergio Antonio Fabris, 1998. p. 70.

4.3 Abertura da Constituição: ordem objetiva de valores

No contexto de concretização constitucional, a Constituição deve ser concebida como uma **ordem aberta**, ou seja, como uma ordenação de permanente dinamicidade[167], tendo em conta a necessidade de diálogo com evolução social da comunidade. Tal concepção justifica a configuração de constituição normativa, que, segundo LOEWESTEIN, é aquela que se adapta ao fato social[168].

A forma como se constrói o eixo valorativo no âmbito da Constituição – e os meios pelos quais esses valores extraídos da representação que certa comunidade faz da sua ordenação e do seu destino à luz dos princípios jurídicos[169] se traduzem – são temática de contínua adaptação dos textos constitucionais à realidade e aos seus conflitos[170].

Correlata à ideia da Constituição com ordem aberta é a interpretação constitucional, cuja realização, na ótica concretista, se verifica por um processo criativo de atribuição da norma que resulte na aplicação do texto a casos concretos.

A identificação "criativa" da interpretação torna possível a construção dialógica da Constituição com a realidade, permitindo a compreensão das normas constitucionais, sob o influxo dos valores e da totalidade dos problemas sociais[171].

Opera-se, assim, no plano real, a transformação de uma interpretação de revelação de sentido para uma exegese de atribuição de sentido e, assim, a visão clássica da apreciação como conhecimento de sentido cada vez mais se torna de criação de sentido, com auxílio das mudanças na realidade e dos valores morais da coletividade[172].

Com efeito, a interpretação das normas constitucionais não pode ser aquela que envolve a descoberta do seu significado, que se distancia paulatinamente

---

167 VEGA, Pedro de. **La reforma constitucional y la problemática del poder constituyente**. São Paulo: Tecnos, 2011. p. 180-181; "cada Constituição é um organismo vivo, sempre em movimento como a própria vida, e está submetido à dinâmica da realidade que jamais pode ser captada através de fórmulas fixas" (LOEWENSTEIN, Karl. **Teoría de la constitución**. Tradução de Alfredo Gallego Anabitarte. Barcelona: Ariel, 1976. p. 164).
168 "La dicotomía Constitución-realidad constitucional supone una provechosa renovación del estudio del derecho constitucional, en la medida que corrige las excesivas formalizaciones de la doctrina positivista, de suerte que capta la realidad y proceso políticos normativizados e institucionalizados por el derecho fundamental" (VERDÚ, Pablo Lucas. **Curso de Derecho Político**. Imprenta: Madrid, Tecnos, 1986. v. IV. p. 74).
169 ANDRADE, José Carlos Vieira. **Os Direitos Fundamentais na Constituição Portuguesa de 1976**. Coimbra: Almedina, 1983. p. 56.
170 GRAU, Eros Roberto. Sobre a interpretação da Constituição (Constituição formal e Constituição material). **Revista da Fundação Brasileira de Direito Econômico**, v. 3, n. 1, p. 13-17, 2011.
171 AZEVEDO, Plauto Faraco de. **Aplicações do direito e contexto social**. São Paulo: Revista dos Tribunais, 2000. p. 94.
172 BARROSO, Luiz Roberto. **Curso de Direito Constitucional contemporâneo**. São Paulo: Saraiva: 2010. p. 281.

da realidade, a ponto de desgastar-se em mera retórica e de comprometer o próprio desenvolvimento social[173]. Esse processo interpretativo é assim, o que se identifica pelo processo histórico de mutação[174] e por sua consequente aptidão para acompanhar a dinâmica da vida estatal, criando o que SMEND chama de *realidade integradora da Constituição*[175].

No contexto da concretização constitucional, torna-se relevante considerar na realização da interpretação, além do referencial linguístico do comando jurídico, todo o contexto sócio-político-econômico da sociedade estatal da época[176], visando à efetividade constitucional com a superação da distância entre o *sein* (ser) e o *sollen* (dever ser)[177].

Se o Direito é uma realidade social, que, segundo BERGEL, espelha as aspirações dos povos e as relações de forças que desenvolvem no país e na civilização que ele rege[178], a Constituição, como manifestação do Direito, deve expressar as reações do corpo social, estabelecendo a organização do Estado e canalizando, segundo ASSIER-ANDRIEU, o desenrolar das relações entre indivíduos e grupos[179].

Acontece que é muito mais provável a ocorrência de fracasso de interpretação do texto quando ela é feita fora de um contexto, separando a realidade fática da normativa.

A interpretação adaptativa chega, pois, à Constituição para ditar sua atualização com a atribuição de um sentido jurídico às suas normas[180], superando a limitação do legislador de regular a complexidade da vida social. Trata-se da

---

173 MARQUES NETO, Agostinho Ramalho. **A ciência do Direito**: conceito, objeto, método. Rio de Janeiro: Renovar, 2011. p. 131.
174 LAREZ, Karl. **Metodologia da ciência do Direito**. Tradução de José Lamego. Lisboa: Fundação Calouste Gulbenkian, 1997. p. 495.
175 "Por su propria naturaleza la constitución no tiende, así pues, a regular supuestos concretos, sino a abarcar la totalidad del Estado y la totalidad del proceso integrador. Y es esta misma finalidad la que sólo permite, sino que incluso exige del intépete constitucional una interpretación extensiva y flexibe, que difere en gran medida de cualquier otra forma de interpretación jurídica" (SMEND, Rudolf. **Constituición e Derecho Constitucional**. Traducción de José María Beneyto Prez. Madri: Centro de Estudios Constitucionales, 1985. p. 131).
176 "Toda interpretação tem seu ponto de partida na expressão como um todo, em combinação com o contexto e a situação nos quais aquela ocorre" (ROSS, Alf. **Direito e justiça**. Tradução de Edson Bini. Bauru: Edipro, 2000. p. 174-175).
177 "Eventual ênfase numa ou noutra direção leva quase inevitavelmente aos extremos de uma norma despida de qual quer elemento da realidade ou de uma realidade esvaziada de qualquer elemento normativo. Faz-se mister encontrar, portanto, um caminho entre o abandono da normatividade em favor do domínio das relações fáticas, de um lado, e a normatividade despida de qualquer elemento da realidade, de outro" (HESSE, Konrad. **A força normativa da Constituição**. Porto Alegre: Sergio Antonio Fabris, 1991. p. 14).
178 BERGEL, Jean-Louis. **Teoria geral do Direito**. Tradução de Maria Ermantina de Almeida Prado Galvão. São Paulo: M. Fontes, 2006. p. 203.
179 ASSIER-ANDRIEU, Louis. **O direito nas sociedades humanas**. Tradução de Maria Ermantina de Almeida Prado Galvão. São Paulo: M. Fontes, 2000. p. XI.
180 VIGO, Rodolfo Luís. **Interpretação constitucional**. Buenos Aires: Lexis Nexis/Abeledo Perrot, 2004. p. 39.

interpretação constitucional que busca a compreensão do significado das normas[181] contidas na Lei Fundamental em consonância com as transformações da realidade social[182] e que resulte na resolução de problemas práticos.

Assim, é que a busca do significado do texto constitucional não depende apenas da análise das características internas do próprio texto, na sua dimensão linguística, mas do contexto da realidade social e seus valores, permitindo, nessa relação recíproca, um processo ativo e contínuo de sentido.

5. Direito Administrativo e sua processualização

5.1 Devido processo legal e Direito Administrativo

Originário do Direito inglês, o devido processo legal é uma garantia prevista na CF no art. 5º, inciso LV ("Ninguém perderá liberdade ou seus bens, senão através do devido processo legal" – Brasil, 1988).

O respeito ao direito do devido processo legal representa existência de um processo adequado com observância da lei, plenitude de defesa, contraditório, igualdade de oportunidades e, principalmente, respeito aos direitos fundamentais. No sentido material, é a proteção da vida, da liberdade e da propriedade. No sentido formal, é a garantia de um processo adequado.

Nos dias atuais, o processo é garantista, já que encontra seu fundamento de legitimidade na tutela ampla dos direitos fundamentais, tanto na dimensão individual quanto na difusa. A realização dos direitos representa garantia do cidadão contra abusos do Estado, funcionando como instrumento hábil para limitar seu poder, em respeito à dignidade da pessoa humana, princípio norteador e confluente de todos os demais direitos e valores em nosso ordenamento jurídico, revelado pelos seguintes parâmetros:

---

181 TAMAYO Y SALMORÁN, Rolando. Interpretácion constitucional: la falácia de la interpretácion cualitativa. In: VÁSQUEZ, Rodolfo (Coord.). **Interpretácion jurídica y decision judicial**. Cidade do México: Fontamara, 2003. p. 94-95.
182 Entendemos que toda interpretação jurídica é evolutiva. Nesse sentido, citamos Jorge Miranda: "A Constituição está sujeita a dinâmica da realizada que jamais pode ser captada através de fórmulas fixas" (MIRANDA, Jorge. **Manual de Direito Constitucional**: Tomo II – Constituição. Coimbra: Coimbra Editora, 2007. p. 169); "Uma Constituição existe, realmente, quando é aplicada e cumprida e, para tanto, não pode se afastar da realidade" (LOEWESTEIN, Karl. **Teoria de la Constitución**. Tradução de Alfredo Gallego Anabiarte. Barcelona: Ariel, 1976. p. 174).

a] **Respeitabilidade dos direitos fundamentais** – a necessidade da presença de todos os requisitos constitucionais do processo, a participação regular das partes ou interessados, a condução processual com regularidade procedimental e a proibição de que o homem seja convertido em objeto de processos estatais.
b] **Mínimo ético** – observar lealdade processual e evitar transgressão de dispositivos processuais indispensáveis para a paz social e a dignidade estatal.
c] **Acesso efetivo às condições mínimas de sobrevivência** – o Estado deve ficar atento para adotar soluções que garantam o respeito à condição da pessoa e o bem comum, consubstanciado no equilíbrio social.

Dentro de uma perspectiva pós-positivista, a orientação jurídica é a busca do justo processo alcançada pela sua compatibilização com o Estado Democrático de Direito e pela tutela dos direitos e garantias fundamentais pelos seguintes meios:

a] **Realização de valores** – princípios da esfera ética real, extraídos da convivência em dignidade e variáveis no tempo e no espaço.
b] **Conformação constitucional** – interpretar normas processuais à luz dos princípios constitucionais e direitos fundamentais, de forma a preservar a coerência normativa harmônica.
c] **Tutela jurisdicional adequada** – tutela protetiva do direito material lesado ou ameaçado de lesão com observância da CF e tutela efetiva dos direitos.
d] **Equilíbrio normativo** – proporcionalidade e razoabilidade processuais, evitando formalismos inúteis, buscando efetividade processual por meio de um processo regular, com tutela prestada de acordo com a ordem jurídica, em prazo razoável, de modo a proporcionar acesso universal ao cidadão, resultados concretos e o pleno gozo da específica utilidade a que faz jus o interessado pelo ordenamento jurídico.

5.2 Processualização no agir administrativo

Num contexto contemporâneo em percurso complexo, não linear e inacabado de contínuas transformações, o Direito Administrativo marca a evolução de um modelo centrado no ato administrativo unilateral, de caráter autoritário em um paradigma tradicional estático fundado na assimetria verticalizada na postura da Administração Pública na condução da gestão pública, para um modelo de processualização administrativa, colocando o agir administrativo em uma sequência de atos regrada pelo Direito, que permite e facilita o controle nas decisões tomadas pela Administração Pública[183].

Consequência do devido processo legal, a processualização garante não apenas estabilidade com previsibilidade no agir administrativo, mas uma relação dialógica entre a Administração Pública e os cidadãos, fortalecendo a concretização dos direitos fundamentais e a legitimação democrática nas decisões administrativas[184].

A processualidade administrativa surge como densificação da Administração Pública Democrática[185]. Esse vetor consubstancia-se, desde logo na implementação de uma disciplina na atuação administrativa baseada na lógica de garantia das posições jurídicas do administrado, enquanto supõe que a atividade administrativa tem de canalizar-se obrigatoriamente por parâmetros determinados, como requisito mínimo para ser qualificada de legítima[186].

---

[183] "A procedimentalização do agir administrativo, a fixação de regras para o modo como a administração deve atuar na sociedade e resolver os conflitos configura, assim, condição indispensável para a concretização da democracia. Sem a fixação do procedimento administrativo, impossibilita-se qualquer relação estável entre Administração e cidadão, onde cada um saiba até onde vai o poder do outro e como este poder será exercido" (BACELLAR FILHO, Romeu Felipe. **Processo administrativo disciplinar**. São Paulo: Saraiva, 2012. p. 134); "O que há de essencial no processo administrativo contemporâneo – comum às três espécies antes expostas – é a necessidade da efetiva participação dos sujeitos de direito na formação dos atos estatais. Pouco importa que eles sejam ou quais direitos ou interesses articulem, pois o que a legislação põe em relevo é o dever público de bem informar e respeitar a dignidade da participação privada diretamente na formação da vontade estatal. Outrora caracterizados como unilaterais e impositivos, os atos administrativos hoje precisam ser consensuais, obtidos mediante cooperação públicoprivada" (MOREIRA, Egon Bockmann. As várias, dimensões do processo administrativo brasileiro (um direitos-garantia fundamental do cidadão). In: MELLO, Celso Antônio Bandeira de. et al. **Direito administrativo e liberdade**: estudos em homenagem a Lúcia Valle Figueiredo. São Paulo: Malheiros, 2014).

[184] "(...) esquema processual responde à exigência pluralista que domina a sociedade atual, pois chama a cooperar, no exercício do poder, todos os sujeitos privados e públicos inscritos no quadro de disciplina do poder e, portanto, envolvidos no exercício deste; deixa de ocorrer o rígido confronto entre autoridade e liberdade, em prol de um 'compartilhar' do poder que se liga ao princípio democrático; realiza-se uma cooperação entre sujeitos públicos e sujeitos privados, entre entidades centrais e descentralizadas, entre órgãos hierarquizados, o que propicia atenuação do caráter de rigidez e de imposição unilateral que predomina nas condutas administrativas" (MEDAUAR, Odete. **O direito administrativo em evolução**. São Paulo: Revista dos Tribunais, 2023).

[185] "Há um incremento do viés do governo como sócio facilitador e cooperador. Porém, isso não determina a obsolescência das funções tradicionais" (PRATS I CATALÁ, Joan. **La construccion social de la Gobernanza**. In: PRATS I CATALÁ, Joan; VIDAL BELTRÀN, José Mari (Coord.). **Gobernanza**: diálogo euro-iberoamericano sobre el buen gobierno. Madrid: Inap, 2005. p. 66).

[186] MEDAUAR, Odete. **A processualidade no Direito Administrativo**. São Paulo: Revista dos Tribunais, 1993. p. 66.

Uma administração pública disciplina em sua atuação além de garantia associada aos direitos fundamentais contribui para correta decisão administrativa como forma de garantia democrática[187].

Na linha de uma atuação administrativa sistematizada e disciplinada, busca-se uma aproximação entre Administração Pública e sociedade, possibilitando o acompanhamento e conhecimento da dinâmica da atuação estatal[188].

6. Direito Administrativo e Era Digital

6.1 Tecnologia e sociedade

A tecnologia[189] é parte integrante da vida do homem e da sociedade[190], funcionando como ferramenta para o desenvolvimento da civilização[191].

---

187 "A procedimentalização significa a necessidade de que as decisões administrativas surjam como conclusão de uma série ordenada de atos, estruturados entre si, de modo a propiciar a participação de todos os interessados, a ampla realidade dos fatos, a exposição dos motivos determinantes para as escolhas adotadas e a submissão à revisão de entendimentos" (JUSTEN FILHO, Marçal. **Curso de Direito Administrativo**. São Paulo: Saraiva, 2005. p. 64).

188 "Faz-se necessário apagar o regalismo, de ordem a cuidar dos interesses existenciais legítimos dos cidadãos, na marcha para uma performance administrativa tendente a honrar poderes-deveres" (FREITAS, Juarez. **Discricionariedade administrativa e o direito fundamental à boa Administração Pública**. São Paulo: Malheiros, 2007).

189 "Conjunto de atividades humanas, associadas a sistemas de símbolos, instrumentos e máquinas, visando à construção de obras e à fabricação de produtos por meio de conhecimento sistematizado" (VARGAS, M. **Para uma filosofia da tecnologia**. São Paulo: Alfa Omega, 1994); "é a aplicação do conhecimento científico para obter um resultado prático" (BRITO, Glaucia da Silva. **Educação e novas tecnologias**: um re-pensar. 2. ed. Curitiba: Intersaberes, 2015. p. 22).

190 "A tecnologia costumava avançar em estágios mais lentos, mais diferenciados. O livro reinou como meio de Comunicação preferido por vários séculos; os jornais tiveram cerca de 200 anos para inovar; até o cinema deu as cartas durante 30 anos antes de ser rapidamente sucedido pelo rádio, depois pela televisão, depois pelo computador pessoal" (JOHNSON, Steven. **Cultura da interface**: como o computador transforma nossa maneira de criar e comunicar. Rio de Janeiro: J. Zahar, 2001).

191 "(...) o valor da tecnologia não está nela em si mesma, mas depende do uso que fazemos dela" (CÔRREA, Juliana. Novas tecnologias de informação e da comunicação: novas tecnologias de ensino e aprendizagem. In: COSCARELLI, Carla Viana (Org.). **Novas tecnologias, novos textos, novas formas de pensar**. Belo Horizonte: Autêntica, 2002); CARDOSO, Tereza Fachada Levy. Sociedade e desenvolvimento tecnológico: uma abordagem histórica. In: GRINSPUN, Mírian Paula S. Zippin (Org.). **Educação tecnológica**: desafios e perspectivas. São Paulo: Cortez, 2001; VERASZTO, Estéfano Vizconde. **Projeto Teckids**: educação tecnológica no ensino fundamental. 184 f. Dissertação (Mestrado em Educação) – Unicamp, Faculdade de Educação, Campinas, SP, 2004.

Fator de organização social[192], instrumental de produtividade e/ou competitividade, aplicação de conhecimentos[193] ou atividade humana em que se busca a solução de problemas práticos[194], a tecnologia exerce influência decisiva na sociedade[195], seja trazendo benefícios à humanidade com o conforto proporcionado pelos diversos aparatos e dispositivos técnicos, seja implicando riscos da evolução tecnológica resultante em lucros, interesses e diversas questões sociais, éticas e políticas[196].

Qualquer análise do percurso histórico da reflexão sobre o papel das tecnologias não poderá deixar de revelar que as alterações tecnológicas refletem no desenvolvimento humano e social.

É nesse contexto do progresso tecnológico e de seu impacto social que desde o início da civilização é possível detectar movimentos ou eras tecnológicas[197], ou seja, épocas na evolução histórico-social do ser humano marcadas pelo predomínio de um tipo de tecnologia[198].

Fala-se em *interação entre sociedade e tecnologia* como um processo impreciso e de conteúdo heterogêneo, associado à determinação das técnicas de que

---

192 SCHIENSTOCK, Gerd. Technology Policy in the Process of Change: Changing Paradigms in Research and Technology Policy? **Cuadernos de Sección: Ciencias Sociales y Económica**, n. 2, p. 99-125, 1995; WYNNE, Brian. Redefining the Issues of Risk and Public Acceptance. Futures, v. 15, n. 1, Feb. 1983.
193 BUNGE, M. **Treatise on basic philosophy**. Dordrecht: Reidel, 1985. v. 7 (Philosophy of Science and Technology).
194 MITCHAM, Carl. **Thinking through technology:** the Path between Engineering and Philosophy. Chicago: The University of Chicago Press, 1994.
195 SCHIENSTOCK, Gerd. Technology Policy in the Process of Change: Changing Paradigms in Research and Technology Policy. In: AICHHOLZER, Georg; SCHIENSTOCK, Gerd. (Ed.) **Technology Policy**: Towards and integration of social and Ecological Concerns. Berlin; New York: De Gruyter, 1994; WYNNE, B. Redefining the Issues of Risk and Public Acceptance. **Futures**, v. 13, n. 32, Feb. 1983; PACEY, A. **The Culture of Technology**. Cambridge, MA: MIT Press, 1983.
196 BAZZO, W. A. **Ciência, tecnologia e sociedade e o contexto da educação tecnológica**. Florianópolis: Ed. da UFSC, 1998; HERRERA, Amílcar et al. **Las Nuevas Tecnologías y el Futuro de América Latina**. México; Tokio: Siglo Veintiuno Editores; Editorial de la Universidad de las Naciones Unidas, 1994; HEIDEGGER, Martin. **Introdução à metafísica**. São Paulo: Piaget, 1987.
197 "Todas as sociedades que até agora existiram foram tecnológicas, no sentido de serem dependentes das técnicas produtivas, materiais e ideais, de que dispunham, inclusive as de administração e governo. O que seria de espantar é que assim não fosse. (...) A ideia de estarmos vivendo uma época de esplendor tecnológico é inteiramente ingênua, pois o mesmo pensaram os homens de todas as fases históricas precedentes em relação ao seu tempo" (PINTO, Álvaro Vieira. Entrevista. **Revista de Cultura**. Rio de Janeiro, n. 6, ano 64, Vozes, 1970. Disponível em: <http://alvarovieirapinto.org/entrevistas/entrevista-revista-de-cultura-vozes/>. Acesso em: 27 jun. 2024); "É muito difícil aceitar que apenas no atual momento em que vivemos possa ser chamado de 'era tecnológica'. Na verdade, desde o início da civilização, todas as eras correspondem ao predomínio de um determinado tipo de tecnologia. Todas as eras foram, portanto, cada uma à sua maneira, 'eras tecnológicas'. Assim tivemos a Idade da Pedra, do Bronze (...) até chegarmos ao momento tecnológico atual" (KENSKI, Vani M. **Tecnologias e ensino presencial e a distância**. Campinas, SP: Papirus, 2008).
198 ORTEGA Y GASSET, José. **Meditação da técnica**. Rio de Janeiro: Livro Íbero-Americano Limitada, 1963.

dispõe um grupo social em qualquer fase histórica de seu desenvolvimento[199] e ao surgimento de comportamentos, valores e atitudes adaptáveis aos estágios evolutivos referentes aos momentos tecnológicos.

Na verdade, as sociedades são construídas com base na engenharia tecnológica[200]. A cada dia nos deparamos com inovações tecnológicas que influenciam de maneira decisiva nas relações sociais. Na história da evolução humana, surgem inovações[201] tecnológicas para a melhoria da vida em sociedade ou, pelo menos, para a transformação social; nos últimos 40 anos, presenciamos uma tríade revolucionária: a microeletrônica, a microbiologia e a energia nuclear[202]. A afirmativa de que a tecnologia é parte integrante da sociedade pressupõe três efeitos: **a) Compreensão**: conhecer a tecnologia existente disponível para utilização por determinado grupo social em cada época permite a compreensão da sociedade (suas dinâmicas produtivas, econômicas e culturais, seus modos de produção, seu desenvolvimento técnico e suas interações com o mundo); **b) Transformação**: as tecnologias existentes em cada época transformam radicalmente as formas de organização social, a comunicação, a cultura e aprendizagem; **c) Determinação**: como a tecnologia influencia a sociedade, podemos falar em *movimentos ou eras tecnológicas*, épocas há evolução do homem marcadas pelo predomínio de um tipo de tecnologia. Desde o período Paleolítico as pessoas tentam utilizar a técnica para facilitar sua vida; tivemos a Idade da Pedra, do Bronze até chegarmos ao momento tecnológico atual, da Sociedade da Informação, ou Sociedade Digital. As fases da Revolução Industrial representam todo o processo evolutivo da tecnologia e, mais especificamente, como a sociedade foi afetada com essas mudanças socioeconômicas.

Com isso, se o desenvolvimento tecnológico[203] faz parte das dinâmicas sociais, bastante peculiar à perspectiva do progresso técnico, é possível afirmar que, com a chegada dos computadores, e principalmente com a internet, estamos vivendo numa realidade em que o fluxo de mensagens e imagens entre as redes passou a ser o ingrediente básico nas relações sociais, revelando a configuração de uma

---

199 PINTO, Álvaro Vieira. **O conceito de tecnologia**. Rio de Janeiro: Contraponto, 2005. v. 1.
200 SILVA, Antonio de Pádua Dias. O ensino de língua portuguesa frente às tecnologias da informática. In: ALMEIDA, M. L. L.; ARANHA, S. D. G.; CAMPINA, T. N. F. (Org.). **Ensino de língua**: do impresso ao virtual. Campina Grande: Eduepb, 2006.
201 SCHUMPETER, Joseph. **Capitalismo, socialismo e democracia**. Rio de Janeiro: Zahar, 1984.
202 SCHAFF, Adam. **A sociedade informática**: as consequências sociais da 2ª revolução industrial. Tradução de Carlos Eduardo Jordão Machado e Luiz Arturo Obojes. São Paulo: Brasiliense, 1995.
203 "O desenvolvimento tecnológico da humanidade pode ser classificado em quatro eras: industrial, elétrica, eletrônica e da informação" (MOODLE/UFBA-EDC/20072. **EDC**: educação a distância 2007.2 – Curso (Módulo I – Eras da tecnologia). Bahia: UFBA, 2007. Disponível em: <www.moodle.ufba.br/mod/book/view.php?id=13138>. Acesso em: 2 abr. 2024).

sociedade tecnológica marcada pelo avanço da tecnologia de informação, uma verdadeira sociedade de informação[204].

Nos primeiros anos do século XX, nos Estados Unidos, a partir de meados da década de 1960, realizaram-se aplicações e efetuaram-se usos de novas tecnologias de informação e comunicação, como no caso da criação da internet[205]. Não havia, ao que parece, rejeição ao nascimento de uma nova morfologia social influenciada pela informação e pelas tecnologias digitais. Pelo visto, era necessário mudar o curso das relações socioculturais[206].

As transformações tecnológicas ocorridas no início do século XX estão se expandindo com o surgimento e o aperfeiçoamento de inovações tecnológicas, justificando, de modo simples e direto, a configuração de uma realidade sociocultural marcada pela virtualidade real, uma difusão lógica das redes e um intercâmbio intenso de informações no século XXI.

A adoção de uma abordagem "informacional" da realidade sociocultural é decorrência propiciada, não de forma exclusiva[207], pelos avanços tecnológicos na microeletrônica e nas telecomunicações, coincidindo com a convicção de que a informação é o novo paradigma da sociedade contemporânea, envolta em tensões e desafios culturais e de organização social[208].

No contexto da sociedade de informação, os avanços da microeletrônica permitiram o desenvolvimento das tecnologias de informação e comunicação e o surgimento da era eletrônica, fatores que condicionam a emergência de um momento histórico-cultural mais aberto e potencializado pela difusão, disseminação e transmissão de informações para todos e por todos[209].

---

204 "Um estágio de desenvolvimento social caracterizado pela capacidade de seus membros (cidadãos, empresas e administração pública) de obter e compartilhar qualquer informação, instantaneamente, de qualquer lugar e da maneira mais adequada" (GASPARETTO JÚNIOR, Renato et al. **A sociedade da informação no Brasil**: presente e perspectivas – rede telefônica de comunicação. São Paulo: Takano, 2002); "A convergência e interação entre um novo paradigma tecnológico e uma nova lógica organizativa é que constitui o cimento histórico da economia informacional" (MARCONDES, Valéria. Sociedade da informação. In: **Enciclopédia INTERCOM de Comunicação**. São Paulo: Intercom, 2010).

205 LOJKINE, Jean. **A revolução informacional**. São Paulo: Cortez, 1995.

206 CASTELLS, Manuel. **A era da informação**: economia, sociedade e cultura: a sociedade em rede. São Paulo: Paz e Terra, 2005. v. 1.

207 Op. cit.

208 AGUDO GUEVARA, Alvaro. Etica en la Sociedad de la informacion: reflexiones desde America Latina. In: SEMINÁRIO INFOÉTICA, 2000, Rio de Janeiro. [s.l.: s.n., 2000?]; CASTELLS, Manuel. **A Galáxia Internet**: reflexões sobre internet, negócios e sociedade. Lisboa: Fundação Calouste Gulbenkian, 2004.

209 "A capacidade de criar, difundir e usar conhecimento e informação é cada vez mais o principal fator para o crescimento econômico e a melhoria da qualidade de vida" (OCDE – Organização para a Cooperação e Desenvolvimento Econômico. OCDE Science. **Technology and Industry Scoreboard 1999**: Benchmarking Knowledge – Based Economies. Paris: OCDE, 1999); HOBSBAWM, Eric. **O novo século**: entrevista a Antônio Polito. São Paulo: Companhia das Letras, 2000.

Nesta era eletrônica, ancorada nas novas tecnologias digitais, surge um novo ambiente de informação e comunicação com transmissão global, velocidade ímpar e subversão dos fatores de tempo e espaço, que propicia novas formas de sociabilidade, influenciando no relacionamento entre o público e o privado.

É nesse ambiente virtual ou ciberespaço, meio heterogêneo e transfronteiriço[210] que, a partir da digitalização da informação, com o potencial da interatividade, podemos perceber uma maior acessibilidade da informação à sociedade.

> O ciberespaço, termo citado por William Gibson no romance Neuromancer, deve ser entendido como um espaço de comunicação aberta que surge da interconexão mundial de computadores. Deste modo, parece-nos útil delimitar o âmbito do ciberespaço em dois aspectos: a) aspecto subjetivo: ele designa os seres que navegam e alimentam o universo das redes digitais; dentro do aspecto subjetivo do ciberespaço a concepção dos seres se utiliza desse espaço, se identificam como identidades nômades sem corpo, sem simultaneidade de presença, apenas em solidão coletiva. Nessa linha, há um universo complexo e dinâmico de interações de sujeitos que transitam no ambiente virtual com discursos, práticas e imagens que passam a influenciar a conformação social; b) aspecto objetivo: ele designa o conteúdo que abrange um universo oceânico de informações com base numa infraestrutura material da comunicação digital. Ao lado da socialização, o ambiente virtual proporciona intercâmbio intenso de informações e imagens, especialmente com o advento da internet e o desenvolvimento da web.[211]

Essa abordagem proporcionada pelas novas características e desenvolvimento das tecnologias de informação e comunicação, com a partilha fácil, veloz e em escala mundial de dados, reflete sobre toda a sociedade, inclusive na expressão da cidadania e na atuação da Administração Pública[212].

Na perspectiva do cidadão, a sociedade de informação traz uma ampliação no universo de disseminação de informações, gerando um cidadão mais informado e esclarecido, e principalmente mais exigente no acompanhamento e cobrança da atividade pública. Podemos estabelecer quatro importantes desdobramentos: a) amplo acesso ao conhecimento; b) ação social consciente; c) organização da sociedade; d) exigência mais apurada. Da mesma maneira, a sociedade de

---

210 FERRAZ, Maria Nélida Sampaio. **Um novo sujeito para um novo espaço**. Disponível em: <http://www.revistaconecta.com/conectados/nelida_sujeito.htm>. Acesso em: 3 abr. 2024.
211 MESSA, Ana Flávia. **Transparência, compliance e práticas anticorrupção na Administração Pública**. São Paulo, SP: Almedina, 2019.
212 ESTEVES, João Pissarra. Sociedade da informação e democracia deliberativa. In: ESTEVES, João Pissarra (Org.). **Ciências da comunicação**: espaço público e democracia. Lisboa: Colibri, 2003. p. 169-205.

informação também influencia na atuação da Administração Pública que pressionada por uma cidadania mais exigente, deve ser boa.

Maior acessibilidade não significa mais democracia, até porque nos deparamos com problemas não apenas da gestão da informação pública, mas de uma reestruturação no relacionamento do Estado e cidadão que implica uma cidadania mais exigente e ávida por uma atuação mais ativa e participativa nas discussões e decisões sobre assuntos de interesse público.

Na verdade, constituindo uma realidade do mundo tecnológico, o acesso à informação pública – a qual se traduz, por um lado, na abertura de contato na atividade administrativa, e, por outro, na interação social compartilhada em rede digital –, é inquestionável que essa garantia assume a maior relevância na esfera digital, pois, diante dela, pode se verificar a atuação administrativa e conhecer os recursos disponibilizados nas atividades desenvolvidas no âmbito da administração pública.

A era eletrônica, especialmente com o surgimento da internet[213], possibilita a invasão no corpo da vida comunitária de uma nova identidade social fundamentada na ampliação da informação como papel de moeda globalizante[214], criando a sociedade em rede[215] e uma cidadania eletrônica ou cibercidadania.

Os países[216] enfrentam atualmente uma série de desafios para concretizar diretrizes jurídicas e éticas que precisam ser refletidas para viabilizar o tratamento da informação e a abrangência das tecnologias da informação e comunicação. Nesse contexto, surgem dificuldades como: **a) fragmentariedade**: iniciativas fragmentadas e pontuais, com disparidades entre os diversos atores dificultando

---

213 PECI, Alketa; PIERANTI, Octavio Penna; RODRIGUES, Silvia. Governança e New Public Management: convergências e contradições no contexto brasileiro. **Organizações & Sociedade**, v. 15, n. 46, jul./set. 2008. Disponível em: <https://www.scielo.br/j/osoc/a/Mpktr8kGXJ4hpRnhZshSRSJ/?format=pdf&lang=pt>. Acesso em: 3 abr. 2024.

214 TOFFLER, Alvin. **A terceira onda**. Rio de Janeiro: Record, 1997; AKUTSU, Luiz; PINHO, José Antônio Gomes. Sociedade da informação, accountability, e democracia delegada: investigação em portais de governo no Brasil. **Revista de Administração Pública**. Rio de Janeiro, v. 36, n. 5, p. 723-745, set./out. 2002; LOCK, Fernando do Nascimento. **Transparência da gestão municipal através das informações contábeis divulgadas na internet**. 2003. 111 f. Dissertação (Mestrado em Gestão Pública para o Desenvolvimento do Nordeste) – Universidade Federal de Pernambuco, Recife, 2003. Disponível em: <https://repositorio.ufpe.br/bitstream/123456789/7879/1/arquivo7963_1.pdf>. Acesso em: 27 jun. 2024; SANTANA JUNIOR, Jorge José Barros. **Transparência fiscal eletrônica**: uma análise dos níveis de transparência apresentados nos sites dos poderes e órgãos dos Estados e do Distrito Federal do Brasil. 176 f. Dissertação (Mestrado em Ciências Contábeis) – Programa Multinstitucional e Inter-regional de Pós-graduação em Ciências Contábeis. Recife, 2008.

215 CASTELLS, Manuel. **A sociedade em rede**. São Paulo: Paz e Terra, 1999.

216 "A União Europeia tem que fazer ouvir a sua voz no atual debate sobre a futura governança da Internet. Mas é certo que a sua credibilidade será ainda mais forte do que ela tem, internamente, replanejado o seu futuro digital para conquistar um peso real no ciberespaço" (MORIN-DESAILLY, Catherine. L'Europe au secours de l'Internet: démocratiser la gouvernance de l'Internet en s'appuyant sur une ambition politique et industrielle européenne. **Repport d'information n. 696 (2013-2014)**: fait au nom de la MCI sur la gouvernance mondiale de l'Internet, déposé le 8 juillet 2014. p. 149. Disponível em: <https://www.senat.fr/rap/r13-696-1/r13-696-11.pdf> Acesso em: 3 abr. 2024.

a convergência de esforços no setor; **b) não alinhamento**: ausência de uma convergência fundamentada num alinhamento normativo, estratégico e operacional na regulação jurídica do espaço virtual, onde circulam os dados eletrônicos dos computadores do mundo[217]; **c) diversidade**: existência de diferentes níveis de maturidade da sociedade em segurança cibernética, o que resulta em percepções variadas sobre o ciberespaço[218], entendido como um lugar de encontros e de aventuras, terreno de conflitos mundiais, nova fronteira econômica e cultural.[219]

Nesse contexto, e no caminho para construção de uma boa governação no ciberespaço, apontamos as seguintes diretrizes necessárias: **a) ponderação**: elevar maturidade da sociedade sobre o tema com uso da ética da informação na educação, fomento à pesquisa e ao desenvolvimento com programas de capacitação continuada para profissionais do setor público e do setor privado; **b) cooperação**: ampliar os acordos de cooperação em segurança cibernética, com fóruns internacionais, reuniões bilaterais e multilaterais e processos sobre questões do ciberespaço; **c) juridicidade**: aprimorar o arcabouço legal sobre tecnologias emergentes, visando à promoção dos direitos humanos e das liberdades fundamentais no ciberespaço; **d) convergência**: promover a análise conjunta dos desafios enfrentados na formulação de políticas públicas e no combate aos ataques à segurança cibernética, de uma maneira coerente e coordenada para o desenvolvimento de normas destinadas a uma conduta responsável no ciberespaço.

6.2 Tecnologia e Administração Pública brasileira

No processo de evolução do uso das tecnologias de informação e comunicação na Administração Pública brasileira, temos duas fases: a) a da inovação (dos anos 1950 até a década de 1980); e b) a de adaptação (dos anos 1990 até os dias atuais), dividida em duas partes – a Administração Eletrônica e a Administração Digital.

---

217 OTTIS, Rain; LORENTS, P. **Cyberspace**: definition and implications. Tallinn, Estonia: Cooperative Cyber Defence Centre of Excellence, 2011. Disponível em: <https://www.academia.edu/16137618/3rd_International_Conference_New_Functional_Materials_and_High_Technology_NFMaHT_2015?auto=download>. Acesso em: 3 abr. 2024.

218 "Um domínio global dentro do ambiente da informação que consiste em uma rede interdependente de infraestruturas de Tecnologias de Informação (TI), incluindo as redes de Internet, telecomunicações, sistemas de computador e processadores embutidos e controladores" (GÓMEZ, Ángel. **El ciberespacio como escenario de conflictos**: identificación de las amenazas. Madrid: Centro Superior de Estudios de la Defensa Nacional, 2012. p. 169-203. Disponível em: <http://www.defensa.gob.es/ceseden/Galerias/destacados/publicaciones/monografias/ficheros/126_EL_CIBERESPACIO_NUEVO_ESCENARIO_DE_CONFRONTACION.pdf>. Acesso em: 3 abr. 2024.

219 LÉVY, Pierre. **L´intelligence collective**: pour une anthropologie du cyberspace. Paris: La Decouverte/Poche, 1998.

Na fase da inovação, verificava-se a informatização da Administração Pública com foco na gestão interna fundamentada nos sistemas de automação de atividades-meio. Dos anos 1950 até meados dos anos de 1960, observava-se uma fase de instalação de equipamentos em diversos órgãos públicos, com as máquinas eletromecânicas e tabuladoras de dados utilizadas para cálculos de folha de pagamento.

De meados dos anos de 1960 até o final dos anos de 1970[220], no período de centralização do processo de informatização do setor público no Brasil, a informática pública era voltada para o ambiente interno, centrada na busca de soluções para automação das atividades-meio ligadas à administração financeira, aos recursos humanos, e materializada na forma de centros de processamentos de dados localizados em cada órgão. Foi a fase do pioneirismo[221].

Nessa centralização dos serviços de informática, foram criadas empresas públicas federais, estaduais e municipais de prestação de serviços na área de tecnologia de informação (TI) vinculadas ao Ministério e às Secretarias Estaduais e Municipais da Fazenda[222].

A partir de 1964, um modelo de empresa pública de natureza industrial, dotada de personalidade jurídica própria, vinculada ao Ministério da Fazenda, foi concebido por meio do SERPRO, um processo de centralização de recurso, das decisões e das soluções de *hardware* e *software*, justificado não só pelos altos custos na modernização da máquina pública, mas também pelo cenário político até meados dos anos 1980, que considerava a informática uma questão de segurança nacional[223]. Com essa moldura foram criadas no Brasil empresas governamentais, entre elas a Empresa de Processamento de Dados da Previdência (DATAPREV).

Na fase da adaptação o surgimento do governo eletrônico ficou ligado aos aspectos gerenciais e ideias consumeristas.

A diretriz que deve prevalecer é a de uma Administração Pública Digital, que visa ampliar a interação com o cidadão, ao aprimoramento da qualidade e à efetividade dos serviços e informações.

A Administração Digital é um plus em relação à Administração Eletrônica, já que, além de prover um conjunto de serviços de forma mais eficiente, é uma política pública fundamentada num relacionamento mais democrático entre

---

220 Fase da centralização (REINHARD, Nicolau; DIAS, Isabe de Meroz. Categorization of e-gov Initiatives: a Comparison of Three Perspectives. In: CONGRESO INTERNACIONAL DEL CLAD SOBRE LA REFORMA DEL ESTADO Y DE LA ADMINISTRACIÓN PÚBLICA, 10., 18/21 out. 2005, Santiago. **Anales**... Chile, 2005).
221 Op. cit.
222 VIDIGAL, Luís. **A face oculta da Administração Pública Eletrônica**: uma abordagem sociotécnica. In: AMARAL, Luís et al. **Sistemas de informação organizacionais**. Lisboa: Silabo, 2005. p. 527.
223 MIRANDA, P.R.M. A modernização da Administração Pública e as tecnologias da informação. **Bate Byte**. Curitiba, Celepar, n. 33, maio 1994.

Administração Pública e cidadãos, como uma interação entre quem toma decisões e os citadinos[224].

Enquanto na Administração Eletrônica[225] o foco era a disponibilização de serviços *on-line*, a utilização das TIC serve para o alcance de melhores condições de governança por meio da prestação de serviços mais rápidos e eficientes à população; há uma entrega de informações e serviços governamentais, por meio eletrônicos; é parte integrante da Administração Digital para aumento de eficiência para o governo; nesse contexto, o cidadão é consumidor passivo dos serviços públicos e as TIC são adotadas para a prestação de serviços eletrônicos[226].

6.3 Reflexões éticas da inteligência artificial

A inteligência artificial, como ramo da ciência da computação, surge como disciplina científica em 1956, em um *workshop* organizado por pesquisadores norte-americanos que tinham como objetivo elaborar dispositivos que simulassem a capacidade do ser humano de raciocinar, perceber, solucionar problemas e tomar decisões. Enfim, tratava-se de buscar simular a capacidade do ser humano de ser inteligente.

No contexto do conhecimento científico, a possibilidade de descrever com precisão habilidades humanas a ponto de conseguir programá-las num computador para reprodução é a missão da inteligência artificial. Em mais de 60 anos de existência dessa nova tecnologia não há nada que tenha negado ou provado de maneira irrefutável tal possibilidade, que permanece aberta e repleta de potencial.

Ainda que nos últimos anos tenha sido viável falar em um *progresso técnico* com avanços incríveis no campo da inteligência artificial, que angaria investimentos consideráveis em todo o mundo, resultando na criação de robôs que começam a demonstrar suas habilidades físicas e cognitivas, não existe essa evolução em termos éticos.

O universo da inteligência artificial, diante das modificações tecnológicas contemporâneas processadas, confronta a humanidade, que passa a ter de refletir

---

224 DAVISON, Robert M., WAGNER, C.; MA, C.K. From Government to e-Government: a Transition Model. **Information Technology & People**, v. 18, n. 3, p. 280-299, 2005. Disponível em: <https://www.semanticscholar.org/paper/From-government-to-e-government%3A-a-transition-model--Davison-Wagner/af068adba4533e716a1e4958ffa934733fc7bc61>. Acesso em: 27 jun. 2024.
225 "Governo Eletrônico se trata, não só do uso intensivo, extensivo e estratégico das TIC por parte do governo e da Administração Pública, mas, e também, para facilitar e ampliar o uso intensivo, extensivo e estratégico de todas as organizações, empresas e indivíduos na Sociedade sem exclusões, promovendo a inovação, as redes e o conhecimento" (PRINCE, Alejandro. E-*democracia e desarrollo: límites politológicos*. In: FINQUELIEVICH, Susana (Org.). **Desarrollo local em la sociedad de la información**: Municipios e Internet. Buenos Aires: La Crujía, 2005).
226 OKOT-UMA, Rorgers. **Eletronic Governance**: Re-inventing Good Governance. London: Commonwealth Secretariat, 2000.

sobre orientações éticas com o objetivo último de considerar essa área de pesquisa sobre computadores simulando o comportamento humano inteligente como ferramenta que deve propiciar e aprimorar o bem-estar humano.

O universo do risco, diante do desenvolvimento de tecnologias que simulem características da inteligência humana, tais como raciocínio, aprendizagem, linguagem, inferência e criatividade, foi ampliado, o que demanda a compreensão dos desafios complexos desses novos tempos em termos éticos.

O primeiro risco ético é a escassez do trabalho humano, que seria substituído pelo trabalho robótico. Será uma substituição ou apenas uma mudança no próprio trabalho humano que demanda novas habilidades?

O segundo risco ético são as consequências jurídicas para autonomia individual, em termos de segurança e liberdade. Há um risco ou apenas uma recomendação necessária de maior vigilância das pessoas em relação às interferências tecnológicas em suas vidas privadas?

O terceiro risco ético é a dominação da humanidade por parte de máquinas inteligentes. A inteligência artificial não coloca em risco a existência da humanidade, já que, por enquanto, os robôs não possuem autonomia moral (vontade própria) – eles ainda possuem apenas autonomia tecnológica dependente de eletricidade.

Diante dos novos desafios impostos por essa realidade em mudança, é importante destacar a necessidade de revalorização dos princípios éticos como alicerces do ordenamento jurídico na resolução dos problemas. Nesse contexto, valores partilhados pela sociedade com respaldo constitucional fazem-se presentes com seu potencial de possibilitar a solução técnica-instrumental e valorativa na criação da legitimidade dos comportamentos no âmbito dos sistemas de inteligência artificial, tanto os que devem ser seguidos como os que devem ser suportados.

São as seguintes as diretrizes éticas que visem possibilitar a construção de uma inteligência artificial confiável:

a] **Transparência** – oferta de quatro instrumentos visando possibilitar a visibilidade tecnológica aos utilizadores dos sistemas de inteligência artificial: 1) rastreabilidade dos dados: registro e rastreabilidade dos sistemas em relação a todas as decisões proferidas no âmbito da inteligência artificial; 2) justificativa: disponibilização de esclarecimentos sobre todas as decisões e o processo que deram origem a essas deliberações com base em algoritmos; 3) comunicabilidade: informação completa e adequada aos utilizadores de todas as capacidades e limitações dos sistemas de inteligência artificial; 4) interatividade: identificação dos responsáveis pelos sistemas para que haja uma interação com os utilizadores.

b] **Responsabilidade** – previsão de mecanismos que garantam a responsabilização dos sistemas de inteligência artificial em suas aplicações, bem como de auditoria interna e externa com disponibilização dos respectivos relatórios.
c] **Robustez e segurança** – exigência de que os algoritmos sejam seguros, confiáveis e suficientemente robustos (resistentes) para lidar com erros ou incoerências, resultados errados e tentativas de manipular dados ou os próprios algoritmos. Dessa maneira, o algoritmo deve ser: 1) apoiado por um plano de recurso em caso de problemas; 2) criado com mecanismos de proteção e de segurança desde a concepção dos sistemas, bem como com processos destinados a clarificar e avaliar os riscos potenciais associados à utilização de sistemas de diferentes áreas de aplicação.
d] **Privacidade e governação dos dados** – garantia de que as pessoas tenham pleno controle sobre seus próprios dados e de sua integridade, bem como acesso regulado e controlado a essas informações.
e] **Acessibilidade** – garantia de uma abordagem universal com respeito à diversidade, nomeadamente com igualdade de acesso às pessoas com deficiência.
f] **Sustentabilidade** – incentivo à sustentabilidade e à responsabilidade ecológica dos sistemas de IA.

7 Direito Administrativo, reforma administrativa e governança pública

A reforma administrativa é a modernização da Administração Pública que se propõe a introduzir aperfeiçoamentos e correções na gestão da área. Tal processo se dá por meio de um "conjunto sistemático de providências destinadas a melhorar a Administração Pública com eficiência na prossecução dos seus fins e coerência com os princípios norteadores de sua atuação"[227].

---

227 FREITAS DO AMARAL, Diogo. **Curso de Direito Administrativo**. Coimbra: Almedina, 2000.

Na busca de uma função administrativa que ofereça ao cidadão uma Administração Pública eficiente, eficaz e efetiva, faz-se presente nos dias atuais o modelo da governança[228] pública.

Utiliza-se a palavra *governança* para indicar uma dinâmica conjunta e compartilhada entre Estado, setor privado, terceiro setor e sociedade civil, visando ao desenvolvimento sustentável.

Nesses casos, o vocábulo é empregado para expressar uma dimensão pluralista consubstanciada numa relação recíproca entre diversos atores, estruturas e institucionalidades que reflete as particularidades da sociedade contemporânea. Enfim, a "governança", como estado de interações entre atores, funciona como um processo[229] contínuo pelo qual é possível acomodar interesses conflitantes ou diferentes e realizar ações cooperativas[230].

No contexto da interação entre governo, sociedade e setor privado, a "governança" traduz-se efetivamente por um domínio das redes em políticas públicas, em que o Estado desenvolve uma capacidade de influência nas negociações, além de parecerias com os membros dessas redes[231].

Esse conceito, no sentido de "rede", significa uma multiplicidade de atores estatais e não estatais que desenvolvem a concepção e implementação das políticas públicas. Não há exercício unilateral de poder[232], mas ações coordenadas de interesses para resolução de problemas e tomada de decisões políticas, a fim

---

228 O termo *governança*, que provém do latim *"gubernare"* e do grego *"kybernan"* ou *"kubernetes"*, não pertence apenas ao léxico dos juristas, sendo utilizado em diversos campos do conhecimento: Ciência da Administração, Economia, História, Ciências Políticas, Ciências Sociais, cada qual com suas especificidades e epistemologiais, bem como por instituições internacionais, como o Banco Mundial (VAN KERSBERGEN, Kees; VAN WAARDEN, Frans. "Governance" as a Bridge between Disciplines: Cross-Disciplinary Inspiration regarding Shifts in Governance and Problems of Governability, Accountability and Legitimacy. **European Journal of Political Research**, n. 43, p. 143-171, 2004; WORLD BANK. **Governance and development**. Washington, DC: Oxford University Press, 1992).

229 PIERRE, Jon; PETERS, B. Guy. **Governance, Politics and the State**. New York: St. Martin's Press Inc., 2000.

230 COMISSÃO SOBRE GOVERNANÇA GLOBAL. **Nossa comunidade global**. Rio de Janeiro: Fundação Getulio Vargas, 1996.

231 PETERS, B. Guy; PIERRE, Jon. Governance without Government? Rethinking Public Administration. **Journal of Public Administration Research and Theory**, J-Part, v. 8, n. 2, p. 223-243, Apr. 1998.

232 THORELLI, H. Networks: between Markets and Hierarchies. **Strategic Management Journal**, v. 7, n. 1, p. 37-51, 1986.

de possibilitar o planejamento contínuo e harmonioso de novas estruturas de coordenação social e de interação entre atores públicos e privados[233].

A mesma articulação entre diferentes atores não restrita às instituições do Estado foi reconhecida, no âmbito internacional, à medida que o mundo se torna progressivamente globalizado, não obstante exista desigualdade política e resistência nacionalista, uma gestão que possa acomodar, coordenar e até resolver os problemas que se tornam cada vez mais transnacionais na *denominada governança internacional*[234].

Uma gestão pública privada da capacidade dos governos de administrar os recursos econômicos e sociais de um país, que transforme a complexidade e especialização em desempenho[235], não poderá, por definição, ser considerada "boa" ou "adequada" na resolução de problemas comuns.

A concepção de que a "governança" surge como resposta à crise de governabilidade diante das demandas sociais e da escassez de recursos econômicos por meio de estruturas, mecanismos e processos, incluindo valores para a prática de gestão pública vinculada a um desenvolvimento, é sustentada por muitos autores.

Esse sentido pressupõe dois aspectos: a) instrumental, referente às estruturas e processos pelos quais as organizações são dirigidas, controladas e cobradas; b) substancial, relacionado aos parâmetros valorativos de realização das ações públicas[236].

---

[233] "(...) *governance* é caracterizado pelo envolvimento no processo de fazer política, das autoridades estatais e locais, bem como o setor de negócios, os sindicatos de trabalhadores e os agentes da sociedade civil, tais como ONGs e os movimentos populares" (KAZANCIGIL, Ali. A regulação social e a governança democrática da mundialização. In: MILANI, Carlos; ARTURI, Carlos; SOLINÍS, Germán (Org.). **Democracia e governança mundial**: regulações para o século XXI. Porto Alegre: Ed. Universidade/UFRGS/Unesco, 2002. p. 266-279); CZEMPIEL, Ernst-Otto. Governança e democratização. In: ROSENAU, James N. Governança sem governo: ordem e transformação na política mundial. Tradução de Sergio Bath. Editora da Universidade de Brasília. São Paulo: Imprensa oficial do Estado, 2000. p. 363-392.

[234] LEE, Yuan-Tseh. Challenges Facing Human Society in the 21st Century. In: BURAWOY, Michael. (Ed.). **Facing an Unequal World**: Challenges for a Global Sociology. Taiwan: Institute of Sociology, Academia Sinica, 2010. p. 28-34. v. 1. Disponível em: <http://www.ios.sinica.edu.tw/cna/download/proceedings/02. Lee.Opening.pdf>. Acesso em: 3 abr. 2024; KRAHMANN, Elke. National, Regional and Global Governance: One Phenomenon or Many? **Global Governance**, v. 9, p. 323-346, 2003; MARKOFF, John. Globalization and the Future of Democracy. **Journal of World-Systems Research**, v. 5, n. 2, 1999. Disponível em: <http://jwsr.ucr.edu/archive/vol5/number2/v5n2_split/jwsr_v5n2_markoff.pdf>. Acesso em: 15 mar. 2016; FINKELSTEIN, Lawrence S. What is Global Governance? **Global Governance**, n. 1, p. 367-372, 1995.

[235] DRUCKER, Peter F. A disciplina universal. In: MAGRETTA, Joan. **O que é gestão**: como funciona e por que interessa a todos. Lisboa: Actual, 2003.

[236] MATIAS-PEREIRA, José. A governança corporativa aplicada no setor público brasileiro. **Administração Pública e Gestão Social**, Viçosa, v. 2, n. 1, p. 110-135, jan./mar. 2010.

O aspecto instrumental abrange a autoridade, a gestão, as relações/interações, as políticas e as instituições[237], enfim, técnicas de um desenvolvimento futuro. Tal aspecto é inserido no contexto da "governança" como nova geração de reformas. Já o aspecto substancial está assentado na implementação de valores democráticos no exercício do poder, resultando em ações públicas transparentes e responsáveis, a fim de que possam melhorar a eficiência e a credibilidade da organização[238]. Trata-se de vetores de legitimidade[239] e idoneidade para gerar e manter a crença de uma boa governança[240].

Embora não haja um acordo na doutrina quanto ao conceito de "governança", na linha de desenvolvimento que interessa neste estudo, pode-se afirmar como uma possibilidade jurídico-conceptual que o termo, no âmbito público, indica um mecanismo de gestão governamental caracterizado por quatro elementos: **1) subjetivo** – considera os sujeitos responsáveis e inseridos no estado de interação – a "governança" é exercida por atores governamentais e não governamentais; **2) material** – considera a atividade exercida: a "governança" será atividade que tem por objeto coordenar as necessidades e interesses interdependentes com criação e implementação de políticas e projetos de desenvolvimento de interesse público; **3) formal** – considera o regime jurídico – a "governança" seria aquela exercida sob regime de parâmetros legais e legítimos; **4) finalístico** – realiza gestão vinculada à resolução de problemas sociais e à criação de oportunidades de um desenvolvimento futuro sustentável.

A temática governança surgiu em primeiro lugar no âmbito do setor privado[241] (em especial nas grandes corporações[242]) e da teoria da gestão estratégica

---

237 BARRET, Pat. **Better Practice Public Sector Governance**. Canberra: Australian National Audit Office, 2003. Disponível em: <http://www.anao.gov.au/uploads/documents/>. Acesso em: 3 abr. 2024; KAUFMANN, Daniel; KRAAY, Aart Kraay. **Governance Indicators**: Where are We, Where should We be Going? Washington, DC: The World Bank, 2008.

238 WEINGARTNER NETO, Jayme. Ministério Público, boa governança e gestão estratégica. **Revista do Ministério Público**, n. 137, p.106-107, jan./mar. 2014.

239 A legitimidade diz respeito à ordem ético-política, que, por sua vez, constitui-se em uma ordem legitimada pela estabilização do poder que gravita em torno de valores compactuados na sociedade (MOREIRA NETO, Diogo de Figueiredo. **Legitimidade e discricionariedade**: novas reflexões sobre os limites e controle da discricionariedade. Rio de Janeiro: Forense, 1998. p. 5).

240 CANOTILHO, José Joaquim Gomes. **"Brancosos" e Interconstitucionalidades**: itinerário dos discursos sobre a historicidade constitucional. Coimbra: Almedina, 2006. p. 327.

241 ANDRADE, Adriana; ROSSETTI, José Paschoal. **Governança corporativa**: fundamentos, desenvolvimento e tendências. São Paulo: Atlas, 2004. p. 20.

242 "(...) os princípios e práticas da boa Governança Corporativa aplicam-se a qualquer tipo de organização, independentemente do porte, natureza jurídica ou tipo de controle (...) adaptável a outros tipos de organizações, como, por exemplo (...) órgãos governamentais (IBGC – Insutto Brasileiro de Governança Corporativa. Conheça os quatro princípios da governança corporative. 27 jan. 2020. Disponível em: <https://www.ibgc.org.br/blog/principios-de-governanca-corporativa>. Acesso em: 28 jun. 2024).

empresarial[243], relacionando-se à solução de problemas de administração com a separação entre propriedade e gestão de empresas e investimentos. Nesse caso, fala-se em *governança corporativa*[244].

A origem do termo *governança*, surgido no mundo das empresas para descrever protocolos de coordenação diferentes dos mercados, é atribuída a Ronald Coase e a publicação de um artigo seu em 1937, intitulado "The Nature of the Firm" e retomado nos anos de 1970 por Oliver Wiliamson. Em 1975, o tema foi debatido, tendo sido inclusive objeto de um relatório da Comissão Trilateral, como modelo de ação pública, partindo-se do problema de capacidade de gestão em face do aumento das demandas sociais e a falta de recursos financeiros e humanos[245].

O aparecimento da noção da governança no contexto das ciências sociais é recente – o conceito surgiu no fim dos anos 1980 com propostas de reformas ou programas de ajustamento estrutural na África, alcançando relevo especial nos relatórios do Banco Mundial, em diversas conferências organizadas pelas Nações Unidas e na Comissão Europeia, em razão do desenvolvimento dos modelos de gestão com arranjos políticos e institucionais nos negócios do Estado.

No campo da ciência política, a noção da governança teve origem no início da década de 1990, buscando definir o papel do Estado na gestão da dinâmica social e no tratamento dos temas de interesse da coletividade, no contexto da necessidade de compreensão do ordenamento constitucional e da instituição normativa da ordem global e comunitária[246].

---

243 CARNEIRO, Roberto. Globalização, governança e cidadania. In: GOMES, Maria Teresa Salis (Coord.). **A fase oculta da governança**: cidadania, administração pública e sociedade. Portugal: Instituto Nacional de Administração, 2003.

244 JENSEN, M.; MECKLING, W. Theory of Firms: Managerial Behavior, Agency Costs, and Ownership Structure. **Journal of Financial Economics**, v. 3, n. 4, p. 305-360, 1976. Disponível em: <https://www.sciencedirect.com/science/article/pii/0304405X7690026X>. Acesso em: 28 jun. 2024; SILVEIRA, Alexandre de Miceli da. **Governança corporativa e estrutura da propriedade**. São Paulo: Atlas, 2007.

245 MILANI, Carlos; SOLINÍS; Germán. Pensar a democracia na governança mundial: algumas pistas para o futuro. In: MILANI, Carlos; ARTURI, Carlos; SOLÍNÍS, Germán. **Democracia e governança mundial**: que regulações para o século XXI? Porto Alegre: Ed. da UFRGS, 2002.

246 "Acentua-se nos últimos tempos uma *crise de legalidade estrita*, que decorre, dentre vários fatores, da relevância primacial das normas constitucionais, das normas internacionais e das normas de direito europeu, diretamente aplicáveis, que são hierarquicamente superiores ou têm preferência aplicativa sobre os actos legislativos, além da proliferação, sobretudo em áreas econômicas e sociais, de directivas político-estratégicas de conteúdo aberto – ainda que sob forma legal (de decreto-lei) e regulamentar (resoluções do Conselho de Ministros) – e de standards científicos e técnicos, por vezes de origem privada, europeia e internacional, que a vários títulos e diversos níveis, regulam a atividade administrativa – ou seja, de normas que constituem programas finais (e não condicionais) com prejuízo para a intensidade da vinculação administrativa" (ANDRADE, José Carlos Vieira. **Lições de Direito Administrativo**. Coimbra: Coimbra Editora, 2011).

No âmbito da Administração Pública, com a inspiração do modelo da Administração Pública gerencial na Inglaterra nos anos 1970[247], a noção de governança como processo administrativo – que visa consolidar diretrizes elaboradas para a solução de problemas públicos e em resposta às necessidades sociais, surgiu em 1995 quando foi estruturada a primeira governança para o setor público pelo Chartered Institute of Public Finance And Accountancy – CIPFA (em português, Instituto Britânico de Finanças e Contabilidade Pública), com base em *The Cadbury Report*.

Num Estado democrático de direito, a governança funciona, no contexto regulatório contemporâneo, como um modelo de gestão da complexidade.

Todas as instâncias político-administrativas são hoje organizadas com arranjos institucionais compatíveis com o aprofundamento democrático e o desenvolvimento socioeconômico, com base no pressuposto de que não existe governabilidade sem governança que transforme em ação pública mecanismos colaborativos e de coordenação estratégica de uma forma aberta e democrática. Não existe governabilidade sem condução responsável e transparente do governo.

O modelo de gestão do Estado em análise corresponde a um conjunto de mecanismos horizontais em que se destacam a colaboração e a cooperação entre os atores públicos e privados na solução dos problemas coletivos[248], intimamente associados com a existência de princípios e boas práticas, no quadro de um relacionamento Estado-sociedade aberto, democrático, transparente e responsável.

O entendimento da governança como modelo de gestão do Estado com mecanismos de interações entre o setor público e a sociedade destinados à reforma administrativa e do Estado para tornar os governos mais transparentes e responsáveis decorre da capacidade governamental de criar e assegurar o acesso à informação pública, de modo a permitir o controle social nos processos de decisão e formulação das políticas públicas.

A governança pública não pode ser entendida como uma fórmula mágica de governabilidade, mas se faz presente como elemento compatível com a dinâmica social complexa e pluralista, de modo a propiciar as condições necessárias ao exercício do poder político-administrativo.

A governança pública não é aplicada uniformemente em todos os órgãos do Estado e em todas as atividades públicas, podendo assumir diferentes

---

247 HEALD, David. Fiscal Transparency: Concepts, Measurement and UK Practice. **Public Administration**, Malden, v. 81, n. 4, p. 723-759, 2003.

248 "O *governo* que *governa* não é o governo dos 'decisionistas' e dos líderes determinados, que 'impõem' à sociedade um dado programa de ação; é, ao contrário, o governo que sabe entrar em sintonia com as tendências e forças da sociedade para com elas implementar um audacioso programa reformador" (NOGUEIRA, Marco Aurélio. Para uma governabilidade democrática progressiva. **Revista Lua Nova**, n. 34, p. 105-128, 1995. Grifo do original. Disponível em: <https://www.scielo.br/j/ln/a/nFdNzPQrqzW8pdTZFFKNDvh/>. Acesso em: 28 jun. 2024).

dimensões em função dos objetivos e do papel do órgão e/ou entidade na estrutura governamental[249].

Além disso, a governança pública deve ser entendida pela combinação de suas dimensões materiais e formais, que podem justificar a abertura do setor público aos cidadãos para salvaguarda de sua credibilidade e confiança perante a sociedade[250].

O problema da governança no setor público surgido em razão da necessidade de reforma do Estado motivada pela crise fiscal dos anos 1980 e da perda da capacidade do Estado de prover o bem-estar social se agravou visivelmente após a concepção de certas reflexões promovidas pelo Banco Mundial: nessa época, para além da otimização do desempenho administrativo, estabeleceu-se, por meio de mecanismos legais e gerenciais, um novo tipo de exercício de poder na administração dos recursos sociais e econômicos de um país para seu desenvolvimento.

Nesse sentido, a governança pública se ocupa de mecanismos e princípios pelos quais o governo deve respeitar e acatar em sua gestão pública em face dos desafios e problemas do mundo atual, marcado por processos de reformas administrativas, complexidades e diversidades sociais, bem como pela justificação de um desenvolvimento sustentável.

Não é possível pensar e estabelecer uma governança pública exclusivamente na existência de estruturas, mecanismos e processos para a prática de gestão pública. Por trás de toda e qualquer governança pública, subiste uma condição de valores que refletem as necessidades sociais de governos mais abertos, responsáveis, transparentes e democráticos[251].

Ponto crucial é a inter-relação entre o momento formal e substancial da governança. Se esta obriga à condução geracional dos negócios públicos, resta saber quais são suas exigências materiais.

Do ponto de vista formal, a governança é satisfeita por um conjunto de mecanismos e técnicas de gestão. Nessa perspectiva, está em causa a análise da estrutura da ação estatal de administrar recursos econômicos, sociais e políticos por meio de políticas, funções, procedimentos e práticas governamentais. Em suma, o estudo dos meios e processos que exteriorizam a condução geracional.

A dimensão material da governança busca determinar as características eficazes dos procedimentos e práticas governamentais na ação estatal por meio

---

249 STREIT, R. E.; KLERING, L. R. Governança Pública sob a perspectiva dos sistemas complexos. In: ENCONTRO NACIONAL DOS PROGRAMAS DE PÓS- GRADUAÇÃO EM ADMINISTRAÇÃO, 2004, Curitiba. **Anais**... Curitiba: ANPAD, 2004.
250 WEINGARTNER NETO, Jayme. Ministério Público, boa governança e gestão estratégica. **Revista do Ministério Público**, n. 137, p.106-107, jan./mar. 2014.
251 MEDEIROS, Paulo Henrique Ramos; GUIMARÃES, Tomás de Aquino. Contribuições do governo eletrônico para a reforma administrativa e a governança no Brasil. **Revista do Serviço Público**. Brasília, v. 56, n. 4, p. 449-464, out./dez. 2005.

de princípios jurídicos (ideias fundamentais e informadoras da organização jurídica da nação que funcionam como linhas mestras para coerência geral ao sistema) invocados como fundamento na gestão pública. Trata-se de verificar as propriedades características dos procedimentos e práticas governamentais na condução geracional dos recursos, visando desenvolver a relação de acomodação e ponderação entre tais parâmetros do agir administrativo.

Assim, a governança no setor público é algo que tem como forma a exteriorização da capacidade de ação do Estado de realizar e promover metas coletivas. Trata-se de manifestação exterior de verificação dos procedimentos e metas exigidas como pressupostos do agir governamental; como conteúdo, uma tomada de decisão coletiva ou implementação de política pública, com a interação entre a sociedade civil, o Estado e o governo; como fim, a realização de mecanismos e princípios que apontem para uma definição clara e responsável dos objetivos coletivos de uma sociedade; e, finalmente, como causa criadora e recriadora, as demandas sociais, econômicas e políticas.

A caracterização da estrutura ou dimensão formal da governança é identificar objetivos, meios e processos de como exercer a condução geracional dos recursos para desenvolvimento[252].

A título comparativo, é possível afirmar que o problema da estrutura substancial da governança é, portanto, o de verificação da ocorrência dos padrões jurídicos exigidos como requisitos da *good governance*.

A dimensão formal da governança pública significa a existência de estruturas e processos para a prática da gestão pública. Nesse sentido, a capacidade do governo de implementar suas políticas apresenta o atributo da **proximidade**, da **interatividade**.

A proximidade pressupõe gestão que associa aspectos administrativos de aspectos políticos. A governança, no âmbito das ciências sociais, como gestão pública, pode ser entendida como dinâmica do poder, forma como o poder político é exercido ou, então, como sistema administrativo e aparelho burocrático do Estado: no primeiro sentido, privilegia-se sua dimensão político-institucional, ligando-a à condução política dos negócios públicos; no segundo, dá-se relevo às características operacionais do Estado de execução das opções políticas do governo, integrando-o num aparelhamento que vise à satisfação das necessidades coletivas.

Nesse quadro, a governança há de necessariamente incluir ambas as dimensões, pois a capacidade de conduzir os negócios públicos depende de uma

---

[252] "Governance, in a first instance, can be simply understood as the structures and the ways in which city regions are 'managed', in an administrative, legal, public, private, local, national and European sense" (ACHE, P. Visions and Creativity: Challenge for City Regions. **Futures**, v. 32, n. 5, p. 435-449, June 2000).

articulação e coordenação da liderança governamental com os mecanismos de gestão pública baseada no bem estar da sociedade[253].

A interatividade significa a que a governança pública aparece sob duas formas distintas[254]: como um exercício de autoridade soberana sobre todas as pessoas e os bens do território nacional, a unilateralidade estatal da ação coletiva (*government*) ou, então, como exercício disperso da autoridade em interação com os diferentes componentes da sociedade (*governance*)[255]: na primeira forma, privilegia-se o modelo hierárquico tradicional[256]; na segunda, enfatiza-se o modelo de governança multilateral[257]. Em ambas as estruturas, a governança depende do exercício de uma autoridade política em contraposição à tese da governança sem governo[258].

Todavia, é necessária a existência de uma gestão materialmente correta, ou seja, a prática da boa governança, que, além de objetivo desejado, só terá sentido e interesse se for compatível, segundo nosso entendimento, com a vigência da

---

253 "A Capacidade de Governo é uma capacidade de condução ou de direção e refere-se ao acervo de técnicas, métodos, destrezas e habilidades de um ator e de sua equipe de governo para conduzir o processo social a objetivos declarados, dados a governabilidade do sistema e o conteúdo propositivo do projeto de governo" (MATUS, Carlos. **Adeus, senhor presidente**: governantes governados. São Paulo: Fundap, 1996).

254 "A questão pode ser colocada a respeito de qualquer forma de organização política, mas assume, nas democracias contemporâneas, contornos específicos que refletem a emergência dum novo modelo de ação pública, a governança, onde o Estado procura garantir um papel determinante não através da imposição da sua vontade aos restantes atores sociais mas antes identificando e explorando padrões de cooperação nas relações público-privadas" (GOMES, João Salis. **A avaliação de políticas públicas e a governabilidade**: ética e administração. Lisboa: Celta, 2003); "Diferencia-se, portanto a compreensão da governança daquela que lhe foi anterior (da governabilidade), pela ênfase não na dimensão institucional, estruturante da arquitetura do poder; mas em sua *face dinâmica*, da prática diária das funções próprias ao ente estatal" (VALLE, Vanice Regina Lírio do. **Direito fundamental à boa administração e governança**: democratizando a função administrativa. 254 f. Tese (Pós-Doutorado em Administração) – Escola Brasileira de Administração Pública e de Empresas. Rio de Janeiro: Fundação Getulio Vargas, 2010. p. 86. Disponível em: <https://repositorio.fgv.br/server/api/core/bitstreams/b9990046-f1b8-4b85-ad80-3202ae7a6413/content>. Acesso em: 28 jun. 2024).

255 "A governança integra assim novas formas interativas de governo, nas quais os atores privados, as diferentes instituições públicas, os grupos de interesse e as comunidades de cidadãos, ou outros atores ainda, tomam parte na formulação das políticas" (GOMES, João Salis. **A avaliação de políticas públicas e a governabilidade**: ética e administração. Oeiras: Celta, 2003).

256 "(...) os sistemas políticos passam lenta e gradualmente de sistemas de governo unitários e hierarquicamente organizados que governam por meio da lei, da regra e da ordem, para sistemas de governança, organizados deforma mais horizontal e relativamente fragmentados, que governam através da regulação de redes autorreguladas" (SORENSEN, Eva. Democratic Theory and Network Governance. **Administrative Theory & Praxis**, v. 24, n. 4, p. 693-720, 2002).

257 "(...) muitos problemas de políticas públicas são considerados demasiadamente multifacetados para encaixar nas estruturas de resolução de problemas da governação tradicional" (SANDSTROM, Annica; CARLSSON, Lars. The Performance of Policy Networks: The Relation between Network Structure and Network Performance. **Policy Studies Journal**, v. 36, n. 4, p. 497-524, 2008. Tradução nossa).

258 PIERRE, Jon; PETERS, B. Guy. **Governance, Politics and the State**. New York: St. Martin's Press Inc., 2000.

transparência governamental, de modo a estabelecer consciência social e institucional na proteção do patrimônio público, no respeito à dignidade humana e no fortalecimento do Estado democrático de direito e do regime republicano[259].

A governança não depende apenas de instrumentos técnicos, mas de uma boa governança[260]. É claro que a governança assim compreendida só pode ser instrumento para uma sustentabilidade estatal quando houver transparência governamental.

A união das dimensões formal e material de governança permite considerar a governança como um governo sem o retrato do modelo tradicional hierárquico e com funcionalidade valorativa extraída de qualquer boa governação.

8. Direito Administrativo e consensualidade: Administração Pública consensual

O ato administrativo, que representa a vontade unilateral da Administração, perde seu papel de protagonista para o processo e os negócios jurídicos que viabilizam a participação do destinatário na formação da vontade estatal, o que garante maior legitimidade e eficiência à atuação administrativa.

A absorção da consensualidade pelo Direito Administrativo depende do incremento da participação administrativa e da capacidade de criar e desenvolver instrumentos consensuais para realização da ação administrativa, de forma que a atuação da Administração Pública não é mais vista apenas como um processo imperativo, mas um processo mais permeável às demandas emergentes da sociedade, aproximando os cidadãos das decisões públicas[261].

---

259 "Trata-se de um conceito de enormes potencialidades para se compreender as instituições políticas de um Estado constitucional" (CANOTILHO, Joaquim José Gomes. **"Brancosos" e interconstitucionalidade**: itinerários dos discursos sobre a historicidade constitucional. Coimbra: Almedina, 2008).

260 "Boa" governança é um requisito fundamental para um desenvolvimento sustentado, que incorpora ao crescimento econômico equidade social e também direitos humanos (SANTOS, Maria Helena de Castro. Governabilidade, governança e democracia: criação da capacidade governativa e relações Executivo-Legislativo no Brasil Pós-Constituinte. **DADOS – Revista de Ciências Sociais**. Rio de Janeiro, v. 40, n. 3, p. 335-376, 1997. Disponível em: <https://www.scielo.br/j/dados/a/Tg5ZpD4bVvfjFLg87yZB5gg/?lang=pt>. Acesso em: 28 jun. 2024).

261 SANTOS, André Luiz Lopes; CARAÇATO, Gilson. Participação popular na Administração Pública: a consensualidade e os canais de democratização. In: CARDOZO, José Eduardo; QUEIROZ, João Eduardo Lopes; SANTOS, Márcia Walquíria Batista dos (Org.). **Curso de Direito Administrativo Econômico**. São Paulo: Malheiros, 2006. v. I. p. 791-838.

A questão central para a consensualidade é a definição do arranjo institucional que valoriza a participação dos cidadãos quanto à formação da conduta administrativa e dos modelos organizativos e funcionais caracterizados por uma administração concertada[262]. Inserida no contexto de Estado em rede e de Governança Pública, a Administração Consensual revela-se como a nova face da Administração Pública no século XXI[263].

A consensualidade no âmbito da Administração Pública deve criar um ambiente relacional entra a Administração Pública e a sociedade civil de interação com diálogo, deixando de lado as características de uma sociedade com diminuta participação do cidadão nas atividades do Estado, onde as grandes decisões que afetam a vida pública continuem sendo adotadas pelos políticos e grupos burocráticos, em conivência com os grupos ou setores poderosos da sociedade[264]. Há uma centralização do poder que gera os males da burocratização, falta de transparência, dificuldade de controle[265]. Esse tipo de sociedade caracteriza-se pela ocultação no trato dos interesses públicos[266], além das distorções no sistema eleitoral e partidário.

Os instrumentos consensuais propiciam um novo arranjo de interação entre o Estado e a sociedade, que envolvem não apenas uma reivindicação de maior participação popular na gestão da coisa pública, mas também a compreensão de que na relação jurídica administrativa, a posição da administração pública, titular de deveres decorrentes de normas de direito objetivo e unidos em torno de uma finalidade pública em prol da satisfação dos interesses da coletividade, corresponde a uma pretensão substantiva do cidadão.

A introdução de ferramentas consensuais no agir administrativo conduz a releitura de tradicionais institutos jurídicos, já que traz mecanismos que

---

[262] FERRARA, Rosario. **Cli accordi di programma**. Milão: Cedam, 1993.
[263] OLIVEIRA, Gustavo Justino; SCHWANKA, Cristiane. **A administração consensual como a nova face da Administração Pública no séc. XXI**: fundamentos dogmáticos, formas de expressão e instrumentos de ação. Disponível em: <http://www.publicadireito.com.br/conpedi/manaus/arquivos/anais/salvador/gustavo_henrique_justino_de_oliveira.pdf>. Acesso em: 19 abr. 2024.
[264] DI PIETRO, Maria Sylvia Zanella. Participação popular na administração pública. **Revista Trimestral de Direito Público**. São Paulo, n. 1, p. 127-139, 1993. Disponível em: <https://periodicos.fgv.br/rda/article/view/45639/47412>. Acesso em: 28 jun. 2024; SADER, Emir. Mandato ou cheque em branco? **Folha de S. Paulo**, p. 1-3, 9 ago. 1996.
[265] "O Estado para fiscalizar, controlar e intervir na sociedade, criou um aparato complexíssimo, pesado, caro e inoperante, que tem por finalidade a criação de um quadro de cargos e funções que deve ser ocupado por beneficiados pelas costuras políticas. Os cargos de carreira, constitucionalmente preenchidos por concursados, situam-se em patamares inferiores ou intermediários dessa complicada ordem. Ora, a partir disso, a burocracia, a operacidade, o distanciamento da sociedade e as ações desvirtuadoras das finalidades sociais do Estado passam a constituir seu cotidiano" (AGUIAR, Roberto A R. Parceria estado-sociedade: aspectos jurídicos. **Revista Subsídio – INESC – Instituto de Estudos Socioeconômicos**. Brasília, jun. 1994. p. 1-2).
[266] MORAES FILHO, Antônio Evaristo de. O círculo vicioso da corrupção. In: LEITE, Celso Barroso (Org.). **Sociologia da corrupção**. Rio de Janeiro: J. Zahar, 1987. p. 33.

possibilitam uma maior inserção e participação do cidadão gestão pública, no intuito de ampliar a legitimidade das ações estatais e reforçar sua autoridade com um diálogo na esfera pública[267].

A consensualidade administrativa deve incorporar nas suas ações e atividades decisões visíveis e acessíveis, com articulação de instituições, processos e corpos sociais, numa relação dialógica, e que sejam direcionadas na acomodação e ponderação fundamentadas nos cânones constitucionais.

A indisponibilidade do interesse público não é impedimento para a consensualidade administrativa, desde que seu conteúdo seja compreendido pela ideia de que não é possível ao agente público dispor do interesse público para fazer prevalecer uma intenção sua pessoal.

A consensualidade deve ser vista como instrumento desejável de maximização de contribuição da cidadania à formação da decisão do Poder Público, com base na proporcionalidade, repercutindo com influência positiva nas opções políticas voltadas para a consecução de metas e objetivos tendo como escopo a existência digna, e no controle da execução das políticas públicas com a realização dos direitos fundamentais.

Com a edição da Lei n. 13.655, de 25 de abril de 2018, e antecedida pelo Decreto-Lei n. 4.657, de 4 de setembro de 1942 (Lei de Introdução às Normas do Direito Brasileiro, doravante LINDB), a consensualidade administrativa é reforçada no âmbito da Administração Pública, com referência ao acordo que pode ser realizado por essa instância para a eliminação de irregularidade, da incerteza jurídica ou da situação contenciosa na aplicação do direito público.

No contexto do Estado pós-social, a consensualidade registra uma administração de escolhas legítimas em que os administradores se tornam gestores, num contexto de atuação convergente, integrada e articulada do governo com a Administração Pública para a realização dos programas de ação visando

---

[267] "A Administração Pública conformadora do Estado Democrático de Direito (eficiente, pluralista e participativo) deve estar atenta à coexistência de valores individualistas com a persistência de valores atinentes à solidariedade social. Da mesma forma, deve estar ciente da necessidade de agregar ao processo decisório decisões genéricas e multilaterais. A propósito, a 'multilateralidade' surge como marcante característica do 'Estado infra estrutural'" (BATISTA JÚNIOR, Onofre Alves. **Transações administrativas**: um contributo ao estudo do contrato administrativo como mecanismo de prevenção e terminação de litígios e como alternativa à atuação administrativa autoritária, no contexto de uma administração pública mais democrática. São Paulo: Quartier Latin, 2007); "a ambiência de reciprocidade comunicativa exige o sucumbir da reserva, do silêncio da indiferença e da autossuficiência decisória por parte da administração pública" (LIMA, Raimundo Márcio Ribeiro. **Administração Pública dialógica**. Curitiba: Juruá, 2013); "Sem autêntica liberdade pessoal não há participação, e sim sujeição; sem participação não há autêntica democracia, e sim meras formalidades sem significado" (RODRÍGUEZ-ARANA MUÑOZ, Jaime. **Direito fundamental à boa Administração Pública**. Tradução de Daniel Wuncher Hachem. Belo Horizonte: Fórum, 2012).

à concretização de direitos, à promoção do desenvolvimento e à integração solidária com a sociedade.

Trata-se de um modelo de atuação de órgãos e entidades administrativas fundamentado em mecanismos horizontais, em que se destacam a colaboração e a cooperação entre os atores públicos e privados na solução dos problemas coletivos[268] e intimamente associados com a existência de princípios e boas práticas, no quadro de um relacionamento Estado-sociedade aberto, democrático, transparente e responsável.

Concebida durante muito tempo com uma feição autoritária revelada pela edição de atos unilaterais de imposição, a Administração Pública resistiu à possibilidade de serem utilizados instrumentos consensuais para a satisfação das necessidades públicas.

Esse entendimento, que favorecia o autoritarismo, influenciou profundamente a Administração Pública, representada por uma crença na pureza absoluta do interesse público, de tal sorte que hoje se considera necessário substituir a administração unilateral pela administração consensual, capaz de possibilitar a adaptação da atividade administrativa às realidades e necessidades práticas do momento.

Por volta do início dos anos 1970, era imperioso constatar a necessidade de ultrapassar essa concepção, pois, com a crise do modelo providencialista, já restava provado que o Estado, sozinho, não conseguindo se desincumbir a contento da realização das tarefas públicas, exigia no contexto pós-social a colaboração entre o público e o privado, de modo a se apresentar ativamente à sociedade na condução dos negócios públicos.

Esse "retorno do pêndulo" – com o incremento no uso de mecanismos jurídico-consensuais, no seio da Administração Pública, rumo ao caminho da negociação como alternativa à unilateralidade característica do clássico esquema de atuação administrativa por atos administrativos unilaterais –, passou a figurar como uma condição da nova legitimação, a Administração Pública democrática.

Antes do advento do Estado democrático de direito, o isolamento da Administração Pública como organismo estranho à sociedade caracterizou a dimensão relacional entre essa esfera e os cidadãos, fundada na unilateralidade e na dependência. Essa dicotomia revela evidente disfunção na atuação administrativa de interesse público interessada em oferecer respostas aptas à satisfação das necessidades que se apresentam no cenário social.

---

268 "(...) o governo que governa não é o governo dos 'decisionistas' e dos líderes determinados, que 'impõem' à sociedade um dado programa de ação; é, ao contrário, o governo que sabe entrar em sintonia com as tendências e forças da sociedade para com elas implementar um audacioso programa reformador" (NOGUEIRA, Marco Aurélio. Para uma governabilidade democrática progressiva. **Revista Lua Nova**, n. 34, p. 105-128, 1995. Disponível em: <https://www.scielo.br/j/ln/a/nFdNzPQrqzW8pdTZFFKNDvh/>. Acesso em: 28 jun. 2024).

A lógica dicotômica evidenciada pela rigidez do comando administrativo e seu distanciamento da sociedade, legitimada por mecanismos partidários e representativos, reduz a Administração Pública a um gerenciamento de um ente público – de um lado, a Administração Pública autoritária com os tradicionais atos unilaterais de imposição; de outro, a sociedade numa perspectiva de subordinação em que os cidadãos são administrados e, portanto, destinatários passivos das decisões unilaterais da Administração Pública.

Com o advento do Estado democrático de direito, a lógica da confrontação e exclusão foi substituída por uma lógica de cooperação e ação concertada, com ênfase na ligação entre a burocracia pública e a sociedade. A revalorização da burocracia e de suas capacidades trouxe à tona uma rediscussão sobre o papel da Administração Pública e de seus objetivos em relação à sociedade, com o aprofundamento da interlocução comunitária afinada com a concepção emancipatória da cidadania.

Buscando responder a pergunta sobre qual seria a forma de ação administrativa em um Estado social democrático, consideramos que a consensualidade realizada em virtude de autorizações legais específicas[269], em que a sociedade passa a ser sócia e parceira da atuação da Administração Pública, passa a ter um papel crucial no desenvolvimento econômico e na transformação social.

Trata-se, no entanto, de um papel relacional com a ampliação das estratégias focadas na realização do interesse público com estímulo à prática de condutas privadas de interesse público e à criação de soluções privadas de interesse público[270].

A partir de uma revisão da visão universalista do interesse público, calcada na ideia de soberania e, portanto, de uma administração unilateral, instrumentalizada por atos, identificamos a necessidade de impregnar a atividade administrativa da opção consensual como imposição da realização de direitos fundamentais.

Assim, a interação horizontal com a sociedade evolui de uma posição de rigidez autoritária para a de flexibilidade democrática, remanescendo a face imperativa do poder administrativo quando necessário. Essa tendência é observada, como efeito do aprofundamento da democracia participativa e da transição, no Direito Administrativo da legitimação formal da administração fundamentada na lei para a legitimação material fundada na satisfação das necessidades sociais dos cidadãos[271].

---

269 ENTERRÍA, Eduardo García de; FERNÁNDEZ, Tomás-Ramon. **Curso de Derecho Administrativo**. Madrid: Civitas, 1999. V. I. p. 664-665.
270 MOREIRA NETO, Diogo de Figueiredo. Novos institutos consensuais da ação administrativa. **Revista de Direito Administrativo**. Rio de Janeiro, v. 231, p. 129-156, jan./mar. 2003. Disponível em: <https://periodicos.fgv.br/rda/article/view/45823/45108>. Acesso em: 28 jun. 2024.
271 MANGANARO, Francesco. **Principio di legalità e semplificazione dell'attività amministrativa**: i profili criticie principi ricostruttivi. Napoli: Edizioni Scientifiche Italiane, 2000. p. 139-141.

9. Direito Administrativo e direitos fundamentais: Administração Pública proativa

A plena eficácia dos direitos fundamentais exige da Administração Pública, além do respeito ao princípio da dignidade da pessoa humana, a concretização ou efetivação dos direitos fundamentais, por meio do cumprimento da sua real missão de atender às demandas da sociedade.

9.1 Respeito à dignidade da pessoa humana e o Direito Administrativo

Em relação à primeira coordenada, a ideia do respeito ao princípio da dignidade da pessoa humana gera à Administração Pública o cumprimento de três deveres: o de respeito, o de proteção e o de promoção.

No dever de respeito, a Administração Pública não pode violar os direitos fundamentais. No de proteção, a Administração Pública deve adotar ações e comportamentos em prol da efetivação dos direitos fundamentais, inclusive cumprindo o dever de formatar seus órgãos e os respectivos procedimentos nesse sentido. No de promoção, a Administração Pública deve fornecer as condições materiais mínimas para o exercício efetivo das liberdades constitucionais[272].

9.2 Concretização dos direitos fundamentais[273] e a Administração Pública

O problema da concretização dos direitos fundamentais pela Administração Pública aponta para os desafios de formulação de condições estruturais e arranjos

---

[272] "Sob esse prisma, passa-se a entender que não basta que os Poderes Públicos se abstenham de violar tais direitos, exigindo-se que eles os protejam ativamente contra agressões e ameaças provindas de terceiros. Além disso, caberá também ao Estado assegurar no mundo da vida as condições materiais mínimas para o exercício efetivo das liberdades constitucionais, sem as quais tais direitos, para os despossuídos, não passariam de promessas vãs. Ademais, o Estado tem o dever de formatar seus órgãos e os respectivos procedimentos de um modo que propicie a proteção e efetivação mais ampla possível aos direitos fundamentais" (SARMENTO, Daniel. **Direitos fundamentais e relações privadas**. Rio de Janeiro: Lumen Juris, 2010).

[273] "(...) os direitos fundamentais não se limitam à função precípua de serem direitos subjetivos de defesa do indivíduo contra atos do poder público, mas que, além disso, constituem decisões valorativas de natureza jurídico-objetiva da Constituição, com eficácia em todo o ordenamento jurídico e que fornecem diretrizes para os órgãos legislativos, judiciários e executivos" (SARLET, Ingo Wolfgang. **A eficácia dos direitos fundamentais**: uma teoria geral dos direitos fundamentais na perspectiva constitucional. Porto Alegre: Livraria do Advogado, 2011).

institucionais que favoreçam a efetivação da responsividade no atendimento adequado das demandas sociais[274].

Assim, considerando-se que a gestão pública é meio de atingir o bem-estar social e a correspondência entre a atuação da Administração Pública e os anseios da sociedade como um dever dos agentes do Poder Público, a democracia tem a propriedade de considerar os governantes como mandatários dos cidadãos, atuando como elemento justificador das atividades estatais, em especial da função administrativa. Aliás, o próprio caráter democrático do Estado dispõe da característica de influir na configuração da administração, criando um movimento de democratização na atividade administrativa.

A democratização na atividade administrativa por reflexo da democracia política surgiu como consequência da crise do esquema clássico de relações entre Administração Pública e administrados que conduziu à procura de modelos de promoção da cooperação dos cidadãos com as decisões administrativas.

A partir do advento do Estado democrático de direito, as críticas passaram a se dirigir para a administração unilateral instrumentalizada por atos, que funcionava como modelo autoritário amparado na supremacia do interesse público sobre o particular, sem prévia possibilidade de discussão pública, e como uma organização fundamentada na contraposição absoluta entre público e privado, o que naturalmente conduziu à perda de sua legitimidade.

Ao contrário desse modelo unilateral, a administração atual é aberta à participação direta dos administrados nas decisões, em direção ao público, tornando-se mais próxima. O envolvimento direto influencia os participantes a aceitarem os resultados desse processo no qual tomaram parte, fornecendo legitimação e justiça aos atos das autoridades[275].

No contexto atual, a literatura publicista apresenta-nos a satisfação dos interesses coletivos como encargo responsivo sujeito ao controle social, em que o papel da Administração Pública passa a ser o da promoção da extensão da cidadania na ação pública, transformando-se num centro de convergências de interesses e de dignificação da pessoa humana. Tal tópico faz-se acompanhar de uma semântica renovada que inclui fórmulas em que os administrados se sintam partícipes comprometidos com os destinos do Estado.

---

274 "A ideia, enfim, é de que a realização efetiva da dignidade da pessoa humana, no quadro de uma sociedade complexa, onde o poder não repousa apenas nas mãos do Estado, mas antes se dilui por múltiplas instancias sociais capilares, depende da existência de políticas públicas, de procedimentos e de instituições adequadas, sem as quais as promessas emancipatórias dos direitos fundamentais não passarão de mera retórica" (SARMENTO, Daniel. **Direitos fundamentais e relações privadas**. Rio de Janeiro: Lumen Juris, 2010. p. 4).

275 STURN, Susan. The promise of participation. **Iowa Law Review**. Iowa City, v. 78, n. 5, p. 996-997, July 1993.

A necessidade da Administração Pública consiste em desenvolver parcerias com a sociedade civil e o mercado, dinâmica que tem como corolário a demanda por uma gestão pública consensual. Nesse projeto democrático de maior articulação entre a Administração Pública e a sociedade civil, surge a processualidade no âmbito dessa esfera, estendendo as superfícies de contato entre o sujeito público e sujeito privado, instrumentalizando as exigências pluralistas do contexto sociopolítico do fim do século XX e primórdios do século XXI[276].

A configuração de uma Administração Pública democrática exige uma concepção ativa de burocracia com adaptação das instâncias organizacionais públicas aos desafios da pós-modernidade, buscando articular a linguagem gerencialista fundamentada no racionalismo econômico de discurso de eficiência com a dimensão política da interlocução comunitária que trata o cidadão como sujeito protagonista das transformações sociais.

Essa articulação implica a melhoria da governança da Administração Pública, não se restringindo a aspectos instrumentais e técnicos da eficiência gerencial na provisão de bens e serviços à população, mas ampliando o desenvolvimento do sistema administrativo com um processo de mudança organizacional de inserção de valores de engajamento do cidadão no processo de escolha social de desenvolvimento.

Assim, essa democratização que influencia a configuração da Administração Pública conhece uma extensão ampla, que fica longe de se circunscrever ao seu caráter técnico e instrumental voltado à eficiência da gestão e à atenção com os resultados, aproximando-se de valores que podem nortear uma boa governação do sistema administrativo, especialmente nas relações da Administração Pública e sociedade.

É preciso destacar, no entanto, que essa atual tendência no campo da Administração Pública tem pauta teórica na compreensão das formas pelas quais as organizações públicas contribuem para o aperfeiçoamento democrático[277] e foca-se na ressignificação da missão administrativa existente no Estado democrático, passando pela defesa dos direitos individuais e colectivos dos cidadãos, pelo controle do exercício do poder administrativo e pela realização de uma sociedade mais coesa e justa[278], incorporando uma dimensão política na Administração

---

276 MEDAUAR, Odete. **A processualidade no Direito Administrativo**. São Paulo: Revista dos Tribunais, 2008. p. 72.

277 DENHARDT, Robert B.; DENHARDT, Janet Vinzant. **The New Public Service**: Serving, not Steering. Armonk: M. E. Sharpe, 2000. p. 42.

278 ARENILLA SÁEZ, Manuel. Administración Pública y ciencia de la administración. In: SÁEZ, Manuel Arenilla et al. (Coord.). **La Administración Pública entre dos siglos**: ciencia de la administración, ciencia política y Derecho Administrativo – homenaje a Mariano Baena del Alcázar. Madrid: Instituto de Administración Pública, 2010. p. 104.

Pública de modo a incrementar sua responsabilidade democrática[279] na condição de servidores do bem público e da melhoria do bem-estar da vida dos cidadãos.

Nesse contexto de boa governação na Administração Pública, um relacionamento simbiótico entre essa esfera e a sociedade, reflexo do advento do Estado democrático e social, propõe uma agente de reflexão e de proposta de medidas que valorizem a cidadania na participação de programas de ação pública e resgatem o espaço público fundamentado numa ótica não apenas de eficiência, mas também de utilidade para sociedade.

Em uma gestão da coisa pública na categoria governança pública, quando a Administração Pública busca coesão social com práticas administrativas democráticas inclusivas, ela justifica sua existência como importante arranjo institucional, aberto a ações transparentes e compartilhadas na formulação e implementação de políticas públicas.

O tema da Administração Pública democrática se associa com o modo de relacionamento entre esse âmbito e a sociedade. A gestão dos assuntos públicos encontra seu fundamento de validade no consenso dos cidadãos obtido com respeito a técnicas de aproximação entre a Administração Pública e os cidadãos.

Em documento da Comissão das Comunidades Europeias (Livro Branco[280]), voltado para melhoria da governança na condução de estratégias de desenvolvimento, destaca-se o papel da Administração Pública voltado à preservação do princípio democrático e da legitimidade, como qualidade que dele decorre,

---

[279] A expressão *responsabilidade democrática da Administração Pública* possui na linguagem jurídica uma nomenclatura própria: *accountability*, termo consagrado na literatura política anglo-americana. A terminologia formalizou-se no final do século XVIII, precisamente em 1794, por parte de Samuel Willian. No final dos anos 1990, foi disseminado o uso da expressão. Na atualidade, a expressão está consolidada em todo o mundo, sem tradução exata em outros idiomas como o português. Porém, adota-se contemporaneamente, a terminologia *accountability* para designar a responsabilidade democrática da administração pública em relação à sociedade (O'DONNELL, Guillermo. Accountability horizontal e novas poliarquias. **Revista Lua Nova**. São Paulo, n. 44, p. 27-54, 1998. Disponível em: <https://www.scielo.br/j/ln/a/jbXvTQR88QggqcdWW6vXP8j/?lang=pt>. Acesso em: 28 jun. 2024; ABRUCIO, Fernando Luiz; LOUREIRO, Maria Rita. Finanças públicas, democracia e accountability. In: ARVATE, Paulo Roberto; BIDERMAN, Ciro. **Economia do setor público no Brasil**. Rio de Janeiro: Elsevier/Campus, 2004; KOPPELL, Jonathan G. S. Pathologies of Accountability: ICANN and the Challenge of "Multiple Accountabilities Disorder. **Public Administration Review**, v. 65, n. 1, p. 94-108, jan./fev. 2005; MIGUEL, Luís Felipe. Impasses da accountability: dilemas e alternativas da representação política. **Revista de Sociologia e Política**. Curitiba, UFPR, n. 25, nov. 2005; PINHO, José Antônio Gomes de; SACRAMENTO, Ana Rita Silva. Accountability: já podemos traduzi-la para o português? **Revista de Administração Pública**. Rio de Janeiro, v. 43, n. 6, p. 1343-1368, nov./dez. 2009. Disponível em: <https://www.scielo.br/j/rap/a/g3xgtqkwFJS93RSnHFTsPDN/?format=pdf&lang=pt>. Acesso em: 28 jun. 2024; CAMPOS, Ana Maria. Accountability: quando poderemos traduzi-la para o português? **Revista da Administração Pública**. Rio de Janeiro, FGV, v. 24, n. 2, p. 30-50, fev./abr. 1990. Disponível em: <https://periodicos.fgv.br/rap/article/view/9049/8182>. Acesso em: 28 jun. 2024).

[280] UNIÃO EUROPEIA. **Livro Branco**. Disponível em: <https://eur-lex.europa.eu/PT/legal-content/glossary/white-paper.html#:~:text=Os%20Livros%20Brancos%20da%20Comiss%C3%A3o,consulta%20a%20n%C3%ADvel%20da%20UE>. Acesso em: 4 jul. 2024.

incluindo a efetivação da abertura, participação, responsabilização, eficácia e coerência.

Ao focar a melhoria da governança europeia, destaca-se, no entanto, que tal ênfase pressupõe a definição de um projeto de governança mais democrática e de instrumentos para conduzir o processo de democratização da gestão pública, com sinergias público-privadas.

Nessa perspectiva, a melhoria da governança europeia, entendida como objetivo a ser alcançado com a implantação dos princípios da boa governança, é fundamental para obter uma Administração Pública democrática e próxima do cidadão. Cabe ressaltar que, embora no Livro Branco haja diretrizes de gestão pública no âmbito da União Europeia, sua aplicação é estendida a todos os níveis de governo, inclusive no Brasil.

Além da dimensão técnica, a dimensão sociopolítica pautada em um projeto democratizante é a chave para a responsividade na Administração Pública, situada nos marcos que criam maior interação com aos cidadãos pelo incremento do diálogo social.

Apostando também na melhoria da governança, Costa GONÇALVES[281] argumenta que os valores da boa governação do sistema administrativo não se reconduzem só à eficiência da gestão e à atenção dos resultados. Mais do que isso, é necessário a uma Administração Pública democrática para a transformação das estruturas de uma gestão pública.

Na visão do autor anteriormente citado, torna-se imprescindível unir, sem preocupação de exaustividade, exigências que permitam operacionalizar princípios democráticos com uma gestão que favoreça e reforce a participação dos atores sociais nas instâncias de deliberação da Administração Pública: transparência, imparcialidade, abertura à participação dos cidadãos, prestação de contas e descentralização do sistema administrativo.

Essa proposta é construída com base na constatação do advento do paradigma da governança pública. Em defesa da melhoria da governança, considera que a gestão apenas pode fazer sentido de boa governação se incorporar discurso e uma ordem de valores de estreitamento no relacionamento com a sociedade civil.

Esse fenômeno da *accountability* democrática ao se referir à redefinição e ampliação das formas de relacionamento entre a Administração Pública e sociedade sob o influxo de novos modelos democráticos agregados à democracia liberal de alta intensidade, sofre influência do ativismo judicial e da judicialização da política, já que marca uma transferência de atividades e funções da Administração Pública ao Judiciário caracterizadora de uma descentralização do processo decisório em nome dos direitos fundamentais.

---

281 GONÇALVES, Pedro Costa. **Manual de Direito Administrativo**. São Paulo, SP: Almedina, 2019.

Esse renovado debate sobre gestão pública e responsividade ecoa na reflexão sobre a democratização da atividade administrativa. Uma concepção democrática do Estado administrativo ao colocar em causa o problema da legitimidade da Administração Pública, faz emergir a necessidade do desenvolvimento de condições propícias para a formação de uma nova relação decisiva com a sociedade, não mais a partir de relações hierarquizadas e de domínio, mas de recognição e integração.

Em primeiro lugar, destaca-se o papel crucial atribuído ao exercício da cidadania nos espaços e ambientes da Administração Pública. Além de considerar os administrados como cidadãos, enfatiza-se a abertura e o estímulo à participação dos cidadãos no cumprimento da missão de realização do interesse público. É a valorização do indivíduo na sociedade a substituição do conceito de "administrado por cidadãos", pois se exige uma postura não só de respeito, mas de atuação, em homenagem à dignidade da pessoa humana como fundamento da República[282].

Uma das condições da Administração Pública democrática é valorização do cidadão como parceiro do administrador público e não servo do século XX, como sugere a obsoleta expressão *administrado*, que contribui para aumentar a infeliz distância entre a sociedade e o Estado. Essa valorização consubstancia-se, desde logo, na consideração do cidadão com personagem atuante num processo de cogestão pública[283], em que o interesse analítico identifica-se por padrões de interação com a sociedade no processo decisório.

Uma visão sobre os impactos da inserção direta da soberania popular na gestão pública mostra-nos o Estado a demandar redefinição e ampliação das formas de relacionamento com a sociedade; em vez de atuar diretamente na prossecução do interesse público[284], mostra preferência por um caminho de um desenvolvimento sustentável e inclusivo, com a articulação entre diversos atores sociais.

O objetivo perseguido é, pois, o de aproveitar, na máxima medida possível, a capacidade de participação do cidadão nos processos decisórios, contribuindo tanto para a ampliação das capacidades do Estado como para a correção dos déficits da democracia representativa. Essa máxima inclusão possível dos indivíduos

---

282 BAPTISTA, Patrícia. **Transformações do direito administrativo**. Rio de Janeiro: Renovar, 2003.
283 "(...) intervenções populares, constituídas pelo conjunto de cidadãos ou associações representativas da comunidade, sobre a qual incidirão as políticas públicas, cujas demandas ganham visibilidade através das consultas populares, audiências públicas ou concerto. Aquelas intervenções têm como fim influenciar o conteúdo da decisão administrativa de modo efetivo ou se constituírem na própria decisão administrativa definidora daquelas políticas" (SOARES, Fabiana de Menezes. **Direito Administrativo de participação**: cidadania, direito, Estado e município. Belo Horizonte: Del Rey, 1997. p. 161-169).
284 "Em vez de uma relação de contradição entre os interesses privado e público há, em verdade, uma 'conexão estrutural'" (SARMENTO, Daniel (Org.). **Interesses públicos versus interesses privados**: desconstruindo o princípio de supremacia do interesse público. Rio de Janeiro: Lumen Juris, 2005. p. 190-191).

na gestão pública, no quadro do Estado democrático de direito, transforma os cidadãos em protagonistas dentro de um espaço de compartilhamento do poder e resulta no dinamismo histórico nas relações entre Estado e cidadão, desde o advento do Estado moderno.

Do ponto de vista histórico, uma interpretação compreensiva da cidadania pressupõe que a gestão pública democrática fundamentada na interação Estado-sociedade para resolução dos dilemas da ação coletiva implica a ampliação do conceito da cidadania ligada à era de direitos políticos ativos e passivos[285] para uma cidadania social, em que os cidadãos são convocados a participar das deliberações coletivas.

Em segundo lugar, a exigência de um controle social da Administração Pública, permitindo ao povo fiscalizar a condução dos negócios públicos, num processo de sujeição de avaliação administrativa à coletividade; existe uma concepção substantiva em que a Administração Pública se submete à observância de valores democráticos que auxiliem na transformação da atuação administrativa, de maneira a atingirmos a justiça social e o aumento da participação cidadã nos destinos da sociedade[286]. É a concretização da democracia de operação[287].

Contemporaneamente, o controle social da Administração Pública permite a adoção de mecanismos que visam privilegiar a ampliação da participação popular que não se limita ao exercício do voto e à escolha de representantes, funcionando como importante mecanismo de prevenção da corrupção e de fortalecimento da cidadania.

É inegável, pois, que, no Estado democrático de direito, a viabilização do controle social com a participação do cidadão no monitoramento das ações da Administração Pública, especialmente na aplicação dos recursos públicos é tanto

---

[285] Numa relação de verticalidade, a cidadania originada da nacionalidade determinada pelo critério do *jus sanguinis*, representa um *status* jurídico dúplice, ou seja, ativo no sentido de poder exercer relações e direitos frente ao soberano, e passivo traduzido na obediência ao soberano. É na concepção de Estado de Jean Bodin que encontramos a construção da noção de cidadania, em que o cidadão é nacional do Estado, definido como "aquele que desfruta da liberdade comum e da proteção do poder soberano. Assim, a cidadania não está fundamentada em privilégios, em direitos ou em deveres, mas no mútuo reconhecimento de submissão diante do mesmo comando". De acordo com seus estudos, dá-se relevo ao modelo da relação vertical consubstanciada entre a autoridade e a obediência, e é desconsiderado o modelo grego de relação horizontal entre os indivíduos. (BARROS, Alberto Ribeiro de. O conceito de soberania no methodus de Jean Bodin. **Discurso**, n. 27, p. 139-155, 1996. p. 142. Disponível em: <https://filosofia.fflch.usp.br/sites/filosofia.fflch.usp.br/files/publicacoes/Discurso/Artigos/D27/D27_O_Conceito_de_Soberania.pdf>. Acesso em: 28 jun. 2024; BODIN, Jean. **Les six livres de la République**. Paris: Librairie Générale Française, 1993. p. 139).

[286] "O Direito Administrativo contemporâneo tende ao abandono da vertente autoritária para valorizar a participação de seus destinatários finais quanto à formação da conduta administrativa" (TÁCITO, Caio. Direito Administrativo Participativo. **Revista de Direito Administrativo**. Rio de Janeiro, n. 209, p. 1-6, 1º jul. 1997. Disponível em: <https://periodicos.fgv.br/rda/article/view/47038/46022>. Acesso em: 28 jun. 2024).

[287] MEDAUAR, Odete. **Direito Administrativo moderno**. São Paulo: Revista dos Tribunais, 2015.

mais assegurada não apenas no que se refere à conscientização da sociedade de que ela tem o direito de participar desse controle, mas também à criação de mecanismos institucionais de diálogo entre o Estado e os cidadãos que permitam a fiscalização para salvaguarda do atendimento eficiente e eficaz das demandas sociais.

A dimensão do compartilhamento é a viabilização do controle social com instrumentos e práticas de participação na fiscalização da condução da máquina pública. O controle social sobre o exercício da função administrativa constitui uma vertente fundamental da participação popular na Administração Pública, um dos mais estruturantes mecanismos de fortalecimento da democracia participativa. O próprio advento do Estado democrático de direito gerou, por seu turno, como repercussão essencial uma maior participação dos cidadãos, em uma perspectiva ascendente de baixo para cima.

O controle social instrumentaliza-se, designadamente, no direito dos cidadãos de acompanhamento da gestão pública em defesa da sua legalidade e moralidade com mecanismos que permitam a livre investigação da administração dos assuntos públicos, inclusive com previsão de sanções no contexto de descoberta de desvios como garantia da responsabilidade democrática. É importante acentuar que a efetivação da dimensão do compartilhamento só é possível diante da compreensão dos atos e gastos feitos pela Administração Pública vinculada à qualidade informacional, vertente da dimensão do esclarecimento.

O fator fundamental no combate da corrupção reside não mais apenas no reconhecimento do controle social no exercício do poder, mas na efetivação desse controle. O problema da efetivação dos mecanismos de controle social está estreitamente ligado ao exercício de uma cidadania ativa preocupada com o atendimento de demandas sociais, sendo um espaço de conquistas coletivas. Daí a razão de o reconhecimento e a efetivação do controle social estarem na base da democracia.

A efetivação do controle social envolve o direito e o dever do cidadão de fiscalização da coisa pública. Por *cidadão* entende-se aquele membro da sociedade que age de forma individual ou coletiva no acompanhamento da gestão pública. Quanto ao conteúdo do controle social, ele deve abordar necessariamente dois temas básicos: o direito de questionar a legitimidade das ações públicas, inclusive as contas dessa área, e a denúncia de irregularidades ou ilegalidades perante os órgãos de fiscalização.

Em terceiro lugar, o desenvolvimento da *accountability* democrática se dá por meio da abordagem da responsabilidade democrática da Administração Pública, compreendida como um instituto que define e delimita os pressupostos de existência de um dever jurídico-público que se traduz na obrigação, imposta à Administração Pública, de cumprir suas tarefas administrativas e de prestar contas da gestão pública para a sociedade.

Tal dever tem sua fonte na soberania popular, já que, numa democracia, os representantes exercem o poder em nome e em benefício do povo[288]. Nesse modelo, exige-se desenvolver uma gestão pública com estratégia ativa de transparência. Nesse ponto, que será melhor desenvolvido na segunda parte da presente investigação, a ideia é desenvolver uma abertura na gestão pública com esclarecimento e justificativa no gerenciamento da máquina pública.

A responsabilidade da Administração Pública perante a sociedade encontra-se relacionada com a questão do cumprimento do seu dever de prestar contas. Esse dever abrange a análise da responsabilização e controle do exercício do poder administrativo no sentido de permitir aos cidadãos discernir se os administradores públicos estão agindo de acordo com seus interesses e sancioná-los apropriadamente[289].

Por fim, em quarto lugar temos o fomento da boa Administração Pública definida como eficácia social na gestão pública; concebida como instrumento e meio de realização do interesse público, a Administração Pública, nessa perspectiva material, é concebida como um espaço privilegiado para o desenvolvimento de uma maior aproximação entre cidadão e administração, com a concretização do acesso à informação pública e da participação do cidadão na gestão e no controle da administração pública[290].

O fomento à boa administração constitui elemento essencial da ordenação jurídica da Administração Pública democrática, possibilita o desenvolvimento da noção de legitimidade da atividade administrativa baseada numa maior eficácia e efetividade das ações estatais e orientada pela principiologia dos direitos fundamentais[291].

---

288 BOBBIO, Norberto. **Estado, governo, sociedade**: para uma teoria geral da política. Rio de Janeiro: Paz e Terra, 2007.

289 CHEIBUB, José Antônio; PRZEWORSKI, Adam. Democracia, Eleições e Responsabilidade Política. **Revista Brasileira de Ciências Sociais**. São Paulo, v. 12, n. 35, out. 1997. p. 2. Disponível em: <https://www.scielo.br/j/rbcsoc/a/Yf5ypDQ4DjV6VGTVj6YGPnh/?lang=pt>. Acesso em: 2 jul. 2024.

290 "Ora, somente se pode pensar em efetiva realização do princípio democrático quando (e onde) possa o administrado participar da feitura do querer administrativo, ou da sua concretização efetiva" (FERRAZ, Sérgio. Processo Administrativo e Constituição de 1988. **Revista Trimestral de Direito Público**. São Paulo, n. 1, p. 84-87, 1993).

291 "Não satisfaz às aspirações da Nação a atuação do Estado de modo compatível apenas com a mera ordem legal, exige-se muito mais: necessário se torna que a administração da coisa pública obedeça a determinados princípios que conduzam à valorização da dignidade humana, ao respeito à cidadania e à construção de uma sociedade justa e solidária" (BRASIL. Superior Tribunal de Justiça. **REsp 579.541/SP**. Relator: Min. José Delgado. Primeira Turma. Data de julgamento: 17 fev. 2004. Data de publicação: Diário de Justiça, 19 abr. 2004. p. 165).

10. Outras transformações do Direito Administrativo

10.1 Crise do serviço público

É revelada por vários elementos: a) dificuldade na conceituação de serviço público[292]; b) dificuldade do Estado, por si mesmo ou por seus delegatários, de oferecer um serviço público eficiente à população; c) tendência de transformar serviços públicos exclusivos do Estado em atividades privadas abertas à livre iniciativa e à livre concorrência; d) releitura e/ou crise na separação de poderes com um Poder Judiciário assumindo um papel de concretização efetiva dos direitos fundamentais sociais, mormente diante da notória incapacidade do Estado na prestação real dos serviços sociais básicos[293].

10.2 Movimento de agencificação

É a criação de agências reguladoras com a natureza de autarquias de regime especial, às quais a lei atribui função de regulação, encaradas como a forma organizacional que permite ao governo ser mais efetivo e eficiente.

10.3 Fuga para direito privado

O Plano Diretor de Reforma do Estado introduziu a eficiência como forma de estruturar o agir administrativo. A eficiência contribuiu para modernizar e agilizar a Administração Pública. Com o advento do *New Public Management*, a gestão pública incorpora princípios e mecanismos de mercado em consonância com a visão neoliberal. Trata-se da adequação estrutural e funcional da Administração Pública às técnicas da gestão do setor privado no sentido de buscar a eficiência pública. Essa tendência não tem como concretizar-se com a extensão que se possa pretender, tendo em vista que o direito privado, quando utilizado pela Administração Pública, é sempre derrogado parcialmente por normas de direito público, muitas delas com fundamento constitucional.

---

[292] "(...) não há um conceito apriorístico de serviço público, elastecendo-se o seu âmbito na medida em que se expande a presença do Estado nos domínios da vida social contemporânea. Não há, na matéria, um sentido estático, refletindo-se, nas perspectivas da legislação cambiante, as transações de ordem política que modificam a missão administrativa do Estado" (TÁCITO, Caio. **Temas de Direito Público**: estudos e pareceres. Rio de Janeiro: Renovar, 1997).

[293] FINGER, Ana Cláudia. Serviço público: um instrumento de concretização de direitos fundamentais. **Revista de Direito Administrativo & Constitucional**, Belo Horizonte, n. 12, abr./jun. 2003. Disponível em: <https://revistaaec.com/index.php/revistaaec/article/view/705>. Acesso em: 28 jun. 2024.

10.4 Direito Administrativo global

A ruptura nas fronteiras do Estado Nacional, dada a integração global aliada à incapacidade dos Estado de lidarem com questões complexas de repercussão internacional com fusão de interesses particulares e coletivos, faz surgir a necessidade da criação de valores comuns compartilhados em uma governança global, como resultado da evolução de um sistema regulatório multidimensional de redes descentralizadas[294].

10.5 Elasticidade do Direito Administrativo

Diálogo com outras disciplinas jurídicas e não jurídicas, bem como a constatação de que sua aplicação não está restrita ao seio do Estado, incidindo também sobre os atores privados que exercem atividades de relevância pública[295].

10.6 Aproximação entre a *civil law* e a *common law*[296]

Apesar da origem francesa, de tradição romano-germânica (*civil law*), o Direito Administrativo brasileiro tem sofrido fortes influências de países da tradição anglo-saxônica (*common law*), especialmente a partir da globalização econômica e jurídica, o que pode ser exemplificado pela consagração de princípios comuns; a releitura da concepção francesa de serviço público e a adoção da noção das *public utilities*, com o reconhecimento da livre-iniciativa para prestação dos serviços de utilidade pública; e a instituição de agências reguladoras, inspiradas no modelo norte-americano etc.

---

[294] "(...) estruturas, procedimentos e padrões normativos utlizados na tomada de decisões regulamentares, designadamente relativos à transparência, à participação e à revisão, bem como o direito que regula os mecanismos de implementação destas normas, que são aplicáveis a órgãos reguladores intergovernamentais formais; em redes de regulação intergovernamentais informais, em decisões regulamentares de governos nacionais, quando estes fazem parte ou delimitem um regime intergovernamental internacional; e aos organismos transnacionais público-privados ou privados híbridos" (KINGSBURY, Benedict; KRISCH, Nico; STEWART, Richard B. The Emergence of Global Administrative Law. New York, **IILJ Working Paper 2004/1**, 2004. [Global Administrative Law Series]. p. 5-6. Tradução nossa).
[295] OLIVEIRA, Rafael Carvalho Rezende. **Curso de Direito Administrativo**. São Paulo: Gen, 2023.
[296] DI PIETRO, Maria Sylvia Zanella. **Direito Administrativo**. São Paulo: Atlas, 2023.

TÍTULO 4

REGIME JURÍDICO DA ADMINISTRAÇÃO PÚBLICA

Sumário

Capítulo 1
Regime jurídico e princípios 243

Capítulo 2
Princípios do Direito Administrativo 289

Capítulo 1
Regime jurídico e princípios

1. Conceito e fundamento

O regime[1] jurídico da Administração Pública representa e descreve a ligação entre a Administração Pública e o Direito, posto que traduz a vinculação jurídica da Administração por meio de um conjunto de normas e princípios cogentes de aplicabilidade imediata que regulam e controlam a atividade administrativa do Estado no que se refere aos atos praticados pelo Poder Público por meio de seus agentes. O relacionamento entre a atividade administrativa e a ordem jurídica traz à existência um conjunto ordenado de normas jurídicas que regulam a Administração Pública.

A existência do regime jurídico da Administração Pública resulta do Estado de direito[2], como uma conquista emergente da eterna contenda entre novas liberdades e velhos poderes[3] para controlar o poder político com a proclamação de limites jurídicos e o reconhecimento dos direitos e garantias fundamentais[4].

A concepção de Estado de direito que serve de fundamentação para o regime jurídico da Administração Pública no século XXI não é uma **concepção formal**[5] sem qualquer associação com o conteúdo substantivo da lei, referindo-se a um modelo positivista, mas uma **concepção material**[6], com preocupações axiológicas ligadas à justiça e aos valores consagrados pela sociedade, que se firma na força normativa da Constituição e volta-se ao equacionamento do Direito, da Moral e da Política.

A concepção formal do Estado de direito, como manifestação do positivismo normativista, mostra-se impregnada da ideia de legalidade sem qualquer conotação moral ou ética, projetando-se sobre o papel do intérprete na aplicação da subsunção. Nas décadas de 1950 e 1960, com o fortalecimento do constitucionalismo e o reconhecimento do pluralismo jurídico, surgiu a concepção

---

1 No "sentido jurídico, regime importa no sistema ou no modo de regular, por que as coisas, instituições ou pessoas se devam conduzir" (SILVA, De Plácido e. **Vocabulário jurídico**. Rio de Janeiro: Forense, 1999).
2 Expressão utilizada pela primeira vez por Robert Von Mohl nos anos 30 do século XIX. Trata-se de uma construção linguística alemã (BÖCKENFÖRDE, Ernest Wolfgang. **Estudios sobre el Estado de derecho y la democracia**. Madrid: Trota, 2000. p. 20; BILLIER, Jean-Cassien; MARYOLI, Aglaé. **História da filosofia do Direito**. Tradução de Maurício de Andrade. São Paulo: Manole, 2005. p. 248.
3 BOBBIO, Norberto. **A era dos direitos**. Rio de Janeiro: Campus, 1992. p. 5.
4 DÍAZ, Elias. **Estado de derecho y sociedad democratica**. Madrid: Taurus, 1986. p. 31 e ss.; REIS NOVAIS, Jorge. **Contributo para uma Teoria do Estado de Direito**. Coimbra: Almedina, 2006; SCHMITT, Carl. **Legalidade e legitimidade**. Tradução de Tito Lívio Cruz Romão. Belo Horizonte: Del Rey, 2007; FERREIRA FILHO, Manoel Gonçalves. **Estado de direito e Constituição**. São Paulo: Saraiva, 1999; TAVARES, Marcelo Leonardo. **Estado de Emergência**: o controle do poder em situação de crise. Rio de Janeiro: Lumen Juris, 2008. p. 18.
5 RAZ, Joseph. **The Authority of Law**: Essays on Law and Morality. Nova York: Clarendon Press, 1979. p. 211.
6 HAYEK, Friedrich August von. **O caminho da servidão**. São Paulo: Instituto Liberal, 1990. p. 87-97.

material graças ao retorno de valores e à viabilização da técnica da ponderação na hermenêutica[7]. A passagem do formalismo jurídico para a eficácia substantiva representa um progresso ético para a sociedade consubstanciada na realização de direitos fundamentais, segundo os princípios axiológicos que apontam e ordenam valores que dão conteúdo fundante a essa declaração[8].

Em sentido amplo, *regime jurídico* corresponde ao ramo do Direito (subsistema normativo – feixe de normas dentro do conjunto total do ordenamento jurídico). Em sentido estrito, o termo abrange normas (regras e princípios) que regulam determinado tema ou instituto (conjunto de normas que disciplinam certo tipo de atividade socialmente relevante). As normas podem ser de diferentes ramos do Direito[9].

A identificação do regime jurídico da Administração Pública, como ponto nuclear de convergência e articulação de todos os princípios e normas de Direito Administrativo, permite não apenas a fixação das características para integração no sistema de direito a que pertence[10], mas a atribuição de autonomia a esse ramo do Direito[11].

No sentido restrito, o regime jurídico da Administração Pública se refere a normas cujas peculiaridades conferem uma identidade própria à Administração Pública, podendo estar submetida a um regime jurídico de direito público ou de direito privado.

---

7   MÜLLER, Friedrich. **Métodos de trabalho do Direito Constitucional**. Rio de Janeiro: Renovar, 2005. p. 59-89.
8   SALGADO, Joaquim Carlos. O Estado ético e o Estado poiético. **Revista do Tribunal de Contas do Estado de Minas Gerais**, Belo Horizonte, v. 27, n. 2, abr./jun. 1998. p. 53.
9   JUSTEN FILHO, Marçal. **Curso de Direito Administrativo**. São Paulo: Gen, 2024.
10   "O direito administrativo brasileiro insere-se no sistema de base romanística, por sua vinculação ao direito romano e inspiração maior nos direitos francês, italiano, alemão, entre outros que também integram esse sistema, embora em determinados momentos de sua evolução tenha sofrido influência também do sistema do commow law, e, mais recentemente, do direito comunitário europeu. Dentro do sistema romanista, o direito administrativo é ramo do direito público, embora, em determinadas situações, também se utilize de institutos, princípios e regras do Direito Privado" (DI PIETRO, Maria Sylvia Zanella. Do regime jurídico da Administração Pública. In: DI PIETRO, Maria Sylvia Zanella. **Tratado de Direito Administrativo**: teoria geral e princípios do Direito Administrativo. São Paulo: Revista dos Tribunais, 2019. Disponível em: <http://www.jusbrasil.com.br/doutrina/tratado-de-direito-administrativo-teoria-geral-e-principios-do-direito-administrativo/1290405566>. Acesso em: 1º jul. 2024.
11   "(...) há uma disciplina jurídica autônoma quando corresponde a um conjunto sistematizado de princípios e normas que lhe dão identidade, diferenciando-a das demais ramificações do Direito" (MELLO, Celso Antonio Bandeira de. **Curso de Direito Administrativo**. São Paulo: Malheiros, 2022).

2 Regime jurídico público e privado

As normas que regulam o Direito Administrativo compõem o regime jurídico da Administração Pública. No entanto, a vinculação jurídica dessa esfera não se caracteriza apenas por normas de direito público, mas também abrange normas do direito privado. A opção pelo regime é feita pela Constituição Federal ou por lei.

No regime jurídico de direito privado composto por normas dessa esfera aplicáveis à Administração Pública, a submissão da Administração: a) nunca é integral; algumas normas sempre serão de direito público – privilégios e restrições (competência, finalidade, motivo, forma, procedimento e publicidade); b) ocorre no desenvolvimento de atividades econômicas em sentido estrito, feito por empresas estatais em caso de segurança nacional ou relevante interesse coletivo.

A diversidade normativa entre direito público e direito privado, no âmbito da Administração Pública, permite estabelecer diferenciações entre:

a) **Direito administrativo em sentido amplo**, ou seja, o direito da Administração Pública, que abrange o Direito Administrativo propriamente dito, exorbitante do direito comum, e o Direito Administrativo parcialmente derrogatório do direito comum; e **Direito Administrativo em sentido restrito**, integrado apenas por normas que integram o regime jurídico administrativo subordinado ao direito público[12].
b) **Regime jurídico da Administração Pública** como gênero abrangente dos regimes de direito público e de direito privado; e **regime jurídico-administrativo**, como espécie que abrange apenas o regime jurídico de direito público.

O regime jurídico-administrativo[13] visa equilibrar a satisfação dos interesses coletivos (autoridade da Administração Pública) e a proteção das liberdades individuais (liberdade do indivíduo); grande parte dos seus institutos está na teoria geral do Direito, mas foram adaptados; todo e qualquer poder é instrumental no alcance da finalidade pública[14].

O regime jurídico-administrativo é um conjunto de normas jurídicas que disciplinam o desempenho de atividades e organizações de interesse coletivo, vinculadas à realização dos direitos fundamentais, caracterizado pela ausência

---

12 LAUBADERE, André de. **Traité de Droit Addministratif**. Paris: Librairie Générale de Droit Et de Jurisprudence, 1973.
13 A expressão *regime jurídico-administrativo* consiste no conjunto de normas jurídicas que instituem prerrogativas públicas e sujeições para a Administração Pública, vinculadas à satisfação de determinados fins e que não se encontram nas relações entre particulares. "Só se pode, portanto, falar em direito administrativo no pressuposto de que existam princípios que lhe sejam peculiares e que guardem entre si uma relação lógica de coerência e unidade" (MELLO, Celso Antônio Bandeira de. **O conteúdo do regime jurídico-administrativo e seu valor metodológico**. Disponível em: <http://bibliotecadigital.fgv.br/ojs/index.php/rda/article/view/30088>. Acesso em: 4 abr. 2024).
14 DI PIETRO, Maria Sylvia Zanella. **Direito Administrativo**. São Paulo: Atlas, 2023.

de disponibilidade e pela vinculação à satisfação de determinados fins. Sua construção depende da conjugação de técnicas hermenêuticas (interpretação conforme norma superior, razoabilidade e proporcionalidade), normas de compatibilização e direitos fundamentais[15].

É importante ressaltar que o funcionamento do regime jurídico-administrativo opera quando e na medida em que existam princípios que lhe sejam peculiares e que guardem entre si uma relação lógica de coerência e unidade que formem em sua unidade sistemática o regime administrativo.

3. Princípios jurídicos

3.1 Convivência social: organização

Ao longo da história da humanidade, os indivíduos buscaram aproximação, seja por um instinto natural, seja por ato de coerção, formando agrupamentos de pessoas ou diversos tipos de sociabilidade[16].

O pensamento predominante é o de que, em qualquer época e local, o ser humano estabeleceu algum tipo de convívio social. O homem é, por natureza, um ser caracterizado pela sociabilidade[17], buscando estabelecer relações com outros seres humanos formando coletividades[18]. Para evitar dificuldades e obter benefícios, o ser humano busca vida coletiva. Na associação humana, graças à in-

---

15 JUSTEN, Marçal. **Curso de Direito Administrativo**. São Paulo: Gen, 2024.
16 "A sociabilidade é a propensão para viver junto com os outros e comunicar-se com eles, torná-los participantes das próprias experiências e dos próprios desejos, conviver com eles as mesmas condições e os mesmos bens" (MONDIN, Battista. **O homem, quem é ele?** São Paulo: Paulinas, 1980. p. 159).
17 "(...) o homem é naturalmente um animal político" (ARISTÓTELES. **A Política**. v. I. p. 9); "A primeira causa de agregação de uns homens a outros é menos a sua debilidade do que um certo instinto de sociabilidade em todos inato; a espécie humana não nasceu para o isolamento e para a vida errante, mas com uma disposição que, mesmo na abundância de todos os bens, a leva a procurar o apoio comum" (CÍCERO. **A República**. v. I. p. 15).
18 "O ser humano é eminentemente social: ele não vive isolado, mas em contínua interação com seus semelhantes. Nas interações humanas, ambas as partes envolvem-se mutuamente, uma influenciando a atitude que a outra irá tomar, e vice-versa. Devido às suas limitações individuais, os seres humanos são obrigados a cooperarem uns com os outros, formando organizações para alcançar seus objetivos. A organização é um sistema de atividades conscientemente coordenadas de duas ou mais pessoas. A cooperação entre elas é essencial para a existência da organização" (CHIAVENATO, Adalberto. **Introdução a teoria geral da administração**. São Paulo: Makron Books; McGraw-Hill, 1993. p. 20); "tudo o que pode ser diretamente observado na vida social é o comportamento de indivíduos (...). Verificamos, portanto, que por meio de suas ações se estabelecem múltiplas relações entre os indivíduos, na medida em que as ações de uns afetam outros e os levam a também agir. Nessa medida a ação individual assume características de ação social" (GALLIANO, Alfredo Guilherme. **Introdução à sociologia**. São Paulo: Harper & Row do Brasil, 1981); "Todos os seres humanos socializados são pessoas sociais. Tal fato é demonstrado através do efeito que o isolamento total exerce sobre o ser não socializado" (LAKATOS, Eva Maria. **Sociologia geral**. São Paulo: Atlas, 1989. p. 86).

teração social, o homem consegue satisfazer suas necessidades e se aperfeiçoar física, moral e intelectualmente[19].

A convivência social é possível, desde que exista uma organização representada pela positividade do direito[20], que estabeleça normas jurídicas com papel de reger as relações humanas, de maneira a garantir coexistência social pacífica[21]. A formulação do complexo normativo numa sociedade exprime a exigência necessária de ordem nas inter-relações convivenciais[22], prevenindo conflitos e possibilitando estabilidade, harmonia e equilíbrio na vida social[23].

O Direito como produto social impõe comandos jurídicos que nascem da necessidade de estabelecer direitos e deveres que visem ao harmônico convívio social[24] e, em face de uma realidade fático-social, na qual concorrem as determinações do ser, do deve ser e do valor[25].

---

19 "No mundo moderno, o homem, desde que nasce e durante toda a sua existência, faz parte, simultânea ou sucessivamente, de diversas instituições ou sociedades, formadas por indivíduos ligados pelo parentesco, por interesses materiais ou por objetivos espirituais. Elas têm por fim assegurar ao homem o desenvolvimento de suas aptidões físicas, morais e intelectuais, e para isso lhe impõem certas normas, sancionadas pelo costume, a moral ou a lei" (AZAMBUJA, Darcy. **Teoria geral do Estado**. São Paulo: Globo, 1998).
20 O direito é o que se precisa para que povo possa alcançar a sua estabilidade (CARNELUTTI, Francesco. **A arte do Direito**. São Paulo: Bookseller, 2005).
21 "É sabido e ressabido que a ordem jurídica corresponde a um quadro normativo que enseja às pessoas a possibilidade de ser orientarem, graças à ciência que, de antemão, lhes é dada sobre o que devem ou que podem fazer, por lhes ser obrigatório ou conveniente, e o que não devem, não podem ou não lhes convém fazer, tendo em vista as ulteriores consequências imputáveis a seus atos. Com isto, os sujeitos de direito podem ter uma certa segurança em relação ao futuro, o qual se lhes apresenta, então, com alguma estabilidade no que atina aos efeitos que terão amanhã os comportamentos que praticarem hoje" (MELLO, Celso Antônio Bandeira de. **Grandes temas de Direito Administrativo**. São Paulo: Malheiros, 2009. p. 12); "O homem vive em sociedade e só pode assim viver; a sociedade mantém-se apenas pela solidariedade que une seus indivíduos. Assim uma regra de conduta impõe-se ao homem social pelas próprias contingências contextuais, e esta regra pode formular-se do seguinte modo: Não praticar nada que possa atentar contra a solidariedade social sob qualquer das suas formas e, a par com isso, realizar toda atividade propícia a desenvolvê-la organicamente. O direito objetivo resume-se nesta fórmula, e a lei positiva, para ser legítima, deve ser a expressão e o desenvolvimento deste princípio. (...) A regra de direito é social pelo seu fundamento, no sentido de que só existe porque os homens vivem em sociedade" (DUGUIT, Leon. **Fundamentos do Direito**. Revisão e Tradução de Márcio Pugliesi. São Paulo: Ícone, 1996).
22 "A regra de direito é social pelo seu fundamento, no sentido de que só existe porque os homens vivem em sociedade" (DUGUIT, Leon. **Fundamentos do Direito**. Revisão e Tradução de Marcio Pugliesi. São Paulo: Ícone, 1996).
23 "Uma das principais funções das instituições sociais é criar estruturas de ordem e estabilidade nas relações entre membros da comunidade. Cabe ao direito acrescentar a essa estabilidade ordenadora das instituições sociais uma segurança ordenadora específica e própria a que se pode dar o nome genérico de segurança jurídica" (MACHADO, João Baptista. **Introdução ao direito e ao discurso legitimador**. Coimbra: Almedina, 1999).
24 "A necessidade de garantir a sobrevivência do homem e a consecução dos seus fins essenciais requer a instauração de uma ordem social" (LUMIA, Giuseppe. **Elementos de teoria e ideologia do Direito**. São Paulo: M. Fontes, 2003. p. 25).
25 ASCENÇÃO, José de Oliveira. **O Direito, introdução e teoria geral**. Lisboa: Fundação Calouste Gulbenkian, 1978. p. 182.

As normas jurídicas, como instrumentos de organização na vida em sociedade[26], vinculadas à consecução dos valores, exteriorizam a ordem jurídica por meio de regras e princípios jurídicos. Assim, o princípio jurídico pode fazer referência a um elemento da definição da ordem jurídica e nessa função ser uma espécie de norma jurídica.

Na teoria contemporânea do Direito, a ideia de princípio como norma jurídica é hoje uma referência verdadeira nos sistemas jurídicos. Com a normatividade dos princípios, dá-se um salto qualitativo na compreensão de sua essência, discernindo-se um curso histórico de mudanças na sua juridicidade.

Todavia, a hegemonia axiológico-normativa dos princípios nem sempre foi assim. Até meados do século XIX, os princípios assumiram uma dimensão metafísica e abstrata[27]. Inspiradores de um ideal de justiça, os princípios não eram normas jurídicas. Segundo Bonavides[28], são os princípios de justiça, constitutivos de um Direito ideal. São, em definitivo, um conjunto de verdades objetivas derivadas da lei divina e humana.

Trata-se da concepção jusnaturalista, em que os princípios não tinham conteúdo normativo, ou se tinham algum era de baixa densidade[29], funcionando como valores derivados do direito natural, de natureza programática fundamentadas na vontade divina e posteriormente na própria natureza humana.

Eram diretivas ou exortações de ordem política ou moral[30] que, como ingredientes básicos de uma cultura, funcionavam como pontos de referências que caracterizam a visão da sociedade sobre as coisas, dando-lhe orientação a respeito da realidade e em suas relações mútuas.

De origem supralegal, com raízes na Antiguidade Clássica, como máximas valorativas alocadas numa esfera metafísica e de grande abstração, têm uma

---

26 "Direito é a ordenação das relações de convivência" (GRINOVER, Ada Pellegrini; ARAÚJO CINTRA, Antônio Carlos; DINAMARCO, Cândido Rangel. **Teoria geral do processo**. São Paulo: Malheiros, 2007); "A sociedade sem o direito não resistiria, seria anárquica, teria o seu fim. O direito é a grande coluna que sustenta a sociedade. Criado pelo homem, para corrigir a sua imperfeição, o direito representa um grande esforço para adaptar o mundo exterior às suas necessidades de vida" (DURKHEIM, Émile. **As regras do método sociológico**. São Paulo: Cia. Editora Nacional, 1960)
27 "(...) a fase jusnaturalista posiciona os princípios jurídicos em esfera abstrata e metafísica. Reconhece-os como inspiradores de um ideal de justiça, cuja eficácia se cinge a uma dimensão ético-valorativa do Direito. Assim a normatividade dos mesmos, se não fora encarada como nula, ao menos era de duvidosa propriedade praxeológica" (ESPÍNDOLA, Ruy Samuel. **Conceito de princípios constitucionais**: elementos teóricos para uma formulação dogmática constitucionalmente adequada. São Paulo: Revista dos Tribunais, 1999. p. 58).
28 BONAVIDES, Paulo. **Curso de Direito Constitucional**. São Paulo: Malheiros, 2010. p. 259-261.
29 ESPÍNDOLA, Ruy Samuel. **Conceito de princípios constitucionais**. São Paulo: Revista dos Tribunais, 2002. p. 63.
30 ROTHENBURG, Walter Claudius. **Princípios constitucionais**. Porto Alegre: Sergio Antonio Fabris Editor, 2003. p. 3.

dimensão ético-valorativa correspondente à justiça, funcionando como padrões de vivência axiológicos[31].

Tanto assim que foi apenas a partir do século XIX que se introduziu a noção dos princípios como fonte subsidiária do direito. Segundo a corrente positivista, os fundamentos extraídos do próprio ordenamento jurídico positivo, em consonância com a noção de coerência e completude dos sistemas jurídicos, servem para preencher as lacunas da lei ou a ausência de normatividade.

Na visão juspositivista, que predominou até a metade do século XX, os princípios derivam da lei, servindo como fontes secundárias ou subsidiárias. Sob o ideário formalista, os princípios tinham apenas uma função integrativa, servindo com pautas supletivas das lacunas da ordem jurídica[32].

No positivismo, os princípios passaram de diretivas de validade geral, segregadas pelo direito natural ou pelo direito justo, e absoluta, para componentes da ordem jurídica, como instrumento de integração[33].

Na trajetória histórico-evolutiva, partindo do conceito de princípio jurídico no jusnaturalismo, que reinou no pensamento jusfilosófico até o advento da escolha histórica do Direito, fundada por Savigny, e passando pelo positivismo dominante até a primeira metade do século XX, os princípios chegam no período pós-positivista com o *status* de norma jurídica, seja pela inserção nos textos constitucionais, seja pelo trabalho da jurisprudência.

Com o pós-positivismo ocorreu uma alteração do paradigma normativo-funcional dos princípios. Passou-se de meras sugestões supletivas das situações de lacuna normativa, derivadas da lei, para normas jurídicas cogentes e efeito irradiador sobre as demais normas[34]. O **direito por regras** cedeu lugar, no constitucionalismo contemporâneo, ao **direito por princípios**[35].

O juspublicista Nelson SALDANHA[36] expõe que a ordem jurídica assume e integra determinado valores, que com isso se "oficializam" e se realizam socialmente. A assertiva do autor é correta na medida em que os valores, depois de incorporados à ordem jurídica, têm efeitos que irradiam sobre as organizações, dentre elas a Administração Pública.

---

31 LIMA, Newton de Oliveira. **Teoria dos valores jurídicos**. Recife: Fundação Antônio dos Santos Abranches, 2009.
32 "Os princípios não são, pois, tidos como algo que se sobrepõe à lei, nem como algo anterior a ela, mas sim algo dela decorrente. A sua função jurídica é, conseguintemente, subsidiária e o seu caráter, basicamente descritivo" (LEAL, Mônia Hennig. **A Constituição como princípio**: os limites da jurisdição constitucional brasileira. São Paulo: Manole, 2003. p. 72).
33 FRANÇA, Rubens Limongi. **Princípios gerais do Direito**. São Paulo: Revista dos Tribunais, 1971. p. 37; BOBBIO, Norberto. **Teoria do ordenamento jurídico**. Tradução de Maria Celeste Cordeiro Leite dos Santos. Brasília: Ed. da UnB, 1999.
34 GRAU, Eros Roberto. **Direito posto e direito pressuposto**. São Paulo: Malheiros, 1998.
35 MORAES, Germana. **Controle Jurisdicional da Administração Pública**. São Paulo: Dialética, 1999. p. 19.
36 SALDANHA, Nelson. **Ordem e hermenêutica**. Rio de Janeiro: Renovar, 1992.

Nesse cenário, os princípios traduzem valores e conteúdos materiais desejados pela sociedade[37], revelando ideias fundamentais da organização jurídica da nação, definindo a lógica e a racionalidade do sistema ao traçar rumos a serem seguidos pela sociedade e pelo Estado.

Além de cumprir uma função informadora, auxiliando na compreensão e na orientação das regras, são vetores para soluções interpretativas, nortes da atividade interpretativa e judicial, gerando a ênfase no Poder Judiciário[38].

Dão unidade ao sistema jurídico fundamental pela objetividade e segurança ao modelo ético e político adotado pela sociedade estatal, permitindo a integração e harmonia permanente e atualizada do sistema de direito positivado.

No caso de desrespeito a um princípio, há quebra de todo o sistema jurídico, pois acutelar um princípio constitucional é como destruir os mourões de uma ponte, fato que, por certo, provocará seu desabamento[39].

É uma "mão de via dupla", pois, além de ter uma função positiva, fornecendo diretrizes da ordem jurídica, como ponto de partida e de chegada de todas as interpretações das normas (meta do sistema posto), os princípios têm uma função negativa, rejeitando a introdução qualquer conteúdo que se contraponha ou se incompatibilize com o conteúdo do sistema normativo.

O contraste fica por conta do constitucionalismo contemporâneo[40] desenvolvido sob as bases de uma teoria material da constituição que, em função do contexto pós-positivista, alçaram os princípios jurídicos desde o século XX à posição não apenas de normas jurídicas, mas de hegemonia axiológico-normativa na estrutura dos ordenamentos jurídicos.

A partir da segunda metade do século XX, consolidou-se o entendimento de que os princípios jurídicos são normas jurídicas e, mais que isso, normas com dimensão fundamentadora da ordem jurídica, isto é, são diretrizes informadoras do sistema jurídico, funcionando como alicerces de sua estrutura, "cuja ignorância, quando não induz a erro, leva à criação de rábulas em lugar de juristas"[41].

Ocorre que, no mesmo contexto em que se afirmou sua normatividade, superando a crença de uma dimensão puramente axiológica, ética, sem eficácia

---

37 BASTOS, Celso Ribeiro. **Hermenêutica e interpretação constitucional**. São Paulo: Celso Bastos Editor, 2002.
38 STRECK, Lenio Luiz. **Hermenêutica jurídica e(m) crise**: uma exploração hermenêutica da construção do direito. Porto Alegre: Livraria do Advogado, 2001. p. 93-94.
39 CARRAZA, Roque Antonio. **Direito constitucional tributário**. São Paulo: Malheiros, 2011.
40 "Como fruto da constante e renovada relação dialética entre os Poderes Legislativo, Executivo e Judiciário, o 'direito por regras' cedeu lugar, no constitucionalismo contemporâneo, ao 'direito por princípios'" (MORAES, Germana. **Controle jurisdicional da Administração Pública**. São Paulo: Dialética, 1999. p. 19).
41 RÁO, Vicente. **O Direito e a vida dos Direitos**. São Paulo: Revista dos Tribunais, 1999. p. 48.

jurídica ou aplicabilidade direta e imediata[42], os princípios jurídicos assumiram funções múltiplas e concorrentes, com uma essência distinta das regras jurídicas, dado seu caráter geral e aberto a valores.

Além de estruturar a teoria da normatividade dos princípios, passaremos a tratar de sua interpretação e manuseio no contexto sociopolítico.

3.2 Normatividade dos princípios jurídicos

Os princípios, na ótica pós-positivista da compreensão e aplicação do Direito, ao funcionarem como parâmetros normativos[43], visam dar conteúdo às formas jurídicas expressas na lei, com o objetivo de eticização do Direito[44]. Nesse sentido, BONAVIDES[45] acentua que "todo discurso normativo tem de, portanto, colocar em seu raio de abrangência os princípios, aos quais as regras se vinculam. Os princípios espargem claridade sobre o entendimento das questões jurídicas, por mais complicadas que estas sejam no interior de um sistema de norma". São normas jurídicas; são fontes do direito; integram o direito positivo; são normas qualificadas, já que fixam diretrizes que auxiliam na compreensão da ordem jurídica; são proposições fundamentais, básicas que condicionam estruturas subsequentes; são alicerces de uma ciência. É mandamento nuclear do sistema, alicerce e base do ordenamento jurídico, que define a lógica e a racionalidade do sistema, dá tônica e harmonia ao sistema, traçando rumos a serem seguidos pela sociedade e pelo Estado, que apresenta três aspectos:

a] **Aspecto funcional**: ideias fundamentais e informadoras da organização jurídica da nação que funcionam como linhas mestras para coerência geral ao sistema; também atuam como vetores para soluções interpretativas, orientando, informando e condicionando as diversas normas do ordenamento jurídico, de maneira a fortalecer o respeito à Constituição e garantir respeito a um bem da vida indispensável à essência do Estado democrático.

b] **Aspecto finalístico**: fixam rumos, diretrizes, nortes a serem seguidos pelo Estado, pela sociedade, pela ordem jurídica; dão lógica, racionalidade, harmonia e coesão para o sistema jurídico.

---

42 BARROSO, Luís Roberto. Fundamentos teóricos e filosóficos do novo Direito Constitucional brasileiro: pós-modernidade, teoria crítica e pós-positivismo. In: BARROSO, Luís Roberto (Org.). **A nova interpretação constitucional**: ponderação, direitos fundamentais e relações privadas. Rio de Janeiro: Renovar, 2003. p. 337.

43 BOBBIO, Norberto. **Teoria do ordenamento jurídico**. Tradução de Maria Celeste Cordeiro Leite dos Santos. Brasília: Ed. da UnB, 1999; CANOTILHO, José Joaquim Gomes. **Direito constitucional e teoria da Constituição**. Coimbra: Almedina, 1999; ALEXY, Robert. **Teoria de los derechos fundamentales**. Madrid: Centro de Estudios Constitucionales, 1993; DWORKIN, Ronald. **Los derechos en serio**. Tradução de Marta Guastavino. Barcelona: Ariel, 1995.

44 GRAU, Eros Roberto. **Direito posto e direito pressuposto**. São Paulo: Malheiros, 1998.

45 BONAVIDES, Paulo. **Curso de Direito Constitucional**. São Paulo: Malheiros, 2002.

c] **Aspecto formal**: é um enunciado lógico implícito ou explícito, que, por sua ampla generalidade, ocupa posição de preeminência nos vastos quadrantes do Direito; é mandamento nuclear do sistema; estabelece unidade no sistema jurídico, de modo que não há princípios jurídicos aplicáveis no território de um, mas não de outro ente federativo, sendo descabida a classificação dos princípios em "federais" e "estaduais"[46].

3.3 Princípios e regras

O princípio jurídico pode fazer referência a um elemento da definição da ordem jurídica e, nessa função, ser uma espécie de norma jurídica. Nesse sentido, uma norma jurídica vaga, indeterminada, com alto grau de generalidade e abstração e elevada carga valorativa[47], diferente das regras que são específicas, tendo reduzido grau de abstração. Têm aplicação direta no caso concreto e dispõem como conteúdo de uma conduta ou uma estrutura. É possível estabelecer algumas diferenças entre os princípios e as regras:

- **Grau de abstração**: princípios têm elevado grau de abstração; são vagos e indeterminados; regras apresentam reduzido grau de abstração; são específicas.
- **Objeto**: princípios estabelecem pontos de partida ou metas genéricas com incidência numa multiplicidade de situações; regras são específicas com incidência num caso concreto.
- **Colidência**: no caso de princípios, chama *colisão*; no caso de regras, chama-se *conflito*.
- **Solução da colidência**: no caso de regras, resolve-se com base na dimensão da validade – uma exclui a outra, pelo critério cronológico, hierárquico ou da especialidade; obedecem à lógica do "tudo ou nada"; são mandados de determinação; no caso de princípios, coexistem ou se resolvem na dimensão do peso com base da ponderação de bens e valores; não obedecem à lógica do "tudo ou nada"; são mandados de otimização.
- **Aplicação no caso concreto**: como as regras são específicas, têm aplicação direta (ou aplica ou não aplica); os princípios, como são vagos e indeterminados, determinam que algo seja feito da melhor maneira possível considerando-se as possibilidades jurídicas e reais existentes – carecem de mediações concretizadoras.

---

46 BRASIL. Supremo Tribunal Federal. **ADI n. 246**. Relator: Min. Eros Grau. Data de julgamento: 16 dez. 2004. Data de publicação: Diário de Justiça, 29 abr. 2005. Disponível em: <https://redir.stf.jus.br/paginadorpub/paginador.jsp?docTP=TP&docID=9976625>. Acesso em: 10 out. 2024.
47 GUASTINI, Riccardo. **Das fontes às normas**. Tradução de Edson Bin. São Paulo: Quartier Latin do Brasil, 2005.

- **Concretização:** as regras são cumpridas ou não; os princípios têm vários graus de concretização na medida das condições normativas e fáticas existentes.
- **Conteúdo:** os princípios contêm a previsão de um valor fundamental da ordem jurídica; as regras estabelecem obrigação, permissão ou proibição.
- **Origem:** a validade dos princípios decorre de seu próprio conteúdo; a validade das regras decorre de outras regras.
- **Eficácia:** a das regras é delimitada pelo enunciado; a dos princípios é indeterminada na ordem jurídica.
- **Função:** os princípios são multifuncionais e as regras são unifuncionais.

A identificação dos princípios que permitem, além de sua configuração, sua distinção com as regras possui várias tipologias, entre as quais se destacam as indicadas na sequência (item 4 e Capítulo 2).

Assim, para ALEXY, os princípios são mandatos de otimização[48] e possuem vários graus de concretização, podendo ser cumpridos em diferentes níveis da graduação, conforme condições normativas e fáticas subjacentes[49]. Na colisão entre princípios, aplica-se a ponderação de valores, verificando-se pelas circunstâncias do caso concreto qual prevalecerá[50]. Diferentemente das regras, que, como mandatos de determinação, são aplicadas no esquema do "tudo ou nada". Na colisão entre regras, a solução encontra-se no âmbito da validez, com utilização dos critérios hierárquico, cronológico ou especial.

ÁVILA[51] sustenta que a qualificação dos princípios é obtida por tarefa de interpretação, sendo normas "imediatamente finalísticas, primariamente prospectivas com pretensão de complementariedade e de parcialidade, para cuja aplicação se demanda uma avaliação de correlação entre o estado de coisas a ser promovido e os efeitos decorrentes da conduta havida como necessária à sua promoção".

---

48 "Os princípios não proíbem, permitem ou exigem algo em termos de 'tudo ou nada'; impõem a optimização de um direito ou de um bem jurídico, tendo em conta a 'reserva do possível', fáctica ou jurídica" (CANOTILHO, José Joaquim Gomes. **Direito Constitucional e teoria da Constituição**. Coimbra: Almedina, 1999. p. 544-545).

49 "Os princípios são normas que ordenam que algo seja realizado na maior medida possível dentro das possibilidades fáticas e jurídicas existentes" (ALEXY, Robert. **Teoria dos direitos fundamentais**. São Paulo: Malheiros, 2000. p. 90).

50 "(...) o intérprete, à luz dos elementos do caso concreto, da proporcionalidade e da preservação do núcleo fundamental de cada princípio e dos direitos fundamentais, procede a uma ponderação de interesses. Sua decisão deverá levar em conta as normas e os fatos, em uma interação não formalista, apta a produzir a solução justa para o caso concreto, por fundamentos acolhidos pela comunidade jurídica e pela sociedade em geral" (BARROSO, Luís Roberto. Fundamentos teóricos e filosóficos do novo direito constitucional brasileiro: pós-modernidade, teoria crítica e pós-positivismo. **Revista Interesse Público**, Sapucaia do Sul, n. 11, p. 42-73, jul./set. 2001. p. 69).

51 ÁVILA, Humberto. **Teoria dos princípios**: da definição à aplicação dos princípios feitos. 21. ed. São Paulo: Juspodivm; Malheiros, 2022. p. 106.

DWORKIN[52] assevera que a

> diferença entre princípios jurídicos e regras jurídicas é de natureza lógica. Os dois conjuntos de padrões apontam para decisões particulares acerca da obrigação jurídica em circunstâncias específicas, mas distinguem-se quanto à natureza da orientação que oferecem. As regras são aplicáveis à maneira de "tudo ou nada". Dados os fatos que uma regra estipula, então temos duas possibilidades: ou a regra é válida e, nesse caso, a resposta que ela fornece deve ser aceita, ou não é válida e, nesse caso, em nada contribui para a decisão.

3.4 Características

As características de um instituto permitem identificar sua essência, possibilitando sua melhor compreensão e distinção de outros institutos. São características dos princípios:

a] **Complementaridade**: os princípios devem ser interpretados de forma conjunta.
b] **Poliformia**: os princípios são mutáveis para se adaptarem às novas realidades sociais.
c] **Vinculabilidade**: os princípios vinculam o Poder Público e o particular.
d] **Normatividade jurídica**: os princípios têm qualidade de norma jurídica.
e] **Natureza finalística**: os princípios fixam um ideal a ser atingido.
f] **Transcendência**: os princípios fixam diretrizes.
g] **Objetividade**: os princípios não geram direitos subjetivos.
h] **Generalidade**: os princípios não regulam situações determinadas.
i] **Dimensão axiológica**: os princípios protegem um valor; têm conteúdo ético e expressam ideal de justiça.
j] **Atualidade**: os princípios têm sincronia com as necessidades, aspirações e ideais de um povo.
k] **Informatividade**: os princípios informam o sistema jurídico do país.
l] **Aderência**: qualquer comportamento ou norma deve obedecer aos princípios.
m] **Primariedade histórica**: os princípios expressam valores que ao longo do tempo foram consagrados pela sociedade.
n] **Primariedade jurídica**: os princípios funcionam como ponto de partida para a elaboração das normas.
o] **Primariedade lógica**: os princípios dão compatibilidade e congruência para normas jurídicas.
p] **Primariedade ideológica**: os princípios são ideias básicas da ordem jurídica.
q] **Caráter deontológico**: os princípios estabelecem o que é devido.

---

52 DWORKIN, Ronald. **Levando os direitos a sério**. São Paulo: M. Fontes, 2002. p. 39.

r] **Parâmetro:** o princípio é padrão que deve ser observado, pois é uma exigência de justiça ou equidade.
s] **Abertura:** os princípios configuram um sistema axiológico, visando viabilizar a concretização de valores.
t] **Unidade:** os princípios têm estrutura sistêmica e coerência interna; no caso de colisão, utiliza-se método da ponderação.
u] **Equilíbrio:** os princípios são reciprocamente implicados, sem a preponderância de uns sobre os outros; não existe hierarquia normativa entre regras e princípios; existe hierarquia axiológica.
v] **Interdisciplinariedade:** os princípios não são objeto exclusivo da ciência do Direito Constitucional.

4. Princípios fundamentais[53]

4.1 Funções

Na visão positivista, os princípios fundamentais são previstos em normas do ordenamento jurídico[54], representativos de valores supremos de determinada sociedade. Além da função integradora no Direito brasileiro[55], ajudam na compreensão do alcance e sentido das leis.

---

53 "São diretrizes de configuração do Estado, determinado seu modo de ser. Orientam a ação do intérprete e fundamentam as decisões. Refletem valores da ordem jurídica, de forma a preservar o Estado Democrático de Direito. Espelham a ideologia do constituinte, postulados básicos e os fins da sociedade. São os alicerces da ordem jurídica-constitucional, garantindo unidade da constituição brasileira" (BULOS, Uadi Lammêgo. **Curso de Direito Constitucional**. São Paulo: Saraiva, 2019).

54 "Para sustentar que os princípios gerais são normas, os argumentos são dois e ambos válidos: antes de mais nada, se são normas aquelas das quais os princípios gerais são extraídos, através de um procedimento de generalização sucessiva, não se vê porque não devam ser normas também eles: se abstraio da espécie animal obtenho sempre animais, e não flores ou estrelas. Em segundo lugar, a função para qual são extraídos e empregados é a mesma cumprida por todas as normas, isto é, a função de regular um caso. E com que finalidade são extraídos em caso de lacuna? Para regular um comportamento não regulamentado: mas então servem ao mesmo escopo a que servem as normas expressas. E por que não deveriam ser normas?" (BOBBIO, Norberto. **Teoria do ordenamento jurídico**. Tradução de Maria Celeste C. J. Santos. Brasília: Ed. da UnB, 1999).

55 Art. 4º da Lei de Introdução ao Código Civil: "Quando a lei for omissa, o juiz decidirá o caso de acordo com a analogia, os costumes e os princípios gerais do direito" (BRASIL. Decreto-Lei n. 4.657, de 4 de setembro de 1942. Diário oficial da União, Poder Executivo, Brasília, DF, 9 set. 1942. Disponível em: <https://www.planalto.gov.br/ccivil_03/decreto-lei/del4657.htm>. Acesso em: 18 set. 2024); Art. 126 do Código de Processo Civil (CPP): "O juiz não se exime de sentenciar ou despachar alegando lacuna ou obscuridade da lei. No julgamento da lide caber-lhe-á aplicar as normas legais; não as havendo, recorrerá à analogia, aos costumes e aos princípios gerais do Direito" (BRASIL; Decreto-Lei n. 3.689, de 3 de outubro de 1941. Diário Oficial da União, Poder Executivo, Brasília, DF, 13 out. 1941. Disponível em: <https://www.planalto.gov.br/ccivil_03/decreto-lei/del3689.htm>. Acesso em: 18 set. 2024).

4.2 Espécies

4.2.1 Princípio federativo[56]

No princípio federativo, há uma descentralização político-administrativa, com atribuição de soberania ao Estado Federal e de autonomia aos entes federados (no caso do Brasil: União, Estados, Municípios e Distrito Federal).

Na autonomia federativa, cada ente federativo tem capacidade de autoadministração (competências administrativas próprias), de auto-organização (leis próprias e um documento básico que rege a vida do ente federativo e disposição de um Legislativo e um Executivo).

O fundamento do pacto federativo é a harmonia que deve presidir as relações institucionais entre as comunidades políticas que compõem o Estado Federal[57].

4.2.2 Princípio republicano

Forma de governo[58] que consiste na identificação de uma estrutura básica do Estado, na organização do poder político, revelada pelo modo de atribuição do poder[59], bem como na composição e no relacionamento entre os órgãos do governo[60]. Nesse sentido, acentua Dalmo DALLARI[61] que a organização das instituições "que exercem o poder soberano do Estado e as relações entre aquelas instituições fornecem a caracterização das formas de governo".

Considerado um princípio constitucional sensível, previsto no art. 34, VII, "a", da Constituição Federal de 1988 (CF/1988), o desrespeito a esse fundamento por parte do Estado ou do Distrito Federal gera intervenção federal.

---

[56] "O pacto federativo, sustentando-se na harmonia que deve presidir as relações institucionais entre as comunidades políticas que compõem o Estado Federal, legitima as restrições de ordem constitucional que afetam o exercício da competência normativa dos Estados-membros e Distrito Federal em tema de exoneração tributária pertinente ao ICMS" (BRASIL. Supremo Tribunal Federal. **ADI n. 1.247 MC**. Relator: Min. Celso de Mello. Data de julgamento: 17 ago. 1995. Data de publicação: *Diário da Justiça*, 8 set. 1995. Disponível em: <https://redir.stf.jus.br/paginadorpub/paginador.jsp?docTP=AC&docID=346923>. Acesso em: 1º jul. 2024).

[57] BRASIL. Supremo Tribunal Federal. **ADI n. 1.247 MC**. Relator: Min. Celso de Mello. Data de julgamento: 17 ago. 1995. Data de publicação: *Diário da Justiça*, 8 set. 1995.

[58] "As diversas formas de governo, no modo pelo qual o poder se organiza e se exerce, permite agrupar os Estados em seu modo de ser substancial, determinando a situação jurídica e social dos indivíduos em relação à autoridade. As formas de governo são forma de vida do Estado, revelam o caráter coletivo do seu elemento humano, representam a reação psicológica da sociedade às diversas e complexas influências de natureza moral, intelectual, geográfica, econômica e política através da história" (AZAMBUJA, Darcy. **Teoria geral do Estado**. São Paulo: Globo, 1998).

[59] FERREIRA FILHO, Manoel Gonçalves. **Curso de Direito Constitucional**. São Paulo: Saraiva, 2010.

[60] É a posição recíproca em que se encontram os diversos órgãos constitucionais do Estado (RUFFIA, Paolo Biscaretti di. **Derecho Constitucional**. Tradução de Pablo Lucas Verdú. Madrid: Tecnos, 1973).

[61] DALLARI, Dalmo de Abreu. **Elementos da teoria geral do Estado**. São Paulo: Saraiva, 2011.

Desde o Decreto n. 1 de 1889, e posteriormente com a Constituição Brasileira de 1891, a forma de governo adotada no Brasil – que é a República, confirmada em plebiscito realizado em 21 de abril de 1993 (sobre a escolha entre monarquia ou república e parlamentarismo ou presidencialismo) –, apresenta as seguintes características principais:

a) **Identificação governamental** – o presidente da República governa e o povo é governado.
b) **Temporariedade de mandatos** – a permanência do governante no cargo político é por prazo certo[62]; a ideia da República impede a perpetuação de uma mesma pessoa ou grupo no poder.
c) **Eletividade** – eleições parlamentares e executivas; cabe ao povo escolher o representante político.
d) **Responsabilidade**[63] **política** – quem governa na República tem o compromisso de bem governar o país, com dever de pautar seu governo pela probidade, pela eficiência e principalmente pela prestação de contas de sua orientação política ao povo[64]; o postulado republicano implica o dever de apurar, processar e sancionar agentes políticos que cometam ilícitos[65].
e) **Igualdade formal**[66] – todas as pessoas são iguais perante a lei; numa República não há tolerância para privilégios ou discriminações[67].
f) **Capacidade contributiva** – os impostos são graduados de acordo com a capacidade de cada contribuinte.
g) **Destino público** – destinação pública do dinheiro arrecadado a título de tributo para atingir o bem comum da coletividade administrada[68].
h) **Separação de Poderes**[69] – além de reconhecer a divisão funcional e orgânica do

---

62 "(...) o sistema republicano tem como princípio virtual a duração limitada nos cargos representativos dos funcionários de eleição popular, direta ou indireta" (BIELSA, Rafael. **Derecho Constitucional**. Buenos Aires: Roque Depalma, 1959. p. 156).
63 "Regime republicano é regime de responsabilidade" (ATALIBA, Geraldo. **República e Constituição**. São Paulo: Revista dos Tribunais, 1977. p. 10.).
64 "(...) todo o poder reside no povo, quer quanto à sua origem, quer quanto à titularidade e exercício" (CANOTILHO, José Joaquim Gomes. **Direito Constitucional e teoria da Constituição**. Coimbra: Almedina, 2000).
65 "Penhor da idoneidade da representação popular" (BULOS, Uadi Lammêgo. **Curso de Direito Constitucional**. São Paulo: Saraiva, 2011. p. 120.).
66 "A República é o brasão jurídico da igualdade no trato e no retrato da coisa pública" (ROCHA, Cármen Lúcia Antunes. **República e Federação**: traços constitucionais da organização política brasileira. Belo Horizonte: Del Rey, 1996).
67 "O princípio da isonomia é um de seus primados fundamentais, as diferenças existentes na sociedade devem ser decorrência apenas do mérito de cada um, sem que os entes estatais possam estabelecer preferências" (AGRA, Walber de Moura. **Curso de Direito Constitucional**. Rio de Janeiro: Forense, 2010. p. 195-196).
68 BALEEIRO, Aliomar. **Limitações constitucionais ao poder de tributar**. Rio de Janeiro: Forense, 1974.
69 A tripartição de poderes é pedra angular da República (FAGUNDES, Seabra. **O controle dos atos administrativos pelo Poder Judiciário**. Rio de Janeiro: Forense, 1971).

Poder, cria um sistema de freios e contrapesos[70], que evita a predominância de um Poder sobre o outro, contendo o arbítrio estatal e efetivando os direitos e garantias fundamentais. [71]

i] **Múnus público** – o administrador público tem o encargo de defender, conservar e aprimorar os interesses da coletividade, enfim, exercer o poder em benefício do povo[72].

Uma das características essenciais ou elementares do regime republicano é a possibilidade de responsabilizar[73] os governantes pelo exercício do poder ou sua orientação política, já que os mandatários do povo assumem para com a coletividade o compromisso de bem servi-la para realizar o bem comum[74].

Na República[75], a responsabilidade[76] é caracterizada como um princípio fundamental, uma garantia do membro do povo de exigir uma atuação governamental

---

70 "(...) mas a experiência mostra que todo homem que tem o poder é tentado a abusar dele; vai até onde encontra limites. Quem diria! A própria virtude tem necessidade de limites. Para que não possa abusar do poder é preciso que, pela disposição das coisas o poder freie o poder" (MONTESQUIEU. **Do espírito das leis**. São Paulo: Nova Cultural, 1977. Série "Os Pensadores").
71 Nesse sentido, citem-se os autores Celso Antonio Bandeira de Mello (MELLO, Celso Antônio Bandeira de. **Curso de Direito Administrativo**. São Paulo: Malheiros, 2008) e Manoel Gonçalves Ferreira Filho (FERREIRA FILHO, Manoel Gonçalves. **Curso de Direito Constitucional**. São Paulo: Saraiva, 2010).
72 MEIRELLES, Hely Lopes. **Direito Administrativo Brasileiro**. São Paulo: Malheiros, 2010.
73 "(...) os agentes políticos (...) não são isentos de responsabilidade, elementar ao sistema republicano, que é fundamentado na igualdade entre as pessoas, e preconiza que toda pessoa governa por força de uma outorga dos governados, dos iguais. Assim, havendo infidelidade, ao mandato recebido, pode ser responsabilizado e sujeitar-se a sanções" (RUTHER, Soraia de Oliveira. A responsabilidade dos agentes públicos e a lei de crimes contra as finanças públicas: uma abordagem analítica. **Revista Tribunal de Contas do Estado da Bahia**, v. 15, n. 18, p. 279-293, 2002).
74 Há na doutrina dois posicionamentos a respeito do estudo da finalidade do Estado. O primeiro posicionamento sustenta que a finalidade do Estado não é elemento formador do Estado (KELSEN, Hans. **Teoria general del Estado**. México: Editora Nacional, 1950). O segundo posicionamento sustenta que a finalidade do Estado é elemento formador do Estado (GROPPALI, Alexandre. **Doutrina do Estado**. São Paulo: Saraiva, 1962).
75 "A República é a forma responsável de governar eficaz e eficientemente com todos e para todos os cidadãos que são titulares da cidade e os autores da definição dos interesses que é necessário buscar atingir" (ROCHA, Cármen Lúcia Antunes. **República e Federação**: traços constitucionais da organização política brasileira. Belo Horizonte: Del Rey, 1996. p. 326).
76 "A irresponsabilidade atrita abertamente com o regime republicano. Cada governante deve ser mantido em suas funções enquanto bem servir. Se servir mal deve ser responsabilizado, nos termos da lei" (CARRAZA, Roque Antonio. **Curso de Direito Constitucional Tributário**. São Paulo: Malheiros, 2012); "La societé a le droit de demander compte à tout agent public de son administration" (Artigo XV da Declaração dos Direitos do Homem e do Cidadão de 1789. FRANÇA. Assembleia Nacional. **Declaração dos Direitos do Homem e do Cidadão de 1789**. Disponível em: <https://www.ufsm.br/app/uploads/sites/414/2018/10/1789.pdf>. Acesso em: 19 set. 2024); "Responsabilidade é o dever jurídico de responder por atos que impliquem dano a terceiro ou violação das normas jurídicas. Imposição legal de reparar o dano causado" (SILVA, De Plácido. **Vocabulário jurídico**. Rio de Janeiro: Forense, 1997); "O que é nuclear, tratando-se da responsabilidade, é a perquirição do dever da pessoa humana, dever esse não cumprido ou insuficientemente cumprido, segundo a descrição ínsita nos contornos da norma" (CASTRO, José Nilo. **A defesa dos prefeitos e vereadores em face do Decreto-lei nº 201/67**. Belo Horizonte: Del Rey, 2002).

compatível com a lisura e o decoro, um meio de fiscalização[77] da conduta funcional dos agentes políticos com base em parâmetros constitucionais e legais que especificam as diretrizes para um coerente e harmônico sistema governamental e um compromisso do administrador público de realizar um governo probo e honesto.

A responsabilidade política pressupõe a existência da representação política[78], ou seja, a escolha de pessoas por meio de eleição periódicas que tomem decisões em nome do bem comum. A eleição no sistema representativo pressupõe o compromisso do eleito perante todo o povo (responsabilidade difusa[79]).

A responsabilidade política exige liberdade de atuação discricionária no exercício do mandato[80]. Na representação política, a conduta do agente político é realizada com base em parâmetros constitucionais e legais que especificam as diretrizes para um legítimo sistema governamental.

A existência de critérios jurídicos norteadores de boa conduta dos negócios públicos para a realização de atos e atividades faz com que fique afastada a total liberdade na sua realização, de forma que, se o agente político não adotar uma conduta lídima e regular, estará sujeito à responsabilização devida[81].

A responsabilidade política exige a prestação de contas do governo perante o povo, no sentido de esclarecimento claro e preciso, com total transparência na gestão da coisa pública (*accountability*).

---

77 A possibilidade de contribuir para a vida púbica da comunidade política através da participação é elemento constitutivo da cidadania (NABAIS, José Casalta. **Por uma liberdade com responsabilidade**: estudos sobre direitos e deveres fundamentais. Coimbra: Coimbra Editora, 2007).

78 "A responsabilidade dos governantes tipifica-se como uma das pedras angulares essenciais a configuração mesma da ideia republicana. A consagração do princípio da responsabilidade do Chefe do Poder Executivo, além de refletir uma conquista básica do regime democrático, constitui consequência necessária da forma republicana de governo adotada pela Constituição Federal. O princípio republicano exprime, a partir da ideia central que lhe é subjacente, o dogma de que todos os agentes públicos – os Governadores de Estado e do Distrito Federal, em particular – são igualmente responsáveis perante a lei". BRASIL. Supremo Tribunal Federal. **ADI n. 1.023 RO/STF**. Relator: Ilmar Galvão. Data de julgamento: 17 nov. 1995. Data de publicação: *Diário de Justiça*, 24 nov. 1995.

79 RESCIGNO, Giuseppe Ugo. **La responsabilità política**. Milão: A. Giuffré, 1967.

80 "O poder político é uma condição necessária da responsabilidade política ou, antes, da feição política dessa responsabilidade. A função da responsabilidade política não é precisamente eliminar o poder político mas conduzir à sua utilização controlada" (LOMBA, Pedro. **Teoria da responsabilidade política**. Coimbra: Coimbra Editora, 2008).

81 "A representação política implica a responsabilidade política, ou seja, o dever de prestar contas por parte dos governantes, a sujeição a um juízo de mérito sobre os seus actos e actividades por parte dos governados e a possibilidade da sua substituição por acto destes" (MIRANDA, Jorge. **Manual de Direito Constitucional**. Coimbra: Coimbra Editora, 2007. Tomo VII); "Visto que o eleito não recebe, do eleitor, nenhuma instrução precisa quanto ao modo de exercício do seu mandato (...) a forma de cumprimento das suas funções de representação depende exclusivamente da consciência que ele próprio tiver quanto ao melhor critério de realização do interesse colectivo (...). O bem que ele defende e "representa" é exclusivamente *o global ou político* – o único que justifica *a liberdade do modo de exercício do seu mandato*" (AMARAL, Maria Lúcia. **A forma da República**: uma introdução ao estudo do direito constitucional. Coimbra: Coimbra Editora, 2005).

A responsabilidade política exige uma fiscalização do povo, titular do poder em relação às atividades exercidas pelos agentes políticos, no sentido não apenas de contenção do poder, mas de apuração das irregularidades e punição de atos de corrupção, em consonância com a Constituição e as leis, garantindo as liberdades públicas e evitando o arbítrio estatal.

A responsabilização[82] dos governantes[83] na República[84] ocorrerá quando o representante político, gestor da coisa pública, não agir de acordo com a Constituição e as leis, lesando o povo, em cujo nome o poder é exercido, quebrando a ligação entre o eleitor e o eleito, já que em nosso Estado democrático de direito e social, o representante político atua dentro dos limites jurídicos, buscando conciliar moralidade e justiça, em proteção da cidadania e da crença popular na integridade e legitimidade dos agentes políticos[85].

No exercício do poder, é elementar a responsabilização do governante[86], no sentido de manter sua condição de servidor do bem público, baseando-se no respeito às leis, na dignidade da pessoa humana, no bem-estar e na segurança do povo, para que, em última análise, seja amparado o direito do povo a um governo probo e honesto, como uma espécie de "cavaleiro cruzado[87]" da legalidade e moralidade pública, sob pena de agressão à representação popular.

---

[82] "(...) a responsabilização é meio e modo de exteriorização da própria justiça e a responsabilidade é a tradução para o sistema jurídico do dever moral de não prejudicar o outro" (STOCCO, Rui. **Responsabilidade civil e sua intepretação jurisprudencial**: doutrina e jurisprudência. São Paulo: Revista dos Tribunais, 1999. p. 114).

[83] "Todo aquele que exerce uma parcela de autoridade, ainda que mínima, deve estar sujeito a responsabilização. O poder exercido sem limitações acerca-se de tirania, despotismo, do arbítrio" (GALLO, Carlos Alberto Provenciano. **Crimes de responsabilidade**: impeachment. Rio de Janeiro: Freitas Bastos, 1992).

[84] "Falar em República, pois, é falar em responsabilidade. A noção de República caminha de braços dados com a ideia de que todas as autoridades, por não estarem nem acima, nem fora do Direito, são responsáveis pelos danos a que derem causa, podendo, por conseguinte, ser compelidas a ressarci-los" (CARRAZA, Roque Antonio. **Curso de Direito Constitucional Tributário**. São Paulo: Malheiros, 2012. p. 62).

[85] "A função política é uma actividade comandada pelo interesse geral e que se desenvolve para assegurar a unidade e a coesão nacionais, definir os ideais colectivos, escolher os objectivos concretos a prosseguir em cada época e os meios mais idôneos para alcançar, manter o equilíbrio constitucional das tensões políticas e das forças sociais, garantir a segurança do Estado e defender os interesses nacionais na ordem externa" (CAETANO, Marcelo. **Manual de Direito Administrativo**. Coimbra: Almedina, 2010. p. 8).

[86] "1º) o representante tem de querer com o povo, ou como o povo, e nunca em nome próprio, como em causa própria; 2º) as atribuições dos governantes são as instruções do povo em leis ou costumes, ou tudo o que estiver implícito na finalidade do encargo; 3º) com a eleição de governantes, o povo não aliena o direito de os chamar a contas, e responsabilizá-los pelo que tenham feito, ou deixado de fazer; 4º) o governante é autodeterminante na técnica com que desempenhe seu mandato" (SAMPAIO DÓRIA, Antônio. **Direito Constitucional**. São Paulo: Max Limonad, 1962. v. 1.).

[87] BIELSA, Rafael. **Princípios de Derecho Administrativo**. Buenos Aires: Universidad Nacional del Litoral, 1942.

Nada pode autorizar o desequilíbrio entre os cidadãos da República. O reconhecimento da prerrogativa de foro, perante o Supremo Tribunal Federal (STF), nos ilícitos penais comuns, em favor de ex-ocupantes de cargos públicos ou de ex-titulares de mandatos eletivos, transgride valor fundamental à própria configuração da ideia republicana, que se orienta pelo vetor axiológico da igualdade.

A prerrogativa de foro é outorgada, constitucionalmente, *ratione muneris*, a significar, portanto, que é deferida em razão de cargo ou de mandato ainda titularizado por aquele que sofre persecução penal instaurada pelo Estado, sob pena de tal prerrogativa – descaracterizando-se em sua essência mesma – degradar-se à condição de inaceitável privilégio de caráter pessoal[88].

A preservação do princípio republicano e isonômico é a de que o foro por prerrogativa de função deve observar os critérios de concomitância temporal e da pertinência temática entre a prática do fato e o exercício do cargo (Informativo n. 649/2019 do Superior Tribunal de Justiça – STJ[89]).

Como o foro por prerrogativa de função é uma exceção ao princípio republicano, concluiu o STF que ele deve ser interpretado restritivamente, de modo a funcionar como instrumento para o livre exercício de certas funções públicas, mas não de modo a acobertar agentes públicos da responsabilização por atos estranhos ao exercício de suas funções (Informativo n. 630/2018 do STJ[90]).

4.2.3 Princípios ligados aos fundamentos da República Federativa do Brasil

4.2.3.1 Soberania

a) **Natureza jurídica**: fundamento da República Federativa do Brasil, princípio da ordem econômica (art. 170, I, CF/1988), objetivo da República Federativa do Brasil (art. 3º, I, CF/1988) e base das relações internacionais (art. 4º, I, CF/1988).
b) **Significado**: dentro do país não há nada acima do Estado, cujo poder é supremo. É a supremacia do Estado sobre todas as organizações. Na ordem interna, a supremacia estatal prescreve que o Estado não está subordinado a nenhum poder, órgão e autoridade.

---

88 BRASIL. Supremo Tribunal Federal. **Inq. n. 1.376 AgR**. Relator: Min. Celso de Mello. Data de julgamento: 15 fev. 2007. Data de publicação: *Diário de Justiça*, 16 mar. 2007. Disponível em: <https://www.jusbrasil.com.br/jurisprudencia/stf/757996>. Acesso em: 10 out. 2024.

89 BRASIL. Superior Tribunal de Justiça. **Informativo de Jurisprudência n. 649, de 21 de junho de 2019**. Disponível em: <https://www.stj.jus.br/publicacaoinstitucional/index.php/informjurisdata/article/view/3878/4104>. Acesso em: 4 abr. 2024.

90 BRASIL. Superior Tribunal de Justiça. **Informativo de Jurisprudência n. 630, de 31 de agosto de 2018**. Disponível em: <https://www.stj.jus.br/publicacaoinstitucional/index.php/informjurisdata/article/view/3897/4123>. Acesso em: 4 abr. 2024.

c] **Comparação**: supremacia geral é o comando que o Estado exerce sobre todas as pessoas e bens do território nacional; supremacia especial é o comando que o Estado exerce sobre seus bens e funcionários públicos[91].

d] **Fundamento**: o relacionamento internacional é de coordenação, ou seja, fundamentado na igualdade. É a independência do Estado em face de outros Estados.

e] **Supranacionalidade**: o Estado brasileiro aceita a validade de atos internacionais dentro do seu território.

4.2.3.2 Cidadania

a] **Sentido amplo**: é a possibilidade de uma pessoa participar dos destinos do país.
b] **Sentido restrito**: é a possibilidade de participar da vida política de um país.
c] **Característica**: a cidadania permite titularidade de direitos políticos, submissão do Estado à vontade popular, reconhecimento de direitos e garantias fundamentais e do indivíduo como pessoa integrada à sociedade estatal.

4.2.3.3 Dignidade da pessoa humana

a] **Significado**: condições mínimas de sobrevivência e respeito aos direitos fundamentais. É a garantia do conforto existencial das pessoas. Respeitar é viver honestamente, não prejudicar ninguém e dar a cada um o que é devido. É a cláusula geral de tutela e promoção da pessoa humana, tomada como valor máximo pelo ordenamento.

b] **Importância**: além de vetor interpretativo, é direito individual protetivo e dever fundamental de tratamento igualitário, verdadeiro valor-fonte que conforma e inspira todo o ordenamento constitucional vigente em nosso país e que traduz, de modo expressivo, um dos fundamentos em que se assenta, entre nós, a ordem republicana e democrática consagrada pelo sistema de direito constitucional positivo[92].

4.2.3.4 Valores sociais do trabalho e da livre iniciativa

a] **Abrangência**: a Constituição Federal (CF), ao mencionar o trabalho como fundamento, reforçou a ideia de que a proteção alcança o empregador e o trabalhador.

---

91 MEIRELLES, Hely Lopes. **Direito Administrativo brasileiro**. São Paulo: Malheiros, 2002. p. 80.
92 BRASIL. Supremo Tribunal Federal. **HC n. 85.237, de 17 de março de 2005**. Relator: Min. Celso de Mello. Data de julgamento: 17 mar. 2005. Data de publicação: *Diário de Justiça*, 29 abr. 2005. Disponível em: <https://www.jusbrasil.com.br/jurisprudencia/stf/765685>. Acesso em: 10 out. 2024.

b] **Fundamento:** o trabalho é importante, pois, além de condição de sobrevivência humana e gerador de riquezas, ajuda no crescimento do país e serve de instrumento para a garantia dos direitos sociais.
c] **Sistema:** nosso sistema econômico capitalista é fundamentado numa relação da harmonia e cooperação entre a mão de obra e os detentores do capital.
d] **Atividade econômica:** o exercício de atividades econômicas e profissionais por particulares deve ser protegido da coerção arbitrária por parte do Estado, competindo ao Judiciário, à luz do sistema de freios e contrapesos estabelecidos na Constituição brasileira, invalidar atos normativos que estabeleçam restrições desproporcionais à livre iniciativa e à liberdade profissional[93]. O princípio da livre iniciativa não pode ser invocado para afastar regras de regulamentação do mercado e de defesa do consumidor[94].

4.2.3.5 Pluralismo político

- **Abrangência:** liberdade de opinião política; liberdade de filiação e organização de partidos políticos; representa convivência harmônica dos interesses contraditórios com as diversas ideologias.

4.2.4 Princípio democrático

4.2.4.1 Regime político democrático

Surgida na Grécia Antiga como modo de exercício do poder político, a democracia, expressão do consenso e reivindicação na maioria das sociedades, variável no tempo e no espaço, assume, na perspectiva da relação entre cidadão e poder, o atributo da fonte de legitimação do poder político, disseminada e desejada em muitas nações do mundo.

O reconhecimento da democracia como um sistema político, no contexto de reflexão sobre o poder político e seus fundamentos, apresenta-se, por quase todas as correntes de pensamento, como melhor regime de governo, embora seja uma

---

93 BRASIL. Supremo Tribunal Federal. **ADPF n. 449, de 8 de maio de 2019.** Relator: Min. Luiz Fux. Data de julgamento: 8 maio 2019. Data de publicação: Diário de Justiça Eletrônico, 2 set. 2019. Disponível em: <https://www.jusbrasil.com.br/jurisprudencia/stf/1373030460/inteiro-teor-1373030475#:~:text=Disp%C3%B5e%20sobre%20a%20proibi%C3%A7%C3%A3o%20do,Fortaleza%2C%20e%20d%C3%A1%20outras%20provid%C3%AAncias.>. Acesso em: 1º jul. 2024.
94 BRASIL. Supremo Tribunal Federal. **RE n. 349.686, de 14 de junho de 2005.** Relatora: Min. Ellen Gracie. Segunda Turma. Data de julgamento: 14 jun. 2005. Data de publicação: Diário de Justiça, 5 ago. 2005; BRASIL. Supremo Tribunal Federal. **AI n. 636.883 AgR, de 8 de fevereiro de 2011.** Relatora: Min. Cármen Lúcia. Primeira Turma. Data de julgamento: 8 fev. 2011. Data de publicação: Diário de Justiça Eletrônico, 1º mar. 2011. Disponível em: <https://jurisprudencia.stf.jus.br/pages/search/sjur188502/false>. Acesso em: 10 out. 2024.

construção histórica inacabada, mas conectada a uma prática de participação do povo no governo.

A opção política pela democracia pressupõe a única solução legítima para a organização do Estado, pela compatibilidade com pleno respeito aos direitos humanos e por impedir governos autocratas cruéis e perversos[95]. Nesse aspecto, CAGGIANO[96] acentua que a "fórmula democrática encerra uma das mais aprazíveis receitas de acomodação do poder político, porquanto preconiza a decisão política como produto dos destinatários do poder, encontrando sua origem genética no seio do povo".

Melhor e mais nobre dos sistemas políticos[97], a democracia, embora imperfeita e contraditória, adotada em quase metade dos países do mundo[98], em razão do consenso acerca de suas virtudes[99], é uma forma de governo aceitável e rica em conquistas já alcançadas. "*Democracy seems to have scored an historic victory over alternative forms of governance. Nearly everyone today professes to be a democrat*"[100].

Cada vez mais os Estados estão aderindo a essa forma de governo. Fala-se em *expansão da democracia* sem excluir a dimensão crítica revelada na insatisfação da sua concepção[101]. Diversas e complexas questões são postas no fascinante estudo do fenômeno democrático, que, além de configurar um princípio jurídico

---

95 COMPARATO, Fábio Konder. **A afirmação histórica dos direitos humanos**. São Paulo: Saraiva, 2010. p. 246; DAHL, R. **Sobre a democracia**. Tradução Beatriz Sidou. Brasília: Ed. da UNB, 2001. p. 73.

96 CAGGIANO, Monica Herman. Democracia. Há tratamento geriátrico para o seu rejuvenescimento? **Revista de Estudios Brasileños**, v. 2, n. 3, p. 22-31, 2º sem. 2015. Disponível em: <https://www.revistas.usp.br/reb/article/download/102713/100950/179504>. Acesso em: 1º jul. 2024.

97 LIPSON, Leslie. **Historia y filosofía de la democracia**. Buenos Aires: Tipográfica Editora Argentina TEA, 1969; OSBORNE, Roger. **Do povo para o povo**: uma nova história da democracia. Bertrand Brasil, 2013; HELD, David. **Prospects for Democracy**: North, South, East, West. Stanford: Stanford University Press, 1993; HELLER, Herman. **Teoria do Estado**. Buenos Aires: Fondo de Cultura Económica, 1961).

98 Dos países analisados pelo The Economist Intelligence Unit, 20 foram considerados "democracias plenas", 50 "democracias imperfeitas", 37 "democracias híbridas" e 51 "regimes autoritários. Disponível em: <https://dataspace.princeton.edu/handle/88435/dsp017p88ck01w>. Acesso em: 4 abr. 2024.

99 VILLAS BÔAS FILHO, Orlando. Democracia: a polissemia de um conceito político fundamental. **Revista da Faculdade de Direito da Universidade São Paulo**, v. 108, p. 651-696, jan./dez. 2013. Disponível em: <https://www.revistas.usp.br/rfdusp/article/download/67999/70856/89966>. Acesso em: 1º jul. 2024.

100 HELD, David. **Prospects for Democracy**. Stanford: Stanford University Press, 1993. p. 13.

101 "A democracia, ao mesmo tempo que se afirmar por toda a parte como triunfante, apresenta graves indícios de incerteza. Se é pouco defrontada, a respeito do seu ideal, aparecendo com um valor por todos exaltado, coexiste com alguma perplexidade em relação às formas da sua realização. Ao mesmo tempo que se impõe como ideário, fragiliza-se no seu funcionamento. Configura-se como regime, mas tende a entrar em crise como forma de convivência política" (FERNANDES, António Teixeira. **Democracia e cidadania**. Disponível em: <http://ler.letras.up.pt/uploads/ficheiros/7207.pdf>. Acesso em: 4 abr. 2024. p. 181).

estruturante do regime político, é um ideal em contínua transformação, descoberta e aprendizagem coletiva[102].

Aderir ao regime democrático significa apoiar a democracia como ideal político normativo, representativo de uma conquista que necessita ser, simultaneamente, protegida e aprofundada[103], ainda que se constitua em fenômeno que revela certa fragilidade, principalmente quando se propõe transformar em realidade os variados aspectos de sua idealização.

Assim, como ideal que se busca alcançar[104], a democracia pode ter uma **conotação positiva** que expressa não só ideias e metas realizáveis e importantes para determinada comunidade, e também **negativa** quando associada à sua inviabilidade na realidade concreta.

Nesse quadro, verificamos que, na sua **feição positiva**, o ideal é desenvolvido por teorias e modelos formulados a partir da existência de características e propriedades dinâmicas e relacionais do fenômeno democrático e influenciados pelo contexto geopolítico.

Fenômeno histórico vitorioso, conceito contestado, debatido e descrito de diversas formas[105], a democracia é seguramente uma questão complexa que, além de contar com regras cuja validade depende da vontade da sociedade na sua observância[106], nos conduz a uma busca incessante e fascinante dos seus fundamentos em função da emergência de novos cenários da teoria política e jurídica[107].

Os fundamentos que embasam as construções políticas da democracia, como sistema político que realiza o governo do povo, pelo povo e para o povo, no âmbito das sociedades ao longo da história e mais, bem como meio pelo qual é possível a realização de uma maior interação entre as forças sociais e os participantes da arena governamental, é temática ainda aberta, tomada de ambiguidades e descontinuidades na condução dos negócios públicos.

---

102 UNGER, Roberto Mangabeira. A constituição do experimentalismo democrático. **Revista de Direito Administrativo**. Rio de Janeiro, n. 257, maio/ago. 2011.

103 MOUFFE, Chantal. **O regresso do político**. Tradução de Ana Cecília Simões. Lisboa: Gradiva, 1996. p. 193.

104 Numa visão otimista, é possível pensar em ideal democrático, de forma que existem diversos graus de aproximação com o modelo ideal, resultando em democracias mais ou menos sólidas. Numa visão pessimista, não existe um tipo ideal, pois tudo depende das condições especiais de cada povo.

105 COLLIER, David; STEVEN, Levitsky. **Democracy "with Adjectives"**: Conceptual Innovation in Comparative Research. Kellogg Institute working paper. Helen Kellogg Institute for International Studies, 1996. Disponível em: <https://kellogg.nd.edu/publications/workingpapers/WPS/230.pdf>. Acesso em: 4 abr. 2024.

106 DIAMOND, Larry; PLATTNER, Marc F. (Ed.). **Nationalism, Ethnic Conflict and Democracy**. Baltimore: John Hopkins University Press, 1994.

107 "O sentido do termo 'democracia' (e das teorias que em torno dele se desenvolvem) não é separável dos contextos históricos-culturais" (COSTA, Pietro. Democracia. In: COSTA, Pietro. **Soberania, representação, democracia**: ensaios da história do pensamento jurídico. Tradução de Walter Guindalini Jr. Curitiba: Juruá, 2010. p. 79-152).

Considerando as principais perspectivas teóricas da democracia, podemos mencionar duas vertentes.

A **minimalista**, que exclui da democracia o conteúdo substantivo, considerando apenas os meios e os procedimentos que definam as relações de poder.

A vertente **maximalista**, que, ao levar em conta os fins ou valores buscados nos grupos políticos, harmonizando os padrões procedimentais e de justiça, baseia-se nos direitos fundamentais e na realização da dignidade da pessoa humana, com premissas de limite, controle, uso e ação do poder político[108].

Já a **feição negativa** é extraída da vinculação do ideal democrático com um estado de perfeição que jamais pode ser atingido, e que é revelado pela combinação do procedimento com a consecução dos valores democráticos (harmonização entre democracia formal, forma de governo, e democracia substancial, fins ou valores buscados no grupo político)[109].

Na esteira da compreensão do ideal democrático, é importante ressaltar: é por meio da incursão de diversas implicações argumentativas do princípio democrático que as referidas feições são reveladas por afirmações que, por sua vez, explicam o que a democracia é e o que deveria ser através de ideias extraídas da realidade concreta e formuladas como justas e corretas, num contexto de embate da democracia ideal e real[110].

BOBBIO[111] desenvolveu uma crítica à realidade pela enunciação de ideias pelos quais ele avaliou o funcionamento concreto e cotidiano da democracia. Ao agir dessa maneira, o filósofo italiano analisou o que foi concebido e de fato o que foi realizado.

Observa BOBBIO, todavia, que, no contraste entre democracia ideal e real, existem promessas não cumpridas da democracia, especialmente a referente à não eliminação do poder invisível[112]. Não obstante existam termos não implementados no plano concreto, o autor acredita no progresso democrático e na efetividade desses compromissos, especialmente da transparência pela exigência de mecanismos de visibilidade e fiscalização sobre a atuação dos governantes[113].

---

108 DALLA-ROSA, Luiz Vergílio. Democracia substancial: um instrumento para o poder político. In: CLÈVE, Clèmerson Melin; SARLET, Ingo Wolfgang et al. (Org.). **Direitos humanos e democracia**. Rio de Janeiro: Forense, 2007. p. 217.
109 BOBBIO, Norberto. **Estado, governo, sociedade**. São Paulo: Paz e Terra, 1999. p. 135-165.
110 ARBLASTER, Anthony. **A democracia**. Lisboa: Editorial Estampa, 1987.
111 BOBBIO, Norberto. **O futuro da democracia**. São Paulo: Paz e Terra, 2000.
112 "(...) a democracia nasceu com a perspectiva de eliminar para sempre das sociedades humanas o poder invisível e de dar vida a um governo cujas ações deveriam ser desenvolvidas publicamente" (BOBBIO, Norberto. **O futuro da democracia**. São Paulo: Paz e Terra, 2000).
113 "(...) a exigência de publicidade dos atos de governo é importante não apenas, como se costuma dizer, para permitir ao cidadão conhecer os atos de quem detém o poder e assim controlá-los, mas também porque a publicidade é por sim mesma uma forma de controle, um expediente que permite distinguir o que é lícito do que não é" (BOBBIO, Norberto. **O futuro da democracia**. São Paulo: Paz e Terra, 2000).

Não obstante exista a conotação negativa, perfeitamente justificável por fatores diversos e obstaculizantes[114] e confirmada pelo que HAYER[115] chama de *descrença social generalizada na perda do ideal inspirador da democracia*, pretende-se a revitalização do elemento democrático por meio de reflexões sobre a transparência administrativa[116].

Essa descrença, que asseverou o ganhador do Prêmio Nobel de Economia de 1974, qualifica-se em razão do mau uso e pela compreensão reducionista da democracia apenas como método de governo ou procedimento para possibilitar decisões políticas, sem preocupação com os fins do governo.

Mesmo diante do consenso de uma crise, especialmente constatada pela inviabilidade real de um sistema político capaz de garantir os valores e objetivos de interesse comum, é possível encontrar, nos diversos modelos e teorias sobre democracia, fundamentação positiva de mudança direcionada para visibilidade no exercício do poder, desmistificando a conotação negativa da crise associada com circunstâncias desfavoráveis e adversas[117] e promovendo a ressignificação do cânone democrático no Estado constitucional.

4.2.4.2 Democracia representativa: modelo hegemônico do procedimentalismo democrático

Em contraponto ao modelo da democracia direta, cuja participação dos cidadãos dava-se por meio de assembleias populares, com a exclusão das mulheres, escravos e estrangeiros, surgiu no final do século XVIII, sob o influxo das revoluções inglesas, americana e francesa, e com o encerramento do ciclo histórico

---

114 FERREIRA FILHO, Manoel Gonçalves. **A democracia no limiar do século XXI**. São Paulo: Saraiva, 2001.

115 HAYER, Friedrich August von. **El ideal democrático y la contención del poder**. Disponível em: <http://www.plataformademocratica.org/Publicacoes/9325.pdf>. Acesso em: 4 abr. 2024.

116 "(...) para o exercício da cidadania em um ambiente democrático é imprescindível a transparência dos atos do administrador público, pois caso contrário o processo de dominação política tende a natural degeneração do regime" (PANIAGO, Einstein Almeida Ferreira. Accountability e publicidade no Estado democrático de direito. **Cadernos de Finanças Públicas**. Brasília, n. 11, p. 59-89, dez. 2011. p. 59. Disponível em: <https://repositorio.enap.gov.br/bitstream/1/3813/1/Cadernos%20de%20Finan%C3%A7as%20P%C3%BAblicas%20n.11%20Dez%202011.pdf>. Acesso em: 1º jul. 2024).

117 "(...) a crise é o fator que predispõe à mudança, que prepara para futuros ajustes sobre novas bases, o que absolutamente não é depressivo" (BAUMAN, Zygmunt: BORDONI, Carlo. **Estado de crise**. Tradução de Renato Aguiar. Rio de Janeiro: Zahar, 2016).

do absolutismo monárquico, **a democracia moderna**, concebida pelo modelo representativo e com a influência do liberalismo[118].

A escolha de representantes na tomada de decisão sobre os temas de interesse do povo surgiu diante da inviabilidade prática da democracia direta nos grandes Estados em nome da ordem social[119]. "Em um tal governo é mais possível que a vontade pública, expressa pelos representantes do povo, esteja [mais] em harmonia com o interesse público do que no caso de ser ela expressa pelo povo mesmo, reunido para este fim"[120].

De acordo com o ideário liberal, manifestação ideológica do continente europeu entre os séculos XVII e XVIII, a democracia dos modernos adota a representação política[121] em que o povo elege representantes pela via eleitoral como portadores orgânicos da vontade representada, dentro do cenário de separação entre o Estado e a sociedade civil.

A representação política tem sido objeto de reflexão como forma de governo desde sua concepção moderna, como modelo de participação popular na vida política limitada à eleição de representantes da nação, para, em lugar do povo, "assumirem o domínio da gestão dos negócios públicos, reservando-se o direito de não reelegê-los na hipótese de não ver os seus anseios e expectativas atendidos"[122].

A representação política, como fator de legitimidade política no funcionamento democrático, supõe uma soberania exercida por meio de representantes

---

[118] "(...) a democracia representativa não é nem aristocrática, nem um substituto imperfeito para a democracia direta, mas um modo de a democracia recriar constantemente a si mesma e se aprimorar" (URBINATI, Nadia. O que torna a representação democrática? **Revista Lua Nova**. São Paulo, n. 67, p. 191-228, 2006. Disponível em: <https://www.scielo.br/j/ln/a/4qsH3GhJPTTnmmMhJg8jkhB/?format=pdf&lang=pt>. Acesso em: 1º jun. 2024); "A democracia é, ao lado do liberalismo político, a outra principal matriz do pensamento político moderno. Sua preocupação não é com a limitação do poder do estado em favor das liberdades individuais, como ocorre no liberalismo, mas com a participação dos cidadãos no processo de tomada das decisões políticas" (SOUZA NETO, Cláudio Pereira. **Teoria constitucional e democracia deliberativa**: um estudo sobre o papel do direito na garantia das condições para a cooperação na deliberação democrática. Rio de Janeiro: Renovar, 2006. p. 19).

[119] "A ideia fundamental de democracia é a seguinte: determinação normativa do tipo de convívio de um povo pelo mesmo povo. Já que não se pode ter o autogoverno, na prática quase inexequível, pretende-se ter ao menos a autocodificação das prescrições vigentes com base na livre competição entre opiniões e interesses, com alternativas manuseáveis e possibilidades eficazes de sancionamento político" (MÜLLER, Friedrich. **Quem é o povo?** A questão fundamental da democracia. São Paulo: Max Limonad, 2003. p. 57).

[120] HAMILTON, Alexander; MADISON, James; JAY, John. **O federalista**. São Paulo: Abril Cultural, 1985. p. 98.

[121] "A esfera da representação desenvolve-se pela articulação da própria sociedade, que coloca regras que permitem a um grupo de cidadãos separarem-se dos demais, para se dedicarem exclusivamente às tarefas de representação política da gestão da sociedade" (FERRERI, Janice Helena. Democracia e partidos políticos. In: GARCIA, Maria (Coord.). **Democracia, hoje**: um modelo político para o Brasil. São Paulo: Celso Bastos, 1997. p. 104-105).

[122] CAGGIANO, Monica Herman Salem. **Sistemas eleitorais × representação política**. Tese (Doutorado em Direito do Estado) – Faculdade de Direito da Universidade de São Paulo, São Paulo, 1988. p. 19.

eleitos pelo povo que exercem o poder de decisão. Nesse contexto, o sentimento de desapontamento dos eleitores com as orientações e diretrizes adotadas pelos representantes, então autorizados a agir em nome dos eleitores, gera a responsabilização mediante a não reeleição.

Na democracia representativa, em que a participação popular é indireta, periódica e formal, por via das instituições eleitorais que visam disciplinar as técnicas de escolha de representantes do povo, sua estabilidade reside na manutenção do método democrático com a escolha daqueles que tomam as decisões, pelos votos do povo, em eleições periódicas e livres[123].

Falar em *democracia representativa* é falar em um modelo de bases formais, em que a razão da eleição é ser um mecanismo de suficiência democrática. Além de um sistema de transferência do poder, a legitimidade política está na vontade do povo que dá origem ao poder. Nesse sentido, TOCQUEVILLE[124] destaca o papel importante da representação como filtro e controle da vontade popular ou até de expropriação do poder das grandes maiorias.

No Estado liberal de direito, assentado sobre o dogma da democracia indireta, o governo é um representante político, que, escolhido pelo povo, pratica os atos em seu nome. Assim, a fórmula clássica da democracia indireta era a democracia representativa[125].

A democracia representativa é, por sua vez, caracterizada por três elementos componentes de sua essência: **a) elemento subjetivo**: o governo é exercido por representantes eleitos pelo povo; **b) elemento formal**: a escolha dos governantes é submetida a um regime jurídico de escolha, a eleição; **c) elemento material**: a representação é exercida por um prazo e por pessoas que agem na qualidade de representantes em nome do povo.

LOCKE[126] afirma que a democracia representativa, no contexto da teoria política moderna, é vinculada ao poder dos representantes eleitos pelo povo.

---

123 PATEMAN, Carole. Participação e teoria democrática. Rio de Janeiro: Paz e Terra, 1992. p. 25; SILVA, José Afonso da. **Poder constituinte e poder popular**: estudos sobre constituição. São Paulo: Malheiros, 2002. p. 47.

124 TOCQUEVILLE, Aléxis de. **A democracia na América**: leis e costumes – de certas leis e certos costumes políticos que foram naturalmente sugeridos aos americanos por seu Estado social democrático. 2. ed. Tradução de Eduardo Brandão; prefácio, bibliografia e cronologia de François Furet. São Paulo: M. Fontes, 2005. v. I. p. 303.

125 "Advém a democracia representativa do próprio governo representativo que começou a surgir a partir das revoluções liberais ocorridas no século XVIII, não somente para colocar solução ao problema da causa demográfica, mas também para consolidar a forma aristocrática de governo. Tinha por intenção dar a minoria capacitada o pleno e efetivo exercício do poder através da representação" (SANTANA, Jair Eduardo. **Democracia e cidadania**: o referendo como instrumento de participação política. Belo Horizonte: Del Rey, 1995. p. 39-40).

126 "Para que o poder supremo possa privar os cidadãos de uma parte de suas propriedade (...) é necessário o consentimento deles" (BOBBIO, Norberto. **Locke e il diritto naturale**. Torino: Giappichelli, 1963. p. 260).

A legitimidade política passa a ser dada pelo funcionamento da representação político-parlamentar.

Desse modo, segundo LOCKE, devemos encarar a democracia representativa como regime no qual a população governada elege os integrantes do Legislativo, que, por sua vez, elaboram as leis para a comunidade. A obediência legislativa significa obediência às leis ratificadas pelos representantes do parlamento eleito pelo povo. Essa ratificação representa a força democrática e, como tal, é um instrumento que permite a elaboração das leis mediante consentimento e designação por parte do povo[127].

Inobstante a constatação da incapacidade do aspecto formal da democracia, como processo da formação da ação do poder, a opção por esse sistema político que abstrai qualquer conteúdo valorativo engloba acolhimento de parte da doutrina.

Na esteira para uma melhor compreensão da visão procedimental da democracia em face da organização política do Estado, parte-se da ideia de que um governo do povo é feito de um ambiente democrático caracterizado por procedimentos para constituição do governo.

Com isso, o modelo democrático proposto pela teoria procedimental, vinculado ao liberalismo e focado na preservação das regras do jogo democrático, nada mais é do que um arranjo institucional que regula a competição entre os grupos políticos pelo poder.

Reconstruir a democracia representativa, no âmbito da legitimidade política moderna, como regime em que as deliberações políticas são tomadas por representantes eleitos por meio de método capaz de atribuir-lhe a suficiência democrática na funcionalidade procedimental, foi e é tarefa sustentada por muitos autores, entre os quais se destacam os apresentados a seguir.

KELSEN assevera que a democracia é do povo com a participação dos representantes na criação das leis[128]. Na visão kelseniana, esse conceito é apenas uma forma, um método de criação da ordem social fundada na regra da maioria, "uma vez que todos devem ser livres na maior medida possível, todos devem participar da formação da vontade do Estado e, consequentemente, em idêntico grau"[129].

---

127 "Somente o povo pode indicar a forma da comunidade, a qual consiste em constituir o legislativo e indicar em que mãos deve estar. E quando o povo disse, sujeitar-nos-emos a regras e seremos governados por leis feitas por estes homens, e dessa forma, ninguém mais poderá dizer que outros homens lhes façam leis, nem pode o povo ficar obrigado por quaisquer leis que não sejam as que forem promulgadas pelos que escolheu e autorizou a fazê-las" (LOCKE, John. **Coleção Os Pensadores**. São Paulo: Abril, 1973).
128 KELSEN, Hans. **A democracia**. São Paulo: M. Fontes, 2000. p. 35.
129 Op. cit., p. 95-110.

Nessa perspectiva procedimentalista, SCHUMPETER defende a existência de mecanismos eleitorais como um elemento definitório e suficiente da democracia. Faz alusão à participação popular como instrumento de seleção de governantes.

O autor citado abre passagem para a reflexão sobre democracia formal quando trata da necessidade de representação governamental no funcionamento do ambiente democrático. A atuação popular funcionaria como uma técnica de seleção de dirigentes na regulação da vida social, enquanto os representantes seguiriam as suas próprias convicções e interesses.

O economista austríaco pretendeu considerar a democracia como um "método para a tomada de decisões políticas, no qual o indivíduo adquire o poder de decidir mediante uma luta competitiva pelos votos do povo"[130]. "A democracia parece implicar um método reconhecido, através do qual se desenrola a luta competitiva, e que o método eleitoral é praticamente o único exequível, qualquer que seja o tamanho da comunidade"[131].

Acontece que, no âmbito formal, se defende um esquema compreensivo da democracia como método adverso à publicização do debate público, com base na premissa liberal de fechamento cognitivo do sistema político democrático de um conjunto de regras que ditam quem está autorizado a tomar as decisões em nome da coletividade e por quais procedimentos.

O modelo democrático representativo nascido de uma concepção liberal em que a democracia aparece como mecanismo de agregação de interesses e de composição de fins coletivos à sua execução político-estatal[132] acompanha o próprio receio da tirania da maioria, fator negativo e gerador de instabilidade do processo democrático. Nesse sentido, TOCQUEVILLE, estudioso do fenômeno democrático da sociedade norte-americana da primeira metade do século XIX, acentua que, "quando vejo concederem o direito e a faculdade de fazer tudo a uma força qualquer, seja ela chamada povo ou rei, democracia ou aristocracia, seja ela exercida numa monarquia ou numa república, digo: aí está o germe da tirania; e procuro viver sob outras leis"[133].

Indissociavelmente relacionada aos parâmetros formalistas da democracia, tem-se a concepção restrita da participação política de DAHL como um direito

---

[130] SCHUMPETER, Joseph A. **Capitalismo, socialismo e democracia**. Tradução de Ruy Jungmann. Rio de Janeiro: Fundo de Cultura, 1961. p. 269.
[131] Op. cit., p. 329.
[132] NOBRE, Marcos. Participação e deliberação na teoria democrática. In: COELHO, Vera Schattan P.; NOBRE, Marcos (Org.). **Participação e deliberação**: teoria democrática e experiências institucionais no Brasil contemporâneo. São Paulo: 34, 2004. p. 21-62.
[133] TOCQUEVILLE, Aléxis de. **A democracia na América**: leis e costumes – de certas leis e certos costumes políticos que foram naturalmente sugeridos aos americanos por seu Estado social democrático. 2. ed. Tradução de Eduardo Brandão; prefácio, bibliografia e cronologia de François Furet. São Paulo: M. Fontes, 2005. v. I. p. 296.

dos cidadãos de escolherem seus governantes em eleições livres e periódicas[134]. A partir do sistema democrático de SCHUMPETER, caracterizado pela competição das elites ao poder político, DAHL, no mesmo sentido, compartilha a legitimação do poder político baseada em eleições representativas pelo voto.

Completa-se o quadro com SARTORI, que afirma que a democracia é revelada por um sistema seletivo de minorias eleitas para comandar o poder político, fundamentado no ato de eleger e nas eleições – em eleições livres, periódicas e competitivas[135].

Nesse cenário formal, a democracia elitista se tem apresentado como ambiente possível de explicitação dos contornos relacionados ao conceito minimalista de democracia, atinentes à compreensão do processo de institucionalização de políticas democráticas.

Tomando-se como ponto de partida a inevitabilidade das elites, alternadas entre "raposas" (progressistas) e "leões" (conservadores)[136], sua manutenção decorre ou da irracionalidade das massas numa mobilização[137], ou da dominação de uma classe dominante legitimada por uma fórmula política[138].

A concepção elitista de democracia repousa sobre o modo de escolher pessoas encarregas de tomar decisões coletivas. A escolha de representantes é, por isso, o mecanismo institucional para alcançar decisões políticas. Obtendo a noção democrática como método político para escolher e autorizar governos, a teoria elitista considera inadequada a participação democrática e o desenvolvimento coletivo.

Na democracia representativa moderna, a política deve ser exercida por líderes qualificados e competentes, e não por políticos profissionais sem vocação[139], constituindo-se num ambiente em que o governo tenha liderança compatível com a competência administrativa de estabelecer decisões fundamentais.

Em oposição aos pressupostos do liberalismo político ocidental, e partindo da convicção da participação popular como forma de seleção de governantes e de legitimidade democrática, consta-se uma competição das elites que buscam apoio popular formado por um eleitorado passivo e irracional.

---

134 DAHL, Robert A. **Poliarquia**. São Paulo: Edusp, 1997.
135 SARTORI, Giovanni. A democracia vertical. In: SARTORI, Giovanni. **A teoria da democracia revisitada**. São Paulo: Ática, 1994. p. 189.
136 PARETO, Vilfredo. **The Mind and Society**. London: Jonathan Cape, 1935.
137 MICHELS, Robert. **Political Parties**. Nova York: Free Press, 1962.
138 MOSCA, Gaetano. **The Rulling Class**. Nova York: McGraw Hill, 1939.
139 "(...) ou uma democracia admite como dirigente um verdadeiro chefe e, por consequência, aceita a existência da 'máquina' ou renega os chefes e cais sob o domínio dos 'políticos profissionais', sem vocação" (WEBER, Max. **Ciência e política**: duas vocações. Tradução de Leônidas e Octany S. da Mota. São Paulo: Cultrix, 1968. p. 75).

A participação popular não se relaciona ao ato de governar para resolver problemas políticos, mas de escolher os dirigentes, ou "classe dirigente"[140], por meio do voto, já que o governo direto das massas é simplesmente uma realidade que, estabelecendo a capacidade do povo de participar da política, está despojada de qualquer possibilidade mecânica e/ou técnica[141].

A ideia de democracia como um método político de produzir um governo por meio do sistema eleitoral necessita da obstrução de todas as práticas que possibilitem tomadas de decisão pelo próprio povo e da valorização da concorrência democrática pelo processo eleitoral, em que os indivíduos adquirem o poder de decisão através de uma luta competitiva pelos votos da população[142]. No mesmo sentido, utilizando-se de regras da economia e, seguindo SCHUMPETER, DOWNS afirma que o governo democrático é exercido por eleições, já que o povo não sabe tomar decisões políticas[143].

Portanto, na realidade do elitismo democrático, o método de escolha periódica dos governantes e de subordinação a líderes qualificados para o exercício da política representam um mesmo e preciso corolário de eficácia da democracia elitista. Isso significa afirmar que esse método e subordinação acarretam uma oposição à participação dos cidadãos na tomada de decisões[144].

Na teoria elitista da democracia, como não se vê participação popular além dos processos eleitorais, denota-se uma rejeição da teoria democrática clássica, que tem como fundamento a indelegabilidade da soberania popular, já que todos os cidadãos têm o poder de intervenção direta nas decisões político-administrativas.

Os atos integrantes do procedimento democrático, ao indicarem como se chega à decisão política com a eleição e alternância de poder, precisam de complementação, abrangendo elementos que contribuem na identificação de como são construídas as decisões alocativas no âmbito do Estado. Método e conteúdo

---

140 MOSCA, Gaetano. **The Rulling Class.** Nova York: McGraw Hill, 1939.

141 "A democracia é um método político, ou seja, certo tipo de arranjo institucional para se alcançarem decisões político-legislativas e administrativas e, portanto, não pode ser um fim em si mesma, não importando as decisões que produz sob condições históricas dadas" (SCHUMPETER, Joseph A. **Capitalismo, socialismo e democracia.** Tradução de Sérgio Góes de Paula. Rio de Janeiro: Zahar, 1984).

142 "Para simplificar as questões, restringimos o tipo de competição pela liderança que deverá definir a democracia à livre competição pelo voto livre. A justificativa para isso é o fato de a democracia parecer implicar um método reconhecido pelo qual se pode conduzir a luta competitiva, e de o método eleitoral ser praticamente o único disponível a comunidades de qualquer tamanho" (SCHUMPETER, Joseph A. **Capitalismo, socialismo e democracia.** Tradução de Sérgio Góes de Paula. Rio de Janeiro: Zahar, 1984).

143 DOWNS, A. **Uma teoria econômica da democracia.** Tradução de Sandra Guardini T. Vasconcelos. São Paulo: Edusp, 1999.

144 "O propósito da democracia é registrar os desejos do povo tais como são, e não contribuir para o que ele poderia ser ou desejaria ser. A democracia é tão somente um mecanismo de mercado: os votantes são os consumidores: os políticos são os empresários" (MACPHERSON, Crawford Brough. **A democracia liberal**: origens e evolução. Rio de Janeiro: Zahar, 1978).

são inseparáveis na construção de uma sociedade ativa e que propicia ao povo uma existência digna[145].

4.2.4.3 Crise da representação política

A crise da representação política que caracteriza o presente pode ser apresentada como um **fenômeno disruptivo** em sua existência[146], na qual práticas políticas e conceitos estabelecidos se mostram degenerados e/ou inoperantes no encargo de defesa, conservação e aprimoramento dos interesses coletivos por parte dos representantes.

A crise como fenômeno disruptivo pode ser entendida como a não aceitação das compreensões preestabelecidas sobre o campo de ação e interação ligado à aquisição e ao exercício do poder político[147] no âmbito da representatividade, ou então como a reconstrução dos papéis dos participantes e processos aptos na resolução de desafios na funcionalidade do sistema democrático.

No primeiro sentido, privilegia-se o aspecto negativo da ruptura, associando-a a uma quebra coletiva do sentido partilhado e da estruturação dos papéis sociais[148] com fatores que prejudicam as metas prioritárias da democracia representativa.

No segundo sentido, dá-se relevo à conotação positiva da ruptura, integrando-a no reconhecimento da necessidade de mudanças de referenciais como resposta a novas problemáticas da ordem social e da violação aos princípios da legitimidade política. Nesse quadro, a quebra e transformação constituem o binômio em torno do qual gira a crise na representação política.

É importante ressaltar que o funcionamento do sistema representativo é insuficiente, embora necessário, como fonte de legitimidade do sistema político democrático.

Uma crise da materialidade identificativa da representação política, uma espécie de "patologia da representação"[149], não pode fazer obscurecer, no entanto, a importância do modelo de representatividade como parâmetro de organização política.

---

145 "Em nível interno, democracia sob o viés político é a capacidade da sociedade em se organizar e participar ativamente; sob o viés sócio-político-econômico, é a consagração dos direitos mínimos, necessários a uma vida digna; sob o viés sociocultural, é uma educação que propicia ao povo definir seus próprios valores" (COSTA, Juliana Pedrosa. Gestão democrática das cidades. **Revista de Direito Municipal**. Belo Horizonte, ano 5, n. 13. jul./set. 2004).
146 LERBINGER, Otto. **The Crisis Manager**: Facing Risk and Responsability. Mahwah, New Jersey: Lawrence Erlbaum Associates Publishers, 1997. p. 6.
147 THOMPSON, John B. **Political Scandal**: Power and Visibility in the Media Age. London: Polity Press, 2000.
148 PEARSON, Christine M.; CLAIR, Judith A. Reframing Criss Management. **Academy of Management Review**, v. 23, n. 1, p. 59- 76, 1998. Disponível em: <https://www.jstor.org/stable/259099?origin=crossref>. Acesso em: 26 jun. 2024.
149 SANTOS, Boaventura de Sousa. **Pela mão de Alice**: o social e o político na pós-modernidade. São Paulo: Cortez, 1999.

Embora a democracia representativa tenha passado por uma expansão mundial, respeitada trajetória histórico-política dos diferentes países surgiu a partir das últimas décadas do século XX, concomitantemente com o problema da legitimidade da representação caracterizada pela perda da capacidade de dar respostas satisfatórias aos problemas da sociedade complexa. Nesse sentido, a reconstrução da legitimidade depende da análise dos fatores que afetam de maneira diversa o mecanismo representativo e a adoção de ações e soluções que contribuem para seu aprimoramento.

Fatores inseridos na dinâmica evolutiva demandam uma reavaliação da representatividade, a ponto de pensar a representação política de modo diverso da realidade socioeconômica de matriz liberal.

A caracterização da representação política, num sistema de democracia representativa, adequada no Estado constitucional moderno, efetivada pela legitimidade do voto, embora seja o caminho da governabilidade, diante da impossibilidade do exercício da democracia direta, deve ter um aperfeiçoamento legitimador consistente na fusão da democracia representativa e participativa. Essa constatação aponta para a relevância da compreensão de que a mecânica da representatividade em que as deliberações políticas são tomadas por representantes eleitos deve ser mantida com novos parâmetros de participação.

A falta de legitimidade resultante do distanciamento entre representantes políticos e esfera civil pode ser percebida pela desconfiança do cidadão em relação aos atores e instituições políticas[150] e constatada pela insuficiência do vínculo eleitoral e na exigência do exercício representativo em conformidade com os valores sociais consensualmente aceitos[151] traduzidos na incorporação de dinâmicas cívicas de participação.

É possível dividir os fatores da crise da representação política em duas perspectivas: **1) perspectiva político-social**: os representantes escolhidos pelo povo não atendem às demandas da coletividade; **2) perspectiva axiológica**: falta de implementação de valores democráticos na condução dos negócios públicos.

Numa perspectiva axiológica, o reconhecimento da democracia como um conjunto de regras de procedimento, no contexto da reflexão sobre a constituição do governo e a formação das decisões políticas, apresenta-se, com a expansão do humanismo ao cabo das duas grandes guerras mundiais, como um sistema político insuficiente.

A internacionalização dos direitos humanos, no pós-Segunda Guerra, ao colocar os direitos humanos como ponto central no debate jurídico, fez reconhecer

---

150 GASTIL, John. **By Popular Demand**: Revitalizing Representative Democracy Through Deliberative Elections. Berkeley, CA: University of California Press, 2000.

151 MOREIRA NETO, Diogo de Figueiredo. **Legitimidade e Discricionariedade**: novas reflexões sobre os limites e controle da discricionariedade. Rio de Janeiro: Forense, 1998. p. 5.

a afirmação dos direitos mínimos das pessoas com a limitação do exercício do poder.

Nesse reconhecimento, as exigências de concretização de uma existência digna com a realização das promessas de efetivação dos direitos básicos geraram uma necessidade de conduzir a vida democrática para além da fixação de meios do exercício do jogo democrático e incluir a implementação de fins, de resultados.

De todo o modo, a recognição da importância da proteção da dignidade da pessoa no cenário jurídico, contribuindo para a mudança de preocupação no ambiente democrático, corresponde à implementação de condições substanciais (valorativas) de validade sobre o governo e seus parâmetros de agir.

Nesse processo de efetivação de parâmetros substanciais (axiológicos) de validade do sistema democrático, impõe-se na reordenação do espaço democrático a identificação de um incremento ao aspecto formal da democracia.

4.2.4.4 Teoria da substanciação democrática: interação ampliada entre Estado e sociedade

Embora a democracia pareça gozar de um consenso sem precedentes na atualidade[152], pretende-se apresentar, no contexto da ressignificação do canône democrático no Estado constitucional, como razão legitimadora do seu poder, uma forma de administração que possibilite uma visibilidade no exercício do poder.

Como efeito, na busca de uma dimensão compatível com as exigências do século XXI, a proposta é fixar uma perspectiva substancial da democracia, ressaltando a transparência administrativa.

As sociedades progressivamente mais informadas com a compreensão e fiscalização da condução da vida pública e ativa participação do cidadão se tornam mais responsáveis e confiáveis, de maneira a gerar um poder em benefício da coletividade.

Embora seja termo de difícil e desconcertante abordagem conceitual, o aspecto marcante para a constituição da democracia é a abertura do exercício do poder percebida pelas transformações nos regimes políticos democráticos, com diferentes graus de vivência e efetivação, a partir de seus primórdios, marcadas por uma disputa pela defesa do acesso à informação pública por meio de divulgação, conhecimento, compreensão e controle das informações de interesse público, bem como pela primazia de um projeto de vida com participação do cidadão no espaço público das decisões políticas, dando sentido e qualidade às democracias. Povo

---

[152] VILLAS BÔAS FILHO, Orlando. Democracia: Estado idílico da política? **Revista Brasileira de Ciências Sociais**. São Paulo, v. 25, n. 74, out. 2010.

participativo é povo bem informado[153], que consegue debater, discutir e controlar a condução da vida pública.

A insuficiência da visão formal da democracia é reconhecida com base em um ambiente favorecido pela crise da democracia representativa e na necessidade de busca de maior legitimidade às decisões políticas tomadas na solução dos problemas da sociedade.

Nesse cenário, conjugando-se os instrumentos desenvolvidos na democracia formal pelo governo representativo com a democracia material é que surgem oportunidades de prover desejáveis soluções para o direcionamento da ação do poder, contribuindo para a construção de um governo para o povo. BOBBIO[154] já aclarava que "a democracia formal é mais um governo do povo, e a substancial é mais um governo para o povo".

Para lograr essa concertação, é preciso desenvolver um arsenal de técnicas apropriadas ao aparelhamento e à aplicação dessa democracia substancial, dotando-a de uma ordem não apenas fundamentada nos meios do processo eleitoral, mas também de uma legitimação política e de estabilização do poder em torno de valores consensualmente aceitos[155]. Nesse sentido, SILVA acentua que, se o poder não for legítimo, o Estado não será democrático de direito[156].

A democracia substancial, concebida sob uma "repolitização da legitimidade"[157], surge associada ao respeito efetivo dos direitos fundamentais e à valorização dos princípios axiológicos, complementando a dimensão formal da democracia política[158]. É importante ressaltar que essa concepção material de

---

[153] "Trata-se, também, do pré-requisito mais essencial ao regime democrático, sabido que os indivíduos e sobretudo um povo desinformado e destituído da capacidade de crítica para avaliar o processo social e político acham-se proscritos das condições da cidadania que dão impulso aos destinos das nações" (CASTRO, Carlos Roberto Siqueira. **A constituição aberta e os direitos fundamentais**: ensaios sobre o constitucionalismo pós-moderno e comunitário. Rio de Janeiro, Forense, 2010); "A relação entre democracia e informação é, portanto, biunívoca, de coessencialidade, no sentido de que uma não pode existir sem a outra e o conceito de uma comporta o conceito da outra" (FERRARI, Vincenzo. Democracia e informação no final do século XX. In: GUIMARÃES, César; JUNIOR, Chico (Org.). **Informação e democracia**. Rio de Janeiro: Ed. da UERJ, 2000).

[154] BOBBIO, Norberto. **Dicionário de política**. Brasília: Ed. da UnB, 2004. p. 328.

[155] MOREIRA NETO, Diogo de Figueiredo. **Legitimidade e discricionariedade**: novas reflexões sobre os limites e controle da discricionariedade. Rio de Janeiro: Forense, 1998. p. 5.

[156] SILVA, José Afonso da. **Curso de Direito Constitucional Positivo**. São Paulo: Malheiros, 2003.

[157] BONAVIDES, Paulo. **Teoria constitucional da democracia participativa**. São Paulo: Malheiros, 2001.

[158] "Se as normas formais da Constituição – aquelas que disciplinam a organização dos poderes públicos – garantem a dimensão formal da democracia política, que tem relação com o 'quem' e o 'como' das decisões, suas normas substantivas – as que estabelecem os princípios e os direitos fundamentais – garantem o que se pode chamar de dimensão material da 'democracia substancial'"(STRECK, Lenio Luiz. **Hermenêutica jurídica e(m) crise**: uma exploração hermenêutica da construção do direito. Porto Alegre: Livraria do Advogado, 2009. p. 46).

democracia, como técnica de solução, é ainda objeto de enfrentamento em sede doutrinária.

O aspecto qualitativo está relacionado ao conteúdo da forma de governo democrática e que é caracterizado pela legitimidade da política.

Nesse aspecto dá-se relevo à ideia do aprofundamento democrático, em que a determinação reflexivo-teórica de substanciação democrática pode se apresentar com duas abordagens, uma social e outra política.

Na abordagem social, a democracia é analisada no parâmetro das condições sociais da humanidade como tipos de relação vivida em sociedade; é relacionada com a existência de condições sociais mínimas: "uma teoria da democracia exige uma teoria da sociedade, pelo menos no sentido de que a igualdade democrática dos cidadãos requer a suposição de algum nível de igualdade social entre os indivíduos"[159].

A abordagem política, em que se busca revelar o envolvimento do cidadão na vida política do Estado, se refere a um ambiente de maximização da proximidade do cidadão com o Estado como alternativa à crise de representação, com a criação de canais participativos e comunicativos na esfera pública, a fim de responder de maneira adequada aos anseios da sociedade e permitir um acompanhamento dos atos do Poder Público pelo cidadão.

Na abordagem política da democracia, por conta do processo de democratização, para manter os referenciais de contínua consolidação e aperfeiçoamento do regime de combinação dos aspectos procedimental e substancial sobre o fenômeno democrático[160], parece claro que a democratização pode derivar da introdução progressiva e maximizada de mecanismos de participação e controle social nas manifestações estatais, bem como do revigoramento da produção democrática como método e prática em face do autoritarismo, cuja análise depende de fatores do contexto geopolítico, quanto a sua institucionalização, pós-onda de redemocratização.

No plano específico da democracia substancial, a reflexão sobre os valores que legitimam o poder ao pressupor critérios de definição axiológica extraídos do sentimento social vigente em um dado momento histórico, contribui para uma dificuldade de clarificação na identificação das escolhas desses parâmetros que legitimam o poder.

Em tempos de pluralismo e complexidade, a legitimidade contributiva aos parâmetros de ação do Estado, com base na previsibilidade de suas decisões,

---

159 WEFFORT, Francisco. **Qual democracia?** São Paulo: Companhia das Letras, 1992. p. 25.
160 BOBBIO, Norberto. **Estado, governo e sociedade.** São Paulo: Paz e Terra, 1999. p. 135-165.

é definida pela efetivação dos direitos fundamentais[161]. Nesse sentido, a intervenção de FERRAJOLI na democracia tem se verificado pelo constitucionalismo garantista ou, ainda, propagando o reconhecimento da vinculação de qualquer que seja o poder em favor dos direitos fundamentais[162].

> Com a garantia dos direitos fundamentais, resta inevitável que também no processo decisório do governo em relação ao direcionamento de ação do poder público que a sociedade participe do governo e que seja submetida à Constituição[163]. E é nessa relação, entre meios institucionais e fins sociais e na consequente primazia dos direitos fundamentais sobre os poderes públicos, das pessoas de carne e osso sobre as máquinas políticas e sobre os aparatos administrativos, que está o significado profundo da democracia.[164]

Para que se possa avançar um pouco na reflexão sobre a eleição dos critérios idôneos de conotação valorativa no exercício do poder que ultrapassem os aspectos formais, vale destacar a contribuição de algumas abordagens voltadas à busca de um espaço público democrático com a construção de maior aproximação entre a sociedade e seus representantes com uma cidadania aliada ao desenvolvimento de uma democracia participativa que tenha como meta a descentralização das decisões políticas, o controle social do poder e dos recursos e o exercício dos mecanismos de cogestão[165].

Com efeito, é possível observar que a democracia participativa suplanta a insuficiência instrumental da democracia representativa na satisfação das demandas sociais, criando uma proximidade do cidadão com o Poder Público, bem como o fato de que os valores expressos nas normas constitucionais passaram a depender de uma situação de interação dialógica fortalecida com a atuação do judiciário na implementação dos direitos fundamentais.

---

161 "(...) a legitimação do Estado Democrático de Direito deve suplantar a mera democracia formal, para alcançar a democracia material, na qual os Direitos Fundamentais devem ser respeitados" (ROSA, Alexandre Morais da. **Garantismo jurídico e controle de constitucionalidade material**. Florianópolis: Habitus, 2002. p. 27).

162 "El progresso de la que he llamado democracia sustancial se produce, pues, ademàs de mediante la expansión de los derechos y de sus garantías, también a través de la ampliación del estado de derecho al mayor número de ámbitos de vida y de esferas de poder, de modo que también en ellos se tutelen y sean satisfechos los derechos fundamentales" (FERRAJOLI, Luigi. **Derecho y razón**: teoria del garantismo penal. Madrid: Trotta, 1995. p. 934).

163 BANDIERI, Luis María. Justicia Constitucional y Democracia: ¿Un mal casamiento? In: LEITE, George Salomão; SARLET, Ingo Wolfgang (Org.). **Jurisdição constitucional, democracia e direitos fundamentais**: estudos em homenagem ao Ministro Gilmar Ferreira Mendes. Salvador: Juspodivm, 2012. p. 337-338.

164 FERRAJOLI, Luigi. **Por uma teoria dos direitos e dos bens fundamentais**. Tradução de Alexandre Salim et al. Porto Alegre: Livraria do Advogado, 2011. p. 112-113.

165 WOLKMER, Antônio Carlos. **Pluralismo jurídico**: fundamentos de uma nova cultura no Direito. São Paulo: Alfa-Ômega, 1994. p. 226.

Disso decorre, como premissa teórica na análise destas abordagens, a ressignificação do cânone democrático em razão da crise da legitimidade da representação política. A ressignificação do modelo democrático no cenário contemporâneo parte da constatação da crise nos arranjos da democracia representativa e busca uma maior interação democrática entre Estado e sociedade civil.

A renovação das relações governo-sociedade, surgida da insuficiência instrumental da democracia representativa, encontra desafios relacionados à superação e/ou diminuição da distância entre representantes e a vontade dos representados, por meio do exercício do poder legítimo, que deve concretizar na sua atuação político-administrativa, a vontade popular expressa na constituição e nas leis.

Parece haver um consenso entre os estudiosos que tratam do fenômeno da democracia que com ela se impõe uma legitimidade política. Embora haja a concordância sobre a ideia da legitimidade democrática, reina a divergência a respeito do fundamento da sua capacidade de legitimação, em que diversas matrizes teóricas disputam reconhecimento.

Quando se fala em *princípio democrático*, é preciso ter em mente as circunstâncias nas quais a capacidade de legitimação desse regime político se desenvolveu, destacando-se, desde já, que seu substrato remonta à Antiguidade, principalmente às pólis gregas.

Apesar de um ideal, em diferentes épocas e lugares, experimentaram-se inúmeros modelos ou doutrinas[166]. Concebida como instrumento e meio de realização de valores e princípios indispensáveis ao convívio social[167], a democracia resultante de lutas sociais e conquistas de direitos revela a organização no exercício do poder, apresentando-se como um procedimento de governo que adquire o aspecto de um processo em evolução jamais concluído e sempre a se refazer.

A historicidade do discurso democrático fundamentada na existência de mecanismos de visibilidade e controle sobre a atuação dos governantes é acompanhada de matrizes teórico-jurídicas que orientam e informam o exercício do poder político.

No que diz respeito à democracia participativa, é preciso verificar as especificidades do âmbito em que tal sistema político se consolidou. Essa reflexão busca situar no debate contemporâneo a participação significativa do povo nos assuntos governamentais como padrão fundamental de legitimidade política

---

166 HIRST, Paul. **Representative Democracy and its Limits**. UK: Polity, 1991; DRYZEK, John S. **Deliberative Democracy and Beyond**: Liberals, Critics, and Contestations. Oxford, UK: Oxford University Press, 2002; BONAVIDES, Paulo. **Ciência e política**. São Paulo: Malheiros, 2002.

167 SILVA, José Afonso da. **Comentário contextual à Constituição**. São Paulo: Malheiros, 2007; CANOTILHO, José Joaquim Gomes. **Direito Constitucional e teoria da Constituição**. Coimbra: Almedina, 2002; GRUGEL, Jean. **Democratization**: a Critical Introduction. New York: Palgrave Macmillan, 2002.

dos tempos atuais[168], num processo de disseminação global da democracia[169], inclusive em domínios sociais além da política[170].

A dinâmica no funcionamento do Estado e na relação entre sociedade civil e Estado exerce influência na configuração da legitimidade democrática. A concepção democrática apenas como um conjunto de métodos procedimentais, e as ideias de direito, separação de Poderes e representação política são, hoje, notadamente insuficientes para dar conta da complexidade e incerteza do fenômeno democrático contemporâneo[171].

4.3 Princípio da separação de poderes

Trata-se de uma norma de eficácia plena prevista no art. 2º da CF/1988, cujo conteúdo foi sistematizado pelo filósofo MONTESQUIEU, autor da célebre obra *Espírito das leis*, publicada em 1748, atribuindo cada função identificada a um órgão específico independente, ou seja, a função de fazer leis ao Legislativo, a de aplicar a lei ao Executivo e a de julgar ao Judiciário.

Montesquieu afirmava que os poderes são separados e cada um independe dos outros dois, o que representa melhor garantia da liberdade dos cidadãos e, ao mesmo tempo, da eficiência das instituições políticas. Melhor juízo não resultaria já que a concentração de funções em um único órgão tende ao arbítrio ou à subversão estatal.

Na atualidade, adota-se a teoria de Montesquieu de maneira ponderada, pois, numa visão constitucionalista moderna, a distribuição de funções entre os poderes não é absoluta, rígida: cada poder, além de exercer a função originária, predominante, que lhe dá nome, exerce outras em caráter não preponderante e próprias de outros poderes.

A separação de poderes, princípio fundamental no sistema constitucional brasileiro, fundamenta-se em quatro elementos:

---

168 HELD, David. **Modelos de democracia**. Madrid: Alianza, 2009.
169 DRYZEK, John; TORGERSON, Douglas. Democracy and the Policy Sciences: a Progress Report: introduction to special issue. **Policy Sciences**, v. 26, p. 127-137, 1993; LIJPHART, Arend. The Future of Democracy: Reasons for Pessimism but also Some Optimism. **Scandinavian Political Studies**, v. 23, p. 265-72, 2000; HUNTINGTON, Samuel P. **The Third Wave**: Democratization in the Late Twentieth Century. Norman, Oklahoma: University of Oklahoma Press, 1991.
170 WARREN, Mark. What can Democratic Participation Mean Today? **Political Theory**, v. 30, n. 5, p. 677-701, 2002; HUNTINGTON, Samuel P. Post-Industrial Politics: How Benign Will it Be? **Comparative Politics**, v. 6, n. 2, p. 163-191, 1975.
171 "(...) o problema da legitimidade aparece de forma mais concreta à medida que as comunidades vão perdendo as possibilidades de governos diretos e imediatos, da mesma forma que a escolha dos governantes vai deixando de ser determinada por papéis sociais preponderantes" (FARIA, José Eduardo. **Poder e legitimidade**. São Paulo: Perspectiva, 1978. p. 63)

1] **Divisão funcional** – o Estado exerce três funções distintas – legislar, executar e julgar (a distinção das funções constitui especialização das tarefas governamentais à vista de sua natureza[172]).
2] **Divisão orgânica** – cada função é atribuída a um órgão específico, ou seja, legislar ao Legislativo, executar ao Executivo e julgar ao Judiciário.
3] **Independência** – os órgãos Legislativo, Executivo e Judiciário são independentes entre si, ou seja, entre eles não há vínculos de subordinação.
4] **Harmonia** – os órgãos Legislativo, Executivo e Judiciário são harmônicos entre si, ou seja, cada órgão exerce funções típicas e atípicas[173], bem como podem se fiscalizar mutuamente[174] (há interferências que visam ao estabelecimento de um sistema de freios e contrapesos, em busca do equilíbrio necessário à realização do bem da coletividade e indispensável para evitar o arbítrio e o desmando de um em detrimento do outro e especialmente governados[175]). A harmonia entre os poderes é concretizada por meio de mecanismo da Constituição Federal de vigilância e correção que um poder exerce sobre a conduta funcional do outro. A finalidade do controle recíproco é assegurar que esses órgãos estatais atuem de acordo com as normas jurídicas e o bem comum.

No contexto da separação de Poderes, não cabe ao Poder Judiciário, em tema regido pelo postulado constitucional da reserva de lei, atuar na anômala condição de legislador positivo, para, em assim agindo, proceder à imposição de seus próprios critérios, afastando, desse modo, os fatores que, no âmbito de nosso sistema constitucional, só podem ser legitimamente definidos pelo Parlamento.

---

172 SILVA, José Afonso da. **Curso de Direito Constitucional Positivo**. São Paulo: Malheiros, 1999. p. 112.
173 "Quando o Executivo e o Judiciário expedem atos normativos de caráter não legislativo – regulamentos e regimentos, respectivamente –, não o fazem no exercício da função legislativa, mas no desenvolvimento de 'função normativa'. O exercício da função regulamentar e da função regimental não decorrem de delegação de função legislativa; não envolvem, portanto, derrogação do princípio da divisão dos Poderes" (BRASIL. Supremo Tribunal Federal. **HC n. 85.060, de 23 de setembro de 2008**. Relator: Min. Eros Grau. Data de julgamento: 23 set. 2008. Primeira Turma. Data de publicação: *Diário da Jusitça Eletrônico*, 13 fev. 2009. Disponível em: <https://redir.stf.jus.br/paginadorpub/paginador.jsp?docTP=AC&docID=575869>. Acesso em: 10 out. 2024).
174 "Separação dos Poderes. Possibilidade de análise de ato do Poder Executivo pelo Poder Judiciário. (...) Cabe ao Poder Judiciário a análise da legalidade e constitucionalidade dos atos dos três Poderes constitucionais, e, em vislumbrando mácula no ato impugnado, afastar a sua aplicação" (BRASIL. Supremo Tribunal Federal. **AI n. 640.272 AgR, de 2 de outubro de 2007**. Relator: Min. Ricardo Lewandowski. Data de julgamento: 2 out. 2007. Primeira Turma. Data de publicação: *Diário da Justiça*, 31 out. 2007. Disponível em: <https://jurisprudencia.stf.jus.br/pages/search/sjur5405/false>. Acesso em: 10 out. 2024).
175 SILVA, José Afonso da. Op. cit., p. 114.

Se tal fosse possível, o Poder Judiciário – que não dispõe de função legislativa – passaria a desempenhar atribuição que lhe é institucionalmente estranha (a de legislador positivo), usurpando, desse modo, no contexto de um sistema de atribuições essencialmente limitadas, competência que não lhe pertence, com evidente transgressão ao princípio constitucional da separação de Poderes[176].

4.4 Objetivos da República Federativa do Brasil

Os objetivos funcionam como vetores na interpretação e aplicação das normas para alcançar o bem-estar social, o desenvolvimento e o progresso da nação.

Todos os objetivos são normas programáticas, pois traduzem caminhos a serem seguidos pelo Poder Público.

Os objetivos auxiliam na elaboração e execução das políticas públicas. Funcionam como metas a serem atingidas e não consagram direitos e garantias fundamentais.

Tendo natureza de rol não taxativo, o constituinte criou tais objetivos visando projetar uma sociedade mais justa:

I] **Construir uma sociedade livre, justa e solidária**[177] – é viver numa sociedade em que não há infrações penais.

II] **Garantir o desenvolvimento**[178] **nacional** – é adotar mecanismos que visem ao crescimento do país, além do desenvolvimento sustentável com equilíbrio entre as exigências da economia e as da ecologia.

III] **Erradicar a pobreza**[179] **e a marginalização e reduzir as desigualdades sociais e regionais** – é a justiça social.

---

176 BRASIL. Supremo Tribunal Federal. **Mandado de Segurança n. 22.690, de 17 de abril de 1997.** Relator: Min. Celso de Mello. Data de julgamento: 17 abr. 1997. Data de publicação: Diário da Justiça, 7 dez. 2006. Disponível em: <https://www.jusbrasil.com.br/jurisprudencia/stf/742520>. Acesso em: 10 out. 2024; BRASIL. Supremo Tribunal Federal. **MI n. 708, de 25 de outubro de 2007.** Relator: Min. Gilmar Mendes. Data de julgamento: 25 out. 2007. Data de publicação: Diário da Justiça Eletrônico, 31 out. 2008. Disponível em: <https://edisciplinas.usp.br/pluginfile.php/5849725/mod_folder/content/0/MI%20708.pdf?forcedownload=1>. Acesso em: 5 abr. 2024.

177 O sistema público de previdência social é fundamentado no princípio da solidariedade (art. 3º, I, CF/1988), contribuindo os ativos para financiar os benefícios pagos aos inativos.

178 "O desenvolvimento que se fizer sem ou contra os índios, ali onde eles se encontrarem instalados por modo tradicional, à data da Constituição de 1988, desrespeita o objetivo fundamental do inciso II do art. 3º da CF, assecuratório de um tipo de 'desenvolvimento nacional' tão ecologicamente equilibrado quanto humanizado e culturalmente diversificado, de modo a incorporar a realidade indígena" (BRASIL. **Pet n. 3.388, de 19 de março de 2009.** Relator: Min. Ayres Britto. Data de julgamento: 19 mar. 2009. Data de publicação: Diário da Justiça Eletrônico, 1º jul. 2010. Disponível em: <https://jurisprudencia.stf.jus.br/pages/search/sjur180136/false>. Acesso em: 10 out. 2024).

179 A Emenda Constitucional n. 31, de 2000, em vista da busca da justiça social, criou o fundo de combate e erradicação da pobreza para criar níveis mais dignos de subsistências a todos os brasileiros. BRASIL. Emenda Constitucional n. 31, de 14 de dezembro de 2000. **Diário Oficial da União**, Poder Legislativo, Brasília, DF, 18 dez. 2000. Disponível em: <https://www.planalto.gov.br/ccivil_03/constituicao/emendas/emc/emc31.htm>. Acesso em: 5 abr. 2024.

IV] **Promover o bem de todos, sem preconceitos de origem, raça, sexo, cor, idade e quaisquer outras formas de discriminação** – buscar a não discriminação[180]. Uma possibilidade reside na criação de ações afirmativas. Qualquer tratamento jurídico discriminatório sem justificativa constitucional razoável e proporcional importa em limitação à liberdade do indivíduo e ao reconhecimento de seus direitos como ser humano e como cidadão[181].

4.5 Princípios das relações internacionais

a] **Independência nacional**[182]: é o reconhecimento da soberania do Estado; Jean BODIN afirma que soberania é "o poder absoluto e perpétuo de uma República"[183]. A soberania implica uma capacidade de auto-organização e de relacionamento internacional. A necessidade de convivência entre os Estados na ordem internacional exige respeito à soberania de um Estado.

b] **Prevalência dos direitos humanos**: a preocupação com a efetividade dos direitos humanos fez surgir dois sistemas vocacionados a proteger os direitos humanos: a) sistema universal: regulado pelo direito internacional dos direitos humanos, que nasceu com a Declaração Universal dos Direitos Humanos em 10 de dezembro de 1948, recomendação da Assembleia-Geral da Organização das Nações Unidas (ONU), que visa, além da previsão prévia e clara dos direitos e deveres, ao respeito aos direitos fundamentais, inclusive com

---

180 "O concreto uso da sexualidade faz parte da autonomia da vontade das pessoas naturais. Empírico uso da sexualidade nos planos da intimidade e da privacidade constitucionalmente tuteladas" (BRASIL. Supremo Tribunal Federal. **ADI n. 4.277; ADPF 132, de 5 de maio de 2011**. Relator: Min. Ayres Britto. Data de julgamento: 5 maio 2011. Data de publicação: *Diário da Justiça Eletrônico*, 14 out. 2011. Disponível em: <https://redir.stf.jus.br/paginadorpub/paginador.jsp?docTP=AC&docID=628635>. Acesso em: 10 out. 2024).

181 BRASIL. Supremo Tribunal Federal. **RE n. 670.422/RS, de 15 de agosto de 2018**. Relator: Min. Dias Toffoli. Data de julgamento: 15 ago. 2018. Data de publicação: *Diário da Justiça Eletrônico*, 17 ago. 2018. Disponível em: <https://informativos.trilhante.com.br/julgados/stf-re-670422-rs>. Acesso em: 10 out. 2024.; BRASIL. Supremo Tribunal Federal. **Informativo n. 911, de 13 a 17 de agosto de 2018**. Disponível em: <https://www.stf.jus.br/arquivo/informativo/documento/informativo911.htm>. Acesso em: 5 abr. 2024.

182 "A soberania nacional no plano transnacional funda-se no princípio da independência nacional, efetivada pelo presidente da República, consoante suas atribuições previstas no art. 84, VII e VIII, da Lei Maior. A soberania, dicotomizada em interna e externa, tem na primeira a exteriorização da vontade popular (art. 14, CF) através dos representantes do povo no parlamento e no governo; na segunda, a sua expressão no plano internacional, por meio do presidente da República" (BRASIL. Supremo Tribunal Federal. **Rcl n. 11.243, de 8 de junho de 2011**. Relator para o acórdão: Min. Luiz Fux. Data de julgamento: 8 jun. 2011. Data de publicação: *Diário da Justiça Eletrônico*, 5 out. 2011. Disponível em: <https://www.jusbrasil.com.br/jurisprudencia/stf/20626370>. Acesso em: 10 out. 2024).

183 BODIN, Jean. Methodus ad facilem historiarum cognitionem (Méthode pour la connaissance facile de l'histoire. Tradução de Pierre Mesnard. In: **Œuvres Philosophiques de Jean Bodin**. Paris: PUF, 1951.

mecanismos garantidores da sua implementação. A Declaração foi atualizada com outros pactos internacionais, e sua implementação foi feita por meio de mecanismos convencionais e extraconvencionais dos direitos humanos, como a Comissão de Direitos humanos; b) sistema regional americano: regulado por documentos internacionais específicos a comunidades mais restritas de países, como a criação da Convenção Americana de Direitos Humanos.

c] **Autodeterminação dos povos**: é o respeito à soberania de outros Estados soberanos; cada Estado tem liberdade para estabelecer sua organização em seu território nacional, assim como tem a liberdade de determinar suas próprias políticas para promover o desenvolvimento.

d] **Não intervenção**: é a não interferência nos assuntos internos ou externos de outros Estados (proibida qualquer forma de intervenção que viole a personalidade do Estado), salvo em nome do direito de defesa, por motivos de humanidade, proteção dos direitos humanos, intervenção financeira decorrente de não pagamento e guerra civil. A observância desse princípio representa a consecução da paz internacional e o mútuo respeito à integridade territorial. O Estado responde por dano causado a outro Estado ou organização internacional, desde que fiquem comprovados os seguintes requisitos: a) ato ilícito, ou seja, violação de uma norma de direito internacional; b) dano, que não precisa ter expressão econômica; c) imputabilidade, ou seja, o ato ilícito tem de ter sido causado pelo Estado.

e] **Igualdade entre os Estados**: o relacionamento internacional é de coordenação horizontal, ou seja, os Estados são juridicamente iguais; cabe ressaltar que cada Estado tem o dever de respeitar a personalidade de outro Estado e o direito de livremente escolher e desenvolver seu sistema político, social, econômico e cultural e de cumprir de boa-fé com as obrigações internacionais. Alguns estudiosos questionam a compatibilidade do princípio com a própria Carta das Nações Unidas, que estabelece o direito de veto somente aos cinco membros do Conselho de Segurança.

f] **Defesa da paz**: consiste na postura de buscar evitar confrontos armados; proibição do uso ou ameaça de força; a paz é considerada um bem público universal tutelado pela ordem internacional. A ordem internacional não proibiu a adoção de medidas econômicas com forças sancionatórias.

g] **Solução pacífica dos conflitos**: é a proibição do uso ou ameaça da força para solucionar conflitos. Há mecanismos de solução de controvérsias no âmbito internacional: 1) diplomáticos – a) negociação direta (entendimento entre os contendores); b) sistema de consultas (encontros periódicos); c) bons ofícios (terceiro que aproxima os litigantes para um maior diálogo); d) mediação (terceiro propõe forma de término do conflito); e) conciliação (interferência de uma comissão integrada por representantes dos Estados);

f) inquérito (procedimento de instância diplomática conduzido por comissões para esclarecer fatos); 2) políticos – atuação das organizações internacionais intergovernamentais; 3) jurisdicionais – a) arbitragem (elege árbitro que dá decisão definitiva e obrigatória); b) solução judicial (solução por tribunal pré-constituído); 4) coercitivos – a) represálias (contra-ataque em razão da injustiça ou violação de direito); b) boicotagem (interrupção das relações comerciais); c) retorsão (revide idêntico ao prejuízo sofrido); d) ruptura das relações diplomáticas (retirada da missão diplomática); e) embargo (sequestro de navios em época de paz); f) embargo do príncipe (proibir saída de navio estrangeiro por problemas de sanitários ou por questões judiciárias ou policiais); g) bloqueio pacífico (impedir com as forças armadas o contato do Estado com a sociedade internacional).

h] **Repúdio ao terrorismo e ao racismo:** o repúdio ao racismo[184] representa a necessidade de adoção de políticas internacionais; já a eliminação de todas as formas de discriminação racial nas relações internacionais e o repúdio ao terrorismo são ações que consistem em evitar ameaça aos direitos humanos e à própria segurança do Estado[185].

i] **Cooperação entre os povos para o progresso da humanidade**[186]: o dever de cooperação está consubstanciado na manutenção da paz, no respeito aos direitos fundamentais, na eliminação de quaisquer formas de discriminação,

---

184 "No Estado de Direito Democrático, devem ser intransigentemente respeitados os princípios que garantem a prevalência dos direitos humanos. (...) A ausência de prescrição nos crimes de racismo justifica-se como alerta grave para as gerações de hoje e de amanhã, para que se impeça a reinstauração de velhos e ultrapassados conceitos que a consciência jurídica e histórica não mais admitem" (BRASIL. Supremo Tribunal Federal. **HC n. 82.424, de 17 de setembro de 2003**. Relator para o acórdão: Min. Maurício Corrêa. Data de julgamento: 17 set. 2003. Data de publicação: Diário da Justiça, 19 mar. 2004. Disponível em: <https://jurisprudencia.stf.jus.br/pages/search/sjur96610/false>. Acesso em: 10 out. 2024).

185 "O repúdio ao terrorismo: um compromisso ético-jurídico assumido pelo Brasil, quer em face de sua própria Constituição, quer perante a comunidade internacional. Os atos delituosos de natureza terrorista, considerados os parâmetros consagrados pela vigente CF, não se subsumem à noção de criminalidade política, pois a Lei Fundamental proclamou o repúdio ao terrorismo como um dos princípios essenciais que devem reger o Estado brasileiro em suas relações internacionais (CF, art. 4º, VIII), além de haver qualificado o terrorismo, para efeito de repressão interna, como crime equiparável aos delitos hediondos, o que o expõe, sob tal perspectiva, a tratamento jurídico impregnado de máximo rigor, tornando-o inafiançável e insuscetível da clemência soberana do Estado e reduzindo-o, ainda, à dimensão ordinária dos crimes meramente comuns (CF, art. 5º, XLIII)" (BRASIL. Supremo Tribunal Federal. **Ext n. 855, de 26 de agosto de 2004**. Relator: Min. Celso de Mello. Data de julgamento: 26 ago. 2004. Data de publicação: Diário da Justiça, 1º jul. 2005. Disponível em: <https://www.jusbrasil.com.br/jurisprudencia/stf/14741218>. Acesso em: 10 out. 2024).

186 "No plano da cooperação internacional, é possível a participação das autoridades estrangeiras, desde que não haja nenhuma interferência delas no curso das providências tomadas" (BRASIL. Supremo Tribunal Federal. **HC n. 89.171, de 24 abr. 2009**. Relator: Min. Marco Aurélio. Relator para o acórdão: Min. Carlos Alberto Menezes Direito. Data de julgamento: 24 mar. 2009. Data de publicação: Diário da Justiça Eletrônico, 8 maio 2009. Disponível em: <https://redir.stf.jus.br/paginadorpub/paginador.jsp?docTP=AC&docID=591293>. Acesso em: 10 out. 2024).

na criação de meios propícios para criar um desenvolvimento econômico, social, cultural e educacional.

j) **Concessão de asilo político:** o asilo político é um mecanismo utilizado nas relações internacionais com base no princípio da solidariedade internacional consistente no acolhimento por motivos de perseguições políticas, religiosas e decorrentes do exercício da livre manifestação do pensamento. É ato de soberania estatal, de competência do presidente da República.

k) **Formação de uma Comunidade Latino-Americana de Nações:** consiste na ação de buscar formas de integração, tais como a formação do Mercosul, união aduaneira que tem por objetivo basilar a criação de um mercado comum[187]

---

[187] "(...) a existência da norma inscrita no art. 4º, parágrafo único, da Constituição da República, que possui conteúdo meramente programático e cujo sentido não torna dispensável a atuação dos instrumentos constitucionais de transposição, para a ordem jurídica doméstica, dos acordos, protocolos e convenções celebrados pelo Brasil no âmbito do Mercosul" (BRASIL. Supremo Tribunal Federal. **CR n. 8.279 AgR, de 17 de junho de 1998**. Relator: Min. Celso de Mello. Data de julgamento: 17 jun. 1998. Data de publicação: Diário da Justiça, 10 ago. 2000. Disponível em: <https://redir.stf.jus.br/paginadorpub/paginador.jsp?docTP=AC&docID=324396>. Acesso em: 10 out. 2024).

Capítulo 2
Princípios do Direito Administrativo

1. Princípios expressos na Constituição Federal de 1988

1.1 Princípio da Legalidade

a] **Conteúdo**: princípio inerente ao Estado de direito, em que a vontade do administrador é a da lei; só pode praticar condutas autorizadas por lei.
b] **Sentido negativo**: atos administrativos não podem contrariar a lei (primazia da lei).
c] **Sentido positivo**: atos administrativos só podem ser praticados mediante autorização legal (reserva legal). Só podem fazer o que a lei permite; silêncio legislativo equivale a proibição.
d] **Exceções**: medida provisória (art. 62, CF/1988) estado de sítio (arts. 137 a 139, CF/1988) e estado de defesa (art. 136, CF/1988).
e] **Princípio da juridicidade** (art. 2º, parágrafo único, I, Lei n. 9784/1999): é a atuação conforme o Direito, que, por sua vez, inclui CF, emendas, Constituição Estadual, Lei Orgânica, medidas provisórias, tratados, costumes, atos normativos, decretos legislativos, resoluções, princípios gerais do Direito.
f] **Distinção**: 1) *administração particular* – pode fazer tudo o que não está proibido; há liberdade e vontade pessoal; a lei funciona como proibição da ação particular; o silêncio da lei equivale à permissão de ação do particular; 2) *Administração Pública* – só pode fazer o que a lei autoriza; não há liberdade nem vontade pessoal; a lei funciona com permissão no agir público; o silêncio da lei equivale à proibição no agir público.
g] **Histórico**: 1) *Estado absolutista* – poder ilimitado do monarca; 2) *Estado liberal* – vinculação negativa, em que a Administração podia fazer tudo o que não era proibido pela lei; 3) *Estado social de direito* – vinculação positiva, em que a Administração só podia fazer o que lei permitia; 4) *Estado democrático de direito e social* – submissão da atuação administrativa à lei (vinculação positiva) e ao Direito.
h] **Concepção contemporânea**: o agir administrativo deve ser submetido à lei, ao Direito e aos princípios constitucionais, no sentido de efetivação dos direitos fundamentais. São razões que fundamentam essa concepção – 1) advento do pós-positivismo; 2) constitucionalização do Direito Administrativo; 3) democracia republicana.

1.2 Princípio da Impessoalidade

a] **Destinatários:** é dirigido à Administração e aos administrados.
b] **Fundamento:** decorre do Princípio da Isonomia.
c] **Conteúdo para Administração Pública:** o agente público não pode se promover às custas das realizações da Administração Pública. As realizações governamentais não são do funcionário ou autoridade, mas da entidade pública em nome de quem foi feita a realização. A atuação dos agentes públicos é imputada ao Estado. As realizações não devem ser atribuídas às pessoas físicas dos agentes públicos, mas à pessoa jurídica estatal a que estiver ligado.
d] **Conteúdo para os administrados:** a Administração não pode atuar para prejudicar ou beneficiar pessoas determinadas.
e] **Objetivo impeditivo:** impedir perseguições ou favorecimentos, discriminações benéficas ou prejudiciais aos administrados.
f] **Sentido positivo:** visar sempre ao interesse público.
g] **Obrigação do administrador:** praticar o ato para seu fim legal; evitar decisões baseadas em preferência pessoal ou sentimento de perseguição.
h] **Ato praticado com objetivo diverso da satisfação do interesse público:** será nulo por desvio de finalidade. Há previsão nesse sentido na Lei de Ação Popular (art. 2º, "e", Lei n. 4.717/1965).
i] **Permissão:** tratamento diferenciado entre pessoas que estão em posição fática de desigualdade com o objetivo de efetivar a igualdade material.
j] **Efeitos:** imputação – os atos e provimentos administrativos são imputáveis não ao funcionário que os pratica, mas ao órgão ou entidade administrativa da administração (autor institucional do ato).
k] **Promoção pessoal:** na CF, o art. 37, em seu parágrafo 1º, proíbe símbolos, imagens e nomes que caracterizem promoção pessoal de autoridades ou servidores públicos em publicidade de atos, programas, obras, serviços e campanhas dos órgãos públicos. Inclui o *slogan* de partido político nos termos do RE n. 191.668/RS[1]. As realizações públicas não são feitos pessoais dos agentes, mas da entidade administrativa. A publicidade dos atos do Poder Público deve ter caráter educativo, informativo ou de orientação social, dela não podendo constar símbolos, nomes ou imagens que caracterizem promoção pessoa de autoridades ou servidores públicos.
l] **Relações:** 1) *imparcialidade* – corresponde ao dever de imparcialidade na defesa do interesse público, impedindo discriminações e privilégios indevidamente dispensados a particular no exercício de sua função administrativa;

---

[1] BRASIL. Supremo Tribunal Federal. **RE n. 191668-1/RS, de 15 de abril de 2008**. Relator: Menezes Direito. Primeira Turma. Data de julgamento: 15 abr. 2008. Data de publicação: *Diário da Justiça*, 30 maio 2008.

2) *finalidade* – o agir administrativo visando à prática do ato para o fim previsto em lei, em atendimento ao interesse público; 3) *isonomia* – o agir administrativo deve dar igualdade de tratamento aos administrados que estejam em situação jurídica idêntica; 4) *improbidade administrativa* – constitui ato de improbidade administrativa que atenta contra os princípios da Administração Pública a ação ou omissão dolosa que viole os deveres de honestidade, de imparcialidade e de legalidade, consubstanciada em praticar, no âmbito da Administração Pública e com recursos do erário, ato de publicidade que contrarie o disposto na CF/1988, de modo a promover inequívoco enaltecimento do agente público e personalização de atos, programas, obras, serviços ou campanhas dos órgãos públicos.

m] **Aplicação do princípio:** 1) *exercício de fato* – são válidos os atos praticados por funcionário irregularmente investido na função, sob o fundamento de que os atos são do órgão e não do agente público; 2) *Lei n. 9.784/1999* – normas sobre impedimento/suspeição (arts. 18 a 21) e a previsão implícita do princípio (art. 2º, parágrafo único, inciso III – objetividade no atendimento do interesse público, vedada a promoção pessoal de autoridades públicas; 3) *licitação* (art. 37, inciso XXI da CF/1988 combinado com o art. 5º da Lei n. 14.133/2021) e 4) *concurso público* (art. 37, inciso II da CF/1988).

1.3 Princípio da Moralidade

a] **Moral e Direito:** são noções representadas por círculos concêntricos, sendo o maior correspondente à moral e o menor, ao Direito.
b] **Moral administrativa:** conjunto de regras de conduta extraídas da disciplina interior da Administração.
c] **Natureza da moralidade administrativa:** requisito de validade do ato administrativo; padrão de comportamento a ser observado pelos agentes públicos; princípio fundamental aplicável à Administração Pública (art. 2º, parágrafo único, IV da Lei n. 9.784/1999); crime de responsabilidade do Presidente da República (art. 85, V, CF/1988); Direito Público subjetivo a um governo honesto; hipótese de perda ou suspensão dos direitos políticos (art. 15, V, CF/1988); objetivo da inelegibilidade relativa legal (art. 14, § 9º, CF/1988).
d] **Conteúdo da moralidade administrativa:** significa atuação administrativa ética, leal e séria; respeito a padrões éticos, de boa-fé, decoro, lealdade, honestidade e probidade
e] **Controle da moralidade administrativa:** é feito pelos seguintes instrumentos – Ação de Improbidade, Ação Popular (qualquer cidadão pode deduzir a pretensão de anular atos do Poder Público contaminados de imoralidade

administrativa), Ação Civil Pública, Ficha Limpa, Controle externo exercido pelos Tribunais de Contas, Comissões Parlamentares de Inquérito e Lei Anticorrupção.

f] **Legalidade e moralidade:** há dois posicionamentos: 1) *minoritário* – o conceito de moral administrativa é absorvido pelo próprio conceito de legalidade; 2) *majoritário* – são princípios autônomos, de forma que a imoralidade, independente da ilegalidade acarreta a invalidade do ato, que pode ser decretada pela própria Administração ou pelo Poder Judiciário.

g] **Bom administrador:** é aquele que conhece os princípios éticos regentes da função administrativa, distinguindo o bem e o mal, o legal e o ilegal, o justo e o injusto, o conveniente e o inconveniente, o honesto e o desonesto, a fim de afastar o arbítrio e garantir a visibilidade no exercício do poder, com a devida gestão dos assuntos e bens públicos, de modo a fomentar uma cultura de rechaço à corrupção.

h] **Alcance:** nas relações entre a Administração e os administrados; na relação entre a Administração e os agentes públicos; pelo particular que se relaciona com a Administração Pública; além de vincular a Administração Pública, constitui dever imposto também aos administrados (art. 4.º, II, Lei n. 9.784/1999).

i] **Imoralidade:** ofende a moral, os bons costumes, as regras de boa administração, os princípios de justiça e de equidade, a ideia comum de honestidade.

j] **Forma mais grave de imoralidade:** corrupção, um fenômeno que enfraquece a democracia, a confiança no Estado, a legitimidade dos governos e a moral pública[2]. Encontrada em todas as épocas e partes do mundo, representativa da fusão entre o desvio da finalidade pública – caracterizada pelo rompimento do pressuposto moral de que os agentes públicos agem dentro da lei e no cumprimento dos legítimos fins contemplados na norma – e o proveito privado com obtenção da vantagem indevida, é fator comprometedor da estabilidade, segurança e legitimidade das instituições públicas, com impacto negativo no desenvolvimento e prosperidade do Estado, com enfraquecimento de valores democráticos e morais. No século XXI, o nível de corrupção no mundo assumiu um grau alarmante. O excesso de oportunidades para desviar recursos públicos e a certeza da impunidade, e não a formação moral ou cultural do povo brasileiro, constituem as reais causas para a manutenção da corrupção em elevados patamares.

k] **Nepotismo:** um agente público usa de sua posição de poder para nomear, contratar, favorecer ou manter um ou mais parentes ou familiares no serviço

---

2 PEREIRA, José Matias. Reforma do Estado e transparência: estratégias de controle da corrupção no Brasil. In: CONGRESSO INTERNACIONAL DEL CLAD SOBRE LA REFORMA DEL ESTADO Y DE LA ADMINISTRACIÓN PÚBLICA, 7., Lisboa, Portugal. **Anales...** 8-11 Oct. 2002.

público, em virtude de vínculo consanguíneo ou de afinidade; é um prática proibida, nos termos do art. 117, inciso VIII, da Lei n. 8.112/1990; Decreto n. 7.203/2010; Resolução do Conselho Nacional de Justiça n. 7/2005 (A Resolução n. 229 do CNJ, de 22 de junho de 2016[3], alterou e acrescentou dispositivos na Resolução CNJ 7, de 18 de outubro de 2005[4], para contemplar expressamente outras hipóteses de nepotismo nas contratações públicas[5]), considerada constitucional pelo STF na ADC 12-MC[6], que veda a prática de nepotismo no âmbito de todos os órgãos do Poder Judiciário; na Súmula Vinculante do STF n. 13, de 2008[7]. É ato de improbidade o nepotismo cruzado, nos termos do artigo 11, inciso XI da Lei n. 14.230/2021).

l] **Dever do servidor público:** "ser leal às instituições que servir" e "manter conduta compatível com a moralidade administrativa" (art. 116, Lei n. 8.112/90). Na mesma esteira de disciplina do comportamento ético dos agentes públicos, foram editados o Decreto n. 1.171/1994[8] (Código de Ética Profissional do Servidor Público Federal) e o Decreto n. 6.029/2007[9] (Sistema de Gestão Ética do Poder Executivo Federal).

1.4 Princípio da Publicidade

a] **Sentido formal:** divulgação oficial dos atos da Administração Pública. Exterioriza a vontade da administração divulgando seu conteúdo para conhecimento

---

3   BRASIL. Conselho Nacional de Justiça. **Resolução n. 229, de 22 de junho de 2016**. Disponível em: <https://atos.cnj.jus.br/atos/detalhar/2300>. Acesso em: 3 fev. 2025.
4   BRASIL. Conselho Nacional de Justiça. **Resolução n. 7, de 18 outubro de 2005**. Disponível em: <https://atos.cnj.jus.br/atos/detalhar/atos-normativos?documento=187. Acesso em: 3 fev. 2025.
5   A contratação, em casos excepcionais de dispensa ou inexigibilidade de licitação, de pessoa jurídica da qual sejam sócios cônjuge, companheiro ou parente em linha reta, colateral ou por afinidade, até o terceiro grau, inclusive, dos respectivos membros ou juízes vinculados, ou servidor investido em cargo de direção e de assessoramento; contratação, independentemente da modalidade de licitação, de pessoa jurídica que tenha em seu quadro societário cônjuge, companheiro ou parente em linha reta, colateral ou por afinidade até o terceiro grau, inclusive, dos magistrados ocupantes de cargos de direção ou no exercício de funções administrativas, assim como de servidores ocupantes de cargos de direção, chefia e assessoramento vinculados direta ou indiretamente às unidades situadas na linha hierárquica da área encarregada da licitação.
6   BRASIL. Supremo Tribunal Federal. **ADC n. 12, de 16 de fevereiro de 2006**. Tribunal Pleno. Data de julgamento: 16 fev. 2006. Data de publicação: Diário da Justiça Eletrônico, 1º set. 2006. Disponível em: <https://jurisprudencia.stf.jus.br/pages/search/sjur7900/false>. Acesso em: 3 fev. 2025.
7   BRASIL. Supremo Tribunal Federal. **Súmula Vinculante n. 13, de 29 de agosto de 2008**. Data de publicação: Diário da Justiça Eletrônico, 29 ago. 2008. Disponível em: <https://portal.stf.jus.br/jurisprudencia/sumariosumulas.asp?base=26&sumula=1227>. Acesso em: 21 out. 2024.
8   BRASIL. Decreto n. 1.171, de 22 de junho de 1994. **Diário Oficial da União**, Poder Executivo, Brasília, DF, 23 jun. 1994. Disponível em: <https://www.planalto.gov.br/ccivil_03/decreto/ d1171.htm>. Acesso em: 10 abr. 2024.
9   BRASIL. Decreto n. 6.029, de 1º de fevereiro de 2007. **Diário Oficial da União**, Poder Executivo, Brasília, DF, 2 fev. 2007. Disponível em: <https://www.planalto.gov.br/ccivil_03/_ato2007-2010/2007/decreto/d6029.htm>. Acesso em: 3 fev. 2025.

público; torna exigível o conteúdo do ato; permite a produção de efeito e o controle de legalidade do comportamento; meio de publicação – depende do ato praticado – ato individual – simples comunicação ao interessado; ato geral – publicação no Diário Oficial (abrange atos individuais de efeitos coletivos).

b] **Sentido material:** visibilidade dos atos administrativos que possibilita o controle social dos atos públicos (relação com democracia). Depende da implementação do direito à informação.

c] **Natureza:** 1) condição de eficácia do ato; 2) elemento de existência

d] **Exceções (hipóteses de sigilo):** segurança do Estado (informações militares); segurança da sociedade; intimidade dos envolvidos.

e] **Controle da publicidade:** ao Poder Público em defesa de direitos ou contra ilegalidade ou abuso de poder (art. 5.º, XXXIV, "a", CF/1988); direito de certidão em repartições públicas para defesa de direitos e esclarecimento de situações de interesse pessoal (art. 5.º, XXXIV, "b", CF/1988); mandado de segurança individual e coletivo (art. 5.º, LXIX e LXX, da CF/1988); *habeas data* para conhecimento de informações relativas ao impetrante, constantes de registros ou bancos de dados de entidades governamentais ou de caráter público, bem como para retificação de dados (art. 5º, LXXII, da CF/1988); Lei de Acesso à Informação (Lei 12.527/2011); Lei Geral de Proteção de Dados (Lei n. 13.709/2018[10]).

f] **Características:** não há preocupação de interação democrática apta a gerar insumos na forma de demandas, comunicação de preferências e prioridades; não há preocupação na construção de uma cidadania ativa possibilitando a sua participação na fiscalização da coisa pública.

g] **Objetivo:** garantir a eficácia dos atos estatais; superar o segredo administrativo, bem como adquirir o *status* de público.

h] **Surgimento:** a publicidade administrativa surge no Brasil como uma reação ao autoritarismo fomentado pela invocação do segredo administrativo como regra.

i] **Disponibilização:** Administração Pública cumpre seu dever de publicidade quando disponibiliza dados sem preocupação em velar por explicações ou justificativas que permitam uma qualidade maior na elaboração da comunicação da Administração Pública com os cidadãos. Cinge-se à exposição ao público, seja para validar o ato, seja para garantir sua eficácia, com observância da forma legal prevista.

j] **Dimensão intersubjetiva:** a publicidade pode ser concebida como um direito de ter conhecimento dos atos administrativos (perspectiva do cidadão);

---

10 BRASIL. Lei n. 13.709, de 14 de agosto de 2018. **Diário Oficial da União**, Poder Executivo, Brasília, DF, 15 ago. 2018. Disponível em: <https://www.planalto.gov.br/ccivil_03/_ato2015-2018/2018/lei/l13709.htm>. Acesso em: 3 fev. 2025.

ou um dever de divulgação oficial dos atos administrativos (perspectiva da Administração Pública).

k) **Dimensão objetiva**: destina-se a garantir eficácia do ato administrativo, de modo que no caso da falta de publicidade ou publicidade incompleta, o ato já existe, mas não produz efeitos jurídicos.

l) **Abrangência**: comportamentos preocupados com o cumprimento do dever da Administração Pública em divulgar e possibilitar o conhecimento público dos seus atos.

1.5 Princípio da Eficiência

a) **Origem**: surgido com a Emenda Constitucional n. 19/1998[11].
b) **Previsão**: nos arts. 2º e 37, *caput*, da Lei n. 9.784/1999[12].

---

11 BRASIL. Emenda Constitucional n. 19, de 4 de junho de 1998. **Diário Oficial da União**, Poder Legislativo, Brasília, DF, 5 jun. 1998. Disponível em: <https://www.planalto.gov.br/ccivil_03/constituicao/Emendas/Emc/emc19.htm>. Acesso em: 5 abr. 2024.

12 "Art. 2º A Administração Pública obedecerá, dentre outros, aos princípios da legalidade, finalidade, motivação, razoabilidade, proporcionalidade, moralidade, ampla defesa, contraditório, segurança jurídica, interesse público e eficiência.
Parágrafo único. Nos processos administrativos serão observados, entre outros, os critérios de:
I – atuação conforme a lei e o Direito;
II – atendimento a fins de interesse geral, vedada a renúncia total ou parcial de poderes ou competências, salvo autorização em lei;
III – objetividade no atendimento do interesse público, vedada a promoção pessoal de agentes ou autoridades;
IV – atuação segundo padrões éticos de probidade, decoro e boa-fé;
V – divulgação oficial dos atos administrativos, ressalvadas as hipóteses de sigilo previstas na Constituição;
VI – adequação entre meios e fins, vedada a imposição de obrigações, restrições e sanções em medida superior àquelas estritamente necessárias ao atendimento do interesse público;
VII – indicação dos pressupostos de fato e de direito que determinarem a decisão;
VIII – observância das formalidades essenciais à garantia dos direitos dos administrados;
IX – adoção de formas simples, suficientes para propiciar adequado grau de certeza, segurança e respeito aos direitos dos administrados;
X – garantia dos direitos à comunicação, à apresentação de alegações finais, à produção de provas e à interposição de recursos, nos processos de que possam resultar sanções e nas situações de litígio;
XI – proibição de cobrança de despesas processuais, ressalvadas as previstas em lei;
XII – impulsão, de ofício, do processo administrativo, sem prejuízo da atuação dos interessados;
XIII – interpretação da norma administrativa da forma que melhor garanta o atendimento do fim público a que se dirige, vedada aplicação retroativa de nova interpretação.
(...)
Art. 37. Quando o interessado declarar que fatos e dados estão registrados em documentos existentes na própria Administração responsável pelo processo ou em outro órgão administrativo, o órgão competente para a instrução proverá, de ofício, à obtenção dos documentos ou das respectivas cópias" (BRASIL. Lei n. 9.784, de 29 de janeiro de 1999. **Diário Oficial da União**, Poder Legislativo, Brasília, DF, 1º fev. 1999. Disponível em: <https://www.planalto.gov.br/ccivil_03/leis/l9784.htm>. Acesso em: 5 abr. 2024).

c] **Conteúdo:** dever do agente público de realizar suas atribuições com presteza, perfeição e rendimento funcional. Exigência de resultados positivos para serviço público e satisfatório atendimento das necessidades da coletividade. Na doutrina italiana, significa dever da boa administração
d] **Aspectos:** 1) *modo de atuação do agente público* – espera-se o melhor desempenho possível de suas atribuições para lograr os melhores resultados; 2) *modo de organizar, estruturar, disciplinar a administração* – objetivo de alcançar melhores resultados na prestação do serviço público.
e] **Objetivo de sua criação:** substituir a Administração Pública burocrática pela Administração Pública gerencial. Com o advento do *New Public Management*, a gestão pública incorpora princípios e mecanismos de mercado em consonância com a visão neoliberal. Trata-se da adequação estrutural e funcional da Administração Pública às técnicas da gestão do setor privado no sentido de buscar a eficiência pública.
f] **Decorrências:** duração razoável dos processos judicial e administrativo (art. 5º, LXXVIII, CF/1988), contrato de gestão (art. 37, CF/88), contrato de gestão com as Organizações Sociais (Lei n. 9.637/1998).
g] **Finalidade:** resultados positivos para serviço público e satisfatório atendimento das necessidades da coletividade.

2. Princípios implícitos na Constituição Federal de 1988

2.1 Princípio da Supremacia do Interesse Público sobre o Particular

a] **Previsão normativa:** princípio implícito na ordem jurídica.
b] **Terminologia:** é chamado de *princípio da finalidade pública*.
c] **Grau de importância:** os interesses da coletividade são mais importantes do que os interesses individuais.
d] **Consequência:** em razão da supremacia, a Administração Pública recebe da lei poderes especiais não extensivos aos particulares. Essas atribuições dão a ela uma posição de superioridade diante do particular.
e] **Objeto:** a supremacia é do interesse primário sobre o secundário.
f] **Destinatários:** inspira o legislador e vincula a autoridade administrativa em toda a sua atuação.

g] **Manifestações:** atributos do ato administrativo; poder de autotutela; atos de império; prerrogativas especiais conferidas à Administração Pública e a seus agentes.
h] **Redefinição da ideia de supremacia do interesse público sobre o privado (análise crítica):** o interesse público em abstrato nem sempre deve prevalecer em um conflito entre este e o interesse privado; na verdade, no caso de colisão entre os interesses, deve existir a ponderação desses fatores juridicamente tutelados com outros valores constitucionais, à luz do caso concreto. É importante ressaltar que nem sempre o interesse público prevalece; há casos previstos na lei ou na Constituição Federal em que prevalece o interesse privado em detrimento do interesse público. A resolução do conflito entre os interesses não pode ser feita em abstrato, mas no caso concreto, a fim de proteger os direitos fundamentais e a própria democracia.

2.2 Princípio da Indisponibilidade do Interesse Público

a] **Conceito:** os agentes públicos não são donos do interesse público; atuam não segundo sua vontade, mas pela vontade da legislação; não podem renunciar aos poderes legalmente conferidos.
b] **Transação:** não cabe transação em juízo, salvo em dois casos: art. 10 da Lei n. 10.259/2001[13]; art. 23-A da Lei n. 8.987/1995 e art. 11, inciso III da Lei n. 11.079/2004[14].
c] **Licitação:** é princípio da licitação, nos termos do art. 5º da Lei n. 14.133/2021[15].
d] **Característica:** o interesse público, sendo qualificado como próprio da coletividade – interno ao setor público –, não se encontra à livre disposição de quem quer que seja, por inapropriável. O próprio órgão administrativo que os

---

13 "Art. 10. As partes poderão designar, por escrito, representantes para a causa, advogado ou não" (BRASIL. Lei n. 10.259, de 12 de julho de 2001. **Diário Oficial da União**, Poder Executivo, Brasília, DF, 13 jul. 2001. Disponível em: <https://www.planalto.gov.br/ccivil_03/leis/leis_2001/l10259.htm>. Acesso em: 5 abr. 2024).
14 "Art. 11. O instrumento convocatório conterá minuta do contrato, indicará expressamente a submissão da licitação às normas desta Lei e observará, no que couber, os §§ 3º e 4º do art. 15, os arts. 18, 19 e 21 da Lei nº 8.987, de 13 de fevereiro de 1995, podendo ainda prever: (...) III – o emprego dos mecanismos privados de resolução de disputas, inclusive a arbitragem, a ser realizada no Brasil e em língua portuguesa, nos termos da Lei nº 9.307, de 23 de setembro de 1996, para dirimir conflitos decorrentes ou relacionados ao contrato; (...)" (BRASIL. Lei 11.079, de 30 de dezembro de 2004. **Diário Oficial da União**, Poder Executivo, Brasília, DF, 31 dez. 2004. Disponível em: <https://www.planalto.gov.br/ccivil_03/_ato2004-2006/2004/lei/l11079.htm>. Acesso em: 5 abr. 2024).
15 BRASIL. Lei n. 14.133, de 1º de abril de 2021. **Diário Oficial da União**, Poder Legislativo, Brasília, DF, 1º abr. 2021. Disponível em: <https://www.planalto.gov.br/ccivil_03/_ato2019-2022/2021/lei/l14133.htm>. Acesso em: 3 jul. 2024.

representa não tem disponibilidade sobre ele, no sentido de que lhe incumbe apenas curá-lo – o que é também um dever – na estrita conformidade do que dispuser a *intentio legis*[16].

e] **Atenuação:** é estabelecida pela consensualidade no âmbito da Administração Pública, com a ampliação de mecanismos para formação de preferências e deliberação em torno da explicitação e promoção do interesse coletivo. Pressupõe a construção de canais a partir de bases e procedimentos que privilegiem o emprego de técnicas, métodos e instrumentos negociais, para que os cidadãos tenham condições de envolvimento com a coisa pública no controle das políticas em direção ao bem comum.

2.3 Princípio da Tutela

a] **Terminologia:** princípio do controle; na esfera federal, é chamado de *supervisão ministerial*, nos termos do art. 19 e seguintes do Decreto n. 200/1967[17].
b] **Conteúdo:** consiste em poder que a Administração Direta tem de fiscalizar a Administração Indireta.
c] **Limites da fiscalização:** definidos em lei.
d] **Finalidade da fiscalização:** é a ação de garantir a observância da lei e o cumprimento de suas finalidades institucionais (finalidades justificadoras de sua criação).
e] **Excepcionalidade:** a regra é autonomia da entidade da Administração Pública Indireta; a exceção é o controle da Administração Direta sobre a Indireta.
f] **Não presumido:** o controle não se presume, pois depende de previsão legal.
g] **Limitado:** só pode ser exercido nos limites definidos em lei.
h] **Controle e hierarquia:** o controle é não presumido, pois depende de previsão legal; a hierarquia é presumida, pois é inerente à organização da Administração Pública; o controle envolve duas pessoas jurídicas (descentralização administrativa); a hierarquia envolve uma pessoa jurídica (desconcentração administrativa).

---

16 MELLO, Celso Antônio Bandeira de. **Curso de Direito Administrativo**. São Paulo: Malheiros, 2024.
17 "Art. 19. Todo e qualquer órgão da Administração Federal, direta ou indireta, está sujeito à supervisão do Ministro de Estado competente, excetuados unicamente os órgãos mencionados no art. 32, que estão submetidos à supervisão direta do Presidente da República" (BRASIL. Decreto n. 200, de 25 de fevereiro de 1967. **Diário Oficial da União**, Poder Executivo, Brasília, DF, 27 mar. 1967. Disponível em: <https://www.planalto.gov.br/ccivil_03/decreto-lei/del0200.htm>. Acesso em: 5 abr. 2024).

2.4 Princípio da Especialidade

a) **Conteúdo:** a entidade da Administração Indireta deve cumprir a finalidade prevista na lei de sua criação.
b) **Fundamento:** legalidade, indisponibilidade do interesse público.
c) **Sociedade de economia mista:** tem norma própria no art. 237 da Lei n. 6.404, de 15 de dezembro de 1976[18] (Lei das S.A.).

2.5 Princípio da Hierarquia

a) **Conteúdo:** relação de coordenação e subordinação entre os órgãos da administração pública, cada qual com atribuições definidas em lei.
b) **Característica:** a relação hierárquica é acessória da organização administrativa – pode não existir, como nas atividades consultivas.
c) **Hierarquia parcial entre STF e Judiciário:** a partir de 2004, com as súmulas vinculantes e as decisões definitivas de mérito no controle de constitucionalidade.
d) **Poderes:** delegar atribuições não privativas; avocar atribuições que não sejam exclusivas do subordinado; aplicar sanções em caso de infrações disciplinares; controlar a atividade dos órgãos inferiores para verificar a legalidade de seus atos e o cumprimento de suas obrigações, podendo anular atos ilegais, bem como revogar os inconvenientes/inoportunos; dar ordens aos subordinados; dever de obediência, salvo para as ordens manifestamente ilegais; editar atos normativos com objetivo de ordenar a atuação dos órgãos subordinados.

2.6 Princípio da Autoexecutioriedade

a) **Conteúdo:** é a execução do ato pela própria Administração com os próprios meios, sem necessidade do consentimento de qualquer outro poder ou autoridade.
b) **Papel do Judiciário:** o ato administrativo pode ser posto em execução pela própria Administração, sem necessidade de intervenção do Poder Judiciário. Não dispensa controle judicial posterior: precisa de provocação; pode

---

18 "Art. 237. A companhia de economia mista somente poderá explorar os empreendimentos ou exercer as atividades previstas na lei que autorizou a sua constituição" (BRASIL. Lei n. 6.404, de 15 de dezembro de 1976. **Diário Oficial da União**, Poder Executivo, Brasília, DF, 17 dez. 1976. Disponível em: <https://www.planalto.gov.br/ccivil_03/leis/l6404consol.htm>. Acesso em: 5 abr. 2024).

incidir responsabilidade do Estado; pode ser pedida a suspensão do ato administrativo.

c] **Justificativa**: atendimento imediato e contínuo do interesse público não seja retardado por manifestações contrárias de quem quer que seja.

d] **Exceção**: nem todas as medidas recebem execução direta pela própria Administração, como a cobrança de multa aplicada e de tributos, que se efetuam pela via judicial.

e] **Cabimento**: 1) quando expressamente prevista em lei; 2) quando for medida urgente; que, se não for adotada de imediato, possa ocasionar prejuízo maior para o interesse público (demolição de prédio que ameaça a ruir).

f] **Espécies**: 1) exigibilidade – a Administração se utiliza de meios indiretos de coerção como multa; 2) executoriedade – usa meios diretos de coerção, inclusive a força. Os indiretos vêm na lei; os diretos sem previsão legal para atender situação emergente que ponha em risco interesse da coletividade.

2.7 Princípio da Tipicidade

a] **Conteúdo**: o ato administrativo deve corresponder a figuras definidas previamente pela lei como aptas a produzir determinados resultados.
b] **Fundamento**: Princípio da Legalidade.
c] **Afastamento**: atos inominados.
d] **Administrado**: garantia, pois impede atos em previsão legal ou ato totalmente discricionário.
e] **Tipo de ato**: unilateral.
f] **Contratos**: não existe, pois não há imposição de vontade da Administração; precisa sempre da aceitação do particular. Nada impede contrato inominado, desde que atenda adequadamente ao interesse público e particular.

2.8 Princípio da Presunção da Legitimidade ou da Veracidade

a] **Conteúdo**: todos os atos da Administração Pública devem ser verdadeiros e praticados com observância das normas legais pertinentes.
b] **Tipo de presunção**: é uma presunção relativa, admitindo prova em contrário.
c] **Espécies**: presunção de veracidade – diz respeito à certeza dos fatos. Presunção de legitimidade – diz respeito à submissão da administração à lei.
d] **Ônus da prova**: interessado que sofreu ação do ato.
e] **Decorrência**: da necessária submissão da Administração à lei.

f] **Alcance:** em todos os atos da Administração Pública.
g] **Efeitos:** enquanto não for decretada invalidade, produzirá efeitos da mesma maneira que o ato válido, devendo ser cumprido; Judiciário não pode apreciar de ofício a validade do ato; as decisões administrativas são de execução imediata e tem possibilidade de criar obrigações ao particular, independentemente de sua concordância, e em determinadas hipóteses podem ser executadas pela própria Administração, mediante meios diretos ou indiretos de coação.

2.9 Princípio da Finalidade

a] **Previsão da finalidade:** expressa ou implícita na lei.
b] **Espécies de finalidade:** genérica (satisfação do interesse público) e específica (fim previsto em lei).
c] **Tipo de tratamento:** a Administração deve dispensar tratamento impessoal e isonômico entre particulares, sendo vedada a discriminação odiosa ou desproporcional.
d] **Proibição:** a Administração não pode beneficiar ou prejudicar pessoas determinadas, mas realizar o interesse público, com a concretização dos direitos fundamentais.
e] **Violação:** desvio de finalidade que gera nulidade do ato administrativo.

2.10 Princípio do Controle Judicial

a] **Terminologia:** princípio da sindicabilidade.
b] **Previsão normativa:** art. 5º, inciso XXXV da CF/1988[19].
c] **Requisito:** depende de provocação.
d] **Fundamentos do Estado de direito:** legalidade e controle judicial.
e] **Sistema:** jurisdição – o Judiciário aprecia com força de coisa julgada lesão ou ameaça de lesão a direitos individuais e coletivos.
f] **Objeto:** atos da Administração de qualquer natureza, sob aspecto da legalidade e moralidade.
g] **Atos discricionários:** podem sofrer controle judicial em seus aspectos legais e contornos, ou seja, são verificados se o administrador público respeitou a lei e se não foram ultrapassados seus limites. O Judiciário não pode interferir no mérito administrativo, ou seja, no juízo de conveniência e oportunidade na prática do ato administrativo, sob pena de violação da separação de poderes. Essa esfera pode decretar nulidade do ato nos seguintes casos: 1) ausência ou

---

19 "Art. 5º (...) XXXV – a lei não excluirá da apreciação do Poder Judiciário lesão ou ameaça a direito; (...)" (CF/1988).

falsidade do motivo na prática do ato administrativo; 2) desvio de finalidade; 3) não observância dos princípios da razoabilidade, proporcionalidade e moralidade na prática do ato administrativo.

h] **Atos políticos**: desde que causem lesão a direitos individuais ou coletivos; não era possível na CF/1937, pois diziam respeito a interesses superiores da nação.

i] **Atos *interna corporis* podem sofrer controle judicial**: se exorbitarem o conteúdo (normas de funcionamento interno dos órgãos) e ferirem direitos individuais e coletivos podem ser apreciados pelo Judiciário.

2.11 Princípio da Motivação

a] **Conteúdo**: exige que a Administração Pública indique os fundamentos de fato e de direito em suas decisões.

b] **Tipo de ato**: é exigido para qualquer ato, pois é formalidade necessária para permitir o controle de legalidade dos atos administrativos.

c] **Importância**: é formalidade necessária para permitir o controle da legalidade dos atos administrativos.

d] **Previsão**: há exigência expressa para as decisões administrativas dos tribunais e do Ministério Público. É previsto como princípio expresso na Constituição Paulista – art. 111: entre os princípios da Administração Pública.

e] **Forma**: não exige formas específicas, podendo ser ou não concomitante com o ato; pode ser feita pelo órgão diverso do que proferiu a decisão. Momento – simultâneo ou no instante seguinte à prática do ato.

f] **Motivação intempestiva**: nulidade do ato.

g] **Motivação dispensada**: atos que dispensam motivação escrita – evidente, inviável e cargos comissionados.

h] **Conceito de Motivação**: é a demonstração por escrito de que os pressupostos de fato realmente existiram.

i] **Espécies de motivação**: 1) contextual – os fundamentos estão indicados no próprio contexto do ato, não havendo remissão à motivação externa; 2) por relação – os fundamentos constam fora do ato.

j] **Teoria dos motivos determinantes**: a validade do ato administrativo está vinculada aos motivos indicados como seu fundamento. No caso de ausência ou falsidade dos motivos, haverá nulidade do ato administrativo.

2.12 Princípio da Autotutela

a] **Conteúdo**: é o poder-dever de rever seus próprios atos; poder de anular atos ilegais e revogar atos que sejam inconvenientes e/ou inoportunos.

b] **Exercente:** Administração Pública – exerce um controle dos seus próprios atos.
c] **Controle administrativo:** poder de fiscalização e correção que a Administração Pública exerce sobre sua própria atuação, sob os aspectos da legalidade e do mérito, por iniciativa própria ou provocação.
d] **Terminologia:** no âmbito federal, é chamado de *supervisão ministerial*, nos termos do Decreto n. 200/1967.
e] **Abrangência:** abrange também o poder que a Administração Pública tem de zelar pelos bens que integram seu patrimônio, sem necessitar de ordem judicial. Pode, por medidas de polícia administrativa, impedir atos que coloquem em risco a conservação dos seus bens.
f] **Previsão:** princípio implícito que decorre da natureza da atividade administrativa e de princípios expressos, especialmente o da legalidade; previstos nas Súmulas ns. 346[20] e 473[21] do STF; art. 53 da Lei n. 9.784/1999[22].
g] **Autotutela e tutela:** 1) *quanto à incidência* – a autotutela incide sobre os órgãos da Administração Direta; a tutela incide sobre os órgãos da Administração Indireta; 2) *quanto ao tipo de controle* – na autotutela, o controle é interno (a administração exerce um controle dos seus próprios atos, sendo chamado de controle administrativo – poder-dever de rever seus próprios atos; na tutela, o controle é externo; 3) *quanto à finalidade* – a autotutela visa anular atos ilegais e revogar atos que sejam inconvenientes e/ou inoportunos; a tutela o controle é finalístico, garantir que as entidades da Administração Indireta cumpram a lei e suas finalidades institucionais; 4) *quanto à forma* – na autotutela, o controle pode ser por iniciativa própria ou provocação; na tutela, só pode ser exercido nos termos da lei.
h] **Autotutela e autoexecutoriedade administrativa:** autotutela significa poder-dever de corrigir ilegalidades e garantir o interesse público dos atos editados pela própria administração; *autoexecutoriedade* significa prerrogativa de impor vontade administrativa, independentemente de recurso ao judiciário.

---

20 "É vedada aos militares temporários, para aquisição de estabilidade, a contagem em dobro de férias e licenças não gozadas" (BRASIL. Supremo Tribunal Federal. **Súmula n. 346, de 3 de março de 2008.** Disponível em: <https://portal.stf.jus.br/jurisprudencia/sumariosumulas.asp?base=30&sumula=1576>. Acesso em: 5 abr. 2024).

21 "o Estado é facultada a revogação de atos que repute ilegalmente praticados; porém, se de tais atos já tiverem decorrido efeitos concretos, seu desfazimento deve ser precedido de regular processo administrativo" (BRASIL. Supremo Tribunal Federal. **Súmula n. 473, de 3 de dezembro de 1969.** Data de publicação: Diário da Justiça, 10 dez. 1969. Disponível em: <https://portal.stf.jus.br/jurisprudencia/sumariosumulas.asp?base=30&sumula=1602>. Acesso em: 5 abr. 2024).

22 "Art. 53. A Administração deve anular seus próprios atos, quando eivados de vício de legalidade, e pode revogá-los por motivo de conveniência ou oportunidade, respeitados os direitos adquiridos" (BRASIL. Lei n. 9.784, de 29 de janeiro de 1999. **Diário Oficial da União**, Poder Legislativo, Brasília, DF, 1º fev. 1999. Disponível em: <https://www.planalto.gov.br/ccivil_03/leis/l9784.htm>. Acesso em: 5 abr. 2024).

2.13 Princípio da Segurança Jurídica

a] **Conteúdo:** é o que veda aplicação retroativa de nova interpretação da lei no âmbito da Administração Pública.
b] **Fundamento:** ser comum na esfera administrativa mudança de interpretação de normas legais com a consequente mudança de orientação em caráter normativo afetando situações já reconhecidas e consolidadas na vigência de orientação anterior.
c] **Natureza:** princípio geral do Direito.
d] **Aspecto subjetivo:** proteção da confiança das pessoas em relação às expectativas geradas por promessas e atos estatais.

2.14 Princípio da Razoabilidade

a] **Conteúdo:** é exigência inerente ao exercício de qualquer função pública, cuja utilização de prerrogativas públicas deve se dar com moderação e racionalidade. Devem-se realizar funções com equilíbrio, consenso e bom senso.
b] **Finalidade:** atender finalidade pública e saber como o fim público deve ser atendido; impor limitação na discricionariedade administrativa e ampliar a apreciação do ato administrativo pelo Judiciário.
c] **Invalidação pela violação da razoabilidade:** comportamentos imoderados, abusivos, irracionais, desiquilibrados, inadequados, desmedidos; incoerentes ou desarrazoados.
d] **Previsão constitucional:** Constituição Paulista (art. 111).

2.15 Princípio da Proporcionalidade

a] **Conteúdo:** adequação entre meios e fins, vedada a imposição de obrigações, restrições e sanções superior àquelas estritamente necessárias ao atendimento do interesse público. Adequação (apta a atingir os objetivos pretendidos); necessidade (inexistência de outros meios menos gravosos para atingir o resultado); proporcionalidade *stricto sensu* (ponderação entre a intensidade da medida e os fundamentos jurídicos de justificativa).
b] **Proporcionalidade e razoabilidade:** a proporcionalidade é aspecto da razoabilidade, pois visa à proibição de exageros no exercício da função administrativa.
c] **Aferição:** pela justa medida da reação administrativa diante da situação concreta.
d] **Finalidade:** coibir excessos no campo do Direito Administrativo sancionador; regular especificamente o poder disciplinar e o poder de polícia.

e] **Violação**: detectada pela intensidade (força da reação administrativa for incompatível com o baixo grau de lesividade do comportamento a ser censurado) e extensão (pessoal ou geográfica) da medida adotada.
f] **Origem**: decorrência do devido processo legal material.

2.16 Princípio da Responsabilidade

a] **Conceito**: princípio que reconhece a obrigação do Estado de indenizar em razão de inexecução contratual (responsabilidade contratual) ou de comportamento de agente público do Executivo, Legislativo ou Judiciário (responsabilidade extracontratual ou aquiliana).

2.17 Princípio da Transparência

a] **Conceito**: é a compreensão do modo como está sendo exercida a atuação dos responsáveis pela gestão da coisa pública. No desenvolvimento da atividade administrativa no contexto relacional contemporâneo, que evolui de uma posição de rigidez autoritária para a de flexibilidade democrática, a transparência surge como princípio condutor da atividade administrativa na gestão pública contemporânea, cujo verdadeiro sentido deve ser buscado em direção a uma concepção que encontre assento numa inclusão substantiva do cidadão por meio da adoção de uma estratégia informativa e participativa de administração com comunicação e diálogo no sentido da construção de uma governança participativa.
b] **Administração Pública Democrática**: possui dois aspectos – 1) *instrumental* – é a gestão democrática no exercício da função administrativa, por meio da governança; 2) *material* – é a promoção dos valores em torno dos quais germina a ideia da Administração Pública Democrática. São características que resultam numa administração mais aberta e igualitária. No aspecto *material*, os valores que identificam a Administração Pública Democrática são: inclusão, vigilância, inovação e consenso.
c] **Inclusão**: é a abertura e estímulo à participação dos cidadãos, que não se esgota nas formas já clássicas de participação dos interessados nos procedimentos administrativos, mas que inclui canais mais amplos de intervenção e o fomento uma atitude proativa dos cidadãos.
d] **Vigilância**: é a processualização da atividade administrativa, ou seja, uma preocupação crescente com a disciplina e a democratização dos procedimentos formativos da vontade administrativa.

e] **Inovação**: significa atualização dos métodos e ferramentas da evolução tecnológica na formulação e gestão das políticas públicas e na prestação de serviços público, bem como adequar o relacionamento da Administração Pública com a sociedade ao contexto da sociedade de informação com ganhos democráticos baseados na cocriação e na coprodução de dados e decisões, de modo a impulsionar uma nova abordagem na gestão pública fundamentada numa governação democrática e aberta.

f] **Consenso**: um modelo fundamentado numa lógica de contraposição absoluta, substituída por uma administração concertada[23]. Hoje, pensa-se no consensualismo na esfera pública. As relações administrativas devem representar relações abertas e interativas com um cidadão interessado no cotidiano da gestão pública, inclusive quando da tomada de decisões administrativas.

g] **Defesa da transparência**: depende da criação de mecanismos institucionais de visibilidade de todas as ações e motivações administrativas, numa gestão dos assuntos públicos para o público. O desenvolvimento desses instrumentos jurídicos para defender a transparência administrativa, a seu turno, contribuirá para a redução dos níveis de corrupção e a legitimação democrática da Administração Pública.

h] **Transparência e *accountability***: o conteúdo da transparência administrativa envolve o dever da Administração Pública de apresentar um conceito expandido de um processo de prestação de contas para a responsabilização pública visando resultados sociais e sistêmicos, delineando uma concepção democrática.

i] **Transparência e publicidade**: *transparência* é a atualização expansiva do princípio da publicidade e, por consequência, uma acepção que vai além dos limites estreitos de uma obrigação formal de divulgação pública dos atos da Administração Pública. É enfatizada em determinado aspecto que possa transmitir visibilidade administrativa, ou seja, interação e proximidade entre a Administração Pública e o cidadão, com mecanismos de esclarecimento e compartilhamento da gestão pública.

---

23 ENTERRÍA, Eduardo García de; FERNÁNDEZ, Tomás-Ramón. **Curso de Derecho Administrativo**. Madrid: Civitas, 1999. v. 1. p. 662; ESTORNINHO, Maria João. **Réquiem pelo contrato administrativo**. Coimbra: Almedina, 1990. p. 64-67; DAMIANI, Ernesto Sticchi. **Attivitá amministrativa consensuale e accordi di programma**. Milano: Giuffré, 1992. p. 1-9; SILVA, Almiro do Couto e. Os indivíduos e o estado na realização de tarefas públicas. **Revista de Direito Administrativo**, v. 209, p. 43-70, 1997. Disponível em: <https://periodicos.fgv.br/rda/article/view/47041/46025>. Acesso em: 2 jul. 2024; GONÇALVES, Pedro Costa. Estado de garantia e mercado. **Revista da Faculdade de Direito da Universidade do Porto**, v. VII, p. 97-128, 2010 (Especial: Comunicações do I Triênio dos Encontros de Professores de Direito Público).

2.18 Princípio da Participação

a] **Fundamento político:** atuação direta ou indireta do cidadão, na forma singular ou associativa, na gestão e controle da Administração Pública.

b] **Fundamento jurídico:** princípio implícito na CF/1988, que ora assume a condição de direito fundamental, ora de instrumento que viabiliza os direitos fundamentais perante a Administração Pública.

c] **Legitimação democrática:** mecanismo de legitimação democrática da atuação da Administração Pública, fundamenta-se na maior aceitação das decisões administrativas para assegurar um tratamento mais justo aos administrados e na proteção dos direitos fundamentais, limitando o poder das burocracias, de forma a consagrar estruturas mais horizontalizadas e interativas na gestão pública[24].

d] **Fiscalização:** destinada a examinar o controle social com a participação do cidadão no monitoramento das ações da Administração Pública. Nesse cenário, o controle social instrumentaliza-se, a partir da CF/1988, designadamente, no direito dos cidadãos de acompanhamento da gestão pública em defesa da sua legalidade e moralidade com mecanismos que permitam questionar a legitimidade das ações públicas inclusive as contas públicas e a denunciar irregularidades ou ilegalidades perante os órgãos de fiscalização.

e] **Gestão participativa:** visa investigar mecanismos institucionais de diálogo entre Administração Pública e os cidadãos ligados ao exercício de uma cidadania ativa preocupada com o atendimento das demandas sociais. Na gestão participativa pós/88, o problema da participação popular na gestão pública transita de um sentido restrito de participação cidadã, fundamentada na soberania popular no sentido de inclusão e autodeterminação, para um sentido mais amplo, incluindo a participação em políticas públicas, concretizada pela inclusão da sociedade no debate público, com a efetiva intervenção do cidadão na construção de soluções para a gestão pública.

f] **Distinção:** participação popular é gênero entendida como qualquer forma de intervenção do cidadão, de forma individual ou associativa, na gestão pública; e o controle social, uma espécie relacionada a intervenção de fiscalização da gestão pública[25]; participação popular coloca o cidadão ao lado da Administração Pública na definição das políticas públicas; o controle social coloca o

---

24 GALLIGAN, Denis J. **Due Process and Fair Procedures:** a Study of Administrative Procedures. Oxford: Clarendon Press, 1996. p. 132; WOLKMER, Antônio Carlos. **Pluralismo jurídico:** fundamentos de uma nova cultura no Direito. São Paulo: Alfa Ômega, 1997. p. 26.

25 MENEZES SOARES, Fabiana de. **Direito Administrativo de participação:** cidadania, direito, estado, município. Belo Horizonte: Del Rey, 1997. p. 77.

cidadão na verificação do atendimento do interesse público[26]; controle social é gênero, do qual participação popular é espécie[27]; participação popular é emanação da soberania popular e o controle social, um direito decorrente[28].

2.19 Princípio da Consensualidade

a] **Atuação administrativa**: a partir de bases e procedimentos que privilegiem o emprego de técnicas, métodos e instrumentos negociais.
b] **Modelo**: passa a contemplar os acordos administrativos, a negociação, a coordenação, a cooperação, a colaboração, a conciliação e a transação.
c] **Relações administrativas**: abertas e interativas com um cidadão interessado no cotidiano da gestão pública, inclusive quando da tomada de decisões administrativas. Constata-se mudança de perspectivas, em razão do que a Administração Pública deixa de desconfiar dos interesses privados, e de exercer de forma exclusiva a função de satisfação do interesse público com a execução objetiva da vontade geral fixada na lei, para dedicar-se à busca de mecanismos destinados a conferir às relações administrativas o grau de integração na condução dos negócios públicos.

2.20 Princípio da *Accountability*

a] **Conteúdo**: dever traduzido na obrigação, imposta à Administração Pública, de cumprir suas tarefas administrativas e de prestar contas da gestão pública para a sociedade.
b] **Fundamento**: tal dever tem sua fonte na soberania popular, já que, numa democracia, os representantes exercem o poder em nome e em benefício do povo[29]. A responsabilidade da Administração Pública perante a sociedade encontra-se relacionada com a questão do cumprimento do seu dever de prestar contas. Esse dever abrange a análise da responsabilização e controle do exercício do poder administrativo no sentido de permitir aos cidadãos

---

26 FREITAS, Juarez. O controle social no orçamento público. **Revista de Interesse Público**, Sapucaia do Sul, ano 3, n. 11, p. 13-26, jul./set. 2001.
27 AGUILLAR, Fernando Herren. **Controle Social de Serviços Públicos**. São Paulo: Max Limonad, 1999. p. 292.
28 AYRES BRITTO, Carlos. Distinção entre "Controle Social do Poder" e "Participação Popular". **Revista de Direito Administrativo**, Rio de Janeiro, n. 89, p. 14-122, jul./set. 1992.
29 BOBBIO, Norberto. **Estado, governo, sociedade**: para uma teoria geral da política. Rio de Janeiro: Paz e Terra, 2007.

discernirem se os administradores públicos estão agindo de acordo com os seus interesses e sancioná-los apropriadamente[30].

c] **Conceito clássico:** envolve a prestação de contas do administrador público por suas ações perante autoridade superior. É uma relação que envolve não apenas o desempenho funcional, mas também o controle de cima para baixo dentro de uma hierarquia tradicional[31], que não se limita a democracias[32].

d] **Conceito amplo:** pressupõe prestação de contas a um órgão controlador interno ou externo para a correção e fiscalização das atividades da Administração Pública[33]. Em paralelo ao controle exercido pelos poderes estatais e visando ao atendimento das demandas sociais, a atividade administrativa se sujeita ao controle social, ou seja, confere-se à sociedade, de maneira organizada ou por cada indivíduo, a capacidade de exercer a vigilância e o monitoramento da função administrativa no sentido de contribuir para a formação de uma boa governança no âmbito da Administração Pública. O dever de prestação de contas, quando mantido em relação à satisfação do controle social como forma de os administrados exercerem seu direito público subjetivo à fiscalização adequada das atividades exercidas na Administração Pública, projeta a prestação de contas do gestor para além dos limites formais da burocracia, responsabilizando-o perante a sociedade e pressupondo mecanismos de salvaguarda da sociedade contra excessos de poder.

e] **Aspectos da prestação de contas:** 1) *formal* – relacionado com a ideia dos oficiais públicos serem *accountables* somente em relação aos termos legais; é o demonstrativo da conformidade dos atos praticados com as normas e dispositivos legais pertinentes[34]; 2) *material* – relacionado à responsabilidade democrática da Administração Pública traduzida na construção de mecanis-

---

30 CHEIBUB, José Antônio; PRZEWORSKI, Adam. Democracia, eleições e responsabilidade política. **Revista Brasileira de Ciências Sociais**. São Paulo, v. 12, n. 35, p. 2. out. 1997. Disponível em: <https://www.scielo.br/j/rbcsoc/a/Yf5ypDQ4DjV6VGTVj6YGPnh/?lang=pt>. Acesso em: 2 jul. 2024.

31 WOLF, Adam. Symposium on Accountability in Public Administration: Reconciling Democracy, Efficiency and Ethics. **International Review of Administrative Sciences**, v. 66, n. 1, p. 16-20, 2000.

32 NORMANTON, L. E. Public Accountability and Audit: Reconnaissance. In: BRUCE, L. R. S; HAQUE, D. C. (Ed.). The Dilemma of Accountability in Modern Governments: Independence versus Control. London: Macmillan, 1972. p. 312; GILDENHUYS, J. S. H. **Public Financial Management**. Pretoria: Van Schaik, 1997. p. 58.

33 "Sem controle, não há responsabilidade. Não pode haver responsabilidade pública sem fiscalização eficaz de todos os atos públicos" (DROMI, Roberto. **Derecho Administrativo**. Buenos Aires: Ciudad Argentina, 2004. p. 1049).

34 "Processo formalizado que apresenta as contas dos administradores e responsáveis de órgãos e entidades da administração indireta, incluídas as fundações e sociedades instituídas e mantidas pelo Poder Público Federal, bem como dos fundos administrados ou geridos por órgão ou entidade federal, dos serviços sociais autônomos, das contas nacionais das empresas supranacionais" (TCU – Tribunal de Contas da União. **Relatório de Atividades do TCU**: 2º Trimestre de 1999. Disponível em: <http://www.tcu.gov.br/isc/relatorios/Atividades/1999-t2/GLOSS%C3%81RIO.htm>. Acesso em: 10 maio 2013).

mos institucionais que garantam o controle público das ações na Administração Pública[35], de modo a assegurar a regularidade formal e a adequação da atuação administrativa aos reclamos do interesse público, em sintonia com os valores que conformam o Direito; é o esclarecimento compartilhado dos atos e decisões inseridos na gestão dos assuntos públicos e diálogo com o cidadão.

f] **Abordagens na Administração Pública:** 1) *modelo patrimonialista de Administração* – há a irresponsabilidade administrativa perante o povo, não havendo a necessidade de submissão do soberano ao processo de prestar contas à sociedade; 2) *Estado liberal* – obrigação da Administração de responder pela implementação e execução das políticas públicas em conformidade com regras e procedimentos estabelecidos perante os agentes eleitos; 3) *Administração gerencial* – não há mecanismos de avaliação da responsabilidade dos administradores perante a sociedade. Há auditorias de desempenho efetuadas pelos órgãos de controle de Estado; 4) *governança pública* – a concepção não limita à prudência financeira e contabilística de acordo com os regulamentos e instruções, mas como condição indispensável a uma boa gestão, funcionado como a responsabilidade do gestor público perante a sociedade no trato da coisa pública e nos interesses dos cidadãos. Não é apenas uma prestação de contas em termos quantitativos, mas qualitativos.

---

35 CLAD – Centro Latino-Americano de Administração para o Desenvolvimento. **La responsabilizacion en la nueva gestion pública latinoamericana.** Buenos Aires: Clad BID, 2000. Disponível em: <www.clad.org/siare_isis/innotend/control/control-nc.pdf>. Acesso em: 3 jan. 2013.

TÍTULO 5
ÉTICA NA ADMINISTRAÇÃO PÚBLICA

Sumário

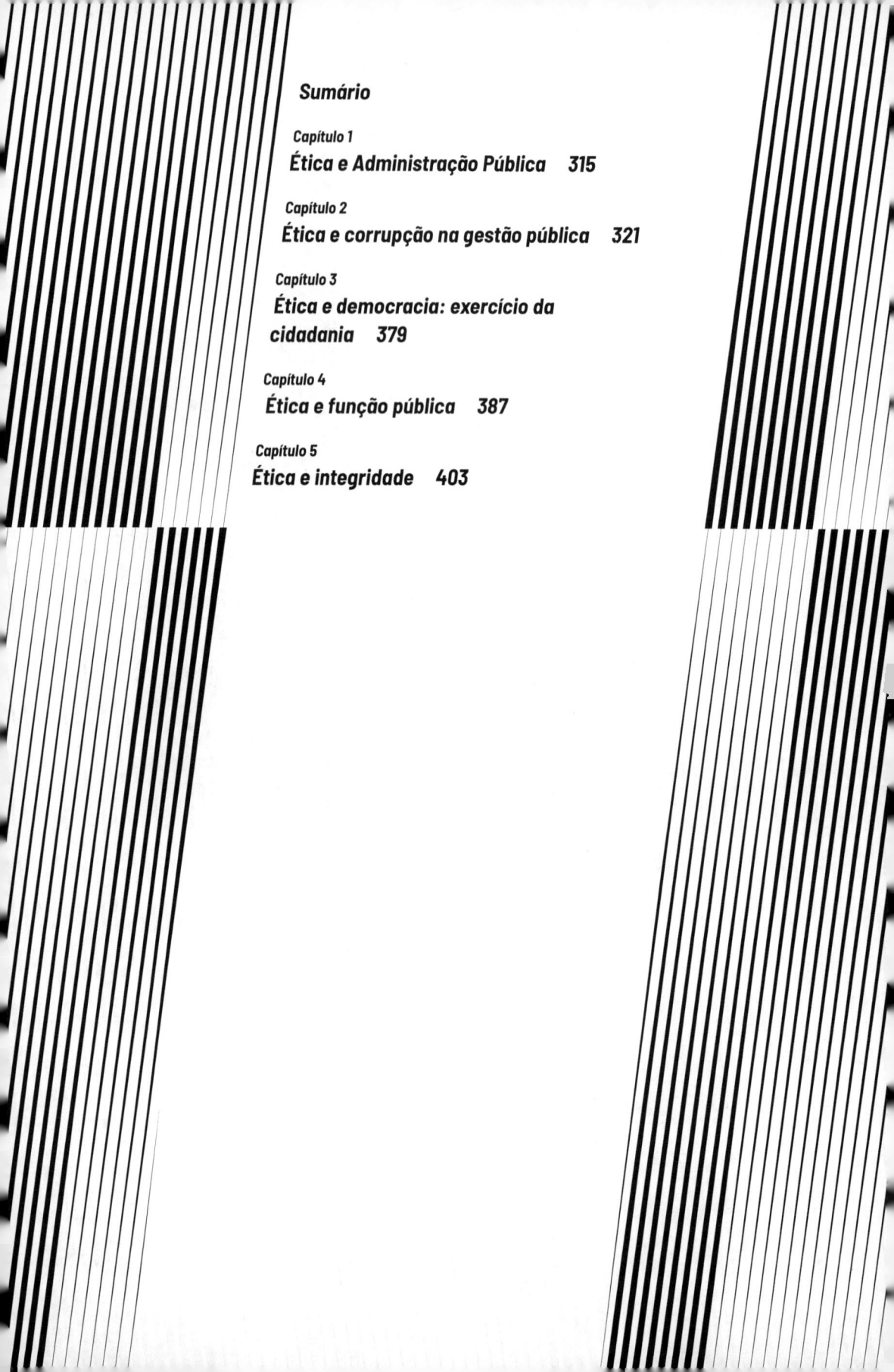

Capítulo 1
Ética e Administração Pública 315

Capítulo 2
Ética e corrupção na gestão pública 321

Capítulo 3
Ética e democracia: exercício da cidadania 379

Capítulo 4
Ética e função pública 387

Capítulo 5
Ética e integridade 403

Capítulo 1
Ética e Administração Pública

1. Ética e moral[1]

Etimologicamente, ética[2] deriva do grego ethos ("caráter, modo de ser de uma pessoa"), constituindo a parte da filosofia que estuda as regras e os valores morais, bem como os princípios ideais do comportamento humano.

A ética faz parte da existência do ser humano em sociedade, envolvendo criticidade, opção e decisão dos indivíduos[3]. Em cada sociedade, existe o conjunto de regras morais que regulam o comportamento humano.

Além dos princípios gerais que norteiam o bom funcionamento social, existe também a ética de determinados grupos ou locais específicos, como a ética profissional, entendida como o conjunto de normas que estabelecem diretrizes no comportamento profissional da pessoa.

A ética dos antigos é afirmada pela ação em conformidade com a razão, com a natureza; nessa concepção, somente na existência compartilhada há liberdade, justiça e felicidade. Já na atualidade, o código de ética é um conjunto de normas que estabelecem as diretrizes no comportamento humano em cada sociedade, estabelecendo o certo e o errado no agir.

---

1 VÁSQUEZ, Adolfo Sánchez. **Ética**. Rio de Janeiro: Civilização Brasileira, 1998; "Ser ético significa refletir sobre as escolhas a serem feitas, importar-se com os outros, procurar fazer o bem aos semelhantes e responder por aquilo que se faz. Em contrapartida, 'ser moral' significa agir de acordo com os costumes e observar as normas coletivas" (MORAES, Maria Cristina Pavan de; BENEDICTO, Gideon Carvalho de. Uma abordagem da importância da ética nas organizações. **Cadernos FACECA**, Campinas, v. 12, 2003. p. 18. Disponível em: <http://portal2.tcu.gov.br/portal/pls/portal/docs/2054982.PDF>. Acesso em: 5 abr. 2024); "A ética se apresenta como uma reflexão crítica sobre a moralidade, sobre a dimensão moral do comportamento do homem. Cabe a ela, enquanto investigação que se dá no interior da filosofia, procurar ver – como afirmei antes – claro, fundo e largo os valores, problematizá-los, buscar sua consistência. É nesse sentido que ela não se confunde com a moral. No terreno desta última, os critérios utilizados para conduzir a ação são os mesmos que se usam para os juízos sobre a ação, e estão sempre indiscutivelmente ligados a interesses específicos de cada organização social. No plano da ética, estamos em uma perspectiva de um juízo crítico, próprio da filosofia, que quer compreender, quer buscar o sentido da ação" (RIOS, Terezinha Azerêdo. **Ética e competência**. 20. ed. São Paulo: Cortez; 2011).
2 Segundo o Dicionário Aurélio de Língua Portuguesa, Ética é "o estudo dos juízos de apreciação que se referem à conduta humana susceptível de qualificação do ponto de vista do bem e do mal, seja relativamente à determinada sociedade, seja de modo absoluto" (HOLLANDA, Aurélio Buarque de. **Dicionário Aurélio de Língua Portuguesa**. Curitiba: Positivo, 2020).
3 OLIVEIRA, Ivanilde Apoluceno de. **Filosofia da educação**: reflexões e debates. Rio de Janeiro: Vozes, 2006.

A ética[4], nesse caso, materializa a preocupação com a maneira como o homem deve se comportar no meio social; é teórica e reflexiva[5], uma "ciência normativa" que guia a ação humana e procura justificar a moral, sendo permanente e universal.

A moral[6], por sua vez, vem do latim *morales*, que significa "relativo aos costumes"; são as normas que regulam o comportamento humano na sociedade surgidas com os costumes e as convenções sociais; nesse contexto, a preocupação consiste em identificar e estabelecer as normas que regulam o comportamento do ser humano em sociedade. Trata-se uma "ciência descritiva" de caráter prático, relativo, cultural e temporal.

2. Boa Administração Pública

O surgimento gradual da boa Administração Pública, numa trajetória de contínua conquista e densificação[7], resulta da conjugação da crescente demanda do papel

---

4 "Ética é a parte da filosofia que busca refletir sobre o comportamento humano do ponto de vista das noções de bem e de mal, de justo e de injusto. Tem duplo objetivo: a) elaborar princípios de vida capazes de orientar o homem para uma ação moralmente correta; b) refletir sobre os sistemas morais elaborados pelos homens. Portanto, ética é a consciência filosófica aplicada à moral" (ROMEIRO, Artieres Estevão. **Fundamentos filosóficos**: noções de ética, estética, política e metafísica. Batatais-SP: Claretiano, 2009. p. 29); "A dimensão ética é a obrigação de fazer o que é certo, íntegro e justo para evitar ou minimizar danos aos stakeholders. A ética abrange aquelas atividades e práticas que são esperadas ou proibidas pelos membros da sociedade, embora não sejam codificadas pela lei" (CARROLL, Archie B. The Pyramid of Corporate Social Responsibility: toward the Moral Management of Organizational Stakeholders. **Business Horizons**, v. 34, n. 4, p. 39-48, 1991. Disponível em: <https://www.sciencedirect.com/science/article/abs/pii/000768139190005G>. Acesso em: 10 out. 2024. Tradução nossa); A ética será, assim, como uma teoria crítica e uma reflexão criteriosa sobre a conduta moral. A ética busca extrair das experiências morais das diferentes culturas algum conjunto de princípios que possam ser considerados referências comuns a toda humanidade e, assim, alcançar alguma universalidade (CASALI, Alípio. Ética e sustentabilidade nas relações públicas. **Revista Brasileira de Comunicação Organizacional e de Relações Públicas**. São Paulo, n. 8, jan./jul., p. 48-58, 2008. p. 52. Disponível em: <https://www.revistas.usp.br/organicom/article/view/138966/134314>. Acesso em: 2 jul. 2024).
5 "Ética é uma reflexão sistemática sobre o comportamento moral. Ela investiga, analisa e explica a moral de uma determinada sociedade" (CORDI, Cassiano. **Para filosofar**. 4. ed. São Paulo: Scipione, 2003. p. 62).
6 "Moral é o conjunto de normas, princípios e costumes que orientam o comportamento humano, tendo como base os valores próprios a uma dada comunidade ou grupo social" (COTRIM, Gilberto. **Fundamentos de filosofia**: história e grandes temas. 15. ed. São Paulo: Saraiva, 2002. p. 62); "moral é um conjunto de valores e regras de ação propostas aos indivíduos e aos grupos por intermédio de aparelhos prescritivos diversos, como podem ser a família, as instituições educativas, as Igrejas, etc." (FOUCAULT, Michel. **História da sexualidade II**: o uso dos prazeres. Rio de Janeiro: Graal, 1984. p. 26).
7 MORGADO, Cintia. Direito à boa Administração: recíproca dependência entre direitos fundamentais, organização e procedimento. **Revista de Direito Processual Geral**. Rio de Janeiro, n. 65, p. 68-94, 2010. Disponível em: <https://pge.rj.gov.br/comum/code/MostrarArquivo.php?C=MTE0Ng%2C%2C>. Acesso em: 2 jul. 2024.

do Direito nessa esfera de gestão com a reinvindicação de maior qualidade no exercício da função administrativa para servir da melhor maneira possível aos interesses da coletividade[8].

Embora nascido no âmbito doméstico dos Estados-membros da União Europeia[9], com aspiração programática[10], em forma de princípio, foi no ambiente do direito comunitário europeu que a ideia da "boa Administração Pública" ganhou o *status* de direito fundamental.

Essa nova dimensão exerce influência no funcionamento da Administração Pública nacional. Quatro fases básicas dominaram a construção do significado do direito para os europeus: 1) a primeira, em que não havia uma delimitação dos princípios de boa Administração; apenas o papel do Defensor do Povo Europeu nos casos de má-administração; 2) a segunda, quando já há referências sobre os princípios da boa Administração nos Informes Anuais do Defensor do Povo Europeu; 3) a terceira, com a publicação da Resolução de 10 de junho de 1997, que pela primeira vez usou a palavra *Direito*, e a edição de novos informes anuais; 4) por fim, a consagração na Carta de Direitos Fundamentais da União Europeia, em seu art. 41[11].

A atuação do *Ombudsman* Europeu na supervisão de casos de má Administração e a construção jurisprudencial do Tribunal de Justiça das Comunidades Europeias impôs que se aproveitassem os parâmetros mínimos de atuação da Administração Pública, para declarar e estabelecer certo núcleo de princípios e deveres de observância obrigatória para garantia de uma Administração idônea.

Após incorporação na Carta de Nice, esse documento normativo ensejou uma busca internacional no intuito do reconhecimento do direito à boa Administração Pública em tratados internacionais, como no caso do Estatuto de Autonomia da Catalunha de 2006, em seu art. 30. A partir da vigência do Tratado de Lisboa (1º de dezembro de 2009), a Carta de Nice foi incorporada ao conjunto normativo regente da União Europeia, adquirindo o mesmo valor jurídico dos tratados originários da União Europeia[12].

---

8   CASSESE, Sabino. Il diritto alla buona amministrazione. **European Review of Public Law**, v. 21, n. 3, otoño de 2009, p. 1037 y ss.; CATALÁ, Joan Prats. Derecho y management en las Administraciones Públicas. **Ekonomiaz: Revista Vasca de Economía**, n. 26, p. 130-143, 1993. Disponível em: <https://www.euskadi.eus/web01-a2reveko/es/k86aEkonomiazWar/ekonomiaz/abrirArticulo?R01HNoPortal=true&idpubl=22&registro=296>. Acesso em: 2 jul. 2024.
9   Constituição Filandesa (1919); Constituição Portuguesa (1976); Constituição Italiana (1947).
10 GIL, José Luís Meilan. Una construcción jurídica de la buena administración. **Revista de Direito Administrativo & Constitucional**, v. 13, n. 54, p. 13-44, 2013. Disponível em: <https://www.revistaaec.com/index.php/revistaaec/article/view/111/294>. Acesso em: 2 jul. 2024.
11 UNIÃO EUROPEIA. Carta dos Direitos Fundamentais da União da União Europeia: Carta dos Direitos Fundamentais de Nice. **Jornal Oficial das Comunidades Europeias**. Disponível em: <http://www.europarl.europa.eu/charter/pdf/text_pt.pdf>. Acesso em: 5 maio 2024.
12 Op. cit.

A boa Administração Pública, na qualidade de parâmetro da atividade administrativa, pode ser entendida como um conceito que contempla uma série de princípios e deveres que devem ser observados pela Administração Pública, visando à concretização dos direitos fundamentais[13], ou então ser identificada pelo seu contrário, ou seja, pela má-Administração.

No primeiro sentido, o imperativo da boa Administração Pública apresentada, de certo modo, com uma intenção revolucionária opera afinal uma revolução "tradicionalista"[14], visto que foi diluída por princípios e deveres previstos na Constituição Federal (CF) e contemplados pelo Direito Comunitário que conduzem a uma Administração Pública eficiente, eficaz, proba, imparcial, dialógica, transparente e capaz de assegurar a concretização dos direitos fundamentais[15].

É possível afirmar que a boa Administração exige do administrador público uma atuação vinculada aos princípios constitucionais consagrados, realizando, no maior grau possível, o atendimento do interesse público[16]. Trata-se de uma atuação legítima que evita os excessos, os desvios e a insuficiência no exercício das competências administrativas.

Permite-se, assim, nesse prisma, uma verificação da observância pela Administração Pública dos princípios que lhe são impostos pelo ordenamento jurídico como mecanismo de defesa da cidadania no controle administrativo para garantir os direitos e interesses dos cidadãos. É uma fórmula abrangente de

---

13 RALLO LOMBARTE, Artemi. Prólogo. In: MALLÉN, Beatriz Tomás. **El derecho fundamental a una buena administración**. Madrid: Inap, 2004. p. 21-25.
14 ANDRADE, José Carlos Vieira de. **O dever de fundamentação expressa de actos administrativos**. Coimbra: Almedina, 2007; em sentido contrário: "El derecho fundamental a la buena administración, tal y como está redactado en el artículo 41 de la Carta de los Derechos Fundamentales de la Unión Europea de diciembre de 2000, trae consigo un replanteamiento del derecho administrativo en su conjunto. Ahora, desde la centralidad del ciudadano y desde su participación activa en la conformación de los intereses generales, el derecho administrativo y sus principales categorías deben ser nuevamente formulados puesto que ahora la relevancia de los derechos fundamentales de la persona sugiere nuevas formas de comprender el sistema del derecho administrativo" (RODRÍGUEZ-ARANA MUÑOZ, Jaime. La Buena Administración como principio y como Derecho Fundamental en Europa. **Misión Jurídica: Revista de Derecho y Ciencias Sociales**. Bogotá, D.C. (Colombia), n. 6, p. 23-56, jan./dez. 2013. p. 23. Disponível em: <https://dialnet.unirioja.es/servlet/articulo?codigo=5167578>. Acesso em: 2 jul. 2024).
15 "Trata-se do direito fundamental à administração pública eficiente e eficaz, proporcional cumpridora de seus deveres, com transparência, motivação, imparcialidade e respeito à moralidade, à participação social e à plena responsabilidade por suas condutas omissivas e comissivas. A tal direito corresponde o dever de a administração pública observar, nas relações administrativas, a cogência da totalidade dos princípios constitucionais que a regem" (FREITAS, Juarez. **Discricionariedade administrativa e o direito fundamental à boa administração pública**. São Paulo: Malheiros, 2009. p. 19).
16 GIUFFRIDA, Armando. **Il "diritto" ad una buona amministrazione pubblica e profili sulla sua giustiziabilit**. Torino: G. Giappichelli Editore, 2012. p. 15.

critérios mínimos de uma atuação administrativa que visa a resultados úteis para a coletividade[17].

Como parâmetro da atividade administrativa, privilegiam-se duas ideias básicas. A primeira é a de um conceito "guarda-chuva" que abriga um feixe de princípios e deveres cujo destinatário é a Administração Pública, que deve, por sua vez, fornece ao cidadão tratamento de forma imparcial, equitativa e num prazo razoável ao cidadão. A segunda é a de um direito-garantia cuja missão é assegurar a proteção de outros direitos fundamentais[18].

No segundo sentido, o conceito de boa Administração Pública está fundamentado na identificação do seu contrário, ou seja, em seu sentido negativo. De acordo com a Carta de Nice[19], a má-Administração gera dois efeitos: **a) efeito compensatório**: reparação econômica ("art. 41.3 – Todas as pessoas têm direito à reparação, por parte da Comunidade, dos danos causados pelas suas instituições ou pelos seus agentes no exercício das respectivas funções, de acordo com os princípios gerais comuns às legislações dos Estados-Membros"); **b) efeito processual**: tutela efetiva ("art. 41.4 – Todas as pessoas têm a possibilidade de se dirigir às instituições da União numa das línguas oficiais dos Tratados, devendo obter uma resposta na mesma língua").

---

17 RODRÍGUEZ-ARANA MUÑOZ, Jaime. El Derecho Fundamental a la Buena Administracion em el marco de la Lucha contra la Corrupción. **RDAI: Direito Administrativo e Infraestrutura**, v. 5, n. 19, 2021. Disponível em: <http://derecho.posgrado.unam.mx/congresos/ConIbeConMexDA/ponyprog/JaimeRodriguezArana.pdf> Acesso em: 5 abr. 2024. p. 19.
18 MALLÉN, Beatriz Tomás. **El derecho fundamental a una buena administración**. Madrid: Instituto Nacional de Administración Pública, 2004. p. 42; HACHEM, Daniel Wunder. **Tutela administrativa efetiva dos direitos fundamentais sociais**: por uma implantação espontânea, integral e igualitária. 625 f. Tese (Doutorado em Direito do Estado) – Programa de Pós-Graduação em Direito, Universidade Federal do Paraná, Curitiba, 2014. Disponível em: <https://acervodigital.ufpr.br/xmlui/bitstream/handle/1884/35104/R%20-%20T%20-%20DANIEL%20WUNDER%20HACHEM.pdf?sequence=1&isAllowed=y>. Acesso em: 2 jul. 2024.
19 UNIÃO EUROPEIA. Carta dos Direito Fundamentais da União da União Europeia: Carta dos Direitos Fundamentais de Nice. **Jornal Oficial das Comunidades Europeias**. Disponível em: <http://www.europarl.europa.eu/charter/pdf/text_pt.pdf>. Acesso em: 5 maio 2024.

Capítulo 2
Ética e corrupção na gestão pública

7. As patologias na Administração Pública: o fenômeno da corrupção

Embora a tendência para viver em sociedade seja natural, a ordem de convivência é criada e constituída pelo homem, sendo característica do agir ou não agir dos seres humanos. A sociedade é produto das interações sociais[1], possibilitada pela comunicação das ideias, dos pensamentos e dos sentimentos.

A convivência social é viabilizada pela existência de uma ordem jurídica e, portanto, de uma instância superior para declarar e aplicar o direito[2]. O Estado, fenômeno complexo, surge num certo momento da evolução social; quando adquirem maior complexidade, as sociedades constatam a necessidade de sua instituição.

A existência do Estado é justificada pelos fins que condicionam funções, direitos, deveres e limites da autoridade[3]. Os fins do Estado, a qualidade de elemento constitutivo ou característica do Estado, podem ser entendidos como a razão estatal, privilegiando-se o aspecto instrumental em que essa estrutura funciona como meio para a realização de suas finalidades representativas referentes às necessidades e dos interesses gerais do cidadão[4].

Dentre os fins do Estado – cuja especificação não é tarefa fácil diante da diversidade de sentidos atribuídos ao longo da história e da possibilidade de análise em planos distintos e nas diferentes comunidades –, destaca-se o fim geral ou essencial dessa estrutura, que é a tutela da ordem interior para o pacífico desenvolvimento social, com segurança para os conviventes em suas pessoas, famílias e bens[5].

Para que as pessoas tenham qualidade de vida e possam atingir seus objetivos livremente e sem prejuízo dos demais[6], são desenvolvidas atividades que cumpram os comandos normativos para a satisfação das necessidades públicas, sob o regime predominante do direito público.

Na realização de suas demandas, o Estado, por meio da Administração Pública, utiliza-se de instrumentos previstos na ordem jurídica para consecução do interesse público. Esses instrumentos devem ser manejados para a satisfação

---

1 SIMMEL, Georg. A sociabilidade: exemplo de sociologia pura ou formal. In: SIMMEL, Georg. **Questões fundamentais da sociologia**: indivíduo e sociedade. Tradução de Pedro Caldas. Rio de Janeiro: J. Zahar, 2006.
2 REALE, Miguel. **Teoria geral do Direito e do Estado**. São Paulo: Saraiva, 2000.
3 BIGNE DE VILLENEUVE, Marcel de La. **Traité général de Létat**. França: Recuely Sirey, 1929. p. 1.
4 IELLINEK, Paul. **Teoria general del Estado**. Buenos Aires: Albatroz, 1973; MALBERG, Raymond Carré de. **Contribution a la théorie générale de L'Etat**. Paris: Sirey, 1920.
5 GROPALI, Alexandre. **Doutrina do Estado**. São Paulo: Saraiva, 1968. p. 141 e ss.
6 DE CICCO, Cláudio; GONZAGA, Álvaro de Azevedo. **Teoria geral do Estado e ciência política**. São Paulo: Revista dos Tribunais, 2009.

das necessidades públicas em conformidade com as finalidades objetivadas pelo Direito e previstas na lei e na Constituição.

Acontece que, enquanto no plano do dever-ser o Estado, como aparelho organizador das relações sociais, busca o bem comum de um certo povo, situado num determinado território, na realidade se percebe um distanciamento quando ocorre o uso dos poderes-deveres de maneira deturpada com o abuso do ofício público para fins privados.

No momento em que os agentes públicos, representativos do agir administrativo, não se comportam em conformidade com os comandos jurídicos no exercício legítimo das atribuições político-constitucionais, derivadas das competências postas a seu encargo, sua conduta estará eivada de vício de abuso de poder, ato abusivo e arbitrário que, como tal, é ilegítimo e ilegal[7].

No abuso de poder, há a prática do ato administrativo, calcada no poder de ação do agente, mas direcionada à consecução de um fim de interesse privado, ou mesmo de outro fim público estranho à previsão legal[8].

O abuso de poder pode ser manifestado de diferentes maneiras; uma delas é o desvio da finalidade pública[9], caracterizado pelo rompimento do pressuposto moral de que os agentes públicos agem dentro da lei e no cumprimento dos legítimos fins contemplados na norma[10], e que, somado ao proveito privado pela obtenção da vantagem indevida, geram a corrupção administrativa, com conotações surpreendentes e desalentadoras no contexto luso-brasileiro[11].

A corrupção administrativa, representativa da deturpação do poder administrativo, forma de abuso na esfera pública, revelada por diversas práticas que

---

7   JUSTEN FILHO, Marçal. **Curso de Direito Administrativo**. São Paulo: Saraiva, 2005; MEIRELLES, Hely Lopes. **Direito Administrativo brasileiro**. São Paulo: Malheiros, 2001; CARVALHO FILHO, José dos Santos. **Manual de Direito Administrativo**. Lumen Juris: Rio de Janeiro, 2005; MOREIRA NETO, Diogo de Figueiredo. **Mutações do Direito Administrativo**. Rio de Janeiro: Renovar, 2001.
8   TÁCITO, Caio. O desvio de poder no controle dos atos administrativos, legislativos e jurisdicionais. **Revista de Direito Administrativo**. Rio de Janeiro, v. 228, p. 1-12. abr/jun. 2002. p. 2. Disponível em: <https://periodicos.fgv.br/rda/article/view/46520/44472>. Acesso em: 2 jul. 2024.
9   "(...) la moralidad de la actuación del funcionario, la bondade o maldad de su conducta, debe juzgarse em relación com la finalidad del servicio público, del bien común, que justifica la propia eixistencia de la Administración" (RODRÍGUEZ-ARANA MUÑOZ, Jaime. **La dimensión ética**. Madrid: Dykinson, 2001. p. 294).
10 BRASIL. Superior Tribunal de Justiça. **Agravo Regimental no Recurso Especial n. 1337768/MG**. Relator: Ministro Olindo Menezes. Primeira Turma. Data de publicação: Diário da Justiça Eletrônico, 19 nov. 2015. Disponível em: <https://scon.stj.jus.br/SCON/pesquisar.jsp?i=1&b=ACOR&livre=((%27AGRESP%27.clas.+e+@num=%271337768%27)+ou+(%27AgRg%20no%20REsp%27+adj+%271337768%27).suce.)&thesaurus=JURIDICO&fr=veja>. Acesso em: 11 out. 2024.
11 SARMENTO, George. Aspectos da investigação dos atos de improbidade administrativa. **Revista do Ministério Público**. Alagoas, n. 1, p. 91-116, jan./jun.; Maceió, MPE/AL, 1999. p. 91.

podem ou não estar abrangida em tipos criminais, é uma patologia[12] cuja ocorrência é tida como uma espécie de má gestão pública[13] nas sociedades contemporâneas, difundindo-se no contexto da globalização e, no processo, adquirindo conotações econômicas, políticas e culturais.

Parece haver consenso entre os autores contemporâneos que tratam do fenômeno social da corrupção, como espécie de má gestão pública, analisada sob diversas perspectivas e por diferentes ciências, que com ela se impôs a lógica do desvirtuamento da Administração Pública e a afronta à ordem jurídica[14], provocando uma subversão dos valores caracterizada por uma conduta inquinada pela deslealdade, desonestidade, má-fé e desrespeito aos princípios da Administração Pública, para a obtenção de vantagem indevida para si ou para outrem em flagrante prejuízo ao erário[15].

Além de englobar diversos tipos e níveis de degradação dos valores éticos nas Administrações Públicas com o uso indevido do Poder Público para proveito privado, a corrupção administrativa – conectada a práticas de violação nos deveres de moralidade e lealdade para com a coletividade, num processo de desvirtuamento do legítimo encargo do administrador de defender, conservar e aprimorar os interesses da coletividade – é condicionada por várias causas e consequências de contornos difusos.

---

[12] "(...) bureaucratic corruption has bens regarded as a particularly viral form of bureaupathology. 'Once it enter the blood of a public organization, it spreads quickly to all parts. If it is not diagnosed and treated it will eventually destroy public credibility and organizational effectiveness. Even if treated, there is no guarantee that it will be eliminated or that all infected áreas will be reached" (HOPE, Kempe Ronald. Politics, Bureaucratic Corruption, and a Maladministration in the Third World. **Revue Internationale des Sciences Administratives**. Bruxelles, v. 51, n. 1, p. 1-6, 1985).

[13] "(....) é tal o nível de degradação dos valores éticos nas Administrações Públicas, que parece que a questão se centra na corrupção, quando esta constitui tão somente um, embora seja o mais grave, dos atentados à ética em que pode incorrer um servidor público" (GONZÁLEZ PÉREZ, Jesus. La ética em la administración pública. Madrid: Civitas, 1996. Disponível em: <https://www.boe.es/biblioteca_juridica/anuarios_derecho/abrir_pdf.php?id=ANU-M-1996-10011700158>. Acesso em: 11 out. 2024. p. 31-32).

[14] PAZZAGLINI FILHO, Marino; ELIAS ROSA, Márcio Fernando; FAZZIO JÚNIOR, Waldo. **Improbidade administrativa**: aspectos jurídicos da defesa do patrimônio público. São Paulo: Atlas, 1999. p. 39; BRASIL. Superior Tribunal de Justiça. **Agravo Regimental em Recurso Especial n. 1.129.668 – RS, de 29 de agosto de 2013**. Relator: Min. Napoleão Nunes Maia Filho. Decisão Monocrática. Data do julgamento: 29 ago. 2013.

[15] BRASIL. Superior Tribunal de Justiça. **Mandado de Segurança n. 13.520/DF**. Relatora: Min. Laurita Vaz. Terceira Seção. Data de julgamento: 14 ago. 2013. Data de publicação: Diário da Justiça Eletrônico, 2 set. 2013. Disponível em: <https://repositorio.cgu.gov.br/bitstream/1/33857/13/STJ_MS_13520.pdf>. Acesso em: 11 out. 2024.

2 Enfoques da corrupção na gestão pública

2.1 Enfoque etimológico

De acordo com Brito[16],

> recorrendo à etimologia da palavra "corrupção" encontramos sua origem no latim "corruptio", cujos vocábulos remetem a noção de "putrefação", "decomposição" e "degradação". Indicando, a princípio, o sentido biológico do termo, trazendo consigo a ideia do processo natural ao qual os seres vivos estão sujeitos durante toda sua vida, de maneira gradual, até o fim da mesma. Atualmente, a palavra transcende seu significado em relação à matéria, estendendo-se à moral, indicando condutas de malversação dos recursos públicos. (MADRID, 2012; BRUGGEMAN, 2013; KEMPFER E BATISTI, 2017; COUTO, 2020)

2.2 Enfoque conceitual

Definir *corrupção* é um desafio, por três motivos: 1) porque há diversas visões culturais relacionadas ao conceito; 2) porque essa visão tem variado com o tempo; 3) porque, numa mesma comunidade, numa mesma época, coexistem entendimentos diferentes sobre no que esse fenômeno consiste e qual é a gravidade relativa de cada ato que a configure.

2.3 Enfoque internacional

Muito embora haja um consenso de que a corrupção seja um assunto de interesse nacional e internacional, não existe uma definição internacionalmente aceita do que seja esse conceito. Há uma definição minimalista da transparência internacional como abuso de poder para benefício privado; o relatório do Comitê Consultivo de Direitos Humanos em 2015 fez crítica à conceituação, mas não apresentou nenhuma outra, propondo apenas as seguintes espécies: pública e privada, nacional e internacional, ativa e passiva, grande e pequena. Por outro lado, há uma definição funcional, que se dá pela descrição de práticas corruptas comuns e usuais. A Organização das Nações Unidas (ONU) fornece uma lista não exaustiva de práticas corruptas que são criminalizadas em vários estados:

---

16 BRITO, Jhon. A evolução do conceito de corrupção. **JusBrasil**, 2021. Disponível em: <https://www.jusbrasil.com.br/artigos/a-evolucao-do-conceito-de-corrupcao/1336039929>. Acesso em: 2 jul. 2024.

apropriação indevida de recursos públicos, suborno, fraude, compra e comprometimento de votos, abuso de poder, entre outras.

2.4 Enfoque político

Tal abordagem consiste na análise da corrupção no contexto dos regimes políticos. Nos regimes autocráticos, idealizados e conduzidos com abstração de toda e qualquer participação popular, mostra-se como ambiente propício para altos índices de corrupção. Já nos regimes democráticos, a corrupção se insinua, tanto no processo de escolha dos governantes (o processo eleitoral) quanto no processo de atuação desses dirigentes (o processo governamental). A democracia é um regime político que envolve um processo de comunicação entre cidadãos e governantes que deve ser aberto ao senso público e acessível a todos para que as políticas e decisões construídas para solucionar os problemas coletivos sejam legítimas. Nesse sentido, o que diferencia a democracia de outros regimes políticos é sua capacidade inclusiva, ou seja, a capacidade de produzir decisões e políticas justas em conformidade aos interesses e às perspectivas dos cidadãos. O processo da democracia se corrompe quando as decisões e políticas emanadas do sistema político perdem seu caráter inclusivo e promovem a exclusão. Isso ocorre tanto pelo resultado das decisões tomadas, que reforçam as desigualdades e sustenta hierarquias sociais por meio de privilégios, quanto pela opacidade decorrente da fraqueza dos princípios de publicidade e interesse público. A corrupção é uma forma de injustiça política, que opera em duas ordens: na ordem institucional e na ordem das realizações sociais.

2.5 Enfoque moralista

Violação de normas éticas aceitas por determinada comunidade. Recebe crítica: não possuir fundamentação científica precisa.

2.6 Enfoque legalista

Infração de normas jurídicas. Recebe crítica: restringe excessivamente as condutas consideradas corruptas pela lei. No enfoque legalista, os estudiosos estabelecem dois sentidos: **a) sentido restrito**: devemos entender por *corrupção* apenas os tipos penais formalmente definidos como tal. É o que podemos ver, de modo especial, na conceituação dos crimes de corrupção ativa e passiva; **b) sentido amplo**: a corrupção abrange outras infrações penais e civis contra a Administração Pública, como o peculato, a prevaricação, o desvio de verbas públicas e dezenas de atos de improbidade previstos nos arts. 9º, 10 e 11 da Lei n. 8.429/1992[17].

2.7 Enfoque essencial

A corrupção[18] não é um fenômeno do passado e tampouco localizado. Ela surge em todos os tempos, lugares e culturas. A corrupção não é um conceito de fácil medição, dissolvendo-se quase sempre no silêncio e na clandestinidade, consistindo em uma dimensão sistêmica e multifacetária, podendo se manifestar em diversas áreas do comportamento humano e de maneiras diferenciadas ao redor do mundo.

2.8 Enfoque humanista

No contexto dos direitos humanos, a corrupção é uma forma de violação dos direitos humanos. Há uma tendência mundial de que os organismos de supervisão do cumprimento dos tratados de direitos humanos dos Estados incluam em seus relatórios seções sobre corrupção e observem a incapacidade estatal para cumprir obrigações em matéria de direitos humanos em razão desse problema: nesse contexto, os documentos emitidos pelo Comitê de Direitos Econômicos, Sociais e Culturais em 2016, na Tunísia, e pelo Comitê dos Direitos da Criança, em 2017, na Mongólia. Tratar a corrupção na perspectiva dos direitos humanos é analisar e discutir, de modo mais amplo, as disfuncionalidades do Estado.

2.9 Enfoque jurídico

A seguir apresentamos elementos ou características do fenômeno da corrupção: **1) conduta** – antijurídica, que abrange tanto ilícitos penais quanto civis; **2) finalidade** – busca de um benefício privado, material ou imaterial, alcançado ou não; **3) resultado** – prejuízo do patrimônio público. As características da corrupção resultam da própria formulação conceitual, conferindo-lhe fisionomia própria. Nessa empreitada, dois são os aspectos da corrupção: **1) finalístico**, em que a corrupção é identificada pela obtenção da vantagem indevida; **2) substancial**, manifestada pelo abuso do ofício público em proveito privado. Nesse sentido, acentua GARCIA que o desvio de poder e o enriquecimento ilícito são elementos

---

17 BRASIL. Lei n. 8.429, de 2 de junho de 1992. **Diário Oficial da União**, Poder Executivo, Brasília, DF, 3 jun. 1992. Disponível em: <https://www.planalto.gov.br/ccivil_03/leis/l8429.htm>. Acesso em: 8 abr. 2024.

18 "(...) ato ou efeito de deterioração, decomposição física de algo, putrefação, depravação de hábitos, costumes, devassidão, ato, processo ou efeito de subornar uma ou mais pessoas em causa própria ou alheia, ger. com oferecimento de dinheiro; suborno etc." (HOUAISS, Antônio; VILLAR, Mauro de Salles. **Dicionário Houaiss da Língua Portuguesa**. Rio de Janeiro: Objetiva, 2009).

característicos da corrupção[19]. Na análise do cenário luso-brasileiro, a corrupção tem uma conotação cultural vinculada à herança colonial e imperial patrimonialista marcada pela indistinção entre as noções de público e privado, ambiente em que os nobres governantes convertiam os palácios em suas casas sem lei que não a do seu próprio interesse e da sua própria vontade[20].

Trata-se de uma cadeia causal, em que uma administração predominantemente patrimonialista, em que se confundiam a *res publica* e a propriedade da Coroa, mostrava-se como ambiente propício à perpetração da corrupção administrativa, com ausência de uma cultura do público. Além dessa vinculação, que, para alguns, engessa a possibilidade de mudança social[21], o problema da corrupção diz respeito a uma confusão das fronteiras entre o público e o privado, com o favorecimento de poucos em detrimento dos interesses da coletividade[22].

A corrupção administrativa como fator da ilegitimidade das instituições públicas, com impacto negativo no desenvolvimento e prosperidade do Estado, seja no processo de escolha dos administradores, seja no exercício de seu poder, compromete os valores da democracia[23], pois, quando são cometidos abusos de poderes confiados para alcançar benefício pessoal, individual ou coletivo, direto

---

19 ALVES, Rogério Pacheco; GARCIA, Emerson. **Improbidade administrativa**. Rio de Janeiro: Lumen Juris, 2008. p. 7.
20 ROCHA, Cármem Lúcia Antunes. O Ministério Público, os movimentos sociais e os poderes públicos na construção de uma sociedade democrática. **Boletim de Direito Administrativo**, n. 8, p. 495-503, ago. 1998. p. 499; "da mistura dos nobres governantes com os degredados enviados por Portugal nos primórdios de nossa colonização, sobrou-nos a tradição das vestes talares e da corrupção (ORTIZ, Carlos Alberto. Improbidade administrativa. **Cadernos de Direito Constitucional e Eleitoral**. São Paulo, Imprensa Oficial do Estado, v. 7, n. 28, out./nov./dez. 1994. p. 21).
21 FILGUEIRAS, Fernando. A tolerância à corrupção no Brasil: uma antinomia entre normas morais e prática social. **Opinião Pública**. Campinas, v. 15, n. 2, p. 386-421, nov. 2009. Disponível em: <https://www.scielo.br/j/op/a/8vW5w5whdMLRD3sqWPV6fgg/?lang=pt>. Acesso em: 11 out. 2024.
22 BRASIL. Superior Tribunal de Justiça. **Agravo em Recurso Especial n. 804.392-GO, de 1º de dezembro de 2015**. Relator: Min. Benedito Gonçalves. Decisão Monocrática. Data do julgamento: 1º dez. 2015.
23 "Enquanto modelo ideal, a democracia pressupõe que o povo escolha pelo voto os seus representantes, que irão governá-lo. Pretende que nessa escolha o eleitor não leve em conta senão as qualidades do candidato e seu programa de atuação. Reclama que o eleito aja em vista exclusivamente do interesse geral, doa o que doer, custe o que custar. E tanto povo, como governante, nada devem esperar em troca de sua participação, exceto a satisfação do dever cumprido" (FERREIRA FILHO, Manoel Gonçalves. Corrupção e democracia. **Revista de Direito Administrativo**. Rio de Janeiro, v. 226, p. 213-218, out./dez. 2001. p. 214. Disponível em: <https://periodicos.fgv.br/rda/article/view/47241/44651> Acesso em: 2 jul. 2024).

ou indireto, há o distanciamento que os cidadãos sentem em relação aos seus gestores públicos, gerando perda da confiança do público[24].

Os abusos representativos da má conduta dos servidores contra o interesse público identificados com a obtenção de vantagens econômico-financeiras ilegais por parte dos agentes envolvidos, como no caso do "Petrolão", ou pela busca do poder melhor acomodação política, como no caso do "Mensalão", demonstram que os administradores públicos em sua atuação não estão apresentando resultados esperados de uma gestão concreta dos assuntos da sociedade.

2.10 Enfoque midiático

Consiste na ação de noticiar a corrupção nos meios de comunicação social (jornal, revista, rádio e televisão). Uma verdadeira endemia de atos corruptos foi notícia dos veículos de comunicação na sociedade mundial nas últimas décadas, em especial a corrupção política, promovida por pessoas que muitas vezes são eleitas pelo povo e que não cumprem seu múnus público, principalmente após a década de 1990, com o avanço dos meios digitais de comunicação.

2.11 Enfoque dimensional

É a distinção da grande corrupção, ou corrupção política, com a pequena corrupção, ou corrupção burocrática. A grande corrupção envolve grandes montantes de dinheiro, participação frequente de lideranças políticas; abala a confiança no sistema político e nas instituições e gera desigualdade social. A segunda caracteriza-se por pequenos montantes e constitui-se em práticas correntes no dia a dia às quais as pessoas se habituam e não gera tão grande desigualdade social e perda de confiança nas instituições. Geralmente conhecida pelos atos cometidos por agentes públicos, como o recebimento de propina e suborno, a corrupção penetra também no ambiente privado (abuso do poder ou improbidade no processo de tomada de decisões). Como se isso não bastasse, há corrupção na ação humanitária. Por último, as práticas de corrupção podem ser sistêmicas, incorporando todas as condutas burocráticas do sistema político, social e econômico como um meio necessário de subsistência do serviço público. Em alternativa, a corrupção esporádica ou oportunista será, nesse contexto, a exceção à regra. Nesse sentido, esse crime também poderá diferenciar-se em função de seu nível de organização,

---

[24] "O governo constitucional nos Estados Unidos está fundado no princípio de que a autoridade governamental é derivada do consentimento dos governados. (...). A noção de que agentes públicos, possuam ou não um cargo eletivo, devem ser responsáveis perante os cidadãos tem, assim, contornos constitucionais. A confiança do público é vital para o sucesso de um governo democrático" (REIS, Cláudio. Ética Pública: Corrupção e Democracia. **Diversitates**, v. 1, n. 1, p. 62-78. Disponível em: <https://doczz.com.br/doc/551088/%C3%A9tica-p%C3%BAblica--corrup%C3%A7%C3%A3o--e-democracia>. Acesso em: 11 out. 2024. p. 67).

podendo tratar-se de um evento espontâneo (caso a caso) ou organizado, com o envolvimento de uma rede de funcionários ou uma organização.

2.12 Enfoque causal

- Existência de desigualdades sociais e disparidades regionais.
- Baixo nível de educação e de valores éticos.
- Políticas governamentais ineficazes.
- Dificuldades de acesso à informação relativa aos serviços públicos.
- Deficiente sistema de fiscalização e legal.
- Burocracia excessiva e fragilidade dos controles nos organismos públicos.
- Falta de ética e transparência nos organismos públicos.
- Acumulação de cargos e concentração excessiva de poderes numa única pessoa.
- Financiamento dos partidos políticos.
- No Brasil, a corrupção tem duas causas remotas[25]: 1) patrimonialismo decorrente da colonização ibérica, marcada pela má separação entre a esfera pública e esfera privada; 2) onipresença do Estado, com o controle da política e das atividades econômicas, seja pela exploração direta, seja por mecanismos de financiamento a empresas privadas e de concessão de benefícios; cultura da desigualdade. A essas origens remotas somam-se duas causas mais imediatas: 1) sistema político que produz eleições excessivamente caras, com baixa representatividade dos eleitos devido ao sistema eleitoral proporcional em lista aberta e que dificulta a governabilidade; 2) impunidade.

2.13 Enfoque contemporâneo

Consiste no ato de visualizar a corrupção nos dias atuais. Essa atividade é caracterizada por cinco traços: **1) intensidade** – aumento do número de novos casos conhecidos e, em complemento, de um maior destaque mediático; **2) natureza cíclica** – evolução dos índices de condenação social dessas práticas parece oscilar entre momentos de uma forte censura e momentos de alguma generalizada tolerância social; **3) complexidade e sofisticação** – cada vez mais frequente a ocorrência de determinado tido de atuações que, sendo ética e moralmente censuráveis, todavia não o são em termos penais, devido essencialmente à inexistência de lei penal que permita recobri-las enquanto práticas criminosas; **4) natureza sistémica e política** – crescimento e a sofisticação dos aparelhos

---

25 BARROSO. Luís Roberto. **Corrupção, governança e direitos humanos**: o caso do Brasil. Disponível em: <https://luisrobertobarroso.com.br/wp-content/uploads/2018/11/Corrupc%CC%A7a%CC%83o-Governanc%CC%A7a-e-Direitos-Humanos-Versa%CC%83o-em-portugue%CC%82s.pdf>. Acesso em: 4 fev. 2025.

partidários; **5) internacionalização** – por meio de ferramentas tecnológicas e comunicacionais.

2.14 Enfoque social

Três níveis distintos de tolerância social relativos às práticas de corrupção, que definiram como: **1) zona branca** – maiores índices de tolerância às práticas de corrupção; **2) zona cinzenta** – processo de gradual diminuição dos índices de tolerância a essas práticas; **3) zona preta** – cenários em que o número de "escândalos" cresce de tal maneira que o problema das práticas de corrupção acaba por adquirir uma dimensão forte e central como tema de debate de opinião pública.

2.15 Enfoque finalístico

A jurista Kimberly Ann ELLIOTT[26] expõe que a corrupção é uma das mais dramáticas mazelas que assolam o mundo globalizado, já que enfraquece a legitimidade política, provoca desperdício de recursos e afeta o comércio internacional e o fluxo dos acontecimentos. A afirmativa de Elliott faz referência ao problema da má gestão pública derivada da corrupção, que é constante razão de atraso, miséria e incontáveis escândalos envolvendo uso indevido das atribuições públicas para obtenção de benefícios privados. Revelada por práticas criminalizadas em vários Estados, é uma patologia que prejudica o governo honesto, distorce as políticas públicas, leva à má alocação de recursos e prejudica o desenvolvimento do setor privado. Na finalidade social, compromete a estabilidade e a segurança das sociedades, prejudica o saudável desenvolvimento de qualquer sociedade e aumenta a desigualdade social. Na finalidade política, enfraquece os valores democráticos e morais e a legitimidade das instituições públicas; causa improbidade na Administração Pública. Na finalidade econômica, causa distorções na economia, entrave à liberdade de concorrência e ao eficiente funcionamento do mercado; prejuízo à concorrência.

2.16 Enfoque da medição

Diversas entidades[27] têm papel importante na busca por reduzir a corrupção no mundo, dentre as quais se destaca a Transparência Internacional, fundada em

---

26 ELLIOTT, Kimberly Ann. **A corrupção e a economia global**. Brasília: Ed. na UnB, 2002.
27 "Organizações Governamentais: 1 – Assembleia Geral das Nações Unidas (AG) e Conselho Econômico e Social (ECOSOC); 2 – Centro das Nações Unidas para a Prevenção da Criminalidade Organizada; 3 – Programa das Nações Unidas para o Desenvolvimento (PNUD); 4 – Comissão das Nações Unidas para o Direito do Comércio Internacional (UNCITRAL); 5 – Banco Mundial (BIRD); 6 – Fundo Monetário Internacional (FMI); 7 – Organização Mundial do Comércio (OMC). Organizações Não Governamentais: 1 – Câmara Internacional do Comércio (CCI); 2 – Transparência Internacional (TI)" (RAMINA, Larissa L. O. **Ação internacional contra a corrupção**. Curitiba: Juruá, 2002).

1993 por iniciativa de várias organizações de países democráticos com o objetivo de criar um movimento global para acabar com a corrupção e promover a transparência, a responsabilidade e integridade em todos os níveis e em todos os setores da sociedade, e com o seguintes valores: transparência, responsabilidade, integridade, solidariedade, coragem, justiça e democracia[28]. Uma das contribuições da referida entidade é a produção anual de um relatório no qual se analisam os índices de percepção de corrupção de mais de 170 países envolvidos[29]. O índice faz uma avaliação de 0 a 100, sendo que uma pontuação próxima de zero significa que o país é extremamente corrupto, e uma pontuação próxima de 100 mostra um país muito transparente. O referido índice, parâmetro político e fundamentado, mostra que o problema da corrupção, embora não seja a única forma de má gestão pública[30], é algo que atinge todos os países do mundo. Desde sua criação, em 1995, o Índice de Percepção de Corrupção tornou-se o principal indicador global referente ao problema. Ele é uma combinação de diferentes pesquisas internacionais e avaliações de corrupção, feitas por instituições de renome. O índice é a referência mais utilizada no planeta por tomadores de decisão dos setores público e privado para avaliação de riscos e planejamento de suas ações.

3. Combate da corrupção na gestão pública

3.1 Um objeto em expansão: saneamento da atividade administrativa

No contexto brasileiro, os efeitos causados pela corrupção administrativa (ao confundir o patrimônio público com o privado), caracterizada pelo desvio na realização do interesse coletivo com a não preservação da dignidade das instituições e incolumidade do patrimônio público, em flagrante desrespeito ao dever de boa administração e na preservação de valores éticos, representam um risco inerente à vida quotidiana, mesmo nas sociedades mais desenvolvidas e esclarecidas[31], que deve ser combatido com meios previstos na ciência jurídica.

---

28 TRANSPERENCY INTERNATIONAL. Disponível em: <https://www.transparency.org/>. Acesso em: 8 abr. 2024.
29 Op. cit.
30 GONZÁLES PÉREZ, Jesus. **La ética em la administráciọn pública**. Madrid: Civitas, 1996. p. 31-32.
31 A corrupção é vista como um problema que afeta todos os regimes e em todos os tempos (LUCCHINI, Ricardo. Entre relativisme et universalisme: réflexions sociologiques sur la corruption. **Deviance et Societé**, v. 19, n. 3, Sep. 1995. p. 221. Disponível em: <https://www.persee.fr/doc/ds_0378-7931_1995_num_19_3_1576>. Acesso em: 2 jul. 2024).

Se os riscos fazem parte da realidade social, seu combate planejado e sistêmico por meio de procedimentos estruturados, com função preventiva e/ou repressiva, é essencial para que os indivíduos consigam conduzir o desenvolvimento de suas relações e sobreviver num mundo em constante transformação e crescente competitividade.

Em diferentes épocas e lugares, há inúmeros métodos ou tecnologias de combate dos riscos à gestão pública[32], destacando-se os de cunho preventivo que visam dominar eventos que possam ocorrer no futuro, para aumentar a probabilidade e os impactos dos eventos positivos na sociedade contemporânea, criando valor público.

O combate da corrupção na gestão pública consiste na aplicação de princípios e processos no exercício da capacidade administrativa do governo visando defender e promover o bem público, bem como uma gestão pública mais próxima do referencial da efetividade, promovendo a qualidade dos serviços públicos e a eficácia das políticas públicas.

Combater a corrupção em nome do bem comum é um desafio encartado por um número cada vez mais os países em todo o mundo, inclusive com integração internacional[33].

3.2 Perspectiva internacional do combate da corrupção na gestão pública

Em 1977, o Congresso Americano promulgou a Lei sobre a Prática de Corrupção no Exterior (Foreign Corrupt Practices Act – FCPA) para dar fim ao suborno de funcionários públicos estrangeiros e restaurar a confiança no sistema empresarial americano. Esse documento normativo ensejou uma busca internacional com o intuito de criminalizar a corrupção transnacional gerando diversas convenções internacionais sobre o assunto.

Na perspectiva universalista, ainda que, nos Estados Unidos, com a promulgação da FCPA para dar fim ao suborno de funcionários públicos estrangeiros e restaurar a confiança pública na integridade do sistema empresarial americano[34], já se tivesse revelado a necessidade de combater a corrupção, foi no final do século XX e no início do século XXI que se sentiu de modo particularmente intenso

---

32 UN – United Nations. **The Global Programme against Corruption, United Nations Anti-Corruption Toolkit**. 3. ed. Viena: United Nations Office For Drugs and Crime, 2004.
33 SANDHOLTZ, Wayne; GRAY, Mark M. International Integration and National Corruption. **International Organization**, v. 57, p 761-800, 2003. Disponível em: <https://www.persee.fr/doc/ds_0378-7931_1995_num_19_3_1576>. Acesso em: 2 jul. 2024.
34 MEYER-PFLUG, Samantha Ribeiro; OLIVEIRA, Vitor Eduardo Tavares de. O Brasil e o combate internacional à corrupção. **Revista de Informação Legislativa**, Brasília, ano 46, n. 181, jan./mar. 2009. Disponível em: <https://www2.senado.leg.br/bdsf/item/id/194901>. Acesso em: 2 jul. 2024.

a necessidade de criar, no nível da comunidade internacional, mecanismos jurídicos visando à cooperação e integração na prevenção e no combate à corrupção[35].

A intensificação das relações internacionais e o avanço da globalização impõem a propagação da corrupção, contaminando a saúde moral dos povos e impedindo o desenvolvimento econômico sustentável das nações[36].

A propagação do tema no âmbito internacional, e a própria internacionalização do direito penal[37], provocou a necessidade de buscar mecanismos de combate da corrupção, não só por meio de incentivos político-econômicos, mas também por normativa internacional e estadual na luta contra a corrupção.

A previsão do tema em documentos internacionais inicia um movimento de internacionalização do combate da corrupção, e os Estados se inserem nesse processo ao internalizarem a normatividade internacional, criando atos normativos e políticas próprias, como demonstrado a seguir.

Em 13 de novembro de 1989, o Conselho das Comunidades Europeias editou a Diretiva sobre a Coordenação das Normas Relativas às Operações com Informação Privilegiada.

Na Itália, no início dos anos 1990, presenciou-se a operação "Juízes das Mãos Limpas", que se empenhou na investigação do crime organizado envolvendo políticos e administradores. Em 10 de junho de 1991, foi editada a Diretiva n. 91/308[38].

No Brasil, em 1992, foi editada a lei da improbidade administrativa Lei n. 8.429, de 2 de junho de 1992, que dispõe sobre as sanções aplicáveis aos agentes públicos nos casos de enriquecimento ilícito no exercício de mandato, cargo, emprego ou função na administração pública direta, indireta ou fundacional e dá outras providências.

---

35 No âmbito internacional, o movimento contra a corrupção consta na edição da Resolução n. 3.514, de 15 de dezembro de 1975.
36 Centro Americano da Legislação Contra a Corrupção (2000). San José, Costa Rica, 2000. Encontro Regional Contra a Narcoatividade e a Corrupção.
37 "A internacionalização do direito penal ocorre principalmente sob a influência de duas forças: a globalização econômica e a internacionalização dos direitos humanos" (MARTIN-CHENUT, Kathia. A internacionalização dos direitos humanos e as respostas à delinquência Juvenil. In: CONGRESSO MUNDIAL DE CRIMINOLOGIA, 13., **Anais...** 2003, Rio de Janeiro. Disponível em: <http://pagesperso orange.fr/societe.internationale.de.criminologie/pdf/Intervention%20Martin%20Chenut.pdf>. Acesso em: 8 abr. 2024); "Le mouvement trait à la corruption en et les lignes de force qui traversent les mouvements d'internationalisation du droit penal" (TRICOTT, Juliette. La corruption internationale. **Revue de Science Ciminelle et de Droit Penal Comparé**, n. 4, n. 753-765, Oct. 2005. p. 754Disponível em: <https://hal.science/hal-00424705>. Acesso em: 14 out. 2024).
38 EUROPEAN UNION. European Union Law. **Directiva 91/308/CEE do Conselho, de 10 de Junho de 1991, relativa à prevenção da utilização do sistema financeiro para efeitos de branqueamento de capitais.** Disponível em: <https://eur-lex.europa.eu/legal-content/PT/TXT/?uri=CELEX%3A31991L0308>. Acesso em: 8 abr. 2024.

Em 7 de julho de 1993, foi celebrada na Tanzânia a Declaração de Aruscha sobre Cooperação e Integridade Aduaneira para adotar medidas de combate à corrupção na área aduaneira.

Em 26 de julho de 1995, foi celebrado convênio relativo à proteção dos interesses financeiros das comunidades europeias.

Em 20 de dezembro de 1995, foi editada a Resolução 50/106 da ONU sobre medidas de combate da corrupção nas transações internacionais.

Desde 1996, a corrupção começou a ser tema de interesse dos mais diferentes países que, de modo regional, formulam na esfera de atuação dos países membros da Organização dos Estados Americanos (OEA), a Convenção Interamericana contra a Corrupção firmada em 29 de março de 1996, em Caracas, Venezuela, fruto do trabalho do Grupo de Trabalho sobre Probidade e Ética, constituído por meio da Resolução AG/RES 1294 (XXIV – 0/94)[39].

Foi a Convenção dos Estados Americanos que difundiu o Mecanismo de Acompanhamento da Implementação da Convenção Interamericana contra a Corrupção (MESICIC), como modelo de estratégias locais para a efetivação das obrigações oriundas do texto, pautado em discussões e recomendações oriundas de encontros e pareceres recíprocos, os denominados Planos de Ações Nacionais da OEA, o que resultou na utilização de instrumentos similares pelos acordos multilaterais posteriores.

Ainda em 1996, foi celebrado em Marrakech acordo plurilateral sobre contratação pública.

Em 16 de dezembro de 1996 foi editada a resolução 51/191 da ONU sobre medidas de combate da corrupção nas transações internacionais.

Em janeiro de 1997, foi editada a Resolução 51/59 da ONU sobre código de conduta para funcionário público. Em 21 de fevereiro de 1997, foi feita a Declaração sobre a corrupção e os subornos nas transações comerciais internacionais.

Em 26 de maio de 1997, foi adotado em Bruxelas o Convênio contra Atos de Corrupção, que envolveu funcionários da Comunidade Europeia e dos Estados da União Europeia[40]; o documento estabelece o compromisso dos Estados-membros de tomar as medidas necessárias para assegurar que corrupções ativa e passiva sejam consideradas infrações penais em nível nacional e punidas com sanções

---

39 Em 1994, os ministros das Relações Exteriores da América e os chefes de delegação dos Estados-membros da Organização dos Estados Americanos (OEA) assinaram a "Declaração de Belém do Pará", manifestando apoio a estudos de medidas de combate à corrupção, de melhoria da eficiência da gestão pública e de promoção da transparência e probidade da Administração Pública (BRASIL. **Convenção Interamericana contra a Corrupção**: Presidência, Controladoria-Geral da União. Brasília: CGU, 2007Disponível em: <https://www.gov.br/cgu/pt-br/assuntos/articulacao-internacional-1/convencao-da-oea/documentos-relevantes/arquivos/cartilha-oea/@@download/file/cartilha.pdf>. Acesso em: 14 out. 2024).

40 Foi firmado no âmbito da União Europeia com base na alínea "c" da cláusula 2 do art. K-3 do Tratado da União Europeia.

penais efetivas, proporcionais e dissuasoras, incluindo, pelo menos nos casos mais graves, penas privativas de liberdade que possam determinar a extradição.

Em 17 de dezembro de 1997, foi adotada em Paris, na Conferência Ministerial da Organização de Cooperação e de Desenvolvimento Econômico (OCDE), Convenção sobre a luta contra a corrupção de funcionários públicos estrangeiros ou de funcionários públicos nacionais por indivíduos. A Convenção, que entrou em vigor em 1999, foi firmada pelos Estados-membros da OCDE, aos quais se somaram Brasil, Argentina, Bulgária, Chile e República Eslovaca.

Em 5 de maio de 1998, o Comitê de Ministros do Conselho da Europa criou, por meio da Resolução n. 7, o Grupo de Estados contra a Corrupção (Greco).

Em agosto de 1998, a OEA adotou modelo de legislação sobre enriquecimento ilícito e suborno transnacional. Em 1999, foi criado o Convênio contra o Suborno dos Funcionários Públicos Estrangeiros nas Transações Comerciais Internacionais.

Em 27 de janeiro de 1999, foi criado o Convênio de Direito Penal contra Corrupção.

Ainda no mês de janeiro de 1999, foi editada a Resolução n. 53/176 sobre medidas de combate à corrupção nas transações internacionais.

A 30 de abril de 1999, em Estrasburgo, foi assinada a Convenção Penal sobre a Corrupção do Conselho da Europa, ratificada pela Assembleia da República a 16 de outubro de 2001.

Em 26 de setembro de 1999, foi editado o Código sobre Boas Práticas de Transparência em Políticas Monetárias e Financeiras com medidas de combate à corrupção em matéria financeira.

Em 4 de novembro de 1999, foi criado o Convênio de Direito Civil sobre Corrupção. Em 2000, foi feita a Convenção de Palermo, editada pelas Nações Unidas para o Combate do Crime Organizado Transnacional, prevendo a criminalização da corrupção.

Em 2000, foi elaborado o *Corpus Juris*, visando unificar no âmbito da união europeia princípios comuns de direito penal dos Estados-membros, incluindo tipificação dos crimes de corrupção.

Em 2000, foi editada no Brasil a Lei da Responsabilidade Fiscal – Lei Complementar n. 101[41] –, que estabelece normas de finanças públicas voltadas para a responsabilidade na gestão fiscal e dá outras providências.

Em julho de 2003, a Organização de Unidade Africana (OUA) adotou a Convenção da União Africana de Prevenção e Combate à Corrupção.

---

41 BRASIL. Lei Complementar n. 101, de 4 de maio de 2000. **Diário Oficial da União**, Poder Legislativo, Brasília, DF, 5 maio 2000. Disponível em: <https://www.planalto.gov.br/ccivil_03/leis/lcp/lcp101.htm>. Acesso em: 8 abr. 2024.

Entre as convenções existentes sobre o assunto, destaca-se a Convenção das Nações Unidas contra a Corrupção[42], cujo objetivo é o combate universal pelos Estados contra corrupção. Assinada por mais de 110 países no dia 9 de dezembro de 2003, a Convenção entrou em vigor internacionalmente no dia 9 de dezembro de 2005 e foi incorporada ao ordenamento brasileiro pelo Decreto n. 5.687/2006[43]. A data de sua assinatura ficou conhecida como *Dia Internacional contra a Corrupção*.

A Convenção da ONU contra a Corrupção, visando transparência dos órgãos governamentais, tem como objetivos a cooperação para recuperar somas de dinheiro desviadas dos países, a criminalização do suborno, lavagem de dinheiro e outros atos criminosos.

A Convenção das Nações Unidas contra a Corrupção, adotada pela Assembleia Geral das Nações Unidas em 31 de outubro de 2003, que entrou em vigor em 14 de dezembro de 2005, já se refere ao interesse da comunidade internacional de prevenir e combater a corrupção em todas as suas formas, de uma maneira global, contemplando diretrizes de cooperação para recuperar somas de dinheiro desviadas dos países, criminalização do suborno, lavagem de dinheiro e outros atos criminosos, elaboração de códigos de conduta para funcionários públicos, incentivo na participação da sociedade civil e das organizações na prevenção e luta contra corrupção, prevenção contra prática de corrupção pelos países signatários, promoção da eficiência no setor público e a integridade nos setores públicos e privado, além da transparência no financiamento de campanhas e partidos políticos.

No contexto da transparência administrativa, surgiu a Open Government Partnership, projeto de iniciativa da Tides Foundation, organização sediada nos Estados Unidos da América, na busca de governos mais transparentes, receptivos, responsáveis e eficientes. O Brasil, como membro da parceria, promoveu a Declaração para o Governo Aberto, buscando medidas para uma cultura global de governo aberto e participativo que dê autonomia aos cidadãos. Na mesma esteira, surgiu a organização Open Knowledge Foudation, sediada no Reino

---

42 A Convenção da ONU contra a Corrupção trouxe as seguintes diretrizes – **cooperação**: para recuperar somas de dinheiro desviadas dos países; **criminalização**: do suborno, da lavagem de dinheiro e de outros atos criminosos; elaboração de códigos de conduta para funcionários públicos; incentivo: a participação da sociedade civil, das organizações na prevenção e luta contra corrupção; **prevenção**: necessidade de órgãos de prevenção contra prática de corrupção pelos países signatários; princípio: acentua a importância do princípio da eficiência no setor público; **promoção**: a integridade nos setores públicos e privado; **transparência** no financiamento de campanhas e partidos políticos UN – United Nations Office on Drugs anda Crime. **Convenção das Nações Unidas contra a Corrupção**. Disponível em: <https://www.unodc.org/lpo-brazil/pt/corrupcao/convencao.html>. Acesso em: 14 out. 2024.

43 BRASIL. Decreto n. 5.687, de 31 de janeiro de 2006. **Diário Oficial da União**, Poder Executivo, Brasília, DF, 1º fev. 2006. Disponível em: <https://www.planalto.gov.br/ccivil_03/_ato2004-2006/2006/decreto/d5687.htm>. Acesso em: 8 abr. 2024.

Unido e criada com o objetivo de promover o conhecimento livre, mediante a promoção dos conteúdos abertos.

Em 2002, entrou em vigor a Convenção Penal do Conselho da Europa sobre a Corrupção, assinada em Estrasburgo a 30 de abril de 1999, visando criar política penal comum que possibilite a proteção da sociedade contra a corrupção, incluindo a adopção de medidas legislativas e preventivas adequadas.

Em 17 de outubro de 2002, entrou em vigor também a Convenção relativa à proteção dos interesses financeiros das Comunidades Europeias, que visa proteger, ao abrigo do Direito Penal, os interesses financeiros da União Europeia (UE) e de seus contribuintes.

Em 2003, foi adotado o Convênio da União Africana para Prevenir e Combater a Corrupção de 2003.

A Convenção das Nações Unidas contra a Corrupção, adotada pela Assembleia Geral das Nações Unidas em 31 de outubro de 2003, que entrou em vigor em 14 de dezembro de 2005, já se refere ao interesse da comunidade internacional de prevenir e combater a corrupção em todas as suas formas, de uma maneira global, contemplando diretrizes de cooperação, para recuperar somas de dinheiro desviadas dos países, criminalização do suborno, lavagem de dinheiro e outros atos criminosos, elaboração de códigos de conduta para funcionários públicos, incentivo na participação da sociedade civil, das organizações na prevenção e luta contra corrupção, prevenção contra prática de corrupção pelos países signatários, promoção da eficiência no setor público e a integridade nos setores públicos e privado, além da transparência no financiamento de campanhas e partidos políticos.

Em 2008, em Atlanta, sob os auspícios do Centro Carter, criou-se a Declaração de Atlanta para promover a aprovação, implantação, execução e exercício do direito de acesso à informação, já que ele é a base para a participação cidadã, a boa governança, a eficiência na Administração Pública, a prestação de contas e esforços de combate à corrupção, a mídia e o jornalismo investigativo, o desenvolvimento humano, a inclusão social e a realização de outros direitos socioeconômicos e políticos e civis, mercados eficientes, investimento comercial, competitividade para as empresas governamentais, administração justa e cumprimento das leis e regulamentos.

Em 2009, o Conselho da União Europeia em Bruxelas, foi publicado o Programa de Estocolmo: uma Europa aberta e segura que sirva aos cidadãos, buscando criar política global anticorrupção, em estreita cooperação com o Grupo de Estados do Conselho da Europa contra a Corrupção.

Em 2010, foi publicada a Lei da "Ficha Limpa", Lei Complementar n. 135[44], que estabelece as situações de inelegibilidades.

Em 6 de junho de 2011, foi adotada a declaração Da Comissão combate a corrupção: um compromisso mais firme para obter melhores resultados.

Em março de 2012, foi adotada no Primeiro Fórum Mundial sobre Governação e luta contra corrupção a Declaração de Praga.

Entre 2013 e 2014, o Parlamento Europeu e o Conselho da União Europeia adotaram novos atos legislativos fundamentados em propostas da Comissão, uma reforma das normas relativas aos contratos públicos (proposta da Comissão de 2011, adotada em fevereiro de 2014), a apreensão de ativos de origem criminosa (proposta da Comissão de 2012, adotada em março de 2014), o alargamento do âmbito do conceito de corrupção com vista a englobar o suborno de pessoas que não são formalmente funcionários públicos mas que, todavia, estão envolvidas na gestão de fundos da UE (proposta da Comissão de 2013).

Em 30 de maio de 2013, foi assinada a Declaração de Lisboa.

Em 2013, foi publicada no Brasil a Lei n. 12.846[45], que dispõe sobre a responsabilização administrativa e civil de pessoas jurídicas pela prática de atos contra a administração pública, nacional ou estrangeira, e dá outras providências.

Em 2014, no mês de fevereiro, foi publicado o primeiro relatório da UE em matéria de luta contra a corrupção.

Em 2015, foram publicadas duas resoluções do Parlamento Europeu: uma de 17 de dezembro de 2015, sobre a Malásia (2015/3018 – RSP), e outra sobre a Angola (2015/2839 – RSP).

3.3 Sistema Normativo Brasileiro Anticorrupção

3.3.1 Crimes de responsabilidade (Lei n. 1.079/1950)

3.3.1.1 Conceito dos crimes de responsabilidade

a] **Conceito jurídico**: são infrações político-administrativas, consistentes em condutas politicamente indesejáveis e violadoras da Constituição, definidas em lei, cometidas por agentes políticos no desempenho de seu mandato, que atentem contra valores político-administrativos, submetidos a um julgamento feito por órgão político ou legislativo e sujeito às sanções impostas na lei

---

44 BRASIL. Lei Complementar n. 135, de 4 de junho de 2010. **Diário Oficial da União**, Poder Legislativo, Brasília, DF, 7 jun. 2010. Disponível em: <https://www.planalto.gov.br/ccivil_03/leis/lcp/lcp135.htm>. Acesso em: 8 abr. 2024.

45 BRASIL. Lei n. 12.846, de 1º de agosto de 2013. **Diário Oficial da União**, Poder Executivo, Brasília, DF, 2 ago. 2013. Disponível em: <https://www.planalto.gov.br/ccivil_03/_ato2011-2014/2013/lei/l12846.htm>. Acesso em: 8 abr. 2024.

e de natureza política com a perda do cargo e a inabilitação do exercício da função pública por um tempo determinado.

b] **Conceito material:** são fatos humanos que lesam ou expõem a perigo valores político-administrativos e atentados ou fraudes à Constituição.

c] **Conceito analítico:** a conduta do agente político tem de estar prevista na lei como Crime de Responsabilidade; a conduta do agente político deve ser contrária ao ordenamento jurídico, no sentido de lesar ou expor a perigo valores político-administrativos.

3.3.1.2 Natureza jurídica dos crimes de responsabilidade

a] **Corrente criminal:** uma corrente de pensamento sustenta que a expressão *crime de responsabilidade* equivale a *infração penal*, ou seja, fato que viola lei penal, lesando ou expondo a perigo um bem jurídico e, sujeito à sanções de natureza criminal. Nesse diapasão, há autores[46] que especificam a infração penal, afirmando ser do tipo *crime funcional* ou *delicta in officio*, ou seja, fato que viola a norma penal praticado por ocupantes de cargo, emprego ou função pública, no exercício funcional. Os autores que identificam o crime de responsabilidade como crime funcional adotam para as infrações político-administrativas outras terminologias, como infrações de responsabilidade política[47] ou infrações de responsabilidade[48] e divide os delitos de natureza funcional em: I) próprios, em que a qualidade de funcionário é elementar para a caracterização do crime, de maneira que, sem esse atributo, o crime deixa de ter existência; II) impróprios, em que a qualidade de funcionário não é elementar, tanto que a falta dessa propriedade implica desclassificação para outro crime.

b] **Corrente política:** outra corrente sustenta que "crime de responsabilidade" é infração político-administrativa sujeita às sanções de natureza política[49].

c] **Corrente intermediária:** numa visão intermediária, uma corrente sustenta que a expressão *crime de responsabilidade* tem dois sentidos: I) *amplo* – fato violador do dever de cargo ou função, apenado com uma sanção criminal ou de natureza política; nesse sentido, a expressão *crime de responsabilidade* abrange a ideia de infração penal e infração político-administrativa; II) *restrito* – infração político-administrativa. É de notar que os partidários dessa

---

46 HUNGRIA, Nélson. **Comentários ao Código Penal.** Rio de Janeiro: Forense, 1959; NORONHA, Edgar Magalhães. **Direito Penal.** São Paulo: Saraiva, 1986; BARRETO, Tobias. Comentário teórico e crítico ao Código Criminal Brasileiro. In: BARRETO, Tobias. **Obras completas:** v. 6; **Estudos de Direito:** v. 1. Aracaju: Edição do Estado de Sergipe, 1926.
47 NOGUEIRA, Paulo Lúcio. **Leis especiais:** aspectos penais. São Paulo: Leud, 1986.
48 LIMA FILHO, Altamiro de Araújo. **Prefeitos e vereadores:** crimes e infrações de responsabilidade – doutrina e jurisprudência. São Paulo: Editora de Direito, 2000.
49 MARQUES, José Frederico. **Elementos de Direito Processual Penal.** Rio de Janeiro: Forense, 1962.

corrente costumam declarar que há o crime de responsabilidade próprio (infração penal) e o impróprio (infração político-administrativa).

3.3.1.3 Competência legislativa

A definição dos crimes de responsabilidade e o estabelecimento das respectivas normas de processo e julgamento são da competência legislativa da União, nos termos da Súmula n. 722[50] do STF. De acordo com a Súmula Vinculante n. 46[51] do STF, a definição dos crimes de responsabilidade e o estabelecimento das respectivas normas de processo e julgamento são da competência legislativa privativa da União.

3.3.1.4 Crime de responsabilidade: infração político-administrativa

a] **Razão histórico-tradicional**: o sentido empregado de ilícito político-administrativo (condutas politicamente indesejáveis, que lesam ou impõem perigo a valores político-administrativos) é empregado nas Constituições, desde a primeira Constituição Republicana, que inseriu em seu texto os Crimes de Responsabilidade do Presidente da República.

b] **Razão consequencial**: os crimes de responsabilidade são fatos sujeitos a sanções políticas, tais como a perda do mandato e a inabilitação do exercício da função pública por um tempo específico. O próprio STF manifestou posição favorável de que a sanção resultante do *impeachment* é uma sanção política[52]. A possibilidade de ser aplicada sanção criminal pelo Judiciário após aplicação da sanção política não retira a razão consequencial de afirmar que crimes de responsabilidade são infrações político-administrativas, pois é perfeitamente possível existir mais de uma sanção aplicada ao mesmo fato, quando a falta for prevista, ao mesmo tempo, como infração penal e política[53].

---

50 "São da competência legislativa da União a definição dos crimes de responsabilidade e o estabelecimento das respectivas normas de processo e julgamento" (BRASIL. Supremo Tribunal Federal. **Súmula n. 722, de 26 de novembro de 2003**. Data de publicação: 11 dez. 2003. Disponível em: <https://jurisprudencia.stf.jus.br/pages/search/seq-sumula722/false>. Acesso em: 9 abr. 2024).
51 BRASIL. Supremo Tribunal Federal. **Súmula Vinculante n. 46**, de 16 de novembro de 2011. Relatora: Min.ª Cármen Lúcia. Data de julgamento: 16 nov. 2011. Data de publicação: Diário de Justiça Eletrônico, 7 dez. 2011. Disponível em: <https://portal.stf.jus.br/jurisprudencia/sumariosumulas.asp?base=26&sumula=2368>. Acesso em: 14 out. 2024.
52 BRASIL. Supremo Tribunal Federal. **HC n. 42.108**. In: BRASIL. Supremo Tribunal Federal. Memória jurisprudencial: Ministro Evandro Lins. Brasília, DF: Supremo Tribunal Federal, 2009. p. 282-291. Disponível em: <https://bibliotecadigital.stf.jus.br/xmlui/bitstream/handle/123456789/3996/877015.pdf?sequence=1&isAllowed=y>. Acesso em: 14 out. 2024.
53 "Embora possa haver duplicidade de sanções em relação a uma só falta, desde que constitua simultaneamente infração política e infração criminal, ofensa à lei de responsabilidade e ofensa à lei penal, autônomas são as infrações e de diversa natureza as sanções aplicáveis num e noutro caso (...). Originadas de uma causa comum, semelhantemente, sanções políticas podem justapor-se a sanções criminais sem litígios, sem conflito, cada uma em sua esfera" (PINTO, Paulo Brossard de Souza. **O impeachment**. São Paulo: Saraiva, 1992).

c] **Razão procedimental:** o processo de apuração e julgamento dos crimes de responsabilidade é de natureza político-administrativa[54], pois está submetido a uma jurisdição política, ou seja, o procedimento é dirigido por um órgão político: o Legislativo[55]; os interesses envolvidos na apuração e no julgamento são políticos, pois o objetivo é tirar do cargo agentes políticos que afrontam a Constituição e as leis, em total desrespeito à segurança jurídica da nação, por um julgamento fundamentado em critérios políticos de conveniência; a parte envolvida no polo passivo é o agente político e os equiparados pela legislação; o Judiciário não pode rever o mérito da decisão legislativa a respeito do crime de responsabilidade e o objeto é um mandato, direito da coletividade outorgante.

d] **Razão valorativa:** os crimes de responsabilidade são infrações que ofendem valores político-administrativos consagrados na ordem jurídica. Os valores são escolhidos pelo legislador, que, por sua vez, leva em conta as necessidades sociais e individuais extraídas da convivência em condições de dignidade e respeito[56].

e] **Razão ativa:** os crimes de responsabilidade só podem ser praticados por agentes políticos, que devem atuar sob a lei e a Constituição para o resguardo da integridade governamental e a efetivação do direito do povo a uma administração honesta, eficiente, regular e adaptada à realidade social[57].

3.3.1.5 Princípios aplicáveis aos crimes de responsabilidade

a] **Crimes de responsabilidade e princípio federativo:** os crimes de responsabilidade, atentados à Constituição, representam uma ameaça ao equilíbrio federativo concretizado na existência e observância da Constituição. A manutenção da existência e unidade da Federação depende da concretização de mecanismos, cujo conjunto forma um sistema eficiente de defesa e preservação

---

54 "É inegável que o processo de *impeachment* tem uma dimensão política, tanto pela natureza dos interesses em jogo e das pessoas envolvidas, como, notadamente, por duas circunstâncias: a) não podem os órgãos do Poder Judiciário rever o mérito da decisão proferida pela Casa Legislativa; b) a decisão não deve reverência aos rigores da objetividade e motivação que se impõem aos pronunciamentos judiciais" (BARROSO, Luís Roberto. Crimes de Responsabilidade e processo de impeachment: descabimento contra secretário de Estado que deixou o cargo. **Revista de Processo**, ano 24, n. 95, p. 86-87, jul. 1999).

55 "O Crime de Responsabilidade representa uma traição ao mandato outorgado com vitória nas urnas" (CAMARGO, Ricardo Antonio Lucas. A configuração dos crimes de responsabilidade em face do instituto do planejamento. **Revista da Procuradoria Geral da República**, n. 9, p. 163-174, jul./dez. 1996. p. 168).

56 "Os valores jurídicos não são como uma estrela polar, em função da qual se guiam os juristas; são, antes, valores a serem realizados e estes valores são inerentes a qualquer conduta" (COSSIO, Carlos. **La valoración jurídica y la ciencia del derecho**. Buenos Aires: Arayú, 1954).

57 FAZZIO JÚNIOR, Waldo; ROSA, Márcio Fernando Elias; PAZZAGLINI FILHO, Marino. **Improbidade administrativa**: aspectos jurídicos da defesa do patrimônio público. São Paulo: Atlas, 2002.

indispensável e vital para a ordem jurídica, quais sejam: I) intervenção; II) controle de constitucionalidade; III) responsabilização dos agentes políticos. Além de afetar a normalidade federativa, os crimes de responsabilidade devem ser investigados, processados e julgados pelos respectivos Legislativos, em respeito ao princípio da isonomia das pessoas políticas.

b] **Crimes de responsabilidade e acesso à justiça**: o julgamento dos crimes de responsabilidade pelo Legislativo pode ser questionado no Judiciário, quando houver lesão ou ameaça de lesão a direito, nos termos do art. 5º, inciso XXXV da CF. No entanto, o Poder Judiciário não pode intervir no mérito da acusação[58] ou da condenação político-administrativa dos julgamentos reservados ao Poder Legislativo, mas deve examinar a regularidade do procedimento político, a tipicidade do fato aparentemente político-criminoso, a necessidade da devida comprovação dos fatos narrados e a avaliação do exercício da competência constitucional nos limites jurídicos[59]. A prática do crime de responsabilidade enseja responsabilização do agente político por meio da existência de um processo adequado e justo, denominado *processo de impeachment*, com observância da igualdade, do contraditório e da ampla defesa, em homenagem ao devido processo legal, forma direta de repelir a onipotência e a arbitrariedade.

c] **Crimes de responsabilidade e publicidade**: nos crimes de responsabilidade, é necessário dar ampla publicidade a seu processo e julgamento, ou seja, à divulgação oficial do procedimento para que o povo e os demais interessados tenham conhecimento do comportamento dos agentes políticos, seus representantes, e participem no processo político e no controle da Administração Pública.

---

58 Questões referentes à sua conveniência ou ao seu mérito não competem ao Poder Judiciário, sob pena de substituir-se ao Legislativo na análise eminentemente política que envolvem essas controvérsias (BRASIL. Supremo Tribunal Federal. **MS n. 30.672 AgR-DF, de 15 de setembro de 2011**. Relator: Min. Ricardo Lewandowski. Data de julgamento: 15 set. 2011. Data de publicação: Diário da Justiça Eletrônico, 18 out. 2011. Disponível em: <https://redir.stf.jus.br/paginadorpub/paginador.jsp?docTP=TP&docID=1520013#:~:text=MS%2030.672%20AGR%20%2F%20DF&text=Bras%C3%ADlia%2C%2015%20de%20setembro%20de%202011.&text=Supremo%20Tribunal%20Federal-,Documento%20assinado%20digitalmente%20conforme%20MP%20n%C2%B0%202.200%2D2%2F2001,autenticacao%2F%20sob%20%20n%C3%BAmero%201469443.>. Acesso em: 14 out. 2024).

59 "Na qualidade de guarda da Constituição, o Supremo Tribunal Federal tem a elevada responsabilidade de decidir acerca da juridicidade da ação dos demais Poderes do Estado. No exercício desse mister, deve esta Corte ter sempre em perspectiva a regra de auto-contenção que lhe impede de invadir a esfera reservada à decisão política dos dois outros Poderes, bem como o dever de não se demitir do importantíssimo encargo que a Constituição lhe atribui de garantir o acesso à jurisdição de todos aqueles cujos direitos individuais tenham sido lesados ou se achem ameaçados de lesão" (BRASIL. Supremo Tribunal Federal. **MS n. 25579 MC-DF, de 19 de outubro de 2005**. Relator: Min. Sepúlveda Pertence. Relator do acórdão: Min. Joaquim Barbosa. Data do julgamento: 19 out. 2005. Data de publicação: Diário da Justiça, 24 ago. 2007. Disponível em: <https://jurisprudencia.stf.jus.br/pages/search/sjur90094/false>. Acesso em: 14 out. 2024).

d] **Crimes de responsabilidade e juiz natural:** na prática dos crimes de responsabilidade, o agente político infrator deve ser punido pelo órgão político previsto na CF, constituído antes do fato objeto do julgamento.

e] **Crimes de responsabilidade e supremacia constitucional:** o crime de responsabilidade representa incompatibilidade vertical da atuação estatal com a CF. A Lei Maior não pode submeter-se à vontade dos poderes constituídos e nem ao império dos fatos e das circunstâncias. A supremacia de que ela se reveste, enquanto for respeitada, constituirá a garantia mais efetiva de que direitos e liberdades não serão jamais ofendidos[60].

f] **Crimes de responsabilidade e dignidade da pessoa humana:** a prática do crime de responsabilidade enseja ofensa à prerrogativa de todo ser humano, como membro da sociedade, de ser respeitado como pessoa no tocante ao patamar existencial mínimo consubstanciado numa representatividade política honesta e lídima. A prática dos crimes de responsabilidade representa o colapso do ideal democrático consubstanciado no distanciamento entre os agentes políticos com os interesses e valores prevalentes na sociedade, pois não há respeito aos princípios fundamentais, alicerces do ordenamento jurídico e diretivas de caráter geral e fundamental para os agentes políticos na condução dos negócios públicos, nem a participação consciente, direta e pessoal do povo no processo político e na prática efetiva da democracia.

3.3.1.6 Elementos do crime de responsabilidade

a] **Elemento pessoal:** a pessoa que pode praticar crime de responsabilidade é o agente político, titular de cargo que compõe a estrutura fundamental do Estado. O agente político é uma espécie de agente público (pessoa física que presta serviço para o Estado), ocupante de cargo político, possuidor de um liame constitucional e político com o Estado, que age em nome do poder político nacional, participante direta ou indiretamente das decisões governamentais, sem subordinação funcional, com prerrogativas funcionais, e exercentes de uma função pública com o compromisso de satisfazer os bens e interesses da coletividade. Numa visão ampla[61], são agentes políticos os chefes do Poder Executivo e seus auxiliares imediatos, os membros do Legislativo, do Judiciário, do Ministério Público e dos Tribunais de Conta, os representantes diplomáticos e demais autoridades que atuem com independência funcional no desempenho de atribuições governamentais, judiciais, quase-judiciais, estranha ao quadro do serviço público, sob o fundamento de que

---

60 Ementa do acórdão unânime do STF: BRASIL. Supremo Tribunal Federal. **ADI n. 2937600-DF, de 6 de junho de 1990.** Medida liminar. Relator: Min. Celso de Mello. Pleno. Data de julgamento: 6 jun. 1990. Data de publicação: *Diário de Justiça da União*, 16 abr. 1993.

61 MEIRELLES, Hely Lopes. **Direito Administrativo brasileiro.** São Paulo: Malheiros, 2010.

são autoridades públicas supremas do governo e da administração na sua área de atuação, com plena liberdade funcional, prerrogativas e responsabilidades próprias e não hierarquizadas. Numa visão restrita[62], são agentes políticos os chefes do Poder Executivo, seus auxiliares imediatos, bem com os membros do Legislativo, já que são ocupantes do esquema estrutural do poder, capazes de tomar as decisões políticas fundamentais do país.

b] **Elemento funcional**: o agente deve praticar o crime de responsabilidade no exercício do cargo, devendo existir, portanto, o nexo causal entre a conduta política ilícita, consubstanciada na exorbitância dos limites legais e morais da normalidade funcional e no desvio das finalidades públicas, com a função exercida. Assim, o exercício do cargo político é condição para configuração dos crimes de responsabilidade, pois esses ilícitos político-administrativos previstos em lei fundamentam-se em condutas exigidas de sujeitos investidos no poder de gestão de bens e interesses da coletividade.

c] **Elemento material**: o crime de responsabilidade é um atentado à Constituição, violando valores político-administrativos consubstanciados em princípios fundamentais que dão coerência na atuação dos agentes políticos dentro da normalidade funcional e probidade administrativa. Os valores concretizam padrões éticos, sociais e governamentais consubstanciados na consecução do interesse público.

d] **Elemento consequencial**: o agente que praticar crime de responsabilidade sofrerá sanções políticas, quais sejam: a perda do mandato e inabilitação do exercício funcional por tempo determinado[63].

e] **Elemento objetivo**: o objeto pode ser um mandato eletivo ou a função administrativa exercida por agente político[64].

f] **Elemento orgânico**: é necessário um órgão político para processo e julgamento, que pode ter na sua composição membros do Judiciário.

g] **Elemento fundamental**: a consagração do princípio da responsabilidade do chefe do Poder Executivo, além de refletir uma conquista básica do regime

---

62 GASPARINI, Diógenes. **Direito Administrativo**. São Paulo: Saraiva, 2005.
63 "A pena de inabilitação para exercício de cargo ou função pública tem natureza independente e autônoma em relação à pena estabelecida em razão da prática do crime de responsabilidade de prefeito municipal, tal como reconhecido pelo Supremo Tribunal Federal" (BRASIL. Supremo Tribunal Federal. **AI-QO n. 379.392-SP**. Primeira Turma. Data de publicação: Diário da Justiça, 16 ago. 2002).
64 "O poder outorgado ao administrador público não deve ser usado em seu próprio benefício, nem para favorecer ou prejudicar outras pessoas, mas em proveito dos administrados indistintamente" (NIESS, Pedro Henrique Távora. **Direitos políticos**: elegibilidade, inelegibilidade e ações eleitorais. Bauru, SP: Edipro, 2000).

democrático, constitui consequência necessária da forma republicana de governo adotada pela CF, nos termos do Informativo n. 787[65] do STF.

3.3.1.7 Crimes de responsabilidade do presidente da República

a] **Previsão normativa**: os crimes de responsabilidade estão previstos no art. 85 da CF, no capítulo "Poder Executivo". No parágrafo único do citado artigo, há a previsão de que os crimes de responsabilidade serão definidos em lei especial, que estabelecerá as normas de processo e julgamento. Na classificação de José Afonso da SILVA[66], trata-se de norma constitucional de eficácia limitada, pois apresenta aplicabilidade indireta, mediata e reduzida, necessitando da atuação do legislador infraconstitucional para sua eficácia possa se produzir.

O primeiro diploma legal a definir os crimes de responsabilidade, trazendo em seu bojo, além da especificação das condutas reprováveis, o procedimento da responsabilidade foi a Lei n. 15 de outubro de 1827, dispondo sobre a responsabilidade dos ministros, secretários e Conselheiros de Estado. Com o advento da Constituição de 1891, surgiu a necessidade de lei especial para a definição dos crimes de responsabilidade, bem como para o regulamento da sua acusação e de seu processo e julgamento. A necessidade de regulamentação por lei especial foi reproduzida nos textos das Constituições de 1946, 1967 e 1969. A exigência de lei especial prevista no texto da Constituição de 1891, deu origem ao surgimento de duas normas: 1) o Decreto n. 30, de janeiro de 1892, que especificou os crimes de responsabilidade; 2) o Decreto n. 27, de janeiro de 1892, que regulou o processo e julgamento desses crimes. Ambos os decretos, editados à época da Constituição de 1891, foram mantidos até a entrada em vigor da Lei n. 1.079/1950[67] – editada sob a égide da Constituição de 1946 –, que estabelece normas de processo e julgamento, definindo os crimes de responsabilidade.

b] **Admissibilidade da acusação contra o presidente da República**: é necessária uma autorização de 2/3 (dois terços) da Câmara dos Deputados, nos termos do art. 86 da CF. Essa previsão não é prerrogativa exclusiva do presidente da

---

65 BRASIL. Supremo Tribunal Federal. **Informativo n. 787, de 25 a 29 de maio de 2015**. Disponível em: <https://www.stf.jus.br/arquivo/informativo/documento/informativo787.htm>. Acesso em: 9 abr. 2024.
66 SILVA, José Afonso da. **Aplicabilidade das normas constitucionais**. São Paulo: Malheiros, 1998.
67 BRASIL. Lei n. 1.079, de 10 de abril de 1950. **Diário Oficial da União**, Poder Legislativo, Brasília, DF, 12 abr. 1950. Disponível em: <https://www.planalto.gov.br/ccivil_03/leis/l1079.htm>. Acesso em: 9 abr. 2024.

República, podendo os Estados-membros estenderem sua aplicação a seus governadores[68].

c] **Denúncia:** é permitido a qualquer cidadão denunciar o presidente da República ou ministro de Estado, por crime de responsabilidade, perante a Câmara dos Deputados.

d] **Recebimento da denúncia:** a denúncia só poderá ser recebida enquanto o denunciado não tiver, por qualquer motivo, deixado definitivamente o cargo[69].

e] **Requisitos da denúncia:** a denúncia, assinada pelo denunciante e com firma reconhecida, deve ser acompanhada dos documentos que a comprovem, ou da declaração de impossibilidade de apresentá-los, com a indicação do local onde possam ser encontrados. Nos crimes de que haja prova testemunhal, a denúncia deverá conter o rol das testemunhas, em número de 5 (cinco), no mínimo[70].

f] **Testemunhas:** as testemunhas arroladas no processo deverão comparecer para prestar seu depoimento. A Mesa da Câmara dos Deputados ou do Senado, por ordem de quem serão notificadas, tomará as providências legais que se tornarem necessárias para compeli-las à obediência.

g] **Procedimento da admissibilidade da acusação perante a Câmara dos Deputados:**

---

68 BRASIL. Supremo Tribunal Federal. **ADI MC n. 1.634/SC, de 17 de setembro de 1997**. Relator: Min. Néri da Silveira. Data de julgamento: 17 set. 1997. Data de publicação: *Diário da Justiça*, 8 set. 2000. Disponível em: <https://redir.stf.jus.br/paginadorpub/paginador.jsp?docTP=AC&docID=347177>. Acesso em: 14 out. 2024.

69 **Informativo n. 568 do STF:** "Quanto à alegação de que a permanência no cargo de presidente do tribunal configuraria condição de procedibilidade para a propositura de ação por crime de responsabilidade, enfatizou-se, inicialmente, não haver controvérsia sobre a natureza da infração supostamente praticada pelo paciente – crime de responsabilidade –, a qual corporifica ilícito político-administrativo incluído como causa de responsabilização na Lei 1.079/50" (BRASIL. Supremo Tribunal Federal. **Informativo n. 568, de 3 a 16 de setembro de 2015**. Disponível em: <https://www.stj.jus.br/publicacaoinstitucional/index.php/informjurisdata/article/view/3959/4183>. Acesso em: 9 abr. 2024); **Informativo n. 640 do STF:** Reafirmou jurisprudência do STF segundo a qual a competência "para recebimento, ou não, de denúncia no processo de *impeachment* não se restringe a uma admissão meramente burocrática, cabendo, inclusive, a faculdade de rejeitá-la imediatamente acaso entenda patentemente inepta ou despida de justa causa" (BRASIL. Supremo Tribunal Federal. **Informativo n. 640, de 12 a 16 de setembro de 2011**. Disponível em: <https://arquivos-trilhante-sp.s3.sa-east-1.amazonaws.com/documentos/informativos/informativo--0640-stf.pdf>. Acesso em: 9 abr. 2024; BRASIL. Supremo Tribunal Federal. **MS n. 30.672 AgR-DF, de 15 de setembro de 2011**. Relator: Min. Ricardo Lewandowski. Data de julgamento: 15 set. 2011. Data de publicação: *Diário da Justiça Eletrônico*, 18 out. 2011).

70 **Informativo n. 388 do STJ:** a 1ª Turma do STJ reiterou o entendimento de que ex-prefeito não está no rol das autoridades submetidas à Lei n. 1.079/1950, que versa sobre os crimes de responsabilidade; logo, poderá responder por seus atos na via da ação civil pública de improbidade administrativa (BRASIL. Superior Tribunal de Justiça. **Informativo n. 388, de 23 a 27 de março de 2009**. Disponível em: <https://www.stj.jus.br/publicacaoinstitucional/index.php/informjurisdata/article/view/4436/4645>. Acesso em: 9 abr. 2024). Precedentes citados: REsp n. 861.419/DF, *Diário da Justiça*, 11 fev. 2009; AgRg no Ag n. 685.351/PR, *Diário da Justiça*, 21 nov. 2008; REsp n. 949.452/SP, Relator: Min. Francisco Falcão. Data de julgamento: 24 mar. 2009.

- oferecimento da denúncia;
- recebimento da denúncia;
- leitura da denúncia no expediente da sessão seguinte e remessa a uma comissão especial eleita, da qual participem, observada a respectiva proporção, representantes de todos os partidos para opinar sobre ela;
- reunião da comissão dentro de 48 (quarenta e oito) horas, a qual, depois de eleger seu presidente e relator, emitirá parecer no prazo de 10 (dez) dias, dispondo se a denúncia deve ou não ser julgada como objeto de deliberação; nesse período, poderá a comissão proceder às diligências que julgar necessárias ao esclarecimento da denúncia;
- leitura do parecer da comissão especial no expediente da sessão da Câmara dos Deputados e sua publicação integral no Diário do Congresso Nacional e em avulsos, juntamente com a denúncia, devendo as publicações ser distribuídas a todos os deputados.
- 48 (quarenta e oito horas) após a sua publicação oficial, o parecer da comissão especial será incluído, em primeiro lugar, na ordem do dia da Câmara dos Deputados, para uma discussão única;
- após pronunciamento da comissão, cinco representantes de cada partido poderão falar, durante 1 (uma) hora, sobre o parecer, ressalvado ao relator da Comissão Especial o direito de responder a cada um;
- encerrada a discussão, o parecer será submetido a votação nominal; a denúncia, com os documentos que a instruam, será arquivada, se não for considerada objeto de deliberação; caso contrário, será remetida por cópia autêntica ao denunciado, que terá o prazo de 20 (vinte) dias para contestá-la e indicar os meios de prova com que pretenda demonstrar a verdade do alegado;
- publicado e distribuído, esse parecer será incluído na ordem do dia da sessão imediata, sendo submetido a duas discussões, com o interregno de 48 (quarenta e oito) horas entre uma e outra;
- nas discussões do parecer sobre a procedência ou improcedência da denúncia, cada representante de partido poderá falar uma só vez e durante 1 (uma) hora;
- encerrada a discussão, o parecer será submetido a votação nominal, não sendo permitidas, então, questões de ordem, nem encaminhamento de votação;
- se da aprovação do parecer resultar a procedência da denúncia, considerar-se-á decretada a acusação pela Câmara dos Deputados;
- decretada a acusação, será o denunciado intimado imediatamente pela Mesa da Câmara dos Deputados, por intermédio do 1º Secretário. Se o denunciado estiver ausente do Distrito Federal, a sua intimação será

solicitada, pela Mesa da Câmara dos Deputados, ao presidente do Tribunal de Justiça do Estado em que ele se encontrar;
- a Câmara dos Deputados elegerá uma comissão de três membros para acompanhar o julgamento do acusado.

h] **Órgão competente para julgamento**: conforme se trate da acusação de crime comum ou de responsabilidade, o processo será enviado ao STF ou ao Senado Federal, respectivamente[71].

i] **Procedimento do julgamento no Senado:**
- recebimento pelo Senado do decreto de acusação, com o processo enviado pela Câmara dos Deputados;
- apresentação do libelo pela comissão acusadora;
- remessa, pelo presidente do Senado Federal, de cópia de tudo para o acusado, que, na mesma ocasião, será notificado para comparecer em dia fixado perante o Senado. Ao presidente do STF, enviar-se-á o processo em original, com a comunicação do dia designado para o julgamento;
- o acusado comparecerá, por si ou pelos seus advogados, podendo, ainda, oferecer novos meios de prova; no caso de revelia, o Presidente marcará novo dia para o julgamento e nomeará para a defesa do acusado um advogado, a quem se facultará o exame de todas as peças de acusação;
- no dia aprazado para o julgamento, presentes o acusado, seus advogados, ou o defensor nomeado a sua revelia, e a comissão acusadora, o presidente do STF, abrindo a sessão, mandará ler o processo preparatório, o libelo e os artigos de defesa;
- inquirição das testemunhas, que deverão depor publicamente e fora da presença umas das outras; qualquer membro da comissão acusadora ou do Senado, e bem assim o acusado ou seus advogados poderão requerer que se façam às testemunhas as perguntas que julgarem necessárias; a

---

[71] **Informativo 418 do STJ**: Excetuada a hipótese de atos de improbidade praticados pelo presidente da República (art. 85, V [CF/1988]), cujo julgamento se dá em regime especial pelo Senado Federal (art. 86 [da mesma carta]), não há norma constitucional alguma que imunize os agentes políticos, sujeitos a crime de responsabilidade, de qualquer das sanções por ato de improbidade previstas no art. 37, § 4º [CF/1988]. Seria incompatível com a Constituição eventual preceito normativo infraconstitucional que impusesse imunidade dessa natureza" (BRASIL. Superior Tribunal de Justiça. **Informativo n. 418, de 30 de novembro a 4 de dezembro de 2009**. Disponível em: <https://www.stj.jus.br/publicacaoinstitucional/index.php/informjurisdata/article/view/4488/4687>. Acesso em: 9 abr. 2024). O STF, em 13 de março de 2008, com apenas um voto contrário, declarou competir a ele julgar ação de improbidade contra seus membros (BRASIL. Supremo Tribunal Federal. **QO – Pet n. 3.211-0**. Relator: Min. Carlos Alberto Menezes Direito. Data de julgamento: 13 mar. 2008. Data de publicação: Diário da Justiça Eletrônico, 27 jun. 2008. Disponível em: <https://redir.stf.jus.br/paginadorpub/paginador.jsp?docTP=AC&docID=535803>. Acesso em: 14 out. 2024).

comissão acusadora, o acusado ou seus advogados poderão contestar ou arguir as testemunhas, contudo sem interrompê-las, e requerer a acareação;
- debate verbal entre a comissão acusadora e o acusado ou os seus advogados, pelo prazo que o presidente fixar e que não poderá exceder 2 (duas) horas;
- findos os debates orais e retiradas as partes, será aberta discussão sobre o objeto da acusação;
- encerrada a discussão, o presidente do STF fará relatório resumido da denúncia e das provas da acusação e da defesa, submetendo à votação nominal dos senadores o julgamento.

j] **Resultado do julgamento**: se o julgamento for absolutório, produzirá desde logo todos os efeitos a favor do acusado. No caso de condenação, o Senado, por iniciativa do Presidente, fixará o prazo de inabilitação do condenado para o exercício de qualquer função pública; no caso de haver crime comum, deliberará ainda sobre se o presidente deverá submetê-lo à Justiça Ordinária, independentemente da ação de qualquer interessado; proferida a sentença condenatória, o acusado estará destituído do cargo.

k] **Resolução do Senado**: a resolução do Senado constará de sentença que será lavrada, nos autos do processo, pelo presidente do STF, assinada pelos senadores que atuarem como juízes, transcrita na ata da sessão e, dentro desta, publicada no Diário Oficial e no Diário do Congresso Nacional.

l] **Impedimento**: não pode interferir, em nenhuma fase do processo de responsabilidade do presidente da República ou dos ministros de Estado, o deputado ou senador: 1) que tiver parentesco consanguíneo, ou afim, com o acusado, em linha reta; ou, em linha colateral, os irmãos, cunhados, enquanto durar o cunhadio, e os primos-coirmãos; 2) que, como testemunha do processo, tiver deposto de ciência própria.

m] **Convocação extraordinária**: o congresso Nacional deverá ser convocado, extraordinariamente, pelo terço de uma de suas câmaras, caso a sessão legislativa se encerre sem que se tenha ultimado o julgamento do presidente da República ou de ministro de Estado, bem como no caso de ser necessário o início imediato do processo.

n] **Aplicação subsidiária**: "no processo e julgamento do presidente da República e dos ministros de Estado, serão subsidiários desta lei, naquilo em que lhes forem aplicáveis, assim os regimentos internos da Câmara dos Deputados e do Senado Federal, como o Código de Processo Penal" (art. 28 da Lei n. 1.079/1950).

o] **Condenação**: em conformidade com o art. 2º da Lei n. 1.079/1950 são aplicadas as penas de perda do cargo, com inabilitação, até cinco anos, para o exercício de qualquer função pública nos processos contra o presidente da República ou ministros de Estado, contra os ministros do Supremo Tribunal Federal ou contra o Procurador Geral da República pela prática de crime de responsabilidade. Já pela CF são aplicadas as penas de perda do cargo, com inabilitação, por oito anos, para o exercício de função pública, sem prejuízo das demais sanções judiciais cabíveis. Prevalece o texto da Carta Magna no período da inabilitação da função pública, de acordo com o critério hierárquico.

3.3.2 Lei da Improbidade Administrativa – LIA (Lei n. 8.429/1992)

3.3.2.1 Dados de identificação da Lei de Improbidade Administrativa

a] **Epígrafe**: Lei n. 8.429, de 2 de junho de 1992.
b] **Cláusula de vigência**: art. 24. Essa lei entra em vigor na data de sua publicação: 3 de junho de 1992.
c] **Cláusula de revogação**: art. 25. Ficam revogadas as Leis ns. 3.164, de 1º de junho de 1957, e 3.502, de 21 de dezembro de 1958, e demais disposições em contrário.
d] **Ementa da lei**: dispõe sobre as sanções aplicáveis em virtude da prática de atos de improbidade administrativa, de que trata o parágrafo 4º do art. 37 da CF; e dá outras providências.

3.3.2.2 Características da Lei de Improbidade Administrativa

a] **Controle da corrupção**: mecanismo normativo de combate da corrupção administrativa e controle da probidade na gestão pública.
b] **Natureza da Lei de Improbidade (Lei do "Colarinho Branco")**: lei nacional (aplicável a atos cometidos em todos os entes da federação – União, Estados, DF e Municípios e em todos os poderes). No âmbito da lei de improbidade, as consequências têm natureza cível.
c] **Objeto jurídico da lei de improbidade**: probidade na organização do Estado e no exercício de suas funções como forma de assegurar a integridade do patrimônio público e social dos Poderes Executivo, Legislativo e Judiciário, bem como da Administração Direta e Indireta, no âmbito da União, dos Estados, dos Municípios e do Distrito Federal.
d] **Princípios são aplicáveis ao sistema da improbidade**: os princípios constitucionais do direito administrativo sancionador.

3.3.2.3 Dever de probidade

É encargo do gestor da coisa pública servir à administração dessa esfera com honestidade, exercendo suas atribuições no intuito de alcançar o interesse público, sem tirar proveito pessoal dos poderes inerentes a elas. No caso de descumprimento do dever de probidade, ocorre improbidade administrativa; no caso de cumprimento do dever de probidade, a conduta do administrador público é legítima.

3.3.2.4 Significação do termo

A abordagem inicial sobre improbidade administrativa pode ser feita pela pesquisa etimológica, que permite a compreensão, ainda que parcial, de seu sentido, de modo a facilitar a precisão de seu conteúdo e do uso na linguagem. Etimologicamente, o vocábulo *probidade*, do latim *probitate*, significa "aquilo que é bom", relacionando-se diretamente à honradez, à honestidade e à integridade. A improbidade, ao contrário, deriva do latim *improbitate*, que significa "desonestidade, falsidade, desonradez, corrupção"[72].

3.3.2.5 Improbidade administrativa e moralidade administrativa

Alguns autores sustentam que a probidade é um subprincípio da moralidade administrativa. Outros defendem que a moralidade é princípio constitucional e que a improbidade resulta da violação desse princípio. Entendemos que, no Direito positivo, a improbidade administrativa não se confunde com a imoralidade administrativa. A imoralidade acarreta improbidade, mas a recíproca não é verdadeira. Vale dizer: nem todo ato de improbidade significa violação ao princípio da moralidade. Com efeito, a improbidade administrativa será configurada nos casos de enriquecimento ilícito, lesão ao erário e violação aos princípios da Administração Pública.

3.3.2.6 Improbidade Administrativa na Constituição Federal de 1988

a) **Suspensão dos direitos políticos**: é vedada a cassação de direitos políticos, cuja perda ou suspensão só se dará nos casos de improbidade administrativa, nos termos do art. 37, parágrafo 4º (art. 15, V, CF).
b) **Inelegibilidade legal relativa**: lei complementar estabelecerá outros casos de inelegibilidade e os prazos de sua cessação, a fim de proteger a probidade administrativa, a moralidade para exercício de mandato considerada vida pregressa do candidato e a normalidade e legitimidade das eleições contra a influência do poder econômico ou o abuso do exercício de função, cargo ou emprego na administração direta ou indireta (art. 14, § 9º, CF)

---

72 HOUAISS, Antônio; VILLAR, Mauro de Salles. **Dicionário Houaiss da Língua Portuguesa**. Rio de Janeiro: Objetiva, 2009.

c] **Sanções do ato de improbidade administrativa:** os atos de improbidade administrativa causarão a suspensão dos direitos políticos, a perda da função pública, a indisponibilidade dos bens e o ressarcimento ao erário, na forma e gradação previstas em lei, sem prejuízo da ação penal cabível (art. 37, § 4º, CF).
d] **Crime de responsabilidade:** são crimes de responsabilidade os atos do presidente da República que atentem contra a CF e, especialmente, contra a probidade na administração (art. 85, V, CF).
e] **Relevância no recurso especial:** ações de improbidade administrativa representam a relevância das questões de direito federal infraconstitucional no recurso especial (art. 105, § 3º, II, CF).

3.3.2.7 Conceito de improbidade administrativa

Requer a reunião de três elementos: **a) elemento material** – em seu conteúdo, é imoralidade administrativa qualificada pela lei que importa enriquecimento ilícito do agente, prejuízo ao erário e/ou violação dos princípios da Administração Pública; **b) elemento formal** – enseja processo judicial promovido pela pessoa jurídica lesada ou pelo Ministério Público; **c) elemento consequencial** – enseja aplicação das seguintes sanções – ressarcimento, indisponibilidade dos bens, suspensão dos direitos políticos, perda da função pública, perda de bens e valores acrescidos ilicitamente, multa civil e proibição de contratar com a Administração Pública ou dela receber benefícios.

3.3.2.8 Sujeito Ativo do Ato de Improbidade Administrativa

São pessoas que podem sofrer as sanções previstas na LIA.

a] **Classificação de agente público:** de acordo com o art. 2º da Lei n. 8.429/1992, o sujeito ativo do ato de improbidade é o agente público, servidor ou não, e até mesmo particulares beneficiados que mantenham ou não vínculo direto com a Administração Pública.
b] **Na expressão *agente público* estão incluídos:** I) agentes políticos; II) servidores públicos (regidos por estatuto ou vínculo especial); III) empregados públicos (com vínculo empregatício com o Estado); IV) militares; V) magistrados, membros do Ministério Público e dos tribunais de contas; VI) particulares em colaboração com o Estado (mesários de eleições, tabeliães etc.); VII) empregados de entidades privadas que sejam consideradas sujeito passivo.
c] **Agentes políticos podem ser sujeitos ativos da improbidade:** não há incompatibilidade entre o regime especial de responsabilização política e o regime estabelecido pela LIA. Inexiste norma constitucional que imunize os agentes políticos de responsabilização por prática de ato de improbidade administrativa, excetuados os atos de improbidade praticados pelo presidente da República.

d] **Particular:** só pode ser considerado sujeito ativo do ato de improbidade administrativa o indivíduo que induza ou concorra dolosamente para a prática do ato de improbidade. O particular, pessoa física ou jurídica, que celebra com a Administração Pública convênio, contrato de repasse, contrato de gestão, termo de parceria, termo de cooperação ou ajuste administrativo equivalente responde por improbidade, no que se refere a recursos de origem pública, sujeita-se às sanções previstas na LIA.

e] **Pessoa jurídica:** pode praticar ato de improbidade na condição de terceiro, sofrendo sanções compatíveis com sua condição. As sanções da lei de improbidade não se aplicarão à pessoa jurídica, caso o ato de improbidade administrativa seja também sancionado como ato lesivo à Administração Pública de que trata a Lei n. 12.846, de 1º de agosto de 2013. Os sócios, os cotistas, os diretores e os colaboradores de pessoa jurídica de direito privado não respondem pelo ato de improbidade que venha a ser imputado à pessoa jurídica, salvo se, comprovadamente, houver participação e benefícios diretos, caso em que responderão nos limites da sua participação.

f] **Improbidade administrativa e partido político:** Serão responsabilizados nos termos da Lei n. 9.096, de 19 de setembro de 1995[73].

3.3.2.9 Sujeito passivo do ato de improbidade administrativa (sujeito imediato): é o prejudicado com a conduta ímproba

a] **Sujeitos passivos principais:** a) Administração Direta, Indireta ou fundacional de qualquer dos poderes da União, dos Estados, do Distrito Federal, dos Municípios, dos Territórios; b) empresa incorporada ao patrimônio público; c) entidade privada para cuja criação ou custeio o erário haja concorrido ou concorra com mais de cinquenta por cento do patrimônio ou da receita anual.

b] **Sujeitos passivos secundários:** entidade privada que receba subvenção, benefício ou incentivo, fiscal ou creditício, de órgão público; entidade privada para cuja criação ou custeio o erário haja concorrido ou concorra com menos de cinquenta por cento do patrimônio ou da receita anual, limitando-se, nesses casos, a sanção patrimonial à repercussão do ilícito sobre a contribuição dos cofres públicos. Em relação às sanções da LIA aplicáveis aos sujeitos passivos secundários: apenas as sanções patrimoniais e desde que limitadas à parcela dos danos sofridos pelo poder público.

c] **Sucessor ou o herdeiro e improbidade administrativa:** estão sujeitos apenas à obrigação de repará-lo até o limite do valor da herança ou do patrimônio

---

73 BRASIL. Lei n. 9.096, de 19 de setembro de 1995. **Diário Oficial da União**, Poder Legislativo, Brasília, DF, 20 set. 1995. Disponível em: <https://www.planalto.gov.br/ccivil_03/leis/l9096.htm>. Acesso em: 14 out. 2024.

transferido. A responsabilidade sucessória aplica-se também na hipótese de alteração contratual, transformação, incorporação, fusão ou cisão societária. Nas hipóteses de fusão e de incorporação, a responsabilidade da sucessora será restrita à obrigação de reparação integral do dano causado, até o limite do patrimônio transferido, não lhe sendo aplicáveis as demais sanções previstas nessa Lei decorrentes de atos e de fatos ocorridos antes da data da fusão ou da incorporação, exceto no caso de simulação ou de evidente intuito de fraude, devidamente comprovados.

3.3.2.10 Atos de improbidade administrativa

a] **Não ato de improbidade**: ação ou omissão decorrente de divergência interpretativa da lei, baseada em jurisprudência, ainda que não pacificada, mesmo que não venha a ser posteriormente prevalecente nas decisões dos órgãos de controle ou dos tribunais do Poder Judiciário.
b] **Natureza jurídica**: ilícitos de caráter civil lato sensu ou extrapenal.
c] **Indícios de ato de improbidade**: a autoridade que conhecer dos fatos representará ao Ministério Público competente, para as providências necessárias.
d] **Conceito**: as condutas dolosas tipificadas nos arts. 9º, 10 e 11 dessa lei, ressalvados tipos previstos em leis especiais. Considera-se dolo a vontade livre e consciente de alcançar o resultado ilícito tipificado nos arts. 9º, 10 e 11 dessa lei, não bastando a voluntariedade do agente. O mero exercício da função ou desempenho de competências públicas, sem comprovação de ato doloso com fim ilícito, afasta a responsabilidade por ato de improbidade administrativa.

3.3.2.11 Processo administrativo na Lei de Improbidade Administrativa

a] **Iniciativa**: de ofício ou provocação de qualquer pessoa, física ou jurídica.
b] **Forma da provocação**: representação.
c] **Finalidade**: apurar a prática de ato de improbidade.
d] **Rejeição da representação**: em despacho fundamentado, se esta não contiver as formalidades estabelecidas em lei.
e] **Procedimento**: será observada a legislação que regula o processo administrativo disciplinar aplicável ao agente.
f] **Ciência do processo administrativo**: a comissão processante dará conhecimento ao Ministério Público e ao Tribunal de Contas ou Conselho de Contas da existência do processo administrativo.
g] **Efeito do processo administrativo**: não afasta a possibilidade de o Ministério Público instaurar um inquérito civil.

3.3.2.12 Indisponibilidade dos bens do indiciado

a) **Finalidade:** garantir a integral recomposição do erário ou do acréscimo patrimonial resultante de enriquecimento ilícito.
b) **Legitimidade ativa:** o legitimado para propositura da ação de improbidade.
c) **Cabimento:** demonstração no caso concreto de perigo de dano irreparável ou de risco ao resultado útil do processo.
d) **Contraditório:** oitiva do réu em 5 dias.
e) **Inaudita Altera Pars:** sempre que o contraditório prévio puder comprovadamente frustrar a efetividade da medida ou houver outras circunstâncias que recomendem a proteção liminar, não podendo a urgência ser presumida.
f) **Bens de terceiro:** dependerá da demonstração da sua efetiva concorrência para os atos ilícitos apurados na ação de improbidade.
g) **Bens dos sócios da pessoa jurídica:** será necessária a instauração de incidente de desconsideração da personalidade jurídica, a ser processado na forma da lei processual.
h) **Processamento:** submete-se, no que couber, ao regime da tutela provisória de urgência previsto no CPC.
i) **Recurso:** cabe agravo de instrumento contra a decisão que deferir ou indeferir o pedido de indisponibilidade de bens.
j) **Objeto:** bens que assegurem exclusivamente o integral ressarcimento do dano ao erário, sem incidir sobre os valores a serem eventualmente aplicados a título de multa civil ou sobre acréscimo patrimonial decorrente de atividade lícita.
k) **Vedação judicial:** adoção de medida capaz de acarretar prejuízo à prestação de serviços públicos.
l) **Vedação quantitativa:** é vedada a decretação de indisponibilidade da quantia de até 40 salários mínimos depositados em caderneta de poupança, em outras aplicações financeiras ou em conta corrente (art. 16, § 13).
m) **Vedação qualitativa:** a decretação de indisponibilidade não pode recair sobre o bem de família do réu, salvo se comprovado que o imóvel seja fruto de vantagem patrimonial indevida, na forma do art. 9º da LIA.

3.3.2.13 Afastamento do agente público

a) **Decisão:** juiz pode determinar o afastamento do agente público do exercício do cargo, do emprego ou da função.
b) **Remuneração:** não há prejuízo da remuneração.
c) **Cabimento:** quando a medida for necessária à instrução processual ou para evitar a iminente prática de novos ilícitos.
d) **Duração:** até 90 dias.

e) **Prorrogação da duração**: uma única vez por igual prazo, mediante decisão motivada.

3.3.2.14 Ação de improbidade administrativa

a) **Natureza jurídica**: ação judicial de natureza híbrida, pois permite finalidade reparatória (ressarcimento ao erário e perda ou reversão de bens e valores ilicitamente adquiridos) e sancionatória (aplicação de sanções de caráter pessoal).
b) **Instrumento processual**: pois, uma vez proposta na justiça, gera instauração de um processo.
c) **Finalidade**: aplicar sanções aos agentes públicos ou terceiros que praticarem atos dolosos de improbidade administrativa.
d) **Legitimidade ativa**: Ministério Público, nos termos do art. 17 da LIA. No julgamento das ações direta de inconstitucionalidade (ADIs ns. 7.042[74] e 7.043[75]), o STF admitiu que os entes públicos lesados estão autorizados a propor ação de improbidade administrativa.
e) **Rito**: ordinário.
f) **Foro competente**: local onde ocorrer o dano ou da pessoa jurídica prejudicada.
g) **Prevenção**: a propositura da ação de improbidade prevenirá a competência do juízo para todas as ações posteriormente intentadas que tenham a mesma causa de pedir ou o mesmo objeto.
h) **Petição inicial**: deverá individualizar a conduta do réu e indicar os elementos probatórios mínimos que demonstrem a prática dos atos de improbidade descritos na lei e de sua autoria, salvo impossibilidade devidamente fundamentada, bem como será instruída com documentos ou justificação que contenham indícios suficientes da veracidade dos fatos e do dolo imputado ou com razões fundamentadas da impossibilidade de apresentação de qualquer dessas provas.
i) **Contestação**: o juiz ordenará a citação dos réus para apresentação de contestação no prazo comum de 30 (trinta) dias. Caso haja a possibilidade de solução consensual, as partes poderão requerer ao juiz a interrupção do prazo para a contestação, por prazo não superior a 90 (noventa) dias.
j) **Intimação**: o juiz intimará a pessoa jurídica interessada para manifestar interesse na intervenção do processo.

---

[74] BRASIL. Supremo Tribunal Federal. **ADI n. 7.042, de 6 de dezembro de 2021**. Relator: Min. Alexandre de Moraes. Disponível em: <https://portal.stf.jus.br/processos/detalhe.asp?incidente=6315635>. Acesso em: 9 abr. 2024.
[75] BRASIL. Supremo Tribunal Federal. **ADI n. 7.043, de 6 de dezembro de 2021**. Relator: Min. Alexandre de Moraes. Disponível em: <https://portal.stf.jus.br/processos/detalhe.asp?incidente=6315955>. Acesso em: 9 abr. 2024.

k] **Providências do juiz após contestação:** realizar o julgamento conforme o estado do processo, observada a eventual inexistência manifesta do ato de improbidade; desmembrar o litisconsórcio, com vistas a otimizar a instrução processual.
l] **Decisão após réplica do MP:** o juiz proferirá decisão na qual indicará com precisão a tipificação do ato de improbidade administrativa imputável ao réu, sendo-lhe vedado modificar o fato principal e a capitulação legal apresentada pelo autor, com a intimação das partes, na sequência, para especificação das provas que pretende produzir.
m] **Prescrição:** 8 (oito) anos, contados a partir da ocorrência do fato ou, no caso de infrações permanentes, do dia em que cessou a permanência.
n] **Desconsideração da pessoa jurídica:** o magistrado observará o disposto nos arts. 133 a 137 do Código de Processo Civil (CPC).
o] **Interrogatório do réu:** o réu tem o direito de ser interrogado sobre os fatos de que trata a ação de improbidade e a sua recusa ou o seu silêncio não implicarão confissão.
p] **Presunção de veracidade dos fatos alegados pelo autor em caso de revelia:** não se aplica.
q] **Reexame necessário:** não cabe.
r] **Agravo de instrumento:** cabível contra as decisões interlocutórias, inclusive da decisão que rejeitar as questões preliminares suscitadas pelo réu em sua contestação.
s] **Independência das instâncias na ação de improbidade administrativa:** as sentenças civis e penais produzirão efeitos em relação à ação de improbidade quando concluírem pela inexistência da conduta ou pela negativa da autoria. A absolvição criminal em ação que discuta os mesmos fatos, confirmada por decisão colegiada, impede o trâmite da ação de improbidade, havendo comunicação com todos os fundamentos de absolvição previstos no art. 386 do Código de Processo Penal (CPP).

3.3.2.15 Conversão da ação de improbidade

a] **Momento processual:** a qualquer momento.
b] **Forma:** decisão judicial motivada.
c] **Recurso:** agravo de instrumento.
d] **Conteúdo da conversão:** é possível a conversão da ação de improbidade em ação civil pública.
e] **Cabimento:** se o magistrado identificar a existência de ilegalidades ou de irregularidades administrativas a serem sanadas sem que estejam presentes

todos os requisitos para a imposição das sanções aos agentes incluídos no polo passivo da demanda.

3.3.2.16 Decisões e sentença na Lei de Improbidade Administrativa

a] **Nulidade das decisões**: as decisões de mérito serão nulas na hipótese de condenação do requerido por tipo diverso daquele definido na petição inicial ou de condenação sem a produção das provas por ele tempestivamente especificadas.
b] **Improcedência do pedido**: o juiz julgará improcedente o pedido, em qualquer momento do processo, quando constatada a inexistência do ato de improbidade.
c] **Requisitos genéricos da sentença**: elencados no art. 489 do CPC.
d] **Requisitos específicos da sentença:** 1) indicar de modo preciso os fundamentos que demonstram os elementos indicados nos atos de improbidade administrativa que não podem ser presumidos; 2) considerar as consequências práticas da decisão, sempre que decidir com base em valores jurídicos abstratos; 3) considerar os obstáculos e as dificuldades reais do gestor e as exigências das políticas públicas a seu cargo, sem prejuízo dos direitos dos administrados e das circunstâncias práticas que houverem imposto, limitado ou condicionado a ação do agente; 4) considerar, para a aplicação das sanções, de forma isolada ou cumulativa: os princípios da proporcionalidade e da razoabilidade; a natureza, a gravidade e o impacto da infração cometida; a extensão do dano causado; o proveito patrimonial obtido pelo agente; as circunstâncias agravantes ou atenuantes; a atuação do agente em minorar os prejuízos e as consequências advindas de sua conduta omissiva ou comissiva; e os antecedentes do agente; considerar na aplicação das sanções a dosimetria das sanções relativas ao mesmo fato já aplicadas ao agente; considerar, na fixação das penas relativamente ao terceiro, quando for o caso, a sua atuação específica, não admitida a sua responsabilização por ações ou omissões para as quais não tiver concorrido ou das quais não tiver obtido vantagens patrimoniais indevidas; indicar, na apuração da ofensa a princípios, critérios objetivos que justifiquem a imposição da sanção.
e] **Sentença de procedência**: reconhecer a prática da improbidade por enriquecimento ilícito (art. 9º) ou por lesão ao erário (art. 10) condenará o réu ao ressarcimento dos danos e à perda ou à reversão dos bens e valores ilicitamente adquiridos, conforme o caso, em favor da pessoa jurídica prejudicada pelo ilícito.
f] **Litisconsórcio passivo**: a condenação ocorrerá no limite da participação e dos benefícios diretos, vedada qualquer solidariedade.

3.3.2.17 Acordo de não persecução cível

a) **Celebrante:** Ministério Público.
b) **Condição alternativa:** 1) o integral ressarcimento do dano; ou 2) a reversão à pessoa jurídica lesada da vantagem indevida obtida, ainda que oriunda de agentes privados.
c) **Natureza jurídica:** instrumento de autocomposição de natureza reparatória.
d) **Caráter:** não há obrigatoriedade para oferecimento do ANPC por parte do MP.
e) **Requisitos cumulativos:** 1) oitiva do ente federativo lesado, em momento anterior ou posterior à propositura da ação; 2) aprovação, no prazo de até 60 dias, pelo órgão do MP competente para apreciar as promoções de arquivamento de inquéritos civis, se anterior ao ajuizamento da ação; 3) homologação judicial, independentemente de o acordo ocorrer antes ou depois do ajuizamento da ação de improbidade administrativa.
f) **Critérios de celebração do acordo:** a personalidade do agente, a natureza, as circunstâncias, a gravidade e a repercussão social do ato de improbidade, bem como as vantagens, para o interesse público, da rápida solução do caso.
g) **Aspecto temporal:** no curso da investigação, no curso da ação de improbidade ou no momento da execução da sentença condenatória.
h) **Aspecto da integridade:** no acordo da exigência de adoção de mecanismos e procedimentos internos de integridade, de auditoria e de incentivo à denúncia de irregularidades e a aplicação efetiva de códigos de ética e de conduta no âmbito da pessoa jurídica, se for o caso, bem como de outras medidas em favor do interesse público e de boas práticas administrativas.
i) **Descumprimento do acordo:** investigado ou o demandado ficará impedido de celebrar novo acordo pelo prazo de 5 (cinco) anos, contado do conhecimento pelo MP do efetivo descumprimento.

3.3.2.18 Sanções de improbidade

a) **Aplicação:** não depende da efetiva ocorrência de dano ao patrimônio público, salvo quanto à pena de ressarcimento e às condutas previstas no art. 10, ou da aprovação ou rejeição das contas pelo órgão de controle interno ou pelo Tribunal ou Conselho de Contas.
b) **Momento:** somente poderão ser executadas após o trânsito em julgado da sentença condenatória.
c) **Atos de improbidade por enriquecimento ilícito:** perda dos bens ou valores acrescidos ilicitamente ao patrimônio, perda da função pública, suspensão dos direitos políticos até 14 (catorze) anos, pagamento de multa civil equivalente ao valor do acréscimo patrimonial e proibição de contratar com o Poder Público ou de receber benefícios ou incentivos fiscais ou creditícios, direta

ou indiretamente, ainda que por intermédio de pessoa jurídica da qual seja sócio majoritário, pelo prazo não superior a 14 (catorze) anos.

d] **Atos de improbidade por lesão ao erário público:** perda dos bens ou valores acrescidos ilicitamente ao patrimônio, se concorrer essa circunstância, perda da função pública, suspensão dos direitos políticos até 12 (doze) anos, pagamento de multa civil equivalente ao valor do dano e proibição de contratar com o Poder Público ou de receber benefícios ou incentivos fiscais ou creditícios, direta ou indiretamente, ainda que por intermédio de pessoa jurídica da qual seja sócio majoritário, pelo prazo não superior a 12 (doze) anos.

e] **Atos de improbidade por violação aos princípios da Administração Pública:** pagamento de multa civil de até 24 (vinte e quatro) vezes o valor da remuneração percebida pelo agente e proibição de contratar com o Poder Público ou de receber benefícios ou incentivos fiscais ou creditícios, direta ou indiretamente, ainda que por intermédio de pessoa jurídica da qual seja sócio majoritário, pelo prazo não superior a 4 (quatro) anos.

f] **Multa em dobro:** pode ser aumentada até o dobro, se o juiz considerar que, em virtude da situação econômica do réu, o valor calculado é ineficaz para reprovação e prevenção do ato de improbidade.

g] **Momento de execução das sanções:** poderão ser executadas após o trânsito em julgado da sentença condenatória.

h] **Infração de menor potencial ofensivo:** no caso de atos de menor ofensa aos bens jurídicos tutelados pela LIA, a sanção será limitada à aplicação de multa, sem prejuízo do ressarcimento do dano e da perda dos valores obtidos.

i] **Lesão ao patrimônio público:** se ocorrer lesão ao patrimônio público, a reparação do dano deverá deduzir o ressarcimento ocorrido nas instâncias criminal, civil e administrativa que tiver por objeto os mesmos fatos.

j] **Responsabilização da pessoa jurídica:** deverão ser considerados os efeitos econômicos e sociais das sanções, de modo a viabilizar a manutenção de suas atividades.

k] **Proibição de contratação com Poder Público:** em caráter excepcional e por motivos relevantes devidamente justificados, a sanção de proibição de contratação com o Poder Público pode extrapolar o ente público lesado pelo ato de improbidade, observados os impactos econômicos e sociais das sanções, de forma a preservar a função social da pessoa jurídica.

l] **Perda da função pública:** atinge apenas o vínculo de mesma qualidade e natureza que o agente público ou político detinha com o Poder Público na época do cometimento da infração.

m] **Perda da função pública com eficácia extensiva:** podendo o magistrado, em caráter excepcional, estendê-la aos demais vínculos, além daquele que o agente público ou político detinha com o Poder Público na época do cometimento da infração, consideradas as circunstâncias do caso e a gravidade da infração.

3.3.3 Lei da Responsabilidade Fiscal (Lei Complementar n. 101/2000)

3.3.3.1 Objeto

Normas de finanças públicas voltadas para a responsabilidade na gestão fiscal e que dão outras providências. Trazem modelo regulatório das finanças públicas, fundamentado em medidas gerais de transparência, programação orçamentária, controle e acompanhamento da execução de despesas e de avaliação de resultados, destinadas, entre outros pontos, a incrementar a prudência na gestão fiscal e a sincronizar as decisões tomadas pelos estados e pelos municípios com os objetivos macroeconômicos estabelecidos nacionalmente pela União (ADI n. 6.357[76]).

3.3.3.2 Natureza da Lei de Responsabilidade Fiscal

Lei complementar (em consonância com o art. 163 da CF/1988, que determina que lei complementar disporá sobre finanças públicas).

3.3.3.3 Conceito de responsabilidade fiscal

Ação governamental com propostas planejadas, no contexto de limites e condições institucionais que resultem no equilíbrio entre receitas e despesas. Pressupõe a ação planejada e transparente, em que se previnem riscos e corrigem desvios capazes de afetar o equilíbrio das contas públicas mediante o cumprimento de metas de resultados entre receitas e despesas e a obediência a limites e condições no que tange a renúncia de receita, geração de despesas com pessoal, da seguridade social e outras, dívidas consolidada e mobiliária, operações de crédito, inclusive por antecipação de receita, concessão de garantia e inscrição em Restos a Pagar.

3.3.3.4 Diretrizes na Lei de Responsabilidade Fiscal

1] Ação planejada e transparente (prevenção de riscos e correção de desvios).
2] Equilíbrio das contas públicas (mediante o cumprimento de metas de resultados entre receitas e despesas).

---

76 BRASIL. Supremo Tribunal Federal. **ADI n. 6.357, de 13 de maio de 2020.** Relator: Min. Alexandre de Moraes. Data de julgamento: 13 maio 2020. Data de publicação: Diário da Justiça Eletrônico, 15 maio 2020. Disponível em: <https://portal.stf.jus.br/processos/detalhe.asp?incidente=5883343>. Acesso em: 9 abr. 2024.

3] Obediência a limites e condições (no que tange a renúncia de receita, geração de despesas com pessoal, da seguridade social e outras, dívidas consolidada e mobiliária, operações de crédito, inclusive por antecipação de receita, concessão de garantia e inscrição em Restos a Pagar).

3.3.3.5 Princípios na Lei de Responsabilidade Fiscal

1] Planejamento.
2] Transparência.
3] Controle.
4] Responsabilização.

3.3.3.6 Destinatários na Lei de Responsabilidade Fiscal

I] Ente da Federação (União, Estados, Distrito Federal e Municípios).
II] Em cada ente da federação estão compreendidos:
   a] o Poder Executivo, o Poder Legislativo, neste abrangidos os Tribunais de Contas, o Poder Judiciário e o Ministério Público;
   b] as respectivas administrações diretas, fundos, autarquias, fundações e empresas estatais dependentes (empresa controlada que receba do ente controlador recursos financeiros para pagamento de despesas com pessoal ou de custeio em geral ou de capital, excluídos, no último caso, aqueles provenientes de aumento de participação acionária).

3.3.4 Lei Anticorrupção ou Lei da Empresa Limpa (Lei n. 12.840/2013[77])

3.3.4.1 Dados de identificação da Lei Anticorrupção

a] **Epígrafe da lei**: Lei n. 12.846, de 1º de agosto de 2013.
b] **Cláusula de vigência**: entrou em vigor 180 (cento e oitenta) dias após a data de sua publicação (2 de agosto de 2013).
c] **Cláusula de revogação**: não há previsão.
d] **Ementa da lei**: dispõe sobre a responsabilização objetiva administrativa e civil de pessoas jurídicas pela prática de atos contra a Administração Pública, nacional ou estrangeira.

---

77 BRASIL. Lei n. 12.840, de 9 de julho de 2013. **Diário Oficial da União**, Poder Legislativo, Brasília, DF, 10 jul. 2013. Disponível em: <https://www.planalto.gov.br/ccivil_03/_ato2011-2014/2013/lei/l12840.htm#:~:text=LEI%20N%C2%BA%2012.840%2C%20DE%209,Art.>. Acesso em: 9 abr. 2024.

e] **Destinatários:** sociedades empresárias e sociedades simples, personificadas ou não, independentemente da forma de organização ou modelo societário adotado, bem como a quaisquer fundações, associações de entidades ou pessoas, ou sociedades estrangeiras, que tenham sede, filial ou representação no território brasileiro, constituídas de fato ou de direito, ainda que temporariamente.
f] **Finalidade substancial:** efetivar o princípio constitucional da moralidade administrativa.
g] **Finalidade preventiva:** evitar a prática de atos de corrupção.
h] **Não exclusão:** a Lei Anticorrupção exclui as competências do Conselho Administrativo de Defesa Econômica, do Ministério da Justiça e do Ministério da Fazenda para processar e julgar fato que constitua infração à ordem econômica.

3.3.4.2 Noções gerais da Lei Anticorrupção

a] **Tipo responsabilidade:** as pessoas jurídicas serão responsabilizadas objetivamente, nos âmbitos administrativo e civil, pelos atos lesivos previstos na Lei Anticorrupção praticados em seu interesse ou benefício, exclusivo ou não.
b] **Independência na responsabilidade:** a pessoa jurídica será responsabilizada independentemente da responsabilização individual das pessoas naturais. Os dirigentes ou administradores somente serão responsabilizados por atos ilícitos na medida da sua culpabilidade.
c] **Fusão e incorporação:** a responsabilidade da sucessora será restrita à obrigação de pagamento de multa e reparação integral do dano causado, até o limite do patrimônio transferido, não lhe sendo aplicáveis as demais sanções previstas na Lei Anticorrupção decorrentes de atos e fatos ocorridos antes da data da fusão ou incorporação, exceto no caso de simulação ou evidente intuito de fraude, devidamente comprovados.
d] **Responsabilidade das sociedades controladoras, controladas, coligadas e as consorciadas:** serão solidariamente responsáveis pela prática dos atos previstos na Lei Anticorrupção, restringindo-se tal responsabilidade à obrigação de pagamento de multa e reparação integral do dano causado.
e] **Caráter extraterritorial:** a lei é aplicável aos atos lesivos praticados por pessoa jurídica brasileira contra a Administração Pública estrangeira, ainda que cometidos no exterior.

3.3.4.3 Responsabilidade Administrativa

a] **Sanções administrativas:** multa e publicação extraordinária da sentença condenatória.

b] **Valor da multa**: de 0,1% (um décimo por cento) a 20% (vinte por cento) do faturamento bruto do último exercício anterior ao da instauração do processo administrativo, excluídos os tributos, a qual nunca será inferior à vantagem auferida, quando for possível sua estimação. Caso não seja possível utilizar o critério do valor do faturamento bruto da pessoa jurídica, a multa será de R$ 6.000,00 (seis mil reais) a R$ 60.000.000,00 (sessenta milhões de reais).
c] **Publicação extraordinária da decisão condenatória**: ocorrerá na forma de extrato de sentença, a expensas da pessoa jurídica, em meios de comunicação de grande circulação na área da prática da infração e de atuação da pessoa jurídica ou, na sua falta, em publicação de circulação nacional, bem como por meio de afixação de edital, pelo prazo mínimo de 30 (trinta) dias, no próprio estabelecimento ou no local de exercício da atividade, de modo visível ao público, e no sítio eletrônico na rede mundial de computadores.
d] **Forma de aplicação das sanções**: fundamentadamente, isolada ou cumulativamente, de acordo com as peculiaridades do caso concreto e com a gravidade e natureza das infrações. A aplicação das sanções será precedida da manifestação jurídica elaborada pela Advocacia Pública ou pelo órgão de assistência jurídica, ou equivalente, do ente público. A aplicação das sanções não exclui, em qualquer hipótese, a obrigação da reparação integral do dano causado.
e] **Critérios na aplicação das sanções**: I – a gravidade da infração; II – a vantagem auferida ou pretendida pelo infrator; III – a consumação ou não da infração; IV – o grau de lesão ou perigo de lesão; V – o efeito negativo produzido pela infração; VI – a situação econômica do infrator; VII – a cooperação da pessoa jurídica para a apuração das infrações; VIII – a existência de mecanismos e procedimentos internos de integridade, auditoria e incentivo à denúncia de irregularidades e a aplicação efetiva de códigos de ética e de conduta no âmbito da pessoa jurídica (os parâmetros de avaliação de mecanismos e procedimentos serão estabelecidos em regulamento do Poder Executivo federal); IX – o valor dos contratos mantidos pela pessoa jurídica com o órgão ou entidade pública lesados.

3.3.4.4 Processo administrativo

a] **Competência**: autoridade máxima de cada órgão ou entidade dos Poderes Executivo, Legislativo e Judiciário, que agirá de ofício ou mediante provocação, observados o contraditório e a ampla defesa.
b] **Delegação da competência**: possível.
c] **Subdelegação da competência**: não é possível.
d] **Competência da Controladoria-Geral da União**: 1) concorrente para instaurar processos administrativos de responsabilização de pessoas jurídicas ou para

avocar os processos instaurados com fundamento na Lei Anticorrupção, para exame de sua regularidade ou para corrigir-lhes o andamento; 2) apuração, o processo e o julgamento dos atos ilícitos previstos na Lei Anticorrupção, praticados contra a Administração Pública estrangeira.

e] **Condução**: comissão designada pela autoridade instauradora e composta por 2 (dois) ou mais servidores estáveis.

f] **Destino após conclusão pela comissão**: dará conhecimento ao Ministério Público de sua existência, para apuração de eventuais delitos. Após relatório, será remetido à autoridade instauradora para julgamento.

g] **Prazo de conclusão pela Comissão**: 180 (cento e oitenta) dias contados da data da publicação do ato que a instituir e, ao final, apresentar relatórios sobre os fatos apurados e eventual responsabilidade da pessoa jurídica, sugerindo de forma motivada as sanções a serem aplicadas. O prazo poderá ser prorrogado, mediante ato fundamentado da autoridade instauradora.

h] **Defesa**: pessoa jurídica tem o prazo de 30 (trinta) dias para defesa, contados a partir da intimação.

i] **Não pagamento**: concluído o processo e não havendo pagamento, o que acontece com o crédito apurado, será inscrito em dívida ativa da Fazenda Pública.

j] **Desconsideração da personalidade jurídica**: sempre que utilizada com abuso do direito para facilitar, encobrir ou dissimular a prática dos atos ilícitos na Lei Anticorrupção ou para provocar confusão patrimonial, sendo estendidos todos os efeitos das sanções aplicadas à pessoa jurídica aos seus administradores e sócios com poderes de administração, observados o contraditório e a ampla defesa.

k] **Representação da pessoa jurídica no processo administrativo**: na forma do seu estatuto ou contrato social. As sociedades sem personalidade jurídica serão representadas pela pessoa a quem couber a administração de seus bens. A pessoa jurídica estrangeira será representada pelo gerente, representante ou administrador de sua filial, agência ou sucursal aberta ou instalada no Brasil.

3.3.4.5 Acordo de leniência

a] **Partes**: autoridade máxima de cada órgão ou entidade pública; as pessoas jurídicas responsáveis pela prática dos atos na Lei Anticorrupção devem colaborar efetivamente para as investigações e o processo administrativo. A Administração Pública poderá também celebrar acordo de leniência com a pessoa jurídica responsável pela prática de ilícitos nas licitações ou contratos administrativos com vistas à isenção ou atenuação das sanções administrativas.

b) **Colaboração efetiva:** colaboração que resulte: I – na identificação dos demais envolvidos na infração, quando couber; e II – na obtenção célere de informações e documentos que comprovem o ilícito sob apuração.
c) **Controladoria-Geral da União:** órgão competente para celebrar os acordos de leniência no âmbito do Poder Executivo federal, bem como no caso de atos lesivos praticados contra a Administração Pública estrangeira.
d) **Requisitos cumulativos para celebração do acordo:** I – que a pessoa jurídica seja a primeira a se manifestar sobre seu interesse em cooperar para a apuração do ato ilícito; II – que a pessoa jurídica cesse completamente seu envolvimento na infração investigada a partir da data de propositura do acordo; III – que a pessoa jurídica admita sua participação no ilícito e coopere plena e permanentemente com as investigações e o processo administrativo, comparecendo, sob suas expensas, sempre que solicitada, a todos os atos processuais, até seu encerramento.
e) **Benefícios:** isentará a pessoa jurídica da publicação extraordinária da decisão condenatória e da proibição de receber incentivos, subsídios, subvenções, doações ou empréstimos de órgãos ou entidades públicas e de instituições financeiras públicas ou controladas pelo Poder Público, pelo prazo mínimo de 1 (um) e máximo de 5 (cinco) anos, e reduzirá em até 2/3 (dois terços) o valor da multa aplicável. O acordo de leniência não exime a pessoa jurídica da obrigação de reparar integralmente o dano causado.
f) **Conteúdo:** estipulará as condições necessárias para assegurar a efetividade da colaboração e o resultado útil do processo.
g) **Efeito extensivo:** os efeitos do acordo de leniência serão estendidos às pessoas jurídicas que integram o mesmo grupo econômico, de fato e de direito, desde que firmem o acordo em conjunto, respeitadas as condições nele estabelecidas.
h) **Publicidade:** a proposta de acordo de leniência somente se tornará pública após a efetivação do respectivo acordo, salvo no interesse das investigações e do processo administrativo.
i) **Proposta rejeitada:** não importará em reconhecimento da prática do ato ilícito investigado.
j) **Descumprimento:** a pessoa jurídica ficará impedida de celebrar novo acordo pelo prazo de 3 (três) anos contados do conhecimento pela Administração Pública do referido descumprimento.
k) **Efeito:** a celebração do acordo de leniência interrompe o prazo prescricional dos atos ilícitos previstos na Lei Anticorrupção.

3.3.4.6 Responsabilização judicial

a) **Na esfera administrativa:** a responsabilidade da pessoa jurídica não afasta a possibilidade de sua responsabilização na esfera judicial.
b) **Legitimidade ativa:** a União, os Estados, o Distrito Federal e os Municípios, por meio das respectivas Advocacias Públicas ou órgãos de representação judicial, ou equivalentes, e o Ministério Público, poderão ajuizar ação para aplicação das de quais sanções às pessoas jurídicas infratoras.
c) **Dissolução compulsória da pessoa jurídica:** será determinada quando comprovado: I – ter sido a personalidade jurídica utilizada de forma habitual para facilitar ou promover a prática de atos ilícitos; ou II – ter sido constituída para ocultar ou dissimular interesses ilícitos ou a identidade dos beneficiários dos atos praticados.
d) **Sanções:** I – perdimento dos bens, direitos ou valores que representem vantagem ou proveito direta ou indiretamente obtidos da infração, ressalvado o direito do lesado ou de terceiro de boa-fé; II – suspensão ou interdição parcial de suas atividades; III – dissolução compulsória da pessoa jurídica; IV – proibição de receber incentivos, subsídios, subvenções, doações ou empréstimos de órgãos ou entidades públicas e de instituições financeiras públicas ou controladas pelo Poder Público, pelo prazo mínimo de 1 (um) e máximo de 5 (cinco) anos. Poderão ser aplicadas de maneira isolada ou cumulativa. As sanções na Lei Anticorrupção não afetam os processos de responsabilização e aplicação de penalidades decorrentes de ato de improbidade administrativa e dos atos ilícitos de licitações e contratos da Administração Pública, inclusive no tocante ao Regime Diferenciado de Contratações Públicas (RDC).
e) **Indisponibilidade dos bens:** o Ministério Público ou a Advocacia Pública ou órgão de representação judicial, ou equivalente, do ente público poderá requerer a indisponibilidade de bens, direitos ou valores necessários à garantia do pagamento da multa ou da reparação integral do dano causado, ressalvado o direito do terceiro de boa-fé.
f) **Rito:** previsto na Lei n. 7.347, de 24 de julho de 1985. A condenação torna certa a obrigação de reparar, integralmente, o dano causado pelo ilícito, cujo valor será apurado em posterior liquidação, se não constar expressamente da sentença.
g) **Cadastro Nacional de Empresas Punidas (CNEP):** reunirá e dará publicidade às sanções aplicadas pelos órgãos ou entidades dos Poderes Executivo, Legislativo e Judiciário de todas as esferas de governo com base na Lei Anticorrupção. O CNEP conterá, entre outras, as seguintes informações acerca das sanções aplicadas: I – razão social e número de inscrição da pessoa jurídica ou entidade no Cadastro Nacional da Pessoa Jurídica (CNPJ); II – tipo de

sanção; e III – data de aplicação e data final da vigência do efeito limitador ou impeditivo da sanção, quando for o caso.

h] **Dever dos órgãos ou entidades dos Poderes Executivo, Legislativo e Judiciário de todas as esferas de governo**: informar e manter atualizados, para fins de publicidade, no Cadastro Nacional de Empresas Inidôneas e Suspensas (CEIS), de caráter público, instituído no âmbito do Poder Executivo federal, os dados relativos às sanções por eles aplicadas.

i] **Destino da multa e o perdimento de bens, direitos ou valores**: serão destinados preferencialmente aos órgãos ou entidades públicas lesadas.

j] **Prazo de prescrição**: prescrevem em 5 (cinco) anos as infrações previstas na lei, contados da data da ciência da infração ou, no caso de infração permanente ou continuada, do dia em que tiver cessado.

k] **Interrupção do prazo prescricional**: na esfera administrativa ou judicial, a prescrição será interrompida com a instauração de processo que tenha por objeto a apuração da infração.

l] **Omissão na apuração do fato**: será responsabilizada penal, civil e administrativamente nos termos da legislação específica aplicável.

3.3.5 Lei do Crime Organizado, ou das Organizações Criminosas (Lei n. 12.850/2013[78])

3.3.5.1 Noções gerais de organização criminosa

a] **Conceito de organização criminosa**: associação de 4 (quatro) ou mais pessoas, estruturalmente ordenada e caracterizada pela divisão de tarefas, ainda que informalmente, com o objetivo de obter, direta ou indiretamente, vantagem de qualquer natureza, mediante a prática de infrações penais cujas penas máximas sejam superiores a 4 (quatro) anos, ou que sejam de caráter transnacional.

b] **Organização criminosa e associação criminosa**: na organização, há a participação de 4 (quatro) ou mais pessoas com o objetivo de obter, direta ou indiretamente, vantagem de qualquer natureza, mediante a prática de infrações penais cujas penas máximas sejam superiores a 4 (quatro) anos, ou que sejam de caráter transnacional. Na associação criminosa, há a participação de 3 (três) ou mais pessoas, para o fim específico de cometer crimes.

---

78 BRASIL. Lei n. 12.580, de 2 de agosto de 2013. **Diário Oficial da União**, Poder Legislativo, Brasília, DF, 5 ago. 2013. Disponível em: <https://www.planalto.gov.br/ccivil_03/_ato2011-2014/2013/lei/l12850.htm>. Acesso em: 9 abr. 2024.

c] **Efeito extensivo da Lei n. 12.850/2013**: é aplicada às infrações penais previstas em tratado ou convenção internacional quando, iniciada a execução no país, o resultado tenha ou devesse ter ocorrido no estrangeiro, ou vice-versa; às organizações terroristas internacionais, reconhecidas segundo as normas de direito internacional, por foro do qual o Brasil faça parte, cujos atos de suporte ao terrorismo, bem como os atos preparatórios ou de execução de atos terroristas, ocorram ou possam ocorrer em território nacional.

3.3.5.2 Características da organização criminosa

a] **Complexidade estrutural**: a organização criminosa tem regras próprias de atuação, um propósito previamente definido e um caráter alterável no tempo e espaço e um esquema criminoso articulado, dotado de profissionalização e estrutura aparelhada.

b] **Divisão orgânica hierárquica**: a organização é estruturada em níveis dispostos de acordo com a posição ocupada pelo agente e o grau de seu comprometimento com o sucesso da atividade-fim. Há um chefe responsável pelo planejamento e estruturação do grupo, detendo efetivo poder de comando para fins de definição do momento e modo de execução das diferentes atividades criminosas empreendidas, sujeitando a atuação dos demais membros do grupo à sua direta subordinação[79].

c] **Divisão funcional**: cada membro da organização tem sua tarefa, o que demonstra a existência da especialização de funções; há uma divisão clara de atribuições; em geral, uma pessoa fica responsável pela contabilidade da organização; outra tem a tarefa de repassar as determinações do comando aos demais integrantes do grupo, e assim por diante. Cabe ressaltar que, com base nessa divisão, as circunstâncias pessoais dos membros da organização são distintas, de forma que não há fundamentação para aplicação do mandamento previsto no art. 580 do CPP.

---

79 A ONU, no documento *Results of a Pilot Survey of Forty Selected Organized Criminal Groups in Sixteen Countries*, elaborado em setembro de 2002, indicou cinco tipologias de organização criminosa, dentre as quais: "a) Hierarquia padrão (*Standart hierarchy*) – hierarquia simples dentro de um grupo, com forte sistema interno de disciplina. b) Hierarquia regional (*Regional hierarchy*) – grupos hierarquicamente estruturados, com fortes linhas internas de controle e disciplina, mas com relativa autonomia para componentes regionais. c) Hierarquia agrupada (*Clustered hierarchy*) – quando uma parte dos grupos criminosos estabelecem um sistema de coordenação e controle, indo do leve ao forte, em suas várias atividades; d) Grupo central (*Core group*) – grupos relativamente organizados mas levemente desestruturados, circundado e auxiliado, em muitos casos, por uma rede de indivíduos engajados em atividades criminosas. e) Rede criminosa (*Criminal network*) – uma rede fluída e esparsa de indivíduos, normalmente portadores de habilidades especiais que constituem, constante e progressivamente, séries de projetos criminosos" (UN – United Nations Office on Drugs and Crime. **Results of a Pilot Survey of Forty Selected Organized Criminal Groups in Sixteen Countries**. Sep. 2002. p. 34. Disponível em: <www.unodc.org/pdf/crime/publications/Pilot_survey.pdf>. Acesso em: 9 abr. 2024. Tradução nossa).

d] **Divisão territorial**[80]: a função dessa estruturação é de evitar ou dirimir embates entre facções alocadas em uma mesma região. Nesse arranjo, cada organização atua em um setor específico, de modo a não interferir nas atribuições de outra(s).
e] **Estreitas ligações com o poder estatal**[81]: a organização criminosa exige ingerência (corrupção de agentes estatais) ou gerência nas instituições do Estado, assumindo o controle do poder estatal em conformidade com os seus interesses. Com sua organização complexa e estratégias, abalam a estrutura do Estado, aproveitando-se de suas deficiências;
f] **Atos de extrema violência**: a arbitrariedade no uso da força física contraria valores e princípios constitucionais atinentes à concretização dos direitos humanos, gerando terror, insegurança e a disseminação de crimes violentos e cruéis.
g] **Intuito do lucro ilícito ou indevido**: com a busca de vantagens há por consequência a maximização de benefícios.
h] **Detentora de um poder econômico elevado**: com seu poder empresarial estabelecem mercado, conquistam nichos, buscam vantagens e criam uma contabilidade racional.
i] **Capacitação funcional**: os membros são recrutados, orientados, treinados e incumbidos de realizar tarefas em prol da organização criminosa; não é qualquer pessoa que pode ser aceita para compor os quadros das associações criminosas.
j] **Alto poder de intimidação**: um dos meios é manter a "lei do silêncio", visando evitar o desmantelamento da organização, usando força física com requintes de crueldade, inclusive contra os familiares e amigos do delator. Os membros buscam, outrossim, através da corrupção dos agentes públicos, a impunidade e segurança para o desempenho de suas atividades.
k] **Capacidade de fraudes diversas**: enumerar os possíveis crimes praticáveis por uma organização criminosa, seria temerário, já que a lista seria incompleta face à realidade de fenômenos criminais múltiplos e diferenciados. A enumeração de crimes representaria incompatibilidade com o fenômeno da criminalidade, caracterizado pela sua multiplicidade de facetas, aperfeiçoado pela evolução social-tecnológica e fortalecido com a fragilidade da atuação estatal. A existência de um rol originaria a determinação da natureza

---

80 GOMES, Luiz Flávio; CERVINI, Raul. **Crime organizado**: enfoque criminológico, jurídico (Lei 9034/95) e político-criminal. São Paulo: Revista dos Tribunais, 1997.
81 "Não é apenas uma organização bem feita, não é somente uma organização internacional, mas é, em última análise, a corrupção da Legislatura, da Magistratura, do Ministério Público, da Polícia, ou seja, a paralisação estatal no combate à criminalidade" (HASSEMER, Winfried. Segurança pública no Estado de direito. Tradução de Carlos Eduardo Vasconcelos. **Revista Brasileira de Ciências Criminais**. São Paulo, n. 5, jan./mar. 1994. p. 63).

exemplificativa na enumeração dos crimes e, por consequência, uma insegurança coletiva generalizada combinada com um desenvolvimento de crime sem tipificação normativa e efetiva repressão estatal.

l] **Clandestinidade:** uso de disfarces e simulações; fazem uso de negócios e atos lícitos para camuflar seus negócios e lucros escusos. Há conexões ocultas com quadros oficiais da vida comunitária geradoras de um poder estratégico de corrupção.

m] **Caráter transnacional:** a forte conexão local, regional, nacional e internacional, com grande força de expansão, já que o crime organizado se tornou globalizado, representando um ameaça à paz e à estabilidade social[82].

n] **Modernidade:** uso de meios tecnológicos modernos, inclusive recursos de informática para dar celeridade às comunicações e operações da organização.

o] **Danosidade social de alto vulto:** não só pela pluralidade de agentes, mas também pelo *modus operandi* da organização consubstanciado no uso de armas, violência e corrupção.

p] **Associação estável e permanentes com planejamento e sofisticação de meios:** as condutas dos membros da organização criminosa devem ser convergentes para realização do intento criminoso com a consequente obtenção do lucro e poder. É uma associação que reúne agentes que agem em conjunto para facilitar e agilizar execução do crime. As reuniões são constantes ou periódicas, em que há comunhão de interesses, com a interdependência entre os seus membros na tomada das decisões e na efetivação das operações ilícitas.

q] **Impessoalidade da organização:** a organização não revela sua composição, até para que com a clandestinidade possa ter suas operações e funcionamento preservados.

r] **Criminalidade difusa:** as vítimas são pessoas indeterminadas ligadas entre si por circunstâncias de fato.

3.3.5.3 Aspectos processuais da organização criminosa

a] **Procedimento:** ordinário.

b] **Prazo da instrução criminal:** deverá ser encerrada em prazo razoável, o qual não poderá exceder a 120 (cento e vinte) dias quando o réu estiver preso, prorrogáveis por até igual período, por decisão fundamentada, devidamente motivada pela complexidade da causa ou por fato procrastinatório atribuível ao réu.

---

82 "(...) o crime organizado possui uma textura diversa: tem caráter transnacional na medida em que não respeita as fronteiras de cada país e apresenta características assemelhadas em várias nações" (FRANCO, Alberto Silva, citado por GOMES, Luiz Flavio; CERVINI, Raul. **Crime organizado**: enfoque criminológico, jurídico (Lei n. 9.034/95) e político criminal. 2 ed. São Paulo: Revista dos Tribunais, 1997. p. 75).

c) **Sigilo da investigação:** poderá ser decretado pela autoridade judicial competente, para garantia da celeridade e da eficácia das diligências investigatórias, assegurando-se ao defensor, no interesse do representado, amplo acesso aos elementos de prova que digam respeito ao exercício do direito de defesa, devidamente precedido de autorização judicial, ressalvados os referentes às diligências em andamento. Determinado o depoimento do investigado, seu defensor terá assegurada a prévia vista dos autos, ainda que classificados como sigilosos, no prazo mínimo de 3 (três) dias que antecedem ao ato, podendo ser ampliado, a critério da autoridade responsável pela investigação.
d) **Meios de obtenção da prova:** são admitidos em qualquer fase da persecução penal, sem prejuízo de outros já previstos em lei. São: 1) colaboração premiada; 2) captação ambiental de sinais eletromagnéticos, ópticos ou acústicos; 3) ação controlada; 4) acesso a registros de ligações telefônicas e telemáticas, a dados cadastrais constantes de bancos de dados públicos ou privados e a informações eleitorais ou comerciais; 5) interceptação de comunicações telefônicas e telemáticas, nos termos da legislação específica; 6) afastamento dos sigilos financeiro, bancário e fiscal, nos termos da legislação específica; 7) infiltração, por policiais, em atividade de investigação; 8) cooperação entre instituições e órgãos federais, distritais, estaduais e municipais na busca de provas e informações de interesse da investigação ou da instrução criminal.

3.3.5.4 Da colaboração premiada

a) **Decisão:** do juiz; a concessão do benefício levará em conta a personalidade do colaborador, a natureza, as circunstâncias, a gravidade e a repercussão social do fato criminoso e a eficácia da colaboração.
b) **Iniciativa:** requerimento das partes. Em todos os atos de negociação, confirmação e execução da colaboração, o colaborador deverá estar assistido por defensor.
c) **Benefícios:** perdão judicial, redução em até 2/3 (dois terços) da pena privativa de liberdade ou substituição por restritiva de direitos. O Ministério Público poderá deixar de oferecer denúncia se o colaborador: 1) não for o líder da organização criminosa; 2) for o primeiro a prestar efetiva colaboração.
d) **Tipo de colaboração:** efetiva e voluntária com a investigação e com o processo criminal, desde que dessa colaboração advenha um ou mais dos seguintes resultados: 1) a identificação dos demais coautores e partícipes da organização criminosa e das infrações penais por eles praticadas; 2) a revelação da estrutura hierárquica e da divisão de tarefas da organização criminosa; 3) a prevenção de infrações penais decorrentes das atividades da organização criminosa; 4) a recuperação total ou parcial do produto ou do proveito das

infrações penais praticadas pela organização criminosa; 5) a localização de eventual vítima com a sua integridade física preservada.

e] **Benefício fora da proposta**: considerando a relevância da colaboração prestada, o Ministério Público, a qualquer tempo, e o delegado de polícia, nos autos do inquérito policial, com a manifestação do Ministério Público, poderão requerer ou representar ao juiz pela concessão de perdão judicial ao colaborador, ainda que esse benefício não tenha sido previsto na proposta inicial, aplicando-se, no que couber, o art. 28 do Decreto-Lei n. 3.689 (CPP), de 3 de outubro de 1941.

f] **Suspensão**: o prazo para oferecimento de denúncia ou o processo, relativos ao colaborador, poderá ser suspenso por até 6 (seis) meses, prorrogáveis por igual período, até que sejam cumpridas as medidas de colaboração, suspendendo-se o respectivo prazo prescricional.

g] **Colaboração posterior à sentença**: a pena poderá ser reduzida até a metade ou será admitida a progressão de regime ainda que ausentes os requisitos objetivos.

h] **Participantes do acordo**: o juiz não participará das negociações realizadas entre as partes para a formalização do acordo de colaboração, que ocorrerá entre o delegado de polícia, o investigado e o defensor, com a manifestação do Ministério Público, ou, conforme o caso, entre o Ministério Público e o investigado ou acusado e seu defensor.

i] **Direitos do colaborador**: 1) usufruir das medidas de proteção previstas na legislação específica; 2) ter nome, qualificação, imagem e demais informações pessoais preservados; 3) ser conduzido, em juízo, separadamente dos demais coautores e partícipes; 4) participar das audiências sem contato visual com os outros acusados; 5) não ter sua identidade revelada pelos meios de comunicação, nem ser fotografado ou filmado, sem sua prévia autorização por escrito; 6) cumprir pena em estabelecimento penal diverso dos demais corréus ou condenados.

j] **Requisitos**: o termo de acordo da colaboração premiada deverá ser feito por escrito e conter: 1) o relato da colaboração e seus possíveis resultados; 2) as condições da proposta do Ministério Público ou do delegado de polícia; 3) a declaração de aceitação do colaborador e de seu defensor; 4) as assinaturas do representante do Ministério Público ou do delegado de polícia, do colaborador e de seu defensor; 5) a especificação das medidas de proteção ao colaborador e à sua família, quando necessário.

k] **Homologação**: juiz deverá verificar a regularidade, legalidade e voluntariedade, podendo para esse fim, sigilosamente, ouvir o colaborador, na presença de seu defensor. O juiz poderá recusar homologação à proposta que não atender aos requisitos legais ou adequá-la ao caso concreto. Depois de homologado o acordo, o colaborador poderá, sempre acompanhado pelo seu defensor, ser ouvido pelo membro do Ministério Público ou pelo delegado de polícia responsável pelas investigações.

l] **Retratação:** as partes podem retratar-se da proposta, caso em que as provas autoincriminatórias produzidas pelo colaborador não poderão ser utilizadas exclusivamente em seu desfavor.

m] **Perda do sigilo:** o acordo de colaboração premiada deixa de ser sigiloso assim que é recebida a denúncia, observados os direitos do colaborador.

3.3.5.5 Da ação controlada

a] **Conceito:** retardar a intervenção policial ou administrativa relativa à ação praticada por organização criminosa ou a ela vinculada, desde que mantida sob observação e acompanhamento para que a medida legal se concretize no momento mais eficaz à formação de provas e obtenção de informações.

b] **Requisito:** será previamente comunicado ao juiz competente que, se for o caso, estabelecerá seus limites e comunicará ao Ministério Público. A comunicação será sigilosamente distribuída, de modo a não conter informações que possam indicar a operação a ser efetuada. Até o encerramento da diligência, o acesso aos autos será restrito ao juiz, ao Ministério Público e ao delegado de polícia, como maneira de garantir o êxito das investigações.

c] **Término:** será feito um auto circunstanciado acerca da ação controlada.

d] **Transposição de fronteiras:** o retardamento da intervenção policial ou administrativa somente poderá ocorrer com a cooperação das autoridades dos países que figurem como prováveis itinerários ou destinos do investigado, de modo a reduzir os riscos de fuga e extravio do produto, objeto, instrumento ou proveito do crime.

3.3.5.6 Da infiltração de agentes

a] **Tipo de atividade:** a infiltração ocorre em tarefas de investigação.

b] **Iniciativa:** representação do delegado de polícia ou requerimento do Ministério Público, os quais conterão a demonstração da necessidade da medida, o alcance das tarefas dos agentes e, quando possível, os nomes ou apelidos das pessoas investigadas e o local da infiltração.

c] **Requisito:** manifestação técnica do delegado de polícia quando solicitada no curso do inquérito policial.

d] **Forma:** será precedida de circunstanciada, motivada e sigilosa autorização judicial, que estabelecerá seus limites.

e] **Representação do delegado:** o juiz competente, antes de decidir, ouvirá o Ministério Público.

f] **Cabimento:** se a prova não puder ser produzida por outros meios disponíveis.
g] **Duração:** prazo de até 6 (seis) meses, sem prejuízo de eventuais renovações, desde que comprovada sua necessidade.
h] **Término:** relatório circunstanciado será apresentado ao juiz competente, que imediatamente cientificará o Ministério Público. No curso do inquérito policial, o delegado de polícia poderá determinar aos seus agentes, e o Ministério Público poderá requisitar, a qualquer tempo, relatório da atividade de infiltração.
i] **Distribuição do pedido:** sigilosa, de modo a não conter informações que possam indicar a operação a ser efetivada ou identificar o agente que será infiltrado.
j] **Procedimento:** as informações quanto à necessidade da operação de infiltração serão dirigidas diretamente ao juiz competente, que decidirá no prazo de 24 (vinte e quatro) horas, após manifestação do Ministério Público na hipótese de representação do delegado de polícia, devendo-se adotar as medidas necessárias para o êxito das investigações e a segurança do agente infiltrado.
k] **Destino:** os autos contendo as informações da operação de infiltração acompanharão a denúncia do Ministério Público, quando serão disponibilizados à defesa, assegurando-se a preservação da identidade do agente.
l] **Risco iminente:** havendo indícios seguros de que o agente infiltrado sofre risco iminente, a operação será sustada, mediante requisição do Ministério Público, ou pelo delegado de polícia, dando-se imediata ciência ao Ministério Público e à autoridade judicial.
m] **Responsabilidade:** o agente que não guardar, em sua atuação, a devida proporcionalidade com a finalidade da investigação, responderá pelos excessos praticados. Não é punível, no âmbito da infiltração, a prática de crime pelo agente infiltrado no curso da investigação, quando inexigível conduta diversa.
n] **Direitos do agente:** 1) recusar ou fazer cessar a atuação infiltrada; 2) ter sua identidade alterada, bem como usufruir das medidas de proteção a testemunhas; 3) ter seu nome, sua qualificação, sua imagem, sua voz e demais informações pessoais preservadas durante a investigação e o processo criminal, salvo se houver decisão judicial em contrário; 4) não ter sua identidade revelada, nem ser fotografado ou filmado pelos meios de comunicação, sem sua prévia autorização por escrito.

3.3.5.7 Do acesso

a] **Acesso das viagens:** as empresas de transporte possibilitarão, pelo prazo de 5 (cinco) anos, acesso direto e permanente do juiz, do Ministério Público ou do delegado de polícia aos bancos de dados de reservas e registro de viagens.

b] **Acesso dos registros telefônicos:** delegado de polícia e o Ministério Público terão acesso, independentemente de autorização judicial, apenas aos dados cadastrais do investigado que informem exclusivamente a qualificação pessoal, a filiação e o endereço mantidos pela Justiça Eleitoral, empresas telefônicas, instituições financeiras, provedores de internet e administradoras de cartão de crédito.

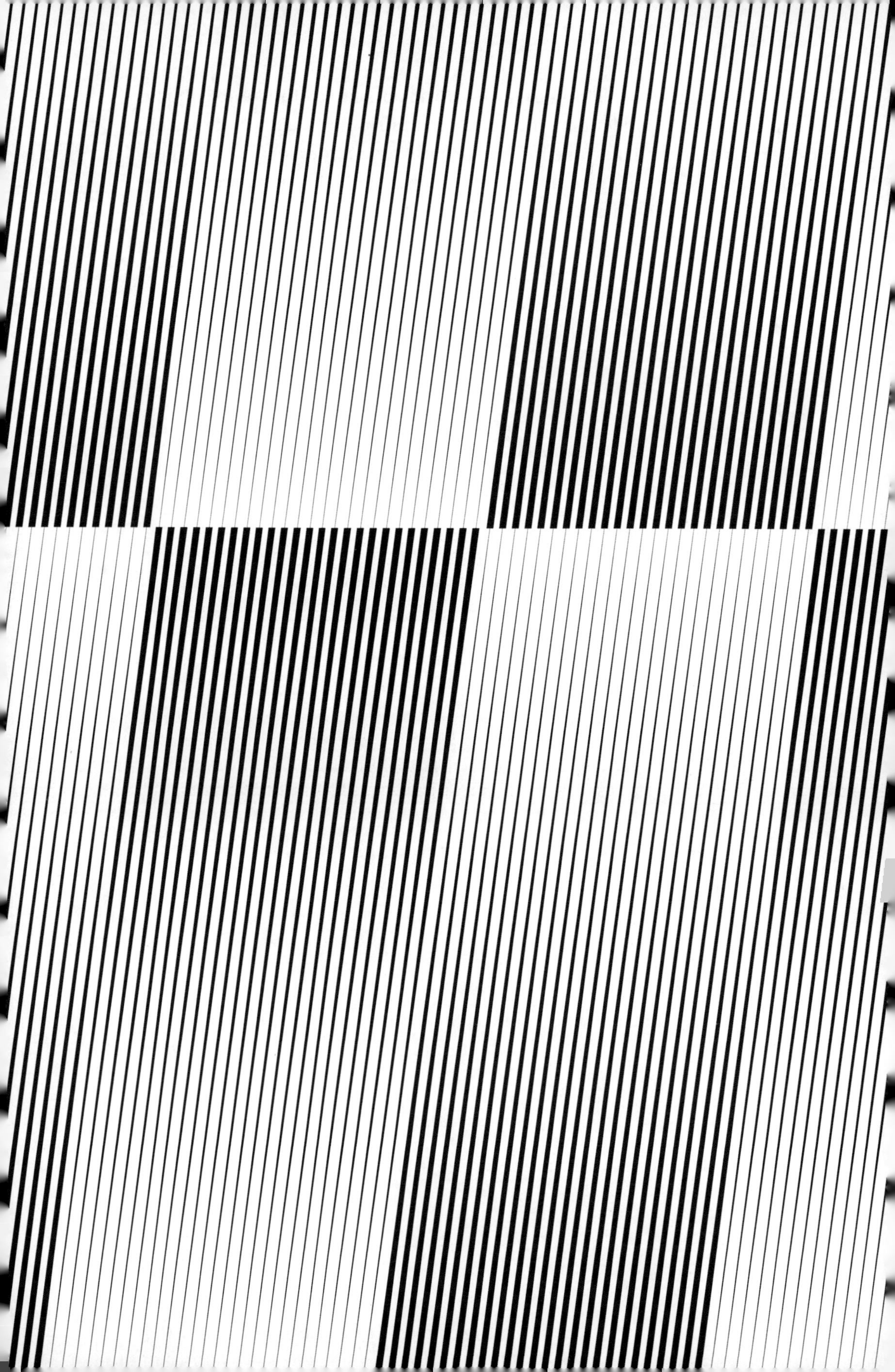

Capítulo 3
Ética e democracia: exercício da cidadania

7. Democracia e cidadania

Nas últimas três décadas, a democracia tornou-se um termo polissêmico, cujos significados estão inseridos numa dinâmica histórica, aberta e inacabada.

A democracia pode ser: direta, quando o próprio povo governa, deliberando em assembleias populares; indireta ou representativa, quando o povo governa por meio de representantes eleitos; semidireta, quando o povo elege representantes e, em alguns casos, o povo decide de forma direta (pronunciamento direto da assembleia-geral dos cidadãos sobre os assuntos de maior importância).

Aderir ao regime democrático significa apoiar a democracia como ideal político normativo, representativo de uma conquista que necessita ser, simultaneamente, protegida e aprofundada, mas se constitui ainda fenômeno que revela certa fragilidade, principalmente quando se propõe a transformar em realidade os variados aspectos de sua idealização. Assim, como ideal que se busca alcançar, a democracia pode ter uma **conotação positiva**, que expressa não só ideias e metas realizáveis e importantes para determinada comunidade, desenvolvidas por teorias e modelos formulados a partir da existência de características e propriedades dinâmicas e relacionais do fenômeno democrático, e influenciados pelo contexto geopolítico e também **negativo**, quando associada à sua inviabilidade na realidade concreta.[1]

O entendimento sobre democracia constitui um assunto de grande vastidão e complexidade, destacando-se como um regime político em que seu elemento fundamental é a participação do povo no governo. É indiscutível a influência que a participação[2], direta ou indireta do povo no poder, exerce no desenvolvimento da democracia[3], desde seu surgimento na Grécia Antiga até os dias atuais, criando raízes sólidas no pensamento jurídico contemporâneo.

---

1 MOUFFE, Chantal. **O regresso do político**. Tradução de Ana Cecília Simões. Lisboa: Gradiva, 1996. p. 193; BOBBIO, Norberto. **Estado, governo, sociedade**. São Paulo: Paz e Terra, 1999. p. 135-165.
2 "O objetivo principal da participação é o de facilitar, tornar mais direto e mais cotidiano o contato entre cidadãos e as diversas instituições do Estado" (BORJA, Jordi. **Estado y ciudad**. Barcelona: PPU, 1988).
3 "É o único regime político compatível com o pleno respeito aos direitos humanos" (COMPARATO, Fábio Konder. **A afirmação histórica dos direitos humanos**. São Paulo: Saraiva, 2010).

2. Transparência administrativa

2.1 Conceito de transparência administrativa

2.1.1 Conceito amplo

Interdição da arbitrariedade na conduta da Administração Pública.

2.1.2 Conceito restrito

Visibilidade de todas as ações e motivações de interesse público da Administração Pública. É uma norma-princípio fundada na CF/1988 que impõe uma gestão dos assuntos públicos para o público por meio da visibilidade de todas as ações e motivações de interesse público da Administração Pública.

2.2 Relações da transparência administrativa

2.2.1 Transparência administrativa e democracia

A transparência é fundamentada na concepção participativa de democracia. Um governo democrático é responsável por informar e/ou explicar suas ações, para que a sociedade possa entender e avaliar a governança e o desempenho dos servidores públicos. A luta na democracia é uma luta pela transparência por meio da liberdade de informação, da interdição da arbitrariedade consubstanciada na abertura governamental e da moralização da política.

2.2.2 Transparência administrativa e cidadania

Quando a Administração Pública garante visibilidade e confiabilidade no seu agir administrativo, ela municia o cidadão de dispositivos de *input* de opinião e influência, gerando transparência e, por consequência, a legitimidade do agir administrativo na democracia. Ao possibilitar além do conhecimento, a compreensão da atividade pública, a transparência funciona como pré-condição de uma relação consciente entre Administração Pública e a sociedade, para a realização da cidadania[4].

---

4 FACCIOLI, Franca. **Comunicazione pubblica e cultura del servizio**. Roma: Carocci, 2000.

2.2.3 Transparência administrativa e Estado democrático de direito

No contexto do Estado democrático de direito, a transparência se sobressai como uma alternativa à imperatividade e à unilateralidade como princípio coerente e adequado ao estabelecimento dessa nova forma do agir administrativo de interesse público no espaço social, que funciona como um mecanismo que reflete a necessidade de superação de um modelo de Administração Pública autoritária, burocrática, fechada sobre si mesma, que decide em segredo, para uma Administração aberta, participada, que age em comunicação com os administrados[5].

2.2.4 Transparência administrativa e separação de Poderes

Quando a técnica da separação e harmonia dos poderes limita o poder para assegurar liberdade, neutralizando, desse modo, abusos cometidos na concentração do poder, ela desempenha, de maneira plenamente legítima, a interdição da arbitrariedade estatal, uma das manifestações da transparência administrativa. Nesse caso, a separação de poderes busca a limitação dos atos governamentais para evitar o abuso e o arbítrio estatal, tanto quanto a transparência administrativa, sendo ambos institutos incompatíveis com o fenômeno da concentração do poder político nas mãos de um único órgão ou indivíduo. A negação da arbitrariedade estatal como objetivo da transparência administrativa tem, na separação de poderes[6], o instrumento mais expressivo de concretização dessa negação do despotismo, que traduz atribuição inerente à própria essência do Estado democrático de direito. Cabe ressaltar que a interferência de um poder na esfera de outro poder da República, no sentido de garantir a segurança jurídica consubstanciada no respeito à lei e à CF, é manifestação legítima do princípio da limitação dos poderes. Transparência administrativa e separação de poderes são, enfim, complementares, destarte ambas, ao servirem para a resolução do combate do abuso de poder, refletem a realidade de potencialidades concretizadora dos direitos e liberdades públicas. A opção pela transparência administrativa,

---

5   Acórdão n. 117/2015, proferido em Processo n. 686/12 da Terceira Secção do Tribunal Constitucional de Lisboa. Relator: Conselheiro Lino Rodrigues Ribeiro.
6   "O sistema constitucional brasileiro, ao consagrar o princípio da limitação de poderes, teve por objetivo instituir modelo destinado a impedir a formação de instâncias hegemônicas de poder no âmbito do Estado, em ordem a neutralizar, no plano político-jurídico, a possibilidade de dominação institucional de qualquer dos Poderes da República sobre os demais órgãos da soberania nacional" (BRASIL. Supremo Tribunal Federal. **MS n. 23.452/RJ**. Relator: Min. Celso de Mello. Pleno. Data de julgamento: 16 set. 1999. Data de publicação: Diário da Justiça, 12 maio 2000. Disponível em: <https://www.jusbrasil.com.br/jurisprudencia/stf/14757406>. Acesso em: 15 out. 2024).

como mecanismo democrático na governança, concebida e estruturada para a organização estatal, coincide com a técnica da separação de poderes, quando propõe a divisão funcional do Estado, definindo sua organização. É que a separação de poderes, como mecanismo estrutural do Estado, nada mais é senão o instrumento da própria transparência administrativa, funcionando ambos como princípios da organização jurídica estatal.

2.2.5 Transparência administrativa e segurança jurídica

A transparência satisfaz, por meio da compreensão e da certeza da realidade, a previsibilidade na vida social. Nesse sentido, esse valor funciona como requisito indispensável para a realização da segurança jurídica, uma espécie de corpo intermediário entre a ordem estatal e a própria segurança jurídica, que serve de canal de expressão dos anseios sociais de previsibilidade e objetividade das relações jurídico-administrativas. A ideia da segurança jurídica, elemento da segurança, como uma das funções da transparência, se perfaz em uma atuação administrativa transparente, também, pela interdição da arbitrariedade dos poderes públicos com a salvaguarda dos cidadãos perante o Estado, permitindo certa estabilidade das relações jurídicas em que os cidadãos passam a conhecer a racionalidade que rege as relações jurídico-administrativas.

2.3 Transparência administrativa e publicidade administrativa

A transparência administrativa é uma atualização expansiva do princípio da publicidade da Administração Pública.

A publicidade administrativa é revelada pela **disponibilização** dos atos da Administração Pública. A transparência administrativa, por sua vez, é revelada pela **visibilidade** dos atos da Administração Pública, possibilitando o controle social.

Na publicidade, **não há preocupação** em se preocupar com explicações ou justificativas que permitam uma qualidade maior na elaboração da comunicação da Administração Pública com os cidadãos. Já na transparência **há cuidado** com a elaboração de explicações ou justificativas que permitam uma comunicação mais efetiva da Administração Pública com a população.

Na publicidade administrativa, há apenas **uma exposição ao público**, seja para validar o ato, seja para garantir sua eficácia, com observância da forma legal prevista. A transparência administrativa visa permitir o **controle social** da gestão pública.

Na perspectiva dos cidadãos, a publicidade administrativa pode ser concebida como um **direito de ter conhecimento** dos atos administrativos; já a transparência administrativa pode ser concebida como um **direito de compreensão** dos atos administrativos.

Na perspectiva da Administração Pública, a publicidade administrativa é um **dever de divulgação** oficial dos atos administrativos; a transparência administrativa, a seu turno, é **um dever de explicação** dos atos administrativos.

Em relação ao conteúdo, a publicidade administrativa abrange comportamentos preocupados com o cumprimento do dever da Administração Pública em divulgar e possibilitar o **conhecimento público** dos seus atos. A transparência administrativa abrange comportamentos preocupados com o cumprimento do dever de prestar contas e possibilitar a **compreensão pública** dos seus atos.

2.4 Defesa da transparência administrativa no Direito brasileiro

2.4.1 Indicador organizacional

A introdução da ideia da governança na reforma administrativa, com o compartilhamento cada vez mais intenso da ação estatal entre Poder Público, empresas e sociedade e manifesto pela gestão horizontal e integrada entre os distintos níveis de governo, e entre essas esferas e as organizações empresariais e da sociedade civil, contribui para o surgimento da transparência. A governança, como um modelo de gestão pública focado nas redes, parcerias e valores administrativos com participação, deliberação e democracia, favorece uma atuação administrativa mais aberta e próxima ao cidadão, seja na ampliação da visibilidade na compreensão dos assuntos públicos, seja no reconhecimento de valores éticos como ingredientes de um ambiente de integridade pública.

2.4.2 Indicador digital

A influência das tecnologias de informação e comunicação na gestão pública contribui para o surgimento da transparência, pois possibilita maior abertura e acesso dos cidadãos à máquina administrativa na condução dos negócios públicos. Na fase da transparência tecnológica, a utilização das novas tecnologias se dá no sentido de inovação para modernização da máquina pública com a criação de centros de processamentos de dados. Na fase da transparência eletrônica, o conceito fundamentou-se na eficiência nas operações da gestão pública e a qualidade dos serviços públicos. Na fase da transparência digital, Pública o uso da tecnologia de informação por parte da Administração passou a ser como um mecanismo de interação com a sociedade no âmbito da burocracia estatal capaz de envolver os cidadãos ativamente no processo de fiscalização da gestão pública e de tomada de decisões dentro da Administração Pública.

2.4.3 Movimento anticorrupção no Brasil

Sistema normativo voltado à intensificação de controle sobre a Administração Pública e a responsabilização pela prática de atos corruptos, aliado ao reconhecimento de um sistema de mobilização social e institucional como alternativa de combate da corrupção que permite estabelecer transparência no exercício do poder da Administração Pública.

2.5 Conteúdo da transparência administrativa

2.5.1 Inclusão

Abertura e estímulo à participação dos cidadãos, que não se esgota nas formas já clássicas de participação dos interessados nos procedimentos administrativos, mas que pretende abrir canais mais amplos de intervenção e fomentar uma atitude proativa dos cidadãos. Deve-se seguir uma política de estímulo, incentivo e atuação da participação. O particular não é mero súdito do Estado-polícia, não é cidadão socialmente descomprometido do Estado liberal e também já não é o simples utente dos serviços públicos do Estado social. Pelo contrário, ele assume ou vê-se convocado a assumir um novo papel de ator, que partilha com o Estado a missão de realizar o interesse público. A proposta é integrar vozes dos cidadãos e suas comunidades nos aspectos relevantes da Administração Pública.

2.5.2 Vigilância

Expansão do conceito de responsabilização de um processo de prestação de contas para a responsabilização pública visando a resultados sociais e sistêmicos. Essa expansão é possível pela *accountability* democrática (aprofundada no próximo item).

2.5.3 Consenso

Modo de atuação dos órgãos e entidades administrativas por bases e procedimentos que privilegiem o emprego de técnicas, métodos e instrumentos negociais. Marca a evolução de um modelo centrado no ato administrativo (unilateralidade) para um modelo que passa a contemplar os acordos administrativos, a negociação, a coordenação, a cooperação, a colaboração, a conciliação e a transação.

A Administração Pública volta-se para a coletividade, passando a conhecer melhor os problemas e aspirações da sociedade.

2.5.4 Inovação

Atualização dos métodos e ferramentas da evolução tecnológica na formulação e gestão das políticas públicas e na prestação de serviços público, bem como adequação do relacionamento da Administração Pública com a sociedade ao contexto da sociedade de informação com ganhos democráticos fundamentados na cocriação e na coprodução de dados e decisões, de modo a impulsionar uma nova abordagem na gestão pública fundamentada numa governação democrática e aberta.

3. *Accountability* democrática

Accountability democrática é a concepção da prestação de contas como mecanismo de acompanhamento, avaliação, controle e responsabilização dos agentes públicos, como forma de ampliar a fiscalização e o acompanhamento social da gestão pública.

No contexto contemporâneo brasileiro, sob influência da governança, a *accountability* como prestação de contas é trazida para a Administração Pública não como limite à prudência financeira e contabilística de acordo com os regulamentos e as instruções, mas como condição indispensável a uma boa gestão, funcionando como a responsabilidade do gestor público perante a sociedade no trato da coisa pública e nos interesses dos cidadãos. Em outras palavras, não se trata apenas uma prestação de contas em termos quantitativos, mas qualitativos.

Em termos qualitativos, uma prestação de contas é a que assegura: **a) a qualidade informacional** – manutenção de um fluxo de informações de fácil acesso e úteis ao exercício da cidadania, e que sejam pertinentes, confiáveis, inteligíveis e oferecidas no momento oportuno; **b) justificativa administrativa** – apresentação pública das razões da atuação administrativa de modo consistente e específico – resultados já alcançados e seus benefícios; impactos econômicos ou sociais; grau de satisfação do público-alvo; possibilidade de sustentabilidade das ações após a conclusão do objeto pactuado.

Capítulo 4

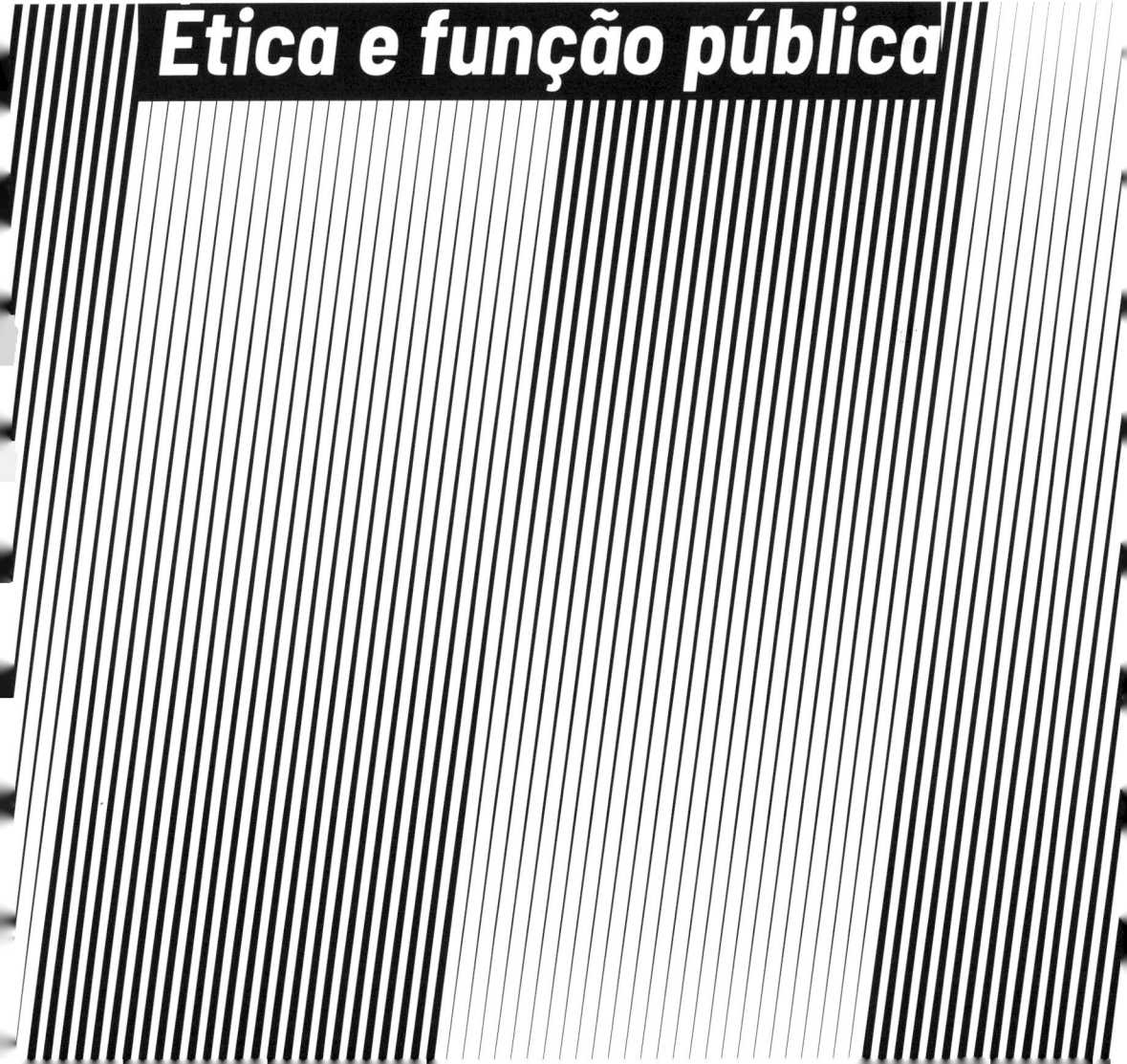

Ética e função pública

1. O que é código de ética?

O Código de Ética do Servidor Público é a normatividade de orientação de conduta ética dos agentes públicos na prática de atos administrativos das esferas federal, estadual e municipal.

A existência de prescrições normativas, impondo a obediência do princípio da moralidade e impessoalidade, seja de forma genérica, seja de forma específica, com previsão de vedações e deveres a serem cumpridos pelos agentes públicos no desempenho da função administrativa, constitui modelo mais disseminado de organização na aplicação obrigatória de um padrão ético para o setor público e contributivo da conscientização dos valores de ordem ética pelos agentes públicos.

No contexto normativo de promoção da moralidade no serviço público, surgem comandos específicos em cumprimento ao padrão ético que deve nortear a atuação dos agentes públicos. Nesse sentido, fala-se em *códigos de ética* ou *códigos de conduta* como documentos que estabelecem uma orientação ética de honestidade e responsabilidade que deve nortear o desempenho da função pública.

2. Dimensões do Código de Ética Profissional do Servidor Público Civil do Poder Executivo Federal[1]

2.1 Dimensão finalística: das regras deontológicas

I] A dignidade, o decoro, o zelo, a eficácia e a consciência dos princípios morais são primados maiores que devem nortear o servidor público, seja no exercício do cargo ou função, seja fora dele, já que refletirá o exercício da vocação do próprio poder estatal. Seus atos, comportamentos e atitudes serão direcionados para a preservação da honra e da tradição dos serviços públicos.

II] O servidor público não poderá jamais desprezar o elemento ético de sua conduta. Assim, não terá de decidir somente entre o legal e o ilegal, o justo e

---

1 Determinado pelo Decreto n. 1.171, de 22 de junho de 1994 (BRASIL. Decreto n. 1.171, de 22 de junho de 1994. **Diário Oficial da União**, Poder Executivo, Brasília, DF, 23 jun. 1994. Disponível em: <https://www.planalto.gov.br/ccivil_03/decreto/d1171.htm>. Acesso em: 10 abr. 2024).

o injusto, o conveniente e o inconveniente, o oportuno e o inoportuno, mas principalmente entre o honesto e o desonesto.

III] A moralidade da Administração Pública não se limita à distinção entre o bem e o mal, devendo ser acrescida da ideia de que o fim é sempre o bem comum. O equilíbrio entre a legalidade e a finalidade, na conduta do servidor público, é que poderá consolidar a moralidade do ato administrativo.

IV] A remuneração do servidor público é custeada pelos tributos pagos direta ou indiretamente por todos, até por ele próprio, e por isso se exige, como contrapartida, que a moralidade administrativa se integre no Direito, como elemento indissociável de sua aplicação e de sua finalidade, erigindo-se, como consequência, em fator de legalidade.

V] O trabalho desenvolvido pelo servidor público perante a comunidade deve ser entendido como acréscimo ao seu próprio bem-estar, já que, como cidadão, integrante da sociedade, o êxito desse trabalho pode ser considerado como seu maior patrimônio.

VI] A função pública deve ser tida como exercício profissional e, portanto, se integra na vida particular de cada servidor público. Assim, os fatos e atos verificados na conduta do dia a dia em sua vida privada poderão acrescer ou diminuir seu bom conceito na vida funcional.

VII] Salvo os casos de segurança nacional, as investigações policiais ou de interesse superior do Estado e da Administração Pública, a serem preservado em processo previamente declarado sigiloso, nos termos da lei, a publicidade de qualquer ato administrativo constitui requisito de eficácia e moralidade, ensejando sua omissão comprometimento ético contra o bem comum, imputável a quem a negar.

VIII] Toda pessoa tem direito à verdade. O servidor não pode omiti-la ou falseá-la, ainda que contrária aos interesses da própria pessoa interessada ou da Administração Pública. Nenhum Estado pode crescer ou estabilizar-se sobre o poder corruptivo do hábito do erro, da opressão ou da mentira, que sempre aniquilam até mesmo a dignidade humana quanto mais a de uma nação.

IX] A cortesia, a boa vontade, o cuidado e o tempo dedicados ao serviço público caracterizam o esforço pela disciplina. Tratar mal uma pessoa que paga seus tributos direta ou indiretamente significa causar-lhe dano moral. Da mesma maneira, causar dano a qualquer bem pertencente ao patrimônio público, deteriorando-o, por descuido ou má vontade, não constitui apenas uma ofensa ao equipamento e às instalações ou ao Estado, mas a todos os homens de boa vontade que dedicaram sua inteligência, seu tempo, suas esperanças e seus esforços para construí-los.

x] Deixar o servidor público qualquer pessoa à espera de solução que compete ao setor em que exerça suas funções, permitindo a formação de longas filas ou qualquer outra espécie de atraso na prestação do serviço, não caracteriza apenas atitude contra a ética ou ato de desumanidade, mas principalmente grave dano moral aos usuários dos serviços públicos.

xi] O servidor deve prestar toda a sua atenção às ordens legais de seus superiores, velando atentamente por seu cumprimento, e, assim, evitando a conduta negligente. Os repetidos erros, o descaso e o acúmulo de desvios tornam-se, às vezes, difíceis de corrigir e caracterizam até mesmo imprudência no desempenho da função pública.

xii] Toda ausência injustificada do servidor de seu local de trabalho é fator de desmoralização do serviço público, o que quase sempre conduz à desordem nas relações humanas.

xiii] O servidor que trabalha em harmonia com a estrutura organizacional respeita seus colegas e cada concidadão, colaborando e de todos podendo receber colaboração, pois sua atividade pública é a grande oportunidade para o crescimento e o engrandecimento da nação.

2.2 Dimensão material: dos principais deveres do servidor público

a] Desempenhar, a tempo, as atribuições do cargo, função ou emprego público de que seja titular.

b] Exercer suas atribuições com rapidez, perfeição e rendimento, pondo fim ou procurando prioritariamente resolver situações procrastinatórias, principalmente diante de filas ou de qualquer outra espécie de atraso na prestação dos serviços pelo setor em que exerça suas atribuições, com o fim de evitar dano moral ao usuário.

c] Ser probo, reto, leal e justo, demonstrando toda a integridade do seu caráter, escolhendo sempre, quando estiver diante de duas opções, a melhor e a mais vantajosa para o bem comum.

d] Jamais retardar qualquer prestação de contas, condição essencial da gestão dos bens, direitos e serviços da coletividade a seu cargo.

e] Tratar cuidadosamente os usuários dos serviços aperfeiçoando o processo de comunicação e contato com o público.

f] Ter consciência de que seu trabalho é regido por princípios éticos que se materializam na adequada prestação dos serviços públicos.

g] Ser cortês, ter urbanidade, disponibilidade e atenção, respeitando a capacidade e as limitações individuais de todos os usuários do serviço público, sem qualquer espécie de preconceito ou distinção de raça, sexo, nacionalidade, cor, idade, religião, cunho político e posição social, abstendo-se, dessa forma, de causar-lhes dano moral.
h] Ter respeito à hierarquia, porém sem nenhum temor de representar contra qualquer comprometimento indevido da estrutura em que se funda o Poder Estatal.
i] Resistir a todas as pressões de superiores hierárquicos, de contratantes, interessados e outros que visem obter quaisquer favores, benesses ou vantagens indevidas em decorrência de ações imorais, ilegais ou aéticas e denunciá-las.
j] Zelar, no exercício do direito de greve, pelas exigências específicas da defesa da vida e da segurança coletiva.
k] Ser assíduo e frequente ao serviço, na certeza de que sua ausência provoca danos ao trabalho ordenado, refletindo negativamente em todo o sistema;
l] Comunicar imediatamente a seus superiores todo e qualquer ato ou fato contrário ao interesse público, exigindo as providências cabíveis.
m] Manter limpo e em perfeita ordem o local de trabalho, seguindo os métodos mais adequados à sua organização e distribuição.
n] Participar dos movimentos e estudos que se relacionem com a melhoria do exercício de suas funções, tendo por escopo a realização do bem comum.
o] Apresentar-se ao trabalho com vestimentas adequadas ao exercício da função;
p] Manter-se atualizado com as instruções, as normas de serviço e a legislação pertinentes ao órgão onde exerce suas funções.
q] Cumprir, de acordo com as normas do serviço e as instruções superiores, as tarefas de seu cargo ou função, tanto quanto possível, com critério, segurança e rapidez, mantendo tudo sempre em boa ordem.
r] Facilitar a fiscalização de todos atos ou serviços por quem de direito.
s] Exercer com estrita moderação as prerrogativas funcionais que lhe sejam atribuídas, abstendo-se de fazê-lo contrariamente aos legítimos interesses dos usuários do serviço público e dos jurisdicionados administrativos.
t] Abster-se, de forma absoluta, de exercer sua função, poder ou autoridade com finalidade estranha ao interesse público, mesmo que observando as formalidades legais e não cometendo qualquer violação expressa à lei.
u] Divulgar e informar a todos os integrantes da sua classe sobre a existência desse Código de Ética, estimulando seu integral cumprimento.

2.3 Dimensão proibitiva: das vedações ao servidor público

a) Usar do cargo ou função, facilidades, amizades, tempo, posição e influências, para obter qualquer favorecimento, para si ou para outrem.
b) Prejudicar deliberadamente a reputação de outros servidores ou de cidadãos que deles dependam.
c) Ser, em função de seu espírito de solidariedade, conivente com erro ou infração a este Código de Ética ou ao Código de Ética de sua profissão.
d) Usar de artifícios para procrastinar ou dificultar o exercício regular de direito por qualquer pessoa, causando-lhe dano moral ou material.
e) Deixar de utilizar os avanços técnicos e científicos ao seu alcance ou do seu conhecimento para atendimento do seu mister.
f) Permitir que perseguições, simpatias, antipatias, caprichos, paixões ou interesses de ordem pessoal interfiram no trato com o público, com os jurisdicionados administrativos ou com colegas hierarquicamente superiores ou inferiores.
g) Pleitear, solicitar, provocar, sugerir ou receber qualquer tipo de ajuda financeira, gratificação, prêmio, comissão, doação ou vantagem de qualquer espécie, para si, familiares ou qualquer pessoa, para o cumprimento da sua missão ou para influenciar outro servidor para o mesmo fim.
h) Alterar ou deturpar o teor de documentos que deva encaminhar para providências.
i) Iludir ou tentar iludir qualquer pessoa que necessite do atendimento em serviços públicos.
j) Desviar servidor público para atendimento a interesse particular.
k) Retirar da repartição pública, sem estar legalmente autorizado, qualquer documento, livro ou bem pertencente ao patrimônio público.
l) Fazer uso de informações privilegiadas obtidas no âmbito interno de seu serviço, em benefício próprio, de parentes, de amigos ou de terceiros.
m) Apresentar-se embriagado no serviço ou fora dele habitualmente.
n) Dar o seu concurso a qualquer instituição que atente contra a moral, a honestidade ou a dignidade da pessoa humana.
o) Exercer atividade profissional aética ou ligar o seu nome a empreendimentos de cunho duvidoso.

2.4 Dimensão punitiva: das comissões de ética

a] **Funções:** orientar e aconselhar sobre a ética profissional do servidor, no tratamento com as pessoas e com o patrimônio público, competindo-lhe conhecer concretamente de imputação ou de procedimento susceptível de censura; fornecer, aos organismos encarregados da execução do quadro de carreira dos servidores, os registros sobre sua conduta ética, para o efeito de instruir e fundamentar promoções e para todos os demais procedimentos próprios da carreira do servidor público.
b] **Pena aplicável:** é a de censura e sua fundamentação constará do respectivo parecer, assinado por todos os seus integrantes, com ciência do faltoso.
c] **Conceito de servidor público:** todo aquele que, por força de lei, contrato ou de qualquer ato jurídico, preste serviços de natureza permanente, temporária ou excepcional, ainda que sem retribuição financeira, desde que ligado direta ou indiretamente a qualquer órgão do poder estatal, como as autarquias, as fundações públicas, as entidades paraestatais, as empresas públicas e as sociedades de economia mista, ou em qualquer setor onde prevaleça o interesse do Estado.

3. Dimensões do Código de Conduta da Alta Administração Federal

3.1 Dimensão finalística do Código de Conduta da Alta Administração Federal

I] Tornar claras as regras éticas de conduta das autoridades da alta Administração Pública Federal, para que a sociedade possa aferir a integridade e a lisura do processo decisório governamental.
II] Contribuir para o aperfeiçoamento dos padrões éticos da Administração Pública Federal, a partir do exemplo dado pelas autoridades de nível hierárquico superior.
III] Preservar a imagem e a reputação do administrador público, cuja conduta esteja de acordo com as normas éticas estabelecidas nesse Código.
IV] Estabelecer regras básicas sobre conflitos de interesses públicos e privados e limitações às atividades profissionais posteriores ao exercício de cargo público.

v) Minimizar a possibilidade de conflito entre o interesse privado e o dever funcional das autoridades públicas da Administração Pública Federal.
vi) Criar mecanismo de consulta, destinado a possibilitar o prévio e pronto esclarecimento de dúvidas quanto à conduta ética do administrador.

3.2 Dimensão subjetiva do Código de Conduta da Alta Administração Federal

a) **Conceito:** são os destinatários do Código de Conduta da Alta Administração Federal.
b) **Sujeitos:** ministros e secretários de Estado; titulares de cargos de natureza especial, secretários-executivos, secretários ou autoridades equivalentes ocupantes de cargo do Grupo-Direção e Assessoramento Superiores (DAS), nível seis; presidentes e diretores de agências nacionais, autarquias, inclusive as especiais, fundações mantidas pelo Poder Público, pelas empresas públicas e pelas sociedades de economia mista.

3.3 Dimensão material do Código de Conduta da Alta Administração Federal

a) **Atuação no exercício funcional:** observância dos padrões da ética, sobretudo no que diz respeito à integridade, à moralidade, à clareza de posições e ao decoro, com vistas a motivar o respeito e a confiança do público em geral. Os padrões éticos são exigidos da autoridade pública na relação entre suas atividades públicas e privadas, de modo a prevenir eventuais conflitos de interesses.
b) **Comunicação imediata da alteração patrimonial relevante:** I – atos de gestão patrimonial que envolvam: a) transferência de bens a cônjuge, ascendente, descendente ou parente na linha colateral; b) aquisição, direta ou indireta, do controle de empresa; ou c) outras alterações significativas ou relevantes no valor ou na natureza do patrimônio; II – atos de gestão de bens, cujo valor possa ser substancialmente alterado por decisão ou política governamental.

3.4 Dimensão proibitiva do Código de Conduta da Alta Administração Federal

a] **Vedação de investimento:** é vedado o investimento em bens cujo valor ou cotação possa ser afetado por decisão ou política governamental a respeito da qual a autoridade pública tenha informações privilegiadas, em razão do cargo ou função, inclusive investimentos de renda variável ou em *commodities*, contratos futuros e moedas para fim especulativo, excetuadas aplicações em modalidades de investimento que a CEP venha a especificar. Em caso de dúvida, a CEP poderá solicitar informações adicionais e esclarecimentos sobre alterações patrimoniais a ela comunicadas pela autoridade pública ou que, por qualquer outro meio, cheguem ao seu conhecimento. A autoridade pública poderá consultar previamente a CEP a respeito de ato específico de gestão de bens que pretenda realizar. A fim de preservar o caráter sigiloso das informações pertinentes à situação patrimonial da autoridade pública, as comunicações e consultas, após serem conferidas e respondidas, serão acondicionadas em envelope lacrado, que somente poderá ser aberto por determinação da Comissão.

b] **Publicidade:** a autoridade pública que mantiver participação superior a 5% (cinco por cento) do capital de sociedade de economia mista, de instituição financeira, ou de empresa que negocie com o Poder Público, tornará público esse fato.

c] **Não recebimento:** a autoridade pública não poderá receber salário ou qualquer outra remuneração de fonte privada em desacordo com a lei, nem receber transporte, hospedagem ou quaisquer favores de particulares de forma a permitir situação que possa gerar dúvida sobre a sua probidade ou honorabilidade. É permitida a participação em seminários, congressos e eventos semelhantes, desde que tornada pública eventual remuneração, bem como o pagamento das despesas de viagem pelo promotor do evento, o qual não poderá ter interesse em decisão a ser tomada pela autoridade.

d] **Exercício não remunerado:** é permitido à autoridade pública o exercício não remunerado de encargo de mandatário, desde que não implique a prática de atos de comércio ou quaisquer outros incompatíveis com o exercício do seu cargo ou função, nos termos da lei.

e] **Presentes:** é vedada à autoridade pública a aceitação de presentes, salvo de autoridades estrangeiras nos casos protocolares em que houver reciprocidade. Não se consideram presentes para os fins deste artigo os brindes que: I – não tenham valor comercial; ou II – distribuídos por entidades de qualquer natureza a título de cortesia, propaganda, divulgação habitual ou por ocasião de eventos especiais ou datas comemorativas, não ultrapassem o valor de R$ 100,00 (cem reais).

f] **Conflito de interesses**: no relacionamento com outros órgãos e funcionários da administração, a autoridade pública deverá esclarecer a existência de eventual conflito de interesses, bem como comunicar qualquer circunstância ou fato impeditivo de sua participação em decisão coletiva ou em órgão colegiado.

g] **Divergências**: as divergências entre autoridades públicas serão resolvidas internamente, mediante coordenação administrativa, não lhes cabendo manifestar-se publicamente sobre matéria que não seja afeta a sua área de competência.

h] **Vedação de opinião pública**: é vedado à autoridade pública opinar publicamente a respeito: I – da honorabilidade e do desempenho funcional de outra autoridade pública federal; II – do mérito de questão que lhe será submetida, para decisão individual ou em órgão colegiado.

i] **Vedação de divulgação**: é vedado à autoridade pública divulgar, sem autorização do órgão competente da empresa estatal federal, informação que possa causar impacto na cotação dos títulos da referida empresa e em suas relações com o mercado ou com consumidores e fornecedores, à qual caberá: I – resguardar o sigilo das informações relativas a ato ou fato relevante às quais tenha acesso privilegiado em razão do cargo, função ou emprego público que ocupe até a divulgação ao mercado; II – comunicar qualquer ato ou fato relevante de que tenha conhecimento ao Diretor de Relações com investidores da empresa estatal federal, que promoverá sua divulgação ou, na hipótese de omissão deste, à Comissão de Valores Mobiliários (CVM).

j] **Vedação após deixar cargo**: após deixar o cargo, a autoridade pública não poderá: I – atuar em benefício ou em nome de pessoa física ou jurídica, inclusive sindicato ou associação de classe, em processo ou negócio do qual tenha participado, em razão do cargo; II – prestar consultoria a pessoa física ou jurídica, inclusive sindicato ou associação de classe, valendo-se de informações não divulgadas publicamente a respeito de programas ou políticas do órgão ou da entidade da Administração Pública Federal a que esteve vinculado ou com que tenha tido relacionamento direto e relevante nos seis meses anteriores ao término do exercício de função pública.

k] **Interdição**: na ausência de lei dispondo sobre prazo diverso, será de quatro meses, contados da exoneração, o período de interdição para atividade incompatível com o cargo anteriormente exercido, obrigando-se a autoridade pública a observar, neste prazo, as seguintes regras: I – não aceitar cargo de administrador ou conselheiro ou estabelecer vínculo profissional com pessoa física ou jurídica com a qual tenha mantido relacionamento oficial direto e relevante nos seis meses anteriores à exoneração; II – não intervir, em benefício ou em nome de pessoa física ou jurídica, junto a órgão ou entidade da

Administração Pública Federal com que tenha tido relacionamento oficial direto e relevante nos seis meses anteriores à exoneração.

3.5 Dimensão punitiva do Código de Conduta da Alta Administração Federal

a] **Critério**: as providências aplicáveis na violação das normas dependem da gravidade da conduta.
b] **Providências**: I – advertência, aplicável às autoridades no exercício do cargo; II – censura ética, aplicável às autoridades que já tiverem deixado o cargo. As sanções serão aplicadas pela CEP, que, conforme o caso, poderá encaminhar sugestão de demissão à autoridade hierarquicamente superior.
c] **Processo de apuração**: será instaurado pela CEP, de ofício ou em razão de denúncia fundamentada, desde que haja indícios suficientes. A autoridade pública será oficiada para manifestar-se no prazo de cinco dias. O eventual denunciante, a própria autoridade pública, bem assim a CEP, de ofício, poderão produzir prova documental. A CEP poderá promover as diligências que considerar necessárias, bem assim solicitar parecer de especialista quando julgar imprescindível. Concluídas as diligências, a CEP oficiará a autoridade pública para nova manifestação, no prazo de três dias. Se a CEP concluir pela procedência da denúncia, adotará uma das penalidades (advertência/censura ética), com comunicação ao denunciado e ao seu superior hierárquico.
d] **Recomendações**: a CEP, se entender necessário, poderá fazer recomendações ou sugerir ao presidente da República normas complementares, interpretativas e orientadoras das disposições desse Código, bem assim responderá às consultas formuladas por autoridades públicas sobre situações específicas.

4. Condutas vedadas aos agentes públicos em campanhas eleitorais

4.1 Noções gerais

a] **Previsão normativa**: arts. 73 a 78 da Lei n. 9.504/1997.[2]

---

2   BRASIL. Lei n. 9.504, de 30 de setembro de 1997. **Diário Oficial da União**, Poder Legislativo, Brasília, DF, 1º out. 1997. Disponível em: <https://www.planalto.gov.br/ccivil_03/leis/l9504.htm>. Acesso em: 10 abr. 2024.

b) **Natureza do rol**: taxativo, não se admitindo interpretação extensiva ou ampliativa.
c) **Agentes públicos**: quem exerce, ainda que transitoriamente ou sem remuneração, por eleição, nomeação, designação, contratação ou qualquer outra forma de investidura ou vínculo, mandato, cargo, emprego ou função nos órgãos ou entidades da Administração Pública Direta, Indireta, ou Fundacional.
d) **Abrangência dos agentes públicos**: agentes políticos, servidores públicos, militares, e particulares que colaboram com o Estado.
e) **Bem jurídico**: igualdade de oportunidades entre candidatos nos pleitos eleitorais.
f) **Demonstração de dano efetivo**: não é necessária; "só a prática da conduta vedada estabelece presunção objetiva da desigualdade"[3].
g) **Sanção aplicável**: deve observar proporcionalidade; suspensão imediata da conduta vedada, quando for o caso, e sujeitará os responsáveis a multa no valor de cinco a cem mil UFIR. As multas de serão duplicadas a cada reincidência.

4.2 Condutas em espécie

4.2.1 Uso ou cessão de bens públicos (art. 73, I, da Lei n. 9.504/1997)

É proibido ceder ou usar, em benefício de candidato, partido político ou coligação, bens móveis ou imóveis pertencentes à administração direta ou indireta da União, dos Estados, do Distrito Federal, dos Territórios e dos Municípios (bens de uso especial, dominiais e por afetação), ressalvada a realização de convenção partidária.

4.2.2 Uso de materiais ou serviços públicos (art. 73, II, da Lei n. 9.504/1997)

É proibido usar materiais ou serviços, custeados pelos governos ou casas legislativas, que excedam as prerrogativas consignadas nos regimentos e normas dos órgãos que integram (aspecto temporal: qualquer tempo).

---

3 BRASIL. Tribunal Superior Eleitoral. **Ag. n. 4.246/MS**. Data de publicação: *Diário da Justiça*, 16 set. 2005. Disponível em: <https://www.lexml.gov.br/urn/urn:lex:br:tribunal.superior.eleitoral;plenario:acordao;ag:2005-05-24;ag-4246>. Acesso em: 16 out. 2024.

4.2.3 Uso ou cessão de servidores públicos (art. 73, III, da Lei n. 9.504/1997)

É proibido ceder servidor público ou empregado da administração direta ou indireta federal, estadual ou municipal do Poder Executivo, ou usar de seus serviços para comitês de campanha eleitoral de candidato, partido político ou coligação durante o horário de expediente normal, salvo se o servidor ou empregado estiver licenciado. Só pode ocorrer durante o período eleitoral, entre o registro de candidatura e as eleições.

4.2.4 Uso promocional de bens ou serviços públicos (art. 73, IV, da Lei n. 9.504/1997)

É proibido fazer ou permitir uso promocional em favor de candidato, partido político ou coligação, de distribuição gratuita de bens e serviços de caráter social custeados ou subvencionados pelo Poder Público. Não é possível no ano em que se realizar eleição a distribuição gratuita de bens, valores ou benefícios por parte da Administração Pública, exceto nos casos de calamidade pública, de estado de emergência ou de programas sociais autorizados em lei e já em execução orçamentária no exercício anterior, casos em que o Ministério Público poderá promover o acompanhamento de sua execução financeira e administrativa.

4.2.5 Transferência de servidores em período eleitoral (art. 73, V, da Lei n. 9.504/1997)

É proibido nomear, contratar ou de qualquer forma admitir, demitir sem justa causa, suprimir ou readaptar vantagens ou por outros meios dificultar ou impedir o exercício funcional e, ainda, *ex officio*, remover, transferir ou exonerar servidor público (não inclui agentes políticos e os particulares em colaboração com o Estado), na circunscrição do pleito, nos três meses que o antecedem e até a posse dos eleitos, sob pena de nulidade de pleno direito, ressalvados: a) a nomeação ou exoneração de cargos em comissão e designação ou dispensa de funções de confiança; b) a nomeação para cargos do Poder Judiciário, do Ministério Público, dos Tribunais ou Conselhos de Contas e dos órgãos da Presidência da República; c) a nomeação dos aprovados em concursos públicos homologados até o início daquele prazo; d) a nomeação ou contratação necessária à instalação ou ao funcionamento inadiável de serviços públicos essenciais, com prévia e expressa autorização do Chefe do Poder Executivo; e) a transferência ou remoção *ex officio* de militares, policiais civis e de agentes penitenciários.

4.2.6 Transferência voluntária de recursos (art. 73, VI, "a", da Lei n. 9.504/1997)

É proibido nos três meses que antecedem o pleito realizar transferência voluntária de recursos da União aos Estados e Municípios, e dos Estados aos Municípios, sob pena de nulidade de pleno direito, ressalvados os recursos destinados a cumprir obrigação formal preexistente para execução de obra ou serviço em andamento e com cronograma prefixado, e os destinados a atender situações de emergência e de calamidade pública.

4.2.7 Autorização de publicidade institucional (art. 73, VI, "b", da Lei n. 9.504/1997)

É proibido nos três meses que antecedem o pleito, com exceção da propaganda de produtos e serviços que tenham concorrência no mercado, autorizar publicidade institucional dos atos, programas, obras, serviços e campanhas dos órgãos públicos federais, estaduais ou municipais, ou das respectivas entidades da Administração Indireta, salvo em caso de grave e urgente necessidade pública, assim reconhecida pela Justiça Eleitoral.

4.2.8 Pronunciamento em rádio e televisão (art. 73, VI, "c", da Lei n. 9.504/1997)

É proibido nos três meses que antecedem o pleito fazer pronunciamento em cadeia (mensagem vai ao ar em todos os canais simultaneamente) de rádio e televisão, fora do horário eleitoral gratuito, salvo quando, a critério da Justiça Eleitoral, tratar-se de matéria urgente, relevante e característica das funções de governo. Está incluída na proibição as inserções ou intercalações feitas na programação normal das emissoras.

4.2.9 Publicidade institucional (art. 73, VII, da Lei n. 9.504/1997)

É proibido empenhar, no primeiro semestre do ano de eleição (meses de janeiro a junho), despesas com publicidade dos órgãos públicos federais, estaduais ou municipais, ou das respectivas entidades da Administração Indireta, que excedam a 6 (seis) vezes a média mensal dos valores empenhados e não cancelados nos 3 (três) últimos anos que antecedem o pleito.

4.2.10 Revisão geral da remuneração do servidores (art. 73, VIII, da Lei n. 9.504/1997)

É proibido fazer, na circunscrição do pleito, revisão geral da remuneração dos servidores públicos que exceda a recomposição da perda de seu poder aquisitivo ao longo do ano da eleição, a partir a partir de 5 de abril de 2016 até a posse dos eleitos.

4.2.11 Distribuição gratuita de bens, valores ou benefícios (art. 73, §§ 10 e 11, da Lei n. 9.504/1997)

No ano em que se realizar eleição, fica proibida a distribuição gratuita de bens, valores ou benefícios por parte da Administração Pública, exceto nos casos de calamidade pública, de estado de emergência ou de programas sociais autorizados em lei e já em execução orçamentária no exercício anterior, casos em que o Ministério Público poderá promover o acompanhamento de sua execução financeira e administrativa. Nos anos eleitorais, os programas sociais não poderão ser executados por entidade nominalmente vinculada a candidato ou por esse mantida.

4.2.12 Contratação artística

É proibido nos três meses que antecederem as eleições, na realização de inaugurações é vedada a contratação de *shows* artísticos pagos com recursos públicos. O descumprimento sujeita o candidato beneficiado, agente público ou não, à cassação do registro ou do diploma, sem prejuízo da suspensão imediata do ato. A conduta do agente público também pode ser enquadrada como ato de improbidade administrativa, conforme previsão constante dos arts. 10 e 11 da Lei n. 8.429/1992.

4.2.13 Inauguração de obra pública

É proibido a qualquer candidato comparecer, nos 3 (três) meses que precedem o pleito, a inaugurações de obras públicas. A inobservância sujeita o infrator à cassação do registro ou do diploma.

Capítulo 5
Ética e integridade

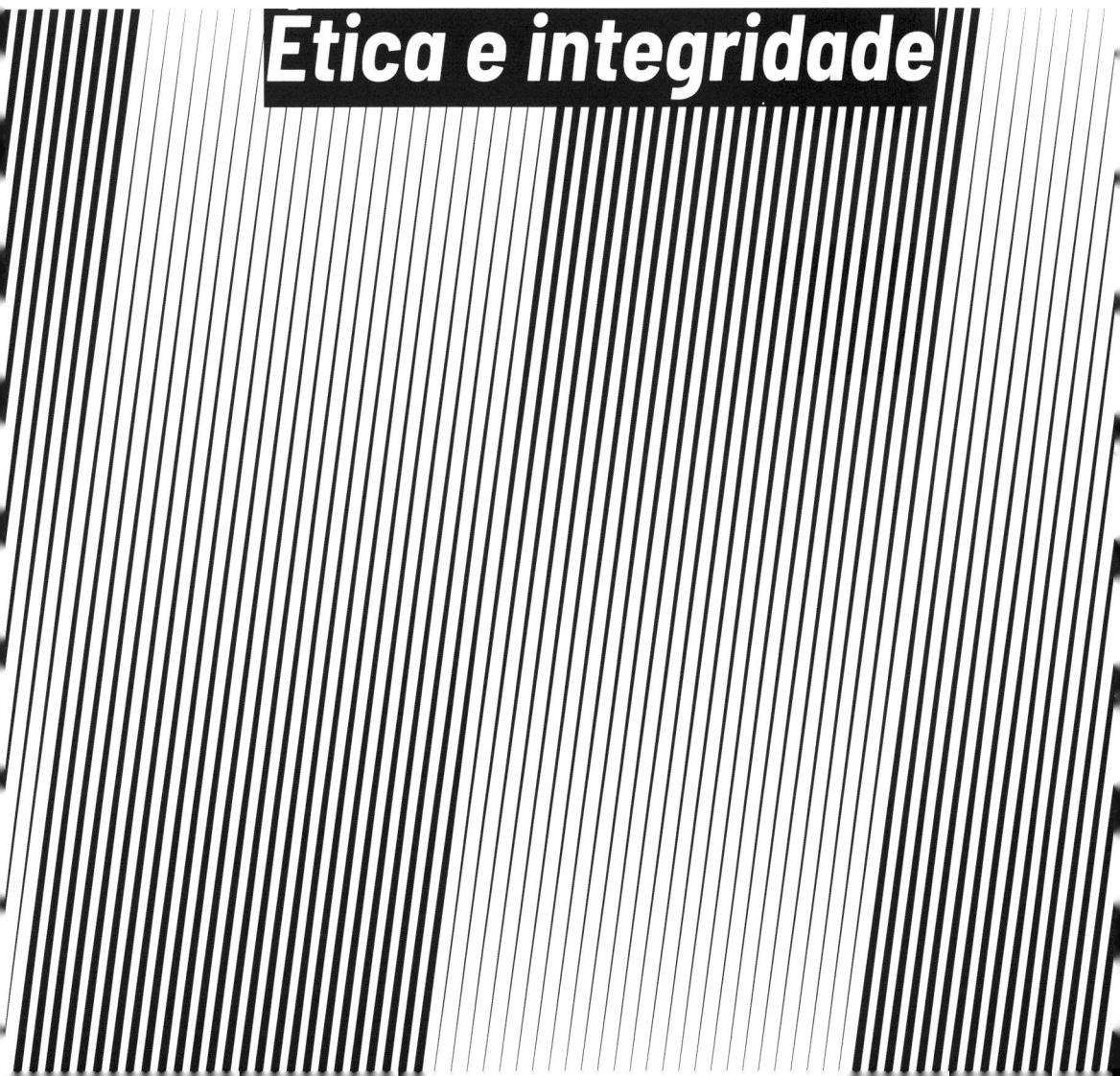

7. Governança pública (Decreto n. 9.203/2017[1])

A introdução da ideia da governança implica a ressignificação da própria gestão pública focada na interação de diversos atores em torno da explicitação e promoção do interesse coletivo.

Considerar a gestão pública, na perspectiva da governança, pressupõe entender um novo formato da relação entre Administração Pública e sociedade que adéque os meios administrativos aos objetivos de desenvolvimento inclusivo e sustentável, enfatizando a cidadania social, em termos de democracia e efetividade.

A governança vem a ser a viabilização de uma esfera pública de cogestão dos recursos públicos para aproximação da sociedade e a Administração Pública com a elaboração de um consenso cidadão, por meio do qual a representação política tradicional, bem como diferentes atores e organizações, podem elaborar programas de ação e de políticas públicas coordenadas e articuladas num processo que leve à construção coletiva de soluções.

Nesse contexto, surge o Decreto n. 9.203/2017 que estabelece a política de governança da Administração Pública Federal, formada por um conjunto dos seguintes mecanismos:

- **Liderança** – conjunto de práticas de natureza humana ou comportamental exercida nos principais cargos das organizações, para assegurar a existência das condições mínimas para o exercício da boa governança, quais sejam: integridade; competência; responsabilidade; motivação.
- **Estratégia** – compreende a definição de diretrizes, objetivos, planos e ações, além de critérios de priorização e alinhamento entre organizações e partes interessadas, para que os serviços e produtos de responsabilidade da organização alcancem o resultado pretendido.
- **Controle** – compreende processos estruturados para mitigar os possíveis riscos com vistas ao alcance dos objetivos institucionais e para garantir a execução ordenada, ética, econômica, eficiente e eficaz das atividades da organização, com preservação da legalidade e da economicidade no dispêndio de recursos públicos) postos em prática para avaliar, direcionar e monitorar a gestão, com vistas à condução de políticas públicas e à prestação de serviços de interesse da sociedade.

---

1 BRASIL. Decreto n. 9.203, de 22 de novembro de 2017. **Diário Oficial da União**, Poder Executivo, Brasília, DF, 23 nov. 2017. Disponível em: <https://www.planalto.gov.br/ccivil_03/_ato2015-2018/2017/decreto/d9203.htm>. Acesso em: 24 fev. 2025.

- **Valor público** – produtos e resultados gerados, preservados ou entregues pelas atividades de uma organização que representem respostas efetivas e úteis às necessidades ou às demandas de interesse público que modifiquem aspectos do conjunto da sociedade ou de alguns grupos específicos reconhecidos como destinatários legítimos de bens e serviços públicos.
- **Abertura à construção horizontalizada de iniciativas e de instrumentos para aprimoramento da governança do Poder Executivo Federal** – não há exercício unilateral de poder[2], mas ações coordenadas de interesses para resolução de problemas e tomada de decisões políticas, a fim de possibilitar o planejamento contínuo e harmonioso de novas estruturas de coordenação social e de interação entre atores públicos e privados[3].

A governança pública amplia a perspectiva de participação dos cidadãos-clientes à escolha ou controle dos bens ou serviços, para uma participação que reflita a influência dos membros da sociedade na gestão pública como cidadãos. Ela substitui as relações hierárquicas entre Estado e sociedade e amplia os mecanismos para formação de preferências e para deliberação em torno da explicitação e promoção do interesse coletivo.

São princípios da governança pública:

a] **Capacidade de resposta** – ser responsivo, ou seja, atender de forma eficiente e eficaz às necessidades dos cidadãos. É necessário direcionar ações para a busca de resultados para a sociedade, encontrando soluções tempestivas e inovadoras para lidar com a limitação de recursos e com as mudanças de prioridades. Deve ser promovida a simplificação administrativa, a modernização da gestão pública e a integração dos serviços públicos, especialmente aqueles prestados por meio eletrônico.

b] **Integridade** – pressupõe que, quanto mais a economia for produtiva, mais eficiente será o setor público e mais inclusiva será a sociedade[4]. Deve existir

---

2   THORELLI, Hans. Networks: between Markets and Hierarchies. **Strategic Management Journal**, v. 7, n. 1, p. 37-51, 1986. Disponível em: <https://www.deepdyve.com/lp/wiley/networks-between-markets-and-hierarchies-xPwnq0U4Nm>. Acesso em: 24 fev. 2025.

3   "Governance é caracterizado pelo envolvimento no processo de fazer política, das autoridades estatais e locais, bem como o setor de negócios, os sindicatos de trabalhadores e os agentes da sociedade civil, tais como ONGs e os movimentos populares" (KAZANCIGIL, Ali. A regulação social e a governança democrática da mundialização. In: MILANI, Carlos; ARTURI, Carlos; SOLINÍS, Germán (Org.). **Democracia e governança mundial**: regulações para o século XXI. Porto Alegre: Ed. Universidade/UFRGS/Unesco, 2002; CZEMPIEL, Ernst-Otto. Governança e democratização. In: ROSENAU, James N. **Governança sem governo**: ordem e transformação na política mundial. Tradução de Sergio Bath. São Paulo: Ed. da UnB; Imprensa Oficial do Estado, 2000. p. 363-392.

4   OECD – Organization for Economic Co-operation and Development. **OECD Integrity Review of Brazil**: Managing Risks for a Cleaner Public Service. Paris: OECD Publishing, 2012. Disponível em: <https://www.oecd.org/content/dam/oecd/en/publications/reports/2012/11/oecd-integrity-review-of-brazil_g1g14801/9789264119321-en.pdf>. Acesso em: 245 fev. 2025.

um alinhamento consistente e à adesão de valores, princípios e normas éticas comuns para sustentar e priorizar o interesse público sobre os interesses privados no setor público[5]. Deve-se implementar controles internos fundamentados na gestão de risco, que privilegiará ações estratégicas de prevenção antes de processos sancionadores. Precisa fazer incorporar padrões elevados de conduta pela alta administração para orientar o comportamento dos agentes públicos, em consonância com as funções e as atribuições de seus órgãos e de suas entidades.

c] **Confiabilidade** – representa a capacidade das instituições de minimizar as incertezas para os cidadãos nos ambientes econômico, social e político[6]. É necessário monitorar o desempenho e avaliar a concepção, a implementação e os resultados das políticas e das ações prioritárias para assegurar que as diretrizes estratégicas sejam observadas. É importante articular instituições e coordenar processos para melhorar a integração entre os diferentes níveis e esferas do setor público, com vistas a gerar, preservar e entregar valor público.

d] **Melhoria regulatória** – representa o desenvolvimento e a avaliação de políticas e de atos normativos em um processo transparente, fundamentado em evidências e orientado pela visão de cidadãos e partes diretamente interessadas[7]. É necessário avaliar as propostas de criação, expansão ou aperfeiçoamento de políticas públicas e de concessão de incentivos fiscais e aferir, sempre que possível, seus custos e benefícios. É preciso manter o processo decisório orientado pelas evidências, pela conformidade legal, pela qualidade regulatória, pela desburocratização e pelo apoio à participação da sociedade. É preciso editar e revisar atos normativos, pautando-se pelas boas práticas regulatórias e pela legitimidade, estabilidade e coerência do ordenamento jurídico e realizando consultas públicas sempre que conveniente.

e] **Prestação de contas e responsabilidade** – é a responsabilidade democrática da Administração Pública, traduzida no dever de prestação de contas que permita o acompanhamento público da atuação administrativa com esclarecimento compartilhado da gestão dos assuntos públicos. Não é apenas uma prestação

---

5   OCDE – Organização para a Cooperação e Desenvolvimento Econômico. **Recomendação do Conselho da OCDE sobre integridade pública**. Paris: OECD Publishing, 2017. Disponível em: <https://repositorio.cgu.gov.br/xmlui/bitstream/handle/1/69726/Recomenda%c3%a7%c3%a3o_do_Conselho_da_OCDE_sobre_Integridade_P%c3%bablica.pdf?sequence=1&isAllowed=y>. Acesso em: 24 fev. 2025.

6   OECD – Organization for Economic Co-operation and Development. **Trust and Public Policy**: how Better Governance can Help Rebuild Public Trust. Paris: OECD Publishing, 2017. Disponível em: <https://www.oecd.org/en/publications/trust-and-public-policy_9789264268920-en.html>. Acesso em: 24 fev. 2025.

7   EUROPEAN COMISSION. **Better Regulation**: Delivering Better Results for a Stronger Union. Bruxelas: European Comission, Setp. 14th 2016. (Communication from the Commission). Disponível em: <https://eur-lex.europa.eu/legal-content/EN/TXT/PDF/?uri=CELEX:52017XC0119(01)>. Acesso em: 24 fev. 2025.

de contas em termos quantitativos, mas qualitativos, no sentido de buscar reduzir a assimetria informacional entre o gestor público e os cidadãos e aumentar o controle social sobre a eficácia, eficiência e efetividade das estruturas administrativas[8]. É necessário definir formalmente as funções, as competências e as responsabilidades das estruturas e dos arranjos institucionais.

f] **Transparência** – significa clareza no funcionamento das instituições públicas, seus resultados e respectivos meios utilizados para alcançá-los e, por extensão, a compreensão de onde, como, quanto e por que o dinheiro do povo está sendo gasto, permitindo o acompanhamento das ações da Administração Pública pela sociedade. Pressupõe a comunicação aberta, voluntária e transparente das atividades e dos resultados da organização, de maneira a fortalecer o acesso público à informação. Ao possibilitar, além do conhecimento, a compreensão da atividade pública, a transparência funciona como pré-condição de uma relação consciente entre Administração Pública e a sociedade, para a realização da cidadania[9].

Na condução da política de governança da Administração Pública Federal, é previsto o **Comitê Interministerial de Governança (CIG)**, órgão colegiado responsável pelo assessoramento do presidente da República na condução da política, e que poderá instituir grupos de trabalho específicos para assessorá-lo no cumprimento das suas competências. Na implementação da política de governança da Administração Pública Federal, é prevista a **Alta Administração**; os executores da política são os órgãos e entidades da Administração Pública Federal, e quem promove e monitora a política é **Comitê Interno de Governança**.

Na política de governança, há a previsão da **unidade de gestão da integridade** que vai coordenar a estruturação, a execução e o monitoramento do programa de integridade, com o objetivo de promover a adoção de medidas e ações institucionais destinadas à prevenção, à detecção, à punição e à remediação de fraudes e atos de corrupção.

Programa de Integridade é o conjunto estruturado de ações e medidas institucionais para prevenção, detecção e punição de práticas de corrupção, fraude, desvios éticos e outros ilícitos. Em outras palavras, trata-se de mecanismos e procedimentos internos utilizados pela instituição, visando fomentar uma cultura ética e de integridade, com políticas e práticas voltadas à transparência pública, à implementação de controles e à responsabilização dos agentes públicos, entre outros.

---

8 LUCENA, Wenner Glaucio Lopes. **Avaliação de desempenho no setor público**: aplicação de modelos no Ministério da Ciência e Tecnologia. 2011. 367 f. Tese (Doutorado em Ciências Contábeis) – Programa Multi-Institucional e Inter-Regional de Pós-Graduação em Ciências Contábeis, UnB/UFPB/UFRN. João Pessoa: UnB; UFPB; UFRN, 2011.

9 FACCIOLI, Franco. **Communicazione pubblica e cultura del servizio**. Roma: Carocci, 2000. p. 48.

O Programa de Integridade, instrumento de combate à corrupção, fraudes e demais ilicitudes contra a Administração Pública, é apoiado em quatro eixos: 1) comprometimento e apoio da alta administração; 2) existência de unidade responsável pela implementação no órgão ou na entidade; 3) análise, avaliação e gestão dos riscos associados ao tema da integridade; 4) monitoramento contínuo dos atributos do programa de integridade.

2. Sistema de Integridade, Transparência e Acesso à Informação da Administração Pública Federal – SITAI (Decreto n. 11.529/2023[10])

Integridade diz respeito à qualidade ou virtude de determinada organização e de seus agentes quando atuam de maneira proba, sem desvios, visando à promoção de boas práticas corporativas e à prevenção de ocorrência de fraudes, atos de corrupção, entre outros. É a demonstração de comprometimento com a ética, a transparência e com a governança corporativa.

Uma espécie de integridade é a integridade pública, entendida como um conjunto de arranjos institucionais que visam fazer com que a Administração Pública não se desvie de seu objetivo precípuo: entregar os resultados esperados pela população de forma adequada, imparcial e eficiente.

A corrupção impede que tais resultados sejam atingidos e compromete, em última instância, a própria credibilidade das instituições públicas[11]. A integridade pública é o respeito à sociedade como um todo, representando um órgão ou uma entidade pública pautada por princípios éticos, livre de irregularidades e de corrupção.

Neste contexto, o Decreto n. 11.529/2023 criou o Sistema de Integridade, Transparência e Acesso à Informação da Administração Pública Federal (SITAI) como a instância responsável por coordenar e articular as atividades relativas à integridade, à transparência e ao acesso à informação, aumentar a simetria

---

10 BRASIL. Decreto n. 11.529, de 16 de maio de 2023. **Diário Oficial da União**, Poder Executivo, Brasília, DF, 17 maio 2023. Disponível em: <https://www.planalto.gov.br/ccivil_03/_ato2023-2026/2023/decreto/D11529.htm>. Acesso em: 24 fev. 2025.

11 BRASIL. Controladoria-Geral da União. **Guia de Integridade Pública**: orientações para a Administração Pública Federal – direta, autárquica e fundacional. set. 2015. Disponível em: <https://repositorio.cgu.gov.br/bitstream/1/41665/12/2015cgu_guia-de-integridade-publica.pdf>. Acesso em: 24 fev. 2025.

de informações e dados nas relações entre a administração pública federal e a sociedade, bem como por estabelecer padrões para as práticas e as medidas relacionadas a essas temáticas, no âmbito dos órgãos e das entidades da administração pública federal direta, autárquica e fundacional.

O SITAI é composto por dois órgãos: **1) órgão central** – Controladoria-Geral da União; **2) unidades setoriais** – responsáveis pela gestão da integridade, da transparência e do acesso à informação: a) as unidades nos órgãos e nas entidades da Administração Pública Federal direta, que são as assessorias especiais de controle interno; b) as unidades nos órgãos e nas entidades da administração pública federal autárquica e fundacional.

O **Programa de integridade** é o conjunto de princípios, normas, procedimentos e mecanismos de prevenção, detecção e remediação de práticas de corrupção e fraude, de irregularidades, ilícitos e outros desvios éticos e de conduta, de violação ou desrespeito a direitos, valores e princípios que impactem a confiança, a credibilidade e a reputação institucional. Tem o objetivo de promover a conformidade de condutas, a transparência, a priorização do interesse público e uma cultura organizacional voltada à entrega de valor público à sociedade.

O **Plano de integridade** é o que organiza as medidas de integridade a serem adotadas em determinado período, elaborado por unidade setorial do SITAI e aprovado pela autoridade máxima do órgão ou da entidade.

As **funções de integridade** são as constantes nos sistemas de corregedoria, ouvidoria, controle interno, gestão da ética, transparência e outras essenciais ao funcionamento do programa de integridade.

3. Da Política de Transparência e Acesso à Informação da Administração Pública Federal (Decreto n. 11.529/2023)

A transparência é a característica da Administração Pública de ser visível nos seus planos, regras, processos e ações. Nesse atributo, a concepção da transparência envolve o fluxo incremental de informações oportunas e confiáveis sobre a coesão econômica, social e política, acessível a todas as partes interessadas, que permitam aos cidadãos a avaliação das instituições públicas e a formação de opiniões racionais para participar na decisão administrativa[12].

No enfoque jurídico, a transparência é a visibilidade administrativa. Nesse enfoque, podemos estabelecer passos para que a administração pública se torne visível em seus planos, regras, processos e ações:

a] **Expansão eletrônica** – é a ampliação do governo eletrônico, permitindo a acessibilidade dos cidadãos ao governo não como um fim em si mesmo, mas como garantia do uso inclusivo e pedagógico para os cidadãos. Com a promoção do desenvolvimento tecnológico, busca-se, além da facilitação no intercâmbio de dados entre órgãos e entidades da Administração Pública e o compartilhamento da tecnologia de informação e da oferta de serviços públicos digitais de forma integrada, o franqueamento aos cidadãos, de forma aberta, aos dados produzidos ou acumulados pela Administração Pública.

b] **Expansão participativa** – é conferir voz aos cidadãos e às suas comunidades, transformando-os em agentes ativos na produção de bens públicos. A partir de 1988, foram concebidos mecanismos institucionais de participação de concretização dos princípios da democracia participativa.

c] **Expansão da responsabilidade** – é a expansão do conceito de responsabilização de um processo de prestação de contas que permita o acompanhamento público da atuação administrativa, visando reduzir a assimetria informacional entre o gestor público e os cidadãos e aumentar o controle social sobre a eficácia, eficiência e efetividade das estruturas administrativas.

d] **Expansão da anticorrupção** – é a combinação de elementos preventivos e repressivos no combate da corrupção, com a cooperação sistemática da sociedade civil brasileira e o empenho de instituições oficiais brasileiras no aumento de eficácia de suas ações. Nesse empenho destacamos, nos dias atuais, o projeto de lei anticrime do ministro da Justiça e Segurança Pública Sérgio Moro, que considero essencial para tornar mais efetivo o processo penal, em sintonia com a agenda de combate à impunidade.

Nesse processo de busca da concretização da transparência administrativa, a criação de sua política se pauta em um projeto administrativo democratizante, em que a redução das assimetrias informacionais entre cidadãos e Administração Pública e a participação da sociedade civil na gestão pública são vistas como imprescindíveis para um maior controle sobre os atos ilícitos cometidos no setor

---

12 MENDIETA, Manual Villoria. Transparencia y valor de la transparencia: marco conceptual. In: ASENSIO, Rafael Jiménez; ÁLVAREZ, Jesus Lizcano; MENDIETA, Manuel Villoria. La transparencia en los gobiernos locales: una apuesta de futuro. Madrid: **Fundación Democria e Gobierno Local**, fev. 2012. Disponível em: <https://gobiernolocal.org/docs/publicaciones/Transparencia_ponencias2.pdf>. Acesso em: 24 fev. 2025.

público. Em relação à política da transparência administrativa, indicamos os seguintes princípios e objetivos:

1) observância da publicidade como preceito geral e do sigilo como exceção;
2) amplo acesso da sociedade às informações e aos dados produzidos, custodiados ou acumulados pela Administração Pública Federal e livre utilização desses dados e dessas informações, independentemente de autorização prévia ou de justificativa;
3) primariedade, integralidade, autenticidade e atualidade das informações disponibilizadas;
4) tempestividade no provimento de informações;
5) utilização de linguagem acessível e de fácil compreensão;
6) ênfase na transparência ativa como forma de atender ao direito das pessoas físicas e jurídicas de terem acesso às informações e aos dados produzidos, custodiados ou acumulados pela Administração Pública Federal;
7) observância das diretrizes previstas na Política de Dados Abertos do Poder Executivo Federal; previstas na Política Nacional de Governo Aberto; previstas na lei do Governo Digital e de eficiência pública;
8) foco no cidadão para definição de prioridades de transparência ativa e abertura de dados e informações;
9) participação da sociedade na formulação, na execução e no monitoramento das políticas públicas e no controle da aplicação de seus recursos;
10) utilização de tecnologias de informação e de comunicação para disseminação e incentivo ao uso de dados e informações;
11) compartilhamento de informações com vistas ao estímulo à pesquisa, à inovação, à produção científica, à geração de negócios e ao desenvolvimento econômico e social do país;
12) melhoria da gestão das informações disponibilizadas pela Administração Pública Federal para a provisão mais eficaz e eficiente de serviços públicos e para a prestação de contas adequada à sociedade;
13) combate à corrupção por meio da inibição da prática de atos ilícitos na Administração Pública Federal e de desvios de conduta de agentes públicos; e
14) respeito à proteção dos dados pessoais.

A política de transparência tem como base três pilares:

1) **Transparência passiva** – visa garantir a prestação de informações em atendimento a pedidos apresentados à Administração Pública Federal com fundamento na lei de acesso à informação. Os pedidos de acesso à informação registrados no sistema eletrônico específico e suas respostas: a) serão disponibilizados para consulta aberta na internet, resguardados os dados pessoais e

as informações protegidas por outras hipóteses legais de sigilo; b) a publicação não incluirá dados do solicitante de acesso à informação; c) os órgãos e as entidades responsáveis pelo tratamento dos pedidos de informação indicarão a existência de dados pessoais ou de informações protegidas por outras hipóteses legais de sigilo que impeçam sua disponibilização em transparência ativa; d) os órgãos e as entidades da Administração Pública Federal que receberem atribuições por força de transferência de competência de outros órgãos ou de outras entidades ficam responsáveis pelo atendimento às solicitações de acesso à informação em andamento e pelo provimento das informações em transparência ativa.

2] **Transparência ativa** – visa garantir a divulgação de informações nos sítios eletrônicos oficiais. Ações de transparência ativa se darão: a) em cumprimento às normas vigentes; b) por demanda ou interesse coletivo ou geral da sociedade; c) por iniciativa dos órgãos e das entidades. Compete à Controladoria-Geral da União a gestão do sistema eletrônico específico, que manterá o Portal da Transparência do Poder Executivo Federal para divulgar dados e informações sobre a gestão de recursos públicos e sobre servidores públicos. No Portal da Transparência do Poder Executivo Federal serão incluídos, no mínimo:

- o orçamento anual de despesas e de receitas públicas do Poder Executivo Federal;
- a execução das despesas e das receitas públicas;
- os repasses de recursos federais aos Estados, aos Municípios e ao Distrito Federal;
- os convênios e as operações de descentralização de recursos orçamentários em favor de pessoas naturais ou de organizações não governamentais de qualquer natureza;
- as licitações e as contratações realizadas pelo Poder Executivo Federal;
- as notas fiscais eletrônicas relativas às compras públicas disponíveis no Ambiente Nacional da Nota Fiscal Eletrônica;
- as informações sobre os servidores públicos federais e sobre os militares, incluídos nome, detalhamento dos vínculos e remuneração;
- as informações individualizadas relativas aos servidores inativos, aos pensionistas e aos reservistas vinculados ao Poder Executivo federal, incluídos nome, detalhamento dos vínculos e remuneração;
- as viagens a serviço custeadas pela Administração Pública Federal;
- a relação de empresas e de profissionais que sofreram sanções que tenham como efeito a restrição ao direito de participar em licitações ou de celebrar contratos com a Administração;

- a relação das entidades privadas sem fins lucrativos impedidas de celebrar novos convênios, contratos de repasse, termos de fomento, de colaboração ou de parceria com a Administração Pública Federal;
- a relação dos servidores da Administração Pública Federal punidos com demissão, destituição ou cassação de aposentadoria;
- outras informações de interesse coletivo e geral, a critério da CGU.

3] **A abertura de bases de dados produzidos, custodiados ou acumulados pela administração pública federal** – visa promover pesquisas, estudos, inovações, geração de negócios e participação da sociedade no acompanhamento e na melhoria de políticas e serviços públicos.

4. Programa de integridade

4.1 Lei Anticorrupção (Decreto n. 11.129/2022[13])

a] **Conceito**: conjunto de mecanismos e procedimentos internos de integridade, auditoria e incentivo à denúncia de irregularidades e na aplicação efetiva de códigos de ética e de conduta, políticas e diretrizes.

b] **Objetivos**: 1) prevenir, detectar e sanar desvios, fraudes, irregularidades e atos ilícitos praticados contra a Administração Pública, nacional ou estrangeira; 2) fomentar e manter uma cultura de integridade no ambiente organizacional.

c] **Estrutura, aplicação e atualização**: de acordo com as características e os riscos atuais das atividades de cada pessoa jurídica, a qual, por sua vez, deve garantir o constante aprimoramento e a adaptação do referido programa, visando garantir sua efetividade.

d] **Aplicação de sanções**: um dos critérios de aplicação de sanções na lei de anticorrupção é a existência de mecanismos e procedimentos internos de integridade. O programa de integridade será avaliado, quanto a sua existência e aplicação, de acordo com os seguintes parâmetros:

  1] comprometimento da alta direção da pessoa jurídica, incluídos os conselhos, evidenciado pelo apoio visível e inequívoco ao programa, bem como pela destinação de recursos adequados;

---

13 BRASIL. Decreto n. 11.129, de 11 de julho de 2022. **Diário Oficial da União**, Poder Executivo, Brasília, DF, 12 jul. 2022. Disponível em: <https://www.planalto.gov.br/ccivil_03/_ato2019-2022/2022/decreto/d11129.htm>. Acesso em: 24 fev. 2025.

II] padrões de conduta, código de ética, políticas e procedimentos de integridade, aplicáveis a todos os empregados e administradores, independentemente do cargo ou da função exercida;

III] padrões de conduta, código de ética e políticas de integridade estendidas, quando necessário, a terceiros, tais como fornecedores, prestadores de serviço, agentes intermediários e associados;

IV] treinamentos e ações de comunicação periódicos sobre o programa de integridade;

V] gestão adequada de riscos, incluindo sua análise e reavaliação periódica, para a realização de adaptações necessárias ao programa de integridade e a alocação eficiente de recursos;

VI] registros contábeis que reflitam de forma completa e precisa as transações da pessoa jurídica;

VII] controles internos que assegurem a pronta elaboração e a confiabilidade de relatórios e demonstrações financeiras da pessoa jurídica;

VIII] procedimentos específicos para prevenir fraudes e ilícitos no âmbito de processos licitatórios, na execução de contratos administrativos ou em qualquer interação com o setor público, ainda que intermediada por terceiros, como pagamento de tributos, sujeição a fiscalizações ou obtenção de autorizações, licenças, permissões e certidões;

IX] independência, estrutura e autoridade da instância interna responsável pela aplicação do programa de integridade e pela fiscalização de seu cumprimento;

X] canais de denúncia de irregularidades, abertos e amplamente divulgados a funcionários e terceiros, e mecanismos destinados ao tratamento das denúncias e à proteção de denunciantes de boa-fé;

XI] medidas disciplinares em caso de violação do programa de integridade;

XII] procedimentos que assegurem a pronta interrupção de irregularidades ou infrações detectadas e a tempestiva remediação dos danos gerados;

XIII] diligências apropriadas, baseadas em risco, para: a) contratação e, conforme o caso, supervisão de terceiros, tais como fornecedores, prestadores de serviço, agentes intermediários, despachantes, consultores, representantes comerciais e associados; b) contratação e, conforme o caso, supervisão de pessoas expostas politicamente, bem como de seus familiares, estreitos colaboradores e pessoas jurídicas de que participem; e c) realização e supervisão de patrocínios e doações;

XIV] verificação, durante os processos de fusões, aquisições e reestruturações societárias, do cometimento de irregularidades ou ilícitos ou da existência de vulnerabilidades nas pessoas jurídicas envolvidas; e xv] monitoramento contínuo do programa de integridade visando ao seu aperfeiçoamento na prevenção, na detecção e no combate à ocorrência dos atos lesivos.

Na avaliação dos parâmetros serão considerados o porte e as especificidades da pessoa jurídica, por meio de aspectos como:

I] a quantidade de funcionários, empregados e colaboradores;
II] o faturamento, levando ainda em consideração o fato de ser qualificada como microempresa ou empresa de pequeno porte;
III] a estrutura de governança corporativa e a complexidade de unidades internas, tais como departamentos, diretorias ou setores, ou da estruturação de grupo econômico;
IV] a utilização de agentes intermediários, como consultores ou representantes comerciais;
V] o setor do mercado em que atua;
VI] os países em que atua, direta ou indiretamente;
VII] o grau de interação com o setor público e a importância de contratações, investimentos e subsídios públicos, autorizações, licenças e permissões governamentais em suas operações; e
VIII] a quantidade e a localização das pessoas jurídicas que integram o grupo econômico.

4.2 Lei de Licitações e Contratações Públicas (Lei n. 14.133/2021[14] combinado com o Decreto n. 12.304/2024[15])

4.2.1 Contratações de obras, serviços e fornecimentos de grande vulto

a] **Edital**: deverá prever a obrigatoriedade de implantação de programa de integridade pelo licitante vencedor, no prazo de 6 (seis) meses, contado da

---

14 BRASIL. Lei n. 14.133, de 1º de abril de 2021. **Diário Oficial da União**, Poder Legislativo, Brasília, DF, 1º abr. 2021. Disponível em: <https://www.planalto.gov.br/ccivil_03/_ato2019-2022/2021/lei/l14133.htm>. Acesso em: 24 fev. 2025.
15 BRASIL. Decreto n. 12.304, de 9 de dezembro de 2024. **Diário Oficial da União**, Poder Executivo, 10 dez. 2024. Disponível em: <https://www.planalto.gov.br/ccivil_03/_ato2023-2026/2024/decreto/D12304.htm>. Acesso em: 24 fev. 2025.

celebração do contrato, conforme regulamento que disporá sobre as medidas a serem adotadas, a forma de comprovação e as penalidades pelo seu descumprimento.

b) **Contratado:** comprovará a implantação do programa de integridade.
c) **Enquadramento da contratação:** serão considerados o valor inicial do contrato e os eventuais aditivos.
d) **Contrato firmado por pessoas jurídicas em consórcio:** todas as consorciadas comprovarão a implantação do programa de integridade.
e) **Controladoria-Geral da União:** manterá rotina de recepção e tratamento das informações e dos documentos necessários para comprovar a implantação, o desenvolvimento ou o aperfeiçoamento do programa de integridade, os quais serão submetidos no prazo de seis meses, contado da assinatura do contrato. O prazo será contado da data da assinatura do termo aditivo, na hipótese em que o valor de que trata o termo de referência seja alcançado por meio de aditivo.

4.2.2 Desempate entre duas ou mais propostas

a) **Licitante:** são obrigados a comprovar a implantação do programa de integridade o licitante que apresentar declaração de possuir programa de integridade como critério de desempate entre duas ou mais propostas.
b) **Declaração do licitante:** ato do Ministro de Estado da Controladoria-Geral da União disporá sobre o modelo da declaração.
c) **Empate entre duas ou mais propostas:** é utilizado como critério de desempate desenvolvimento pelo licitante de programa de integridade, conforme orientações dos órgãos de controle.
d) **Mais de uma declaração:** na hipótese de mais de um licitante apresentar a declaração para fins de desempate, será assegurada preferência, sucessivamente, aos bens e serviços produzidos ou prestados por: I – empresas estabelecidas no território do Estado ou do Distrito Federal do órgão ou entidade da Administração Pública estadual ou distrital licitante ou, no caso de licitação realizada por órgão ou entidade de Município, no território do Estado em que este se localize; II – empresas brasileiras; III – empresas que invistam em pesquisa e no desenvolvimento de tecnologia no país; IV – empresas que comprovem a prática de mitigação, nos termos da Lei n. 12.187/2009[16].

---

16 BRASIL. Lei n. 12.187, de 29 de dezembro de 2009. **Diário Oficial da União**, Poder Legislativo, Brasília, DF, 29 dez. 2009. Disponível em: <https://www.planalto.gov.br/ccivil_03/_ato2007-2010/2009/lei/l12187.htm>. Acesso em: 24 fev. 2025.

e] **Controladoria-Geral da União:** manterá rotina de recepção e tratamento das informações e dos documentos necessários para comprovar a implantação, o desenvolvimento ou o aperfeiçoamento do programa de integridade, os quais serão submetidos no prazo de seis meses no momento da apresentação da proposta no processo licitatório.

4.2.3 Reabilitação de licitante ou contratado

a] **Quanto à sanção pelas infrações:** 1) apresentar declaração ou documentação falsa exigida para o certame ou prestar declaração falsa durante a licitação ou a execução do contrato; 2) praticar ato lesivo previsto no art. 5º da Lei n. 12.846/2013[17].
b] **Condição da reabilitação:** a implantação ou aperfeiçoamento de programa de integridade pelo responsável.
c] **Programa já implantado:** se a pessoa jurídica possuía programa de integridade implantado, quando da aplicação da sanção em relação a qual objetiva se reabilitar, deverá comprovar o seu aperfeiçoamento.
d] **Controladoria-Geral da União:** manterá rotina de recepção e tratamento das informações e dos documentos necessários para comprovar a implantação, o desenvolvimento ou o aperfeiçoamento do programa de integridade, os quais serão submetidos no momento da apresentação do pedido de reabilitação.

4.3 Estatuto Empresas Estatais (Lei n. 13.303/2016[18] combinado com Decreto n. 8.945/2016[19])

4.3.1 Área de integridade e Gestão de Riscos

a] **Contexto:** empresa estatal adotará regras de estruturas e práticas de gestão de riscos e controle interno.

---

17 BRASIL. Lei n. 12.846, de 1º de agosto de 2013. **Diário Oficial da União**, Poder Executivo, Brasília, DF, 2 ago. 2013. Disponível em: <https://www.planalto.gov.br/ccivil_03/_ato2011-2014/2013/lei/l12846.htm>. Acesso em: 24 fev. 2025.
18 BRASIL. Lei n. 13.303, de 30 de junho de 2016. **Diário Oficial da União**, Poder Legislativo, Brasília, DF, 1º jul. 2016. Disponível em: <https://www.planalto.gov.br/ccivil_03/_ato2015-2018/2016/lei/l13303.htm>. Acesso em: 24 fev. 2025.
19 BRASIL. Decreto n. 8.945, de 27 de dezembro de 2016. **Diário Oficial da União**, Poder Executivo, Brasília, DF, 27 dez. 2016. Disponível em: <https://www.planalto.gov.br/ccivil_03/_ato2015-2018/2016/decreto/d8945.htm>. Acesso em: 24 fev. 2025.

b] **Atribuições:** previstas no estatuto social, com mecanismos que assegurem atuação independente, devendo ser vinculada diretamente ao Diretor-Presidente, podendo ser conduzida por ele próprio ou por outro Diretor estatutário.
c] **Conselho de Administração:** o estatuto social preverá, ainda, a possibilidade de a área de integridade se reportar diretamente ao Conselho de Administração da empresa ou, se não houver, ao Conselho de Administração da controladora, nas situações em que houver suspeita do envolvimento do Diretor-Presidente em irregularidades ou quando este deixar de adotar as medidas necessárias em relação à situação a ele relatada.
d] **Relatórios trimestrais:** serão enviados ao Comitê de Auditoria Estatutário sobre as atividades desenvolvidas pela área de integridade.

4.3.2 Código de Conduta e Integridade

a] **Conteúdo:** 1) princípios, valores e missão da empresa pública e da sociedade de economia mista, bem como orientações sobre a prevenção de conflito de interesses e vedação de atos de corrupção e fraude; 2) instâncias internas responsáveis pela atualização e aplicação do Código de Conduta e Integridade; 3) canal de denúncias que possibilite o recebimento de denúncias internas e externas relativas ao descumprimento do Código de Conduta e Integridade e das demais normas internas de ética e obrigacionais; 4) mecanismos de proteção que impeçam qualquer espécie de retaliação a pessoa que utilize o canal de denúncias; 5) sanções aplicáveis em caso de violação às regras do Código de Conduta e Integridade; 6) previsão de treinamento periódico, no mínimo anual, sobre Código de Conduta e Integridade, a empregados e administradores, e sobre a política de gestão de riscos, a administradores.
b] **Adequação:** a empresa pública e a sociedade de economia mista deverão adequar constantemente suas práticas ao Código de Conduta e Integridade e a outras regras de boa prática de governança corporativa.
c] **Acionista controlador da empresa estatal:** fazer constar do Código de Conduta e Integridade, aplicável à Alta Administração, a vedação à divulgação, sem autorização do órgão competente da empresa pública ou da sociedade de economia mista, de informação que possa causar impacto na cotação dos títulos da empresa pública ou da sociedade de economia mista e em suas relações com o mercado ou com consumidores e fornecedores.
d] **Conselho de Administração:** implementar e supervisionar os sistemas de gestão de riscos e de controle interno estabelecidos para a prevenção e mitigação dos principais riscos a que está exposta a empresa pública ou a sociedade de economia mista, inclusive os riscos relacionados à integridade

das informações contábeis e financeiras e os relacionados à ocorrência de corrupção e fraude.

e] **Comitê de Auditoria Estatutário**: monitorar a qualidade e a integridade dos mecanismos de controle interno, das demonstrações financeiras e das informações e medições divulgadas pela empresa pública ou pela sociedade de economia mista.

4.3.3 Normas de Integridade

a] **Licitações e contratos e empresa estatal**: tem como diretriz a observação da política de integridade nas transações com partes interessadas.
b] **Empresa estatal e instrumentos de convênio**: deve fazer análise prévia do histórico de envolvimento com corrupção ou fraude, por parte da instituição beneficiada, e da existência de controles e políticas de integridade na instituição.

4.4 Plano Paulista de Promoção da Integridade (Decreto n. 67.683/2023[20])

a] **Natureza**: instrumento de orientação aos programas de integridade.
b] **Destinatários**: órgãos e entidades da Administração Pública direta e autárquica do Estado de São Paulo.
c] **Programa de integridade**: conjunto estruturado de ações e medidas institucionais para prevenção, detecção e punição de práticas de corrupção, de fraude, de desvios éticos e de outros ilícitos.
d] **Desvio ético**: caracterização de conduta ou situação fora dos padrões de integridade estabelecidos, independentemente da gravidade, de que decorram, direta ou indiretamente, danos aos agentes públicos, à Administração Pública ou a terceiros.
e] **Risco para a integridade**: ações ou omissões que possam favorecer a materialização de atos de corrupção, de fraude, de desvio ético ou de outros ilícitos, que impacte o cumprimento dos objetivos institucionais do órgão ou da entidade.
f] **Plano de ação**: organização e sistematização de ações e medidas de integridade específicas a serem adotadas para efetiva implementação do programa de integridade.

---

20 SÃO PAULO (Estado). Decreto n. 67.683, de 3 de maio de 2023. **Diário Oficial do Estado**, Poder Executivo, São Paulo, SP, 4 maio 2023. Disponível em: <https://www.al.sp.gov.br/repositorio/legislacao/decreto/2023/decreto-67683-03.05.2023.html>. Acesso em: 25 fev. 2025.

g] **Unidades de gestão de integridade:** unidades dos órgãos e das entidades da Administração Pública estadual responsáveis pela elaboração, implantação, gestão e monitoramento do programa de integridade.
h] **Funções de integridade:** atribuições afetas às áreas de corregedoria, ouvidoria, controles internos, ética e transparência.
i] **Diretrizes:** 1) a gestão estruturada, coordenada e inter-relacionada das unidades de gestão de integridade; 2) a melhoria constante da gestão pública, com ênfase na eficiência e na qualidade da prestação de serviços e utilidades públicas; 3) o compromisso dos agentes públicos de contribuir com uma cultura organizacional de integridade, transparência, ética e conformidade legal; 4) o desenvolvimento de políticas e de ações voltadas às melhores práticas de governança; 5) o incremento da confiança dos administrados nas instituições públicas.
j] **Objetivos:** 1) estabelecer as diretrizes norteadoras das medidas e ações voltadas à promoção e à sistematização de mecanismos internos de prevenção, detecção e sanção de casos de corrupção, fraudes e desvios éticos; 2) fortalecer estruturas e funções de integridade e de governança; 3) incentivar a criação, a adoção e o contínuo aperfeiçoamento de medidas e ações que visem ao combate da corrupção, de fraudes e de desvios éticos; 4) apoiar as unidades de gestão de integridade na elaboração e na implementação de programas de integridade e de boas práticas de gestão pública; 5) definir os eixos integrantes dos programas de integridade de cada órgão ou entidade; 6) promover ou apoiar a capacitação dos agentes públicos e seu contínuo treinamento em temas relacionados às funções de integridade.
k] **Controladoria-Geral do Estado:** órgão central do Sistema Estadual de Integridade, responsável pela orientação e a supervisão técnica para a elaboração e execução dos programas de integridade.
l] **Capacitação, de treinamento e de comunicação em matéria de integridade:** 1) possibilitar que todos os agentes públicos compreendam e apliquem os valores e princípios que regem a Administração Pública em sua rotina de trabalho; 2) construir um ambiente que promova a lisura dos atos da Administração Pública; 3) conscientizar os agentes públicos sobre a importância da gestão de riscos à integridade, inerentes ao desempenho de suas atividades; 4) reforçar a imprescindibilidade do engajamento dos agentes públicos na construção e consolidação da imagem da Administração Pública.

TÍTULO 6
ESTRUTURA DA ADMINISTRAÇÃO PÚBLICA

Sumário

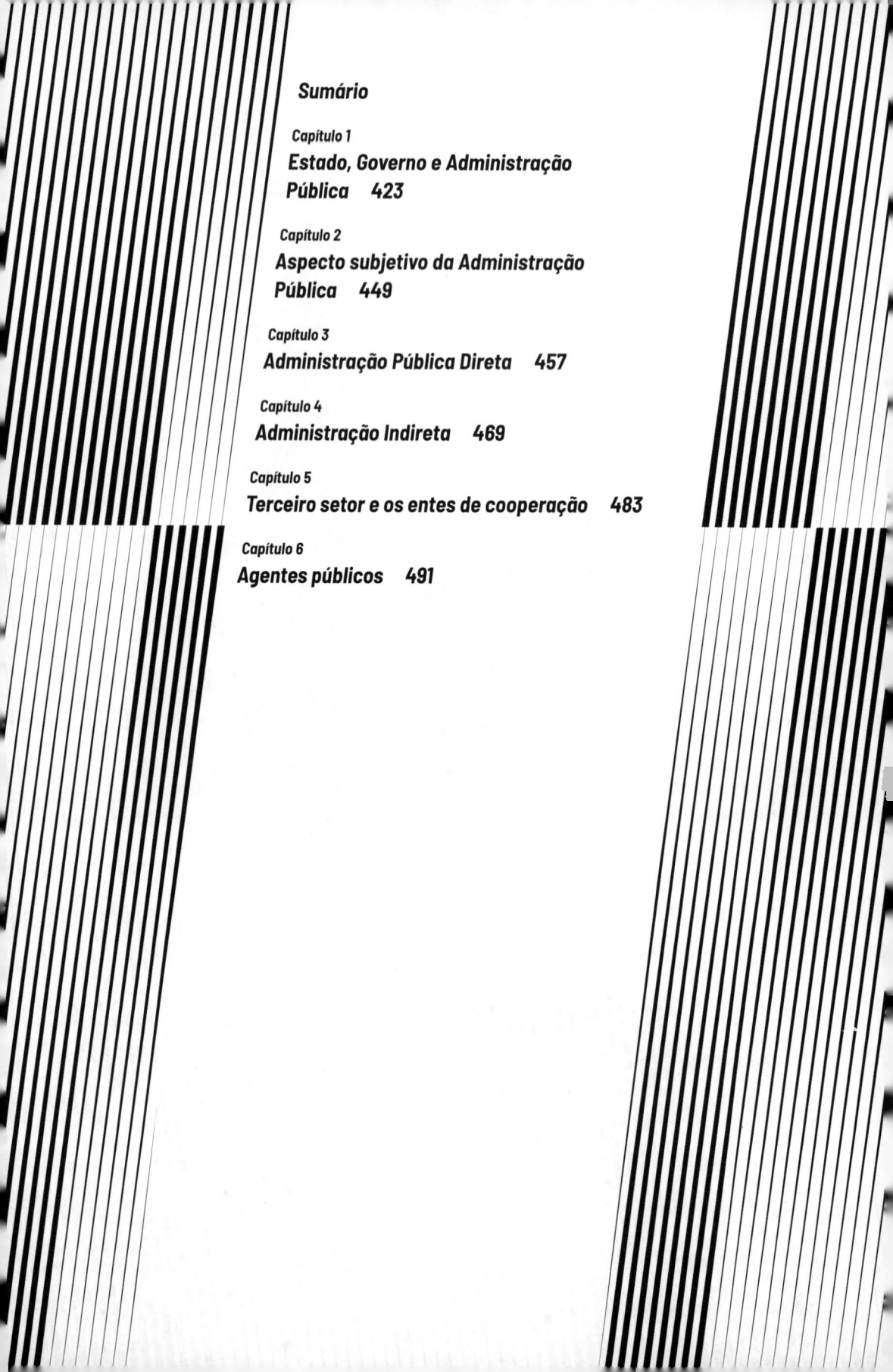

Capítulo 1
Estado, Governo e Administração Pública 423

Capítulo 2
Aspecto subjetivo da Administração Pública 449

Capítulo 3
Administração Pública Direta 457

Capítulo 4
Administração Indireta 469

Capítulo 5
Terceiro setor e os entes de cooperação 483

Capítulo 6
Agentes públicos 491

Capítulo 1
Estado, Governo e Administração Pública

1. Estado

O Estado é uma organização político-jurídica de uma sociedade destinada a realizar o bem comum do povo com governo próprio e território determinado[1]. O seu conceito é histórico[2], revelado por formas de organização surgidas na Europa a partir do século XIII[3], cujo termo consta pela primeira vez em 1513, em O Príncipe, de Maquiavel[4].

A conceituação de Estado não é uma tarefa fácil, pois, entre várias razões, cada doutrinador tem sua uma definição. A maioria das existentes peca pela unilateralidade e cada país conta com uma estrutura singular, com normas próprias e adaptadas à sua organização.

Trata-se de um termo com múltiplas manifestações, dimensões e enfoques[5]. Na abordagem sociológica, Estado é uma corporação territorial dotada de um poder de mando originário. Na perspectiva política, consiste em uma comunidade de homens fixada sobre um território com potestade superior de ação, de mando e de coerção. No plano jurídico, refere-se à pessoa jurídica de direito público interno[6]. Como ente personalizado, pode atuar nos campos dos direitos público e privado, mantendo sempre sua única personalidade de direito público.

---

1 AZAMBUJA, Darcy. **Teoria geral do Estado**. Porto Alegre: Globo, 1971; "Estado ou Poder Público é o complexo de órgãos e funções, caracterizado pela coerção, destinado a assegurar uma ordem jurídica, em certa organização política considerada" (MOREIRA NETO, Diogo de Figueiredo. **Curso de Direito Administrativo**. 15. ed. Rio de Janeiro: Forense, 2009. p. 8).

2 Para nossa geração, reentra agora, no seguro patrimônio do conhecimento científico, o fato de que "o conceito de 'Estado' não é um conceito universal, mas serve apenas para indicar e descrever uma forma de ordenamento político surgida na Europa a partir do século XIII até os fins do século XVIII ou inícios do XIX, na base de pressupostos e motivos específicos da história europeia e que após esse período se estendeu a todo mundo civilizado (Böckenförde, Ernest, citado por BOBBIO, Norberto et al. **Dicionário de política**. Coordenação da tradução de João Ferreira. São Paulo: Imprensa Oficial do Estado, 2000. v. I. p. 425).

3 "A história do surgimento do Estado moderno é a história desta tensão: do sistema policêntrico e complexo dos senhorios de origem feudal se chega ao Estado territorial concentrado e unitário através da chamada racionalização da gestão do poder e da própria organização política imposta pela evolução das condições históricas materiais" (Op. cit., p. 426).

4 DALLARI, Dalmo de Abreu. **Elementos de teoria geral do Estado**. 20. ed. São Paulo: Saraiva, 1998. p. 51; "antes do século XVI, o termo *status* era usado por escritores políticos somente para se referir a uma destas duas coisas: a estado ou condição à que um governante se encontra (*status principis*) ou então ao genérico 'estado da nação', isto é, a condição do reino como um todo (o *status regne*)" (SKINNER, Quentin. **As fundações do pensamento político moderno**. São Paulo: Companhia das Letras, 2003. p. 353).

5 MEIRELLES, Hely Lopes. **Direito Administrativo Brasileiro**. São Paulo: Malheiros, 2009; "Encontrar um conceito de Estado que satisfaça a todas as correntes doutrinárias é absolutamente impossível, pois sendo o Estado um ente complexo, que pode ser abordado sob diversos pontos de vista e, além disso, sendo extremamente variável quanto à forma por sua própria natureza, haverá tantos pontos de partida quantos forem os ângulos de preferência dos observadores" (DALLARI, Dalmo de Abreu. **Elementos da teoria geral do Estado**. São Paulo: Saraiva, 2000); "Devido à variedade de objetos que o termo comumente denota, definir 'Estado' torna-se difícil" (KELSEN, Hans. **Teoria pura do Direito**. 6. ed. Coimbra: Armênio Amado, 1984).

6 SILVA, José Afonso da. **Curso de Direito Constitucional Positivo**. São Paulo: Malheiros, 2022.

O nascimento do Estado é fato histórico. Nesse caso, existem duas teorias: **1) não contratualista** – a formação é natural ou espontânea (a origem pode ser familiar, por atos de força, causas econômicas ou patrimoniais ou no desenvolvimento interno da sociedade); **2) contratualista** – a formação decorre de ato voluntário. A formação derivada do Estado (a partir de Estados preexistentes) pode ser feita por fracionamento ou por união de Estados.

Não há uniformidade na doutrina a respeito da enumeração dos elementos do Estado, surgindo como posicionamento majoritário a concepção tridimensional, em que o Estado é constituído de três elementos originários e indissociáveis: **a) povo** – componente humano do Estado; é o conjunto de nacionais, não se confundindo com *população*, que é um conjunto de habitantes de um país; **b) território** – espaço físico em que o Estado exerce sua soberania; **c) governo ou soberania** – elemento condutor que detém e exerce o poder de autodeterminação e auto-organização do povo; é a ordenação da convivência social; poder supremo e independente caracterizado pelo fato de ser supremo e dotado de coação irresistível em relação aos indivíduos e grupos que formam sua população e ser independente em relação ao governo de outros Estados. *Governo* é a gestão dos negócios públicos. Não há Estado independente sem soberania.

Enquanto *Estado* é uma sociedade um grupo de pessoas que não precisam ter afinidades. A sociedade se forma por atos de vontades, *nação* é uma comunidade, um grupo de pessoas ligadas entre si por vínculos permanentes de sangue, idioma, religião, cultura e ideais, enfim, interesses e aspirações comuns; trata-se de uma realidade sociológica, enquanto Estado é uma realidade jurídica. *Pátria*, por sua vez, não é conceito jurídico: é sentimento cívico das pessoas pelo local de nascimento (terra com a qual o indivíduo estabelece um estreito vínculo afetivo).

2. Organização do Estado

O contexto contemporâneo, marcado por dilemas e interesses heterogêneos inerentes a uma "sociedade do risco", pluralista e organizada em rede, gera complexidade na organização do Estado, bem como a necessidade de maior comunicação e flexibilidade na resolução de problemas da vida social.

Sob uma perspectiva tradicional, existem duas formas de organização por parte do Estado: **a) horizontal** – a organização é feita pela criação de funções que permitem desempenho do aparelho estatal; **b) vertical** – a organização é consolidada por meio da distribuição do poder político em função do território.

A organização horizontal é a análise da organização do poder pela divisão funcional. É a chamada *separação de poderes*, princípio organizatório estrutural, constante do Estado de direito, cuja sistematização foi feita por Montesquieu.

A primeira Constituição que acolheu a doutrina foi a da Virgínia de 1776. O Estado é composto de poderes, segmentos estruturais em que se divide o poder geral e abstrato decorrente de sua soberania. Os poderes do Estado, como estruturas internas destinadas à execução de certas funções, foram sistematizados por Montesquieu em 1748 na sua obra O espírito das leis.

A separação de poderes surgiu como reação ao Absolutismo, caracterizado pela concentração do poder nas mãos de uma só pessoa ou de um só órgão. Como reação surgiu a necessidade de limitação do poder político implantada pelo movimento do constitucionalismo, segundo o qual a Constituição[7] é, em última instância, a limitação dos poderes do governo nas mãos do governado. O princípio ganhou consistência no século XVIII para enfraquecer o poder absoluto dos monarcas, que deram unidade política ao Estado soberano do século XVII.

A organização vertical dá origem à forma de Estado, ou seja, o modo pelo qual o poder político se distribui em função do território. É a repartição territorial do Poder. No Brasil, é a forma federativa, o reconhecimento da existência de mais de um governo dentro do país, quais sejam, o federal, o estadual, o distrital e o municipal.

3. Estado e governo

O Estado é a sociedade política necessária em que se observa o exercício de um governo dotado de soberania a exercer seu poder sobre uma população, num determinado território, onde cria, executa e aplica seu ordenamento jurídico, visando ao bem comum[8]. Governo é um dos elementos que integram o Estado, cuja função é tomar as decisões políticas fundamentais, sendo responsável pela direção política do Estado.

---

7 A Constituição se apresenta nos Estados das seguintes maneiras: **a) Estado não direito ou Estado arbítrio ou Estado do não direito (estados absolutistas ou totalitários):** fonte do poder – norma básica responsável por conferir poder – o direito se identifica com a razão do Estado, imposta e iluminada por chefes; **b) Estado de direito:** fonte e limitação do poder – norma básica responsável por conferir poder, mas também limitar o exercício do poder através da organização do Estado e a previsão de direitos e garantias fundamentais.

8 SALVETTI NETTO, Pedro. **Curso de teoria do Estado.** São Paulo: Saraiva, 1986.

4. Atividades do Estado

O Estado, para cumprir sua finalidade de alcançar o bem comum[9], desenvolve atividades que podem ser divididas em dois grandes grupos: **atividades-fim** e **atividades-meio**.

As atividades-fim são as que justificam a existência do Estado, propiciando a satisfação das necessidades sociais no campo da educação, da saúde, da segurança etc.; já as atividades-meio são as que servem de instrumento para a realização das atividades-fim, como a tributação, as atividades financeiras etc.[10]

Um exemplo de atividade-meio consiste na atividade financeira, que pode ser conceituada como um conjunto de atos que o Estado pratica na obtenção, gestão e aplicação dos recursos financeiros necessários para custear as despesas com a sociedade.

As atividades que servem para realizar as atividades-fim do Estado, consistentes na obtenção, gestão e aplicação dos recursos financeiros, são chamadas *atividades instrumentais*[11] ou *finanças públicas*[12] – elas consistem em receitas (obtenção de recursos), despesas (emprego dos recursos para os fins e objetivos públicos do Estado), orçamento (previsão da receita e fixação da despesa para determinado exercício financeiro) e crédito público (criação de recursos públicos).

5. Administração Pública

5.1 Administração Pública como organização

O homem é por natureza um ser social e busca estabelecer relações com outros seres humanos para formar grupos. Para evitar as dificuldades e obter benefícios, o ser humano busca vida coletiva. Na associação humana, com a interação social, o indivíduo obtém a satisfação de suas necessidades e se aperfeiçoa em suas aptidões físicas, morais e intelectuais.

---

9 "Podemos conceituá-lo como sendo um ideal que promove o bem-estar e conduz a um modelo de sociedade, que permite o pleno desenvolvimento das potencialidades humanas, ao mesmo tempo em que estimula a compreensão e a prática de valores espirituais" (HARADA, Kiyoshi. **Direito Financeiro e Tributário**. São Paulo: Atlas, 2021).

10 "A atividade financeira consiste, em síntese, na criação, obtenção, gestão e dispêndio do dinheiro público para a execução de serviços afetos ao Estado. É considerada por alguns como o exercício de uma função meramente instrumental, ou de natureza adjetiva (atividade-meio), distinta das atividades substantivas do Estado, que visam diretamente à satisfação de certas necessidades sociais, tais como educação, saúde, construção de obras públicas, estradas etc. (atividades-fins)" (BORGES, José Souto Maior. **Introdução ao direito financeiro**. São Paulo: Max Limonad, 1998).

11 SUNDFELD, Carlos Ari. **Fundamentos de Direito Público**. São Paulo: Malheiros, 2013.

12 NOGUEIRA, Ruy Barbosa. **Direito Financeiro**. São Paulo: Saraiva, 1991.

Nessa experiência associativa, foi surgindo um grande número de organizações. Tantas são essas associações que o ser humano passou a delas depender para nascer, viver e morrer. Inseridas em um sistema deliberadamente construído, as organizações desenvolvem-se como estruturas ordenadas, constituídas de aglomerados humanos, que visam obter objetivos[13].

A Administração Pública como uma organização a serviço da coletividade desenvolve-se como uma estrutura ordenada, formada por uma composição de pessoas que unem seus esforços com a finalidade de alcançar algum propósito compartilhado[14]. Nessa esfera, a autoridade é distribuída, com divisão de trabalho, de maneira a ordenar as responsabilidades e tarefas numa relação de coordenação e coerência[15].

O reconhecimento das organizações como realidade dominante nas sociedades apresenta-se como um fenômeno de equilíbrio entre seus aspectos estrutural e humano, na busca de uma qualidade de gestão.

Na estrutura organizacional, o alinhamento e o desempenho necessários a um ambiente de busca da produtividade, da qualidade e do aumento da competitividade[16] impulsionam uma modernização na gestão e ação gerencial com uma condução racional e planejada para alcançar bons resultados, a fim de garantir a continuidade organizacional[17].

5.2 Administração Pública como sistema aberto

No ambiente organizacional, demanda-se uma estrutura construída com base em componentes materiais e sociais que aumentem a eficiência e atendam

---

13 ARISTÓTELES. In: **A Política**. v. I. p. 9; CÍCERO. In: **A República**. v. I. p. 15; AZAMBUJA, Darcy. **Teoria geral do Estado**. São Paulo: Globo, 1998; MOTTA, Fernando Prestes; BRESSER-PEREIRA, Luiz Carlos. **Introdução à organização burocrática**. São Paulo: Pioneira Thomson Learning, 2004; KUNSCH, Margarida Maria Krohling. **Planejamento de relações públicas na comunicação integrada**. São Paulo: Summus, 2003.
14 GALBRAITH, Jay. **Organizational design**. Reading, USA: Addinson Wesley, 1977. p. 3.
15 VASCONCELLOS, Eduardo; HEMSLEY, James R. **Estrutura das organizações**: estruturas tradicionais, estruturas para inovação, estrutura matricial. São Paulo: Cengage Learning, 2002. p. 3; OLIVEIRA, Djalma. **Sistemas, organizações e métodos**: uma abordagem gerencial. São Paulo: Atlas, 2000. p. 85; CHIAVENATO, Ildebrando. **Introdução à teoria geral da administração**. São Paulo: Makron Books, 1997. p. 264; GIBSON, James L. **Organizações**: comportamento, estrutura e processo. São Paulo: Atlas, 1981. p. 38; CURY, Antonio. **Organização e métodos**: uma visão holística. São Paulo: Atlas, 2000. p. 250.
16 TOMEI, Patrícia Amelia. **Winning Commitment**: how to Build and Keep a Competitive Work Force, de Gary Dessler. Nova York: McGraw Hill, 1993; **Revista de Administração de Empresas**, v. 34, n. 6, p. 95-96, nov./dez. 1994; FIGUEIREDO, Paulo Cesar Negreiros de. Competindo globalmente: determinantes para empresas e governos. **RAP**. Rio de Janeiro, v. 29, n. 3, p. 231-245, jul./set. 1995. Disponível em: <https://periodicos.fgv.br/rap/article/view/8203/7003>. Acesso em: 17 out. 2024.
17 BATEMAN, Thomas S.; SNELL, Scott A. **Administração**: novo cenário competitivo. São Paulo: Atlas, 2006. p. 15; HAMPTON, David R. São Paulo: administração contemporânea. São Paulo: Pearson Education do Brasil, 1992. p. 9; STONER, James A.; FREEMAN, R. Edward. **Administração**. Rio de Janeiro: Ltc, 1999. p. 5.

às modificações desse âmbito[18]. Embora não exista um modelo ideal de estrutura, deve ser adotada uma forma que seja compatível com as condições ambientais e que atenda às necessidades de negócios da organização[19].

Na condição de organização, os administradores dessa estrutura devem planejar e dirigir seus variados recursos de modo a contemplar não apenas os aspectos internos dessa esfera, como sistemas fechados, mas, na busca de uma boa gestão, perceber as estruturas em constante relação de intercâmbio com seu ambiente, ou seja, como sistemas abertos[20].

Dentro de uma perspectiva integrativa e de evolução futura[21], a gestão pública **deve ser aberta**, em constante interação e interdependência da gestão pública com o ambiente externo. PFEFFER e SALANCICK[22] enfatizam a importância da relação ambiental para importar recursos e obter o suporte legitimador que mantém os processos internos da organização.

No momento em que a Administração Pública é vista em permanente interação com o exterior, é possível observar que os elementos desse ambiente podem influenciar na sua configuração e, ao mesmo tempo, funcionar como base de avaliação para escolha de estratégias a serem desenvolvidas face às influências externas.

---

18 "Numa época caracterizada por permanentes, profundas e imprevisíveis mudanças, as organizações têm de ser cada vez mais rápidas a reagir, mas ágeis a actuar, numa constante adaptação às forças do ambiente que as rodeia. Neste contexto, a gestão, sem prejuízo da manutenção dos seus fundamentos, tem vindo a registrar uma significativa evolução procurando dotar os responsáveis pelo bom desempenho das empresas e de outras organizações" (TEIXEIRA, Sebastião. **Gestão das organizações**. Lisboa: Escolar, 2013. p. XXI).

19 "O objetivo é, sobretudo, integrar as necessidades e expectativas dos gestores individualmente considerados, com os objetivos da organização, adaptando-os às necessidades de mudança, aumentando a sua eficiência e identificação/lealdade à empresa" (BRUNO, Lúcia Emília Nuevo Bueno. As teorias administrativas como teorias políticas do Estado amplo. In: OLIVEIRA, Dalila Andrade (Org.). **Gestão democrática da educação**. Petrópolis: Vozes, 1997. p. 35-36).

20 KATZ, Daniel; KAHN, Robert L. **Psicologia social das organizações**. São Paulo: Atlas, 1987; "precisamos ultrapassar o entendimento da organização como algo que simplesmente 'contém' as pessoas, a tecnologia e o trabalho. As organizações possuem fronteiras fluidas e a vida das pessoas flui através dessas fronteiras. Assim sendo, não podemos falar de organizações como se elas fossem ilhas e como se seus membros e atividades estivessem totalmente alheio ao está acontecendo na sociedade em geral" (CHENEY, George et al. **Organizational Communication in na Age of Globalization**: Issues, Reflections, Practices – Prospect Heights. Illinois, EUA: Waveland Press, 2004. p. 1).

21 "À medida que as velhas regras de fazer negócios tornam-se obsoletas, as empresas devem ser flexíveis e adaptáveis aos tempos de rápidas mudanças. As empresas, como as pessoas, aprendem novas coisas e evitam a obsolescência. Mais do que meramente reagir às mudanças, elas devem antecipar as mudanças e estar à frente delas" (BATEMAN, Thomas S.; SNELL, Scott A. **Administração**: construindo vantagem competitiva. São Paulo: Atlas, 1998. p. 61).

22 PFEFFER, Jeffrey. Usefulness of the Concept. In: GOODMANN, Paul S.; PENNINGS, Johannes M. (Ed.). **New Perspectives on Organizational Effectiveness**. San Francisco: Jossey-Bass, 1977. p. 132-143.

DRUCKER[23] afirma que tão logo uma organização dê os primeiros passos para converter "dados" em "informação", seus processos de decisão, sua estrutura administrativa e sua maneira de trabalhar começam a se transformar. TRIERWEILLER[24] complementa que

> não basta demonstrar eficiência nos processos e eficácia no alcance de resultados, as organizações devem analisar as contingências e definir sua estratégia e estrutura para perseguir sua missão, demonstrando efetividade, ou seja, consistência ao longo do tempo na busca contínua da garantia do negócio.

MORGAN[25] afirma que, para teóricos da administração clássica, a organização era vista como um sistema fechado, hermético, refratário a qualquer influência ambiental, com uma preocupação voltada para a análise dos princípios do planejamento interno.

A lógica da abertura é necessária, devendo ser contínua, sendo alcançável por meio de uma dinâmica progressiva[26] de interação da organização com as circunstâncias ambientais, desafiadora em sua implantação. A perspectiva da organização como sistema fechado conduz a um foco em regras de funcionamento interno, à apologia da eficiência como critério primário da viabilidade organizacional e, consequentemente, à ênfase em procedimentos, e não em programas[27].

A abertura organizacional faz referência a um elemento do fenômeno administrativo e, nessa função, ser uma condição estrutural de qualquer concepção atual de administração pública. Nesse sentido, uma administração privada da constante interação om o ambiente, não poderá, por consequência, responder eficazmente às mudanças contínuas e rápidas do ambiente.

Como um sistema aberto, a Administração Pública é desenvolvida não apenas numa constante interação dual com o ambiente, mas também como uma organização integrativa representada por um processo contínuo de troca de competências, informações e realizações com as transformações do ambiente.

---

23 DRUCKER, Peter Ferdinand. **As novas realidades**. São Paulo: Pioneira, 1989. p. 178.
24 TRIERWEILLER, Andréia Cristina. **Efetividade e estrutura das organizações de tecnologia da informação e comunicação**: um enfoque contingencial. 250 f. Tese (Doutoramento em Engenharia de Produção) – Programa de Pós-Graduação em Engenharia de Produção da Universidade Federal de Santa Catarina, Florianópolis, 2010. p. 42.
25 MORGAN, Gareth. **Imagens da organização**. Tradução de Geni G. Goldschmidt. São Paulo: Atlas, 2002. p. 59.
26 "A organização é um sistema aberto, tentando atingir objetivos e executar tarefas em muitos níveis e variáveis graus de complexidade, evoluindo e desenvolvendo-se à medida que a interação com um ambiente em modificação obriga novas adaptações internas" (SCHEIN, H. Edgar. **Psicologia organizacional**. Rio de Janeiro: Prentice-Hall do Brasil, 1982. p. 192).
27 NASCIMENTO, Kleber Tatinge. Implicações do moderno conceito de Administração para a Formulação de uma estratégia de reforma administrativa. **Revista de Administração Pública**. Rio de Janeiro, v. 6, n. 1, p. 5-31, jan./mar. 1972. Disponível em: <https://periodicos.fgv.br/rap/article/view/5851/4550>. Acesso em: 2 jul. 2024.

HOLZNER[28] assevera a importância da abertura dessa esfera no contexto de mudanças globais a fim se criar confiança e o estabelecimento de uma sociedade democrática.

Considerar a gestão pública como um sistema aberto, que percebe as mudanças nos ambientes contextuais, contribui para o reconhecimento de que diversas transformações no âmbito do Estado refletem na função administrativa[29] e em suas escolhas operacionais adequadas em seu desenvolvimento organizacional.

Além de permitir a compreensão na maneira como deve ser construída a atuação administrativa, na gestão organizacional, a ideia da administração como um sistema aberto funciona como ambiente necessário para o desenvolvimento de meios, técnicas e processos que sejam adaptados a essa realidade com vistas a obter um nível de qualidade.

5.3 Conceito de Administração Pública[30]

a) Conceito subjetivo ou orgânico ou formal

Ação de identificar a Administração Pública e os sujeitos que exercem a atividade dessa área. É um conjunto de pessoas jurídicas, órgãos e agentes que exercem a função administrativa.

Numa visão constitucionalista moderna, a distribuição de funções entre os poderes não é absoluta, rígida: cada poder, além de exercer a função originária, predominante, que lhe dá nome, exerce outras em caráter não preponderante e próprias de outros poderes.

Nesse contexto, a função administrativa pode ser exercida de duas maneiras: **a) típica** – é exercida pelo Poder Executivo; **b) atípica** – é exercida pelo Poder

---

28 HOLZNER, Burkart; HOLZNER, Leslie. **Transparency in Global Change:** the Vanguard of the Open Society. Pensilvania: University of Pittsburgh Press, 2006.
29 Nesse cenário, caracteriza-se a atualização expansiva da publicidade para a transparência, no momento em que a Administração Pública, na condução da gestão pública, está em constante adaptação com as condições ambientais.
30 "Como conjunto orgânico ao falar em Administração Pública direta, indireta e fundacional dos poderes da União, dos Estados, do Distrito Federal e dos Municípios. Como atividade administrativa, quando determina sua submissão aos princípios da legalidade, impessoalidade, moralidade, publicidade, licitação e os de organização do pessoal administrativo" (SILVA, José Afonso da. **Curso de Direito Constitucional Positivo.** São Paulo: Malheiros, 2022).

Legislativo (secretarias e parlamentares) ou pelo Poder Judiciário (secretarias e magistrados)[31].

No Poder Executivo, a função administrativa é exercida pela Administração Pública propriamente dita, que, por sua vez, sofre duas divisões: **a) vertical**: é a que separa a Administração em Federal, Estadual, Distrital e Municipal; **b) horizontal**: é a que divide a Administração Pública em direta e indireta.

A divisão da Administração em vertical e horizontal ingressou na ordem jurídica brasileira com o Decreto-Lei n. 200/1967[32], que sistematizou a estrutura da Administração Federal e estabeleceu as diretrizes para a reforma administrativa. A divisão horizontal está contida na vertical. O decreto estabeleceu a organização da Administração Federal, que foi seguida pelos demais âmbitos de governo[33].

A Administração Pública direta é conjunto de órgãos integrantes das pessoas jurídicas políticas (União, Estados, Municípios e Distrito Federal), aos quais a lei confere o exercício de funções administrativas. São os órgãos da Administração Direta do Estado: chefia do Executivo, vice-chefia do Executivo, auxiliares imediatos (Ministros ou Secretários) e órgãos de apoio. A Administração Pública Indireta é o conjunto de pessoas jurídicas de direito público e privado que por lei executam atividade administrativa.

b) Conceito objetivo ou funcional ou material

É identificar quais as atividades são exercidas pela Administração Pública no seu encargo de defesa do interesse público. É a própria função ou atividade administrativa.

É a atividade exercida pelas pessoas jurídicas, órgãos e agentes, sob regime jurídico total ou parcialmente público, para a consecução dos interesses coletivos.

---

31 "A Administração é o conjunto de órgãos que desempenham a atividade administrativa... É por isso que vamos encontrar administração no Legislativo, nas suas secretarias, nos seus serviços auxiliares; vamos encontrar Administração no próprio Poder Judiciário. Não obstante isso, onde vamos largamente encontrar a concreção de órgãos administrativos em grande escala é no Poder Executivo. Isso porque, sendo o Executivo voltado à realização, à concreção de vontades constantes na Constituição e nas leis, é ele que mais tem que se dotar de órgãos aptos a transformar em realidades concretas as previsões abstratas da lei" (BASTOS, Celso Ribeiro. **Curso de Direito Administrativo**. São Paulo: Saraiva, 1994).

32 BRASIL. Decreto-Lei n. 200, de 25 de fevereiro de 1967. **Diário Oficial da União**, Poder Executivo, Brasília, DF, 27 mar. 1967. Disponível em: <https://www.planalto.gov.br/ccivil_03/decreto-lei/del0200.htm>. Acesso em: 11 abr. 2024.

33 "Embora esse decreto-lei seja aplicável, obrigatoriamente, apenas à União, não há dúvida de que contém conceitos, princípios que, com algumas ressalvas feitas pela doutrina, se incorporaram aos Estados e Municípios, que admitem aquelas mesmas entidades como integrantes da Administração Indireta, chamada de Administração Descentralizada na legislação do Estado de São Paulo (Decreto-lei Complementar nº 7, de 6-11-69)" (DI PIETRO, Maria Sylvia Zanella. **Direito Administrativo**. 25. ed. São Paulo: Atlas, 2023).

5.4 Administração Pública e Governo

O Poder Executivo compreende duas partes: Governo e Administração Pública.

Administração Pública, em sentido amplo, abrange a Administração Pública propriamente dita (conjunto de pessoas jurídicas, órgãos e agentes que exercem a função administrativa) e o Governo (conjunto de pessoas jurídicas, órgãos e agentes que exercem a função política).

Em sentido restrito, o termo abrange a Administração Pública propriamente dita, como um conjunto de pessoas jurídicas, órgãos e agentes que exercem a função administrativa.

Governo e *Administração Pública*, em sentido restrito, não se confundem: o primeiro se refere à coletividade que toma as decisões fundamentais no país; a segunda coloca em prática as decisões tomadas pelo primeiro.

Em sentido formal, *governo* é o conjunto de poderes e órgãos constitucionais; em sentido material, é o complexo de funções estatais básicas; em sentido operacional, é a condução política dos negócios públicos.

Na verdade, o governo ora se identifica com os poderes e órgãos supremos do Estado, ora se apresenta nas funções originárias desses poderes e órgãos como manifestação da soberania. A constante, porém, do governo é sua expressão política de comando, de iniciativa, de fixação de objetivos do Estado e de manutenção da ordem jurídica vigente. O governo atua mediante atos de soberania ou, pelo menos, de autonomia política na condução dos negócios públicos.

Administração Pública, em sentido formal, é o conjunto de órgãos instituídos para consecução dos objetivos do governo; em sentido material, é o conjunto das funções necessárias aos serviços públicos em geral; em acepção operacional, é o desempenho perene e sistemático, legal e técnico, dos serviços próprios do Estado ou por ele assumidos em benefício da coletividade[34].

Numa visão global, a administração é, pois, todo o aparelhamento do Estado preordenado à realização de seus serviços, visando à satisfação das necessidades coletivas. Essa esfera não pratica atos de governo – ela pratica, tão somente, atos de execução, com maior ou menor autonomia funcional, segundo a competência do órgão e de seus agentes[35]. São os chamados *atos administrativos*. O governo e a Administração, como criações abstratas da Constituição e das leis, atuam por intermédio de suas entidades (pessoas jurídicas), de seus órgãos (centros de decisão) e de seus agentes (pessoas físicas investidas em cargos e funções).

---

34 MEIRELLES, Hely Lopes. **Direito Administrativo brasileiro.** São Paulo: Malheiros, 2022.
35 Op. cit.

5.5 Administração Pública e Constituição Federal

A relação entre a Administração Pública e a Constituição, no período do Estado liberal[36], era frágil, já que os textos constitucionais do século XIX regulavam o tema da Administração Pública, no máximo, em preceitos isolados. É verdade que, na prática, as consequências dessa fragilidade revelam que as relações jurídicas travadas entre a Administração Pública e os particulares eram remetidas ao Direito Administrativo, escapando completamente Ao Direito Constitucional, cuja função era outra, e à disciplina do Direito Civil[37].

O Direito Constitucional e o Direito Administrativo se identificam porque têm uma origem comum consubstanciada na necessidade de limitação do Estado pelo Direito como consequência das revoluções liberais. Porém, o desenvolvimento na origem das duas disciplinas permitiu a formação da tese da autonomia do Direito Administrativo.

A tese da autonomia[38] do Direito Administrativo em relação ao direito privado, como direito especial[39], decorre do fato dele contar com um regime jurídico que lhe é próprio, cujo conteúdo é formado por normas associadas ao primado do interesse geral sobre os interesses privados, exorbitantes ao direito comum[40].

---

36 "No início do período moderno, a dissolução da ordem feudal, a contestação do poder temporal da Igreja, o combate à monarquia absoluta e ao estado centralizado, surgido principalmente na França do séc. XVII criam a necessidade da busca e discussão de um novo modelo de ordem social, de organização política de legitimação do exercício do poder, representado pelas teses dos teóricos do liberalismo" (MARCONDES, Danilo. **Iniciação à história da filosofia**. São Paulo: Zahar, 2002. p. 197).

37 FONTE, Felipe de Melo. **Para além da legalidade**: a constitucionalização do Direito Administrativo através do princípio da juridicidade – algumas propostas. 2009. Disponível em: <https://www.academia.edu/17175333/Para_al%C3%A9m_da_legalidade_a_constitucionaliza%C3%A7%C3%A3o_do_direito_administrativo_atrav%C3%A9s_do_princ%C3%ADpio_da_juridicidade >. Acesso em: 11 abr. 2024.

38 "(...) a autonomia de um sistema de direito com respeito a um outro significa simplesmente que as fontes de direito são distintas para cada um deles e que as regras promulgadas para reger um dos dois não são automaticamente aplicáveis ao outro" (LAMARQUE, Jean. **Resershes Sur L'Application Du Droit Privé Aux Services Publics Administratifs**. Paris: Librarie Generale di Droit et Jurisprudence, 1960. p. 18).

39 "No mundo da *common-law*, os princípios básicos do direito administrativo foram construídos por cortes comuns por analogia com os princípios do direito privado" (SCHWARTZ, Bernard. **French Administrative Law and the Common-Law World**. New York: New York University Press, 1954. p. 3); Sobre o Direito Administrativo atual: "Ambos, inglês e americano, apresentam predomínio do aspecto processual, pelo peso conferido ao modo de tomada das decisões administrativa e pela importância dada ao controle da administração pelo judiciário" (MEDAUAR, Odete. **Direito Administrativo moderno**. São Paulo: Revista dos Tribunais, 2015. p. 53).

40 ESTORNINHO, Maria João. **A fuga para o Direito Privado**: contributo para o estudo da atividade de Direito Privado da Administração Pública. Coimbra: Almedina, 1999. p. 27-28; ENTERRÍA, Eduardo García de; FERNÁNDEZ, Tomás-Ramón. **Curso de Direito Administrativo**. São Paulo: Revista dos Tribunais, 2015. v. I. p. 43; ZANOBINI, Guido. **Corso di Diritto Ammnistrative**. Milão: Giuffrè, 1947. v. I. p. 31.

Nesse sentido acentua CASSESE[41] que "o direito administrativo implica que os poderes públicos estão submetidos a normas derrogatórias do direito comum e que poderes especiais lhe são atribuídos, decorrentes de sua participação na soberania do Estado".

Essa autonomia, justificada pela rígida separação de Poderes e a jurisprudência administrativa produzida pelo Conselho de Estado e conjugada com um trabalho de sistematização doutrinária, revelada como uma balança desigual em que as administrações públicas ocupam posição de superioridade em relação aos administrados[42], decorre de uma dinâmica evolutiva da própria sistematicidade do Direito Administrativo, sendo que o direito privado permaneceu como sua fonte de inspiração e atuação[43].

Além da autonomia em face ao direito privado, registra-se uma fuga do Direito Administrativo ao Direito Constitucional pela falta de força jurídica das normas constitucionais em face da perpetuidade das práticas burocráticas[44]. Essa fuga, rebatida por alguns doutrinadores[45], permaneceu até meados do século XX, com a expansão da atividade administrativa, registrando-se a tendência paralela de inserção nas Constituições de temas ligados à Administração Pública.

Em alinhamento a essa tendência, a Constituição Brasileira de 1988 (CF/1988), ao contemplar a organização do Estado, traz um capítulo próprio sobre a

---

41 CASSESE, Sabino. **La Construction du Droit Administratif France et Royaume-une**. Paris: Montchrestien, 2000. p. 23.
42 HAURIOU, André. A utilização em Direito Administrativo das regras e princípios do Direito Privado. **Revista de Direito Administrativo**. Rio de Janeiro, ano 1, n. 1, p. 466-467, abr. 1945. Disponível em: <https://periodicos.fgv.br/rda/article/download/8416/7165/18229>. Acesso em: 2 jul. 2024.
43 GONÇALVES, Pedro. **O contrato administrativo**: uma instituição do Direito Administrativo do nosso tempo. Coimbra: Almedina, 2004. p. 46.
44 MARTÍN-RETORILLO BAQUER, Sebastian. **El Derecho Civil en la genesis del Derecho Administrativo y de sus Instituciones**. Madrid: Civitas, 1996. p. 215; trata-se de um Direito Administrativo acéfalo e anacrônico (GALLEGO ANABITARTE, Alfredo. **Derecho Administrativo**: programa, sistemática y guia para su estudio. Santiago de Compostela: Universidad de Santiago de Compostela, 1973. p. 35.
45 VEDEL, Georges; DELVOLVÉ, Pierre. **Droit Admnistratif**. Paris: PUF, 1992. 2 t. p. 25.

Administração Pública, prevendo os princípios[46] disciplinadores de sua atuação[47], no art. 37, "a legalidade, impessoalidade, moralidade, publicidade"[48]. Nesse contexto, a Administração Pública pode aplicar de maneira imediata os princípios em suas decisões e seus atos administrativos, em detrimento da disciplina normativa, pois os princípios são normas[49].

A partir do questionamento acerca da legitimidade dos regimes autoritários após a Segunda Guerra Mundial, surgiu a necessidade de um resgate ético dos produtos normativos por meio da valorização dos princípios reveladores dos valores sociais. Esse fenômeno, de abertura constitucional, muito mais do que

---

[46] Os princípios são vagos e indeterminados, apresentando elevado grau de abstração. Com mandatos de otimização, têm vários graus de concretização, podendo ser cumpridos em diferentes níveis da graduação, conforme condições normativas e fáticas subjacentes. Na colisão entre princípios, aplica-se a ponderação de valores, verificando pelas circunstâncias do caso concreto qual prevalecerá. Já as regras são específicas, possuindo reduzido grau de abstração, tendo aplicação direta no caso concreto e possuem como conteúdo uma conduta ou uma estrutura. Como mandatos de determinação, são aplicadas de uma maneira do "tudo ou nada". Na colisão entre regras, a solução encontra-se no âmbito da validez, com utilização dos critérios hierárquico, cronológico ou especial (BOBBIO, Norberto. **Teoria do ordenamento jurídico**. Tradução de Maria Celeste Cordeiro Leite dos Santos. Brasília: Ed. da UnB, 1996; CANOTILHO, José Joaquim Gomes. **Direito Constitucional e teoria da Constituição**. Coimbra: Almedina, 1999; ALEXY, Robert. **Teoria de Los Derechos Fundamentales**. Madrid: Centro de Estudios Constitucionales, 1993; DWORKIN, Ronald. **Los derechos en serio**. Tradução de Marta Guastavino. Barcelona: Ariel, 1995; CARRAZA, Roque. **Direito Constitucional Tributário**. São Paulo: Malheiros, 2011; CANOTILHO, José Joaquim Gomes. **Direito Constitucional e teoria da Constituição**. Coimbra: Almedina, 1999); ALEXY, Robert. **Teoria dos direitos fundamentais**. São Paulo: Malheiros, 2000. p. 90; BARROSO, Luís Roberto. Fundamentos teóricos e filosóficos do novo Direito Constitucional brasileiro: pós-modernidade, teoria crítica e pós-positivismo. **Revista Interesse Público**, Sapucaia do Sul, n. 11, p. 42-73, jul./set. 2001. p. 69).

[47] MEDAUAR, Odete. **Direito Administrativo moderno**. São Paulo: Revista dos Tribunais, 1998. p. 50-51.

[48] BRASIL. Constituição (1988). **Diário Oficial da União**, Brasília, DF, 5 out. 1988. Disponível em: <http://www.planalto.gov.br/ccivil_03/constituicao/constituicao.htm>. Acesso em: 17 out. 2024.

[49] Num estágio evolutivo, podemos afirmar que os princípios na **fase jusnaturalista** confundiam-se com a justiça; na **fase positivista**, passa a ter força normativa, mas subsidiária ou integrativa; e hoje, na **fase pós-positivista**, os princípios passam a ter força normativa irradiante, com influência direta e imediata no ordenamento jurídico, de forma a condicionar a validade e o sentido das normas infraconstitucionais e das relações sociais (SILVA, Ivan Luiz da. Introdução aos princípios jurídicos. **Revista de Informação Legislativa**. Brasília, DF, ano 40, n. 160, p. 269-290, out./dez. 2003. Disponível em: <https://www2.senado.leg.br/bdsf/bitstream/handle/id/918/R160-19.pdf?sequence=4&isAllowed=y>. Acesso em: 2 jul. 2024; CORREIA, Marcus Orione Gonçalves. Os direitos sociais enquanto direitos fundamentais. **Revista da Faculdade de Direito da USP**, n. 99, p. 305-325, 2004. Disponível em: <https://www.revistas.usp.br/rfdusp/article/view/67627/70237>. Acesso em: 2 jul. 2024; BRANCO, Paulo Gustavo Gonet. **Juízo de ponderação na jurisdição constitucional**. São Paulo: Saraiva, 2009. p. 130-141; BARCELLOS, Ana Paula de; BARROSO, Luís Roberto. O começo da história: a nova interpretação constitucional e o papel dos princípios no Direito brasileiro. **Revista de Direito Administrativo**, v. 6, n. 23, p. 141-176, 2003. Disponível em: <https://www.emerj.tjrj.jus.br/revistaemerj_online/edicoes/revista23/revista23_25.pdf>. Acesso em: 2 jul. 2024).

uma conquista da juridicidade administrativa, representa a "atualização"[50] do modelo positivista do Estado de direito para o surgimento de referenciais que prestigiam os direitos fundamentais, postos, assim, como fundamentos numa qualidade de agir estatal.

Nesse contexto em que critérios e referências de índole moral começam a surgir como fazendo parte integrante do direito[51], dando origem a uma nova maneira de ver o direito[52], com a consciência de que se trata de uma moralidade intersubjetiva, a Constituição passa a ser vista não mais apenas como um documento essencialmente político, um estatuto do poder[53], mas como um ordenamento normativo capaz de determinar as relações de um país, fixando diretrizes e os valores que servem de padrões de conduta política e jurídica, em torno do qual se forma um consenso fundamental para os integrantes de uma comunidade[54].

Com o fim da Segunda Guerra Mundial e a revivescência da dignidade da pessoa humana como fundamento do Estado, a Constituição deixa de ser um

---

[50] BARBERIS, Mauro. Neoconstitucionalismo. **Revista Brasileira de Direito Constitucional: Revista de Pós-Graduação Lato Sensu em Direito Constitucional**. São Paulo, Escola Superior de Direito Constitucional (ESDC), n. 7, v. I, p. 18-30, 2006. Disponível em: <https://www.esdc.com.br/seer/index.php/rbdc/article/view/311/304>. Acesso em: 2 jul. 2024.

[51] ATIENZA, Manuel. Argumentación y Constitución. In: AGUILÓ REGLA, Joseph, ATIENZA, Manuel; RUIZ MANERO, Juan. **Fragmentos para uma teoria de la constitución**. Madrid: Iustel, 2007. p. 113-182.

[52] No período pós-Segunda Guerra Mundial, a insuficiência do positivismo jurídico gera a necessidade de buscar um novo pensamento jurídico adequado à nova realidade. Surge o "pós-positivismo" que emerge como marco filosófico do "neoconstitucionalismo", que valoriza os princípios com diretrizes normativas. "Pós-positivismo" significa assumir a responsabilidade de imposição dos limites valorativos ao aplicador do Direito, com uma pretensão de correção do sistema, admitindo critérios materiais de validade das normas, reconhecendo com a abertura valorativa do sistema jurídico princípios como normas jurídicas. Acontece que decisionismos ou discricionariedades interpretativas surgem em razão do aumento da força política do Judiciário em face da constatação de que o intérprete cria norma jurídica. Surge o problema do controle da interpretação agravado pelo crescimento da jurisdição em relação à legislação, relacionado com um processo de concretização normativa estruturada e passível de verificação e justificação intersubjetiva. Para alguns, se confunde com o jusnaturalismo em que o direito se encontra fundado na moralidade, para outros marca o rompimento com o positivismo clássico fundamentado na segurança jurídica pela adoção dos valores que ingressam no sistema jurídico, por intermédio dos princípios, com o intuito de permitir a tomada de decisões com base em parâmetros de justiça ou tem significado mais amplo como uma posição jusfilosófica coerente à complexidade social que demanda um Direito mais atento ao pluralismo do mundo pós-moderno (ATIENZA, Manuel. Es el positivismo jurídico una teoría aceptable del derecho? In: MOREIRA, Eduardo Ribeiro; GONÇALVES JÚNIOR, Jerson Carneiro; BETTINI, Lucia Helena Polleti (Org.). **Hermenêutica constitucional**: homenagem aos 22 anos do grupo de estudos Maria Garcia. Florianópolis: Conceito, 2009; CARVALHO FERNANDES, Ricardo Vieira de; BICALHO, Guilherme Pereira Dolabella. Do positivismo ao pós-positivismo jurídico: o atual paradigma jusfilosófico constitucional. **Revista de Informação Legislativa**, Brasília, DF, ano. 48, n. 189, p. 105-131, jan./mar. 2011. Disponível em: <https://www2.senado.leg.br/bdsf/bitstream/handle/id/242864/000910796.pdf?sequence=1&isAllowed=y>. Acesso em: 2 jul. 2024).

[53] BURDEAU, George. **O Estado**. São Paulo: M. Fontes, 2005.

[54] CANOTILHO, José Joaquim Gomes. **Direito Constitucional e teoria da Constituição**. Coimbra: Editora Coimbra, 2014.

documento organizador do Estado e seus limites, para, por meio de sua normatividade, impor diretrizes que justificam o sistema jurídico na sua totalidade[55]. Com a mudança de paradigma, surge o efeito expansivo das normas constitucionais, em que seu conteúdo material e axiológico passam a condicionar a validade e o sentido das normas infraconstitucionais e das relações sociais (é a constitucionalização do Direito)[56].

Essa "revolução" na visão do pensamento jurídico no pós-guerra significa assumir uma relação de complementação recíproca entre moral e o direito positivo, reconhecendo força normativa aos princípios[57]. O foco dessa visão está em uma concepção valorativa, seja pelos princípios, seja pela abordagem dos direitos fundamentais e se refere ao mínimo ético nos produtos normativos[58].

5.6 Administração Pública no Estado Federal

No Direito brasileiro, a forma de Estado adotada é a federativa, ou seja, o poder político está descentralizado no território brasileiro, havendo existência de mais de um governo dentro do mesmo território. No Brasil, são quatro governos: União, Estados, Distrito Federal e Municípios, sendo que a harmonia que deve presidir as relações institucionais entre as comunidades políticas que compõem o Estado Federal[59].

São pessoas ou entes políticos (contam com Legislativo próprio); são pessoas administrativas (tem capacidade de aplicar as leis); são entes ou entidades federativas (fazem parte da Federação brasileira); são pessoas jurídicas de direito público e entidades governamentais. A CF/1988 qualificou a organização do

---

55 ANDERSON, Gavin W. **Constitutional Rights after Globalization**. Oxford and Portland, Oregon: Hart Publishing, 2005. p. 5-6.
56 BARROSO, Luís Roberto. Neoconstitucionalismo e constitucionalização do direito. **Revista de Direito Administrativo**. Rio de Janeiro, v. 240, 2005. Disponível em: <https://periodicos.fgv.br/rda/article/view/43618/44695>. Acesso em: 2 jul. 2024.
57 HABERMAS, Jürgen. **Direito e democracia**: entre facticidade e validade. Tradução de Flávio Beno Siebeneichler. Rio de Janeiro: Tempo Brasileiro, 1997. v. I. p. 139-141.
58 "O pensamento jurídico ocidental está sendo conduzido a uma concepção substancialista e não formal do direito, cujo ponto de penetração mais que uma metafísica da justiça, em um axioma de matéria legal, tem sido encontrado nos princípios gerais do direito, expressão desde logo de uma justiça material, porém especificada tecnicamente em função dos problemas jurídicos concretos" (ENTERRÍA, Eduardo García. **Reflexiones sobre la ley y los principios generales del derecho**. Madrid: Civitas, 1986. p. 30).
59 "O pacto federativo, sustentando-se na harmonia que deve presidir as relações institucionais entre as comunidades políticas que compõem o Estado Federal, legitima as restrições de ordem constitucional que afetam o exercício, pelos Estados-membros e Distrito Federal, de sua competência normativa em tema de exoneração tributária pertinente ao ICMS" (BRASIL. Supremo Tribunal Federal. **ADI n. 1.247 MC, de 17 de Agosto de 1995**. Relator: Min. Celso de Mello. Data de julgamento: 17 aog. 1995. Data de publicação: *Diário da Justiça*, de 8 set. 1995. Disponível em: <https://redir.stf.jus.br/paginadorpub/paginador.jsp?docTP=AC&docID=346923>. Acesso em: 1º jul. 2024).

Estado brasileiro como político-administrativa, já que cada ente federativo tem a capacidade para legislar e também aplicar leis.

Na forma federativa, o Estado Federal é o único dotado de soberania-poder de autodeterminação plena, não condicionada a nenhum outro poder interno ou externo. É uma modalidade de Estado complexo ou composto, pois há divisão territorial do poder, que gera uma multiplicidade de entidades governamentais.

Os entes federativos (União, Estados, Distrito Federal e Municípios) dispõem de autonomia federativa, capacidade de autodeterminação dentro do círculo de competência traçado pelo poder soberano, manifestada por uma tríplice capacidade: a) capacidade de autoadministração (ter competências próprias); b) capacidade de autogoverno (ter um Poder Legislativo e um Poder Executivo); c) capacidade de auto-organização (ter leis próprias e um documento básico que rege a vida do governo – Constituição ou lei orgânica).

Em cada ente federativo, é possível afirmar a existência não apenas de uma autonomia política, com órgãos e competência para elaborar atos normativos, mas também autonomia administrativa, com órgãos e competências para executar atividades e serviços em cumprimento das diretrizes governamentais na defesa do interesse público[60].

Os governantes devem, ao conduzir os negócios públicos, escolher instrumentos que amparem o direito do povo, como uma espécie de "cavaleiro cruzado" da legalidade de moralidade pública, sob pena de agressão à representação popular, a partir do momento em que o governo age sem limites da legitimação no exercício do poder.

Num Estado democrático de direito, o administrador público, escolhido pelo povo, deve adotar uma gestão pública com fixação de metas e diretrizes, visando ao progresso e ao desenvolvimento da nação, em proveito e em nome do povo, de acordo com os preceitos jurídicos e morais, que especialmente equilibrem a escolha de prioridades que atendam aos anseios sociais com a definição de uma lógica integrada e orientadora para as medidas político-administrativas com responsabilidade e transparência.

---

60 "Cada nível é dotado de estrutura administrativa própria e de atividade administrativa própria, independentes entre si. Assim à União – ente político – corresponde a Administração Federal – organização administrativa (...). A cada Estado da Federação – ente político – corresponde uma Administração Estadual própria – organização administrativa (...). O Distrito Federal – ente político – é dotado de uma organização administrativa própria – a Administração do Distrito Federal (...). Em cada Município – ente político – há uma estrutura administrativa própria, por menor que seja – a Administração Municipal" (MEDAUAR, Odete. **Direito Administrativo moderno**. São Paulo: Revista dos Tribunais, 2015. p. 20).

5.7 Administração Pública e personalidade jurídica

No Direito brasileiro, há duas espécies de sujeitos de direito: os personalizados, que possuem personalidade jurídica[61] (aptidão para adquirir direitos e contrair obrigações) e os despersonalizados, que não possuem personalidade jurídica, mas podem exercer direitos e contrair obrigações previstas em lei ou na Constituição Federal. Pessoa não é sinônimo de sujeito de direito, pois nem toda a pessoa é titular ou possível titular de direitos e obrigações.

Os sujeitos de direito personalizados são: a) pessoa física (ser humano como sujeito de direitos e deveres); b) pessoa jurídica (união de pessoas naturais e/ou de patrimônios que visa obtenção de certas finalidades, reconhecida pela ordem jurídica, como sujeito de direitos e obrigações), que pode ser de direito público, interno ou externo, ou de direito privado.

De acordo com o art. 41 do Código Civil (Lei n. 10.406, de 10 de janeiro de 2002[62]) são pessoas jurídicas de direito público interno:

> Art. 41. (...)
>
> I] a União;
> II] os Estados, o Distrito Federal e os Territórios;
> III] os Municípios;
> IV] as autarquias, inclusive as associações públicas;
> V] as demais entidades de caráter público criado por lei.

São pessoas jurídicas de direito público externo os Estados estrangeiros e todas as pessoas que forem regidas pelo direito internacional público.

As pessoas jurídicas de direito privado podem ser estatais (contam com a participação do poder público) e não estatais (constituídas apenas com recursos particulares). São pessoas jurídicas de direito privado as estatais, as empresas públicas e as sociedades de economia mista. São pessoas jurídicas de direito privado não estatais: as associações; as sociedades; as fundações; as organizações religiosas; os partidos políticos; os empreendimentos de economia solidária.

Os sujeitos de direito despersonalizados são: a) nascituro; b) quase pessoas jurídicas: massa falida, espólio, condomínio, pessoa jurídica sem registro e herança jacente.

---

61 A personalidade é, portanto, o conceito básico da ordem jurídica, que a estende a todos os homens, consagrando-a na legislação civil e nos direitos constitucionais de vida, liberdade e igualdade.
62 BRASIL. Lei n. 10.406, de 10 de janeiro de 2002. **Diário Oficial da União**, Poder Legislativo, Brasília, DF, 11 jan. 2002. Disponível em: <https://www.planalto.gov.br/ccivil_03/leis/2002/l10406compilada.htm>. Acesso em: 17 out. 2024.

Na classificação de sujeitos, Estado é uma pessoa jurídica. A Administração Pública não tem personalidade jurídica, não sendo titular de direitos e obrigações na ordem civil.

5.8 Características típicas da Administração Pública

a] **Fins públicos**: é a satisfação das necessidades coletivas que sejam qualificadas como interesses públicos por referência ao entendimento, em cada época, do que é indispensável ou adequado à realização das finalidades últimas da comunidade política (segurança, a justiça e o bem-estar, que constituem, assim, o que se designa tradicionalmente por interesse público primário)[63].
b] **Previsão normativa**: vontade da Administração Pública é a vontade da lei e do Direito.
c] **Subordinação política**: a Administração Pública executa as decisões políticas fundamentais.
d] **Prática de atos de execução**: visam colocar em prática as decisões fundamentais do Governo, tendo como finalidade o interesse da coletividade.
e] **Neutralidade de atividade**: a Administração visa atingir o interesse da coletividade, com submissão à lei e ao Direito, não podendo favorecer ou prejudicar pessoas ou categorias de pessoas.
f] **Conduta hierarquizada**: pois existe na organização da Administração Pública uma relação de subordinação entre os órgãos públicos com escalonamento de poderes administrativos.
g] **Responsabilidade técnica**: os agentes públicos devem empregar técnica adequada em conformidade com a lei, respondendo pelos seus atos.
h] **Caráter instrumental**: Administração Pública é um meio utilizado pelo Estado para atingimento dos seus fins.
i] **Competência limitada**: a lei define a competência e os limites de atribuição dos órgãos e agentes da Administração Pública.

---

63 ANDRADE, José Carlos Vieira de. **Lições de Direito Administrativo**. Coimbra: Imprensa da Universidade de Coimbra, 2023.

5.9 Estrutura do Poder Executivo

5.9.1 Composição

O **Poder Executivo** compreende duas partes: **1) Governo** – entidade que toma as decisões fundamentais no país; **2) Administração Pública** – agente que coloca em prática as decisões tomadas pelo Governo.

A **Administração Pública**, por sua vez, compreende: a) Forças Armadas; b) Segurança Pública; c) Administração Pública propriamente dita, ou Burocracia Civil ou Máquina Burocrática do Estado.

São figuras básicas do Governo: **a) Chefe de Estado** – é o representante do país na sua unidade interna e nas relações internacionais; **b) Chefe de governo**: é o representante do país no âmbito interno do país, funcionando como líder da política nacional e responsável pela direção da máquina administrativa; **c) Ministros**: são os vogais do governo; são chefes de departamentos da Administração Pública.

5.9.1.1 Administração Pública: Forças Armadas

a] **Características:** 1) *instituições nacionais* – têm caráter nacional, haja seu alcance em todo o território nacional; 2) *instituições permanentes* – não podem ser dissolvidas, a não ser diante de uma nova Constituição; 3) *instituições regulares* – seu funcionamento demanda recrutamento constante de material humano, ou seja, os militares, cujo conjunto forma o chamado *efetivo das Forças Armadas*.

b] **Composição:** Exército, Marinha e Aeronáutica.

c] **Organização:** feita com base em dois pressupostos fundamentais: 1) *hierarquia* – pois é estruturada em carreiras; 2) *disciplina* – pois conta com regras de comportamento estabelecidas em lei.

d] **Comando geral:** exercido pelo Presidente da República, conforme o art. 84, inciso XIII, da CF/1988. O auxiliar imediato do Presidente da República na função de comando é o Ministro da Defesa. Cada arma (Exército, Marinha e Aeronáutica) é supervisionada por um Comandante-Geral, que, por sua vez, está submetido às ordens do Ministro da Defesa e do Presidente da República.

e] **Comandante-geral da arma:** é nomeado pelo Presidente da República, após oitiva prévia do Ministro da Defesa. Suas funções são direção e gestão da respectiva arma. O cargo de comandante é privativo de oficiais-generais do último posto da respectiva força. O comandante tem todas as prerrogativas, direitos e deveres do Serviço Ativo, inclusive com a contagem de tempo de serviço enquanto estiver em exercício.

f] **Disciplina normativa**: regidas por duas espécies de normas: *a) gerais* – fixadas por Lei Complementar Federal, de iniciativa do Presidente da República (Lei Complementar n. 97/1999[64]); *b) específicas* – fixadas por regulamentos específicos para cada arma.

g] **Função**: 1) *defesa da pátria* – pressupõe a defesa do país contra agressões estrangeiras, de modo a manter a paz e a unidade da nação. Pode-se afirmar que tal função é a verdadeira vocação das Forças Armadas ou sua função precípua ou ordinária; 2) *garantir o livre exercício dos poderes constitucionais* – manter convivência pacífica entre o Legislativo, o Executivo e o Judiciário; 3) *garantir a lei e a ordem* – a função de garantir a ordem interna é secundária para as Forças Armadas, pois quem cuida em primeiro lugar dessa função é a Segurança Pública. Quando a segurança pública for ineficaz, a ponto de não conseguir manter a ordem interna, será necessário convocar as Forças Armadas. A competência da convocação será feita pelo Presidente da República, visto que se trata do comandante geral das Forças Armadas. A doutrina firmou posicionamento no sentido de estender a legitimidade da requisição para o Presidente do STF e Presidente do Congresso Nacional, em homenagem ao princípio da separação de poderes. Na LC n. 97/1999, que dispõe sobre as normas gerais para a organização, o preparo e o emprego das Forças Armadas, em seu art. 1º, há autorização para qualquer dos poderes constitucionais convocar as Forças Armadas para manter a lei e a ordem interna.

h] **Elegibilidade do militar:** 1) *se tiver menos de 10 anos de serviço* – será agregado pela autoridade competente; noutros termos, será afastado de forma definitiva da vida militar, para ser candidato e seguir a vida política; 2) *se tiver mais de 10 anos de serviço* – será afastado de forma temporária e, se for eleito, passará pela inatividade.

i] **Militar em atividade com posse em outro cargo ou emprego:** 1) *se for cargo ou emprego civil permanente* – será transferido para a reserva, nos termos da lei; 2) *se for cargo, emprego ou função pública temporária, não eletiva* – ficará agregado ao respectivo quadro; pode ser promovido por antiguidade; a contagem do tempo de serviço será para efeito da promoção e transferência para a reserva; após dois anos de afastamento, contínuos ou não, será transferido para a reserva

j] **Regime jurídico**: os militares possuem direitos e deveres – proibição da sindicalização; proibição de greve; permitida reunião de militares em associação; proibida a filiação partidária enquanto no serviço ativo; permitida a filiação partidária de militar da reserva; militar da ativa é elegível e alistável, ao

---

64 BRASIL. Lei Complementar n. 97, de 9 de junho de 1999. **Diário Oficial da União**, Poder Executivo, Brasília, DF, 10 jun. 1999. Disponível em: <https://www.planalto.gov.br/ccivil_03/leis/lcp/lcp97.htm>. Acesso em: 5 fev. 2025.

passo que o conscrito é inalistável e inelegível; militar agregado tem direito à percepção de vencimentos no período de afastamento; a filiação partidária não é condição e elegibilidade para militar da ativa.

k] **Perda do posto e patente:** posto ou patente é grau de hierarquia atribuída pelo Presidente. A perda ocorre, desde que presentes os seguintes requisitos – sentença judicial transitada em julgado, imposição de pena privativa de liberdade de duração superior a dois anos e decisão do Tribunal Militar que o considere indigno do oficialato.

l] **Iniciativa privativa do Presidente da República:** fixação e modificação do efetivo das Forças Armadas; regime jurídico; provimento de cargos, estabilidade, remuneração, reforma e transferência para a reserva.

m] **Serviço Militar:** adotamos no Brasil a regra, em tempo de paz, da obrigatoriedade do serviço. São isentos do serviço militar, em tempo de paz, as mulheres e os eclesiásticos; em tempo de guerra, não há isenção, pois existe mobilização nacional. Cabe ressalvar que a incorporação de Deputados Federais e Senadores, embora militares e ainda que em tempo de guerra, dependerá da prévia licença da Casa respectiva. O parlamentar eleito não pode exercer a função militar, a não ser que renuncie ao cargo para o qual foi escolhido. Nesse caso, o político deve realizar uma opção: ou a vida, política ou a vida militar.

n] **Escusa de consciência:** direito de não prestar serviço militar, por motivo de crença religiosa ou convicção política ou filosófica. Nesse caso, a autoridade militar irá impor uma prestação alternativa fixada em lei (Lei n. 8.239/1991[65]). Se a pessoa convocada alegar escusa e não cumprir prestação alternativa ou for convocada, não alegar escusa e não prestar o serviço militar, sofrerá perda dos direitos políticos (art. 15, IV, CF/1988).

o] *Habeas Corpus* e militar: apesar de a CF/1988 afirmar que não cabe *habeas corpus* para discutir punição disciplinar militar, a jurisprudência do STF firmou posicionamento pelo cabimento em dois casos: a) autoridade incompetente; b) não observância de formalidade.

5.9.1.2 Administração Pública: Segurança Pública

a] **Finalidade:** visa à preservação da ordem pública e à incolumidade das pessoas e do patrimônio, ou seja, visa preservar ou restabelecer a convivência social, mantendo a paz na adversidade e o equilíbrio nas relações sociais.

b] **Função da polícia:** em relação à função da polícia, existem dois posicionamentos:

---

65 BRASIL. Lei n. 8.239, de 4 de outubro de 1991. **Diário Oficial da União**, Poder Legislativo, Brasília, DF, 6 out. 1991. Disponível em: <https://www.planalto.gov.br/ccivil_03/leis/l8239.htm#:~:text=LEI%20N%C2%BA%208.239%2C%20DE%204,Alternativo%20ao%20Servi%C3%A7o%20Militar%20Obrigat%C3%B3rio>. Acesso em: 5 fev. 2025.

1] **Primeiro posicionamento**: há duas espécies de funções policiais:

   a] Administrativa ou de segurança – função preventiva, ou seja, que visa evitar a ocorrência da infração penal;
   b] Judiciária – função auxiliar da justiça de cunho repressivo, ou seja, que visa coletar informações para ajuizamento da ação penal.

2] **Segundo posicionamento**: há três espécies de funções policiais:

   a] Administrativa ou poder de polícia – função consistente em limitar a liberdade e a propriedade do particular em nome do interesse público;
   b] De segurança – função que impede a ocorrência de infrações penais que possam lesar ou pôr em perigo bens jurídicos;
   c] Judiciária – função repressiva, ou seja, que visa coletar informações sobre a infração penal após sua prática. Cabe, por fim, ressaltar que, em função do disposto no art. 144, parágrafo 4º, da CF/1988, há doutrinadores que diferenciam a função polícia judiciária da apuração da infração penal (polícia de investigação). À polícia judiciária cabe a apuração de uma infração penal e sua respectiva autoria, dando cumprimento a ordens judiciais; já a apuração da infração penal e sua respectiva autoria seria a investigação sem cumprimento de ordem judicial.

c] **Órgãos da Segurança Pública**: 1) Polícia Rodoviária Federal; 2) Polícia Ferroviária Federal; 3) Polícia Federal; 4) Polícia Penal Federal; 5) Polícia Militar; 6) Polícia Civil; 7) Bombeiros Militares; 8) Polícia Penal Estadual/Distrital.

d] **Competência federal**: 1) normas gerais de organização, efetivos, material bélico, garantias, convocação e mobilização das polícias militares e corpos de bombeiros militares (art. 22, XXI, CF/1988); 2) normas gerais sobre organização, garantias, direitos e deveres das polícias civis (art. 24, XVI, CF/1988); 3) organizar e manter a Polícia Civil, a Polícia Militar e o Corpo De Bombeiros Militar do Distrito Federal, bem como prestar assistência financeira ao Distrito Federal para a execução de serviços públicos, por meio de fundo próprio (art. 22, XIV, CF/1988).

e] **Segurança Pública municipal**: guardas municipais, cuja função é proteger o patrimônio municipal; não possui função de polícia judiciária, ou seja, de investigar infrações penais; função de proteção municipal preventiva, ressalvadas as competências da União, dos Estados e do Distrito Federal. A estrutura hierárquica da Guarda Municipal não pode utilizar denominação idêntica à das forças militares, quanto aos postos e às graduações, aos títulos, aos uniformes, aos distintivos e às condecorações. As guardas municipais utilizarão uniforme e equipamentos padronizados, preferencialmente, na cor azul-marinho.

f] **Segurança Pública estadual/distrital:**

1] **Polícia Militar:** preserva a ordem pública e realiza polícia ostensiva; exerce atividade preventiva; o comando é exercido por oficial superior do posto de coronel denominado *Comandante-Geral*. São forças auxiliares do Exército formadas por Militares dos Estados. Instituição criada em 15 de dezembro de 1831 por decreto imperial baixado pelo Regente Padre Feijó. O patrono da corporação paulista foi o Brigadeiro Rafael Tobias de Aguiar.

2] **Polícia Civil:** investiga infrações, que não sejam federais ou militares. Exerce atividade repressiva; o chefe é o Delegado de Polícia, que atua em Delegacia de Polícia ou Distrito Policial.

3] **Bombeiros Militares:** exercem atividades de defesa civil e outras definidas por lei. No Distrito Federal, a segurança pública tem a mesma organização da estadual, com a observação de que os órgãos são organizados e mantidos pela União, nos termos do art. 21, XIII e XIV, c/c o art. 22, XVII.

4] **Polícia Penal:** vinculadas ao órgão administrador do sistema penal do Estado/DF, cabe a segurança dos estabelecimentos penais.

g] **Segurança Pública federal:**

1] **Polícia Ferroviária Federal** – órgão permanente, organizado e mantido pela União, estruturado em carreira, cuja função é o patrulhamento ostensivo das ferrovias federais.

2] **Polícia Rodoviária Federal** – órgão permanente, organizado e mantido pela União, estruturado em carreira, cuja função é o patrulhamento ostensivo das rodovias federais.

3] **Polícia Federal** – a) polícia marítima, aeroportuária e de fronteiras[66]; b) funções exclusivas de polícia judiciária da União – não investiga as contravenções penais, mesmo que praticadas em detrimento à União; c) prevenção e repressão o tráfico ilícito de entorpecentes e drogas afins, o contrabando e o descaminho, sem prejuízo da ação fazendária e de outros órgãos públicos nas respectivas áreas de competência; d) apurar infrações penais contra a ordem política e social; e) apurar infrações penais em detrimento de bens, serviços e interesses da União ou de suas entidades

---

66 A radiopatrulha aérea é o policiamento ostensivo do espaço aéreo em apoio ao policiamento urbano, de trânsito, de choque, ambiental, rodoviário, do corpo de bombeiros e de outras diversas atividades em prol do bem comum da população de um Estado, desde que respeitados os limites das áreas constitucionais das Polícias Federal e Aeronáutica Militar. Tal atividade é atribuição da Polícia Militar, fazendo parte do poder residual da polícia dos Estados (ADI n. 132/2003).

autárquicas e empresas públicas; f) apurar infrações penais cuja prática tenha repercussão interestadual ou internacional e exija repressão uniforme, segundo se dispuser em lei (Lei n. 10.446/2002).

4] **Polícia Penal** – vinculadas ao órgão administrador do sistema penal da União, cabe a segurança dos estabelecimentos penais.

5.9.1.3 Administração Pública: Administração Pública propriamente dita, Burocracia Civil ou Máquina Burocrática

A Administração Pública propriamente dita é o conjunto de pessoas jurídicas, órgãos e agentes públicos que exercem a função administrativa.

A Administração Pública propriamente dita apresenta duas divisões: a) *vertical* – é a que separa a Administração em federal, estadual, distrital e municipal; b) *horizontal* – é a que divide a Administração Pública em direta e indireta. A divisão horizontal está contida na vertical, ou seja, a divisão em direta e indireta existe nos âmbitos federal, estadual, distrital e municipal.

Capítulo 2
Aspecto subjetivo da Administração Pública

1. Organização administrativa

É o capítulo do Direito Administrativo que estuda a estrutura da Administração Pública.

A estruturação da administração é a distribuição e ordenação do aparelho administrativo composto pelas pessoas, entidades e órgãos que irão desempenhar as funções administrativas.

É regulada pelo Decreto-Lei n. 200/1967, que "dispõe sobre a organização da Administração Pública Federal e estabelece diretrizes para a Reforma Administrativa"[1].

2. Centralização administrativa

A centralização administrativa ocorre quando a função administrativa é exercida pelo próprio Estado, ou seja, pelo conjunto de órgãos que integram políticas: União, Estados, Municípios e Distrito Federal. Trata-se da técnica de cumprimento de competências administrativas por uma única pessoa jurídica governamental.

A centralização administrativa pode ser concentrada, quando a competência é exercida por uma única pessoa jurídica, sem divisões internas; ou desconcentrada, quando a atribuição administrativa é endereçada a uma única pessoa jurídica dividida internamente em diversos órgãos públicos.

3. Descentralização administrativa[2]

3.1 Conceito de descentralização administrativa

A descentralização administrativa ocorre quando a função administrativa é exercida pessoas jurídicas criadas pelo Estado.

É a distribuição de competências de uma para outra pessoa, física ou jurídica. A descentralização supõe a existência de, pelo menos, duas pessoas, entre as quais

---

1 BRASIL. Decreto n. 200, de 25 de fevereiro de 1967. **Diário Oficial da União**, Poder Executivo, Brasília, DF, 27 mar. 1967. Disponível em: <https://www.planalto.gov.br/ccivil_03/decreto-lei/del0200.htm>. Acesso em: 5 abr. 2024.
2 A distinção entre centralização e descentralização baseia-se no número de pessoas jurídicas autônomas competentes para desempenhar tarefas públicas.

se repartem as competências. As competências administrativas são distribuídas a pessoas jurídicas autônomas, criadas pelo Estado para tal finalidade[3].

Nos termos do art. 6º do Decreto-Lei n. 200/1967, tem natureza jurídica de princípio fundamental da organização administrativa.

Em face do Decreto-Lei n. 200/1967, as atividades da Administração Federal obedecerão aos seguintes princípios fundamentais:

a] **Planejamento** – visa promover o desenvolvimento econômico-social do país e a segurança nacional, norteando-se segundo planos e programas elaborados, e compreenderá a elaboração e atualização dos seguintes instrumentos básicos: plano geral de governo; programas gerais, setoriais e regionais, de duração plurianual; orçamento de programa anual; programação financeira de desembolso.

b] **Coordenação** – ocorre mediante a atuação das chefias individuais, a realização sistemática de reuniões com a participação das chefias subordinadas e a instituição e funcionamento de comissões de coordenação em cada nível administrativo. No nível superior da Administração Federal, a coordenação será assegurada por meio de reuniões do Ministério, reuniões de Ministros de Estado responsáveis por áreas afins, atribuição de incumbência coordenadora a um dos ministros de Estado, funcionamento das Secretarias Gerais e coordenação central dos sistemas de atividades auxiliares. Quando submetidos ao presidente da República, os assuntos deverão ter sido previamente coordenados com todos os setores neles interessados, inclusive no que respeita aos aspectos administrativos pertinentes, por meio de consultas e entendimentos, de modo a sempre compreenderem soluções integradas e que se harmonizem com a política geral e setorial do Governo. Idêntico procedimento será adotado nos demais níveis da Administração Federal, antes da submissão dos assuntos à decisão da autoridade competente. Os órgãos que operam na mesma área geográfica serão submetidos à coordenação com o objetivo de assegurar a programação e execução integrada dos serviços federais.

c] **Descentralização** – será posta em prática em três planos principais: dentro dos quadros da Administração Federal, distinguindo-se claramente o nível de direção do de execução; da Administração Federal para a das unidades federadas, quando estejam devidamente aparelhadas e mediante convênio; da Administração Federal para a órbita privada, mediante contratos ou concessões. Em cada órgão da Administração Federal, os serviços que compõem

---

3 "A descentralização administrativa pressupõe, portanto, a existência de uma pessoa, distinta da do Estado, a qual, investida dos necessários poderes de administração, exercita atividade pública. O ente descentralizado age por outorga do serviço ou atividade ou por delegação de sua execução, mas sempre em nome próprio" (MEIRELLES, Hely Lopes. **Direito Administrativo brasileiro**. São Paulo: Malheiros, 2022).

a estrutura central de direção devem permanecer liberados das rotinas de execução e das tarefas de mera formalização de atos administrativos, para que possam concentrar-se nas atividades de planejamento, supervisão, coordenação e controle. A Administração casuística, assim entendida a decisão de casos individuais, compete, em princípio, ao nível de execução, especialmente aos serviços de natureza local, que estão em contato com os fatos e com o público. Compete à estrutura central de direção o estabelecimento das normas, critérios, programas e princípios, que os serviços responsáveis pela execução são obrigados a respeitar na solução dos casos individuais e no desempenho de suas atribuições. Ressalvados os casos de manifesta impraticabilidade ou inconveniência, a execução de programas federais de caráter nitidamente local deverá ser delegada, no todo ou em parte, mediante convênio, aos órgãos estaduais ou municipais incumbidos de serviços correspondentes.

d] **Delegação de competência** – será utilizada como instrumento de descentralização administrativa, com o objetivo de assegurar maior rapidez e objetividade às decisões, situandoas na proximidade dos fatos, pessoas ou problemas a atender. É facultado ao Presidente da República, aos Ministros de Estado e, em geral, às autoridades da Administração Federal delegar competência para a prática de atos administrativos, conforme se dispuser em regulamento. O ato de delegação indicará com precisão a autoridade delegante, a autoridade delegada e as atribuições do objeto de delegação.

e] **Controle** – deverá exercer-se em todos os níveis e em todos os órgãos, compreendendo, particularmente: 1) o controle, pela chefia competente, da execução dos programas e da observância das normas que governam a atividade específica do órgão controlado; 2) o controle, pelos órgãos próprios de cada sistema, da observância das normas gerais que regulam o exercício das atividades auxiliares; 3) o controle da aplicação dos dinheiros públicos e da guarda dos bens da União pelos órgãos próprios do sistema de contabilidade e auditoria. O trabalho administrativo será racionalizado mediante simplificação de processos e supressão de controles que se verificarem como puramente formais ou cujo custo seja evidentemente superior ao risco.

A descentralização administrativa pode ser **concentrada**, quando são atribuídas competências administrativas a pessoa jurídica autônoma sem divisões internas, ou **desconcentrada**, quando as competências administrativas são atribuídas a pessoa jurídica autônoma dividida em órgãos internos. Exemplo: autarquia estruturada internamente em diversos órgãos e repartições.

3.2 Descentralização política e descentralização administrativa

A descentralização política ocorre quando o comando estatal é espalhado no território do Estado, representado por quatro governos (federal, estadual, distrital e municipal). Cada governo, ente descentralizado exerce atribuições próprias que decorrem da CF/1988, podendo legislar (pessoa política) e aplicar a leis criadas (pessoa administrativa). As atividades jurídicas que exercem não constituem delegação ou concessão do governo central, pois delas são titulares de maneira originária.

A descentralização administrativa ocorre quando Estado cria pessoas jurídicas com capacidade apenas administrativa. Cada pessoa jurídica criada, ente descentralizado exerce atribuições que decorrem do poder central. É o tipo de descentralização própria dos Estados unitários, em que há um centro único de poder, do qual se destacam, com relação de subordinação, os poderes das pessoas jurídicas locais.

3.3 Descentralização administrativa e desconcentração administrativa

Na descentralização administrativa, são distribuídas competências a entidades com personalidade jurídica autônoma. O conjunto de entidades forma a chamada *Administração Pública Indireta ou Descentralizada*.

Na desconcentração administrativa, são distribuídas competências atribuídas a órgãos públicos sem personalidade própria. O conjunto de órgãos forma a chamada *Administração Pública Direta ou Centralizada*.

3.4 Espécies de descentralização administrativa

3.4.1 Descentralização administrativa territorial

O Estado cria uma pessoa jurídica de direito público com capacidade administrativa genérica e com delimitação geográfica. Essa pessoa jurídica com personalidade jurídica de direito público e capacidade de autoadministração genérica fica sujeita a controle do poder central. No Brasil, é o que ocorre com os territórios federais.

3.4.2 Descentralização administrativa funcional ou por serviços

Ocorre quando o Estado cria uma pessoa jurídica de direito público ou privado que recebe a titularidade e a execução de determinado serviço público. O Estado transfere a titularidade e a execução por lei para Administração Indireta. O Estado que cria a entidade dessa esfera perde a disponibilidade sobre o serviço público, pois, para retomá-lo, depende de lei.

3.4.3 Descentralização administrativa por colaboração

Ocorre quando o Estado transfere a execução do serviço público, por meio de contrato ou ato administrativo unilateral, a pessoa jurídica de direito privado. O Poder Público permanece com a titularidade do serviço, podendo dispor do serviço de acordo com o interesse público, envolvendo a possibilidade de alterar unilateralmente as condições de sua execução e de retomá-lo antes do prazo estabelecido.

4. Outorga e delegação

Outorga é a descentralização funcional, em que o Estado transfere para a Administração Indireta, por meio de lei, a titularidade e a execução do serviço público.

Delegação é a descentralização por colaboração, em que o Estado transfere para pessoa jurídica de direito privado, por contrato ou ato administrativo apenas a execução do serviço público.

5. Desconcentração administrativa

5.1 Conceito de desconcentração administrativa

Desconcentração é uma distribuição interna de competências (atividades), ou seja, uma distribuição de competências dentro da mesma pessoa jurídica.

A desconcentração está ligada com a hierarquia[4], porque as atribuições são repartidas entre órgãos públicos pertencentes a uma única pessoa jurídica, mantendo a vinculação hierárquica.

Na desconcentração, existe uma especialização de funções dentro da sua própria estrutura estatal, sem que isso implique a criação de uma nova pessoa jurídica. O resultado desse fenômeno é a criação de centros de competências, denominados *órgãos públicos*, dentro da mesma estrutura hierárquica (ex.: criação de ministérios, secretarias etc.).

Desconcentração não se confunde com *concentração*. A concentração é a técnica de cumprimento de competências administrativas por meio de órgãos públicos despersonalizados e sem divisões internas. É situação rara, porque pressupõe a ausência completa de distribuição de tarefas entre repartições públicas internas. A diferença entre concentração e desconcentração é baseada na noção de órgão público e leva em conta a quantidade de órgãos públicos encarregados do exercício das competências administrativas.

5.2 Espécies de desconcentração administrativa

a] **Desconcentração territorial ou geográfica**: é aquela em que as competências são divididas delimitando as regiões onde cada órgão pode atuar. A característica fundamental dessa espécie de desconcentração é que cada órgão público detém as mesmas atribuições materiais dos demais, variando somente o âmbito geográfico de sua atuação. Exemplos: Subprefeituras e Delegacias de Polícia.

b] **Desconcentração material ou temática**: é a distribuição de competências mediante a especialização de cada órgão em determinado assunto. Exemplo: ministérios da União.

c] **Desconcentração hierárquica ou funcional**: utiliza como critério para repartição de competências a relação de subordinação entre os diversos órgãos. Exemplo: tribunais administrativos em relação aos órgãos de primeira instância.

---

4 "A Administração Pública é organizada hierarquicamente, como se fosse uma pirâmide em cujo ápice se situa o chefe do Poder Executivo. As atribuições administrativas são outorgadas aos vários órgãos que compõem a hierarquia, criando-se uma relação de coordenação e subordinação entre uns e outros. Isso é feito para descongestionar, desconcentrar, tirar do centro um volume grande de atribuições, para permitir seu mais adequado e racional desempenho" (TAVEIRA, Adriana do Val Alves. Descentralização e desconcentração da atividade estatal. **Revista Paradigma**, n. 18, p. 236-247. 2011. p. 36. Disponível em: <https://revistas.unaerp.br/paradigma/article/view/55/66>. Acesso em: 2 jul. 2024).

6. Entidade no Direito Administrativo

Nos termos do art. 1º, parágrafo 2º, inciso II da Lei n. 9.784/1999[5], *entidade* é a unidade de atuação dotada de personalidade jurídica própria. Tendo personalidade autônoma, tais entidades respondem judicialmente pelos prejuízos causados por seus agentes públicos. Nesse contexto, no Direito brasileiro, a expressão *entidade* ou *ente* significa "pessoa jurídica pública ou privada". Existem duas espécies de entidades:

a) **Entidade política** é a pessoa jurídica de direito público interno com poderes políticos e administrativos que recebe atribuições da Constituição; no Direito Brasileiro, os arts. 1º e 18, ambos da Constituição Federal, prescrevem que são entidades políticas a União Federal, os Estados-membros, o Distrito Federal e os Municípios.

b) **Entidade administrativa** não possui poderes políticos, apenas administrativos, e exerce suas atribuições conforme lei e regulamento; é a que possui capacidade para administrar ou aplicar leis. Podem ser: estatais (União, Estados, Distrito Federal e Municípios); autárquicas (autarquias e agências); fundacionais (fundações públicas); empresariais (empresas públicas e as sociedades de economia mista).

---

5   BRASIL. Lei n. 9.784, de 29 de janeiro de 1999. **Diário Oficial da União**, Poder Legislativo, Brasília, DF, 1º fev. 1999. Disponível em: <https://www.planalto.gov.br/ccivil_03/leis/l9784.htm>. Acesso em: 11 abr. 2024.

Capítulo 3
Administração Pública Direta

7. Noções gerais da Administração Direta

a) **Conceito:** conjunto de órgãos integrados nas pessoas políticas do Estado; estão inseridos na estrutura da chefia do Executivo e dos órgãos auxiliares desse setor.
b) **Atuação administrativa:** centralizada, por meio de órgãos públicos que integram as pessoas políticas do Estado.
c) **Instrumentos da Atuação Administrativa:** órgãos públicos, sem personalidade jurídica.
d) **Criação de novas pessoas jurídicas:** não há, pois a Administração Direta envolve apenas uma pessoa política do Estado.
e) **Organização:** com base na hierarquia e na desconcentração
f) **Criação e extinção de órgãos da Administração Direta:** dependem de lei de iniciativa do chefe do Executivo. A criação e a extinção dos órgãos públicos dependem de lei, conforme se extrai da leitura conjugada dos arts. 48, inciso XI, e 84, inciso VI, alínea "a", da CF/1988, alterados pela Emenda Constitucional n. 32/2001[1]. Em regra, a iniciativa para o projeto de lei de criação dos órgãos públicos é do Chefe do Executivo, na forma do art. 61, parágrafo 1º, inciso II, alínea "e" da CF/1988. Todavia, em alguns casos, a iniciativa legislativa é atribuída, pelo texto constitucional, a outros agentes públicos, como ocorre, por exemplo, em relação aos órgãos do Poder Judiciário (art. 96, II, "c" e "d", CF/1988) e do Ministério Público (art. 127, § 2º), cuja iniciativa pertence aos representantes daquelas instituições.
g) **Organização e funcionamento da Administração Direta:** serão regulados por decreto. Não é exigida lei para tratar da organização e do funcionamento dos órgãos públicos, dado que tal matéria pode ser estabelecida por meio de decreto do chefe do Executivo (art. 84, VI, "a", CF/1988). Excepcionalmente, a criação de órgãos públicos poderá ser instrumentalizada por ato administrativo, tal como ocorre na instituição de órgãos no Poder Legislativo, na forma dos arts. 51, inciso IV, e 52, inciso XIII, da CF/1988.
h) **Previsão normativa:** art. 4º do Decreto-Lei n. 200/1967, com redação dada pela Lei n. 7.596/1987[2].

---

1 BRASIL. Emenda Constitucional n. 32, de 11 de setembro de 2001. **Diário Oficial da União**, Poder Legislativo, Brasília, DF, 12 set. 2001. Disponível em: <https://www.planalto.gov.br/ccivil_03/constituicao/emendas/emc/emc32.htm>. Acesso em: 11 abr. 2024.
2 BRASIL. Lei 7.569, de 22 de dezembro de 1986. **Diário Oficial da União**, Poder Judiciário, Brasília, DF, 22 dez. 1986. Disponível em: <https://www.planalto.gov.br/ccivil_03/leis/1980-1988/l7569.htm#:~:text=LEI%20N%C2%BA%207.569%2C%20DE%2022,Recursos%20e%20d%C3%A1%20outras%20provid%C3%AAncias.>. Acesso em: 11 abr. 2024.

i] **Administração Direta Federal:** presidência da República, vice-presidência da República, Ministérios e órgãos de apoio.
j] **Administração Direta Estadual:** governador, vice-governador, secretários de Estado e órgãos de apoio.
k] **Administração Direta Distrital:** governador, vice-governador, secretários distritais e órgãos de apoio.
l] **Administração Direta Municipal:** prefeito, vice-prefeito, secretários municipais e órgãos de apoio.
m] **Comparação:** enquanto a Administração Direta é composta de órgãos internos do Estado, a Administração Indireta se compõe de **pessoas jurídicas**.
n] **Existência:** cabe ressalvar que a Administração Pública Direta existe não apenas no Poder Executivo, mas também nos demais poderes, Legislativo e Judiciário, pois todos os poderes exercem função administrativa.

2. Teoria do órgão público

2.1 Conceito de órgão público

O Estado, como uma pessoa jurídica de direito público, exprime sua vontade por meio dos seus agentes públicos, pessoas naturais que exercem a função administrativa, para satisfazer as necessidades coletivas[3].

Os agentes públicos são lotados dentro de repartições internas despersonalizadas que recebem a denominação de *órgãos públicos*, instituídos para desempenho de funções estatais atribuídas pelo ordenamento jurídico.

---

[3] "Todo e qualquer grupo social organizado tem uma estrutura ordenada em atenção a certos fins, cuja realização carece de desenvolver atividade" (CAETANO, Marcello. **Manual de Direito Administrativo.** Portugal: Coimbra, 2015); "As pessoas jurídicas não têm existência concreta, física. Não são dotadas de autonomia existencial. Não são titulares de uma personalidade psicológica. Não têm vida humana em si mesmas (...). Aquele que manifesta a vontade estatal desempenha uma função pública, o que significa o dever de orientar a própria conduta à satisfação dos valores fundamentais e ao atendimento às necessidades coletivas" (JUSTEN FILHO, Marçal. **Curso de Direito Administrativo.** Belo Horizonte: Fórum, 2023); "órgãos públicos, ou órgãos administrativos, cuja denominação decorre de uma analogia com as ciências biológicas (os "órgãos" como partes do "corpo") – ARAGÃO, Alexandre Santos de. **Curso de Direito Administrativo.** Rio de Janeiro: Forense, 2021; "Toda a operacionalidade da prestação de serviços públicos pelo Estado repousa na possibilidade de que a ele sejam imputados os atos praticados por seus agentes, pessoas físicas, no exercício de suas funções, ou seja, que os agentes públicos possam falar e agir em nome do Estado. Recorde-se que a própria estabilização do Direito Administrativo como disciplina autônoma da Ciência do Direito teve como ponto de partida caso de responsabilidade civil do Poder Público (o conhecido caso 'Blanco', na França, no século XIX) por ato de seus agentes no exercício de suas funções" (ARAÚJO, Edmir Netto de. **Curso de Direito Administrativo.** São Paulo: Saraiva, 2020).

Órgão público é uma divisão interna dentro da pessoa jurídica de direito público, ou seja, é parte ou componente da estrutura estatal[4]. São as repartições internas do Estado, criadas a partir da desconcentração administrativa (distribuição de competências dentro da mesma pessoa jurídica)[5].

Os órgãos públicos são centros de competência criados pelo direito público, pois funcionam como uma unidade que congrega atribuições exercidas pelos agentes públicos, com o objetivo de expressar a vontade do Estado. São círculos de atribuições, os feixes individuais de poderes funcionais repartidos no interior da personalidade estatal e expressados pelos agentes neles providos.

Como partes integrantes da estrutura do Estado, os direitos e as obrigações originados de sua ação ou omissão pertencem ao próprio Estado. São unidades de ação com atribuições específicas na organização estatal[6].

A justificativa para a criação dos órgãos públicos, com estrutura e atribuições definidas em lei, é a necessidade de distribuir racionalmente as inúmeras e complexas atribuições que incumbem ao Estado, com especialização de funções administrativas, visando tornar a atuação estatal mais eficiente.

As ações praticadas pelos agentes públicos são atribuídas à pessoa jurídica a qual vinculados, sendo esta que detém personalidade jurídica para titularizar direitos e assumir obrigações[7]. O órgão não se confunde com a pessoa jurídica, embora seja uma de suas partes integrantes; a pessoa jurídica é o todo, enquanto os órgãos são parcelas integrantes do todo. O órgão também não se confunde com a pessoa física, o agente público, porque congrega funções que este vai exercer[8].

Conforme estabelece o art. 1º, parágrafo 2º, inciso I, da Lei n. 9.784/1999, que disciplina o processo administrativo no âmbito da Administração Pública Federal, *órgão* é "a unidade de atuação integrante da estrutura da Administração direta e da estrutura da Administração indireta"[9], composto de funções, cargos e agentes que podem ser alterados sem a modificação da unidade orgânica.

---

[4] "O vocábulo 'órgão', de origem grega (significando instrumento), é empregado em Direito para indicar o componente instrumental de um corpo estatal" (MOREIRA NETO, Diogo de Figueiredo. **Curso de Direito Administrativo**. Rio de Janeiro: Forense, 2015. p. 18).

[5] CARVALHO FILHO, José dos Santos. **Manual de Direito Administrativo**. São Paulo: Atlas, 2023; DI PIETRO, Maria Sylvia Zanella. **Direito Administrativo**. São Paulo: Atlas, 2023; GASPARINI, Diógenes. **Direito administrativo**. São Paulo: Saraiva, 2010; MEIRELLES, Hely Lopes. **Direito Administrativo brasileiro**. São Paulo: Malheiros, 2022.

[6] MELLO, Celso Antônio Bandeira de. **Apontamentos sobre os agentes e órgãos públicos**. São Paulo: Revista dos Tribunais, 1981.

[7] "O sistema jurídico não confere autonomia ou 'vida própria' ao órgão, pois ele só é considerado na medida em que faz parte de um todo (daí a ideia de 'organicidade')" (NOHARA, Irene. **Direito Administrativo**. São Paulo: Gen, 2023. p. 516).

[8] DI PIETRO, Maria Sylvia Zanella. **Direito Administrativo**. São Paulo: Atlas, 2023.

[9] BRASIL. Lei n. 9.784, de 29 de janeiro de 1999. **Diário Oficial da União**, Poder Legislativo, Brasília, DF, 1º fev. 1999. Disponível em: <https://www.planalto.gov.br/ccivil_03/leis/l9784.htm>. Acesso em: 5 abr. 2024.

O órgão não tem personalidade jurídica própria, que é da pessoa jurídica a que ele esteja vinculado, e integra uma entidade, sendo esta última conceituada como "unidade de atuação dotada de personalidade jurídica" (art. 1º, § 2º, II), seja ela expressão da Administração Direta, seja da Administração Indireta.

2.2 Elementos do órgão público

a) **Elemento formal**: o órgão público não tem personalidade jurídica própria; a personalidade é da pessoa jurídica a que está integrado.
b) **Elemento material**: o órgão público é composto de funções, cargos e agentes, dispondo de meios humanos e materiais.
c) **Elemento subjetivo**: os agentes públicos, que compõem os órgãos públicos, manifestam a vontade do próprio Estado.
d) **Elemento estrutural**: órgão público é apenas um compartimento ou centro de atribuições que se encontra inserido em determinada pessoa. Órgão público é uma organização, criada por lei ou pela Constituição Federal no âmbito de uma pessoa jurídica estatal[10].
e) **Elemento espacial**: os órgãos públicos existem nas Administrações Direta e na Indireta.
f) **Elemento finalístico**: os órgãos públicos são unidades instituídas para desempenho das funções estatais, através de seus agentes.
g) **Elemento consequencial**: por não ter personalidade jurídica, a responsabilidade pela atuação do órgão público é imputada (atribuída) à pessoa jurídica a que pertencem.

2.3 Natureza do órgão público

a) **Teoria subjetiva ("órgão físico" ou "órgão-indivíduo")**: identifica os órgãos com os agentes públicos; desaparecendo o funcionário, deixará de existir o órgão.
b) **Teoria objetiva ("órgão jurídico" ou "órgão-instituição")**: órgãos seriam apenas um conjunto de atribuições ou unidades funcionais da organização administrativa; não tendo o órgão vontade própria, da mesma forma que o Estado, não explica como expressa a sua vontade, que seria a própria vontade do Estado.
c) **Teoria eclética ou mista**: o órgão é formado por dois elementos, a saber, o agente e o complexo de atribuições; com isso, pretende-se superar as objeções às duas teorias anteriores.
d) **Teoria prevalente**: a doutrina que hoje prevalece no direito brasileiro é a que vê no órgão apenas um feixe de atribuições, uma unidade inconfundível com

---

10 JUSTEN FILHO, Marçal. **Curso de Direito Administrativo**. Belo Horizonte: Fórum, 2023.

os agentes. Por essa razão, parece que a teoria objetiva, apesar de possuir imperfeições, deve prevalecer.

2.4 Teorias do órgão público

- **Teoria da identidade**: órgão e agente formam uma unidade inseparável, de modo que o órgão público é o próprio agente. O equívoco dessa concepção é evidente, pois sua aceitação implica concluir que a morte do agente público causa a extinção do órgão.
- **Teoria do mandato: a) inspiração** – direito privado; **b) relação entre o Estado e o agente público** – contrato de mandato, sendo o Estado o mandante, e o agente público o mandatário, com poderes para agir em nome e no interesse do Estado; **c) crítica** – o Estado não tem vontade própria, não poderia outorgar tal mandato; existência de duas vontades diferenciadas, porquanto o agente que atua no órgão deve expressar diretamente a vontade objetiva da lei; não conseguir apontar em qual momento e quem realizaria a outorga do mandato.
- **Teoria da representação: a) influência** – pela lógica do Direito Civil; **b) condição do Estado** – é tido como um incapaz, não podendo defender pessoalmente seus próprios interesses; **c) Condição do agente público** – é representante do Estado por força de lei; atuaria exercendo uma espécie de curatela dos interesses governamentais suprindo a incapacidade; **d) crítica** – equipara o Estado, pessoa jurídica, ao incapaz; não foi suficiente para alicerçar um regime de responsabilização da pessoa jurídica perante terceiros prejudicados nas circunstâncias em que o agente ultrapassasse os poderes da representação.
- **Teoria do órgão público: a) terminologia** – é chamada de *teoria da imputação volitiva*; **b) conteúdo** – o agente público atua em nome do Estado, titularizando um órgão público (conjunto de competências), de modo que a atuação ou o comportamento do agente no exercício da função pública é imputada à respectiva pessoa estatal; **c) base** – analogia entre o Estado e o corpo humano, entende-se que o Estado também atua por meio de órgãos. Os órgãos públicos seriam verdadeiros "braços" estatais, como parte integrante do Estado; **d) formulação** – jurista alemão Otto Friedrich von Gierke (1841-1921); **e) reflexos na responsabilidade** – o Estado responde pelos atos que seus agentes praticam, mesmo se esses atos extrapolam das atribuições estatais conferidas, sendo-lhe assegurado o direito de regresso; **f) reflexos na validade dos atos administrativos** – essa teoria é utilizada por muitos autores para justificar a validade dos atos praticados por funcionário de fato; **g) previsão constitucional** – a CF/1988 adota a teoria da imputação volitiva no art. 37, parágrafo 6º, ao prescrever que as pessoas jurídicas de direito público e as de direito

privado prestadoras de serviços públicos responderão pelos danos que seus agentes "nessa qualidade" causarem a terceiros.

2.5 Capacidade do órgão público

2.5.1 Capacidade contratual do órgão público

Em regra, os órgãos públicos não têm capacidade contratual em razão da ausência de personalidade jurídica. Apenas as pessoas possuem o atributo de adquirir de direitos e obrigações (art. 1º do CC).

No entanto, o art. 37, parágrafo 8º, da CF/1988 consagra uma possibilidade excepcional de celebração de contratos por órgãos públicos. Trata-se do denominado *contrato de gestão* ou *contrato de desempenho* entre órgãos públicos e entes federativos com o objetivo de ampliar a autonomia "gerencial, orçamentária e financeira" desses órgãos, que deverão cumprir "metas de desempenho" nos prazos estabelecidos.

2.5.2 Capacidade processual ou judiciária do órgão público

O órgão público não possui, em regra, capacidade processual (ou judiciária) para demandar ou ser demandado em juízo, pois o art. 70 do CPC de 2015, que corresponde ao art 7º do CPC de 1973, só atribui capacidade processual à "pessoa que se encontre no exercício de seus direitos"[11].

Em caráter excepcional, é reconhecida a capacidade processual do órgão público em dois casos: 1) a legislação pode atribuir capacidade processual para certos órgãos públicos(ex.: órgãos públicos que atuam na defesa dos consumidores, cuja capacidade processual é reconhecida pelo art. 82, inciso III, do CDC); 2) independentemente de lei expressa, a doutrina e a jurisprudência têm reconhecido a capacidade processual aos órgãos públicos que preenchem dois requisitos cumulativos: a) órgão da cúpula da hierarquia administrativa e b) defesa de suas prerrogativas institucionais. A Câmara de Vereadores não possui personalidade jurídica, apenas personalidade judiciária, somente podendo demandar em juízo para defender os seus direitos institucionais (Súmula n. 525 do STJ[12]).

---

11 BRASIL. Lei n. 5.869, de 11 de janeiro de 1973. **Diário Oficial da União**, Poder Executivo, Brasília, DF, 17 jan. 1973. Disponível em: <https://www.planalto.gov.br/ccivil_03/leis/l5869.htm>. Acesso em: 18 out. 2024.
12 BRASIL. Superior Tribunal de Justiça. **Súmula n. 525, de 22 de abril de 2015**. Disponível em: <https://www.stj.jus.br/publicacaoinstitucional/index.php/sumstj/article/download/5126/5252#:~:text=A%20C%C3%A2mara%20de%20Vereadores%20n%C3%A3o,defender%20os%20seus%20direitos%20institucionais.>. Acesso em: 4 jul. 2024.

2.6 Responsabilidade civil e órgão público

Caso a atuação do agente público, ocupante de determinado órgão público, cause danos a alguém, quem ocupa o polo passivo da ação indenizatória é a pessoa jurídica da qual aquele órgão é parte integrante (princípio da imputação volitiva).

2.7 Classificação dos órgãos públicos

Classificar é distribuir objetos em categorias, levando em conta critérios, objetivando acentuar semelhanças, diferenças e facilitar a compreensão do assunto.

2.7.1 Quanto à posição hierárquica[13] ou posição na estrutura estatal

É o critério de classificação que leva em conta a posição que o órgão ocupa na escala governamental ou administrativa.

a) **Órgãos independentes ou primários**: são previstos na Constituição (são originários da Lei Maior) e representativos dos Poderes do Estado (Legislativo, Judiciário e Executivo), situados no ápice da pirâmide administrativa. Tais órgãos não se encontram subordinados a nenhum outro órgão (não sujeição a qualquer subordinação hierárquica ou funcional) e só estão sujeitos aos controles recíprocos previstos no texto constitucional; suas atribuições são exercidas por agentes políticos. Exemplos: casas legislativas, chefias do Executivo, tribunais e juízes singulares.

b) **Órgãos autônomos**: são aqueles subordinados aos chefes dos órgãos independentes (situados imediatamente abaixo dos órgãos independentes; localizam-se na cúpula da administração, subordinados diretamente à chefia dos órgãos independentes); detêm ampla autonomia administrativa, financeira e técnica, com a incumbência de desenvolver as funções de planejamento, supervisão, coordenação e controle, participando das decisões governamentais. Exemplos: ministérios, secretarias estaduais, secretarias municipais e Advocacia-Geral da União.

c) **Órgãos superiores**: são os subordinados a uma chefia e que detêm poder de direção e controle (órgãos de direção, controle e comando; possuem competências diretivas e decisórias, ainda que subordinados a uma chefia superior),

---

13 "De um lado, os critérios adotados são nebulosos e insuficientes para diferenciar as espécies de órgãos, sendo impróprio afirmar, por exemplo, que o órgão superior possui poder de direção e controle, mas não autonomia administrativa. Ora, o poder de direção e controle sempre envolverá, em maior ou menor medida, algum grau de autonomia administrativa. De outro lado, a complexidade da organização administrativa no Estado acarreta a dificuldade de inserir determinados órgãos na classificação, tal como ocorre, por exemplo, com as Defensorias Públicas, CNJ e CNMP" (OLIVEIRA, Rafael Carvalho Rezende. **Curso de Direito Administrativo**. São Paulo: Gen, 2023).

mas não detêm autonomia administrativa nem financeira. Exemplos: gabinetes, secretarias gerais, procuradorias administrativas, departamentos, coordenadorias, divisões, gabinetes.

d] **Órgãos subalternos**: são aqueles que se encontram na base da pirâmide da hierarquia administrativa, com reduzido poder decisório e com atribuições de execução. São os órgãos comuns dotados de atribuições predominantemente executórias, que se acham subordinados hierarquicamente a órgãos superiores de decisão, exercendo principalmente funções de execução. Exemplos: repartições comuns; portarias, seções de expedientes, de pessoal, de material, zeladoria etc.

2.7.2 Quanto à estrutura

a] **Órgãos simples ou unitários**: constituídos somente por um centro de competências ou de atribuições, sem subdivisões internas. Exemplo: Presidência da República.
b] **Órgãos compostos**: constituídos por diversos órgãos menores. Exemplo: secretarias.

2.7.3 Quanto à atuação funcional ou composição

a] **Órgãos singulares ou unipessoais**: compostos por um único agente (ex.: chefia do Executivo; prefeitura municipal).
b] **Órgãos colegiados ou pluripessoais**: constituídos por vários agentes (ex.: conselhos e tribunais administrativos, Conselho Nacional de Justiça – CNJ – e Conselho Nacional do Ministério Público – CNMP).

2.7.4 Quanto à atividade[14]

a] **Órgãos ativos**: promovem a execução de decisões administrativas. Exemplo: órgãos de controle sobre a realização de obras públicas.
b] **Órgãos consultivos**: desempenham atividade de assessoria e aconselhamento a autoridades administrativas, emitindo pareceres e respondendo a consultas. Exemplo: Conselho de Defesa Nacional.

---

14 Essa classificação explica cada vez menos os órgãos públicos atuais, uma vez que, com raras exceções, os órgãos cumulam funções variadas (executivas, consultivas e controladoras) (OLIVEIRA, Rafael Carvalho Rezende. **Curso de Direito Administrativo**. São Paulo: Gen, 2023).

c) **Órgãos de controle:** responsáveis pela fiscalização das atividades de outros órgãos. Exemplos: tribunais de contas, corregedorias e Controladoria-Geral da União.

2.7.5 Quanto à situação estrutural

a) **Órgãos públicos diretivos:** exercem função de comando e direção. Exemplo: Presidência da República.
b) **Órgãos públicos subordinados:** desempenham tarefas rotineiras de mera execução. Exemplo: departamento pessoal.

2.7.6 Quanto à esfera de ação

a) **Órgãos públicos centrais:** exercem atribuições em todo o território nacional, estadual ou municipal, como ministérios, secretarias de Estado e municipais.
b) **Órgãos públicos locais:** atuam sobre uma parte do território, como delegacias regionais da Receita Federal, delegacias de polícia e postos de saúde.

2.7.7 Quanto ao enquadramento federativo

a) **Órgãos federais:** integrantes da Administração Federal (ex.: Presidência da República, Ministérios, Congresso Nacional).
b) **Órgãos estaduais:** integrantes da Administração Estadual (ex.: governadoria, secretarias estaduais, assembleia legislativa).
c) **Órgãos distritais:** integrantes do DF (ex.: governadoria, câmara distrital).
d) **Órgãos municipais:** integrantes da Administração Municipal (ex.: prefeitura, secretarias municipais, câmaras de vereadores).

2.8 Órgãos em situação peculiar

2.8.1 Tribunais de contas e funções essenciais à justiça

São órgãos primários ou independentes: a própria CF/1988 disciplina a estrutura e as atribuições das referidas instituições, não as sujeitando a qualquer subordinação hierárquica ou funcional; não integram a tripartição de Poderes: os tribunais de contas, o Ministério Público e as defensorias públicas não pertencem à estrutura do Legislativo, do Executivo ou do Judiciário; gozam de capacidade processual: embora desprovidos de personalidade jurídica autônoma, os referidos órgãos públicos detêm capacidade processual especial para atuar em mandado de segurança e *habeas data*.

2.8.2 Órgãos administrativos despersonalizados anômalos

Segundo Afonso da Silva[15], existem três tipos de órgãos administrativos especiais com previsão constitucional, definidos no art. 25, parágrafo 3º da CF/1988, como agrupamentos de municípios limítrofes: a) regiões metropolitanas; b) aglomerações urbanas; c) microrregiões.

---

15 SILVA, José Afonso da. **Direito urbanístico brasileiro**. São Paulo: Malheiros, 2006.

Capítulo 4
Administração Indireta

1. Noções gerais da Administração Indireta

a) **Terminologia**: administração descentralizada.
b) **Composição**: entidades administrativas – pessoas jurídicas distintas dos entes federativos.
c) **Integrantes**: pessoas jurídicas autônomas com natureza de direito público ou de direito privado; pessoas administrativas.
d) **Característica**: vinculadas à respectiva Administração Direta.
e) **Objetivo**: desempenhar as atividades administrativas de forma descentralizada.
f) **Atuação administrativa**: descentralizada.
g) **Rol**: autarquias, empresas públicas, sociedades de economia mista e fundações públicas (estatais), as subsidiárias das empresas estatais, as empresas privadas controladas pelo Estado e os consórcios públicos.
h) **Previsão normativa**: art. 37, inciso XIX da CF/1988 e art. 4º, inciso II do Decreto-Lei n. 200/1967.
i) **Princípio federativo**: pode ser federal, estadual, distrital e municipal.
j) **Reserva legal**: exige lei específica para criação (autarquias e fundações públicas de direito público) ou para autorizar (empresas públicas, sociedades de economia mista e fundações públicas de direito privado) a criação dessas entidades. A lei, no caso, será de iniciativa privativa do chefe do Poder Executivo, na forma do art. 61, parágrafo 1º, inciso II, alíneas "b" e "e" da CF/1988.
k) **Subsidiária**: não é necessária lei específica para a sua instituição, bastando a autorização genérica, contida na lei que autorizou a instituição das estatais.
l) **Áreas de atuação das entidades da Administração Indireta**: serão definidas na lei da sua criação, sendo que, no caso das fundações públicas, será definida em lei complementar, nos termos do 37, inciso XIX, da CF/1988.

2. Autarquia

- **Conceito**: são pessoas jurídicas de direito público criadas por lei para exercer funções próprias do Estado, que requeiram uma especialização.
- **Conceito legislativo**: art. 5º, inciso I do Decreto-Lei n. 200/1967: serviço autônomo, criado por lei, com personalidade jurídica, patrimônio e receita próprios, para executar atividades típicas da Administração Pública, que

requeiram, para seu melhor funcionamento, gestão administrativa e financeira descentralizada.
- **Tipo de atividade:** desempenha atividade típica de Estado.
- **Autonomia:** gerencial, orçamentária e patrimonial.
- **Tipo de pessoa jurídica:** de direito público, nos termos do art. 41, inciso IV do Código Civil.
- **Personalidade jurídica:** pública.
- **Início da personalidade jurídica:** com a vigência da lei criadora.
- **Registro em cartório:** não é necessária a inscrição dos atos constitutivos no registro competente.
- **Capacidade:** autoadministração ou exclusivamente administrativa – capacidade específica para a prestação de serviço determinado.
- **Característica:** especialização de fins ou finalidades.
- **Controle:** sujeição ao controle da Administração Direta para assegurar que a autarquia não se desvie de seus fins institucionais.
- **Tribunal de contas:** sofrem controle.
- **Contabilidade pública:** tem o dever de observar as regras de contabilidade pública.
- **Tipo de serviço público:** descentralizado.
- **Direito:** ao desempenho do serviço nos limites definidos em lei.
- **Criação:** é feita por lei específica; são criadas diretamente pela lei (art. 37, XIX, CF/1988.).
- **Iniciativa da lei de criação da autarquia:** é do chefe do Poder Executivo (art. 37, XIX, c/c art. 61, § 1º, II, "b" e "e", CF/1988).
- **Extinção:** por lei específica.
- **Regime de pessoal:** é estatutário (Regime Jurídico Único – RJU), excepcionadas as hipóteses em que os celetistas foram contratados antes da decisão na ADI n. 2.135/DF[1].
- **Privilégio tributário:** são imunes aos impostos.
- **Licitação:** estão sujeitas à licitação.
- **Dirigentes:** a competência para a nomeação é do Chefe do Executivo; sua investidura é feita na forma da lei ou do estatuto.
- **Responsabilidade:** objetiva e direta.
- **Organização:** é feita por atos administrativos.
- **Bens:** públicos.
- **Regime jurídico:** de direito público.
- **Finanças:** têm capacidade financeira própria.

---

1 BRASIL. Supremo Tribunal Federal. **ADI n. 2.135, de 24 de abril de 2023.** Relatora: Min. Cármen Lúcia. 24 abr. 2023. Data de julgamento: 24 abr. 2023. Disponível em: <https://portal.stf.jus.br/processos/detalhe.asp?incidente=11299>. Acesso em: 12 abr. 2024.

- **Atos da Autarquia:** são atos administrativos
- **Espécies:**

    a] **Quanto à capacidade administrativa** – a geográfica ou territorial, que é de capacidade genérica; e a de serviço ou institucional, que é de capacidade específica.

    b] **Quanto à estrutura** – fundacionais, cujo elemento essencial é o patrimônio destinado à realização de certos fins; corporativas ou associativas, cujo elemento essencial é a existência de determinados membros que se associam para atingir a certos fins.

    c] **Quanto à vinculação federativa** – I) monofederativas – quando integrantes da Administração Indireta de um ente federado determinado; e II) plurifederativas (multifederativas ou interfederativas) – quando a autarquia integrar, ao mesmo tempo, a Administração Pública Indireta de dois ou mais entes federados.

    d] **Quanto ao âmbito de atuação** – federais, estaduais, distritais e municipais.

- **Privilégios processuais:** possuem todos os privilégios processuais característicos da atuação da Fazenda Pública em juízo.
- **Foro competente:** as causas que envolvem as autarquias federais devem ser processadas e julgadas na Justiça Federal; as autarquias estaduais e municipais terão as suas ações processadas e julgadas na Justiça Estadual.
- **Prescrição:** quinquenal, salvo se houver regramento específico em sentido distinto.
- **Imprescritibilidade:** das ações de ressarcimento de atos de agentes que atinjam seu patrimônio (art. 37, § 5º, CF/1988).
- **Regime falimentar:** as autarquias não se sujeitam à falência.

3. Fundação pública

- **Terminologia:** estatal ou governamental.
- **Conceito:** pessoas jurídicas de direito público criadas por lei para exercer atividade educacional ou cultural ou de pesquisa ou de assistência social.
- **Tipo de pessoa jurídica:** de direito público.
- **Tipo de pessoa jurídica:** de direito público, nos termos do art. 41, inciso IV do Código Civil.
- **Personalidade jurídica:** pública.
- **Início da personalidade jurídica:** com a vigência da lei criadora.

- **Registro em cartório**: não é necessária a inscrição dos atos constitutivos no registro competente.
- **Característica**: especialização de fins ou finalidades.
- **Controle**: sujeição ao controle da Administração Direta para assegurar que a autarquia não se desvie de seus fins institucionais.
- **Criação**: é feita por lei específica, sem necessidade de registro.
- **Iniciativa da Lei de Criação da Fundação Pública**: é do chefe do Poder Executivo (art. 37, XIX, c/c o art. 61, § 1º, II, "e", CF/1988).
- **Extinção**: lei específica.
- **Finalidade lucrativa**: não há.
- **Tipo de atividade**: socialmente relevantes.
- **Regime de pessoal**: estatutário.
- **Privilégio tributário**: imunes aos impostos.
- **Licitação**: sujeitas ao processo.
- **Dirigentes**: a competência para a nomeação é do Chefe do Executivo; sua investidura é feita na forma da lei ou do estatuto.
- **Responsabilidade**: objetiva.
- **Atos**: administrativos.
- **Bens**: públicos.
- **Regime jurídico**: de direito público.
- **Finanças**: têm capacidade financeira própria.
- **Privilégios processuais**: possuem todos os privilégios processuais característicos da atuação da Fazenda Pública em juízo.
- **Foro competente**: as causas que envolvem as fundações públicas federais devem ser processadas e julgadas na Justiça Federal; as fundações públicas estaduais e municipais terão suas ações processadas e julgadas na Justiça Estadual.
- **Prescrição**: quinquenal, salvo se houver regramento específico em sentido distinto.
- **Imprescritibilidade**: das ações de ressarcimento de atos de agentes que atinjam seu patrimônio (art. 37, § 5º, CF/1988).
- **Regime falimentar**: não se sujeitam à falência.

4. Empresa pública

- **Conceito**: são pessoas jurídicas de direito privado criadas por autorização contida em lei para exercer serviço público ou atividade econômica.
- **Personalidade jurídica**: de direito privado.

- **Criação:** é feita por autorização da lei específica, com necessidade de registro.
- **Extinção:** autorizada por lei.
- **Controle:** sujeição ao controle estatal, abrangendo o interno, pelo Poder Executivo, e o externo, pelo Poder Legislativo, com o auxílio do Tribunal de Contas (arts. 49, X, 70 e 71).
- **Regime de pessoal:** os funcionários são celetistas e estão sujeitos à proibição de acumulação remunerada de cargos.
- **Privilégio tributário:** são imunes aos impostos quando prestadoras de serviço público essencial, como no caso da empresa de correios e telégrafos.
- **Licitação:** estão sujeitas à licitação; na atividade econômica só há licitação para as atividades meio.
- **Regime jurídico:** se prestar serviço público, será regime de direito público; se exercer atividade econômica, será regime híbrido, ou seja, privado parcialmente derrogado por normas de direito público.
- **Responsabilidade:** objetiva, no caso de prestadoras de serviço público.
- **Forma societária:** qualquer forma admitida pelo Direito.
- **Bens:** públicos.
- **Capital:** totalmente público.
- **Estado de sítio:** nesse contexto, a empresa pública sofre intervenção.

5. Sociedade de economia mista

- **Conceito:** são pessoas jurídicas de direito privado criadas por autorização contida em lei para exercer serviço público ou atividade econômica.
- **Personalidade jurídica:** de direito privado.
- **Criação:** feita por autorização da lei específica, com necessidade de registro.
- **Extinção:** autorizada por lei.
- **Controle:** sujeição ao controle estatal, abrangendo o interno, pelo Poder Executivo, e o externo, pelo Poder Legislativo, com o auxílio do Tribunal de Contas (arts. 49, X, 70 e 71).
- **Regime de pessoal:** os funcionários são celetistas e estão sujeitos à proibição de acumulação remunerada de cargos.
- **Licitação:** estão sujeitas ao processo; na atividade econômica só tem licitação para as atividades meio.
- **Regime jurídico:** se prestar serviço público, será regime de direito público; se exercer atividade econômica, será regime híbrido, ou seja, privado parcialmente derrogado por normas de direito público.
- **Responsabilidade:** objetiva, quando prestadoras de serviço público.

- **Atos e contratos**: são administrativos; estão sujeitos ao controle judicial.
- **Bens**: públicos.
- **Forma societária**: sociedade anônima.
- **Capital**: maioria público.
- **Foro competente**: demandas são julgadas na justiça estadual.

6. Agências

6.1 Noções gerais das agências

a) **Tipo de pessoa**: são pessoas jurídicas de direito público consideradas como autarquias especiais.
b) **Espécies**: podem ser executivas (podem celebrar contrato de gestão e executam atividades administrativas) e reguladoras (controlam pessoas privadas incumbidas da prestação de serviços públicos, sob o regime de concessão ou permissão).

6.2 Agências executivas

a) **Natureza**: título ou qualificação atribuída pelo Governo Federal.
b) **Sujeito**: autarquias e as fundações integrantes da Administração Pública Federal.
c) **Instrumento**: contrato de desempenho – é um acordo celebrado entre o órgão ou entidade supervisora e o órgão ou entidade supervisionada, por meio de seus administradores, para o estabelecimento de metas de desempenho do supervisionado, contendo os respectivos prazos de execução e indicadores de qualidade, tendo como contrapartida a concessão de flexibilidades ou autonomias especiais.
d) **Finalidade**: ampliação de sua autonomia mediante a fixação de metas de desempenho.
e) **Disciplina normativa**: Decreto n. 2.487/1998[2] e Lei n. 13.934/2019[3].

---

2   BRASIL. Decreto n. 2.487, de 2 de fevereiro de 1998. **Diário Oficial da União**, Poder Executivo, Brasília, DF, 3 fev. 1998. Disponível em: <https://www.planalto.gov.br/ccivil_03/decreto/d2487.htm>. Acesso em: 12 abr. 2024.

3   BRASIL. Lei n. 13.934, de 11 de dezembro de 2019. **Diário Oficial da União**, Poder Legislativo, Brasília, DF, 12 dez. 2019. Disponível em: <https://www.planalto.gov.br/ccivil_03/_ato2019-2022/2019/lei/L13934.htm>. Acesso em: 12 abr. 2024.

f) **Requisitos de Qualificação:** I – ter um plano estratégico de reestruturação e de desenvolvimento institucional em andamento; II – ter celebrado Contrato de Gestão com o respectivo Ministério supervisor.
g) **Forma da Qualificação:** decreto.
h) **Desqualificação:** por iniciativa do ministério supervisor, com anuência do Ministério da Administração Federal e Reforma do Estado, sempre que houver descumprimento dos requisitos para outorga do título.

6.3 Agências reguladoras

a) **Natureza:** autarquias em regime especial.
b) **Dirigentes:** estáveis e mandato fixo de 5 anos.
c) **Característica:** alto grau de especialização técnica.
d) **Estabilidade dos dirigentes:** são protegidos contra o desligamento imotivado.
e) **Perda do cargo de direção:** renúncia; condenação judicial transitada em julgado ou de condenação em processo administrativo disciplinar; infringência de quaisquer das vedações previstas no art. 8º-B da Lei n. 13.848/2019.
f) **Recondução de dirigentes:** vedada.
g) **Quarentena:** é o período contado da exoneração ou do término do mandato durante o qual o ex-dirigente fica impedido de exercer atividade ou prestar serviço no setor regulado pela respectiva agência. Embora a legislação específica possa estabelecer prazo diverso, a regra geral é que a quarentena tem duração de 6 meses. O dirigente continua recebendo a remuneração compensatória equivalente à do cargo de direção que exerceu e aos benefícios a ela inerentes.
h) **Sistema diretivo:** colegiado de diretores.
i) **Presidente, diretor-presidente ou diretor-geral e os demais membros do conselho diretor ou da diretoria colegiada:** serão brasileiros, indicados pelo presidente da República e por ele nomeados, após aprovação pelo Senado Federal, devendo ser atendidos um dos requisitos das alíneas "a", "b" e "c" do inciso I e, cumulativamente, o inciso II:

   I) ter experiência profissional de, no mínimo:

      a) 10 (dez) anos, no setor público ou privado, no campo de atividade da agência reguladora ou em área a ela conexa, em função de direção superior; ou
      b) 4 (quatro) anos ocupando pelo menos um dos seguintes cargos:

         1) cargo de direção ou de chefia superior em empresa no campo de atividade da agência reguladora, entendendo-se como cargo de chefia

superior àquele situado nos 2 (dois) níveis hierárquicos não estatutários mais altos da empresa;
   2] cargo em comissão ou função de confiança equivalente a DAS-4 ou superior, no setor público;
   3] cargo de docente ou de pesquisador no campo de atividade da agência reguladora ou em área conexa; ou
  c] 10 (dez) anos de experiência como profissional liberal no campo de atividade da agência reguladora ou em área conexa; e
 II] ter formação acadêmica compatível com o cargo para o qual foi indicado.[4]

j] **Poder normativo**: normas específicas de caráter infralegal.
k] **Controle**: ausência de tutela ou de subordinação hierárquica.
l] **Autonomia**: funcional, decisória, administrativa e financeira.
m] **Classificação**: 1) origem – federais, estaduais, distritais ou municipais; 2) atividade principal – de serviço: fiscaliza prestação de serviços públicos; de polícia: fiscaliza atividades econômicas; de fomento: criadas para promover o desenvolvimento de setores privados; do uso de bens públicos: realizam a gestão e o controle sobre o uso de bens públicos; 3) previsão constitucional: é o caso da Anatel (art. 21, XI, CF) e da ANP (art. 177, § 2º, III, CF).

7. Consórcios públicos

- **Tipo de pessoa**: são pessoas de direito público ou de direito privado decorrentes de contratos firmados entre entes federativos, após autorização legislativa de cada um.
- **Finalidade**: gestão associada de serviços públicos e de objetivos de interesse comum dos consorciados, através de delegação e sem fins econômicos.
- **Natureza jurídica**: associação pública ou pessoa jurídica de direito privado.
- **União participante**: somente participará de consórcios públicos em que também façam parte todos os Estados em cujos territórios estejam situados os municípios consorciados.
- **Disciplina jurídica dos consórcios públicos, na área de saúde**: deverão obedecer aos princípios, diretrizes e normas que regulam o Sistema Único de Saúde (SUS).

---

4   BRASIL. Lei n. 9.986, de 18 de julho de 2000. **Diário Oficial da União**, Poder Executivo, Brasília, DF, 19 jul. 2000. Disponível em: <https://www.planalto.gov.br/ccivil_03/leis/l9986.htm>. Acesso em: 12 abr. 2024.

- **Privilégios legais:** 1) firmar convênios, contratos, acordos de qualquer natureza, receber auxílios, contribuições e subvenções sociais ou econômicas de outras entidades e órgãos do governo; 2) nos termos do contrato de consórcio de direito público, promover desapropriações e instituir servidões nos termos de declaração de utilidade ou necessidade pública, ou interesse social, realizada pelo Poder Público; 3) ser contratado pela Administração Direta ou Indireta dos entes da Federação consorciados, dispensada a licitação; 4) poderão emitir documentos de cobrança e exercer atividades de arrecadação de tarifas e outros preços públicos pela prestação de serviços ou pelo uso ou outorga de uso de bens públicos por eles administrados ou, mediante autorização específica, pelo ente da Federação consorciado; 5) poderão outorgar concessão, permissão ou autorização de obras ou serviços públicos mediante autorização prevista no contrato de consórcio público, que deverá indicar de forma específica o objeto da concessão, permissão ou autorização e as condições a que deverá atender, observada a legislação de normas gerais em vigor.
- **Constituição:** por contrato cuja celebração dependerá da prévia subscrição de protocolo de intenções[5].

---

5 "São cláusulas necessárias do protocolo de intenções: I – a denominação, a finalidade, o prazo de duração e a sede do consórcio; II – a identificação dos entes da Federação consorciados; III – a indicação da área de atuação do consórcio; IV – a previsão de que o consórcio público é associação pública ou pessoa jurídica de Direito Privado sem finscons econômicos (considera-se como área de atuação do consórcio público, independentemente de figurar a União como consorciada, a que corresponde à soma dos territórios: I – dos Municípios, quando o consórcio público for constituído somente por Municípios ou por um Estado e Municípios com territórios nele contidos; II – dos Estados ou dos Estados e do Distrito Federal, quando o consórcio público for, respectivamente, constituído por mais de 1 (um) Estado ou por 1 (um) ou mais Estados e o Distrito Federal; III – (VETADO); IV – dos Municípios e do Distrito Federal, quando o consórcio for constituído pelo Distrito Federal e os Municípios; e V – (VETADO); V – os critérios para, em assuntos de interesse comum, autorizar o consórcio público a representar os entes da Federação consorciados perante outras esferas de governo; VI – as normas de convocação e funcionamento da assembleia geral, inclusive para a elaboração, aprovação e modificação dos estatutos do consórcio público; VII – a previsão de que a assembleia geral é a instância máxima do consórcio público e o número de votos para as suas deliberações; VIII – a forma de eleição e a duração do mandato do representante legal do consórcio público que, obrigatoriamente, deverá ser Chefe do Poder Executivo de ente da Federação consorciado; IX – o número, as formas de provimento e a remuneração dos empregados públicos, bem como os casos de contratação por tempo determinado para atender a necessidade temporária de excepcional interesse público; X – as condições para que o consórcio público celebre contrato de gestão ou termo de parceria; XI – a autorização para a gestão associada de serviços públicos, explicitando: a) as competências cujo exercício se transferiu ao consórcio público; b) os serviços públicos objeto da gestão associada e a área em que serão prestados; c) a autorização para licitar ou outorgar concessão, permissão ou autorização da prestação dos serviços; d) as condições a que deve obedecer o contrato de programa, no caso de a gestão associada envolver também a prestação de serviços por órgão ou entidade de um dos entes da Federação consorciados; e) os critérios técnicos para cálculo do valor das tarifas e de outros preços públicos, bem como para seu reajuste ou revisão; e XII – o direito de qualquer dos contratantes, quando adimplente com suas obrigações, de exigir o pleno cumprimento das cláusulas do contrato de consórcio público" (BRASIL. Lei 11.107, de 6 de abril de 2005. **Diário Oficial da União,** Poder Legislativo, Brasília, DF, 7 abr. 2005. Disponível em: <https://www.planalto.gov.br/ccivil_03/_ato2004-2006/2005/lei/l11107.htm>. Acesso em: 12 abr. 2024).

- **Contribuições financeiras ou econômicas**: é nula a cláusula do contrato de consórcio que preveja determinadas contribuições financeiras ou econômicas de ente da Federação ao consórcio público, salvo a doação, destinação ou cessão do uso de bens móveis ou imóveis e as transferências ou cessões de direitos operadas por força de gestão associada de serviços públicos.
- **Cessão de servidores**: os entes da Federação consorciados, ou os com eles conveniados, poderão ceder-lhe servidores, na forma e condições da legislação de cada um.
- **Celebração do contrato de consórcio público**: celebrado com a ratificação, mediante lei, do protocolo de intenções. É dispensado da ratificação o ente da Federação que, antes de subscrever o protocolo de intenções, disciplinar por lei sua participação no consórcio público. O contrato de consórcio público pode ser celebrado por apenas 1 (uma) parcela dos entes da Federação que subscreveram o protocolo de intenções, caso assim preveja cláusula. A ratificação pode ser realizada com reserva. A ratificação realizada após 2 (dois) anos da subscrição do protocolo de intenções dependerá de homologação da assembleia geral do consórcio público.
- **Personalidade jurídica**: o consórcio público adquirirá personalidade jurídica: I – de direito público, no caso de constituir associação pública, mediante a vigência das leis de ratificação do protocolo de intenções. O consórcio público com personalidade jurídica de Direito Público integra a Administração Indireta de todos os entes da Federação consorciados; II – de direito privado, mediante o atendimento dos requisitos da legislação civil. O consórcio público, com personalidade jurídica de direito público ou privado, observará as normas de direito público no que concerne à realização de licitação, à celebração de contratos, à prestação de contas e à admissão de pessoal, que será regido pela Consolidação das Leis do Trabalho (CLT), aprovada pelo Decreto-Lei n. 5.452, de 1º de maio de 1943[6].
- **Estatuto**: disporão sobre a organização e o funcionamento de cada um dos órgãos constitutivos do consórcio público.
- **Entrega de recursos ao consórcio público**: somente mediante contrato de rateio, formalizado em cada exercício financeiro, e seu prazo de vigência não será superior ao das dotações que o suportam, com exceção dos contratos que tenham por objeto exclusivamente projetos consistentes em programas e ações contemplados em plano plurianual. É vedada a aplicação dos recursos entregues por meio de contrato de rateio para o atendimento de despesas genéricas, inclusive transferências ou operações de crédito.

---

6 BRASIL. Decreto-Lei n. 5.452, de 1º de maio de 1943. **Diário Oficial da União**, Poder Executivo, 9 ago. 1943. Disponível em: <https://www.planalto.gov.br/ccivil_03/decreto-lei/del5452.htm>. Acesso em: 18 out. 2024.

- **Convênios:** a União pode celebrar convênios com os consórcios para viabilizar a descentralização e a prestação de políticas públicas em escalas adequadas. Para a celebração dos convênios, as exigências legais de regularidade aplicar-se-ão ao próprio consórcio público envolvido, e não aos entes federativos nele consorciados.
- **Organização e funcionamento dos consórcios públicos:** no que não contrariar esta Lei, serão disciplinados pela legislação que rege as associações civis.
- **Não incidência da Lei dos Consórcios Públicos:** aos convênios de cooperação, contratos de programa para gestão associada de serviços públicos ou instrumentos congêneres, que tenham sido celebrados anteriormente a sua vigência.
- **Quem poderá ser excluído do consórcio público, após prévia suspensão?**
  O ente consorciado que não consignar, em sua lei orçamentária ou em créditos adicionais, as dotações suficientes para suportar as despesas assumidas por meio de contrato de rateio.
- **Qual a disciplina jurídica na execução das receitas e despesas do consórcio público?**
  Deverá obedecer às normas de direito financeiro aplicáveis às entidades públicas.
- **O consórcio público está sujeito à fiscalização contábil, operacional e patrimonial pelo Tribunal de Contas competente para apreciar as contas do Chefe do Poder Executivo representante legal do consórcio, inclusive quanto à legalidade, legitimidade e economicidade das despesas, dos atos, dos contratos e da renúncia de receitas, sem prejuízo do controle externo a ser exercido em razão de cada um dos contratos de rateio?**
  Sim.
- **Os agentes públicos incumbidos da gestão de consórcio responderão pessoalmente pelas obrigações contraídas pelo consórcio público?**
  Não, mas responderão pelos atos praticados em desconformidade com a lei ou com as disposições dos respectivos estatutos.
- **Como se dá a retirada do ente da Federação do consórcio público?**
  Dependerá de ato formal de seu representante na assembleia geral, na forma previamente disciplinada por lei.
- **Os bens destinados ao consórcio público pelo consorciado que se retira serão revertidos ou retrocedidos em que caso?**
  No caso de expressa previsão no contrato de consórcio público ou no instrumento de transferência ou de alienação.
- **A retirada ou a extinção de consórcio público ou convênio de cooperação prejudicará as obrigações já constituídas?**
  Não, inclusive os contratos, cuja extinção dependerá do pagamento das indenizações eventualmente devidas.

- **Qual a forma da alteração ou a extinção de contrato de consórcio público?**
  Dependerá de instrumento aprovado pela assembleia geral, ratificado mediante lei por todos os entes consorciados.
- **Como é a responsabilidade dos entes consorciados até que haja decisão que indique os responsáveis por cada obrigação?**
  Os entes consorciados responderão solidariamente pelas obrigações remanescentes, garantindo o direito de regresso em face dos entes beneficiados ou dos que deram causa à obrigação.
- **O que deve ser constituída e regulada por contrato de programa, como condição de sua validade?**
  As obrigações que um ente da Federação constituir para com outro ente da Federação ou para com consórcio público no âmbito de gestão associada em que haja a prestação de serviços públicos ou a transferência total ou parcial de encargos, serviços, pessoal ou de bens necessários à continuidade dos serviços transferidos. Excluem-se as obrigações cujo descumprimento não acarrete qualquer ônus, inclusive financeiro, a ente da Federação ou a consórcio público.
- **Quais os requisitos do contrato de programa?**
  Deverá: I – atender à legislação de concessões e permissões de serviços públicos e, especialmente no que se refere ao cálculo de tarifas e de outros preços públicos, à de regulação dos serviços a serem prestados; e II – prever procedimentos que garantam a transparência da gestão econômica e financeira de cada serviço em relação a cada um de seus titulares.
- **Quais os requisitos do contrato de programa no caso de a gestão associada originar a transferência total ou parcial de encargos, serviços, pessoal e bens essenciais à continuidade dos serviços transferidos?**
  O contrato de programa, sob pena de nulidade, deverá conter cláusulas que estabeleçam: I – os encargos transferidos e a responsabilidade subsidiária da entidade que os transferiu; II – as penalidades no caso de inadimplência em relação aos encargos transferidos; III – o momento de transferência dos serviços e os deveres relativos a sua continuidade; IV – a indicação de quem arcará com o ônus e os passivos do pessoal transferido; V – a identificação dos bens que terão apenas a sua gestão e administração transferidas e o preço dos que sejam efetivamente alienados ao contratado; VI – o procedimento para o levantamento, cadastro e avaliação dos bens reversíveis que vierem a ser amortizados mediante receitas de tarifas ou outras emergentes da prestação dos serviços.

- É nula a cláusula de contrato de programa que atribuir ao contratado o exercício dos poderes de planejamento, regulação e fiscalização dos serviços por ele próprio prestados?

    Sim.
- O contrato de programa continuará vigente mesmo quando extinto o consórcio público ou o convênio de cooperação que autorizou a gestão associada de serviços públicos?

    Sim.
- O contrato de programa poderá ser celebrado por entidades de direito público ou privado que integrem a administração indireta de qualquer dos entes da Federação consorciados ou conveniados?

    Sim, mediante previsão do contrato de consórcio público ou de convênio de cooperação.

Capítulo 5
Terceiro setor e os entes de cooperação

1. Setores do Estado

a) **Núcleo estratégico:** abrange os Poderes Executivo, Legislativo e Judiciário, o Ministério Público para definir as leis e políticas e fiscalizar seu cumprimento.
b) **Atividades exclusivas:** serviços que só podem ser prestados pelo Estado.
c) **Serviços não exclusivos:** serviços são prestados pelo Estado e outras organizações públicas não estatais e privadas.
d) **Produção de bens e serviços para o mercado:** atuação das empresas.

2. Organização Social (Lei n. 9.637/1998[1])

a) **Sujeito:** quem pode ser uma organização social é uma entidade privada.
b) **Transformação em organização social:** entidade privada precisa ser qualificada como organização social pelo Poder Executivo.
c) **Natureza:** é a qualificação jurídica dada a pessoa jurídica de direito privado.
d) **Finalidade:** não tem fins lucrativos.
e) **Instituição:** por iniciativa de particulares. Estados e Municípios detêm competência própria para legislar a respeito das organizações sociais, não sendo obrigados a adotar o modelo federal.
f) **Instrumento:** recebe delegação do Poder Público, mediante contrato de gestão.
g) **Serviço público:** de natureza social.
h) **Tipo de atividades:** dirigidas ao ensino, à pesquisa científica, ao desenvolvimento tecnológico, à proteção e preservação do meio ambiente, à cultura e à saúde.
i) **Terminologia (art. 11 da Lei n. 9.637/1998):** entidade de interesse social e utilidade pública.
j) **Requisitos:** I – comprovar o registro de seu ato constitutivo; II – haver aprovação, quanto à conveniência e oportunidade de sua qualificação como organização social, do ministro ou titular de órgão supervisor ou regulador da área de atividade correspondente ao seu objeto social e do Ministro de Estado da Administração Federal e Reforma do Estado.

---

1 BRASIL. Lei n. 9.637, de 15 de maio de 1998. **Diário Oficial da União**, Poder Executivo, Brasília, DF, 18 maio 1998. Disponível em: <https://www.planalto.gov.br/ccivil_03/leis/l9637.htm#:~:text=LEI%20N%C2%BA%209.637%2C%20DE%2015%20DE%20MAIO%20DE%201998.&text=Disp%C3%B5e%20sobre%20a%20qualifica%C3%A7%C3%A3o%20de,sociais%2C%20e%20d%C3%A1%20outras%20provid%C3%AAncias.>. Acesso em: 12 abr. 2024.

k] **Órgão de deliberação superior**: formado por representantes do Poder Público e de membros da comunidade, de notória capacidade profissional e idoneidade moral.
l] **Contrato de gestão**:
- **Conceito** – o instrumento firmado entre o Poder Público e a entidade qualificada como organização social, com vistas à formação de parceria entre as partes para fomento e execução de atividades de ensino, pesquisa científica, desenvolvimento tecnológico, proteção e preservação do meio ambiente, cultura e saúde.
- **Conteúdo** – deve especificar o programa de trabalho proposto pela organização social, estipular as metas a serem atingidas, os respectivos prazos de execução, bem como os critérios objetivos de avaliação de desempenho, inclusive mediante indicadores de qualidade e produtividade.
- **Supervisão da execução** – pelo órgão ou entidade supervisora da área de atuação correspondente à atividade fomentada. No caso de ocorrência de irregularidade na utilização de recursos públicos, deve dar ciência ao Tribunal de Contas da União, sob pena de responsabilidade solidária.
- **Controle da atividade** – é de resultado, sendo feito mediante análise por comissão de avaliação indicada pela autoridade supervisora, de relatório apresentado periodicamente pela entidade, contendo comparativo específico das metas propostas com os resultados alcançados, acompanhado da prestação de contas correspondente ao exercício financeiro.

m] **Malversação de bens ou recursos públicos**: os responsáveis pela fiscalização devem representar ao Ministério Público, à Advocacia da União ou à Procuradoria da entidade para requerer em juízo a indisponibilidade de bens da entidade e o sequestro de bens dos seus dirigentes, bem como de agente público ou terceiro, que possam ter enriquecido ilicitamente ou causado danos ao patrimônio público.

n] **Fomento pelo Poder Público**: poderá abranger as seguintes medidas – destinação de recursos orçamentários e bens necessários ao cumprimento do contrato de gestão, mediante permissão de uso, com dispensa de licitação; cessão especial de servidores públicos, com ônus para a origem.

o] **Prestação de serviço público**: quando a entidade absorver atividades de entidade federal extinta no âmbito da área de saúde, deverá considerar no contrato de gestão, quanto ao atendimento da comunidade, os princípios do SUS, expressos no art. 198 da CF/1988 e no art. 7º da Lei n. 8.080/1990[2].

---

2 BRASIL. Lei 8.080, de 19 de setembro de 1990. **Diário Oficial da União**, Poder Legislativo, Brasília, DF, 20 set. 1990. Disponível em: <https://www.planalto.gov.br/ccivil_03/leis/l8080.htm>. Acesso em: 12 abr. 2024.

p] **Regime jurídico:**
- **Tipo** – é de direito privado, parcialmente derrogado pelo direito público.
- **Controle** – submissão ao controle pelo Tribunal de Contas.
- **Agente público** – seus dirigentes são considerados agentes públicos para fins de improbidade administrativa.
- **Seleção de pessoal** – não há concurso público, salvo contratação feita com recursos públicos, nos termos de regulamento próprio a ser baixado pela própria entidade.

q] **Contratação e compras:** a Lei n. 9.637/1998 exige que a organização social publique, no prazo máximo de 90 dias contados da assinatura do contrato de gestão, regulamento próprio contendo os procedimentos que adotará para a contratação de obras e serviços, bem como para compras com emprego de recursos provenientes do Poder Público.

r] **Licitação para permissão de uso de bens públicos:** o art. 12, parágrafo 3º da Lei n. 9.637/1998 prevê a dispensa de licitação, mediante cláusula expressa no contrato de gestão.

s] **Responsabilidade civil:** objetiva da pessoa jurídica e subjetiva do agente causador do dano. Essa responsabilidade da organização social não afasta a responsabilidade subsidiária da pessoa jurídica de direito público que firmou o contrato de gestão.

t] **Bens:** podem ser bens públicos cedidos pelo Poder Público, por meio de permissão de uso; e podem ser bens do domínio privado da entidade qualificada como organização social.

u] **Desaqualificação da entidade como organização social:**
- **Competência** – o Poder Executivo poderá proceder à desqualificação da entidade como organização social.
- **Cabimento** – quando constatado o descumprimento das disposições contidas no contrato de gestão.
- **Requisito** – a desqualificação será precedida de processo administrativo, assegurado o direito de ampla defesa.
- **Efeito** – a desqualificação importará reversão dos bens permitidos e dos valores entregues à utilização da organização social, sem prejuízo de outras sanções cabíveis.

3. Organização da sociedade civil de interesse público (Lei n. 9.790/1999[3])

a) **Conceito:** é uma qualificação especial ou título jurídico concedido pelo Poder Público.
b) **Sujeito:** podem qualificar-se como organizações da sociedade civil de interesse público as pessoas jurídicas de direito privado.
   - **Exclusão pela lei** – as sociedades comerciais, sindicatos, associações de classe ou de representação de categoria profissional; as instituições religiosas ou voltadas para a disseminação de credos, cultos, práticas e visões devocionais e confessionais; as organizações partidárias e assemelhadas, inclusive suas fundações; as entidades de benefício mútuo destinadas a proporcionar bens ou serviços a um círculo restrito de associados ou sócios; as entidades e empresas que comercializam planos de saúde e assemelhados; as instituições hospitalares privados não gratuitas e suas mantenedoras; as escolas privadas dedicadas ao ensino formal não gratuito e suas mantenedoras; as organizações sociais; as cooperativas; as fundações públicas; as fundações, sociedades civis ou associações de direito privado criadas por órgão público ou por fundações públicas; as organizações creditícias que tenham quaisquer tipos de vinculação com o Sistema Financeiro Nacional.
c) **Instituição:** por iniciativa de particulares.
d) **Serviço:** serviços sociais não exclusivos do Estado.
e) **Papel do Estado:** incentivo e fiscalização pelo Poder Público.
f) **Instrumento:** termo de parceria é o instrumento passível de ser firmado entre o Poder Público e as entidades qualificadas como organizações da sociedade civil de interesse público (Oscips), destinado à formação de vínculo de cooperação entre as partes, ao fomento e à execução das atividades de interesse público.
   - **Conceito** – o instrumento passível de ser firmado entre o Poder Público e as entidades qualificadas como Oscips, destinado à formação de vínculo de cooperação entre as partes, para o fomento e a execução das atividades de interesse público.

---

[3] BRASIL. Lei n. 9.790, de 23 de março de 1999. **Diário Oficial da União**, Poder Executivo, Brasília, DF, 24 mar. 1999. Disponível em: <https://www.planalto.gov.br/ccivil_03/leis/l9790.htm#:~:text=LEI%20No%209.790%2C%20DE%2023%20DE%20MAR%C3%87O%20DE%201999.&text=Disp%C3%B5e%20sobre%20a%20qualifica%C3%A7%C3%A3o%20de,Parceria%2C%20e%20d%C3%A1%20outras%20provid%C3%AAncias.>. Acesso em: 12 abr. 2024.

- **Cláusulas essenciais** – o objeto, com especificação do programa de trabalho; as metas e os resultados a serem atingidos e os respectivos prazos de execução ou cronograma; os critérios objetivos de avaliação de desempenho, mediante indicadores de resultado; previsão de receitas e despesas, inclusive com detalhamento das remunerações e benefícios do pessoal a serem pagos com recursos oriundos ou vinculados ao termo de parceria; obrigatoriedade de apresentação de relatório anual, com comparação entre as metas e os resultados alcançados, acompanhado de prestação de contas; publicação na imprensa oficial do extrato do termo de parceria e de demonstrativo de sua execução física e financeira.
- **Supervisão da execução** – pelo órgão do Poder Público da área de atuação correspondente à atividade fomentada e pelos Conselhos de Políticas Públicas das áreas correspondentes de atuação existentes, em cada nível de governo.
- **Objetivo** – regular o fomento pelo Poder Público ou a cooperação entre Poder Público e entidade privada, não sendo especificadas na lei as modalidades de fomento ou cooperação.

g] **Finalidade:** não ter fins lucrativos (não distribui, entre seus sócios ou associados, conselheiros, diretores, empregados ou doadores, eventuais excedentes operacionais, brutos ou líquidos, dividendos, bonificações, participações ou parcelas do seu patrimônio, auferidos mediante o exercício de suas atividades, e que os aplica integralmente na consecução do respectivo objeto social).

h] **Habilitação na obtenção da qualificação:** perante o Ministério da Justiça.

i] **Atuação:** mediante a execução direta de projetos, programas, planos de ações correlatas, por meio da doação de recursos físicos, humanos e financeiros ou, ainda, pela prestação de serviços intermediários de apoio a outras organizações sem fins lucrativos e a órgãos do setor público que atuem em áreas afins.

j] **Perda da qualificação:** a pedido ou mediante decisão proferida em processo administrativo, no qual será assegurada a ampla defesa e o contraditório.

k] **Malversação de bens ou recursos de origem pública:** os responsáveis pela fiscalização representarão ao Ministério Público, à Advocacia-Geral da União ou à Procuradoria da entidade, para requerer ao juízo competente a decretação da indisponibilidade dos bens da entidade e o sequestro dos bens de seus dirigentes, bem como de agente público ou terceiro, que possam ter enriquecido ilicitamente ou causado danos ao patrimônio; também são previstos a investigação, o exame e o bloqueio de bens, contas bancárias e aplicações mantidas pelo demandado no país e no exterior.

l] **Licitação:** não é prevista licitação para que a Oscip celebre contratos com terceiros. Na aquisição de produtos e a contratação de serviços com recursos da União, apenas a realização de cotação prévia de preços no mercado antes da celebração do contrato.

4. Entidades paraestatais

a) **Tipo de pessoa:** pessoas jurídicas de direito privado; pessoas privadas colaboradoras da Administração Pública.
b) **Finalidade:** não têm fins lucrativos.
c) **Objeto:** desenvolvem atividades de interesse público, mas não exclusivas do Estado.
d) **Relação com o Estado:** recebem fomento do Poder Público. Não integram nem a Administração Direta, nem a Indireta; estão ao lado do Estado; fazem parte do terceiro setor.
e) **Espécies:** ordens e conselhos profissionais (entidades que visam fiscalizar e disciplinar o exercício de profissões regulamentadas por lei; são chamadas pela doutrina de *autarquias para-administrativas* ou *corporações autárquicas* ou *profissionais ou instituições corporativas*), organizações sociais, organizações da sociedade de interesse coletivo, serviços sociais autônomos (são entidades que visam ministrar assistência social, médica ou ensino a certas categorias sociais ou grupos profissionais, com dotações orçamentárias ou contribuições parafiscais; algumas celebram contrato de gestão com a Direta ou convênios com entidades governamentais e privadas. É serviço não exclusivo do Estado, vinculado ao Ministério da área para controle finalístico e prestação de contas) e fundações de apoio às instituições de ensino superior.
f) **Terminologia:** denominadas de *pessoas de cooperação governamental*, porque colaboram com o Poder Público executando atividade caracterizada como serviço de utilidade pública. A criação depende de lei autorizativa.
g) **Personalidade jurídica:** inicia-se com a inscrição e seu estatuto no cartório.
h) **Recursos financeiros:** são as contribuições parafiscais.
i) **Vinculação:** estão vinculadas ao ministério da respectiva área.
j) **Prestação de contas:** prestam contas ao tribunal de contas.
k) **Regime jurídico:** é de direito privado com normas de direito público no uso dos recursos, prestação de contas e fins institucionais.
l) **Licitação:** não estão sujeitas ao dever de licitação.
m) **Instituição:** por particulares, com ou sem autorização legislativa.
n) **Expressão:** encontrada na doutrina, na jurisprudência e em leis ordinárias e complementares.
o) **Origem da expressão:** no direito italiano, em um Decreto-lei de 1924.

Capítulo 6
Agentes públicos

7. Classificação

É termo que engloba pessoas que prestam serviços ao Estado e às pessoas jurídicas da Administração Pública Indireta. Os Agentes Públicos classificam-se em:

a) **Agentes políticos:**

1) **Conceito** - representantes da vontade política do Estado. Agem em nome do Poder Político nacional.
2) **Participantes** - participam direta ou indiretamente das decisões governamentais (da formulação das políticas públicas), sem subordinação funcional, com prerrogativas funcionais.
3) **Tipo de função pública** - de alta direção do Estado, com o compromisso de satisfazer os bens e interesses da coletividade.
4) **Tipo de vínculo** - institucional e estatutário.
5) **Localização** - ocupam a cúpula diretiva do Estado.
6) **Atribuições** - extraídas da Constituição Federal.
7) **Identificação** - há dois posicionamentos: a) *numa visão ampla*[1], são agentes políticos os chefes do Poder Executivo e seus auxiliares imediatos, os membros do Legislativo, do Judiciário, do Ministério Público, os membros dos Tribunais de Conta, representantes diplomáticos e demais autoridades que atuem com independência funcional no desempenho de atribuições governamentais, judiciais, quase-judiciais, estranha ao quadro do serviço público, sob o fundamento de que são autoridades públicas supremas do Governo e da Administração na sua área de atuação, com plena liberdade funcional, prerrogativas e responsabilidades próprias e não hierarquizadas; b) *numa visão restrita*[2], são agentes políticos os chefes do Poder Executivo, seus auxiliares imediatos, bem com os membros do Legislativo, já que são ocupantes do esquema estrutural do poder, capazes de tomar as decisões políticas fundamentais do país.

b) **Agentes administrativos:**

1) **Conceito** - são pessoas que prestam serviços ao Estado e às entidades da Administração Indireta, com vínculo de trabalho e mediante remuneração paga pelos cofres públicos.
2) **Espécies:**
   2.1 - Servidor público ou estatutário - são os que ocupam cargo público e estão sujeitos ao regime estatutário. São selecionados por concurso

---

[1] MEIRELLES, Hely Lopes. **Direito Administrativo Brasileiro.** São Paulo: Malheiros, 2023.
[2] GASPARINI, Diógenes. **Direito Administrativo.** São Paulo: Saraiva, 2005.

público para ocupar cargos públicos, tendo vinculação de natureza estatutária. Adquirem estabilidade após estágio probatório. Pode haver alteração unilateral no regime aplicável aos servidores estatutários, desde que não prejudique direitos adquiridos.

2.2 – **Empregados públicos** – são os que ocupam emprego público e estão sujeitos ao regime celetista.

2.3 – **Servidor temporário** – são os que ocupam função pública em caso de excepcional interesse público.

c] **Agentes por colaboração:**

1] **Conceito** – são particulares que colaboram com o Estado, seja de forma voluntária, quando assumem funções públicas em situação de emergência, seja de forma compulsória, quando são requisitados a colaborar com o interesse público, seja, ainda, por delegação, quando recebem a possibilidade de prestar um serviço público.

2] **Vínculo** – sem vinculação permanente e remunerada com o Estado.

3] **Tipo de agente** – agentes honoríficos, exercendo função pública sem serem servidores públicos.

4] **Espécies** – requisitados ou nomeados para funções públicas relevantes, como mesários; gestores de negócios públicos (particulares que assumem espontaneamente uma tarefa pública, em situações emergenciais), exercentes de função pública por delegação estatal e contratados por locação civil de serviços.

d] **Militares:** são os membros das Forças Armadas servidores públicos dos Estados, do Distrito Federal e dos Territórios, sendo as patentes dos oficiais conferidas pelos respectivos governadores (art. 42, § 1º, CF/1988). Possuem regime estatutário próprio (legislação específica diversa da aplicável aos servidores civis), sofrendo aplicação das normas dos servidores públicos, quando houver previsão expressa neste sentido.

2 Deveres dos agentes públicos

a] **Dever de dedicação:** exercer com zelo e dedicação as atribuições do cargo; zelar pela economia do material e pela conservação do patrimônio público.

b] **Dever de lealdade:** ser leal às instituições às quais servir.

c] **Dever de legalidade:** observar as normas legais e regulamentares; representar contra ilegalidade, omissão ou abuso de poder.

d] **Dever de obediência:** cumprir as ordens superiores, exceto quando manifestamente ilegais.
e] **Dever de presteza:** atender com presteza: 1) ao público em geral, prestando as informações requeridas, ressalvadas as protegidas por sigilo; 2) à expedição de certidões requeridas para defesa de direito ou esclarecimento de situações de interesse pessoal; 3) às requisições para a defesa da Fazenda Pública.
f] **Dever de informação:** levar ao conhecimento da autoridade superior as irregularidades de que tiver ciência em razão do cargo.
g] **Dever de sigilo:** guardar sigilo sobre assunto da repartição.
h] **Dever de boa-fé:** manter conduta compatível com a moralidade administrativa; ser assíduo e pontual ao serviço; tratar com urbanidade as pessoas.

3. Regime constitucional da Administração Pública

3.1 Cargo, emprego e função públicos

a] **Cargo público:** conjunto de atribuições e responsabilidades previstas na estrutura organizacional que devem ser transmitidas a um servidor. É criado por lei, com denominação própria e vencimento pago pelos cofres públicos, para provimento em caráter efetivo (por concurso) ou em comissão (de livre nomeação e exoneração).
b] **Criação e extinção de cargo público:** a regra geral é o paralelismo das formas, ou seja, a extinção será feita pela mesma forma da criação. Todavia, há duas exceções: *a) declaração da desnecessidade do cargo (art. 41, § 3º)* – extinto o cargo ou declarada a sua desnecessidade, o servidor estável ficará em disponibilidade, com remuneração proporcional ao tempo de serviço, até seu adequado aproveitamento em outro cargo); *b) cargo vago (art. 84, VI)* – compete privativamente ao Presidente da República dispor, mediante decreto, sobre a extinção de funções ou cargos públicos, quando vagos).
c] **Gratuidade:** é proibida a prestação de serviços gratuitos, salvo nos casos previstos em lei. Segundo o STF (Adi 492/DF[3]), não podem os servidores estatutários celebrar convenções e acordos coletivos de trabalho, pois é direito reservado a trabalhadores da iniciativa privada.

---

3 BRASIL. Supremo Tribunal Federal. **ADI n. 492, de 21 de outubro de 1992**. Disponível em: <https://redir.stf.jus.br/paginadorpub/paginador.jsp?docTP=AC&docID=266382>. Acesso em: 6 fev. 2025.

d] **Acumulação ilegal de cargos, empregos ou funções públicas:**
   1] **Notificação do servidor** – a autoridade que tiver ciência de irregularidade no serviço público notificará o servidor, por intermédio de sua chefia imediata, para apresentar opção no prazo improrrogável de 10 dias, contados da data da ciência e, na hipótese de omissão, adotará procedimento sumário para sua apuração e regularização imediata, cujo processo administrativo disciplinar se desenvolverá nas seguintes fases: instauração, com a publicação do ato que constituir a comissão, a ser composta por dois servidores estáveis, e simultaneamente indicar a autoria e a materialidade da transgressão objeto da apuração; instrução sumária, que compreende indiciação, defesa e relatório; julgamento.
   2] **Relatório conclusivo** – apresentada a defesa, a comissão elaborará relatório conclusivo quanto à inocência ou à responsabilidade do servidor, em que resumirá as peças principais dos autos, opinará sobre a licitude da acumulação em exame, indicará o respectivo dispositivo legal e remeterá o processo à autoridade instauradora para julgamento. No prazo de cinco dias, contados do recebimento do processo, a autoridade julgadora proferirá sua decisão.
   3] **Penalidade** – caracterizada a acumulação ilegal e provada a má-fé, será aplicada a pena de demissão, destituição ou cassação de aposentadoria ou disponibilidade em relação aos cargos, empregos ou funções públicas em regime de acumulação ilegal, hipótese em que os órgãos ou entidades de vinculação serão comunicados. Se a penalidade prevista for a demissão ou cassação de aposentadoria ou disponibilidade de servidor vinculado ao respectivo Poder, órgão, ou entidade, o julgamento caberá às seguintes autoridades: pelo Presidente da República, pelos Presidentes das Casas do Poder Legislativo e dos Tribunais Federais e pelo Procurador Geral da República.
   4] **Prazo de conclusão do processo administrativo disciplinar submetido ao rito sumário** – não excederá 30 dias, contados da data de publicação do ato que constituir a comissão, admitida a sua prorrogação por até quinze dias, quando as circunstâncias o exigirem.
e] **Emprego público:** unidade administrativa ocupada por agente contratado sob regime celetista.
f] **Função pública:** tem um conceito residual, sendo atribuição da Administração, ao qual não corresponde cargo ou emprego.
g] **Espécies de função pública:** 1) exercida por servidores contratados temporariamente com base no art. 37, inciso IX, da CF/1988, sem a exigência de

concurso público, considerando se o caráter emergencial da contratação; 2) de natureza permanente, de livre provimento e exoneração, desempenhada por titular de cargo efetivo para exercer função de direção, chefia e assessoramento; não se confunde com o cargo em comissão, pois só pode ser exercida por servidores de carreira.

3.2 Regime jurídico

É o conjunto de princípios e normas jurídicas que regulam a vida funcional do servidor público, que podem estar em lei (regime legal) ou em contrato (regime contratual).

A ADI n. 2.135/2004 determinou a suspensão da vigência da redação dada pela Emenda n. 19/98[4] e restabeleceu a obrigatoriedade da adoção do regime jurídico único – Informativo n. 474 do STF[5]. A regra é o regime jurídico único, ou seja, será o regime estatutário adotado para as Administrações de qualquer ente federativo.

No julgamento da ADI n. 2.135/2004, no dia 6 de novembro de 2024, o STF validou a Emenda Constitucional n. 19/1998, que extingue o regime jurídico único (RJU) para servidores públicos, permitindo que os entes federativos contratem servidores pelo regime da Consolidação das Leis do Trabalho (CLT), sem a obrigação de que as relações de trabalho de seus funcionários sejam regidas unicamente por leis específicas (estatutos).

A mudança não altera a exigência de realização de concurso público para admissão de servidores (art. 37, II, CF/1988), qualquer que seja o regime jurídico aplicável. Assim, os entes públicos deverão realizar concurso público para selecionar servidores, mesmo que optem por contratá-los com base na CLT. A decisão só valerá para futuras contratações, vedada a mudança de regime dos atuais servidores.

3.3 Provimento

a] **Investidura em cargo público**: são requisitos básicos para investidura em cargo público – 1) a nacionalidade brasileira; 2) o gozo dos direitos políticos; 3) a quitação com as obrigações militares e eleitorais; 4) o nível de escolaridade exigido para o exercício do cargo; 5) a idade mínima de 18 anos; 6) aptidão

---

4 BRASIL. Emenda Constitucional n. 19, de 4 de junho de 1998. **Diário Oficial da União**, Poder Legislativo, 5 jun. 1998. Disponível em: <https://www.planalto.gov.br/ccivil_03/constituicao/Emendas/Emc/emc19.htm>. Acesso em: 12 abr. 2024.
5 BRASIL. Supremo Tribunal Federal. **Informativo n. 474**, de 6 de dezembro de 1969. Disponível em: <https://portal.stf.jus.br/jurisprudencia/sumariosumulas.asp?base=30&sumula=4029#:~:text=N%C3%A3o%20h%C3%A1%20direito%20l%C3%ADquido%20e,constitucional%20pelo%20Supremo%20Tribunal%20Federal.>. Acesso em: 18 out. 2024.

física e mental. As atribuições do cargo podem justificar a exigência de outros requisitos estabelecidos em lei. O provimento será feito mediante ato da autoridade competente de cada poder. A investidura em cargo público ocorrerá com a posse.

b] **Portadores de deficiência:** é assegurado o direito de se inscrever em concurso público para provimento de cargo cujas atribuições sejam compatíveis com a deficiência de que são portadoras; para tais pessoas serão reservadas até 20% (vinte por cento) das vagas oferecidas no concurso.

c] **Professores, técnicos ou cientistas estrangeiros:** as universidades e instituições de pesquisa científica e tecnológica federais poderão prover seus cargos com professores, técnicos e cientistas estrangeiros, de acordo com as normas e os procedimentos da Lei n. 8.112/1990[6].

3.4 Formas de provimento

1] **Nomeação:**

   a] **Formas** – 1) em caráter efetivo, quando se tratar de cargo isolado de provimento efetivo ou de carreira; 2) em comissão, inclusive na condição de interino, para cargos de confiança vagos.

   b] **Servidor ocupante de cargo em comissão ou de natureza especial** – poderá ser nomeado para ter exercício, interinamente, em outro cargo de confiança, sem prejuízo das atribuições do que atualmente ocupa, hipótese em que deverá optar pela remuneração de um deles durante o período da interinidade.

   c] **Nomeação para cargo de carreira ou cargo isolado de provimento efetivo** – depende de prévia habilitação em concurso público de provas ou de provas e títulos, obedecidos a ordem de classificação e o prazo de sua validade. Os demais requisitos para o ingresso e o desenvolvimento do servidor na carreira, mediante promoção, serão estabelecidos pela lei que fixar as diretrizes do sistema de carreira na Administração Pública Federal e seus regulamentos.

2] **Promoção:** é a forma de provimento derivado em que o servidor terá o progresso na mesma carreira.

---

6   BRASIL. Lei n. 8.112, de 11 de dezembro de 1990. **Diário Oficial da União**, Poder Executivo, Brasília, DF, 19 abr. 1991. Disponível em: <https://www.planalto.gov.br/ccivil_03/leis/l8112cons.htm>. Acesso em: 12 abr. 2024.

3] **Readaptação:**

   a] **Conceito** – é a investidura do servidor em cargo de atribuições e responsabilidades compatíveis com a limitação que tenha sofrido em sua capacidade física ou mental verificada em inspeção médica.
   b] **Incapacidade** – se julgado incapaz para o serviço público, o readaptando será aposentado.
   c] **Efetivação** – a readaptação será efetivada em cargo de atribuições afins, respeitada a habilitação exigida, nível de escolaridade e equivalência de vencimentos
   d] **Inexistência de cargo vago** – o servidor exercerá suas atribuições como excedente, até a ocorrência de vaga.

4] **Reversão:**

   a] **Conceito** – é o retorno à atividade de servidor aposentado.
   b] **Reversão do aposentado por invalidez** – cabe quando junta médica oficial declarar insubsistentes os motivos da aposentadoria.
   c] **Reversão no interesse da Administração** – precisa preencher os seguintes requisitos: 1) tenha solicitado a reversão; 2) a aposentadoria tenha sido voluntária; 3) estável quando na atividade; 4) a aposentadoria tenha ocorrido nos cinco anos anteriores à solicitação; 5) haja cargo vago.
   d] **Vedação** – não poderá reverter o aposentado que já tiver completado 70 anos de idade.

5] **Reintegração:**

   a] **Conceito** – é a reinvestidura do servidor estável no cargo anteriormente ocupado, ou no cargo resultante de sua transformação, quando invalidada sua demissão por decisão administrativa ou judicial, com ressarcimento de todas as vantagens.
   b] **Cargo extinto** – o servidor ficará em disponibilidade.
   c] **Cargo provido** – seu eventual ocupante será reconduzido ao cargo de origem, sem direito à indenização ou aproveitado em outro cargo, ou, ainda, posto em disponibilidade.

6] **Recondução:**

   a] **Conceito** – é o retorno do servidor estável ao cargo anteriormente ocupado.
   b] **Cabimento** – 1) inabilitação em estágio probatório relativo a outro cargo; 2) reintegração do anterior ocupante.
   c] **Cargo de origem provido** – o servidor será aproveitado em outro cargo.

7] **Disponibilidade e aproveitamento:**
   a] **Conceito** – é o retorno à atividade de servidor em disponibilidade.
   b] **Forma** – será feito mediante aproveitamento obrigatório em cargo de atribuições e vencimentos compatíveis com o anteriormente ocupado. O órgão Central do Sistema de Pessoal Civil determinará o imediato aproveitamento de servidor em disponibilidade em vaga que vier a ocorrer nos órgãos ou entidades da Administração Pública Federal.
   c] **Sem efeito** – é cassada a disponibilidade se o servidor não entrar em exercício no prazo legal, salvo doença comprovada por junta médica oficial.

3.5 Vacância

a] **Cabimento:** a vacância do cargo público decorrerá de: 1) exoneração; 2) demissão; 3) promoção; 4) readaptação; 5) aposentadoria; 6) posse em outro cargo inacumulável; 7) falecimento.
b] **Exoneração de cargo efetivo:** será feito a pedido do servidor ou de ofício (quando não satisfeitas as condições do estágio probatório; quando, tendo tomado posse, o servidor não entrar em exercício no prazo estabelecido).
c] **Exoneração de cargo em comissão e a dispensa de função de confiança:** será feita a juízo da autoridade competente ou a pedido do próprio servidor.

3.6 Remoção

a] **Conceito:** é o deslocamento do servidor, a pedido ou de ofício, no âmbito do mesmo quadro, com ou sem mudança de sede.
b] **Modalidades:** 1) de ofício, no interesse da Administração; 2) a pedido, a critério da Administração; 3) a pedido, para outra localidade, independentemente do interesse da Administração.
c] **Remoção a pedido para outra localidade, independentemente do interesse da Administração:** 1) para acompanhar cônjuge ou companheiro, também servidor público civil ou militar, de qualquer dos poderes da União, dos Estados, do Distrito Federal e dos Municípios, que foi deslocado no interesse da Administração; 2) por motivo de saúde do servidor, cônjuge, companheiro ou dependente que viva às suas expensas e conste do seu assentamento funcional, condicionada à comprovação por junta médica oficial; 3) em virtude de processo seletivo promovido, na hipótese em que o número de interessados for superior ao número de vagas, de acordo com normas preestabelecidas pelo órgão ou entidade em que aqueles estejam lotados.

3.7 Redistribuição

a) **Conceito:** é o deslocamento de cargo de provimento efetivo, ocupado ou vago no âmbito do quadro geral de pessoal, para outro órgão ou entidade do mesmo poder, com prévia apreciação do órgão central do SIPEC.
b) **Diretrizes:** 1) interesse da administração; 2) equivalência de vencimentos; 3) manutenção da essência das atribuições do cargo; 4) vinculação entre os graus de responsabilidade e complexidade das atividades; 5) mesmo nível de escolaridade, especialidade ou habilitação profissional; 6) compatibilidade entre as atribuições do cargo e as finalidades institucionais do órgão ou entidade.
c) **Forma:** ocorrerá *ex officio* para ajustamento de lotação e da força de trabalho às necessidades dos serviços, inclusive nos casos de reorganização, extinção ou criação de órgão ou entidade. A redistribuição de cargos efetivos vagos se dará mediante ato conjunto entre o órgão central do SIPEC e os órgãos e entidades da Administração Pública Federal envolvidos.
d) **Reorganização ou extinção de órgão ou entidade, extinto o cargo ou declarada sua desnecessidade no órgão ou entidade:** o servidor estável que não for redistribuído será colocado em disponibilidade. O servidor que não for redistribuído ou colocado em disponibilidade poderá ser mantido sob responsabilidade do órgão central do SIPEC e ter exercício provisório, em outro órgão ou entidade, até seu adequado aproveitamento.

3.8 Substituição

a) **Cabimento:** os servidores investidos em cargo ou função de direção ou chefia e os ocupantes de cargo de natureza especial terão substitutos indicados no regimento interno ou, no caso de omissão, previamente designados pelo dirigente máximo do órgão ou entidade.
b) **Condição do substituto:** o substituto assumirá automática e cumulativamente, sem prejuízo do cargo que ocupa, o exercício do cargo ou função de direção ou chefia e os de natureza especial, nos afastamentos, impedimentos legais ou regulamentares do titular e na vacância do cargo, hipóteses em que deverá optar pela remuneração de um deles durante o respectivo período.
c) **Retribuição:** o substituto fará jus à retribuição pelo exercício do cargo ou função de direção ou chefia ou de cargo de natureza especial, nos casos dos afastamentos ou impedimentos legais do titular, superiores a 30 consecutivos, paga na proporção dos dias de efetiva substituição, que excederem o referido período.

4 Direitos e vantagens

4.1 Do vencimento

a] **Conceito**: é a retribuição pecuniária pelo exercício de cargo público, com valor fixado em lei.
b] **Característica**: é o vencimento do cargo efetivo, acrescido das vantagens de caráter permanente, é irredutível.
c] **Isonomia**: é assegurada a isonomia de vencimentos para cargos de atribuições iguais ou assemelhadas do mesmo poder, ou entre servidores dos três poderes, ressalvadas as vantagens de caráter individual e as relativas à natureza ou ao local de trabalho.

4.2 Da remuneração

a] **Conceito**: é o vencimento do cargo efetivo, acrescido das vantagens pecuniárias permanentes estabelecidas em lei.
b] **Vedação**: nenhum servidor receberá remuneração inferior ao salário-mínimo. O vencimento, a remuneração e o provento não serão objeto de arresto, sequestro ou penhora, exceto nos casos de prestação de alimentos resultante de decisão judicial.
c] **Perda**: o servidor perderá: 1) a remuneração do dia em que faltar ao serviço, sem motivo justificado; 2) a parcela de remuneração diária, proporcional aos atrasos, ausências justificadas, ressalvadas as concessões e saídas antecipadas, salvo na hipótese de compensação de horário, até o mês subsequente ao da ocorrência, a ser estabelecida pela chefia imediata. As faltas justificadas decorrentes de caso fortuito ou de força maior poderão ser compensadas a critério da chefia imediata, sendo assim consideradas como efetivo exercício. Salvo por imposição legal, ou mandado judicial, nenhum desconto incidirá sobre a remuneração ou provento.
d] **Vantagens pecuniárias**: não serão computadas, nem acumuladas, para efeito de concessão de quaisquer outros acréscimos pecuniários ulteriores, sob o mesmo título ou idêntico fundamento.

4.3 Das indenizações

Não se incorporam ao vencimento ou provento para qualquer efeito.

4.3.1 Da ajuda de custo

a] **Finalidade:** destina se a compensar as despesas de instalação do servidor que, no interesse do serviço, passar a ter exercício em nova sede, com mudança de domicílio em caráter permanente.
b] **Vedação:** é vedado o duplo pagamento de indenização, a qualquer tempo, no caso de o cônjuge ou companheiro, que detenha também a condição de servidor, vier a ter exercício na mesma sede.
c] **Ônus da despesa:** correm por conta da administração as despesas de transporte do servidor e de sua família, compreendendo passagem, bagagem e bens pessoais.
d] **Falecimento:** à família do servidor que falecer na nova sede são assegurados ajuda de custo e transporte para a localidade de origem, dentro do prazo de 1 ano, contado do óbito.
e] **Forma de cálculo:** a ajuda de custo é calculada sobre a remuneração do servidor, conforme se dispuser em regulamento, não podendo exceder a importância correspondente a 3 meses.
f] **Não concessão:** não será concedida ajuda de custo ao servidor que se afastar do cargo, ou reassumi lo em virtude de mandato eletivo. Não será concedida ajuda de custo nas hipóteses de remoção: 1) a pedido, a critério da Administração; 2) a pedido, para outra localidade, independentemente do interesse da Administração: para acompanhar cônjuge ou companheiro, também servidor público civil ou militar, de qualquer dos Poderes da União, dos Estados, do Distrito Federal e dos Municípios, que foi deslocado no interesse da Administração; 3) por motivo de saúde do servidor, cônjuge, companheiro ou dependente que viva às suas expensas e conste do seu assentamento funcional, condicionada à comprovação por junta médica oficial; 4) em virtude de processo seletivo promovido, na hipótese em que o número de interessados for superior ao número de vagas, de acordo com normas preestabelecidas pelo órgão ou entidade em que aqueles estejam lotados.
g] **Concessão:** será concedida ajuda de custo àquele que, não sendo servidor da União, for nomeado para cargo em comissão, com mudança de domicílio.
h] **Restituição:** o servidor ficará obrigado a restituir a ajuda de custo quando, injustificadamente, não se apresentar na nova sede no prazo de 30 dias.

4.3.2 Das diárias

a] **Finalidade:** destinadas a indenizar as parcelas de despesas extraordinárias com pousada, alimentação e locomoção urbana, para servidor que, a serviço, afastar se da sede em caráter eventual ou transitório para outro ponto do território nacional ou para o exterior.

b) **Forma**: a diária será concedida por dia de afastamento, sendo devida pela metade quando o deslocamento não exigir pernoite fora da sede, ou quando a União custear, por meio diverso, as despesas extraordinárias cobertas por diárias.

c) **Não concessão**: nos casos em que o deslocamento da sede constituir exigência permanente do cargo, o servidor não fará jus a diárias. Também não fará jus a diárias o servidor que se deslocar dentro da mesma região metropolitana, aglomeração urbana ou microrregião, constituídas por municípios limítrofes e regularmente instituídas, ou em áreas de controle integrado mantidas com países limítrofes, cuja jurisdição e competência dos órgãos, entidades e servidores brasileiros considera se estendida, salvo se houver pernoite fora da sede, hipóteses em que as diárias pagas serão sempre as fixadas para os afastamentos dentro do território nacional.

d) **Restituição**: o servidor que receber diárias e não se afastar da sede, por qualquer motivo, fica obrigado a restituí las integralmente, no prazo de 5 dias.

4.3.3 Da indenização de transporte

Ao servidor que realizar despesas com a utilização de meio próprio de locomoção para a execução de serviços externos, por força das atribuições próprias do cargo, conforme se dispuser em regulamento.

4.3.4 Do auxílio moradia

a) **Conceito**: consiste no ressarcimento das despesas comprovadamente realizadas pelo servidor com aluguel de moradia ou com meio de hospedagem administrado por empresa hoteleira, no prazo de um mês após a comprovação da despesa pelo servidor.

b) **Valor mensal**: é limitado a 25% do valor do cargo em comissão, função comissionada ou cargo de Ministro de Estado ocupado.

c) **Valor máximo**: o valor do auxílio moradia não poderá superar 25% (vinte e cinco por cento) da remuneração de Ministro de Estado.

d) **Falecimento, exoneração, colocação de imóvel funcional à disposição do servidor ou aquisição de imóvel**: o auxílio moradia continuará sendo pago por um mês.

4.3.5 Das gratificações e adicionais

a) **Da retribuição pelo exercício de função de direção, chefia e assessoramento:** ao servidor ocupante de cargo efetivo investido em função de direção, chefia ou assessoramento, cargo de provimento em comissão ou de Natureza Especial é devida retribuição pelo seu exercício.

b) **Gratificação natalina:** corresponde a 1/12 da remuneração a que o servidor fizer jus no mês de dezembro, por mês de exercício no respectivo ano. A fração igual ou superior a 15 dias será considerada como mês integral. A gratificação será paga até o dia 20 do mês de dezembro de cada ano.

c) **Dos adicionais de insalubridade, periculosidade ou atividades penosas:** são devidos aos servidores que trabalhem com habitualidade em locais insalubres ou em contato permanente com substâncias tóxicas, radioativas ou com risco de vida, fazem jus a um adicional sobre o vencimento do cargo efetivo. O servidor que fizer jus aos adicionais de insalubridade e de periculosidade deverá optar por um deles. O direito ao adicional de insalubridade ou periculosidade cessa com a eliminação das condições ou dos riscos que deram causa a sua concessão. O adicional de atividade penosa será devido aos servidores em exercício em zonas de fronteira ou em localidades cujas condições de vida justifiquem, nos termos, condições e limites fixados em regulamento.

d) **Do adicional por serviço extraordinário:** o serviço extraordinário será remunerado com acréscimo de 50% em relação à hora normal de trabalho. Somente será permitido serviço extraordinário para atender a situações excepcionais e temporárias, respeitado o limite máximo de 2 horas por jornada.

e) **Do adicional noturno:** o serviço noturno, prestado em horário compreendido entre as 22 horas de um dia e as 5 horas do dia seguinte, terá o valor hora acrescido de 25%, computando se cada hora como 52 minutos e 30 segundos.

f) **Do adicional de férias:** independentemente de solicitação, será pago ao servidor, por ocasião das férias, um adicional correspondente a 1/3 da remuneração do período das férias. No caso de o servidor exercer função de direção, chefia ou assessoramento, ou ocupar cargo em comissão, a respectiva vantagem será considerada no cálculo do adicional de férias.

g) **Da gratificação por encargo de curso ou concurso:** é devida ao servidor que, em caráter eventual: 1) atuar como instrutor em curso de formação, de desenvolvimento ou de treinamento regularmente instituído no âmbito da Administração Pública Federal; 2) participar de banca examinadora ou de comissão para exames orais, para análise curricular, para correção de provas discursivas, para elaboração de questões de provas ou para julgamento de recursos intentados por candidatos; 3) participar da logística de preparação e de realização de concurso público envolvendo atividades de planejamento, coordenação, supervisão, execução e avaliação de resultado, quando tais atividades não estiverem incluídas entre as suas atribuições permanentes; 4) participar da aplicação, fiscalizar ou avaliar provas de exame vestibular ou de concurso público ou supervisionar essas atividades.

5. Das férias

a) **Direito**: o servidor fará jus a 30 (trinta) dias de férias, que podem ser acumuladas, até o máximo de dois períodos, no caso de necessidade do serviço, ressalvadas as hipóteses em que haja legislação específica.
b) **Requisito para o primeiro período aquisitivo de férias**: serão exigidos 12 (doze) meses de exercício.
c) **Vedação**: levar à conta de férias qualquer falta ao serviço.
d) **Parcelamento**: as férias poderão ser parceladas em até três etapas, desde que assim requeridas pelo servidor, e no interesse da Administração Pública.
e) **Indenização**: o servidor exonerado do cargo efetivo, ou em comissão, perceberá indenização relativa ao período das férias a que tiver direito e ao incompleto, na proporção de $1/12$ (um doze avos) por mês de efetivo exercício, ou fração superior a 14 (quatorze) dias. A indenização será calculada com base na remuneração do mês em que for publicado o ato exoneratório.
f) **Servidor que opera direta e permanentemente com raios-X ou substâncias radioativas**: gozará 20 (vinte) dias consecutivos de férias, por semestre de atividade profissional, proibida em qualquer hipótese a acumulação.
g) **Interrupção**: as férias somente poderão ser interrompidas por motivo de calamidade pública, comoção interna, convocação para júri, serviço militar ou eleitoral, ou por necessidade do serviço declarada pela autoridade máxima do órgão ou entidade.

6. Das licenças

6.1 Da licença por motivo de doença em pessoa da família

Por motivo de doença do cônjuge ou companheiro, dos pais, dos filhos, do padrasto ou madrasta e enteado, ou dependente que viva a suas expensas e conste do seu assentamento funcional, mediante comprovação por perícia médica oficial.

6.2 Da licença por motivo de afastamento do cônjuge

Para acompanhar cônjuge ou companheiro que foi deslocado para outro ponto do território nacional, para o exterior ou para o exercício de mandato eletivo dos poderes Executivo e Legislativo. A licença será por prazo indeterminado e sem remuneração.

6.3 Da licença para o serviço militar

Ao servidor convocado para o serviço militar será concedida licença, na forma e condições previstas na legislação específica. Concluído o serviço militar, o servidor terá até 30 dias sem remuneração para reassumir o exercício do cargo.

6.4 Da licença para atividade política

O servidor terá direito a licença, sem remuneração, durante o período que mediar entre a sua escolha em convenção partidária, como candidato a cargo eletivo, e a véspera do registro de sua candidatura perante a Justiça Eleitoral.

6.5 Da licença para capacitação

Após cada quinquênio de efetivo exercício, o servidor poderá, no interesse da Administração, afastar se do exercício do cargo efetivo, com a respectiva remuneração, por até três meses, para participar de curso de capacitação profissional.

6.6 Da licença para tratar de interesses particulares

A critério da Administração, poderão ser concedidas ao servidor ocupante de cargo efetivo, desde que não esteja em estágio probatório, licenças para o trato de assuntos particulares pelo prazo de até três anos consecutivos, sem remuneração. A licença poderá ser interrompida, a qualquer tempo, a pedido do servidor ou no interesse do serviço.

7. Dos afastamentos

7.1 Do afastamento para servir a outro órgão ou entidade

1) Para exercício de cargo em comissão ou função de confiança; 2) em casos previstos em leis específicas.

7.2 Do afastamento para exercício de mandato eletivo

1) Tratando se de mandato federal, estadual ou distrital, ficará afastado do cargo; 2) investido no mandato de prefeito, será afastado do cargo, sendo lhe facultado optar pela sua remuneração; 3) investido no mandato de vereador: a) havendo compatibilidade de horário, perceberá as vantagens de seu cargo, sem prejuízo da remuneração do cargo eletivo; b) não havendo compatibilidade de horário, será afastado do cargo, sendo lhe facultado optar pela sua remuneração.

7.3 Do afastamento para estudo ou missão no exterior:

O servidor não poderá ausentar se do País para estudo ou missão oficial, sem autorização do Presidente da República, Presidente dos Órgãos do Poder Legislativo e Presidente do Supremo Tribunal Federal. A ausência não excederá a 4 anos, e finda a missão ou estudo, somente decorrido igual período, será permitida nova ausência.

7.4 Do afastamento para participação em programa de pós graduação *stricto sensu* no país

O servidor poderá, no interesse da Administração, e desde que a participação não possa ocorrer simultaneamente com o exercício do cargo ou mediante compensação de horário, afastar se do exercício do cargo efetivo, com a respectiva remuneração, para participar em programa de pós graduação *stricto sensu* em instituição de ensino superior no país.

8. Das concessões

Sem qualquer prejuízo, poderá o servidor ausentar se do serviço: 1) por 1 (um) dia, para doação de sangue; 2) pelo período comprovadamente necessário para alistamento ou recadastramento eleitoral, limitado, em qualquer caso, a 2 (dois) dias; 3) por 8 (oito) dias consecutivos, em razão de: a) casamento; b) falecimento do cônjuge, companheiro, pais, madrasta ou padrasto, filhos, enteados, menor sob guarda ou tutela e irmãos.

9. Regime disciplinar

9.1 Noções gerais

A autoridade que tiver ciência de irregularidade no serviço público é obrigada a promover a sua apuração imediata, mediante sindicância ou processo administrativo disciplinar, assegurada ao acusado ampla defesa.

As denúncias sobre irregularidades serão objeto de apuração, desde que contenham a identificação e o endereço do denunciante e sejam formuladas por escrito, confirmada a autenticidade. Quando o fato narrado não configurar evidente infração disciplinar ou ilícito penal, a denúncia será arquivada, por falta de objeto. Quando a infração estiver capitulada como crime, o processo disciplinar será remetido ao Ministério Público para instauração da ação penal, ficando trasladado na repartição.

O servidor que responder a processo disciplinar só poderá ser exonerado a pedido, ou aposentado voluntariamente, após a conclusão do processo e o cumprimento da penalidade, acaso aplicada. Ocorrida a exoneração de ofício, quando não satisfeitas as condições do estágio probatório, o ato será convertido em demissão, se for o caso.

9.2 Sindicância

a) **Resultados:** 1) arquivamento do processo; 2) aplicação de penalidade de advertência ou suspensão de até 30 dias; 3) instauração de processo disciplinar.
b) **Prazo para conclusão:** não excederá 30 dias.
c) **Prorrogação do prazo:** pode, por igual período, a critério da autoridade superior.
d) **Peça informativa:** os autos da sindicância integrarão o processo disciplinar, como peça informativa da instrução.

e] **Ilícito penal:** na hipótese de o relatório da sindicância concluir que a infração está capitulada como ilícito penal, a autoridade competente encaminhará cópia dos autos ao Ministério Público, independentemente da imediata instauração do processo disciplinar.

9.3 Afastamento preventivo

a] **Natureza:** medida cautelar.
b] **Finalidade:** impedir que o servidor venha a influir na apuração da irregularidade.
c] **Competência:** autoridade instauradora do processo disciplinar.
d] **Prazo:** de até 60 dias.
e] **Remuneração:** continua recebendo.
f] **Prorrogação do prazo:** poderá ser prorrogado por igual prazo, findo o qual cessarão os seus efeitos, ainda que não concluído o processo.

9.4 Processo disciplinar

a] **Finalidade:** apurar a responsabilidade de servidor por infração praticada no exercício de suas atribuições, ou que tenha relação com as atribuições do cargo em que se encontre investido.
b] **Obrigatoriedade:** sempre que o ilícito praticado pelo servidor ensejar a imposição de penalidade de suspensão por mais de 30 dias, de demissão, cassação de aposentadoria ou disponibilidade, ou destituição de cargo em comissão, será obrigatória a instauração de processo disciplinar.
c] **Competência:** o processo disciplinar será conduzido por comissão composta de três servidores estáveis designados pela autoridade competente. O presidente deverá ser ocupante de cargo efetivo superior ou de mesmo nível, ou ter nível de escolaridade igual ou superior ao do indiciado. A comissão terá como secretário servidor designado pelo seu presidente, podendo a indicação recair em um de seus membros. Não poderá participar de comissão de sindicância ou de inquérito, cônjuge, companheiro ou parente do acusado, consanguíneo ou afim, em linha reta ou colateral, até o terceiro grau. A comissão exercerá suas atividades com independência e imparcialidade, assegurado o sigilo necessário à elucidação do fato ou exigido pelo interesse da Administração.
d] **Fases:** instauração, inquérito administrativo e julgamento.
e] **Fase da instauração:** ocorre com a publicação do ato que constituir a comissão.

f] **Fase do inquérito administrativo:** obedecerá ao princípio do contraditório, assegurada ao acusado ampla defesa, com a utilização dos meios e recursos admitidos em direito, e compreende:

1] **Instrução** – a comissão promoverá a tomada de depoimentos, acareações, investigações e diligências cabíveis, objetivando a coleta de prova, recorrendo, quando necessário, a técnicos e peritos, de modo a permitir a completa elucidação dos fatos. É assegurado ao servidor o direito de acompanhar o processo pessoalmente ou por intermédio de procurador, arrolar e reinquirir testemunhas, produzir provas e contraprovas e formular quesitos, quando se tratar de prova pericial. O presidente da comissão poderá denegar pedidos considerados impertinentes, meramente protelatórios, ou de nenhum interesse para o esclarecimento dos fatos. Será indeferido o pedido de prova pericial, quando a comprovação do fato independer de conhecimento especial de perito. As testemunhas serão intimadas a depor mediante mandado expedido pelo presidente da comissão, devendo a segunda via, com o ciente do interessado, ser anexado aos autos. Se a testemunha for servidor público, a expedição do mandado será imediatamente comunicada ao chefe da repartição onde serve, com a indicação do dia e hora marcados para inquirição. O depoimento será prestado oralmente e reduzido a termo, não sendo lícito à testemunha trazê-lo por escrito. As testemunhas serão inquiridas separadamente. Na hipótese de depoimentos contraditórios ou que se infirmem, será feita a acareação entre os depoentes. Concluída a inquirição das testemunhas, a comissão promoverá o interrogatório do acusado. No caso de mais de um acusado, cada um deles será ouvido separadamente, e sempre que divergirem em suas declarações sobre fatos ou circunstâncias, será promovida a acareação entre eles. O procurador do acusado poderá assistir ao interrogatório, bem como à inquirição das testemunhas, sendo-lhe vedado interferir nas perguntas e respostas, facultando-se-lhe, porém, reinquiri-las por intermédio do presidente da comissão. Quando houver dúvida sobre a sanidade mental do acusado, a comissão proporá à autoridade competente que ele seja submetido a exame por junta médica oficial, da qual participe pelo menos um médico psiquiatra. O incidente de sanidade mental será processado em auto apartado e apenso ao processo principal, após a expedição do laudo pericial.

2] **Defesa** – tipificada a infração disciplinar, será formulada a indiciação do servidor, com a especificação dos fatos a ele imputados e das respectivas provas. O indiciado será citado por mandado expedido pelo presidente da comissão para apresentar defesa escrita, no prazo de 10 (dez) dias. Havendo dois ou mais indiciados, o prazo será comum e de 20 (vinte) dias. O prazo de defesa poderá ser prorrogado pelo dobro, para diligências reputadas indispensáveis. No caso de recusa do indiciado em apor o ciente na cópia da citação, o prazo para defesa será contado da data declarada, em termo próprio, pelo membro da comissão que fez a citação, com a assinatura de 2 (duas) testemunhas. O indiciado que mudar de residência fica obrigado a comunicar à comissão o lugar onde poderá ser encontrado. Achando-se o indiciado em lugar incerto e não sabido, será citado por edital, publicado no Diário Oficial da União e em jornal de grande circulação na localidade do último domicílio conhecido, para apresentar defesa (o prazo para defesa será de 15 [quinze] dias a partir da última publicação do edital). Será considerado revel o indiciado que, regularmente citado, não apresentar defesa no prazo legal. A revelia será declarada, por termo, nos autos do processo e devolverá o prazo para a defesa. Para defender o indiciado revel, a autoridade instauradora do processo designará um servidor como defensor dativo, que deverá ser ocupante de cargo efetivo superior ou de mesmo nível, ou ter nível de escolaridade igual ou superior ao do indiciado.

3] **Relatório** – apreciada a defesa, a comissão elaborará relatório minucioso, onde resumirá as peças principais dos autos e mencionará as provas em que se baseou para formar a sua convicção. O relatório será sempre conclusivo quanto à inocência ou à responsabilidade do servidor. Reconhecida a responsabilidade do servidor, a comissão indicará o dispositivo legal ou regulamentar transgredido, bem como as circunstâncias agravantes ou atenuantes.

g] **Julgamento:**

1] **Prazo da decisão** – 20 (vinte) dias, contados do recebimento do processo, a autoridade julgadora proferirá a sua decisão.
2] **Competência** – se a penalidade a ser aplicada exceder a alçada da autoridade instauradora do processo, este será encaminhado à autoridade competente, que decidirá em igual prazo. Havendo mais de um indiciado e diversidade de sanções, o julgamento caberá à autoridade competente para a imposição da pena mais grave. Se a penalidade prevista for a demissão ou cassação de aposentadoria ou disponibilidade, o julgamento caberá ao Presidente da República, aos Presidentes das Casas do Poder Legislativo e dos Tribunais Federais e ao Procurador-Geral da República.
3] **Reconhecimento da inocência do servidor** – autoridade instauradora do processo determinará seu arquivamento, salvo se flagrantemente contrária à prova dos autos.

4] **Relatório da comissão** – o julgamento acatará o relatório da comissão, salvo quando contrário às provas dos autos. Quando o relatório da comissão contrariar as provas dos autos, a autoridade julgadora poderá, motivadamente, agravar a penalidade proposta, abrandá-la ou isentar o servidor de responsabilidade.

5] **Prescrição** – extinta a punibilidade pela prescrição, a autoridade julgadora determinará o registro do fato nos assentamentos individuais do servidor.

6] **Vício insanável** – autoridade que determinou a instauração do processo ou outra de hierarquia superior declarará a sua nulidade, total ou parcial, e ordenará, no mesmo ato, a constituição de outra comissão para instauração de novo processo.

7] **Julgamento fora do prazo legal** – não implica nulidade do processo.

8] **Encaminhamento** – o processo disciplinar, com o relatório da comissão, será remetido à autoridade que determinou a sua instauração, para julgamento.

h] **Prazo de conclusão:** não excederá 60 dias, contados da data de publicação do ato que constituir a comissão.

i] **Prorrogação:** admitida por igual prazo, quando as circunstâncias o exigirem.

j] **Comissão:** sempre que necessário, a comissão dedicará tempo integral aos seus trabalhos, ficando seus membros dispensados do ponto, até a entrega do relatório final. As reuniões da comissão serão registradas em atas que deverão detalhar as deliberações adotadas.

9.5 Revisão do processo disciplinar

a] **Momento:** a qualquer tempo.

b] **Iniciativa:** a pedido ou de ofício.

c] **Cabimento:** fatos novos ou circunstâncias suscetíveis de justificar a inocência do punido ou a inadequação da penalidade aplicada. A simples alegação de injustiça da penalidade não constitui fundamento para a revisão, que requer elementos novos, ainda não apreciados no processo originário.

d] **Legitimidade ativa:** servidor; em caso de falecimento, ausência ou desaparecimento do servidor, qualquer pessoa da família poderá requerer a revisão do processo. No caso de incapacidade mental do servidor, a revisão será requerida pelo respectivo curador.

e] **Ônus da prova:** cabe ao requerente.

f] **Endereçamento do requerimento de revisão:** será dirigido ao Ministro de Estado ou autoridade equivalente que, se autorizar a revisão, encaminhará

o pedido ao dirigente do órgão ou entidade onde se originou o processo disciplinar.
g] **Forma**: a revisão correrá em apenso ao processo originário.
h] **Prazo de conclusão**: a comissão revisora terá 60 (sessenta) dias para a conclusão dos trabalhos.
i] **Efeito da procedência**: julgada procedente a revisão, será declarada sem efeito a penalidade aplicada, restabelecendo se todos os direitos do servidor, exceto em relação à destituição do cargo em comissão, que será convertida em exoneração.
j] **Vedação**: da revisão do processo não poderá resultar agravamento de penalidade.

10. Responsabilidade

10.1 Civil

10.2 Penal

10.3 Administrativa

a] **Conceito**: resulta de ato omissivo ou comissivo praticado no desempenho do cargo ou função.
b] **Afastamento**: no caso de absolvição criminal que negue a existência do fato ou sua autoria.
c] **Penalidades disciplinares**: advertência; suspensão; demissão; cassação de aposentadoria ou disponibilidade; destituição de cargo em comissão e destituição de função comissionada.

11. Penalidades disciplinares

11.1 Noções gerais

a] **Critérios de aplicação**: na aplicação das penalidades disciplinares serão consideradas a natureza e a gravidade da infração cometida, os danos que dela

provierem para o serviço público, as circunstâncias agravantes ou atenuantes e os antecedentes funcionais.
b) **Forma da imposição:** o ato de imposição da penalidade mencionará sempre o fundamento legal e a causa da sanção disciplinar.

11.2 Advertência

a) **Forma:** será aplicada por escrito.
b) **Cabimento:** 1) ausência do serviço durante o expediente, sem prévia autorização do chefe imediato; 2) retirar, sem prévia anuência da autoridade competente, qualquer documento ou objeto da repartição; 3) recusar fé a documentos públicos; 4) opor resistência injustificada ao andamento de documento e processo ou execução de serviço; 5) promover manifestação de apreço ou desapreço no recinto da repartição; 6) cometer a pessoa estranha à repartição, fora dos casos previstos em lei, o desempenho de atribuição que seja de sua responsabilidade ou de seu subordinado; 7) coagir ou aliciar subordinados no sentido de filiarem se a associação profissional ou sindical, ou a partido político; 8) manter sob sua chefia imediata, em cargo ou função de confiança, cônjuge, companheiro ou parente até o segundo grau civil); 9) recusar se a atualizar seus dados cadastrais quando solicitado, e de inobservância de dever funcional previsto em lei, regulamentação ou norma interna, que não justifiquem imposição de penalidade mais grave.
c) **Cancelamento:** após o decurso de 3 e 5 anos de efetivo exercício, respectivamente, se o servidor não houver, nesse período, praticado nova infração disciplinar. O cancelamento da penalidade não surtirá efeitos retroativos.
d) **Prescrição:** a ação disciplinar prescreverá em 180 dias. O prazo de prescrição começa a correr da data em que o fato se tornou conhecido. Os prazos de prescrição previstos na lei penal aplicam se às infrações disciplinares capituladas também como crime. A abertura de sindicância ou a instauração de processo disciplinar interrompe a prescrição até a decisão final proferida por autoridade competente. Interrompido o curso da prescrição, o prazo começará a correr a partir do dia em que cessar a interrupção.

11.3 Suspensão

a) **Cabimento:** será aplicada em caso de reincidência das faltas punidas com advertência e de violação das demais proibições que não tipifiquem infração sujeita a penalidade de demissão.
b) **Prazo:** não podendo exceder de 90 dias.

c] **Suspensão de até 15 dias**: servidor que, injustificadamente, recusar se a ser submetido a à inspeção médica determinada pela autoridade competente, cessando os efeitos da penalidade uma vez cumprida a determinação.
d] **Conversão**: quando houver conveniência para o serviço, a penalidade de suspensão poderá ser convertida em multa, na base de 50% por dia de vencimento ou remuneração, ficando o servidor obrigado a permanecer em serviço.
e] **Cancelamento**: após o decurso de 3 e 5 anos de efetivo exercício, respectivamente, se o servidor não houver, nesse período, praticado nova infração disciplinar. O cancelamento da penalidade não surtirá efeitos retroativos.
f] **Prescrição**: a ação disciplinar prescreverá em 2 anos. O prazo de prescrição começa a correr da data em que o fato se tornou conhecido. Os prazos de prescrição previstos na lei penal aplicam se às infrações disciplinares capituladas também como crime. A abertura de sindicância ou a instauração de processo disciplinar interrompe a prescrição até a decisão final proferida por autoridade competente. Interrompido o curso da prescrição, o prazo começará a correr a partir do dia em que cessar a interrupção.

11.4 Demissão

a] **Cabimento**: 1) crime contra a administração pública; 2) abandono de cargo; 3) inassiduidade habitual; 4) improbidade administrativa; 5) incontinência pública e conduta escandalosa na repartição; 6) insubordinação grave em serviço; 7) ofensa física, em serviço, a servidor ou a particular, salvo em legítima defesa própria ou de outrem; 8) aplicação irregular de dinheiros públicos; 9) revelação de segredo do qual se apropriou em razão do cargo; 10) lesão aos cofres públicos e dilapidação do patrimônio nacional; 11) corrupção; 12) acumulação ilegal de cargos, empregos ou funções públicas; 13) valer se do cargo para lograr proveito pessoal ou de outrem, em detrimento da dignidade da função pública; 14) participar de gerência ou administração de sociedade privada, personificada ou não personificada, exercer o comércio, exceto na qualidade de acionista, cotista ou comanditário; 15) atuar, como procurador ou intermediário, junto a repartições públicas, salvo quando se tratar de benefícios previdenciários ou assistenciais de parentes até o segundo grau, e de cônjuge ou companheiro; 16) receber propina, comissão, presente ou vantagem de qualquer espécie, em razão de suas atribuições; 17) aceitar comissão, emprego ou pensão de estado estrangeiro; 18) praticar usura sob qualquer de suas formas; 19) proceder de maneira desidiosa; 20) utilizar pessoal ou recursos materiais da repartição em serviços ou atividades particulares.

b] **Prescrição**: a ação disciplinar prescreverá em 5 anos. O prazo de prescrição começa a correr da data em que o fato se tornou conhecido. Os prazos de prescrição previstos na lei penal aplicam se às infrações disciplinares capituladas também como crime. A abertura de sindicância ou a instauração de processo disciplinar interrompe a prescrição até a decisão final proferida por autoridade competente. Interrompido o curso da prescrição, o prazo começará a correr a partir do dia em que cessar a interrupção.

11.5 Cassação de aposentadoria ou disponibilidade

a] **Cabimento**: quando o inativo houver praticado, na atividade, falta punível com a demissão.
b] **Prescrição**: a ação disciplinar prescreverá em 5 anos. O prazo de prescrição começa a correr da data em que o fato se tornou conhecido. Os prazos de prescrição previstos na lei penal aplicam se às infrações disciplinares capituladas também como crime. A abertura de sindicância ou a instauração de processo disciplinar interrompe a prescrição até a decisão final proferida por autoridade competente. Interrompido o curso da prescrição, o prazo começará a correr a partir do dia em que cessar a interrupção.

11.6 Destituição de cargo em comissão e destituição de função comissionada

a] **Destituição de cargo em comissão exercido por não ocupante de cargo efetivo**: será aplicada nos casos de infração sujeita às penalidades de suspensão e de demissão. Constatada a hipótese da exoneração efetuada, a juízo da autoridade competente ou a pedido do próprio servidor, será convertida em destituição de cargo em comissão.
b] **Demissão ou a destituição de cargo em comissão**:
- **Indisponibilidade dos bens e o ressarcimento ao erário, sem prejuízo da ação penal cabível** – 1) improbidade administrativa; 2) aplicação irregular de dinheiros públicos; 3) lesão aos cofres públicos e dilapidação do patrimônio nacional; 4) corrupção.
- **Incompatibilidade do ex servidor para nova investidura em cargo público federal, pelo prazo de 5 anos** – 1) valer se do cargo para lograr proveito pessoal ou de outrem, em detrimento da dignidade da função pública;

2) atuar, como procurador ou intermediário, junto a repartições públicas, salvo quando se tratar de benefícios previdenciários ou assistenciais de parentes até o segundo grau, e de cônjuge ou companheiro).

- **Não retorno ao serviço público federal** – 1) crime contra a Administração Pública; 2) improbidade administrativa; 3) aplicação irregular de dinheiros públicos; 4) lesão aos cofres públicos e dilapidação do patrimônio nacional; 5) corrupção.

c) **Prescrição**: a ação disciplinar prescreverá em 5 anos, quanto às infrações puníveis com destituição de cargo em comissão. O prazo de prescrição começa a correr da data em que o fato se tornou conhecido. Os prazos de prescrição previstos na lei penal aplicam se às infrações disciplinares capituladas também como crime. A abertura de sindicância ou a instauração de processo disciplinar interrompe a prescrição até a decisão final proferida por autoridade competente. Interrompido o curso da prescrição, o prazo começará a correr a partir do dia em que cessar a interrupção.

12. Responsabilidade

a) **Civil**: decorre de ato omissivo ou comissivo, doloso ou culposo, que resulte em prejuízo ao erário ou a terceiros. A obrigação de reparar o dano estende-se aos sucessores e contra eles será executada, até o limite do valor da herança recebida.
b) **Penal**: abrange os crimes e contravenções imputados ao servidor, nessa qualidade

12.1 Acesso

a) **Previsão**: o art. 37, inciso I, prescreve que os cargos, os empregos e as funções públicas são acessíveis aos brasileiros que preencham os requisitos estabelecidos em lei, assim como aos estrangeiros, na forma da lei.
b) **Princípio da ampla acessibilidade dos cargos**: o acesso é permitido para brasileiros e estrangeiros, desde que observados os requisitos legais. Cabe ressalvar que há cargos privativos de brasileiros natos (art. 12, § 3º, CF/1988): 1) de Presidente e Vice Presidente da República; 2) de Presidente da Câmara dos Deputados; 3) de Presidente do Senado Federal; 4) de Ministro do Supremo

Tribunal Federal; 5) da carreira diplomática; 6) de oficial das Forças Armadas; 7) de Ministro de Estado da Defesa.
c] **Requisitos básicos para investidura em cargo público**: 1) *nacionalidade brasileira* – as universidades e instituições de pesquisa científica e tecnológica federais poderão prover seus cargos com professores, técnicos e cientistas estrangeiros, de acordo com as normas e os procedimentos da Lei n. 8.112/1990; 2) *gozo dos direitos políticos* – dever de estar em dia com as obrigações eleitorais e não estar numa situação de privação dos direitos políticos; 3) *quitação com as obrigações militares e eleitorais* – o serviço militar consiste no exercício de atividades específicas, desempenhadas nas Forças Armadas (Marinha, Exército e Aeronáutica); 4) *nível de escolaridade exigido para o exercício do cargo* – o diploma ou habilitação legal para o exercício do cargo deve ser exigido na posse e não na inscrição para o concurso público, nos termos da Súmula n. 266[7] do STJ; 5) *idade mínima de 18 anos* – o limite de idade para inscrição em concurso público só se legitima em face do art. 7º, inciso XXX, da CF/1988, quando possa ser justificado pela natureza das atribuições do cargo a ser preenchido (Súmula n. 683 do STF[8]). Na admissão do idoso em qualquer trabalho ou emprego, são vedadas a discriminação e a fixação de limite máximo de idade, inclusive para concursos, ressalvados os casos em que a natureza do cargo o exigir. O primeiro critério de desempate em concurso público será a idade, dando se preferência ao de idade mais elevada; 6) *aptidão física e mental*. As atribuições do cargo podem justificar a exigência de outros requisitos estabelecidos em lei, desde que sejam compatíveis com a natureza e a complexidade do cargo. Só por lei se pode sujeitar a exame psicotécnico a habilitação de candidato a cargo público.

12.2 Concurso público

a] **Regra**: a investidura em cargo ou emprego público depende de aprovação prévia em concurso público de provas ou de provas e títulos, de acordo com a natureza e a complexidade do cargo ou emprego, na forma prevista em lei.
b] **Dispensa**: nas nomeações para cargo em comissão declarado em lei de livre nomeação e exoneração.

---

7   BRASIL. Supremo Tribunal Federal. **Súmula n. 266, de 13 de dezembro de 1963**. Disponível em: <https://portal.stf.jus.br/jurisprudencia/sumariosumulas.asp?base=30&sumula=2459>. Acesso em: 3 jul. 2024.
8   BRASIL. Supremo Tribunal Federal. **Súmula n. 683, de 24 de setembro de 2003**. Data de publicação: Diário da Justiça, 13 out. 2003. Disponível em: <https://portal.stf.jus.br/jurisprudencia/sumariosumulas.asp?base=30&sumula=2413>. Acesso em: 10 fev. 2025.

c] **Inconstitucionalidade**: toda modalidade de provimento que propicie ao servidor investir se, sem prévia aprovação em concurso público destinado ao seu provimento, em cargo que não integra a carreira na qual foi anteriormente investido (Súmula n. 685 do STF[9]); veto não motivado à participação de candidato em concurso público.
d] **Proibição**: concurso público com base somente em título. A regra do concurso é também aplicada para as pessoas portadoras de deficiências. É inconstitucional o veto não motivado à participação do candidato em concurso público.
e] **Alcance**: a exigência de concurso público para admissão de pessoal se estende a toda a Administração Indireta, nela compreendidas as autarquias, as fundações instituídas e mantidas pelo Poder Público, as sociedades de economia mista, as empresas públicas e, ainda, as demais entidades controladas direta ou indiretamente pela União, mesmo que visem a objetivos estritamente econômicos, em regime de competitividade com a iniciativa privada.
f] **Prazo de validade**: será de até 2 (dois) anos, prorrogável uma vez, por igual período. Durante o prazo improrrogável previsto no edital de convocação, aquele aprovado em concurso público de provas ou de provas e títulos será convocado com prioridade sobre novos concursados para assumir cargo ou emprego na carreira. Em relação ao prazo de validade, cabe ressaltar que a CF/1988 estabelece o limite máximo de duração do concurso, que é de dois anos. A prorrogação será de igual período.
g] **Limitações**: 1) não se abrirá novo concurso enquanto houver candidato aprovado em concurso anterior com prazo de validade não expirado; 2) o aprovado em concurso público de provas ou de provas e títulos será convocado com prioridade sobre novos concursados para assumir cargo ou emprego, na carreira; 3) o aprovado não tem direito adquirido de contratação, mas tem direito de não ser preterido por nenhum outro; 4) dentro do prazo de validade do concurso, o candidato aprovado tem direito à nomeação, quando o cargo for preenchido sem observância da classificação; 5) funcionário nomeado por concurso tem direito à posse; 6) a nomeação de funcionário sem concurso pode ser desfeita antes da posse.

---

9 BRASIL. Supremo Tribunal Federal. **Súmula n. 685, de 24 de setembro de 2003**. Data de publicação: Diário da Justiça, 13 out. 2003. Disponível em: <https://portal.stf.jus.br/jurisprudencia/sumariosumulas.asp?base=30&sumula=1508>. Acesso em: 10 fev. 2025.

12.3 Funções de confiança e cargos em comissão

a) **Cargos em comissão:** cargos de confiança, de livre nomeação e exoneração, destinados apenas às atribuições de direção, chefia e assessoramento (art. 37, V, CF/1988).

   1) **Acesso** – sem concurso público.
   2) **Provimento** – por nomeação política.
   3) **Nomeação e exoneração** – são *ad nutum*, podendo ser desligados do cargo imotivadamente.
   4) **Exoneração com motivo** – se a autoridade competente apresentar um motivo para a exoneração e o motivo for comprovadamente falso ou inexistente, o desligamento será nulo em razão da teoria dos motivos determinantes.
   5) **Servidores de carreira** – a legislação estabelecerá os casos, condições e percentuais em que os cargos comissionados devem ser preenchidos por servidores públicos de carreira. No caso da Administração Pública Federal Direta, Autárquica e Fundacional o percentual é de, no mínimo, 60% (sessenta por cento).

b) **Funções de confiança:** são cargos destinados apenas às atribuições de direção, chefia e assessoramento (art. 37, V, CF/1988), mas só podem ser exercidas por servidores de carreira, ou seja, servidores ocupantes de cargo efetivo.

12.4 Direito de associação sindical

a) **Natureza:** é garantido ao servidor público civil o direito à livre associação sindical. É norma de eficácia plena.
b) **Vedação:** dispensa do empregado sindicalizado a partir do registro da candidatura a cargo de direção ou representação sindical e, se eleito, ainda que suplente, até um ano após o final do mandato, salvo se cometer falta grave nos termos da lei.
c) **Militar:** são proibidas a sindicalização e a greve.

12.5 Direito de greve

a) **Norma de eficácia limitada:** o direito de greve será exercido nos termos e nos limites definidos em lei específica.

b] **Setor privado**: o entendimento é que devem ser aplicadas, no que couber, as regras do setor privado previstas na Lei n. 7.783/1989[10].

c] **Militar**: são proibidas a sindicalização e a greve.

12.6 Portadores de deficiência

A lei reservará percentual dos cargos e empregos públicos para as pessoas portadoras de deficiência e definirá os critérios de sua admissão. A Lei é a de n. 8.112/1990, que estabelece às pessoas portadoras de deficiência o direito de se inscrever em concurso público para provimento de cargo cujas atribuições sejam compatíveis com a deficiência de que são portadoras; para tais pessoas serão reservadas até 20% das vagas oferecidas no concurso.

12.7 Função pública

a] **Natureza**: é um conceito residual.

b] **Cabimento**: a lei estabelecerá os casos de contratação por tempo determinado para atender à necessidade temporária de excepcional interesse público (exemplos: calamidade pública, emergências em saúde pública).

c] **Disciplina normativa**: o sistema de contratação por tempo determinado, estabelecido pela Lei n. 8.745/1993[11] (aplicável às pessoas de direito público de âmbito federal. Não se aplica, portanto, aos Estados, ao Distrito Federal e aos Municípios, tampouco às empresas públicas e às sociedades de economia mista da União).

d] **Recrutamento para contratação temporária**: processo seletivo simplificado (art. 3º). Entretanto, nos casos de calamidade pública ou emergência ambiental o processo seletivo simplificado é dispensado.

12.8 Remuneração

a] **Proibição**: prestação de serviços gratuitos, salvo os casos previstos em lei.

b] **Forma**: os serviços prestados são pagos pela remuneração, que pode ser feita por vencimento (vencimento padrão + vantagens pessoais), salário (celetistas), proventos (inativos), pensões (pensionistas) e subsídio (fixado em parcela

---

10 BRASIL. Lei n. 7.783, de 28 de junho de 1989. **Diário Oficial da União**, Poder Executivo, Brasília, DF, 29 jun. 1989. Disponível em: <https://www.planalto.gov.br/ccivil_03/leis/l7783.HTM>. Acesso em: 21 out. 2024.

11 BRASIL. Lei n. 8.745, de 9 de dezembro de 1993. **Diário Oficial da União**, Poder Legislativo, Brasília, DF, 10 dez. 1993. Disponível em: <https://www.planalto.gov.br/ccivil_03/leis/l8745cons.htm>. Acesso em: 10 fev. 2025.

única, vedado o acréscimo de qualquer gratificação, adicional, abono, prêmio, verba de representação ou outra espécie remuneratória).

c] **Subsídio:** é observado para membros de poder, detentores de mandato eletivo, auxiliares da chefia do Executivo, servidores policiais e integrantes da Advocacia-Geral da União (AGU), Procuradoria da Fazenda Nacional (PFN), Procuradoria Geral do Estado, Procuradoria Geral do Distrito Federal e da Defensoria Pública. É possível a aplicação facultativa do subsídio para remuneração dos servidores públicos organizados em carreira.

d] **Teto funcional:** como limite máximo de remuneração é o do Ministro do STF. Cabe ao Congresso Nacional, com a sanção do Presidente da República, dispor sobre a fixação do subsídio dos Ministros do STF. Não serão computadas, para efeito dos limites remuneratórios, as parcelas de caráter indenizatório previstas em lei. O teto aplica se inclusive às empresas públicas e às sociedades de economia mista, e suas subsidiárias, que receberem recursos da União, dos Estados, do Distrito Federal ou dos Municípios para pagamento de despesas de pessoal ou de custeio em geral. Fica facultado aos Estados e ao Distrito Federal fixar, em seu âmbito, mediante emenda às respectivas Constituições e Lei Orgânica, como limite único, o subsídio mensal dos Desembargadores do respectivo Tribunal de Justiça, limitado a noventa inteiros e vinte e cinco centésimos por cento do subsídio mensal dos Ministros do STF, não se aplicando aos subsídios dos deputados estaduais e distritais e dos vereadores.

e] **Característica:** os vencimentos e os subsídios são irredutíveis, devendo ser observado que para os trabalhadores urbanos e rurais a irredutibilidade do salário é excepcionada por convenção ou acordo coletivo.

f] **Vedação:** os vencimentos dos cargos do Poder Legislativo e do Poder Judiciário não poderão ser superiores aos pagos pelo Poder Executivo. É vedada a vinculação ou equiparação de quaisquer espécies remuneratórias para o efeito de remuneração de pessoal do serviço público.

g] **Acréscimos pecuniários:** percebidos por servidor público não serão computados nem acumulados para fins de concessão de acréscimos ulteriores.

h] **Fixação dos padrões de vencimento e dos demais componentes do sistema remuneratório:** observará a natureza, o grau de responsabilidade e a complexidade dos cargos componentes de cada carreira, os requisitos para a investidura e as peculiaridades dos cargos.

12.9 Acumulação remunerada de cargos públicos

a) **Regra**: é vedada a acumulação remunerada de cargos públicos.
b) **Exceções**: quando houver compatibilidade de horários: 1) a de dois cargos de professor; 2) a de um cargo de professor com outro técnico ou científico; 3) a de dois cargos ou empregos privativos de profissionais de saúde, com profissões regulamentadas; 4) aos juízes é vedado exercer, ainda que em disponibilidade, outro cargo ou função, salvo uma de magistério; 5) aos membros do Ministério Público é vedado exercer, ainda que em disponibilidade, qualquer outra função pública, salvo uma de magistério.
c) **Limite**: na acumulação remunerada, é necessário observar o limite do teto salarial.
d) **Extensão**: a proibição de acumular estende se a empregos e funções e abrange autarquias, fundações, empresas públicas, sociedades de economia mista, suas subsidiárias, e sociedades controladas, direta ou indiretamente, pelo Poder Público.

12.10 Precedência da Administração Fazendária

A Administração Fazendária e seus servidores fiscais terão, dentro de suas áreas de competência e jurisdição, precedência sobre os demais setores administrativos, na forma da lei. A Administração Fazendária representa atividade essencial ao funcionamento do Estado, já que é por meio de sua atuação que são arrecadados os recursos indispensáveis para custeio das atividades do Estado. Nenhum setor da Administração poderá obstar ou dificultar o desempenho das funções dos servidores fiscais fazendários. A forma como será respeitada essa precedência deverá estar determinada em lei, uma vez que a norma constitucional não é autoaplicável.

12.11 Criação da Administração Pública Indireta

a) **Autarquia**: criada por lei específica.
b) **Empresa estatal e fundação**: autorização de criação por lei específica.
c) **Fundação**: lei complementar definirá as áreas de sua atuação.
d) **Autorização legislativa**: criação de subsidiárias das empresas estatais, assim como a participação de qualquer delas em empresa privada.

12.12 Exigência de licitação

Ressalvados os casos especificados na legislação, as obras, serviços, compras e alienações serão contratados mediante processo de licitação pública que assegure igualdade de condições a todos os concorrentes, com cláusulas que estabeleçam obrigações de pagamento, mantidas as condições efetivas da proposta, nos termos da lei, o qual somente permitirá as exigências de qualificação técnica e econômica indispensáveis à garantia do cumprimento das obrigações.

12.13 Administração tributária

a) **Âmbito:** da União, dos Estados, do Distrito Federal e dos Municípios.
b) **Natureza:** atividades essenciais ao funcionamento do Estado.
c) **Competência:** exercida por servidores de carreiras específicas.
d) **Recursos:** terão recursos prioritários para a realização de suas atividades.
e) **Atuação:** de forma integrada, inclusive com o compartilhamento de cadastros e de informações fiscais, na forma da lei ou convênio.

12.14 Improbidade administrativa

Os atos de improbidade administrativa pressupõem a suspensão dos direitos políticos, a perda da função pública, a indisponibilidade dos bens e o ressarcimento ao erário, na forma e gradação previstas em lei, sem prejuízo da ação penal cabível.

12.15 Responsabilidade civil do Estado

A lei estabelecerá os prazos de prescrição para ilícitos praticados por qualquer agente, servidor ou não, que cause prejuízos ao erário, ressalvadas as respectivas ações de ressarcimento. As pessoas jurídicas de direito público e as de direito privado prestadoras de serviços públicos responderão pelos danos que seus agentes, nessa qualidade, causarem a terceiros, assegurado o direito de regresso contra o responsável nos casos de dolo ou culpa.

12.16 Contrato de gestão

A autonomia gerencial, orçamentária e financeira dos órgãos e entidades das Administrações Direta e Indireta poderá ser ampliada mediante contrato, a ser firmado entre seus administradores e o Poder Público, que tenha por objeto a fixação de metas de desempenho para o órgão ou entidade, cabendo à lei dispor sobre: 1) o prazo de duração do contrato; 2) os controles e critérios de avaliação de desempenho, direitos, obrigações e responsabilidade dos dirigentes; 3) a remuneração do pessoal.

12.17 Afastamento para exercício de mandato eletivo

a) **Mandato eletivo federal, estadual ou distrital:** servidor público da Administração Direta, Autárquica e Fundacional, no exercício de mandato eletivo ficará afastado de seu cargo, emprego ou função.
b) **Mandato de prefeito:** o servidor será afastado do cargo, emprego ou função, sendo lhe facultado optar pela sua remuneração.
c) **Mandato de vereador:** havendo compatibilidade de horários, perceberá as vantagens de seu cargo, emprego ou função, sem prejuízo da remuneração do cargo eletivo, e, não havendo compatibilidade, será afastado do cargo, emprego ou função, sendo lhe facultado optar pela sua remuneração.
d) **Tempo de serviço:** em qualquer caso que exija o afastamento para o exercício de mandato eletivo, seu tempo de serviço será contado para todos os efeitos legais, exceto para promoção por merecimento.
e) **Efeito de benefício previdenciário:** no caso de afastamento, os valores serão determinados como se no exercício estivesse.

12.18 Aposentadoria

a) **Conceito:** direito à inatividade remunerada.
b) **Cargo em comissão, Emprego Público e Servidor Temporário:** aplica-se ao agente público ocupante, exclusivamente, de cargo em comissão declarado em lei de livre nomeação e exoneração, de outro cargo temporário, inclusive mandato eletivo, ou de emprego público, o Regime Geral de Previdência Social.
c) **Regimes Previdenciário dos Servidores Públicos:** 1) *geral* – é aplicável aos servidores celetistas das pessoas de direito privado, empregados públicos (Lei n. 9.962/2000[12]), servidores ocupantes exclusivamente de cargos em comissão, servidores temporários; 2) *próprio* – é aplicável titulares de cargos efetivos, incluídas suas autarquias e fundações, e de cargos vitalícios nas pessoas jurídicas de direito público.
d) **Modalidades de aposentadoria:**

---

12 BRASIL. Lei n. 9.962, de 22 de fevereiro de 2000. **Diário Oficial da União**, Poder Executivo, 23 fev. 2000. Disponível em: <https://www.planalto.gov.br/ccivil_03/leis/L9962.htm>. Acesso em: 10 fev. 2025.

1] **Por incapacidade permanente para o trabalho ou invalidez** – no cargo em que estiver investido, quando insuscetível de readaptação, hipótese em que será obrigatória a realização de avaliações periódicas para verificação da continuidade das condições que ensejaram a concessão da aposentadoria, na forma de lei do respectivo ente federativo.
2] **Compulsória** – com proventos proporcionais ao tempo de contribuição, aos 70 (setenta) anos de idade, ou aos 75 (setenta e cinco) anos de idade, na forma de lei complementar.
3] **Voluntária** – *a) no âmbito da União* – aos 62 (sessenta e dois) anos de idade, se mulher, e aos 65 (sessenta e cinco) anos de idade, se homem; *b) no âmbito dos Estados, do Distrito Federal e dos Municípios* – na idade mínima estabelecida mediante emenda às respectivas Constituições e Leis Orgânicas, observados o tempo de contribuição e os demais requisitos estabelecidos em lei complementar do respectivo ente federativo.

e] **Cálculo de proventos de aposentadoria**: as regras serão disciplinadas em lei do respectivo ente federativo.
f] **Aposentadoria especial**: 1) servidores com deficiência, previamente submetidos a avaliação biopsicossocial realizada por equipe multiprofissional e interdisciplinar; 2) de ocupantes do cargo de agente penitenciário, de agente socioeducativo ou de policial da Câmara dos Deputados, do Senado Federal, da Polícia Federal, da Polícia Civil, da Polícia Rodoviária Federal e da Polícia Ferroviária Federal; 3) de servidores cujas atividades sejam exercidas com efetiva exposição a agentes químicos, físicos e biológicos prejudiciais à saúde, ou associação desses agentes, vedada a caracterização por categoria profissional ou ocupação; 4) professor.
g] **Vedação**: a existência de mais de um regime próprio de previdência social e de mais de um órgão ou entidade gestora desse regime em cada ente federativo, abrangidos todos os poderes, órgãos e entidades autárquicas e fundacionais, que serão responsáveis pelo seu financiamento; a instituição de novos regimes próprios de previdência social, hipótese em que lei complementar federal estabelecerá, para os que já existam, normas gerais de organização, de funcionamento e de responsabilidade em sua gestão.

12.19 Estabilidade do servidor público

a] **Prazo**: após 3 anos de efetivo exercício.
b] **Sujeito**: os servidores nomeados para cargo de provimento efetivo em virtude de concurso público.

c] **Perda do cargo**: o servidor público estável só perderá o cargo: 1) em virtude de sentença judicial transitada em julgado; 2) mediante processo administrativo em que lhe seja assegurada ampla defesa; 3) mediante procedimento de avaliação periódica de desempenho, na forma de lei complementar, assegurada ampla defesa; 4) quando despesas com pessoal ativo e inativo da União, Estados, Distrito Federal e Municípios, ultrapassar os limites estabelecidos em lei complementar.
d] **Invalidação judicial**: invalidada por sentença judicial a demissão do servidor estável, será ele reintegrado, e o eventual ocupante da vaga, se estável, reconduzido ao cargo de origem, sem direito a indenização, aproveitado em outro cargo ou posto em disponibilidade com remuneração proporcional ao tempo de serviço. Extinto o cargo ou declarada a sua desnecessidade, o servidor estável ficará em disponibilidade, com remuneração proporcional ao tempo de serviço, até seu adequado aproveitamento em outro cargo.
e] **Aquisição**: como condição para a aquisição da estabilidade, é obrigatória a avaliação especial de desempenho por comissão instituída para essa finalidade.

12.20 Servidores militares do Estado/DF

a] **Conceito**: os membros das polícias militares e corpos de bombeiros militares, instituições organizadas com base na hierarquia e disciplina, são militares dos Estados, do Distrito Federal e dos Territórios.
b] **Regime jurídico**: é estatutário fixado em lei (Decreto-Lei federal n. 667, de 2 de julho de 1969[13], estabelece as normas básicas, ficando para os Estados e o Distrito Federal a competência para complementar a legislação federal).
c] **Normas aplicáveis**: além do que vier a ser fixado em lei, as seguintes disposições: 1) o tempo de contribuição federal, estadual ou municipal será contado para efeito de aposentadoria e o tempo de serviço correspondente para efeito de disponibilidade; 2) disposições constitucionais aplicáveis aos militares das Forças Armadas previstas no art. 142, parágrafos 2º (vedação da propositura de *habeas corpus* em relação a punições disciplinares militares) e 3º (define os direitos, obrigações e impedimentos dos integrantes das Forças Armadas, além de outros que vierem a ser previstos em lei); 3) disposições constitucionais sobre a elegibilidade do militar previstas no art. 14, parágrafo 8º, da CF/1988 (condições de elegibilidade dos militares), cabendo à lei estadual específica dispor sobre as matérias do art. 142, parágrafo 3º, inciso X

---

13 BRASIL. Decreto-Lei n. 667, de 2 de julho de 1969. **Diário Oficial da União**, Poder Executivo, Brasília, DF, 3 jul. 1969. Disponível em: <https://www.planalto.gov.br/ccivil_03/decreto-lei/del0667.htm>. Acesso em: 10 fev. 2025.

(ingresso, limites de idade, estabilidade, transferência para a inatividade, direitos, deveres, remuneração prerrogativas), sendo as patentes dos oficiais conferidas pelos respectivos governadores. 4) **Pensionistas dos militares dos Estados, do Distrito Federal e dos Territórios:** aplica se o que for fixado em lei específica do respectivo ente estatal.

TÍTULO 7
FUNÇÃO ADMINISTRATIVA

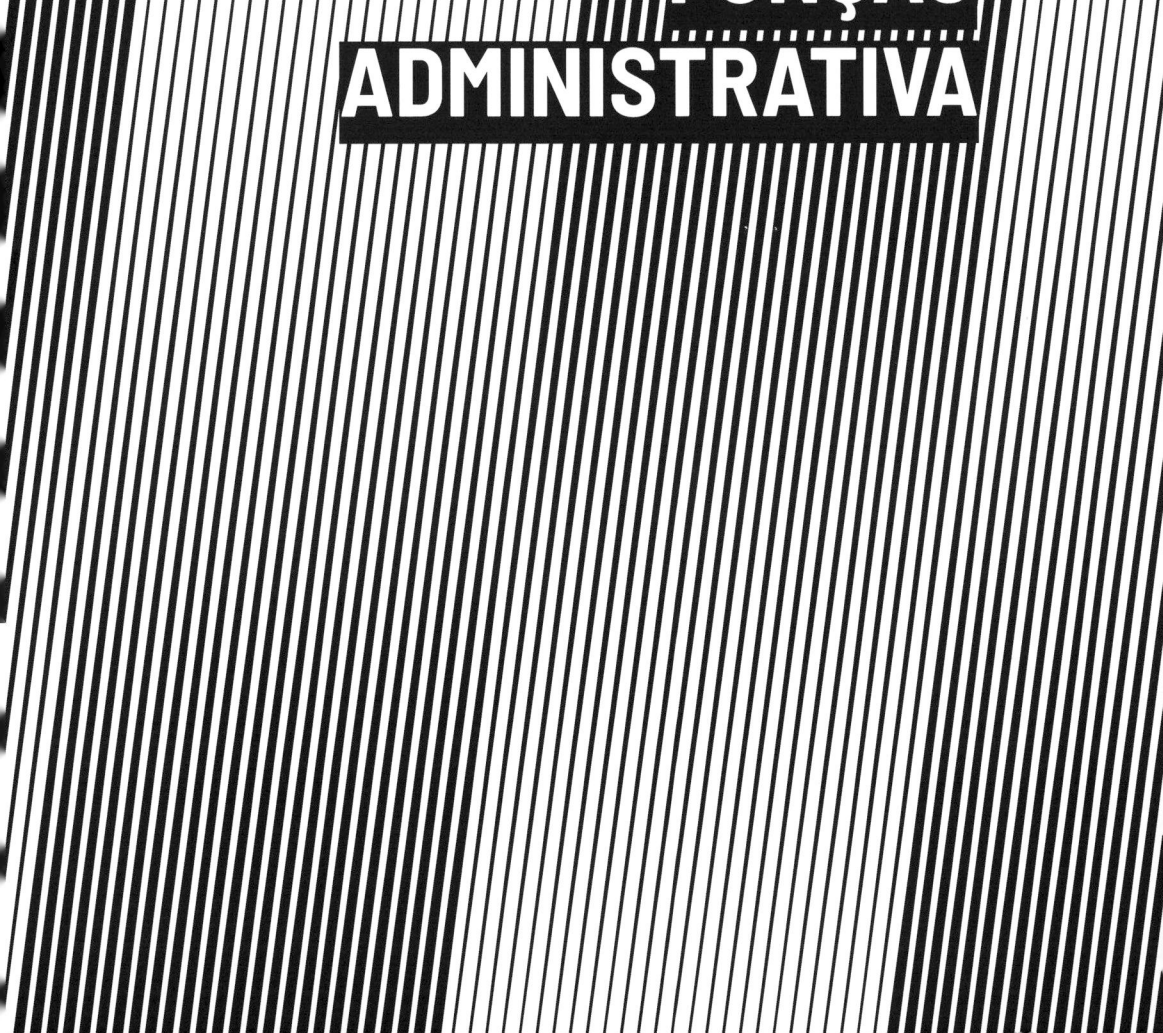

Sumário

Capítulo 1
Modelos de gestão pública 531

Capítulo 2
Administração como função do Estado 535

Capítulo 1
Modelos de gestão pública

1. Patrimonialismo

Sob a vigência dos Estados absolutos, vigorava uma administração caracterizada pela gestão direcionada ao atendimento dos interesses do monarca. Não havia separação entre patrimônio público e o patrimônio do soberano[1].

O aparelho do Estado fundamentado em privilégios, tradição, parentesco, funciona como uma extensão do poder do soberano, e os seus auxiliares, servidores, possuem *status* de nobreza real. Também, no modelo não existiam carreiras organizadas no serviço público, nem divisão do trabalho, nem controles efetivos.

2. Administração Pública burocrática

O modelo de Administração Pública burocrática surge na época do modelo estatal conhecido por Estado liberal, marcado pela racionalização dos processos administrativos e por uma profissionalização dos processos.

São características do modelo burocrático: a) organização funcional – há uma divisão do trabalho com repartição de tarefas; b) organização hierárquica – existem funções de chefia e outras subalternas; c) organização regrada – normas e regulamentos; d) racionalidade absoluta – há escolha antecipada de meios; e) controle rígido de processos e procedimentos; f) impessoalidade.

3. Administração Pública gerencial

É um modelo de gestão pública vinculado às técnicas de gerenciamento do mercado com a aplicação de regras do setor privado no setor público, abordando questões administrativas e econômicas[2].

---

1 "A característica que definia o governo nas sociedades pré-capitalistas e pré-democráticas era a privatização do Estado, ou a interpermeabilidade dos patrimônios público e privado. Patrimonialismo significa a incapacidade ou relutância de o príncipe distinguir entre o patrimônio público e seus bens privados. A administração do estado pré-capitalista era uma administração patrimonialista (SPINK, Peter. Possibilidades técnicas e imperativos políticos em 70 anos de reforma administrativa". In: PEREIRA, Luiz C. Bresser; SPINK, Peter K. (Org.). **Reforma do Estado e Administração Pública gerencial**. Tradução de Carolina Andrade. 4. ed. Rio de Janeiro: Ed. da FGV, 2005. p. 26).

2 Algumas características básicas definem a Administração Pública gerencial. É orientada para o cidadão e para a obtenção de resultados; pressupõe que os políticos e os funcionários públicos são merecedores de um grau real ainda que limitado de confiança; como estratégia, serve-se da descentralização e do incentivo à criatividade e à inovação; o instrumento mediante o qual se faz o controle sobre o órgãos descentralizados é o contrato de gestão (PEREIRA, Luiz Carlos Bresser. Estratégia e estrutura para um novo Estado. **Jornal de Política Econômica**, v. 17, n. 3, jul./set. 1997. Disponível em: <https://www.scielo.br/j/rep/a/5GLG9Nj8PTg5nzpXDh9Nmmy/?lang=pt>. Acesso em: 3 jul. 2024).

A gestão pública incorpora princípios e mecanismos de mercado em consonância com a visão neoliberal. Trata-se da adequação estrutural e funcional da Administração Pública às técnicas da gestão do setor privado no sentido de buscar a eficiência pública.

No gerencialismo puro, as alterações se limitaram a um modelo inspirado nas empresas privadas, em que tentou-se reduzir os custos administrativos e aumentar a eficiência, sendo o usuário do serviço um financiador do sistema.

Já no consumerismo, a Administração Pública passou a enxergar o cidadão como consumidor e utilizar como critério a qualidade do serviço público. Começou a ser implementada a avaliação de desempenho como forma de mensurar a satisfação do serviço prestado ao contribuinte.

4. Governança pública

Consiste em uma gestão democrática de diferentes interesses e expectativas para construção de um consenso cidadão no alcance do bem comum, com a inserção das relações administrativas no contexto de Estado em rede[3]. É uma gestão focada nas redes, parcerias e valores administrativos com participação, deliberação e democracia[4].

Há um compartilhamento do agir estatal cada vez mais intenso entre Poder Público, empresas e sociedade manifesto por meio da gestão horizontal e integrada entre os distintos níveis de governo e entre estes e as organizações empresariais e da sociedade civil.

É um modelo condutor da Gestão Pública que detém características reveladoras de uma ação administrativa aberta (fundamentada no consenso, negociação e participação) e articulada com outros atores sociais na prossecução das tarefas públicas.

Influenciada pelas ciências econômicas e sociais e mais tarde transposta para o mundo empresarial e político, essa categoria de gestão passou a buscar um melhor nível de qualidade a partir da década de 1990.

Trata-se de um novo formato da relação entre Administração Pública e sociedade que compatibilizou os meios administrativos aos objetivos de desenvolvimento inclusivo e sustentável, enfatizando a cidadania social, em termos de democracia e efetividade.

---

3 BOGASON, Peter. Networks and Bargaining in Policy Analysis. In: PETERS, Guy; PIERRE, Jon. (Ed.). **Handbook of Public Policy**. London: Sage Publications, 2006.

4 RONCONI, Luciana Francisco de Abreu. **A Secretaria Nacional de Economia Solidária**: uma experiência de governança pública. 279 f. Tese (Doutorado em Sociologia Política) – Programa de Pós-Graduação em Sociologia Política, Universidade Federal de Santa Catarina, Florianópolis, 2008. Disponível em: <https://base.socioeco.org/docs/262293-2.pdf>. Acesso em: 12 abr. 2024.

Capítulo 2
Administração como função do Estado

7 Separação de poderes e funções do Estado

7.1 Aspecto histórico

É inegável a influência que a doutrina ou técnica da separação de Poderes[1] exerce no desenvolvimento do direito público, em especial na configuração da estrutura do Estado e do poder. Temas fundamentais no estudo sistemático do Estado ganham raízes sólidas na juspublicística ocidental graças ao relevo que lhe foi dado por Montesquieu e seus precursores Aristóteles, Bodin, Swift, Bolingbroke, Locke. Limitação do poder político, proteção da liberdade individual e organização operacional e institucional do Estado constituem exemplos do lastro deixado pelo engenho teórico-organicista.

No aspecto histórico, a separação de poderes é uma reação ao Absolutismo, sistema caracterizado pela concentração do poder nas mãos do soberano, surgido com o fim do feudalismo.

Nas monarquias da Europa Ocidental dos séculos XVII e XVIII e na Rússia, em que o sistema absolutista vigorou até 1905, o soberano governava sem limitações ou reservas, com concentração total do poder em mãos de um indivíduo ou um grupo de indivíduos. O poder do soberano resultava de uma combinação de fatores político-ideológicos, quais sejam, do apelo a um suposto poder garantido por Deus, de uma força armada unificada e do apoio da burguesia.

Mecanismo de limitação do poder político, a separação de poderes, descrita no art. 16 da Declaração dos Direitos do Homem e do Cidadão de 1789[2], surgiu como fator do movimento do constitucionalismo inserido no processo do liberalismo e motivado pelos ideais iluministas, propunha o estabelecimento de Constituições escritas em todos os Estados com a finalidade de impor limites aos governantes.

---

1 "A essência do postulado da divisão funcional do poder, além de derivar da necessidade de conter os excessos dos órgãos que compõem o aparelho de Estado, representa o princípio conservador das liberdades do cidadão e constitui o meio mais adequado para tornar efetivos os direitos e garantias proclamados pela Constituição" (BRASIL. Supremo Tribunal Federal. **MS n. 25.668/DF, de 23 de março de 2006**. Relator: Min. Celso de Mello. Data de julgamento: 23 mar. 2006. Data de publicação: *Diário da Justiça*, 4 ago. 2006).

2 ASSEMBLEIA NACIONAL CONSTITUINTE FRANCESA. **Declaração dos Direitos do Homem e do Cidadão, de 26 de agosto de 1789**. Disponível em: <https://www.ufsm.br/app/uploads/sites/414/2018/10/1789.pdf>. Acesso em: 12 abr. 2024.

1.2 Aspecto material

Pilar do constitucionalismo[3] moderno e instituto fundamental da ordem jurídica pública, a separação de poderes[4] como mecanismo estrutural do Estado pode ser entendida como distribuição de funções a diferentes órgãos do Estado, ou então como instrumento contra o despotismo.

No primeiro sentido, privilegia-se o enfoque substancial da separação de poderes[5], envolvendo o aspecto material da uma técnica específica de limitação do poder com fins garantísticos.

No segundo sentido, destaca-se o enfoque instrumental, em que a separação de poderes surge como mecanismo estrutural do poder (limita o poder em contraposição ao fenômeno da concentração de poder vigorante no Absolutismo monárquico de origem divina), do Estado (organiza do Estado por meio da distribuição orgânico-funcional) e garantista (protege os indivíduos contra o arbítrio, garante liberdade em face da vocação abusiva gerada na concentração de atribuições ou governo autocrático)[6].

No enfoque substancial, a separação de poderes, ao regular e limitar o exercício do poder, fundamenta-se em quatro elementos:

a] **Divisão funcional:** diferenciação entre as funções estatais – reconhecer que o Estado exerce três funções distintas: legislar, executar e julgar. A distinção das funções constitui especialização das tarefas governamentais à vista de sua natureza[7].

---

3 "(...) a separação de poderes não é um fim em si mesmo, mas um instrumento concebido com o intuito de viabilizar uma efetividade às conquistas obtidas com o movimento constitucionalista" (FREIRE JUNIOR, Américo Bedê. **O controle judicial das políticas públicas**. São Paulo: Revista dos Tribunais, 2005. p. 127).

4 "Uma das razões para a tendência de expansão e fortalecimento do poder é que a busca por sua conquista e manutenção se revela como uma das mais fortes paixões do homem, cujo objeto, muito mais do que o resultado de seu exercício, ou seja, as transformações na realidade que podem decorrer da ação daquele que o detém, é o seu próprio exercício, pois o respeito, a veneração e a submissão que ele muitas vezes desperta é que causam prazer no seu detentor. Essa paixão acaba fazendo com que aquele que exerce o poder sem limitações acabe sendo dominado por ele, procurando conservá-lo e ampliá-lo a qualquer custo, inclusive se corrompendo" (COMPARATO, Fábio Konder. **Ética**: direito, moral e religião no mundo moderno. São Paulo: Companhia das Letras, 2006. grifo nosso).

5 "(...) mas a experiência mostra que todo homem que tem o poder é tentado a abusar dele; vai até onde encontra limites. Quem diria! A própria virtude tem necessidade de limites. Para que não possa abusar do poder é preciso que, pela disposição das coisas, o poder freie o poder" (MONTESQUIEU. **Do espírito das leis**. São Paulo: Nova Cultural, 1977. Série "Os Pensadores").

6 "(...) o essencial da doutrina da separação de poderes esta em que, se quiser constituir um Estado respeitoso das liberdades, é mister dividir o exercício do poder, estabelecendo um sistema de freios e contrapesos capaz de conter os poderes e fazê-los andar de concerto" (FERRAZ, Ana Cândida Cunha. **Conflito entre poderes**: o poder congressual de sustar atos normativos do Poder Executivo. São Paulo: Revista dos Tribunais, 1994. p. 13).

7 SILVA, José Afonso da. **Curso de Direito Constitucional Positivo**. São Paulo: Malheiros, 1999. p. 112.

b] **Divisão orgânica:** a função de cada uma dessas divisões é atribuída a um órgão específico, ou seja, legislar ao Legislativo, executar ao Executivo e julgar ao Judiciário; é a diferenciação de estruturas organizacionais estatais – reconhecer que cada função deve ser exercida por determinado órgão (legislar pelo Legislativo, executar pelo Executivo e julgar pelo Judiciário; José Afonso da Silva fala em especialização funcional: cada órgão exerce função em caráter preponderante e não exclusivo).

c] **Independência orgânica:** os órgãos Legislativo, Executivo e Judiciário são independentes entre si, ou seja, não há vínculos de subordinação entre eles; um não pode se sobrepor ao outro, salvo as exceções participantes dos mecanismos de freios e contrapesos. Não há um poder absolutamente preponderante sobre os demais. A essência está na separação harmônica e na conjugação de poderes.

d] **Harmonia entre os poderes:** os órgãos Legislativo, Executivo e Judiciário são harmônicos entre si:

1] **Cortesia recíproca** – trato respeitoso entre eles.
2] **Controle recíproco** – sistema de freios e contrapesos, permitindo o poder controlando o próprio poder; enriquecido com postulação norte-americana dos freios e contrapesos; a interferência de um órgão no outro visa assegurar o mecanismo de freios e contrapesos, garantindo liberdades públicas e evitando arbítrio e autoritarismo.
3] **Exercício de funções típicas e atípicas** – cada poder exerce de forma preponderante, mas não exclusivo, um tipo de função. Cada poder é investido de uma função principal, mas desempenha acessoriamente outras funções.

1.3 Aspecto estrutural

Cada Estado produz uma teoria própria, que reflete sua experiência histórica. É adotada em quase todos os países, mas com configurações próprias. Além de limitar e controlar o poder político (dimensão negativa), a separação de poderes traz uma organização do Estado (dimensão positiva).

Na adoção temperada da teoria de Montesquieu, numa visão constitucionalista moderna, a distribuição de funções entre os poderes não é absoluta, rígida: cada poder, além de exercer a função originária, predominante, que lhe dá nome, exerce outras em caráter não preponderante e próprias de outros poderes. Nesse contexto, existem duas funções para cada Poder:

a] **Típica** – a principal, ou vocação do poder – Legislativo (legislar e fiscalizar); Executivo (executar ou administrar); Judiciário (julgar ou determinar jurisdição).

b] **Atípica** – secundária, mas necessária para o funcionamento da máquina estatal; atividades próprias de outro poder exercida em caráter excepcional: Legislativo (executar e julgar), Executivo (legislar e julgar) e Judiciário (legislar e executar). As funções atípicas dependem de previsão constitucional e, pelo fato, de possuírem caráter excepcional, sofrem interpretação restrita.

Na contemporaneidade, o princípio da separação de poderes longe de ser uma estrutura orgânica funcionalmente justa, sofre mudanças em sua formulação orgânico-funcional, num processo gradual de transformação, dentro de um contexto de adaptação estrutural coordenada e interdependente de vigilância e correção que um poder exerce sobre a conduta funcional do outro à busca do equilíbrio necessário à realização do bem da coletividade e indispensável para evitar o arbítrio e o desmando de um em detrimento do outro e especialmente governados[8].

2. Funções do Estado

Função do Estado é atividade exercida por agente público na defesa do interesse público. É a atividade exercida no cumprimento do dever de alcançar o interesse público mediante o uso dos poderes administrativos (instrumentos necessários conferidos pela ordem jurídica).

Não há uniformidade entre os estudiosos a respeito das espécies de funções do Estado, de modo que existem três posicionamentos:

1] **Tripartite (majoritária)** – são funções do Estado a função legislativa (criação do direito novo), função administrativa ou executiva (gestão de interesses públicos) e função jurisdicional (composição de litígios).
2] **Bipartida** – há divergência de opiniões: KELSEN[9]: a) legislativa – criar direito; b) executiva (aplicação do direito) – administração e jurisdição; OSWALDO[10]: a) administrativa – legislar e executar; b) jurisdicional – manter a ordem jurídica; BURDEAU[11]: a) governamental – incondicionada criadora e autônoma; divide-se em legislativa e governamental; b) administrativa – administrativa propriamente dita, jurisdicional e regulamentar; c) ampliativa – há divergência de opiniões; OTTO MAYER[12] – legislar, executar, julgar, governo, auxiliares do direito constitucional em que o Estado atua fora da ordem

---

8 SILVA, José Afonso da. **Curso de Direito Constitucional Positivo**. São Paulo: Malheiros, 1999. p. 114.
9 KELSEN, Hans. **Teoria pura do Direito**. 6. ed. Coimbra: Arménio Amado, 1984.
10 BANDEIRA DE MELLO, Oswaldo Aranha. **Princípios gerais de Direito Administrativo**. 3. ed. São Paulo: Malheiros, 2007.
11 BURDEAU, Georges. **O Estado**. São Paulo: M. Fontes, 2005.
12 MAYER, Otto. **Derecho Administrativo Alemán**: Parte General. Madrid: Depalma, 1949.

jurídica; BÉNOIT[13] – estado nação – parlamentar e governamental; coletividade – administração, judiciária, ensino, defesa e de pesquisa; CARVALHO[14]: legislativa, executiva, jurisdicional, fiscalização ou controle (Ministério Público/Tribunal de Contas), legislativa constitucional (emendar e revisar a constituição) e simbólica (típica do chefe do Estado para representação do Estado e dos valores nacionais).

3. Distinção das funções do Estado

3.1 Critérios de distinção das funções do Estado

a) **Critério subjetivo ou orgânico**: leva em conta quem produz a função. É falho, porque o regime constitucional não adota o princípio da separação absoluta de atribuições, mas o de especialização de funções.
b) **Critério objetivo**: leva em conta a atividade exercida. É falho, porque é identificado pelo seu regime jurídico e não seus elementos intrínsecos.
c) **Critério formal**: leva em conta o regime jurídico, a qualificação atribuída pelo Direito.
d) **Critério sistêmico**: devem ser combinados o subjetivo, objetivo e formal.

3.2 Função administrativa e função jurisdicional

Quanto à **iniciativa**, a função administrativa pode ser iniciada de ofício ou por provocação; a função jurisdicional, por sua vez, depende, em regra, de provocação.

Quanto à **forma da iniciativa**, a função administrativa inicia-se por requerimento; já a função jurisdicional inicia-se por petição.

Quanto à **finalidade**, a função administrativa visa atingir o bem comum; a função jurisdicional, a seu turno, pretende compor litígios.

Quanto ao **modo de proceder**, a função administrativa é desenvolvida por meio de um procedimento; já a função jurisdicional é desenvolvida por meio de um processo.

Quanto à **natureza**, a função administrativa é originária; a função jurisdicional é substitutiva.

---

13 BÉNOIT, Francis-Paul. **Le Droit administratif français**. Paris: Dalloz, 1968.
14 CARVALHO, Kildare Gonçalves. **Curso de Direito Constitucional**. 22. ed. Belo Horizonte: Del Rey, 2017.

Quanto à **posição da Administração Pública**, na função administrativa, é parcial, pois faz parte da relação jurídico-administrativa; já na função jurisdicional, o Estado-juiz é imparcial, equidistante das partes.

3.3 Função jurisdicional e função legislativa

Quanto à **natureza**, a função legislativa é originária; já a função jurisdicional é substitutiva.

Quanto à **finalidade**, a função legislativa visa inovar a ordem jurídica, enquanto a função jurisdicional tem por objetivo compor litígios.

4. Função política ou de governo

4.1 Características da função política ou de governo

a) **Constitucionalidade**: decorre diretamente da Constituição Federal (CF/1988).
b) **Liberdade**: existe ampla discricionariedade.
c) **Controle judicial**: se os atos políticos causarem lesão ou ameaça de lesão a direitos, podem ser apreciados pelo judiciário.

4.2 Conteúdo da função política ou de governo

a) **Tipo de interesse**: diz respeito mais à cidade, sociedade, nação, do que a interesses individuais.
b) **Tipo de atividade**: de condução dos altos interesses do Estado e da coletividade; atividade diretiva do Estado.
c) **Natureza**: atividade administrativa em sentido amplo, embora, subordinada à lei e ao Direito, disponha de ampla discricionariedade.
d) **Tipos de atos**:
- **Atos de superior gestão** – visa ao estabelecimento de diretrizes e programas de ação governamental.
- **Atos de enfrentamento** – de contingências externas.
- **Atos de planos de governo** – fixação das políticas públicas. Elabora, dirige e comanda os planos de governo nas suas várias áreas de atuação.

4.3 Função administrativa e função de governo

Quanto ao **sujeito**, a função administrativa é exercida de forma típica pelo Poder Executivo, e de maneira atípica pelos Poderes Legislativo e Judiciário; já a função política ou de governo é exercida somente pelo Poder Executivo. Quanto às **características**, a função administrativa é exercida com base na lei e no Direito, e o administrador público pode agir de maneira vinculada ou discricionária; já a função política ou de governo é exercida com base na CF/1988, e o administrador público governante tem ampla discricionariedade.

5. Função administrativa

5.1 Administração Pública e administração privada[15]

Em sentido lato, *administrar* é gerir interesses, segundo a lei, a moral e a finalidade dos bens entregues à guarda e à conservação alheias. Se os bens e interesses geridos são individuais, tem-se a administração particular; se são da coletividade, realiza-se a Administração Pública, que é, portanto, a gestão de bens e interesses qualificados da comunidade no âmbito federal, estadual ou municipal, segundo os preceitos do Direito e da moral, visando ao bem comum.

5.2 Administração e propriedade[16]

Administração indica atividade daquele que gere interesses alheios; os poderes normais do administrador são de conservação e utilização dos bens confiados à sua gestão; *propriedade* indica atividade daquele que gere interesses próprios; os poderes são de alienação, oneração, destruição ou renúncia.

5.3 Características da função administrativa[17]

A relação de administração é uma relação jurídica que se estrutura sob influxo de uma finalidade cogente[18].

A natureza da Administração Pública é a de um **múnus público** para quem a exerce, isto é, a de um encargo de defesa, conservação e aprimoramento dos bens, serviços e interesses da coletividade. Como tal, impõe-se ao administrador

---

15 MEIRELLES, Hely Lopes. **Direito Administrativo brasileiro**. São Paulo: Malheiros, 2022.
16 MEIRELLES, Hely Lopes. **Direito Administrativo brasileiro**. São Paulo: Malheiros, 2022.
17 MEIRELLES, Hely Lopes. **Direito Administrativo brasileiro**. São Paulo: Malheiros, 2022.
18 LIMA, Ruy Cirne. **Princípios de Direito Administrativo**. São Paulo: Malheiros, 2007.

público a obrigação de cumprir fielmente os preceitos do Direito e da moral administrativa que regem a sua atuação.

Ao ser investido em função ou cargo público, todo agente do poder assume para com a coletividade o compromisso de bem servi-la, porque outro não é o desejo do povo, como legítimo destinatário dos bens, serviços e interesses administrados pelo Estado.

Os fins da Administração Pública resumem-se num único objetivo: o bem comum da coletividade administrada. Toda atividade do administrador público deve ser orientada para esse propósito. Se dele o administrador se afasta ou desvia, trai o mandato de que está investido, porque a comunidade não institui a administração sendo como meio de atingir o bem-estar social. Ilícito e imoral será todo ato administrativo que não for praticado no interesse da coletividade.

5.4 Função administrativa e atividade administrativa[19]

A função administrativa é conjunto de competências criadas pelo ordenamento jurídico. O exercício concreto das competências por meio das ações ou omissões de pessoas físicas e jurídicas é atividade administrativa.

Além disso, consiste no conjunto de atribuições vinculadas a determinada finalidade. *Atividade* consiste no desenvolvimento de um conjunto ordenado de atividades. *Função* é um conjunto de competências estatais. A atividade é sequência conjugada de ações e omissões por meio dos quais se exercita a função. É a tradução concreta da função administrativa.

5.5 Espécies de função administrativa[20]

a] **Função conformadora ou ordenadora:** conjunto de poderes para editar regras, produzir decisões e promover sua execução concreta visando conformar, dentro de certos limites, liberdades e direitos individuais, como meio de produzir a harmonia social. É competência estatal para restringir a propriedade ou as liberdades individuais tendo como objetivo a ordem pública. A função ordenadora da Administração Pública se manifesta pelo exercício do poder de polícia.

b] **Função prestacional:** competência estatal para satisfação concreta das necessidades essenciais relacionadas ou não com os direitos fundamentais. A função prestacional se caracteriza pela prestação de serviços públicos.

---

19 JUSTEN FILHO, Marçal. **Curso de Direito Administrativo**. São Paulo: Gen, 2024.
20 JUSTEN FILHO, Marçal. **Curso de Direito Administrativo**. São Paulo: Gen, 2024.

c) **Função de controle:** competência estatal de fiscalização da regularidade das atividades desempenhadas pela própria administração. Serve para indicar uma atuação formal e institucionalizada direcionada a verificar a correção formal e material da atuação dos próprios órgãos estatais. A função de controle surge pelo poder-dever atribuído ao Estado de verificar a correção e legalidade da atuação exercida pelos seus próprios órgãos.

d) **Função de regulação:** é competência estatal de disciplina das atividades privadas visando à obtenção de resultados compatíveis com as necessidades coletivas. A regulação consiste no conjunto de providências por meio das quais o Estado busca disciplinar o desempenho pela iniciativa privada de atividades de interesse coletivo. A função regulatória ou de fomento se manifesta pelo incentivo a setores sociais específicos em atividades exercidas por particulares, estimulando o desenvolvimento da ordem social e econômica e o consequente crescimento do país.

e) **Função fomento:** é a competência estatal de incentivo à iniciativa privada de utilidade pública (subvenções, favores fiscais, desapropriações e financiamento).

f) **Função consultiva:** é a competência estatal de emitir opiniões ou pareceres sobre questões.

g) **Função externa (extroversa):** diz respeito à atividade-fim da Administração Pública, visando atender interesses públicos primários em benefício diretos dos cidadãos.

h) **Função interna (introversa):** refere-se à atividade-meio, atendendo às necessidades da coletividade de forma mediata, visando à garantia do interesse público secundário – ou seja, o interesse da máquina administrativa – abarcando as normas e atividades no que concerne ao pessoal, bens públicos, estrutura organizacional etc.

5.6 Conceito de função administrativa

É dever do Estado ou de quem aja em seu nome, submetida a controle judicial, sob regime de direito público, que visa à satisfação direta e imediata dos fins do Estado, desempenhada por comportamentos infralegais, infraconstitucionais e constitucionais. É a execução dos programas de governo, das políticas públicas formuladas no exercício da atividade política.

5.7 Elementos da função administrativa

a) **Elemento subjetivo**: poderes do Estado, tribunal de contas e particulares mediante delegação estatal. Exercida de forma preponderante pelo Poder Executivo.
b) **Elemento objetivo**: gestão concreta, prática, imediata e rotineira dos assuntos da sociedade
c) **Elemento formal**: 1) exercida com uso de prerrogativas instrumentais (poderes para o interesse público); 2) exercida com sujeição aos preceitos infralegais, infraconstitucionais e constitucionais.

5.8 Abrangência da função administrativa

a) **Prestação de serviços públicos**: é considerada serviço público a atividade assim entendida pela previsão constitucional ou legal.
b) **Exercício da polícia administrativa**: limitações impostas à liberdade e à propriedade do particular em nome do interesse público; há um conceito legal de poder de polícia no art. 78 do CTN[21].
c) **Fomento**: é a concessão de incentivos e benefícios aos particulares de utilidade pública, como financiamento em condições especiais, subvenções (auxílios financeiros), incentivos fiscais, entre outros.
d) **Intervenção no domínio econômico**: parte da doutrina entende que só está abrangida na função administrativa a intervenção indireta exercida pelo Estado por meio das atividades de planejamento econômico, concessão de incentivos e fiscalização.

---

21 BRASIL. Lei n. 5.172, de 24 de outubro de 1966. **Diário Oficial da União**, Poder Legislativo, Brasília, DF, 27 out. 1966. Disponível em: <https://www.planalto.gov.br/ccivil_03/leis/l5172compilado.htm>. Acesso em: 4 jul. 2024.

TÍTULO 8
PODERES ADMINISTRATIVOS

Sumário

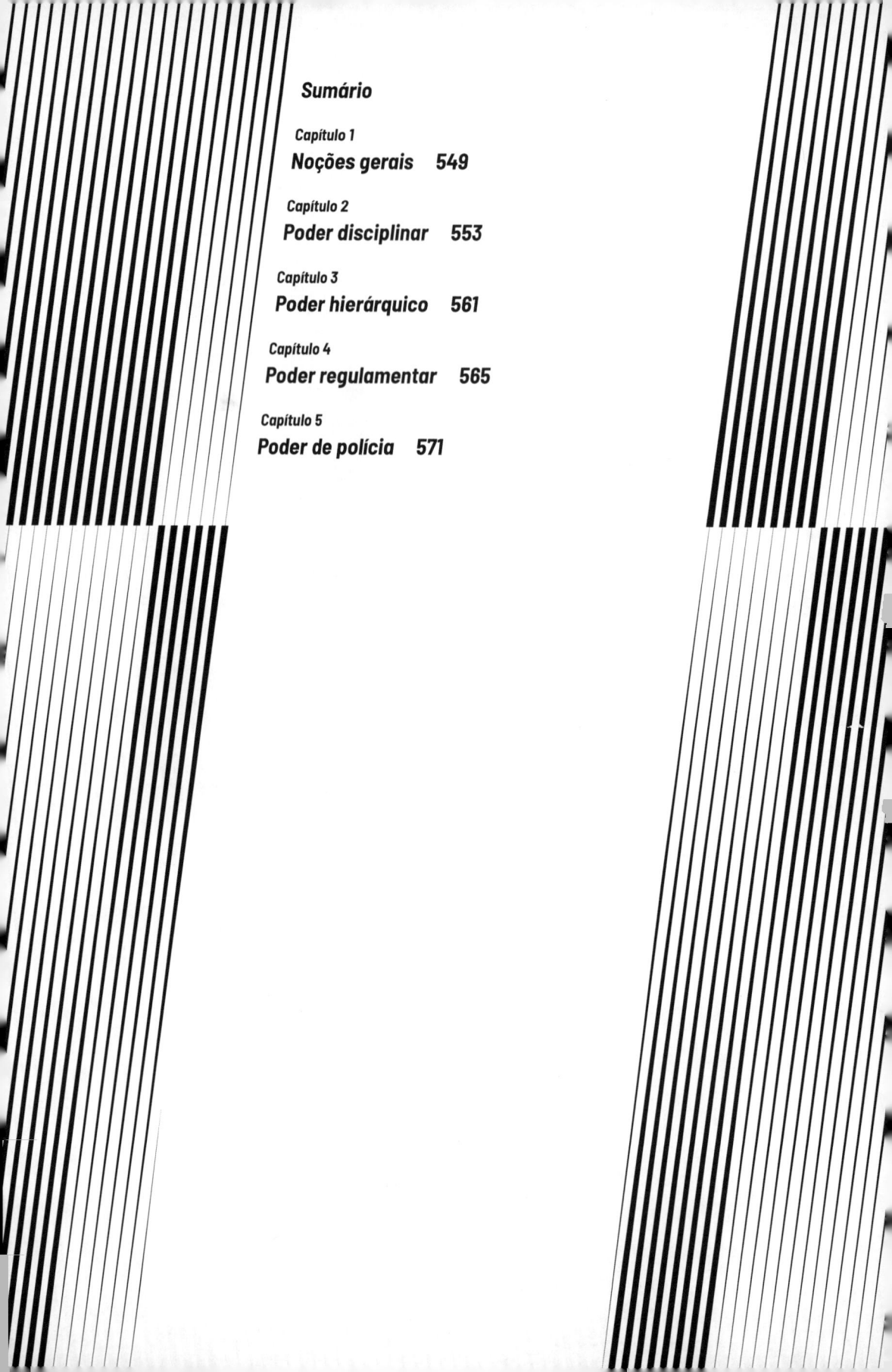

Capítulo 1
Noções gerais 549

Capítulo 2
Poder disciplinar 553

Capítulo 3
Poder hierárquico 561

Capítulo 4
Poder regulamentar 565

Capítulo 5
Poder de polícia 571

Capítulo 1
Noções gerais

1. Conceito e características

Os poderes administrativos se referem a prerrogativas relacionadas com obrigações. Constituem verdadeiros poderes-deveres instrumentais para a defesa do interesse público e o adequado cumprimento de suas atribuições constitucionais.

Os poderes administrativos são **prerrogativas instrumentais**, pois funcionam como meios necessários para que a Administração Pública possa desempenhar suas atividades, servindo da melhor maneira ao interesse público revelado pela partilha de um denominador comum de valores fundamentais consagrados na Constituição Federal (CF/1988).

Essa concepção eleva os poderes administrativos a um papel de dever jurídico indispensável na persecução do interesse público, fato que aponta seu relevante papel de coesão social, seja propiciando segurança aos indivíduos, seja preservando a ordem pública, seja praticando atividades que tragam benefício à sociedade.

O exercício dos poderes administrativos é **irrenunciável** em relação aos agentes da Administração Pública, com o consequente reconhecimento e garantia da obrigação do agir administrativo preordenada ao atendimento da finalidade pública.

Cumpre ressaltar, portanto, que conceber poderes administrativos como faculdades do administrador público a pretexto de cumprimento das finalidades estatais revela um descompasso ao regular o exercício da função administrativa no cumprimento do dever de alcançar o interesse público mediante o uso dos poderes instrumentalmente necessários conferidos pela ordem jurídica.

Com efeito, os poderes administrativos se identificam com **poderes funcionais**, resultando em um redimensionamento semântico da intensidade aplicativa do poder administrativo como modo de exercer a função administrativa, com a consequente compreensão de uma investidura no dever de satisfazer o interesse da coletividade.

Outra indicação se constata no **caráter finalístico** dos poderes administrativos, confirmando o papel do agente público no desempenho de suas atividades, como servidores do bem público, que, no manejo de seus poderes (deveres), visam ao atendimento da finalidade pública.

Quando o agente público exerce adequadamente suas competências, atuando em conformidade com o regime jurídico-administrativo, sem excessos ou desvios, fala-se em *uso regular do poder*. Quando a competência é exercida fora dos limites legais ou visando a interesse alheio ao interesse público, tem-se o uso *irregular do poder*.

2. Abuso de poder

É um vício que torna o ato administrativo nulo sempre que o agente exerce indevidamente determinada competência administrativa. Sobre o pressuposto do abuso de poder, existem dois posicionamentos:

1) Para a corrente majoritária, o abuso de poder sempre pressupõe um agente público competente. Para a maioria dos autores, desse modo, o abuso de poder afetaria os requisitos motivo, objeto (excesso de poder) ou finalidade (desvio de poder), porém o ato não teria vício quanto à competência e à forma.
2) Para a corrente minoritária, é possível abuso de poder praticado por autoridade incompetente, especialmente na modalidade *excesso de poder*, forma de abuso própria da atuação do agente fora dos limites de sua competência administrativa. Assim, o excesso de poder seria vício de competência, ao passo que o desvio de poder afetaria a finalidade do ato.

Há duas espécies de abuso de poder: **desvio de poder** e **excesso de poder**. No primeiro caso, também chamado *desvio de finalidade*, o agente competente atua visando a interesse alheio ao interesse público; na segunda hipótese, comete excesso de poder o agente público que exorbita no uso de suas atribuições, indo além de sua competência.

Além de causar a invalidade do ato, a prática do abuso de poder constitui ilícito ensejador de responsabilização da autoridade.

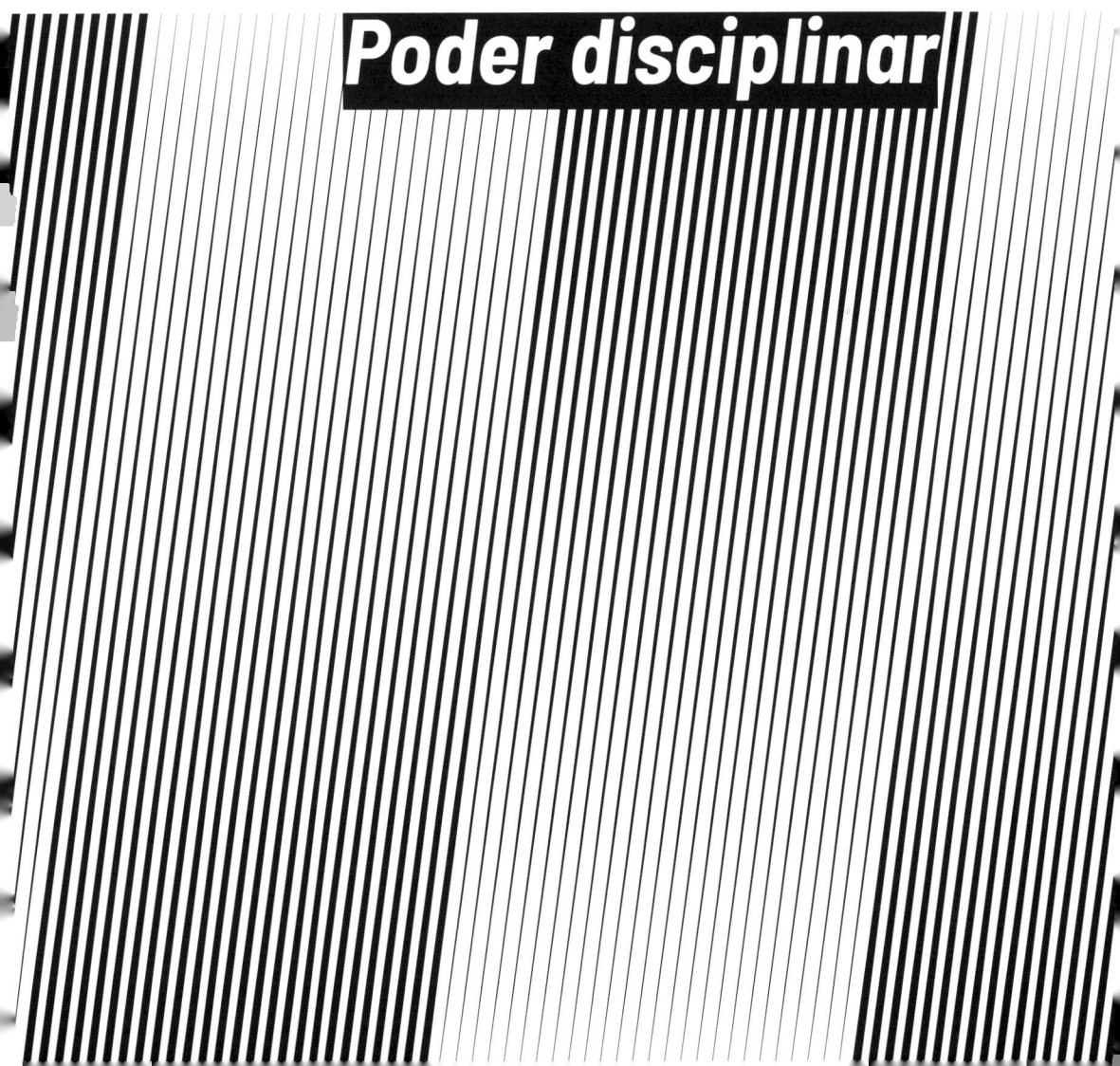

Capítulo 2
Poder disciplinar

1. Conceito do poder disciplinar

A convivência social exige organização estabelecida pela existência de normas jurídicas e, por uma força jurídica capaz de impor as normas, que, no estágio atual, é o Estado.

As normas de comportamento impostas formam a disciplina necessária para se garantir harmonia social, já que em qualquer agrupamento humano existe uma ordem controlada pela disciplina, sem a qual não haveriam coesão, harmonia, respeito, responsabilidade, execução de tarefas e encargos, trabalho útil e coordenado[1].

A disciplina pode ser examinada sob o ângulo objetivo, denominado *disciplina positiva* ou *direito disciplinar*, e sob a perspectiva subjetiva, designada *deveres na disciplina*.[2] O primeiro é consubstanciado pelas regras e princípios que regulam o comportamento das pessoas por meio da coerção, assegurando a coesão e a realização dos fins do grupo social. Os segundos são revelados pelos deveres que estão sujeitos a cada um dos membros de certo grupo social em suas relações com o próprio grupo e com os outros membros.

O poder disciplinar é o poder de atuar a disciplina funcional; consiste na possibilidade de a Administração aplicar punições (com fundamento no poder disciplinar, a Administração só tem legitimidade para aplicação de sanções de natureza administrativa) aos servidores públicos e às demais pessoas sujeitas à disciplina administrativa que cometerem infrações funcionais, condutas contrárias aos princípios básicos e deveres funcionais que fundamentam a atuação da Administração Pública.

---

1 DUARTE, José. O poder disciplinar. **Revista de Direito Administrativo**, v. 50, 1957. p. 18. Disponível em: <https://periodicos.fgv.br/rda/article/view/17506/16254>. Acesso em: 3 jul. 2024.

2 CAETANO, Marcello. **Manual de Direito Administrativo**. 10. ed. Coimbra: Almedina, 1999. Tomo 2. p. 800; NEVES, Ana Fernanda. **O direito disciplinar da função pública**. Tese (Doutorado em Ciências Jurídico-Políticas) – Universidade de Lisboa, 2007. v. I. Disponível em: <https://repositorio.ul.pt/bitstream/10451/164/1/ulsd054620_td_vol_1.pdf>. Acesso em: 3 jul. 2024; BARROS JUNIOR, Carlos S. de. **Do poder disciplinar na Administração Pública**. São Paulo: Revista dos Tribunais, 1972. p. 10 e ss.; CAVALCANTI, Themístocles Brandão. **Direito e processo disciplinar**. Rio de Janeiro: FGV, 1961. p. 105 e ss.; CAETANO, Marcello. **Do poder disciplinar no direito administrativo português**. Coimbra: Imprensa da Universidade, 1932. p. 26 e ss.; MELLO, Rafael Munhoz de. **Princípios constitucionais de Direito Administrativo sancionador**: as sanções administrativas à luz da Constituição Federal de 1988. São Paulo: Malheiros, 2007. (Coleção Temas de Direito Administrativo, v. 17). p. 158 e ss.

2. Elementos do poder disciplinar

O conceito de poder disciplinar resulta da combinação de três elementos: o subjetivo, o objetivo e o formal.

No **elemento subjetivo**, leva-se em conta o sujeito que exerce o poder disciplinar (sujeito ativo) e o respectivo destinatário (sujeito passivo). Em relação ao sujeito exercente, tem-se que o poder disciplinar é exercido pela Administração Pública. O sujeito passivo do poder disciplinar pode ser o agente público (independente da natureza do respectivo vínculo jurídico – legal ou negocial), bem como os demais administrados sujeitos à disciplina especial administrativa. Particular pode ser sujeito passivo do poder disciplinar, desde que esteja inserido em relações jurídicas especiais com a Administração.

O **elemento objetivo** considera a atividade exercida pela administração quando no uso do poder disciplinar. Nesse contexto, a atividade é apurar a ocorrência de infração funcional e, uma vez comprovada, aplicar punição adequada. A infração funcional, por sua vez, deve ter ligação com as atividades desenvolvidas pelo agente.

Por fim, o **elemento formal** relaciona-se com a forma pela qual a Administração exerça o poder disciplinar aplicando punições aos agentes públicos. A forma de exercer o poder disciplinar abrange dois aspectos: 1) o pressuposto necessário para o exercício do poder disciplinar, que se dá quando houver cometimento de uma infração funcional; 2) o instrumento que viabiliza o exercício do poder disciplinar, que se dá por meio do Processo Administrativo Disciplinar (PAD), cuja tramitação é prevista em leis e outras normas regulamentares, geralmente de caráter estatutário.

3. Características do poder disciplinar

a) **Relacional:** de um lado, como sujeito ativo, há o titular do chamado p*oder disciplinar* e, de outro, como sujeito passivo, o responsável disciplinar.
b) **Interno:** somente pode ser exercido sobre agentes públicos, nunca em relação a particulares, exceto quando eles forem contratados da administração.
c) **Não permanente:** é aplicável apenas se e quando o servidor cometer falta funcional.
d) **Discricionário:** a Administração pode escolher, com alguma margem de liberdade, qual a punição mais apropriada a ser aplicada ao agente público.

Liberdade sempre regrada (limitada), para que a autoridade administrativa determine a adequação da conduta ao Estatuto funcional e escolha, motivadamente, a sanção que deve ser aplicada ao agente, uma vez que a decisão tem que ser adequadamente motivada e basear-se em fatos devidamente apurados em processos administrativos em que se assegure a observância do devido processo legal.

e] **Obrigatório**: diante da infração funcional, a autoridade administrativa tem o dever de instaurar o procedimento adequado para sua apuração e, se for o caso, deve aplicar a pena cabível; caso contrário, pode até incorrer em crime de condescendência criminosa (art. 320 do CP[3]). A Administração não tem liberdade de escolha entre punir e não punir. Constatada a infração, a administração é obrigada a punir seu agente. É um dever vinculado.

f] **Abrandamento**: com a tendência ao crescimento do consensualismo dentro da Administração Pública, o Direito Positivo vem admitindo o consenso para propiciar a isenção ou o abrandamento de sanções, como ocorre nos acordos de leniência firmados entre a Administração Pública e o infrator.

g] **Condicionado**[4]: o poder disciplinar, independentemente da gravidade da pena, só possa ser exercido desde que se ofereçam ao acusado ("indiciado") as garantias da ampla defesa e do contraditório, no devido processo legal (*due process of law*).

h] **Funcional**: a autoridade administrativa, titular do poder disciplinar, age em razão do interesse público cuja efetivação ou prossecução lhe foi conferida por norma jurídica.

---

3   BRASIL. Decreto-Lei n. 2.484, de 7 de dezembro de 1940. **Diário Oficial da União**, Poder Executivo, Brasília, DF, 31 dez. 1940. Disponível em: <https://www.planalto.gov.br/ccivil_03/decreto-lei/del2848compilado.htm>. Acesso em: 15 abr. 2024.

4   "Os direitos fundamentais constituem um limite ao exercício da acção disciplinar quer do ponto substantivo quer do ponto procedimental, porque, por um lado, nem toda e qualquer conduta pode, à luz dos mesmos, ser abstracta e concretamente qualificada como infração disciplinar, nem ser prevista toda e qualquer reação punitiva e, por outro lado, porque o apuramento da responsabilidade disciplinar implica a realização de um procedimento que deve corresponder a um procedimento equitativo e justo" (NEVES, Ana Fernanda. O direito disciplinar da função pública. Tese (Doutorado em Ciências Jurídico-Políticas) – Universidade de Lisboa, 2007. v. I. Disponível em: <https://repositorio.ul.pt/bitstream/10451/164/1/ulsd054620_td_vol_1.pdf>. Acesso em: 3 jul. 2024. p. 50).

4. Poder disciplinar e poder de polícia

O **sujeito passivo** do poder disciplinar relaciona-se a um grupo especial: os servidores públicos e as demais pessoas sujeitas à disciplina dos órgãos e serviços. O sujeito passivo do poder de polícia são os administrados, particulares não sujeitos à disciplina interna da administração.

O **pressuposto** do poder disciplinar é a prática de infração funcional. O pressuposto do poder de polícia é a infração às limitações e restrições impostas no interesse público.

As **relações jurídicas** que servem de base no exercício do poder disciplinar são relações jurídicas especiais, decorrentes de vínculos jurídicos específicos existentes entre o Estado e o particular. As relações jurídicas que servem de base no exercício do poder de polícia são as relações jurídicas genéricas entre Estado e cidadão.

O **fundamento** do poder disciplinar é a hierarquia, de forma que a disciplina funcional resulta do sistema hierárquico[5]; mesmo no Poder Judiciário e no Ministério Público, ela existe quanto ao aspecto funcional da relação de trabalho, ficando seus membros sujeitos à disciplina interna da instituição[6]. O fundamento do poder de polícia é o princípio da predominância do interesse público sobre o particular, que dá à administração posição de supremacia sobre os administrados.

5. Poder disciplinar e o *jus puniendi*

A **efetivação** do poder disciplinar se dá no âmbito administrativo. A efetivação do *jus puniendi* é realizada no âmbito processual.

O **pressuposto** do poder disciplinar é a prática de infração funcional. O pressuposto do *jus puniendi* é a infração penal.

A **finalidade** do poder disciplinar visa proteger a organização administrativa, sendo voltada a disciplinar o comportamento dos servidores e demais pessoas

---

[5] "Disciplina funcional, assim, é a situação de respeito que os agentes da Administração devem ter para com as normas que os regem, em cumprimento aos deveres e obrigações a eles impostos" (CARVALHO FILHO, José dos Santos. **Manual de Direito Administrativo**. São Paulo: Atlas-Gen, 2023).

[6] "Decorrência dos princípios da responsabilidade e do hierárquico, este princípio disciplinar, também de caráter instrumental, assoma como a pedra angular da organização de pessoal a serviço do Estado, mormente voltado ao desempenho de funções administrativas" (MOREIRA NETO, Diogo de Figueiredo. **Curso de Direito Administrativo**. São Paulo: Gen-Forense, 2022).

sujeitas à disciplina dos órgãos e serviços. A finalidade do *jus puniendi* visa ao controle social.

O **regime jurídico** do poder disciplinar é o Direito punitivo funcional inserido dentro do Direito Administrativo. O regime jurídico do *jus puniendi* é o Direito Penal.

O **órgão** que impõe a pena disciplinar é autoridade administrativa competente. O órgão que impõe a pena criminal é o Poder Judiciário.

O **sujeito passivo** do poder disciplinar são os servidores públicos e demais pessoas sujeitas à disciplina administrativa. O sujeito passivo *jus puniendi* são os indivíduos em geral, ainda que no exercício de função pública. Mesmo quando cometem um dos crimes contra a própria administração (arts. 312 a 326 do CP), os servidores públicos são tidos como indivíduos comuns que infringem a norma penal.

A **tipicidade administrativa**, no âmbito do poder disciplinar, é aberta (menos rígida), uma vez que o legislador, na maioria dos casos, limita-se a definir, genericamente, os deveres que deverão ser respeitados pelos agentes, estabelecendo sanções que deverão ser aplicadas, com razoabilidade, pela autoridade competente. A tipicidade penal, no âmbito do *jus puniendi*, é rígida, com tipos legais que contenham determinação quanto aos seus elementos essenciais, delineando cada conduta ilícita e a sanção respectiva, sob pena de violação ao princípio da reserva legal (*nullum crimen nulla poena sine lege*).

Em relação à **aplicação da sanção**, no poder disciplinar, a autoridade administrativa escolherá, entre as penas legais, a que consulte ao interesse do serviço e a que reprima a falta cometida da maneira mais adequada. Já na aplicação da sanção no *jus puniendi*, ao aplicador caberá a dosimetria da pena.

6. Infração funcional com mais de uma punição

A infração funcional praticada pelo agente público pode configurar crime, de forma que o agente pode receber a sanção criminal e a sanção decorrente do ilícito administrativo, sem que ocorra *bis in idem*.

Toda condenação criminal por delito funcional (crime contra a Administração Pública) acarreta a punição disciplinar, mas nem toda punição disciplinar tem implicações penais.

7. Dimensões do poder disciplinar

7.1 Dimensão substantiva

Identificação da infração funcional com a consequente aplicação da sanção disciplinar. São requisitos na aplicação da sanção administrativa resultante do exercício do poder disciplinar pela Administração Pública:

a) **Motivação** – a Administração deve apresentar as razões que justificam a aplicação da sanção, inclusive mencionando os critérios da punição e da gradação da pena. A motivação deve ser consistente e específica com base nos dados concretos apurados por meios regulares. Na aplicação de sanções, serão consideradas a natureza e a gravidade da infração cometida, os danos que dela incidirem sobre a Administração Pública, as circunstâncias agravantes ou atenuantes e os antecedentes do agente, nos termos do art. 22, parágrafo 2º da Lei n. 13.655/2018[7].

b) **Proporcionalidade** – adequação entre a falta cometida e a pena aplicada, devendo considerar a natureza e a gravidade da infração e os danos que dela provierem para o serviço público. Na adequação punitiva, o agente aplicador da penalidade deve impor a sanção perfeitamente adequada à conduta infratora, observada a Súmula n. 650 do Superior Tribunal de Justiça (STJ): "A autoridade administrativa não dispõe de discricionariedade para aplicar ao servidor pena diversa de demissão quando caracterizadas as hipóteses previstas no art. 132 da Lei n. 8.112/1990"[8].

c) **Garantia** – a aplicação da penalidade pressupõe a apuração por procedimento legal, em que devem ser assegurados o contraditório e a ampla defesa, com os meios e recursos a ela inerentes, nos termos do art. 5º, inciso LV da CF/1988.

d) **Não discricionariedade** – na aplicação da punição pela autoridade administrativa, não há juízo de conveniência e de oportunidade, já que devem ser analisados todos os elementos concretos que cercaram o cometimento do ilícito funcional, e apurados no processo administrativo.

---

7 BRASIL. Lei n. 13.655, de 25 de abril de 2018. **Diário Oficial da União**, Poder Legislativo, Brasília, DF, 26 abr. 2018. Disponível em: <https://www.planalto.gov.br/ccivil_03/_ato2015-2018/2018/lei/l13655.htm>. Acesso em: 22 out. 2024.

8 BRASIL. Superior Tribunal de Justiça. **Súmula n. 650, de 22 de setembro de 2021**. Data de publicação: *Diário da Justiça Eletrônico*, 27 set. 2021. Disponível em: <https://scon.stj.jus.br/SCON/sumstj/doc.jsp?livre=%22650%22.num.&b=SUMU&p=false&l=10&i=1&operador=E&ordenacao=-@NUM>. Acesso em: 22 out. 2024.

7.2 Dimensão orgânica-procedimental

É a identificação do órgão competente para aplicação da sanção disciplinar, bem do meio e/ou trâmite do exercício do Poder Disciplinar.

8. Controle judicial do poder disciplinar

a] **Modificação da sanção aplicada:** há dois posicionamentos: 1) Judiciário como protetor da liberdades públicas e guardião da lei, pode modificar a sanção aplicada para uma mais adequada; 2) Judiciário não pode modificar sanção, devendo apenas invalidar a ilegalidade sob pena de desempenhar função administrativa discricionária, pautada na conveniência e oportunidade, o que acarretaria violação ao o princípio da separação de poderes. O juiz não pode modificar a sanção aplicada, mas pode apenas anulá-la, determinando que outra seja aplicada.

b] **Respeito aos direitos fundamentais:** o controle do Poder Judiciário no tocante aos processos administrativos disciplinares restringe-se ao exame do efetivo respeito aos princípios do contraditório, da ampla defesa e do devido processo legal[9].

9. Meios sumários

Verdade sabida é o conhecimento pessoal e direto da falta pela autoridade competente para aplicar a pena. *Termo de declaração* é a aplicação de sanção em vista de comprovação da infração por força de confissão.

Não há processo administrativo. São meios sumários de apuração da infração funcional. São inconstitucionais por violarem a obrigatoriedade de realização do processo administrativo para aplicação de qualquer punição disciplinar (art. 5º, LIV-LV, CF/1988).

---

9 BRASIL. Superior Tribunal de Justiça. **Ag int no RMS n. 49202/PR-2015/0218887-4**. Data de publicação: *Diário da Justiça Eletrônico*, 9 maio 2017.

Capítulo 3
Poder hierárquico

1. Conceito e características do poder hierárquico

É relação de coordenação e subordinação entre os vários órgãos que integram a Administração Pública.

É um critério de organização administrativa, para distribuir e escalonar as funções de seus órgãos, para que haja harmonia e unidade de direção.

A relação hierárquica é acessória da organização administrativa, pois há atividades que, por sua própria natureza ou por lei, são incompatíveis com uma determinação de comportamento por parte do superior hierárquico.

A hierarquia corresponde a uma relação pessoal, obrigatória, de natureza pública, que se estabelece entre os titulares de órgãos hierarquicamente ordenados.

É um poder interno e permanente exercido pelos chefes de repartição sobre seus agentes subordinados e pela Administração Central em relação aos órgãos públicos consistente nas atribuições de comando, chefia e direção dentro da estrutura administrativa.

Nos Poderes Judiciário e Legislativo não existe hierarquia no que diz respeito às suas funções institucionais. Com a aprovação da Reforma do Judiciário pela Emenda Constitucional n. 45/2004[1], cria-se uma hierarquia parcial entre o STF e todos os demais órgãos do Poder Judiciário, com as súmulas vinculantes e as decisões definitivas proferidas em ações diretas de inconstitucionalidade e nas ações declaratórias de constitucionalidade de lei ou ato normativo federal ou estadual (art. 102, § 2º).

2. Poderes decorrentes da hierarquia

a) O de editar atos normativos, com o objetivo de ordenar a atuação dos órgãos subordinados.
b) O de dar ordens aos subordinados, que implica o dever de obediência, para estes últimos, salvo para as ordens manifestamente ilegais.
c) O de controlar a atividade dos órgãos inferiores, para verificar a legalidade de seus atos e o cumprimento de suas obrigações, podendo anular os atos ilegais ou revogar os inconvenientes ou inoportunos, seja *ex officio*, seja mediante provocação dos interessados, por meio de recursos hierárquicos.

---

1 BRASIL. Emenda Constitucional n. 45, de 30 de dezembro de 2004. **Diário Oficial da União**, Poder Legislativo, 30 dez. 2004. Disponível em: <https://www.planalto.gov.br/ccivil_03/constituicao/emendas/emc/emc45.htm>. Acesso em: 15 abr. 2024.

d] O de aplicar sanções em caso de infrações disciplinares.
e] O de avocar atribuições, desde que estas não sejam da competência exclusiva do órgão subordinado.
f] O de delegar atribuições que não lhe sejam privativas.

3. Poder disciplinar e poder hierárquico

a] **Ponto em comum**: são poderes internos, pois são exercidos por agentes públicos.
b] **Distinção**: I) *duração* – poder hierárquico é permanente; já o poder disciplinar tem caráter episódico, pois só será exercido quando for cometida infração funcional; II) *finalidade* – *poder hierárquico* visa distribuir e escalonar as funções de seus órgãos, para que haja harmonia e unidade de direção; já o *poder disciplinar* visa aplicar punições aos agentes públicos que cometerem infrações funcionais.

4. Administração Direta e Administração Indireta

Não existe hierarquia entre a Administração Direta e as entidades componentes da Administração Indireta.

A autonomia característica das autarquias, fundações públicas e empresas governamentais repele qualquer subordinação de tais entidades perante a Administração Central.

Os órgãos da Administração Central desempenham somente um controle finalístico sobre a atuação das entidades descentralizadas.

Capítulo 4
Poder regulamentar

1. Poder normativo

1.1 Contexto

Na separação de poderes, a independência não é absoluta, pois a própria CF/1988 prevê a existência de funções típicas e atípicas. Cada poder é investido de uma função principal, mas desempenha acessoriamente outras funções. Nesse contexto, o Poder Executivo detém, de forma atípica, poder normativo, que consiste no poder da Administração Pública de editar atos normativos.

1.2 Conceito

Poder normativo é o poder da Administração Pública de editar atos normativos. É exercido de duas formas: **a) por meio de delegação legislativa**: é o poder da Administração Pública de editar atos normativos primários (medidas provisórias e leis delegadas); **b) por meio do poder regulamentar**: é o poder da Administração Pública de editar atos normativos secundários.

1.3 Atos normativos

a) **Atos normativos originários**: são os emanados de um órgão estatal em virtude de competência própria, outorgada imediata e diretamente pela CF/1988, para edição de regras instituidoras de direito novo; compreende os atos emanados do Legislativo. Os atos normativos primários apresentam as seguintes características: 1) Constitucionalidade: aufere sua força normativa diretamente da CF/1988; 2) Originalidade: inovam a ordem jurídica, criando direitos, obrigações, proibições e medidas punitivas.

b) **Atos normativos derivados**: têm por objetivo a explicitação ou especificação de um conteúdo normativo preexistente, visando à sua execução no plano da práxis; o ato normativo derivado, por excelência, é o regulamento. A finalidade é estabelecer detalhamentos quanto ao modo de aplicação de dispositivos legais, dando maior concretude, no âmbito interno da Administração Pública, aos comandos gerais e abstratos presentes na legislação (art. 84, IV, CF/1988).

2. Poder regulamentar

Decorrente do poder hierárquico, é o poder do chefe do Poder Executivo da União, dos Estados, do Distrito Federal e dos Municípios de editar regulamentos.

O fundamento constitucional da competência regulamentar é o art. 84, inciso IV da CF/1988, segundo o qual compete privativamente ao presidente da República expedir decretos e regulamentos para sua fiel execução. Exatamente a mesma competência que o texto constitucional atribui ao presidente da República estende-se por simetria a governadores e prefeitos.

É uma espécie do poder normativo, pois visa editar normas de execução ou de complementação das leis, para sua fiel execução.

O poder de regulamentar visa à edição de regulamento, ato normativo secundário, situado abaixo das leis, ou seja, sendo inferior e complementar, viabilizando a execução das leis.

3. Regulamento

3.1 Noções gerais

a] **Conceito**: são normas que visam explicar a lei
b] **Competência**: há dois posicionamentos: 1) somente o Chefe do Executivo; 2) qualquer autoridade do Poder Executivo. Pela simetria constitucional, conforme o art. 84, inciso IV, da CF/1988, o Chefe do Poder Executivo Federal tem competência para expedir decretos. Como o âmbito federal é modelo a ser seguido pelos demais âmbitos de governo, os Governadores Estaduais, Distritais e Prefeitos podem editar decreto, desde que haja previsão na respectiva Constituição Estadual e em Lei Orgânica.
c] **Hierarquia**: ato normativo infralegal.
d] **Limite**: não podem regular matéria sob reserva legal.
e] **Contrariedade à lei**: será ilegal e não obriga o administrado.
f] **Dispensabilidade**: será dispensado quando a lei contiver todos os elementos para a sua aplicação.
g] **Vigência de lei não autoexecutável**: a lei que depende de regulamentação só entrará em vigor a partir da edição da regulamentação.

3.2 Características

a] **Natureza derivada**: tem como fundamento a lei; não inova a ordem jurídica, visando apenas explicitar a lei; são atos infralegais, pois estão situados abaixo da lei, não podendo contrariar o sentido da lei, nem suprimir direitos e obrigações contidos na lei a pretexto de regulamentá-la.

b] **Pública**: a competência para editar é do chefe do Executivo, ou seja, um ente público.
c] **Ato de regulamentação de primeiro grau**: é normativo e visa a complementar e detalhar as normas da lei.
d] **Indelegável**: o chefe do Executivo não pode transferir sua competência para outro órgão ou pessoa.
e] **Instrumental**: pois não interpreta a lei, mas explicita, servindo como instrumento ou meio para o operador do Direito realizar correta aplicação da norma.
f] **Atos gerais**: pois se aplicam a um universo indeterminado de destinatários.
g] **Caráter abstrato**: em relação à circunstância de incidirem sobre quantidade indeterminada de situações concretas, não se esgotando com a primeira aplicação. Existem casos raros em que os atos regulamentares são gerais e concretos, como ocorre com os regulamentos revogadores expedidos com a finalidade específica de extinguir ato normativo anterior. Trata-se, nessa hipótese, de ato geral e concreto porque se esgota imediatamente após cumprir a tarefa de revogar o regulamento pretérito.
h] **Atos normativos secundários**: não podendo inovar a ordem jurídica, produzindo mais direitos e deveres do que os emanados da lei.

3.3 Distinção

3.3.1 Regulamento e lei

Embora o regulamento e a lei sejam atos normativos que funcionam como determinações de caráter geral e com efeitos externos, a lei é ato normativo primário resultado da "vontade geral" potencialmente limitada pela CF/1988; o regulamento é ato normativo secundário, obra da Administração Pública.

A lei é ato complexo, resultado da conjugação de vontades do Poder Executivo e Legislativo; o regulamento é ato unilateral resultado da vontade do Poder Executivo.

Nem toda lei admite regulamentação, mas pode ser regulamentada por conveniência do Poder Executivo. O exercício do poder regulamentar não depende de previsão na lei a ser regulamentada.

3.3.2 Decreto e regulamento

Decreto constitui uma forma de ato administrativo; regulamento representa o conteúdo do ato. Decreto é o veículo introdutor do regulamento. São atos administrativos e, como tal, encontram-se em posição de inferioridade diante da lei, sendo-lhes vedado criar obrigações de fazer ou deixar de fazer aos particulares, sem fundamento direto na lei (art. 5º, II, CF/1988).

3.4 Controle dos regulamentos

3.4.1 Controle parlamentar

O Congresso Nacional dispõe de competência, exclusivamente conferida pelo art. 49, inciso V da CF/1988, para sustar atos normativos expedidos pelo Poder Executivo que exorbitem do poder regulamentar. Trata-se de atribuição atípica do Poder Legislativo, a qual não exclui o controle jurisdicional de ilegalidade ou inconstitucionalidade do ato.

3.4.2 Controle judicial

O Judiciário pode analisar decreto nas seguintes situações: **ausência da norma regulamentadora** – mandado de injunção e Ação Direta de Inconstitucionalidade por omissão; **ilegalidade** – quando o decreto contrariar os limites da lei; **inconstitucionalidade** – quando o decreto ultrapassar os limites da lei, tornando-se autônomo e for usado para finalidade não permitida pela CF.

3.5 Espécies de regulamentos

- **Regulamentos jurídicos ou normativos**: estabelecem normas sobre relações de supremacia geral, ou seja, aquelas relações que ligam todos os cidadãos ao Estado.
- **Regulamentos administrativos ou de organização**: contêm normas sobre a organização administrativa ou sobre as relações entre os particulares que estejam em situação de submissão especial ao Estado. São aqueles que disciplinam questões internas de estruturação e funcionamento da Administração Pública ou relações jurídicas de sujeição especial do Poder Público perante particulares.
- **Regulamentos delegados, autorizados ou habilitados**: Poder Legislativo delega ao Executivo a disciplina de matérias reservadas à lei, transferindo temporariamente competências legislativas para a Administração Pública. Essa modalidade de regulamento não é admitida pelo sistema jurídico brasileiro. São editados no exercício de função normativa delimitada em ato legislativo.
- **Regulamentos de necessidade**: produzidos em situações de urgência (estado de necessidade administrativo).

- **Regulamentos executivos**: regulamentos comuns expedidos sobre matéria anteriormente disciplinada pela legislação permitindo a fiel execução da lei. Ele não pode inovar na ordem jurídica, criando direitos, obrigações, proibições, medidas punitivas; decreto regulamentar ou de execução; são editados com fundamento na lei e necessários para sua fiel execução (art. 84, IV, CF/1988).
- **Regulamentos autônomos ou independentes**: os regulamentos autônomos ou independentes são originários, ou seja, inovam a ordem jurídica, pois estabelece normas sobre matérias não disciplinadas em lei; ele não completa nem desenvolve nenhuma lei prévia. Os regulamentos autônomos ou independentes são editados sem intermediação legislativa, auferindo seu fundamento diretamente da Constituição. Embora admitidos de maneira ampla na França e nos Estados Unidos, os regulamentos autônomos no Direito brasileiro, não obstante exista divergência doutrinária[1], são possíveis apenas para organização e funcionamento da administração federal, quando não implicar aumento de despesa nem criação ou extinção de órgãos públicos. Sobre a exceção admitida no Direito brasileiro, pode-se afirmar: *a) formalismo* – tem previsão expressa da sua admissibilidade no art. 84, inciso IV, alínea "a" da CF/1988; *b) estrutural* – as matérias que podem ser objeto do regulamento autônomo são organizativas que não afetem direitos básicos dos administrados; *c) legalidade* – os regulamentos autônomos não pode dispor de outra matéria que não seja a prevista na Lei Maior, de maneira que não haja invasão de reserva de lei pela Carta Magna.

---

[1] "Advirta-se que há acentuada polêmica em âmbito doutrinário acerca da possibilidade de o Executivo, por meio do poder regulamentar, criar direitos e obrigações, sendo que, enquanto juristas como Geraldo Ataliba, Victor Nunes Leal, Clèmerson Clève, Celso Antônio Bandeira de Mello e Maria Sylvia Zanella Di Pietro não admitem a inovação por decreto [a Administração só possui legitimidade para atuar se expressamente autorizada pelo legislador –princípio da reserva de lei ou doutrina do *positive Bindung* –, não seria possível admitir os regulamentos autônomos], Tércio Sampaio Ferraz Júnior, Hely Lopes Meirelles [a Administração, com fundamento na teoria dos poderes implícitos, tem a prerrogativa de suprir as omissões do Legislativo por meio da edição de regulamentos que visem à concretização de seus deveres constitucionais] e Eros Roberto Grau admitem maior liberdade no exercício do poder regulamentar" (NOHARA, Irene. **Direito Administrativo**. São Paulo: Atlas, 2022).

Capítulo 5
Poder de polícia

7. Poder de polícia e os direitos fundamentais

Na relação entre poder de polícia e direitos fundamentais, interessa-nos destacar e enfatizar quatro momentos essenciais: a) a relatividade dos direitos fundamentais dão legitimidade ao exercício do poder de polícia; b) os direitos fundamentais funcionam como limite no exercício do poder de polícia; c) os valores coletivos a serem preservados no exercício do poder de polícia podem colidir com o conteúdo de direitos fundamentais; d) o exercício do poder de polícia com limitação aos direitos fundamentais em situações de emergência.

Conexo com a primeira coordenada assinalada, a justificativa no exercício do poder de polícia é extraída do contexto de convivência harmônica das liberdades públicas e de preservação da ordem pública, em que os direitos e garantias fundamentais sofrem limitações estabelecidas na ordem jurídica.

Se, de um lado, o cidadão não pode exercer plenamente seus direitos, de outro, a Administração Pública tem por incumbência condicionar o exercício daqueles direitos ao bem-estar coletivo, por meio do poder de polícia, de forma a tutelar a integridade do interesse social e satisfazer as justas exigências da moral, da ordem pública e do bem-estar de uma sociedade democrática[1].

É importante ressaltar a necessidade da existência dos limites opostos pelo poder de polícia, a fim de evitar que um direito ou garantia seja exercido em detrimento da ordem pública ou desrespeito aos direitos e garantias de terceiros. A ideia de limite surge do próprio conceito de direito subjetivo: tudo aquilo que é juridicamente garantido é também juridicamente limitado.

Outra coordenada tem se se desenvolvido sobre os motes da limitação do poder de polícia pelos direitos fundamentais. Como todo ato administrativo, a medida de polícia, ainda que seja discricionária, sempre esbarra em algumas limitações impostas pela lei.

O poder de polícia só deve ser exercido para atender ao interesse público. O exercício do poder de polícia perderá sua justificativa quando utilizado para beneficiar ou prejudicar pessoas determinadas; a autoridade que se afastar da finalidade pública incidirá em desvio de poder e acarretará a nulidade do ato com todas as consequências nas esferas civil, penal e administrativa. No tocante à competência e ao procedimento, o poder de polícia deve também observar as normas legais pertinentes.

---

1 Art. XXIX, item 2 da Declaração Universal dos Direitos Humanos de 1948. UNICEF. **Declaração Universal dos Direitos Humanos**, de 10 de dezembro de 1948. Disponível em: <https://www.unicef.org/brazil/declaracao-universal-dos-direitos-humanos>. Acesso em: 15 abr. 2024.

Em relação ao objeto, o poder de polícia não deve ir além do necessário para a satisfação do interesse público que visa proteger. Sua finalidade não é destruir os direitos individuais, mas, ao contrário, assegurar seu exercício, condicionando-o ao bem-estar social. Nesse contexto, o poder de polícia deve ser proporcional na tríplice vertente da idoneidade (a medida de polícia deve ser adequada para impedir o dano ao interesse público), necessidade (a medida de polícia só deve ser adotada para evitar ameaças reais ou prováveis de perturbações ao interesse público) e razoabilidade (exigência de uma relação necessária entre a limitação ao direito individual e o prejuízo a ser evitado).

Na terceira coordenada, os valores coletivos a serem preservados no exercício do poder de polícia podem colidir com o conteúdo de direitos fundamentais. Nesse contexto, o intérprete deve, num primeiro momento, harmonizar os bens jurídicos em conflito; caso a harmonização não seja possível, o intérprete, com base num juízo de ponderação, deve determinar qual terá maior peso e extensão de observância no caso concreto.

Por fim, de acordo com a última coordenada, a Administração tem legitimidade para limitar os direitos fundamentais, seja propiciando segurança aos indivíduos, seja preservando a ordem pública, mesmo que as medidas não sejam previstas em lei, desde que sejam justificadas em momentos de emergência e/ou grave crise e passíveis de controle jurídico[2]. Um dos exemplos foi a crise do coronavírus[3], que deu origem a medidas administrativas sanitárias não previstas em lei de restrições à liberdade e propriedade dos indivíduos, com base na preservação da saúde pública.

Desde que a Organização Mundial de Saúde (OMS) declarou situação de pandemia em 11 de novembro de 2020, considerada um estado de exceção, decisões excepcionais urgentes e agressivas foram tomadas para parar a proliferação do vírus, com restrições de direitos, observando principalmente a saúde coletiva e o bem-estar da sociedade como um todo.

Além da relatividade dos direitos e das garantias fundamentais[4], em que as prerrogativas sofrem limitações que visam, de um lado, tutelar a integridade

---

[2] "O poder de polícia se constitui em instrumento hábil para autorizar que a Administração Pública realize os atos coercitivos necessários para fazer prevalecer o interesse geral sobre o individual no caso de conflitos, defendendo os direitos sociais de convivência harmônica e pacífica" (LAZZARINI, Álvaro. **Estudos de Direito Administrativo**. São Paulo: Revista dos Tribunais, 1999).

[3] Em 30 de janeiro de 2020, a OMS declarou que o surto da doença causada pelo novo coronavírus (COVID-19) constitui uma Emergência de Saúde Pública de Importância Internacional – o mais alto nível de alerta da organização, conforme previsto no Regulamento Sanitário Internacional. Em 11 de março de 2020, a instituição classificou o cenário mundial do coronavírus como uma pandemia.

[4] Há situações em que um direito ou garantia fundamental é inegavelmente absoluto, devendo ser exercido de maneira irrestrita. É o caso da proibição à tortura e do tratamento desumano ou degradante.

do interesse social, e, de outro, assegurar a convivência das liberdades, a democracia se fortalece com a conjugação harmônica dos direitos e dos deveres dos cidadãos[5] indispensáveis à existência e funcionamento da comunidade, em respeito à solidariedade e a uma cidadania responsável.

As limitações impostas, mesmo que em época de anormalidade e risco coletivo, com impacto no funcionamento regular das instituições públicas e da vida social e econômica, só poderão ser consideradas compatíveis com a Constituição se forem essenciais, adequadas e proporcionais, objetivando restringir os direitos para proteger os bens maiores que são a saúde pública e a vida de todos os brasileiros. São parâmetros para avaliação: **legalidade** – previstas e adotadas de acordo com a lei; **legitimidade** – dirigidas a um objetivo legítimo de interesse geral; **menor onerosidade** – aplicada de maneira menos intrusiva e restritiva possível para alcançar o objetivo; **cientificidade** – baseada em evidência científica; **humanidade** – respeitosa da dignidade humana e não discriminatória nem arbitrária na sua aplicação; **temporariedade** – de duração limitada; **mutabilidade** – sujeita à revisão.

2. Conceito de poder de polícia

Há três conceitos de poder de polícia: **clássico**, **moderno** e **legislativo**. O conceito clássico, ligado à concepção liberal do século XVIII, compreendia a atividade estatal que limitava o exercício dos direitos individuais em benefício da segurança.

O conceito moderno, adotado no Direito brasileiro, é a atividade do Estado de limitar o exercício dos direitos individuais em benefício do interesse público.

O conceito legislativo é expresso no art. 78 do Código Tributário Nacional[6]:

> Considera-se poder de polícia atividade da administração pública que, limitando ou disciplinando direito, interesse ou liberdade, regula a prática de ato ou abstenção de fato, em razão de interesse público concernente à segurança, à higiene, à ordem, aos costumes, à disciplina da produção e do mercado, ao exercício de atividades econômicas dependentes de concessão ou autorização do Poder Público, à tranquilidade pública ou ao respeito à propriedade e aos direitos individuais ou coletivos.

---

5   Não há garantia dos direitos fundamentais sem o cumprimento dos deveres indispensáveis à existência e funcionamento da comunidade, em respeito à solidariedade. É inerente ao Estado social que os titulares dos direitos fundamentais passem a cumprir uma tarefa de redistribuição, assumindo os indivíduos uma série de obrigações concretas para contribuir na ordem social, visando proteger interesses transindividuais.

6   BRASIL. Lei n. 5.172, de 25 de outubro de 1966. **Diário Oficial da União**, Poder Legislativo, Brasília, DF, 27 out. 1966. Disponível em: <https://www.planalto.gov.br/ccivil_03/leis/l5172compilado.htm>. Acesso em: 15 abr. 2024.

3. Elementos do poder de polícia

O conceito de poder de polícia resulta da combinação de três elementos: o subjetivo, o objetivo e o formal.

No **elemento subjetivo**, leva-se em conta o sujeito que exerce o poder disciplinar (sujeito ativo) e o respectivo destinatário (sujeito passivo). Em relação ao sujeito exercente, tem-se que o poder de polícia é exercido pela Administração Pública. O sujeito passivo do poder de polícia são os membros da sociedade.

O **elemento objetivo** considera a atividade exercida pela Administração quando no uso do poder de polícia. Nesse contexto, a atividade consiste em limitar para condicionar e restringir o uso e gozo de bens, atividades e direitos individuais em benefício do interesse público.

Por fim, o **elemento formal** refere-se à identificação da forma pela qual a Administração exerce atividade de condicionar e restringir o exercício dos direitos individuais, tais como a propriedade e a liberdade. A forma de exercer o poder de polícia abrange dois aspectos: 1) o pressuposto necessário para o exercício do Poder de Polícia, que é a supremacia geral (princípio da predominância do interesse público sobre o particular, que dá à Administração posição de supremacia sobre os administrados); 2) os meios que viabilizam o exercício do poder de polícia, que se expressa em atos normativos ou concretos.

4. Evolução do poder de polícia

Sua origem é ligada aos abusos cometidos na Idade Média, no período conhecido como Estado de polícia, marcado pela ausência de subordinação dos governantes às regras do direito.

Com as revoluções liberais e o fim do Absolutismo, surgiu o Estado de direito e, com ele, a mudança no entendimento do poder de polícia: na primeira fase – liberalismo – o poder de polícia somente se exerce para garantir a ordem pública. Era a polícia da segurança[7]. Na segunda fase: Estado intervencionista – poder de polícia estende-se à ordem econômica e social. Imposição de obrigações de assegurar o bem comum.

---

7 "No Estado de Polícia falava-se de um 'poder de polícia' que era um poder estatal juridicamente ilimitado de coagir, ditar ordens, para realizar o que o soberano entendia conveniente; ao passar-se para o Estado de Direito a noção foi limitada quanto ao emprego ilimitado da coação, mas de todos os modos se mantém como instrumento jurídico não fundado conceitualmente e que frequentemente desemboca em abusos" (GORDILLO, Augustin. **Princípios gerais de Direito Público**. Tradução de Marco Aurelio Greco. São Paulo: Revista dos Tribunais, 1977. p. 32)

5. Poder de polícia e combate da criminalidade

A noção de poder de polícia é bem mais abrangente do que o combate à criminalidade, englobando, na verdade, quaisquer atividades estatais de fiscalização.

6. Sentidos de poder de polícia[8]

O sentido amplo inclui qualquer limitação estatal à liberdade e propriedade privadas, englobando restrições legislativas e limitações administrativas.

Já o sentido estrito inclui somente as limitações administrativas à liberdade e propriedade privadas, deixando de fora as restrições impostas por dispositivos legais. Basicamente, a noção estrita de poder de polícia envolve atividades administrativas de fiscalização e condicionamento da esfera privada de interesse em favor da coletividade.

7. Meios de atuação do poder de polícia

a] **Atos normativos:** pela lei, criam-se as limitações administrativas ao exercício dos direitos e das atividades individuais, estabelecendo-se normas gerais e abstratas dirigidas indistintamente às pessoas que estejam em idêntica situação; também por meio de lei são definidas as infrações administrativas e respectivas sanções, bem como as medidas preventivas e repressivas cabíveis.

b] **Atos administrativos e operações materiais de aplicação da lei ao caso concreto:** compreendendo medidas preventivas (fiscalização, vistoria, ordem, notificação, autorização, licença), com o objetivo de adequar o comportamento individual à lei, e medidas repressivas (dissolução de reunião, interdição de atividade, apreensão de mercadorias deterioradas, internação de pessoa com doença contagiosa), com a finalidade de coagir o infrator a cumprir a lei.

---

8   Enquanto o poder de polícia relaciona-se ao exercício da atividade legislativa (sentido amplo), a polícia administrativa se traduz na edição de atos administrativos, com fundamento na lei (sentido restrito) (CASSAGNE, Juan Carlos. **Derecho Administrativo**. 8. ed. Buenos Aires: Abeledo-Perrot, 2006. t. II. p. 455-456; MOREIRA NETO, Diogo de Figueiredo. **Curso de Direito Administrativo**. 15. ed. Rio de Janeiro: Forense, 2009. p. 442).

8. Atributos do poder de polícia

a] **Restritivo**: porque limita a liberdade e a propriedade individual em favor do interesse público. Ao contrário do serviço público e do fomento que são ampliativos, as atuações administrativas incluídas no poder de polícia representam limitações à atuação particular, restringindo a esfera de interesses dos indivíduos.

b] **Discricionário**: em regra, as manifestações de poder de polícia derivam do exercício de discricionariedade, ou seja, a lei deixa certa margem de liberdade de apreciação quanto a determinados elementos, como o motivo ou o objeto, mesmo porque ao legislador não é dado prever todas as hipóteses possíveis a exigir a atuação de polícia. Excepcionalmente, manifestações decorrentes do poder de polícia adquirem natureza vinculada, quando a lei estabelece claramente os requisitos para a prática de determinado ato administrativo. O melhor exemplo é o da licença.

c] **Autoexecutório**: possibilidade que tem a Administração de, com os próprios meios, pôr em execução suas decisões sem precisar recorrer previamente ao Poder Judiciário. A autoexecutoriedade depende de previsão legal expressa ou ocorre quando se trate de medida urgente, sem a qual haverá prejuízo maior para o interesse público. A autoexeutoriedade conta com duas espécies: 1) exigibilidade: a administração se vale de meios indiretos de coação, como por exemplo, a multa; 2) executoriedade: a Administração compele materialmente o administrado, usando meios diretos de coação, como a apreensão de mercadorias.

d] **Coercibilidade**: é imposição coativa das medidas adotadas pela Administração, podendo ser usada a força pública de maneira proporcional à resistência enfrentada e à sua adequação com o ordenamento jurídico.

e] **Geral**: o poder de polícia estende-se à generalidade dos indivíduos, sem se limitar a alguém em particular. Nisso difere da servidão administrativa, que sempre atinge bem determinado.

f] **Obrigacional**: a regra geral é de que o poder de polícia cria obrigações de não fazer, porque normalmente o poder de polícia estabelece deveres negativos aos particulares, estabelecendo obrigações de não fazer. Em casos raros, pode gerar deveres positivos, por exemplo, na obrigação de atendimento da função social da propriedade.

g] **Atividade negativa**: a Administração apenas impede a prática, pelos particulares, de determinados atos contrários ao interesse público; ela impõe limites à conduta individual. Impõe uma abstenção ao particular, uma obrigação de não fazer. Mesmo quando se exige prática de um ato pelo particular, o objetivo é sempre uma abstenção: evitar um dano oriundo do mau exercício do direito individual.

h] **Indelegável:** como atividade típica do Estado, o poder de polícia não pode ser delegado a particulares, pois é manifestação do poder de império (*ius imperii*) do Estado; é privativo de servidores investidos em cargos públicos, com garantias que protegem o exercício das funções públicas dessa natureza. Segundo entendimento do Supremo Tribunal Federal (STF), o poder de polícia só pode ser delegado a pessoas jurídicas de direito público, e não a pessoas jurídicas de direito privado (ADI n. 1.717-6)[9]. Há uma orientação legal expressa no art. 4º, inciso III, da Lei n. 11.079/2004[10], ao estabelecer como diretriz de contratação de parceria público-privada a indelegabilidade do exercício do poder de polícia e de outras atividades exclusivas do Estado, como as funções de regulação e jurisdicional.

i] **Delegável:** é possível delegar a particulares atividades materiais preparatórias ou posteriores ao exercício do poder de polícia, já que elas não realizam a fiscalização em si, mas apenas servem de apoio instrumental para que o Estado desempenhe privativamente o poder de polícia (que não envolvam exercício de autoridade sobre o cidadão). Exemplos: empresa privada que instala radares fotográficos para apoiar na fiscalização do trânsito; e manutenção de presídios administrados pela iniciativa privada.

9. Caráter do poder de polícia

O caráter do Poder de Polícia é revelado pela possibilidade de sua delegação a outrem. Como atividade típica do Estado, o poder de polícia não pode ser delegado a particulares, pois é manifestação do poder de império (*ius imperii*) do Estado.

---

9   Isso porque a interpretação conjugada dos arts. 5º, inciso XIII, 22, inciso XVI, 21, inciso XXIV, 70, parágrafo único, 149 e 175 da CF/1988, leva à conclusão, no sentido da indelegabilidade, a uma entidade privada, de atividade típica de Estado, que abrange até poder de polícia. (BRASIL. Supremo Tribunal Federal. **ADI n. 1.717-6, de 7 de novembro de 2002**. Relator: Min. Sidney Sanches. Data de julgamento: 7 nov. 2002. Data de publicação: *Diário da Justiça*, 28 mar. 2003. Disponível em: <https://redir.stf.jus.br/paginadorpub/paginador.jsp?docTP=AC&docID=266741>. Acesso em: 15 abr. 2024).

10 BRASIL. Lei 11.079, de 30 de dezembro de 2004. **Diário Oficial da União**, Poder Executivo, Brasília, DF, 31 dez. 2004. Disponível em: <https://www.planalto.gov.br/ccivil_03/_ato2004-2006/2004/lei/l11079.htm>. Acesso em: 15 abr. 2024.

O poder de polícia é privativo de servidores investidos em cargos públicos, com garantias que protegem o exercício das funções públicas dessa natureza. Segundo entendimento do Supremo Tribunal Federal, poder de polícia só pode ser delegado a pessoas jurídicas de direito público, e não a pessoas jurídicas de direito privado (ADI n. 1.717-6)[11].

Há uma orientação legal expressa no art. 4º, inciso III, da Lei n. 11.079/2004 ao estabelecer como diretriz de contratação de parceria público-privada a indelegabilidade do exercício do poder de polícia e de outras atividades exclusivas do Estado, como as funções de regulação e jurisdicional.

Todavia, é possível delegar a particulares **atividades materiais preparatórias ou posteriores ao exercício do poder de polícia**, já que elas não realizam a fiscalização em si, mas apenas servem de apoio instrumental para que o Estado desempenhe privativamente o poder de polícia (que não envolvam exercício de autoridade sobre o cidadão). Exemplos: empresa privada que instala radares fotográficos para apoiar na fiscalização do trânsito; e manutenção de presídios administrados pela iniciativa privada.

10. Espécies de poder de polícia

a] **Poder de polícia originário**: derivado da Constituição, é o exercido pelo ente federativo para a qual foi criado.
b] **Poder de polícia delegado**: derivado da lei, é o exercido por pessoa jurídica de direito público integrante de sua Administração Indireta, por transferência do ente federativo, para **atividades materiais preparatórias ou posteriores ao exercício do poder de polícia**.
c] **Poder de polícia geral**: duas correntes de pensamento – 1) que tem por objetivo a proteção da segurança, salubridade e moralidade pública; 2) que tem por objetivo a consecução direta de certos fins preventivos, que não estão ligadas a nenhum outro serviço público, como a polícia de jogos. Divide-se a polícia geral em dois ramos: I) *polícia de segurança* (tem por objeto prevenir a criminalidade em relação à incolumidade pessoal, à propriedade, à tranquilidade pública e social); e II) *polícia de costumes* (tem por objetivo proteger a moralidade pública).

---

11 Isso porque a interpretação conjugada dos arts. 5º, inciso XIII, 22, inciso XVI, 21, inciso XXIV, 70, parágrafo único, 149 e 175 da CF/1988, leva à conclusão, no sentido da indelegabilidade, a uma entidade privada, de atividade típica de Estado, que abrange até poder de polícia. (BRASIL. Supremo Tribunal Federal. **ADI 1.717-6, de 7 de novembro de 2002**. Relator: Min. Sidney Sanches. Data de julgamento: 7 nov. 2002. Data de publicação: *Diário da Justiça*, 28 mar. 2003. Disponível em: <https://redir.stf.jus.br/paginadorpub/paginador.jsp?docTP=AC&docID=266741>. Acesso em: 15 abr. 2024).

d] **Poder de polícia especial:** duas correntes de pensamento – 1) visam proteger setores específicos da atividade humana que afetem bens de interesse coletivo; 2) aparece como acessória a outros serviços públicos, como a polícia ferroviária.
e] **Poder de polícia interfederativo:** exercido entre os Entes federados, em que deve haver respeito em relação ao exercício das competências previstas na Constituição para cada uma delas[12].

11. Prescrição do poder de polícia

Nos termos do art. 1º da Lei n. 9.873/1999[13], prescreve em cinco anos a ação punitiva da Administração Pública Federal, direta e indireta, no exercício do poder de polícia, objetivando apurar infração à legislação em vigor, contados da data da prática do ato ou, no caso de infração permanente ou continuada, do dia em que tiver cessado.

12. Fases no exercício do poder de polícia (ciclo de polícia)

a] **Ordem de polícia:** norma legal que estabelece, de forma primária, as restrições e as condições para o exercício das atividades privadas. Há duas formas: 1) o preceito negativo absoluto, que veda certas formas de exercício de atividade e de uso da propriedade privada; e 2) o preceito negativo com reserva de consentimento, em que há condicionamentos a certos exercícios de atividades e uso da propriedade, sendo vedados caso não haja consentimento prévio e expresso por parte da administração.
b] **Consentimento de polícia:** anuência do Estado para que o particular desenvolva determinada atividade ou utilize a propriedade particular. São espécies: 1) licença – trata-se de ato vinculado por meio do qual a Administração reconhece o direito do particular (ex.: licença para dirigir veículo automotor ou para o exercício de determinada profissão); e 2) *autorização* – é o ato

---

12 OLIVEIRA, Rafael Rezende Carvalho. **Curso de Direito Administrativo.** São Paulo: Gen, 2024.
13 BRASIL. Lei 9.873, de 23 de novembro de 1999. **Diário Oficial da União**, Poder Executivo, Brasília, DF, 24 nov. 1999. Disponível em: <https://www.planalto.gov.br/ccivil_03/leis/l9873.htm#:~:text=LEI%20No%209.873%2C%20DE%2023%20DE%20NOVEMBRO%20DE%201999.&text=Estabelece%20prazo%20de%20prescri%C3%A7%C3%A3o%20para,indireta%2C%20e%20d%C3%A1%20outras%20provid%C3%AAncias.>. Acesso em: 15 abr. 2024.

discricionário pelo qual a Administração, após a análise da conveniência e da oportunidade, faculta o exercício de determinada atividade privada ou a utilização de bens particulares, sem criação, em regra, de direitos subjetivos ao particular (ex.: autorização para porte de arma).

c] **Fiscalização de polícia**: é a verificação do cumprimento, pelo particular, da ordem e do consentimento de polícia. A atividade fiscalizatória pode ser iniciada de ofício ou por provocação de qualquer interessado.

d] **Sanção de polícia**: é a medida coercitiva aplicada ao particular que descumpre a ordem de polícia ou os limites impostos no consentimento de polícia, visando repressão da infração e ao restabelecimento no atendimento do interesse público.

13. Polícia administrativa e polícia judiciária

O **objeto** da polícia administrativa é ilícito administrativo. O objeto da polícia judiciária é a prática do ilícito penal.

A **finalidade** da polícia administrativa é impedir comportamentos violadoras da ordem pública. A finalidade da polícia judiciária é punir os infratores da lei penal.

O **caráter predominante** da polícia administrativa é o preventivo. O caráter predominante da polícia judiciária é o repressivo.

Em relação à **atuação diante da ocorrência da infração penal**, a polícia administrativa atua antes da infração penal, visando evitar sua ocorrência. A polícia judiciária atua após a ocorrência da infração penal, visando apurar a materialidade e sua respectiva autoria.

A **disciplina jurídica essencial** da polícia administrativa é o Direito Administrativo. A disciplina jurídica essencial da polícia judiciária é o Direito Processual Penal.

O **exercício** da polícia administrativa, reparte-se entre os diversos órgãos da Administração Pública, sendo que, no âmbito dos órgãos da Segurança Pública, é da Polícia Militar. O exercício da polícia judiciária é da Polícia Civil ou Polícia Federal.

Em relação à **incidência**, a polícia administrativa incide sobre bens, direitos e atividades. A polícia judiciária atua diretamente sobre pessoas.

14. Poder de polícia e poder de disciplinar

Em relação ao **fundamento**, o poder de polícia fundamenta-se na supremacia geral. O poder disciplinar fundamenta-se na supremacia especial.

Em relação aos **destinatários**, o poder de polícia abrange todos as pessoas que se submetem a autoridade estatal. O poder disciplinar abrange somente servidores públicos e demais pessoas sujeitas à disciplina administrativa.

Em relação à **finalidade**, o poder de polícia visa limitar o exercício dos direitos fundamentais em benefício do interesse público. O poder disciplinar visa apurar infrações e aplicar penalidades.

15. Limites do poder de polícia

a) **Finalístico**: atender ao interesse público, bem como a proteção dos direitos fundamentais.
b) **Legalidade**: a competência e o procedimento devem observar também as normas legais pertinentes.
c) **Necessidade**: só deve ser adotada para evitar ameaças reais ou prováveis de perturbações ao interesse público.
d) **Proporcionalidade**: relação necessária entre a limitação ao direito individual e o prejuízo a ser evitado.
e) **Eficácia**: a medida deve ser adequada para impedir o dano ao interesse público.

16. Campos de atuação

São os interesses protegidos pelo exercício do poder de polícia dentro da finalidade da defesa do interesse público, entre outros: **a) polícia de costumes** – visa à proteção da moralidade pública; **b) polícia sanitária** – visa à proteção da saúde pública; **c) polícia ambiental** – visa à proteção do meio ambiente; **d) polícia edilícia** – visa à disciplina de construções; **e) polícia de segurança** – visa à preservação da ordem pública.

17. Taxa de polícia

a] **Conceito**: é tipo de tributo que tem por hipótese de incidência um ato de polícia.
b] **Fato gerador**: exercício regular do poder de polícia.
c] **Requisito**: é necessário o desempenho efetivo de atividades ou diligências por parte da Administração Pública (fiscalização efetiva).
d] **Característica**: deve ser específico e indivisível.
e] **Caráter**: pode ou não ser remunerado.
f] **Terminologia**: taxa de fiscalização
g] **Pressuposto**: atuação administrativa do Estado diretamente relacionada ao contribuinte.
h] **Tema n. 919 do STF**[14]: a instituição de taxa de fiscalização do funcionamento de torres e antenas de transmissão e recepção de dados e voz é de competência privativa da União, nos termos do art. 22, inciso IV, da CF/1988, não competindo aos Municípios instituir referida taxa.
i] **ADI n. 5.374**[15]: viola o princípio da capacidade contributiva, na dimensão do custo e benefício, a instituição de taxa de polícia ambiental que exceda flagrante e desproporcionalmente os custos da atividade estatal de fiscalização.
j] **ADI n. 7.400**[16]: O Estado-membro é competente para a instituição de taxa pelo exercício regular do poder de polícia sobre as atividades de pesquisa, lavra, exploração ou aproveitamento, de recursos minerários, realizada no Estado. É inconstitucional a instituição de taxa de polícia que exceda flagrante e desproporcionalmente os custos da atividade estatal de fiscalização.

---

14 BRASIL. Supremo Tribunal Federal. **Tema n. 919**. Data de publicação: *Diário da Justiça*, 17 maio 2023. Disponível em: <https://portal.stf.jus.br/jurisprudenciaRepercussao/verAndamentoProcesso.asp?incidente=4476373&numeroProcesso=776594&classeProcesso=RE&numeroTema=919>. Acesso em: 11 fev. 2025.

15 BRASIL. Supremo Tribunal Federal. **ADI n. 5.374, de 24 de fevereiro de 2021**. Plenário. Data de julgamento: 24 fev. 2021. Disponível em: <https://portal.stf.jus.br/jurisprudenciaRepercussao/verAndamentoProcesso.asp?incidente=4476373&numeroProcesso=776594&classeProcesso=RE&numeroTema=919>. Acesso em: 11 fev. 2025.

16 BRASIL. Supremo Tribunal Federal. **ADI n. 7.400, de 19 de dezembro de 2023**. Disponível em: <https://portal.stf.jus.br/processos/detalhe.asp?incidente=6666958>. Acesso em: 11 fev. 2025.

18. Poder de polícia e guardas municipais

A função das guardas municipais (é assegurada a utilização de outras denominações consagradas pelo uso, como *guarda civil*, *guarda civil municipal*, *guarda metropolitana* e *guarda civil metropolitana*) é proteger, zelar pelo patrimônio municipal, nos termos do art. 144, parágrafo 8º, da CF/1988: "Os Municípios poderão constituir guardas municipais destinadas à proteção de seus bens, serviços e instalações, conforme dispuser a lei"[17].

Em 11 de agosto de 2014, foi publicado o Estatuto da Guarda Municipal (Lei n. 13.022[18]), regulamentando o parágrafo 8º do art. 144 com as normas gerais para as guardas municipais, instituições de caráter civil, uniformizadas e armadas conforme previsto em lei, a função de proteção municipal preventiva, ressalvadas as competências da União, dos Estados e do Distrito Federal. A guarda municipal é subordinada ao chefe do Poder Executivo Municipal.

São princípios mínimos de atuação das guardas municipais: I – proteção dos direitos humanos fundamentais, do exercício da cidadania e das liberdades públicas; II – preservação da vida, redução do sofrimento e diminuição das perdas; III – patrulhamento preventivo; IV – compromisso com a evolução social da comunidade; e V – uso progressivo da força.

A interpretação do art. 144, parágrafo 8º da CF/1988 sempre foi de entender que a guarda municipal, como um órgão excluído do rol de órgãos encarregados de promover a segurança pública, não exerce atividades ostensivas típicas de polícia militar ou investigativas de polícia civil/federal, atuando apenas na proteção dos bens, serviços e instalações do Município[19].

Em 13 de junho de 2022, houve o julgamento do RE n. 1.281.774 AgR-ED-AgR/SP[20], em que a Primeira Turma do STF reconheceu que a Guarda Municipal pode agir em caso de flagrante delito, mas não pode efetuar diligências típicas de investigação criminal próprias das polícias investigativas.

---

17 BRASIL. Constituição (1988). **Diário Oficial da União**, Brasília, DF, 5 out. 1988. Disponível em: <http://www.planalto.gov.br/ccivil_03/constituicao/constituicao.htm>. Acesso em: 5 set. 2024.
18 BRASIL. Lei n. 13.022, de 8 de agosto de 2014. **Diário Oficial da União**, Poder Legislativo, Brasília, DF, 11 ago. 2014. Disponível em: <https://www.planalto.gov.br/ccivil_03/_ato2011-2014/2014/lei/l13022.htm>. Acesso em: 15 abr. 2024.
19 BRASIL. Superior Tribunal de Justiça. **Informativo n. 746, de 29 de agosto de 2022**. Disponível em: <https://processo.stj.jus.br/jurisprudencia/externo/informativo/?acao=pesquisarumaedicao&livre=%270746%27.cod.>. Acesso em: 15 abr. 2024.
20 BRASIL. Supremo Tribunal Federal. **RE n. 1.281.774 AgR-ED-AgR/SP**. Relator: Min. Alexandre de Moraes. Primeira Turma. Data de publicação: *Diário da Justiça Eletrônico*, 13 jun. 2022. Disponível em: <https://redir.stf.jus.br/paginadorpub/paginador.jsp?docTP=TP&docID=762539529>. Acesso em: 15 abr. 2024.

Acontece que, no dia 25 de agosto de 2023, o Plenário do STF firmou entendimento de que as guardas municipais integram o Sistema de Segurança Pública. Na decisão majoritária, tomada no julgamento da ADPF n. 995, o colegiado afastou todas as interpretações judiciais que excluíam essas instituições do Sistema de Segurança Pública. Segundo voto do Ministro Alexandre de Moraes:

> as Guardas Municipais têm entre suas atribuições primordiais o poder-dever de prevenir, inibir e coibir, pela presença e vigilância, infrações penais ou administrativas e atos infracionais que atentem contra os bens, serviços e instalações municipais. Trata-se de atividade típica de segurança pública exercida na tutela do patrimônio municipal. Igualmente, a atuação preventiva e permanentemente, no território do Município, para a proteção sistêmica da população que utiliza os bens, serviços e instalações municipais é atividade típica de órgão de segurança pública.[21]

Cabe ressaltar que é constitucional a atribuição às guardas municipais do exercício de poder de polícia de trânsito, inclusive para imposição de sanções administrativas legalmente previstas (RE n. 658.570/MG. Relator original: Min. Marco Aurélio. Plenário. Redator para o acórdão: Min. Roberto Barroso. Data de julgamento: 6 ago. 2015 – Informativo n. 793[22], Repercussão Geral).

A Lei n. 10.826/2003[23] (Estatuto do Desarmamento) autoriza o porte de arma de fogo por integrantes das guardas municipais somente em dois casos: a) das capitais dos Estados e dos Municípios com mais de 500.000 habitantes, nas condições estabelecidas no regulamento da lei; b) dos Municípios com mais de 50.000 e menos de 500.000 habitantes, quando em serviço.

---

21 GUARDAS municipais integram o Sistema de Segurança Pública, decide STF. **Supremo Tribunal Federal**, 28 ago. 2023. Disponível em: <https://portal.stf.jus.br/noticias/verNoticiaDetalhe.asp?idConteudo=512996&ori=1>. Acesso em: 15 abr. 2024.
22 BRASIL. Supremo Tribunal Federal. **Informativo n. 793, de 3 a 7 de agosto de 2015**. Disponível em: <https://www.stf.jus.br/arquivo/informativo/documento/informativo793.htm>. Acesso em: 15 abr. 2024.
23 BRASIL. Lei n. 10.826, de 22 de dezembro de 2003. **Diário Oficial da União**, Poder Legislativo, Brasília, DF, 23 dez. 2003. Disponível em: <https://www.planalto.gov.br/ccivil_03/leis/2003/l10.826.htm>. Acesso em: 15 abr. 2024.

19. Crimes de abuso de autoridade (Lei n. 13.869/2019)

a) **Bem jurídico:** Administração Pública e moralidade administrativa (STJ, REsp n. 89.883[24]), bem como os direitos fundamentais.
b) **Requisito:** finalidade específica de prejudicar outrem ou beneficiar a si mesmo ou a terceiro, ou, ainda, por mero capricho ou satisfação pessoal.
c) **Não configuração de abuso de autoridade:** a divergência na interpretação de lei ou na avaliação de fatos e provas.
d) **Sujeito ativo:** qualquer agente público, servidor ou não, da Administração Direta, Indireta ou Fundacional de qualquer dos poderes da União, dos Estados, do Distrito Federal, dos Municípios e de Território.
e) **Ação penal:** pública incondicionada.
f) **Efeitos da condenação:** I) tornar certa a obrigação de indenizar o dano causado pelo crime, devendo o juiz, a requerimento do ofendido, fixar na sentença o valor mínimo para reparação dos danos causados pela infração, considerando os prejuízos por ele sofridos; II) a inabilitação para o exercício de cargo, mandato ou função pública, pelo período de 1 (um) a 5 (cinco) anos; III) a perda do cargo, do mandato ou da função pública. Os efeitos da inabilitação e da perda são condicionados à ocorrência de reincidência em crime de abuso de autoridade e não são automáticos, devendo ser declarados motivadamente na sentença.
g) **Penas restritivas de direitos:** prestação de serviços à comunidade ou a entidades públicas; suspensão do exercício do cargo, da função ou do mandato, pelo prazo de 1 (um) a 6 (seis) meses, com a perda dos vencimentos e das vantagens. Podem ser aplicadas autônoma ou cumulativamente.
h) **Independência:** as responsabilidades civil e administrativa são independentes da criminal, não se podendo mais questionar sobre a existência ou a autoria do fato quando essas questões tenham sido decididas no juízo criminal. Faz coisa julgada em âmbito cível, assim como no administrativo-disciplinar, a sentença penal que reconhecer ter sido o ato praticado em estado de necessidade, em legítima defesa, em estrito cumprimento de dever legal ou no exercício regular de direito.
i) **Disciplina normativa:** são normas são aplicáveis ao processo e ao julgamento dos crimes de abuso de autoridade, no que couber, Código de Processo Penal e da Lei n. 9.099/1995[25].

---

24 BRASIL. Superior Tribunal de Justiça. **Resp n. 89.883, de 28 de setembro de 2010.** 5ª Turma.
25 BRASIL. Lei n. 9.099, de 26 de setembro de 1995. **Diário oficial da União**, Poder Legislativo, Brasília, DF, 27 set. 1995. Disponível em: <https://www.planalto.gov.br/ccivil_03/leis/l9099.htm>.

TÍTULO 9
ATO ADMINISTRATIVO

1. Fato jurídico

Fato é todo e qualquer acontecimento, podendo ser **comum**, quando não produz efeito jurídico, ou **jurídico (ou em sentido amplo/*lato sensu*)** quando produz efeito jurídico.

O fato jurídico pode ser em **sentido estrito ou natural**, quando decorre de acontecimentos da natureza, ou **humano**, quando decorre da vontade humana.

O fato humano, por sua vez, pode ser **ilícito** quando é feito em desconformidade com a ordem jurídica e produz efeitos não desejados pelo agente, ou **lícito**, quando é feito em conformidade com a ordem jurídica e produz efeitos ensejados pelo agente (ato jurídico e negócio jurídico).

Uma das espécies de ato jurídico é o ato administrativo.

2. Fato da administração e fato administrativo

Fato administrativo é o que produz efeitos no campo do Direito Administrativo. O **fato da administração** se faz presente quando não produz efeitos na citada esfera do Direito.

3. Ato da Administração e ato administrativo

Nem todo ato da Administração é ato administrativo, e nem todo ato administrativo provém da Administração.

Ato administrativo é uma espécie de ato da Administração Pública. Portanto, **ato da Administração Pública** é todo ato praticado no exercício da função administrativa, abrangendo: a) atos de direito privado; b) contratos; c) atos normativos; d) atos políticos (discricionários, constitucionais e controláveis pelo Judiciário); e) atos materiais; f) atos de conhecimento, opinião, juízo ou valor; g) atos administrativos propriamente ditos.

De acordo com o critério da técnica mnemônica (memorização), os atos da Administração são os feitos em uma "COPA realizada no PNM (Panamá, sem vogal)".

4. Ato administrativo e fato administrativo

Ato administrativo é uma manifestação de vontade, de conteúdo jurídico, da Administração Pública. É espécie de ato jurídico que visa produzir efeitos jurídicos.

Fato administrativo, por sua vez, é a consequência do ato administrativo, a realização material ou a execução prática de uma decisão ou determinação da administração. Não tem por finalidade produzir efeitos jurídicos, mas pode ter consequências jurídicas. São eventos materiais que podem repercutir no mundo jurídico.

5. Conceito de ato administrativo

Ato administrativo é a declaração (exteriorização do pensamento) do Estado ou de quem o represente, que produz efeitos jurídicos imediatos (tem por fim modificar, adquirir, resguardar, transferir e extinguir direitos – de acordo com critério de mnemônica, as iniciais dos efeitos formam a palavra MARTE), com observância da lei, sob regime jurídico de direito público, sujeita a controle pelo Poder Judiciário.

É uma manifestação de vontade unilateral da Administração Pública Direta e Indireta e dos delegatários de atividades administrativas.

Existem atos da administração que não produzem efeitos jurídicos imediatos: a) atos materiais; b) despachos de encaminhamento de papéis e processos; c) atos enunciativos ou de conhecimentos que apenas atestam ou declaram a existência de um direito ou situação; d) atos de opinião.

6. Ato administrativo e separação de poderes

A não adoção da separação absoluta de funções reconhece que cada órgão (Legislativo, Executivo e Judiciário) exerce funções típicas e atípicas.

Nesse contexto, o Poder Executivo exerce de forma típica a função administrativa. Já o Poder Legislativo e o Poder Judiciário exercem a função administrativa de forma atípica.

No exercício da função administrativa, os três poderes praticam atos administrativos.

7. Requisitos do ato administrativo

7.1 Conceito de requisitos do ato administrativo

Quanto à validade, há divergência doutrinária na indicação e terminologia dos elementos do ato administrativo. De acordo com a técnica mnemônica (memorização): "FF.COM" – forma, finalidade, competência, objeto e motivo.

7.2 Espécies dos requisitos do ato administrativo

7.2.1 Finalidade

Resultado que a Administração Pública quer alcançar com a prática do ato. É de efeito mediato. O ato administrativo tem que atender a duas finalidades: **a) genérica ou mediata** – tutela do interesse público (pode ser expressa ou implícita na lei); **b) específica** – finalidade prevista na lei que rege a prática do ato, de forma explícita ou implícita. A infração da finalidade leva à ilegalidade do ato por desvio de poder.

7.2.1.1 Teoria do desvio de finalidade

a] **Terminologia**: teoria do desvio de poder.
b] **Origem**: Conselho de Estado francês.
c] **Conceito**: não atendimento da finalidade do interesse público e/ou da prevista em lei pela Administração Pública.
d] **Atitude do Judiciário**: pode invalidar ato administrativo que esteja contaminado com o desvio de finalidade.

7.2.2 Forma

No sentido restrito, é a exteriorização do ato, ou seja, o modo pelo qual a declaração de vontade se exterioriza. Em sentido amplo: abrange a exteriorização do ato, formalidades e requisitos de publicidade do ato.

7.2.3 Competência

É o poder legal conferido ao agente público para o desempenho específico das atribuições de seu cargo. A competência é de exercício obrigatório para os órgãos e agentes públicos; é imodificável pela vontade do agente; é imprescritível; é irrenunciável; é improrrogável se houver previsão legal nesse sentido; decorre sempre da lei.

- **Critérios de fixação da competência**: em razão da matéria; em razão do território; em razão da hierarquia; em razão do tempo.
- **Inexistência de competência legal específica**: há dois posicionamentos para identificar quem será o agente público competente no exercício da função administrativa: 1) *doutrinário* – será o Chefe do Poder Executivo, por ser a autoridade máxima da organização administrativa; 2) *legal* – em conformidade com o art. 17 da Lei n. 9.784/1999[1], será a autoridade de menor grau hierárquico.
- **Delegação da competência**:
    a) **Regra geral** – possibilidade de delegação, salvo se houver impedimento legal.
    b) **Requisito** – possível mesmo que não exista subordinação hierárquica.
    c) **Abrangência** – deve ser de apenas parte da competência.
    d) **Prazo** – determinado.
    e) **Caráter** – revogável a qualquer tempo.
    f) **Publicidade** – publicada no meio oficial.
    g) **Não podem ser objeto de delegação** – I – a edição de atos de caráter normativo; II – a decisão de recursos administrativos; III – as matérias de competência exclusiva do órgão ou autoridade.
    h) **Ressalva** – o ato de delegação pode conter a ressalva de exercício da atribuição delegada. Se isso acontecer, a atribuição delegada poderá também ser exercida pelo delegante.
    i) **Justificativa** – quando for conveniente, em razão de circunstâncias de índole técnica, social, econômica, jurídica ou territorial.
    j) **Subdelegação** – depende do consentimento da autoridade delegante.

---

[1] BRASIL. Lei n. 9.784, de 29 de janeiro de 1999. **Diário Oficial da União**, Poder Legislativo, Brasília, DF, 1º fev. 1999. Disponível em: <https://www.planalto.gov.br/ccivil_03/leis/l9784.htm>. Acesso em: 15 abr. 2024.

Avocação da competência:

a] **Conceito** – ato mediante o qual o superior hierárquico chama para si o exercício temporário de parte da competência atribuída de forma originária a um subordinado.
b] **Característica** – é medida excepcional, fundamentada, possível mesmo sem um rol legal dos casos.
c] **Não possibilidade** – quando se tratar de competência exclusiva do subordinado.

7.2.4 Objeto

Conteúdo do ato por meio do qual a Administração manifesta sua vontade ou atesta situações preexistentes. É o fim imediato. Tem que ser lícito, moral, possível e determinável.

7.2.5 Motivo ou causa

É a situação de fato e de direito que determina ou autoriza a realização do ato administrativo, que serve de fundamento para a prática do ato administrativo. A **situação de direito** é a descrita na lei; a **situação de fato** é o conjunto de circunstâncias que levam a Administração a praticar o ato.

- **Motivo e motivação:** *motivo* é a situação de fato e de direito que serve de fundamento para a prática do ato; *motivação* é a exposição por escrito dos motivos que determinaram a prática do ato administrativo. O motivo é elemento obrigatório de todo ato administrativo. A motivação não é obrigatória para todo o ato administrativo, já que existem atos tipicamente discricionários e sem motivação declarada.
- **Motivação obrigatória:** o fundamento para a exigência da motivação é o princípio da transparência. Pelo art. 50 da Lei n. 9.784/1999, os atos administrativos deverão ser motivados, com indicação dos fatos e dos fundamentos jurídicos, quando: I – neguem, limitem ou afetem direitos ou interesses; II – imponham ou agravem deve res, encargos ou sanções; III – decidam processos administrativos de concurso ou seleção pública; IV – dispensem ou declarem a inexigibilidade de processo licitatório; V – decidam recursos administrativos; VI – decorram de reexame de ofício; VII – deixem de aplicar jurisprudência firmada sobre a questão ou discrepem de pareceres, laudos, propostas e relatórios oficiais; VIII – importem anulação, revogação, suspensão ou convalidação de ato administrativo.

- **Teoria dos motivos determinantes**: quando a Administração motiva o ato, mesmo que a lei não exija a motivação, ele só será válido se os motivos forem verdadeiros; se os motivos forem falsos ou inexistentes o ato será nulo. É uma teoria em a validade do ato administrativo se vincula aos motivos indicados como seu fundamento.
- **Móvel dos atos administrativos**: é a intenção do agente público (elemento psíquico).

8. Perfeição, validade e eficácia do ato administrativo

a) **Perfeição**: diz respeito ao processo de formação do ato administrativo. Ato perfeito – é o que completa as fases de elaboração previstas em lei.
b) **Validade**: diz respeito à conformidade do ato com a lei. Ato válido – é o adequado às exigências legais.
c) **Eficácia ou exequibilidade**: é a possibilidade atual de produção de efeitos. Ato eficaz – é que produz efeitos jurídicos imediatos. Há quem diferencie eficácia de exequibilidade: *eficácia* é a produção de efeitos jurídicos imediatos. *Exequibilidade* é ato não sujeito a termo ou condição.

9. Atributos do ato administrativo

9.1 Conceito dos atributos do ato administrativo

São as qualidades do ato administrativo e as características que permitem afirmar que o ato administrativo está submetido a um regime jurídico administrativo. Não há uniformidade de pensamento na indicação dos atributos. Permitem a distinção com os atos de direito privado.

São prerrogativas do Poder Público que o coloca em posição de supremacia sobre o particular. De acordo com a técnica da mnemônica (memorização) PITA – presunção de legitimidade, imperatividade, tipicidade e autoexecutoriedade.

9.2 Espécies dos atributos do ato administrativo

9.2.1 Presunção de legitimidade e veracidade

Qualidade inerente a todo ato administrativo, inclusive nos atos de direito privado, e independente de previsão legal. É uma presunção relativa (que admite prova em contrário). Abrange a **presunção da legitimidade**, que significa a conformidade com a lei, e a **presunção da veracidade**, que significa a ocorrência verídica dos fatos alegados pela Administração. Gera a inversão do ônus da prova, cabendo ao particular a prova da ilegalidade.

9.2.2 Imperatividade

Os atos da Administração são impostos ao particular independentemente da sua concordância. O fundamento é o poder extroverso. Só existe nos atos que impõem obrigações. Permite a distinção com o ato de direito privado.

9.2.3 Tipicidade

Os atos administrativos devem estar previstos em lei, de modo que a Administração não pode praticar atos inominados. A tipicidade é uma garantia para o administrado e afasta a possibilidade de ato totalmente discricionário. A tipicidade só existe nos atos unilaterais. É uma decorrência do princípio da legalidade.

9.2.4 Autoexecutoriedade

A Administração pode autoexecutar suas decisões com meios coercitivos próprios, sem necessitar do Poder Judiciário. É a imediata e direta execução de seus atos, sem necessidade do consentimento de qualquer outro poder ou autoridade. A autoexecutoriedade não está presente em todos os atos administrativos. Ela existe em duas situações: 1) quando prevista em lei; 2) quando for urgente – se não adotada de imediato, o prejuízo será maior. É possível controle judicial posterior com aplicação da regra da responsabilidade objetiva. Pode o interessado pleitear suspensão de ato ainda não executado, por via administrativa ou judicial. A autoexecutoriedade possui duas espécies: **1) executoriedade** – a administração se utiliza de meios diretos de coerção; **2) exigibilidade** – a administração se utiliza de meios indiretos de coerção.

10. Classificação dos atos administrativos

10.1 Classificação tradicional

Feita com base na doutrina do saudoso Hely Lopes Meirelles[2], que afirma que os atos podem ser:

a) **Atos negociais** – manifestações unilaterais de vontade da Administração Pública coincidentes com a pretensão do particular; produzem efeitos concretos e individuais para o administrado. São atos negociais – licença, autorização, permissão, aprovação, admissão, visto, homologação, dispensa, renúncia e protocolo administrativo.
b) **Atos normativos** – comandos gerais e abstratos aplicáveis a todos os administrados. São atos normativos – decreto, regulamento, instrução, regimento, resolução e deliberação.
c) **Atos ordinatórios** – atos internos de rotina administrativa. São atos ordinatórios – instrução, circular, aviso, portaria, ordem de serviço, ofício e despacho.
d) **Atos enunciativos** – atestam ou certificam um fato ou uma situação. São atos enunciativos – certidão, atestado, parecer e apostila.
e) **Atos punitivos** – visam impor sanções aos servidores ou administrados. São atos punitivos – multa, interdição e destruição.

10.2 Classificação moderna dos atos administrativos

Feita com base nos diversos critérios doutrinários.

10.2.1 Quanto ao alcance

a) **Atos gerais**: comandos gerais e abstratos atingindo todos os administrados; não detêm destinatários determinados; visam dar fiel execução à lei; precisam ser publicados na imprensa oficial; não podem ser impugnados em juízo ou na esfera administrativa de forma direta pela pessoa lesada; revogabilidade incondicionada.
b) **Atos individuais**: constituem ou declaram uma situação jurídica particular; detêm destinatários determinados ou determináveis; necessitam

---

2   MEIRELLES, Hely Lopes. **Direito Administrativo brasileiro**. São Paulo: Malheiros, 1990.

ser publicados na imprensa oficial; podem ser impugnados; só podem ser revogados se não geraram direitos adquiridos.

10.2.2 Quanto à abrangência

a] **Atos internos**: produzem efeitos no âmbito interno da Administração Pública.
b] **Atos externos**: atingem os administrados em geral.

10.2.3 Quanto à estrutura

a] **Atos de império**: são os praticados pela Administração Pública com supremacia.
b] **Atos de gestão**: são os praticados sem supremacia.
c] **Atos de expediente**: visam dar andamento aos serviços desenvolvidos por entidade, órgão ou repartição.

10.2.4 Quanto à vontade

a] **Ato simples**: depende da vontade de um único órgão, unipessoal ou colegiado.
b] **Ato complexo**: depende da vontade de dois ou mais diferentes órgãos.
c] **Ato composto**: depende da vontade de um só órgão, mas para a produção dos efeitos depende de outro ato prévio ou posterior que o aprove. Existem dois atos: um principal e outro acessório.

10.2.5 Quanto aos efeitos

a] **Ato constitutivo**: é o que cria uma nova situação jurídica individual.
b] **Ato extintivo ou desconstitutivo**: é o que finaliza situações jurídicas individuais existentes.
c] **Ato declaratório**: é o que declara uma situação preexistente para preservar o direito do administrado.
d] **Ato alienativo**: é o que visa transferir bens ou direitos de um titular para outro.
e] **Ato modificativo**: é o que altera a situação, sem suprimila.
f] **Ato abdicativo**: quando o titular abre mão do direito.

10.2.6 Quanto à condição

a] **Ato pendente**: sujeito a um termo ou condição.
b] **Ato consumado ou exaurido**: já produziu todos os efeitos.

10.2.7 Quanto à margem de liberdade

a] **Ato vinculado**: aquele em que o agente público não tem margem de liberdade para escolher a melhor forma de agir, pois a lei define todos os aspectos da conduta a ser adotada. O agente público é um simples executor da vontade legal. A lei não deixou opções sobre como deve ser o agir administrativo.
b] **Ato discricionário**: aquele em que o agente público tem uma margem de liberdade para, diante da situação concreta, selecionar entre as opções predefinidas na lei a mais apropriada para defender o interesse público. A discricionariedade justifica-se pela dinâmica do interesse público, que exige flexibilidade na atuação da Administração Pública. Não se confunde com *arbitrariedade*, que significa agir sem respaldo legal ou contrário à lei. O Judiciário pode invalidar o ato administrativo quando a autoridade ultrapassa o espaço livre deixado pela lei e invade o campo da legalidade. A discricionariedade não é total, já que alguns elementos do ato são sempre vinculados à lei: forma, finalidade e competência. No conceito de discricionariedade, destaca-se o mérito administrativo, ou seja, juízo de conveniência e oportunidade que o agente público tem para a prática do ato administrativo. É um aspecto que só existe nos atos discricionários.

10.2.8 Outros

a] **Ato unipessoal**: depende de uma só autoridade.
b] **Ato pluripessoal**: depende de várias pessoas integrantes de órgãos.
c] **Ato revogável**: pode extinguir por motivo de conveniência e oportunidade.
d] **Ato irrevogável**: não pode extinguir por motivo de conveniência e oportunidade.
e] **Ato de constatação**: verifica e proclama uma situação fática e jurídica ocorrente.
f] **Ato de jurisdição**: possui decisão sobre matéria controvertida.
g] **Ato condição**: é ato necessário para permitir a realização de outro ato.
h] **Ato intermediário ou preparatório**: concorre para a formação de um ato principal e final.
i] **Ato complementar**: aprova ou ratifica o ato principal.

j] **Ato principal**: contém a manifestação de vontade final da Administração Pública.
k] **Ato de administração ativa**: cria uma utilidade pública.
l] **Ato de administração consultiva**: informa, esclarece ou sugere providências para a prática de atos.
m] **Ato de administração controladora**: impede ou permite a produção de ato de administração ativa.
n] **Ato de administração verificadora**: apura a existência de uma situação de fato ou de direito.
o] **Ato de administração contenciosa**: decide assunto de natureza litigiosa.

11. Espécies de atos administrativos

- **Alvará**: é o instrumento da licença ou autorização.
- **Despacho**: contém decisão das autoridades administrativas.
- **Circular**: instrumento de transmissão de ordens internas para subordinados.
- **Decreto**: é forma dos atos gerais ou individuais emanados do chefe do Poder Executivo.
- **Portaria**: o chefe expede determinações gerais ou especiais a seus subordinados ou designa servidores para funções e cargos secundários ou se iniciam sindicâncias e processos administrativos.
- **Licença**: a Administração faculta ao que preenche os requisitos legais o exercício de uma atividade.
- **Visto**: atesta a legitimidade formal de outro ato jurídico.
- **Admissão**: a Administração Pública reconhece ao particular que preencha os requisitos legais o direito à prestação de um serviço público.
- **Aprovação**: exerce o controle prévio ou posterior do ato administrativo.
- **Homologação**: a Administração reconhece a legalidade de um ato jurídico.
- **Parecer**: a Administração Pública emite opinião sobre assuntos técnicos ou jurídicos.
- **Autorização**: a Administração Pública consente que o particular exerça atividade ou utilize bem público no seu próprio interesse.
- **Permissão**: a Administração Pública consente que particular exerça serviço de utilidade pública ou utilize de forma privativa bem público.
- **Dispensa**: exime o particular do cumprimento de obrigação exigida pela lei.
- **Renúncia administrativa**: o Poder Público extingue de forma unilateral um direito próprio.

- **Protocolo administrativo**: o Poder Público acerta com o particular a realização de determinado empreendimento ou atividade ou abstenção de certa conduta.
- **Ordem de serviço**: o superior hierárquico expede diretrizes para a realização de serviços ou atividades e determina o início da execução de contratos administrativos.
- **Instrução**: o superior hierárquico é o que fixa diretrizes sobre o modo de realização de serviços ou atividades.
- **Deliberação**: é ato normativo ou decisório de órgão colegiado.
- **Resolução**: é ato normativo editado por autoridades de alto escalão ou dirigente de órgão colegiado que fixam normas sobre matéria de competência do órgão.
- **Regimento**: normas de funcionamento interno dos órgãos colegiados.
- **Certidão**: cópia do registro constante em algum livro público.
- **Atestado**: declaração da Administração sobre uma situação de que tem conhecimento em razão da atividade de seus órgãos.

12. Exteriorização do ato administrativo

12.1 Rigor da forma

As formas mais rigorosas são exigidas quando estejam em jogo direitos dos administrados.

12.2 Exigência legal

Quando a lei exigir forma para o ato administrativo, a inobservância desse elemento gera nulidade. Quando a lei não exigir forma para o ato administrativo, a Administração pode adotar a forma mais adequada para obter segurança jurídica de acordo com seus critérios de conveniência e oportunidade. São possíveis de forma excepcional ordens não escritas, cartazes e placas.

12.3 Silêncio administrativo

a) **Terminologia**: omissão administrativa ou "não ato".
b) **Natureza jurídica**: fato administrativo.

c) **Manifestação de vontade administrativa:** quando houver previsão legal nesse sentido.
d) **Omissão ilegítima:** não manifestação da Administração Pública, que não se manifesta no prazo legalmente fixado ou prazo razoável.
e) **Atitudes diante da omissão ilegítima:** o interessado deve pleitear na via administrativa (ex.: direito de petição) ou judicial (ex.: ação mandamental) a manifestação expressa da vontade estatal.

12.4 Motivação

Integra o conceito de *forma*; sua ausência impede a verificação da legitimidade do ato.

12.5 Espécies de formas

Essenciais, quando afetam a existência e validade do ato (estabelecida como garantia de respeito aos direitos individuais); não essenciais, quando não afetam a existência e validade do ato (diz respeito apenas ao ordenamento interno ou à facilitação do andamento do serviço).

13. Extinção do ato administrativo

13.1 Anulação do ato administrativo

- **Terminologia:** invalidação.
- **Fundamento sumular:** Súmula n. 473[3] do STF – "A administração pode anular seus próprios atos, quando eivados de vícios que os tornam ilegais, porque deles não se originam direitos".
- **Fundamento legal:** art. 53 da Lei n. 9.784/1999 – "A Administração deve anular seus próprios atos, quando eivados de vício de legalidade".
- **Conceito:** é a extinção do ato administrativo motivada pela ilegalidade.
- **Objeto:** ato administrativo praticado em desconformidade com o ordenamento jurídico, ou seja, um ato administrativo inválido.
- **Sujeito:** o ato administrativo pode ser anulado pela Administração Pública ou pelo Poder Judiciário.

---

3 BRASIL. Supremo Tribunal Federal. **Súmula n. 473, de 3 de dezembro de 1969.** Data de publicação: Diário da Justiça, 10 dez. 1969. Disponível em: <https://portal.stf.jus.br/jurisprudencia/sumariosumulas.asp?base=30&sumula=1602>. Acesso em: 23 out. 2024.

- **Motivo**: ilegalidade ou contrariedade às disposições contidas na ordem jurídica[4].
- **Conteúdo**: é o desfazimento do ato administrativo inválido.
- **Natureza**: constitutiva, pois inaugura uma nova situação jurídica, a retirada do ordenamento jurídico de um ato administrativo ilegal; anulação é um dever da Administração, nos termos do art. 53 da Lei n. 9.784/1999 (atividade vinculada).
- **Pressuposto**: ampla defesa e do contraditório.
- **Anulação pela Administração Pública**: a Administração pode anular seus atos ilegais, de ofício ou por provocação dos interessados. Quando a Administração anula seus atos de ofício, ela exerce o poder-dever de zelar pela observância do princípio da legalidade. Além da legalidade, o fundamento é poder de autotutela.
- **Anulação pelo Poder Judiciário**: o Judiciário também pode anular atos administrativos ilegais por provocação, em face do princípio da inafastabilidade da jurisdição prevista no art. 5º, inciso XXXV, da CF/1988.
- **Espécies de invalidação**: pode ser total (atinge todo o ato a ser invalidado) ou parcial (atinge parte do ato a ser invalidado).
- **Limite**: não pode ser realizada: a) ultrapassado o prazo legal; b) houver consolidação dos efeitos produzidos; c) for mais conveniente para o interesse público manter a situação fática já consolidada do que determinar a anulação (teoria do fato consumado); d) houver possibilidade de convalidação.
- **Eficácia**: *ex tunc*, ou seja, retroagem desde a edição do ato administrativo. A retroatividade pode ser total ou parcial.
- **Prazo**: o direito da Administração de anular os atos administrativos de que decorram efeitos favoráveis para os destinatários decai em 5 anos, contados da data em que foram praticados, salvo comprovada má-fé. No caso de efeitos patrimoniais contínuos, o prazo de decadência será contado da percepção do primeiro pagamento.
- **Modulação da eficácia temporal**: Administração Pública pode reduzir a extensão dos efeitos da anulação para defender o interesse público e a segurança jurídica. Ao declarar a inconstitucionalidade de lei ou ato normativo, e tendo em vista razões de segurança jurídica ou de excepcional interesse social, poderá o STF, por maioria de dois terços de seus membros, restringir os efeitos daquela declaração ou decidir que ela só tenha eficácia a partir de

---

[4] "Ato ilegal é ato que carece de legitimidade ou, de forma mais abrangente, que se ressente de defeitos jurídicos" (GASPARINI, Diógenes. **Direito Administrativo**. 11. ed. São Paulo: Saraiva, 2006. p. 112-113).

seu trânsito em julgado ou de outro momento que venha a ser fixado, nos termos do art. 27 da Lei n. 9.868/1999[5].
- **Convalidação:** Administração Pública deixe de invalidar o ato ilegal, para convalidá-lo por razões de segurança jurídica ou boa-fé, nos termos do art. 54 da Lei n. 9.784/1999.
- **Indenização:** sim, salvo na hipótese em que o administrado contribuiu para a prática da ilegalidade.
- **Mudança de orientação da Administração Pública:** se a invalidação do ato decorrer de mudança de orientação da Administração Pública, ela não pode retroagir. Trata-se de aplicação do princípio da segurança jurídica, expressamente consagrado no art. 2º da Lei de Processo Administrativo Federal (Lei n. 9.784/1999)[6].

13.2 Revogação do ato administrativo

- **Fundamento sumular:** Súmula n. 473 do STF – "A administração pode revogar seus atos, por motivo de conveniência ou oportunidade, respeitados os direitos adquiridos, e ressalvada, em todos os casos, a apreciação judicial".
- **Fundamento legal:** art. 53 da Lei n. 9.784/1999 – "A Administração pode revogá-los por motivo de conveniência ou oportunidade, respeitados os direitos adquiridos".
- **Conceito:** é a extinção do ato administrativo motivada pela conveniência e/ou oportunidade da administração.
- **Reavaliação:** mérito administrativo.
- **Tipo do ato:** discricionário.
- **Objeto:** ato administrativo válido; ato administrativo perfeito e eficaz.
- **Sujeito:** Administração Pública.
- **Competência para revogar:** autoridade indicada na lei. Se a lei for omissa, a competência será da autoridade que praticou o ato ou do seu superior hierárquico.
- **Legislativo e judiciário:** pode revogar atos administrativos no exercício da sua função administrativa.
- **Motivo:** conveniência e/ou oportunidade; razões de interesse público.
- **Requisito:** alteração de situação fática que torne o ato inconveniente e/ou inoportuno.
- **Questão envolvida na revogação:** questão de mérito.

---

5 BRASIL. Lei n. 9.868, de 10 de novembro de 1999. **Diário Oficial da União**, Poder Executivo, Brasília, DF, 11 nov. 1999. Disponível em: <https://www.planalto.gov.br/ccivil_03/leis/l9868.htm>. Acesso em: 23 out. 2024.
6 DI PIETRO, Maria Sylvia Zanella. **Direito Administrativo**. Rio de Janeiro: Forense, 2024. p. 267.

- **Conteúdo**: desfazimento de um ato administrativo válido que se revelou inconveniente e/ou inoportuno.
- **Pressuposto**: oitiva prévia do interessado.
- **Natureza**: constitutiva, pois inaugura uma nova situação jurídica, a retirada do ordenamento jurídico de um ato administrativo válido; a Administração "pode" revogar seus atos inconvenientes e/ou inoportunos, nos termos do art. 53 da Lei n. 9.784/1999.
- **Natureza jurídica**: a revogação é ato discricionário, tendo a administração a faculdade de revogar ou não o ato.
- **Espécies**: pode ser total ou parcial; expressa ou tácita.
- **Eficácia**: a revogação produz efeitos *ex nunc*, ou seja, a partir de sua vigência, de modo que os efeitos produzidos pelo ato revogado devem ser inteiramente respeitados, salvo disposição em contrário.
- **Limite**: a revogação não pode atentar contra direito adquirido e ato jurídico perfeito.
- **Atos irrevogáveis**: a) atos que exauriram seus efeitos; b) atos vinculados: se a lei fizer previsão de maneira imprópria de revogação de ato vinculado, será uma desapropriação de direito a ser indenizada na forma da lei; c) atos que já geraram direitos adquiridos, nos termos da Súmula n. 473 do STF; d) atos que integram um procedimento, pois cada novo ato gera preclusão com relação ao ato anterior; e) quando já se exauriu a competência em relação ao objeto do ato; f) meros atos administrativos, pois os efeitos são estabelecidos em lei; g) atos declarados pela lei como irrevogáveis.
- **Anulação do ato revocatório**: praticado em desconformidade com as exigências da ordem jurídica.
- **Revogação da revogação**: é possível, pois o ato revocatório tem natureza discricionária. Terá efeito repristinatório se houver previsão expressa, conforme dispõe o art. 2º, parágrafo 3º da Lei de Introdução às Normas do Direito Brasileiro[7], que dispõe: "Salvo disposição em contrário, a lei revogada não se restaura por ter a lei revogadora perdido a vigência".
- **Indenização**: não, salvo situações excepcionais.

13.3 Cassação do ato administrativo

a] **Conceito**: é a extinção do ato administrativo que ocorre quando o beneficiário descumpre requisitos que permitem a manutenção do ato e de seus efeitos.

---

7   BRASIL. Decreto-Lei n. 4.657, de 4 de setembro de 1942. **Diário Oficial da União**, Poder Executivo, Brasília, DF, 9 set. 1942. Disponível em: <https://www.planalto.gov.br/ccivil_03/decreto-lei/del4657compilado.htm>. Acesso em: 15 abr. 2024.

b] **Ato vinculado**: a cassação somente pode ocorrer nas hipóteses previstas em norma jurídica[8].
c] **Ato sancionatório**: a cassação serve de punição ao beneficiário que descumpre os requisitos[9], razão pela qual deve ser precedida de ampla defesa e contraditório[10].
d] **Motivo**: descumprimento das condições fixadas imputada ao beneficiário do ato.
e] **Ilegalidade**: superveniente.
f] **Requisito**: deve ser precedida de ampla defesa e contraditório.
g] **Temporariedade**: deve ser aplicada por prazo determinado.
h] **Desconformidade com a ordem jurídica**: decorre da conduta do beneficiário do ato.

13.4 Extinção natural do ato administrativo

a] **Terminologia**: a conhecida extinção normal do ato administrativo.
b] **Conceito**: a extinção do ato administrativo que ocorre com o cumprimento dos efeitos do ato.
c] **Cabimento**: a extinção natural pode ocorrer em quatro casos: 1) esgotamento de prazo; 2) execução do ato; 3) ter alcançado o objetivo; 4) implemento de condição resolutiva.
d] **Previsibilidade**: o ato administrativo já traz o seu momento de extinção[11].
e] **Independência**: não há interferência direta nem do administrador, nem do eventual beneficiário[12].
f] **Imediatidade**: independe da edição de outro ato declarando sua extinção.

13.5 Extinção subjetiva do ato administrativo

A extinção do ato administrativo que ocorre com o desaparecimento do beneficiário do ato.

13.6 Extinção objetiva do ato administrativo

A extinção do ato administrativo que ocorre com o desaparecimento do objeto do ato.

---

8   CARVALHO FILHO, José dos Santos. **Manual de Direito Administrativo**. São Paulo: Atlas, 2023.
9   CARVALHO FILHO, José dos Santos. **Manual de Direito Administrativo**. São Paulo: Atlas, 2023.
10 OLIVEIRA, Rafael Carvalho Rezende. **Curso de Direito Administrativo**. São Paulo: Gen, 2023.
11 CARVALHO FILHO, José dos Santos. **Manual de Direito Administrativo**. São Paulo: Atlas, 2023.
12 CARVALHO FILHO, José dos Santos. **Manual de direito administrativo**. São Paulo: Atlas, 2023.

13.7 Caducidade do ato administrativo

a] **Terminologia:** decaimento.
b] **Conceito:** a extinção do ato administrativo que ocorre com o advento de nova legislação que impede a permanência da situação antes consentida pelo Poder Público.
c] **Motivo:** nova legislação não aceita mais situação antes permitida.
d] **Ilegalidade:** superveniente.
e] **Desconformidade com a ordem jurídica:** não é imputada ao administrado.

13.8 Contraposição

a] **Terminologia:** derrubada.
b] **Conceito:** é a extinção do administrativo por outro ato superveniente ou posterior com efeitos opostos a um ato anterior.
c] **Tipo de ato:** de efeitos opostos.
d] **Exemplo:** a exoneração de funcionário extingue o ato administrativo da nomeação por contraposição.

13.9 Renúncia do ato administrativo

Extinção do ato administrativo que ocorre quando o beneficiário abre mão de uma vantagem que antes desfrutava.

13.10 Recusa

Extinção do ato administrativo que ocorre quando o beneficiário abre mão de uma vantagem antes da produção de seus efeitos.

14. Convalidação dos atos administrativos

14.1 Noções gerais

É a correção do defeito existente no ato administrativo. A convalidação possui efeitos retroativos à data em que foi praticado. O saneamento do ato administrativo depende da presença de três requisitos cumulativos:

1) não lesão ao interesse público;
2) não prejuízo a terceiros;
3) ser defeito sanável (forma, desde que não seja essencial; de competência, desde que não seja material, nem exclusiva).

14.2 Defeitos do ato administrativo

Os atos administrativos podem apresentar vícios que, dependendo do caso, podem ser sanados. Os vícios podem ser:

a) **De finalidade** – desrespeito gera abuso de poder na modalidade desvio de finalidade implicando a violação direta aos princípios da impessoalidade e moralidade. Não admite convalidação, pois não há mudança posterior da intenção do agente.
b) **De competência** – os vícios de competência são: 1) excesso de poder – o agente vai além do que a lei permite; excede os limites de sua competência; 2) usurpação de função – o agente não foi investido em cargo, emprego ou função; 3) função de fato – há investidura irregular ou impedimento legal para a prática do ato. Não se admite convalidação quando for competência exclusiva e material. A forma de convalidação é feita por meio da ratificação pela autoridade competente.
c) **De forma** – é a inobservância da forma; admite convalidação desde que a forma não seja essencial para a validade do ato.
d) **De motivo** – os vícios são a ausência e a falsidade; não admite convalidação.
e) **De objeto** – quando for ilícito, imoral, impossível ou indeterminado; não admite a convalidação.

TÍTULO 10

CONTROLE DA ADMINISTRAÇÃO PÚBLICA

Sumário

Capítulo 1
Noções gerais do controle da Administração Pública   609

Capítulo 2
Controle interno da Administração Pública   617

Capítulo 3
Controle externo da Administração Pública   621

Capítulo 4
Controle administrativo   623

Capítulo 5
Controle parlamentar da Administração Pública   627

Capítulo 6
Controle jurisdicional da Administração Pública   633

Capítulo 7
Controle social da Administração Pública   661

Capítulo 1
Noções gerais do controle da Administração Pública

1. Conceito

A existência de controle sobre o exercício da atividade administrativa como princípio fundamental, nos termos do Decreto-Lei n. 200/1967[1], abrange mecanismos por meio dos quais se exerce o poder de fiscalização, orientação e correção da atuação administrativa em qualquer das esferas de poder com objetivo de garantir sua atuação com a ordem jurídica[2].

É um princípio fundamental que deve ser exercido em todos os níveis e em todos os órgãos da Administração Pública[3], pois a gestão de interesses alheios em nome e benefício do povo adquire, nos dias atuais, um significado necessário de responsabilização dos agentes públicos, a ponto de criar no cidadão a capacidade de avaliar as contas públicas e o desempenho das políticas públicas.

Parece haver um consenso entre os estudiosos[4] que o controle da Administração Pública nasce com o Estado de direito, sendo consequência direta da submissão

---

[1] "Art. 6º. As atividades da Administração Federal obedecerão aos seguintes princípios fundamentais: I – Planejamento; II – Coordenação; III – Descentralização; IV – Delegação de Competência; V – Controle" (BRASIL. Decreto-Lei n. 200, de 25 de fevereiro de 1967. **Diário Oficial da União**, Poder Executivo, Brasília, DF, 27 mar. 1967. Disponível em: <https://www.planalto.gov.br/ccivil_03/decreto-lei/del0200.htm>. Acesso em: 16 abr. 2024.

[2] "Faculdade de vigilância, orientação e correção que um Poder, órgão ou autoridade exerce sobre a conduta funcional de outro" (MEIRELLES, Hely Lopes. **Direito Administrativo brasileiro**. São Paulo: Malheiros, 2002); "pode-se definir o controle da Pública como o poder de fiscalização e correção que sobre ela exercem os órgãos dos poderes Judiciário, Legislativo e Executivo, com o objetivo de garantir a conformidade de sua atuação com os princípios que lhe são impostos pelo ordenamento jurídico" (DI PIETRO, Maria Sylvia Zanella. **Direito Administrativo**. São Paulo: Atlas, 2023); "Poder-dever de inspeção, registro, exame, fiscalização pela própria Administração, pelos demais poderes e pela sociedade, exercidos sobre conduta funcional de um poder, órgão ou autoridade com o fim precípuo de garantir a atuação da Administração em conformidade com os padrões fixados pelo ordenamento jurídico" (SOUZA, Patrícia Cardoso Rodrigues de. Controle da Administração Pública. In: MOTTA, Carlos Pinto Coelho. **Curso prático de Direito Administrativo**. Belo Horizonte: Del Rey, 2004); "O conjunto de mecanismos jurídicos por meio dos quais se exerce o poder de fiscalização e de revisão da atividade administrativa em qualquer das esferas de Poder" (CARVALHO FILHO, José dos Santos. **Manual de Direito Administrativo**. São Paulo: Atlas, 2023).

[3] Esse controle abrange não só os órgãos do Poder Executivo, incluindo a administração direta e a indireta, mas também os dos demais Poderes, quando exerçam função tipicamente administrativa; em outras palavras, abrange a Administração Pública considerada em sentido amplo (DI PIETRO, Maria Sylvia Zanella. **Direito Administrativo**. São Paulo: Atlas, 2023. p. 808).

[4] "Parte da doutrina sustenta traços embrionários ou pressupostos sociojurídicos já se faziam presentes e podiam ser colhidos do Código de Manu, do Eclesiastes do rei Salomão e dos escritos romanos de Plínio e Cícero" (RIBEIRO, Renato Jorge Brown. **Controle externo da Administração Pública Federal no Brasil**. Rio de Janeiro: América Jurídica. 2002. p. 48).

do Estado à ordem jurídica[5]. Embora essa temática tenha sido construída sob inspiração liberal, legalidade estrita e positivismo jurídico característicos do final do século XIX e início do século XX, o controle da Administração Pública precisa acompanhar as profundas transformações pelas quais passam o modelo de Estado e, na mesma esteira, a função administrativa[6], pois, ao representar orientação e vigilância em relação às ações dos gestores públicos, visa inibir desvios e abusos no trato da coisa pública para melhor servir aos fins do Estado e aos interesses da sociedade.

O advento do Estado democrático de direito, resultante do processo de evolução política estatal, provocou uma substancial mudança na Administração Pública. Abandonando a feição puramente autoritária com adoção de medidas administrativas sem prévia possibilidade de discussão pública passou a encarnar um papel democrático, permitindo uma maior participação dos cidadãos na esfera administrativa.

Inspirado na convicção democrática como forma sociopolítica[7], um dos problemas que o século XX trouxe à reflexão jurídica foi a concepção de uma Administração Pública democrática e a compreensão da sua legitimidade por meio da busca dos fundamentos justificadores da manifestação político-administrativa na atribuição e exercício do poder estatal no Estado de direito, num contexto de superação de arbitrariedade e de consagração da temática dos direitos

---

5   GIACOMUZZI, José Guilherme. **Estado e contrato**. São Paulo: Malheiros, 2011; FERREIRA, Edimur. **Controle do mérito do ato administrativo pelo Judiciário**. Belo Horizonte: Fórum, 2016; MEDAUAR, Odete. **O controle da Administração Pública**. São Paulo: Revista dos Tribunais, 1993; MARQUES NETO, Floriano de Azevedo. Os grandes desafios do controle da Administração Pública. **Fórum de Contratação e Gestão Pública FCGP**. Belo Horizonte, ano 9, n. 100, p. 730, abr. 2010. Disponível em: <https://editoraforum.com.br/wp-content/uploads/2016/10/desafios-controle.pdf>. Acesso em: 3 jul. 2024; "O controle é inato ao próprio Direito Administrativo. Direito Administrativo sem previsão de meios de controle da Administração passa a ser mera recomendação, ciência da administração, não Direito propriamente dito" (ARAGÃO, Alexandre Santos de. **Curso de Direito Administrativo**. Rio de Janeiro: Forense, 2015).
6   ORTIZ DIAS, José. El horizonte de las administraciones públicas en el cambio de siglo: algunas consideraciones de cara al año 2000. In: SOSA WAGNER, Francisco (Coord.). **El Derecho Administrativo en el umbral del siglo XXI**: homenaje al Profesor Dr. D. Ramón Martín Mateo, Valencia: Tirant lo Blanch, 2000. t. 1. p. 63-117; VILLORIA MENDIETA, Manuel. **La modernización de la administración como instrumento al servicio de la democracia**. Madrid: Inap, 1996. p. 17; MEDAUAR, Odete. **Direito Administrativo em evolução**. São Paulo: RT, 2003. p. 133-134; AMARAL, Diogo Freitas do. **Curso de Direito Administrativo**. Coimbra: Almedina, 2001. v. 1. p. 199.
7   "Princípio democrático (...) meio e instrumento de realização de valores essenciais de convivência humana, sendo um processo de convivência social em que o poder, exercido direta ou indiretamente, emana do povo, pelo povo e para o povo" (SILVA, José Afonso da. **Comentário contextual à Constituição**. São Paulo: Malheiros, 2005. p. 130).

fundamentais[8] com eficácia imediata e irradiante na relação Estado-sociedade[9] aos olhos da coletividade.

Nesse contexto, o controle da Administração Pública, sob a égide do Estado democrático de direito, é estruturado com novas matrizes, recuperando a responsabilização contínua dos gestores públicos por seus atos e omissões perante a sociedade, com a finalidade de levar à qualidade do desempenho voltado ao combate da corrupção, num processo de erosão da supremacia do Direito Administrativo[10], sem incorrer no sério risco de discurso retórico.

Trata-se de uma cadeia causal, na qual a responsabilidade do administrador público[11], progressivamente mais conectado com um sistema constitucional de poderes limitados e de preservação da intangibilidade das liberdades públicas, se torna, por isso, cada vez mais conformado com um gestão moralizada e prudente, que caminha de braços dados com a ideia de que todos os agentes públicos são súditos da lei e da Constituição, contribuindo para as forças de não expansão dos abusos.

O controle sobre a Administração Pública representa um instrumento de efetivação, no exercício da atividade administrativa, da responsabilização do gestor público, visando manter sua condição de servidor do bem público baseando-se no respeito às leis, na dignidade da pessoa humana, no bem-estar e na segurança do povo, para que, em última análise, seja amparado o direito do povo por um gestor público probo e honesto, como uma espécie de "cavaleiro cruzado" da legalidade e moralidade pública, sob pena de agressão à boa condução dos negócios públicos.

Se o Direito é uma realidade social que, segundo BERGEL, espelha as aspirações dos povos e as relações de forças que desenvolvem no país e na civilização que ele rege[12], a legalidade e a responsabilidade, como manifestações do Direito, devem expressar, assim, as reações do corpo social, estabelecendo uma ordenação de

---

8 "Os direitos fundamentais incorporam ao seu âmbito as prestações do Estado, as garantias institucionais, o sentido objetivo da norma e a qualificação valorativa" (BONAVIDES, Paulo. **Curso de Direito Constitucional**. São Paulo: Malheiros, 2001).
9 "To become legitimate the rule of law would seem to have to be (I) democratically accountable, (II) procedurally fair and even perhaps e (III) substantively grounded" (ROSENFELD, Michael. The Rule of Law, and the Legitimacy of Constitutional **Democracy**. New York: Cardozo Law School – Jacob Burns Institute for Advanced Legal Studies, 2001. [Working Paper Series, n. 36]).
10 CASSESE, Sabino. Le transformazioni del diritto amministrativo dal XIX al XXI secolo. **Rivista Trimestrale di Diritto Pubblico**, 2002. p. 28.
11 A forma republicana democrática, decisão política fundamental caracterizadora do Estado brasileiro, nos termos do art. 1º da Constituição Federal (CF/1988), eleva a responsabilidade do administrador público perante a lei a um papel de cláusula essencial que aponta seu relevante encargo de que os gestores não gerem bens próprios, mas a coisa pública. Ademais, o regime republicano é absolutamente refratário à instituição de privilégios, na medida em que se baseia no reconhecimento de igual dignidade de todos os cidadãos.
12 BERGEL, Jean-Louis. **Teoria geral do Direito**. Tradução de Maria Ermantina de Almeida Prado Galvão. São Paulo: M. Fontes, 2006. p. 203.

permanente dinamicidade, canalizando, segundo ASSIER-ANDRIEU, o desenrolar das relações entre os indivíduos e o Poder Público[13].

O Estado democrático de direito fundamentado em noções substanciais da vinculação do exercício do poder administrativo pressupostas e interligadas, que resultam num indissociável liame entre legalidade e responsabilidade, reflete fundamentalmente o acatamento a uma estrutura administrativa que forneça ao cidadão a confiança esperada, ou seja, o direito de saber com o que podem contar por parte da Administração Pública.

Se, por um lado, o cidadão tem direito a um comportamento confiável do administrador público, a Administração Pública, por outro, fornece tal comportamento adotando uma atuação compatível com os princípios e garantias na gestão comum, sempre voltado à finalidade precípua de assegurar o bem-estar de todos e a convivência harmônica em sociedade.

A atuação administrativa em conformidade com as normas da ordem jurídica e do interesse público que legitima sua existência exige a existência de mecanismos de controle para que o cidadão consiga acompanhar a Gestão Pública, tendo a confiança na Administração Pública.

O dever de prestação de contas[14], quando mantido em relação à satisfação do controle social, como forma dos administrados exercerem seu direito público subjetivo à fiscalização adequada das atividades exercidas na Administração Pública, projeta a prestação de contas do gestor para além dos limites formais da burocracia, responsabilizando-o perante a sociedade e pressupondo mecanismos de salvaguarda da sociedade contra excessos de poder.

2. Características

a] **Atividade jurídica**: visa verificar a conformidade da atuação administrativa com as normas da ordem jurídica e o atendimento do interesse público.
b] **Irrenunciável**: é o poder dever, que não pode ser renunciado, sob pena de responsabilização do órgão omisso, com o objetivo de garantir legitimidade dos atos, adequada conduta funcional dos agentes e defesa dos direitos dos administrados.

---

13 ASSIER-ANDRIEU, Louis. **O direito nas sociedades humanas**. Tradução de Maria Ermantina de Almeida Prado Galvão. São Paulo: M. Fontes, 2000. p. XI.
14 O art. 15 da Declaração de Direitos do Homem e do Cidadão de 1789 enuncia que: "a sociedade tem o direito de pedir conta a todo agente público de sua administração" (ASSEMBLEIA NACIONAL CONSTITUINTE FRANCESA. **Declaração dos Direitos do Homem e do Cidadão**, de 26 de agosto de 1789. Disponível em: <https://meuartigo.brasilescola.uol.com.br/direito/a-declaracao-dos--direitos-homem-e-do-cidadao-de-1789.htm>. Acesso em: 16 abr. 2024).

c) **Misto:** embora o controle seja atribuição estatal, o administrado participa dele à medida que pode e deve provocar o procedimento de controle, não apenas na defesa de seus interesses individuais, mas também na proteção do interesse coletivo[15].

3. Fundamentos

a) **Juridicidade:** a Administração Pública encontra-se limitada no exercício de sua função às normas da ordem jurídica e ao atendimento do interesse público.
b) **Transparência:** é a condição necessária para o exercício do controle, já que permite a compreensão do modo como está sendo exercida a atuação dos responsáveis pela gestão da coisa pública.
c) **Combate da corrupção:** a intensificação de instrumentos de controle sobre a Administração pública aumenta a confiança social, defende o Estado democrático de direito e preserva as garantias constitucionais.
d) **Prestação de contas:** mecanismos institucionais no âmbito da Administração Pública que garantem o controle público das suas ações, de modo a assegurar a regularidade formal e adequação da atuação administrativa aos reclamos do interesse público, em sintonia com os valores que conformam o direito.
e) **Democracia:** no aspecto político, a participação introduz na democracia, ao lado da representação política, a atuação direta ou indireta do cidadão, na forma singular ou associativa, na gestão e controle da Administração Pública.
f) **Interdição da arbitrariedade:** o exercício do controle evita falta de um fundamento objetivo ou uma injustiça ostensiva no agir administrativo.
g) **Defesa do múnus público:** a Administração Pública só pode atuar para a defesa do patrimônio público, com a adequada aplicação dos recursos públicos.
h) **República:** sem controle não há responsabilidade. Não pode haver responsabilidade pública sem fiscalização eficaz de todos os atos públicos[16].
i) **Boa administração:** impõe deveres em prol de uma atuação da Administração Pública responsável, eficaz e satisfativa. O controle funciona como instrumento de garantia da boa administração, servindo para verificar se a atuação da gestão pública é compatível com os parâmetros adequados dessa área.
j) **Efetivação dos direitos fundamentais:** "essencial elevar a confiabilidade das instituições públicas, razão pela qual se impõe o controle mais qualitativo

---

15 DI PIETRO, Maria Sylvia Zanella. **Direito Administrativo.** São Paulo: Atlas, 2023.
16 DROMI, Roberto. **Derecho Administrativo.** Buenos Aires: Ciudad Argentina, 2004. p. 1049.

das políticas públicas, no sentido de promover forte redução da insegurança jurídica"[17], contribuindo para a concretização dos direitos.

4. Classificação

4.1 Quanto à origem ou extensão

a) **Controle interno**: é o exercido em um mesmo Poder; é chamado de *autocontrole*.
b) **Controle externo**: é o exercido por um poder sobre os atos administrativos praticados por outro poder ou da Administração Direta sobre a Administração Indireta.

4.2 Quanto ao exercente

a) **Controle popular**: exercido por qualquer indivíduo do povo.
b) **Controle social**: exercido pela sociedade civil por meio da participação em processos de planejamento, acompanhamento, monitoramento e avaliação das ações da gestão pública e na execução das políticas e programas públicos.
c) **Controle legislativo**: exercido pelo Legislativo.
d) **Controle judicial**: exercido pelo Judiciário.
e) **Controle administrativo ou autotutela**: exercido pela Administração Pública.

4.3 Quanto à amplitude

a) **Controle hierárquico**: exercido pelo superior sobre os atos praticados pelos subalternos; é o controle por subordinação em que superior visa fiscalizar, orientar e rever a atuação do subordinado. Depende da existência, no contexto da pessoa jurídica (Administração Pública Direta ou Indireta), do escalonamento vertical ou da relação de subordinação entre os diversos órgãos públicos. É um controle pleno, interno, permanente e automático (independe de norma específica), que abrange critérios de legalidade e mérito.
b) **Controle finalístico ou supervisão ministerial**: exercido pela Administração Direta sobre a Administração Indireta; controle por vinculação; poder de fiscalização e revisão que uma pessoa exerce sobre os atos praticados de pessoa

---

[17] FREITAS, Juarez. **O controle dos atos administrativos e os princípios fundamentais**. São Paulo: Malheiros, 2013.

diversa. Depende de norma legal; limitado, externo e teleológico. O fundamento é o poder de tutela ou controle.

4.4 Quanto ao aspecto controlado ou objeto

a) **Controle de legalidade:** verifica a conformidade do ato com a lei e o Direito. É exercido pela Administração (interno e autotutela), pelo Judiciário (externo) e pelo Legislativo (externo e nos casos previstos na CF/1988). Gera a confirmação da validade do ato ou a rejeição do ato que implica sua anulação com efeitos *ex tunc*.

b) **Controle de mérito:** fundamentado no poder discricionário, verifica a eficiência, oportunidade e conveniência do ato controlado; é o controle da boa administração, eficiência, produtividade, gestão. Exercido pelo próprio poder que editou o ato. O Legislativo faz controle de mérito sobre os atos do poder executivo, nos casos previstos na CF/1988. Gera a revogação ou não de atos discricionários, ou seja, atos válidos que se tornaram inconvenientes, inoportunos, desnecessários e ineficientes. Respeita os direitos adquiridos e tem efeitos *ex nunc*.

4.5 Quanto à abrangência

a) **Controle de ato:** incide sobre ato isolado.
b) **Controle de atividade:** incide sobre um conjunto de atuações.

4.6 Quanto à iniciativa

a) **Controle de ofício:** é de iniciativa do próprio agente; executado pela própria AP no exercício de suas funções.
b) **Controle por provocação ou provocado:** quando pessoas, entidades ou associações solicitam a atuação do agente controlador.

4.7 Outras espécies de controle

a) **Controle compulsório:** é o que se realiza em momento oportuno em atendimento a normas que o disciplinam.
b) **Controle não institucionalizado:** é o controle social, que, pela repercussão, pode contribuir para o aprimoramento da Administração Pública.
c) **Controle institucionalizado:** é conceito jurídico ou técnico de controle; decorre uma medida ou providência do agente controlador.

Capítulo 2
Controle interno da Administração Pública

1. Conceito

Controle interno é planejar, acompanhar, avaliar e corrigir aspectos contábeis, financeiros e operacionais na atuação do gestor público, visando defender, conservar e aprimorar os interesses da coletividade. Serve para verificar se os planos, as regras, os processos e as ações na Gestão Pública são compatíveis com o uso eficiente do dinheiro público, de modo a contribuir para a correta implementação das políticas públicas.

Controle interno, portanto, é um processo integrado e projetado nas unidades administrativas do Estado, revelado por normas, rotinas e procedimentos, que busca examinar a adequação de um dado comportamento à lei e ao Direito, contribuindo para a melhoria da qualidade do serviço público.

O controle consiste em verificar se tudo corre de acordo com o programa adotado, com as ordens dadas e com os princípios admitidos. Tem por objetivo assinalar as faltas e os erros, a fim de que se possa repará-los e evitar sua repetição. Aplica-se a tudo: às coisas, às pessoas, aos atos[1].

2. Características

Em um contexto de caracterização do controle interno, em que o funcionamento adequado contribui para a prevenção de fraudes e a melhoria do serviço público, destacam-se como suas notas essenciais:

a] **Continuidade** – seu exercício deve ser constante, como uma atividade de verificação sistemática de um registro, exercido de maneira permanente ou periódica[2].
b] **Finalístico** – objetiva verificar a conformidade com o padrão estabelecido, ou com o resultado esperado, visando ao cumprimento dos objetivos e das metas[3]. Controle interno é o planejamento organizacional e todos os métodos e procedimentos adotados dentro de uma empresa, a fim de salvaguardar seus ativos, verificar a adequação e o suporte dos dados contábeis, promover a eficiência operacional e encorajar a aderência às políticas definidas pela direção[4].

---

1   FAYOL, Henri. **Administração industrial e geral**. São Paulo: Atlas, 1989. p. 130.
2   CRUZ, Flávio da; GLOCK, José Osvaldo. **Controle interno nos municípios**: orientação para a implantação e relacionamento com os tribunais de contas. São Paulo: Atlas, 2007. p. 20.
3   LUNKES, Rogério João; SCHNORRENBERGER, Darci. **Controladoria**: na coordenação dos sistemas de gestão. São Paulo: Atlas, 2009. p. 92.
4   MIGLIAVACCA, Paulo Norberto. **Controles interno nas organizações**: um estudo abrangente dos princípios de controle interno – ferramentas para avaliação dos controles internos em sua organização. São Paulo: Edicta, 2004. p. 17.

c) **Preventivo** – como um processo de identificação, mensuração e gerenciamento na gestão pública previne fraudes – no momento em que os agentes públicos, representativos do agir administrativo não se comportam em conformidade com os comandos jurídicos, no exercício legítimo das atribuições político-constitucionais, derivadas das competências postas a seu encargo, descumprindo suas finalidades, sua conduta estará eivada de vício de abuso de poder, ato abusivo e arbitrário que, como tal, é ilegítimo e ilegal[5].

d) **Juridicidade** – o exercício de monitoramento e fiscalização decorre de imposições do ordenamento jurídico, com observância aos preceitos da boa administração no atendimento ao interesse público.

e) **Coerência** – o exercício por métodos proporcionais coordenados e aplicados em uma organização, com o intuito de resguardar seus bens, aferir a literalidade e a fidedignidade de seus dados contábeis, promover a eficiência e estimular a obediência às diretrizes administrativas estabelecidas, alcançam o escopo de harmonizar um grau de confiança razoável[6].

f) **Necessidade** – a descentralização do processo decisório e a delegação de poderes fornecidas aos gestores, para impulsionar seus processos, trazem consigo a imposição de mecanismos de prestação de contas e de monitoramento das transações realizadas na empresa[7].

g) **Sistêmico** – abrange o plano de organização e o conjunto integrado de deveres, responsabilidades, métodos e procedimentos adotados pela entidade para proteção do patrimônio e busca da eficiência operacional[8].

h) **Estrutural** – o processo de controle é composto por fatores detectores, avaliativos, executantes e de comunicação[9].

---

5 MOREIRA NETO, Diogo de Figueiredo. **Mutações do Direito Administrativo**. Rio de Janeiro: Renovar, 2001.
6 LISBOA, Ibraim. **Manual de auditoria interna**: conceitos e práticas para implementar a auditoria interna. Curitiba: Maph Editora Ltda., 2012.
7 LIMA, Wellington de Pontos. **Controle interno e risco de auditoria**: influência na extensão dos testes substantivos em auditorias das demonstrações contábeis. 131 f. Dissertação (Mestrado em Contabilidade e Controladoria) – Universidade de São Paulo, São Paulo, 2002. p. 20. Disponível em: <https://www.teses.usp.br/teses/disponiveis/12/12136/tde-09052003-105548/pt-br.php> Acesso em: 4 jul. 2024.
8 CREPALDI, Silvo Aparecido. **Contabilidade gerencial**: teoria e prática. São Paulo: Atlas, 2004.
9 ANTHONY, Robert N.; GOVINDARAJAN, Vijay. **Sistemas de controle gerencial**. São Paulo: Atlas, 2001.

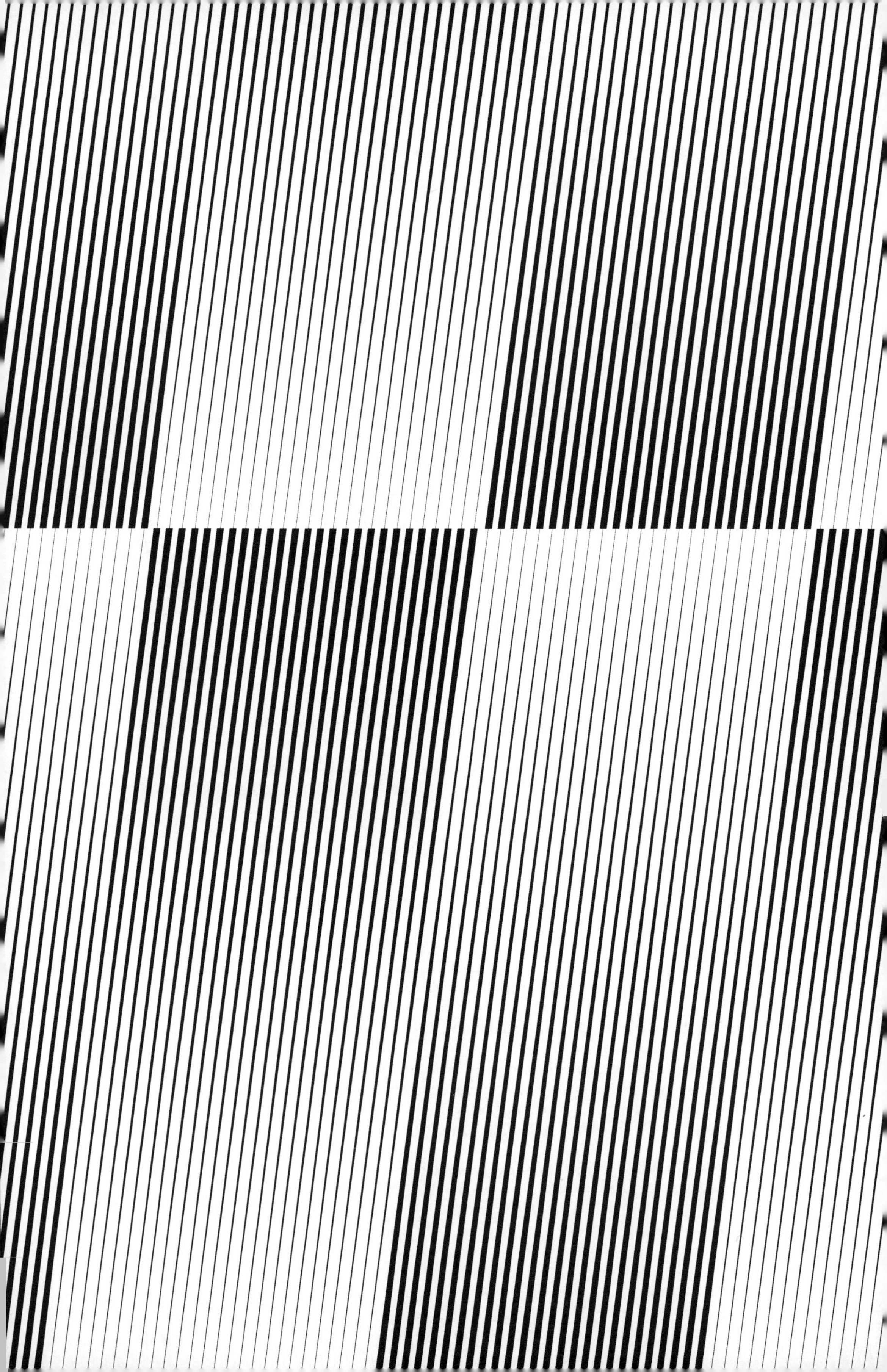

Capítulo 3
Controle externo da Administração Pública

1. Conceito

Controle exercido por um poder sobre os atos administrativos praticados por outro poder ou da Administração Direta sobre a Administração Indireta.

2. Características

2.1 Diversidade

O órgão fiscalizador se situa em local diverso de onde será fiscalizada a atividade da Administração Pública.

2.2 Constitucionalidade

Como o controle envolve a interferência de um poder sobre o outro, os mecanismos estão previstos na CF.

Capítulo 4

Controle administrativo

1. Noções gerais

a] **Sujeito:** é o exercido pela Administração Pública.
b] **Objeto:** atos da Administração Pública.
c] **Terminologia:** tutela administrativa ou supervisão ministerial.
d] **Característica:** é uma prerrogativa da Administração Pública de controlar sua ação.
e] **Formas:** pode agir de ofício ou por provocação.
f] **Abrangência:** no exercício do controle, a Administração Pública pode avaliar sua atuação utilizando os critérios de legalidade e/ou mérito.
g] **Previsão:** arts. 19 ao 29 do Decreto-Lei n. 200/1967.

2. Meios de controle

2.1 Fiscalização hierárquica

Exercida pelo superior sobre atos do subalterno.

2.2 Controle

Exercido pela Administração Direta sobre a Administração Indireta.

2.3 Recursos administrativos

São meios de reexame das decisões administrativas que possuem efeito devolutivo e suspensivo (depende de previsão legal).

2.3.1 Pedido de reconsideração administrativa

a] **Conceito:** reexame do ato pela mesma autoridade que expediu o ato.
b] **Prazo da decisão:** 30 dias, salvo disposição de lei em contrário.
c] **Legitimidade ativa:** qualquer pessoa física ou jurídica.
d] **Renovação:** não cabe.
e] **Prazo prescricional:** 1 ano, salvo disposição de lei em contrário.
f] **Efeito:** não suspende ou interrompe prescrição ou ainda altera os prazos de interposição dos recursos hierárquicos.
g] **Previsão:** art. 106 da Lei n. 8.112/1990.
h] **Cabimento:** novos argumentos.

2.3.2 Representação

a) **Finalidade**: denunciar irregularidades nos atos da Administração Pública.
b) **Momento**: pode ser proposta a qualquer tempo.
c) **Legitimidade ativa**: por qualquer pessoa, ainda que não afetada pela irregularidade ou pela conduta abusiva.
d) **Natureza**: a Administração tem o poder-dever de averiguar e punir os responsáveis em nome do princípio da legalidade, sob pena de condescendência criminosa.

2.3.3 Reclamação administrativa

a) **Finalidade**: é pedir reconhecimento de direito ou correção de ato que cause lesão ou ameaça de lesão a direito.
b) **Prazo**: 1 ano, salvo lei em contrário, contado do ato ou atividade lesiva.
c) **Legitimidade ativa**: pode ser feita por particular ou servidor público.
d) **Previsão**: Decreto n. 20.910/1932[1].
e) **Efeito**: suspende a prescrição a partir da entrada do requerimento do titular do direito ou do credor nos livros ou protocolos.

2.3.4 Recurso hierárquico

a) **Finalidade**: é o reexame de uma decisão administrativa por autoridade superior à autoridade que proferiu a decisão.
b) **Próprio**: se a autoridade que examinará o recurso e a que proferiu a decisão pertencem ao mesmo órgão, o recurso é hierárquico próprio.
c) **Impróprio**: se a autoridade que examinará o recurso e a que proferiu a decisão pertencerem a órgãos diferentes, o recurso é hierárquico impróprio.

---

1 BRASIL. Decreto n. 20.910, de 6 de janeiro de 1932. **Diário Oficial da União**, Poder Executivo, Brasília, DF, 8 jan. 1932. Disponível em: <https://www.planalto.gov.br/ccivil_03/decreto/antigos/d20910.htm>. Acesso em: 23 out. 2024.

2.3.5 Revisão

a) **Finalidade**: reexame da decisão.
b) **Legitimidade ativa**: servidor público (pelo próprio interessado, por seu procurador ou por terceiros).
c) **Cabimento**: surgimento de fatos novos de inocência.
d) **Previsão**: arts. 174 a 182 da Lei n. 8.112/1990.
e) **Momento**: a qualquer tempo.
f) **Vedação**: não pode agravação da pena.

Capítulo 5
Controle parlamentar da Administração Pública

1. Noções gerais

a) **Sujeito:** é exercido pelo Poder Legislativo.
b) **Cabimento:** nos casos previstos na Constituição Federal.
c) **Alvos do controle:** órgãos do Poder Executivo, as entidades da Administração Indireta e o próprio Poder Judiciário, quando executa função administrativa.

2. Espécies

2.1 Controle político

2.1.1 Conceito

Verifica o comportamento do administrador público, seja no aspecto da legalidade, seja no aspecto do mérito (conveniência e/ou oportunidade).

2.1.2 Competência exclusiva do Congresso Nacional

a) **Aprovação por decreto legislativo:** 1) resolver definitivamente sobre tratados, acordos ou atos internacionais que acarretem encargos ou compromissos gravosos ao patrimônio nacional; 2) aprovar o estado de defesa e a intervenção federal, autorizar o estado de sítio, ou suspender qualquer uma dessas medidas; 3) apreciar os atos de concessão e renovação de concessão de emissoras de rádio e televisão; 4) aprovar iniciativas do Poder Executivo referentes a atividades nucleares; 5) aprovar, previamente, a alienação ou concessão de terras públicas com área superior a 2.500 hectares.
b) **Autorização por decreto legislativo:** 1) autorizar o presidente da República a declarar guerra, a celebrar a paz, a permitir que forças estrangeiras transitem pelo território nacional ou nele permaneçam temporariamente, ressalvados os casos previstos em lei complementar; 2) autorizar o presidente e o vice-presidente da República a se ausentarem do país, quando a ausência exceder quinze dias; 3) autorizar, em terras indígenas, a exploração e o aproveitamento de recursos hídricos e a pesquisa e lavra de riquezas minerais.
c) **Sustação:** dos atos normativos do Poder Executivo que exorbitem do poder regulamentar ou dos limites de delegação legislativa.
d) **Ministérios:** criação e extinção de ministérios e órgãos da Administração Pública.

2.1.3 Competência do Senado Federal

a) **Aprovação por resolução**: 1) aprovar previamente, por voto secreto, após arguição pública, a escolha de: magistrados, nos casos estabelecidos na CF/1988; ministros do Tribunal de Contas da União (TCU) indicados pelo presidente da República; governador de território; presidente e diretores do Banco Central (Bacen); procurador-geral da República; titulares de outros cargos que a lei determinar; 2) aprovar previamente, por voto secreto, após arguição em sessão secreta, a escolha dos chefes de missão diplomática de caráter permanente; 3) aprovar, por maioria absoluta e por voto secreto, a exoneração, de ofício, do procurador-geral da República antes do término de seu mandato.
b) **Autorização por resolução**: autorizar operações externas de natureza financeira, de interesse da União, dos Estados, do Distrito Federal, dos Territórios e dos Municípios.
c) **Fixação na dívida**: fixar, por proposta do Presidente da República, limites globais para o montante da dívida consolidada da União, dos Estados, do Distrito Federal e dos Municípios; para dispor sobre limites globais e condições para as operações de crédito externo e interno da União, dos Estados, do Distrito Federal e dos Municípios, de suas autarquias e demais entidades controladas pelo Poder Público Federal; para dispor sobre limites e condições para a concessão de garantia da União em operações de crédito externo e interno.

2.1.4 Ministro de Estado

a) **Convocação**: pela Câmara dos Deputados ou pelo Senado, bem como por qualquer de suas comissões, para prestar, pessoalmente, informações sobre assunto previamente determinado, importando crime de responsabilidade à ausência sem justificação adequada.
b) **Solicitação**: o encaminhamento de pedidos escritos de informação, pelas mesas da Câmara dos Deputados e do Senado, dirigidos aos ministros de Estado ou a quaisquer titulares de órgãos diretamente subordinados à presidência da República, que deverão responder no prazo de 30 dias, sob pena de crime de responsabilidade.

2.1.5 Comissão Parlamentar de Inquérito

a) **Poderes**: de investigação próprios das autoridades judiciais, além de outros previstos nos regimentos das casas do Congresso.

b] **Destino das conclusões**: suas conclusões, se for o caso, serão encaminhadas ao Ministério Público, que deverá promover a responsabilidade civil ou criminal dos infratores.

2.1.6 Crimes de responsabilidade

A competência do Senado Federal para processar e julgar o presidente e o vice-presidente da República nos crimes de responsabilidade, bem como os ministros de Estado e os comandantes da Marinha, do Exército e da Aeronáutica, nos crimes da mesma natureza conexos com aqueles; a competência para processar e julgar os ministros do STF, os membros do Conselho Nacional de Justiça (CNJ) e do Conselho Nacional do Ministério Público (CNMP), o procurador-geral da República e o advogado-geral da União nos crimes de responsabilidade; nesses casos, funciona como presidente o do STF, limitando-se à condenação, que somente poderá ser proferida por ⅔ dos votos do Senado, à perda do cargo, com inabilitação, por oito anos, para o exercício da função pública, sem prejuízo das sanções judiciais cabíveis.

2.2 Controle financeiro

2.2.1 Conceito

Verifica as contas públicas, com auxílio do Tribunal de Contas.

2.2.2 Alvo da fiscalização

União, Estados, Municípios, Distrito Federal e entidades da Administração Direta e Indireta, bem como qualquer pessoa física ou entidade pública que utilize, arrecade, guarde, gerencie ou administre dinheiros, bens e valores públicos ou pelos quais a União responda, ou que, em nome desta, assuma obrigações de natureza pecuniária.

2.2.3 Espécies de fiscalização

a] **Quanto à atividade controlada**: é contábil (registros de receita e despesa), financeira, orçamentária, operacional (execução das atividades administrativas) e patrimonial (bens públicos).
b] **Quanto aos aspectos controlados**: controle da legalidade, legitimidade, economicidade, aplicação de subvenção e renúncia de receitas.

2.2.4 Atribuições do Tribunal de Contas da União

a] **Consultiva**: apreciar as contas prestadas anualmente pelo presidente da República, mediante parecer prévio que deverá ser elaborado em 60 dias a contar de seu recebimento. As contas consistem dos Balanços Gerais da União e do relatório sobre a execução orçamentária, preparado pelo órgão central do sistema de controle interno do Poder Executivo. Ao tribunal cabe, essencialmente, a análise técnico-jurídica das contas e a apresentação do resultado ao Poder Legislativo.

b] **Judicante**: julgar as contas dos administradores e demais responsáveis por dinheiros, bens e valores públicos da Administração Direta e Indireta, incluídas as fundações e sociedades instituídas e mantidas pelo Poder Público federal (os processos de tomada e prestação de contas são formalizados pelos órgãos do sistema de controle interno, em consonância com as orientações do TCU, e encaminhados anualmente ao tribunal para apreciação e julgamento), e as contas daqueles que derem causa à perda, ao extravio ou a outra irregularidade de que resulte prejuízo ao erário público.

c] **Fiscalizadora**: realizar, por iniciativa própria, da Câmara dos Deputados, do Senado Federal, de comissão técnica ou de inquérito, inspeções e auditorias de natureza contábil, financeira, orçamentária, operacional e patrimonial, nas unidades administrativas dos Poderes Legislativo, Executivo e Judiciário, e da Administração Direta e Indireta, incluídas as fundações e sociedades instituídas e mantidas pelo Poder Público Federal; fiscalizar as contas nacionais das empresas supranacionais de cujo capital social a União participe, de maneira direta ou indireta, nos termos do tratado constitutivo; fiscalizar a aplicação de quaisquer recursos repassados pela União mediante convênio, acordo, ajuste ou outros instrumentos congêneres, a estado, ao Distrito Federal ou a município; apreciar, para fins de registro, a legalidade dos atos de admissão de pessoal, a qualquer título, na Administração Direta e Indireta, incluídas as fundações instituídas e mantidas pelo Poder Público, excetuadas as nomeações para cargo de provimento em comissão, bem como a das concessões de aposentadorias, reformas e pensões, ressalvadas as melhorias posteriores que não alterem o fundamento legal do ato concessório.

d] **Sancionadora**: aplicar aos responsáveis, em caso de ilegalidade de despesa ou irregularidade de contas, as sanções previstas em lei, que estabelecerá, entre outras cominações, multa proporcional ao dano causado ao erário.

e] **Corretiva**: assinar prazo para que o órgão ou entidade adote as providências necessárias ao exato cumprimento da lei, se verificada ilegalidade; sustar, se não atendido, a execução do ato impugnado, comunicando a decisão à

Câmara dos Deputados e ao Senado Federal; representar ao Poder competente sobre irregularidades ou abusos apurados.

f) **Informativa**: prestar as informações solicitadas pelo Congresso Nacional, por qualquer de suas casas, ou por qualquer das respectivas comissões, sobre a fiscalização contábil, financeira, orçamentária, operacional e patrimonial e sobre resultados de auditorias e inspeções realizadas.

g) **Ouvidoria**: qualquer cidadão, partido político, associação ou sindicato é parte legítima para, na forma da lei, denunciar irregularidades ou ilegalidades perante o TCU. Quando a instituição recebe essas denúncias funciona como um ouvidor.

Capítulo 6

Controle jurisdicional da Administração Pública

1. Conceito

a) **Sujeito**: exercido pelos órgãos do Poder Judiciário.
b) **Objeto**: atos administrativos dos Poderes Executivo, Legislativo e Judiciário; podem ser atos vinculados ou discricionários.
c) **Papel do Judiciário no controle**: fiscalização da compatibilidade dos atos administrativos com a lei e o Direito.
d) **Característica**: fundamento do Estado de direito; é regido pela duração razoável.
e) **Forma**: age por provocação (excepcionalmente, age de ofício, como nos processos de inventário).
f) **Momentos**: pode ser prévio ou posterior.
g) **Ato Administrativo contrário à súmula vinculante**: cabimento de reclamação ao STF contra ato administrativo. No caso de procedência da reclamação, efeito da decisão será a anulação do ato reclamado.

2. Prerrogativas da Administração Pública em juízo

a) **Juízo privativo**: na esfera federal, é a Justiça Federal; excetuam-se apenas as causas referentes à falência e as de acidente de trabalho (justiça comum), bem como as relativas à Justiças Eleitoral e do Trabalho. Nos demais âmbitos de governo, existe a Vara da Fazenda Pública.
b) **Prazos dilatados**: pelo art. 180 a 183 do CPC[1], a Fazenda Pública e o Ministério Público têm prazo em quádruplo para contestar e em dobro para recorrer. A Lei n. 9.469/1997[2] estendeu igual benefício às autarquias e fundações públicas.
c) **Duplo grau de jurisdição obrigatório**: não produz efeitos, senão depois de confirmada pelo tribunal, a sentença proferida contra a União, o Estado, o Distrito Federal, os Municípios e as respectivas autarquias e fundações de

---

1 BRASIL. Lei n. 13.105, de 16 de março de 2015. **Diário Oficial da União**, Poder Legislativo, Brasília, DF, 17 mar. 2015. Disponível em: <https://www.planalto.gov.br/ccivil_03/_ato2015-2018/2015/lei/l13105.htm>. Acesso em: 16 abr. 2024.
2 BRASIL. Lei n. 9.469, de 10 de julho de 1997. **Diário Oficial da União**, Poder Executivo, Brasília, DF, 11 jul. 1997. Disponível em: <https://www.planalto.gov.br/ccivil_03/leis/l9469.htm>. Acesso em: 16 abr. 2024.

direito público, bem como a que julgar improcedente, no todo ou em parte, os embargos à execução de dívida ativa da Fazenda Pública.

d) **Processo especial de execução**: o art. 100 da CF/1988[3] prevê processo especial de execução contra a Fazenda Federal, Estadual e Municipal e abrange todas as entidades de direito público.

e) **Prescrição quinquenal**: nos termos do art. 1º do Decreto n. 20.910/1932[4], "as dívidas passivas da União, dos Estados e dos Municípios, bem assim todo e qualquer direito ou ação contra a Fazenda federal, estadual ou municipal, seja qual for sua natureza, prescrevem em cinco anos contados da data do ato ou fato do qual se originaram". Não se aplica a prescrição quinquenal quando se trata de ação real, em que o prazo de prescrição é de 10 anos (art. 205 do CC[5]).

f) **Pagamento das despesas judiciais**: nos termos do art. 91 do CPC, as despesas dos atos processuais efetuadas a requerimento do Ministério Público ou da Fazenda serão pagas ao final pelo vencido. O art. 1º-A da Lei n. 9.494/1997[6] determina que "estão dispensados de depósito prévio, para interposição de recurso, as pessoas jurídicas de direito público federais, estaduais, distritais e municipais".

g) **Restrições à concessão de liminar e à tutela antecipada**: a Lei n. 8.437/1992[7] impede a concessão de medida liminar contra atos do Poder Público, no procedimento cautelar ou em quaisquer outras ações de natureza cautelar ou preventiva, toda vez que providência semelhante não puder ser concedida em mandado de segurança, em virtude de vedação legal.

h) **Restrições à execução provisória**: em matéria de mandado de segurança, o art. 5º, parágrafo único, da Lei n. 4.348/1964[8], determina que, quando seu objeto for a reclassificação ou equiparação de servidores públicos, ou a conces-

---

3 BRASIL. Constituição [1988]. **Diário Oficial da União**, Brasília, DF, 5 out. 1988. Disponível em: <http://www.planalto.gov.br/ccivil_03/constituicao/constituicao.htm>. Acesso em: 16 abr. 2024.
4 BRASIL. Decreto n. 20.910, de 6 de janeiro de 1932. **Diário Oficial da União**, Poder Executivo, Brasília, DF, 8 jan. 1932. Disponível em: <https://www.planalto.gov.br/ccivil_03/decreto/antigos/d20910.htm>. Acesso em: 16 abr. 2024.
5 BRASIL. Lei n. 10.406, de 10 de janeiro de 2002. **Diário oficial da União**, Poder Legislativo, Brasília, DF, 11 jan. 2002. Disponível em: <https://www.planalto.gov.br/ccivil_03/leis/2002/l10406compilada.htm>. Acesso em: 16 abr. 2024.
6 BRASIL. Lei n. 9.494, de 10 de setembro de 1997. **Diário Oficial da União**, Poder Executivo, Brasília, DF, 11 set. 1997. Disponível em: <https://www.planalto.gov.br/ccivil_03/leis/l9494.htm>. Acesso em: 16 abr. 2024.
7 BRASIL. Lei n. 8.437, de 30 de junho de 1992. **Diário Oficial da União**, Poder Executivo, Brasília, DF, 1º jul. 1992. Disponível em: <https://www.planalto.gov.br/ccivil_03/leis/l8437.htm#:~:text=LEI%20N%C2%BA%208.437%2C%20DE%2030,P%C3%BAblico%20e%20d%C3%A1%20outras%20provid%C3%AAncias.>. Acesso em: 16 abr. 2024.
8 BRASIL. Lei n. 4.348, de 26 de junho de 1964. **Diário Oficial da União**, Poder Legislativo, 3 jul. 1964. Disponível em: <https://www.planalto.gov.br/ccivil_03/leis/l4348.htm#:~:text=LEI%20N%C2%BA%204.348%2C%20DE%2026%20DE%20JUNHO%20DE%201964.&text=Estabelece%20normas%20processuais%20relativas%20a,Art.>. Acesso em: 16 abr. 2024.

são de aumento, ou extensão de vantagens, a execução do mandado somente será feita depois de transitada em julgado a respectiva sentença.

3. Sistema

No Direito brasileiro, adotamos o sistema administrativo inglês, conforme o art. 5º, inciso XXXV da CF/1988, em que somente o Judiciário tem o poder de apreciar com força de coisa julgada lesão ou ameaça de lesão a direitos individuais ou coletivos. Para o acesso ao Judiciário, não é obrigatório o esgotamento das vias administrativas, salvo em dois casos: a) disciplina e competição esportivas; b) *habeas data*.

4. Meios de controle

4.1 *Habeas data*

a) **Natureza jurídica**: é uma ação judicial constitucional de natureza civil e procedimento especial.
b) **Regulamentação**: o *habeas data* é previsto no art. 5º, inciso LXXII da CF/1988 e regulamentado pela Lei n. 9.507/1997[9], que entrou em vigor no dia 13 de novembro de 1997.
c) **Período de 1990 a 1997**: a lei regulamentadora do *habeas data* foi, em conformidade com o art. 24, parágrafo único, da Lei n. 8.038/1990, a Lei do Mandado de Segurança (Lei n. 1.533/1951, revogada pela Lei n. 12.016/2009[10]).
d) **Origem mundial**: sua origem mundial foi nos EUA, em 1978, com o documento conhecido como "Freedom of Information"[11].
e) **Origem brasileira**: no Direito brasileiro, o *habeas data* surgiu com a CF/1988.
f) **Objeto**: é o direito à informação que consta em banco de dados público ou de caráter público.

---

9   BRASIL. Lei n. 9.507, de 12 de novembro de 1997. **Diário Oficial da União**, Poder Legislativo, Brasília, DF, 13 nov. 1997. Disponível em: <https://www.planalto.gov.br/ccivil_03/leis/l9507.htm>. Acesso em: 16 abr. 2024.
10   BRASIL. Lei n. 12.016, de 7 de agosto de 2009. **Diário Oficial da União**, Poder Executivo, Brasília, DF, 10 ago. 2009. Disponível em: <https://www.planalto.gov.br/ccivil_03/_ato2007-2010/2009/lei/l12016.htm>. Acesso em: 16 abr. 2024.
11   UNITED STATES OF AMERICA. United States Congress. **One Hundred Fourteenth Congress of the United States of America**. Disponível em: <https://www.congress.gov/114/bills/s337/BILLS-114s337enr.xml>. Acesso em: 16 abr. 2024.

g] **Finalidade constitucional**: 1) assegurar o conhecimento de informações relativas à pessoa do impetrante, constantes de registro ou banco de dados de entidades governamentais ou de caráter público; 2) retificação de dados, quando não se prefira fazê-lo por processo sigiloso, judicial ou administrativo.
h] **Finalidade infraconstitucional (Lei n. 9.507/1997)**: a lei regulamentadora do *habeas data*, em seu art. 7º, além da finalidade do acesso e da retificação, inseriu uma terceira finalidade, qual seja, para a anotação nos assentamentos do interessado, de contestação ou explicação sobre dado verdadeiro, mas justificável e que esteja sob pendência judicial ou amigável.
i] **Análise sobre o art. 7º, inciso III da Lei n. 9.507/1997**: há duas correntes sobre a finalidade prevista no artigo: a) pela constitucionalidade, pois o legislador apenas ampliou o texto constitucional, com objetivo de proteção dos direitos fundamentais; b) pela inconstitucionalidade, a lei não pode ir além da Constituição, em razão da supremacia constitucional. Diante da divergência doutrinária, prevalece a corrente que sustenta a constitucionalidade da finalidade de anotação no *habeas data*.
j] **Cabimento**: a propositura do *habeas data* depende da recusa do banco de dados, nos termos da Súmula n. 2[12] do Superior Tribunal de Justiça (STJ). Equivale à recusa à omissão do banco de dados, nos termos do art. 8º, parágrafo único da Lei n. 9.507/1997.
k] **Comprovação da omissão do banco de dados**: a petição inicial deverá ser instruída com prova: da recusa ao acesso às informações ou do decurso de mais de 10 dias sem decisão; da recusa em fazer-se a retificação ou do decurso de mais de 15 dias, sem decisão; ou da recusa em fazer-se a anotação ou do decurso de mais de 15 dias sem decisão.
l] **Constitucionalidade do art. 8º, parágrafo único da Lei n. 9.507/1997**: há duas correntes: a) inconstitucional, pois viola a supremacia constitucional; a lei do *habeas data* criou uma finalidade do *habeas data* não prevista na CF/1988; b) constitucional, pois a lei do *habeas data* apenas regulamentou as condições da ação.
m] **Legitimidade ativa**: é de qualquer pessoa física ou jurídica. O impetrante somente pode ajuizar *habeas data* para obter informações próprias (caráter personalíssimo). No caso de pessoa falecida, é admitida a legitimidade dos herdeiros do *de cujus* e do cônjuge supérstite.

---

12 BRASIL. Superior Tribunal de Justiça. **Súmula n. 2**. Primeira seção: 8 maio 1990. Data de publicação: *Diário da Justiça*, 18 maio 1990. Disponível em: <https://www.stj.jus.br/publicacaoinstitucional/index.php/sumstj/article/download/5137/5262#:~:text=%22O%20direito%20de%20a%C3%A7%C3%A3o%20relativamente,de%2002.05.1989).%22>. Acesso em: 16 abr. 2024.

n] **Legitimidade passiva:** é da pessoa jurídica responsável pelo banco de dados público (informações gerenciadas pela Administração Pública) ou de caráter público (informações gerenciadas por particular autorizado pelo Poder Público). Se for banco de dados eletrônico o polo passivo será o provedor. A Caixa Econômica Federal, empresa pública sob o controle do Poder Público, tem legitimidade para figurar no polo passivo do *Habeas Data*, para fins de fornecer dados sobre descontos efetuados em conta corrente (art. 7º da Lei n. 9.507/1997 e art. 5º, LXXII, "a", da CF/1988) – Informativo n. 334/2007 do STJ[13].

o] **Procedimento administrativo:** inicia-se com um requerimento apresentado ao órgão ou entidade depositária do registro ou banco de dados e será deferido ou indeferido no prazo de 48 horas. A decisão será comunicada ao requerente em 24 horas. Ao deferir o pedido, o depositário do registro ou do banco de dados marcará dia e hora para que o requerente tome conhecimento das informações. Constatada a inexatidão de qualquer dado a seu respeito, o interessado, em petição acompanhada de documentos comprobatórios, poderá requerer sua retificação. Feita a retificação em, no máximo, dez dias após a entrada do requerimento, a entidade ou órgão depositário do registro ou da informação dará ciência ao interessado. Ainda que não se constate a inexatidão do dado, se o interessado apresentar explicação ou contestação sobre este, justificando possível pendência sobre o fato objeto do dado, tal explicação será anotada no cadastro do interessado.

p] **Procedimento judicial em primeira instância:**

1] Petição inicial;
2] Judiciário (juiz);
3] Análise da petição inicial;
4] Deferimento;
5] Informações da autoridade coautora;
6] Ministério Público;
7] Judiciário;
8] Sentença.

- **Início do procedimento judicial:** com a apresentação da petição inicial (deverá preencher os requisitos dos arts. 282 a 285 do CPC[14], será apresentada

---

13   BRASIL. Superior Tribunal de Justiça. **Informativo n. 334**. Primeira seção: 13 dez. 2006. Data de publicação: 14 fev. 2007. Disponível em: <https://www.stj.jus.br/publicacaoinstitucional/index.php/sumstj/article/download/5653/5776#:~:text=O%20servi%C3%A7o%20prestado%20pelos%20provedores,meio%20de%20uma%20linha%20telef%C3%B4nica.>. Acesso em: 16 abr. 2024.
14   Onde se lê arts. 282 a 285 do CPC, leia-se "arts. 319 e 320 do CPC".

em duas vias, e os documentos que instruírem a primeira serão reproduzidos por cópia na segunda.
- **Competência**: I – *originária*: STF – contra atos do Presidente da República, das Mesas da Câmara dos Deputados e do Senado Federal, do Tribunal de Contas da União, do Procurador-Geral da República e do próprio Supremo Tribunal Federal; STJ – contra atos de Ministro de Estado ou do próprio Tribunal; TRF – contra atos do próprio Tribunal ou de juiz federal; a tribunais estaduais, segundo o disposto na Constituição do Estado (Em São Paulo[15]: TJ – contra atos do Governador, da Mesa e da Presidência da Assembleia, do próprio Tribunal ou de algum de seus membros, dos Presidentes dos Tribunais de Contas do Estado e do Município de São Paulo, do Procurador-Geral de Justiça, do Prefeito e do Presidente da Câmara Municipal da Capital); II – *não originária*: juiz federal, contra ato de autoridade federal, excetuados os casos de competência dos tribunais federais; juiz estadual, nos demais casos.
- **Documento indispensável**: a petição inicial do *habeas data* deverá ser instruída com prova: I – da recusa ao acesso às informações ou do decurso de mais de dez dias sem decisão; II – da recusa em fazer-se a retificação ou do decurso de mais de quinze dias, sem decisão; ou III – da recusa em fazer-se a anotação ou do decurso de mais de 15 dias sem decisão ao juiz competente.
- **Despacho inicial**: após recebida a petição inicial do *habeas data*, o juiz fará análise podendo deferir ou indeferir.
- **Indeferimento da inicial**: quando não for o caso de *habeas data*, ou se lhe faltar algum dos requisitos previstos na lei do *habeas data* (Lei n. 9.507/1997).
- **Emenda da inicial**: embora a lei do *habeas data* seja omissa a respeito, por aplicação subsidiária do CPC, é possível sua determinação pelo juiz.
- **Informações**: após deferida a inicial do *habeas data*, o juiz ordenará que se notifique o coator do conteúdo da petição, entregando-lhe a segunda via apresentada pelo impetrante, com as cópias dos documentos, a fim de que, no prazo de dez dias, preste as informações que julgar necessárias.
- **Manifestação do Ministério Público**: findo o prazo das informações será ouvido o representante do Ministério Público que dará um parecer, dentro de 5 dias.
- **Sentença**: após manifestação do Ministério Público, os autos serão conclusos ao juiz para decisão a ser proferida em cinco dias. Na decisão, se julgar procedente o pedido, o juiz marcará data e horário para que o coator:

---

15 SÃO PAULO (ESTADO). Constituição Estadual, de 5 de outubro de 1989. **Diário Oficial do Estado**, Poder Legislativo, 6 out. 1989. Disponível em: <https://www.al.sp.gov.br/repositorio/legislacao/constituicao/1989/compilacao-constituicao-0-05.10.1989.html>. Acesso em: 12 fev. 2025.

I – apresente ao impetrante as informações a seu respeito, constantes de registros ou bancos de dados; ou II – apresente em juízo a prova da retificação ou da anotação feita nos assentamentos do impetrante.

- **Comunicação da sentença:** a decisão será comunicada ao coator, por correio, com aviso de recebimento, ou por telegrama, radiograma ou telefonema, conforme o requerer o impetrante. Os originais, no caso de transmissão telegráfica, radiofônica ou telefônica deverão ser apresentados à agência expedidora, com a firma do juiz devidamente reconhecida.
- **Recurso:** da sentença que conceder ou negar o *habeas data* cabe apelação. Quando a sentença conceder o *habeas data*, o recurso terá efeito meramente devolutivo. Quando o *habeas data* for concedido e o presidente do tribunal ao qual competir o conhecimento do recurso ordenar ao juiz a suspensão da execução da sentença, desse seu ato caberá agravo para o tribunal que presida[16].
- **Procedimento em segunda instância:** o *habeas data* pode chegar na segunda instância, seja por recurso, seja de forma originária. Ao chegar no tribunal, caberá ao relator a instrução do processo, e deverão ser levados a julgamento na primeira sessão que se seguir à data em que, feita a distribuição, forem conclusos ao relator. O prazo para a conclusão não poderá exceder de vinte e quatro horas, a contar da distribuição.
- **Renovação da demanda:** o pedido de *habeas data* poderá ser renovado se a decisão denegatória não lhe houver apreciado o mérito.
- **Prioridade:** os processos de *habeas data* terão prioridade sobre todos os atos judiciais, exceto *habeas corpus* e mandado de segurança.
- **Gratuidade:** são gratuitos o procedimento administrativo para acesso a informações e retificação de dados e para anotação de justificação, bem como a ação de *habeas data*.

q] **Casos concretos:**

- **Impossibilidade de utilização de ação exibitória como substitutiva de *habeas data*** – "não é cabível ação de exibição de documentos que tenha por

---

16 Regras de competência em grau de recurso: a) ao Supremo Tribunal Federal, quando a decisão denegatória for proferida em única instância pelos Tribunais Superiores; b) ao Superior Tribunal de Justiça, quando a decisão for proferida em única instância pelos Tribunais Regionais Federais; c) aos Tribunais Regionais Federais, quando a decisão for proferida por juiz federal; d) aos Tribunais Estaduais e ao do Distrito Federal e Territórios, conforme dispuserem a respectiva Constituição e a lei que organizar a Justiça do Distrito Federal; I – mediante recurso extraordinário ao Supremo Tribunal Federal, nos casos previstos na Constituição (SANTOS, Rafael. Dos recursos para o Supremo Tribunal Federal e para o Superior Tribunal de Justiça. In: CAMPOS, Rogério et al. **Novo Código Civil comentado nas práticas da Fazenda Nacional**. São Paulo, SP: Revista dos Tribunais, 2017).

objeto a obtenção de informações detidas pela Administração Pública que não foram materializadas em documentos (eletrônicos ou não), ainda que se alegue demora na prestação dessas informações pela via administrativa" (Informativo n. 575/2016, do STJ[17]).

- **Acesso a dados do registro de procedimento fiscal** – "o *Habeas Data* não é via adequada para obter acesso a dados contidos em Registro de Procedimento Fiscal (RPF), que, por definição, é documento de uso privativo da Receita Federal; não tem caráter público, nem pode ser transmitido a terceiros" (Informativo n. 548/2014, do STJ[18]).

- **Inquérito sigiloso** – "não é cabível o *Habeas Data* para obrigar o ministro da Justiça a fornecer informações sobre inquérito conduzido pela Polícia Federal que transita em segredo de justiça, cujo objetivo é elucidar a prática de infração penal. A quebra de sigilo poderá causar prejuízo à apuração da autoria e materialidade do delito, além de o caso não se enquadrar em nenhuma das hipóteses de cabimento do *Habeas Data* previstas no art. 7º da Lei n. 9.507/1997" (Informativo n. 222/2004, do STJ[19]).

- **Análise de critérios de correção de prova discursiva de concurso público** – "o *Habeas Data* é remédio constitucional que tem por fim assegurar ao indivíduo o conhecimento de informações relativas a sua pessoa registradas em banco de dados de entidades governamentais ou de caráter público, para eventual retificação. A Lei n. 9.507/1997, art. 7º, elenca as hipóteses em que se justifica sua impetração e, entre elas, não existe revolver os critérios utilizados na correção de provas em concurso público realizado por fundação universitária" (Informativo n. 288/2006, do STJ[20]).

- **Cópia de processo administrativo** – o *habeas data* é meio hábil para se proteger o direito à informação ao possibilitar seu conhecimento ou sua retificação (art. 5º, LXXII, CF/1988). No caso, busca-se extrair cópia integral de autos de processo administrativo, hipótese incompatível com o uso daquele instrumento processual (art. 7º da Lei n. 9.507/1997). Seria adequada, no caso, a utilização do mandado de segurança (Informativo

---

17 BRASIL. Superior Tribunal de Justiça. **Informativo n. 575, de 19 de dezembro de 2015 a 4 de fevereiro de 2016**. Disponível em: <https://www.stj.jus.br/publicacaoinstitucional/index.php/informjurisdata/article/view/3953/4177>. Acesso em: 16 abr. 2024.
18 BRASIL. Superior Tribunal de Justiça. **Informativo n. 548, de 22 de outubro de 2014**. Disponível em: <https://processo.stj.jus.br/jurisprudencia/externo/informativo/?aplicacao=informativo&acao=pesquisar&livre=@cnot=014982>. Acesso em: 16 abr. 2024.
19 BRASIL. Superior Tribunal de Justiça. **Informativo n. 222, de 20 a 24 de setembro de 2004**. Disponível em: <https://processo.stj.jus.br/jurisprudencia/externo/informativo/?aplicacao=informativo&acao=pesquisar&livre=punitive+p&refinar=S.DISP.&&b=INFJ&p=true&t=&l=20&i=15181>. Acesso em: 3 jul. 2024.
20 BRASIL. Superior Tribunal de Justiça. **Informativo n. 288, de 12 a 16 de junho de 2006**. Disponível em: <https://www.stj.jus.br/publicacaoinstitucional/index.php/informjurisdata/article/view/4312/4532>. Acesso em: 16 abr. 2024.

n. 319/2007[21]). As justificativas para o não cabimento do *habeas data* para a obtenção de cópia de autos de processo administrativo são: a) não encontra previsão no que dispõe o art. 7º, inciso I, da Lei n. 9.507/1997; b) o direito supostamente violado diz respeito ao devido processo legal.

4.2 Mandado de Injunção

a) **Natureza jurídica**: ação judicial constitucional de natureza civil e procedimento especial.
b) **Regulamentação**: previsto no art. 5º, inciso LXXI, da CF/1988, e regulamentado pela Lei n. 13.300, que entrou em vigor no dia 24 de junho de 2016[22].
c) **Período de 1990 a 2016**: a lei regulamentadora do mandado de injunção foi, em conformidade com o art. 24, parágrafo único, da Lei n. 8.038/1990, a Lei do Mandado de Segurança (Lei n. 1.533/1951, revogada pela Lei n. 12.016/2009).
d) **Origem**: no Direito brasileiro, o mandado de injunção surgiu com a CF/1988.
e) **Objeto**: norma constitucional de eficácia limitada que faça previsão de direito relacionado com nacionalidade, soberania e cidadania.
f) **Finalidades:** a) imediata – viabilizar direito prejudicado com a falta ou insuficiência da norma regulamentadora; b) mediata – combater a síndrome da inefetividade do Poder Público em não regulamentar a Constituição.
g) **Cabimento**: quando houver omissão total ou parcial de norma regulamentadora que torne inviável o exercício dos direitos e liberdades constitucionais e das prerrogativas inerentes à nacionalidade, à soberania e à cidadania. Considera-se parcial a regulamentação quando forem insuficientes as normas editadas pelo órgão legislador competente.
h) **Tipo de direito**: é imprescindível a existência de direito previsto na Constituição que não esteja sendo exercido por ausência de norma regulamentadora, de forma total ou parcial.
i) **Legitimidade ativa**: depende do tipo do mandado de injunção.
j) **Legitimidade ativa no mandado de injunção individual**: qualquer pessoa física ou jurídica interessada (que se afirme titular dos direitos, das liberdades ou das prerrogativas objeto do mandado de injunção).
k) **Legitimidade ativa no mandado de injunção coletivo**: I – pelo Ministério Público, quando a tutela requerida for especialmente relevante para a defesa

---

21 BRASIL. Superior Tribunal de Justiça. **Informativo n. 319, de 30 de abril a 11 de maio de 2007**. Disponível em: <https://processo.stj.jus.br/jurisprudencia/externo/informativo/?acao=pesquisarumaedicao&livre=0319.cod.>. Acesso em: 16 abr. 2024.
22 BRASIL. Lei n. 13.300, de 23 de junho de 2016. **Diário Oficial da União**, Poder Legislativo, Brasília, DF, 24 jun. 2016. Disponível em: <https://www.planalto.gov.br/ccivil_03/_ato2015-2018/2016/lei/l13300.htm>. Acesso em: 16 abr. 2024.

da ordem jurídica, do regime democrático ou dos interesses sociais ou individuais indisponíveis; II – por partido político com representação no Congresso Nacional, para assegurar o exercício de direitos, liberdades e prerrogativas de seus integrantes ou relacionados com a finalidade partidária; III – por organização sindical, entidade de classe ou associação legalmente constituída e em funcionamento há pelo menos 1 (um) ano, para assegurar o exercício de direitos, liberdades e prerrogativas em favor da totalidade ou de parte de seus membros ou associados, na forma de seus estatutos e desde que pertinentes a suas finalidades, dispensada, para tanto, autorização especial; IV – pela Defensoria Pública, quando a tutela requerida for especialmente relevante para a promoção dos direitos humanos e a defesa dos direitos individuais e coletivos dos necessitados.

l] **Legitimidade passiva**: o Poder, o órgão ou a autoridade com atribuição para editar a norma regulamentadora. No caso de omissão, o responsável pela elaboração da norma regulamentadora necessária ao exercício do direito constitucional inviabilizado. Tem de ser pessoa estatal. Órgão ou entidade privada não tem legitimidade passiva, nem mesmo na condição de litisconsorte passivo com pessoa estatal. Somente pessoas estatais podem figurar no polo passivo da relação processual instaurada com a impetração do mandado de injunção, eis que apenas a elas é imputável provimentos normativos (Informativo n. 167/2003 do STJ[23]).

m] **Aplicação subsidiária**: o mandado de injunção sofre aplicação subsidiária da Lei do Mandado de Segurança e do CPC, nos termos do art. 14 da Lei n. 13.300/2016.

n] **Requisitos**: 1) que não haja ou seja insuficiente norma regulamentadora do direito, liberdade ou prerrogativa prevista em norma constitucional; 2) que o impetrante seja beneficiário direto do direito, liberdade ou prerrogativa; 3) inviabilidade do direito, liberdade ou prerrogativa prevista na Constituição.

o] **Procedimento judicial em primeira instância**:

 1] Petição inicial;
 2] Judiciário (juiz);
 3] Análise de petição inicial;
 4] Deferimento;
 5] Informação da autoridade coatora;
 6] Ministério Público;
 7] Judiciário;
 8] Sentença.

---

23 BRASIL. Superior Tribunal de Justiça. **Informativo n. 167, de 24 a 28 de março de 2003**. Disponível em: <https://www.stj.jus.br/publicacaoinstitucional/index.php/informjurisdata/article/view/4190/4410>. Acesso em: 4 jul. 2024.

- **Início do procedimento judicial**: com a apresentação da petição inicial, que deverá preencher os requisitos estabelecidos pela lei processual[24] e indicará, além do órgão impetrado, a pessoa jurídica que ele integra.
- **Competência**: a) STF – quando a elaboração da norma regulamentadora for atribuição do presidente da República, do Congresso Nacional, da Câmara dos Deputados, do Senado Federal, das mesas de uma dessas Casas Legislativas, do TCU, de um dos tribunais superiores ou do próprio STF (art. 102, I, "q", CF/1988); b) STJ – quando a elaboração da norma regulamentadora for atribuição de órgão, entidade ou autoridade federal, da Administração Direta ou Indireta, excetuados os casos de competência do STF e dos órgãos da Justiça Militar, da Justiça Eleitoral, da Justiça do Trabalho e da Justiça Federal (art. 105, I, "h", CF/1988); c) *Competência recursal eleitoral* – das decisões dos Tribunais Regionais Eleitorais (TREs) somente caberá recurso quando denegarem mandado de injunção (art. 121, § 4º, V, CF/1988); d) *Competência da Justiça Federal* – quando a regulamentação for de competência de autoridades, órgãos ou entidades federais, não incluídas na competência originária; e) *Competência da Justiça Especial (trabalhista/militar/eleitoral)* – quando a elaboração da norma regulamentadora for atribuição de órgão, entidade ou autoridade federal nos assuntos de sua competência; f) *Competência da justiça estadual* – quando a elaboração da norma regulamentadora for atribuição de órgão, entidade ou autoridade estadual, na forma como disciplinada pelas Constituições estaduais; g) *Competência recursal* – compete ao STF julgar, em recurso ordinário, o mandado de injunção decidido em única instância pelos tribunais superiores, se denegatória a decisão (art. 102, II, "a", CF/1988).
- **Documento em poder de terceiro**: quando o documento necessário à prova do alegado encontrar-se em repartição ou estabelecimento público, em poder de autoridade ou de terceiros, havendo recusa em fornecê-lo por certidão, no original, ou em cópia autêntica, será ordenada, a pedido do impetrante, a exibição do documento no prazo de 10 (dez) dias, devendo, nesse caso, ser juntada cópia à segunda via da petição. Se a recusa em fornecer o documento for do impetrado, a ordem será feita no próprio instrumento da notificação.
- **Despacho inicial**: após recebida a petição inicial do mandado de injunção, o juiz fará análise podendo deferir ou indeferir.
- **Indeferimento da inicial**: quando a impetração for manifestamente incabível ou manifestamente improcedente. Da decisão do juiz de primeira instância que indefere a petição inicial, caberá apelação. Da decisão de

---

24 Onde se lê arts. 282 a 285 do CPC, leia-se "arts. 319 e 320 do CPC".

relator que indeferir a petição inicial, caberá agravo, em cinco dias, para o órgão colegiado competente para o julgamento da impetração.
- **Emenda da inicial**: embora a lei do mandado de injunção seja omissa a respeito, por aplicação subsidiária do CPC, é possível sua determinação pelo juiz.
- **Informações**: recebida a petição inicial, será ordenada a notificação do impetrado sobre o conteúdo da petição inicial, devendo-lhe ser enviada a segunda via apresentada com as cópias dos documentos, a fim de que, no prazo de 10 (dez) dias, preste informações; a ciência do ajuizamento da ação ao órgão de representação judicial da pessoa jurídica interessada, devendo-lhe ser enviada cópia da petição inicial, para que, querendo, ingresse no feito.
- **Manifestação do Ministério Público**: findo o prazo para apresentação das informações, será ouvido o Ministério Público, que opinará em 10 (dez) dias, após o que, com ou sem parecer, os autos serão conclusos para decisão.
- **Sentença**: reconhecido o estado de mora legislativa, será deferida a injunção para: I – determinar prazo razoável para que o impetrado promova a edição da norma regulamentadora (será dispensada essa determinação quando comprovado que o impetrado deixou de atender, em mandado de injunção anterior, ao prazo estabelecido para a edição da norma); II – estabelecer as condições em que se dará o exercício dos direitos, das liberdades ou das prerrogativas reclamados ou, se for o caso, as condições em que poderá o interessado promover ação própria visando a exercê-los, caso não seja suprida a mora legislativa no prazo determinado.
- **Eficácia da sentença**: a decisão terá eficácia subjetiva limitada às partes e produzirá efeitos até o advento da norma regulamentadora. Poderá ser conferida eficácia *ultra partes* ou *erga omnes* à decisão, quando isso for inerente ou indispensável ao exercício do direito, da liberdade ou da prerrogativa objeto da impetração.
- **Norma regulamentadora superveniente**: a norma regulamentadora superveniente produzirá efeitos *ex nunc* em relação aos beneficiados por decisão transitada em julgado, salvo se a aplicação da norma editada lhes for mais favorável. Estará prejudicada a impetração se a norma regulamentadora for editada antes da decisão, caso em que o processo será extinto sem resolução de mérito.
- **Ação de revisão**: sem prejuízo dos efeitos já produzidos, a decisão poderá ser revista, a pedido de qualquer interessado, quando sobrevierem relevantes modificações das circunstâncias de fato ou de direito. A ação de revisão observará, no que couber, o procedimento estabelecido na Lei n. 13.300/2016.

- **Renovação da demanda:** o indeferimento do pedido por insuficiência de prova não impede a renovação da impetração fundada em outros elementos probatórios.
- **Mandado de injunção coletivo:** não induz litispendência em relação aos individuais, mas os efeitos da coisa julgada não beneficiarão o impetrante que não requerer a desistência da demanda individual no prazo de 30 (trinta) dias a contar da ciência comprovada da impetração coletiva. A sentença fará coisa julgada limitadamente às pessoas integrantes da coletividade, do grupo, da classe ou da categoria substituídos pelo impetrante.

4.3 Ação popular

a) **Natureza jurídica:** ação judicial constitucional de natureza civil e procedimento ordinário com adaptações.
b) **Regulamentação:** a ação popular é prevista no art. 5º, inciso LXXIII, da CF/1988, e regulamentado pela Lei n. 4.717/1965[25].
c) **Origem mundial:** tem uma origem remota no Direito Romano e uma origem próxima no século XIX nas leis comunais da Bélgica 1836 e França 1837.
d) **Origem no Brasil:** no Direito brasileiro, não obstante a Constituição de 1824 falasse em *ação popular* (art. 157), parece que esta se referia a certo caráter disciplinar ou mesmo penal. A Constituição de 1934 foi "o primeiro texto constitucional que lhe deu guarida". Elevada ao nível constitucional em 1934, retirada da Constituição de 1937, retornou na de 1946 e permanece até os dias atuais, prevista no art. 5.º, inciso LXXIII, da CF/1988.
e) **Objeto:** combate ao ato ilegal ou imoral e lesivo ao patrimônio público. A Lei da Ação Popular (Lei n. 4.717/1965), em seu art. 4º, enumera exemplificativamente os atos com presunção legal de ilegitimidade e lesividade.
f) **Finalidade:** anulação ou declaração de nulidade de atos lesivos ao patrimônio da União, do Distrito Federal, dos Estados, dos Municípios, de entidades autárquicas, de sociedades de economia mista, de sociedades mútuas de seguro, nas quais a União represente os segurados ausentes, de empresas públicas, de serviços sociais autônomos, de instituições ou fundações para cuja criação ou custeio o tesouro público haja concorrido ou concorra com mais de 50% do patrimônio ou da receita ânua, de empresas incorporadas ao patrimônio da União, do Distrito Federal, dos Estados e dos Municípios, e de quaisquer pessoas jurídicas ou entidades subvencionadas pelos cofres públicos.

---

25 BRASIL. Lei n. 4.717, de 29 de junho de 1965. **Diário Oficial da União**, Poder Executivo, Brasília, DF, 29 jun. 1965. Disponível em: <https://www.planalto.gov.br/ccivil_03/leis/l4717.htm>. Acesso em: 16 abr. 2024.

g] **Cabimento**: ato ilegal e lesivo ao patrimônio público, patrimônio de que o Estado participe, moralidade administrativa, meio ambiente e patrimônio histórico e cultural.

h] **Legitimidade ativa**: cidadão, seja o brasileiro nato ou naturalizado, inclusive aquele entre 16 e 18 anos, e ainda, o português equiparado, no gozo de seus direitos políticos. Não poderão ingressar em juízo os estrangeiros, as pessoas jurídicas e aqueles que tiverem suspensos ou declarados perdidos seus direitos políticos (art. 15, CF/1988), os apátridas. Todavia, se a privação for posterior ao ajuizamento da ação popular, não será obstáculo para seu prosseguimento.

i] **Natureza da posição do autor popular**: 1) *Legitimação extraordinária* – age como substituto processual, pois defende em juízo, em nome próprio, um interesse difuso, pertencente à coletividade; 2) *Legitimação ordinária* – em nome próprio e na defesa de seu próprio direito – participação na vida política do Estado e fiscalização da gerência do patrimônio público; 3) *Legitimação autônoma* – age em nome próprio, na defesa dos dois interesses, o próprio e o da coletividade.

j] **Legitimidade passiva**: pessoas jurídicas públicas, tanto da Administração Direta quanto da Indireta, inclusive das empresas públicas e das sociedades de economia mista, ou privadas, em nome das quais foi praticado o ato a ser anulado, e mais as autoridades, funcionários ou administradores que houverem autorizado, aprovado, ratificado ou praticado pessoalmente o ato ou firmado o contrato impugnado, ou que, por omissos, tiverem dado oportunidade à lesão, como também os beneficiários diretos do mesmo ato ou contrato.

k] **Funções do Ministério Público**: 1) acompanhar a ação popular; 2) zelar pela regularidade do processo; 3) apressar a produção de provas; 4) promover a responsabilização civil e criminal dos responsáveis pelo ato ilegal e lesivo ao patrimônio público; 5) propor ação rescisória; 6) promover a execução no caso de inércia do autor popular; 7) retomar a ação no caso de desistência do autor popular

l] **Aplicação subsidiária**: regras do CPC, naquilo em que não contrariem os dispositivos desta lei nem a natureza específica da ação.

m] **Requisitos**: 1) ser cidadão; 2) ilegalidade ou imoralidade; 3) lesão ou ameaça de lesão ao patrimônio público, patrimônio de que o Estado participe, moralidade administrativa, meio ambiente e patrimônio histórico e cultural.

n] **Características**: forma de exercício da soberania popular (arts. 1º e 14, CF/1988), pela qual, na presente hipótese, permite-se ao povo, diretamente, exercer a função fiscalizatória do Poder Público, com base no princípio da legalidade dos atos administrativos e no conceito de que a *res* pública (República) é patrimônio do povo; defesa de interesses difusos, reconhecendo-se aos cidadãos *uti cives* e não *uti singuli*, o direito de promover a defesa de tais interesses; importante instrumento da democracia direta e participação política. Busca-se a proteção da *res publica*, ou, utilizando uma nomenclatura mais atualizada, tem por escopo a proteção dos interesses difusos; destina-se à concretização do princípio republicano que impõe ao administrador público o dever de prestar contas a respeito da gestão da coisa pública.

o] **Lei em tese:** não cabe, pois é necessário que a lei renda ensejo a algum ato concreto de execução.

p] **Atos administrativos:** cabe, não importando se é vinculado ou discricionário

q] **Atos jurisdicionais:** cabe, se for decisões homologatórias de acordo que causem prejuízos ao patrimônio público.

r] **Controle de constitucionalidade:** não pode servir como substituto da ADI, pois não pode atacar lei em tese.

s] **Menor entre 16 e 18 anos:** que tem título de eleitor, pode ajuizar a ação popular sem a necessidade de assistência.

t] **Propositura da ação popular em local diverso do domicílio eleitoral:** é possível, pois a proteção ao patrimônio público não é critério territorial.

u] **Procedimento judicial em primeira instância:** procedimento ordinário do CPC com adaptações:

- **Início do procedimento judicial:** com a apresentação da petição inicial, que deverá preencher os requisitos estabelecidos pela lei processual civil, nos termos dos arts. 319 e 320 do CPC[26].
- **Competência:** será competência do STF em dois casos: 1) as causas e os conflitos entre a União e os estados, a União e o Distrito Federal, ou entre uns e outros, inclusive as respectivas entidades da Administração Indireta; 2) a ação em que todos os membros da magistratura sejam direta ou indiretamente interessados, e aquela em que mais da metade dos membros do tribunal de origem estejam impedidos ou sejam direta ou indiretamente interessados; casos não seja do STF, a competência na ação popular será determinada pela origem do ato a ser anulado: juiz federal ou juiz estadual.
- **Liminar:** é possível, desde que presentes os requisitos legais (*periculum in mora* e *fumus boni iuris*).
- **Despacho inicial:** após recebida a petição inicial ação popular, o juiz ordenará – a) além da citação dos réus, a intimação do representante do Ministério Público; b) a requisição, às entidades indicadas na petição inicial, dos documentos que tiverem sido referidos pelo autor, bem como a de outros que se lhe afigurem necessários ao esclarecimento dos fatos, ficando prazos

---

26 BRASIL. Lei n. 13.105, de 16 de março de 2015. **Diário Oficial da União**, Poder Legislativo, Brasília, DF, 17 mar. 2015. Disponível em: <https://www.planalto.gov.br/ccivil_03/_ato2015-2018/2015/lei/l13105.htm>. Acesso em: 4 jul. 2024.

de 15 (quinze) a 30 (trinta) dias para o atendimento. O representante do Ministério Público providenciará para que as requisições sejam atendidas dentro dos prazos fixados pelo juiz. Se os documentos e informações não puderem ser oferecidos nos prazos assinalados, o juiz poderá autorizar prorrogação dos mesmos, por prazo razoável.

- **Citação por edital**: quando o autor preferi-lo, a citação dos beneficiários será feita por edital com o prazo de 30 (trinta) dias, afixado na sede do juízo e publicado três vezes no jornal oficial do Distrito Federal, ou da Capital do Estado ou Território em que seja ajuizada a ação. A publicação será gratuita e deverá iniciar-se no máximo 3 (três) dias após a entrega, na repartição competente, sob protocolo, de uma via autenticada do mandado.
- **Contestação**: o prazo de contestação é de 20 (vinte) dias, prorrogáveis por mais 20 (vinte), a requerimento do interessado, se particularmente difícil a produção de prova documental, e será comum a todos os interessados, correndo da entrega em cartório do mandado cumprido, ou, quando for o caso, do decurso do prazo assinado em edital.
- **Alegações finais**: caso não requerida, até o despacho saneador, a produção de prova testemunhal ou pericial, o juiz ordenará vista às partes por 10 (dez) dias, para alegações, sendo-lhe os autos conclusos, para sentença, 48 (quarenta e oito) horas após a expiração desse prazo; havendo requerimento de prova, o processo tomará o rito ordinário.
- **Sentença**: quando não prolatada em audiência de instrução e julgamento, deverá ser proferida dentro de 15 (quinze) dias do recebimento dos autos pelo juiz.
- **Sentença de procedência**: a sentença que, julgando procedente a ação popular, decretar a invalidade do ato impugnado, condenará ao pagamento de perdas e danos os responsáveis pela sua prática e os beneficiários dele, ressalvada a ação regressiva contra os funcionários causadores de dano, quando incorrerem em culpa.
- **Renovação da demanda**: sentença terminativa e improcedência por deficiência de prova.
- **Recursos**: todos os previstos no CPC, exceto o Recurso Ordinário Constitucional. Das sentenças e decisões proferidas contra o autor da ação e suscetíveis de recurso, poderá recorrer qualquer cidadão e também o Ministério Público.
- **Coisa julgada**: se opera *secundum eventum* litis, ou seja, se a ação for julgada procedente ou improcedente por ser infundada, produzirá efeito de coisa julgada oponível *erga omnes*. No entanto, se a improcedência se der por deficiência de provas, haverá apenas a coisa julgada formal, podendo qualquer cidadão intentar outra ação com idêntico fundamento,

valendo-se de nova prova (art. 18 da Lei n. 4.717/1965), já que não terá sido analisado o mérito.

- **Reexame necessário:** no caso de improcedência ou carência da ação só produzirá efeitos depois de passar pelo duplo grau obrigatório de jurisdição.
- **Exceção ao princípio da congruência:** na ação popular, o juiz poderá condenar ao pagamento de perdas e danos os responsáveis pelo ato impugnado, ainda que não exista pedido do autor para tal condenação. É uma mitigação, já que permite que o juiz julgue *ultra petita*.
- **Custas judiciais e ônus da sucumbência:** isenção, salvo comprovada má-fé. Se, além da má-fé, o autor agiu de forma manifestamente temerária na lide o juiz pode condenar ao décuplo das custas, conforme art. 13 da Lei da Ação Popular.
- **Beneficiário da condenação:** se lesão for ao patrimônio público o titular; se for outra vai para fundo de direitos difusos.
- **Prescrição:** a ação popular prescreve em 5 (cinco) anos.

4.4 Mandado de segurança

a] **Natureza jurídica:** é uma ação judicial constitucional de natureza civil e procedimento especial. Tem caráter sumaríssimo e decisão exequível; detém caráter subsidiário.
b] **Regulamentação:** é previsto no art. 5º, inciso LXXI, da CF/1988, e regulamentado pela Lei n. 12.016, que entrou em vigor no dia 10 de agosto de 2009.
c] **Origem no Brasil:** Constituição de 1934.
d] **Objeto:** direito líquido e certo não amparado por *habeas corpus* nem por *habeas data*.
e] **Finalidade:** proteger direito líquido e certo não amparado por *habeas corpus* nem por *habeas data*. É instrumento de liberdade civil e política, pois é usado para que os indivíduos se defendam de atos ilegais ou praticados com abuso de poder.
f] **Cabimento:** reparar, afastar ou corrigir ilegalidade (desconformidade com a lei) ou abuso de poder (revela-se pela omissão, desvio de poder – ato com finalidade diversa da prevista em lei; ou pelo excesso de poder – prática do ato além dos limites permitidos), praticado por autoridade ou agentes no exercício de função pública ao direito líquido e certo.
g] **Legitimidade ativa:** depende do tipo do mandado de segurança.
h] **Legitimidade ativa no mandado de segurança individual:** qualquer pessoa física ou jurídica titular do direito prejudicado. Equiparam-se às autoridades, para os efeitos da Lei n. 12.016/2009, os representantes ou órgãos de partidos

políticos e os administradores de entidades autárquicas, bem como os dirigentes de pessoas jurídicas ou as pessoas naturais no exercício de atribuições do poder público, somente no que disser respeito a essas atribuições.

i) **Legitimidade ativa no mandado de segurança coletivo:** partido político representado no Congresso Nacional; entidade sindical; entidade de classe; associação que esteja em funcionamento há pelo menos um ano.

j) **Legitimidade passiva:** autoridade pública ou agente no exercício de função pública.

k) **Aplicação subsidiária:** CPC no que for compatível.

l) **Requisitos:** 1) direito líquido e certo – comprovado de plano; 2) ilegalidade ou abuso de poder; 3) lesão ou ameaça de lesão; 4) ato comissivo ou omissivo de autoridade pública ou agente no exercício de função pública.

m) **Procedimento judicial em primeira instância:**

   1) Petição inicial;
   2) Judiciário (juiz);
   3) Análise de petição inicial;
   4) Deferimento;
   5) Informações da autoridade coatora;
   6) Ministério Público;
   7) Judiciário;
   8) Sentença.

   - **Início do procedimento judicial:** com a apresentação da petição inicial, deverá preencher os requisitos estabelecidos pela lei processual, será apresentada em 2 (duas) vias com os documentos que instruírem a primeira reproduzidos na segunda e indicará, além da autoridade coatora, a pessoa jurídica que esta integra, à qual se acha vinculada ou da qual exerce atribuições.
   - **Competência:** I – *originária*: STF – contra atos do Presidente da República, das Mesas da Câmara dos Deputados e do Senado Federal, do Tribunal de Contas da União, do Procurador-Geral da República e do próprio Supremo Tribunal Federal; STJ – contra atos de Ministro de Estado ou do próprio Tribunal; TRF – contra atos do próprio Tribunal ou de juiz federal; a tribunais estaduais, segundo o disposto na Constituição do Estado (em São Paulo[27]: TJ – contra atos do Governador, da Mesa e da Presidência da Assembleia, do próprio Tribunal ou de algum de seus membros, dos Presidentes dos Tribunais de Contas do Estado e do Município de São Paulo,

---

27 SÃO PAULO (ESTADO). Constituição Estadual, de 5 de outubro de 1989. **Diário Oficial do Estado**, Poder Legislativo, 6 out. 1989. Disponível em: <https://www.al.sp.gov.br/repositorio/legislacao/constituicao/1989/compilacao-constituicao-0-05.10.1989.html>. Acesso em: 12 fev. 2025.

do Procurador-Geral de Justiça, do Prefeito e do Presidente da Câmara Municipal da Capital); II – *não originária*: juiz federal, contra ato de autoridade federal, excetuados os casos de competência dos tribunais federais; juiz estadual, nos demais casos.

- **Documento em poder de terceiro:** no caso em que o documento necessário à prova do alegado se ache em repartição ou estabelecimento público ou em poder de autoridade que se recuse a fornecê-lo por certidão ou de terceiro, o juiz ordenará, preliminarmente, por ofício, a exibição desse documento em original ou em cópia autêntica e marcará, para o cumprimento da ordem, o prazo de 10 (dez) dias. O escrivão extrairá cópias do documento para juntá-las à segunda via da petição. Se a autoridade que tiver procedido dessa maneira for a própria coatora, a ordem far-se-á no próprio instrumento da notificação.
- **Despacho inicial:** ao despachar a inicial, o juiz ordenará que se notifique o coator do conteúdo da petição inicial, enviando-lhe a segunda via apresentada com as cópias dos documentos, a fim de que, no prazo de 10 (dez) dias, preste as informações; que se dê ciência do feito ao órgão de representação judicial da pessoa jurídica interessada, enviando-lhe cópia da inicial sem documentos, para que, assim desejando, ingresse no feito; que se suspenda o ato que deu motivo ao pedido, quando houver fundamento relevante e do ato impugnado puder resultar a ineficácia da medida, caso seja finalmente deferida, sendo facultado exigir do impetrante caução, fiança ou depósito, com o objetivo de assegurar o ressarcimento à pessoa jurídica.
- **Emenda da inicial:** sobre a possibilidade de emendar a inicial, entendemos que, embora a lei do mandado de segurança seja omissa a respeito, por aplicação subsidiária do CPC, é possível sua determinação pelo juiz.
- **Indeferimento da inicial:** a inicial será desde logo indeferida, por decisão motivada, quando não for o caso de mandado de segurança ou lhe faltar algum dos requisitos legais ou quando decorrido o prazo legal para a impetração. Do indeferimento da inicial pelo juiz de primeiro grau caberá apelação e, quando a competência para o julgamento do mandado de segurança couber originariamente a um dos tribunais, do ato do relator caberá agravo para o órgão competente do tribunal que integre.
- **Informações:** após deferida a inicial do mandado de segurança, o juiz ordenará a notificação do coator do conteúdo da petição inicial, enviando-lhe a segunda via apresentada com as cópias dos documentos, a fim de que, no prazo de 10 (dez) dias, preste as informações.
- **Manifestação do Ministério Público:** findo o prazo para apresentação das informações, o juiz ouvirá o representante do Ministério Público, que opinará dentro do prazo improrrogável de 10 (dez) dias.

- **Sentença**: com ou sem o parecer do Ministério Público, os autos serão conclusos ao juiz para a decisão, a qual deverá ser necessariamente proferida em 30 (trinta) dias.
- **Comunicação da sentença**: concedido o mandado, o juiz transmitirá em ofício, por intermédio do oficial do juízo, ou pelo correio, mediante correspondência com aviso de recebimento, o inteiro teor da sentença à autoridade coatora e à pessoa jurídica interessada. Em caso de urgência, poderá o juiz transmitirá por telegrama, radiograma ou outro meio que assegure a autenticidade do documento.
- **Reexame necessário**: concedida a segurança, a sentença estará sujeita obrigatoriamente ao duplo grau de jurisdição.
- **Renovação da demanda**: o pedido de mandado de segurança poderá ser renovado dentro do prazo decadencial, se a decisão denegatória não lhe houver apreciado o mérito.
- **Decisão transitada em julgado**: não cabimento, nos termos da Súmula n. 268 do STF[28].
- **Prioridade**: os processos de mandado de segurança e os respectivos recursos terão prioridade sobre todos os atos judiciais, salvo *habeas corpus*.
- **Não cabimento de liminar**: que tenha por objeto a compensação de créditos tributários, a entrega de mercadorias e bens provenientes do exterior, a reclassificação ou equiparação de servidores públicos e a concessão de aumento ou a extensão de vantagens ou pagamento de qualquer natureza.
- **Efeitos da liminar**: salvo se revogada ou cassada, persistirão até a prolação da sentença; deferida a medida liminar, o processo terá prioridade para julgamento.
- **Caducidade**: é a perda dos seus efeitos; é decretada de ofício ou a requerimento do Ministério Público quando, concedida a medida, o impetrante criar obstáculo ao normal andamento do processo ou deixar de promover, por mais de 3 (três) dias úteis, os atos e as diligências que lhe cumprirem.
- **Litisconsórcio**: é admitido, nos termos do CPC; o ingresso de litisconsorte ativo não será admitido após o despacho da petição inicial.
- **Não cabimento**: a interposição de embargos infringentes e a condenação ao pagamento dos honorários advocatícios.

---

28 BRASIL. Supremo Tribunal Federal. **Súmula n. 268, de 13 de dezembro de 1969**. Disponível em: <https://portal.stf.jus.br/jurisprudencia/sumariosumulas.asp?base=30&sumula=2466#:~:text=N%C3%A3o%20cabe%20mandado%20de%20seguran%C3%A7a%20contra%20decis%C3%A3o%20judicial%20com%20tr%C3%A2nsito%20em%20julgado.>. Acesso em: 24 out. 2024.

- **Prazo do mandado de segurança repressivo:** o direito de requerer mandado de segurança extinguir-se-á decorridos 120 (cento e vinte) dias, contados da ciência, pelo interessado, do ato impugnado.
- **Dilação probatória:** não cabe, já que a prova é pré-constituída. Não há fase probatória (momento de coleta de provas).
- **Súmula n. 625, do STF[29]:** "controvérsia sobre matéria de direito não impede concessão de mandado de segurança".
- **Súmula n. 333, do STJ[30]:** cabe mandado de segurança contra ato praticado em licitação promovida por sociedade de economia mista ou empresa pública.
- **Atos de gestão comercial:** não cabe mandado de segurança contra os atos de gestão comercial praticados pelos administradores de empresas públicas, de sociedade de economia mista e de concessionárias de serviço público.
- **Súmula n. 510 do STF[31]:** praticado o ato por autoridade, no exercício de competência delegada, contra ela cabe o mandado de segurança ou a medida judicial.
- **Súmula n. 266 do STF[32]:** não cabe mandado de segurança contra lei em tese.
- **Súmula n. 269 do STF[33]:** o mandado de segurança não é substitutivo de ação de cobrança.
- **Súmula n. 430 do STF[34]:** pedido de reconsideração na via administrativa não interrompe o prazo para o mandado de segurança.
- **Súmula n. 632 do STF[35]:** é constitucional lei que fixa o prazo de decadência para a impetração de mandado de segurança.

---

29 BRASIL. Supremo Tribunal Federal. **Súmula n. 625, de 24 de setembro de 2003.** Data de publicação: Diário da Justiça, 13 out. 2003.

30 BRASIL. Superior Tribunal de Justiça. **Súmula n. 333.** Primeira seção: 13 dez. 2006. Data de publicação: Diário da Justiça, 14 fev. 2007. Disponível em: <https://www.stj.jus.br/docs_internet/revista/eletronica/stj-revista-sumulas-2012_28_capSumula333.pdf>. Acesso em: 16 abr. 2024.

31 BRASIL. Supremo Tribunal Federal. **Súmula n. 510, de 12 de dezembro de 1969.** Disponível em: <https://portal.stf.jus.br/jurisprudencia/sumariosumulas.asp?base=30&sumula=2671>. Acesso em: 3 jul. 2024.

32 BRASIL. Supremo Tribunal Federal. **Súmula n. 266, de 13 de dezembro de 1963.** Disponível em: <https://portal.stf.jus.br/jurisprudencia/sumariosumulas.asp?base=30&sumula=2459>. Acesso em: 3 jul. 2024.

33 BRASIL. Supremo Tribunal Federal. **Súmula n. 269, de 13 de dezembro de 1963.** Disponível em: <https://portal.stf.jus.br/jurisprudencia/sumariosumulas.asp?base=30&sumula=2468>. Acesso em: 3 jul. 2024.

34 BRASIL. Supremo Tribunal Federal. **Súmula n. 430, de 8 de julho de 1964.** Disponível em: <https://portal.stf.jus.br/jurisprudencia/sumariosumulas.asp?base=30&sumula=2771>. Acesso em: 3 jul. 2024.

35 BRASIL. Supremo Tribunal Federal. **Súmula n. 632, de 5 de janeiro de 1977.** Disponível em: <https://portal.stf.jus.br/jurisprudencia/sumariosumulas.asp?base=30&sumula=2832#:~:text=Nos%20termos%20da%20S%C3%BAmula%20632,eventualmente%20titularizado%20pela%20parte%20impetrante.>. Acesso em: 3 jul. 2024.

- **Súmula n. 41 do STJ**[36]: o Superior Tribunal de Justiça não tem competência para processar e julgar, originariamente, mandado de segurança contra ato de outros tribunais ou dos respectivos órgãos.
- **Súmula n. 177 do STJ**[37]: o Superior Tribunal de Justiça é incompetente para processar e julgar, originariamente, mandado de segurança contra ato de órgão colegiado presidido por Ministro de Estado.
- **Súmula n. 330 do STF**[38]: o Supremo Tribunal Federal não é competente para conhecer de mandado de segurança contra atos dos Tribunais de Justiça dos Estados.
- **Súmula n. 624 do STF**[39]: não compete ao Supremo Tribunal Federal conhecer originariamente de mandado de segurança contra atos de outros tribunais.
- **Súmula n. 627 do STF**[40]: no mandado de segurança contra a nomeação de magistrado da competência do Presidente da República, este é considerado autoridade coatora, ainda que o fundamento da impetração seja nulidade ocorrida em fase anterior do procedimento.
- **Súmula 517 do STF**[41]: as sociedades de economia mista só têm foro na Justiça Federal, quando a União intervém como assistente ou opoente.
- **Súmula 556 do STF**[42]: é competente a Justiça comum para julgar as causas em que é parte sociedade de economia mista.
- **Ato do qual caiba recurso administrativo com efeito suspensivo**: não cabe, porque inexistirá lesão ou ameaça de lesão ao direito discutido no âmbito administrativo.

---

[36] BRASIL. Superior Tribunal de justiça. **Súmula n. 41, de 20 de maio de 1992**. Disponível em: <https://www.stj.jus.br/publicacaoinstitucional/index.php/sumstj/article/view/5227/5352>. Acesso em: 3 jul. 2024.

[37] BRASIL. Superior Tribunal de Justiça. **Súmula n. 177, de 11 de dezembro de 1996**. Disponível em: <https://www.stj.jus.br/publicacaoinstitucional/index.php/sumstj/article/download/5531/5654#:~:text=O%20Superior%20Tribunal%20de%20Justi%C3%A7a,presidido%20por%20Ministro%20de%20Estado.>. Acesso em: 3 jul. 2024.

[38] BRASIL. Supremo Tribunal Federal. **Súmula n. 330, de 13 de dezembro de 1963**. Disponível em: <https://portal.stf.jus.br/jurisprudencia/sumariosumulas.asp?base=30&sumula=2626>. Acesso em: 3 jul. 2024.

[39] BRASIL. Supremo Tribunal Federal. **Súmula n. 624, de 13 de outubro de 2003**. Disponível em: <https://portal.stf.jus.br/jurisprudencia/sumariosumulas.asp?base=30&sumula=2815>. Acesso em: 3 jul. 2024.

[40] BRASIL. Supremo Tribunal Federal. **Súmula n. 627, de 13 de outubro de 2003**. Disponível em: <https://portal.stf.jus.br/jurisprudencia/sumariosumulas.asp?base=30&sumula=2824>. Acesso em: 3 jul. 2024.

[41] BRASIL. Superior Tribunal de Justiça. **Súmula n. 517, de 12 de dezembro de 1969**. Disponível em: <https://portal.stf.jus.br/jurisprudencia/sumariosumulas.asp?base=30&sumula=2054>. Acesso em: 3 jul. 2024.

[42] BRASIL. Superior Tribunal de Justiça. **Súmula n. 556, de 5 de janeiro de 1977**. Disponível em: <https://portal.stf.jus.br/jurisprudencia/sumariosumulas.asp?base=30&sumula=2793>. Acesso em: 3 jul. 2024.

- **Decisão judicial do qual caiba recurso com efeito suspensivo:** não cabe, porque inexistirá lesão ou ameaça de lesão ao direito discutido no âmbito judicial.

4.5 Ação civil pública

a) **Natureza jurídica:** uma ação coletiva.
b) **Regulamentação:** Lei n. 7.347/1985[43].
c) **Ministério Público:** se não intervier no processo como parte, atuará obrigatoriamente como fiscal da lei.
d) **Objeto:** condenação em dinheiro ou ao cumprimento de obrigação de fazer ou não fazer, e tem como objeto de proteção: I – meio ambiente; II – consumidor; III – bens e direitos de valor artístico, estético, histórico, turístico e paisagístico; IV – qualquer outro interesse difuso ou coletivo; V – infração da ordem econômica; VI – ordem urbanística; VII – honra e dignidade de grupos raciais, étnicos ou religiosos; VIII – patrimônio público e social.
e) **Liminar:** poderá o juiz conceder mandado liminar, com ou sem justificação prévia, em decisão sujeita a agravo.
f) **Não cabimento:** veicular pretensões que envolvam tributos, contribuições previdenciárias, o Fundo de Garantia do Tempo de Serviço (FGTS) ou outros fundos de natureza institucional cujos beneficiários podem ser individualmente determinados.
g) **Legitimidade ativa:** I – o Ministério Público; II – a Defensoria Pública; III – a União, os Estados, o Distrito Federal e os Municípios; IV – a autarquia, empresa pública, fundação ou sociedade de economia mista; V – a associação. Cada um dos legitimados pode impetrar a ação como litisconsorte ou isoladamente. No caso da associação, para propor a ação civil pública, necessita reunir dois requisitos cumulativos: a) esteja constituída há pelo menos um ano nos termos da lei civil (o requisito da pré-constituição poderá ser dispensado pelo juiz, quando haja manifesto interesse social evidenciado pela dimensão ou característica do dano, ou pela relevância do bem jurídico a ser protegido); b) inclua, entre suas finalidades institucionais, a proteção ao patrimônio público e social, ao meio ambiente, ao consumidor, à ordem econômica, à livre concorrência, aos direitos de grupos raciais, étnicos ou religiosos ou ao patrimônio artístico, estético, histórico, turístico e paisagístico.

---

43 BRASIL. Lei n. 7.347, de 24 de julho de 1985. **Diário Oficial da União**, Poder Executivo, Brasília, DF, 25 jul. 1985. Disponível em: <https://www.planalto.gov.br/ccivil_03/leis/l7347orig.htm>. Acesso em: 16 abr. 2024.

h] **Legitimidade passiva:** qualquer pessoa física ou jurídica que, por ação ou omissão, contribuíram para ocorrência da lesão ao bem jurídico tutelado.
i] **Aplicação subsidiária:** CPC, naquilo que for compatível.
j] **Litisconsórcio:** fica facultado ao Poder Público e a outras associações legitimadas habilitar-se como litisconsortes de qualquer das partes; é possível litisconsórcio facultativo entre os Ministérios Públicos da União, do Distrito Federal e dos estados na defesa dos interesses e direitos difusos e coletivos.
k] **Controle de constitucionalidade:** não é possível controle concentrado, pois há meios próprios, nem é possível obter declaração incidental de inconstitucionalidade de lei ou ato normativo, pois a sentença prolatada na ação civil pública tem efeitos *erga omnes* ou *ultra partes*.
l] **Custas:** não haverá adiantamento de custas, emolumentos, honorários periciais e quaisquer outras despesas, nem condenação da associação autora, salvo comprovada má-fé, em honorários de advogado, custas e despesas processuais.
m] **Inquérito civil:** Ministério Público poderá instaurar, sob sua presidência, inquérito civil, ou requisitar, de qualquer organismo público ou particular, certidões, informações, exames ou perícias, no prazo que assinalar, o qual não poderá ser inferior a 10 dias úteis.

4.6 *Habeas corpus*

a] **Natureza jurídica:** ação judicial constitucional de caráter sumaríssimo (não admite dilação probatória), gratuita (isenta de custas), de procedimento especial, de natureza penal (envolve a liberdade de locomoção) e popular (qualquer pessoa pode ajuizar o *habeas corpus*).
b] **Regulamentação:** previsto no art. 5º, inciso LXVIII da CF/1988 e regulamentado pelos arts. 647 a 667 do CPP[44].
c] **Origem mundial:** Inglaterra, com a Magna Carta de 1215.
d] **Origem no Brasil:** o *habeas corpus* repressivo surgiu no Código de Processo Criminal do Império de 1832, com previsão expressa no art. 340; já o *habeas corpus* preventivo surgiu com a Lei n. 2.033, de 20 de setembro de 1871. A primeira Constituição que fez previsão do *habeas corpus* foi a de 1891, que admitia a ação para proteger direitos pessoais, inclusive liberdade de locomoção.
e] **Objeto:** liberdade de locomoção.
f] **Finalidade:** remédio constitucional que visa evitar ou cessar violência ou coação à liberdade de locomoção, por ilegalidade ou abuso de poder.

---

44 BRASIL. Decreto-Lei n. 3.689, de 31 de outubro de 1941. **Diário Oficial da União**, Poder Executivo, Brasília, DF, 13 out. 1941. Disponível em: <https://www.planalto.gov.br/ccivil_03/decreto-lei/del3689.htm>. Acesso em: 26 abr. 2024.

g] **Cabimento**: falta de justa causa – a coação será considerada ilegal quando exercida sem um motivo lícito; excesso de prazo – quando alguém estiver preso por mais tempo do que determina a lei; incompetência – quando quem ordenar a coação não tiver competência para fazê-lo; cessação – quando houver cessado o motivo que autorizou a coação; fiança – quando não for alguém admitido a prestar fiança, nos casos em que a lei a autoriza; nulidade – quando o processo for manifestamente nulo; extinção da punibilidade – quando o Estado perde o direito de punir do Estado; *punibilidade* é a possibilidade jurídica de o Estado impor sanção penal ao infrator da lei penal, visando recompor a ordem jurídica. A punibilidade subdivide-se em: 1) pretensão punitiva – surge com a prática da infração penal e se estende até a decisão condenatória transitada em julgado, com a imposição da sanção penal; 2) pretensão executória – poder-dever do Estado de executar a sanção imposta no *decisum* condenatório passado em julgado; o Estado adquire o direito de executar a sanção imposta pelo Poder Judiciário.

h] **Legitimidade ativa**: qualquer pessoa em seu favor ou de outrem, bem como pelo Ministério Público. O analfabeto pode impetrar com assinatura a rogo; não basta impressão digital. O membro do Ministério Público, como fiscal da lei, juiz e delegado, não pode impetrar enquanto no exercício funcional. Pessoa jurídica pode impetrar *habeas corpus* em favor de pessoa física.

i] **Legitimidade passiva**: autoridade pública ou particular.

j] **Trancamento da ação penal**: é medida excepcional, cabível apenas quando demonstrada, de plano, a atipicidade da conduta, a extinção da punibilidade ou a manifesta ausência de provas da existência do crime e de indícios de autoria. Não é possível trancamento de ação civil ou de improbidade, pois não está em jogo liberdade de locomoção.

k] **Coação indireta na liberdade de locomoção**: a) intimação para depor em CPI – é possível *habeas corpus*, pois a intimação traz em si a ideia da condução coercitiva; b) quebra de sigilo bancário ou fiscal – é possível *habeas corpus*, pois com a quebra pode advir medida restritiva à liberdade de locomoção.

l] **Procedimento judicial**: 1) em primeira instância – apresentação da petição inicial ao juiz; recebimento da petição inicial; apresentação do paciente; fase das diligências; decisão do juiz em 24 horas; 2) e segunda instância – apresentação da petição inicial no tribunal; recebimento da petição inicial; informações da autoridade coatora; parecer do Ministério Público; julgamento.

m] **Espécies**: 1) preventivo – proposto quando alguém se achar ameaçado de sofrer violência ou coação em sua liberdade de locomoção por ilegalidade ou abuso de poder. A cessação da ameaça depende do salvo-conduto (art. 660, § 4º, CPP). Se já foi expedido mandado de prisão, a ordem judicial de cessação é o contramandado de prisão; 2) repressivo – proposto quando alguém estiver sofrendo violência ou coação em sua liberdade de locomoção por ilegalidade ou abuso de poder. A cessação do constrangimento depende do alvará de soltura; 3) de ofício – é concedido quando alguém no curso de processo criminal estiver sofrendo violência ou coação em sua liberdade de locomoção por ilegalidade ou abuso de poder (art. 654, § 2º, CPP).

n] **Casos concretos:**

- **Imposição da pena de exclusão de militar ou de perda da patente ou de função pública**: não cabe, nos termos da Súmula n. 694[45], do STF.
- **Punição disciplinar militar**: apesar de existir na CF/1988, em seu art. 142, parágrafo 2º, proibição expressa, podemos afirmar que é possível, desde que não interfira no mérito da punição disciplinar militar. É orientação do STJ que a legalidade da imposição de punição constritiva da liberdade, em procedimento administrativo castrense pode ser discutida em sede de *habeas corpus*.
- **Afastamento de prefeito**: é cabível impetração de *habeas corpus* para que seja analisada a legalidade de decisão que determina o afastamento de prefeito do cargo, quando a medida for imposta conjuntamente com a prisão (Informativo n. 561/2015, do STJ[46]).

4.7 Limites do controle jurisdicional da Administração Pública

a] **Mérito administrativo**: não pode o Judiciário apreciar o mérito administrativo, sob pena de violação ao princípio constitucional da separação de poderes.
b] **Objeto do controle judicial**: o Poder Judiciário deve invalidar os atos ilegais da Administração, mas não pode revogar os atos administrativos por razões de conveniência e oportunidade.
c] **Critérios do controle judicial**: pode apreciar em relação ao ato administrativo os seguintes critérios: a razoabilidade, proporcionalidade, legalidade, moralidade, desvio de finalidade do ato.
d] **Ativismo judicial**: é participação intensiva e efetiva do Judiciário na concretização dos bens constitucionais e na promoção dos valores supremos da sociedade: 1) aplicação direta da Constituição a situações não expressamente

---

45 BRASIL. Supremo Tribunal Federal. **Súmula n. 694**. Data de publicação: 13 out. 2003. Disponível em: <https://portal.stf.jus.br/jurisprudencia/sumariosumulas.asp?base=30&sumula=2720#:~:text=Nos%20termos%20do%20Enunciado%20694,de%20patente%20ou%20de%20fun%C3%A7%C3%A3o%22.>. Acesso em: 16 abr. 2024.
46 BRASIL. Superior Tribunal de Justiça. **Informativo n. 561, de 4 a 17 de maio de 2015**. Disponível em: <https://www.stj.jus.br/publicacaoinstitucional/index.php/informjurisdata/article/view/3966/4190>. Acesso em: 16 abr. 2024.

contempladas em seu texto e independentemente de manifestação do legislador ordinário; 2) declaração de inconstitucionalidade de atos normativos emanados do legislador, com base em critérios menos rígidos que os de patente e ostensiva violação da Constituição; c) imposição de condutas ou de abstenções ao Poder Público, notadamente em matéria de políticas públicas.

e] **Teoria da reserva do possível**[47]: elaborada a partir do início da década de 1970, como resultado de julgados da Corte Constitucional alemã, o Estado não é obrigado a cumprir as normas assecuratórias de prestações positivas quando provar impossibilidades fáticas e financeiras. O juiz, na análise do caso concreto envolvendo prestação positiva, deve verificar a razoabilidade da pretensão e a existência de disponibilidade financeira do Estado. A jurisprudência do Supremo Tribunal Federal tem reconhecido a possibilidade de o Poder Judiciário determinar, excepcionalmente, em casos de omissão estatal, a implementação de políticas públicas que visem à concretização do direito à educação, assegurado expressamente pela Constituição.

f] **Judicialização das políticas públicas**[48]: o Judiciário, como órgão controlador da atividade administrativa, pode fazer atuar as políticas, determinando, inclusive, que sejam implementadas nos planos orçamentários do ente político, principalmente quando não houver comprovação objetiva da incapacidade econômico-financeira da pessoa estatal, com o escopo de garantir os direitos fundamentais. O Judiciário, ao controlar a realização das políticas públicas, visa garantir o mínimo existencial, para a concretização do princípio basilar da dignidade da pessoa humana e para a construção de uma sociedade justa e igualitária. Cabe ressaltar que a interferência do Poder Judiciário na implementação de políticas públicas é legítima, em razão de três fundamentos: 1) o Poder Judiciário tem como missão garantir os direitos fundamentais, tanto no aspecto de respeito ou não violação, como também na efetivação dos mesmos; 2) a interferência do Poder Judiciário no Poder Executivo faz parte da harmonização dos poderes; 3) é entendimento pacífico no STF que o Judiciário tem legitimidade para controlar e intervir nas políticas públicas que visem a garantir o mínimo existencial.

---

47 MESSA, Ana Flávia. **Direito Constitucional**. São Paulo: Rideel, 2023. p. 57.
48 Idem.

Capítulo 7
Controle social da Administração Pública

O controle social no Brasil surgiu com a administração gerencial. Contudo, a transparência pelo controle social surge com a introdução da governança no contexto do reformismo administrativo.

A transparência pelo controle social depende da iniciativa da sociedade por meio do cidadão (de forma individual ou coletiva por meio de entidades representativas) de tomar conhecimento da atuação da Administração Pública e exercer sobre essa cognoscibilidade a verificação sobre a constitucionalidade e adequação das normas ao interesse público. Essa verificação pressupõe a prestação de contas pelos responsáveis na gestão da coisa pública, podendo culminar com a denúncia de irregularidades tanto na destinação dos recursos quanto na sua aplicação, para posterior responsabilização.

A eficácia desse controle social, como complemento indispensável ao controle institucional para garantir a boa e correta aplicação dos recursos públicos no atendimento eficiente das demandas sociais, depende da educação para a cidadania (o desafio é incutir conhecimento, habilidade e valores para a participação de cidadãos e sua contribuição para dimensões do desenvolvimento da sociedade que estão interligadas nos âmbitos local e global) e da construção de uma cidadania ativa (como um processo de afirmação de direitos civis, políticos e econômicos, e de garantia de inclusão política, econômica e cultural dos indivíduos na sociedade em que o cidadão é visto como coparticipante na gestão pública) que garanta a inserção da sociedade na fiscalização do cumprimento dos programas de Gestão Pública e da oferta de instrumentos judiciais e administrativos consagrados na legislação.

Na gestão participativa, no cenário brasileiro, a transparência administrativa assumiu três formas:

1] **Transparência inicial** – a participação popular na esfera pública é vista como resistência à ditadura militar, com movimentos sociais, em busca de direitos, com recusa às relações subordinadas, de tutela ou de cooptação por parte do Estado, dos partidos ou outras instituições, com a finalidade de emancipação e consciência cidadã;

2] **Transparência consolidada** – da promulgação da Constituição Federal de 1988 até o advento do Decreto n. 8.243/2014 (hoje revogado)[1], com a institucionalização de princípios e diretrizes sobre a participação dos cidadãos nas políticas públicas do Estado brasileiro, viabilizado por mecanismos de deliberação coletiva no processo decisório das políticas públicas, como o orçamento participativo, os conselhos de políticas públicas e as conferências nacionais.

---

1 BRASIL. Decreto n. 8.243, de 23 de maio de 2014. **Diário Oficial da União**, Poder Executivo, Brasília, DF, 26 maio 2014. Disponível em: <https://www.planalto.gov.br/ccivil_03/_ato2011-2014/2014/decreto/d8243.htm>. Acesso em: 16 abr. 2024.

3] **Transparência social** – a partir do Decreto n. 8.243/2014 (apesar de revogado, foi um marco no tema) até os dias atuais, em que se busca um sistema nacional de participação para reconhecer, incentivar, aprimorar e ampliar a participação social como direito do cidadão e método de governo, de forma a garantir a integração entre mecanismos e instâncias da democracia representativa, participativa e direta. Surgem parâmetros de efetividade das instituições participativas no Brasil com diretrizes fundamentadas na conscientização da cidadania, autonomia do cidadão, legitimidade democrática, não discriminação, coibição de abusos e cooperação, e de caracterização do Poder Judiciário como espaço de participação social no controle da execução das políticas públicas.

TÍTULO 11
LICITAÇÃO

1. Conceito de licitação

É o processo administrativo pelo qual um ente público, segundo condições previamente estipuladas, visa selecionar a melhor proposta para celebração do contrato. A licitação é desenvolvida por um procedimento previsto em lei. É um encadeamento lógico de atos e fórmulas da ordem legal do processo.

O processo licitatório tem um **conceito finalístico**, constituindo uma relação de direito público traduzida numa série de atos que visam à seleção de uma proposta que seja mais vantajosa para a celebração de um futuro contrato administrativo.

Em regra, o fim do processo licitatório se dá com a celebração do contrato administrativo; porém há três casos em que da licitação não resultará contratação com o Poder Público:

1] quando ocorrer revogação do procedimento licitatório em razão de fato superveniente devidamente comprovado;
2] quando ocorrer anulação do procedimento licitatório em razão de vício de ilegalidade;
3] quando ocorrer contratação direta nos casos previstos na legislação.

O procedimento tem um **conceito formal**, ou seja, é o modo e a forma pelos quais se movem os atos do processo; é a maneira pela qual se sucedem os atos processuais. O procedimento é o aspecto extrínseco ou exterior do processo, ou seja, a forma ou modo pelo qual o processo se exterioriza.

Na licitação, o formalismo significa não apenas observância dos requisitos formais do procedimento previsto em lei e no edital, com respeito à isonomia, mas que mesmo que constatada irregularidade no procedimento licitatório ou na execução contratual, caso não seja possível o saneamento, a decisão sobre a suspensão da execução ou sobre a declaração de nulidade do contrato somente será adotada na hipótese em que se revelar medida de interesse público, nos termos do art. 147 da Lei n. 14.133/2021[1].

A licitação além de processo administrativo formal com objetivo contratual exteriorizado por um procedimento legal, promove políticas públicas de desenvolvimento nacional sustentável e inovação[2].

---

1   BRASIL. Lei n. 14.133, de 1º de abril de 2021. **Diário Oficial da União**, Poder Legislativo, Brasília, DF, 1º abr. 2021. Disponível em: <https://www.planalto.gov.br/ccivil_03/_ato2019-2022/2021/lei/l14133.htm>. Acesso em: 3 jul. 2024.
2   NOHARA, Irene. **Direito Administrativo**. São Paulo: Revista dos Tribunais, 2024. p. 256.

2. Elementos da licitação

- **Elemento formal:** processo administrativo.
- **Elemento subjetivo:** utilizado pela Administração Pública e pelas demais pessoas indicadas pela lei.
- **Elemento finalístico:** selecionar e contratar o interessado que apresente a melhor proposta, cumpridos, ainda, os objetivos de garantir a isonomia, de incrementar a competição, de promover o desenvolvimento nacional sustentável, de incentivar a inovação e de prevenir o sobrepreço, os preços manifestamente inexequíveis e o superfaturamento.

3. Objetivos da licitação[3]

a) Assegurar a seleção da proposta apta a gerar o resultado de contratação mais vantajoso para a Administração Pública, inclusive no que se refere ao ciclo de vida do objeto (série de etapas que envolvem o desenvolvimento do produto, a obtenção de matérias-primas e insumos, o processo produtivo, o consumo e a disposição final[4]).

b) Assegurar tratamento isonômico (igualdade de oportunidades) entre os licitantes, bem como a justa competição.

c) Evitar contratações com sobrepreço (preço orçado para licitação ou contratado em valor expressivamente superior aos preços referenciais de mercado, seja de apenas 1 (um) item, se a licitação ou a contratação for por preços unitários de serviço, seja do valor global do objeto, se a licitação ou a contratação for por tarefa, empreitada por preço global ou empreitada integral, semi-integrada ou integrada[5]) ou com preços manifestamente inexequíveis e superfaturamento (dano provocado ao patrimônio da Administração, caracterizado, entre outras situações, por: a) medição de quantidades superiores às efetivamente executadas ou fornecidas; b) deficiência na execução de obras e de serviços de engenharia que resulte em diminuição da sua qualidade, vida útil ou segurança; c) alterações no orçamento de obras e de serviços de engenharia que causem desequilíbrio econômico-financeiro do contrato em favor

---

3 Art. 11. BRASIL. Lei n. 14.133, de 1º de abril de 2021. **Diário Oficial da União**, Poder Legislativo, Brasília, DF, 1º abr. 2021. Disponível em: <https://www.planalto.gov.br/ccivil_03/_ato2019-2022/2021/lei/l14133.htm>. Acesso em: 3 jul. 2024.

4 Art. 3º, inciso IV. BRASIL. Lei n. 12.305, de 2 de agosto de 2010. **Diário Oficial da União**, Poder Legislativo, Brasília, DF, 3 ago. 2010. Disponível em: <https://www.planalto.gov.br/ccivil_03/_ato2019-2022/2021/lei/l14133.htm>. Acesso em: 3 jul. 2024.

5 Art 6º, inciso LVI, Lei n. 14.133/2021.

do contratado; d) outras alterações de cláusulas financeiras que gerem recebimentos contratuais antecipados, distorção do cronograma físico-financeiro, prorrogação injustificada do prazo contratual com custos adicionais para a Administração ou reajuste irregular de preços[6]) na execução dos contratos.

d) Incentivar a inovação e o desenvolvimento nacional sustentável.

Em relação ao desenvolvimento nacional sustentável há dois pilares que fundamentam sua previsão como objetivo da licitação: a) a margem de preferência prevista no art. 26 da Lei n. 14.133/2021; b) a licitação sustentável.

No processo de licitação, poderá ser estabelecida margem de preferência no âmbito da Administração Pública federal direta, autárquica e fundacional para bens manufaturados e serviços nacionais que atendam a normas técnicas brasileiras; e bens reciclados, recicláveis ou biodegradáveis.

a) **Definição**: em decisão fundamentada do Poder Executivo federal.
b) **Valor**: até 10% sobre preço dos bens e serviços que não se enquadrem nas preferências.
c) **Extensão**: poderá ser estendida a bens manufaturados e serviços originários de Estados Partes do Mercosul, desde que haja reciprocidade com o país.

No processo de licitação, poderá ser estabelecida margem de preferência no âmbito da Administração Pública federal direta, autárquica e fundacional para bens manufaturados e serviços nacionais resultantes de desenvolvimento e inovação tecnológica no país.

a) **Definição**: conforme regulamento do Poder Executivo federal.
b) **Valor**: até 20% sobre preço dos bens e serviços que não se enquadrem nas preferências.

- **Não aplicação** – a margem de preferência não se aplica aos bens manufaturados nacionais e aos serviços nacionais se a capacidade de produção desses bens ou de prestação desses serviços no país for inferior – à quantidade a ser adquirida ou contratada; ou aos quantitativos fixados em razão do parcelamento do objeto, quando for o caso.
- **Medidas de compensação** – os editais de licitação para a contratação de bens, serviços e obras poderão, mediante prévia justificativa da autoridade competente, exigir que o contratado promova, em favor de órgão ou entidade integrante da Administração Pública ou daqueles por ela indicados a partir de processo isonômico, medidas de compensação comercial, industrial ou tecnológica ou acesso a condições vantajosas de

---

6   Art. 6º, inciso LVII. Lei n. 14.133/2021.

financiamento, cumulativamente ou não, na forma estabelecida pelo Poder Executivo federal.
- **Sistemas de tecnologia de informação e comunicação estratégicos** – nas contratações destinadas à implantação, à manutenção e ao aperfeiçoamento dos sistemas de tecnologia de informação e comunicação considerados estratégicos em ato do Poder Executivo federal, a licitação poderá ser restrita a bens e serviços com tecnologia desenvolvida no país produzidos de acordo com o processo produtivo básico de que trata a Lei n. 10.176, de 11 de janeiro de 2001[7].

4. Modalidades de licitação

4.1 Noções gerais

a] **Vedação ao administrador:** criação de outras modalidades de licitação ou a combinação das modalidades previstas na Lei de Licitações, nos termos do art. 22, parágrafo 8º da Lei n. 8.666/1993[8] e art. 28, parágrafo 2º da nova Lei de Licitações (Lei n. 14.133/2021).
b] **Modalidades:** concorrência, tomada de preços, convite, leilão, concurso e pregão. A nova lei de licitações extinguiu as modalidades tomada de preços e convite, e instituiu nova modalidade de licitação: o "diálogo competitivo".
c] **Definição da modalidade de licitação:** a partir da nova Lei de Licitações, dependerá do objeto a ser contratado.

4.2 Concorrência

a] **Cabimento:** contratação de bens e serviços especiais e de obras e serviços comuns e especiais de engenharia, nos termos do art. 6º, inciso da Lei n. 14.133/2021.
b] **Cabimento obrigatório:** 1) registro de preços, salvo pregão; 2) concessões de serviço público, nos termos do art. 2º, inciso II da Lei n. 8.987, de 13 de

---

7   BRASIL. Lei n. 10.176, de 11 de janeiro de 2001. **Diário oficial da União**, Poder Executivo, Brasília, DF, 12 jan. 2001. Disponível em: <https://www.planalto.gov.br/ccivil_03/leis/LEIS_2001/L10176.htm>. Acesso em: 3 jul. 2024.
8   BRASIL. Lei n. 8.666, de 21 de junho de 1993. **Diário Oficial da União**, Poder Legislativo, Brasília, DF, 22 jun. 1993. Disponível em: <https://www.planalto.gov.br/ccivil_03/leis/l8666cons.htm>. Acesso em: 16 abr. 2024.

fevereiro de 1995[9] (admitida adoção de diálogo competitivo); 3) parceria público-privada, nos termos do art. 10 da Lei n. 11.079/2004[10] (admitida adoção de diálogo competitivo); 4) bens e serviços especiais; 5) bens e serviços especiais de engenharia.

c) **Rito procedimental**: fase preparatória, divulgação do edital de licitação, apresentação de propostas, lances de julgamentos, habilitação, recursos e homologação (art. 17 da Lei n. 14.133/2021).

d) **Critérios de julgamento**: 1) menor preço; 2) melhor técnica ou conteúdo artístico; 3) técnica e preço; 4) maior retorno econômico; 5) maior desconto; 6) concurso.

e) **Cabimento**: escolha de trabalho técnico, científico ou artístico, nos termos do art. 6º, inciso XXXIX da Lei n. 14.133/2021.

f) **Vencedor**: recebe prêmio ou remuneração.

g) **Publicidade do edital**: antecedência mínima de 35 dias úteis, nos termos do art. 55, inciso IV da Lei n. 14.133/2021.

h) **Vedação ao vencedor do projeto**: execução do projeto.

i) **Edital**: 1) a qualificação exigida dos participantes; 2) as diretrizes e formas de apresentação do trabalho; 3) as condições de realização e o prêmio ou remuneração a ser concedida ao vencedor, nos termos do art. 30 da Lei n. 14.133/2021.

j) **Critério de julgamento**: será o de melhor técnica ou conteúdo artístico.

k) **Elaboração de projeto**: o vencedor deverá ceder todos os direitos patrimoniais a ele relativos à Administração Pública, autorizando sua execução conforme juízo de conveniência e oportunidade das autoridades competentes, nos termos do art. 30, parágrafo único da Lei n. 14.133/2021.

4.3 Leilão

a) **Cabimento**: alienação de bens imóveis ou de bens móveis inservíveis ou legalmente apreendidos a quem oferecer o maior lance, nos termos do art. 6º, inciso XL da Lei n. 14.133/2021.

b) **Edital**: 1) a descrição do bem, com suas características, e, tratando-se de imóvel, sua situação e suas divisas, com remissão à matrícula e aos registros; 2) o valor pelo qual o bem foi avaliado, o preço mínimo pelo qual poderá ser alienado, as condições de pagamento e, se for o caso, a comissão do leiloeiro

---

9 BRASIL. Lei n. 8.987, de 13 de fevereiro de 1995. **Diário Oficial da União**, Poder Legislativo, Brasília, DF, 14 fev. 1995. Disponível em: <https://www.planalto.gov.br/ccivil_03/leis/l8987cons.htm>. Acesso em: 3 jul. 2024.

10 BRASIL. Lei n. 11.079, de 30 de dezembro de 2004. **Diário Oficial da União**, Poder Executivo, Brasília, DF, 31 dez. 2004. Disponível em: <https://www.planalto.gov.br/ccivil_03/_ato2004-2006/2004/lei/l11079.htm>. Acesso em: 3 jul. 2024.

designado; 3) o lugar onde estiverem os móveis, os veículos e os semoventes; 4) o sítio, na rede mundial de computadores, e o período em que se realizará o leilão, salvo se excepcionalmente for realizado sob a forma presencial por comprovada inviabilidade técnica ou desvantagem para a Administração, hipótese em que serão indicados o local, o dia e a hora de sua realização; 5) a especificação de eventuais ônus, gravames ou pendências existentes sobre os bens a serem leiloados.

c) **Vencedor:** aquele que oferecer o maior lance.

d) **Realização:** leiloeiro oficial ou a servidor designado pela Administração.

e) **Realização por leiloeiro oficial:** a Administração deverá selecionar o leiloeiro mediante credenciamento ou licitação na modalidade pregão e adotará o critério de julgamento de maior desconto para as comissões a serem cobradas, utilizando como parâmetro máximo os percentuais definidos na lei que regula a referida profissão, observados os valores dos bens a serem leiloados.

f) **Procedimentos operacionais:** previstos em regulamento.

g) **Registro cadastral:** O leilão não exigirá qualquer registro cadastral prévio.

h) **Divulgação:** além da divulgação no sítio eletrônico oficial, o edital do leilão será afixado em local de ampla circulação de pessoas na sede da Administração e poderá, ainda, ser divulgado por outros meios necessários para ampliar a publicidade e a competitividade da licitação.

i) **Procedimento:** o leilão será precedido da divulgação do edital; não terá fase de habilitação; devendo ser homologado assim que concluída a fase de lances, superada a fase recursal e efetivado o pagamento pelo licitante vencedor, na forma definida no edital.

j) **Objeto:** o leilão poderá ser utilizado para alienação de bens imóveis e móveis, sem distinção.

k) **Sistema de Leilão Eletrônico, no âmbito da Administração Pública federal direta, autárquica e fundacional (Decreto n. 11.461, de 31 de março de 2023**[11]**).**

- **Finalidade:** procedimentos operacionais do leilão eletrônico para alienação de bens móveis inservíveis ou legalmente apreendidos.
- **Admissibilidade excepcional presencial:** mediante prévia justificativa da autoridade competente e comprovação da inviabilidade técnica ou da desvantagem para a Administração, observados os requisitos definidos em regulamento.
- **Não aplicação:** I – a bens legalmente apreendidos, administrados e alienados pela Secretaria Especial da Receita Federal do Brasil do Ministério

---

11 BRASIL. Decreto n. 11.461, de 31 de março de 2023. **Diário Oficial da União**, Poder Executivo, Brasília, DF, 31 mar. 2023. Disponível em: <https://www.planalto.gov.br/ccivil_03/_ato2023-2026/2023/decreto/D11461.htm>. Acesso em: 3 jul. 2024.

da Fazenda; II – a microcomputadores de mesa, monitores de vídeo, impressoras e demais equipamentos de informática, eletroeletrônicos, peças-parte ou componentes.
- **Sujeito ativo:** ferramenta informatizada e disponibilizada pelo Ministério da Gestão e da Inovação em Serviços Públicos.
- **Forma:** serão observados os procedimentos estabelecidos em manual técnico-operacional a ser publicado pela Secretaria de Gestão e Inovação do Ministério da Gestão e da Inovação em Serviços Públicos.
- **Realização do leilão:** servidor designado pela autoridade competente ou a leiloeiro oficial. É vedado pagamento de comissão a servidor designado para atuar como leiloeiro. Na hipótese de realização de leilão por intermédio de leiloeiro oficial, sua seleção será mediante credenciamento.
- **Critério de julgamento das propostas:** será o de maior lance, a constar obrigatoriamente do edital.
- **Conteúdo do edital:** I – descrição do bem, com suas características; II – valor pelo qual o bem foi avaliado, preço mínimo pelo qual poderá ser alienado, condições de pagamento e, se for o caso, comissão do leiloeiro designado, valor da caução e despesas relativas à armazenagem incidentes sobre mercadorias arrematadas; III – indicação do lugar onde estão localizados os bens móveis, os veículos ou os semoventes, a fim de que interessados possam conferir o estado dos itens a serem leiloados, em data e horário estabelecidos; IV – sítio da internet e período em que ocorrerá o leilão; V – especificação de eventuais ônus, gravames ou pendências existentes sobre os bens a serem leiloados; VI – critério de julgamento das propostas pelo maior lance; VII – intervalo mínimo de diferença de valores ou de percentuais entre os lances, quando necessário, que incidirá tanto em relação a lances intermediários quanto a lance que cobrir a melhor oferta; VIII – data e horário de sua realização, respeitado o horário comercial, e endereço eletrônico onde ocorrerá o procedimento. O prazo fixado para abertura do leilão e o envio de lances, constará do edital e não será inferior a quinze dias úteis, contado a partir da data de divulgação do edital.
- **Procedimento:** o leilão não exigirá registro.

l] **Divulgação:** o leilão será precedido de divulgação do edital no Sistema de Compras do Governo Federal e no Portal Nacional de Contratações Públicas, bem como deverá ser afixado em local de ampla circulação de pessoas na sede da Administração e poderá, ainda, ser divulgado por outros meios necessários para dar ampla publicidade ao certame e aumentar a competitividade entre licitantes.

m] **Da apresentação da proposta inicial fechada:** o licitante interessado em participar do leilão eletrônico encaminhará, exclusivamente, via sistema, sua proposta inicial até a data e o horário estabelecidos para abertura da sessão pública. Cabe ao licitante acompanhar as operações no sistema. É de responsabilidade do licitante o ônus decorrente da perda do negócio pela inobservância de quaisquer mensagens emitidas pela Administração ou por sua desconexão.

n] **Da abertura da sessão pública e do envio de lances:** na data e horário estabelecidos no edital, o procedimento será automaticamente aberto pelo sistema para envio de lances públicos e sucessivos por período não inferior a três horas e de, no máximo, seis horas. Os lances ocorrerão exclusivamente por meio do sistema.

o] **Envio de lances:** o licitante somente poderá oferecer valor superior ao último lance por ele ofertado e registrado pelo sistema, observado, se houver, o intervalo mínimo de diferença de valores ou de percentuais entre os lances, que incidirá tanto em relação a lances intermediários quanto em relação a lance que cobrir a melhor oferta. O licitante poderá oferecer lances sucessivos, desde que superiores ao último por ele ofertado e registrado pelo sistema. Os licitantes, durante o procedimento, serão informados, em tempo real, do valor do maior lance registrado, vedada a identificação do licitante. O licitante será imediatamente informado pelo sistema do recebimento de seu lance.

p] **Desconexão do sistema na etapa de lances:** na hipótese de o sistema se desconectar no decorrer da etapa de envio de lances da sessão pública, mas permanecer acessível aos licitantes, os lances continuarão a ser recebidos, sem prejuízo dos atos realizados. Caso a desconexão do sistema para o órgão ou a entidade promotora da licitação persista por tempo superior a dez minutos, a sessão pública será suspensa e reiniciada somente após decorridas vinte e quatro horas da comunicação do fato aos participantes no sítio eletrônico utilizado para divulgação.

q] **Do julgamento:** encerrada a etapa de envio de lances, o leiloeiro oficial ou o servidor designado verificará a conformidade da proposta e considerará vencedor aquele licitante que ofertou o maior lance, observado o preço mínimo pelo qual poderá ser alienado o bem. Definido o resultado do julgamento, o leiloeiro oficial ou o servidor designado poderá negociar condições mais vantajosas para a Administração com o primeiro colocado, por meio do sistema, quando a proposta permanecer abaixo do preço mínimo estipulado pela Administração para arrematação. Concluída a negociação, se houver, o resultado será registrado na ata do procedimento de licitação, a ser anexada aos autos do processo de contratação.

r] **Procedimento fracassado ou deserto**: o órgão ou a entidade poderá: A – republicar o procedimento; ou B – fixar prazo para que os interessados possam adequar as suas propostas. A republicação também poderá ocorrer na hipótese de o procedimento restar deserto.

s] **Do recurso**: qualquer licitante poderá, durante o prazo concedido na sessão pública, não inferior a dez minutos, de forma imediata e após o término do julgamento das propostas, em campo próprio do sistema, manifestar sua intenção de recorrer, sob pena de preclusão. As razões do recurso deverão ser apresentadas em momento único, em campo próprio do sistema, no prazo de três dias úteis, contado da data de intimação ou da lavratura da ata de julgamento. Os demais licitantes ficarão intimados para, se desejarem, apresentar suas contrarrazões, no prazo de três dias úteis, contado da data de intimação ou de divulgação da interposição do recurso. Será assegurado ao licitante vista dos elementos indispensáveis à defesa de seus interesses. O acolhimento do recurso importará na invalidação apenas dos atos que não puderem ser aproveitados. Na hipótese de ocorrência da preclusão, o processo será encaminhado à autoridade superior, que fica autorizada a adjudicar o objeto ao licitante declarado vencedor.

t] **Da homologação**: encerradas as etapas de recurso e de pagamento, o processo será encaminhado à autoridade superior para adjudicação do objeto e homologação do procedimento.

4.4 Pregão

a] **Previsão normativa**: Lei n. 10.520/2002[12].
b] **Finalidade**: aquisição de bens e serviços comuns, independentemente do valor estimado do futuro contrato. Não é obrigatória a utilização, ficando a critério do administrador.
c] **Critério de julgamento**: poderá ser o de menor preço ou o de maior desconto
d] **Regulamentação**: em âmbito federal, os Decretos n. 3.555/2000[13] e 10.024/2019[14] regulamentam o pregão.

---

12 BRASIL. Lei 10.520, de 17 de julho de 2002. **Diário Oficial da União**, Poder Executivo, Brasília, DF, 18 jul. 2002. Disponível em: <https://www.planalto.gov.br/ccivil_03/leis/2002/l10520.htm>. Acesso em: 16 abr. 2024.

13 BRASIL. Decreto n. 3.555, de 8 de agosto de 2000. **Diário Oficial da União**, Poder Executivo, 9 ago. 2000. Disponível em: <https://www.planalto.gov.br/ccivil_03/decreto/d3555.htm>. Acesso em: 16 abr. 2024.

14 BRASIL. Decreto n. 10.029, de 20 de setembro de 2019. **Diário Oficial da União**, Poder Executivo, 23 set. 2019. Disponível em: <https://www.planalto.gov.br/ccivil_03/_ato2019-2022/2019/decreto/d10024.htm>. Acesso em: 16 abr. 2024.

e] **Bens e serviços comuns**: aqueles cujos padrões de desempenho e qualidade possam ser objetivamente definidos pelo edital, por meio de especificações usuais no mercado (art. 1º, parágrafo único, Lei n. 10.520/2002); aqueles cujos padrões de desempenho e qualidade podem ser objetivamente definidos pelo edital, por meio de especificações usuais de mercado (art. 6º, XIII, da Lei n. 14.133/2021). Não há um rol taxativo.

f] **Vedação**: 1) obras; 2) locações imobiliárias e alienações; 3) bens e serviços especiais que, em razão da alta heterogeneidade ou complexidade técnica, não podem ser considerados bens e serviços comuns; 4) delegação de serviços públicos; 5) contratações de serviços técnicos especializados de natureza predominantemente intelectual; 6) obras e serviços de engenharia.

g] **Contratações de serviços de engenharia**: que possam ser qualificados como "comuns".

h] **Exigências vedadas**: 1) garantia de proposta; 2) aquisição do edital pelos licitantes, como condição para participação no certame; 3) pagamento de taxas e emolumentos, salvo os referentes a fornecimento do edital, que não serão superiores ao custo de sua reprodução gráfica e aos custos de utilização de recursos de tecnologia da informação, quando for o caso (art. 5º, Lei n. 10.520/2002).

i] **Modalidades**: 1) pregão presencial – é realizado em ambiente físico, com a presença dos interessados; 2) pregão eletrônico – é executado em ambiente virtual por meio da internet. O pregão eletrônico deve ser adotado preferencialmente.

j] **Realização**: pregoeiro, que deve ser agente público, e sua equipe de apoio.

k] **Habilitação**: na sessão pública, os interessados, ou seus representantes, apresentarão declaração dando ciência de que cumprem plenamente os requisitos de habilitação, e entregarão os envelopes de proposta e de habilitação (art. 4º, VII, Lei n. 10.520/2002).

l] **Tipo de licitação**: a seleção da melhor proposta será realizada por meio do critério menor preço, observados os prazos máximos para fornecimento, as especificações técnicas e parâmetros mínimos de desempenho e qualidade definidos no edital, admitindo-se, ainda, o maior desconto.

m] **Inversão das fases de habilitação e julgamento**: a fase de julgamento antecede a fase de habilitação.

n] **Julgamento**: o pregoeiro julgará as propostas escritas, mediante o critério menor preço, e estabelecerá a ordem de classificação, admitindo-se, em seguida, a apresentação de lances verbais. O pregoeiro pode negociar diretamente com o licitante classificado em primeiro lugar para que seja obtido preço melhor.

o] **Recursos**: após a declaração do vencedor, os licitantes interessados deverão apresentar imediata e motivadamente a intenção de recorrer, mas a apresentação das razões escritas do recurso pode ocorrer no prazo de três dias, ficando os demais licitantes desde logo intimados para apresentar contrarrazões em igual número de dias, que começarão a correr do término do prazo do recorrente.

p) **Inversão das fases de homologação e adjudicação:** a adjudicação do objeto da licitação ao vencedor é anterior à homologação do procedimento.

q) **Cabimento:** é possível quando o objeto detiver padrões de desempenho e qualidade que possam ser objetivamente definidos pelo edital, por meio de especificações usuais de mercado.

4.5 Diálogo competitivo

a) **Finalidade:** contratação de obras, serviços e compras em que a Administração Pública realiza diálogos com licitantes previamente selecionados mediante critérios objetivos com o intuito de desenvolver uma ou mais alternativas capazes de atender às suas necessidades, devendo os licitantes apresentar proposta final após o encerramento do diálogo.

b) **Terminologia:** diálogo concorrencial.

c) **Inspiração:** União Europeia.

d) **Cabimento:** 1) objeto que envolva as seguintes condições – inovação tecnológica ou técnica; o órgão ou entidade não possa ter sua necessidade satisfeita sem a adaptação de soluções disponíveis no mercado; e especificações técnicas não possam ser definidas com precisão suficiente pela administração; 2) quando houver a necessidade de definir e identificar os meios e as alternativas que possam vir a satisfazer suas necessidades, com destaque para os seguintes aspectos – a solução técnica mais adequada; os requisitos técnicos aptos a concretizar a solução já definida; e a estrutura jurídica ou financeira do contrato.

e) **Divulgação do edital:** em sítio eletrônico oficial.

f) **Participação:** no edital há previsão de um prazo mínimo de 25 dias úteis para manifestação de interesse de participação na licitação. Os critérios empregados para pré-seleção dos licitantes deverão ser previstos em edital e serão admitidos todos os interessados que preencherem os requisitos objetivos estabelecidos.

g) **Não discriminação:** é vedada a divulgação de informações de modo discriminatório que possa implicar vantagem para algum licitante.

h) **Sigilo das propostas:** a Administração não poderá revelar a outros licitantes as soluções propostas ou as informações sigilosas comunicadas por um licitante sem seu consentimento.

i] **Fase de diálogo**: poderá ser mantida até que a Administração, em decisão fundamentada, identifique a solução ou as soluções que atendam às suas necessidades. As reuniões com os licitantes pré-selecionados serão registradas em ata e gravadas mediante utilização de recursos tecnológicos de áudio e vídeo. Com a declaração de conclusão do diálogo, a Administração deverá juntar aos autos do processo licitatório os registros e as gravações da fase de diálogo e iniciará a fase competitiva com a divulgação de edital contendo a especificação da solução que atenda às suas necessidades e os critérios objetivos a serem utilizados para seleção da proposta mais vantajosa, abrindo prazo, não inferior a 60 dias úteis, para todos os licitantes apresentarem suas propostas, que deverão conter todos os elementos necessários para a realização do projeto.

j] **Fases sucessivas**: possibilidade de previsão no edital de fases sucessivas, caso em que cada fase poderá restringir as soluções ou as propostas a serem discutidas.

k] **Procedimento das propostas**: a Administração poderá solicitar esclarecimentos ou ajustes às propostas apresentadas, desde que não impliquem discriminação ou distorçam a concorrência entre as propostas.

l] **Proposta vencedora**: a Administração definirá a proposta vencedora de acordo com critérios divulgados no início da fase competitiva, assegurando o resultado da contratação mais vantajoso.

m] **Realização**: comissão composta de pelo menos 3 servidores efetivos ou empregados públicos pertencentes aos quadros permanentes da Administração, admitindo-se a contratação de profissionais para assessoramento técnico da comissão.

n] **Procedimento**:

    1] Pré-seleção – seleção dos interessados;
    2] Diálogo – solução para definição do objeto;
    3] Competição – edital – propostas – seleção da proposta.

5. Princípios da licitação

5.1 Princípio da Competitividade

É vedado admitir, prever, incluir ou tolerar, nos atos de convocação, cláusulas ou condições que comprometam, restrinjam ou frustrem seu caráter competitivo.

5.2 Princípio da Isonomia

A Administração deve dispensar tratamento igualitário (não discriminatório) aos licitantes, não podendo estabelecer preferências ou distinções em razão da naturalidade, da sede ou domicílio dos licitantes, ou de qualquer outra circunstância impertinente ou irrelevante para o específico objeto do contrato. São critérios de desempate:

a) Disputa final, hipótese em que os licitantes empatados poderão apresentar nova proposta em ato contínuo à classificação.
b) Avaliação do desempenho contratual prévio dos licitantes, para o que deverão preferencialmente ser utilizados registros cadastrais para efeito de atesto de cumprimento de obrigações previstas na Lei de Licitações.
c) Desenvolvimento pelo licitante de ações de equidade entre homens e mulheres no ambiente de trabalho, conforme regulamento.
d) Desenvolvimento pelo licitante de programa de integridade, conforme orientações dos órgãos de controle.

Em igualdade de condições, não havendo desempate, será assegurada preferência, sucessivamente, aos bens e serviços:

a) Produzidos ou prestados por empresas estabelecidas no território do estado ou do Distrito Federal do órgão ou entidade da Administração Pública estadual ou distrital licitante ou, no caso de licitação realizada por órgão ou entidade de município, no território do estado em que este se localize.
b) Produzidos ou prestados por empresas brasileiras.
c) Produzidos ou prestados por empresas que invistam em pesquisa e no desenvolvimento de tecnologia no país.
d) Empresas que comprovem a prática de mitigação, nos termos da Lei n. 12.187/2009[15], que trata da Política Nacional sobre Mudança do Clima (PNMC). Os referidos critérios não prejudicam a aplicação do empate ficto ou presumido em favor das MEs e EPPs previsto no art. 44 da Lei Complementar n. 123/2006[16].

---

15 BRASIL. Lei n. 12.187, de 29 de dezembro de 2009. **Diário Oficial da União**, Poder Legislativo, Brasília, DF, 29 dez. 2009. Disponível em: <https://www.planalto.gov.br/ccivil_03/_ato2007-2010/2009/lei/l12187.htm>. Acesso em: 16 abr. 2024.
16 BRASIL. Lei Complementar n. 123, de 14 de dezembro de 2006. **Diário Oficial da União**, Poder Legislativo, 15 dez. 2006. Disponível em: <https://www.planalto.gov.br/ccivil_03/leis/lcp/lcp123.htm>. Acesso em: 16 abr. 2024.

5.3 Princípio da Vinculação ao Edital

A não observância das regras fixadas no instrumento convocatório acarretará a ilegalidade do certame.

5.4 Princípio do Formalismo Moderado

Os procedimentos adotados na licitação são formais e devem observar fielmente as normas contidas na legislação.

5.5 Princípio do Julgamento Objetivo

O julgamento das propostas apresentadas pelos licitantes deve ser pautado por critérios objetivos elencados na legislação. São critérios de julgamento: a) Lei n. 8.666/1993 – 1) menor preço; 2) melhor técnica; 3) técnica e preço; 4) maior lance ou oferta; b) Nova Lei de Licitações – 1) menor preço; 2) maior desconto; 3) melhor técnica ou conteúdo artístico; 4) técnica e preço; 5) maior lance, no caso de leilão; 6) maior retorno econômico.

5.6 Princípio do Planejamento

Os órgãos competentes de cada ente federado, na forma dos respectivos regulamentos, devem elaborar plano de contratações anual, com o objetivo de garantir o alinhamento com seu planejamento estratégico, bem como subsidiar a elaboração das respectivas leis orçamentárias.

5.7 Princípio do Desenvolvimento Nacional Sustentável

O crescimento econômico deve estar aliado à manutenção dos ecossistemas naturais.

5.8 Princípio da Publicidade

É a regra nas licitações, ressalvados os casos de informações cujo sigilo seja imprescindível à segurança da sociedade e do Estado, na forma da lei. A nova Lei de Licitações prevê o sigilo provisório ou a publicidade diferida: a) conteúdo das propostas até a respectiva abertura; e b) orçamento estimado da contratação. O sigilo do orçamento estimado da contratação, que deve ser justificado e não prevalece para os órgãos de controle interno e externo. Durante o sigilo, a Administração divulgará o detalhamento dos quantitativos e das demais informações necessárias para a elaboração das propostas.

5.9 Princípio da Transparência

É viabilizado pelo Portal Nacional de Contratações Públicas (PNCP), que divulga os atos exigidos pela Lei de Licitações e garantir o acesso à informação.

5.10 Princípios da Eficiência

É a combinação da presteza com rendimento.

5.11 Princípio da Segregação de Funções

É a distribuição e especialização de funções entre os diversos agentes públicos que atuam nos processos de licitação e de contratação pública, com o intuito de garantir maior especialização no exercício das respectivas funções e de diminuir os riscos de conflitos de interesses dos agentes públicos. É proibido a designação do mesmo agente público para atuação simultânea em funções mais suscetíveis a riscos, de modo a reduzir a possibilidade de ocultação de erros e de ocorrência de fraudes na respectiva contratação. A mesma vedação é aplicada aos órgãos de assessoramento jurídico e de controle interno da administração.

6. Desfazimento da licitação

6.1 Anulação da licitação

a) **Cabimento:** ilegalidade.
b) **Caráter:** dever da Administração Pública.
c) **Competência:** de ofício ou mediante provocação de terceiros.
d) **Requisito:** contraditório, ampla defesa e motivação.
e) **Momento:** ao final do processo de licitação ou de contratação direta, a autoridade administrativa poderá proceder à anulação da licitação.
f) **Nulidade da licitação:** induz à nulidade do contrato.
g) **Indenização:** não gera, em regra, o dever de indenizar, salvo na hipótese em que a ilegalidade é atribuída à administração e declarada após a celebração do contrato, promovendo-se a responsabilidade do agente que deu causa à ilegalidade. A nulidade não exonera a Administração do dever de indenizar o contratado pelo que este houver executado até a data em que ela for declarada e por outros prejuízos regularmente comprovados, contanto que não lhe seja imputável, promovendo-se a responsabilização de quem lhe tenha dado causa.

h] **Decisão**: deve considerar suas consequências práticas, jurídicas e administrativas.
i] **Declaração de nulidade**: a autoridade indicará expressamente os atos que contenham vícios insanáveis, tornando sem efeito todos os subsequentes que dele dependam, e dará ensejo à apuração de responsabilidade de quem lhes deu causa.
j] **Requisito**: em qualquer caso, a anulação deverá ser precedida da prévia manifestação dos interessados.

6.2 Revogação da licitação

a] **Cabimento**: razões de interesse público, em razão de fatos supervenientes devidamente comprovados.
b] **Caráter**: faculdade da Administração Pública.
c] **Competência**: só pela Administração Pública que promoveu a licitação.
d] **Requisito**: contraditório, ampla defesa e motivação.
e] **Momento**: qualquer momento, mesmo após a adjudicação do objeto ao licitante vencedor.
f] **Indenização**: gera o direito à indenização pelas despesas realizadas pelo licitante vencedor.
g] **Nova lei de licitações**: ao final do processo de licitação ou de contratação direta, a autoridade administrativa poderá revogar a licitação por motivo de conveniência e oportunidade, de ofício ou mediante provocação de terceiros, sempre que presente ilegalidade insanável. A revogação da licitação deverá decorrer de fato superveniente devidamente comprovado. Em qualquer caso, a revogação deverá ser precedida da prévia manifestação dos interessados.

7 Procedimento da licitação

7.1 Fase interna ou preparatória

a] **Planejamento**: é a compatibilização com o plano de contratações anual e com as leis orçamentárias, bem como a abordagem de todas as considerações técnicas, mercadológicas e de gestão que podem interferir na contratação.
b] **Estudo técnico preliminar**: é o documento constitutivo da primeira etapa do planejamento de uma contratação que caracteriza o interesse público envolvido e sua melhor solução e dá base ao anteprojeto, ao termo de referência

ou ao projeto básico a serem elaborados caso se conclua pela viabilidade da contratação. Nos estudos técnicos preliminares para contratações de obras e serviços comuns de engenharia, se demonstrada a inexistência de prejuízos para aferição dos padrões de desempenho e qualidade almejados, a possibilidade de especificação do objeto poderá ser indicada apenas em termo de referência, dispensada a elaboração de projetos.

c] **Considerações técnicas:** I – a descrição da necessidade da contratação fundamentada em estudo técnico preliminar que caracterize o interesse público envolvido; II – a definição do objeto para o atendimento da necessidade, por meio de termo de referência, anteprojeto, projeto básico ou projeto executivo, conforme o caso; III – a definição das condições de execução e pagamento, das garantias exigidas e ofertadas e das condições de recebimento; IV – o orçamento estimado, com as composições dos preços utilizados para sua formação; V – a elaboração do edital de licitação; VI – a elaboração de minuta de contrato, quando necessária, que constará obrigatoriamente como anexo do edital de licitação; VII – o regime de fornecimento de bens, de prestação de serviços ou de execução de obras e serviços de engenharia, observados os potenciais de economia de escala; VIII – a modalidade de licitação, o critério de julgamento, o modo de disputa e a adequação e eficiência da forma de combinação desses parâmetros, para os fins de seleção da proposta apta a gerar o resultado de contratação mais vantajoso para a Administração Pública, considerado todo o ciclo de vida do objeto; IX – a motivação circunstanciada das condições do edital, tais como justificativa de exigências de qualificação técnica, mediante indicação das parcelas de maior relevância técnica ou valor significativo do objeto, e de qualificação econômico-financeira, justificativa dos critérios de pontuação e julgamento das propostas técnicas, nas licitações com julgamento por melhor técnica ou técnica e preço, e justificativa das regras pertinentes à participação de empresas em consórcio; X – a análise dos riscos que possam comprometer o sucesso da licitação e a boa execução contratual; XI – a motivação sobre o momento da divulgação do orçamento da licitação.

d] **Instrumentos de organização:** 1) instituir instrumentos que permitam, preferencialmente, a centralização dos procedimentos de aquisição e contratação de bens e serviços; 2) criar catálogo eletrônico de padronização de compras, serviços e obras, admitida a adoção do catálogo do Poder Executivo Federal por todos os entes federativos; 3) instituir sistema informatizado de acompanhamento de obras, inclusive com recursos de imagem e vídeo; 4) instituir, com auxílio dos órgãos de assessoramento jurídico e de controle interno, modelos de minutas de editais, de termos de referência, de contratos padronizados e de outros, admitida a adoção das minutas do Poder Executivo Federal por todos os entes federativos; 5) promover a adoção gradativa de tecnologias e processos integrados que permitam a criação, utilização e atualização de modelos digitais de obras e serviços de engenharia. As exigências em comento são justificadas pela busca da economia de escala e maior racionalidade nas contratações, além da eficiência e transparência na fiscalização dos contratos.

e] **Catálogo eletrônico de padronização**: poderá ser utilizado em licitações cujo critério de julgamento seja o de menor preço ou o de maior desconto e conterá toda a documentação e os procedimentos próprios da fase interna de licitações, assim como as especificações dos respectivos objetos, conforme disposto em regulamento (art. 19, § 1º, Nova Lei de Licitações). A eventual não utilização do catálogo eletrônico de padronização ou dos modelos de minutas deverá ser justificada por escrito e anexada ao respectivo processo licitatório.

f] **Licitações de obras e serviços de engenharia e arquitetura**: sempre que adequada ao objeto da licitação, será preferencialmente adotada a modelagem da informação da construção ou tecnologias e processos integrados similares ou mais avançados que venham a substituí-la.

g] **Demandas da estrutura administrativa**: os itens de consumo adquiridos para suprir as demandas das estruturas da Administração Pública deverão ser de qualidade comum, não superior à necessária para cumprir as finalidades às quais se destinam, vedada a aquisição de artigos de luxo. Os Poderes Executivo, Legislativo e Judiciário definirão em regulamento os limites para o enquadramento dos bens de consumo nas categorias comum e luxo.

7.2 Fase externa

7.2.1 Noções gerais

a] **Termo inicial**: com a publicação do instrumento convocatório, abrindo a possibilidade para participação dos interessados.
b] **Rito**: fase preparatória; divulgação do edital de licitação; apresentação de propostas e lances, quando for o caso; julgamento; habilitação; recursal; adjudicação; homologação.
c] **Inversão de fases**: excepcionalmente, mediante ato motivado com explicitação dos benefícios decorrentes e desde que expressamente previsto no edital, a fase de habilitação poderá anteceder as fases de apresentação de propostas e de julgamento.
d] **Preferência**: eletrônica.
e] **Presencial**: na hipótese de comprovada inviabilidade técnica ou desvantagem para a Administração, devendo a sessão pública ser registrada em ata e gravada mediante utilização de recursos tecnológicos de áudio e vídeo.

7.2.2 Instrumento convocatório

a) **Conceito:** é a "lei interna da licitação".
b) **Vinculação ao instrumento convocatório:** as regras do instrumento convocatório devem ser observadas pela Administração e pelos licitantes.
c) **Conteúdo:** o edital deve conter o objeto da licitação e as regras relativas à convocação, ao julgamento, à habilitação, aos recursos e às penalidades da licitação, à fiscalização e à gestão do contrato, à entrega do objeto e às condições de pagamento.
d) **Padronização:** sempre que o objeto a ser contratado permitir, a Administração adotará minutas padronizadas de edital e de contrato com cláusulas uniformes.
e) **Utilização:** desde que não se produzam prejuízos à competitividade do processo licitatório e à eficiência do respectivo contrato, devidamente demonstrado em estudo técnico preliminar, o edital poderá prever a utilização de mão de obra, materiais, tecnologias e matérias-primas existentes no local da execução, conservação e operação do bem, serviço ou obra.
f) **Disponibilização:** todos os elementos do edital, incluindo minutas de contratos, projetos, anteprojetos e termos de referência e outros anexos, deverão ser disponibilizados em sítio eletrônico oficial, na mesma data em que for disponibilizado o edital e sem a necessidade de registro ou identificação para acesso.
g) **Integridade:** nas contratações de obras, serviços e fornecimentos de grande vulto, o edital deverá prever a obrigatoriedade de implantação de programa de integridade pelo licitante vencedor, no prazo de 6 meses contados da celebração do contrato, conforme regulamento que disporá sobre as medidas a serem adotadas, a forma de comprovação e as penalidades pelo seu descumprimento.
h) **Responsabilidade:** o edital poderá prever a responsabilidade do contratado pela obtenção do licenciamento ambiental e realização da desapropriação autorizada pelo Poder Público.
i) **Prioridade:** os licenciamentos ambientais de obras e serviços de engenharia licitados e contratados terão prioridade de tramitação nos órgãos e entidades integrantes do Sistema Nacional do Meio Ambiente (SISNAMA) e deverão ser orientados pelos princípios da celeridade, da cooperação, da economicidade e da eficiência. Independentemente do prazo de execução do contrato, é obrigatória a previsão no edital de índice de reajustamento de preço com data-base vinculada à data do orçamento estimado, com a possibilidade de ser estabelecido mais de um índice específico ou setorial, em conformidade com a realidade de mercado dos respectivos insumos.
j) **Licitações de serviços contínuos:** observado o interregno mínimo de 1 ano, é obrigatória a previsão no edital do critério de reajustamento, que será: 1) por

reajustamento em sentido estrito, quando não houver regime de dedicação exclusiva de mão de obra ou predominância de mão de obra, mediante previsão de índices específicos ou setoriais com data-base vinculada à da apresentação da proposta; 2) por repactuação, quando houver regime de dedicação exclusiva de mão de obra ou predominância de mão de obra, mediante demonstração analítica da variação dos custos. O edital poderá, na forma disposta em regulamento, exigir que o contratado destine um percentual mínimo da mão de obra responsável pela execução do objeto da contratação a: 1) mulher vítima de violência doméstica; 2) oriundo ou egresso do sistema prisional, na forma estabelecida em regulamento. A minuta do edital de licitação deve ser analisada pelo órgão jurídico da Administração que realizará controle prévio de legalidade mediante análise jurídica da contratação.

k] **Portal Nacional da Contratações Públicas:** a divulgação do edital será feita no Portal Nacional de Contratações Públicas (PNCP) e do seu extrato no Diário Oficial da União do estado, do Distrito Federal, do município ou, no caso de consórcio público, do ente de maior nível entre eles, bem como em jornal diário de grande circulação. É possível a divulgação adicional e a manutenção do inteiro teor do edital e de seus anexos em sítio eletrônico oficial do ente federativo do órgão ou entidade responsável pela licitação ou, no caso de consórcio público, do ente de maior nível entre eles, admitida, ainda, a divulgação direta a interessados devidamente cadastrados para esse fim.

7.2.3 Habilitação

a] **Finalidade:** verificar a aptidão dos licitantes para celebração do futuro contrato.
b] **Critério:** exigências para habilitação dos licitantes devem ser proporcionais à complexidade do objeto a ser contratado.
c] **Vinculação do licitante vencedor:** deve manter o cumprimento dos requisitos de habilitação durante toda a execução do contrato.
d] **Requisitos:** habilitação jurídica; qualificação técnica; qualificação econômico-financeira; regularidade fiscal, social e trabalhista.
e] **Exigências:** 1) poderá exigir dos licitantes a declaração de que atendem aos requisitos de habilitação, respondendo o declarante pela veracidade das informações prestadas, na forma da lei; 2) deve exigir a apresentação dos documentos de habilitação apenas pelo licitante vencedor, exceto quando a fase de habilitação anteceder a de julgamento; 3) somente poderá exigir os documentos relativos à regularidade fiscal em momento posterior ao julgamento das propostas, e apenas do licitante melhor classificado; 4) será exigida

declaração do licitante de que cumpre as exigências de reserva de cargos prevista em lei para pessoa com deficiência e para reabilitado da Previdência Social, bem como em outras normas específicas. O edital de licitação deve exigir declaração dos licitantes, sob pena de desclassificação, de que suas propostas econômicas compreendem a integralidade dos custos para atendimento dos direitos trabalhistas assegurados na CF/1988 e nas leis trabalhistas, normas infralegais, convenções coletivas de trabalho e termos de ajustamento de conduta vigentes na data de entrega das propostas.

f] **Atestado**: admite-se que o edital exija, sob pena de inabilitação, a necessidade de o licitante atestar que conhece o local e as condições de realização da obra ou serviço, ficando assegurado ao licitante o direito de realização de vistoria prévia. Nesse caso, edital de licitação sempre deverá prever a possibilidade de substituição da vistoria por declaração formal assinada pelo responsável técnico da licitante acerca do conhecimento pleno das condições e peculiaridades da contratação. Caso o licitante decida realizar vistoria prévia, a Administração deverá disponibilizar data e horário diferentes para os eventuais interessados.

g] **Substituição**: após a entrega dos documentos para habilitação, não é permitida a substituição ou a apresentação de documentos, salvo em sede de diligência, para: 1) complementação de informações acerca dos documentos já apresentados pelos licitantes e desde que necessária para apurar fatos existentes à época da abertura do certame; 2) atualização de documentos cuja validade tenha expirado após a data de recebimento das propostas. Não caberá exclusão de licitante por motivo relacionado à habilitação, salvo em razão de fatos supervenientes ou só conhecidos após o julgamento. As condições de habilitação serão definidas no edital. As empresas criadas no exercício financeiro da licitação deverão atender a todas as exigências da habilitação, ficando autorizadas a substituir os demonstrativos contábeis pelo balanço de abertura. A habilitação pode ser realizada por processo eletrônico de comunicação a distância, nos termos dispostos em regulamento.

h] **Apresentação**: a documentação de habilitação jurídica, técnica, fiscal, social, trabalhista e econômico-financeira poderá ser: 1) apresentada em original, por cópia ou por qualquer outro meio expressamente admitido pela Administração; 2) substituída por registro cadastral emitido por órgão ou entidade pública, desde que previsto no edital e o registro tenha sido feito em obediência ao disposto na Lei de Licitações; 3) dispensada total ou parcialmente nas contratações para entrega imediata, na alienação de bens e direitos pela Administração Pública e nas contratações em valores inferiores a ¼ (um quarto) do limite para dispensa de licitação para compras em geral e para a contratação de produto para pesquisa e desenvolvimento até o valor de R$ 343.249,96 (trezentos e quarenta e três mil, duzentos e quarenta e nove reais e noventa e seis centavos), atualizado pelo Decreto n. 11.317/2022[17].

i] **Empresas estrangeiras**: que não funcionem no país, deverá ser exigida a apresentação de documentos equivalentes de habilitação, na forma de regulamento emitido pelo Poder Executivo Federal.

7.2.4 Julgamento e classificação

a] **Finalidade**: seleção da melhor proposta, por meio de critérios objetivos.
b] **Possibilidade**: a Administração poderá, em relação ao licitante provisoriamente vencedor, realizar análise e avaliação da conformidade das propostas, mediante a execução de homologação de amostras, exame de conformidade e prova de conceito, entre outros testes de interesse da administração, de modo a comprovar sua aderência às especificações definidas no termo de referência ou no projeto básico.
c] **Critérios**: menor preço; maior desconto; melhor técnica ou conteúdo artístico; técnica e preço; maior lance, no caso de leilão; maior retorno econômico.
d] **Desclassificação**: as propostas serão desclassificadas quando contiverem vícios insanáveis; não obedecerem às especificações técnicas pormenorizadas no edital; apresentarem preços manifestamente inexequíveis ou permanecerem acima do orçamento estimado para a contratação; não tiverem sua exequibilidade demonstrada, quando exigido pela Administração; apresentarem desconformidade com quaisquer outras exigências do edital, desde que insanável. A verificação da conformidade das propostas poderá ser feita exclusivamente em relação à proposta melhor classificada.
e] **Diligência**: a Administração poderá realizar diligências para aferir a exequibilidade das propostas ou exigir dos licitantes que ela seja demonstrada. No caso de obras e serviços de engenharia, para efeito de avaliação da exequibilidade e de sobrepreço, serão considerados o preço global, os quantitativos e os preços unitários considerados relevantes, observado o critério de aceitabilidade de preços unitário e global a serem fixados no edital, conforme as especificidades do mercado correspondente. No caso de obras e serviços de engenharia, serão consideradas inexequíveis as propostas cujos valores forem inferiores a 75% do valor orçado pela administração.

---

17 BRASIL. Decreto n. 11.317, de 29 de dezembro de 2022. **Diário Oficial da União**, Poder Executivo, Brasília, DF, 30 dez. 2022. Disponível em: <https://www.planalto.gov.br/ccivil_03/_ato2019-2022/2022/decreto/D11317.htm#:~:text=DECRETO%20N%C2%BA%2011.317%2C%20DE%2029%20DE%20DEZEMBRO%20DE%202022&text=Atualiza%20os%20valores%20estabelecidos%20na,vista%20o%20disposto%20no%20art.>. Acesso em: 16 abr. 2024.

f] **Garantia adicional**: admite-se a exigência de garantia adicional do licitante vencedor cuja proposta for inferior a 85% (oitenta e cinco por cento) do valor orçado pela Administração, equivalente à diferença entre este último e o valor da proposta, sem prejuízo das demais garantias exigíveis na forma da lei.

g] **Empate**: entre duas ou mais propostas, serão utilizados os seguintes critérios de desempate, nesta ordem: 1) disputa final, hipótese em que os licitantes empatados poderão apresentar nova proposta em ato contínuo à classificação; 2) avaliação do desempenho contratual prévio dos licitantes, para o que deverão preferencialmente ser utilizados registros cadastrais para efeito de atesto de cumprimento de obrigações previstas na Lei de Licitações; 3) desenvolvimento pelo licitante de ações de equidade entre homens e mulheres no ambiente de trabalho, conforme regulamento; 4) desenvolvimento pelo licitante de programa de integridade, conforme orientações dos órgãos de controle.

h] **Em igualdade de condições, não havendo desempate, será assegurada preferência, sucessivamente, aos bens e serviços**: 1) produzidos ou prestados por empresas estabelecidas no território do órgão ou entidade da Administração Pública estadual licitante ou no estado em que se localiza o órgão ou entidade da Administração Pública municipal licitante; 2) produzidos ou prestados por empresas brasileiras; 3) produzidos ou prestados por empresas que invistam em pesquisa e no desenvolvimento de tecnologia no país; 4) empresas que comprovem a prática de mitigação, nos termos da Lei n. 12.187/2009 (Política Nacional sobre Mudança do Clima – PNMC). Os referidos critérios não prejudicam a aplicação do empate ficto ou presumido em favor das MEs e EPPs previsto no art. 44 da Lei Complementar n. 123/2006. Após a definição do resultado do julgamento, a Administração poderá negociar condições mais vantajosas com o primeiro colocado. A negociação poderá ser feita com os demais licitantes, segundo a ordem de classificação inicialmente estabelecida, quando o primeiro colocado, em determinado momento, mesmo após a negociação, for desclassificado por sua proposta permanecer acima do preço máximo definido pela administração.

7.2.5 Homologação

a] **Realização**: autoridade competente.
b] **Natureza**: ato administrativo.
c] **Finalidade**: atesta a validade do procedimento e confirma o interesse na contratação.
d] **Ilegalidade**: anulação ou a convalidação, se possível.

7.2.6 Adjudicação

a) **Momento:** ato final do procedimento de licitação.
b) **Finalidade:** a Administração atribui ao licitante vencedor o objeto da licitação.
c) **Princípio da adjudicação compulsória:** objeto da licitação deve compulsoriamente ser adjudicado ao primeiro colocado.
d) **Licitante vencedor e o direito ao contrato:** o licitante vencedor tem mera expectativa de direito ao contrato. Se a opção da Administração for pela celebração do contrato, o primeiro colocado tem direito de ser contratado em detrimento dos demais (direito de preferência).
e) **Destino:** após as fases de julgamento e habilitação, e exauridos os recursos administrativos, o processo licitatório será encaminhado à autoridade superior, que poderá: 1) determinar o retorno dos autos para saneamento de irregularidades que forem supríveis; 2) revogar a licitação por motivo de conveniência e oportunidade; 3) proceder à anulação da licitação, de ofício ou mediante provocação de terceiros, sempre que presente ilegalidade insanável; 4) adjudicar o objeto e homologar a licitação.

TÍTULO 12

CONTRATOS ADMINISTRATIVOS

Sumário

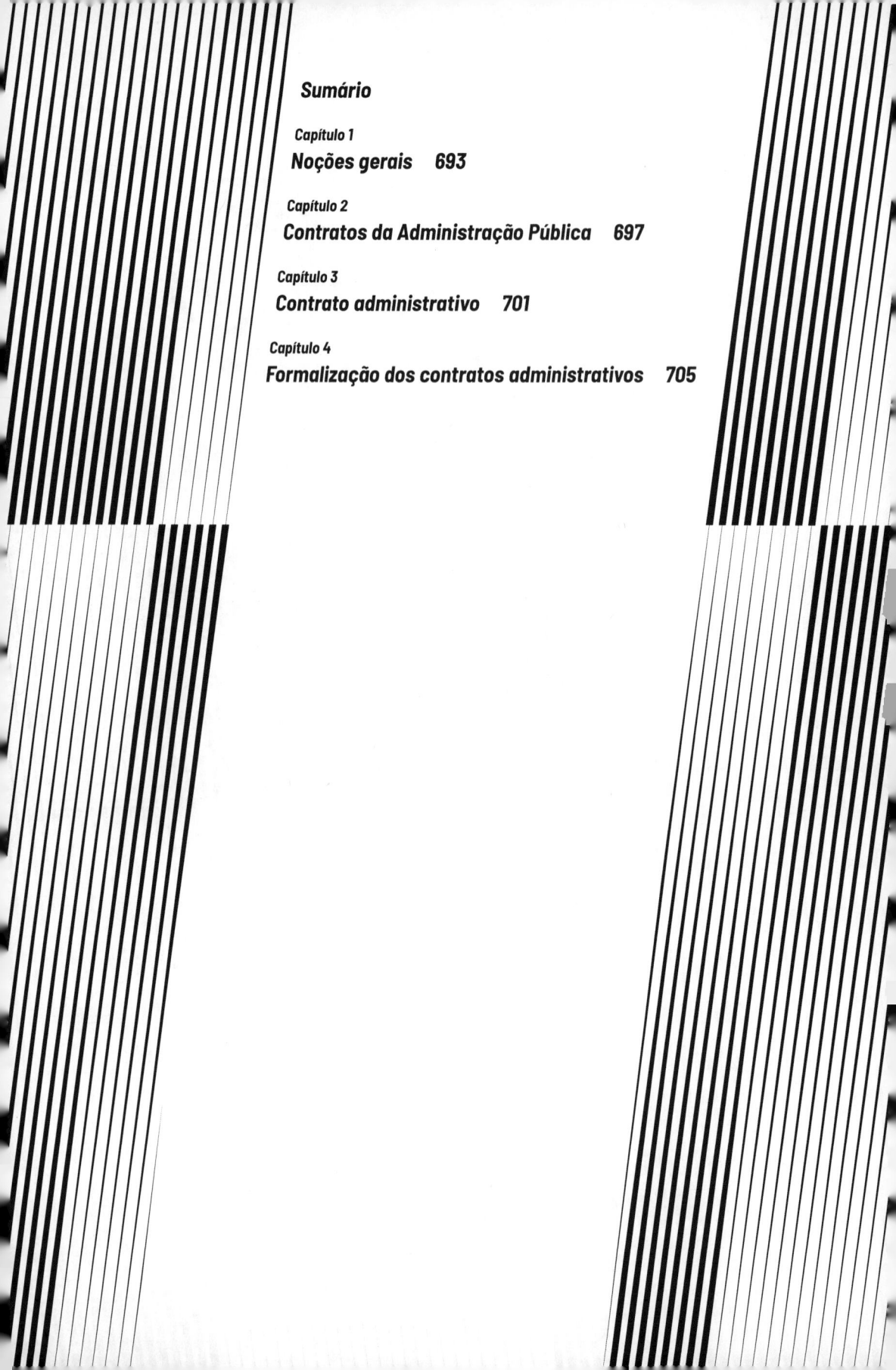

Capítulo 1
Noções gerais 693

Capítulo 2
Contratos da Administração Pública 697

Capítulo 3
Contrato administrativo 701

Capítulo 4
Formalização dos contratos administrativos 705

Capítulo 1
Noções gerais

Uma reflexão sobre a essência do contrato administrativo conduz-nos à conclusão de que é uma espécie de contrato[1], ou seja, um negócio jurídico que visa adquirir, modificar ou extinguir relações jurídicas, em conformidade com a ordem jurídica[2].

Como espécie de negócio jurídico, interessa-nos destacar e enfatizar características essenciais deste acordo bilateral ou plurilateral composto de direitos e obrigações: a) consensualidade; b) intenção de versar sobre relações jurídicas; c) conformidade com a ordem jurídica; d) força obrigatória (*pacta sunt servanda*).

O adensamento da convivência humana e o intercâmbio das relações interpessoais, vêm trazendo, entre tantas consequências, a formação de instrumentos jurídicos para constituição, transmissão e extinção de direitos na área econômica.

Esses influxos de aumento das relações convencionais com a constituição de relações jurídicas de natureza patrimonial e eficácia obrigacional alcançaram a Administração Pública, com impactos positivos, marcando a passagem de uma administração autoritária para um administração democrática[3].

Nesse diapasão, como instrumento de circulação de bens e riquezas, o contrato administrativo conta com os seguintes enfoques: a) *formal* – o contrato é a exteriorização da vontade administrativa, bilateral ou plurilateral; b) *finalista* – o contrato administrativo busca atendimento do interesse público; c) *material* – no contrato há acordo de vontade gerador de direitos e obrigações.

---

[1] "A evolução do pensamento jurídico conduziu ao reconhecimento de que o contrato administrativo apresenta natureza específica, sem se identificar com o contrato de direito privado. As duas figuras apresentam alguns pontos em comum. Por exemplo, tanto o contrato administrativo como o contrato privado são formados por acordo de vontades e contemplar normas que disciplinam a conduta futura das partes" (JUSTEN FILHO, Marçal. **Curso de Direito Administrativo**. São Paulo: Gen/Forense, 2022. p. 297).

[2] DINIZ, Maria Helena. **Tratado teórico e prático dos contratos**. São Paulo: Saraiva, 1996. v. 1. p. 9; GOMES, Orlando. **Contratos**. Rio de Janeiro: Forense, 1997. p. 4.

[3] "(...) o contrato, ainda que matizado por luzes do modo heterônomo peculiares do direito público, é fator de democratização da ação administrativa e, portanto, elemento favorável à garantia das liberdades, contribuindo assim para a realização do sentido finalístico do direito administrativo" (MENEZES, Fernando. **Contrato administrativo**. São Paulo: Quartier Latin, 2012).

Capítulo 2
Contratos da Administração Pública

1. Conceito

Contratos da Administração Pública são aqueles celebrados pela Administração Pública, seja sob regime de direito público, seja sob regime de direito privado. A Administração Pública, dessa forma, pode celebrar duas espécies de contratos: a) de direito público ou típicos e b) os de direito privado ou atípicos[1].

Os contratos da Administração Pública possuem as seguintes características[2]:

a] **Generalidade:** são ajustes em que o Estado figura como parte contratante, não importando o regime jurídico, se de direito público ou de direito privado.
b] **Atividade típica do Poder Executivo:** é atividade inserida na competência do Poder Executivo, tanto que o próprio Supremo Tribunal Federal (STF) já decidiu ser inconstitucional a exigência de prévia autorização legislativa ou do Tribunal de Contas para a celebração do contrato administrativo (ADI n. 3.670/2007[3]).

2. Contrato administrativo e contrato de direito privado

Nos contratos de direito privado, **a relação jurídica é horizontal**, pois a Administração se nivela ao particular.

Nos contratos de direito privado a Administração Pública age **sem supremacia**. Nos contratos públicos, a Administração age **com supremacia**.

Nos contratos administrativos, **a relação jurídica é vertical**, pois a Administração age como Poder Público, com todo seu poder de império sobre o particular.

Nos contratos administrativos, a **Administração é Poder Público**, com poder de império sobre o particular.

Nos contratos de direito privado, a **Administração não é Poder Público**, não tendo poder de império sobre o particular.

---

1 "Embora típica do Direito Privado, a instituição do contrato é utilizada pela Administração Pública na sua pureza originária (contratos privados realizados pela Administração) ou com adaptações necessárias aos negócios públicos (contratos administrativos propriamente ditos)" (MEIRELLES, Hely Lopes. **Direito Administrativo brasileiro**. São Paulo: Malheiros, 2009. p. 200).
2 CARVALHO FILHO, José dos Santos. **Manual de Direito Administrativo**. São Paulo: Atlas/Gen, 2023. p. 150.
3 BRASIL. Supremo Tribunal Federal. **ADI n. 3.670-0, de 2 de abril de 2007**. Relator: Min. Sepúlveda Pertence. Data de julgamento: 2 abr. 2007. Data de publicação: Diário da Justiça, 18 maio 2007. Disponível em: <https://redir.stf.jus.br/paginadorpub/paginador.jsp?docTP=AC&docID=456060>. Acesso em: 3 jul. 2024.

Nos contratos de direito privado, o **objeto é atividade privada**. Nos contratos administrativos, o **objeto é serviço público**.

Nos contratos de direito privado, **não há cláusulas exorbitantes**. Nos contratos administrativos, **há cláusulas exorbitantes** do direito comum.

Os contratos de direito privado têm **regime de direito privado parcialmente derrogado pelo direito público**.

Os contratos administrativos têm **regime jurídico administrativo** caracterizado por prerrogativas e sujeições.

3. Contratos de direito público

Contratos de direito público são aqueles celebrados pela Administração Pública, seja sob regime de direito público. Existem três espécies de contrato público: a) acordos internacionais; b) os contratos administrativos[4], que pode ser de colaboração, quando o particular se obriga a prestar ou realizar algo para a Administração, ou de atribuição, quando a Administração Pública confere vantagens ou direitos ao particular[5]; c) os consórcios executivos.

---

[4] "Os contratos administrativos também constituem uma categoria do gênero contratos da Administração Pública. A relação, pois, é de gênero para espécie: todo contrato administrativo se enquadra como contrato da Administração, mas nem todo contrato da Administração se caracteriza como contrato administrativo" (CARVALHO FILHO, José dos Santos. **Manual de Direito Administrativo**. São Paulo: Atlas/Gen, 2023. p. 151).

[5] "O regime de contratos administrativos em sentido restrito foi reservado para as entidades administrativas dotadas de personalidade de direito público e para as sociedades estatais não empresárias (A Lei n. 13.303/2016 afastou a adoção dos contratos administrativos em sentido restrito relativamente às sociedades empresárias estatais, que passaram a se subordinar às normas de direito privado – com algumas alterações" (JUSTEN FILHO, Marçal. **Curso de Direito Administrativo**. São Paulo: Gen/Forense, 2022. p. 297).

Capítulo 3

Contrato administrativo

1. Conceito

Alguns conceitos de Direito Administrativo, formulados pela doutrina, merecem destaque:

a) **Irene Nohara**[1] – "o ajuste de vontades firmado entre a Administração Pública e terceiros regido por regime jurídico de direito público e submetido às modificações de interesse público, assegurados os interesses patrimoniais do contratado".

b) **José dos Santos Carvalho Filho**[2] – "ajuste firmado entre a Administração Pública e um particular, ou entre dois entes públicos, regulado basicamente pelo direito público e supletivamente pelo direito privado, e tendo por objeto atividade que, de alguma forma, traduza interesse público".

c) **Marçal Justen Filho**[3] – "acordo de vontades para constituir relação jurídica destinada ou a satisfazer de modo direto necessidades da Administração Pública ou a delegar a um particular o exercício de competências públicas".

d) **Maria Sylvia Zanella de Pietro**[4] – "ajustes que a Administração, nessa qualidade, celebra com pessoas físicas ou jurídicas, públicas ou privadas, para a consecução de fins públicos, segundo regime jurídico de direito público".

e) **Rafael Carvalho Rezende Oliveira**[5] – "são os ajustes celebrados entre a Administração Pública e o particular, regidos predominantemente pelo direito público, para execução de atividades de interesse público".

f) **Hely Lopes Meirelles**[6] – "é o ajuste que a Administração Pública, agindo nessa qualidade, firma com particulares ou outra entidade administrativa para a consecução de objetivos de interesse público, nas condições estabelecidas pela própria Administração".

g) **Celso Antônio Bandeira de Mello**[7] – "avença travada entre a Administração e terceiros na qual, por força de lei, de cláusulas pactuadas ou do tipo de objeto, a permanência do vínculo e as condições preestabelecidas sujeitam-se a cambiáveis imposições de interesse público, ressalvados os interesses patrimoniais do contratado privado".

---

1 NOHARA, Irene. **Direito Administrativo**. São Paulo: Atlas, 2024. p. 369.
2 CARVALHO FILHO, José dos Santos. **Manual de Direito Administrativo**. São Paulo: Atlas, 2024. p. 149.
3 JUSTEN FILHO, Marçal. **Curso de Direito Administrativo**. Rio de Janeiro: Forense, 2023. p. 297.
4 DI PIETRO, Maria Sylvia Zanella. **Direito Administrativo**. Rio de Janeiro: Forense, 2024. p. 284.
5 OLIVEIRA, Rafael Carvalho Rezende. **Curso de Direito Administrativo**. Rio de Janeiro: Método, 2024. p. 490.
6 MEIRELLES, Hely Lopes. **Direito Administrativo brasileiro**. São Paulo: Malheiros, 2002. p. 205-206.
7 BANDEIRA DE MELLO, Celso Antonio. **Curso de Direito Administrativo**. São Paulo: Malheiros, 2009. p. 615.

Apesar de cada doutrinador possuir sua definição contrato administrativo, podemos extrair elementos comuns que formam a essência da ideia:

a] **Ajuste de vontades** – é um acordo com direitos e obrigações entre partes.
b] **Presença da Administração Pública** – em um dos polos da relação jurídica contratual a Administração Pública está presente na condição de Poder Público, ou seja, na posição de superioridade sobre o particular.
c] **Presença de terceiros** – presença da outra parte do contrato que pode ser um ente público ou pessoa privada.
d] **Regime jurídico aplicável** – de direito público, com aplicação supletiva do direito privado.
e] **Objeto** – é a realização de uma atividade de interesse público.
f] **Finalidade** – consecução do interesse público primário.
g] **Mutabilidade** – as modificações de interesse público, assegurado os interesses patrimoniais do contratado.

2. Características

a] **Formal:** há formalidades previstas em lei.
b] **Comutativo:** cada uma das partes conhece, no momento da celebração, a extensão de suas vantagens e desvantagens.
c] **Bilateral:** há prestação e contraprestação estipulada entre as partes, produzem efeitos para ambas as partes.
d] **Oneroso:** existem vantagens e ônus para ambas as partes.
e] **Natureza personalíssima:** todos os contratos para os quais a lei exige licitação são firmados *intuitu personae*, ou seja, em razão de condições pessoais do contratado, são apurados no procedimento da licitação.
f] **Contrato de adesão:** cláusulas dos contratos administrativos são fixadas unilateralmente pela administração.

3. Natureza jurídica

a] **Nega a existência de contrato administrativo:** não observa o princípio da igualdade entre as partes, o da autonomia da vontade e o da força obrigatória das convenções, característicos de todos os contratos.

b) **Todos os contratos celebrados pela Administração são contratos administrativos:** porque em todos os acordos de que participa a Administração Pública há sempre a interferência do regime jurídico administrativo.
c) **Espécie do gênero contrato:** com regime jurídico de direito público, derrogatório e exorbitante do direito comum.

4. Elementos

a) **Administração Pública como parte:** prerrogativas que garantem a sua posição de supremacia sobre o particular; elas vêm expressas precisamente por meio das chamadas cláusulas exorbitantes.
b) **Regime derrogatório:** com prerrogativas para Administração Pública.
c) **Finalidade pública:** é sempre o interesse público que a Administração tem que ter em vista, sob pena de desvio de poder.
d) **Obediência à forma prescrita em lei:** essencial, não só em benefício do interessado, como da própria administração, para fins de controle da legalidade.
e) **Presença das cláusulas exorbitantes:** não seriam comuns ou que seriam ilícitas em contrato celebrado entre particulares, por conferirem prerrogativas a uma das partes (a Administração) em relação à outra; elas colocam a Administração em posição de supremacia sobre o contratado.

5. Competência legislativa

A competência para legislar sobre contratos administrativos é privativa da União, nos termos do art. 22, inciso XXVII da Constituição Federal de 1988[8] (CF/1988)[9]. A competência privativa é delegável aos Estados e Distrito Federal, por meio de lei complementar federal, para questões específicas.

---

8 BRASIL. Constituição (1988). **Diário Oficial do Brasil**, 5 de outubro de 1988. Brasília, DF, 5 out. 1988. Disponível em: <https://www.planalto.gov.br/ccivil_03/constituicao/constituicao.htm>. Acesso em: 4 jul. 2024.
9 Normas gerais de licitação e contratação, em todas as modalidades, para as Administrações Públicas diretas, autárquicas e fundacionais da União, dos Estados, do Distrito Federal e dos Municípios, obedecido o disposto no art. 37, inciso XXI, e para as empresas públicas e sociedades de economia mista, nos termos do art. 173, parágrafo 1º, inciso III.

Capítulo 4

Formalização dos contratos administrativos

1. Regulamento dos contratos administrativos

a) **Regulação principal**: cláusulas dos contratos administrativos e pelos preceitos de direito público.
b) **Regulação supletiva**: princípios da teoria geral dos contratos e as disposições de direito privado.

2. Requisitos do contrato administrativo

2.1 Requisito preliminar

É a providência prévia à formalização do contrato administrativo, ou seja, antes de formalizar ou prorrogar o prazo de vigência do contrato, a Administração deverá verificar a regularidade fiscal do contratado, consultar o Cadastro Nacional de Empresas Inidôneas e Suspensas (Ceis) e o Cadastro Nacional de Empresas Punidas (Cnep), emitir as certidões negativas de inidoneidade, de impedimento e de débitos trabalhistas e juntá-las ao respectivo processo.

2.2 Requisitos obrigatórios

São os requisitos de presença obrigatória em todo o contrato administrativo:

a) **Nominal** – nomes das partes e de seus representantes; não precisa de testemunhas, nem de registro em cartório.
b) **Finalístico** – a finalidade.
c) **Original** – o ato que autorizou a lavratura do contrato.
d) **Basilar** – o número do processo da licitação ou da contratação direta.
e) **Legal** – a sujeição dos contratantes às normas da Lei n. 14.133/2021[1].
f) **Engenharia** – além dos requisitos gerais, precisam celebrar com empresas ou profissionais registrados no Conselho Regional de Engenharia e Agronomia (Crea).

---

1 BRASIL. Lei n. 14.133, de 21 de abril de 2021. **Diário Oficial da União**, Poder Legislativo, Brasília, DF, 1º abr. 2021. Disponível em: <https://www.planalto.gov.br/ccivil_03/_ato2019-2022/2021/lei/l14133.htm>. Acesso em: 17 abr. 2024.

2.3 Requisitos específicos

São os requisitos de presença obrigatória em determinados contratos administrativos:

a] **Contratações de projetos ou de serviços técnicos especializados, inclusive daqueles que contemplem o desenvolvimento de programas e aplicações de internet para computadores, máquinas, equipamentos e dispositivos de tratamento e de comunicação da informação (*software*) – e a respectiva documentação técnica associada** – o autor deverá ceder todos os direitos patrimoniais a eles relativos para a Administração Pública, hipótese em que poderão ser livremente utilizados e alterados por ela em outras ocasiões, sem necessidade de nova autorização de seu autor.

b] **Contratações referentes à obras imateriais de caráter tecnológico, insuscetível de privilégio** – a cessão dos direitos patrimoniais a eles relativos para a Administração Pública incluirá o fornecimento de todos os dados, documentos e elementos de informação pertinentes à tecnologia de concepção, desenvolvimento, fixação em suporte físico de qualquer natureza e aplicação da obra. É facultado à Administração Pública deixar de exigir a cessão de direitos patrimoniais a eles relativos para essa esfera quando o objeto da contratação envolver atividade de pesquisa e desenvolvimento de caráter científico, tecnológico ou de inovação, considerados os princípios e os mecanismos instituídos pela Lei n. 10.973, de 2 de dezembro de 2004[2]. Na hipótese de posterior alteração do projeto pela Administração Pública, o autor deverá ser comunicado, e os registros serão promovidos nos órgãos ou entidades competentes.

c] **Contratos celebrados pela Administração Pública com pessoas físicas ou jurídicas, inclusive as domiciliadas no exterior** – deverão conter cláusula que declare competente o foro da sede da Administração para dirimir qualquer questão contratual, ressalvadas as seguintes hipóteses: I – licitação internacional para a aquisição de bens e serviços cujo pagamento seja feito com o produto de financiamento concedido por organismo financeiro internacional de que o Brasil faça parte ou por agência estrangeira de cooperação; II – contratação com empresa estrangeira para a compra de equipamentos fabricados e entregues no exterior precedida de autorização do chefe do Poder Executivo; III – aquisição de bens e serviços realizada por unidades administrativas com sede no exterior.

---

2 BRASIL. Lei n. 10.973, de 2 de dezembro de 2004. **Diário Oficial da União**, Poder Executivo, Brasília, DF, 3 dez. 2004. Disponível em: <https://www.planalto.gov.br/ccivil_03/_ato2004-2006/2004/lei/l10.973.htm>. Acesso em: 17 abr. 2024.

d] **Contratos de serviços contínuos: observado o interregno mínimo de 1 (um) ano, o critério de reajustamento de preços será por** – I – reajustamento em sentido estrito, quando não houver regime de dedicação exclusiva de mão de obra ou predominância de mão de obra, mediante previsão de índices específicos ou setoriais; II – repactuação, quando houver regime de dedicação exclusiva de mão de obra ou predominância de mão de obra, mediante demonstração analítica da variação dos custos.
e] **Contratos de obras e serviços de engenharia** – sempre que compatível com o regime de execução, a medição será mensal.
f] **Contratos para serviços contínuos com regime de dedicação exclusiva de mão de obra ou com predominância de mão de obra** – o prazo para resposta ao pedido de repactuação de preços será preferencialmente de 1 (um) mês.

3. Redação do contrato administrativo

Devem estabelecer com clareza e precisão as condições para sua execução, expressas em cláusulas que definam os direitos, as obrigações e as responsabilidades das partes, em conformidade com os termos do edital da licitação e da proposta vencedora ou com os termos do ato que autorizou a contratação direta e os da respectiva proposta.

De acordo com as peculiaridades de seu objeto e de seu regime de execução, o contrato conterá cláusula que preveja período antecedente à expedição da ordem de serviço para verificação de pendências, liberação de áreas ou adoção de outras providências cabíveis para a regularidade do início de sua execução.

Independentemente do prazo de duração, o contrato deverá conter cláusula que estabeleça o índice de reajustamento de preço, com data-base vinculada à data do orçamento estimado, e poderá ser estabelecido mais de um índice específico ou setorial, em conformidade com a realidade de mercado dos respectivos insumos.

4. Convocação do adjudicatário

O objetivo da licitação é seleção da proposta mais vantajosa para o interesse público na celebração do contrato administrativo. Após o encerramento do processo administrativo licitatório, a autoridade administrativa fará a entrega formal do objeto ao vencedor da licitação, convocando-o para assinatura do contrato:

a] **Sujeito ativo da convocação** – Administração Pública.
b] **Forma da convocação** – regular.
c] **Sujeito passivo** – vencedor da licitação.
d] **Finalidade da convocação** – assinar o termo de contrato, aceitar ou retirar o instrumento equivalente, dentro do prazo e condições estabelecidos.
e] **Não atender à convocação** – decair o direito à contratação, sem prejuízo das sanções legais.
f] **Prorrogação do prazo de convocação** – poderá ser prorrogado uma vez, por igual período, quando solicitado pela parte durante seu transcurso e desde que ocorra motivo justificado aceito pela Administração.
g] **Recusa injustificada do adjudicatário em assinar o contrato ou em aceitar ou retirar o instrumento equivalente no prazo estabelecido pela Administração** – caracterizará o descumprimento total da obrigação assumida e o sujeitará às penalidades legalmente estabelecidas e à imediata perda da garantia de proposta em favor do órgão ou entidade licitante. Tal situação não se aplica não se aplicará aos licitantes remanescentes convocados para negociação, na ordem de classificação, com vistas à obtenção de preço melhor, mesmo que acima do preço do adjudicatário.
h] **Quando o convocado não assinar o termo de contrato ou não aceitar ou retirar o instrumento equivalente no prazo e condições estabelecidos** – é facultado à administração convocar os licitantes remanescentes, na ordem de classificação, para celebração do contrato nas condições propostas pelo licitante vencedor.
i] **Na hipótese de nenhum dos licitantes aceitar a contratação: a Administração, observados o valor estimado e sua eventual atualização nos termos do edital, poderá** – I – convocar os licitantes remanescentes para negociação, na ordem de classificação, com vistas à obtenção de preço melhor, mesmo que acima do preço do adjudicatário; II – adjudicar e celebrar o contrato nas condições ofertadas pelos licitantes remanescentes, atendida a ordem classificatória, quando frustrada a negociação de melhor condição (art. 89, Lei n. 14.133/2021).
j] **Não convocação para contratação** – decorrido o prazo de validade da proposta indicado no edital sem convocação para a contratação, ficam os licitantes liberados dos compromissos assumidos.
k] **Na hipótese de rescisão contratual** – será facultada à Administração a convocação dos demais licitantes classificados para a contratação de remanescente de obra, de serviço ou de fornecimento na ordem de classificação, para a

celebração do contrato nas condições propostas pelo licitante vencedor; decorrido o prazo de validade da proposta indicado no edital sem convocação para a contratação, ficarão os licitantes liberados dos compromissos assumidos; na hipótese de nenhum dos licitantes aceitar a contratação, a Administração, observados o valor estimado e sua eventual atualização nos termos do edital, poderá: I – convocar os licitantes remanescentes para negociação, na ordem de classificação, com vistas à obtenção de preço melhor, mesmo que acima do preço do adjudicatário; II – adjudicar e celebrar o contrato nas condições ofertadas pelos licitantes remanescentes, atendida a ordem classificatória, quando frustrada a negociação de melhor condição.

5. Forma do contrato administrativo

a) **Regra geral**: os contratos e seus aditamentos terão forma escrita e serão juntados ao processo que tiver dado origem à contratação, divulgados e mantidos à disposição do público em sítio eletrônico oficial.
b) **Exceção**: é nulo e de nenhum efeito o contrato verbal com a Administração, salvo o de pequenas compras ou o de prestação de serviços de pronto pagamento, assim entendidos aqueles de valor não superior a R$ 10.000,00 (dez mil reais), nos termos do art. 95, parágrafo 2º da Lei n. 14.133/2021.
c) **Contratos relativos a direitos reais sobre imóveis**: serão formalizados por escritura pública lavrada em notas de tabelião, cujo teor deverá ser divulgado e mantido à disposição do público em sítio eletrônico oficial.
d) **Forma eletrônica**: é admitida na celebração de contratos e de termos aditivos, atendidas as exigências previstas em regulamento.
e) **Local**: Administração deve manter arquivo cronológico dos contratos celebrados. A minuta do futuro contrato integra o instrumento convocatório da licitação.
f) **Sigilo**: será admitida a manutenção em sigilo de contratos e de termos aditivos quando imprescindível à segurança da sociedade e do Estado, nos termos da legislação que regula o acesso à informação.

6. Instrumento do contrato

Instrumento de contrato é o documento que formaliza ou veicula a existência do contrato. É chamado também de *termo de contrato*, ou seja, documento que registra e formaliza um contrato administrativo entre órgãos ou entidades da Administração Pública e particulares (empresas, organizações, indivíduos)[3].

O instrumento de contrato é obrigatório, salvo nas seguintes hipóteses, em que a Administração poderá substituí-lo por outro instrumento hábil, como *carta-contrato* (forma simplificada de acordo de vontades), *nota de empenho de despesa* (documento que formaliza o empenho de determinada despesa no orçamento anual do órgão ou entidade da Administração Pública, reservando determinado valor do orçamento para ser pago a um credor [fornecedor] em um momento futuro[4]), *autorização de compra* ou *ordem de execução de serviço* (documento pelo qual a Administração Pública notifica o fornecedor ou prestador de serviços para a entrega ou execução do serviço):

I] dispensa de licitação em razão de valor;
II] compras com entrega imediata e integral dos bens adquiridos e dos quais não resultem obrigações futuras, inclusive quanto a assistência técnica, independentemente de seu valor (art. 95).

7 Condição de eficácia dos contratos administrativos

A divulgação no Portal Nacional de Contratações Públicas (PNCP) é condição indispensável para a eficácia do contrato e de seus aditamentos e deverá ocorrer nos seguintes prazos, contados da data de sua assinatura: 20 (vinte) dias úteis, no caso de licitação; 10 (dez) dias úteis, no caso de contratação direta.

Os contratos celebrados em caso de urgência terão eficácia a partir de sua assinatura e deverão ser publicados em 20 (vinte) dias úteis, no caso de licitação; ou em 10 (dez) dias úteis, no caso de contratação direta, sob pena de nulidade.

A divulgação no Portal Nacional de Contratações Públicas (PNCP), quando referente à contratação de profissional do setor artístico por inexigibilidade, deverá identificar os custos do cachê do artista, dos músicos ou da banda, quando houver, do transporte, da hospedagem, da infraestrutura, da logística do evento e das demais despesas específicas.

---

3   SÃO PAULO (Cidade). Prefeitura de São Paulo. **Termo de Contrato**. Disponível em: <https://compras.prefeitura.sp.gov.br/glossario/termo-de-contrato/#:~:text=O%20termo%20de%20contrato%20%C3%A9,ordem%20de%20execu%C3%A7%C3%A3o%20de%20servi%C3%A7o>. Acesso em: 25 out. 2024.
4   SÃO PAULO (Cidade). Prefeitura de São Paulo. **Nota de Empenho**. Disponível em: <https://compras.prefeitura.sp.gov.br/glossario/nota-de-empenho/>. Acesso em: 25 out. 2024.

No caso de obras, a Administração divulgará em sítio eletrônico oficial, em até 25 (vinte e cinco) dias úteis após a assinatura do contrato, os quantitativos e os preços unitários e totais que contratar e, em até 45 (quarenta e cinco) dias úteis após a conclusão do contrato, os quantitativos executados e os preços praticados.

8. Cláusulas do contrato administrativo

8.1 Cláusulas essenciais

8.1.1 Conceito

São as cláusulas obrigatórias no contrato administrativo que fixam o objeto do contrato administrativo e estabelecem as condições fundamentais para sua execução.

8.1.2 Falta

Gera a nulidade do contrato, pela impossibilidade de definir o objeto e de se conhecer com certeza jurídica os direitos e obrigações de cada uma das partes.

8.1.3 Espécies

a) **Objeto do contrato**: é indicar a obra ou serviço ou fornecimento de forma clara e precisa, com todos os seus elementos característicos.
b) **Vinculação**: é a necessidade de observância rigorosa aos requisitos contidos no edital de licitação, à proposta do licitante vencedor ou ao ato que tiver autorizado a contratação direta e à respectiva proposta.
c) **Legalidade**: é a observância à legislação aplicável à execução do contrato, inclusive quanto aos casos omissos.
d) **Execução**: é a indicação do regime de execução ou a forma de fornecimento. Na execução indireta de obras e serviços de engenharia, são admitidos os seguintes regimes: empreitada por preço unitário; empreitada por preço global; empreitada integral; contratação por tarefa; contratação integrada; contratação semi-integrada; fornecimento e prestação de serviço associado.
e) **Preço**: o preço e as condições de pagamento, os critérios e a periodicidade da medição, quando for o caso, e o prazo para liquidação e para pagamento.

f] **Repactuação:** o prazo para resposta ao pedido de repactuação de preços, quando for o caso. Forma de manutenção do equilíbrio econômico-financeiro de contrato utilizada para serviços contínuos com regime de dedicação exclusiva de mão de obra ou predominância de mão de obra, por meio da análise da variação dos custos contratuais, devendo estar prevista no edital com data vinculada à apresentação das propostas, para os custos decorrentes do mercado, e com data vinculada ao acordo, à convenção coletiva ou ao dissídio coletivo ao qual o orçamento esteja vinculado, para os custos decorrentes da mão de obra. Nas licitações e contratos de serviços contínuos, observado o interregno mínimo de 1 (um) ano, o critério de reajustamento será por repactuação, quando houver regime de dedicação exclusiva de mão de obra ou predominância de mão de obra, mediante demonstração analítica da variação dos custos.

g] **Atualização monetária:** os critérios de atualização monetária entre a data do adimplemento das obrigações e a do efetivo pagamento.

h] **Reajustamento:** os critérios, a data-base e a periodicidade do reajustamento de preços – independentemente do prazo de duração do contrato, será obrigatória a previsão no edital e no contrato de índice de reajustamento de preço, com data-base vinculada à data do orçamento estimado e com a possibilidade de ser estabelecido mais de um índice específico ou setorial, em conformidade com a realidade de mercado dos respectivos insumos. É admitida estipulação de correção monetária ou de reajuste por índices de preços gerais, setoriais ou que reflitam a variação dos custos de produção ou dos insumos utilizados nos contratos de prazo de duração igual ou superior a um ano. É nula de pleno direito qualquer estipulação de reajuste ou correção monetária de periodicidade inferior a um ano.

i] **Recebimento:** os prazos de início das etapas de execução, conclusão, entrega, observação e recebimento definitivo, quando for o caso.

j] **Despesa:** o crédito pelo qual correrá a despesa, com a indicação da classificação funcional programática e da categoria econômica, a matriz de risco, quando for o caso.

k] **Garantias:** o prazo para resposta ao pedido de restabelecimento do equilíbrio econômico-financeiro, quando for o caso; as garantias oferecidas para assegurar sua plena execução, quando exigidas, inclusive as que forem oferecidas pelo contratado no caso de antecipação de valores a título de pagamento; o prazo de garantia mínima do objeto, observados os prazos mínimos estabelecidos nesta Lei e nas normas técnicas aplicáveis, e as condições de manutenção e assistência técnica, quando for o caso.

l] **Partes:** os direitos e as responsabilidades das partes, as penalidades cabíveis e os valores das multas e suas bases de cálculo.

m] **Contratado**: a obrigação de o contratado cumprir as exigências de reserva de cargos prevista em lei, bem como em outras normas específicas, para pessoa com deficiência, para reabilitado da Previdência Social e para aprendiz; a obrigação do contratado de manter, durante toda a execução do contrato, em compatibilidade com as obrigações por ele assumidas, todas as condições exigidas para a habilitação na licitação, ou para a qualificação, na contratação direta.

n] **Importação**: as condições de importação e a data e a taxa de câmbio para conversão, quando for o caso.

o] **Gestão**: modelo de gestão do contrato, observados os requisitos definidos em regulamento.

p] **Extinção**: os casos de extinção.

8.2 Cláusulas exorbitantes

8.2.1 Conceito

São prerrogativas especiais da Administração Pública nos contratos administrativos decorrentes do regime jurídico do direito público que visam assegurar supremacia do interesse público sobre o particular. São ilícitos num contrato entre particulares.

8.2.2 Espécies

a] Modificação unilateral

- **Finalidade**: para melhor adequação às finalidades de interesse público, respeitados os direitos do contratado.
- **Objeto**: cláusulas regulamentares.
- **Cláusulas econômico-financeiras e monetárias**: não poderão ser alteradas sem prévia concordância do contratado, nos termos do art. 104, parágrafo 1º da Lei n. 14.133/2021.
- **Aumento ou diminuição do encargos**: a Administração deverá restabelecer, no mesmo termo aditivo, o equilíbrio econômico-financeiro inicial.
- **Requisito**: motivo justificador.
- **Qualitativa**: quando houver modificação do projeto ou das especificações, para melhor adequação técnica a seus objetivos.
- **Quantitativa**: quando for necessária a modificação do valor contratual em decorrência de acréscimo ou diminuição quantitativa de seu objeto.

- **Limite:** o contratado será obrigado a aceitar, nas mesmas condições contratuais, acréscimos ou supressões de até 25% (vinte e cinco por cento) do valor inicial atualizado do contrato que se fizerem nas obras, nos serviços ou nas compras, e, no caso de reforma de edifício ou de equipamento, o limite para os acréscimos será de 50% (cinquenta por cento).
- **Limite:** não poderão transfigurar o objeto da contratação.
- **Supressão de obras, bens ou serviços:** se o contratado já houver adquirido os materiais e os colocado no local dos trabalhos, estes deverão ser pagos pela Administração pelos custos de aquisição regularmente comprovados e monetariamente reajustados, podendo caber indenização por outros danos eventualmente decorrentes da supressão, desde que regularmente comprovados.

b] Extinção unilateral

- **Casos:** especificados na Lei.
- **Culpa do particular:**
    - **Hipóteses** – I – não cumprimento ou cumprimento irregular de normas editalícias ou de cláusulas contratuais, de especificações, de projetos ou de prazos; II – desatendimento das determinações regulares emitidas pela autoridade designada para acompanhar e fiscalizar sua execução ou por autoridade superior; III – alteração social ou modificação da finalidade ou da estrutura da empresa que restrinja sua capacidade de concluir o contrato; IV – decretação de falência ou de insolvência civil, dissolução da sociedade ou falecimento do contratado; VI – atraso na obtenção da licença ambiental, ou impossibilidade de obtê-la, ou alteração substancial do anteprojeto que dela resultar, ainda que obtida no prazo previsto; IX – não cumprimento das obrigações relativas à reserva de cargos prevista em lei, bem como em outras normas específicas, para pessoa com deficiência, para reabilitado da Previdência Social ou para aprendiz.
    - **Consequências** – I – assunção imediata do objeto do contrato, no estado e local em que se encontrar, por ato próprio da Administração; II – ocupação e utilização do local, das instalações, dos equipamentos, do material e do pessoal empregados na execução do contrato e necessários à sua continuidade (deverá ser precedido de autorização expressa do ministro de Estado, do secretário estadual ou do secretário municipal competente, conforme o caso); III – execução da garantia contratual; IV – retenção dos créditos decorrentes do contrato até o limite dos prejuízos causados à Administração Pública e das multas aplicadas.

c) **Fiscalização**

- **Objeto:** execução do contrato.
- **Quantidade:** a execução do contrato deverá ser acompanhada e fiscalizada por 1 (um) ou mais fiscais do contrato.
- **Fiscal:** representante da Administração especialmente designados conforme requisitos estabelecidos no art. 7º da Lei n. 14.133/2021[5], ou pelos respectivos substitutos.
- **Contratação de terceiros:** é permitida, para assisti-los e subsidiá-los com informações pertinentes a essa atribuição.
- **Documentação:** o fiscal do contrato anotará em registro próprio todas as ocorrências relacionadas à execução do contrato, determinando o que for necessário para a regularização das faltas ou dos defeitos observados.
- **Informação:** o fiscal do contrato informará a seus superiores, em tempo hábil para a adoção das medidas convenientes, a situação que demandar decisão ou providência que ultrapasse sua competência.
- **Colaboração:** o fiscal do contrato será auxiliado pelos órgãos de assessoramento jurídico e de controle interno da Administração, que deverão dirimir dúvidas e subsidiá-lo com informações relevantes para prevenir riscos na execução contratual.
- **Responsabilidade:** na hipótese da contratação de terceiros, a empresa ou o profissional contratado assumirá responsabilidade civil objetiva pela veracidade e pela precisão das informações prestadas, firmará termo de compromisso de confidencialidade e não poderá exercer atribuição própria e exclusiva de fiscal de contrato; não haverá exclusão da responsabilidade do fiscal do contrato, nos limites das informações recebidas do terceiro contratado.
- **Extinção do contrato:** desatendimento das determinações regulares emitidas pela autoridade designada para acompanhar e fiscalizar sua execução ou por autoridade superior, nos termos do art. 137, inciso II da Lei n. 14.133/2021.

d) **Aplicação**

- **Objeto:** sanções.
- **Requisito:** processo administrativo com contraditório e ampla defesa.

---

5 "I – sejam, preferencialmente, servidor efetivo ou empregado público dos quadros permanentes da Administração Pública; II – tenham atribuições relacionadas a licitações e contratos ou possuam formação compatível ou qualificação atestada por certificação profissional emitida por escola de governo criada e mantida pelo poder público; e III – não sejam cônjuge ou companheiro de licitantes ou contratados habituais da Administração nem tenham com eles vínculo de parentesco, colateral ou por afinidade, até o terceiro grau, ou de natureza técnica, comercial, econômica, financeira, trabalhista e civil" (Lei n. 14.133/2021).

- **Sujeito ativo**: licitante ou contratado.
- **Infrações administrativas**: art. 155 da Lei n. 14.133/2021.
- **Sanções administrativas**:
  - **Advertência** – será aplicada exclusivamente na hipótese de inexecução parcial do contrato, quando não se justificar a imposição de penalidade mais grave.
  - **Multa** – calculada na forma do edital ou do contrato, não poderá ser inferior a 0,5% (cinco décimos por cento) nem superior a 30% (trinta por cento) do valor do contrato licitado ou celebrado com contratação direta e será aplicada ao responsável por qualquer das infrações administrativas; será facultada a defesa do interessado no prazo de 15 (quinze) dias úteis, contado da data de sua intimação.
  - **Impedimento de licitar e contratar** – será aplicada nas seguintes infrações administrativas, quando não se justificar a imposição de penalidade mais grave, e impedirá o responsável de licitar ou contratar no âmbito da Administração Pública direta e indireta do ente federativo que tiver aplicado a sanção, pelo prazo máximo de 3 (três) anos:
    - dar causa à inexecução parcial do contrato que cause grave dano à Administração, ao funcionamento dos serviços públicos ou ao interesse coletivo;
    - dar causa à inexecução total do contrato;
    - deixar de entregar a documentação exigida para o certame;
    - não manter a proposta, salvo em decorrência de fato superveniente devidamente justificado;
    - não celebrar o contrato ou não entregar a documentação exigida para a contratação, quando convocado dentro do prazo de validade de sua proposta;
    - ensejar o retardamento da execução ou da entrega do objeto da licitação sem motivo justificado.
  - **Declaração de inidoneidade para licitar ou contratar** – impedirá o responsável de licitar ou contratar no âmbito da Administração Pública direta e indireta de todos os entes federativos, pelo prazo mínimo de 3 (três) anos e máximo de 6 (seis) anos; quando aplicada por órgão do Poder Executivo, será de competência exclusiva de ministro de Estado, de secretário estadual ou de secretário municipal e, quando aplicada por autarquia ou fundação, será de competência exclusiva da autoridade máxima da entidade; quando aplicada por órgãos dos Poderes Legislativo e Judiciário, pelo Ministério Público e pela Defensoria Pública no desempenho da função

administrativa, será de competência exclusiva de autoridade de nível hierárquico equivalente às autoridades ministro ou secretário):
- apresentar declaração ou documentação falsa exigida para o certame ou prestar declaração falsa durante a licitação ou a execução do contrato;
- fraudar a licitação ou praticar ato fraudulento na execução do contrato;
- comportar-se de modo inidôneo ou cometer fraude de qualquer natureza;
- praticar atos ilícitos com vistas a frustrar os objetivos da licitação;
- praticar ato lesivo previsto no art. 5º da Lei n. 12.846, de 1º de agosto de 2013[6];
- infrações administrativas previstas no art. 155 da Lei n. 14.133/2021 que justifiquem a imposição de penalidade mais grave que a sanção de impedimento de licitar e contratar.

- **Critérios na aplicação da sanção** – I – a natureza e a gravidade da infração cometida; II – as peculiaridades do caso concreto; III – as circunstâncias agravantes ou atenuantes; IV – os danos que dela provierem para a Administração Pública; V – a implantação ou o aperfeiçoamento de programa de integridade, conforme normas e orientações dos órgãos de controle.
- **Aplicação cumulativa** – advertência, impedimento de licitar e contratar e a declaração de inidoneidade podem ser aplicadas de forma cumulativa com a multa.
- **Valor superior** – se a multa aplicada e as indenizações cabíveis forem superiores ao valor de pagamento eventualmente devido pela Administração ao contratado, além da perda desse valor, a diferença será descontada da garantia prestada ou será cobrada judicialmente.
- **Não exclusão** – a aplicação das sanções administrativas não exclui, em hipótese alguma, a obrigação de reparação integral do dano causado à Administração Pública.
- **Comissão de servidores**:
  - **Aplicação de sanções** – impedimento de licitar e contratar e na declaração de inidoneidade para licitar e contratar.
  - **Quantidade** – 2 (dois) ou mais servidores estáveis. Em órgão ou entidade da Administração Pública cujo quadro funcional não seja formado de servidores estatutários, a comissão será composta de 2 (dois) ou mais empregados públicos pertencentes aos seus quadros permanentes,

---

6 BRASIL. Lei n. 12.846, de 1º de agosto de 2013. **Diário Oficial da União**, Poder Executivo, Brasília, DF, 2 ago. 2013. Disponível em: <https://www.planalto.gov.br/ccivil_03/_ato2011-2014/2013/lei/l12846.htm>. Acesso em: 4 jul. 2024.

preferencialmente com, no mínimo, 3 (três) anos de tempo de serviço no órgão ou entidade.

- **Atuação** – instauração do processo de responsabilização, que avaliará fatos e circunstâncias conhecidos e intimará o licitante ou o contratado para, no prazo de 15 (quinze) dias úteis, contado da data de intimação, apresentar defesa escrita e especificar as provas que pretenda produzir. Na hipótese de deferimento de pedido de produção de novas provas ou de juntada de provas julgadas indispensáveis pela comissão, o licitante ou o contratado poderá apresentar alegações finais no prazo de 15 (quinze) dias úteis, contado da data da intimação. Serão indeferidas pela comissão, mediante decisão fundamentada, provas ilícitas, impertinentes, desnecessárias, protelatórias ou intempestivas.

- **Prescrição** – ocorrerá em 5 (cinco) anos, contados da ciência da infração pela Administração.
- **Desconsideração da personalidade jurídica** – sempre que utilizada com abuso do direito para facilitar, encobrir ou dissimular a prática dos atos ilícitos previstos nesta Lei ou para provocar confusão patrimonial, e, nesse caso, todos os efeitos das sanções aplicadas à pessoa jurídica serão estendidos aos seus administradores e sócios com poderes de Administração, a pessoa jurídica sucessora ou a empresa do mesmo ramo com relação de coligação ou controle, de fato ou de direito, com o sancionado, observados, em todos os casos, o contraditório, a ampla defesa e a obrigatoriedade de análise jurídica prévia.
- **Reabilitação do licitante ou contratado** – são requisitos cumulativos: I – reparação integral do dano causado à Administração Pública; II – pagamento da multa; III – transcurso do prazo mínimo de 1 (um) ano da aplicação da penalidade, no caso de impedimento de licitar e contratar, ou de 3 (três) anos da aplicação da penalidade, no caso de declaração de inidoneidade; IV – cumprimento das condições de reabilitação definidas no ato punitivo; V – análise jurídica prévia, com posicionamento conclusivo quanto ao cumprimento dos requisitos definidos na lei. A sanção pelas infrações previstas nos incisos VIII[7] e XII[8] do *caput* do art. 155 da Lei n. 14.133/2021 exigirá, como condição de reabilitação do licitante ou contratado, a implantação ou aperfeiçoamento de programa de integridade pelo responsável.

---

7 "Apresentar declaração ou documentação falsa exigida para o certame ou prestar declaração falsa durante a licitação ou a execução do contrato".
8 Praticar ato lesivo previsto no art. 5º da Lei n. 12.846/2013.

e) Ocupação

- **Tipo:** provisória.
- **Objeto:** bens móveis e imóveis e utilizar pessoal e serviços vinculados ao objeto do contrato.
- **Cabimento:** nas hipóteses de – 1) risco à prestação de serviços essenciais; 2) necessidade de acautelar apuração administrativa de faltas contratuais pelo contratado, inclusive após extinção do contrato.
- **Extinção unilateral:** a extinção determinada por ato unilateral da Administração poderá acarretar, sem prejuízo das sanções previstas nesta Lei, ocupação e utilização do local, das instalações, dos equipamentos, do material e do pessoal empregados na execução do contrato e necessários à sua continuidade, nos termos do artigo 139, inciso II da Lei n. 14.133/2021.

f) Restrições ao uso da *exceptio non adimpleti contractus*

- **Previsão:** nos contratos bilaterais, nenhum dos contratantes, antes de cumprida a sua obrigação, pode exigir o implemento da do outro, nos termos do art. 476 do Código Civil[9].
- **Cabimento:** suspensão de execução do contrato até 3 (três) meses; repetidas suspensões que totalizem 90 (noventa) dias úteis; atraso até 2 (dois) meses, contado da emissão da nota fiscal, dos pagamentos ou de parcelas de pagamentos devidos pela Administração por despesas de obras, serviços ou fornecimentos.

g) Garantias da execução no contrato administrativo

- **Forma de exigência:** a critério da autoridade competente, a garantia poderá ser exigida, mediante previsão no edital, nas contratações de obras, serviços e fornecimentos.
- **Escolha da garantia:** caberá ao contratado optar por uma das modalidades de garantia.

---

9 BRASIL. Lei n. 10.406, de 10 de janeiro de 2002. **Diário Oficial da União**, Poder Legislativo, Brasília, DF, 11 jan. 2002. Disponível em: <https://www.planalto.gov.br/ccivil_03/leis/2002/l10406compilada.htm>. Acesso em: 4 jul. 2024.

- **Liberação ou restituição da garantia**: após a fiel execução do contrato ou após sua extinção por culpa exclusiva da administração e, quando em dinheiro, atualizada monetariamente.
- **Contratos com a entrega de bens pela Administração e o contratado depositário**: o valor desses bens deverá ser acrescido ao valor da garantia.
- **Contratação de obras e serviços de engenharia**: o edital poderá exigir a prestação da garantia na modalidade seguro-garantia e prever a obrigação de a seguradora, em caso de inadimplemento pelo contratado, assumir a execução e concluir o objeto do contrato, hipótese em que: I – a seguradora deverá firmar o contrato, inclusive os aditivos, como interveniente anuente e poderá: a) ter livre acesso às instalações em que for executado o contrato principal; b) acompanhar a execução do contrato principal; c) ter acesso a auditoria técnica e contábil; d) requerer esclarecimentos ao responsável técnico pela obra ou pelo fornecimento; II – a emissão de empenho em nome da seguradora, ou a quem ela indicar para a conclusão do contrato, será autorizada desde que demonstrada sua regularidade fiscal; III – a seguradora poderá subcontratar a conclusão do contrato, total ou parcialmente. Na hipótese de inadimplemento do contratado, serão observadas as seguintes disposições: I – caso a seguradora execute e conclua o objeto do contrato, estará isenta da obrigação de pagar a importância segurada indicada na apólice; II – caso a seguradora não assuma a execução do contrato, pagará a integralidade da importância segurada indicada na apólice.
- **Modalidades**: I – caução em dinheiro ou em títulos da dívida pública emitidos sob a forma escritural, mediante registro em sistema centralizado de liquidação e de custódia autorizado pelo Banco Central do Brasil, e avaliados por seus valores econômicos, conforme definido pelo Ministério da Economia; II – seguro-garantia, que visa garantir o fiel cumprimento das obrigações assumidas pelo contratado perante à Administração, inclusive as multas, os prejuízos e as indenizações decorrentes de inadimplemento; III – fiança bancária emitida por banco ou instituição financeira devidamente autorizada a operar no país pelo Banco Central do Brasil; IV – título de capitalização custeado por pagamento único, com resgate pelo valor total.
- **Suspensão do contrato por ordem ou inadimplemento da administração**: o contratado ficará desobrigado de renovar a garantia ou de endossar a apólice de seguro até a ordem de reinício da execução ou o adimplemento pela Administração.
- **Regras do seguro-garantia**: I – o prazo de vigência da apólice será igual ou superior ao prazo estabelecido no contrato principal e deverá acompanhar as modificações referentes à vigência deste mediante a emissão do respectivo endosso pela seguradora; II – o seguro-garantia continuará em vigor mesmo

se o contratado não tiver pago o prêmio nas datas convencionadas. Nos contratos de execução continuada ou de fornecimento contínuo de bens e serviços, será permitida a substituição da apólice de seguro-garantia na data de renovação ou de aniversário, desde que mantidas as mesmas condições e coberturas da apólice vigente e desde que nenhum período fique descoberto. Nas contratações de obras, serviços e fornecimentos, a garantia poderá ser de até 5% (cinco por cento) do valor inicial do contrato, autorizada a majoração desse percentual para até 10% (dez por cento), desde que justificada mediante análise da complexidade técnica e dos riscos envolvidos. Nas contratações de serviços e fornecimentos contínuos com vigência superior a 1 (um) ano, assim como nas subsequentes prorrogações, será utilizado o valor anual do contrato para definição e aplicação dos percentuais de até 5% (cinco por cento) do valor inicial do contrato, autorizada a majoração desse percentual para até 10% (dez por cento), desde que justificada mediante análise da complexidade técnica e dos riscos envolvidos. Nas contratações de obras e serviços de engenharia de grande vulto, poderá ser exigida a prestação de garantia, na modalidade seguro-garantia, com cláusula de retomada, em percentual equivalente a até 30% (trinta por cento) do valor inicial do contrato.

8.3 Cláusulas econômico-financeiras e monetárias dos contratos

a) **Conceito**: necessidade de manutenção das "condições efetivas da proposta" vencedora na licitação ou na contratação direta[10].
b) **Alteração**: não poderão ser alteradas sem prévia concordância do contratado.
c) **Modificação unilateral**: deverão ser revistas para que se mantenha o equilíbrio contratual.

9. Riscos no contrato administrativo

9.1 Espécies dos riscos

Existem duas espécies de riscos que podem dificultar ou impedir a execução de um contrato administrativo:

---

10 OLIVEIRA, Rafael Carvalho Rezende. **Curso de Direito Administrativo**. Rio de Janeiro: Método, 2024. p. 490.

a) **Ordinário**: evento previsível decorrente da flutuação do mercado; é um risco inerente a todo tipo de negócio; é um risco que deve ser assumido pelo contratado.
b) **Extraordinário**: evento imprevisível decorrente da perturbação da economia do mercado, que pode ter natureza administrativa ou econômica.

9.2 Alteração unilateral

É a modificação unilateral do contrato pela Administração Pública em decorrência do interesse público.

Nas alterações unilaterais, o contratado será obrigado a aceitar, nas mesmas condições contratuais, acréscimos ou supressões de até 25% (vinte e cinco por cento) do valor inicial atualizado do contrato que se fizerem nas obras, nos serviços ou nas compras, e, no caso de reforma de edifício ou de equipamento, o limite para os acréscimos será de 50% (cinquenta por cento).

As alterações unilaterais não poderão transfigurar o objeto da contratação. Caso haja alteração unilateral do contrato que aumente ou diminua os encargos do contratado, a administração deverá restabelecer, no mesmo termo aditivo, o equilíbrio econômico-financeiro inicial. A alteração pode ser:

a) **Qualitativa**: quando houver modificação do projeto ou das especificações, para melhor adequação técnica a seus objetivos.
b) **Quantitativa**: quando for necessária a modificação do valor contratual em decorrência de acréscimo ou diminuição quantitativa de seu objeto, nos limites permitidos na lei.

9.3 Fato do Príncipe

É uma determinação governamental de caráter geral, imprevisível, que impeça ou cause excessiva onerosidade na execução do contrato.

O fato do príncipe gera reflexos indiretos no contratos, ensejando a possibilidade de revisão para garantir a manutenção do equilíbrio econômico-financeiro do contrato ou sua rescisão, quando não for possível o cumprimento do contrato.

9.4 Fato da Administração

É uma determinação estatal específica (ação ou omissão da Administração Pública contratante) que impede ou retarda a execução do contrato.

O fato da Administração gera a possibilidade de ou suspensão da execução do contrato até a normalização da situação, bem como a recomposição do equilíbrio econômico.

São fatos da Administração: atraso superior a dois meses dos pagamentos ou de parcelas de pagamentos devidos pela Administração por despesas de obras, serviços ou fornecimentos; suspensão da execução, por ordem escrita da Administração, por mais de três meses, ou, ainda, por repetidas suspensões que totalizem 90 dias úteis; não liberação, por parte da Administração, de área, local ou objeto para execução de obra, serviço ou fornecimento, nos prazos contratuais, bem como das fontes de materiais naturais especificadas no projeto, inclusive devido a atraso ou descumprimento das obrigações atribuídas pelo contrato à Administração relacionadas a desapropriação, a desocupação de áreas públicas ou a licenciamento ambiental.

9.5 Álea econômica

É o risco que permite a aplicação da teoria da imprevisão, que apresenta as seguintes características:

c] **Fundamento** – cláusula *rebus sic standibus*.
d] **Tipo do contrato** – de trato sucessivo.
e] **Origem histórica** – Idade Média.
f] **Mitigação**: do princípio do *pacta sunt servanda*.
g] **Previsão legal** – art. 124, inciso I da Lei n. 14.133/2021.
h] **Base** – acontecimento externo ao contrato, imprevisível ou previsível (de consequência incalculável), anormal, alheio à vontade das partes e que produz onerosidade excessiva no contrato.
i] **Consequências** – a extinção do contrato, diante da impossibilidade de execução do contrato e a revisão do contrato, com a possibilidade de restabelecimento do equilíbrio econômico-financeiro.

9.6 Alocação dos riscos

a] **Previsão:** o contrato poderá identificar os riscos contratuais previstos e presumíveis e prever matriz de alocação de riscos, alocando-os entre contratante e contratado, mediante indicação daqueles a serem assumidos pelo setor público ou pelo setor privado ou daqueles a serem compartilhados.
b] **Base:** a compatibilidade com as obrigações e os encargos atribuídos às partes no contrato, a natureza do risco, o beneficiário das prestações a que se vincula e a capacidade de cada setor para melhor gerenciá-lo.
c] **Cobertura:** os riscos que tenham cobertura oferecida por seguradoras serão preferencialmente transferidos ao contratado.

d) **Quantificação:** a alocação dos riscos contratuais será quantificada para fins de projeção dos reflexos de seus custos no valor estimado da contratação.
e) **Definição:** a matriz de alocação de riscos definirá o equilíbrio econômico-financeiro inicial do contrato em relação a eventos supervenientes e deverá ser observada na solução de eventuais pleitos das partes.
f) **Manutenção do equilíbrio econômico-financeiro:** sempre que atendidas as condições do contrato e da matriz de alocação de riscos, será considerado mantido o equilíbrio econômico-financeiro, renunciando as partes aos pedidos de restabelecimento do equilíbrio relacionados aos riscos assumidos (poderão ser adotados métodos e padrões usualmente utilizados por entidades públicas e privadas, e os ministérios e secretarias supervisores dos órgãos e das entidades da Administração Pública poderão definir os parâmetros e o detalhamento dos procedimentos necessários a sua identificação, alocação e quantificação financeira), exceto no que se refere: I – às alterações unilaterais determinadas pela administração; II – ao aumento ou à redução, por legislação superveniente, dos tributos diretamente pagos pelo contratado em decorrência do contrato.

10. Subcontratação

a) **Previsão legal:** art. 122 da Lei n. 14.133/2021.
b) **Momento:** na execução do contrato administrativo.
c) **Sujeito:** o contratado poderá realizar a subcontratação.
d) **Objeto:** o contratado poderá subcontratar partes da obra, do serviço ou do fornecimento.
e) **Limite:** até o limite autorizado, em cada caso, pela Administração.
f) **Documentação:** que comprove a capacidade técnica do subcontratado, que será avaliada e juntada aos autos do processo correspondente.
g) **Regulamento ou edital de licitação:** poderão vedar, restringir ou estabelecer condições para a subcontratação.
h) **Transferência pelo contratado:** a execução do objeto do contrato.
i) **Responsabilidade pela adequação do objeto entregue:** não há transferência pelo contratado.
j) **Vedação:** subcontratação de pessoa física ou jurídica, se aquela ou os dirigentes desta mantiverem vínculo de natureza técnica, comercial, econômica, financeira, trabalhista ou civil com dirigente do órgão ou entidade contratante ou com agente público que desempenhe função na licitação ou atue na fiscalização ou na gestão do contrato, ou se deles forem cônjuge, companheiro

ou parente em linha reta, colateral, ou por afinidade, até o terceiro grau, devendo essa proibição constar expressamente do edital de licitação.

k] **Vínculo do subcontratado:** apenas com o contratado.

11. Execução dos contratos administrativos

11.1 Forma de execução

a] **Cumprimento:** o contrato deverá ser executado fielmente pelas partes, de acordo com as cláusulas avençadas e as normas da Lei n. 14.133/2021.

b] **Inexecução:** cada parte responderá pelas consequências de sua inexecução total ou parcial.

c] **Proibição:** é proibido à Administração retardar imotivadamente a execução de obra ou serviço, ou de suas parcelas, inclusive na hipótese de posse do respectivo chefe do Poder Executivo ou de novo titular no órgão ou entidade contratante.

d] **Deficiência:** ao longo de toda a execução do contrato, o contratado deverá cumprir a reserva de cargos prevista em lei para pessoa com deficiência, para reabilitado da Previdência Social ou para aprendiz, bem como as reservas de cargos previstas em outras normas específicas. Sempre que solicitado pela Administração, o contratado deverá comprovar o cumprimento da reserva de cargos, com a indicação dos empregados que preencherem as referidas vagas.

e] **Fiscalização:** a execução será acompanhada e fiscalizada por 1 (um) ou mais fiscais do contrato, representantes da administração especialmente designados conforme requisitos da lei, ou pelos respectivos substitutos, permitida a contratação de terceiros para assisti-los e subsidiá-los com informações pertinentes a essa atribuição. O fiscal do contrato anotará em registro próprio todas as ocorrências relacionadas à execução do contrato, determinando o que for necessário para a regularização das faltas ou dos defeitos observados. O fiscal do contrato informará a seus superiores, em tempo hábil para a adoção das medidas convenientes, a situação que demandar decisão ou providência que ultrapasse sua competência. O fiscal do contrato será auxiliado pelos órgãos de assessoramento jurídico e de controle interno da Administração, que deverão dirimir dúvidas e subsidiá-lo com informações relevantes para prevenir riscos na execução contratual.

f) **Contratação de terceiros na fiscalização:** I – a empresa ou o profissional contratado assumirá responsabilidade civil objetiva pela veracidade e pela precisão das informações prestadas, firmará termo de compromisso de confidencialidade e não poderá exercer atribuição própria e exclusiva de fiscal de contrato; II – a contratação de terceiros não eximirá de responsabilidade o fiscal do contrato, nos limites das informações recebidas do terceiro contratado.
g) **Preposto:** o contratado deverá manter preposto aceito pela Administração no local da obra ou do serviço para representá-lo na execução do contrato.
h) **Solicitações e reclamações:** a Administração terá o dever de explicitamente emitir decisão sobre todas as solicitações e reclamações relacionadas à execução dos contratos regidos pela Lei n. 14.133/2021, ressalvados os requerimentos manifestamente impertinentes, meramente protelatórios ou de nenhum interesse para a boa execução do contrato. Salvo disposição legal ou cláusula contratual que estabeleça prazo específico, concluída a instrução do requerimento, a administração terá o prazo de 1 (um) mês para decidir, admitida a prorrogação motivada por igual período.

11.2 Contratações de obras e serviços de engenharia

a) **Licenciamento ambiental pela Administração Pública:** a manifestação prévia ou licença prévia, quando cabíveis, deverão ser obtidas antes da divulgação do edital.
b) **Em caso de impedimento, ordem de paralisação ou suspensão do contrato:** o cronograma de execução será prorrogado automaticamente pelo tempo correspondente, anotadas tais circunstâncias mediante simples apostila. Contratações de obras, verificada a ocorrência por mais de 1 (um) mês, a Administração deverá divulgar, em sítio eletrônico oficial e em placa a ser afixada em local da obra de fácil visualização pelos cidadãos, aviso público de obra paralisada, com o motivo e o responsável pela inexecução temporária do objeto do contrato e a data prevista para o reinício da sua execução.

12. Responsabilidade civil nos Contratos Administrativos

12.1 Responsabilidade na execução do contrato

a] **Contratado**: é primária, ou seja, o contratado será responsável pelos danos causados diretamente à Administração ou a terceiros em razão da execução do contrato, e não excluirá nem reduzirá essa responsabilidade a fiscalização ou o acompanhamento pelo contratante, nos termos do art. 120 da Lei n. 14.133/2021. O contratado será obrigado a reparar, corrigir, remover, reconstruir ou substituir, a suas expensas, no total ou em parte, o objeto do contrato em que se verificarem vícios, defeitos ou incorreções resultantes de sua execução ou de materiais nela empregados.

b] **Poder Público**: é subsidiária.

12.2 Responsabilidade na concessão do serviço público

a] **Contratado**: é objetiva, pois incumbe à concessionária a execução do serviço concedido, cabendo-lhe responder por todos os prejuízos causados ao poder concedente, aos usuários ou a terceiros, sem que a fiscalização exercida pelo órgão competente exclua ou atenue essa responsabilidade, nos termos do art. 25 da Lei n. 8.987, de 13 de fevereiro de 1995[11] combinado com os art. 14 do Código de Defesa do Consumidor[12] e art. 37, parágrafo 6º da CF/1988.

b] **Poder Público**: é subsidiária, nos termos do art. 25 da Lei n. 8.987/1995.

---

11 BRASIL. Lei n. 8.987, de 13 de fevereiro de 1995. **Diário Oficial da União**, Poder Legislativo, Brasília, DF, 14 fev. 1995. Disponível em: <https://www.planalto.gov.br/ccivil_03/leis/l8987cons.htm>. Acesso em: 4 jul. 2024.

12 BRASIL. Lei 8.078, de 11 de setembro de 1990. **Diário Oficial da União**, Poder Legislativo, Brasília, DF, 12 set. 1990. Disponível em: <https://www.planalto.gov.br/ccivil_03/leis/l8078compilado.htm>. Acesso em: 4 jul. 2024.

12.3 Responsabilidade nos encargos trabalhistas, previdenciários, fiscais e comerciais resultantes da execução do contrato

a) **Contratado:** será responsável pelos encargos trabalhistas, previdenciários, fiscais e comerciais resultantes da execução do contrato. A inadimplência do contratado em relação aos encargos trabalhistas, fiscais e comerciais não transferirá à administração a responsabilidade pelo seu pagamento e não poderá onerar o objeto do contrato nem restringir a regularização e o uso das obras e das edificações, inclusive perante o registro de imóveis.

b) **Contratações de serviços contínuos:** contratações de serviços contínuos com regime de dedicação exclusiva de mão de obra, a Administração responderá solidariamente pelos encargos previdenciários e subsidiariamente pelos encargos trabalhistas se comprovada falha na fiscalização do cumprimento das obrigações do contratado. Nas contratações de serviços contínuos com regime de dedicação exclusiva de mão de obra, para assegurar o cumprimento de obrigações trabalhistas pelo contratado, a Administração, mediante disposição em edital ou em contrato, poderá, entre outras medidas: I – exigir caução, fiança bancária ou contratação de seguro-garantia com cobertura para verbas rescisórias inadimplidas; II – condicionar o pagamento à comprovação de quitação das obrigações trabalhistas vencidas relativas ao contrato; III – efetuar o depósito de valores em conta vinculada; IV – em caso de inadimplemento, efetuar diretamente o pagamento das verbas trabalhistas, que serão deduzidas do pagamento devido ao contratado (os valores depositados na conta vinculada são absolutamente impenhoráveis); V – estabelecer que os valores destinados a férias, a décimo terceiro salário, a ausências legais e a verbas rescisórias dos empregados do contratado que participarem da execução dos serviços contratados serão pagos pelo contratante ao contratado somente na ocorrência do fato gerador.

12.4 Responsabilidade pessoal do parecerista na licitação

a) **Lei n. 13.655/2018**[13]: a responsabilidade pessoal dos agentes públicos apenas por suas decisões ou opiniões técnicas em caso de "dolo ou erro grosseiro", nos termos do art. 28.
b) **STF**: no parecer vinculante a responsabilidade é solidária entre o parecerista e o administrador público; nos demais pareceres segue a regra da Lei n. 13.655/2018[14].

13. Duração dos contratos administrativos

13.1 Regra de duração

a) **Previsão:** no edital.
b) **Regra geral:** exercício financeiro.
c) **Pode ultrapassar o exercício financeiro?** Depende da disponibilidade de créditos orçamentários e da previsão no plano plurianual.
d) **Regra da especialidade:** os prazos contratuais previstos na lei de licitações e contratos não excluem nem revogam os prazos contratuais previstos em lei especial.

---

13 BRASIL. Lei 13.655, de 25 de abril de 2018. **Diário Oficial da União**, Poder Legislativo, Brasília, DF, 26 abr. 2018. Disponível em: <https://www.planalto.gov.br/ccivil_03/_ato2015-2018/2018/lei/l13655.htm>. Acesso em: 4 jul. 2024.

14 BRASIL. Supremo Tribunal Federal. **MS n. 24.631/DF**. Tribunal Pleno. Relator: Min. Joaquim Barbosa. Data de publicação: Diário da Justiça Eletrônico, n. 18, 1º fev. 2008; *Informativo de Jurisprudência do STF*, n. 475.

13.2 Tipo de vigência

a] **Regra**: o contrato administrativo tem prazo de vigência determinado.
b] **Exceção**: porém excepcionalmente pode ter prazo de vigência indeterminado – a Administração poderá estabelecer a vigência por prazo indeterminado nos contratos em que seja usuária de serviço público oferecido em regime de monopólio, desde que comprovada, a cada exercício financeiro, a existência de créditos orçamentários vinculados à contratação, nos termos do art. 109 da Lei n. 14.133/2021.

13.3 Serviços e fornecimentos contínuos

a] **Prazo**: a Administração poderá celebrar contratos com prazo de até 5 (cinco) anos nas hipóteses de serviços e fornecimentos contínuos.
b] **Diretrizes**:
   I] a autoridade competente do órgão ou entidade contratante deverá atestar a maior vantagem econômica vislumbrada em razão da contratação plurianual;
   II] a Administração deverá atestar, no início da contratação e de cada exercício, a existência de créditos orçamentários vinculados à contratação e a vantagem em sua manutenção;
   III] a Administração terá a opção de extinguir o contrato, sem ônus, quando não dispuser de créditos orçamentários para sua continuidade ou quando entender que o contrato não mais lhe oferece vantagem. A extinção mencionada ocorrerá apenas na próxima data de aniversário do contrato e não poderá ocorrer em prazo inferior a 2 (dois) meses, contado da referida data. Essa previsão vale também para aluguel de equipamentos e à utilização de programas de informática.

c] **Prorrogação do prazo**: os contratos de serviços e fornecimentos contínuos poderão ser prorrogados sucessivamente, respeitada a vigência máxima decenal, desde que haja previsão em edital e que a autoridade competente ateste que as condições e os preços permanecem vantajosos para a Administração, permitida a negociação com o contratado ou a extinção contratual sem ônus para qualquer das partes.

13.4 Prazo diferenciados

a] **Prazo de até 10 anos:** a Administração poderá celebrar contratos com prazo de até 10 (dez) anos nas seguintes hipóteses previstas nas alíneas "f"[15] e "g"[16] do inciso IV e nos incisos V[17], VI[18], XII[19] e XVI[20] do *caput* do art. 75 desta Lei.

b] **Prazo indeterminado:** a Administração poderá estabelecer a vigência por prazo indeterminado nos contratos em que seja usuária de serviço público oferecido em regime de monopólio, desde que comprovada, a cada exercício financeiro, a existência de créditos orçamentários vinculados à contratação.

c] **Contratação que gere receita e no contrato de eficiência que gere economia para a Administração:** os prazos serão de: I – até 10 (dez) anos, nos contratos sem investimento; II – até 35 (trinta e cinco) anos, nos contratos com investimento, assim considerados aqueles que impliquem a elaboração de benfeitorias permanentes, realizadas exclusivamente a expensas do contratado, que serão revertidas ao patrimônio da Administração Pública ao término do contrato.

d] **Contratação que previr a conclusão de escopo predefinido:** o prazo de vigência será automaticamente prorrogado quando seu objeto não for concluído no período firmado no contrato. Quando a não conclusão decorrer de culpa do contratado: I – o contratado será constituído em mora, aplicáveis a ele as respectivas sanções administrativas; II – a Administração poderá optar pela

---

15 Contratação que tenha por objeto bens ou serviços produzidos ou prestados no País que envolvam, cumulativamente, alta complexidade tecnológica e defesa nacional.
16 Materiais de uso das Forças Armadas, com exceção de materiais de uso pessoal e administrativo, quando houver necessidade de manter a padronização requerida pela estrutura de apoio logístico dos meios navais, aéreos e terrestres, mediante autorização por ato do comandante da força militar.
17 Para contratação com vistas ao cumprimento do disposto nos arts. 3º, 3º-A, 4º, 5º e 20 da Lei n. 10.973, de 2 de dezembro de 2004, observados os princípios gerais de contratação constantes da referida Lei.
18 Para contratação que possa acarretar comprometimento da segurança nacional, nos casos estabelecidos pelo Ministro de Estado da Defesa, mediante demanda dos comandos das Forças Armadas ou dos demais ministérios.
19 Para contratação em que houver transferência de tecnologia de produtos estratégicos para o Sistema Único de Saúde (SUS), conforme elencados em ato da direção nacional do SUS, inclusive por ocasião da aquisição desses produtos durante as etapas de absorção tecnológica, e em valores compatíveis com aqueles definidos no instrumento firmado para a transferência de tecnologia.
20 Para aquisição, por pessoa jurídica de direito público interno, de insumos estratégicos para a saúde produzidos por fundação que, regimental ou estatutariamente, tenham por finalidade apoiar órgão da Administração Pública Direta, sua autarquia ou fundação em projetos de ensino, pesquisa, extensão, desenvolvimento institucional, científico e tecnológico e de estímulo à inovação, inclusive na gestão administrativa e financeira necessária à execução desses projetos, ou em parcerias que envolvam transferência de tecnologia de produtos estratégicos para o SUS, nos termos do inciso XII deste *caput*, e que tenha sido criada para esse fim específico em data anterior à entrada em vigor desta Lei, desde que o preço contratado seja compatível com o praticado no mercado.

extinção do contrato e, nesse caso, adotará as medidas admitidas em lei para a continuidade da execução contratual.

e] **Contrato firmado sob o regime de fornecimento e prestação de serviço associado**: terá sua vigência máxima definida pela soma do prazo relativo ao fornecimento inicial ou à entrega da obra com o prazo relativo ao serviço de operação e manutenção, este limitado a 5 (cinco) anos contados da data de recebimento do objeto inicial. A prorrogação (sucessivas) é possível observadas as seguintes condições:

- **Vigência máxima**: decenal.
- **Previsão**: no edital.
- **Condição**: que a autoridade competente ateste que as condições e os preços permaneçam vantajosos para a Administração, permitida a negociação com o contratado ou a extinção contratual sem ônus para qualquer das partes.

f] **Contrato que prever a operação continuada de sistemas estruturantes de tecnologia da informação**: poderá ter vigência máxima de 15 (quinze) anos.

14. Inexecução contratual

14.1 Inexecução culposa

É a que decorre de culpa ou dolo da parte contratante.

No caso de culpa do particular, ocorre a rescisão unilateral e aplicação das sanções administrativas previstas no art. 156 da Lei n. 14.133/2021 (advertência; multa; impedimento de licitar e contratar; declaração de inidoneidade para licitar ou contratar).

No caso de culpa da Administração Pública, ocorre ou a rescisão contratual com a indenização do contratado, ou a revisão contratual com a manutenção do equilíbrio econômico-financeiro.

14.2 Inexecução sem culpa

É a que decorre de fatos não imputáveis às partes contratantes. Nesse caso, ou ocorre a extinção do contrato, caso não seja possível a continuidade na execução do contrato, ou se dá a revisão contratual com a manutenção do equilíbrio econômico-financeiro.

15. Extinção do contrato administrativo

15.1 Motivos de extinção

a) **Atraso:** na obtenção da licença ambiental, ou impossibilidade de obtê-la, ou alteração substancial do anteprojeto que dela resultar, ainda que obtida no prazo previsto; na liberação das áreas sujeitas a desapropriação, a desocupação ou a servidão administrativa, ou impossibilidade de liberação dessas áreas.
b) **Não cumprimento:** de normas editalícias ou de cláusulas contratuais, de especificações, de projetos ou de prazos; das obrigações relativas à reserva de cargos prevista em lei, bem como em outras normas específicas, para pessoa com deficiência, para reabilitado da Previdência Social ou para aprendiz; desatendimento das determinações regulares emitidas pela autoridade designada para acompanhar e fiscalizar sua execução ou por autoridade superior.
c) **Cumprimento irregular:** de normas editalícias ou de cláusulas contratuais, de especificações, de projetos ou de prazos.
d) **Alteração:** social ou da finalidade ou da estrutura da empresa que restrinja sua capacidade de concluir o contrato.
e) **Eventos:** decretação de falência ou de insolvência civil, dissolução da sociedade ou falecimento do contratado; caso fortuito ou força maior, regularmente comprovados, impeditivos da execução do contrato.
f) **Razões de interesse público:** justificadas pela autoridade máxima do órgão ou da entidade contratante.

15.2 Extinção do contrato administrativo por direito do contratado

a) **Supressão:** por parte da Administração, de obras, serviços ou compras que acarrete modificação do valor inicial do contrato além do limite permitido na Lei n. 14.133/2021[21].

---

21 "Artigo 125. Nas alterações unilaterais do contrato, o contratado será obrigado a aceitar, nas mesmas condições contratuais, acréscimos ou supressões de até 25% (vinte e cinco por cento) do valor inicial atualizado do contrato que se fizerem nas obras, nos serviços ou nas compras, e, no caso de reforma de edifício ou de equipamento, o limite para os acréscimos será de 50% (cinquenta por cento)".

b) **Suspensão**: de execução do contrato, por ordem escrita da Administração, por prazo superior a 3 (três) meses; repetidas suspensões que totalizem 90 (noventa) dias úteis, independentemente do pagamento obrigatório de indenização pelas sucessivas e contratualmente imprevistas desmobilizações e mobilizações e outras previstas.
c) **Atraso**: superior a 2 (dois) meses, contado da emissão da nota fiscal, dos pagamentos ou de parcelas de pagamentos devidos pela Administração por despesas de obras, serviços ou fornecimentos.
d) **Não liberação**: pela Administração, nos prazos contratuais, de área, local ou objeto, para execução de obra, serviço ou fornecimento, e de fontes de materiais naturais especificadas no projeto, inclusive devido a atraso ou descumprimento das obrigações atribuídas pelo contrato à Administração relacionadas a desapropriação, a desocupação de áreas públicas ou a licenciamento ambiental.
e) **Hipóteses de extinção por suspensão e atraso**: I – não serão admitidas em caso de calamidade pública, de grave perturbação da ordem interna ou de guerra, bem como quando decorrerem de ato ou fato que o contratado tenha praticado, do qual tenha participado ou para o qual tenha contribuído; II – assegurarão ao contratado o direito de optar pela suspensão do cumprimento das obrigações assumidas até a normalização da situação, admitido o restabelecimento do equilíbrio econômico-financeiro do contrato.

15.3 Espécies de extinção do contrato administrativo

15.3.1 Extinção unilateral

É a determinada por ato unilateral e escrito da Administração, exceto no caso de descumprimento decorrente de sua própria conduta. Deve ser precedida de autorização escrita e fundamentada da autoridade competente e reduzida a termo no respectivo processo.

a) **Consequências**: poderá acarretar, sem prejuízo das sanções previstas nesta Lei, as seguintes consequências:

   I) assunção imediata do objeto do contrato, no estado e local em que se encontrar, por ato próprio da administração;
   II) ocupação e utilização do local, das instalações, dos equipamentos, do material e do pessoal empregados na execução do contrato e necessários à sua continuidade;

III] execução da garantia contratual para: a) ressarcimento da Administração Pública por prejuízos decorrentes da não execução; b) pagamento de verbas trabalhistas, fundiárias e previdenciárias, quando cabível; c) pagamento das multas devidas à Administração Pública; d) exigência da assunção da execução e da conclusão do objeto do contrato pela seguradora, quando cabível; e) retenção dos créditos decorrentes do contrato até o limite dos prejuízos causados à Administração Pública e das multas aplicadas.

b] **Aplicação**: a aplicação das medidas da assunção e da ocupação ficará a critério da Administração, que poderá dar continuidade à obra ou ao serviço por execução direta ou indireta. Na hipótese da ocupação, o ato deverá ser precedido de autorização expressa do ministro de Estado, do secretário estadual ou do secretário municipal competente, conforme o caso.

15.3.2 Extinção consensual

É a feita por acordo entre as partes, por conciliação, por mediação ou por comitê de resolução de disputas, desde que haja interesse da Administração. Deve ser precedida de autorização escrita e fundamentada da autoridade competente e reduzida a termo no respectivo processo.

15.3.3 Extinção arbitral

É a determinada por decisão arbitral, em decorrência de cláusula compromissória ou compromisso arbitral.

15.3.4 Extinção judicial

É a determinada por decisão judicial.

15.3.5 Extinção natural

Cumprimento integral das obrigações.

15.3.6 Extinção temporal

Advento do prazo de vigência fixado no instrumento contratual.

15.3.7 Culpa exclusiva da Administração

O contratado será ressarcido pelos prejuízos regularmente comprovados que houver sofrido e terá direito a: I – devolução da garantia; II – pagamentos devidos pela execução do contrato até a data de extinção; III – pagamento do custo da desmobilização.

16. Recebimento do objeto do contrato

16.1 Recebimento em caso de obras e serviços

a] **Provisório**: feito pelo responsável por seu acompanhamento e fiscalização, mediante termo detalhado, quando verificado o cumprimento das exigências de caráter técnico.
b] **Definitivo**: feito por servidor ou comissão designada pela autoridade competente, mediante termo detalhado que comprove o atendimento das exigências contratuais.

16.2 Recebimento em caso de compras

a] **Provisório**: feito de forma sumária, pelo responsável por seu acompanhamento e fiscalização, com verificação posterior da conformidade do material com as exigências contratuais.
b] **Definitivo**: feito por servidor ou comissão designada pela autoridade competente, mediante termo detalhado que comprove o atendimento das exigências contratuais.

16.3 Regras do recebimento

a] **Rejeição**: o objeto do contrato poderá ser rejeitado, no todo ou em parte, quando estiver em desacordo com o contrato.
b] **Não exclusão**: o recebimento provisório ou definitivo não excluirá a responsabilidade civil pela solidez e pela segurança da obra ou serviço nem a responsabilidade ético-profissional pela perfeita execução do contrato, nos limites estabelecidos pela lei ou pelo contrato.
c] **Definição**: os prazos e os métodos para a realização dos recebimentos provisório e definitivo serão definidos em regulamento ou no contrato.

d] **Provas:** salvo disposição em contrário constante do edital ou de ato normativo, os ensaios, os testes e as demais provas para aferição da boa execução do objeto do contrato exigidos por normas técnicas oficiais correrão por conta do contratado.
e] **Em se tratando de obra:** o recebimento definitivo pela Administração não eximirá o contratado, pelo prazo mínimo de 5 (cinco) anos, admitida a previsão de prazo de garantia superior no edital e no contrato, da responsabilidade objetiva pela solidez e pela segurança dos materiais e dos serviços executados e pela funcionalidade da construção, da reforma, da recuperação ou da ampliação do bem imóvel, e, em caso de vício, defeito ou incorreção identificados, o contratado ficará responsável pela reparação, pela correção, pela reconstrução ou pela substituição necessárias.
f] **Em se tratando de projeto de obra:** o recebimento definitivo pela Administração não eximirá o projetista ou o consultor da responsabilidade objetiva por todos os danos causados por falha de projeto.

17. Dos pagamentos no contrato administrativo

17.1 Ordem de pagamentos

a] **Contexto:** no dever de pagamento pela Administração.
b] **Tipo de ordem:** cronológica para cada fonte diferenciada de recursos, subdividida nas seguintes categorias de contratos: I – fornecimento de bens; II – locações; III – prestação de serviços; IV – realização de obras.
c] **Alteração da ordem:** poderá ser alterada, mediante prévia justificativa da autoridade competente e posterior comunicação ao órgão de controle interno da Administração e ao tribunal de contas competente nas situações previstas em lei.
d] **Situações previstas em lei de alteração da ordem:**
  I] grave perturbação da ordem, situação de emergência ou calamidade pública;
  II] pagamento a microempresa, empresa de pequeno porte, agricultor familiar, produtor rural pessoa física, microempreendedor individual e sociedade cooperativa, desde que demonstrado o risco de descontinuidade do cumprimento do objeto do contrato;

III] pagamento de serviços necessários ao funcionamento dos sistemas estruturantes, desde que demonstrado o risco de descontinuidade do cumprimento do objeto do contrato;
IV] pagamento de direitos oriundos de contratos em caso de falência, recuperação judicial ou dissolução da empresa contratada;
V] pagamento de contrato cujo objeto seja imprescindível para assegurar a integridade do patrimônio público ou para manter o funcionamento das atividades finalísticas do órgão ou entidade, quando demonstrado o risco de descontinuidade da prestação de serviço público de relevância ou o cumprimento da missão institucional.

e] **Inobservância imotivada da ordem cronológica**: ensejará a apuração de responsabilidade do agente responsável, cabendo aos órgãos de controle a sua fiscalização.
f] **Transparência**: o órgão ou entidade deverá disponibilizar, mensalmente, em seção específica de acesso à informação em seu sítio na internet, a ordem cronológica de seus pagamentos, bem como as justificativas que fundamentarem a eventual alteração dessa ordem.

17.2 Regras do pagamento

a] **Previsão**: disposição expressa no edital ou no contrato poderá prever pagamento em conta vinculada ou pagamento pela efetiva comprovação do fato gerador.
b] **Controvérsia**: no caso de controvérsia sobre a execução do objeto, quanto a dimensão, qualidade e quantidade, a parcela incontroversa deverá ser liberada no prazo previsto para pagamento.
c] **Contratação de obras, fornecimentos e serviços, inclusive de engenharia**: poderá ser estabelecida remuneração variável vinculada ao desempenho do contratado, com base em metas, padrões de qualidade, critérios de sustentabilidade ambiental e prazos de entrega definidos no edital de licitação e no contrato.
d] **Ajuste**: o pagamento poderá ser ajustado em base percentual sobre o valor economizado em determinada despesa, quando o objeto do contrato visar à implantação de processo de racionalização, hipótese em que as despesas correrão à conta dos mesmos créditos orçamentários, na forma de regulamentação específica.

e] **Remuneração variável**: a utilização de remuneração variável será motivada e respeitará o limite orçamentário fixado pela Administração para a contratação.

f] **Pagamento antecipado**: não será permitido pagamento antecipado, parcial ou total, relativo a parcelas contratuais vinculadas ao fornecimento de bens, à execução de obras ou à prestação de serviços. A Administração poderá exigir a prestação de garantia adicional como condição para o pagamento antecipado. Caso o objeto não seja executado no prazo contratual, o valor antecipado deverá ser devolvido. Antecipação de pagamento somente será permitida se propiciar sensível economia de recursos ou se representar condição indispensável para a obtenção do bem ou para a prestação do serviço, hipótese que deverá ser previamente justificada no processo licitatório e expressamente prevista no edital de licitação ou instrumento formal de contratação direta.

g] **Liquidação da despesa**: os serviços de contabilidade comunicarão aos órgãos da Administração tributária as características da despesa e os valores pagos.

18. Nulidades no contrato administrativo

18.1 Constatação da irregularidade

No procedimento licitatório ou na execução contratual, caso não seja possível o saneamento, a decisão sobre a suspensão da execução ou sobre a declaração de nulidade do contrato somente será adotada na hipótese em que se revelar medida de interesse público, com avaliação, entre outros, dos seguintes aspectos:

I] impactos econômicos e financeiros decorrentes do atraso na fruição dos benefícios do objeto do contrato;
II] riscos sociais, ambientais e à segurança da população local decorrentes do atraso na fruição dos benefícios do objeto do contrato;
III] motivação social e ambiental do contrato;
IV] custo da deterioração ou da perda das parcelas executadas;
V] despesa necessária à preservação das instalações e dos serviços já executados;
VI] despesa inerente à desmobilização e ao posterior retorno às atividades;
VII] medidas efetivamente adotadas pelo titular do órgão ou entidade para o saneamento dos indícios de irregularidades apontados;

VIII] custo total e estágio de execução física e financeira dos contratos, dos convênios, das obras ou das parcelas envolvidas;
IX] fechamento de postos de trabalho diretos e indiretos em razão da paralisação;
X] custo para realização de nova licitação ou celebração de novo contrato;
XI] custo de oportunidade do capital durante o período de paralisação.

Caso a paralisação ou anulação não se revele medida de interesse público, o Poder Público deverá optar pela continuidade do contrato e pela solução da irregularidade por meio de indenização por perdas e danos, sem prejuízo da apuração de responsabilidade e da aplicação de penalidades cabíveis.

Nenhuma contratação será feita sem a caracterização adequada de seu objeto e sem a indicação dos créditos orçamentários para pagamento das parcelas contratuais vincendas no exercício em que for realizada a contratação, sob pena de nulidade do ato e de responsabilização de quem lhe tiver dado causa.

18.2 Efeitos

A declaração de nulidade do contrato administrativo requererá análise prévia do interesse público envolvido e operará retroativamente, impedindo os efeitos jurídicos que o contrato deveria produzir ordinariamente e desconstituindo os já produzidos.

Caso não seja possível o retorno à situação fática anterior, a nulidade será resolvida pela indenização por perdas e danos, sem prejuízo da apuração de responsabilidade e aplicação das penalidades cabíveis.

Ao declarar a nulidade do contrato, a autoridade, com vistas à continuidade da atividade administrativa, poderá decidir que ela só tenha eficácia em momento futuro, suficiente para efetuar nova contratação, por prazo de até 6 (seis) meses, prorrogável uma única vez.

18.3 Indenização

A nulidade não exonerará a Administração do dever de indenizar o contratado pelo que houver executado até a data em que for declarada ou tornada eficaz, bem como por outros prejuízos regularmente comprovados, desde que não lhe seja imputável, e será promovida a responsabilização de quem lhe tenha dado causa.

19. Dos meios alternativos de resolução de controvérsias

É possível nas contratações públicas brasileiras a utilização dos meios alternativos de prevenção e resolução de controvérsias, notadamente a conciliação (autocomposição é facilitada pela atuação do conciliador), a mediação (mediador, facilita o diálogo das partes em conflito, mediante técnicas específicas), o comitê de resolução de disputas e a arbitragem (conflito será decidido de forma impositiva por um terceiro, que será um árbitro).

O acesso à justiça[22], enquanto direito previsto na CF/1988[23], não pode ser entendido apenas como acesso ao Judiciário, mas sim na acepção jurídica material, como o acesso a todo e qualquer órgão, poder, informação e serviço, especialmente, mas não apenas os públicos, e aos direitos fundamentais e humanos[24], incluindo um conjunto de métodos com princípios e práticas que possibilitam uma solução adequada do conflito[25].

Essa expansão implica que o acesso à justiça material assume uma natureza complexa, já que se manifesta por uma série de métodos alternativos que possibilitem a solução adequada dos conflitos[26].

---

22 "O acesso à justiça serve para determinar duas finalidades básicas do sistema jurídico: ser igualmente acessível a todos e produzir resultados que sejam individual e socialmente justos" (CAPPELLETTI, Mauro; GARTH, Bryant. **Acesso à justiça**. Tradução de Ellen Gracie Northfleet. Porto Alegre: Fabris, 1988).

23 Inserido no rol de direitos e garantias fundamentais, no inciso XXXV do art. 5º da CF/1988, que prevê que "a lei não excluirá da apreciação do Poder Judiciário lesão ou ameaça a direito" (BRASIL. Constituição (1988). **Diário Oficial da União**, Brasília, DF, 5 out. 1988. Disponível em: <http://www.planalto.gov.br/ccivil_03/constituicao/constituicao.htm>. Acesso em: 5 set. 2024).

24 MARTINS, Leonardo Pereira. Da negação do acesso à justiça: identificando as matrizes dos mecanismos pelos quais se opera o fenômeno. **Revista dos Tribunais**. São Paulo, ano 93, v. 827, p. 732-733, set./2004.

25 "A busca pela tutela dos direitos adequada, tempestiva e efetiva, exige a adequação do acesso à tutela, ocorrendo uma passagem necessária da justiça estatal imperativa, com a aplicação do direito objetivo como única finalidade do modelo de justiça, para a aplicação da justiça coexistencial, uma 'meding justice' (uma justiça capaz de remediar o tecido social), focada na pacificação e na continuidade da convivência das pessoas, na condução dos indivíduos, comunidade ou grupos envolvidos" (ZANETI JÚNIOR, Hermes; DIDIER JÚNIOR, Fredie. Justiça multiportas e tutela constitucional adequada: autocomposição em Direitos Coletivos. In: ZANETI JÚNIOR, Hermes; CABRAL, Trícia Navarro Xavier (Coord). **Justiça multiportas**: mediação, conciliação, arbitragem e outros meios de solução adequada de conflitos. Salvador: Juspodivum, 2017. p. 35-66).

26 "(...) abarca todo um conjunto de providências que devem estar à disposição dos indivíduos que vai muito além da existência de uma estrutura do Estado destinada ao exercício da atividade jurisdicional" (REICHELT, Luis Alberto. O direito fundamental à inafastabilidade do controle jurisdicional e sua densificação no novo CPC. **Revista de Processo**. São Paulo, v. 258, p. 41-58, ago. 2016).

Os meios alternativos de resolução de controvérsias são usados para conflitos relacionados a direitos patrimoniais disponíveis[27], como as questões relacionadas ao restabelecimento do equilíbrio econômico-financeiro do contrato, ao inadimplemento de obrigações contratuais por quaisquer das partes e ao cálculo de indenizações.

A arbitragem método consensual de disputas orientado pela autonomia de vontade, seja na escolha dos julgadores desvinculados da tutela do Estado, seja na apresentação de suas respectivas posições acerca da controvérsia, será sempre de direito e observará o princípio da publicidade.

Os contratos poderão ser aditados para permitir a adoção dos meios alternativos de resolução de controvérsias.

O processo de escolha dos árbitros, dos colegiados arbitrais e dos comitês de resolução de disputas observará critérios isonômicos, técnicos e transparentes.

A regulamentação da mediação é feita pela Lei n. 13.140/2015, sendo que de forma subsidiária será aplicado o regulamento do órgão ou instituição.

20. Do controle das contratações públicas

a) **Forma:** as contratações públicas deverão submeter-se a práticas contínuas e permanentes de gestão de riscos e de controle preventivo, inclusive mediante adoção de recursos de tecnologia da informação, e, além de estar subordinadas ao controle social.
b) **Linhas de defesa:** 1) primeira linha de defesa – integrada por servidores e empregados públicos, agentes de licitação e autoridades que atuam na estrutura de governança do órgão ou entidade; 2) segunda linha de defesa – integrada pelas unidades de assessoramento jurídico e de controle interno do próprio órgão ou entidade; 3) terceira linha de defesa – integrada pelo órgão central de controle interno da Administração e pelo Tribunal de Contas.
c) **Responsabilidade:** a implementação das práticas contínuas e permanentes de gestão de riscos e de controle preventivo será de responsabilidade da alta administração do órgão ou entidade e levará em consideração os custos e os benefícios decorrentes de sua implementação.

---

27 "(...) sempre que puder contratar, o que importa disponibilidade de direitos patrimoniais, poderá a Administração Pública, sem que isso importe disposição do interesse público, convencionar cláusula de arbitragem" (GRAU, Eros Roberto. Da arbitrabilidade de litígios envolvendo sociedades de economia mista e da interpretação da cláusula compromissória. **RDBA**, v. 18, p. 395-405, out./dez. 2002).

d] **Tipo de medidas**: as que promovam relações íntegras e confiáveis, com segurança jurídica para todos os envolvidos, e que produzam o resultado mais vantajoso para a Administração, com eficiência, eficácia e efetividade nas contratações públicas.

e] **Transparência**: para a realização de suas atividades, os órgãos de controle deverão ter acesso irrestrito aos documentos e às informações necessárias à realização dos trabalhos, inclusive aos documentos classificados pelo órgão ou entidade nos termos da lei de acesso à informação, e o órgão de controle com o qual foi compartilhada eventual informação sigilosa tornar-se-á corresponsável pela manutenção do seu sigilo (art. 169, Lei n. 14.133/2021).

f] **Impropriedade formal**: adotarão medidas para seu saneamento e para a mitigação de riscos de sua nova ocorrência, preferencialmente com o aperfeiçoamento dos controles preventivos e com a capacitação dos agentes públicos responsáveis.

g] **Dano à Administração**: sem prejuízo das medidas para seu saneamento e para a mitigação de riscos de sua nova ocorrência, adotarão as providências necessárias para a apuração das infrações administrativas, observadas a segregação de funções e a necessidade de individualização das condutas, bem como remeterão ao Ministério Público competente cópias dos documentos cabíveis para a apuração dos ilícitos de sua competência.

h] **Critérios de fiscalização**: oportunidade, materialidade, relevância e risco e considerarão as razões apresentadas pelos órgãos e entidades responsáveis e os resultados obtidos com a contratação.

i] **Procedimento**: as razões apresentadas pelos órgãos e entidades responsáveis deverão ser encaminhadas aos órgãos de controle até a conclusão da fase de instrução do processo e não poderão ser desentranhadas dos autos. A omissão na prestação das informações não impedirá as deliberações dos órgãos de controle nem retardará a aplicação de qualquer de seus prazos de tramitação e de deliberação.

j] **Documentação**: os órgãos de controle desconsiderarão os documentos impertinentes, meramente protelatórios ou de nenhum interesse para o esclarecimento dos fatos.

k] **Representação**: qualquer licitante, contratado ou pessoa física ou jurídica poderá representar aos órgãos de controle interno ou ao tribunal de contas competente contra irregularidades na aplicação da Lei n. 14.133/2021.

l] **Regras na fiscalização**:

- **Propostas de impacto** – viabilização de oportunidade de manifestação aos gestores sobre possíveis propostas de encaminhamento que terão impacto significativo nas rotinas de trabalho dos órgãos e entidades fiscalizados,

a fim de que eles disponibilizem subsídios para avaliação prévia da relação entre custo e benefício dessas possíveis proposições.
- **Objetividade e fundamentação** – adoção de procedimentos objetivos e imparciais e elaboração de relatórios tecnicamente fundamentados, baseados exclusivamente nas evidências obtidas e organizados de acordo com as normas de auditoria do respectivo órgão de controle, de modo a evitar que interesses pessoais e interpretações tendenciosas interfiram na apresentação e no tratamento dos fatos levantados.
- **Definição e atendimento** – definição de objetivos, nos regimes de empreitada por preço global, empreitada integral, contratação semi-integrada e contratação integrada, atendidos os requisitos técnicos, legais, orçamentários e financeiros, de acordo com as finalidades da contratação, devendo, ainda, ser perquirida a conformidade do preço global com os parâmetros de mercado para o objeto contratado, considerada inclusive a dimensão geográfica.

m] **Suspensão cautelar do processo licitatório**: o Tribunal de Contas deverá pronunciar-se definitivamente sobre o mérito da irregularidade que tenha dado causa à suspensão no prazo de 25 (vinte e cinco) dias úteis, contado da data do recebimento das informações, prorrogável por igual período uma única vez, e definirá objetivamente: I – as causas da ordem de suspensão; II – o modo como será garantido o atendimento do interesse público obstado pela suspensão da licitação, no caso de objetos essenciais ou de contratação por emergência. Ao ser intimado da ordem de suspensão do processo licitatório, o órgão ou entidade deverá, no prazo de 10 (dez) dias úteis, admitida a prorrogação: I – informar as medidas adotadas para cumprimento da decisão; II – prestar todas as informações cabíveis; III – proceder à apuração de responsabilidade, se for o caso. A decisão que examinar o mérito da medida cautelar deverá definir as medidas necessárias e adequadas, em face das alternativas possíveis, para o saneamento do processo licitatório, ou determinar a sua anulação. O descumprimento desse artigo ensejará a apuração de responsabilidade e a obrigação de reparação do prejuízo causado ao erário.

n] **Escola de Contas**: é um órgão interno do Tribunal de Contas que tem por objetivo criar instrumentos e métodos que possibilitem o permanente aperfeiçoamento dos seus servidores. A Lei de Licitações e contratos atribui às Escolas de Contas a atribuição de promover eventos de capacitação para os servidores efetivos e empregados públicos designados para o desempenho das funções essenciais à execução da lei de licitações e contratos administrativos, incluídos cursos presenciais e a distância, redes de aprendizagem, seminários e congressos sobre contratações públicas.

21. Do Portal Nacional de Contratações Públicas (PNCP)

Banco de dados público (gerenciado pela Administração Pública) contido em um sítio eletrônico oficial (*website*) destinado à divulgação centralizada e obrigatória dos atos exigidos pela lei de licitações e contratos administrativos e à realização facultativa das contratações pelos órgãos e entidades dos Poderes Executivo, Legislativo e Judiciário de todos os entes federativos.

A criação do *site* eletrônico oficial é um aspecto da transparência ativa. O fortalecimento da transparência ativa na Administração Pública brasileira é o objetivo de um paradigma de gestão que permite a sociedade acompanhar e fiscalizar os atos e despesas realizadas pelos gestores públicos.

Nesse cenário, existe uma compreensão clara de que a atividade da Administração Pública deve ser concretizada com ferramentas que permitam a reconstrução da confiança do cidadão na gestão pública, de forma que a Lei n. 12.527/2011[28], já determinava aos entes da federação obrigatoriedade de divulgação de informações em sítios oficiais na internet, independentemente de qualquer requerimento (§ 2º c/c *caput* art. 8º).

Trata-se de uma plataforma com ferramentas que facilitam o acesso e à compreensão das informações acerca das contratações públicas brasileiras. O esclarecimento dos atos praticados pela Administração Pública abrange disponibilização de dados e informações que permita aos receptores (cidadãos) sua correta captação, processamento, compreensão e utilização na fiscalização da gestão pública[29].

É essencial a preocupação de criar um banco de dados funcional, transparente, para que, diante de elementos informativos e reflexivos sobre o agir administrativo, possa ser feita a verificação da conformidade dos programas e ações da administração pública com o Direito, inibindo a corrupção e/ou de responsabilização pelas fraudes e malversação dos recursos públicos.

A diretriz na criação de portais eletrônicos oficiais é evoluir de uma Administração Pública eletrônica para uma Administração Pública digital, orientada não apenas na maior eficiência sobre os gastos públicos, mas na transparência, pela

---

28 BRASIL. Lei n. 12.527, de 18 de novembro de 2011. **Diário Oficial da União**, Poder Legislativo, 18 nov. 2011. Disponível em: <https://www.planalto.gov.br/ccivil_03/_ato2011-2014/2011/lei/l12527.htm>. Acesso em: 17 abr. 2024.

29 A instituição do PNCP garante transparência e racionalidade nas informações divulgadas pelo Poder Público, servindo como importante instrumento de acesso aos dados das licitações e das contratações públicas, o que facilita o exercício do controle social e institucional. Além do princípio da publicidade, o PNCP encontra fundamento, por exemplo, no art. 5º, inciso XXXIII, da CF/1988, que trata do direito à informação (OLIVEIRA, Rafael Carvalho Rezende. **Licitações e contratos administrativos**. São Paulo: Gen, 2023).

democratização do acesso às informações públicas e abertura de diálogo social, de forma a garantir a sustentabilidade das gestões públicas.

O PNCP será gerido pelo Comitê Gestor da Rede Nacional de Contratações Públicas, a ser presidido por representante indicado pelo presidente da República e composto de: I – 3 (três) representantes da União indicados pelo Presidente da República; II – 2 (dois) representantes dos Estados e do Distrito Federal indicados pelo Conselho Nacional de Secretários de Estado da Administração – CONSAD (entidade de direito privado sem fins lucrativos, com sede em Brasília, criada em novembro de 2000, com representantes de todos os estados brasileiros e do Distrito Federal); III – 2 (dois) representantes dos Municípios indicados pela Confederação Nacional de Municípios – CNM (é uma organização independente, apartidária e sem fins lucrativos, fundada em 8 de fevereiro de 1980).

O PNCP conterá, entre outras, as seguintes informações acerca das contratações: I – planos de contratação anuais; II – catálogos eletrônicos de padronização; III – editais de credenciamento e de pré-qualificação, avisos de contratação direta e editais de licitação e respectivos anexos; IV – atas de registro de preços; V – contratos e termos aditivos; VI – notas fiscais eletrônicas, quando for o caso.

O PNCP deverá, entre outras funcionalidades, oferecer: I – sistema de registro cadastral unificado; II – painel para consulta de preços, banco de preços em saúde e acesso à base nacional de notas fiscais eletrônicas; III – sistema de planejamento e gerenciamento de contratações, incluído o cadastro de atesto de cumprimento de obrigações previsto no parágrafo 4º do art. 88 desta Lei; IV – sistema eletrônico para a realização de sessões públicas; V – acesso ao Cadastro Nacional de Empresas Inidôneas e Suspensas (CEIS) e ao Cadastro Nacional de Empresas Punidas (CNEP); VI – sistema de gestão compartilhada com a sociedade de informações referentes à execução do contrato.

O PNCP adotará o formato de dados abertos e observará as exigências previstas na Lei de Acesso à informação (Lei n. 12.527/2011).

Os entes federativos poderão instituir sítio eletrônico oficial para divulgação complementar e realização das respectivas contratações.

Desde que mantida a integração com o PNCP, as contratações poderão ser realizadas por meio de sistema eletrônico fornecido por pessoa jurídica de direito privado, na forma de regulamento.

22. Espécies de contratos administrativos

22.1 Contrato de fornecimento

a) **Conteúdo**: acordo mediante o qual a Administração Pública adquire, por compra, coisas móveis de certo particular, com quem celebra o ajuste. Tais bens destinam-se à realização de obras e manutenção de serviços públicos.
b) **Partes**: Administração Pública e particular.
c) **Objeto**: móveis e semoventes.
d) **Espécies de contrato de fornecimento**: 1) integral – o ajuste exaure-se com a entrega do que foi pactuado; 2) parcelado – a avença exaure-se com a entrega final do bem; 3) contínuo – a entrega do bem se dá de forma sucessiva, em datas previamente ajustadas.

22.2 Contrato de prestação de serviço

Tem por finalidade a prestação, pelo contratado, de determinada atividade ao Poder Público. Não podemos confundir contrato de serviço com contrato de concessão de serviço. No Contrato de Serviço, a Administração recebe o serviço. Na concessão, presta-se o serviço ao administrado por intermédio de outrem.

22.3 Contrato de concessão

Contrato de concessão de serviço público é a delegação de sua prestação, feita pelo poder concedente, mediante licitação, na modalidade concorrência ou diálogo competitivo, a pessoa jurídica ou consórcio de empresas que demonstre capacidade para seu desempenho, por sua conta e risco e por prazo determinado.

Contrato de concessão de serviço público precedida da execução de obra pública é a construção, total ou parcial, conservação, reforma, ampliação ou melhoramento de quaisquer obras de interesse público, delegados pelo poder concedente, mediante licitação, na modalidade concorrência ou diálogo competitivo, a pessoa jurídica ou consórcio de empresas que demonstre capacidade para a sua realização, por sua conta e risco, de forma que o investimento da concessionária seja remunerado e amortizado mediante a exploração do serviço ou da obra por prazo determinado.

Parceria público-privada é o contrato administrativo de concessão, na modalidade patrocinada ou administrativa. Concessão patrocinada é a concessão de serviços públicos ou de obras públicas de que trata a Lei n. 8.987, de 13 de fevereiro de 1995, quando envolver, adicionalmente à tarifa cobrada dos usuários contraprestação pecuniária do parceiro público ao parceiro privado. Concessão administrativa é o contrato de prestação de serviços de que a Administração Pública seja a usuária direta ou indireta, ainda que envolva execução de obra ou fornecimento e instalação de bens.

22.4 Contrato de gerenciamento

A Administração transfere ao contratado o controle, a condução, o gerenciamento de um dado empreendimento, resguardando, no entanto, para si, o poder de decisão.

22.5 Contrato de obra pública

Tem por objeto a construção, a reforma ou ampliação de certa obra pública. No que concerne ao seu regime de execução, pode ser de empreitada ou tarefa. Pela empreitada, atribui-se ao particular a execução da obra mediante remuneração previamente ajustada. Pela tarefa, outorga-se ao particular contratante a execução de pequenas obras ou parte de obra maior, mediante remuneração por preço certo (a prestação é fixada por preço certo), global ou unitário.

22.6 Contrato de eficiência

a] **Objeto**: prestação de serviço.
b] **Complemento adicional**: obras e bens.
c] **Finalidade: reduzir** despesas correntes ao contratante.
d] **Remuneração do contratado**: porcentagem da economia gerada.

22.7 Tarefa

É o regime de contratação de mão de obra para pequenos trabalhos por preço certo, com ou sem fornecimento de materiais, nos termos do art. 6º, inciso XXXI da Lei n. 14.133/2021.

22.8 Empreitada

É contrato pelo qual a Administração transfere ao particular a execução de obra ou serviço mediante remuneração prefixada.

Na empreitada por preço unitário, a contratação da execução da obra ou do serviço é por preço certo de unidades determinadas, nos termos do art. 6º, inciso XXVIII da Lei n. 14.133/2021.

Na empreitada por preço global, a contratação da execução da obra ou do serviço é por preço certo e total, nos termos do art. 6º, inciso XXIX da Lei n. 14.133/2021.

Na empreitada integral, a contratação de empreendimento em sua integralidade, compreende a totalidade das etapas de obras, serviços e instalações necessárias, sob inteira responsabilidade do contratado até sua entrega ao contratante em condições de entrada em operação, com características adequadas às finalidades para as quais foi contratado e atendidos os requisitos técnicos e legais para sua utilização com segurança estrutural e operacional, nos termos do art. 6º, inciso XXXI da Lei n. 14.133/2021.

22.9 Contrato de uso de bem público

a) **Uso do bem público:** pelo particular de forma privativa.
b) **Prazo:** determinado.
c) **Remuneração:** pode ter.
d) **Interesse público:** predominante.
e) **Partes:** poder público e particular.
f) **Licitação:** sim.

22.10 Contrato de gestão

a) **Partes:** Administração Pública e organização social.
b) **Finalidade:** fixação de metas de desempenho e permitir controle de resultados.
c) **Origem:** Emenda Constitucional n. 19/1998[30].
d) **Modelo:** Administração Pública gerencial.
e) **Conteúdo:** o contrato de gestão, elaborado de comum acordo entre o órgão ou entidade supervisora e a organização social, discriminará as atribuições, responsabilidades e obrigações do Poder Público e da organização social.

---

30 BRASIL. Emenda Constitucional n. 19, de 4 de junho de 1998. **Diário Oficial da União**, Poder Legislativo, Brasília, DF, 5 jun. 1998. Disponível em: <https://www.planalto.gov.br/ccivil_03/constituicao/Emendas/Emc/emc19.htm>. Acesso em: 4 jul. 2024.

f] **Destino:** o contrato de gestão deve ser submetido, após aprovação pelo Conselho de Administração da entidade, ao ministro de Estado ou autoridade supervisora da área correspondente à atividade fomentada.

g] **Observância:** na elaboração do contrato de gestão, devem ser observados os princípios da legalidade, impessoalidade, moralidade, publicidade, economicidade e, também, os seguintes preceitos: I – especificação do programa de trabalho proposto pela organização social, a estipulação das metas a serem atingidas e os respectivos prazos de execução, bem como previsão expressa dos critérios objetivos de avaliação de desempenho a serem utilizados, mediante indicadores de qualidade e produtividade; II – a estipulação dos limites e critérios para despesa com remuneração e vantagens de qualquer natureza a serem percebidas pelos dirigentes e empregados das organizações sociais, no exercício de suas funções. Os ministros de Estado ou autoridades supervisoras da área de atuação da entidade devem definir as demais cláusulas dos contratos de gestão de que sejam signatários.

22.11 Contrato de credenciamento

a] **Finalidade:** habilitação do interessado em atividade material ou técnica em colaboração com o Poder Público.
b] **Participante:** qualquer interessado.
c] **Licitação:** não tem.

22.12 Contrato de desempenho

É o acordo celebrado entre o órgão ou entidade supervisora e o órgão ou entidade supervisionada, por meio de seus administradores, para o estabelecimento de metas de desempenho do supervisionado, com os respectivos prazos de execução e indicadores de qualidade, tendo como contrapartida a concessão de flexibilidades ou autonomias especiais, nos termos do art. 2º da Lei n. 13.934/2019[31].

---

31 BRASIL. Lei n. 13.934, de 11 de dezembro de 2019. **Diário Oficial da União**, Poder Legislativo, Brasília, DF, 12 dez. 2019. Disponível em: <https://www2.camara.leg.br/legin/fed/lei/2019/lei-13934-11-dezembro-2019-789558-publicacaooriginal-159614-pl.html>. Acesso em: 4 jul. 2024.

22.13 Consórcios e convênios

a) **Conteúdo**: acordo de vontades não chega a ser um contrato, pelo fato de os interesses serem comuns, ao passo que, no contrato, os interesses são contrapostos.
b) **Partes**: consórcios – entre duas ou mais pessoas jurídicas públicas da mesma natureza e mesmo nível de governo ou entre entidades da Administração Indireta; convênios – Poder Público e entidades públicas ou privadas
c) **Finalidade**: consecução de objetivos comuns.
d) **Previsão Constitucional**: a União, os Estados, o Distrito Federal e os Municípios disciplinarão por meio de lei os consórcios públicos e os convênios de cooperação entre os entes federados, autorizando a gestão associada de serviços públicos, bem como a transferência total ou parcial de encargos, serviços, pessoal e bens essenciais à continuidade dos serviços transferidos (art. 241, CF/1988).

TÍTULO 13
SERVIÇOS PÚBLICOS

1. Origem do serviço público

A noção de *serviço público* surgiu na França pelo trabalho da doutrina e da jurisprudência[1]. A teorização ficou a cargo da denominada "Escola do Serviço Público", ou "Escola de Bordeaux", no início do século XX, cujo fundador, Léon Duguit, estabeleceu o conceito como toda e qualquer atividade que atendesse às necessidades coletivas[2].

O serviço público surgiu nas primeiras décadas do século XX com a Escola do direito público, que considerava o Estado como uma cooperação de serviços públicos organizados e controlados pelos governantes. Tal escola pregava que *serviço público* era atividade prestada pelo poder público. Iniciou-se a crise dessa definição como possibilidade da execução dos serviços pelos particulares[3].

2. Conceito de serviço público

2.1 Serviço público como problemática jurídica

A conceituação do serviço público não é uma tarefa fácil, pois, entre várias razões, cada doutrinador possui uma definição. Alguns autores adotam conceito amplo, enquanto outros preferem um conceito restrito. A maioria das existentes peca pela unilateralidade e cada país conta com uma estrutura singular, com normas próprias e adaptadas à sua organização.

Além do sistema normativo de cada país, a noção de serviço público sofre variações no decurso do tempo diante das transformações históricas, sociais, teóricas e filosóficas em sua forma e conteúdo, quer no que diz respeito aos seus elementos constitutivos, quer no que concerne à sua abrangência.

---

1 Afirma-se, normalmente, que a origem da noção de serviço público remonta ao "caso Blanco", julgado pelo Tribunal de Conflitos de 1873. A decisão proferida no "caso Blanco" tem sido celebrada por estabelecer a autonomia do Direito Administrativo e por consagrar a importância do serviço público na definição da competência do Conselho de Estado (OLIVEIRA, Rafael Carvalho Rezende. **Curso de Direito Administrativo.** Rio de Janeiro: Método, 2024. p. 243).
2 "Toda atividade que deve ser assegurada, disciplinada e controlada pelos governantes, porque sua realização é indispensável para realização e desenvolvimento da independência social e porque, por sua natureza, não pode ser realizada completamente sem a intervenção da força governamental" (DUGUIT, Léon. **Traité de Droit Constitutionnel, T.II.** Paris: De Boccard, 1928. p. 61. Tradução nossa.
3 MEDAUAR, Odete. **Direito Administrativo moderno.** São Paulo: Revista dos Tribunais, 2011.

2.2 Sentidos de serviço público[4]

A doutrina estabelece quatro concepções sobre serviço público:

a) **Concepção amplíssima** – toda e qualquer atividade exercida pelo Estado.
b) **Concepção ampla** – atividade prestacional voltada ao cidadão, independentemente da titularidade exclusiva do Estado e da forma de remuneração.
c) **Concepção restrita** – atividades do Estado prestadas aos cidadãos, de forma individualizada e com fruição quantificada.
d) **Concepção restritíssima** – atividade de titularidade do Estado, prestada mediante concessão ou permissão, remunerada por taxa ou tarifa.

3. Enfoque jurídico do serviço público

3.1 Identificação de serviço público

Para identificar um serviço público, há três posicionamentos: **1) subjetivista** – serviço público é aquele prestado pelo Estado; **2) formalista** – serviço público é aquele considerado pela norma legal ou constitucional; **3) essencialista** – serviço público é a atividade que visa atender às necessidades da coletividade.

No Direito brasileiro, adotamos na identificação do serviço público a corrente formalista, ou seja, a identificação de um serviço como público depende da previsão legal ou constitucional.

---

[4] OLIVEIRA, Rafael Carvalho Rezende. **Curso de Direito Administrativo**. Rio de Janeiro: Método, 2024.

3.2 Conceito jurídico de serviço público

Serviço público é atividade prestada pelo Estado, de maneira direta ou indireta, submetida a um regime jurídico de direito público e que visa à satisfação das necessidades da coletividade[5].

No Direito Positivo, encontra-se o conceito de serviço público no art. 2º, inciso II, da Lei n. 13.460/2017[6], que dispõe sobre participação, proteção e defesa dos direitos do usuário dos serviços públicos da Administração Pública. Para os fins dessa lei, o referido dispositivo legal considera como serviço público a "atividade administrativa ou de prestação direta ou indireta de bens ou serviços à população, exercida por órgão ou entidade da administração pública".

3.3 Elementos do serviço público

a) **Elemento material**: identificar o tipo de atividade identificada como serviço público. Atividade que visa satisfazer o interesse coletivo.
b) **Elemento subjetivo**: identificar quem presta o serviço público[7]. Essa prestação é feita pelo Estado ou por seus delegados.
c) **Elemento formal**: identificar as normas aplicáveis ao serviço público. Trata-se de uma atividade submetida ao regime de direito público.

3.4 Características do serviço público

a) **Atividade material**: é uma tarefa exercida no plano concreto pelo Estado.
b) **Atividade positiva**: oferecimento de vantagens e comodidades aos usuários.
c) **Atividade prestacional**: pode ser fornecido para a coletividade de maneira direta pelo Estado ou indireta, por meio de concessão ou permissão.

---

5 "Chamamos serviço público ao modo de atuar da autoridade pública a fim de facultar, por modo regular e contínuo, a quantos deles careçam, os meios idôneos para satisfação de uma necessidade coletiva individualmente sentida" (CAETANO, Marcello. **Manual de Direito Administrativo**. Lisboa: Coimbra Editora, 1973. v. II. p. 1043); "Serviço público é todo aquele prestado pela Administração ou por seus delegados, sob normas e controles estatais, para satisfazer necessidades essenciais ou secundárias da coletividade, ou simples conveniências do Estado" (MEIRELLES, Hely Lopes. **Direito Administrativo Brasileiro**. São Paulo: Malheiros, 2020. p. 289); "toda atividade material que a lei atribui ao Estado para que a exerça diretamente ou por meio de seus delegados, com o objetivo de satisfazer concretamente às necessidades coletivas, sob regime jurídico total ou parcialmente de direito público" (DI PIETRO, Maria Sylvia Zanella. **Direito Administrativo**. Rio de Janeiro: Forense, 2024. p. 147).

6 BRASIL. Lei n. 13.460, de 26 de junho de 2017. **Diário Oficial da União**, Poder Legislativo, Brasília, DF, 27 jun. 2017. Disponível em: <https://www.planalto.gov.br/ccivil_03/_ato2015-2018/2017/lei/l13460.htm>. Acesso em: 17 abr. 2024.

7 Em sentido subjetivo serviço público é o mesmo que se referir a um complexo de órgãos, agentes e meios do Poder Público (MELLO, Celso Antônio Bandeira de. **Natureza e regime jurídico das autarquias**. São Paulo: Revista dos Tribunais, 1968. p. 151).

d) **Atividade regrada:** submetida a regime de direito público.
e) **Atividade finalística:** visa à satisfação de necessidades essenciais e secundárias da coletividade.

Quadro 1 Serviço público e poder de polícia[8]

Itens	Poder de polícia	Serviço público
Atividade	Restritiva	Prestacional
Conteúdo	O Estado limita atividade do particular	Estado atende necessidades da coletividade
Característica	Atividade negativa	Atividade positiva

4. Classificação[9] dos serviços públicos

4.1 Quanto ao enquadramento federativo

a) **Federais:** competência da União.
b) **Estaduais:** competência dos Estados.
c) **Distritais:** competências estaduais e municipais.
d) **Municipais:** competência dos Municípios.

4.2 Quanto aos usuários ou divisibilidade

a) **Serviço público individual:**

- **Terminologia** – serviço *uti singuli* ou singular ou individual.
- **Destinatários** – prestado a um número determinado ou determinável de pessoas.

---

8 "Enquanto o serviço público visa ofertar ao administrado uma utilidade, ampliando, assim, o seu desfrute de comodidades, mediante prestações feitas em prol de cada qual, o poder de polícia, inversamente (conquanto para proteção do interesse de todos), visa a restringir, limitar, condicionar, as possibilidades de sua atuação livre" (MELLO, Celso Antônio Bandeira de. **Curso de Direito Administrativo**. 25. ed. São Paulo: Malheiros, 2008. p. 673).

9 "Las clasificaciones no son verdadeiras ni falsas, so serviciales o inútiles" (CARRIÓ, Genaro R. **Notas sobre derecho y lenguage**. Bueno Aires: Abelo Perrot, 2006. p. 72).

- **Característica** – é divisível, já que pode ser utilizado de forma separada por cada usuário; criam benefícios individuais aos usuários.
- **Remuneração** – pode ser remunerado por taxa ou preço público.
- **Identificação do usuário** – é possível, pois os serviços individuais são prestados para pessoas determinadas.
- **Fruição do serviço** – são prestados à coletividade, mas usufruídos de forma direta pelos indivíduos.
- **Utilização do serviço** – é mensurável; dá para identificar o que cada usuário gasta do serviço público geral.
- **Exemplo** – transporte coletivo, água canalizada, energia elétrica.

b] **Serviço público geral:**

- **Terminologia** – universal ou *uti universi* ou coletivo.
- **Destinatários** – indeterminados ou indetermináveis; é a coletividade como um todo, indistintamente.
- **Característica** – é indivisível, já que não é possível identificar o usuário de forma separada; não criam benefícios individuais aos usuários.
- **Remuneração** – é remunerado por impostos.
- **Identificação do usuário** – não é possível, pois os serviços gerais são prestados para a coletividade como um todo.
- **Fruição do serviço** – são prestados à coletividade, mas usufruídos de forma indireta pelos indivíduos.
- **Utilização do serviço** – não é mensurável; não dá para identificar o que cada usuário gasta do serviço público geral.
- **Exemplo** – iluminação pública (Súmula n. 670 do STF[10] – "o serviço de iluminação pública não pode ser remunerado mediante taxa"), coleta de lixo, diplomacia.

4.3 Quanto à titularidade do serviço público

a] **Próprio:**

- **Terminologia** – típico.
- **Prestação** – por órgãos ou entidades públicas, sem possibilidade de delegação a particulares.
- **Titular do serviço público** – somente o Estado.

---

10 BRASIL. Supremo Tribunal Federal. **Súmula n. 670**. Data de publicação: *Diário da Justiça*, 13 out. 2003. Disponível em: <https://portal.stf.jus.br/jurisprudencia/sumariosumulas.asp?base=30&sumula=1517>. Acesso em: 28 out. 2024.

- **Conteúdo** – diz respeito às atribuições essenciais do Poder Público.
- **Característica** – indelegáveis – só podem ser executados pelo Estado.

b] **Impróprio:**

- **Terminologia** – atípico.
- **Prestação** – é o que o Estado não executa, mas apenas autoriza, regulamenta e fiscaliza.
- **Conteúdo** – não afetam substancialmente as necessidades da coletividade.
- **Característica** – delegáveis, ou seja, podem ser executados pelo Estado ou por particulares colaboradores.

4.4 Quanto à essencialidade

a] **De necessidade pública:**

- **Denominação** – serviço público propriamente dito; serviços de necessidade pública; essenciais; propriamente estatal ou público.
- **Característica** – são pró-comunidade, ou seja, indispensáveis ao atendimento das necessidades da coletividade; considerado essencial para a sobrevivência da sociedade.
- **Caráter** – indelegável.
- **Execução** – privativa da Administração Pública.
- **Exemplo** – defesa nacional.

b] **De utilidade pública:**

- **Terminologia** – não essenciais.
- **Característica** – são pró-cidadão, ou seja, úteis ou convenientes para a sociedade.
- **Prestação** – podem ser prestados por particulares.
- **Remuneração** – paga pelos usuários.
- **Exemplo** – energia elétrica.
- **Decreto n. 7.777/2012**[11] – medidas para a continuidade de atividades e serviços públicos dos órgãos e entidades da Administração Pública Federal durante greves, paralisações ou operações de retardamento de procedimentos administrativos promovidas pelos servidores públicos federais.

---

11 BRASIL. Decreto n. 7.777, de 24 de julho de 2012. **Diário Oficial da União**, Poder Executivo, Brasília, DF, 25 jul. 2012. Disponível em: <https://www.planalto.gov.br/ccivil_03/_ato2011-2014/2012/decreto/d7777.htm>. Acesso em: 4 jul. 2024.

4.5 Quanto ao objeto

a] **Administrativo:**

- **Finalidade** – atender necessidades internas da Administração Pública ou preparar outros serviços que são prestados ao público[12].
- **Exemplo** – imprensa oficial.

b] **Industrial:**

- **Finalidade** – gerar renda e lucro para o prestador do serviço; serve para atender às necessidades coletivas de ordem econômica.
- **Denominação** – é chamado também de *comercial*.

c] **Social:**

- **Finalidade** – atender direitos sociais dos membros da coletividade; atende às necessidades da coletividade.
- **Exemplo** – saúde, educação, cultura.

4.6 Outras classificações

a] **Originário ou congênito:** é próprio e privativo do Estado.
b] **Derivado ou adquirido:** é o que pode ser executado por particular.
c] **Compulsório:** é o de utilização compulsória, remunerado por taxa, não podendo ser interrompido na falta de pagamento.
d] **Facultativo:** é o de utilização facultativa, remunerado por tarifa, podendo ser interrompido na falta de pagamento.
e] **Inerente:** é o exercício da função típica estatal (legislar, executar e julgar).

5. Regulamentação e controle

A regulamentação e controle do serviço público são feitos pela União, pelos Estados, pelos Municípios e pelo Distrito Federal, de acordo com as regras de competência estabelecidas na Constituição Federal de 1988. O controle visa à adequação, perfeição e rapidez na prestação dos serviços públicos.

O princípio geral de repartição de competências na CF/1988 é a predominância de interesses, ou seja, as matérias de interesse geral são de competência da União;

---

12 MEIRELLES, Hely Lopes. **Direito Administrativo brasileiro**. São Paulo: Malheiros, 2000.

as matérias de interesse regional, são de competência dos Estados; as matérias de interesse local, são de competência dos Municípios; e se as matérias forem de interesse regional e local, a competência será Distrito Federal.

Quadro 2 Repartição de competências

Competência	Previsão normativa
União	Competências: administrativas (comum – art. 23 da CF e exclusiva – art. 21 da CF); legislativas (privativa – art. 22 da CF; concorrente – art. 24 da CF; tributária – arts. 153 e 154 da CF).
Estados-membros	Competências: administrativas (comum – art. 23 da CF e residual – as não vedadas ou as que não forem competência dos outros entes federativos); legislativas (expressa – art. 25 da CF; residual – as não vedadas ou as que não forem competência dos outros entes federativos – art. 25, § 1º, da CF; suplementar – art. 24, §§ 1º a 4º, da CF; concorrente – art. 24 da CF; delegada pela União – art. 22, parágrafo único, da CF; tributária – art. 155 da CF).
Distrito Federal	Ao Distrito Federal são atribuídas as competências legislativas reservadas aos Estados e Municípios, cabendo-lhe exercer, em seu território, todas as competências que não lhe sejam vedadas pela CF.
Município	Administrativas (comum – art. 23 da CF e privativa – art. 30, III a IX, da CF); legislativas (expressa – art. 29 da CF; interesse local – art. 30, I, da CF; suplementar – art. 30, II, da CF; plano diretor – art. 182, § 1º, da CF; tributária – art. 156 da CF).

6. Princípios aplicáveis aos serviços públicos

6.1 Princípio da Modicidade

a] **Previsão legal**: art. 6, parágrafo 1º da Lei n. 8.987/1995[13].
b] **Regra**: os serviços públicos são remunerados pelos usuários, salvo casos previstos na legislação de gratuidade.
c] **Taxas ou tarifas**: justas, com valor proporcional ao custo do respectivo serviço.
d] **Remuneração**: com preços módicos.
e] **Edital da licitação**: no atendimento às peculiaridades de cada serviço público, poderá o poder concedente prever, em favor da concessionária, no edital de licitação, a possibilidade de outras fontes provenientes de receitas alternativas, complementares, acessórias ou de projetos associados, com ou sem exclusividade, com vistas a favorecer a modicidade das tarifas, nos termos do art. 11 da Lei n. 8.987/1995.

---

13 BRASIL. Lei n. 8.987, de 13 de fevereiro de 1995. **Diário Oficial da União**, Poder Legislativo, 14 fev. 1995. Disponível em: <https://www.planalto.gov.br/ccivil_03/leis/l8987cons.htm>. Acesso em: 17 abr. 2024.

6.2 Princípio da Cortesia

a) **Significado**: devem dar aos usuários um bom tratamento.
b) **Prestação informacional**: com clareza.
c) **Natureza**: é direito do usuário do serviço receber um tratamento pessoal digno, com educação e urbanidade.

6.3 Princípio da Generalidade

a) **Significado**: precisam beneficiar o maior número possível de pessoas. "É o direito que todos tem de utilizar os serviços públicos, dentro das modalidades estabelecidas, sem se negar a um usuário o que foi conferido a outro. As exclusões da utilização dos serviços não podem ser, em consequência, arbitrárias"[14].
b) **Objetivo**: universalidade.
c) **Sinônimo**: uniformidade ou neutralidade.
d) **Concessões e permissões de serviços públicos**: o poder concedente deve observar o atendimento abrangente ao mercado, sem exclusão das populações de baixa renda e das áreas de baixa densidade populacional inclusive as rurais, nos termos do art. 3º, inciso IV da Lei n. 9.074/1995[15].

6.4 Princípio da Igualdade

a) **Significado**: devem ser prestados sem discriminação, sem qualquer distinção de caráter pessoal.
b) **Fundamento**: impessoalidade.
c) **Sinônimo**: neutralidade ou uniformidade.
d) **Beneficiário**: pessoas que se encontram na mesma situação jurídica, e tratamento diferenciado entre as pessoas que estão em posição desigualdade.

---

14 BASTOS, Celso Ribeiro. **Curso de Direito Administrativo**. São Paulo: Saraiva, 2000. p. 170.
15 BRASIL. Lei 9.074, de 7 de julho de 1995. **Diário Oficial da União**, Poder Executivo, Brasília, DF, 8 jul. 1995. Disponível em: <https://www.planalto.gov.br/ccivil_03/leis/l9074cons.htm>. Acesso em: 4 jul. 2024.

6.5 Princípio da Atualidade

a) **Significado:** devem acompanhar as modernas técnicas de oferecimento aos usuários, com a utilização de equipamentos modernos
b) **Previsão:** compreende a modernidade das técnicas, do equipamento e das instalações e a sua conservação, bem como a melhoria e expansão do serviço, nos termos do art. 6º, parágrafo 2º, Lei n. 8.987/1995.
c) **Dever do aperfeiçoamento:** o Estado ao assumir o serviço público tem o dever de aperfeiçoá-lo, para que os frutos da ciência e da tecnologia sejam distribuídos o mais rápido e amplamente possível[16].
d) **Finalidade:** aprimorar a qualidade técnica do serviço público.
e) **Parâmetro:** necessidades sociais.

6.6 Princípio da Segurança

a) **Significado:** devem ser prestados sem colocar em risco os usuários ou bens, inclusive com manutenção dos equipamentos.

6.7 Princípio da Eficiência

a) **Significado:** precisam evitar desperdício, sem onerar por falta de método ou racionalização em seu desempenho.
b) **Sinônimo:** princípio do funcionamento eficiente.

6.8 Princípio da Regularidade

a) **Significado:** devem ser prestados de acordo com os padrões de quantidade e qualidade.
b) **Critérios:** números e as exigências dos usuários; condições técnicas da natureza do serviço público e as condições de sua prestação[17]

6.9 Princípio da Mutabilidade

a) **Sinônimo:** princípio da flexibilidade dos meios aos fins.

---

16 MOREIRA NETO, Diogo de Figueiredo. **Curso de Direito Administrativo**. Rio de Janeiro: Forense, 2014. p. 418.
17 GASPARINI, Diógenes. **Direito Administrativo**. São Paulo: Saraiva, 2002. p. 268.

b] **Significado**: é possível mudanças no regime de execução do serviço para adaptação ao interesse público, que é variável no tempo.
c] **Alteração unilateral**: é possível, desde que preenchidos os requisitos legais.
d] **Direito adquirido**: não têm direito adquirido à manutenção de determinado regime jurídico.

6.10 Princípio da Eficiência

a] **Sinônimo**: princípio do funcionamento eficiente.
b] **Significado**: devem ser prestados da melhor maneira possível.

6.11 Princípio da Continuidade

a] **Regra geral**: o serviço público não pode sofrer interrupção.
b] **Fundamentos da não interrupção**: 1) prejudica a coletividade na satisfação dos seus interesses e das suas necessidades; 2) dever do Estado de satisfazer e promover direitos fundamentais.
c] **Exigência**: a continuidade do serviço público exige regularidade e adequação na prestação do serviço público.
d] **Espécies de necessidades da população em relação ao serviço público**: 1) *absoluta* – o serviço deve ser prestado sem qualquer interrupção; 2) *relativa* – o serviço público pode ser prestado periodicamente, em dias e horários determinados pelo Poder Público[18]
e] **Previsão**: princípio implícito decorrente do regime público, devendo a prestação do serviço público, seja pela Administração Pública, seja por particulares sob regime de delegação, ser promovida de maneira contínua e permanente, com intuito de garantir o interesse coletivo e à proteção dos direitos fundamentais.
f] **Exceção**: em caráter excepcional, é possível a interrupção do serviço público em, razão de situação de emergência, motivo técnico ou de segurança das instalações ou falta de pagamento dos usuários, nos termos do art. 6º, parágrafo 3º da Lei n. 8.987/1995.
g] **Interrupção em razão do inadimplemento do usuário**: a interrupção é possível, pois a Lei n. 8.987/1995 é norma especial que prevalece sobre o Código de Defesa do Consumidor (CDC), sendo requisitos – a) comunicação prévia sobre o desligamento; b) aviso sobre o dia a partir do qual será feito o corte;

---

18 OLIVEIRA, Rafael Carvalho Rezende. **Curso de Direito Administrativo**. Rio de Janeiro: Método, 2024. p. 248.

c) data do desligamento em dia que não seja sexta-feira, sábado ou domingo, nem em feriado ou dia anterior a feriado.

h) **Onerosidade excessiva na execução do contrato**: é possível a revisão de tarifas para o restabelecimento do equilíbrio econômico-financeiro do contrato.

i) **Greve no serviço público**: não há lei específica; diante da omissão, o STF entende pela aplicação da Lei da Greve do trabalhador comum[19].

j) **Extinção da concessão**: extinta a concessão, haverá a imediata assunção do serviço pelo poder concedente, procedendo-se aos levantamentos, avaliações e liquidações necessários. A assunção do serviço autoriza a ocupação das instalações e a utilização, pelo poder concedente, de todos os bens reversíveis.

6.12 Princípio da Transparência

a) **Significado**: receber do poder concedente e da concessionária informações para a defesa de interesses individuais ou coletivos, nos termos do art. 7, inciso II da Lei n. 8.987/1995.

6.13 Princípio da Participação dos Usuários

a) **Significado**: é a possibilidade de o usuário formular reclamações relativas à prestação dos serviços públicos em geral, asseguradas a manutenção de serviços de atendimento ao usuário e a avaliação periódica, externa e interna, da qualidade dos serviços, nos termos do art. 37, parágrafo 3º, inciso I da CF/1988.

b) **Finalidade**: maior controle da Administração pública e eficiência administrativa.

---

19 É cediço que a Lei de Greve do serviço público ainda não foi regulamentada, mas, após o julgamento no STF do **Mandado de Injunção n. 708-DF**, DJe 30 out. 2008, determinou-se a aplicação das Leis ns. 7.701/1988 e 7.783/1989 enquanto persistir essa omissão quanto à existência de lei específica, nos termos previstos no art. 37, VII, da CF/1988 (BRASIL. Superior Tribunal de Justiça. **Informativo n. 448, de 20 a 24 de setembro de 2010**. Disponível em: <https://www.stj.jus.br/publicacaoinstitucional/index.php/informjurisdata/article/view/4545/4730>. Acesso em: 28 out. 2024.).

7 Formas de prestação do serviço público

7.1 Prestação direta

a) **Sujeito**: prestada pela Administração Pública Direta por meio de seus órgãos e agentes; é a exercida pela Administração Direita, ou seja, pela chefia do Executivo, vice-chefia do Executivo, seus auxiliares imediatos e órgãos de apoio.
b) **Característica**: há coincidência entre o titular do serviço e a pessoa jurídica prestadora do serviço.
c) **Delegação**: o próprio Estado exerce o serviço; não delega para outrem.
d) **Sinônimo**: prestação centralizada.

7.2 Prestação indireta

a) **Sujeito**: prestada por terceiro, por transferência do Estado, que delega o serviço para terceiros.
b) **Espécies**: delegação e outorga.

7.2.1 Delegação de serviço público

a) **Forma**: contrato ou por ato unilateral.
b) **Objeto**: execução do serviço.
c) **Exercente**: particular que pode ser concessionário, permissionário ou autorizatário de serviço público.
d) **Terminologia**: descentralização por colaboração.

7.2.2 Outorga de serviço público

a) **Forma**: por meio de lei.
b) **Objeto**: execução e a titularidade do serviço.
c) **Exercente**: entidades da Administração Indireta.
d) **Terminologia**: descentralização por serviços.

8. Serviços públicos e o Código de Defesa do Consumidor

a) **Direito básico do consumidor:** a adequada e eficaz prestação dos serviços públicos em geral, nos termos do art. 6º, inciso X do CDC[20].

b) **Obrigação do Poder Público:** os órgãos públicos, por si ou suas empresas, concessionárias, permissionárias ou sob qualquer outra forma de empreendimento, são obrigados a fornecer serviços adequados, eficientes, seguros e, quanto aos essenciais, contínuos, nos termos do art. 22, parágrafo único do CDC.

c) **Súmula n. 601 do STJ[21]:** o Ministério Público tem legitimidade ativa para atuar na defesa de direitos difusos, coletivos e individuais homogêneos dos consumidores, ainda que decorrentes da prestação de serviço público.

d) **Súmula n. 595 do STJ[22]:** as instituições de ensino superior respondem objetivamente pelos danos suportados pelo aluno/consumidor pela realização de curso não reconhecido pelo Ministério da Educação, sobre o qual não lhe tenha sido dada prévia e adequada informação.

e) **Princípio da política nacional das relações de consumo:** racionalização e melhoria dos serviços públicos, nos termos do art. 4º, inciso VII do CDC.

f) **Tipo do serviço público:** os remunerados por tarifa.

---

[20] BRASIL. Lei n. 8.078, de 11 de setembro de 1990. **Diário Oficial do Brasil**, Poder Legislativo, Brasília, DF, 12 set. 1990. Disponível em: <https://www.planalto.gov.br/ccivil_03/leis/l8078compilado.htm>. Acesso em: 4 jul. 2024.

[21] BRASIL. Superior Tribunal de Justiça. **Súmula n. 601**, de 7 de fevereiro de 2018. Data de publicação: Diário da Justiça Eletrônico, 15 fev. 2018. Disponível em: <https://www.stj.jus.br/publicacaoinstitucional/index.php/sumstj/article/download/5069/5198#:~:text=O%20Minist%C3%A9rio%20P%C3%BAblico%20tem%20legitimidade%20subjetiva%20ativa%20para%20promover%20A%C3%A7%C3%A3o,da%20presta%C3%A7%C3%A3o%20de%20servi%C3%A7os%20p%C3%BAblicos.>. Acesso em: 4 jul. 2024.

[22] BRASIL. Superior Tribunal de Justiça. **Súmula n. 595, de 25 de outubro de 2017**. Data de publicação: Diário da Justiça Eletrônico, 6 nov. 2017. Disponível em: <https://scon.stj.jus.br/SCON/sumstj/doc.jsp?livre=%22595%22.num.&b=SUMU&p=false&l=10&i=1&operador=E&ordenacao=-@NUM>. Acesso em: 28 out. 2024.

9. Participação, proteção e defesa dos direitos do usuário dos serviços públicos da Administração Pública

9.1 Noções gerais

a) **Fundamento constitucional**: a lei disciplinará as formas de participação do usuário na Administração Pública direta e indireta, regulando especialmente as reclamações relativas à prestação dos serviços públicos em geral, asseguradas a manutenção de serviços de atendimento ao usuário e a avaliação periódica, externa e interna, da qualidade dos serviços, nos termos do art. 37, parágrafo 3º, inciso I da CF/1988.

b) **Disciplina jurídica**: Lei n. 13.460/2017 – normas básicas para participação, proteção e defesa dos direitos do usuário dos serviços públicos prestados direta ou indiretamente pela Administração Pública. A aplicação dessa lei não afasta a necessidade de cumprimento em normas regulamentadoras específicas, quando se tratar de serviço ou atividade sujeitos a regulação ou supervisão e do Código de Defesa do Consumidor, quando caracterizada relação de consumo.

c) **Destinatários**: Administração Pública Direta e Indireta da União, dos Estados, do Distrito Federal e dos Municípios.

d) **Aplicação subsidiária**: aos serviços públicos prestados por particular.

e) **Conceitos legais**:

- **Usuário** – pessoa física ou jurídica que se beneficia ou utiliza, efetiva ou potencialmente, de serviço público.
- **Serviço público** – atividade administrativa ou de prestação direta ou indireta de bens ou serviços à população, exercida por órgão ou entidade da administração pública.
- **Administração Pública** – órgão ou entidade integrante da Administração Pública de qualquer dos poderes da União, dos Estados, do Distrito Federal e dos Municípios, a Advocacia Pública e a Defensoria Pública.
- **Agente público** – quem exerce cargo, emprego ou função pública, de natureza civil ou militar, ainda que transitoriamente ou sem remuneração.
- **Manifestações** – reclamações, denúncias, sugestões, elogios e demais pronunciamentos de usuários que tenham como objeto a prestação de

serviços públicos e a conduta de agentes públicos na prestação e fiscalização de tais serviços.

f] **Publicidade:** com periodicidade mínima anual, cada poder e esfera de Governo publicará quadro geral dos serviços públicos prestados, que especificará os órgãos ou entidades responsáveis por sua realização e a autoridade administrativa a quem estão subordinados ou vinculados.

g] **Princípios:** os serviços públicos e o atendimento do usuário serão realizados de forma adequada, observados os princípios da regularidade, continuidade, efetividade, segurança, atualidade, generalidade, transparência e cortesia.

h] **Diretrizes:**

- urbanidade, respeito, acessibilidade e cortesia no atendimento aos usuários;
- presunção de boa-fé do usuário;
- atendimento por ordem de chegada, ressalvados casos de urgência e aqueles em que houver possibilidade de agendamento, asseguradas as prioridades legais às pessoas com deficiência, aos idosos, às gestantes, às lactantes e às pessoas acompanhadas por crianças de colo;
- adequação entre meios e fins, vedada a imposição de exigências, obrigações, restrições e sanções não previstas na legislação;
- igualdade no tratamento aos usuários, vedado qualquer tipo de discriminação;
- cumprimento de prazos e normas procedimentais;
- definição, publicidade e observância de horários e normas compatíveis com o bom atendimento ao usuário;
- adoção de medidas visando à proteção à saúde e a segurança dos usuários;
- autenticação de documentos pelo próprio agente público, à vista dos originais apresentados pelo usuário, vedada a exigência de reconhecimento de firma, salvo em caso de dúvida de autenticidade;
- manutenção de instalações salubres, seguras, sinalizadas, acessíveis e adequadas ao serviço e ao atendimento;
- eliminação de formalidades e de exigências cujo custo econômico ou social seja superior ao risco envolvido;
- observância dos códigos de ética ou de conduta aplicáveis às várias categorias de agentes públicos;
- aplicação de soluções tecnológicas que visem simplificar processos e procedimentos de atendimento ao usuário e propiciar melhores condições para o compartilhamento das informações;

- utilização de linguagem simples e compreensível, evitando o uso de siglas, jargões e estrangeirismos;
- vedação da exigência de nova prova sobre fato já comprovado em documentação válida apresentada;
- comunicação prévia ao consumidor de que o serviço será desligado em virtude de inadimplemento, bem como do dia a partir do qual será realizado o desligamento, necessariamente durante horário comercial (a taxa de religação de serviços não será devida se houver descumprimento da exigência de notificação prévia ao consumidor, o que ensejará a aplicação de multa à concessionária, conforme regulamentação).

i] **Direitos básicos do usuário:**

- participação no acompanhamento da prestação e na avaliação dos serviços;
- obtenção e utilização dos serviços com liberdade de escolha entre os meios oferecidos e sem discriminação;
- acesso e obtenção de informações relativas à sua pessoa constantes de registros ou bancos de dados;
- proteção de suas informações pessoais;
- atuação integrada e sistêmica na expedição de atestados, certidões e documentos comprobatórios de regularidade;
- obtenção de informações precisas e de fácil acesso nos locais de prestação do serviço, assim como sua disponibilização na internet, especialmente sobre: a) horário de funcionamento das unidades administrativas; b) serviços prestados pelo órgão ou entidade, sua localização exata e a indicação do setor responsável pelo atendimento ao público; c) acesso ao agente público ou ao órgão encarregado de receber manifestações; d) situação da tramitação dos processos administrativos em que figure como interessado; e) valor das taxas e tarifas cobradas pela prestação dos serviços, contendo informações para a compreensão exata da extensão do serviço prestado;
- comunicação prévia da suspensão da prestação de serviço;
- é vedada a suspensão da prestação de serviço em virtude de inadimplemento por parte do usuário que se inicie na sexta-feira, no sábado ou no domingo, bem como em feriado ou no dia anterior a feriado.

j] **Deveres do usuário:** utilizar adequadamente os serviços, procedendo com urbanidade e boa-fé; prestar as informações pertinentes ao serviço prestado quando solicitadas; colaborar para a adequada prestação do serviço; preservar as condições dos bens públicos por meio dos quais lhe são prestados os serviços.

k] **Vigência da lei**: a Lei n. 13.460/2017[23] entra em vigor, a contar da sua publicação, em: 365 dias para a União, os Estados, o Distrito Federal e os Municípios com mais de 500 mil habitantes; 540 para os Municípios entre 100 mil e 500 mil habitantes; 720 para os Municípios com menos de 100 mil habitantes.

9.2 Carta de serviços ao usuário

a] **Objetivo**: informar o usuário sobre os serviços prestados, as formas de acesso e padrões de qualidade de atendimento ao público.
b] **Conteúdo**: informações claras e precisas em relação a cada um dos serviços prestados, apresentando, no mínimo, informações relacionadas a: I – serviços oferecidos; II – requisitos, documentos, formas e informações necessárias para acessar o serviço; III – principais etapas para processamento do serviço; IV – previsão do prazo máximo para a prestação do serviço; V – forma de prestação do serviço; VI – locais e formas para o usuário apresentar eventual manifestação sobre a prestação do serviço.
c] **Detalhamento**: compromissos e padrões de qualidade do atendimento relativos, no mínimo, aos seguintes aspectos: I – prioridades de atendimento; II – previsão de tempo de espera para atendimento; III – mecanismos de comunicação com os usuários; IV – procedimentos para receber e responder as manifestações dos usuários; V – mecanismos de consulta, por parte dos usuários, acerca do andamento do serviço solicitado e de eventual manifestação.
d] **Atualização**: periódica e de permanente divulgação mediante publicação em sítio eletrônico do órgão ou entidade na internet.
e] **Disciplina**: regulamento específico de cada poder e esfera de Governo disporá sobre a operacionalização da carta de serviços ao usuário.

9.3 Das manifestações dos usuários

a] **Finalidade**: para garantir seus direitos.
b] **Competência**: a manifestação será dirigida à ouvidoria do órgão ou entidade responsável. Caso não haja ouvidoria, o usuário poderá apresentar manifestações diretamente ao órgão ou entidade responsável pela execução do serviço e ao órgão ou entidade a que se subordinem ou se vinculem.
c] **Requisito**: ter a identificação do requerente, que, por sua vez, não conterá exigências que inviabilizem sua manifestação. A identificação do requerente

---

23 BRASIL. Lei n. 13.460, de 26 de junho de 2017. **Diário Oficial da União**, Poder Legislativo, Brasília, DF, 27 jul. 2017. Disponível em: <https://www.planalto.gov.br/ccivil_03/_ato2015-2018/2017/lei/l13460.htm>. Acesso em: 4 jul. 2024.

é informação pessoal protegida com restrição de acesso. A apresentação de documento de identificação com fé pública em que conste o número de inscrição no Cadastro de Pessoas Físicas (CPF) será suficiente para identificação do cidadão, dispensada a apresentação de qualquer outro documento. São vedadas quaisquer exigências relativas aos motivos determinantes da apresentação de manifestações perante a ouvidoria.

d] **Forma:** a manifestação poderá ser feita por meio eletrônico, ou correspondência convencional, ou verbalmente, hipótese em que deverá ser reduzida a termo. No caso de manifestação por meio eletrônico, respeitada a legislação específica de sigilo e proteção de dados, poderá a Administração Pública ou sua ouvidoria requerer meio de certificação da identidade do usuário.

e] **CPF:** os cadastros, os formulários, os sistemas e outros instrumentos exigidos dos usuários para a prestação de serviço público deverão disponibilizar campo para registro do número de inscrição no CPF, de preenchimento obrigatório, que será suficiente para sua identificação, vedada a exigência de apresentação de qualquer outro número para esse fim. O número de inscrição no CPF poderá ser declarado pelo usuário do serviço público, desde que acompanhado de documento de identificação com fé pública, nos termos da Lei n. 13.460/2017.

f] **Recusa:** em nenhuma hipótese, será recusado o recebimento de manifestações formuladas nos termos da Lei n. 13.460/2017, sob pena de responsabilidade do agente público.

g] **Celeridade:** os procedimentos administrativos relativos à análise das manifestações observarão, visando a sua efetiva resolução.

h] **Abrangência na resolução das manifestações dos usuários:** recepção da manifestação no canal de atendimento adequado; emissão de comprovante de recebimento da manifestação; análise e obtenção de informações, quando necessário; decisão administrativa final; ciência ao usuário; observância dos princípios da eficiência e da celeridade.

9.4 Das ouvidorias

a] **Atribuições:** promover a participação do usuário na Administração Pública, em cooperação com outras entidades de defesa do usuário; acompanhar a prestação dos serviços, visando garantir a sua efetividade; propor aperfeiçoamentos na prestação dos serviços; auxiliar na prevenção e correção dos atos e procedimentos incompatíveis com os princípios estabelecidos na lei de proteção do usuário do serviço público; propor a adoção de medidas para a defesa dos direitos do usuário; receber, analisar e encaminhar às autoridades competentes as manifestações, acompanhando o tratamento e a efetiva conclusão das manifestações de usuário perante órgão ou entidade a que se vincula; promover a adoção de mediação e conciliação entre o usuário e o órgão ou a entidade pública, sem prejuízo de outros órgãos competentes; receber, analisar e responder, por meio de mecanismos proativos e reativos, as manifestações encaminhadas por usuários de serviços públicos; elaborar, anualmente, relatório de gestão.

b] **Natureza das atribuições**: não é taxativa, pois existem outras estabelecidas em regulamento específico.
c] **Organização e funcionamento**: atos normativos específicos de cada poder e esfera de Governo.
d] **Relatório de gestão**:

- **Requisitos** – o número de manifestações recebidas no ano anterior; os motivos das manifestações; a análise dos pontos recorrentes; as providências adotadas pela Administração Pública nas soluções apresentadas.
- **Destino** – I – encaminhado à autoridade máxima do órgão a que pertence a unidade de ouvidoria; disponibilizado integralmente na internet.
- **Prazo de decisão** – a ouvidoria encaminhará a decisão administrativa final ao usuário, observado o prazo de trinta dias, prorrogável de forma justificada uma única vez, por igual período.

9.5 Dos conselhos de usuários

a] **Função**: participação dos usuários no acompanhamento da prestação e na avaliação dos serviços públicos.
b] **Natureza**: são órgãos consultivos.
c] **Atribuições**: acompanhar a prestação dos serviços; participar na avaliação dos serviços; propor melhorias na prestação dos serviços; contribuir na definição de diretrizes para o adequado atendimento ao usuário; acompanhar e avaliar a atuação do ouvidor.
d] **Composição dos conselhos**: deve observar os critérios de representatividade e pluralidade das partes interessadas, com vistas ao equilíbrio em sua representação.
e] **Representantes**: a escolha dos representantes será feita em processo aberto ao público e diferenciado por tipo de usuário a ser representado.
f] **Consulta**: o conselho de usuários poderá ser consultado quanto à indicação do ouvidor.
g] **Participação do usuário no conselho**: será considerada serviço relevante e sem remuneração.

9.6 Da avaliação continuada

a] **Avaliador:** órgãos e entidades públicos.
b] **Aspectos de avaliação:** satisfação do usuário com o serviço prestado; qualidade do atendimento prestado ao usuário; cumprimento dos compromissos e prazos definidos para a prestação dos serviços; quantidade de manifestações de usuários; medidas adotadas pela Administração Pública para melhoria e aperfeiçoamento da prestação do serviço.
c] **Forma de avaliação:** por pesquisa de satisfação feita, no mínimo, a cada um ano, ou por qualquer outro meio que garanta significância estatística aos resultados.
d] **Publicidade do resultado:** o resultado da avaliação deverá ser integralmente publicado no sítio do órgão ou entidade, incluindo o *ranking* das entidades com maior incidência de reclamação dos usuários, e servirá de subsídio para reorientar e ajustar os serviços prestados, em especial quanto ao cumprimento dos compromissos e dos padrões de qualidade de atendimento divulgados na carta de serviços ao usuário.

10. Concessão do serviço público

10.1 Noções gerais

a] **Conceito:** é a delegação de sua prestação, feita pelo poder concedente, mediante licitação, na modalidade de concorrência, à pessoa jurídica ou consórcio de empresas que demonstre capacidade para seu desempenho, por sua conta e risco e por prazo determinado.
b] **Obra pública:** a concessão pode ser precedida da execução de obra pública, ou seja, de uma construção, total ou parcial, conservação, reforma, ampliação ou melhoramento de quaisquer obras de interesse público.
c] **Regulamentação:** art. 175 da CF/1988, pela Lei n. 8.987/1995, pelas normas legais pertinentes e pelas cláusulas dos indispensáveis contratos.
d] **Fiscalização:** pelo poder concedente responsável pela delegação, com a cooperação dos usuários.
e] **Poder concedente:** a União, o Estado, o Distrito Federal ou o Município, em cuja competência se encontre o serviço público, precedido ou não da execução de obra pública, objeto de concessão.

f] **Forma:** contrato, que deverá observar os termos desta Lei n. 8.987/1995, das normas pertinentes e do edital de licitação.
g] **Serviço adequado:** é o que satisfaz as condições de regularidade, continuidade, eficiência, segurança, atualidade, generalidade, cortesia na sua prestação e modicidade das tarifas.
h] **Obrigação das concessionárias em relação ao consumidor:** são obrigadas a oferecer ao consumidor e ao usuário, dentro do mês de vencimento, o mínimo de seis datas opcionais para escolherem os dias de vencimento de seus débitos.

10.2 Direitos e obrigações dos usuários

a] **Recebimento:** receber serviço adequado; receber do poder concedente e da concessionária informações para a defesa de interesses individuais ou coletivos.
b] **Comunicação:** comunicar às autoridades competentes os atos ilícitos praticados pela concessionária na prestação do serviço; contribuir para a permanência das boas condições dos bens públicos através dos quais lhes são prestados os serviços.
c] **Denúncia:** levar ao conhecimento do Poder Público e da concessionária as irregularidades de que tenham conhecimento, referentes ao serviço prestado.
d] **Utilização:** obter e utilizar o serviço, com liberdade de escolha entre vários prestadores de serviços, quando for o caso, observadas as normas do poder concedente.

10.3 Política tarifária

a] **Tarifa do serviço público:** fixada pelo preço da proposta vencedora da licitação e preservada pelas regras de revisão previstas na Lei n. 8.987/1995, no edital e no contrato.
b] **Revisão de tarifas:** os contratos poderão prever mecanismos de revisão das tarifas, a fim de manter-se o equilíbrio econômico-financeiro. A criação, alteração ou extinção de quaisquer tributos ou encargos legais, ressalvados os impostos sobre a renda, após a apresentação da proposta, quando comprovado seu impacto, implicará a revisão da tarifa, para mais ou para menos, conforme o caso. As tarifas poderão ser diferenciadas em função das características técnicas e dos custos específicos provenientes do atendimento aos distintos segmentos de usuários.

c] **Alteração unilateral do contrato**: quando afetar o inicial equilíbrio econômico-financeiro, o poder concedente deverá restabelecê-lo, concomitantemente à alteração.

10.4 Licitação

a] **Regra geral**: toda concessão de serviço público, precedida ou não da execução de obra pública, será objeto de prévia licitação, nos termos da legislação própria e com observância dos princípios da legalidade, moralidade, publicidade, igualdade, do julgamento por critérios objetivos e da vinculação ao instrumento convocatório.
b] **Recusa**: no procedimento da licitação, o poder concedente recusará propostas manifestamente inexequíveis ou financeiramente incompatíveis com os objetivos da licitação.
c] **Preferência**: em igualdade de condições, será dada preferência à proposta apresentada por empresa brasileira.
d] **Tipos ou critérios**: 1) o menor valor da tarifa do serviço público a ser prestado; 2) a maior oferta, nos casos de pagamento ao poder concedente pela outorga da concessão; 3) a combinação, dois a dois, dos critérios de menor valor da tarifa do serviço público a ser prestado, maior oferta, nos casos de pagamento ao poder concedente pela outorga da concessão, e melhor oferta de pagamento pela outorga após qualificação de propostas técnicas; 4) melhor proposta técnica, com preço fixado no edital; 5) melhor proposta em razão da combinação dos critérios de menor valor da tarifa do serviço público a ser prestado com o de melhor técnica; 6) melhor proposta em razão da combinação dos critérios de maior oferta pela outorga da concessão com o de melhor técnica; 7) melhor oferta de pagamento pela outorga após qualificação de propostas técnicas.
e] **Ato anterior ao edital**: o poder concedente publicará, previamente ao edital de licitação, ato justificando a conveniência da outorga de concessão ou permissão, caracterizando seu objeto, área e prazo.
f] **Procedimento**: inversão de fases de habilitação e julgamento – encerrada a fase de classificação das propostas ou o oferecimento de lances, será aberto o invólucro com os documentos de habilitação do licitante mais bem classificado, para verificação do atendimento das condições fixadas no edital. Após verificado o atendimento das exigências do edital, o licitante será declarado vencedor. Se o licitante melhor classificado for inabilitado, serão analisados os documentos do licitante com a proposta classificada em segundo lugar, e assim sucessivamente, até que um licitante classificado atenda às condições

fixadas no edital. Após proclamação do resultado final, o objeto será adjudicado ao vencedor nas condições técnicas e econômicas por ele ofertadas.
g] **Faculdade do Poder concedente**: desde que previsto no edital, no interesse do serviço a ser concedido, determinar que o licitante vencedor, no caso de consórcio, se constitua em empresa antes da celebração do contrato.
h] **Desclassificação de propostas**: 1) a proposta que, para sua viabilização, necessite de vantagens ou subsídios que não estejam previamente autorizados em lei e à disposição de todos os concorrentes; 2) a proposta de entidade estatal alheia à esfera político-administrativa do poder concedente que, para sua viabilização, necessite de vantagens ou subsídios do poder público controlador da referida entidade.

10.5 Contrato de concessão

a] **Cláusulas essenciais**:
- ao objeto, à área e ao prazo da concessão;
- ao modo, forma e condições de prestação do serviço;
- aos critérios, indicadores, fórmulas e parâmetros definidores da qualidade do serviço;
- ao preço do serviço e aos critérios e procedimentos para o reajuste e a revisão das tarifas;
- aos direitos, garantias e obrigações do poder concedente e da concessionária, inclusive os relacionados às previsíveis necessidades de futura alteração e expansão do serviço e consequente modernização, aperfeiçoamento e ampliação dos equipamentos e das instalações;
- aos direitos e deveres dos usuários para obtenção e utilização do serviço;
- à forma de fiscalização das instalações, dos equipamentos, dos métodos e práticas de execução do serviço, bem como a indicação dos órgãos competentes para exercê-la;
- às penalidades contratuais e administrativas a que se sujeita a concessionária e sua forma de aplicação;
- aos casos de extinção da concessão;
- aos bens reversíveis;
- aos critérios para o cálculo e a forma de pagamento das indenizações devidas à concessionária, quando for o caso;
- às condições para prorrogação do contrato;
- à obrigatoriedade, forma e periodicidade da prestação de contas da concessionária ao poder concedente;

- à exigência da publicação de demonstrações financeiras periódicas da concessionária;
- ao foro e ao modo amigável de solução das divergências contratuais.

b] **Requisitos adicionais nos contratos relativos à concessão de serviço público precedido da execução de obra pública**: 1) definição dos cronogramas físico-financeiros de execução das obras vinculadas à concessão; 2) exigência da garantia do fiel cumprimento, pela concessionária, das obrigações relativas às obras vinculadas à concessão.

c] **Arbitragem**: o contrato de concessão poderá prever o emprego de mecanismos privados para resolução de disputas decorrentes ou relacionadas ao contrato, inclusive a arbitragem, a ser realizada no Brasil e em língua portuguesa, nos termos da Lei n. 9.307/1996[24].

d] **Dever da concessionária**: responder por todos os prejuízos causados ao poder concedente, aos usuários ou a terceiros, sem que a fiscalização exercida pelo órgão competente exclua ou atenue essa responsabilidade.

e] **Subconcessão**:
- **Cabimento**: admitida nos termos previstos no contrato de concessão, desde que expressamente autorizada pelo poder concedente.
- **Requisito**: a outorga de subconcessão será sempre precedida de concorrência.
- **Efeito**: o subconcessionário se sub-rogará todos os direitos e obrigações da subconcedente dentro dos limites da subconcessão.

10.6 Encargos do poder concedente

- Regulamentar o serviço concedido e fiscalizar permanentemente a sua prestação.
- Aplicar as penalidades regulamentares e contratuais.
- Intervir na prestação do serviço, nos casos e condições previstos em lei.
- Extinguir a concessão, nos casos previstos pela Lei n. 8.987/1995[25] e na forma prevista no contrato.
- Homologar reajustes e proceder à revisão das tarifas na forma da Lei n. 8.987/1995, das normas pertinentes e do contrato.

---

24 BRASIL. Lei n. 9.307, de 23 de setembro de 1996. **Diário Oficial da União**, Poder Legislativo, Brasília, DF, 24 set. 1996. Disponível em: <https://www.planalto.gov.br/ccivil_03/leis/l9307.htm>. Acesso em: 17 abr. 2024.

25 BRASIL. Lei n. 8.987, de 13 de fevereiro de 1995. **Diário Oficial da União**, Poder Legislativo, 14 fev. 1995. Disponível em: <https://www.planalto.gov.br/ccivil_03/leis/l8987cons.htm>. Acesso em: 13 fev. 2025.

- Cumprir e fazer cumprir as disposições regulamentares do serviço e as cláusulas contratuais da concessão.
- Zelar pela boa qualidade do serviço, receber, apurar e solucionar queixas e reclamações dos usuários, que serão cientificados, em até trinta dias, das providências tomadas.
- Declarar de utilidade pública os bens necessários à execução do serviço ou obra pública, promovendo as desapropriações, diretamente ou mediante outorga de poderes à concessionária, caso em que será desta a responsabilidade pelas indenizações cabíveis.
- Declarar de necessidade ou utilidade pública, para fins de instituição de servidão administrativa, os bens necessários à execução de serviço ou obra pública, promovendo-a diretamente ou mediante outorga de poderes à concessionária, caso em que será desta a responsabilidade pelas indenizações cabíveis.
- Estimular o aumento da qualidade, produtividade, preservação do meio ambiente e conservação.
- Incentivar a competitividade.
- Estimular a formação de associações de usuários para defesa de interesses relativos ao serviço.

10.7 Encargos da concessionária

- Prestar serviço adequado, na forma prevista na Lei n. 8.987/1995, nas normas técnicas aplicáveis e no contrato.
- Manter em dia o inventário e o registro dos bens vinculados à concessão.
- Prestar contas da gestão do serviço ao poder concedente e aos usuários, nos termos definidos no contrato.
- Cumprir e fazer cumprir as normas do serviço e as cláusulas contratuais da concessão.
- Permitir aos encarregados da fiscalização livre acesso, em qualquer época, às obras, aos equipamentos e às instalações integrantes do serviço, bem como a seus registros contábeis.
- Promover as desapropriações e constituir servidões autorizadas pelo poder concedente, conforme previsto no edital e no contrato.
- Zelar pela integridade dos bens vinculados à prestação do serviço, bem como segurá-los adequadamente.
- Captar, aplicar e gerir os recursos financeiros necessários à prestação do serviço.

As contratações, inclusive de mão de obra, feitas pela concessionária serão regidas pelas disposições de direito privado e pela legislação trabalhista, não se estabelecendo qualquer relação entre os terceiros contratados pela concessionária e o poder concedente.

10.8 Intervenção

a) **Finalidade:** o poder concedente poderá intervir na concessão, com o fim de assegurar a adequação na prestação do serviço, bem como o fiel cumprimento das normas contratuais, regulamentares e legais pertinentes.
b) **Natureza:** procedimento administrativo.
c) **Prazo de instauração:** declarada a intervenção, o poder concedente deverá, no prazo de 30 dias, instaurar procedimento administrativo para comprovar as causas determinantes da medida e apurar responsabilidades, assegurado o direito de ampla defesa.
d) **Forma:** a intervenção é feita por decreto do poder concedente, que conterá a designação do interventor, o prazo da intervenção e os objetivos e limites da medida.
e) **Prazo de conclusão:** o procedimento administrativo da intervenção deve ser concluído no prazo de até 180 dias, sob pena de invalidade da intervenção.
f) **Nulidade:** se ficar comprovado que a intervenção não observou os pressupostos legais e regulamentares será declarada sua nulidade, devendo o serviço ser imediatamente devolvido à concessionária, sem prejuízo de seu direito à indenização.
g) **Cessação:** cessada a intervenção, se não for extinta a concessão, a administração do serviço será devolvida à concessionária, precedida de prestação de contas pelo interventor, que responderá pelos atos praticados durante a sua gestão.

10.9 Extinção da concessão

10.9.1 Efeitos

a) **Reversão:** retornam ao poder concedente todos os bens reversíveis, direitos e privilégios transferidos ao concessionário conforme previsto no edital e estabelecido no contrato.
b) **Assunção imediata:** do serviço pelo poder concedente, procedendo-se aos levantamentos, avaliações e liquidações necessários. A assunção do serviço autoriza a ocupação das instalações e a utilização, pelo poder concedente, de todos os bens reversíveis.

c] **Indenização:** no caso de reversão no advento do termo contratual há a indenização das parcelas dos investimentos vinculados a bens reversíveis, ainda não amortizados ou depreciados, que tenham sido realizados com o objetivo de garantir a continuidade e atualidade do serviço concedido.

10.9.2 Encampação

a] **Conceito:** é a retomada do serviço pelo poder concedente durante o prazo da concessão.
b] **Motivação:** interesse público.
c] **Legalidade:** precisa de lei autorizativa específica.
d] **Indenização:** após prévio pagamento da indenização.
e] **Terminologia:** resgate.
f] **Eficácia:** *ex nunc*.

10.9.3 Caducidade

a] **Conceito:** é a motivada pela inexecução total ou parcial do contrato ou quando houver transferência de concessão ou do controle societário da concessionária sem prévia anuência do poder concedente.
b] **Requisito:** a declaração da caducidade da concessão deverá ser precedida da verificação da inadimplência da concessionária em processo administrativo, assegurado o direito de ampla defesa, nos termos do art. 38, parágrafo 2º da Lei n. 8.987/1995.
c] **Desnecessidade:** não será instaurado processo administrativo de inadimplência antes de comunicados à concessionária, detalhadamente, os descumprimentos contratuais, dando-lhe um prazo para corrigir as falhas e transgressões apontadas e para o enquadramento, nos termos contratuais.
d] **Forma:** instaurado o processo administrativo e comprovada a inadimplência, a caducidade será declarada por decreto do poder concedente.
e] **Terminologia:** decadência.
f] **Espécie:** é modalidade de rescisão unilateral do contrato.
g] **Indenização:** independe de indenização prévia, calculada no decurso do processo. Abrangerá parcelas de investimentos dos bens reversíveis, ainda não amortizados ou depreciados, descontadas do valor das multas contratuais e dos danos causados pela concessionária.
h] **Hipóteses legais de declaração da caducidade:** art. 38, parágrafo 1º da Lei n. 8.987/1995 – o serviço estiver sendo prestado de forma inadequada ou deficiente, tendo por base as normas, critérios, indicadores e parâmetros

definidores da qualidade do serviço; a concessionária descumprir cláusulas contratuais ou disposições legais ou regulamentares concernentes à concessão; a concessionária paralisar o serviço ou concorrer para tanto, ressalvadas as hipóteses decorrentes de caso fortuito ou força maior; a concessionária perder as condições econômicas, técnicas ou operacionais para manter a adequada prestação do serviço concedido; a concessionária não cumprir as penalidades impostas por infrações, nos devidos prazos; a concessionária não atender a intimação do poder concedente no sentido de regularizar a prestação do serviço; a concessionária não atender a intimação do poder concedente para, em 180 (cento e oitenta) dias, apresentar a documentação relativa a regularidade fiscal, no curso da concessão.

10.9.4 Rescisão

a) **Iniciativa**: da concessionária.
b) **Motivo**: descumprimento das normas contratuais pelo poder concedente.
c) **Forma**: mediante ação judicial especialmente intentada para esse fim.

10.9.5 Anulação

a) **Motivo**: ilegalidade.
b) **Efeito**: rescisão.
c) **Requisito prévio**: ampla defesa.
d) **Indenização**: não exonerará a Administração do dever de indenizar o contratado pelo que houver executado até a data em que for declarada ou tornada eficaz, bem como por outros prejuízos regularmente comprovados, desde que não lhe seja imputável, e será promovida a responsabilização de quem lhe tenha dado causa.
e) **Não possibilidade de saneamento**: a decisão sobre a suspensão da execução ou sobre a declaração de nulidade do contrato somente será adotada na hipótese em que se revelar medida de interesse público, com avaliação, entre outros, dos seguintes aspectos: impactos econômicos e financeiros decorrentes do atraso na fruição dos benefícios do objeto do contrato; riscos sociais, ambientais e à segurança da população local decorrentes do atraso na fruição dos benefícios do objeto do contrato; motivação social e ambiental do contrato; custo da deterioração ou da perda das parcelas executadas; despesa necessária à preservação das instalações e dos serviços já executados; despesa inerente à desmobilização e ao posterior retorno às atividades; medidas efetivamente adotadas pelo titular do órgão ou entidade para o saneamento dos indícios

de irregularidades apontados; custo total e estágio de execução física e financeira dos contratos, dos convênios, das obras ou das parcelas envolvidas; fechamento de postos de trabalho diretos e indiretos em razão da paralisação; custo para realização de nova licitação ou celebração de novo contrato; custo de oportunidade do capital durante o período de paralisação.

f] **Paralisação ou anulação não se revele medida de interesse público**: o Poder Público deverá optar pela continuidade do contrato e pela solução da irregularidade por meio de indenização por perdas e danos, sem prejuízo da apuração de responsabilidade e da aplicação de penalidades cabíveis.

10.9.6 Outras formas de extinção

a] Advento do termo contratual.
b] Falência ou extinção da empresa concessionária.
c] Falecimento ou incapacidade do titular, no caso de empresa individual.

11. Permissão do serviço público

a] **Conceito**: é a delegação, a título precário, mediante licitação, da prestação de serviços públicos, feita pelo poder concedente à pessoa física ou jurídica que demonstre capacidade para seu desempenho, por sua conta e risco.
b] **Forma**: será formalizada mediante contrato de adesão, que observará os termos da Lei n. 8.987/1995, das demais normas pertinentes e do edital de licitação, inclusive quanto à precariedade e à revogabilidade unilateral do contrato pelo poder concedente.
c] **Prazo**: razoável.
d] **Permissionário**: pessoa física ou jurídica.
e] **Modalidade de licitação**: qualquer, desde que compatível com a delegação de serviços.
f] **Objeto**: execução do serviço.

12. Autorização do serviço público

a] **Natureza jurídica**: é um ato administrativo precário (revogável a qualquer tempo), unilateral, discricionário (cabe ressaltar que nem sempre será discricionário, como na autorização de serviço de telecomunicação, no qual a Lei n. 9.472/1997[26] prevê como ato vinculado).

b] **Finalidade:** consentir a prática de uma atividade por um particular. Serve para atender necessidades coletivas instáveis ou emergência transitória[27]; para atender situações de emergência, transitórias ou especiais; também para serviço prestado a um grupo restrito de usuários, sendo o beneficiário exclusivo ou principal o próprio particular autorizado[28].

c] **Forma de prestação:** indireta.

d] **Prazo:** determinado ou indeterminado.

e] **Divergência:** embora não seja prevista como forma de prestação indireta do serviço público, há divergência na doutrina, em relação à autorização de serviço público, com os seguintes posicionamentos:

- **Não existência** – já que o art. 175 da CF/1988 não menciona autorização, mas apenas a concessão e permissão. Não há autorização para prestação de serviço público; só pode ser objeto de concessão ou permissão; na autorização, a Administração Pública consente que o indivíduo desempenhe atividade de seu exclusivo ou predominante interesse do titular[29].

- **Existência** – 1) previsão no art. 21 da CF/1988, nas hipóteses de telecomunicação, de radiodifusão sonora de sons e imagens, de instalações de energia elétrica e o aproveitamento energético dos cursos de água, a navegação aérea, aeroespacial e a infraestrutura aeroportuária, os serviços de transporte ferroviário e aquaviário entre portos brasileiros e fronteiras nacionais, ou que transponham os limites do estado ou território, os serviços de transporte rodoviário interestadual e internacional de passageiros e os portos marítimos, fluviais e lacustres; 2) além da previsão no art. 21 da CF, a autorização de serviço público também só será aceitável nos casos de serviço transitório ou emergencial, e nunca para necessidade permanente, sob pena de violar a necessidade de licitação.

---

26 BRASIL. Lei n. 9.472, de 16 de julho de 1997. **Diário Oficial da União**, Poder Legislativo, Brasília, DF, 17 jul. 1997. Disponível em: <https://www.planalto.gov.br/ccivil_03/leis/l9472.htm>. Acesso em: 17 abr. 2024.
27 MEIRELLES, Hely Lopes. **Direito Administrativo brasileiro**. São Paulo: Malheiros, 2010.
28 ALEXANDRINO. Marcelo; PAULO, Vicente. **Direito Administrativo**. São Paulo: Gen, 2013.
29 SANTOS FILHO, José Carvalho dos. **Direito Administrativo**. São Paulo: Atlas, 2013.

TÍTULO 14
INTERVENÇÃO DO ESTADO NA PROPRIEDADE

1. Direito de propriedade

O direito de propriedade que atende à função social tem *status* de direito fundamental (art. 5º, XXII e XXIII, CF/1988)[1], é o mais importante e mais completo dos direitos reais, constituindo o título básico do Livro III do Código Civil[2].

O direito de propriedade assegura a seu titular os poderes de usar, gozar e dispor de um bem, corpóreo ou incorpóreo, em sua plenitude e dentro dos limites estabelecidos na lei, bem como de reivindicá-lo de quem injustamente o detenha (art. 1.228, CC)[3].

A propriedade plena, quando todos os poderes (usar, gozar, dispor e reaver) estiverem reunidos em uma só pessoa; será limitada se um ou alguns dos poderes passam a ser exercidos por outra pessoa (direitos reais parciais).

2. Convivência das liberdades públicas

Os direitos permitem a coexistência social. No caso de colisão de direitos fundamentais, a questão deve ser solucionada na dimensão do peso, pelo mecanismo da ponderação, com a finalidade de obter a harmonização entre os direitos em conflito.

3. Direito de propriedade é absoluto?

O direito de propriedade não é absoluto, pois o Estado detém a prerrogativa de impor restrições e condicionamentos razoáveis à propriedade alheia para atender o interesse público.

---

1 BRASIL. Constituição (1988). **Diário Oficial da União**, Brasília, DF, 5 out. 1988. Disponível em: <http://www.planalto.gov.br/ccivil_03/constituicao/constituicao.htm>. Acesso em: 17 abr. 2024. É o mais completo dos direitos subjetivos, a matriz dos direitos reais e o núcleo do direito das coisas.

2 BRASIL. Lei n. 10.406, de 10 de janeiro de 2002. **Diário Oficial da União**, Poder Legislativo, 11 jan. 2002. Disponível em: <https://www.planalto.gov.br/ccivil_03/leis/2002/l10406compilada.htm>. Acesso em: 17 abr. 2024.

3 O art. 1.228 do Código Civil (CC) não oferece uma definição de propriedade, limitando-se a enunciar os poderes do proprietário. É difícil e árdua a tarefa de conceituar propriedade, pois a organização jurídica da propriedade varia de país a país, evoluindo desde a Antiguidade aos tempos modernos.

4. Formas de intervenção do Estado na propriedade privada

4.1 Intervenções restritivas ou brandas

O Estado não retira a propriedade de seu titular, apenas impõe restrições. São espécies: limitações administrativas, a ocupação temporária, o tombamento, a requisição, a servidão administrativa, a desapropriação e o parcelamento e edificação compulsórios.

4.2 Intervenções supressivas

O Estado retira a propriedade do seu titular. É caso da desapropriação, do confisco e da pena de perdimento de bens (art. 5º, XLVI, "b", CF/1988). Há casos como o do apossamento administrativo, também chamado de *desapropriação indireta*, em que a intervenção estatal é realizada por meio de um ato ilícito violador da ordem jurídica.

4.3 Desapropriação especial

Tanto na desapropriação urbana como na rural a indenização devem ser precedidas de justa indenização, em atendimento ao interesse público. O STJ define a justa indenização como aquela cuja importância habilita o expropriado a adquirir outro bem equivalente ao que perdeu para o poder público, ou seja, equivale ao valor que o expropriado obteria se o imóvel estivesse à venda. O entendimento do STJ firmou-se no sentido de que a indenização de cobertura florística em separado depende da efetiva comprovação de que o expropriado esteja explorando economicamente os recursos vegetais nos termos de autorização expedida, isso porque tais recursos possuem preço próprio; o preço de uma atividade econômica de extração de madeira, de onde aufere lucros.

Desapropriação	Urbana	Rural
Competência	Município	União
Indenização	Títulos da dívida pública	Títulos da dívida agrária, exceto as benfeitorias úteis e necessárias que serão pagas em dinheiro.
Prazo de resgate dos títulos	10 anos	20 anos

5. Limitação administrativa

- **Tipo de limitação:** são imposições gerais, gratuitas, unilaterais e imperativas.
- **Motivo:** medidas de caráter geral, previstas em lei, com fundamento no poder de polícia do Estado, gerando para os proprietários obrigações positivas ou negativas, com o fim de condicionar o exercício do direito de propriedade ao bem-estar social.
- **Objeto:** bens e atividades particulares.
- **Finalidade:** condicionar o particular ao bem-estar social, conciliar o exercício do direito público com o direito privado.
- **Instituição:** lei ou regulamento.
- **Indenização:** não geram indenização, por ser condição inerente ao direito de propriedade.
- **Conteúdo:** impõem obrigação de fazer ou não fazer.
- **Fundamentos:** poder de polícia; supremacia do interesse público sobre o particular; interesse público (segurança, salubridade, estética, defesa nacional ou outro fim em que o interesse da coletividade se sobreponha ao dos particulares).
- **Limitação administrativa e servidão:** limitação – impõe obrigação de não fazer em benefício do interesse público genérico; o proprietário conserva em suas mãos a totalidade de direitos inerentes ao domínio, ficando apenas sujeito às normas regulamentadoras do exercício desses direitos, para conformá-lo ao bem-estar social; a propriedade é afetada em seu caráter absoluto, pois o proprietário não reparte com terceiros seus poderes sobre a coisa, mas, ao contrário, pode desfrutar de todos eles, da maneira que lhe convenha, até onde não esbarre com óbices opostos pelo Poder Público em prol do interesse coletivo; servidão – impõe obrigação de fazer em proveito de determinado bem afetado a fim de utilidade pública; implicam a constituição de direito real de uso e gozo em favor do poder público ou coletividade, paralelo ao proprietário que perde a exclusividade de poderes que exercia sobre imóvel de sua propriedade.
- **Atitude do particular:** não pode adotar medida visando impedir a incidência da limitação sobre imóvel de sua propriedade, pois o Estado age de forma imperativa, na qualidade de Poder Público; se verificar que a Administração Pública age com abuso de poder, extravasando os limites legais, pode formular oposição à limitação, pleiteando a indenização.

6. Requisição administrativa

- **Natureza:** forma de limitação à propriedade privada e de intervenção estatal no domínio econômico.
- **Conceito:** utilização de bens ou serviços pela Administração para atender necessidades coletivas em tempo de guerra ou em caso de perigo público iminente.
- **Características:** a) ato administrativa unilateral (independe da concordância do particular); b) autoexecutório (independe da prévia autorização judicial); c) indenização é posterior, se houver dano.
- **Fundamento constitucional:** art. 5º, XXV, da CF: "no caso de iminente perigo público, a autoridade competente poderá usar de propriedade particular, assegurada ao proprietário indenização ulterior, se houver dano".
- **Tipo de ato administrativo:** unilateral, autoexecutório e oneroso.
- **Instrumento de exceção:** pois depende da ocorrência de situação emergencial.
- **Momento:** justifica-se em tempo de paz e de guerra.
- **Objeto:** bens, móveis ou imóveis, ou serviços particulares. Em casos excepcionais, pode ser instituída sobre bens e serviços públicos (ex: convocação de mesários para eleição). Quando recai sobre imóvel, confunde-se com a ocupação temporária; quando recai sobre bens móveis fungíveis, assemelha-se à desapropriação.
- **Tipo de limitação:** utilização de bens, móveis ou imóveis, ou serviços particulares pelo Poder Público.
- **Tipo de utilização:** utilização transitória, onerosa, compulsória, coativa, pessoal (não real), discricionária e autoexecutável.
- **Motivo:** para atender a necessidades coletivas em tempo de guerra ou em caso de perigo público iminente. Dá-se quando o Poder Público se depara com uma situação de necessidade pública inadiável e urgente, em tempos de guerra ou em caso de perigo público iminente (situação extraordinária).
- **Espécies:** pode ser civil (situação de necessidade pública inadiável e urgente em caso de perigo público iminente) ou militar (situação de necessidade pública inadiável e urgente em caso de guerra).
- **Indenização:** é eventual – está condicionada à efetiva comprovação do dano; somente será efetivada ulteriormente, ou seja, após a requisição do bem. O prazo prescricional para propositura da ação indenizatória é de cinco anos, na forma do art. 10, parágrafo único, do Decreto-Lei n. 3.365/1941[4].

---

4   BRASIL. Decreto-Lei n. 3.365, de 21 de junho de 1941. **Diário Oficial da União**, Poder Executivo, 18 jul. 1941. Disponível em: <https://www.planalto.gov.br/ccivil_03/decreto-lei/del3365.htm>. Acesso em: 17 abr. 2024.

- **Valor da indenização:** deve levar em consideração o valor de mercado do bem ou do serviço requisitado, no momento da efetivação da intervenção estatal.
- **Fundamento genérico:** supremacia do interesse público sobre o privado.
- **Autoexecutoriedade:** independe da prévia autorização do Judiciário. A emergência da situação justifica a autoexecutoriedade da medida.
- **Instituição:** em razão do estado de necessidade pública, o Poder Público possui a prerrogativa de requisitar bens e serviços para afastar o iminente perigo público, independentemente de processo administrativo prévio.
- **Duração:** enquanto perdurar o perigo iminente, a requisição permanecerá válida.
- **Extinção:** com o desaparecimento da situação de perigo iminente.
- **Competência legislativa privativa:** a competência legislativa sobre requisição civil e militar, em caso de iminente perigo e em tempo de guerra é privativa da União, na forma do art. 22, inciso III, da CF/1988.
- **Competência administrativa:** todos os entes federativos podem ser valer das requisições administrativas.
- **Requisição e desapropriação:** na requisição, a indenização é posterior, o fundamento é necessidade pública inadiável e urgente; na desapropriação, a indenização é prévia e seu fundamento pode ser a necessidade pública, a utilidade pública e o interesse social. Além disso, na desapropriação, o Poder Público depende de autorização judicial para imitir-se na posse do imóvel.
- **Requisição, pela União, de bens públicos estaduais ou municipais:** é possível, em casos excepcionais, adotando-se analogicamente a regra de desapropriações de bens públicos prevista no art. 2º, parágrafo 2º, do Decreto-Lei n. 3.365/1941, ou seja, precedidos de autorização legislativa.
- **Requisição pelo Estado de bens públicos municipais:** é possível, em casos excepcionais, adotando-se analogicamente a regra de desapropriações de bens públicos prevista no art. 2º, parágrafo 2º, do Decreto-Lei n. 3.365/1941, ou seja, precedidos de autorização legislativa.
- **Lei n. 8.080/1990[5] (Lei do SUS):** o art. 15, inciso XIII, deu competência à União, Estados, Distrito Federal e Municípios para, em seu âmbito administrativo, requisitar bens e serviços, tanto de pessoas naturais como de pessoas jurídicas, assegurada justa indenização, quando a medida seja necessária para atendimento de necessidades coletivas, urgentes e transitórias, decorrentes de situações de perigo iminente, de calamidade pública ou de irrupção de epidemia.

---

5 BRASIL. Lei n. 8.080, de 19 de setembro de 1990. **Diário Oficial da União**, Poder Legislativo, Brasília, DF, 20 set. 1990. Disponível em: <https://www.planalto.gov.br/ccivil_03/leis/l8080.htm>. Acesso em: 4 jul. 2024.

7 Ocupação temporária

- **Tipo de limitação:** é a utilização temporária, remunerada ou gratuita, de imóveis particulares pelo Poder Público (seus próprios agentes ou por empreiteiros) para execução de obras, serviços ou atividades de interesse público.
- **Objeto:** imóveis particulares – terrenos não edificados e vizinhos a obras públicas. Parte da doutrina entende que é possível ocupação temporária de bens móveis e serviços[6].
- **Indenização:** gera indenização se o uso acarretar prejuízo ao proprietário.
- **Natureza:** forma de limitação do Estado à propriedade privada. É direito de caráter não real. Eurico Sodré – servidão administrativa imposta por lei, a prazo certo, mediante pagamento; outros, como Pontes de Miranda – desapropriação temporária de uso[7].
- **Tipo de utilização:** transitória, gratuita ou remunerada.
- **Finalidade:** fins de interesse público – realização da obra pública ou prestação de serviços públicos.
- **Motivo:** forma de intervenção pela qual o Poder Público usa temporariamente imóveis privados, como meio de apoio à execução de obras e serviços públicos.
- **Abrangência:** todos os casos de ocupação de urgência.
- **Amplitude:** definido pelo Direito Positivo de cada país, sendo restrição a direito individual, com limites e fins definidos por lei.
- **Fundamento:** atendimento à função social; art. 36 do Decreto-Lei n. 3.365/1941[8].
- **Espécies:** a) para obras públicas vinculadas ao processo de desapropriação; b) para as demais obras e para os serviços públicos em geral.
- **Extinção:** com execução da obra ou do serviço que justificou sua instituição.
- **Instituição:** 1) autoexecutável; 2) se for vinculada à desapropriação precisa de decreto; 3) se não for vinculada, é autoexecutória e dispensa ato formal; 4) edição prévia de decreto e acordo do proprietário ou sentença judicial.
- **Caução:** Poder Público deve prestar caução, se exigida pelo proprietário.
- **Requisito prévio:** deve ser precedida de declaração de utilidade pública.
- **Instituto complementar da desapropriação:** porque é previsto na lei de desapropriação e se justifica quando for necessária realização de obras públicas e houver necessidade de ocupação de terrenos vizinhos, desde que inexista

---

6 JUSTEN FILHO, Marçal. **Curso de Direito Administrativo**. São Paulo: Saraiva, 2023.
7 SODRÉ, Eurico. **A desapropriação**. São Paulo: Saraiva, 1955. p. 30; MIRANDA, Francisco Cavalcanti Pontes de. **Tratado de Direito Privado**: parte especial. 2. ed. Rio de Janeiro: Borsoi, 1956.
8 "Art. 36. É permitida a ocupação temporária, que será indenizada, afinal, por ação própria, de terrenos não edificados, vizinhos às obras e necessários à sua realização. O expropriante prestará caução, quando exigida" (BRASIL. Decreto-Lei n. 3.365, de 21 de junho de 1941. **Diário Oficial da União**, Poder Executivo, 18 jul. 1941. Disponível em: <https://www.planalto.gov.br/ccivil_03/decreto-lei/del3365.htm>. Acesso em: 17 abr. 2024).

edificação no terreno ocupado; há obrigatoriedade de indenização e prestação de caução prévia se exigida.
- **Ocupação temporária e servidão:** ambas afetam a exclusividade do direito de propriedade; contudo, a ocupação temporária tem caráter transitório.
- **Ocupação temporária e desapropriação:** ocupação é utilização; desapropriação: é perda da propriedade.
- **Ocupação temporária e limitações administrativas:** limitações – não implicam o uso de imóvel; afetam o caráter absoluto do direito de propriedade, porque regulamentam, no interesse da coletividade, o exercício pelo particular dos poderes inerentes ao domínio; refere-se ao exercício dos poderes oriundos do domínio pelo proprietário ou possuidor; ocupação temporária – implicam o uso do imóvel; afeta a exclusividade do direito de propriedade, porque confere ao Poder Público a faculdade de uso temporário do imóvel particular; refere-se ao exercício de um dos poderes oriundos do domínio, o uso por terceiros.
- **Ocupação temporária e requisição:** a requisição pressupõe perigo público iminente; ocupação pode ser usada regularmente pelo Poder Público.

8. Tombamento

- **Conceito:** preservação do patrimônio privado para proteger bens de ordem histórica, artística, arqueológica, cultural, científica, turística ou paisagística.
- **Finalidade:** preservar o bem identificado como de valor cultural, contrapondo-se, inclusive, aos interesses da propriedade privada, não só limitando o exercício dos direitos inerentes ao bem, mas também obrigando o proprietário a tomar as medidas necessárias à sua conservação (Informativo n. 486/2011 do STJ[9]).
- **Competência da União:** por intermédio do IPHAN, tem efetivo interesse na preservação e manutenção do patrimônio histórico e artístico nacional, resguardando os bens de excepcional valor cultural e artístico, nos termos dos arts. 19 e 20 do Decreto-Lei n. 25/1937[10]. O objetivo do tombamento é a proteção do patrimônio histórico e artístico nacional, cabendo ao IPHAN a

---

9   BRASIL. Superior Tribunal de Justiça. **Informativo n. 486, de 24 de outubro de 2011.** Disponível em: <https://www.stj.jus.br/publicacaoinstitucional/index.php/informjurisdata/article/view/4616/4792>. Acesso em: 4 jul. 2024.
10 BRASIL. Decreto-Lei n. 25, de 30 de novembro de 1937. **Diário Oficial da União**, Poder Executivo, Brasília, DF, 6 dez. 1937. Disponível em: <https://www.planalto.gov.br/ccivil_03/decreto-lei/del0025.htm>. Acesso em: 4 jul. 2024.

sua manutenção e vigilância, conforme o disposto nos arts. 19 e 20 do Decreto-Lei n. 25/1937 (Informativo n. 411/2009 do STJ[11]).
- **Venda de bem tombado**: é possível vender bem tombado, desde que assegure direito de preferência ao Poder Público.
- **Tipo de intervenção**: restritiva.
- **Instituição**: por meio de processo administrativo, com a oitiva do proprietário.
- **Consumação**: com a inscrição do bem no Livro do Tombo.
- **Previsão constitucional**: art. 216 da CF/1988.
- **Regulamentação**: Decreto-Lei n. 25/1937.
- **Competência**: todos os entes federados, nos termos do art. 23, inciso III da CF/1988. Ao município também é atribuída a competência para o tombamento de bens (art. 23, III, da CF/1988) – Informativo n. 244/2005 do STJ[12].
- **Competência legislativa**: competência concorrente da União, dos Estados e do Distrito Federal para legislarem sobre proteção ao patrimônio histórico, cultural, artístico, turístico e paisagístico.
- **Objeto**: bens imóveis e móveis.
- **Não pode ser objeto do tombamento**: as obras de origem estrangeira das representações diplomáticas ou consulares acreditadas no país; que adornem quaisquer veículos de empresas estrangeiras, que façam carreira no país; que sejam trazidas para exposições comemorativas, educativas ou comerciais; que sejam importadas por empresas estrangeiras expressamente para adorno dos respectivos estabelecimentos, entre outras. Essas obras, ao serem excluídas do conceito de patrimônio histórico e artístico nacional, não são passíveis de tombamento.
- **Espécies**:

    1] **Quanto a procedimento**:

    a] **Tombamento de ofício** – tombamento de bens públicos.
    b] **Tombamento voluntário** – realizado mediante consentimento, expresso ou implícito, do proprietário.
    c] **Tombamento compulsório** – realizado contra a vontade do proprietário.

    2] **Quanto à produção de efeitos**:

    a] **Tombamento provisório** – após a notificação do proprietário e antes de ultimado o processo com a inscrição do bem no Livro do Tombo, o

---

11 BRASIL. Superior Tribunal de Justiça. **Informativo n. 411, de 12 a 16 de outubro de 2009**. Disponível em: <https://www.stj.jus.br/publicacaoinstitucional/index.php/informjurisdata/article/view/4479/4679>. Acesso em: 4 jul. 2024.

12 BRASIL. Superior Tribunal de Justiça. **Informativo n. 244, de 25 a 29 de abril de 2005**. Disponível em: <https://www.stj.jus.br/publicacaoinstitucional/index.php/informjurisdata/article/view/4268/4487>. Acesso em: 4 jul. 2024.

bem considera-se provisoriamente tombado. O tombamento provisório de bens (art. 10 do Decreto-Lei n. 25/1937) não é fase procedimental *a priori* do tombamento definitivo, mas uma medida assecuratória de preservação do bem até a conclusão dos pareceres técnicos e da sua inscrição no livro de tombo (Informativo n. 152/2002 do STJ[13]).

b] **Tombamento definitivo** – verificado após a conclusão do processo de tombamento, com a inscrição do bem no Livro do Tombo.

3] **Quanto à abrangência:**

a] **Tombamento individual** – refere-se a bem determinado.
b] **Tombamento geral** – tem por objeto todos os bens situados em um bairro ou cidade.

4] **Quanto ao alcance:**

a] **Tombamento total** – quando a totalidade do bem é tombado.
b] **Tombamento parcial** – quando apenas parte do bem é tombado.

5] **Quanto ao consentimento:**

a] **Tombamento voluntário** – se o proprietário consentir.
b] **Tombamento compulsório** – se o proprietário recusar.

- **Cancelamento:** pode ser de ofício ou mediante recurso por parte do presidente da República, tendo em vista razões de interesse público.
- **Deveres do proprietário do bem tombado:** proteger o bem tombado, impedindo sua destruição, demolição ou mutilação do bem; conservação do bem, exigindo-se a autorização do órgão ou entidade competente para sua reparação, pintura ou restauração, sob pena de multa; notificação do Poder Público no caso de furto ou extravio do bem tombado, sob pena de multa.
- **Ausência de recursos na conservação do bem tombado:** caso não possua recursos para conservar o bem, o proprietário deve notificar o órgão ou entidade competente para realização das obras necessárias.
- **Saída do país:** o bem móvel tombado não pode deixar o país, salvo quando houver autorização expressa do órgão ou entidade responsável e por prazo determinado.
- **Deveres do Poder Público no bem tombado:** vigilância permanente do bem tombado, podendo inspecioná-lo quando julgar conveniente; necessidade

---

13 BRASIL. Superior Tribunal de Justiça. **Informativo n. 152, de 21 a 25 de outubro de 2002.** Disponível em: <https://www.stj.jus.br/publicacaoinstitucional/index.php/informjurisdata/article/view/4176/4396>. Acesso em: 4 jul. 2024.

de manutenção do bem, quando o proprietário não tiver recursos para realização de obras.
- **Direito de preferência na aquisição do bem**: da União, dos Estados e dos Municípios, nessa ordem, na aquisição do bem tombado, nos casos de alienação onerosa, o art. 22 do Decreto-Lei n. 25/1937.
- **Proprietários dos imóveis vizinhos ao bem tombado**: não poderão, sem prévia autorização do órgão ou entidade competente, realizar construções que impeçam ou reduzam a visibilidade do bem tombado, nem poderão afixar anúncios ou cartazes.
- **Indenização**: depende da comprovação do respectivo prejuízo.
- **Prescrição**: o prazo prescricional para propositura da ação indenizatória é de cinco anos, na forma do art. 10, parágrafo único, do Decreto-Lei n. 3.365/1941.

9. Servidão administrativa

a) **Conceito**: é o direito do Poder Público de usar imóvel público ou particular alheio para prestar serviços públicos.
b) **Natureza**: direito real.
c) **Objeto**: imóvel alheio.
d) **Tipo de imóveis (prédio dominante e prédio serviente)**: devem ser vizinhos, mas não precisam ser contíguos.
e) **Finalidade**: atendimento do interesse público.
f) **Instituição**: por acordo administrativo ou sentença judicial ou usucapião.
g) **Extinção**: enquanto houver a necessidade de satisfação do interesse público que justificou a sua instituição.
h) **Indenização**: gera indenização, se o uso acarretar prejuízo ao proprietário. O prazo prescricional para propositura da ação indenizatória é de cinco anos, na forma do art. 10, parágrafo único, do Decreto-lei 3.365/1941.
i) **Tipo de intervenção**: o Poder Público intervém no direito de propriedade do particular, fixando condições e limites ao seu livre exercício sem, contudo, privá-lo por completo.
j) **Exemplo**: instalação de linhas de alta tensão na propriedade privada.

10. Autointervenção

a) **Objeto**: o próprio patrimônio público.
b) **Própria**: quando a propriedade pública objeto da intervenção pertence à mesma pessoa estatal interveniente.
c) **Imprópria**: o bem público objeto da intervenção pertence a pessoa estatal diversa daquela autora da intervenção.

11. Desapropriação

11.1 Noções gerais de desapropriação

a) **Conceito**: retirada compulsória da propriedade particular ou pública pelo Poder Público. É forma originária de aquisição de propriedade, pois não provém de título anterior.
b) **Objeto**: qualquer bem de valoração patrimonial, móvel ou imóvel, corpóreo ou incorpóreo. A moeda corrente do país não pode ser objeto da desapropriação, pois é meio de pagamento da indenização da desapropriação.
c) **Bens públicos**: podem ser objeto da desapropriação, desde que – 1) haja autorização legislativa; 2) haja observância da hierarquia política entre os entes federativos. As margens dos rios navegáveis não podem ser objeto de desapropriação, pois são de domínio público.
d) **Autorização do Presidente da República**: a desapropriação, pelos Estados, pelo Distrito Federal, pelos Territórios e pelos Municípios de ações, cotas e direitos, representativos do capital de instituições e empresas cujo funcionamento dependa de autorização do Governo Federal e se subordine à sua fiscalização (art. 2º, § 3º, Decreto-Lei n. 3.365/1941[14]).
e) **Destino dos bens desapropriados**: quando os bens desapropriados vão para o desapropriante, fala-se em integração definitiva; se vão para terceiro, será integração provisória.
f) **Forma de intervenção do Estado na propriedade privada**: o Estado retira o bem do proprietário originário.
g) **Tipo de intervenção**: supressiva.

---

14 BRASIL. Decreto-Lei n. 3.365, de 21 de junho de 1941. **Diário Oficial da União**, Poder Executivo, Brasília, DF, 18 jul. 1941. Disponível em: <https://www.planalto.gov.br/ccivil_03/decreto-lei/del3365.htm>. Acesso em: 13 fev. 2025.

h] **Forma de aquisição da propriedade:** o Poder Público adquire de maneira originária a propriedade do bem, pois independe da vontade do titular anterior.
i] **Competência para legislar sobre desapropriação:** competência privativa da União, nos termos do art. 22, inciso II da CF/1988.
j] **Tredestinação:** desvio de finalidade.

11.2 Desapropriação comum

a] **Terminologia:** ordinária.
b] **Fundamento:** utilidade pública, necessidade pública ou interesse social.
c] **Previsão constitucional:** art. 5º, inciso XXIV, da CF/1988.
d] **Regulamentação:** as desapropriações por utilidade e necessidade pública estão previstas no Decreto-Lei n. 3.365/1941; a desapropriação por interesse social é regulada pela Lei n. 4.132/1962[15].
e] **Indenização:** prévia, justa e em dinheiro.

11.3 Desapropriação urbanística

a] **Previsão constitucional:** art. 182, parágrafo 4º, inciso III da CF/1988.
b] **Regulamentação:** Lei n. 10.257/2001 (Estatuto da Cidade)[16].
c] **Cabimento:** imóvel localizado na área urbana que não atende a respectiva função social (imóvel não edificado, subutilizado ou não utilizado).
d] **Função social da propriedade urbana:** quando atende às exigências fundamentais de ordenação da cidade expressas no plano diretor, aprovado por lei municipal (art. 39 do Estatuto da Cidade).
e] **Competência:** dos Municípios e do Distrito Federal, quando do exercício da competência municipal.
f] **Característica:** apresentar caráter subsidiário, pois o art. 182, parágrafo 4º da CF/1988 estabelece uma ordem sucessiva de medidas e de sanções que deve ser observada pelo Poder Público – 1º) notificação do proprietário para parcelamento, edificação ou utilização compulsórios; 2º) fixação do IPTU progressivo no tempo, caso seja desatendido o prazo da notificação. Nesse caso, a alíquota somente poderá ser majorada por até cinco anos consecutivos, respeitada a alíquota máxima de quinze por cento; 3º) desapropriação do imóvel.

---

15 BRASIL. Lei n. 4.132, de 10 de setembro de 1962. **Diário Oficial da União**, Poder Executivo, 7 nov. 1962. Disponível em: <https://www.planalto.gov.br/ccivil_03/LEIS/L4132.htm>. Acesso em: 17 abr. 2024.
16 BRASIL. Lei n. 10.257, de 10 de julho de 2001. **Diário Oficial da União**, Poder Legislativo, 11 jul. 2001. Disponível em: <https://www.planalto.gov.br/ccivil_03/leis/leis_2001/l10257.htm>. Acesso em: 17 abr. 2024.

g) **Indenização**: com pagamento em títulos da dívida pública, previamente aprovados pelo Senado, resgatáveis em até dez anos, em prestações anuais, iguais e sucessivas, assegurados o valor real da indenização e os juros legais de seis por cento ao ano.

11.4 Desapropriação rural

a) **Cabimento**: imóvel rural que não atende a sua função social.
b) **Previsão constitucional**: art. 184 da CF/1988.
c) **Regulamentação**: Lei n. 8.629/1993[17] e Lei Complementar n. 76/1993[18].
d) **Competência**: União.
e) **Função social da propriedade rural**: atendida quando a propriedade rural cumpre os seguintes requisitos – aproveitamento racional e adequado; utilização adequada dos recursos naturais disponíveis e preservação do meio ambiente; cumprimento das disposições que regulam as relações de trabalho; e exploração que favoreça o bem-estar dos proprietários e dos trabalhadores.
f) **Indenização**: títulos da dívida agrária, com cláusula de preservação do valor real, resgatáveis no prazo de até 20 anos, a partir do segundo ano de sua emissão. As benfeitorias úteis e necessárias serão indenizadas em dinheiro.
g) **Imunidade tributária**: as operações de transferência de imóveis desapropriados para fins de reforma agrária são isentas de impostos federais, estaduais e municipais (art. 184, § 5º, CF/1988).
h) **Objeto**: propriedade rural, salvo – a) pequena e média propriedade rural, assim definida em lei, desde que seu proprietário não possua outra; e b) propriedade produtiva.

11.5 Desapropriação confisco

a) **Terminologia**: expropriação confiscatória.
b) **Previsão constitucional**: art. 243 da CF/1988.

---

17 BRASIL. Lei n. 8.629, de 25 de fevereiro de 1993. **Diário Oficial da União**, Poder Legislativo, Brasília, DF, 26 fev. 1993. Disponível em: <https://www.planalto.gov.br/CCIVIL_03/////LEIS/L8629.htm>. Acesso em: 17 abr. 2024.
18 BRASIL. Lei Complementar n. 76, de 6 de julho de 1993. **Diário Oficial da União**, Poder Legislativo, Brasília, DF, 7 jul. 1993. Disponível em: <https://www2.camara.leg.br/legin/fed/leicom/1993/leicomplementar-76-6-julho-1993-364965-norma-pl.html>. Acesso em: 17 abr. 2024.

c] **Regulamentação:** Lei n. 8.257/1991[19].
d] **Objeto:** propriedades rurais e urbanas de qualquer região do país.
e] **Cabimento:** localização de culturas (preparo da terra destinada a semeadura, ou plantio, ou colheita) ilegais de plantas psicotrópicas (são aquelas que permitem a obtenção de substância entorpecente proscrita, plantas estas elencadas no rol emitido pelo órgão sanitário competente do Ministério da Saúde) ou a exploração de trabalho escravo, na forma da lei.
f] **Destino das terras desapropriadas:** reforma agrária e a programas de habitação popular.
g] **Indenização:** não tem.
h] **Confisco:** todos os bens que tenham valor econômico e que forem apreendidos em decorrência do tráfico ilícito de entorpecentes e drogas afins e da exploração de trabalho escravo – reverterão ao fundo especial, com destinação específica, na forma da lei.
i] **Competência:** para promover a expropriação é exclusiva da União.

11.6 Desapropriação indireta

a] **Terminologia:** apossamento administrativo.
b] **Conceito:** quando o Estado se apropria de bem particular sem devido processo legal.
c] **Natureza jurídica:** fato administrativo.
d] **Equiparação:** esbulho possessório.
e] **Declaração:** o Estado não declara de interesse público.
f] **Indenização:** não paga justa e prévia indenização.
g] **Atitude do prejudicado:** 1) *para impedir a retirada* – ação possessória; 2) *se a Administração Pública já deu destinação pública ao bem* – ajuizamento de ação de desapropriação indireta (ação de perdas e danos).
h] **Distinção:** a diferença essencial entre a desapropriação direta e a indireta está no *modus operandi*, pois na primeira há todo o respeito ao devido processo legal, enquanto na segunda o Poder Público atua como esbulhador, praticando o ato ilícito, que eufemisticamente chama-se *apossamento administrativo*, e tomando o imóvel para si sem pagar nenhuma indenização (STJ, Informativo n. 660/2019).

---

19 BRASIL. Lei n. 8.257, de 26 de novembro de 1991. **Diário Oficial da União**, Poder Executivo, Brasília, DF, 26 nov. 1991. Disponível em: <https://www.planalto.gov.br/ccivil_03/leis/l8257.htm#:~:text=LEI%20N%C2%BA%208.257%2C%20DE%2026%20DE%20NOVEMBRO%20DE%201991.&text=Disp%C3%B5e%20sobre%20a%20expropria%C3%A7%C3%A3o%20das,psicotr%C3%B3picas%20e%20d%C3%A1%20outras%20provid%C3%AAncias.>. Acesso em: 17 abr. 2024.

i] **Não configuração:** quando o Poder Público executar serviços de infraestrutura em área cuja ocupação por terceiros apresenta situação consolidada e irreversível (STJ, REsp n. 1.770.001/2019).

j] **Ação de desapropriação indireta:**

1] *Legitimidade ativa* – proprietário prejudicado com a retirada de sua propriedade sem o devido processo legal.
2] *Legitimidade passiva* – Poder Público.
3] *Competência* – foro da situação da coisa, nos termos do art. 47 do CPC.
4] *Reparação* – é cabível reparação decorrente de limitações administrativas (STJ, Informativo n. 662/2020); a indenização inclui as parcelas da desapropriação legal, inclusive os juros compensatórios, que eram devidos a contar da ocupação.
5] *Prescrição* – "o prazo prescricional aplicável à desapropriação indireta, na hipótese em que o Poder Público tenha realizado obras no local ou atribuído natureza de utilidade pública ou de interesse social ao imóvel, é de 10 anos, conforme parágrafo único do art. 1.238 do CC" (Tema 1.019).
6] *Fundamento jurídico* – não observância do devido processo legal ou do procedimento legal expropriatório.
7] *Fundamento legal* – artigos 35 do Decreto-Lei n. 3.365/1941 e 21 da Lei Complementar n. 76/1993.
8] *Pedido* – de indenização pelos prejuízos que lhe causou a perda da propriedade.

11.7 Desapropriação por zona

a] **Fundamento legal:** art. 4º do Decreto-lei n. 3.365/1941.
b] **Conceito:** possibilidade de desapropriar uma área maior do que a inicialmente ocupada pela obra, para assegurar que haja desenvolvimento da obra ou alienação futura de áreas próximas da obra que tiveram valorização extraordinária.
c] **Abrangência:** 1) área contígua necessária ao desenvolvimento de obras públicas; 2) zonas que serão valorizados extraordinariamente em decorrência da realização de obras e da prestação de serviços públicos.

12. Procedimento da desapropriação

12.1 Fase declaratória

É o início da desapropriação, em que o Poder Público manifesta a necessidade de retirar o bem por meio da declaração da existência da utilidade pública ou interesse social; pode ser por lei ou decreto. São efeito da declaração:

a] **Submissão** – o bem é submetido à força expropriatória do Estado;
b] **Estado do bem** – a condição do bem será levada em conta na indenização – 1) benfeitorias necessárias serão indenizadas; 2) benfeitorias úteis – serão indenizadas, desde que autorizadas pelo Poder Público; 3) benfeitorias voluptuárias feitas após a declaração não serão indenizadas.
c] **Penetração** – ficam as autoridades administrativas autorizadas a penetrar nos prédios compreendidos na declaração, podendo recorrer, em caso de oposição, ao auxílio de força policial. Àquele que for molestado por excesso ou abuso de poder, cabe indenização por perdas e danos, sem prejuízo da ação penal.
d] **Caducidade** – dá início ao prazo de caducidade da declaração: 1) na utilidade pública, o prazo é de 5 anos; 2) no interesse social, o prazo é de 2 anos.

12.2 Fase executória

O Poder Público realiza atos para concretizar a retirada da propriedade. Essa transferência do bem pode ocorrer de duas formas: a) *via administrativa* – quando houver acordo no valor da indenização a ser paga; é a desapropriação amigável; formalizada por escritura pública ou outro meio indicado na lei; deve ser aceita ou rejeitada no prazo de 15 dias, sendo o silêncio considerado como rejeição; b) *via judicial* – quando não houver acordo na via administrativa, sendo necessária propositura da ação de desapropriação (arts. 11 a 30 do Decreto-Lei n. 3.365/1941; no caso de reforma agrária, a disciplina normativa será da Lei Complementar n. 76/1993); c) Lei n. 13.867/2019[20] – possibilidade de opção pela mediação ou pela via arbitral para definição do valor da indenização.

- Ação de desapropriação:
    i] **Acordo no preço** – homologação judicial, valendo como título para transcrição no Registro de Imóveis.

---

20 BRASIL. Lei n. 13.867, de 26 de agosto de 2019. **Diário Oficial da União**, Poder Legislativo, Brasília, DF, 27 ago. 2019. Disponível em: <https://www.planalto.gov.br/ccivil_03/_ato2019-2022/2019/lei/l13867.htm>. Acesso em: 13 fev. 2025.

II] **Pedido** – é a consumação da transferência do bem desapropriado para o patrimônio público.

III] **Requisitos da petição inicial** – são a oferta do preço, cópia do contrato e uma planta do bem.

IV] **Ministério Público** – participa do processo de desapropriação.

V] **Contestação** – só é possível alegar vício no processo judicial ou impugnação do preço (valor da indenização) – art. 20 do Decreto-Lei n. 3.365/1941.

VI] **Consumação da desapropriação** – ocorre com o pagamento da indenização.

VII] **Efeitos da sentença** – 1) autoriza a imissão definitiva na posse; 2) funciona como título para transcrição da propriedade do bem para o registro imobiliário.

12.3 Imissão provisória na posse

Para sua ocorrência é necessário o preenchimento de dois requisitos: a) declaração de urgência pelo Poder Público; b) depósito prévio de valor fixado pelo juiz. O prazo para requerer a imissão provisória na posse é de 120 dias a partir da alegação da urgência, sob pena de não mais deferir.

12.4 Honorários advocatícios

Devidos se o valor da indenização fixado na sentença for superior ao valor ofertado pelo Poder Público na fase administrativa, e fixados entre meio e cinco por cento do valor da diferença.

12.5 Desistência da ação de desapropriação

Não é possível após o trânsito em julgado da sentença, sob pena de indenização.

TÍTULO 15

DIREITO ADMINISTRATIVO ECONÔMICO

Sumário

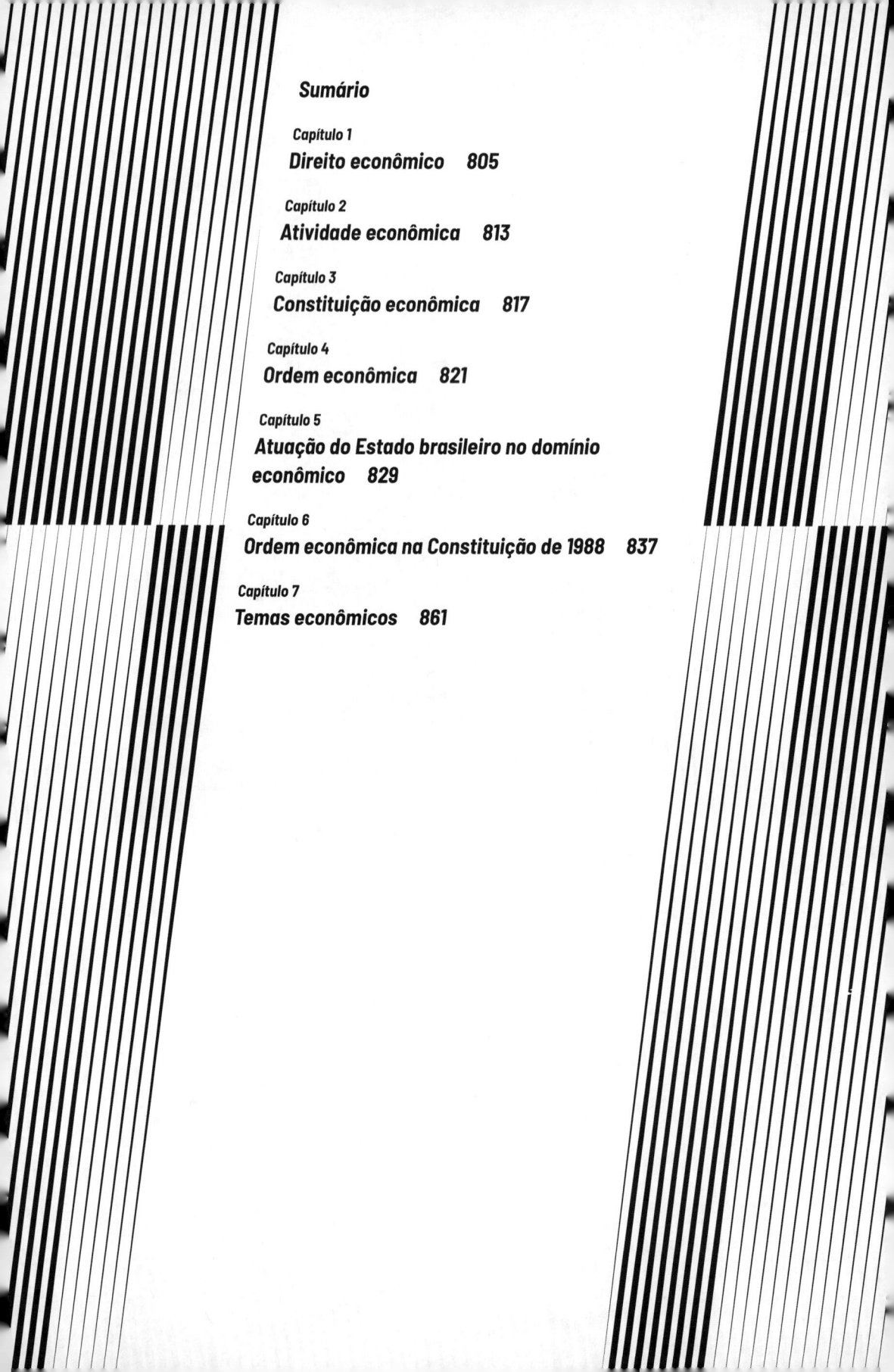

Capítulo 1
Direito econômico   805

Capítulo 2
Atividade econômica   813

Capítulo 3
Constituição econômica   817

Capítulo 4
Ordem econômica   821

Capítulo 5
Atuação do Estado brasileiro no domínio econômico   829

Capítulo 6
Ordem econômica na Constituição de 1988   837

Capítulo 7
Temas econômicos   861

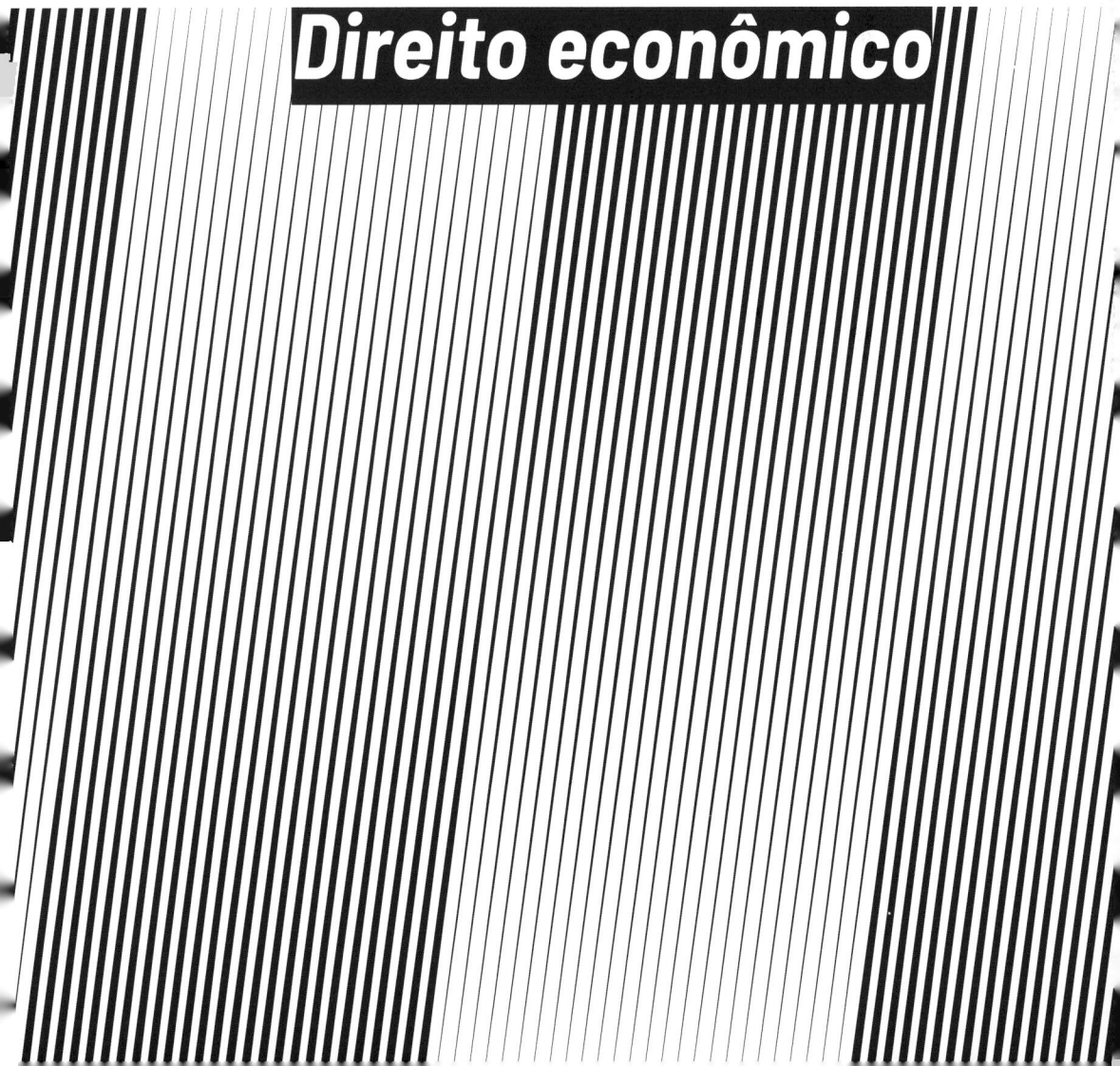

Capítulo 1
Direito econômico

1. Conceito

A convivência entre os seres humanos é possível, desde que exista uma organização representada por normas jurídicas. Conforme o saudoso Washington de Barros Monteiro:[1] "Sem essas regras, disciplinadoras do nosso proceder, ter-se-ia o caos. Os conflitos individuais, resultantes do choque de interesses, seriam inevitáveis e a desordem constituiria o estado natural da humanidade".

O conjunto das normas jurídicas forma o Direito, área em que se destaca o Direito Econômico, sobre o qual a doutrina[2] aponta dois conceitos:

a] **Conceito amplo** – Direito Econômico é a regulamentação normativa das relações humanas econômicas.

b] **Conceito restrito** – Direito Econômico é a regulamentação normativa da intervenção do Estado na economia.

Existem dois sentidos para o Direito Econômico:

a] **Sentido subjetivo** – identificar quem são os sujeitos que participam da política econômica – são os personagens que atuam no mercado – Estado, indivíduo, empresas, coletividade, órgãos internacionais e associações.

b] **Sentido objetivo** – identificar a natureza da atividade exercida pelos agentes econômicos; nesse sentido, consiste em analisar em que consiste a atividade econômica, que é toda e qualquer atividade de produção ou circulação de bens e serviços. Conforme Justen Filho[3]: "O núcleo do conceito de atividade econômica em sentido estrito é a racionalidade, visando à obtenção do lucro, segundo o princípio do utilitarismo. A atividade econômica em sentido estrito pressupõe a utilização especulativa da propriedade privada, visando precipuamente à realização do interesse egoístico dos particulares empreendedores".

É importante destacar algumas definições doutrinárias:

a] **Washington Peluso Albino de Souza**[4] – "Direito Econômico é o ramo do Direito que tem por objeto o tratamento jurídico da política econômica e, por sujeito, o agente que dela participe. Como tal, é o conjunto de normas de conteúdo econômico que assegura a defesa e a harmonia dos interesses individuais e coletivos, de acordo com a ideologia adotada na ordem jurídica".

---

1 MONTEIRO, Washington de Barros. **Curso de Direito Civil**. São Paulo: Saraiva, 2010.
2 LEOPOLDINO DA FONSECA, João Bosco. **Direito Econômico**. Rio de Janeiro: Forense, 2005.
3 JUSTEN FILHO, Marçal. **Teoria geral das concessões de serviço público**. São Paulo: Dialética, 2003. p. 31-32.
4 SOUZA, Washington Albino. **Primeiras linhas de Direito Econômico**. São Paulo: LTR, 2005.

b] **Américo Silva**[5] – "Direito Econômico é o conjunto de técnicas de que lança mão o Estado contemporâneo na realização de sua política econômica".
c] **Affonso Insuela Pereira**[6] – "Direito Econômico é o complexo de normas que regulam a ação do Estado sobre as estruturas do sistema econômico e as relações entre os agentes da economia".
d] **Fernando Herren Aguillar**[7] – "Direito Econômico é o direito das políticas públicas econômicas, a regulação estatal da economia, influenciando, orientando, estimulando, restringindo o comportamento dos atores econômicos".

Apesar de cada doutrinador contar com sua definição de Direito Econômico, podemos extrair elementos comuns que formam a essência da conceituação dessa área. Com base na doutrina do ramo[8], é possível afirmar que:

a] **é ramo autônomo do Direito** – abordagem independente das demais, detendo conceito e princípios próprios;
b] **visa ao tratamento jurídico da política econômica** – o Direito Econômico fixa normas de comportamento aos agentes econômicos, que devem atuar de acordo com os princípios gerais da atividade econômico, buscando harmonizar os interesses na sociedade;
c] **visa regulamentar as estruturas do sistema econômico** – visa normatizar a organização econômica do país, no sentido de realizar justiça e harmonizar interesses individuais e coletivos, visando como meta final à segurança jurídica.

2 Fontes

Há duas fontes do Direito Econômico:

a] **Fontes reais** – são as fontes que criam o Direito Econômico: a) é o órgão encarregado de elaborar o Direito Econômico, que é o Estado, por meio da União, Estados-membros, Distrito Federal e Municípios; b) os fatos econômicos.
b] **Fontes formais** – constituem o modo pelo qual se manifesta e se exterioriza o Direito Econômico – Constituição, Normas infraconstitucionais, os Costumes, a Jurisprudência, normas internacionais do comércio, atos administrativos normativos, decisões do CADE.

---

5 SILVA, Américo Luís Martins da. **Introdução do Direito Econômico**. Rio de Janeiro: Forense, 2002.
6 PEREIRA, Affonso Insuela. **O Direito Econômico na ordem jurídica**. São Paulo: José Bushatsky, 1980.
7 AGUILLAR, Fernando Herren. **Direito Econômico**: do direito nacional ao direito supranacional. São Paulo: Atlas, 2006.
8 SOUZA, Washington Albino. **Primeiras linhas de Direito Econômico**. São Paulo: LTR, 2005.

A doutrina aponta como fonte auxiliar do Direito Econômico, a ciência econômica, já que a norma em Direito Econômico tem como conteúdo obrigatório e original o fato econômico, que é explicado pela economia[9].

3. Competência legislativa

O Direito Econômico tem autonomia, pois a Constituição Federal possibilitou a sua competência legislativa por determinados órgãos. A competência ou aptidão para legislar Direito Econômico é do tipo *concorrente não cumulativa*, ou seja, a aptidão é conferida a todos os entes federativos (União, Estados, Distrito Federal e Municípios), com uma repartição de tarefas estabelecida na própria CF (definida no art. 24, I, c/c o art. 30, II, ambos da CF):

1] A aptidão para legislar pertence à União, Estados, Distrito Federal e Municípios;
2] Há uma divisão de tarefas entre a União, Estados, Distrito Federal e Municípios:

- A União edita normas gerais dos assuntos arrolados no art. 24 da CF/1988.
- Se a União fizer as normas gerais, os Estados/Distrito Federal editam normas específicas em seus territórios.
- Se a União não fizer as normas gerais, os Estados/Distrito Federal editam normas gerais e específicas em seus territórios.
- Se a União fizer norma geral após os Estados/Distrito Federal, prevalece a norma geral federal, podendo a estadual/distrital geral ser aproveitada naquilo que não conflitar com norma geral federal superveniente.
- O Município fica responsável em suplementar a legislação federal e estadual no que couber.

4. Autonomia

a] **Científica:** o Direito Econômico dispõe de princípios e normas específicas que lhe dão identidade. Possui institutos e princípios próprios, distintos dos institutos e princípios dos demais ramos jurídicos.
b] **Constitucional:** abrange duas ideias fundamentais – 1) o Direito Econômico tem autonomia, pois a Constituição possibilitou a sua competência legislativa por determinados órgãos; é definida no art. 24, inciso I, c/c o art. 30, II, ambos da CF, que estabelecem que a competência legislativa do Direito Econômico é

---

9 BAGNOLI, Vicente. **Direito Econômico**. São Paulo: Atlas, 2005.

do tipo concorrente não cumulativa; 2) O Direito Econômico tem autonomia, pois a CF dedica um título próprio sobre a ordem econômica.
c) **Autonomia legislativa**: o Direito Econômico possui normas jurídicas próprias que tratam da matéria econômica, como a Lei da Defesa da Concorrência.
d) **Autonomia doutrinária**: o Direito Econômico é reconhecido pelos estudiosos do Direito como ramo autônomo da área. A autonomia doutrinária traduz-se na existência de uma bibliografia própria de reconhecimento nacional e internacional.

5. Objeto

O conteúdo científico do Direito Econômico abrange cinco aspectos que dão lugar às seguintes disciplinas:

a) **Direito econômico geral** – é um conjunto de normas que disciplinam a parte introdutória do direito econômico, fornecendo conceitos básicos e os princípios fundamentais da organização econômica.
b) **Direito Administrativo Econômico** – é um conjunto de normas que regulam a atuação do Estado no domínio econômico e as agências.
c) **Direito Constitucional Econômico** – é o estudo da Constituição econômica.
d) **Direito Penal Econômico** – é um conjunto de normas que disciplinam as infrações penais contra a ordem econômica.
e) **Direito Econômico Internacional** – estuda a ordem econômica internacional.
f) **Direito da Concorrência** – estudo da defesa da concorrência.
g) **Direito Ambiental Econômico** – estudo das normas de Direito Ambiental de natureza econômica.

6. Normas

As normas de Direito Econômico podem ser de três espécies:

a) **Premiais** – fixam incentivos.
b) **Programáticas** – fixam diretrizes a serem seguidas pelo Poder Público.
c) **Objetivas** – visam implementar políticas públicas.

As normas de Direito Econômico fixam comportamentos a serem observados pelos sujeitos que atuam no mercado, ou seja, no ambiente em que há circulação de bens e serviços, e são criadas de acordo com os princípios previstos na CF.

7. Características

O Direito Econômico possui as seguintes características:

a] **De síntese ou misto** – é ao mesmo tempo ramo do direito público, pois há atuação do Estado no domínio econômico, e ramo do direito privado, pois o papel principal é do particular[10].
b] **Não codificado** – é formado por normas e princípios dispersos em vários diplomas.
c] **Recente** – o Direito Econômico surge com o advento da primeira guerra mundial, em 1914; conforme Fábio Konder Comparato[11]: "O direito econômico nasce com a primeira guerra mundial, que representa de fato o fim do século XIX e o superamento de uma certa concepção clássica da guerra e da economia".
d] **Fluído** – é alterado de forma constante, de acordo com as mudanças da política existente no país.
e] **Interdisciplinar** – detém relação com os demais ramos do Direito ("Pode-se dizer que o direito econômico é uma espécie de polo, ao redor do qual circulam o direito tributário, o direito administrativo, o direito financeiro, o direito ambiental, e inúmeros outros"[12]).
f] **Singular** – cada país tem suas regras próprias para o seu fato econômico.
g] **Concreto** – pois regula fenômenos concretos vinculados a fatos históricos da vida social do país.

8. Relações com outros ramos do Direito

a] **Direito Constitucional**: fornece os princípios informadores do Direito Econômico.
b] **Direito Administrativo**: estuda o funcionamento do Estado, conceito que auxilia na atuação do Estado no domínio econômico.
c] **Direito Tributário**: estuda o tributo, receita derivada e maior fonte de recursos econômicos do Poder Público.

---

10 Direito Econômico é ramo do direito público (ANTUNES, Paulo de Bessa. **Direito Ambiental**. Rio de Janeiro: Lumen Juris, 2012).
11 COMPARATO, Fábio Konder. O indispensável Direito Econômico. **Revista dos Tribunais**. São Paulo, v. 54, n. 353, p. 14-26, mar. 1965.
12 ANTUNES, Paulo de Bessa. **Direito Ambiental**. Rio de Janeiro: Lumen Juris, 2012.

d] **Direito Penal**: tipifica as infrações penais contra a ordem econômica.
e] **Direito Processual**: veicula as demandas econômicas, funcionando como instrumento para fazer valer as regras econômicas.
f] **Direito privado**: fornece conceitos básicos para melhor compreensão do direito econômico.
g] **Direito Internacional**: pode celebrar tratados de natureza econômica.
h] **Direito do Consumidor**: o consumo faz parte das relações econômicas.

9. Estado e economia

Em relação à participação do Estado na vida econômica, destaca-se a classificação feita por André Ramos TAVARES[13]:

a] **Estado liberal** – todos, inclusive os governantes, estão sujeitos às leis; consagra a livre iniciativa – direito de qualquer pessoa de exercer atividade econômica sem qualquer restrição estatal; a interferência do Estado era para garantir segurança e para atuar nos setores em que não havia interesse para a iniciativa privada.
b] **Estado interventor** – há a intervenção do Estado para o melhor funcionamento da liberdade e não há preocupações sociais, mas de ordem técnica; passa a intervir para garantir o liberalismo.
c] **Estado social** – visa assegurar condições mínimas para os incapazes de prover o seu próprio sustento.
d] **Estado socialista** – é o grau máximo da intervenção do Estado, falando-se numa economia centralizada; sobrevalorização do coletivo; o centro exclusivo para a tomada das decisões econômicas é o próprio Poder Público; sistema de autoridade com dirigismo ou controle; Estado é produtor, vendedor e empregador único.
e] **Estado neoliberal** – revalorização das forças de mercado; defesa da desestatização; busca de um Estado financeiramente mais eficiente, probo e equilibrado; redução dos encargos sociais criados no pós-guerra; o Estado continua prestando serviços essenciais.
f] **Estado desenvolvimentista** – o avanço econômico necessita do desenvolvimento do homem e seus direitos fundamentais.

---

13 TAVARES, André Ramos. **Direito Constitucional Econômico**. São Paulo: Gen, 2010.

Capítulo 2
Atividade econômica

1. Conceito

O conceito de atividade econômica reúne três elementos:

1] **Elemento material** – no conteúdo, a atividade econômica envolve a produção, circulação ou consumo de bens ou serviços.
2] **Elemento finalístico** – a atividade econômica visa atender às necessidades coletivas ou individuais da sociedade.
3] **Elemento subjetivo** – a atividade econômica pode ser exercida tanto por particular como pelo Poder Público[1].

2. Espécies

As atividades econômicas podem ser classificadas em duas espécies:

1] **Atividade econômica em sentido restrito** – é a atividade de produção, circulação e consumo de bens e serviços regida por normas de direito privado. É exercida pelo particular. O Estado só pode exercer em caráter excepcional, nos casos de necessidade para a segurança nacional ou de relevância para o interesse da coletividade, conforme critérios a serem estabelecidos em lei.
2] **Serviço público** – é atividade prestada para atendimento das necessidades do Estado ou da sociedade, sempre sob regime de direito público. É exercida pelo Estado ou por seus delegados.

---

1 "Por óbvio, o agente privado constituído sob a forma empresarial atua sempre no sentido de alcançar seus interesses próprios, vendo nas necessidades coletivas e individuais da sociedade uma forma de se obter lucro. Assim, quando participa do ciclo econômico seu objetivo imediato e principal é a persecução de resultados financeiros, que serão alcançados mediante o atendimento das necessidades da coletividade, por meio da venda de seus bens e produtos. Por sua vez, o Estado tem por finalidade maior o atendimento dos interesses da sociedade, em especial as necessidades dos notadamente hipossuficientes, isto é, da parcela da população que, por qualquer razão que seja, não pode, por si, auferir renda e adquirir com o produto de seu labor os bens necessários para a subsistência" (FIGUEIREDO, Leonardo Viseu. **Direito Econômico**. Rio de Janeiro: Forense, 2021. p. 73).

3. Regulação[2]

O Estado realiza a organização da atividade econômica de duas formas: **1) Positiva**: pela concessão de serviços públicos. **2) Negativa**: pelo exercício do poder de polícia.

Na regulação da atividade econômica, há duas escolas que apontam a justificativa para a referida regulação:

a) **Escola do interesse público**[3] – vinculada à noção de serviço público, sustenta que a fundamentação é a busca do bem comum; a regulação é meio para corrigir práticas de mercado ineficientes ou não equitativas, visando à promoção do bem estar econômico. Possui dois alicerces: fragilidade do mercado e baixo custo da regulação econômica.

b) **Escola neoclássica**[4] – previsão dos resultados e fins da atividade econômica. Negava qualquer fundamento de interesse público na regulação, acreditando poder prever os resultados e fins da atividade econômica e afirmação do objetivo de substituição ou correção do mercado através da regulação. O regulador é ou deveria ser capaz de reproduzir um mercado em laboratório, nos gráficos de oferta e demanda.

A regulação só é necessária enquanto não existir solução de mercado mais eficiente. Nela encontra-se a semente dos movimentos desregulatórios. A fundação é atribuída a **George Joseph Stigler**. Para teóricos econômicos do porte de STIGLER, POSNER e PELTZMAN, a regulação é resultado da interação de interesses privados para uma maximização de benefícios. As tarefas da regulação são justificar quem receberá os benefícios, quem arcará com o ônus da regulação e quais os efeitos da regulação sobre a alocação de recursos.

---

[2] A Seção 2.3 foi elaborada com base em: SALOMÃO FILHO, Calixto. **Regulação da atividade econômica**. São Paulo: Malheiros, 2008.

[3] "Ela evidencia o fato de que a justificativa para a regulação (...) nada tem a ver com a preservação do mercado. O objetivo é primordialmente a busca do bem público, definido de formas diversas (...). Na verdade, não seria exagerado identificar a Escola do Interesse Público à Escola do Serviço Público, pelo menos na forma como é aplicada no Brasil" (SALOMÃO FILHO, Calixto. **Regulação da atividade econômica**. São Paulo: Malheiros, 2008. p. 25-26).

[4] "Na verdade, a teoria econômica da regulação, orientada pelo neoclassicismo, crê poder prever os resultados e, consequentemente, indicar os fins da atividade econômica. A regulação serve apenas como substituto do mercado. O regulador é ou deveria ser capaz de reproduzir um mercado em laboratório, ou, melhor dizendo, nos gráficos de oferta e demanda" (SALOMÃO FILHO, Calixto. **Regulação da atividade econômica**. São Paulo: Malheiros, 2008. p. 27-28).

No contexto da regulação da atividade econômica, há os seguintes princípios em destaque:

a] **Do acesso necessário** – uma amplitude maior de concorrentes em um setor da economia traz consigo a presunção de uma melhor prestação dos serviços e de um maior retorno distributivo dos ganhos auferidos para a sociedade, haja vista o interesse na maximização dos resultados econômicos a serem obtidos. Por outro lado, imperioso e completamente necessário que nos moldes de um modelo regulatório voltado para a proteção dos direitos fundamentais, o amplo acesso dos consumidores também se faça presente, com supedâneo nas normas reguladoras das agências.

b] **Da função social da propriedade dos meios de acesso ao mercado** – tal princípio remonta tanto à verificação de uma possibilidade de diminuição dos custos de transação, na medida em que sejam fixados os preços da ligação à rede pelo ente regulador, como à restrição ao direito de propriedade. Diz respeito também ao fato de determinados bens serem obrigatoriamente compartilhados com os demais concorrentes, em face da infraestrutura que um ou poucos possuem.

c] **Da aplicação institucional do direito antitruste** – propõe uma aplicação diferenciada dos princípios e regras do direito da concorrência em sede regulatória.

d] **Da cooperação** – é preciso que seja possível aos agentes comparar escolhas individuais com escolhas sociais. É do benefício público que deriva do privado. "Três são as condições mínimas para o sucesso de soluções cooperativas: pequeno número de participantes, existência de informação sobre o comportamento dos demais e existência de relação continuada entre os agentes[5]".

---

5 SALOMÃO FILHO, Calixto. **Regulação da atividade econômica**. São Paulo: Malheiros, 2008.

Capítulo 3
Constituição econômica

1. Conceito

É a parte da Constituição que estuda o modo de ser da economia, ou seja, o sistema econômico do país, bem como a forma e organização da economia[1].

A constituição econômica consagra a sistematização da atividade econômica, apontando os instrumentos de regulação e intervenção estatal no domínio econômico[2].

2. Espécies

Eros GRAU[3] afirma que existem duas espécies:

1) **Estatutária ou orgânica** – é instrumento do governo, trazendo as competências e regulando os processos.
2) **Diretiva ou doutrinal** – além de instrumento do governo, traz diretrizes, programas e fins a serem realizados pela sociedade e o Estado.

A constituição econômica pode ser **formal**[4], quando as normas que regulam os temas econômicos estão inseridas na Constituição, e **material**[5], quando as normas que regulam a vida econômica podem estar fora da Constituição, como a lei da defesa da concorrência.

3. Constituição econômica e ordem econômica

A Constituição econômica não se confunde com ordem econômica, já que esta abrange outras leis que não apenas a CF/1988.

---

1 "É a parte da Constituição que interpreta o sistema econômico, ou seja, que dá forma ao sistema econômico" (SILVA, José Afonso da. **Direito Constitucional Positivo**. São Paulo: Malheiros, 1999. p. 765).
2 MASSO, Fabiano Del. **Direito Econômico esquematizado**. São Paulo: Método, 2012.
3 GRAU, Eros Roberto. **A ordem econômica na Constituição de 1988**. São Paulo: Malheiros, 2011.
4 "(...) o conjunto de disposições contidas no documento constitucional, destinadas a regular a vida econômica" (RAMOS, Elival da Silva. O Estado na ordem econômica. **Revista de Direito Constitucional e Internacional**. São Paulo, RT, v. 43, p. 49-56, abr./jun. 2003).
5 "Constituição Material é a estrutura de relações sociais de produção traduzida em normas jurídicas" (MOREIRA, Vital. **Economia e Constituição**: para o conceito de Constituição econômica. 2. ed. Coimbra: Coimbra Editorial, 1979).

A ordem econômica é mais ampla que a constituição econômica. Segundo Vital MOREIRA[6], a ordem econômica constitui-se de "todas as normas ou instituições jurídicas que têm por objeto as relações econômicas".

4. Elemento da Constituição

Na teoria geral das constituições, existem os elementos da Constituição, ou seja, a estrutura normativa da Constituição. Dentre os elementos, destacam-se os socioideológicos, que revelam o compromisso das constituições com a ordem econômica e social[7].

5. Forma econômica

A forma econômica adotada no Brasil, bem como no mundo ocidental em geral, é a **capitalista**, pois há a apropriação privada dos meios de produção e a iniciativa privada. No modo de produção capitalista, existem duas características básicas: a) garantia do direito de propriedade (propriedade privada); b) liberdade de iniciativa e de competição. A escolha de o que, como e para quem produzir é do agente econômico. Essa deliberação não é totalmente livre, pois o mercado irá influenciar na decisão econômica. Não há liberdade plena, já que é necessária alguma forma de intervenção do Estado na economia.

A economia adotada no Brasil é **de mercado ou descentralizada**, pois o personagem principal é o particular, e o secundário, o Estado. Em matéria de liberdade econômica, vive-se num **liberalismo social**, em que a liberdade econômica tem de respeitar o consumidor e a dignidade da pessoa humana.

---

6 Op. cit., p. 67.
7 SILVA, José Afonso da. **Curso de Direito Constitucional Positivo**. São Paulo: Malheiros, 2024.

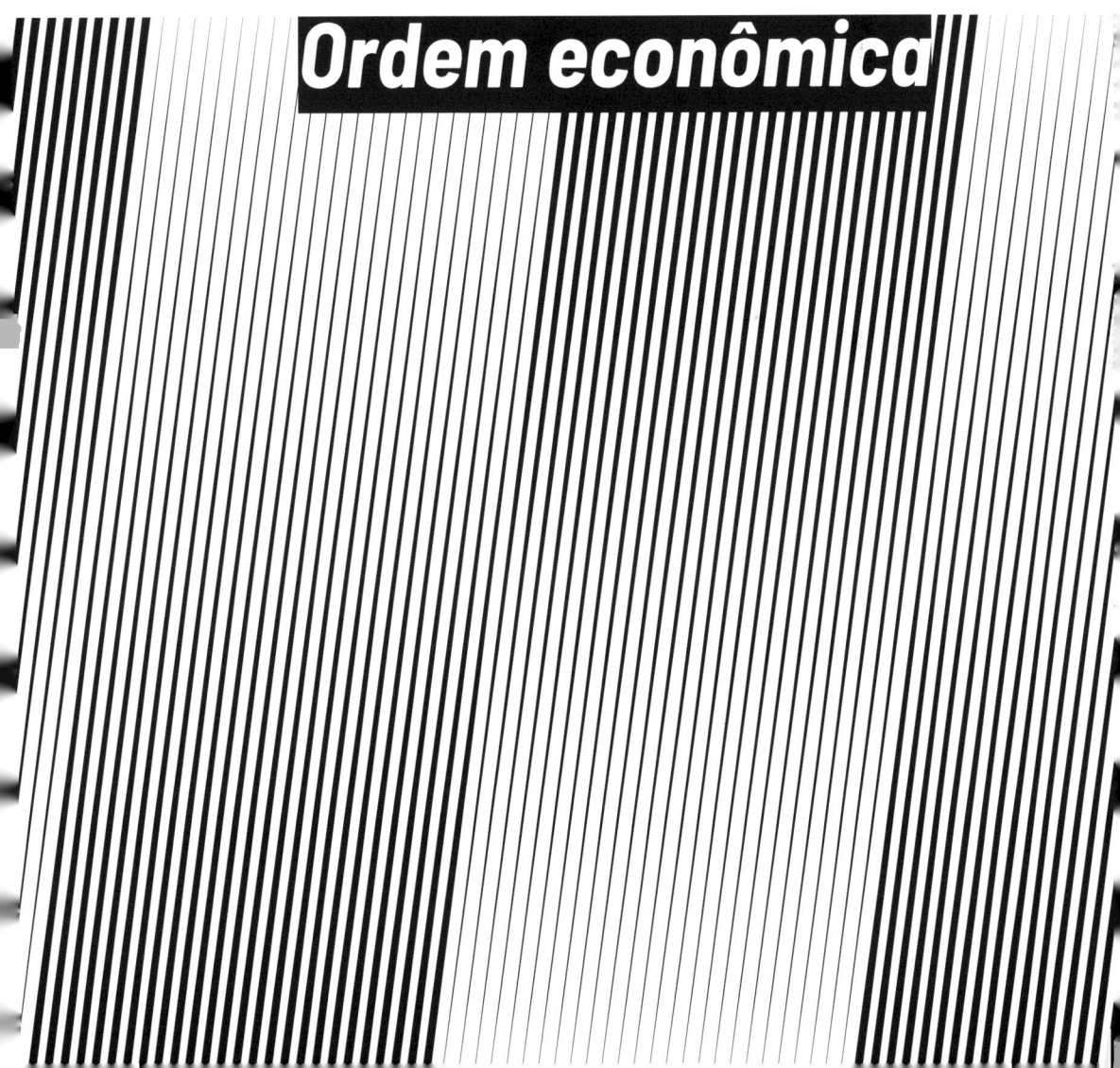

Capítulo 4
Ordem econômica

1. Dimensão jurídica

A ordem econômica, como conjunto de normas que regulam a atividade econômica, adquiriu dimensão jurídica a partir do momento em que as Constituições passaram a tratar do tema.

A primeira Constituição que trouxe em seu texto a ordem econômica foi a Constituição Mexicana de 1917, um verdadeiro marco, pois antes dela o Direito Constitucional vivia na era do constitucionalismo político, ou seja, a preocupação se dava com a organização do Estado e os direitos e garantias fundamentais. Após seu surgimento, o constitucionalismo passou a ser político, econômico e social, pois, além de o Direito Constitucional tratar da organização do Estado e dos direitos e garantias fundamentais, passou a cuidar de temas econômicos e sociais.

A principal promotora do evento foi a Constituição de Weimar, na Alemanha de 1919. No Brasil, a Constituição de 1934 foi a primeira a consagrar princípios e normas sobre a ordem econômica.

2. Conceito

Na visão de Eros Grau[1], a ordem econômica em sentido amplo é a parcela da ordem de fato, inerente ao mundo do ser, ou seja, o tratamento jurídico dispensado para disciplinar as relações jurídicas decorrentes do exercício de atividades econômicas; e em sentido estrito é a parcela da ordem de direito, inerente ao mundo do dever ser, ou seja, o tratamento jurídico dispensado ao comportamento dos agentes econômicos no mercado.

3. Características

A ordem econômica apresenta as seguintes características:

a] **Constitucionalidade** – é tema regulado na CF/1988.
b] **Juridicidade** – consiste na racionalização jurídica da vida econômica.
c] **Finalística** – possibilita condução da vida econômica da nação; legitima a intervenção do Estado no domínio privado econômico; garante o desenvolvimento sustentável da nação.

---

1   GRAU, Eros Roberto. **A ordem econômica na constituição de 1988**. 7. ed. rev. e atual. São Paulo: Malheiros, 2002. p. 69.

4. Fundamentos

Os fundamentos da ordem econômica são: valorização do trabalho humano e livre iniciativa. As conclusões dessa afirmativa são as seguintes: 1) a Constituição consagra economia de mercado, ou seja, em regra, as atividades econômicas são exercidas por particular; de forma excepcional são exercidas pelo Poder Público; 2) a ordem econômica dá prioridade aos valores do trabalho humano sobre todos os demais valores da economia de mercado; 3) a prioridade visa orientar o Estado na economia a fim de fazer valer os valores sociais do trabalho.

5. Finalidade

A finalidade da ordem econômica é assegurar a todos existência digna, conforme os ditames da justiça social: 1) só se realiza mediante equitativa distribuição de riqueza; 2) não pode existir grande diversidade de classe social, com amplas camadas de população carente ao lado de minoria afortunada; 3) cada um deve dispor dos meios materiais para viver confortavelmente segundo as exigências de sua natureza física, espiritual e política; 4) não aceita as profundas desigualdades, pobreza absoluta e miséria.

6. Sistema econômico

Dentro da ordem econômica, destaca-se o sistema econômico, que é o conjunto de soluções e decisões que visam enfrentar ou equacionar o problema econômico (o que produzir, como produzir e para quem distribuir) do país. Existem três espécies de sistemas: a) de tradição; b) de mando; c) de mercado. No Brasil, o sistema econômico adotado é o de mercado, ou economia descentralizada, que apresenta as seguintes características: 1) as decisões econômicas são tomadas pelos agentes individuais; 2) seus instrumentos típicos são a livre iniciativa e a livre concorrência; 3) guiada pela proteção da propriedade[2].

---

2 "É certo que a ordem econômica na Constituição de 1988 define opção por um sistema no qual joga um papel primordial a livre iniciativa. Essa circunstância não legitima, no entanto, a assertiva de que o Estado só intervirá na economia em situações excepcionais. Mais do que simples instrumento de governo, a nossa Constituição enuncia diretrizes, programas e fins a serem realizados pelo Estado e pela sociedade. Postula um plano de ação global normativo para o Estado e para a sociedade, informado pelos preceitos veiculados pelos seus arts. 1º, 3º e 170" (BRASIL. Supremo Tribunal Federal. **ADI n. 1.950, de 3 de novembro de 2005**. Relator: Min. Eros Grau. Data de julgamento: 3 nov. 2005. Plenário. Data de publicação: Diário da Justiça, 2 jun. 2006. Disponível em: <https://jurisprudencia.stf.jus.br/pages/search/sjur91952/false>. Acesso em: 29 out. 2024).

7 Princípios gerais da atividade econômica

7.1 Soberania nacional

No âmbito interno, *soberania* significa "supremacia estatal", ou seja, dentro do país não há nada acima do Estado; a supremacia estatal pode ser geral (comando que o Estado exerce sobre todas as pessoas e bens do país) ou especial (comando que o Estado exerce sobre seus bens e funcionários).

No âmbito externo, *soberania* significa independência, ou seja, fora do país, o relacionamento internacional é de coordenação, ou seja, fundamentado na igualdade.

Cada país tem autonomia para definir suas próprias diretrizes econômicas; é um dos fundamentos da República Federativa do Brasil e do Estado democrático de direito.

A soberania econômica no Brasil deve ser entendida como a preferência para um desenvolvimento nacional na economia, não podendo existir dependência econômica, pois a falta de emancipação econômica equivaleria a ignorar o desenvolvimento econômico. É possível competição internacional, desde que haja respeito simultâneo às normas e práticas internacionais da área econômica e, respeito à autodeterminação do Estado.

O histórico do comércio internacional pode ser dividido em três fases: **a) 1929 a 1939** – não havia comércio internacional, pois havia a autossuficiência no comércio interno; **b) 1941** – o comércio internacional não era um mal a ser combatido; foi firmada a Carta do Atlântico com abertura de fronteiras e cooperação entre os mercados; **c) 1947** – com o desenvolvimento comercial, houve uma maior circulação de bens e serviços, fazendo os países assinarem acordos para redução de tarifas alfandegárias, como o GATT (em inglês, General Agreement on Tariffs and Trade, "Acordo Geral de Tarifas e Comércio", em português) em 1947.

A Resolução n. 2.625 da Organização das Nações Unidas (ONU), de 24 de setembro de 1970[3], assegura aos Estados o direito de não sofrerem qualquer intervenção de outro Estado com a finalidade de lhe impor direcionamentos econômicos.

---

3 ONU – Organização das Nações Unidas. **Resolução n. 2.625 (XXV), de 24 de outubro de 1970, da Assembleia Geral das Nações Unidas**. Declaração sobre os Princípios de Direito Internacional Referentes às Relações de Amizade e Cooperação entre os Estados em Conformidade com a Carta das Nações Unidas. Disponível em: <https://documents.un.org/doc/resolution/gen/nr0/348/90/pdf/nr034890.pdf>. Acesso em: 29 out. 2024.

No contexto atual, pode-se afirmar que vivemos em uma economia globalizada, que visa à eliminação de barreiras comerciais, à promoção de uma integração internacional com respeito à dignidade da pessoa humana e à adoção de política pública que permita a competição dos agentes econômicos na área internacional.

7.2 Livre concorrência

De acordo com o princípio da livre concorrência, devem ser evitados os abusos do poder econômico, visando garantir aos agentes econômicos a oportunidade de competirem de forma justa no mercado.

A Lei n. 12.529/2011[4] prevê a proteção da livre concorrência, estipulando, inclusive, um processo de averiguação e julgamento de infração da ordem econômica.

A competição deve ser norteada pelas seguintes diretrizes: 1) deve ser feita em segmento lícito; 2) objetivar êxitos econômicos de acordo com as leis de mercado; 3) contribuir para o desenvolvimento nacional e justiça social; 4) tutelar o mercado e o consumidor; 5) o Estado deve criar órgãos para manter a concorrência lícita e leal[5].

No intuito protetivo da livre concorrência, a jurisprudência manifesta-se no seguinte sentido: de acordo com a Súmula n. 646 do STF[6], ofende o princípio da livre concorrência lei municipal que impede a instalação de estabelecimentos comerciais do mesmo ramo em determinada área. A fixação de horário de funcionamento para o comércio dentro da área municipal pode ser feita por lei

---

4   BRASIL. Lei n. 12.259, de 30 de novembro de 2011. **Diário Oficial da União**, Poder Legislativo, Brasília, DF, 1º dez. 2011. Disponível em: <https://www.planalto.gov.br/ccivil_03/_ato2011-2014/2011/lei/l12529.htm>. Acesso em: 17 abr. 2024.
5   "As atividades econômicas surgem e se desenvolvem por força de suas próprias leis, decorrentes da livre empresa, da livre concorrência e do livre jogo dos mercados. Essa ordem, no entanto, pode ser quebrada ou distorcida em razão de monopólios, oligopólios, cartéis, trustes e outras deformações que caracterizam a concentração do poder econômico nas mãos de um ou de poucos. Essas deformações da ordem econômica acabam, de um lado, por aniquilar qualquer iniciativa, sufocar toda a concorrência e por dominar, em consequência, os mercados e, de outro, por desestimular a produção, a pesquisa e o aperfeiçoamento. Em suma, desafiam o próprio Estado, que se vê obrigado a intervir para proteger aqueles valores, consubstanciados nos regimes da livre empresa, da livre concorrência e do livre embate dos mercados, e para manter constante a compatibilização, característica da economia atual, da liberdade de iniciativa e do ganho ou lucro com o interesse social" (BRASIL. Superior Tribunal de Justiça. **REsp 926.140/DF**, de 1º de abril de 2008. Relator: Min. Luiz Fux. Data de publicação: Diário da Justiça, 12 maio 2008. Disponível em: <https://scon.stj.jus.br/SCON/pesquisar.jsp?b=ACOR&livre=%28RESP.clas.+e+%40num%3D%22926140%22%29+ou+%28RESP+adj+%22926140%22%29.suce.&O=JT>. Acesso em: 29 out. 2024).
6   BRASIL. Supremo Tribunal Federal. **Súmula n. 646**, de 24 de setembro de 2003. Data de publicação: Diário da Justiça, 13 out. 2003. Disponível em: <https://portal.stf.jus.br/jurisprudencia/sumariosumulas.asp?base=30&sumula=1525>. Acesso em: 5 jul. 2024.

local, visando o interesse do consumidor e evitando a dominação do mercado por oligopólio[7].

7.3 Integração

O crescimento econômico depende da união de quatro fatores:

- **Defesa do consumidor** – feita por meio de legislação protetiva, instituições adequadas, do bem-estar com produtos e serviços de maior qualidade, preços mais vantajosos e qualidade na distribuição de bens produzidos ou criados na sociedade, com divisão justa ou com possibilidade razoável de aquisição e interferência do Estado na relação de consumo para evitar abusos do poder econômico.
- **Defesa do meio ambiente**[8] – os investimentos para tecnologias menos poluidoras, exploração da atividade econômica feita de acordo com a capacidade dos ecossistemas, não utilização predatória de recursos não renováveis, o consumo e o desenvolvimento devem ser sustentáveis, no sentido de respeitar o meio ambiente e garantir qualidade de vida (*progresso* não é desenvolvimento desenfreado, mas valorização humana); práticas respeitosas do meio ambiente que privilegiem a qualidade de vida; a função social da propriedade rural é cumprida quando a utilização dos recursos naturais se dá de forma adequada sempre visando preservar o meio ambiente; o EIA é instrumento preventivo que estabelece diagnóstico das consequências ambientais de atividades potencialmente degradadoras do meio ambiente.
- **Busca do pleno emprego** – significa oferecer oportunidade de empregos a quem tem condições de exercer atividade produtiva; o Estado deve adotar

---

7 BRASIL. Supremo Tribunal Federal. **RE n. 189.170, de 1º de fevereiro de 2001**. Relator para o acórdão: Min. Maurício Corrêa. Data do julgamento: 1º fev. 2001. Plenário. Data de publicação: *Diário da Justiça*, 8 ago. 2003. Disponível em: <https://redir.stf.jus.br/paginadorpub/paginador.jsp?docTP=AC&docID=230851>. Acesso em: 29 out. 2024.

8 "A atividade econômica não pode ser exercida em desarmonia com os princípios destinados a tornar efetiva a proteção ao meio ambiente. A incolumidade do meio ambiente não pode ser comprometida por interesses empresariais nem ficar dependente de motivações de índole meramente econômica, ainda mais se se tiver presente que a atividade econômica, considerada a disciplina constitucional que a rege, está subordinada, dentre outros princípios gerais, àquele que privilegia a 'defesa do meio ambiente' (CF, art. 170, VI), que traduz conceito amplo e abrangente das noções de meio ambiente natural, de meio ambiente cultural, de meio ambiente artificial (espaço urbano) e de meio ambiente laboral. Doutrina. Os instrumentos jurídicos de caráter legal e de natureza constitucional objetivam viabilizar a tutela efetiva do meio ambiente, para que não se alterem as propriedades e os atributos que lhe são inerentes, o que provocaria inaceitável comprometimento da saúde, segurança, cultura, trabalho e bem-estar da população, além de causar graves danos ecológicos ao patrimônio ambiental, considerado este em seu aspecto físico ou natural" (BRASIL. Supremo Tribunal Federal. **ADI n. 3.540-MC, de 1º de setembro 2005**. Relator: Min. Celso de Mello. Data de julgamento: 1º set. 2005. Plenário. Data de publicação: *Diário da Justiça*, 3 fev. 2006. Disponível em: <https://jurisprudencia.stf.jus.br/pages/search/sjur94859/false>. Acesso em: 29 out. 2024).

políticas que fomentem tal busca de forma a valorizar o trabalho humano e a justiça social; é princípio diretivo na economia que se opõe às políticas recessivas.

- **Redução das desigualdades regionais e sociais** – buscar uma maior isonomia entre as regiões do país por meio de instrumentos como a concessão de incentivos tributários e orçamentários ou criação de regiões de desenvolvimento, nos termos do art. 43 da CF/1988. Os direitos sociais funcionam como parâmetro para aferição da desigualdade no país; a meta é a igualdade substancial, ou seja, buscar mesmas condições econômicas e sociais; é a orientação da intervenção do Estado na economia no sentido de melhorar a distribuição de riquezas ou a renda nacional para proporcionar um aumento do nível de vida, da consciência, de educação e de cultura das camadas inferiores da população, assegurando a cada membro o mínimo necessário. Além de princípio da ordem econômica, é objetivo fundamental da República Federativa do Brasil. A União deve elaborar e executar planos nacionais e regionais de ordenação do território e de desenvolvimento econômico e social e a lei que estabelecer as diretrizes e as bases do planejamento deve incorporar e compatibilizar os planos nacionais e regionais de desenvolvimento. É competência comum o combate da pobreza e dos fatores da marginalização, promovendo a integração social dos setores desfavorecidos.

7.4 Livre iniciativa econômica[9]

Abrange: liberdade de indústria e comércio, desde que lícitos; liberdade de contratar, ou seja, escolher ser parte num contrato, de escolher com quem vai contratar, escolher o tipo do negócio, fixar o conteúdo do contrato e de acionar o Judiciário; proteção da propriedade privada; exercer atividade econômica, em regra, independente de autorização, salvo casos legais; liberdade de empreender, incluindo o risco do empreendimento, o que, quanto, como e qual o preço; liberdade de trabalho; liberdade de associação; o direito de criar e organizar atividade econômica a título privado, desde que sejam observadas restrições legais ou

---

9 "O princípio da livre iniciativa não pode ser invocado para afastar regras de regulamentação do mercado e de defesa do consumidor" (BRASIL. Supremo Tribunal Federal. **RE n. 349.686, de 14 de junho de 2005.** Relatora: Min. Ellen Gracie. Data de julgamento: 14 jun. 2005. Segunda Turma. Data de publicação: *Diário da Justiça*, 5 ago. 2005. Disponível em: <https://redir.stf.jus.br/paginadorpub/paginador.jsp?docTP=AC&docID=261185>. Acesso em: 29 out. 2024).

constitucionais[10]; a livre iniciativa será **legítima** se for exercida de acordo com a justiça social e **ilegítima** se visar puro lucro e satisfação pessoal do empresário.

7.5 Tratamento favorecido

A União, os Estados, o Distrito Federal e os Municípios dispensarão às microempresas e às empresas de pequeno porte, assim definidas em lei, tratamento jurídico diferenciado, visando incentivá-las pela simplificação de suas obrigações administrativas, tributárias, previdenciárias e creditícias, ou pela eliminação ou redução destas por meio de lei.

O fomento da micro e da pequena empresa foi elevado à condição de princípio constitucional, de modo a orientar todos os entes federados a conferir tratamento favorecido aos empreendedores que contam com menos recursos para fazer frente à concorrência, em consonância com as diretrizes traçadas pelos arts. 170, inciso IX, e 179 da CF/1988[11].

O tratamento jurídico simplificado e favorecido, estabelecido na Lei Complementar n. 123/2006[12], visa facilitar a constituição e o funcionamento da microempresa e da empresa de pequeno porte, de modo a assegurar o fortalecimento de sua participação no processo de desenvolvimento econômico e social.

---

10 "Fixação de preços em valores abaixo da realidade e em desconformidade com a legislação aplicável ao setor: empecilho ao livre exercício da atividade econômica, com desrespeito ao princípio da livre iniciativa" (BRASIL. Supremo Tribunal Federal. **RE n. 422.941, de 5 de dezembro de 2005**. Relator: Min. Carlos Velloso. Data de julgamento: 5 dez. 2005. Segunda Turma. Data de publicação: Diário da Justiça, 24 mar. 2006. Disponível em: <https://redir.stf.jus.br/paginadorpub/paginador.jsp?docTP=AC&docID=368446>. Acesso em: 29 out. 2024).

11 BRASIL. Superior Tribunal de Justiça. **Resp n. 1.236.488, de 26 de abril de 2011**. Relator: Min. Humberto Martins. Data de publicação: Diário da Justiça Eletrônico, 3 maio 2011. Disponível em: <https://processo.stj.jus.br/SCON/GetInteiroTeorDoAcordao?num_registro=201100295449&dt_publicacao=03/05/2011>. Acesso em: 29 out. 2024.

12 BRASIL. Lei Complementar n. 123, de 14 de dezembro de 2006. **Diário Oficial da União**, Poder Legislativo, Brasília, DF, 15 dez. 2006. Disponível em: <https://www.planalto.gov.br/ccivil_03/leis/lcp/lcp123.htm>. Acesso em: 17 abr. 2024.

Capítulo 5
Atuação do Estado brasileiro no domínio econômico

1. Liberalismo e intervencionismo

O liberalismo é movimento que defende a liberdade individual quer no plano econômico, quer no plano político[1].

Do ponto de vista econômico, a doutrina[2] que veio enfatizar essa corrente de pensamento foi a de Adam Smith. A economia era vista como um fenômeno cujas leis são impostas pelas forças do mercado[3].

O princípio básico do liberalismo econômico assenta-se na liberdade da iniciativa e na economia de mercado. O Estado existia apenas para garantir o funcionamento dessas forças (ideia do Estado mínimo).

A atuação sem limites dos detentores do capital gerou massa miserável. Dessa forma, era necessário compatibilizar os ideais do liberalismo econômico com a justiça social do Estado democrático de direito, a fim de reprimir o abuso do poder econômico e assegurar condições dignas de vida, surgindo o intervencionismo[4]. De acordo com Lafayete Josué PETTER[5] a atuação mais intensa do Estado na atividade econômica se deu somente a partir da Primeira Guerra Mundial e a Crise de 1929.

---

1 Do ponto de vista jurídico, o liberalismo por estar "intimamente ligado ao constitucionalismo, sempre se manteve fiel ao princípio (medieval) da limitação do poder político mediante o direito, de tal forma que somente as leis são soberanas, justamente aquelas leis limitadoras do poder do Governo". Do ponto de vista político, o Liberalismo sempre se apresentou como defensor das autonomias e das liberdades da sociedade civil, em contraposição, como valor positivo, ao poder central, que opera de maneira minuciosa, uniforme e sistemática (MATTEUCCI, Nicola. Liberalismo. In: BOBBIO, Norberto; MATTEUCCI, Nicola; PASQUINO, Gianfranco. **Dicionário de política**. 11. ed. Tradução de Carmen Varriale et al. Coordenação da tradução de João Ferreira. Brasília: UnB, 1998. v. 1).
2 *Laissez-faire, laissez-passer le monde va de lui même* ("deixe fazer, deixe passar, que o mundo caminha por si mesmo").
3 "(...) um fenômeno histórico que se manifesta na Idade Moderna e que tem seu baricentro na Europa (ou na área atlântica), embora tenha exercido notável influência nos países que sentiram mais fortemente esta hegemonia cultural (Austrália, América Latina e, em parte, a Índia e o Japão). Com efeito, na era da descolonização, o Liberalismo é a menos exportável entre as ideologias nascidas na Europa, como a democracia, o nacionalismo, o socialismo, o catolicismo social, que tiveram um enorme sucesso nos países de terceiro mundo" (MATTEUCCI, Nicola. Liberalismo. In: BOBBIO, Norberto; MATTEUCCI, Nicola; PASQUINO, Gianfranco. **Dicionário de política**. 11. ed. Tradução de Carmen Varriale et al.; Coordenação da tradução de João Ferreira. Brasília: UnB, 1998. v. I).
4 "Portanto, no Estado Liberal interventor não há preocupações sociais, mas sim de ordem técnica, com o próprio liberalismo. O Estado passa a intervir para garantir o liberalismo" (TAVARES, André Ramos. **Direito Constitucional Econômico**. São Paulo: Método, 2006).
5 PETTER, Lafayete Josué. **Direito Econômico**. Porto Alegre: Verbo Jurídico, 2006.

2. Formas de atuação do Estado no domínio econômico

Atuação do Estado no domínio econômico é a interferência do Estado em duas áreas: a) serviço público; b) atividade econômica. Quando o Estado interfere apenas na atividade econômica, existe a intervenção do Estado no domínio econômico. A intervenção estatal na economia possui as seguintes características[6]:

a) **Constitucionalidade** – é consagrada na CF/1988.
b) **Limitada** – deve ser exercida com respeito aos princípios e fundamentos da ordem econômica, em consonância com o Estado democrático de direito[7].
c) **Necessidade** – a intervenção é justificada para reduzir riscos, dar segurança ao mercado e consolidar o sistema capitalista.

A intervenção, por sua vez, pode ser:

a) **Direta** – exploração de atividade econômica, em caso de segurança nacional ou relevante interesse coletivo. Quando o Estado atua de maneira direta, é chamado pela doutrina de *agente econômico* ou "empresário". É forma atípica de intervenção. A exploração estatal direta da atividade econômica é subsidiária.
b) **Indireta** – fiscalização, incentivo e planejamento da atividade econômica. Cabe ressaltar que o planejamento é vinculante para o setor público e indicativo para o setor privado. Quando o Estado atua de maneira indireta, é chamado pela doutrina de agente normativo e regulador. Exemplos de intervenção indireta do Estado no domínio econômico – I) a expedição de legislação regulamentadora nos diversos níveis hierárquicos das pessoas jurídicas públicas; II) ato de restituição do ICMS sobre a exportação de produtos industrializados.

---

[6] "A intervenção estatal na economia como instrumento de regulação dos setores econômicos é consagrada pela Carta Magna de 1988. 2. Deveras, a intervenção deve ser exercida com respeito aos princípios e fundamentos da ordem econômica, cuja previsão resta plasmada no art. 170 da Constituição Federal, de modo a não malferir o princípio da livre iniciativa, um dos pilares da república (art. 1º da CF/1988)" (BRASIL. Supremo Tribunal Federal. **RE n. 648.622, de 20 de novembro de 2012**. Data de julgamento: 20 nov. 2012. Data de publicação: Diário da Justiça Eletrônico, 22 fev. 2013. In: CASAL, Vinícius Adami. Responsabilidade civil do Estado por atos de política econômica lícitos. Consultor Jurídico, 3 abr. 2023. Disponível em: <https://www.conjur.com.br/2023-abr-03/vinicius-casal-responsabilidade-civil-politica-economica/>. Acesso em: 30 out. 2024).

[7] "Em face da atual Constituição, para conciliar o fundamento da livre iniciativa e do princípio da livre concorrência com os da defesa do consumidor e da redução das desigualdades sociais, em conformidade com os ditames da justiça social, pode o Estado, por via legislativa, regular a política de preços de bens e de serviços, abusivo que é o poder econômico que visa ao aumento arbitrário dos lucros" (BRASIL. Supremo Tribunal Federal. **ADI n. 319-QO, de 3 de março de 1993**. Relator: Min. Moreira Alves. Data de julgamento: 3 mar. 1993. Plenário. Data de publicação: Diário da Justiça, 30 abr. 1993. Disponível em: <https://redir.stf.jus.br/paginadorpub/paginador.jsp?docTP=AC&docID=918>. Acesso em: 30 out. 2024).

3. Intervenção direta do Estado no domínio econômico

É a exploração de atividade econômica pelo Estado, em caso de segurança nacional ou relevante interesse coletivo.

Quando o Estado atua de maneira direta, é chamado pela doutrina de *agente econômico* ou *"empresário"*. É forma atípica de intervenção. A exploração estatal direta da atividade econômica é subsidiária. Existem duas formas de atuação direta do Estado no domínio econômico, como demonstrado a seguir.

a) Em regime de monopólio ou intervenção por absorção

O Estado explora de maneira exclusiva uma atividade econômica, no sentido de proteger o interesse público e, somente nas hipóteses previstas na Constituição Federal, quais sejam: **petróleo, gás natural** e **minerais nucleares**. A atividade econômica em regime de monopólio fica a cargo da União, conforme art. 177 da CF/1988 e art. 4º, parágrafo 1º do Decreto-Lei n. 200/1967[8].

Existem duas espécies de monopólio estatal: **1) Puro ou absoluto** – é o poder reservado à União, que não pode contratar empresas estatais ou particulares para exploração da atividade econômica; é o caso dos minerais nucleares, salvo exploração de radioisótopos para pesquisa e uso agrícolas, industriais e médicos, nos termos da Emenda Constitucional n. 118/2022[9]; **2) Impuro ou relativo** – é o poder reservado à União, que pode contratar empresas estatais ou particulares para exploração da atividade econômica; é o caso da pesquisa e lavra de petróleo e gás natural, do refino de petróleo nacional, a importação e a exportação de petróleo, gás natural e derivados e transporte marítimo do petróleo natural. TAVARES[10] acentua que o monopólio impuro configura um monopólio flexibilizado.

Eros GRAU[11] **diferencia monopólio de privilégio**, afirmando que **monopólio** é a detenção exclusiva do bem ou atividade por uma pessoa e, **privilégio**, a delegação direta de exploração de bens ou atividades monopolizadas a interessados.

---

8 BRASIL. Decreto-Lei n. 200, de 25 de fevereiro de 1967. **Diário Oficial da União**, Poder Executivo, 27 mar. 1967. Disponível em: <https://www.planalto.gov.br/ccivil_03/decreto-lei/del0200.htm>. Acesso em: 17 abr. 2024.
9 BRASIL. Emenda Constitucional n. 118, de 26 de abril de 2022. **Diário Oficial da União**, Poder Legislativo, Brasília, DF, 27 abr. 2022. Disponível em: <https://www.planalto.gov.br/ccivil_03/constituicao/emendas/emc/emc118.htm>. Acesso em: 14 fev. 2025.
10 TAVARES, André Ramos. **Direito Constitucional Econômico**. São Paulo: Método, 2006. p. 286.
11 GRAU, Eros Roberto. A ordem econômica na Constituição de 1988. São Paulo: Malheiros, 2011.

No Direito brasileiro, **o único monopólio aceito é o estatal com limitações de ordem normativa**, já que o privado configura abuso do poder econômico, pois elimina concorrência, gerando dominação de mercado.

Quando o Estado atua em regime de monopólio, sua posição é a de Poder Público, atuando com supremacia do interesse público. Dessa forma, o regime jurídico aplicável no caso é o **público**, e não o de empresas privadas.

A possibilidade da atuação estatal na economia em regime de monopólio reflete: a) a necessidade de proteção do interesse público diante dos valores envolvidos nos bens jurídicos; b) suprir deficiências da iniciativa individual; c) para organizar o setor quando a livre iniciativa for insuficiente ou inadequada na eficiência.

Marcelo CAETANO[12] diferencia **monopólio de direito do monopólio de fato**, sendo o primeiro autorizado por norma jurídica e, o segundo é o exercido sem autorização normativa. No Direito brasileiro o monopólio aceito é o de direito ou legal.

Em matéria nuclear, cabe ressaltar que a responsabilidade por dano nuclear é objetiva, ou seja, independe da existência de culpa, nos termos do art. 22, inciso XXIII, alínea "c" da CF/1988. Em relação ao petróleo/gás natural, cabe ressaltar algumas observações: 1) o proprietário do imóvel tem direito a uma indenização pelos prejuízos causados, tanto pela lavra como pela pesquisa, no tocante às jazidas petrolíferas; 2) a Administração Direta Federal, estadual, distrital e municipal podem ter participação no resultado da exploração de petróleo ou gás natural, desde que esteja em seu território, mar territorial, plataforma continental ou zona econômica exclusiva.

b) Em regime de competição

O Estado compete na área econômica quando cria uma empresa estatal, que, ao desenvolver atividade econômica visando alcançar o interesse público, realiza serviço governamental e não público.

A empresa estatal age como particular no campo mercantil, seja no comércio, seja na indústria, seja no setor de serviços. A empresa estatal representa execução indireta da atividade econômica. A empresa estatal detém personalidade jurídica de direito privado e autonomia financeira. A empresa estatal abrange: empresa pública, sociedade de economia mista e as subsidiárias ou entidades de segundo grau (controladas pela empresa estatal no capital e nas diretrizes operacionais). Todas têm sua criação autorizada por lei.

O regime jurídico aplicável será o de uma empresa privada, já que o Estado está na posição equivalente ao do particular, inclusive quanto aos direitos e

---

12 CAETANO, Marcello. **Manual de Direito Administrativo**. Coimbra: Almedina, 2009. v. 2.

obrigações civis, comerciais, trabalhistas e tributários: a) os empregados estão sujeitos à CLT; b) são contribuintes nas mesmas condições das empresas privadas.

Na **área tributária**, podemos afirmar que as empresas estatais que exploram atividade econômica só podem ter privilégios fiscais extensíveis ao setor privado, em homenagem ao princípio isonomia tributária ou fiscal. A empresa estatal não pode ter prerrogativas e vantagens específicas do Estado, pois representaria ruptura da livre concorrência e do equilíbrio de mercado.

Na área civil, a responsabilidade segue a regra do Código Civil de 2002[13], sendo, portanto, do tipo subjetiva, ou seja, depende da comprovação do dolo ou culpa. Cabe ressaltar que quando o Estado assume o controle de parte dos meios de produção em determinada área da atividade econômica atua em regime de competição.

A empresa estatal tem **regime híbrido**, pois sofre o influxo de regras de direito público, pois são administrativas vinculadas a um ente federativo. São vinculadas à Administração Direta; estão sujeitas à prestação de contas ministerial, ao tribunal de contas e para a própria Administração; tem concurso público para ingresso; seus objetivos econômicos devem visar ao interesse público.

Em relação à licitação, será realizada para as atividades-meio. Não precisam licitar para contratação de bens e serviços relacionados diretamente com suas atividades finalísticas, sob pena de inviabilizar a competição com as empresas privadas do mesmo setor.

A Lei n. 11.101, de 9 de fevereiro de 2005[14], que trata da **falência** e a **recuperação judicial e extrajudicial**, determina que tal diploma legal não se aplica às empresas públicas e sociedades de economia mista.

4. Intervenção indireta do Estado no domínio econômico

Ocorre quando o Estado exerce as seguintes atividades:

a] **Incentivo** – concessão pelo Estado de estímulos e benefícios na área econômica. Noutros termos, a atuação estatal é no sentido de estimular ou apoiar a atividade econômica exercida pelos particulares. O incentivo pode ser dado

---

13 BRASIL. Lei n. 10.406, de 10 de janeiro de 2002. **Diário Oficial da União**, Poder Legislativo, Brasília, DF, 11 jan. 2002. Disponível em: <https://www.planalto.gov.br/ccivil_03/leis/2002/l10406compilada.htm>. Acesso em: 18 abr. 2024.
14 BRASIL. Lei n. 11.101, de 9 de fevereiro de 2005. **Diário Oficial da União**, Poder Executivo, 9 fev. 2005. Disponível em: <https://www.planalto.gov.br/ccivil_03/_ato2004-2006/2005/lei/l11101.htm>. Acesso em: 18 abr. 2024.

por norma ou até por ato administrativo. Na política do fomento, o Estado tem que velar pelo interesse público, não podendo satisfazer interesses exclusivamente privados, sob pena de ofender a isonomia, a livre concorrência e o próprio desenvolvimento do país.

b] **Fiscalização** – limitação estatal na liberdade e propriedade dos particulares, para verificar a conformidade atuação dos agentes econômicos na área econômica com as disposições normativas. O poder de fiscalização pressupõe o poder de regulamentação e gera a possibilidade de responsabilização e, por consequência, a aplicação de sanções.

c] **Planejamento econômico** – fixação de diretrizes no setor econômico. O plano econômico tem natureza de ato administrativo normativo. É determinante para o setor público e indicativo para o setor privado.

Quando o Estado atua de maneira indireta, é chamado pela doutrina de *agente normativo e regulador*. Exemplos de intervenção indireta do Estado no domínio econômico: a) expedição de legislação regulamentadora nos diversos níveis hierárquicos das pessoas jurídicas públicas; b) ato de restituição do ICMS sobre a exportação de produtos industrializados.

Eros GRAU[15], por sua vez, estabelece três modalidades de intervenção: **a) Intervenção no domínio econômico** – o Estado desenvolve ação como agente econômico; neste caso existe intervenção por absorção, em que o Estado atua em regime de monopólio; e por participação, em que o Estado atua em regime de competição. **b) Intervenção sobre o domínio econômico** – o Estado desenvolve ação como regulador da atividade econômica. Pode ser por indução, situação em que o Estado manipula os instrumentos de intervenção em consonância e na conformidade das leis que regem o funcionamento dos mercados; por direção, contexto em que o Estado influencia a economia, consolidando dispositivos e regramentos destinados aos atores do cenário econômico (ex.: controle de preços).

A realidade atual demonstra uma predominância do papel regulador do Estado em face do seu perfil empresarial, em que os interesses estatais estão voltados a estabelecer os critérios e os limites da atividade econômica. Conforme acentua Nélson NAZAR,[16] há um "encolhimento" do Estado empresarial, pois a própria CF/1988 é extremamente rígida quanto ao perfil da atuação estatal em relação à atividade econômica.

---

15 GRAU, Eros Roberto. **Ordem econômica na Constituição de 1988**. São Paulo: Malheiros, 2003.
16 NAZAR, Nelson. **Direito econômico**. São Paulo: Edipro, 2004. p. 54.

Capítulo 6
Ordem econômica na Constituição de 1988

1. Capital estrangeiro

A CF/1988 foi a primeira a tratar do assunto, com a previsão do tema no art. 172: "A lei disciplinará, com base no interesse nacional, os investimentos de capital estrangeiro, incentivará os reinvestimentos e regulará a remessa de lucros" (CF/1988). A lei em questão é ordinária federal. A norma constitucional é de eficácia contida.

O capital estrangeiro deve ser regulado para resguardar os interesses nacionais, de forma a gerar riquezas e empregos. Investimentos são ingressos de moeda ou bens ou direitos estrangeiros. Reinvestimentos podem ser feitos no mesmo negócio ou em outra área.

2. Serviço público

Serviço público é atividade prestada pelo Estado, de forma direta (o próprio Estado exerce o serviço; não delega para outrem) ou indireta (o Estado delega para terceiros o serviço), submetida a um regime jurídico de direito público e que visa à satisfação das necessidades da coletividade.

Incumbe ao Poder Público, na forma da lei, diretamente ou sob regime de concessão ou permissão, sempre através de licitação, a prestação de serviços públicos.

Concessão é a delegação de sua prestação, feita pelo poder concedente, mediante licitação, na modalidade de concorrência, à pessoa jurídica ou consórcio de empresas que demonstre capacidade para seu desempenho, por sua conta e risco e por prazo determinado. A concessão pode ser precedida da execução de obra pública, ou seja, de uma construção, total ou parcial, conservação, reforma, ampliação ou melhoramento de quaisquer obras de interesse público.

Permissão é a delegação, a título precário, mediante licitação, da prestação de serviços públicos, feita pelo poder concedente à pessoa física ou jurídica que demonstre capacidade para seu desempenho, por sua conta e risco.

As concessões de serviços públicos e de obras públicas e as permissões de serviços públicos são regidas pelo art. 175 da CF/1988, pela Lei n. 8.987/1995[1], pelas normas legais pertinentes e pelas cláusulas dos indispensáveis contratos.

A União, os Estados, o Distrito Federal e os Municípios promoverão a revisão e as adaptações necessárias de sua legislação às prescrições dessa lei, buscando atender as peculiaridades das diversas modalidades dos seus serviços.

---

1 BRASIL. Lei n. 8.987, de 13 de fevereiro de 1995. **Diário Oficial da União**, Poder Legislativo, Brasília, DF, 14 fev. 1995. Disponível em: <https://www.planalto.gov.br/ccivil_03/leis/l8987cons.htm>. Acesso em: 5 jul. 2024.

A lei disporá sobre: I – o regime das empresas concessionárias e permissionárias de serviços públicos, o caráter especial de seu contrato e de sua prorrogação, bem como as condições de caducidade, fiscalização e rescisão da concessão ou permissão; II – os direitos dos usuários; III – política tarifária; IV – a obrigação de manter serviço adequado.

3. Recursos minerais

São elementos inorgânicos encontrados na natureza. Podem ser metálicos ou não metálicos. Quando o material é aproveitado pelo ser humano, trata-se de minério. *Jazida* é o depósito natural de recursos minerais. *Mina* é local a ser explorado pelo homem. *Lavra* é a exploração feita pelo homem.

A propriedade mineral submete-se ao regime de dominialidade pública. Os bens que a compõem se qualificam como bens públicos dominiais, achando-se constitucionalmente integrados ao patrimônio da União Federal. São bens da União os recursos minerais, inclusive os do subsolo.

No Brasil adotamos o **princípio da separação**, ou seja, a propriedade do solo não se confunde com a propriedade mineral. Noutros termos, as jazidas, em lavra ou não, e demais recursos minerais e os potenciais de energia hidráulica constituem propriedade distinta da do solo, para efeito de exploração ou aproveitamento, e pertencem à União. Nesse sentido, o STF manifestou-se em sede de ADI n. 3.366[2]:

> A propriedade do produto da lavra das jazidas minerais atribuídas ao concessionário pelo preceito do art. 176 da Constituição do Brasil é inerente ao modo de produção capitalista. A propriedade sobre o produto da exploração é plena, desde que exista concessão de lavra regularmente outorgada. Embora o art. 20, IX, da CF/1988 estabeleça que os recursos minerais, inclusive os do subsolo, são bens da União, o art. 176 garante ao concessionário da lavra a propriedade do produto de sua exploração.

A pesquisa e a lavra de recursos minerais e o aproveitamento dos potenciais de energia hidráulica somente poderão ser efetuados mediante autorização ou concessão da União, no interesse nacional, por brasileiros ou empresa constituída sob as leis brasileiras e que tenha sua sede e administração no país. Nesse sentido, o STF manifestou-se:

---

2   BRASIL. Supremo Tribunal Federal. **ADI n. 3.366, de 16 de março de 2005**. Relator para o acórdão: Min. Eros Grau. Data de julgamento: 16 mar. 2005. Data de publicação: *Diário da Justiça*, 2 mar. 2007. Disponível em: <https://redir.stf.jus.br/paginadorpub/paginador.jsp?docTP=AC&docID=408866>. Acesso em: 30 out. 2024.

A concessão de lavra, que viabiliza a exploração empresarial das potencialidades das jazidas minerais, investe o concessionário em posição jurídica favorável, eis que, além de conferir-lhe a titularidade de determinadas prerrogativas legais, acha-se essencialmente impregnada, quanto ao título que a legitima, de valor patrimonial e de conteúdo econômico. Essa situação subjetiva de vantagem atribui, ao concessionário da lavra, direito, ação e pretensão à indenização, toda vez que, por ato do Poder Público, vier o particular a ser obstado na legítima fruição de todos os benefícios resultantes do processo de extração mineral[3].

Em relação à mineração nas terras indígenas, é necessária autorização do Congresso Nacional. Nesse sentido, o STF na ADI n. 3.352[4]:

> É do Congresso Nacional a competência exclusiva para autorizar a pesquisa e a lavra das riquezas minerais em terras indígenas (CF, art. 49, XVI, e 231, § 3º), mediante decreto-legislativo, que não é dado substituir por medida provisória.

É assegurada participação ao proprietário do solo nos resultados da lavra, na forma e no valor que dispuser a lei. É garantida ao concessionário a propriedade do produto da lavra.

A autorização de pesquisa será sempre por prazo determinado, e as autorizações e concessões não poderão ser cedidas ou transferidas, total ou parcialmente, sem prévia anuência do poder concedente.

Não dependerá de autorização ou concessão o aproveitamento do potencial de energia renovável de capacidade reduzida (ex.: energia solar).

4. Transporte

O transporte pode ser interno, quando ocorre dentro das fronteiras do país, e internacional, quando ultrapassar as fronteiras do país. O transporte interno, que por motivo de força maior passe das fronteiras do país, não perde a característica de interno.

---

3   BRASIL. Supremo Tribunal Federal. **RE n. 140.254-AgR, de 5 de dezembro de 1995**. Relator: Min. Celso de Mello. Primeira Turma. Data de julgamento: 5 dez. 1995. Data de publicação: *Diário da Justiça*, 6 jun. 1997. Disponível em: <https://edisciplinas.usp.br/pluginfile.php/2447024/mod_resource/content/1/RE%20140254%20indeniza%C3%A7%C3%A3o%20lavra%20autorizada.pdf>. Acesso em: 30 out. 2024.

4   BRASIL. Supremo Tribunal Federal. **ADI n. 3.352, de 2 de dezembro de 2004**. Relator: Min. Sepúlveda Pertence. Data de julgamento: 2 dez. 2004. Data de publicação: 15 abe. 2005. Disponível em: <https://redir.stf.jus.br/paginadorpub/paginador.jsp?docTP=AC&docID=387242>. Acesso em: 30 out. 2024.

O transporte interno pode ser aéreo, terrestre ou aquático, e sua regulação é feita por lei ordinária federal. O transporte internacional é regulado por acordos[5] firmados pela União, atendido o princípio da reciprocidade.

Na ordenação do transporte aquático, a lei estabelecerá as condições em que o transporte de mercadorias na cabotagem (é feita entre portos brasileiros em águas oceânicas) e a navegação interior (é a feita dentro do território do país ao longo de rios e lagos) poderão ser feitos por embarcações estrangeiras.

Os navios podem ser públicos (civis – a serviço da polícia marítima; militares – comandados por militares) e privados (mercadorias, passageiros ou mistos).

Navio público é regido pela lei da bandeira. *Navio privado* é regido pela lei da bandeira, quando em alto-mar, e pela lei estrangeira, quando o mar é territorial estrangeiro. Marinheiro de navio público que desce em território estrangeiro a serviço será alcançado pela lei da bandeira; se por motivo particular, será regido pela lei estrangeira. Quando o navio estiver em porto não escalado por motivo de força maior, há a arribada forçada.

Nos rios nacionais, que cortam apenas um país, incide a lei do respectivo país. Nos rios internacionais contíguos (fazem fronteira), o domínio será estabelecido por lei mediana ou talvegue; nos sucessivos (cortam mais de um Estado), cada Estado toma conta do seu trecho.

No espaço aéreo, cabe ressaltar que adotamos a teoria da absoluta soberania do país subjacente, temos o domínio sobre toda a coluna de ar que incide sobre o território e o mar territorial.

O espaço aéreo é regido pela Convenção de Varsóvia, promulgada no Brasil pelo Decreto n. 20.704, de 24 de novembro de 1931[6]. Na parte que trata da limitação da responsabilidade civil do transportador aéreo internacional, prevalece o Código de Defesa do Consumidor. Cabe ressalvar o entendimento do STF a respeito da regulamentação do transporte aéreo:

> Afastam-se as normas especiais do Código Brasileiro da Aeronáutica e da Convenção de Varsóvia quando implicarem retrocesso social ou vilipêndio aos direitos assegurados pelo Código de Defesa do Consumidor.[7]

---

5 Os tratados sobre transporte internacional têm força supralegal. A lei ordinária não pode descumprir os acordos. Se houver o descumprimento, o Estado formula denúncia.
6 BRASIL. Decreto n. 20.704, de 24 de novembro de 1931. **Diário Oficial da União**, Poder Executivo, 24 nov. 1931. Disponível em: <https://www.planalto.gov.br/ccivil_03/decreto/1930-1949/d20704.htm>. Acesso em: 18 abr. 2024.
7 BRASIL. Supremo Tribunal Federal. **RE n. 351.750/RJ, de 25 de setembro de 2009**. Relator: Min. Roberto Barroso. Data de julgamento: 25 set. 2009. Data de publicação: Diário da Justiça Eletrônico, 25 set. 2009. Disponível em: <https://portal.stf.jus.br/processos/downloadPeca.asp?id=314137574&ext=.pdf>. Acesso em: 30 out. 2024.

5. Microempresa e empresa de pequeno porte

De acordo com o art. 179 da CF/1988,

> A União, os Estados, o Distrito Federal e os Municípios dispensarão às microempresas e às empresas de pequeno porte, assim definidas em lei, tratamento jurídico diferenciado, visando a incentivá-las pela simplificação de suas obrigações administrativas, tributárias, previdenciárias e creditícias, ou pela eliminação ou redução destas por meio de lei. (CF/1988)

A CF/1988 estabelece como princípio da ordem econômica o tratamento favorecido para empresas de pequeno porte constituídas sob a lei brasileira e que tenham sua sede e administração no Brasil, conforme dispõe o inciso IX do art. 170 com redação dada pela Emenda Constitucional n. 6/1995[8].

Na ADI n. 4.033[9], o STF manifestou a importância das pequenas empresas:

> O fomento da micro e da pequena empresa foi elevado à condição de princípio constitucional, de modo a orientar todos os entes federados a conferir tratamento favorecido aos empreendedores que contam com menos recursos para fazer frente à concorrência.

As pequenas empresas no Brasil têm tratamento jurídico diferenciado regulamentado na Lei Complementar n. 123/2006[10]. De acordo com a referida lei:

a] **Microempresa** – é a sociedade empresária, a sociedade simples, a empresa individual de responsabilidade limitada e o empresário devidamente registrados no Registro de Empresas Mercantis ou no Registro Civil de Pessoas Jurídicas, desde que aufira, em cada ano-calendário, receita bruta igual ou inferior a R$ 360.000,00 (trezentos e sessenta mil reais).

b] **Empresa de pequeno porte** – é a sociedade empresária, a sociedade simples, a empresa individual de responsabilidade limitada e o empresário devidamente registrados no Registro de Empresas Mercantis ou no Registro Civil

---

8   BRASIL. Emenda Constitucional n. 6, de 15 de agosto de 1995. **Diário Oficial da União**, Poder Legislativo, 16 ago. 1995. Disponível em: <https://www.planalto.gov.br/ccivil_03/constituicao/emendas/emc/emc06.htm>. Acesso em: 18 abr. 2024.

9   BRASIL. Supremo Tribunal Federal. **ADI n. 4.033/DF, de 15 de setembro de 2010**. Relator: Min. Joaquim Barbosa. Data de julgamento: 15 set. 2010. Data de publicação: Diário da Justiça Eletrônico, 4 fev. 2011. Disponível em: <https://redir.stf.jus.br/paginadorpub/paginador.jsp?docTP=AC&docID=618678>. Acesso em: 18 abr. 2024.

10 BRASIL. Lei Complementar n. 123, de 14 de dezembro de 2006. **Diário Oficial da União**, Poder Legislativo, 15 dez. 2006. Disponível em: <https://www.planalto.gov.br/ccivil_03/leis/lcp/lcp123.htm>. Acesso em: 18 abr. 2024.

de Pessoas Jurídicas, desde que aufira, em cada ano-calendário, receita bruta superior a R$ 360.000,00 (trezentos e sessenta mil reais) e igual ou inferior a R$ 4.800.000,00 (quatro milhões e oitocentos mil reais).

c] **Microempreendedor individual** – é pessoa que trabalha por conta própria e se legaliza como pequeno empresário optante pelo Simples Nacional, com receita bruta anual de até R$ 60.000,00. O microempreendedor pode contar com um único empregado e não pode ser sócio ou titular de outra empresa.

Em face da Lei Complementar n. 123/2006, o tratamento jurídico diferenciado no campo tributário consiste na **Previsão do Simples Nacional**, que permite a apuração e recolhimento mensal, mediante documento único de arrecadação, de tributos e contribuições federais, estaduais e municipais. Permite também a apresentação de declaração única de informações fiscais.

Seguindo a linha de proteção e incentivo às microempresas e empresas de pequeno porte, o Constituinte reforçou a necessidade dos entes políticos (União, Estados-membros, Distrito Federal e Municípios) dispensar tratamento jurídico diferenciado para referidas empresas objetivando incentivá-las, pela simplificação de suas obrigações administrativas, tributárias, previdenciárias e creditícias, ou pela eliminação ou redução destas na forma da lei, como está disposto no art. 179 da CF/1988.

Em relação ao tratamento tributário diferenciado, a CF/1988 em seu art. 146, inciso III, alínea "d" e parágrafo único outorgou à Lei Complementar a necessidade de dispor sobre obrigações principais e acessórias das micro e pequenas empresas, conforme assim estatui:

> Art. 146. (...)
>
> d] definição de tratamento diferenciado e favorecido para as microempresas e para as empresas de pequeno porte, inclusive regimes especiais ou simplificados no caso dos impostos previstos nos arts. 155, II, e 156-A, das contribuições sociais previstas no art. 195, I e V, e § 12 e da contribuição a que se refere o art. 239. (Redação dada pela Emenda Constitucional nº 132, de 2023)
>
> Parágrafo único. A lei complementar de que trata o inciso III, d, também poderá instituir um regime único de arrecadação dos impostos e contribuições da União, dos Estados, do Distrito Federal e dos Municípios, observado que:
>
> I – será opcional para o contribuinte;
>
> II – poderão ser estabelecidas condições de enquadramento diferenciadas por Estado;

III – o recolhimento será unificado e centralizado e a distribuição da parcela de recursos pertencentes aos respectivos entes federados será imediata, vedada qualquer retenção ou condicionamento;

IV – a arrecadação, a fiscalização e a cobrança poderão ser compartilhadas pelos entes federados, adotado cadastro nacional único de contribuintes. (CF/1988)

Nesse ponto, a Lei Complementar n. 123/2006 instituiu, a partir de 1º de julho de 2007, novo tratamento tributário simplificado, também conhecido como *Simples Nacional*, ou *Super Simples*. Tal regime substituiu o Simples Federal (Lei n. 9.317/1996), que foi revogado a partir daquela data.

O Simples Nacional estabelece normas gerais relativas ao tratamento tributário diferenciado e favorecido a ser dispensado às microempresas e empresas de pequeno porte no âmbito da União, dos Estados, do Distrito Federal e dos Municípios, mediante regime único de arrecadação, inclusive obrigações acessórias.

Determinadas atividades ou formas societárias estão vedadas de adotar o Simples Nacional; entre essas restrições, destacam-se: pessoas jurídicas constituídas como cooperativas (exceto as de consumo); empresas cujo capital participe outra pessoa jurídica; e pessoas jurídicas cujo sócio ou titular seja administrador ou equiparado de outra pessoa jurídica com fins lucrativos, desde que a receita bruta global ultrapasse o limite, conforme estabelece o parágrafo 4º do art. 3 da Lei Complementar n. 123/2006.

Ressalte-se que o STF detém decisão em ADI no sentido de não afrontar a isonomia e o tratamento diferenciado estabelecido para empresas de pequeno porte e microempresas, bem como não violar o referido princípio de exclusão legal de determinadas empresas do Simples. Cabe colacionar a decisão na ADI n. 1.643/UF[11]:

> ADI 1643/UF – UNIÃO FEDERAL AÇÃO DIRETA DE INCONSTITUCIONALIDADE Relator(a): Min. MAURÍCIO CORRÊA Julgamento: 05/12/2002 Órgão Julgador: Tribunal Pleno Publicação DJ 14-03-2003 PP-00027 EMENT VOL-02102-01 PP-00032 Parte(s) REQTE: CONFEDERAÇÃO NACIONAL DAS PROFISSÕES LIBERAIS - CNPL ADVDOS.: AMADEU ROBERTO GARRIDO DE PAULA E OUTROS REQDO. : PRESIDENTE DA REPÚBLICA REQDO: CONGRESSO NACIONAL EMENTA: AÇÃO DIRETA DE INCONSTITUCIONALIDADE. SISTEMA INTEGRADO DE PAGAMENTO DE IMPOSTOS E CONTRIBUIÇÕES DAS MICROEMPRESAS E EMPRESAS DE PEQUENO PORTE. CONFEDERAÇÃO NACIONAL DAS PROFISSÕES LIBERAIS. PERTINÊNCIA TEMÁTICA. LEGITIMIDADE ATIVA. PESSOAS JURÍDICAS IMPEDIDAS DE OPTAR PELO REGIME.

---

11 BRASIL. Supremo Tribunal Federal. **ADI n. 1.643/UF, de 5 de dezembro de 2002**. Relator: Min. Maurício Corrêa. Data de julgamento: 5 dez. 2002. Data de publicação: *Diário da Justiça*, 14 mar. 2003. Disponível em: <https://redir.stf.jus.br/paginadorpub/paginador.jsp?docTP=AC&docID=266708>. Acesso em: 30 out. 2024.

CONSTITUCIONALIDADE. 1. Há pertinência temática entre os objetivos institucionais da requerente e o inciso XIII do artigo 9º da Lei 9317/96, uma vez que o pedido visa a defesa dos interesses de profissiona is liberais, nada obstante a referência a pessoas jurídicas prestadoras de serviços. 2. Legitimidade ativa da Confederação. O Decreto de 27/05/54 reconhece-a como entidade sindical de grau superior, coordenadora dos interesses das profissões liberais em todo o território nacional. Precedente. 3. Por disposição constitucional (CF, artigo 179), as microempresas e as empresas de pequeno porte devem ser beneficiadas, nos termos da lei , pela "simplificação de suas obrigações administrativas, tributárias, previdenciárias e creditícias, ou pela eliminação ou redução destas" (CF, artigo 179). 4. Não há ofensa ao princípio da isonomia tributária se a lei, por motivos extrafiscais, imprime tratamento desigual a microempresas e empresas de pequeno porte de capacidade contributiva distinta, afastando do regime do SIMPLES aquelas cujos sócios têm condição de disputar o mercado de trabalho sem assistência do Estado. Ação direta de inconstitucionalidade julgada improcedente.

Dispõe ainda o art. 17 da referida Lei Complementar n. 123/2006 que:

Art. 17. Não poderão recolher os impostos e contribuições na forma do Simples Nacional a microempresa ou a empresa de pequeno porte: I – que explore atividade de prestação cumulativa e contínua de serviços de assessoria creditícia, gestão de crédito, seleção e riscos, administração de contas a pagar e a receber, gerenciamento de ativos **(asset management)**, compras de direitos creditórios resultantes de vendas mercantis a prazo ou de prestação de serviços (factoring); II – que tenha sócio domiciliado no exterior; III – de cujo capital participe entidade da administração pública, direta ou indireta, federal, estadual ou municipal; (...) V – que possua débito com o Instituto Nacional do Seguro Social – INSS, ou com as Fazendas Públicas Federal, Estadual ou Municipal, cuja exigibilidade não esteja suspensa; VI – que preste serviço de transporte intermunicipal e interestadual de passageiros; VII – que seja geradora, transmissora, distribuidora ou comercializadora de energia elétrica; VIII – que exerça atividade de importação ou fabricação de automóveis e motocicletas; IX – que exerça atividade de importação de combustíveis; X – que exerça atividade de produção ou venda no atacado de: a) cigarros, cigarrilhas, charutos, filtros para cigarros, armas de fogo, munições e pólvoras, explosivos e detonantes; b) bebidas a seguir descritas: 1 – alcoólicas; 2 – refrigerantes, inclusive águas saborizadas gaseificadas; 3 – preparações compostas, não alcoólicas (extratos concentrados ou sabores concentrados), para elaboração de bebida refrigerante, com capacidade de diluição de até 10 (dez) partes da bebida para cada parte do concentrado; 4 – cervejas sem álcool; XI – que tenha por finalidade a prestação de serviços decorrentes do exercício de atividade intelectual, de natureza técnica, científica, desportiva, artística ou cultural, que constitua profissão regulamentada ou não, bem como a que preste serviços de instrutor, de corretor, de despachante ou de qualquer tipo de intermediação de negócios; XII – que realize cessão ou locação de mão de obra; XIII – que realize atividade de consultoria; XIV – que se dedique ao loteamento e à incorporação de imóveis; XV – que realize atividade de locação de imóveis próprios, exceto quando se referir a prestação de serviços tributados pelo ISS; XVI – com ausência de inscrição ou com irregularidade em cadastro fiscal federal, municipal ou estadual, quando exigível.

§ 1º As vedações relativas a exercício de atividades previstas no caput deste artigo não se aplicam às pessoas jurídicas que se dediquem exclusivamente às atividades referidas nos §§ 5º-B a 5º-E do art. 18 desta Lei Complementar, ou as exerçam em conjunto com outras atividades que não tenham sido objeto de vedação no caput deste artigo.

(...)

§ 2º Também poderá optar pelo Simples Nacional a microempresa ou empresa de pequeno porte que se dedique à prestação de outros serviços que não tenham sido objeto de vedação expressa neste artigo, desde que não incorra em nenhuma das hipóteses de vedação previstas nesta Lei Complementar.

(...)

§ 4º Na hipótese do inciso XVI do caput, deverá ser observado, para o MEI, o disposto no art. 4º desta Lei Complementar.

Ressalte-se que a constitucionalidade da previsão de vedação de recolhimento de tributos para microempresas e as de pequeno porte, simplificados na forma da referida lei, que possuam débitos com o INSS ou com as Fazendas Públicas Federal, Estadual, Distrital e Municipal que não estejam com a exigibilidade suspensa (art. 17, V) está sob regime de repercussão geral no STF (RE n. 627.543 RG/RS[12]).

O Simples Nacional implica o recolhimento mensal, mediante documento único de arrecadação, do IRPJ, IPI, CSLL, COFINS, PIS, INSS, ICMS e ISS na forma do art. 13 da Lei Complementar n. 123/2006, como forma de simplificação do cumprimento de obrigações acessórias e principais. Entretanto, em alguns desses tributos há exceções, pois o recolhimento será realizado de forma distinta, conforme a atividade exercida.

---

12 BRASIL. Supremo tribunal Federal. **RE n. 627.543, de 30 de outubro de 2013**. Relator: Min. Dias Toffoli. Data de julgamento: 30 out. 2013. Data de publicação: 29 out. 2014. Disponível em: <https://redir.stf.jus.br/paginadorpub/paginador.jsp?docTP=TP&docID=7066469>. Acesso em: 30 out. 2024.

Serão consideradas inscritas no Simples Nacional as microempresas e empresas de pequeno porte regularmente optantes pelo Simples Federal (Lei n. 9.317/1996), salvo as que estiverem impedidas de optar por alguma vedação imposta pelo novo regime do Simples Nacional.

Entre outras, as vantagens do Simples Nacional para os contribuintes dele optantes podem ser resumidas como segue:

- possibilidades de menor tributação do que em relação a outros regimes tributários (como Lucro Real ou Presumido);
- maior facilidade no atendimento da legislação tributária, previdenciária e trabalhista;
- simplificação no pagamento de diversos tributos abrangidos pelo sistema, mediante uma única guia;
- possibilidade de tributar as receitas à medida do recebimento das vendas ("regime de caixa");
- nas licitações será assegurada, como critério de desempate, preferência de contratação para as microempresas e empresas de pequeno porte. O Decreto n. 6.204/2007[13] regulamenta o tratamento favorecido, diferenciado e simplificado para as microempresas e empresas de pequeno porte nas contratações públicas de bens, serviços e obras, no âmbito da administração pública federal;
- possibilidade de formar Sociedade de Propósito Específico (SPE) e participar de Consórcios Simples, para compras e vendas de produtos e serviços;
- é facultado ao empregador de microempresa ou de empresa de pequeno porte fazer-se substituir ou representar junto à justiça do trabalho por terceiros que conheçam dos fatos, ainda que não possuam vínculo trabalhista ou societário;
- regras especiais para protesto de títulos, com redução de taxas e possibilidade de pagamento com cheque; as empresas enquadradas no Simples, assim como as pessoas físicas capazes, também são admitidas como proponentes de ação perante o Juizado Especial;
- as microempresas e as empresas de pequeno porte que se encontrem sem movimento há mais de três anos poderão dar baixa nos registros dos órgãos públicos federais, estaduais e municipais, independentemente do pagamento de débitos tributários, taxas ou multas devidas pelo atraso na entrega das respectivas declarações nesses períodos; por fim, estão dispensadas da entrega da apresentação da Declaração de Débitos e Créditos de Tributos Federais (DCTF) e do Demonstrativo de Apuração das Contribuições Federais (Dacon),

---

13 BRASIL. Decreto n. 6.204, de 5 de setembro de 2007. **Diário Oficial da União**, Poder Executivo, Brasília, DF, 6 set. 2007. Disponível em: <https://www.planalto.gov.br/ccivil_03/_ato2007-2010/2007/decreto/d6204.htm>. Acesso em: 18 abr. 2024.

as empresas optantes pelo Simples Nacional, relativamente aos períodos abrangidos por esse sistema.

6. Turismo

Conforme o art. 180 da CF/1988, "A União, os Estados, o Distrito Federal e os Municípios promoverão e incentivarão o turismo como fator de desenvolvimento social e econômico".

a) **Patrimônio turístico**: é o conjunto de bens, públicos ou particulares que visam propiciar sentimento de satisfação e lazer para as pessoas.
b) **Competência legislativa**: sobre o patrimônio turístico é concorrente entre a União, Estados, Distrito Federal e Municípios, nos termos do art. 24, inciso VII, c/c art. 30, inciso II, ambos da CF.
c) **Papel do Estado**: 1) *promover o turismo* – criar programas de turismo, oferecendo atividades e serviços; 2) *incentivar o turismo* – criar condições favoráveis sobre programa de atividades e serviços turísticos já criados, visando atrair mais pessoas. As pessoas físicas ou jurídicas, de direito público ou privado, com ou sem fins lucrativos, que desenvolverem programas e projetos turísticos, poderão receber apoio financeiro do Poder Público, mediante: I – cadastro efetuado no Ministério do Turismo, no caso de pessoas de direito privado; e II – participação no Sistema Nacional de Turismo, no caso de pessoas de direito público. O Poder Público atuará, mediante apoio técnico, logístico e financeiro, na consolidação do turismo como importante fator de desenvolvimento sustentável, de distribuição de renda, de geração de emprego e da conservação do patrimônio natural, cultural e turístico brasileiro.
d) **Agência de turismo**: nos termos do art. 170, parágrafo único, da CF/1988, não há limite numérico na criação de agências de turismo; porém a lei pode trazer requisitos para criação das referidas agências. É a sociedade que tenha por objetivo social, exclusivamente, as atividades de turismo representadas por prestação de serviços consistentes em: I – venda comissionada ou intermediação remunerada de passagens individuais ou coletivas, passeios, viagens e excursões; II – intermediação remunerada na reserva de acomodações; III – recepção, transferência e assistência especializadas ao turista ou viajante; IV – operação de viagens e excursões, individuais ou coletivas, compreendendo a organização, contratação e execução de programas, roteiros e itinerários; V – representação de empresas transportadoras, empresas de hospedagem e outras prestadoras de serviços turísticos; VI – divulgação pelos meios adequados, inclusive propaganda e publicidade, dos serviços mencionados nos

incisos anteriores. As agências de turismo só poderão funcionar no país após serem registradas na Embratur.

e] **Importância:** o turismo é importante fator de desenvolvimento econômico e social, pois possibilita geração de movimentação econômica, trabalho, emprego, renda e receitas públicas, constituindo-se instrumento de desenvolvimento econômico e social, promoção e diversidade cultural e preservação da biodiversidade.

f] **Estrutura:** o Ministério do Turismo estabelece política pública do turismo como atividade econômica sustentável. Caberá ao Ministério do Turismo estabelecer a Política Nacional de Turismo, planejar, fomentar, regulamentar, coordenar e fiscalizar a atividade turística, bem como promover e divulgar institucionalmente o turismo em âmbito nacional e internacional. A Secretaria Nacional de Políticas do Turismo executa a política nacional, zelando pela qualidade da prestação do serviço turístico brasileiro. A Secretaria Nacional de Programas de Desenvolvimento do Turismo visa promover o desenvolvimento da infraestrutura e a melhoria da qualidade dos serviços prestados ao turismo. O Instituto Brasileiro de Turismo (Embratur) é uma autarquia federal que visa à promoção no *marketing* e apoio à comercialização dos produtos, serviços e destinos turísticos brasileiros no exterior.

g] **Conceito de turismo:** pela Lei n. 11.771/2008[14], considera-se *turismo* as atividades realizadas por pessoas físicas durante viagens e estadas em lugares diferentes do seu entorno habitual, por um período inferior a um ano, com finalidade de lazer, negócios ou outras.

h] **Princípios da Política Nacional de Turismo:** livre iniciativa, descentralização, regionalização e o desenvolvimento econômico-social justo e sustentável.

i] **Prestação de serviços turísticos:** sociedades empresárias, sociedades simples, empresários individuais e serviços sociais autônomos que prestem serviços turísticos remunerados e que exerçam as seguintes atividades econômicas relacionadas à cadeia produtiva do turismo: I – meios de hospedagem; II – agências de turismo; III – transportadoras turísticas; IV – organizadoras de eventos; V – parques temáticos; e VI – acampamentos turísticos. Os prestadores de serviços turísticos estão obrigados ao cadastro no Ministério do Turismo, na forma e nas condições fixadas na Lei n. 11.771/2008 e na sua regulamentação. Prestar serviços de turismo sem o devido cadastro no Ministério do Turismo ou não atualizar cadastro com prazo de validade vencido: Pena – multa e interdição do local e atividade, instalação, estabelecimento empresarial, empreendimento ou equipamento. A penalidade de interdição

---

14 BRASIL. Lei n. 11.771, de 17 de setembro de 2008. **Diário Oficial da União**, Poder Legislativo, Brasília, DF, 18 set. 2008. Disponível em: <https://www.planalto.gov.br/ccivil_03/_ato2007-2010/2008/lei/l11771.htm>. Acesso em: 18 abr. 2024.

será mantida até a completa regularização da situação, ensejando a reincidência de tal ocorrência aplicação de penalidade mais grave.

j] **Guia de turismo**: o exercício da profissão de Guia de Turismo, no território nacional, é regulado pela Lei n. 8.623/1993[15]. É o profissional cadastrado no Embratur e que exerce atividades de acompanhar, orientar e transmitir informações a pessoas ou grupos, em visitas, excursões urbanas, municipais, estaduais, interestaduais, internacionais ou especializadas. No exercício da profissão, o Guia deverá agir com dedicação, decoro e responsabilidade, zelando pelo bom nome do turismo no Brasil e da empresa à qual presta serviços, devendo ainda respeitar e cumprir leis e regulamentos que disciplinem a atividade turística, podendo, por desempenho irregular de suas funções, vir a ser punido pelo seu órgão de classe, conforme a gravidade da falta e seus antecedentes, estando sujeito às seguintes penalidades, aplicadas pela Embratur, mediante processo administrativo com ampla defesa: a) advertência; b) cancelamento do registro.

7. Requisição estrangeira

Segundo a Lei Maior, em seu art. 181, "O atendimento de requisição de documento ou informação de natureza comercial, feita por autoridade administrativa ou judiciária estrangeira, a pessoa física ou jurídica residente ou domiciliada no País dependerá de autorização do Poder competente" (CF/1988).

A requisição não tem força cogente. O poder competente depende do requisitante: se for autoridade judiciária será o STJ; se for administrativa, será autoridade administrativa competente. A autorização é necessária em nome da proteção da soberania econômica.

8. Propriedade urbana

- **Ideologia constitucional**: são as diretrizes impostas pela CF/1988 à propriedade urbana; são duas: desenvolvimento urbano e bem-estar.
- **Instrumento da propriedade urbana**: plano diretor, que tem natureza de lei municipal, trata do aproveitamento do solo urbano, é obrigatório nas cidades

---

15 BRASIL. Lei n. 8.623, de 28 de janeiro de 1993. **Diário Oficial da União**, Poder Legislativo, Brasília, DF, 29 jan. 1993. Disponível em: <https://www.planalto.gov.br/ccivil_03/leis/l8623.htm>. Acesso em: 18 abr. 2024.

com mais de 20 mil habitantes e sua finalidade é garantir a função social da propriedade urbana.
- Quando não houver plano diretor, a propriedade urbana atenderá sua função social, quando cumprir as diretrizes do desenvolvimento urbano previstas na Lei n. 10.257/2001[16].
- **Política de desenvolvimento urbano**: conjunto de medidas fundamentais tomadas por um governo; fica a cargo do Poder Executivo Municipal.
- **Diretrizes do desenvolvimento urbano**: normas gerais criadas pela União e documentadas na Lei n. 10.257/2001.
- **Instrumento de desenvolvimento urbano**: são mecanismos que visam garantir o crescimento e a expansão urbana – plano diretor[17] e regiões metropolitanas.
- **Espécies de desapropriação**: 1) comum – quando o município promove, por motivo de necessidade pública, utilidade pública ou interesse social; a indenização será prévia, justa e em dinheiro; 2) sanção – quando a propriedade urbana não cumpre a função social de atender às exigências do plano diretor. A indenização será em títulos da dívida pública.

Desapropriação do município	Comum	Sanção
Motivo	Interesse público ou social	Propriedade urbana não cumpre função social
Indenização	Prévia e em dinheiro	Títulos da dívida pública

- **Desapropriação sanção**: a desapropriação será feita após parcelamento ou edificação compulsórios (o proprietário será notificado pelo Poder Executivo municipal para o cumprimento da obrigação, devendo a notificação ser averbada no cartório de registro de imóveis) e instituição do imposto sobre a propriedade predial e territorial urbana progressiva no tempo. Decorridos

---

16 BRASIL. Lei n. 10.257, de 10 de julho de 2001. **Diário Oficial da União**, Poder Legislativo, Brasília, DF, 11 jul. 2001. Disponível em: <https://www.planalto.gov.br/ccivil_03/leis/leis_2001/l10257.htm>. Acesso em: 18 abr. 2024.

17 "Instrumento próprio à política de desenvolvimento urbano, cuja execução incumbe ao Poder Público municipal, nos termos do disposto no art. 182 da Constituição do Brasil. Instrumento voltado à correção de distorções que o crescimento urbano desordenado acarreta, à promoção do pleno desenvolvimento das funções da cidade e a dar concreção ao princípio da função social da propriedade" (BRASIL. Supremo Tribunal Federal. **RE n. 387.047, de 6 de março de 2008**. Relator: Min. Eros Grau. Plenário. Data de julgamento em: 6 mar. 2008. Data de publicação: *Diário da Justiça Eletrônico*, 2 maio 2008. Disponível em: <https://redir.stf.jus.br/paginadorpub/paginador.jsp?docTP=AC&docID=524433>. Acesso em: 30 out. 2024). No mesmo sentido: BRASIL. Supremo Tribunal Federal. **RE n. 226.942, de 21 de outubro de 2008**. Relator: Min. Menezes Direito. Primeira Turma. Data de julgamento: 21 out. 2008. Data de publicação: *Diário da Justiça Eletrônico*, 15 maio 2009.

cinco anos de cobrança do IPTU progressivo[18] sem que o proprietário tenha cumprido a obrigação de parcelamento, edificação ou utilização, o município poderá proceder à desapropriação do imóvel, com pagamento em títulos da dívida pública. Os títulos da dívida pública terão prévia aprovação pelo Senado Federal e serão resgatados no prazo de até dez anos, em prestações anuais, iguais e sucessivas, assegurados o valor real da indenização e os juros legais de seis por cento ao ano.

- **Competência federal em matéria de interesse da política urbana:** I – legislar sobre normas gerais de direito urbanístico; II – legislar sobre normas para a cooperação entre a União, os Estados, o Distrito Federal e os Municípios em relação à política urbana, tendo em vista o equilíbrio do desenvolvimento e do bem-estar em âmbito nacional; III – promover, por iniciativa própria e em conjunto com os Estados, o Distrito Federal e os Municípios, programas de construção de moradias e a melhoria das condições habitacionais e de saneamento básico; IV – instituir diretrizes para o desenvolvimento urbano, inclusive habitação, saneamento básico e transportes urbanos; V – elaborar e executar planos nacionais e regionais de ordenação do território e de desenvolvimento econômico e social.

- **Usucapião pró-moradia:** aquele que possuir uma área ou edificação urbana de até 250 m², por cinco anos, ininterruptamente e sem oposição, utilizando-a para sua moradia ou de sua família, adquirir-lhe-á o domínio, desde que não seja proprietário de outro imóvel urbano ou rural. O título de domínio será conferido ao homem ou à mulher, ou a ambos, independentemente do estado civil. As áreas urbanas com mais de 250 m², ocupadas por população de baixa renda para sua moradia, por cinco anos, ininterruptamente e sem oposição, onde não for possível identificar os terrenos ocupados por cada possuidor, são susceptíveis de serem usucapidas coletivamente, desde que os possuidores não sejam proprietários de outro imóvel urbano ou rural. A usucapião especial coletiva de imóvel urbano será declarada pelo juiz, mediante sentença, a qual servirá de título para registro no cartório de registro de imóveis.

---

18 Súmula n. 668 do STF: "É inconstitucional a lei municipal que tenha estabelecido, antes da EC 29/2000, alíquotas progressivas para o IPTU, salvo se destinada a assegurar o cumprimento da função social da propriedade urbana" (BRASIL. Supremo Tribunal Federal. **Súmula n. 668**. Data de publicação: *Diário da Justiça*, 13 out. 2003. Disponível em: <https://portal.stf.jus.br/jurisprudencia/sumariosumulas.asp?base=30&sumula=1521#:~:text=%C3%89%20inconstitucional%20a%20lei%20municipal,fun%C3%A7%C3%A3o%20social%20da%20propriedade%20urbana.>. Acesso em: 18 abr. 2024).

9. Propriedade rural

- **Desapropriação rural ou para fins de reforma agrária**[19]: compete à União desapropriar por interesse social, para fins de reforma agrária (conjunto de medidas que visem a promover melhor distribuição da terra, mediante modificações no regime de sua posse e uso, a fim de atender aos princípios de justiça social e ao aumento de produtividade), o imóvel rural (o prédio rústico de área contínua, qualquer que seja sua localização, que se destine ou possa se destinar à exploração agrícola, pecuária, extrativa vegetal, florestal ou agroindustrial) que não esteja cumprindo sua função social, mediante prévia e justa indenização em títulos da dívida agrária, com cláusula de preservação do valor real, resgatáveis no prazo de até 20 anos, a partir do segundo ano de sua emissão, e cuja utilização será definida em lei. As benfeitorias úteis e necessárias serão indenizadas em dinheiro.
  - O decreto que declarar o imóvel como de interesse social, para fins de reforma agrária, autoriza a União a propor a ação de desapropriação.
  - O processo de desapropriação para fins de reforma agrária é regulado pelas Lei Complementar n. 76/1993[20], que sofre aplicação subsidiária do Código de Processo Civil[21] no que for compatível.

---

19 Súmulas do STF: a) 618: "Na desapropriação, direta ou indireta, a taxa dos juros compensatórios é de 12% (doze por cento) ao ano" (BRASIL. Supremo Tribunal Federal. **Súmula n. 618, de 17 de outubro de 1984**. Data de publicação: Diário da Justiça, 31 out. 1984Disponível em: <https://portal.stf.jus.br/jurisprudencia/sumariosumulas.asp?base=30&sumula=2191#:~:text=O%20Supremo%20Tribunal%20Federal%20possui,mesmo%20sendo%20o%20im%C3%B3vel%20improdutivo.>. Acesso em: 30 out. 2024); b) 416: "Pela demora no pagamento do preço da desapropriação não cabe indenização complementar além dos juros" (BRASIL. Supremo Tribunal Federal. **Súmula n. 416, de 1º de junho de 1964**. Data de publicação: Diário da Justiça, 8 jul. 1964. Disponível em: <https://portal.stf.jus.br/jurisprudencia/sumariosumulas.asp?base=30&sumula=4282#:~:text=Pela%20demora%20no%20pagamento%20do,indeniza%C3%A7%C3%A3o%20complementar%20al%C3%A9m%20dos%20juros.&text=A%20pesquisa%20no%20banco%20de,a%20Constitui%C3%A7%C3%A3o%20Federal%20de%201988.>. Acesso em: 30 out. 2024) c) 164: "No processo de desapropriação, são devidos juros compensatórios desde a antecipada imissão de posse, ordenada pelo juiz, por motivo de urgência" (BRASIL. Supremo Tribunal Federal. **Súmula n. 164, de 13 de dezembro de 1963**. Data de aprovação: 13 dez. 1963Disponível em: <https://portal.stf.jus.br/jurisprudencia/sumariosumulas.asp?base=30&sumula=2187#:~:text=No%20processo%20de%20desapropria%C3%A7%C3%A3o%2C%20s%C3%A3o,juiz%2C%20por%20motivo%20de%20urg%C3%AAncia>. Acesso em: 30 out. 2024).
20 BRASIL. Lei Complementar n. 76, de 6 de julho de 1993. **Diário Oficial da União**, Poder Legislativo, Brasília, DF, 7 jul. 1993. Disponível em: <https://www2.camara.leg.br/legin/fed/leicom/1993/leicomplementar-76-6-julho-1993-364965-publicacaooriginal-1-pl.html#:~:text=Disp%C3%B5e%20sobre%20o%20procedimento%20contradit%C3%B3rio,para%20fins%20de%20reforma%20agr%C3%A1ria.&text=Fa%C3%A7o%20saber%20que%20o%20Congresso,Art.>. Acesso em: 18 abr. 2024.
21 BRASIL. Lei n. 13.105, de 16 de março de 2015. **Diário oficial da União**, Poder Legislativo, 17 mar. 2015. Disponível em: <https://www.planalto.gov.br/ccivil_03/_ato2015-2018/2015/lei/l13105.htm>. Acesso em: 18 abr. 2024.

- No processo contraditório especial, de rito sumário, é requisito para a propositura da ação expropriatória decreto presidencial que declare o imóvel de interesse social.
- Declarado o interesse social, para fins de reforma agrária, fica o expropriante legitimado a promover a vistoria e a avaliação do imóvel, inclusive com o auxílio de força policial, mediante prévia autorização do juiz, responsabilizando-se por eventuais perdas e danos que seus agentes vierem a causar, sem prejuízo das sanções penais cabíveis.
- A ação será promovida pelo INCRA perante o juízo federal competente. O prazo da ação expropriatória é de 2 anos contados da publicação do decreto presidencial, Trata-se de prazo decadencial.

Em face da Lei Complementar n. 76/1993 o processo de desapropriação para fins de reforma agrária obedece aos seguintes parâmetros:

- **Petição inicial** – além dos requisitos previstos no Código de Processo Civil, conterá a oferta do preço e será instruída com os seguintes documentos: I – texto do decreto declaratório de interesse social para fins de reforma agrária, publicado no Diário Oficial da União; II – certidões atualizadas de domínio e de ônus real do imóvel; III – documento cadastral do imóvel; IV – laudo de vistoria e avaliação administrativa, que conterá, necessariamente: a) descrição do imóvel, por meio de suas plantas geral e de situação, e memorial descritivo da área objeto da ação; b) relação das benfeitorias úteis, necessárias e voluptuárias, das culturas e pastos naturais e artificiais, da cobertura florestal, seja natural ou decorrente de florestamento ou reflorestamento, e dos semoventes; c) discriminadamente, os valores de avaliação da terra nua e das benfeitorias indenizáveis; V – comprovante de lançamento dos Títulos da Dívida Agrária correspondente ao valor ofertado para pagamento de terra nua; VI – comprovante de depósito em banco oficial, ou outro estabelecimento no caso de inexistência de agência na localidade, à disposição do juízo, correspondente ao valor ofertado para pagamento das benfeitorias úteis e necessárias.
- **Despacho inicial** – pelo juiz de plano ou no prazo máximo de quarenta e oito horas; no despacho o juiz – mandará imitir o autor na posse do imóvel; determinará a citação do expropriando para contestar o pedido e indicar assistente técnico, se quiser; expedirá mandado ordenando a averbação do ajuizamento da ação no registro do imóvel expropriando, para conhecimento de terceiros.
- **Audiência de conciliação** – é designada pelo juiz no curso da ação, com o objetivo de fixar a prévia e justa indenização; será realizada nos dez primeiros dias a contar da citação, e na qual deverão estar presentes o autor, o réu e o Ministério Público. As partes ou seus representantes legais serão intimadas

via postal. Aberta a audiência, o juiz ouvirá as partes e o Ministério Público, propondo a conciliação. Se houver acordo, será lavrado termo e integralizado o valor acordado, nos dez dias úteis subsequentes ao pactuado, o juiz expedirá mandado ao registro imobiliário, determinando a matrícula do bem expropriado em nome do expropriante.

- **Citação** – do expropriando será feita na pessoa do proprietário do bem, ou de seu representante legal, obedecido o disposto no art. 12 do Código de Processo Civil. No caso de espólio, inexistindo inventariante, a citação será feita na pessoa do cônjuge sobrevivente ou na de qualquer herdeiro ou legatário que esteja na posse do imóvel. Serão ainda citados os confrontantes que, na fase administrativa do procedimento expropriatório, tenham, fundamentadamente, contestado as divisas do imóvel expropriando.
- **Intimação** – serão intimados da ação os titulares de direitos reais sobre o imóvel desapropriando.
- **Contestação** – deve ser oferecida no prazo de 15 dias e versar matéria de interesse da defesa, excluída a apreciação quanto ao interesse social declarado.
- **Prova pericial** – recebida a contestação, o juiz, se for o caso, determinará a realização de prova pericial, adstrita a pontos impugnados do laudo de vistoria administrativa, e, simultaneamente: I – designará o perito do juízo; II – formulará os quesitos que julgar necessários; III – intimará o perito e os assistentes para prestar compromisso, no prazo de cinco dias; IV – intimará as partes para apresentar quesitos, no prazo de dez dias. A prova pericial será concluída no prazo fixado pelo juiz, não excedente a 60 dias, contado da data do compromisso do perito.
- **Preço** – havendo acordo sobre o preço, este será homologado por sentença. Não havendo acordo, o valor que vier a ser acrescido ao depósito inicial por força de laudo pericial acolhido pelo juiz será depositado em espécie para as benfeitorias, juntado aos autos o comprovante de lançamento de Títulos da Dívida Agrária para terra nua, como integralização dos valores ofertados.
- **Audiência de instrução e julgamento** – será realizada em prazo não superior a 15 dias, a contar da conclusão da perícia.
- **Sentença** – o juiz proferirá sentença na audiência de instrução e julgamento ou nos trinta dias subsequentes, indicando os fatos que motivaram o seu convencimento.
- **Indenização** – ao fixar o valor da indenização, o juiz considerará, além dos laudos periciais, outros meios objetivos de convencimento, inclusive a pesquisa de mercado. O valor da indenização corresponderá ao valor apurado na data da perícia, ou ao consignado pelo juiz, corrigido monetariamente até a data de seu efetivo pagamento. Na sentença, o juiz individualizará o valor do imóvel, de suas benfeitorias e dos demais componentes do valor da

indenização. O valor da indenização, estabelecido por sentença, deverá ser depositado pelo expropriante à ordem do juízo, em dinheiro, para as benfeitorias úteis e necessárias, inclusive culturas e pastagens artificiais e, em Títulos da Dívida Agrária, para a terra nua. Em caso de reforma de sentença, com o aumento do valor da indenização, o expropriante será intimado a depositar a diferença, no prazo de 15 dias.

- **Levantamento da indenização** – a pedido do expropriado, após o trânsito em julgado da sentença, será levantada a indenização ou o depósito judicial, deduzidos o valor de tributos e multas incidentes sobre o imóvel, exigíveis até a data da imissão na posse pelo expropriante. Efetuado ou não o levantamento, ainda que parcial, da indenização ou do depósito judicial, será expedido em favor do expropriante, no prazo de quarenta e oito horas, mandado translativo do domínio para o Cartório do Registro de Imóveis competente, sob a forma e para os efeitos da Lei de Registros Públicos[22].
- **Recurso** – da sentença que fixar o preço da indenização caberá apelação com efeito simplesmente devolutivo, quando interposta pelo expropriado e, em ambos os efeitos, quando interposta pelo expropriante. No julgamento dos recursos decorrentes da ação desapropriatória, não haverá revisor.
- **Reexame necessário** – a sentença que condenar o expropriante, em quantia superior a cinquenta por cento sobre o valor oferecido na inicial, fica sujeita a duplo grau de jurisdição.
- **Característica** – as ações concernentes à desapropriação de imóvel rural, por interesse social, para fins de reforma agrária, têm caráter preferencial e prejudicial em relação a outras ações referentes ao imóvel expropriando e independem do pagamento de preparo ou de emolumentos. Qualquer ação que tenha por objeto o bem expropriando será distribuída, por dependência, à Vara Federal onde tiver curso a ação de desapropriação, determinando-se a pronta intervenção da União.
- **Intervenção** – o Ministério Público Federal intervirá, obrigatoriamente, após a manifestação das partes, antes de cada decisão manifestada no processo, em qualquer instância.
    - O orçamento fixará anualmente o volume total de títulos da dívida agrária, assim como o montante de recursos para atender ao programa de reforma agrária no exercício.

---

22 BRASIL. Lei n. 6.015, de 31 de dezembro de 1973. **Diário Oficial da União**, Poder Legislativo, Brasília, DF, 31 dez. 1973. Disponível em: <https://www.planalto.gov.br/ccivil_03/leis/l6015compilada.htm>. Acesso em: 18 abr. 2024.

- São isentas de impostos federais, estaduais e municipais as operações de transferência de imóveis desapropriados para fins de reforma agrária. Embora a CF/1988 preveja isenção, trata-se de imunidade tributária[23].
- São insuscetíveis de desapropriação[24] para fins de reforma agrária: a pequena propriedade rural (o imóvel rural de área compreendida entre 1 (um) e 4 (quatro) módulos fiscais), desde que seu proprietário não possua outra; a média propriedade rural (o imóvel rural de área superior a 4 (quatro) e até 15 (quinze) módulos fiscais), desde que seu proprietário não possua outra; propriedade produtiva (aquela que, explorada econômica e racionalmente, atinge, simultaneamente, graus de utilização da terra e de eficiência na exploração, segundo índices fixados pelo órgão federal competente).

- **Função social da propriedade rural** – é cumprida quando a propriedade rural atende, simultaneamente, segundo critérios e graus de exigência estabelecidos em lei, aos seguintes requisitos: I – aproveitamento racional e adequado; II – utilização adequada dos recursos naturais disponíveis e preservação do meio ambiente; III – observância das disposições que regulam as relações de trabalho; IV – exploração que favoreça o bem-estar dos proprietários e dos trabalhadores. Neste contexto, segundo o Superior Tribunal de Justiça (STJ)[25]:

> O cumprimento da função social exige do proprietário uma postura ativa. A função social torna a propriedade em um poder-dever. Para estar em conformidade

---

23 "(...) embora aluda à isenção de tributos com relação às operações de transferência de imóveis desapropriados para fins de reforma agrária, não concede isenção, mas, sim, imunidade, que por sua vez tem por fim não onerar o procedimento expropriatório ou dificultar a realização da reforma agrária, sendo que os títulos da dívida agrária constituem moeda de pagamento da justa indenização devida pela desapropriação de imóveis por interesse social e, dado o seu caráter indenizatório, não podem ser tributados. Essa imunidade, no entanto, não alcança terceiro adquirente desses títulos, o qual, na verdade, realiza com o expropriado negócio jurídico estranho à reforma agrária, não sendo assim também destinatário da norma constitucional em causa" (BRASIL. Superior Tribunal de Justiça. RE n. 168.110, de 4 de abril de 2000. Relator: Min. Moreira Alves. Data de julgamento: 4 abr. 2000. Primeira Turma. Data de publicação: *Diário da Justiça*, 19 maio 2000. In: BRASIL. Superior Tribunal de Justiça. **Informativo n. 189, de 15 a 19 de maio de 2000**. Disponível em: <https://www.stf.jus.br/arquivo/informativo/documento/informativo189.htm>. Acesso em: 30 out. 2024).
24 "A pequena e a média propriedades rurais, cujas dimensões físicas ajustem-se aos parâmetros fixados em sede legal (Lei 8.629/1993, art. 4º, II e III), não estão sujeitas, em tema de reforma agrária (CF, art. 184), ao poder expropriatório da União Federal, em face da cláusula de inexpropriabilidade fundada no art. 185, I, da Constituição da República, desde que o proprietário de tais prédios rústicos – sejam eles produtivos ou não – não possua outra propriedade rural" (BRASIL. Supremo Tribunal Federal. **MS n. 23.006, 11 de junho de 2003**. Relator: Min. Celso de Mello. Data de julgamento: 11 jun. 2003. Plenário. *Diário da Justiça*, 29 ago. 2003).
25 BRASIL. Superior Tribunal de Justiça. **AgRg RE n. 1.138.517/MG**, de 18 de agosto de 2011. Relator: Min. Humberto Martins. Data de julgamento: 18 ago. 2018. Data de publicação: *Diário da Justiça Eletrônico*, 1º set. 2011. Disponível em: <https://www.stj.jus.br/websecstj/cgi/revista/REJ.cgi/ITA?seq=935830&tipo=0&nreg=200900858110&SeqCgrmaSessao=&CodOrgaoJgdr=&dt=20110901&formato=PDF&salvar=false>. Acesso em: 30 out. 2024.

com o Direito, em estado de licitude, o proprietário tem a obrigação de explorar a sua propriedade. É o que se observa, por exemplo, no art. 185, II, da CF. Todavia, a função social da propriedade não se resume à exploração econômica do bem. A conduta ativa do proprietário deve operar-se de maneira racional, sustentável, em respeito aos ditames da justiça social, e como instrumento para a realização do fim de assegurar a todos uma existência digna. Há, conforme se observa, uma nítida distinção entre a propriedade que realiza uma função individual e aquela condicionada pela função social. Enquanto a primeira exige que o proprietário não a utilize em prejuízo de outrem (sob pena de sofrer restrições decorrentes do poder de polícia), a segunda, de modo inverso, impõe a exploração do bem em benefício de terceiros. Assim, nos termos dos arts. 186 da CF, e 9º da Lei n. 8.629/1993, a função social só estará sendo cumprida quando o proprietário promover a exploração racional e adequada de sua terra e, simultaneamente, respeitar a legislação trabalhista e ambiental, além de favorecer o bem-estar dos trabalhadores.

- **Política agrícola** – é o conjunto de providências de amparo à propriedade da terra, que se destinem a orientar, no interesse da economia rural, as atividades agropecuárias, seja no sentido de garantir-lhes o pleno emprego, seja no de harmonizá-las com o processo de industrialização do país. Serão compatibilizadas as ações de política agrícola e de reforma agrária.

    - Será planejada e executada na forma da lei, com a participação efetiva do setor de produção, envolvendo produtores e trabalhadores rurais, bem como dos setores de comercialização, de armazenamento e de transportes, levando em conta, especialmente: I – os instrumentos creditícios e fiscais; II – os preços compatíveis com os custos de produção e a garantia de comercialização; III – o incentivo à pesquisa e à tecnologia; IV – a assistência técnica e extensão rural; V – o seguro agrícola; VI – o cooperativismo; VII – a eletrificação rural e irrigação; VIII – a habitação para o trabalhador rural. Incluem-se no planejamento agrícola as atividades agroindustriais, agropecuárias, pesqueiras e florestais.

- **Destinação de terras** – a destinação de terras públicas e devolutas será compatibilizada com a política agrícola e com o plano nacional de reforma agrária. A alienação ou a concessão, a qualquer título, de terras públicas com área superior a 2.500 hectares a pessoa física ou jurídica, ainda que por interposta pessoa, dependerá de prévia aprovação do Congresso Nacional, salvo as alienações ou as concessões de terras públicas para fins de reforma agrária. Os beneficiários da distribuição de imóveis rurais pela reforma agrária receberão títulos de domínio ou de concessão de uso, inegociáveis pelo prazo de dez anos. O título de domínio e a concessão de uso serão conferidos ao homem ou à mulher, ou a ambos, independentemente do estado civil, nos termos e condições previstos em lei.

- **Arrendamento da propriedade rural** – a lei regulará e limitará a aquisição ou o arrendamento de propriedade rural por pessoa física ou jurídica estrangeira e estabelecerá os casos que dependerão de autorização do Congresso Nacional.
- **Usucapião pró-labore** – é forma de aquisição de propriedade por aquele que, não sendo proprietário de imóvel rural ou urbano, possua como seu, por cinco anos ininterruptos, sem oposição, área de terra, em zona rural, não superior a 50 hectares, tornando-a produtiva por seu trabalho ou de sua família, tendo nela sua moradia. A usucapião constitucional rural é regulada pela Lei n. 6.969/1981 nos seguintes termos:

a] **Objeto**: terras particulares.

- **Foro competente** – a ação de usucapião especial será processada e julgada na comarca da situação do imóvel.
- **Procedimento** – sumaríssimo. O juiz de causa, a requerimento do autor da ação de usucapião especial, determinará que a autoridade policial garanta a permanência no imóvel e a integridade física de seus ocupantes, sempre que necessário.
- **Requisitos da petição inicial** – I) individualização do imóvel, com dispensa da juntada da respectiva planta; II) designação de audiência preliminar, a fim de justificar a posse, e, se comprovada esta, será nela mantido, liminarmente, até a decisão final da causa; III) citação pessoal daquele em cujo nome esteja transcrito o imóvel usucapiendo, bem como dos confinantes e, por edital, dos réus ausentes, incertos e desconhecidos; IV) ciência por carta, para que manifestem interesse na causa, os representantes da Fazenda Pública da União, dos Estados, do Distrito Federal, dos Territórios e dos Municípios, no prazo de 45 (quarenta e cinco) dias.
- **Contestação** – o prazo para contestar a ação correrá da intimação da decisão que declarar justificada a posse.
- **Atuação do Ministério Público** – intervirá, obrigatoriamente, em todos os atos do processo.
- **Benefício da justiça gratuita** – depende de requerimento de autor; terá o benefício, inclusive para Registro de Imóveis. Se o benefício for concedido com base em falsas informações prestadas pelo beneficiado pela usucapião, ocorrerá suspensão do benefício; suspensão da transcrição da sentença

até o pagamento devido; ocorre o pagamento com correção monetária do valor das isenções concedidas.
- **Característica** – a usucapião especial poderá ser invocada como matéria de defesa, valendo a sentença que a reconhecer como título para transcrição no Registro de Imóveis.
- **Locais que não podem ser objeto de usucapião especial** – áreas indispensáveis à segurança nacional, terras habitadas por silvícolas, áreas de interesse ecológico, consideradas como tais as reservas biológicas ou florestais e os parques nacionais, estaduais ou municipais, assim declarados pelo Poder Executivo.

Capítulo 7

Temas econômicos

7. Índios[1]

a] **Defesa dos direitos e interesses:** são partes legítimas para a defesa dos direitos e interesses dos índios e das comunidades indígenas: I – os índios, suas comunidades e suas organizações; II – o Ministério Público Federal. Aos juízes federais compete processar e julgar as disputas sobre direitos indígenas.
b] **Terras indígenas:** são aquelas habitadas pelos índios em caráter permanente, as utilizadas para suas atividades produtivas, as imprescindíveis à preservação dos recursos ambientais necessários a seu bem-estar e as necessárias a sua reprodução física e cultural, segundo seus usos, costumes e tradições. São bens da União e públicos de uso especial. Os direitos dos índios relacionados às suas terras são imprescritíveis e estas são inalienáveis e indisponíveis.
c] **Demarcação de terras indígenas:** é a fixação dos limites das terras indígenas. A competência para demarcar é da União. O art. 67 do Ato das Disposições Transitórias (ADCT) fixou o prazo de cinco anos para conclusão da demarcação a partir da promulgação da CF/1988. É vedada a ampliação da terra indígena já demarcada. É assegurada a efetiva participação dos entes federativos em todas as etapas do processo de demarcação. A CF/1988 não criou novas áreas indígenas. Houve o reconhecimento jurídico das terras indígenas. A demarcação não é título de posse ou requisito para ocupação dessas terras.
d] **Direito dos índios sobre as terras:** 1) posse permanente; 2) usufruto das riquezas do solo, dos rios e dos lagos existentes nas terras indígenas; 3) direito originário sobre as terras; 4) sua organização social, costumes, línguas, crenças e tradições.
e] **Usufruto dos índios:**

- pode ser relativizado sempre que houver, como dispõe o art. 231 (§ 6º, CF/1988), relevante interesse público da União na forma de Lei Complementar;
- não abrange o aproveitamento de recursos hídricos e potenciais energéticos, que dependerá sempre da autorização do Congresso Nacional;
- não abrange a pesquisa e a lavra das riquezas minerais, que dependerá sempre de autorização do Congresso Nacional, assegurando aos índios participação nos resultados da lavra, na forma da lei;
- não abrange a garimpagem nem a faiscação, devendo, se for o caso, ser obtida a permissão da lavra garimpeira;

---

1 As seções deste capítulo foram elaboradas com base em: BRASIL. Superior Tribunal de Justiça. **Resp n. 608.324.** Relator: Min. Carlos Fernando Mathias. Data de julgamento: 19 jun. 2008. Data de publicação: *Diário da Justiça Eletrônico*, 2 set. 2008. Disponível em: <https://scon.stj.jus.br/SCON/GetInteiroTeorDoAcordao?num_registro=200302087908&dt_publicacao=03/08/2007>. Acesso em: 18 abr. 2024.

- não se sobrepõe ao interesse da Política de Defesa Nacional. A instalação de bases, unidades e postos militares e demais intervenções militares, a expansão estratégica da malha viária, a exploração de alternativas energéticas de cunho estratégico e o resguardo das riquezas de cunho estratégico a critério dos órgãos competentes (o Ministério da Defesa, o Conselho de Defesa Nacional) serão implementados independentemente de consulta a comunidades indígenas envolvidas e à Funai;
- não impede a instalação pela União Federal de equipamentos públicos, redes de comunicação, estradas e vias de transporte, além de construções necessárias à prestação de serviços públicos pela União, especialmente os de saúde e de educação;
- na área afetada por unidades de conservação fica sob a responsabilidade do Instituto Chico Mendes de Conservação da Biodiversidade.

f] **Forças Armadas em área indígena**: fica garantida e se dará independentemente de consulta a comunidades indígenas envolvidas e à Funai.

g] **Indigenato**: instituição jurídica luso-brasileira que reconhece o direito dos povos indígenas sobre as terras tradicionalmente ocupadas por eles. Foi declarado com o Alvará de 1º de abril de 1680, confirmado pela Lei de 6 de junho de 1755, que ainda vigora.

h] **Irremovibilidade dos índios**: é vedada a remoção dos grupos indígenas de suas terras. Porém é possível a remoção quando preenchidos dois requisitos: a) Formal – é necessário consentimento do Congresso Nacional; b) Material – catástrofe ou epidemia que ponha em risco sua população, ou o interesse da soberania no país. O consentimento do Congresso Nacional pode ser prévio quando o motivo da remoção for interesse da soberania nacional, ou posterior, quando o motivo da remoção for catástrofe ou epidemia). Cabe ressaltar que, após cessação do motivo ensejador da remoção, deve haver o retorno imediato dos índios às suas terras.

i] **Mineração nas terras indígenas**: é necessária autorização do Congresso Nacional, ouvidas as comunidades afetadas. Os índios têm direito a uma participação nos resultados da lavra. É proibido acesso de garimpeiros.

j] **Ocupação, posse e domínio das terras indígenas**: é nulo e de nenhum efeito. Porém tal nulidade pode ser relativizada sempre que houver, como dispõe o art. 231 (§ 6º, CF/1988), relevante interesse público da União na forma de Lei Complementar.

k] **Capacidade civil:** a capacidade do índio é regida pela Lei n. 6.001/1973[2]. O índio não integrado à civilização possui uma incapacidade *sui generis*, por dois motivos – 1) é assistido pela Funai; 2) a falta de assistência implica a nulidade quando for prejudicial ao índio. O índio integrado à civilização tem capacidade plena. Qualquer índio poderá requerer ao Juiz Federal competente a sua liberação do regime tutelar previsto nesta Lei, investindo-se na plenitude da capacidade civil, desde que preencha os requisitos seguintes: I – idade mínima de 21 anos; II – conhecimento da língua portuguesa; III – habilitação para o exercício de atividade útil, na comunhão nacional; IV – razoável compreensão dos usos e costumes da comunhão nacional. O juiz decidirá após instrução sumária, ouvidos o órgão de assistência ao índio e o Ministério Público, transcrita a sentença concessiva no registro civil. É possível, mediante decreto do presidente da República, ser declarada a emancipação da comunidade indígena e de seus membros, quanto ao regime tutelar estabelecido em lei, desde que requerida pela maioria dos membros do grupo e comprovada, em inquérito realizado pelo órgão federal competente, a sua plena integração na comunhão nacional. Os requerentes devem preencher os requisitos mencionados anteriormente.
l] **Espécies de índios:** I – Isolados – quando vivem em grupos desconhecidos ou de que se possuem poucos e vagos informes através de contatos eventuais com elementos da comunhão nacional; II – Em vias de integração – quando, em contato intermitente ou permanente com grupos estranhos, conservam menor ou maior parte das condições de sua vida nativa, mas aceitam algumas práticas e modos de existência comuns aos demais setores da comunhão nacional, da qual vão necessitando cada vez mais para o próprio sustento; III – Integrados – quando incorporados à comunhão nacional e reconhecidos no plexo exercício dos direitos civis, ainda que conservem usos, costumes e tradições característicos da sua cultura.
m] **Índio com condenação criminal:** a pena deverá ser atenuada e na sua aplicação o juiz atenderá também ao grau de integração do silvícola.
n] **Cumprimento da pena pelo índio:** as penas de reclusão e de detenção serão cumpridas, se possível, em regime especial de semiliberdade, no local de funcionamento do órgão federal de assistência aos índios mais próximos da habilitação do condenado.

---

[2] BRASIL. Lei n. 6.001, de 19 de dezembro de 1973. **Diário Oficial da União**, Poder Legislativo, Brasília, DF, 21 dez. 1973. Disponível em: <https://www.planalto.gov.br/ccivil_03/leis/l6001.htm#:~:text=LEI%20N%C2%BA%206.001%2C%20DE%2019,sobre%20o%20Estatuto%20do%20C3%8Dndio.&text=Art.%201%C2%BA%20Esta%20Lei%20regula,e%20harmoniosamente%2C%20%C3%A0%20comunh%C3%A3o%20nacional.>. Acesso em: 18 abr. 2024.

o] **Penas toleradas:** será tolerada a aplicação, pelos grupos tribais, de acordo com as instituições próprias, de sanções penais ou disciplinares contra os seus membros, desde que não revistam caráter cruel ou infamante, proibida em qualquer caso a pena de morte.

p] **Crimes relativos a indígenas:** nos termos do art. 109, inciso XI, da CF/1988, a competência para processar e julgar a "disputa sobre direitos indígenas" é da Justiça Federal. Os crimes que envolvam os direitos indígenas, por se verificar ofensa aos interesses coletivos da comunidade indígena, nos termos constitucionais, são de interesse específico da União, de forma que não se aplica a Súmula n. 140 do STJ[3] ("Compete a Justiça Comum Estadual processar e Julgar Crime em que o indígena figure como autor ou vítima"), por envolver direitos da coletividade indígena, remanescendo a competência federal. A regra de competência inscrita no art. 109, XI, da Constituição, que atribui à Justiça Federal o processo e julgamento das demandas sobre direitos indígenas, não alcança as ações penais fundadas em crimes praticados contra silvícola que figure como autor ou vítima, mesmo no interior da reserva indígena. Nos crimes praticados por índios ou contra índios, a Polícia Federal exercerá a função de Polícia Judiciária.

q] **Acesso de não índios:**

- o trânsito de visitantes e pesquisadores não índios deve ser admitido na área afetada à unidade de conservação nos horários e condições estipulados pelo Instituto Chico Mendes;
- deve ser admitido o ingresso, o trânsito, a permanência de não índios no restante da área da terra indígena, observadas as condições estabelecidas pela Funai;
- o ingresso, trânsito e a permanência de não índios não pode ser objeto de cobrança de quaisquer tarifas ou quantias de qualquer natureza por parte das comunidades indígenas;
- é vedada, nas terras indígenas, a qualquer pessoa estranha aos grupos tribais ou comunidades indígenas a prática da caça, pesca ou coleta de frutas, assim como de atividade agropecuária extrativa.

r] **Privilégio tributário:** as terras de ocupação indígenas, o usufruto exclusivo das riquezas naturais e das utilidades existentes nas terras ocupadas, bem como a renda indígena, gozam de plena isenção tributária, não cabendo a cobrança de quaisquer impostos, taxas ou contribuições sobre uns e outros.

---

3 BRASIL. Superior Tribunal de Justiça. **Súmula n. 140.** Terceira Seção: 18 maio 1995. Data de publicação: *Diário da Justiça*, 24 maio 1995. Disponível em: <https://www.stj.jus.br/docs_internet/revista/eletronica/stj-revista-sumulas-2010_10_capSumula140.pdf>. Acesso em: 30 out. 2024.

2. Telecomunicações

a) **Matéria de reserva legal:** cabe ao Congresso Nacional, com a sanção do Presidente da República, dispor sobre telecomunicações, nos termos do art. 48, inciso XII da CF/1988.
b) **Competência administrativa:** é competência exclusiva da União explorar, diretamente ou mediante autorização, concessão ou permissão, os serviços de telecomunicações, nos termos da Lei n. 9.472/1997[4], que disporá sobre a organização dos serviços, a criação de um órgão regulador e outros aspectos institucionais, nos termos do art. 21, inciso XI da CF/1988.
c) **Competência legislativa:** privativa da União legislar sobre telecomunicações, nos termos do art. 22, inciso IV da CF/1988.
d) **Regulação:** a União, por intermédio do órgão regulador e nos termos das políticas estabelecidas pelos Poderes Executivo e Legislativo, é responsável pela organização da exploração dos serviços de telecomunicações, que, por sua vez, inclui, entre outros aspectos, o disciplinamento e a fiscalização da execução, comercialização e uso dos serviços e da implantação e do funcionamento de redes de telecomunicações, bem como da utilização dos recursos de órbita e espectro de radiofrequências.
e) **Serviço de telecomunicações:** é o conjunto de atividades que possibilita a oferta de telecomunicação. Serão organizados com base no princípio da livre, ampla e justa competição entre todas as prestadoras, devendo o Poder Público atuar para propiciá-la, bem como para corrigir os efeitos da competição imperfeita e reprimir as infrações da ordem econômica. A exploração dos serviços de telecomunicações pode ser feita de maneira direta ou mediante autorização, concessão ou permissão.
f) **Telecomunicação:** é a transmissão, emissão ou recepção, por fio, radioeletricidade, meios ópticos ou qualquer outro processo eletromagnético, de símbolos, caracteres, sinais, escritos, imagens, sons ou informações de qualquer natureza.
g) **Princípios aplicáveis na disciplina das relações econômicas no setor de telecomunicações:** serão observados, em especial, os princípios constitucionais da soberania nacional, função social da propriedade, liberdade de iniciativa, livre concorrência, defesa do consumidor, redução das desigualdades regionais e sociais, repressão ao abuso do poder econômico e continuidade do serviço prestado no regime público.

---

4   BRASIL. Lei n. 9.472, de 16 de julho de 1997. **Diário Oficial da União**, Poder Legislativo, Brasília, DF, 17 jul. 1997. Disponível em: <https://www.planalto.gov.br/ccivil_03/leis/l9472.htm>. Acesso em: 14 fev. 2025.

3. Serviço postal

a] **Competência administrativa**: competência exclusiva da União de manter o serviço postal e o correio aéreo nacional, nos termos do art. 21, inciso X da CF/1988.
b] **Competência legislativa**: privativa da União legislar sobre serviço postal, nos termos do art. 22, inciso V da CF/1988.
c] **Exploração do serviço postal e o serviço de telegrama**: pela União, por meio de empresa pública vinculada ao Ministério das Comunicações.
d] **Objeto da empresa exploradora serviço postal e o serviço de telegrama**: 1) planejar, implantar e explorar o serviço postal e o serviço de telegrama; 2) explorar atividades correlatas; 3) promover a formação e o treinamento de pessoal sério ao desempenho de suas atribuições; 4) exercer outras atividades afins, autorizadas pelo Ministério das Comunicações. A empresa exploradora dos serviços, mediante autorização do Poder Executivo, pode constituir subsidiárias para a prestação de serviços compreendidos no seu objeto.
e] **Serviço postal**: recebimento, expedição, transporte e entrega de objetos de correspondência, valores e encomendas, conforme definido em regulamento.
f] **Serviço de telegrama**: recebimento, transmissão e entrega de mensagens escritas. O serviço público de telegrama é explorado pela União em regime de monopólio.
g] **Regime de monopólio da União**: 1) recebimento, transporte e entrega, no território nacional, e a expedição, para o exterior, de carta e cartão-postal; 2) recebimento, transporte e entrega, no território nacional, e a expedição, para o exterior, de correspondência agrupada; 3) fabricação, emissão de selos e de outras fórmulas de franqueamento postal.
h] **Não se incluem no regime de monopólio**: 1) transporte de carta ou cartão-postal, efetuado entre dependências da mesma pessoa jurídica, em negócios de sua economia, por meios próprios, sem intermediação comercial; 2) transporte e entrega de carta e cartão-postal, executados eventualmente e sem fins lucrativos.

4. Minérios nucleares

a] **Competência legislativa**: é privativa da União legislar atividades nucleares de qualquer natureza, nos termos do art. 22, inciso XXVI da CF/1988.

b) **Competência exclusiva do Congresso Nacional:** aprovar iniciativas do Poder Executivo referentes a atividades nucleares, nos termos do art. 49, inciso XIV da CF/1988.
c) **Competência administrativa:** é exclusiva da União a competência para explorar os serviços e instalações nucleares de qualquer natureza e exercer monopólio estatal sobre a pesquisa, a lavra, o enriquecimento e reprocessamento, a industrialização e o comércio de minérios nucleares e seus derivados.
d) **Monopólio da União:** a pesquisa, a lavra, o enriquecimento, o reprocessamento, a industrialização e o comércio de minérios e minerais nucleares e seus derivados, nos termos do art. 177, inciso V da CF/1988.
e) **Quebra do monopólio:** em caráter excepcional, a Emenda n. 118/2022 permitiu exploração de radioisótopos para pesquisa e uso agrícolas, industriais e médicos.
f) **Usinas com reator nuclear:** as usinas que operem com reator nuclear (qualquer estrutura que contenha combustível nuclear, disposto de tal maneira que, dentro dela, possa ocorrer processo autossustentado de fissão nuclear, sem necessidade de fonte adicional de nêutrons) deverão ter sua localização definida em lei federal, sem o que não poderão ser instaladas, nos termos do art. 225, parágrafo 6º da CF/1988.
g) **Responsabilidade por dano nuclear:** na atividade nuclear a responsabilidade por dano nuclear é objetiva, nos termos do art. 21, inciso XXIII, alínea "d" da CF/1988, combinado com o art. 4º da Lei n. 6.453/1977[5].
h) **Atividade nuclear:** somente será admitida para fins pacíficos e mediante aprovação do Congresso Nacional.
i) **Destino final dos rejeitos radioativos:** a Lei n. 10.308/2001[6] estabelece normas para o destino final dos rejeitos radioativos produzidos em território nacional, incluídos a seleção de locais, a construção, o licenciamento, a operação, a fiscalização, os custos, a indenização, a responsabilidade civil e as garantias referentes aos depósitos radioativos. A responsabilidade pelo destino final dos rejeitos radioativos produzidos em território nacional é da União, por meio da Comissão Nacional de Energia Nuclear. É proibido depósito de rejeitos de quaisquer naturezas nas ilhas oceânicas, na plataforma continental e nas águas territoriais brasileiras.

---

5 BRASIL. Lei n. 6.453, de 17 de outubro de 1977. **Diário Oficial da União**, Poder Legislativo, Brasília, DF, 17 out. 1977. Disponível em: < https://www.planalto.gov.br/ccivil_03/leis/l6453.htm >. Acesso em: 14 fev. 2025.
6 BRASIL. Lei n. 10.308, de 20 de novembro de 2001. **Diário Oficial da União**, Poder Legislativo, Brasília, DF, 21 nov. 2001. Disponível em: <https://www.planalto.gov.br/ccivil_03/leis/leis_2001/l10308.htm>. Acesso em: 14 fev. 2025.

5. Petróleo e gás natural

a] **Proprietário do imóvel:** tem direito a uma indenização pelos prejuízos causados, tanto pela lavra como pela pesquisa, no tocante às jazidas petrolíferas.
b] **Participação da Administração Direta (federal, a estadual, a distrital e a municipal):** podem ter participação no resultado da exploração de petróleo ou gás natural, desde que esteja em seu território, mar territorial, plataforma continental ou zona econômica exclusiva.
c] **Monopólio da União:** I – a pesquisa e a lavra das jazidas de petróleo e gás natural e outros hidrocarbonetos nacional ou estrangeiro; III – a importação e exportação dos produtos e derivados básicos resultantes das atividades previstas nos incisos anteriores; IV – o transporte marítimo do petróleo bruto de origem nacional ou de derivados básicos de petróleo produzidos no País, bem assim o transporte, por meio de conduto, de petróleo bruto, seus derivados e gás natural de qualquer origem; V – a pesquisa, a lavra, o enriquecimento, o reprocessamento, a industrialização e o comércio de minérios e minerais nucleares e seus derivados, com exceção dos radioisótopos cuja produção, comercialização e utilização poderão ser autorizadas sob regime de permissão, conforme as alíneas "b" e "c" do inciso XXIII do art. 21 da CF/1988.

6. Desenvolvimento sustentável

De acordo com o art. 170, inciso VI da CF/1988 é princípio que rege a ordem econômica a **defesa do meio ambiente**. Nesse contexto, é possível afirmar que **toda e qualquer** atividade econômica fundada na livre iniciativa é condicionada à preservação ambiental[7], inclusive mediante tratamento diferenciado conforme o impacto ambiental dos produtos e serviços e de seus processos de elaboração e prestação.

A interação harmoniosa entre a exploração dos recursos minerais e a defesa do meio ambiente, deve ser buscada através da efetivação de ideias básicas da ordem jurídica, sincrônicas (pelo menos deveriam ser) com as necessidades e

---

[7] "A Constituição Federal de 1988 exige que toda atividade econômica exercida no Estado brasileiro respeito ao meio ambiente, buscando, com isso, harmonizar o direito econômico e o direito ambiental, com vistas a um desenvolvimento nacional voltado para uma melhoria de qualidade de vida" (CUNHA JÚNIOR, Dirley da. **Curso de Direito Constitucional**. Salvador, BA: Juspodivm, 2008. p. 1253).

ideias de um povo, que dão base, tônica, harmonia, lógica e racionalidade ao sistema jurídico[8]:

a] **Consciência ecológica** – é necessário criar consciência de que nossa vida e economia dependem dos recursos naturais e, que a ignorância ecológica e o desperdício de recursos prejudicam o meio ambiente.
b] **Educação ambiental** – é necessário criar processos que possibilitem a transmissão de valores, conhecimentos, habilidades, atitudes e competências voltadas para conservação do meio ambiente e a defesa da qualidade ambiental.
c] **Problemática ambiental** – é necessário o reconhecimento pela coletividade, Estado, indivíduo, o mundo, de que a atividade minerária provoca degradação ambiental.
d] **Precaução** – é necessário fomentar medidas visando prevenir a degradação ambiental, como aprovar leis que evitem poluição e esgotamento[9].
e] **Aproveitamento racional dos recursos minerais** – é necessário fomentar a reciclagem (coleta de resíduos, seu processamento em novos materiais e a venda desses novos produtos) e o reaproveitamento (uso repetido sob a mesma forma).
f] **Internalização de custos** – é necessário incluir nos preços de mercado de mercadorias e serviços, os efeitos estimados dos prejuízos ao meio ambiente e à saúde humana.
g] **Legalidade** – é necessário observar e respeitar as leis e regulamentação sobre a pesquisa e lavra dos recursos minerais.
h] **Responsabilidade** – é necessário por parte do explorador dos recursos minerais, recuperar o meio ambiente degradado, efetivando a responsabilidade ambiental.
i] **Publicização ambiental** – é necessário criar políticas públicas eficientes no controle e fiscalização da atividade minerária.
j] **Tecnologia sustentável** – é necessário investir em tecnologias menos poluidoras.
k] **Desenvolvimento sustentável**[10] – num contexto de harmonização entre atividade econômica e preservação ambiental, com o fim de assegurar a existência digna do ser humano, é necessário considerar como parte integrante do desenvolvimento sustentável, funcionando como aspiração social e vetor

---

8   MESSA, Ana Flávia. **Sustentabilidade ambiental e os novos desafios da era digital**. São Paulo: Saraiva, 2012.
9   "(...) em face da incerteza ou da controvérsia científica atual, é melhor tomar medidas de proteção severas do que nada fazer. É, em realidade, implementar o direito ao meio ambiente às futuras gerações" (PRIEUR, Michel. **Droit de l'environnement**. Paris: Dalloz, 1996. p. 144).
10 "Desenvolvimento sustentável consiste na exploração equilibrada dos recursos naturais, nos limites da satisfação das necessidades e do bem-estar da presente geração, assim como de sua conservação no interesse das gerações futura" (SILVA, José Afonso da. **Direito Ambiental Constitucional**. 2. ed. São Paulo: Malheiros, 1995. p. 7-8).

ideológico na qualidade do meio ambiente, o aproveitamento racional dos recursos minerais, através da conscientização do problema (como são típicos recursos não renováveis há perigo de esgotamento), bem como adoção de políticas públicas de conservação, valorização e fiscalização do aproveitamento dos recursos. É objetivo da Política Nacional do Meio Ambiente a compatibilização do desenvolvimento econômico-social com a preservação da qualidade do meio ambiente e do equilíbrio ecológico, nos termos do art. 4º, inciso I da Lei n. 6.938/1981.

A doutrina[11] aponta como instrumentos de intervenção econômica, atuando como condicionantes da ação do agente econômico à proteção ambiental: a) avaliação ambiental ecológica; b) zoneamento econômico ecológico; c) estabelecimento de preços pela utilização dos recursos ambientais; d) criação de incentivos para utilização menos intensiva de recursos ambientais.

O princípio do desenvolvimento sustentável além de possuir fundamento constitucional, **encontra suporte legitimador em compromissos internacionais**[12] **assumidos pelo Estado brasileiro**[13], buscando medidas para compatibilizar o equilíbrio ecológico com o crescimento econômico.

7. Agências reguladoras

a) **Origem**: Inglaterra – 1834.
b) **Contexto**: são parte integrante da Administração Indireta; são autarquias em regime especial; a natureza de autarquia especial conferida à Agência

---

11 ANTUNES, Paulo de Bessa. **Direito Ambiental**. Rio de Janeiro: Lumen Iuris, 2008.
12 Tratado da Antártida (1959 – assegurar que a Antártida seja usada para fins pacíficos, para cooperação internacional na pesquisa científica, e não se torne cenário ou objeto de discórdia internacional); Conferência de Estocolmo em 1972 (visando à preservação ambiental foi realizado em junho de 1972 em Estocolmo um reunião da Conferência das Nações Unidas sobre o Meio Ambiente Humano); Comissão Brundtland (criada em 1983 pelas Nações Unidas para discutir e propor meios de harmonizar o desenvolvimento econômico e a conservação ambiental, presidida pela norueguesa *Gro Haalen Brundtland*); Protocolo de Montreal de 1987 (acabar e substituir o uso substâncias que contribuem para a destruição da camada de ozônio); Convenção da Basileia de 1989 (Convenção sobre o Controle de Movimentos Transfronteiriços de Resíduos Perigosos e seu Depósito); Declaração do Rio de 1992 (Declaração sobre Ambiente e Desenvolvimento); Protocolo de Kyoto de 1997 (redução das emissões de gases de efeito estufa aos níveis de 1990); Convenção de Roterdã de 2004 (Procedimento de Consentimento Prévio Informado Aplicado a Certos Agrotóxicos e Substâncias Químicas Perigosas Objeto de Comércio Internacional); Agenda 21 (Conferência das Nações Unidas sobre o Meio Ambiente e o Desenvolvimento – CNUMAD –, que ficou conhecida como Rio 92 ou "Cúpula da Terra"); Rio+20 (Conferência das Nações Unidas sobre Desenvolvimento Sustentável).
13 BRASIL. Supremo Tribunal Federal. **ADI n. 3.540, de 1º de setembro de 2005**. Tribunal Pleno. Relator: Min. Celso de Mello. Data de julgamento: 1º set. 2005. Data de publicação: *Diário da Justiça Eletrônico*, 3 fev. 2006. Disponível em: <https://jurisprudencia.stf.jus.br/pages/search/sjur94859/false>. Acesso em: 31 out. 2024.

é caracterizada por independência administrativa, ausência de subordinação hierárquica, mandato fixo e estabilidade de seus dirigentes e autonomia financeira.

c] **Criação:** por lei específica, nos termos do art. 37, inciso XIX da CF. Pode ser lei ordinária, lei complementar, emenda constitucional ou medida provisória.
d] **Extinção:** será extinta pela mesma forma da criação.
e] **Regime jurídico:** administrativo.
f] **Contratação de pessoal:** precisa de concurso público, nos termos do art. 37, inciso II da CF/1988.
g] **Licitação:** é exigida, nos termos do art. 37, inciso XXI da CF/1988.
h] **Atos:** administrativos.
i] **Controle:** sofre controle pelo Tribunal de Contas.
j] **Dirigentes:** tem mandato fixo e não podem sofrer exoneração desmotivada.
k] **Independência:** é relativa, pois deve atuar em conformidade com a ordem jurídica.
l] **Poder regulamentar:** pode criar normas dentro do seu setor de atuação. Tais normas são infralegais.
m] **Regime de pessoal:** estatutário.
n] **Cargos comissionados:** direção, gerência executiva, assessoria, assistência e técnicos.
o] **Direção:** diretoria composta por conselheiros ou diretores, sendo um deles seu presidente ou diretor-geral ou diretor-presidente. Para investidura nos cargos da diretoria são necessários os seguintes requisitos: a) nacionalidade brasileira; b) reputação ilibada; c) formação universitária; d) elevado conceito no campo de especialidade dos cargos para os quais serão nomeados. Podem existir outros requisitos estabelecidos na lei específica da Agência.
p] **Escolha da Direção:** escolhidos e nomeados pelo presidente da República, após aprovação do Senado Federal.
q] **Mandatos fixos:** os dirigentes permanecem no cargo por tempo determinado. O prazo varia de 3 a 5 anos. A lei de criação de cada Agência disporá sobre a forma da não coincidência de mandato.
r] **Recondução:** depende da previsão na lei de criação de cada Agência.
s] **Vacância:** o substituto passará pelo mesmo processo da escolha da direção.
t] **Quarentena:** o ex-dirigente fica impedido para o exercício de atividades ou de prestar qualquer serviço no setor regulado pela respectiva agência, por um período de quatro meses, contados da exoneração ou do término do seu mandato. A violação deste impedimento gera crime de advocacia administrativa.
u] **Perda do mandato:** os conselheiros e os diretores somente perderão o mandato em caso de renúncia, de condenação judicial transitada em julgado ou

de processo administrativo disciplinar. A lei de criação da Agência poderá prever outras condições para a perda do mandato.

7.1 Noções gerais

7.2 Espécies de agências reguladoras

- **Anatel**: entidade integrante da Administração Pública Federal Indireta, submetida a regime autárquico especial e vinculada ao Ministério das Comunicações, com a função de órgão regulador das telecomunicações, com sede no Distrito Federal, podendo estabelecer unidades regionais. A Agência terá como órgão máximo o Conselho Diretor, devendo contar também, com um conselho consultivo, uma procuradoria, uma corregedoria, uma biblioteca e uma ouvidoria, além das unidades especializadas incumbidas de diferentes funções. A Agência atuará como autoridade administrativa independente, com as prerrogativas necessárias ao exercício adequado de sua competência.
- **ANP**: entidade integrante da Administração Federal Indireta, submetida ao regime autárquico especial, como órgão regulador da indústria do petróleo, gás natural, seus derivados e biocombustíveis, vinculada ao Ministério de Minas e Energia. A ANP terá sede e foro no Distrito Federal e escritórios centrais na cidade do Rio de Janeiro, podendo instalar unidades administrativas regionais. ANP terá como finalidade promover a regulação, a contratação e a fiscalização das atividades econômicas integrantes da indústria do petróleo, do gás natural e dos biocombustíveis.
- **Aneel**: autarquia sob regime especial, vinculada ao Ministério de Minas e Energia, com sede e foro no Distrito Federal e prazo de duração indeterminado. A Agência Nacional de Energia Elétrica (Aneel) tem por finalidade regular e fiscalizar a produção, transmissão, distribuição e comercialização de energia elétrica, em conformidade com as políticas e diretrizes do governo federal.
- **ANS**: autarquia sob o regime especial, vinculada ao Ministério da Saúde, com sede e foro na cidade do Rio de Janeiro (RJ), prazo de duração indeterminado e atuação em todo o território nacional, como órgão de regulação, normatização, controle e fiscalização das atividades que garantam a assistência suplementar à saúde. A ANS terá por finalidade institucional promover a defesa do interesse público na assistência suplementar à saúde, regulando as operadoras setoriais, inclusive quanto às suas relações com prestadores e consumidores, contribuindo para o desenvolvimento das ações de saúde no país.
- **Anvisa**: autarquia sob regime especial, vinculada ao Ministério da Saúde, com sede e foro no Distrito Federal, prazo de duração indeterminado e atuação em

todo território nacional. A Agência terá por finalidade institucional promover a proteção da saúde da população, por intermédio do controle sanitário da produção e da comercialização de produtos e serviços submetidos à vigilância sanitária, inclusive dos ambientes, dos processos, dos insumos e das tecnologias a eles relacionados, bem como o controle de portos, aeroportos e de fronteiras.

- **ANA**: autarquia sob regime especial, com autonomia administrativa e financeira, vinculada ao Ministério do Meio Ambiente, com a finalidade de implementar, em sua esfera de atribuições, a Política Nacional de Recursos Hídricos, integrando o Sistema Nacional de Gerenciamento de Recursos Hídricos. A ANA terá sede e foro no Distrito Federal, podendo instalar unidades administrativas regionais. A atuação da ANA obedecerá aos fundamentos, objetivos, diretrizes e instrumentos da Política Nacional de Recursos Hídricos e será desenvolvida em articulação com órgãos e entidades públicas e privadas integrantes do Sistema Nacional de Gerenciamento de Recursos Hídricos.
- **Ancine**: autarquia especial, vinculada ao Ministério do Desenvolvimento, Indústria e Comércio Exterior, órgão de fomento, regulação e fiscalização da indústria cinematográfica e videofonográfica, dotada de autonomia administrativa e financeira. A Agência terá sede e foro no Distrito Federal e escritório central na cidade do Rio de Janeiro, podendo estabelecer escritórios regionais.
- **Anac**: entidade integrante da Administração Pública Federal indireta, submetida a regime autárquico especial, vinculada ao Ministério da Defesa, com prazo de duração indeterminado. A Anac terá sede e foro no Distrito Federal, podendo instalar unidades administrativas regionais. Compete à União, por intermédio da Anac e nos termos das políticas estabelecidas pelos Poderes Executivo e Legislativo, regular e fiscalizar as atividades de aviação civil e de infraestrutura aeronáutica e aeroportuária.

8. Domínio ambiental

8.1 Conceito

Conjunto de condições, leis, influências e interações de ordem física, química e biológica, que permite, abriga e rege a vida em todas as suas formas. Para fins didáticos, é possível a classificação de meio ambiente em componentes: *a) meio ambiente físico ou natural* (elementos bióticos e abióticos que se encontram originalmente na Natureza); *b) meio ambiente cultural* (patrimônio cultural, artístico, arqueológico, paisagístico, etnográfico, manifestações culturais, folclóricas e populares brasileiras); *c) meio ambiente artificial* (espaço urbano, com os seus espaços abertos e os espaços fechados); *d) meio ambiente do trabalho* (condições existentes no local de trabalho relativos à qualidade de vida do trabalhador).

8.2 Ação popular ambiental (art. 5º, LXXIII)

A ação popular, regulamentada na Lei n. 4.717/1965, é um remédio processual que permite uma participação direta do cidadão na proteção do patrimônio ambiental. Sofre aplicação subsidiária do sistema processual coletivo, formado pelo Título III do CDC (Lei n. 8.078/1990[14]), combinado com a Lei n. 7.347/1985[15].

8.3 Competências constitucionais ambientais

8.3.1 Competência concorrente

Florestas, caça, pesca, fauna, conservação da natureza, defesa do solo e dos recursos naturais, proteção do meio ambiente e controle da poluição; proteção ao patrimônio histórico, cultural, artístico, turístico e paisagístico; responsabilidade por dano ao meio ambiente, ao consumidor, a bens e direitos de valor artístico, estético, histórico, turístico e paisagístico.

8.3.2 Competência comum

Proteger os documentos, as obras e outros bens de valor histórico, artístico e cultural, os monumentos, as paisagens naturais notáveis e os sítios arqueológicos; impedir a evasão, a destruição e a descaracterização de obras de arte e de outros bens de valor histórico, artístico ou cultural; proporcionar os meios de acesso à cultura, à educação e à ciência; proteger o meio ambiente e combater a poluição em qualquer de suas formas; preservar as florestas, a fauna e a flora.

8.3.3 Competência exclusiva

Elaborar e executar planos nacionais e regionais de ordenação do território e de desenvolvimento econômico e social; explorar, diretamente ou mediante autorização, concessão ou permissão, os serviços de telecomunicações, nos termos da lei, que disporá sobre a organização dos serviços, a criação de um órgão

---

14 BRASIL. Lei n. 8.078, de 11 de setembro de 1990. **Diário Oficial da União**, Legislativo, Brasília, DF, 12 set. 1990. Disponível em: <https://www.planalto.gov.br/ccivil_03/leis/l8078compilado.htm>. Acesso em: 14 fev. 2025.
15 BRASIL. Lei n. 7.347, de 24 de julho de 1985. **Diário Oficial da União**, Poder Executivo, 25 jul. 1985. Disponível em: <https://www.planalto.gov.br/ccivil_03/leis/l7347orig.htm>. Acesso em: 14 fev. 2025.

regulador e outros aspectos institucionais; explorar, diretamente ou mediante autorização, concessão ou permissão – a) os serviços de radiodifusão sonora, e de sons e imagens; b) os serviços e instalações de energia elétrica e o aproveitamento energético dos cursos de água, em articulação com os Estados onde se situam os potenciais hidroenergéticos; c) a navegação aérea, aeroespacial e a infraestrutura aeroportuária; d) os serviços de transporte ferroviário e aquaviário entre portos brasileiros e fronteiras nacionais ou que transponham os limites de Estado ou Território; e) os serviços de transporte rodoviário interestadual e internacional de passageiros; f) os portos marítimos, fluviais e lacustres; planejar e promover a defesa permanente contra as calamidades públicas, especialmente as secas e as inundações; instituir sistema nacional de gerenciamento de recursos hídricos e definir critérios de outorga de direitos de seu uso; instituir diretrizes para o desenvolvimento urbano, inclusive habitação, saneamento básico e transportes urbanos; explorar os serviços e instalações nucleares de qualquer natureza e exercer monopólio estatal sobre a pesquisa, a lavra, o enriquecimento e reprocessamento, a industrialização e o comércio de minérios nucleares e seus derivados; organizar, manter e executar a inspeção do trabalho; estabelecer as áreas e as condições para o exercício da atividade de garimpagem, em forma associativa.

8.3.4 Competência privativa

Águas, energia, informática, telecomunicações, radiodifusão, regime dos portos, navegação lacustre, fluvial, marítima, aérea e aeroespacial; jazidas, minas, outros recursos minerais e metalurgia; populações indígenas; organização do sistema nacional de emprego e condições para o exercício de profissões; atividades nucleares de qualquer natureza.

8.3.5 Competência municipal

Assuntos de interesse local; suplementar a legislação federal e a estadual no que couber; promover, no que couber, adequado ordenamento territorial, mediante planejamento e controle do uso, do parcelamento e da ocupação do solo urbano; promover a proteção do patrimônio histórico-cultural local, observadas a legislação e a ação fiscalizadora federal e estadual.

8.4 Ministério Público

É função institucional do Ministério Público promover o inquérito civil e a ação civil pública para a proteção do patrimônio público e social, do meio ambiente e de outros interesses difusos e coletivos.

8.5 Atividade garimpeira

Deve o Estado atuar para favorecer que seja exercida mediante cooperativas, levando-se em conta a proteção do meio ambiente (art. 174, § 3º, CF/1988).

8.6 Recursos minerais

Aquele que explorar recursos minerais fica obrigado a recuperar o meio ambiente degradado, de acordo com a solução técnica exigida pelo órgão público competente, na forma da lei (art. 225, § 2º, CF/1988).

8.7 Sistema único de saúde

É uma das suas atribuições colaborar com a proteção do meio ambiente (art. 200, VIII, CF/1988).

8.8 Estudo de impacto ambiental

Incumbe ao Poder Público exigir, na forma da lei, o EIA, para instalação de obra ou atividade potencialmente causadora de significativa degradação do meio ambiente (art. 225, § 1º, IV, CF/1988).

8.9 Propaganda

Nos meios de comunicação federal, a União, por lei federal, deve estabelecer os meios legais que garantam à pessoa e à família a possibilidade de se defender da propaganda de produtos, práticas e serviços que possam ser nocivos à saúde e ao meio ambiente. A propaganda comercial de tabaco, bebidas alcoólicas, agrotóxicos, medicamentos e terapias estará sujeita a restrições legais, e conterá, sempre que necessário, advertência sobre os malefícios decorrentes de seu uso.

8.10 Patrimônio nacional

A Floresta Amazônica, a Serra do Mar, a Zona Costeira, o Pantanal Mato-grossense e a Mata Atlântica são patrimônio nacional. A utilização dos recursos ambientais desses biomas deve ser de acordo com os limites traçados em lei e de forma que não comprometa a preservação do meio ambiente.

8.11 Fauna e flora

É dever do Poder Público proteger a fauna e a flora, vedadas, na forma da lei, as práticas que coloquem em risco sua função ecológica, provoquem a extinção de espécies ou submetam os animais a crueldade. Em face da Emenda Constitucional

n. 96/17, não se consideram cruéis as práticas desportivas que utilizem animais, desde que sejam manifestações culturais, conforme o § 1º do art. 215 da CF/1988 ("O Estado protegerá as manifestações das culturas populares, indígenas e afro-brasileiras, e das de outros grupos participantes do processo civilizatório nacional"), registradas como bem de natureza imaterial integrante do patrimônio cultural brasileiro, devendo ser regulamentadas por lei específica que assegure o bem-estar dos animais envolvidos. Pela Lei n. 13.364/2016[16], o rodeio, a vaquejada e o laço, bem como as respectivas expressões artísticas e esportivas, são reconhecidos como manifestações culturais nacionais e elevados à condição de bens de natureza imaterial integrantes do patrimônio cultural brasileiro, enquanto atividades intrinsecamente ligadas à vida, à identidade, à ação e à memória de grupos formadores da sociedade brasileira. O STF decidiu que a vaquejada é ilegal, pois causa sofrimento aos animais e viola princípios constitucionais, nos termos da ADI n. 4.983/2017[17].

8.12 Área de preservação permanente

a) **Função ambiental**: de preservar os recursos hídricos, a paisagem, a estabilidade geológica e a biodiversidade, facilitar o fluxo gênico de fauna e flora, proteger o solo e assegurar o bem-estar das populações humanas.
b) **Forma**: coberta ou não de vegetação nativa.
c) **Natureza constitucional**: espaço territorialmente protegido.
d) **Formas de instituição**: por lei ou por ato declaratório do Poder Público.
e) **Supressão**: somente ocorrerá nas hipóteses de utilidade pública, de interesse social ou de baixo impacto ambiental.
f) **Acesso de pessoas e animais**: para obtenção de água e para realização de atividades de baixo impacto ambiental.

8.13 Política nacional do meio ambiente

São diretrizes formuladas em normas e planos destinados a orientar a ação dos governos da União, dos Estados, do Distrito Federal, dos Territórios e dos Municípios no que se relaciona à preservação da qualidade ambiental e manutenção do equilíbrio ecológico.

---

16 BRASIL. Lei n. 13.364, de 29 de novembro de 2016. **Diário oficial da União**, Poder Legislativo, 30 nov. 2016. Disponível em: <https://www.planalto.gov.br/ccivil_03/_ato2015-2018/2016/lei/l13364.htm>. Acesso em: 14 fev. 2025.

17 BRASIL. Supremo Tribunal Federal. **ADI n. 4.983, de 6 de outubro de 2016**. Relator: Min. Marco Aurélio. Data de julgamento: 6 out. 2016. Data de publicação: Diário da Justiça Eletrônico, 27 abr. 2017. Disponível em: <https://jurisprudencia.stf.jus.br/pages/search/sjur366632/false>. Acesso em: 14 fev. 2025.

8.14 Patrimônio genético

Incumbe ao Poder Público preservar a diversidade e a integridade do patrimônio genético do país e fiscalizar as entidades dedicadas à pesquisa e à manipulação de material genético, considerado um dos instrumentos para assegurar a efetividade do meio ambiente ecologicamente equilibrado (Art. 225, § 2º, II, CF/1988).

8.15 Domínio hídrico

a) **Composição**: pelas águas públicas internas.
b) **Natureza da água**: é um bem de domínio público; é um recurso natural limitado, dotado de valor econômico.
c) **Escassez**: o uso prioritário dos recursos hídricos é o consumo humano e a dessedentação de animais;
d) **Gestão dos recursos hídricos**: deve sempre proporcionar o uso múltiplo das águas; deve ser descentralizada e contar com a participação do Poder Público, dos usuários e das comunidades;
e) **Disciplina normativa**: código de águas (Decreto n. 24.643/1934[18]) e lei da política nacional de gerenciamento de recursos hídricos – Lei n. 9.433/1997[19].

---

18 BRASIL. Decreto n. 24.643, de 10 de julho de 1934. **Diário Oficial da União**, Poder Executivo, Brasília, DF, 20 jul. 1934. Disponível em: <https://www.planalto.gov.br/ccivil_03/decreto/d24643compilado.htm#:~:text=DECRETO%20N%C2%BA%2024.643%2C%20DE%2010%20DE%20JULHO%20DE%201934.&text=Decreta%20o%20C%C3%B3digo%20de%20C%C3%81guas.&text=%C3%81GUAS%20P%C3%9ABLICAS-,Art.,de%20uso%20comum%20ou%20dominicais.>. Acesso em: 19 abr. 2024.
19 BRASIL. Lei n. 9.433, de 8 de janeiro de 1997. **Diário Oficial da União**, Poder Legislativo, Brasília, DF, 9 jan. 1997. Disponível em: <https://www.planalto.gov.br/ccivil_03/leis/l9433.htm>. Acesso em: 19 abr. 2024.

TÍTULO 16
BENS PÚBLICOS

7. Domínio do Estado e domínio público

A segurança é uma antiga demanda humana, materializada na busca pela sobrevivência[1] e pela proteção. Com a evolução da história, surgiram formas de organização, que, com o tempo, resultavam na construção de novas relações sociais. Nesse contexto, independentemente do tipo de segurança[2], podemos afirmar que a satisfação dessa necessidade se dá por meio da organização e proteção estabelecidas pelo Direito[3] e pelo Estado[4].

O Estado, como fator de organização que possibilita o convívio em sociedade, detém poder político, ou seja, comando sobre todas as pessoas e os bens de seu território, um poder originário e de meios coercitivos que adéqua seus membros e seu território conforme a ordem político-jurídica que lhe é própria[5]. O poder político do Estado, que é o domínio do Estado sobre o grupo social, abrange duas espécies:

a] **Domínio iminente** – comando que o Estado exerce sobre todos os bens de seu território. É prerrogativa ou manifestação decorrente da soberania interna. Não é absoluto, pois está condicionado à ordem jurídico-constitucional.

---

1. Em sentido contrário: segurança é uma habilidade para conseguir ambições políticas e sociais prioritárias, já a sociedade é uma condição existencial (WILLIAMS, Paul D. Security Studies: an Introduction. In: WILLIAMS, Paul D. (Ed.) **Security Studies**: an Introduction. London; New York: Routledge, 2008).
2. "La seguridad es otro de los valores de gran consideración, por cierto, de importancia básica porque la certeza de saber a que atenerse, es decir, la certeza de que el orden vigente a de ser mantenido aún mediante la coacción, da al ser humano la posibilidad de desarrollar su actividad, previendo en buena medida cuál será la marcha de su vida jurídica" (GARRONE, José Alberto. **Dicionário jurídico**. Buenos Aires: Abeledo-Perrot, 1987. t. III).
3. "A segurança é a razão do Direito" (CAVALCANTI FILHO, Theophilo. **O problema da segurança no Direito**. São Paulo: RT, 1964); "O objetivo do Direito é a paz" (IHERING, Rudolf Von. **A luta pelo Direito**. Tradução de Pietro Nassetti. 2. ed. São Paulo: M. Claret, 2008). "O direito é, portanto, uma ferramenta que fornece as condições necessárias para vida interativa em sociedade e para realização de valores morais inquestionáveis como a liberdade e a justiça" (SUMMERS, Robert S. **Lon Fuller**. Stanford: Stanford University Press, 1984); "O Direito tem dupla vocação: a de proporcionar segurança a uma sociedade e a de fazer imperar a justiça em suas relações. Como se pode observar, se, por um lado, o anseio de justiça é profundo e tem movido toda a evolução do Direito, é certo que, desde as sociedades primitivas, a necessidade de segurança, que nos vem do próprio instinto, tem precedência lógica e cronológica, pois sem ela nenhuma ordem poderia sequer existir" (MOREIRA NETO, Diogo de Figueiredo. **Mutações do direito público**. Rio de Janeiro: Renovar, 2006).
4. "A segurança, a par da liberdade e da paz pública, é encarada como uma das tarefas mais complexas e prioritárias dos Estados democráticos" (PARREIRA, Luis Newton. Tardes de Queluz: a Guarda face aos desafios do ambiente de segurança do século XXI. **Revista Pela Lei e Pela Grei**, n. 92, out./dez. 2011. p. 63).
5. JELLINEK, Georg. **Teoría general del Estado**. Tradução de Fernando de Los Rios. Bueno Aires: Albatros, 1973.

É fundamento para o Estado intervir, seja na propriedade privada (desapropriação, requisição etc.), seja no domínio econômico (controle de preços, repressão do abuso do poder econômico etc.).

b] **Domínio público**[6] – 1) em sentido amplo – bens que pertencem ao domínio do Estado ou que estejam sob sua administração e regulamentação (bens públicos; bens privados; bens inapropriáveis individualmente, mas de fruição geral da coletividade, como o espaço aéreo); 2) em sentido restrito – o domínio patrimonial ou domínio público propriamente dito é definido como direito de propriedade pública, do Estado, englobando todos os bens móveis ou imóveis, corpóreos ou incorpóreos das pessoas estatais, sujeito a um regime administrativo especial. É o mesmo que *patrimônio público*[7].

2. Conceito de bens públicos

Não há uniformidade de pensamento, de forma que existem duas correntes: a subjetiva e a material.

Pelo critério subjetivo, ou da titularidade, os bens públicos são aqueles que integram o patrimônio das pessoas jurídicas de direito público[8]: União, Estados, Municípios, Distrito Federal, territórios federais, autarquias, fundações públicas, agências e associações públicas. É o conceito adotado no art. 98 do Código Civil (CC)[9]. Nesse sentido, ver José dos Santos Carvalho Filho.

Pelo critério material, ou funcionalista, além dos bens integrantes das pessoas de direito público, também seriam considerados bens públicos aqueles integrantes das pessoas jurídicas de direito privado afetados à prestação de serviços públicos. Nesse sentido: Celso Antônio Bandeira de Mello, Diógenes Gasparini.

---

6 "A expressão domínio público (*domain public*) advém da França. Otto Mayer foi o elaborador, em 1886, da primeira teoria objetivando explicar a natureza jurídica dos bens públicos em livro sobre o Direito Administrativo francês" (NOHARA, Irene. **Direito Administrativo**. São Paulo: Atlas, 2023).

7 "Domínio público é o conjunto de coisas móveis e imóveis de que é detentora a Administração, afetados quer a seu próprio uso, quer ao uso direto ou indireto da coletividade, submetidos a regime jurídico de direito público derrogatório e exorbitante de direito comum" (CRETELLA JÚNIOR, José. **Curso de Direito Administrativo**. Rio de Janeiro: Forense, 2000).

8 "Inicialmente, consigna-se que bens públicos são todos os bens pertencentes às pessoas jurídicas de Direito Público interno, isto é, União, Distrito Federal, estados, municípios, autarquias e associações públicas. Não se incluem no rol de bens públicos aqueles pertencentes às empresas públicas e sociedades de economia mista, por serem detentoras de personalidade jurídica de direito privado" (BRASIL. Superior Tribunal de Justiça. **Informativo n. 752, de 11 de outubro de 2022**. Disponível em: <https://processo.stj.jus.br/jurisprudencia/externo/informativo/?acao=pesquisarumaedicao&livre=0752.cod.>. Acesso em: 19 abr. 2024).

9 BRASIL. Lei n. 10.406, de 10 de janeiro de 2002. **Diário Oficial da União**, Poder Legislativo, Brasília, DF, 11 jan. 2002. Disponível em: <https://www.planalto.gov.br/ccivil_03/leis/2002/l10406compilada.htm>. Acesso em: 19 abr. 2024.

De acordo com o CC, em seu art. 98 ("São públicos os bens do domínio nacional pertencentes às pessoas jurídicas de direito público interno; todos os outros são particulares, seja qual for a pessoa a que pertencerem"), o critério adotado foi o subjetivo, porém, adotamos o critério material, definindo *bens públicos* como um conjunto de bens corpóreos (móveis ou imóveis) ou incorpóreos (direitos, obrigações ou ações) pertencentes às pessoas jurídicas de direito público ou que estejam afetados à prestação de um serviço público.

São bens da Administração Indireta: a) pessoas jurídicas de direito público (autarquias, fundações públicas e agências) – tem bens públicos; b) pessoas jurídicas de direito privado – empresas estatais detêm bens públicos quando estiverem afetados à prestação de serviços públicos.

Os concessionários e permissionários, como são pessoas jurídicas privadas que não pertencem à estrutura estatal, seus bens são privados. Parte da doutrina (corrente minoritária) sustenta que os bens afetados à prestação de serviços públicos seriam bens públicos.

3. Características dos bens públicos

3.1 Inalienabilidade

a) **Regra**: os bens públicos não podem ser alienados.
b) **Exceção**: podem ser alienados se preencherem requisitos.
c) **Requisitos cumulativos**: 1) ser bem dominial[10]; 2) avaliação prévia; 3) licitação; 4) interesse público; 5) se for imóvel, precisa de autorização legislativa.
d) **Bens de uso comum do povo e os de uso especial**: de acordo com o art. 100 do CC, são inalienáveis, enquanto conservarem sua qualificação, na forma que a lei determinar. Nesse contexto, os bens de uso comum do povo e os de uso especial poderão tornar-se alienáveis se forem desafetados, ou seja, se for mudada destinação, de modo que passem a ser considerados dominicais, por lei, por ato administrativo ou por um fato que torne a destinação inviável.
e) **Modalidade de licitação**: leilão, salvo hipóteses de dispensa, nos termos do art. 75 da Lei n. 14.133/2021[11].
f) **Fundamento legal**: art. 76 da Lei n. 14.133/2021 combinado com os arts. 100 e 101 do Código Civil.

---

10   Art. 101 do CC: Os bens públicos dominicais podem ser alienados, observadas as exigências da lei.
11   BRASIL. Lei n. 14.133, de 1º de abril de 2021. **Diário Oficial da União**, Poder Legislativo, Brasília, DF, 2 abr. 2021. Disponível em: <https://legis.senado.leg.br/norma/33382036>. Acesso em: 5 jul. 2024.

g] **Vedação de alienação**: terras devolutas ou arrecadadas pelos Estados, por ações discriminatórias, necessárias à proteção dos ecossistemas naturais; terras tradicionalmente ocupadas pelos índios.

3.2 Imprescritibilidade

a] **Significado**: não há usucapião de bens públicos, de qualquer espécie.
b] **Fundamento**: 1) art. 102 do CC – os bens públicos não estão sujeitos a usucapião; 2) art. 183, parágrafo 3º da Constituição Federal (CF/1988[12]) – os imóveis públicos não serão adquiridos por usucapião; 3) art. 191, parágrafo único da CF/1988 – os imóveis públicos não serão adquiridos por usucapião; 4) Súmula n. 340 do STF[13] – "Desde a vigência do CC, os bens dominicais, como os demais bens públicos, não podem ser adquiridos por usucapião".
c] **Informativo n. 720/21 do STJ**[14]: o imóvel vinculado ao Sistema Financeiro de Habitação, porque afetado à prestação de serviço público, deve ser tratado como bem público, sendo, pois, imprescritível.
d] **Súmula n. 619 do STJ**[15]: a ocupação indevida de bem público configura mera detenção, de natureza precária, insuscetível de retenção ou indenização por acessões e benfeitorias.

3.3 Impenhorabilidade

a] **Significado**: não podem ser penhorados, arrestados ou sequestrados.
b] **Pagamento**: o art. 100 da CF/1988 prevê a disciplina de precatórios para o pagamento das obrigações por parte da Administração Pública, afastando, por conseguinte, a possibilidade de hasta pública sobre bens do Estado.

---

12 BRASIL. Constituição (1891). **Diário Oficial [da] República dos Estados Unidos do Brasil**, Rio de Janeiro, 24 fev. 1891. Disponível em: <http://www.planalto.gov.br/ccivil_03/constituicao/constituicao91.htm>. Acesso em: 19 abr. 2024.
13 BRASIL. Supremo Tribunal Federal. **Súmula n. 340**. Data de aprovação: 13 dez. 1963. Disponível em: <https://portal.stf.jus.br/jurisprudencia/sumariosumulas.asp?base=30&sumula=3319#:~:text=%22S%C3%BAmula%20340.,se%20pratiquem%20atos%20de%20posse.>. Acesso em: 19 abr. 2024.
14 BRASIL. Superior Tribunal de Justiça. **Informativo n. 720, de 6 de dezembro de 2021**. Disponível em: <https://processo.stj.jus.br/SCON/SearchBRS?b=INFJ&tipo=informativo&livre=%270720%27.cod.&force=yes>. Acesso em: 19 abr. 2024.
15 BRASIL. Superior Tribunal Federal. **Súmula n. 619, de 24 de outubro de 2018**. Data de publicação: Diário da Justiça Eletrônico, 30 out. 2018. Disponível em: <https://www.stj.jus.br/publicacaoinstitucional/index.php/sumstj/article/download/5048/5175>. Acesso em: 5 jul. 2024.

c] **Extensão:** impenhorabilidade é extensiva aos bens de empresas públicas, sociedades de economia mista e concessionários afetados à prestação de serviços públicos (nesse sentido: 1ª Turma do STF, RE n. 851.711 Agr-DF[16]).
d] **Lei n. 14.334/2022**[17]: os bens de hospitais filantrópicos e Santas Casas de Misericórdia mantidos por entidades beneficentes são impenhoráveis.

3.4 Não oneração

a] **Significado:** não podem ser objeto de penhor, hipoteca ou anticrese.
b] **Objeto:** só os bens que se podem alienar poderão ser dados em penhor, anticrese ou hipoteca.

4. Classificação dos bens públicos

4.1 Quanto à titularidade

a] Bens públicos federais ou da União

- I – Os que atualmente lhe pertencem e os que lhe vierem a ser atribuídos.
- II – As terras devolutas indispensáveis à defesa das fronteiras, das fortificações e construções militares, das vias federais de comunicação e à preservação ambiental, definidas em lei.
- III – Os lagos, rios e quaisquer correntes de água em terrenos de seu domínio, ou que banhem mais de um Estado, sirvam de limites com outros países, ou se estendam a território estrangeiro ou dele provenham, bem como os terrenos marginais e as praias fluviais.
- IV – As ilhas fluviais e lacustres nas zonas limítrofes com outros países; as praias marítimas; as ilhas oceânicas e as costeiras, excluídas, destas, as que

---

16 BRASIL. Supremo Tribunal Federal. **RE n. 851.711 Agr-DF, de 12 de dezembro de 2017**. Relator: Min. Marco Aurélio. Primeira Turma. Data de julgamento: 12 dez. 2017. Data de publicação: Diário da Justiça Eletrônico, 10 br. 2018. Disponível em: <https://redir.stf.jus.br/paginadorpub/paginador.jsp?docTP=TP&docID=14624254#:~:text=RE%20851711%20ED%2DAGR%2DAGR%20%2F%20DF,-que%20distingue%20pessoa&text=de%20direito%20p%C3%BAblico.-,Nota%2Dse%2C%20portanto%2C%20sem%20mesmo%20perquirir%2Dse%20o,prerrogativa%20de%20execu%C3%A7%C3%A3o%20via%20precat%C3%B3rio.>. Acesso em: 19 abr. 2024.
17 BRASIL. Lei n. 14.334, de 10 de maio de 2022. **Diário Oficial da União**, Poder Legislativo, Brasília, DF, 11 maio 2022. Disponível em: <https://www.planalto.gov.br/ccivil_03/_Ato2019-2022/2022/Lei/L14334.htm>. Acesso em: 5 jul. 2022.

contenham a sede de municípios, exceto aquelas áreas afetadas ao serviço público e à unidade ambiental federal, e as referidas no art. 26, II.
- V – Os recursos naturais da plataforma continental e da zona econômica exclusiva.
- VI – O mar territorial.
- VII – Os terrenos de marinha e seus acrescidos.
- VIII – Os potenciais de energia hidráulica.
- IX – Os recursos minerais, inclusive os do subsolo.
- X – As cavidades naturais subterrâneas e os sítios arqueológicos e pré-históricos.
- XI – As terras tradicionalmente ocupadas pelos índios.

b) Bens públicos estaduais ou dos Estados

- I – As águas superficiais ou subterrâneas, fluentes, emergentes e em depósito, ressalvadas, neste caso, na forma da lei, as decorrentes de obras da União.
- II – As áreas, nas ilhas oceânicas e costeiras, que estiverem no seu domínio, excluídas aquelas sob domínio da União, Municípios ou terceiros.
- III – As ilhas fluviais e lacustres não pertencentes à União.
- IV – As terras devolutas não compreendidas entre as da União.

c) Bens públicos distritais ou do Distrito Federal

- Os bens onde estão instaladas as repartições públicas distritais, tanto quanto os indispensáveis para prestação dos serviços públicos de atribuição do Distrito Federal.

d) Bens públicos municipais ou do município

- Todos aqueles onde se encontram instaladas repartições públicas municipais, bem como os equipamentos destinados à prestação dos serviços públicos de competência municipal.

e) Bens públicos territoriais ou do território federal

- Aqueles utilizados para o funcionamento das repartições públicas e para a prestação de serviços públicos de competência do território.

f) Bens públicos interfederativos

- São os bens integrantes das associações públicas (consórcios públicos de direito público), na forma do art. 6º, inciso I e parágrafo 1º da Lei n. 11.107/2005[18].

4.2 Quanto à destinação

a) Bens de uso comum do povo

São os bens que todos podem usar, por determinação legal ou por sua própria natureza (art. 99 do CC. São bens públicos: I – os de uso comum do povo, tais como rios, mares, estradas, ruas e praças). O uso comum dos bens públicos pode ser gratuito ou retribuído, conforme for estabelecido legalmente pela entidade a cuja administração pertencerem, nos termos do art. 103 do CC.

- **Terminologia**: bens do domínio público.
- **Destinação pública**: sim.
- **Utilização**: coletiva indeterminada, podendo ser gratuita ou onerosa.
- **Tipo de uso comum coletivo**: exercido, em igualdade de condições, por todos os membros da coletividade.
- **Alienação**: será possível com sua transformação, via desafetação, em bens dominicais.
- **Tipo de patrimônio**: integra patrimônio público indisponível.
- **Tipo de afetação**: proteção de interesse público primário.
- **Tipo de domínio**: público do Estado.

---

18 BRASIL. Lei n. 11.107, de 6 de abril de 2005. **Diário Oficial da União**, Poder Legislativo, 7 abr. 2005. Disponível em: <https://legis.senado.leg.br/norma/570556OLIVEIRA>. Acesso em: 5 jul. 2024; OLIVEIRA, Rafael Carvalho Rezende. **Curso de Direito Administrativo**. Rio de Janeiro: Método, 2024. p. 668.

b) Bens de uso especial

São destinados às instalações e aos serviços públicos, como os prédios das repartições ou escolas públicas (art. 99 do CC. São bens públicos: II – os de uso especial, tais como edifícios ou terrenos destinados a serviço ou estabelecimento da administração federal, estadual, territorial ou municipal, inclusive os de suas autarquias).

- **Terminologia**: bens do patrimônio administrativo.
- **Destinação pública**: sim.
- **Destinação**: específica.
- **Alienação**: será possível com sua transformação, via desafetação, em bens dominicais.
- **Tipo de patrimônio**: integra patrimônio público indisponível.
- **Tipo de afetação**: proteção de interesse público primário.
- **Instrumentais**: instrumentos para execução de serviço público.
- **Tipo de domínio**: público do Estado.

c) Bens dominicais[19]

São os que pertencem ao acervo do Poder Público, sem destinação especial. São bens sobre os quais a Administração Pública exerce poderes de proprietário. Podem ser usados para qualquer fim, dentro de uma finalidade pública, e ser alienados (art. 99 do CC. São bens públicos: III – os dominicais, que constituem o patrimônio das pessoas jurídicas de direito público, como objeto de direito pessoal, ou real, de cada uma dessas entidades. Parágrafo único. Não dispondo a lei em contrário, consideram-se dominicais os bens pertencentes às pessoas jurídicas de direito público a que se tenha dado estrutura de direito privado). Por contarem com estatuto semelhante ao dos bens privados, tem-se que o particular poderá manejar interditos possessórios contra terceiros que venham a ameaçar ou violar a sua posse (Informativo n. 594/2017 do STJ[20]).

---

19 São os bens do Estado, qualquer que seja a sua proveniência, dos quais se possa efetuar a venda, permuta ou cessão, ou com os quais se possam fazer operações financeiras em virtude de disposições legais especiais de autorização (art. 810 do regulamento do antigo Código de Contabilidade Pública da União, aprovado pelo Decreto n. 15.783/1922 – BRASIL. Decreto n. 15.783, de 8 de novembro de 1922. **Diário Oficial da União**, Poder Executivo, Brasília, DF, 8 nov. 1922. Disponível em: <https://www.planalto.gov.br/ccivil_03/decreto/1910-1929/D15783.htm#:~:text=DECRETO%20N%C2%BA%2015.783%2C%20DE%208%20DE%20NOVEMBRO%20DE%201922.&text=Aprova%20o%20regulamento%20para%20execu%C3%A7%C3%A3o,que%20lhe%20confere%20o%20art.> Acesso em: 19 abr. 2024).

20 BRASIL. Superior Tribunal de Justiça. **Informativo n. 594, de 1º de fevereiro de 2017**. Disponível em: <https://www.stj.jus.br/publicacaoinstitucional/index.php/informjurisdata/article/view/3836/4064>. Acesso em: 19 abr. 2024.

- **Terminologia:** bens do patrimônio disponível ou do patrimônio fiscal.
- **Destinação pública:** não.
- **Utilização:** qualquer.
- **Alienação:** possível.
- **Tipo de patrimônio:** integra patrimônio público disponível.
- **Tipo de afetação:** proteção de interesse público secundário.
- **Tipo de domínio:** privado do Estado.

4.3 Quanto à disponibilidade

a) **Bens indisponíveis por natureza:** aqueles que, devido à sua intrínseca condição não patrimonial, são insuscetíveis a alienação ou oneração. Os bens indisponíveis por natureza são necessariamente bens de uso comum do povo, destinados a uma utilização universal e difusa. São naturalmente inalienáveis. É o caso do meio ambiente, dos mares e do ar.

b) **Bens patrimoniais indisponíveis:** são aqueles dotados de uma natureza patrimonial, mas, por pertencerem às categorias de bens de uso comum do povo ou de uso especial, permanecem legalmente inalienáveis enquanto mantiverem tal condição. Por isso, são naturalmente passíveis de alienação, mas legalmente inalienáveis. Exemplos: ruas, praças, estradas e demais logradouros públicos.

c) **Bens patrimoniais disponíveis:** são legalmente passíveis de alienação. É o caso dos bens dominiais, como as terras devolutas.

5. Afetação e desafetação

O tema da afetação e da desafetação diz respeito aos fins para os quais está sendo utilizado o bem público.

Afetação ou consagração é a condição do bem público utilizado para determinada finalidade pública. *Desafetação* ou *desconsagração* é a situação do bem que não está vinculado a nenhuma finalidade pública específica.

Na afetação existem as seguintes características: a) atribuição fática ou jurídica de finalidade pública, geral ou especial, ao bem público; b) bens públicos afetados são os bens de uso comum do povo e os bens de uso especial; c) destinação pública especial do bem público pode ser de interesse direto ou indireto da administração; d) pode ser feita de três formas – lei, ato administrativo ou fato administrativo.

Na desafetação existem as seguintes características: a) retirada, fática ou jurídica, da destinação pública anteriormente atribuída ao bem público; b) os bens desafetados são os bens públicos dominicais; c) é a situação do bem que não está vinculado a nenhuma finalidade pública específica; d) pode ser feita de três formas – lei, ato administrativo ou fato administrativo; porém a doutrina majoritária entende que a desafetação só pode ser feita por lei específica.

A natureza jurídica da afetação e desafetação é de fatos administrativos que indicam a alteração das finalidades do bem público.

Não existe no Direito brasileiro a denominada *desafetação tácita*, entendida como a mudança de categoria do bem pela falta de uso. Essa conversão em bem dominical somente poderá ser promovida mediante vontade expressa do legislador.

6. Utilização dos bens públicos

6.1 Formas do uso do bem público

6.1.1 Uso comum

- **Destinatário**: toda a coletividade indistintamente.
- **Objeto**: bens de uso comum.
- **Espécies**: normal ou ordinário (independente de outorga administrativa); anormal ou extraordinário (dependente de outorga administrativa).
- **Forma**: igualdade de condições entre os membros da coletividade.
- **Papel do Poder Público**: regulamentação e fiscalização para adequação ao interesse público.
- **Caráter**: gratuito; mas pode ser excepcionalmente remunerado.
- **Autorização estatal**: não é necessária.

6.1.2 Uso especial

- **Destinatário**: determinadas pessoas que preencham os requisitos previstos na legislação ou Administração Pública.
- **Objeto**: bens de uso especial.
- **Característica**: utilização do bem está submetida a regras específicas.
- **Caráter**: pode ser gratuito ou remunerado.
- **Autorização estatal**: é necessária.

6.1.3 Uso privativo ou exclusivo

- **Destinatário:** determinado indivíduo (pessoas físicas ou jurídicas, públicas ou privadas) com exclusividade.
- **Objeto:** bem público.
- **Duração:** temporária – utilização do bem público é outorgada temporariamente a determinada pessoa.
- **Forma:** instrumento jurídico específico.
- **Papel do Poder Público:** consentimento.
- **Características do consentimento estatal:** discricionário ou vinculado, oneroso ou gratuito, precário ou estável.
- **Caráter:** oneroso, ressalvados os casos excepcionais de uso gratuito.
- **Justificativa:** compatibilidade com o interesse público.

6.1.4 Uso compartilhado

- **Conceito:** aquele em que pessoas públicas ou privadas, prestadoras de serviços públicos, precisam utilizar-se de espaços integrantes de áreas da propriedade de pessoas diversas[21].
- **Objeto:** espaços integrantes de áreas da propriedade de pessoas diversas.

6.2 Formas de uso privativo do bem público

6.2.1 Autorização de uso

a) **Conceito:** é o ato administrativo unilateral, gratuito ou oneroso, discricionário e precário mediante o qual o uso do bem público é transferido para particulares por um período de curtíssima duração.
b) **Finalidade:** serve para auxiliar interesses particulares em eventos ocasionais ou temporários.
c) **Licitação:** não.
d) **Legalidade:** independe de lei autorizadora.
e) **Tipo de ato:** negocia.
f) **Interesse:** 1) principal – privado; secundário – público.
g) **Destinatário:** particular.
h) **Autorização simples:** não tem prazo determinado.

---

21 CARVALHO FILHO, José dos Santos. **Manual de Direito Administrativo.** São Paulo: Atlas, 2024. p. 1024.

i) **Autorização qualificada:** tem prazo determinado (se houver revogação prematura gera indenização ao prejudicado).
j) **Revogação:** qualquer momento.
k) **Objeto:** pode ser bens móveis ou imóveis.
l) **Caráter:** gratuita ou onerosa.
m) **Direito subjetivo:** o particular não tem direito subjetivo à utilização do bem público.
n) **Competência:** é de quem administra o bem público.

6.2.2 Permissão de uso

- **Conceito:** é o ato administrativo unilateral, gratuito ou oneroso, discricionário e precário por meio do qual o uso do bem público é transferido para particulares por um período maior que o previsto para a autorização.
- **Justificativa:** interesse público.
- **Licitação:** depende, em regra, de licitação.
- **Dever:** cria para o permissionário um dever de utilização, sob pena de revogação.
- **Comparação:** a diferença entre *autorização* e *permissão* está em que naquela o uso é episódico e eventual e nesta o uso do bem é continuado; e tem grau menor de precariedade.
- **Permissão simples:** não tem prazo determinado.
- **Permissão qualificada:** tem prazo determinado (se houver revogação prematura gera indenização ao prejudicado).
- **Tipo de ato:** negocial.
- **Caráter:** gratuita ou onerosa.
- **Áreas de domínio federal:** a utilização, a título precário, de áreas de domínio da União para a realização de eventos de curta duração, de natureza recreativa, esportiva, cultural, religiosa ou educacional, poderá ser autorizada, na forma do regulamento, sob o regime de permissão de uso, em ato do Secretário do Patrimônio da União, publicado no Diário Oficial da União. Em áreas específicas, devidamente identificadas, a competência para autorizar a permissão de uso poderá ser repassada aos Estados e Municípios (Lei n. 9.636/1998[22]).
- Os itens sobre área pública ocupada por **equipamentos urbanos do tipo quiosque, *trailer*, feira e banca de venda de jornais e de revistas** precisam ser recuados, sob pena de confusão com os itens do tópico autorização de uso.

---

22 BRASIL. Lei n. 9.636, de 15 de maio de 1998. **Diário Oficial da União**, Poder Legislativo, Brasília, DF, 18 maio 1998. Disponível em: <https://www2.camara.leg.br/legin/fed/lei/1998/lei-9636-15-maio-1998-367785-publicacaooriginal-1-pl.html>. Acesso em: 5 jul. 2024.

- **Disciplina jurídica:** Lei n. 13.311/2016[23].
- **Destinatário:** o direito de utilização privada de área pública poderá ser outorgado a qualquer interessado que satisfaça os requisitos exigidos pelo poder público local.
- **Transferência:** é permitida a transferência da outorga, pelo prazo restante, a terceiros que atendam aos requisitos exigidos em legislação municipal. A transferência dependerá de – I – requerimento do interessado no prazo de sessenta dias, contado do falecimento do titular, da sentença que declarar sua interdição ou do reconhecimento, pelo titular, por escrito, da impossibilidade de gerir os seus próprios atos em razão de enfermidade física atestada por profissional da saúde; II – preenchimento, pelo interessado, dos requisitos exigidos pelo Município para a outorga.
- **Falecimento:** no caso de falecimento do titular ou de enfermidade física ou mental que o impeça de gerir seus próprios atos, a outorga será transferida, pelo prazo restante, nesta ordem – I – ao cônjuge ou companheiro; II – aos ascendentes e descendentes. Entre os parentes de mesma classe, tem preferência os parentes de grau mais próximo.
- **Extinção da outorga:** I – pelo advento do termo; II – pelo descumprimento das obrigações assumidas; III – por revogação do ato pelo poder público municipal, desde que demonstrado o interesse público de forma motivada.
- **Requisitos adicionais:** o município poderá dispor sobre outros requisitos para a outorga.

6.2.3 Concessão de uso

- **Conceito:** é o contrato por meio do qual o uso de um bem público é delegado ao concessionário por prazo determinado, mediante o cumprimento de requisitos.
- **Licitação:** trata-se de outorga dependente de prévia licitação.
- **Indenização:** gera direito de indenização caso haja revogação do contrato.
- **Objeto:** uma utilidade pública de certa permanência (ex.: instalação de restaurante num zoológico municipal).
- **Legalidade:** exige, em regra, autorização legislativa.
- **Natureza jurídica:** contrato administrativo.
- **Finalidade:** interesse coletivo.

---

23 BRASIL. Lei n. 13.311, de 11 de julho de 2016. **Diário Oficial da União**, Poder Legislativo, Brasília, DF, 12 jul. 2016. Disponível em: <https://www2.camara.leg.br/legin/fed/lei/2016/lei-13311-11-julho--2016-783337-publicacaooriginal-150751-pl.html>. Acesso em: 5 jul. 2024.

- **Transferência**: não pode, salvo prévio consentimento da Administração Pública.
- **Caráter**: gratuito ou oneroso.
- **Prazo**: determinado; a Administração poderá estabelecer a vigência por prazo indeterminado nos contratos em que seja usuária de serviço público oferecido em regime de monopólio, desde que comprovada, a cada exercício financeiro, a existência de créditos orçamentários vinculados à contratação, nos termos do art. 109 da Lei n. 14.133/2021.

6.2.4 Concessão de direito real de uso

- **Conceito**: é o contrato por meio do qual o uso em imóvel não edificado para fins de edificação, urbanização, industrialização ou qualquer outra exploração de interesse social é delegado a particular (Decreto-Lei n. 271/1967[24]).
- **Finalidade**: é instituída a concessão de uso de terrenos públicos ou particulares remunerada ou gratuita, por tempo certo ou indeterminado, como direito real resolúvel, para fins específicos de regularização fundiária de interesse social, urbanização, industrialização, edificação, cultivo da terra, aproveitamento sustentável das várzeas, preservação das comunidades tradicionais e seus meios de subsistência ou outras modalidades de interesse social em áreas urbanas.
- **Objeto**: só vale para bens dominicais.
- **Caráter**: pode ser feito de modo gratuito ou remunerado.
- **Legalidade**: exige autorização legislativa.
- **Licitação**: sim.
- **Forma**: formaliza-se por escritura pública ou termo administrativo.
- **Registro imobiliário**: sim.
- **Prazo**: determinado ou indeterminado.
- **Natureza jurídica**: direito real, nos termos do art. 1225, inciso XII do CC.
- **Transferência**: por ato *inter vivos* ou *causa mortis*, salvo disposição contratual em contrário.
- **Hipoteca**: pode ser objeto de hipoteca o direito real de uso, nos termos do art. 1473, inciso IX do CC.
- **Espaço aéreo**: é permitida a concessão de uso do espaço aéreo sobre a superfície de terrenos públicos ou particulares, tomada em projeção vertical, nos termos e para os fins do artigo anterior e na forma que for regulamentada.

---

24 BRASIL. Decreto-Lei n. 271, de 28 de fevereiro de 1967. **Diário Oficial da União**, Poder Executivo, 28 fev. 1967. Disponível em: <https://www.planalto.gov.br/ccivil_03/decreto-lei/del0271.htm>. Acesso em: 19 abr. 2024.

6.2.5 Cessão de uso

- **Conceito**: é o contrato administrativo pelo qual o uso de bem público é transferido de um órgão da Administração para outro na mesma esfera de governo ou em outra.
- **Legalidade**: depende de autorização legal.
- **Forma**: formaliza-se por simples termo ou anotação cadastral.
- **Permanência**: uma vez realizada a cessão de uso, permanece o proprietário do bem, com a incumbência de fiscalizar e zelar pela integridade física do seu patrimônio.
- **Caráter**: gratuita.
- **Finalidade lucrativa**: não tem.
- **Faculdade**: a transferência de uso de bem público pode ter condições especiais.
- **Âmbito federal**: é regulado no art. 18 da Lei n. 9.636/1998.

6.2.6 Concessão de uso especial para moradia

- **Conceito**: é o contrato por meio do qual o uso é transferido a particular que tiver posse por pelo menos 5 anos ininterruptos sobre imóvel público urbano de até 250 metros quadrados, utilizando-o para sua moradia.
- **Requisitos**: aquele que, até 22 de dezembro de 2016, possuiu como seu, por cinco anos, ininterruptamente e sem oposição, até duzentos e cinquenta metros quadrados de imóvel público situado em área com características e finalidade urbanas, e que o utilize para sua moradia ou de sua família, tem o direito à concessão de uso especial para fins de moradia em relação ao bem objeto da posse, desde que não seja proprietário ou concessionário, a qualquer título, de outro imóvel urbano ou rural.
- **Vedação**: não pode ser extinta por conveniência administrativa e não pode haver transferência a terceiros.
- **Natureza jurídica**: direito real, nos termos do art. 1225, inciso XI do CC.
- **Hipoteca**: pode ser objeto de hipoteca, nos termos do art. 1473, inciso VIII do CC.
- **Alienação fiduciária**: pode ser objeto de alienação fiduciária, nos termos do art. 22, parágrafo 1º, inciso II da Lei n. 9.514/1997[25].

---

25 BRASIL. Lei n. 9.514, de 20 de novembro de 1997. **Diário Oficial da União**, Poder Legislativo, Brasília, DF, 21 nov. 1997. Disponível em: <https://www2.camara.leg.br/legin/fed/lei/1997/lei-9514-20-novembro-1997-365383-publicacaooriginal-1-pl.html>. Acesso em: 5 jul. 2024.

- **Registro imobiliário:** sim, nos termos do art. 167, inciso I da Lei n. 6.015/1973[26].
- **Tipo de ato administrativo:** vinculado.
- **Caráter:** gratuito.
- **Destinatário:** homem ou à mulher, ou a ambos, independentemente do estado civil.
- **Quantidade:** não será reconhecido ao mesmo concessionário mais de uma vez.
- **Obtenção do título de concessão:** será obtido pela via administrativa perante o órgão competente da Administração Pública ou, em caso de recusa ou omissão deste, pela via judicial. Em caso de ação judicial, a concessão de uso especial para fins de moradia será declarada pelo juiz, mediante sentença. O título conferido por via administrativa ou por sentença judicial servirá para efeito de registro no cartório de registro de imóveis.
- **Transferência:** por ato *inter vivos* ou *causa mortis*.
- **Extinção:** I – o concessionário dar ao imóvel destinação diversa da moradia para si ou para sua família; II – o concessionário adquirir a propriedade ou a concessão de uso de outro imóvel urbano ou rural. A extinção será averbada no cartório de registro de imóveis, por meio de declaração do Poder Público concedente.

6.2.7 Aforamento

- **Conceito:** é a possibilidade de a Administração Pública atribuir a particular o domínio útil de imóvel de sua propriedade, mediante o pagamento de uma importância certa, invariável e anual, chamada *foro* ou *pensão*.
- **Domínio direto:** Administração Pública.
- **Domínio útil:** particular (enfiteuta).
- **Objeto:** bens públicos imóveis.
- **Sinônimo:** enfiteuse.
- **Previsão no Código Civil:** não há.
- **Criação:** fica proibida a constituição de enfiteuses e subenfiteuses.
- **Existentes:** ficam subordinadas até sua extinção, às disposições do Código Civil anterior, Lei n. 3.071, de 1º de janeiro de 1916[27], e leis posteriores.

---

26 BRASIL. Lei n. 6.015, de 31 de dezembro de 1973. **Diário oficial da União**, Poder Legislativo, Brasília, DF, 31 dez. 1973. Disponível em: <https://www2.camara.leg.br/legin/fed/lei/1970-1979/lei-6015-31-dezembro-1973-357511-publicacaooriginal-1-pl.html>. Acesso em: 5 jul. 2024.

27 BRASIL. Lei n. 3.071, de 1º de janeiro de 1916. **Coleção de Leis do Brasil**, Poder Legislativo, Rio de Janeiro, 1º jan. 1916. Disponível em: <https://www.planalto.gov.br/ccivil_03/leis/l3071.htm>. Acesso em: 31 out. 2024.

- **Permissão:** a dos terrenos de marinha e acrescidos que é regulada por lei especial (Decreto-Lei n. 9.760/1946[28] e a Lei n. 9.636/1998[29]).
- **Utilização do terreno da União sob regime de aforamento:**
    - **Disciplina jurídica** – Decreto-Lei n. 9.760/1946.
    - **Requisito** – prévia autorização do Presidente da República, salvo se já permitida em expressa disposição legal.
    - **Foro** – os terrenos aforados pela União ficam sujeitos ao foro de 0,6% (seis décimos por cento) do valor do respectivo domínio pleno, que será anualmente atualizado.
    - **Caducidade** – o não pagamento do foro durante três anos consecutivos, ou quatro anos intercalados, importará a caducidade do aforamento.
    - **Extinção** – I – por inadimplemento de cláusula contratual; II – por acordo entre as partes; III – pela remissão do foro, nas zonas onde não mais subsistam os motivos determinantes da aplicação do regime enfitêutico; IV – pelo abandono do imóvel, caracterizado pela ocupação, por mais de 5 (cinco) anos, sem contestação, de assentamentos informais de baixa renda, retornando o domínio útil à União; V – por interesse público, mediante prévia indenização.

7. Alienação dos bens públicos

7.1 Compra e venda de bem público

a) **Conceito:** é o contrato civil ou comercial pelo qual uma das partes (vendedor) transfere a propriedade de um bem à outra (comprador), mediante preço certo em dinheiro.
b) **Disciplina jurídica:** arts. 481 e seguintes do CC.
c) **Justificativa:** interesse público.
d) **Requisito:** prévia avaliação.
e) **Imóvel:** inclusive os pertencentes às autarquias e às fundações, exigirá autorização legislativa e dependerá de licitação na modalidade leilão.

---

28 BRASIL. Decreto-Lei n. 9.760, de 5 de setembro de 1946. **Diário Oficial da União**, Poder Executivo, Brasília, DF, 6 set. 1946. Disponível em: <https://www2.camara.leg.br/legin/fed/declei/1940-1949/decreto-lei-9760-5-setembro-1946-417540-norma-pe.html#:~:text=EMENTA%3A%20Disp%C3%B5e%20sobre%20os%20bens%20im%C3%B3veis%20da%20Uni%C3%A3o%20d%C3%A1%20outras%20provid%C3%AAncais.&text=Observa%C3%A7%C3%A3o%3A%20Vide%20ADPFs%20n%C2%BAs%20264%2F2012%20e%20.1.008%2F2022.>. Acesso em: 5 jul. 2024.

29 BRASIL,

f] **Imóvel e Dispensa de Licitação:** 1) dação em pagamento; 2) doação, permitida exclusivamente para outro órgão ou entidade da Administração Pública, de qualquer esfera de governo os itens 6/7/8; 3) permuta por outros imóveis que atendam aos requisitos relacionados às finalidades precípuas da Administração, desde que a diferença apurada não ultrapasse a metade do valor do imóvel que será ofertado pela União, segundo avaliação prévia, e ocorra a torna de valores, sempre que for o caso; 4) investidura; 5) venda a outro órgão ou entidade da Administração Pública de qualquer esfera de governo; 6) alienação gratuita ou onerosa, aforamento, concessão de direito real de uso, locação e permissão de uso de bens imóveis residenciais construídos, destinados ou efetivamente usados em programas de habitação ou de regularização fundiária de interesse social desenvolvidos por órgão ou entidade da Administração Pública; 7) alienação gratuita ou onerosa, aforamento, concessão de direito real de uso, locação e permissão de uso de bens imóveis comerciais de âmbito local, com área de até 250 m² (duzentos e cinquenta metros quadrados) e destinados a programas de regularização fundiária de interesse social desenvolvidos por órgão ou entidade da Administração Pública; 8) alienação e concessão de direito real de uso, gratuita ou onerosa, de terras públicas rurais da União e do Instituto Nacional de Colonização e Reforma Agrária (Incra) onde incidam ocupações até o limite da lei 11952/09; 9) legitimação de posse, mediante iniciativa e deliberação dos órgãos da Administração Pública competentes; 10) legitimação fundiária e legitimação de posse.
g] **Móvel:** dependerá de licitação na modalidade leilão.
h] **Móvel e dispensa de licitação:** 1) doação, permitida exclusivamente para fins e uso de interesse social, após avaliação de oportunidade e conveniência socioeconômica em relação à escolha de outra forma de alienação; 2) permuta, permitida exclusivamente entre órgãos ou entidades da Administração Pública; 3) venda de ações, que poderão ser negociadas em bolsa, observada a legislação específica; 4) venda de títulos, observada a legislação pertinente; 5) venda de bens produzidos ou comercializados por entidades da Administração Pública, em virtude de suas finalidades; 6) venda de materiais e equipamentos sem utilização previsível por quem deles dispõe para outros órgãos ou entidades da Administração Pública.

7.2 Doação de bem público

a] **Conceito:** é o contrato pelo qual uma pessoa (doador), por liberalidade, transfere um bem do seu patrimônio para o de outra (donatário), que o aceita.
b] **Espécies:** podem ser com ou sem encargos.

c] **Requisitos:** dependem de lei autorizadora, que estabeleça as condições para sua efetivação, e de prévia avaliação do bem a ser doado.
d] **Licitação e bens móveis:** dependerá de licitação na modalidade leilão, dispensada a realização de licitação nos casos de doação, permitida exclusivamente para fins e uso de interesse social, após avaliação de oportunidade e conveniência socioeconômica em relação à escolha de outra forma de alienação.
e] **Licitação e bens imóveis:** inclusive os pertencentes às autarquias e às fundações, exigirá autorização legislativa e dependerá de licitação na modalidade leilão, dispensada a realização de licitação nos casos de doação, permitida exclusivamente para outro órgão ou entidade da Administração Pública (cessadas as razões que justificaram sua doação, serão revertidos ao patrimônio da pessoa jurídica doadora, vedada sua alienação pelo beneficiário).
f] **Justificativa:** interesse público.
g] **Disciplina jurídica:** arts. 538 e seguintes do CC.

7.3 Dação em pagamento

a] **Conceito:** é a entrega de um bem que não seja dinheiro para solver dívida anterior. O credor pode consentir em receber prestação diversa da que lhe é devida, nos termos do art. 356 do CC.
b] **Disciplina jurídica:** determinado o preço da coisa dada em pagamento, as relações entre as partes serão reguladas pelas normas do contrato de compra e venda, nos termos do art. 357 do CC.
c] **Requisitos:** prévia autorização legislativa e avaliação do bem a ser empregado no resgate da dívida.
d] **Justificativa:** interesse público.
e] **Licitação:** inexigível.

7.4 Permuta

a] **Conceito:** é o contrato pelo qual as partes transferem e recebem um bem, uma da outra, bens que se substituem reciprocamente no patrimônio dos permutantes.
b] **Característica:** troca de bens.
c] **Disciplina jurídica:** art. 533 do CC.
d] **Requisito:** exige autorização legal e avaliação prévia das coisas a serem trocadas.
e] **Licitação:** não; tratando-se de bens imóveis, inclusive os pertencentes às autarquias e às fundações, exigirá autorização legislativa e dependerá de

licitação na modalidade leilão, dispensada a realização de licitação nos casos de permuta por outros imóveis que atendam aos requisitos relacionados às finalidades precípuas da Administração, desde que a diferença apurada não ultrapasse a metade do valor do imóvel que será ofertado pela União, segundo avaliação prévia, e ocorra a torna de valores, sempre que for o caso, nos termos do art. 76, inciso I, alínea "c" da Lei n. 14.133/2021.

f] **Justificativa**: interesse público.

7.5 Investidura

a] **Conceito**: I – alienação, ao proprietário de imóvel lindeiro, de área remanescente ou resultante de obra pública que se tornar inaproveitável isoladamente, por preço que não seja inferior ao da avaliação nem superior a 50% (cinquenta por cento) do valor máximo permitido para dispensa de licitação de bens e serviços previsto na Lei n. 14.133/2021 (*engenharia e manutenção de veículos automotores: R$ 100.000,00; demais casos: R$ 50.000,00*); II – alienação, ao legítimo possuidor direto ou, na falta dele, ao Poder Público, de imóvel para fins residenciais construído em núcleo urbano anexo a usina hidrelétrica, desde que considerado dispensável na fase de operação da usina e que não integre a categoria de bens reversíveis ao final da concessão.
b] **Oposto**: é o contrário da desapropriação.
c] **Necessidade**: avaliação prévia.
d] **Requisito**: exige prévia autorização legislativa e avaliação.
e] **Forma**: escritura pública ou termo administrativo.
f] **Registro Imobiliário**: sim.

7.6 Concessão de domínio

a] **Objeto**: bem público.
b] **Tipo de alienação**: gratuita ou onerosa.
c] **Destinatário pessoa estatal**: a concessão de domínio formaliza-se por lei e independe de transcrição imobiliária.
d] **Destinatário pessoa privada**: exige termo administrativo ou escritura pública e o título deve ser transcrito no registro imobiliário competente.
e] **Área superior a dois mil e quinhentos hectares**: alienação ou a concessão, a qualquer título a pessoa física ou jurídica, ainda que por interposta pessoa, dependerá de prévia aprovação do Congresso Nacional.

7.7 Legitimação de posse

a) **Conceito:** é modo excepcional de transferência de domínio de terra devoluta ou área pública sem utilização, ocupada por longo tempo por particular que nela se instala, cultivando-a ou levantando edificação para seu uso.
b) **Objeto:** é transferência de domínio.
c) **Abrangência:** o ocupante de terras públicas, que as tenha tornado produtivas com seu trabalho e o de sua família, fará jus à legitimação da posse de área contínua até 100 (cem) hectares, nos termos do art. 29 da Lei n. 6.383/1976[30].
d) **Requisitos cumulativos:** I – não seja proprietário de imóvel rural; II – comprove a morada permanente e cultura efetiva, pelo prazo mínimo de 1 (um) ano, nos termos do art. 29 da Lei n. 6.383/1976.
e) **Forma:** consistirá no fornecimento de uma Licença de Ocupação, pelo prazo mínimo de mais 4 (quatro) anos, findo o qual o ocupante terá a preferência para aquisição do lote, pelo valor histórico da terra nua, satisfeitos os requisitos de morada permanente e cultura efetiva e comprovada a sua capacidade para desenvolver a área ocupada, nos termos do art. 29 da lei n. 6.383/1976.
f) **Portadores de Licenças de Ocupação:** será assegurada a preferência para aquisição de área até 100 (cem) hectares, e, o que exceder esse limite, pelo valor atual da terra nua. As obrigações assumidas pelo detentor de Licença de Ocupação serão garantidas pelo Instituto Nacional de Colonização e Reforma Agrária (Incra).
g) **Licença de Ocupação:** dará acesso aos financiamentos concedidos pelas instituições financeiras integrantes do Sistema Nacional de Crédito Rural.
h) **Cancelamento da Licença Ocupação:** 1) a União poderá, por necessidade ou utilidade pública, em qualquer tempo que necessitar do imóvel, cancelar a Licença de Ocupação e imitir-se na posse do mesmo, promovendo, sumariamente, a sua desocupação no prazo de 180 (cento e oitenta) dias; 2) ocorrendo inadimplência do favorecido, o Instituto Nacional de colonização e Reforma Agrária (Incra) cancelará a Licença de Ocupação e providenciará a alienação do imóvel, na forma da lei, a fim de ressarcir-se do que houver assegurado.
i) **Regularização Fundiária:** a Lei n. 13.465/2017[31] previu o instrumento da legitimação de posse para fins de regularização fundiária (Reurb).

---

30 BRASIL. Lei n. 6.383, de 7 de dezembro de 1976. **Diário Oficial da União**, Poder Legislativo, Brasília, DF, 9 dez. 1976. Disponível em: <https://www2.camara.leg.br/legin/fed/lei/1970-1979/lei-6383-7-dezembro-1976-357226-norma-pl.html>. Acesso em: 5 jul. 2024.
31 BRASIL. Lei n. 13.465, de 11 de julho de 2017. **Diário Oficial da União**, Poder Legislativo, Brasília, DF, 12 jul. 2017. Disponível em: <https://www2.camara.leg.br/legin/fed/lei/2017/lei-13465-11-julho-2017-785192-norma-pl.html>. Acesso em: 5 jul. 2024.

- **Conceito** – constitui ato do poder público destinado a conferir título, por meio do qual fica reconhecida a posse de imóvel objeto da Reurb, com a identificação de seus ocupantes, do tempo da ocupação e da natureza da posse, o qual é conversível em direito real de propriedade, na forma desta lei.
- **Forma de transferência** – por *causa mortis* ou por ato *inter vivos*.
- **Não aplicação** – aos imóveis urbanos situados em área de titularidade do Poder Público.
- **Conversão em propriedade** – aquele em cujo favor for expedido título de legitimação de posse, decorrido o prazo de cinco anos de seu registro, terá a conversão automática dele em título de propriedade, desde que atendidos os termos e as condições usucapião pro-moradia, independentemente de prévia provocação ou prática de ato registral. Nos casos não contemplados na usucapião pro-moradia, o título de legitimação de posse poderá ser convertido em título de propriedade, desde que satisfeitos os requisitos de usucapião estabelecidos na legislação em vigor, a requerimento do interessado, perante o registro de imóveis competente. A legitimação de posse, após convertida em propriedade, constitui forma originária de aquisição de direito real, de modo que a unidade imobiliária com destinação urbana regularizada restará livre e desembaraçada de quaisquer ônus, direitos reais, gravames ou inscrições, eventualmente existentes em sua matrícula de origem, exceto quando disserem respeito ao próprio beneficiário.
- **Cancelamento** – o título de legitimação de posse poderá ser cancelado pelo poder público emitente quando constatado que as condições estipuladas na Lei n. 13.465/2017 (regularização fundiária urbana e rural) deixaram de ser satisfeitas, sem que seja devida qualquer indenização àquele que irregularmente se beneficiou do instrumento.

8. Bens públicos em espécie

8.1 Terrenos de marinha

a) **Conceito:** são terrenos que se encontram na distância de até 33 metros (15 braças craveiras) da preamar média (ponto médio entre a enchente e a vazante da maré) do dia 15 de novembro de 1831, tal como seus acrescidos posteriormente.
b) **Tipo de bens:** são bens da União (art. 20, VII, CF/1988).

c] **Súmula n. 496 do STJ**[32]: os registros de propriedade particular de imóveis situados em terrenos de marinha não são oponíveis à União.
d] **Regulamentação:** Decreto-Lei n. 9.760/1946[33].
e] **Conceito legal:** são terrenos de marinha, em uma profundidade de 33 (trinta e três) metros, medidos horizontalmente, para a parte da terra, da posição da linha do preamar-médio de 1831: a) os situados no continente, na costa marítima e nas margens dos rios e lagoas, até onde se faça sentir a influência das marés; b) os que contornam as ilhas situadas em zona onde se faça sentir a influência das marés (art. 2º do Decreto-Lei n. 9.760/1946).
f] **Uso pelo particular:** por meio de enfiteuse (Decreto-Lei n. 9.760/1946).
g] **Natureza:** bens dominicais.
h] **Serviço do patrimônio da União:** determinação da posição das linhas do preamar médio do ano de 1831 e da média das enchentes ordinárias (art. 9º do Decreto-Lei n. 9.760/1946).

8.2 Terrenos acrescidos

a] **Conceito:** são os que se tiverem formado, natural ou artificialmente, para o lado do mar ou dos rios e lagos, em seguimento aos terrenos de marinha, nos termos do art. 3º do Decreto-Lei n. 9.760/1946.
b] **Condição:** acréscimo agregado aos terrenos de marinha.
c] **Tipo de bens:** os que acrescem terrenos de marinha pertencem à União, nos termos do art. 20, inciso VII da CF/1988.
d] **Uso privativo:** pode ser transferido ao particular por meio da enfiteuse. A enfiteuse continuará sendo aplicada aos terrenos de marinha e seus acrescidos, situados na faixa de segurança, a partir da orla marítima, nos termos do art. 49, parágrafo 3º do ADCT da CF/1988. A enfiteuse dos terrenos de marinha e acrescidos será regulada por lei especial, ou seja, pelos arts. 99 a 124 do Decreto-Lei n. 9.760/1946.

---

32 BRASIL. Superior Tribunal de Justiça. **Súmula n. 496**. Primeira Seção: 8 ago. 2012. Data de publicação: Diário de Justiça Eletrônico, 13 ago. 2012. Disponível em: <https://www.stj.jus.br/publicacaoinstitucional/index.php/sumstj/article/viewFile/5178/5303#:~:text=a)%20Os%20terrenos%20de%20marinha,Uni%C3%A3o%20sobre%20as%20%C3%A1reas%20demarcadas.>. Acesso em: 1º nov. 2024.

33 BRASIL. Decreto-Lei n. 9.760, de 5 de setembro de 1946. **Diário Oficial da União**, Poder Executivo, Brasília, DF, 6 set. 1946. Disponível em: <https://www.planalto.gov.br/ccivil_03/decreto-lei/del9760compilado.htm>. Acesso em: 19 abr. 2024.

8.3 Terras devolutas

8.3.1 Noções gerais

a) **Conceito**: são terras públicas sem nenhuma utilização pública específica e que não se encontram, por qualquer título, integradas ao domínio privado.
b) **Natureza**: são bens dominicais.
c) **Origem**: capitanias hereditárias devolvidas durante o século XVI, pelos donatários à Coroa Portuguesa.
d) **Lei n. 601/1850**[34]: lei sobre as terras devolutas na época imperial.
e) **Tipo de bens**: são bens públicos estaduais, com exceção daquelas indispensáveis à defesa das fronteiras, das fortificações e construções militares, das vias federais de comunicação e à preservação ambiental, definidas em lei, hipóteses em que pertencerão à União.
f) **Indisponíveis**: as terras devolutas ou arrecadadas pelos estados, por ações discriminatórias, necessárias à proteção dos ecossistemas naturais (art. 225, § 5º, CF/1988).
g) **Usucapião**: Os imóveis públicos não serão adquiridos por usucapião, nos termos do art. 183, parágrafos 3º e 191, parágrafo único, ambos da CF/1988.
h) **Caráter residual**: não são do domínio particular nem possuem destinação pública.
i) **Processo Discriminatório de Terras Devolutas da União**: Lei n. 6.383/1976.
j) **Vedação**: iniciado o processo discriminatório, não poderão alterar-se quaisquer divisas na área discriminada, sendo defesa a derrubada da cobertura vegetal, a construção de cercas e transferências de benfeitorias a qualquer título, sem assentimento do representante da União. A infração constituirá atentado, cabendo a aplicação das medidas cautelares previstas no Código de Processo Civil.
k) **Extensão**: o processo discriminatório federal é aplicável, no que couber, às terras devolutas estaduais, observado o seguinte: I – na instância administrativa, por intermédio de órgão estadual específico, ou através do Incra, mediante convênio; II – na instância judicial, na conformidade do que dispuser a Lei de Organização Judiciária local.

---

34 BRASIL. Lei n. 601, de 18 de setembro de 1850. **Coleção de Leis do Brasil**, Poder Executivo, Brasília, DF, 18 set. 1850. Disponível em: <https://www.planalto.gov.br/ccivil_03/leis/l0601-1850.htm>. Acesso em: 1º nov. 2024.

8.3.2 Processo judicial discriminatório de terras devolutas da União

a) **Legitimidade ativa:** o Incra fica investido de poderes de representação da União.
b) **Tipo de ação:** discriminatória.
c) **Finalidade:** promover a discriminação judicial das terras devolutas da União.
d) **Competência:** compete à Justiça Federal processar e julgar o processo discriminatório judicial.
e) **Documento:** a petição inicial será instruída com o memorial descritivo da área.
f) **Citação:** será feita por edital.
g) **Recurso:** apelação somente no efeito devolutivo.
h) **Característica:** o processo discriminatório judicial tem caráter preferencial e prejudicial em relação às ações em andamento, referentes a domínio ou posse de imóveis situados, no todo ou em parte, na área discriminada, determinando o imediato deslocamento da competência para a Justiça Federal.
i) **Cabimento:** quando o processo discriminatório administrativo for dispensado ou interrompido por presumida ineficácia; contra aqueles que não atenderem ao edital de convocação ou à notificação no processo administrativo (arts. 4º e 10 da Lei n. 6.383/1976); quando violado o art. 25 da Lei n. 6.383/1976 (Iniciado o processo discriminatório, não poderão alterar-se quaisquer divisas na área discriminada, sendo defesa a derrubada da cobertura vegetal, a construção de cercas e transferências de benfeitorias a qualquer título, sem assentimento do representante da União).
j) **Execução provisória:** a demarcação da área será procedida, ainda que em execução provisória da sentença, valendo esta, para efeitos de registro, como título de propriedade.
k) **Custas:** os vencidos pagarão as custas a que houverem dado causa e participarão *pro rata* das despesas da demarcação, considerada a extensão da linha ou linhas de confrontação com as áreas públicas.

8.3.3 Do processo administrativo discriminatório de terras devolutas da União

a) **Instauração:** por comissões especiais.
b) **Jurisdição e sede:** estabelecidas no respectivo ato de criação.
c) **Apoio administrativo:** Incra, por meio de instruções normativas.

d] **Composição**: um bacharel em direito do Incra, que a presidirá; um engenheiro agrônomo e um outro funcionário que exercerá as funções de secretário.
e] **Criação da comissão especial**: por ato do presidente do Incra.
f] **Instrução do processo**: com memorial descritivo da área, no qual constará: I – o perímetro com suas características e confinância, certa ou aproximada, aproveitando, em princípio, os acidentes naturais; II – a indicação de registro da transcrição das propriedades; III – o rol das ocupações conhecidas; IV – o esboço circunstanciado da gleba a ser discriminada ou seu levantamento aerofotogramétrico; V – outras informações de interesse.
g] **Convocação inicial**: o presidente da comissão especial convocará os interessados para apresentarem, no prazo de 60 (sessenta) dias e em local a ser fixado no edital de convocação, seus títulos, documentos, informações de interesse (relativas à origem e sequência dos títulos, localização, valor estimado e área certa ou aproximada das terras de quem se julgar legítimo proprietário ou ocupante; suas confrontações e nome dos confrontantes; natureza, qualidade e valor das benfeitorias; culturas e criações nelas existentes; financiamento e ônus incidentes sobre o imóvel e comprovantes de impostos pagos, se houver) e, se for o caso, testemunhas.
h] **Edital da convocação**: conterá a delimitação perimétrica da área a ser discriminada com suas características e será dirigido, nominalmente, a todos os interessados, proprietários, ocupantes, confinantes certos e respectivos cônjuges, bem como aos demais interessados incertos ou desconhecidos.
i] **Divulgação do edital**: o edital deverá ter a maior divulgação possível, observado o seguinte procedimento – a) afixação em lugar público na sede dos municípios e distritos, onde se situar a área nele indicada; b) publicação simultânea, por duas vezes, no Diário Oficial da União, nos órgãos oficiais do Estado ou Território Federal e na imprensa local, onde houver, com intervalo mínimo de 8 (oito) e máximo de 15 (quinze) dias entre a primeira e a segunda. O prazo de apresentação dos interessados será contado a partir da segunda publicação no Diário Oficial da União.
j] **Autuação**: a comissão especial autuará e processará a documentação recebida de cada interessado, em separado, de modo a ficar bem caracterizado o domínio ou a ocupação com suas respectivas confrontações.
k] **Apenso**: quando se apresentarem dois ou mais interessados no mesmo imóvel, ou parte dele, a Comissão Especial procederá à apensação dos processos.
l] **Diligências**: serão tomadas por termo as declarações dos interessados e, se for o caso, os depoimentos de testemunhas previamente arroladas. Constituído o processo, deverá ser realizada, desde logo, obrigatoriamente, a vistoria para identificação dos imóveis e, se forem necessárias, outras diligências.

m] **Encerrado o prazo estabelecido no edital de convocação**: o presidente da Comissão Especial, dentro de 30 (trinta) dias improrrogáveis, deverá pronunciar-se sobre as alegações, títulos de domínio, documentos dos interessados e boa-fé das ocupações, mandando lavrar os respectivos termos.

n] **Reconhecida a existência de dúvida sobre a legitimidade do título**: o presidente da Comissão Especial reduzirá a termo as irregularidades encontradas, encaminhando-o à Procuradoria do Incra, para propositura da ação competente. Encontradas ocupações, legitimáveis ou não, serão lavrados os respectivos termos de identificação, que serão encaminhados ao órgão competente do Incra para as providências cabíveis. Serão notificados, por ofício, os interessados e seus cônjuges para, no prazo não inferior a 8 (oito) nem superior a 30 (trinta) dias, a contar da juntada ao processo do recibo de notificação, celebrarem com a União os termos cabíveis.

o] **Agrimensor**: celebrado, em cada caso, o termo que couber, o presidente da Comissão Especial designará agrimensor para, em dia e hora avençados com os interessados, iniciar o levantamento geodésico e topográfico das terras objeto de discriminação, ao fim da qual determinará a demarcação das terras devolutas, bem como, se for o caso, das retificações objeto de acordo. Aos interessados será permitido indicar um perito para colaborar com o agrimensor designado. A designação do perito deverá ser feita até a véspera do dia fixado para início do levantamento geodésico e topográfico.

p] **Conclusão dos trabalhos demarcatórios**: o presidente da Comissão Especial mandará lavrar o termo de encerramento da discriminação administrativa, do qual constarão, obrigatoriamente: I – o mapa detalhado da área discriminada; II – o rol de terras devolutas apuradas, com suas respectivas confrontações; III – a descrição dos acordos realizados; IV – a relação das áreas com titulação transcrita no Registro de Imóveis, cujos presumidos proprietários ou ocupantes não atenderam ao edital de convocação ou à notificação; V – o rol das ocupações legitimáveis; VI – o rol das propriedades reconhecidas; VII – a relação dos imóveis cujos títulos suscitaram dúvidas.

q] **Encerramento**: encerrado o processo discriminatório, o Incra providenciará o registro, em nome da União, das terras devolutas discriminadas, definidas em lei, como bens da União. Caberá ao oficial do Registro de Imóveis proceder à matrícula e ao registro da área devoluta discriminada em nome da União.

r] **Comunicação**: o presidente da Comissão Especial comunicará a instauração do processo discriminatório administrativo a todos os oficiais de Registro de Imóveis da jurisdição.

s] **Não registro**: uma vez instaurado o processo discriminatório administrativo, o oficial do Registro de Imóveis não efetuará matrícula, registro, inscrição ou averbação estranhas à discriminação, relativamente aos imóveis situados, total ou parcialmente, dentro da área discriminada, sem que desses atos tome prévio conhecimento o presidente da Comissão Especial. No caso de violação a essa regra, o presidente da Comissão Especial solicitará que a Procuradoria do Incra utilize os instrumentos previstos no Código de Processo Civil, incorrendo o oficial do Registro de Imóveis infrator nas penas do crime de prevaricação.

t] **Custas**: os particulares não pagam custas no processo administrativo, salvo para serviços de demarcação e diligências a seu exclusivo interesse.

8.4 Plataforma continental

a] **Conceito**: parte que está submersa pelas águas do oceano, numa profundidade até cerca de 200 milhas marítimas.
b] **Terminologia**: plataforma submarina.
c] **Tipo de bens**: os recursos naturais da plataforma continental e da zona econômica exclusiva são considerados bens públicos integrantes do patrimônio da União (art. 20, V, CF/1988).
d] **Abrangência**: compreende o leito e o subsolo das áreas submarinas que se estendem além do seu mar territorial, em toda a extensão do prolongamento natural de seu território terrestre, até o bordo exterior da margem continental, ou até uma distância de duzentas milhas marítimas das linhas de base, a partir das quais se mede a largura do mar territorial, nos casos em que o bordo exterior da margem continental não atinja essa distância, nos termos do art. 11 da Lei n. 8.617/1993[35].
e] **Limite exterior**: será fixado de conformidade com os critérios estabelecidos no art. 76 da Convenção das Nações Unidas sobre o Direito do Mar[36], celebrada em Montego Bay, em 10 de dezembro de 1982, nos termos do art. 11, parágrafo único da Lei n. 8.617/1993.
f] **Soberania**: o Brasil exerce direitos de soberania sobre a plataforma continental, para efeitos de exploração dos recursos naturais (são os recursos minerais e outros não vivos do leito do mar e subsolo, bem como os organismos vivos pertencentes a espécies sedentárias), nos termos do art. 12 da Lei n. 8.617/1993.
g] **Jurisdição**: o Brasil, no exercício de sua jurisdição, tem o direito exclusivo de regulamentar a investigação científica marinha (só poderá ser conduzida

---

[35] BRASIL. Lei n. 8.617, de 4 de janeiro de 1993. **Diário Oficial da União**, Poder Legislativo, Brasília, DF, 5 jan. 1993. Disponível em: <https://www2.camara.leg.br/legin/fed/lei/1993/lei-8617-4-janeiro-1993-362973-norma-pl.html>. Acesso em: 5 jul. 2024.
[36] BRASIL. Decreto n. 99.165, de 12 de março de 1990. **Diário Oficial da União**, Poder Executivo, Brasília, DF, 14 mar. 1990. Disponível em: <https://www2.camara.leg.br/legin/fed/decret/1990/decreto-99165-12-marco-1990-328535-publicacaooriginal-1-pe.html>. Acesso em: 5 jul. 2024.

por outros Estados com o consentimento prévio do Governo brasileiro), a proteção e preservação do meio marinho, bem como a construção, operação e o uso de todos os tipos de ilhas artificiais, instalações e estruturas, nos termos do art. 13 da Lei n. 8.617/1993.

h] **Perfurações:** o Governo brasileiro tem o direito exclusivo de autorizar e regulamentar as perfurações na plataforma continental, quaisquer que sejam os seus fins, nos termos do art. 13 da Lei n. 8.617/1993.

i] **Cabos e tubos:** é reconhecido a todos os Estados o direito de colocar cabos e dutos na plataforma continental. O traçado da linha para a colocação de tais cabos e dutos na plataforma continental dependerá do consentimento do Governo brasileiro. O Governo brasileiro poderá estabelecer condições para a colocação dos cabos e dutos que penetrem seu território ou seu mar territorial, nos termos do art. 14 da Lei n. 8.617/1993.

j] **Compensação financeira:** os entes federativos têm direito à participação no resultado da exploração de petróleo ou gás natural, de recursos hídricos para fins de geração de energia elétrica e de outros recursos minerais no respectivo território, plataforma continental ou compensação financeira por essa exploração (art. 20, § 1º, CF/1988).

8.5 Terras tradicionalmente ocupadas por índios

a] **Tipo de bens:** da União (art. 20, XI, CF/1988).
b] **Conceito:** são as habitadas em caráter permanente, as utilizadas para suas atividades produtivas, as imprescindíveis à preservação dos recursos ambientais necessários a seu bem-estar e as necessárias à sua reprodução física e cultural, segundo seus usos, seus costumes e suas tradições.
c] **Finalidade:** posse permanente dos índios, cabendo-lhes o usufruto exclusivo das riquezas do solo, dos rios e dos lagos nelas existentes.
d] **Atributos:** inalienáveis, indisponíveis e imprescritíveis.
e] **Remoção dos grupos indígenas de suas terras:** em caso de catástrofe ou epidemia que ponha em risco sua população, ou no interesse da soberania do país, após deliberação do Congresso Nacional, garantido, em qualquer hipótese, o retorno imediato logo que cesse o risco.
f] **Nulidade:** atos que tenham por objeto a ocupação, o domínio e a posse das terras indígenas, bem como a exploração das riquezas naturais do solo, dos rios e dos lagos nelas existentes, ressalvado relevante interesse público da União, segundo o que dispuser lei complementar.

g] **Defesa**: os índios, suas comunidades e organizações detêm legitimidade para ingressar em juízo em defesa de seus direitos e interesses, intervindo o Ministério Público em todos os atos do processo.

8.6 Ilhas

a] **Conceito**: é uma porção de terra cercada de água por todos os lados.
b] **Localização**: acima das águas.
c] **Espécies**: marítima (mar); fluvial (rio); lacustre (lago ou lagoa).
d] **Ilhas marítimas**: costeira (resultado do relevo continental ou da plataforma continental) ou oceânica (distante da costa).
e] **Natureza**: bens dominicais, salvo as hipóteses em que forem afetadas a determinada utilidade pública.
f] **Bens da União**: as ilhas fluviais e lacustres nas zonas limítrofes com outros países; as praias marítimas; e as ilhas oceânicas e as costeiras, excluídas, destas, as que contenham a sede de municípios, exceto aquelas áreas afetadas ao serviço público e a unidade ambiental federal (art. 20, IV, CF/1988).
g] **Bens do estado**: as áreas, nas ilhas oceânicas e costeiras, que estiverem no seu domínio, excluídas aquelas sob domínio da União, Municípios ou terceiros; e as ilhas fluviais e lacustres não pertencentes à União (art. 26, II- III, CF/1988).
h] **Bens do município**: ilhas costeiras que contenham a sede de municípios, ressalvadas as áreas afetadas ao serviço público e a unidade ambiental federal (art. 20, IV, CF).
i] **Autorização**: as ilhas oceânicas e costeiras destinam-se prioritariamente à proteção da natureza e sua destinação para fins diversos deve ser precedida de autorização do órgão ambiental competente. Estão dispensados da autorização os órgãos que se utilizam das citadas ilhas por força de dispositivos legais ou quando decorrente de compromissos legais assumidos, nos termos do art. 44 da Lei n. 9.985/2000[37].

8.7 Faixa de fronteira

a] **Previsão constitucional**: art. 20, parágrafo 2º da CF/1988 – a faixa de até cento e cinquenta quilômetros de largura, ao longo das fronteiras terrestres, designada como faixa de fronteira, é considerada fundamental para defesa do território nacional, e sua ocupação e utilização serão reguladas em lei.

---

37 BRASIL. Lei n. 9.985, de 18 der julho de 2000. **Diário Oficial da União**, Poder Executivo, Brasília, DF, 19 jul. 2000. Disponível em: <https://www.planalto.gov.br/ccivil_03/leis/l9985.htm>. Acesso em: 1º nov. 2024.

b] **Abrangência:** área de até 150 km de largura, ao longo das fronteiras terrestres.
c] **Natureza jurídica:** área indispensável à Segurança Nacional.
d] **Localização:** faixa interna de 150 Km (cento e cinquenta quilômetros) de largura, paralela à linha divisória terrestre do território nacional.
e] **Finalidade:** defesa do território nacional.
f] **Bens da União:** as terras devolutas indispensáveis à defesa das fronteiras, nos termos do art. 20, inciso II da CF/1988.
g] **Conselho da Defesa Nacional:** propor os critérios e condições de utilização de áreas indispensáveis à segurança do território nacional e opinar sobre seu efetivo uso, especialmente na faixa de fronteira e nas relacionadas com a preservação e a exploração dos recursos naturais de qualquer tipo, nos termos do art. 91, parágrafo 1º da CF/1988.
h] **Súmula n. 477 do STF**[38]: as concessões de terras devolutas situadas na faixa de fronteira, feitas pelos Estados, autorizam apenas o uso, permanecendo o domínio com a União, ainda que se mantenha inerte ou tolerante, em relação aos possuidores.
i] **Regulamentação:** Lei n. 6.634/1979[39] e Decreto n. 85.064/1980[40].
j] **Ratificação dos registros imobiliários decorrentes de alienações e concessões de terras públicas situadas nas faixas de fronteira:** Lei n. 13.178/2015[41].

8.8 Minas e jazidas

8.8.1 Noções gerais

a] **Disciplina jurídica:** Decreto-Lei n. 227/1967[42] – Código de Mineração.
b] **Jazida:** massa individualizada de substância mineral ou fóssil, aflorando à superfície ou existente no interior da terra, e que tenha valor econômico.

---

38 BRASIL. Supremo Tribunal Federal. **Súmula n. 477**. Disponível em: <https://portal.stf.jus.br/jurisprudencia/sumariosumulas.asp?base=30&sumula=4033#:~:text=As%20concess%C3%B5es%20de%20terras%20devolutas,tolerante%2C%20em%20rela%C3%A7%C3%A3o%20aos%20possuidores.>. Acesso em: 5 jul. 2024.
39 BRASIL. Lei n. 6.634, de 2 de maio de 1979. **Diário Oficial da União**, Poder Legislativo, Brasília, DF, 3 maio 1979. Disponível em: <https://www2.camara.leg.br/legin/fed/lei/1970-1979/lei-6634-2-maio-1979-365762-norma-pl.html>. Acesso em: 5 jul. 2024.
40 BRASIL. Decreto n. 85.064, de 26 de agosto de 1980. **Diário Oficial da União**, Poder Executivo, Brasília, DF, 27 ago. 1980. Disponível em: <https://www2.camara.leg.br/legin/fed/decret/1980-1987/decreto-85064-26-agosto-1980-434591-norma-pe.html>. Acesso em: 5 jul. 2024.
41 BRASIL. Lei n. 13.178, de 22 de outubro de 2015. **Diário Oficial da União**, Poder Legislativo, Brasília, DF, 23 out. 2015. Disponível em: <https://www2.camara.leg.br/legin/fed/lei/2015/lei-13178-22-outubro-2015-781827-norma-pl.html>. Acesso em: 5 jul. 2024.
42 BRASIL. Decreto-Lei n. 227, de 28 de fevereiro de 1967. **Diário Oficial da União**, Poder Executivo, Brasília, DF, 28 fev. 1967. Disponível em: <https://www2.camara.leg.br/legin/fed/declei/1960-1969/decreto-lei-227-28-fevereiro-1967-376017-norma-pe.html>. Acesso em: 5 jul. 2024.

c] **Mina**: é a jazida em lavra, ainda que suspensa. É bem imóvel, distinto do solo onde se encontra, não abrangendo a propriedade deste o minério ou a substância mineral útil que a constitui.
d] **Pesquisa mineral**: é a execução dos trabalhos necessários à definição da jazida, sua avaliação e a determinação da exequibilidade do seu aproveitamento econômico.
e] **Lavra**: é o conjunto de operações coordenadas objetivando o aproveitamento industrial da jazida, desde a extração das substâncias minerais úteis que contiver, até o beneficiamento das mesmas.
f] **Garimpagem**: é o trabalho individual de quem utilize instrumentos rudimentares, aparelhos manuais ou máquinas simples e portáveis, na extração de pedras preciosas, semipreciosas e minerais metálicos ou não metálicos, valiosos, em depósitos de eluvião ou aluvião, nos álveos de cursos d'água ou nas margens reservadas, bem como nos depósitos secundários ou chapadas (grupiaras), vertentes e altos de morros; depósitos esses genericamente denominados garimpos.
g] **Faiscação**: é o trabalho individual de quem utilize instrumentos rudimentares, aparelhos manuais ou máquinas simples e portáveis, na extração de metais nobres nativos em depósitos de eluvião ou aluvião, fluviais ou marinhos, depósitos esses genericamente denominados *faisqueiras*.
h] **Cata**: é o trabalho individual de quem faça, por processos equiparáveis aos de garimpagem e faiscação, na parte decomposta dos afloramentos dos filões e veeiros, a extração de substâncias minerais úteis, sem o emprego de explosivos, e as apure por processos rudimentares.
i] **Garimpeiro**: é o trabalhador que extrai substâncias minerais úteis, por processo rudimentar e individual de mineração, garimpagem, faiscação ou cata.
j] **Tipo de bens**: as jazidas, em lavra ou não, e demais recursos minerais constituem propriedade distinta da do solo, para efeito de exploração ou aproveitamento, e pertencem à União, nos termos do art. 176 da CF/1988.
k] **Concessionário**: tem garantida a propriedade do produto da lavra, nos termos do art. 176 da CF/1988.

8.8.2 Pesquisa e lavra dos recursos minerais

a] **Requisito**: somente poderão ser efetuados mediante autorização ou concessão da União, no interesse nacional.
b] **Poder concedente**: União.
c] **Concessionário**: brasileiros ou empresa constituída sob as leis brasileiras e que tenha sua sede e administração no país, na forma da lei.

d] **Faixa de fronteira ou terras indígenas:** a lei estabelecerá as condições específicas (art. 176, § 1º, CF/1988).
e] **Prazo:** determinado.
f] **Cessão:** as autorizações e concessões não poderão ser cedidas ou transferidas, total ou parcialmente, sem prévia anuência do poder concedente (art. 176, § 3º, CF/1988).
g] **Não autorização ou concessão:** o aproveitamento do potencial de energia renovável de capacidade reduzida (art. 176, § 4º, CF/1988).
h] **Proprietário do solo:** tem assegurada a participação nos resultados da lavra, na forma e no valor que dispuser a lei (art. 176, § 2º, CF/1988).

8.8.3 Agência Nacional de Mineração (ANM)

a] **Natureza jurídica:** integrante da Administração Pública Federal Indireta, submetida ao regime autárquico especial e vinculada ao Ministério de Minas e Energia.
b] **Finalidade:** promover a gestão dos recursos minerais da União, bem como a regulação e a fiscalização das atividades para o aproveitamento dos recursos minerais no país.
c] **Indício de infração da ordem econômica:** ANM deverá comunicar o fato ao Conselho Administrativo de Defesa Econômica (Cade). Se a comunicação decorrer de cessão de direitos minerários que não atenda aos critérios previstos na legislação de defesa da concorrência brasileira, a anuência da cessão estará vinculada à decisão terminativa proferida pelo Cade publicada em meio oficial.
d] **Indício de infração penal:** a ANM deverá comunicar o fato à autoridade competente.
e] **Convênio:** as competências de fiscalização das atividades de mineração e da arrecadação da Compensação Financeira pela Exploração de Recursos Minerais (CFEM) poderão ser exercidas por meio de convênio com os Estados, o Distrito Federal e os Municípios, desde que os entes possuam serviços técnicos e administrativos organizados e aparelhados para execução das atividades, conforme condições estabelecidas em ato da ANM.
f] **Atribuições:**

- **Política nacional** – implementar a política nacional para as atividades de mineração.
- **Normas e padrões** – estabelecer normas e padrões para o aproveitamento dos recursos minerais, observadas as políticas de planejamento setorial

definidas pelo Ministério de Minas e Energia e as melhores práticas da indústria de mineração.
- **Apoio técnico** – prestar apoio técnico ao Ministério de Minas e Energia.
- **Dados e informações** – requisitar, guardar e administrar os dados e as informações sobre as atividades de pesquisa e lavra produzidos por titulares de direitos minerários.
- **Direitos e títulos minerários** – gerir os direitos e os títulos minerários para fins de aproveitamento de recursos minerais; estabelecer os requisitos técnicos, jurídicos, financeiros e econômicos a serem atendidos pelos interessados na obtenção de títulos minerários; expedir os títulos minerários e os demais atos referentes à execução da legislação minerária.
- **Procedimentos** – estabelecer os requisitos e os critérios de julgamento dos procedimentos de disponibilidade de área, conforme diretrizes fixadas em atos da ANM.
- **Processos administrativos** – regulamentar os processos administrativos sob sua competência, notadamente os relacionados com a outorga de títulos minerários, com a fiscalização de atividades de mineração e aplicação de sanções; julgar o processo administrativo instaurado em função de suas decisões.
- **Divulgação periódica** – consolidar as informações do setor mineral fornecidas pelos titulares de direitos minerários, cabendo-lhe a sua divulgação periódica, em prazo não superior a um ano.
- **Certificado** – emitir o Certificado do Processo de Kimberley, de que trata a Lei n. 10.743/2003[43].
- **Fiscalização** – fiscalizar a atividade de mineração, podendo realizar vistorias, notificar, autuar infratores, adotar medidas acautelatórias como de interdição e paralisação, impor as sanções cabíveis, firmar termo de ajustamento de conduta, constituir e cobrar os créditos delas decorrentes, bem como comunicar aos órgãos competentes a eventual ocorrência de infração, quando for o caso.
- **Cobrança** – regular, fiscalizar, arrecadar, constituir e cobrar os créditos decorrentes: a) da Compensação Financeira pela Exploração de Recursos Minerais (CFEM), de que trata a Lei n. 7.990/1989[44]; b) da taxa anual, por hectare, a que se refere o inciso II do caput do art. 20 do Decreto-Lei n. 227/1967 (Código de Mineração); e c) das multas aplicadas pela ANM.

---

43 BRASIL. Lei n. 10.746, de 9 de outubro de 2003. **Diário Oficial da União**, Poder Legislativo, Brasília, DF, 10 out. 2003. Disponível em: <https://www2.camara.leg.br/legin/fed/lei/2003/lei-10743-9-outubro-2003-459955-norma-pl.html>. Acesso em: 5 jul. 2024.

44 BRASIL. Lei n. 7.990, de 28 de dezembro de 1989. **Diário Oficial da União**, Poder Legislativo, Brasília, DF, 29 dez. 1989. Disponível em: <https://www2.camara.leg.br/legin/fed/lei/1989/lei-7990-28-dezembro-1989-372285-norma-pl.html>. Acesso em: 5 jul. 2024.

- **Espécimes fósseis** – normatizar, orientar e fiscalizar a extração e coleta de espécimes fósseis a que se refere o Código de Mineração e adotar medidas para promoção de sua preservação.
- **conflitos** – mediar, conciliar e decidir os conflitos entre os agentes da atividade de mineração.
- **Decisão** – decidir sobre direitos minerários e outros requerimentos em procedimentos administrativos de outorga ou de fiscalização da atividade de mineração.
- **Requerimentos** – decidir requerimentos de lavra e outorgar concessões de lavra das substâncias minerais de que trata o art. 1º da Lei n. 6.567/1978[45].
- **Caducidade** – declarar a caducidade dos direitos minerários, cuja outorga de concessões de lavra seja de sua competência.
- **Substâncias minerais** – estabelecer as condições para o aproveitamento das substâncias minerais destinadas à realização de obras de responsabilidade do poder público.
- **Utilidade pública** – aprovar a delimitação de áreas e declarar a utilidade pública para fins de desapropriação ou constituição de servidão mineral.
- **Ambiental** – estabelecer normas e exercer fiscalização, em caráter complementar, sobre controle ambiental, higiene e segurança das atividades de mineração, atuando em articulação com os demais órgãos responsáveis pelo meio ambiente e pela higiene, segurança e saúde ocupacional dos trabalhadores.
- **Conceitos técnicos** – definir e disciplinar os conceitos técnicos aplicáveis ao setor de mineração.
- **Concorrência** – fomentar a concorrência entre os agentes econômicos, monitorar e acompanhar as práticas de mercado do setor de mineração brasileiro e cooperar com os órgãos de defesa da concorrência.
- **Geologia e geofísica**: regular e autorizar a execução de serviços de geologia e geofísica aplicados à atividade de mineração, visando ao levantamento de dados técnicos destinados à comercialização, em bases não exclusivas.
- **Relatório de pesquisa** – estabelecer os requisitos e procedimentos para a aprovação e decidir sobre o relatório final de pesquisa.
- **Leilão** – apreender, destruir, doar a instituição pública substâncias minerais e equipamentos encontrados ou provenientes de atividades ilegais ou promover leilão deles, conforme dispuser resolução da ANM, com acompanhamento de força policial sempre que necessário, ficando autorizado o leilão antecipado de substâncias minerais e equipamentos, no caso de

---

45 BRASIL. Lei n. 6.567, de 24 de setembro de 1978. **Diário Oficial da União**, Poder Legislativo, Brasília, DF, 26 set. 1978. Disponível em: <https://www2.camara.leg.br/legin/fed/lei/1970-1979/lei-6567-24-setembro-1978-365772-norma-pl.html>. Acesso em: 5 jul. 2024.

- **Valores** – normatizar, fiscalizar e arrecadar os encargos financeiros do titular do direito minerário e os demais valores devidos ao Poder Público nos termos da Lei n. 13.575/2017[46], bem como constituir e cobrar os créditos deles decorrentes e efetuar as restituições devidas.
- **Infrações e sanções** – normatizar e reprimir as infrações à legislação e aplicar as sanções cabíveis.
- **Contencioso administrativo** – instituir o contencioso administrativo para julgar os créditos devidos à ANM em primeira instância administrativa e os recursos voluntários, assim como os pedidos de restituição do indébito, assegurados o contraditório e a ampla defesa.
- **Registro e averbações** – manter o registro mineral e as averbações referentes aos títulos e aos direitos minerários.
- **Certidões e autorizações** – expedir certidões e autorizações.
- **Cessão ou transferência** – conceder anuência prévia aos atos de cessão ou transferência de concessão de lavra cuja outorga seja de sua competência.
- **Informações** – regulamentar o compartilhamento de informações sobre a atividade de mineração entre órgãos e entidades da União, dos Estados, do Distrito Federal e dos Municípios.
- **Certificação** – normatizar o sistema brasileiro de certificação de reservas e recursos minerais, no prazo de até um ano, contado do dia 27 de dezembro de 2017.
- **Regimento interno** – aprovar seu regimento interno.
- **Tecnologia e inovação** – regulamentar a aplicação de recursos de pesquisa, desenvolvimento tecnológico e inovação do setor mineral.
- **Minérios nucleares** – regular, normatizar, autorizar, controlar e fiscalizar as atividades de pesquisa e lavra de minérios nucleares no país, exceto em relação às questões de segurança nuclear e proteção radiológica; fiscalizar os titulares de concessões de lavra quanto à ocorrência de elementos nucleares.

---

46 BRASIL. Lei 13.575, de 26 de dezembro de 2017. **Diário Oficial da União**, Poder Legislativo, Brasília, DF, 27 dez. 2017. Disponível em: <https://www2.camara.leg.br/legin/fed/lei/2017/lei-13575-26-dezembro-2017-786006-norma-pl.html>. Acesso em: 5 jul. 2024.

8.8.4 Artigo 20, parágrafo 1º da CF/1988

a) **Previsão constitucional**: é assegurada, nos termos da lei, à União, aos Estados, ao Distrito Federal e aos Municípios a participação no resultado da exploração de petróleo ou gás natural, de recursos hídricos para fins de geração de energia elétrica e de outros recursos minerais no respectivo território, plataforma continental, mar territorial ou zona econômica exclusiva, ou compensação financeira por essa exploração.
b) **Benefício**: participação no resultado da exploração ou compensação financeira por essa exploração.
c) **Beneficiários**: à União, aos Estados, ao Distrito Federal e aos Municípios.

8.9 Domínio hídrico

8.9.1 Competência

a) **Competência legislativa privativa**: União tem competência privativa para legislar sobre águas (art. 22, IV, CF/1988); sobre direito marítimo (art. 22, I); regime dos portos, navegação lacustre, fluvial, marítima, aérea e aeroespacial (art. 22, X).
b) **Competência privativa da União**: instituir sistema nacional de gerenciamento de recursos hídricos e definir critérios de outorga de direitos de seu uso (art. 21, XIX, CF/1988).
c) **Competência comum da União, Estados, Municípios e Distrito Federal**: proteger o meio ambiente e combater a poluição em qualquer de suas formas (art. 23, VI, CF/1988).
d) **Competência concorrente da União, Estados, Municípios e Distrito Federal**: legislar sobre florestas, caça, pesca, fauna, conservação da natureza, defesa do solo e dos recursos naturais, proteção do meio ambiente e controle da poluição (art. 24, VI, CF/1988).

8.9.2 Bens

a) **Bens da União**: lagos, rios e quaisquer correntes de água em terrenos de seu domínio, ou que banhem mais de um Estado, sirvam de limites com outros países, ou se estendam a território estrangeiro ou dele provenham, bem como os terrenos marginais e as praias fluviais (art. 20, III, CF/88) e o mar territorial (art. 20, VI, CF/88).

b) **Bens do estado:** as águas superficiais ou subterrâneas, fluentes, emergentes e em depósito, ressalvadas, nesse caso, na forma da lei, as decorrentes de obras da União (art. 26, I, CF/1988).

8.9.3 Disciplina jurídica

Código de Águas (Decreto n. 24.643/1934[47]) e Lei da Política Nacional de Gerenciamento de Recursos Hídricos – Lei n. 9.433/1997[48].

8.9.4 Agência Nacional de Águas

- **ANA:** Agência Nacional de Águas e Saneamento Básico (ANA), entidade federal autarquia sob regime especial, com autonomia administrativa e financeira, integrante do Sistema Nacional de Gerenciamento de Recursos Hídricos e vinculada ao Ministério da Integração e do Desenvolvimento Regional, com a finalidade de implementar, em sua esfera de atribuições, a Política Nacional de Recursos Hídricos e de instituir normas de referência para a regulação dos serviços de saneamento básico.
- **Sede:** Distrito Federal, podendo instalar unidades administrativas regionais.
- **Função:** implementação da Política Nacional de Recursos Hídricos, integrante do Sistema Nacional de Gerenciamento de Recursos Hídricos (Singreh) e responsável pela instituição de normas de referência para a regulação dos serviços públicos de saneamento básico, e estabelece regras para sua atuação, sua estrutura administrativa e suas fontes de recursos.
- **Conselho Nacional de Recursos Hídricos:** promove a articulação dos planejamentos nacional, regionais, estaduais e dos setores usuários elaborados pelas entidades que integram o Sistema Nacional de Gerenciamento de Recursos Hídricos e formular a Política Nacional de Recursos Hídricos.
- **Atuação da ANA:** obedece aos fundamentos, objetivos, diretrizes e instrumentos da Política Nacional de Recursos Hídricos e será desenvolvida em articulação com órgãos e entidades públicas e privadas integrantes do Sistema Nacional de Gerenciamento de Recursos Hídricos.

---

47 BRASIL. Decreto n. 24.643, de 10 de julho de 1934. **Diário Oficial da União**, Poder Executivo, Brasília, DF, 20 jul. 1934. Disponível em: <https://www.planalto.gov.br/ccivil_03/decreto/d24643compilado.htm#:~:text=DECRETO%20N%C2%BA%2024.643%2C%20DE%2010%20DE%20JULHO%20DE%201934.&text=Decreta%200%20C%C3%B3digo%20de%20%C3%81guas.&text=%C3%81GUAS%20P%C3%9ABLICAS-,Art.,de%20uso%20comum%20ou%20dominicais.>. Acesso em: 19 abr. 2024.
48 BRASIL. Lei n. 9.433, de 8 de janeiro de 1997. **Diário Oficial da União**, Poder Legislativo, Brasília, DF, 9 jan. 1997. Disponível em: <https://www.planalto.gov.br/ccivil_03/leis/l9433.htm>. Acesso em: 19 abr. 2024.

- **Atribuições da ANA:**
  - supervisionar, controlar e avaliar as ações e atividades decorrentes do cumprimento da legislação federal pertinente aos recursos hídricos;
  - disciplinar, em caráter normativo, a implementação, a operacionalização, o controle e a avaliação dos instrumentos da Política Nacional de Recursos Hídricos;
  - outorgar, por intermédio de autorização, o direito de uso de recursos hídricos em corpos de água de domínio da União;
  - fiscalizar os usos de recursos hídricos nos corpos de água de domínio da União;
  - elaborar estudos técnicos para subsidiar a definição, pelo Conselho Nacional de Recursos Hídricos, dos valores a serem cobrados pelo uso de recursos hídricos de domínio da União, com base nos mecanismos e quantitativos sugeridos pelos Comitês de Bacia Hidrográfica;
  - estimular e apoiar as iniciativas voltadas para a criação de Comitês de Bacia Hidrográfica;
  - implementar, em articulação com os Comitês de Bacia Hidrográfica, a cobrança pelo uso de recursos hídricos de domínio da União;
  - arrecadar, distribuir e aplicar receitas auferidas por intermédio da cobrança pelo uso de recursos hídricos de domínio da União;
  - planejar e promover ações destinadas a prevenir ou minimizar os efeitos de secas e inundações, no âmbito do Sistema Nacional de Gerenciamento de Recursos Hídricos, em articulação com o órgão central do Sistema Nacional de Defesa Civil, em apoio aos Estados e Municípios;
  - promover a elaboração de estudos para subsidiar a aplicação de recursos financeiros da União em obras e serviços de regularização de cursos de água, de alocação e distribuição de água, e de controle da poluição hídrica, em consonância com o estabelecido nos planos de recursos hídricos;
  - definir e fiscalizar as condições de operação de reservatórios por agentes públicos e privados, visando garantir o uso múltiplo dos recursos hídricos, conforme estabelecido nos planos de recursos hídricos das respectivas bacias hidrográficas;
  - promover a coordenação das atividades desenvolvidas no âmbito da rede hidrometeorológica nacional, em articulação com órgãos e entidades públicas ou privadas que a integram, ou que dela sejam usuárias;
  - organizar, implantar e gerir o Sistema Nacional de Informações sobre Recursos Hídricos;
  - estimular a pesquisa e a capacitação de recursos humanos para a gestão de recursos hídricos;

- prestar apoio aos Estados na criação de órgãos gestores de recursos hídricos;
- propor ao Conselho Nacional de Recursos Hídricos o estabelecimento de incentivos, inclusive financeiros, à conservação qualitativa e quantitativa de recursos hídricos;
- participar da elaboração do Plano Nacional de Recursos Hídricos e supervisionar a sua implementação;
- regular e fiscalizar, quando envolverem corpos d'água de domínio da União, a prestação dos serviços públicos de irrigação, se em regime de concessão, e adução de água bruta, cabendo-lhe, inclusive, a disciplina, em caráter normativo, da prestação desses serviços, bem como a fixação de padrões de eficiência e o estabelecimento de tarifa, quando cabíveis, e a gestão e auditagem de todos os aspectos dos respectivos contratos de concessão, quando existentes;
- organizar, implantar e gerir o Sistema Nacional de Informações sobre Segurança de Barragens (SNISB);
- promover a articulação entre os órgãos fiscalizadores de barragens;
- coordenar a elaboração do Relatório de Segurança de Barragens e encaminhá-lo, anualmente, ao Conselho Nacional de Recursos Hídricos (CNRH), de forma consolidada;
- declarar a situação crítica de escassez quantitativa ou qualitativa de recursos hídricos nos corpos hídricos que impacte o atendimento aos usos múltiplos localizados em rios de domínio da União, por prazo determinado, com base em estudos e dados de monitoramento, observados os critérios estabelecidos pelo Conselho Nacional de Recursos Hídricos, quando houver;
- estabelecer e fiscalizar o cumprimento de regras de uso da água, a fim de assegurar os usos múltiplos durante a vigência da declaração de situação crítica de escassez de recursos hídricos;
- manterá atualizada e disponível, em seu sítio eletrônico, a relação das entidades reguladoras e fiscalizadoras que adotam as normas de referência nacionais para a regulação dos serviços públicos de saneamento básico, com vistas a viabilizar o acesso aos recursos públicos federais ou a contratação de financiamentos com recursos da União ou com recursos geridos ou operados por órgãos ou entidades da Administração Pública federal;
- disciplinará, por meio de ato normativo, os requisitos e os procedimentos a serem observados pelas entidades encarregadas da regulação e da fiscalização dos serviços públicos de saneamento básico, para a comprovação da adoção das normas regulatórias de referência, que poderá ser gradual, de modo a preservar as expectativas e os direitos decorrentes das normas a serem substituídas e a propiciar a adequada preparação das entidades reguladoras.

- **Normas de referência:**

    I] padrões de qualidade e eficiência na prestação, na manutenção e na operação dos sistemas de saneamento básico;

    II] regulação tarifária dos serviços públicos de saneamento básico, com vistas a promover a prestação adequada, o uso racional de recursos naturais, o equilíbrio econômico-financeiro e a universalização do acesso ao saneamento básico;

    III] padronização dos instrumentos negociais de prestação de serviços públicos de saneamento básico firmados entre o titular do serviço público e o delegatário, os quais contemplarão metas de qualidade, eficiência e ampliação da cobertura dos serviços, bem como especificação da matriz de riscos e dos mecanismos de manutenção do equilíbrio econômico-financeiro das atividades;

    IV] metas de universalização dos serviços públicos de saneamento básico para concessões que considerem, entre outras condições, o nível de cobertura de serviço existente, a viabilidade econômico-financeira da expansão da prestação do serviço e o número de municípios atendidos;

    V] critérios para a contabilidade regulatória;

    VI] redução progressiva e controle da perda de água;

    VII] metodologia de cálculo de indenizações devidas em razão dos investimentos realizados e ainda não amortizados ou depreciados;

    VIII] governança das entidades reguladoras;

    IX] reuso dos efluentes sanitários tratados, em conformidade com as normas ambientais e de saúde pública;

    X] parâmetros para determinação de caducidade na prestação dos serviços públicos de saneamento básico;

    XI] normas e metas de substituição do sistema unitário pelo sistema separador absoluto de tratamento de efluentes;

    XII] sistema de avaliação do cumprimento de metas de ampliação e universalização da cobertura dos serviços públicos de saneamento básico;

    XIII] conteúdo mínimo para a prestação universalizada e para a sustentabilidade econômico-financeira dos serviços públicos de saneamento básico.

- **Prazo das outorgas de direito de uso de recursos hídricos de domínio da União:** contados da data de publicação dos respectivos atos administrativos de autorização: I – até dois anos, para início da implantação do empreendimento objeto da outorga; II – até seis anos, para conclusão da implantação do empreendimento projetado; III – até trinta e cinco anos, para vigência da outorga de direito de uso (o prazo poderá ser prorrogado, pela ANA, respeitando-se as prioridades estabelecidas nos Planos de Recursos Hídricos). Os prazos de vigência das outorgas de direito de uso de recursos hídricos serão fixados em função da natureza e do porte do empreendimento, levando-se em consideração, quando for o caso, o período de retorno do investimento. Os prazos a que se referem poderão ser ampliados, quando o porte e a importância social e econômica do empreendimento justificá-lo, ouvido o Conselho Nacional de Recursos Hídricos. As outorgas de direito de uso de recursos hídricos para concessionárias e autorizadas de serviços públicos e de geração de energia hidrelétrica vigorarão por prazos coincidentes com os dos correspondentes contratos de concessão ou atos administrativos de autorização.

- **Outorga preventiva**: a ANA poderá emitir outorgas preventivas de uso de recursos hídricos, com a finalidade de declarar a disponibilidade de água para os usos requeridos:
    - **Efeito** – não confere direito de uso de recursos hídricos.
    - **Finalidade** – reserva a vazão passível de outorga, possibilitando, aos investidores, o planejamento de empreendimentos que necessitem desses recursos.
    - **Prazo de validade** – será fixado levando-se em conta a complexidade do planejamento do empreendimento, limitando-se ao máximo de três anos.

- **Declaração de reserva**: concessão ou a autorização de uso de potencial de energia hidráulica e a construção de eclusa ou de outro dispositivo de transposição hidroviária de níveis em corpo de água de domínio da União serão precedidas de declaração de reserva de disponibilidade hídrica.
    - **Legitimidade ativa** – I – pela Agência Nacional de Energia Elétrica, para aproveitamentos de potenciais hidráulicos; II – pelo Ministério dos Transportes, por meio do órgão responsável pela gestão hidroviária, quando se tratar da construção e operação direta de eclusa ou de outro dispositivo de transposição hidroviária de níveis; III – pela Agência Nacional de Transportes Aquaviários, quando se tratar de concessão, inclusive na modalidade patrocinada ou administrativa, da construção seguida da exploração de serviços de eclusa ou de outro dispositivo de transposição hidroviária de níveis.
    - **Domínio estadual ou distrital** – quando o corpo de água for de domínio dos Estados ou do Distrito Federal, a declaração de reserva de disponibilidade hídrica será obtida em articulação com a respectiva unidade gestora de recursos hídricos.
    - **Transformação** – a declaração de reserva de disponibilidade hídrica será transformada automaticamente pelo respectivo poder outorgante em

outorga de direito de uso de recursos hídricos à instituição ou empresa que receber a concessão ou autorização de uso de potencial de energia hidráulica ou que for responsável pela construção e operação de eclusa ou de outro dispositivo de transposição hidroviária de níveis.

- **Publicidade:** a ANA dará publicidade aos pedidos de outorga de direito de uso de recursos hídricos de domínio da União por meio de publicação em seu sítio eletrônico, e os atos administrativos que deles resultarem serão publicados no Diário Oficial da União e no sítio eletrônico da ANA.
- **Credenciamento e Descredenciamento:** a ANA poderá criar mecanismos de credenciamento e descredenciamento de técnicos, de empresas especializadas, de consultores independentes e de auditores externos para obter, analisar e atestar informações ou dados necessários ao desempenho de suas atividades.
- **Direção da ANA:** Diretoria Colegiada composta de 5 (cinco) membros, nomeados pelo presidente da República, com mandatos não coincidentes de 5 (cinco) anos, vedada a recondução, sendo um deles o Diretor-Presidente, e terá em sua estrutura uma Procuradoria, uma Ouvidoria e uma Auditoria.
- **Diretor-Presidente da ANA:** será nomeado pelo presidente da República e investido na função pelo prazo de 5 (cinco) anos, vedada a recondução.
- **Procuradoria da ANA:** vinculada à Advocacia-Geral da União para fins de orientação normativa e supervisão técnica: I – representar judicialmente a ANA, com prerrogativas processuais de Fazenda Pública; II – representar judicialmente os ocupantes de cargos e de funções de direção, inclusive após a cessação do respectivo exercício, com referência a atos praticados em decorrência de suas atribuições legais ou institucionais, adotando, inclusive, as medidas judiciais cabíveis, em nome e em defesa dos representados; III – apurar a liquidez e certeza de créditos, de qualquer natureza, inerentes às atividades da ANA, inscrevendo-os em dívida ativa, para fins de cobrança amigável ou judicial; IV – executar as atividades de consultoria e de assessoramento jurídicos.
- **Patrimônio da ANA:** formado pelos os bens e direitos de sua propriedade, os que lhe forem conferidos ou que venha a adquirir ou incorporar.
- **Receitas da ANA:** I – os recursos que lhe forem transferidos em decorrência de dotações consignadas no Orçamento-Geral da União, créditos especiais, créditos adicionais e transferências e repasses que lhe forem conferidos; II – os recursos decorrentes da cobrança pelo uso de água de corpos hídricos de domínio da União; III – os recursos provenientes de convênios, acordos ou contratos celebrados com entidades, organismos ou empresas nacionais ou internacionais; IV – as doações, legados, subvenções e outros recursos que lhe forem destinados; V – o produto da venda de publicações,

material técnico, dados e informações, inclusive para fins de licitação pública, de emolumentos administrativos e de taxas de inscrições em concursos; VI – retribuição por serviços de quaisquer natureza prestados a terceiros; VII – o produto resultante da arrecadação de multas aplicadas em decorrência de ações de fiscalização; VIII – os valores apurados com a venda ou aluguel de bens móveis e imóveis de sua propriedade; IX – o produto da alienação de bens, objetos e instrumentos utilizados para a prática de infrações, assim como do patrimônio dos infratores, apreendidos em decorrência do exercício do poder de polícia e incorporados ao patrimônio da autarquia, nos termos de decisão judicial; X – os recursos decorrentes da cobrança de emolumentos administrativos.

8.10 Espaço aéreo

a) **Soberania**: Brasil exerce completa e exclusiva soberania sobre o espaço aéreo acima de seu território e mar territorial, nos termos do art. 11 da Lei n. 7.565/1986[49] (Código da Aeronáutica).
b) **Propriedade do solo**: abrange a do espaço aéreo e subsolo correspondentes, em altura e profundidade úteis ao seu exercício, não podendo o proprietário opor-se a atividades que sejam realizadas, por terceiros, a uma altura ou profundidade tais, que não tenha ele interesse legítimo em impedi-las, nos termos do art. 1229 do CC.
c) **Limites do espaço aéreo**: matéria de reserva legal, nos termos do art. 48, inciso V da CF/1988.
d) **Transporte aéreo**: a lei disporá sobre a ordenação do transporte aéreo, devendo, quanto à ordenação do transporte internacional, observar os acordos firmados pela União, atendido o princípio da reciprocidade, nos termos do art. 178 da CF/1988.
e) **Competência exclusiva da União**: explorar, diretamente ou mediante autorização, concessão ou permissão a navegação aérea, aeroespacial e a infraestrutura aeroportuária (art. 21, XII, "c", CF/1988).
f) **Competência privativa legislativa da União**: regime dos portos, navegação lacustre, fluvial, marítima, aérea e aeroespacial (art. 22, X, CF/1988).
g) **Polícia aeroportuária**: exercida pela polícia federal, nos termos do art. 144, parágrafo 1º, inciso III da CF/1988.

---

49 BRASIL. Lei n. 7.565, de 19 de dezembro de 1986. **Diário Oficial da União**, Poder Legislativo, Brasília, DF, 23 dez. 1986. Disponível em: <https://www2.camara.leg.br/legin/fed/lei/1980-1987/lei-7565-19-dezembro-1986-368177-norma-pl.html>. Acesso em: 5 jul. 2024.

h] **Polícia aérea**: Ministério da Defesa que exerce a orientação, coordenação, controle e fiscalização da navegação aérea, tráfego aéreo, infraestrutura aeronáutica, aeronaves, tripulação e serviços relacionados ao voo.
i] **Radiopatrulha aérea**: exercida pela Polícia Militar. O âmbito material da polícia aeroportuária, privativa da União, não se confunde com o do policiamento ostensivo do espaço aéreo, que – respeitados os limites das áreas constitucionais das polícias federal e aeronáutica militar – se inclui no poder residual da polícia dos Estados[50].
j] **Disciplina jurídica**: Código Brasileiro de Aeronáutica – Lei n. 7.565/1986.
k] **Serviços aéreos**: atividades econômicas de interesse público consideradas serviços públicos (art. 13, Lei n. 14.368/2022[51]).

---

50 BRASIL. Supremo Tribunal Federal. **ADI n. 132**. Relator: Min. Sepúlveda Pertence. Data de julgamento: 30 abr. 2003. Data de publicação: Diário da Justiça, 30 maio 2003.
51 BRASIL. Lei n. 14.368, de 14 de junho de 2022. **Diário Oficial da União**, Poder Legislativo, Brasília, DF, 15 jun. 2022. Disponível em: <https://www2.camara.leg.br/legin/fed/lei/2022/lei-14368-14-junho-2022-792828-norma-pl.html>. Acesso em: 5 jul. 2024.

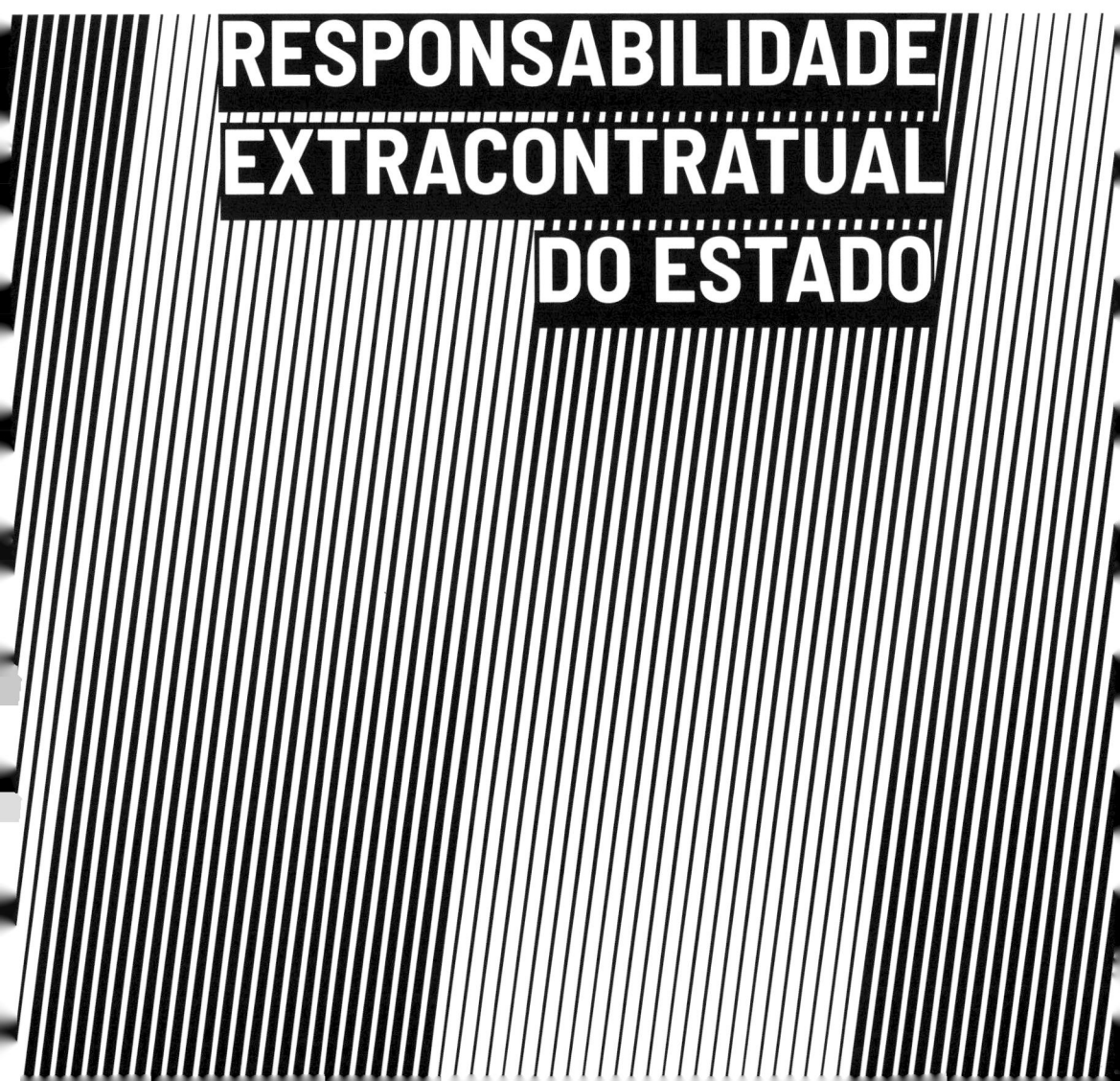

TÍTULO 17
RESPONSABILIDADE EXTRACONTRATUAL DO ESTADO

🗓 Responsabilidade civil

🗓 O vocábulo *responsabilidade*

O vocábulo *responsabilidade* vem do latim *respondere*, que significa "dever de fazer ou cumprir algo em virtude de um contrato ou da norma jurídica". É a obrigação, por parte de alguém, de responder por evento resultante de negócio jurídico ou de ato ilícito[1].

Os estudiosos afirmam que o referido vocábulo também significa "arcar com os prejuízos causados de um ilícito ou fato danoso", para recompor não só a situação do eventual prejudicado, mas também a harmonia social[2].

Numa análise comparativa das duas versões sobre o vocábulo *responsabilidade*, conclui-se que a expressão em comento compreende a ideia de obediência à norma, no sentido da necessidade da observância do estabelecido em norma ou contrato[3], e de compromisso de restabelecimento da ordem violada consubstanciado na reparação dos prejuízos causados com o descumprimento de normas jurídicas.

🗓 Responsabilidade civil como uma problemática jurídica

O tema da responsabilidade civil conta com uma **abordagem problemática** decorrente da variedade das suas manifestações fortalecida pela mudança das circunstâncias históricas, sociais, teóricas e filosóficas a partir da segunda metade do século XX numa condição histórica pós-moderna[4] de incertezas e riscos, com a desconstrução de princípios e valores construídos na modernidade e ausência de projeto do futuro.

No contexto da caráter problemático do tema, podemos apontar além do progresso científico e tecnológico gerador de utilidades e perigos na vida em

---

1 SIDOU, José Maria Othon. **Dicionário jurídico**. Rio de Janeiro: Forense Universitária, 1990.
2 "Responsabilidade é o dever jurídico de responder por atos que impliquem dano a terceiro ou violação das normas jurídicas. Imposição legal de reparar o dano causado" (SILVA, De Plácido e. **Vocabulário jurídico**. Rio de Janeiro: Forense, 1997).
3 "O que é nuclear, tratando-se da responsabilidade, é a perquirição do dever da pessoa humana, dever esse cumprido ou insuficientemente cumprido, segundo a descrição ínsita nos contornos da norma" (CASTRO, José Nilo. **A defesa dos prefeitos e vereadores em face do Decreto-lei nº 201/67**. Belo Horizonte: Del Rey, 2002. p. 317).
4 "Na noção de uma não história é que o pensamento pós-moderno procura se estabelecer enquanto ruptura com o moderno" (MENEZES, Philadelpho. **A crise do passado**. São Paulo: Experimento, 1994); "O pós-moderno sem dúvida traz ambiguidades. É isso que ele propõe: a prudência como método, a ironia como crítica, o fragmento como base e o descontínuo como limite" (SEVCENKO, Nicolau. O enigma pós-moderno. In: OLIVEIRA, Roberto Cardoso de (Org.). **Pós-modernidade**. Campinas-SP: Ed. da Unicamp, 1987).

sociedade, a textura divergente e abrangente na delimitação de seu alcance e elementos constitutivos[5].

1.3 Características da responsabilidade civil

a) **Remédio**: enquanto o dano é o desequilíbrio de ordem moral e/ou patrimonial que atenta os bens jurídicos, a responsabilidade civil é o remédio que visa restabelecer o estado de higidez moral e patrimonial desfeito, sob pena de reinar a insegurança e o conflito social[6].
b) **Relação obrigacional**: o pressuposto da responsabilidade civil é o descumprimento obrigacional (inadimplemento) e a finalidade da responsabilidade civil é a obrigação de ressarcimento, de indenizar.
c) **Garantia**: o lesado tem direito à segurança mediante reparação do dano consubstanciada uma reposição completa da vítima à situação anterior à lesão (*restitutio in integrum*).
d) **Sanção civil**: a responsabilidade civil é uma consequência jurídica imposta diante do não cumprimento de um dever e/ou da infração à ordem jurídica traduzida na reparação do prejuízo.
e) **Indenizatória ou reparadora**: a responsabilidade civil tem natureza compensatória, já que visa à reparação do dano causado à vítima.
f) **Multidisciplinar**: a responsabilidade civil é assunto que interessa a todos os ramos do Direito, com as naturais adaptações conforme aplicável ao direito público ou privado[7].
g) **Relação jurídica**: a responsabilidade civil constitui um vínculo jurídico entre o lesado (pessoa que sofreu o prejuízo) e o lesante (pessoa que deve reparar o dano), que tem por objeto a prestação de ressarcimento.

---

5 "A responsabilidade civil é, indubitavelmente, um dos temas mais palpitantes e problemáticos da atualidade jurídica, ante sua surpreendente expansão no direito moderno e seus reflexos nas atividades humanas, contratuais e extracontratuais, e no prodigioso avanço tecnológico, que impulsiona o progresso material, gerador de utilidades e de enormes perigos à integridade da vida humana" (DINIZ, Maria Helena. **Curso de Direito Civil brasileiro**. São Paulo: Saraiva, 2022. v. 7 – Responsabilidade Civil).
6 "Grande é a importância da responsabilidade civil, nos tempos atuais, por se dirigir à restauração de um equilíbrio moral e patrimonial desfeito e à redistribuição da riqueza de conformidade com os ditames da justiça" (*Op. cit.*, p. 3).
7 "Toda manifestação da atividade que provoca prejuízo traz em seu bojo o problema da responsabilidade, que não é fenômeno exclusivo da vida jurídica, mas de todos os domínios da vida social (...) na verdade, absorve não só todos os ramos o direito (...) como também a realidade social, o que demonstra o campo ilimitado da responsabilidade civil" (*Op. cit.*).

1.4 Responsabilidade civil, sujeito Estado e deveres jurídicos

O Estado é uma pessoa jurídica titular de direitos e deveres, com personalidade jurídica atribuída pela Constituição. Dentre os deveres previstos na ordem jurídica brasileira, o Estado tem os deveres jurídicos originário e sucessivo.

O dever jurídico originário é o dever de não lesar ou de não causar dano a outrem; o dever jurídico sucessivo é o dever de reparar o dano.

2 Noções gerais da responsabilidade civil do Estado

2.1 Conceito de responsabilidade civil do Estado

A responsabilidade civil do Estado é a obrigação legal, que lhe é imposta, de ressarcir os danos causados a terceiros por suas atividades. Apesar de cada doutrinador defender seu conceito, podemos extrair elementos comuns que formam a essência da conceituação da responsabilidade civil do Estado. Assim, no conceito da responsabilidade civil do Estado é possível extrair os elementos apresentados a seguir.

a) **Elemento formal:** obrigação de reparar danos causados a terceiros.
b) **Elemento causal:** comportamentos comissivos ou omissivos, materiais ou jurídicos, lícitos ou ilícitos, imputáveis aos agentes públicos.
c) **Elemento funcional:** no exercício da função administrativa.
d) **Elemento material:** danos (prejuízos civis e extracontratuais) indenizáveis podem ser materiais, morais ou estéticos.
e) **Elemento subjetivo:** a responsabilidade recai sobre o Estado, sobre os entes dotados de personalidade jurídica.

2.2 Espécies de responsabilidade civil do Estado

A responsabilidade civil do Estado pode derivar de danos causados no âmbito de relações jurídicas contratuais (ou negociais) ou extracontratuais.

Na responsabilidade civil contratual, o dever de ressarcimento pressupõe a existência de vínculo negocial especial válido e a inexecução contratual pelo

Estado[8]. A responsabilidade civil extracontratual ou aquiliana[9] relaciona-se com os danos causados por atuações estatais voltadas aos cidadãos em geral.

A classificação entre a responsabilidade contratual e extracontratual deriva da origem: a primeira decorre da violação de uma obrigação contratual; a segunda decorre de uma ação ou omissão do Estado, lícita ou ilícita que cause danos a outrem.

Dentre as espécies, destaca-se a responsabilidade extracontratual, ficando excluída a responsabilidade contratual, que se rege por princípios próprios, analisados no capítulo referente aos contratos administrativos.

2.3 Responsabilidade civil do Estado e sacrifício de direitos[10]

É tradicional a distinção entre a responsabilidade civil por danos causados pela atuação estatal e o sacrifício de direitos promovido pelo Poder Público.

Na responsabilidade civil, a lesão aos direitos de terceiros é efeito reflexo da atuação estatal, lícita ou ilícita. Por outro lado, o sacrifício de direitos compreende atuação estatal, autorizada pelo ordenamento, que tem por objetivo principal (direto) restringir ou extinguir direitos de terceiros, mediante pagamento de indenização (ex.: desapropriação).

3. Responsabilidade civil extrancontratual do Estado

3.1 Evolução da responsabilidade civil extra-contratual do Estado

3.1.1 Teoria da irresponsabilidade civil do Estado

a] **Terminologia:** teoria feudal, regalista ou regaliana.

---

8 "Quando ocorre a inexecução, não é a obrigação contratual que movimenta o mundo da responsabilidade. O que se estabelece é uma obrigação nova que se substitui à obrigação preexistente no todo ou em parte: a obrigação de reparar o prejuízo consequente à inexecução da obrigação assumida" (DIAS, José de Aguiar. **Da responsabilidade civil**. Rio de Janeiro: Lumen Juris, 2022. p. 278).
9 Op. cit.
10 OLIVEIRA. Rafael Carvalho Rezende. **Curso de Direito Administrativo**. Rio de Janeiro: Método, 2024.

- b] **Origem:** época dos Estados absolutos.
- c] **Conteúdo:** o Estado não tem a obrigação de indenizar, pois tal ideia representaria colocar o Estado no mesmo nível do súdito, em desrespeito à sua soberania.
- d] **Direito brasileiro:** não foi acolhida.
- e] **Combate:** inicia-se com as Revoluções Liberais, especialmente a Revolução Francesa de 1789, e o surgimento do Estado de direito, limitado pela ordem jurídica.
- f] **Fato emblemático de superação da teoria:** Aresto Blanco, decisão de 8 de fevereiro de 1873, tomada pelo Tribunal de Conflitos na França favorável à condenação do Estado por danos decorrentes do exercício das atividades administrativas.
- g] **Estados Unidos e Inglaterra:** últimos redutos de sua aplicação, passaram a admitir a responsabilidade estatal com as publicações do "Federal Tort Claims" em 1946 e do "Crown Proceeding Act" em 1947.

3.1.2 Responsabilidade civil do Estado

3.1.2.1 Teoria civilista ou subjetiva

- a] **Fundamento:** o Estado tem a obrigação de indenizar, desde que demonstrada culpa ou dolo do agente público causador do dano.
- b] **Equiparação:** a responsabilidade do Estado ao do patrão, ou comitente, pelos atos dos empregados ou prepostos.
- c] **Inspiração:** art. 15 do Código Civil brasileiro (de 1916), que consagrou a teoria da responsabilidade subjetiva do Estado.

3.1.2.2 Responsabilidade pelos atos de gestão

- a] **Fundamento:** o Estado tem a obrigação de indenizar somente quando praticar atos de gestão, atos de direito privado, realizados em situação de igualdade com os particulares.
- b] **Influência:** "teoria do fisco", que diferenciava o Estado "propriamente dito", dotado de soberania que não tinha responsabilidade, e o Estado "fisco", que se relacionava com particulares sem poder de autoridade e que tinha responsabilidade.
- c] **Crítica:** impossibilidade de divisão da personalidade do Estado, além da dificuldade de enquadramento dos atos de gestão.

3.1.2.3 Teoria da culpa do serviço

a) **Conteúdo:** o Estado tem a obrigação de indenizar quando o serviço público não funcionou, ou funcionou atrasado, ou funcionou mal.
b) **Fundamento:** os benefícios decorrentes da atuação estatal repartem-se por todos, também os prejuízos sofridos por alguns membros da sociedade devem ser repartidos.

3.1.2.4 Teoria do risco

a) **Fundamento:** o Estado tem a obrigação de indenizar quando houver fato lesivo da Administração Pública por ação ou omissão.
b) **Base:** comprovar fato do serviço e o nexo de causalidade entre o fato e o dano ocorrido.
c) **Espécies:** 1) a do risco administrativo – permite excludentes na responsabilidade do Estado; 2) risco integra – não reconhece excludentes.

3.1.3 Teoria adotada no Direito brasileiro

3.1.3.1 Teoria subjetiva

a) **Omissão:** no caso de omissão do Estado no serviço público que evitaria o dano (dano causado por ato de terceiros ou fenômenos da natureza).
b) **Ação regressiva:** é a ação proposta pela Administração Pública em face do agente público, causador do dano, visando obter o pagamento da importância usada no ressarcimento de uma vítima, desde que comprovados dois requisitos: 1) a Administração Pública tenha sido condenada a indenizar a vítima pelo dano; 2) demonstrar culpa ou dolo do agente em razão do dano. É ação de natureza civil, transmitida a herdeiros, respeitado o limite do valor do patrimônio transferido. Pode ser proposta, mesmo depois de terminado o vínculo entre o servidor e a Administração Pública. É imprescritível.

3.1.3.2 Teoria objetiva na modalidade risco integral

a) Acidentes de trabalho (infortunística); b) indenização coberta pelo seguro obrigatório para automóveis (DPVAT); c) atentados terroristas em aeronaves; d) dano ambiental; e) dano nuclear.

3.1.3.3 Teoria objetiva na modalidade risco administrativo

Demais casos que não forem da subjetiva e do risco integral.

3.2 Conceito

É responsabilidade de ordem pecuniária, decorrente da prática de atos comissivos ou omissivos, lícitos ou ilícitos do agente público, no exercício da função, desde que gere danos a terceiros.

3.3 Fundamentos do dever de indenizar

Quando o ato lesivo for ilícito, o fundamento do dever de indenizar é o princípio da legalidade, violado pela conduta praticada em desconformidade com a legislação.

No caso, porém, de ato lícito causar prejuízo especial a particular, o fundamento para o dever de indenizar é a igual repartição dos encargos sociais, ideia derivada do princípio da isonomia.

Ao contrário do direito privado, em que a responsabilidade exige sempre um ato ilícito (contrário à lei), no Direito Administrativo ela pode decorrer de atos ou comportamentos que, embora lícitos, causem a pessoas determinadas ônus maior do que o imposto aos demais membros da coletividade.

3.4 O vocábulo *Estado*

Na busca de delimitação do regime de responsabilidade que recai sobre o Estado, importa saber qual a abrangência da expressão Estado.

A expressão *Estado* abrange comportamentos do Legislativo, Executivo e Judiciário, sendo que apenas entes dotados de personalidade jurídica são titulares de direitos e obrigações e, por isso, respondem por seus atos e omissões.

É errado falar em responsabilidade da Administração Pública, já que esta não tem personalidade jurídica, não é titular de direitos e obrigações na ordem civil. A capacidade é do Estado e das pessoas jurídicas públicas ou privadas que o representam no exercício de parcela de atribuições estatais. E a responsabilidade é sempre civil, ou seja, de ordem pecuniária.

3.5 Elementos da responsabilidade civil extracontratual do Estado

3.5.1 Elemento subjetivo

a) **Pessoa jurídica de direito público**: União, Estado, Distrito Federal, Município, autarquia, fundação pública ou agência.
b) **Pessoa jurídica de direito privado prestadora de serviço público**: empresa pública, sociedade de economia mista, fundação governamental de direito

privado, concessionária, permissionária e autorizatárias de serviço público. Exclui as entidades da Administração Indireta que executem atividade econômica de natureza privada.
c) **Causador do dano**: deve ser um agente público, ou seja, pessoa que preste serviços ao Estado – abrange todas as categorias, de agentes políticos, administrativos ou particulares em colaboração com a administração, sem interessar o título sob o qual prestam o serviço.

3.5.2 Elemento material

a) **Dano**: prejuízo sofrido por alguém em decorrência da ação do Estado.
b) **Características do dano**: deve ser certo, especial (atinge apenas um ou alguns membros da coletividade), anormal (supera os inconvenientes normais da vida em sociedade), referente à situação protegida pelo Direito e de valor economicamente apreciável.
c) **Relação do dano**: dano decorrer da prestação do serviço público.
d) **Reparação do dano**: a Administração Pública pode ressarcir a vítima de forma amigável ou mediante propositura de ação de indenização. Será de forma amigável quando a Administração reconhecer desde logo sua responsabilidade e haja entendimento entre as partes quanto ao valor da indenização. Caso contrário, o prejudicado deverá propor ação de indenização.
e) **Valor da indenização**: abrange os danos emergentes e lucros cessantes; se houve morte, o valor também incluirá as despesas do sepultamento e da prestação alimentícia.
f) **Denunciação da lide**: cabe, se na ação de indenização for mencionada a culpa do agente público.
g) **Reparação do dano e prescrição**: o prazo prescricional é de 5 anos, não obstante parte da doutrina sustentar o prazo de 3 anos, nos termos do Código Civil.
h) **Conduta**: não apenas a conduta administrativa ilícita, mas também a conduta lícita causadora de danos desproporcionais, acarreta a responsabilidade do Estado.
i) **Espécies de dano**: 1) material – lesão ao patrimônio da vítima, que abrange o dano emergente e o lucro cessante; 2) moral – lesão aos bens personalíssimos.
j) **Súmula n. 37 do STJ**[11]: as indenizações por danos materiais e morais, oriundos do mesmo fato, são passíveis de cumulação.

---

11 BRASIL. Superior Tribunal de Justiça. **Súmula n. 37**. Corte Especial: 12 mar. 1992. Data de publicação: *Diário da Justiça*, 17 mar. 1992. Disponível em: <https://www.stj.jus.br/publicacaoinstitucional/index.php/sumstj/article/view/5223/5348>. Acesso em: 19 abr. 2024.

k) **Súmula n. 387 do STJ[12]**: é admitida a cumulação das indenizações por danos estéticos e morais desde que os valores possam ser apurados e quantificados de maneira autônoma.
l) **Súmula n. 227 do STJ[13]**: o dano moral pode ser suportado não apenas por pessoas físicas, mas também por pessoas jurídicas, tendo em vista, neste último caso, a lesão à sua honra objetiva.

3.5.3 Elemento formal

Nexo de causalidade entre a ação do agente público e o dano causado a terceiro: a relação de causa e efeito entre a conduta estatal e o dano suportado pela vítima.

3.6 Excludentes na responsabilidade civil extracontratual do Estado

a) **Conceito**: é a demonstração de que dano suportado pela vítima não foi causado pela ação ou omissão da Administração Pública.
b) **Efeito**: geram o rompimento do nexo de causalidade entre a conduta e o resultado lesivo; afastam a responsabilidade do Estado; afastam o dever de indenizar
c) **Espécies**: causas excludentes do nexo de causalidade.

   1) **Culpa exclusiva da vítima:**
      - **Causador do dano ou prejuízo** – lesado.
      - **Situação** – é de autolesão, pois o único causador do dano é o próprio prejudicado (pessoa que sofreu o dano).
      - **Análise do caso concreto** – é necessário verificar se o Estado poderia prever e evitar a ocorrência do dano. A imprevisibilidade e a inevitabilidade afastam a responsabilização estatal.
      - **Suicídio do preso no interior de uma penitenciária** – há responsabilidade do Estado quando demonstrada sua omissão no seu dever específico de garantir a integridade física e a vida dos presos.

---

12 BRASIL. Superior Tribunal de Justiça. **Súmula n. 387**. Segunda Seção: 26 ago. 2009. Data de publicação: *Diário da Justiça Eletrônico*, 1º de setembro de 2009. Disponível em: <https://www.stj.jus.br/docs_internet/revista/eletronica/stj-revista-sumulas-2013_35_capSumula387.pdf>. Acesso em: 19 abr. 2024.
13 BRASIL. Superior Tribunal de Justiça. **Súmula n. 227**. Segunda Seção: 8 set. 1999. Data de publicação: *Diário da Justiça*, 20 out. 1999. Disponível em: <https://www.stj.jus.br/docs_internet/revista/eletronica/stj-revista-sumulas-2011_17_capSumula227.pdf>. Acesso em: 19 abr. 2024.

2] **Fato de terceiro:**

- **Causador do dano ou prejuízo** – pessoa estranha aos quadros da Administração Pública.
- **Situação** – dano causado por ação de outras pessoas, que não os agentes do Estado.
- **Análise do caso concreto** – é necessário verificar se o Estado poderia prever e evitar a ocorrência do dano.
- **Danos causados por multidão** – o Estado responderá se ficar caracterizada a sua omissão ou falha na prestação do serviço público.

3] **Caso Fortuito e Força Maior:**

- **Diferença entre caso fortuito e força maior** – divergência doutrinária.
    - I] **Primeiro posicionamento**: a) caso fortuito – evento da natureza; b) força maior – evento humano[14].
    - II] **Segundo posicionamento**: a) força maior – evento da natureza; b) caso fortuito – evento humano[15].
- **Tratamento jurídico** – caso fortuito e força maior são causas excludentes do nexo de causalidade (art. 393 do CC), pois são eventos de efeitos inevitáveis.
- **Análise do caso concreto** – são ocorrências que afastam a responsabilidade do Estado se ele (Estado) não tiver obrigação de evitar os efeitos de sua ocorrência.
- **Inundação causada por chuva torrencial imprevisível** – mesmo ocorrendo motivo de força maior há responsabilidade do Estado quando demonstrada sua contribuição para o evento danoso; o dano não decorreu de atuação de agente público, mas de omissão do Poder Público.
- **Espécies de fortuitos:**
    - I] **"Fortuito externo"** – risco estranho à atividade desenvolvida.
    - II] **"Fortuito interno"** – risco inerente ao exercício da própria atividade. Nos casos de fortuito interno, o Estado será responsabilizado.

---

14 GASPARINI, Diogenes. **Direito Administrativo**. São Paulo: Saraiva, 2006.
15 DI PIETRO, Maria Sylvia Zanella. **Direito Administrativo**. São Paulo: Gen; Atlas, 2025.

3.7 Atenuantes na responsabilidade civil extracontratual do Estado

a) **Conceito:** é a demonstração de que dano suportado pela vítima foi causado pela ação ou omissão da Administração Pública, ainda que haja participação da vítima, do terceiro ou de evento natural.
b) **Terminologia:** existem causas concorrentes para o evento lesivo, denominadas concausas.
c) **Efeito:** o Estado deve responder na medida da sua contribuição para o dano (art. 945 do CC).
d) **Apuração:** produção de provas periciais para determinar o maior culpado. Da maior culpa, desconta-se a menor, realizando um processo denominado *compensação de culpas*, com repartição na proporção em que cada um concorreu para a existência do dano.

4. Casuística na responsabilidade civil extracontratual do Estado

4.1 Responsabilidade civil do Estado por omissão[16]

O primeiro posicionamento é favorável à adoção da teoria objetiva, pois a CF/1988 consagrou a responsabilidade objetiva, tanto nos atos comissivos, como nos omissivos, bastando demonstrar que o prejuízo sofrido teve um nexo de causa e efeito com o ato comissivo ou com a omissão.

O segundo posicionamento é favorável à adoção da teoria subjetiva, aplicando-se a teoria da culpa do serviço público ou da culpa anônima do serviço público (porque é indiferente saber quem é o agente público responsável). **Atualmente, é também o entendimento adotado pelo Supremo Tribunal Federal – STF (RE n. 179.147[17]) e pela doutrina majoritária.**

O terceiro posicionamento é favorável à aplicação da teoria de acordo com o tipo de omissão: há responsabilidade subjetiva quando se tratar de omissão

---

16   OLIVEIRA. Rafael Carvalho Rezende. **Curso de direito administrativo**. Rio de Janeiro: Método, 2024.
17   BRASIL. Supremo tribunal Federal. **RE n. 179.147, de 12 de dezembro de 1997**. Relator: Min. Carlos Velloso. Data de julgamento: 12 dez. 1997. Data de Publicação: *Diário da Justiça*, 27 fev. 1998.

genérica e responsabilidade objetiva quando se tratar de omissão específica, onde há dever individualizado de agir[18].

É importante ressaltar que, quando o Estado está na posição de garante, ou seja, quando tem o dever legal de assegurar a integridade de pessoas ou coisas que estejam sob sua guarda, proteção direta ou custódia, deve ser adotada a teoria objetiva (risco administrativo), porque a omissão, neste caso, se iguala a uma conduta comissiva[19].

A posição de garante do Estado: a) no primeiro posicionamento: faz parte do conteúdo defendido pelos partidários da posição; b) no segundo posicionamento – é a exceção, já que a posição defende a teoria da culpa administrativa; c) no terceiro posicionamento – é aplicada quando se tratar de omissão específica, onde há dever individualizado de agir.

4.1.1 Teoria majoritária

Subjetiva: com base na adoção da teoria subjetiva, é possível perceber a adoção no Direito Brasileiro, dos elementos que configuram a responsabilidade civil do Estado por condutas omissivas:

- **Culpa anônima do serviço público** – comprovação da conduta omissiva e culposa:

---

18 CASTRO, Guilherme Couto. **A responsabilidade civil objetiva no Direito brasileiro**. Rio de Janeiro: Forense, 1991.

19 "Logo, é de se concluir que a conduta do hospital que deixa de fornecer o mínimo serviço de segurança e, por conseguinte, despreza o dever de zelar pela incolumidade física dos seus pacientes contribuiu de forma determinante e específica para o homicídio praticado em suas dependências, afastando-se a alegação da excludente de ilicitude, qual seja, fato de terceira" (BRASIL. Superior Tribunal de Justiça. **REsp n. 1.708.325-RS**. Relator: Min. Og Fernandes. Data de julgamento: 24 maio 2022. Data de publicação: Diário de Justiça Eletrônico, 24 jun. 2022. Disponível em: <https://scon.stj.jus.br/SCON/pesquisar.jsp?b=ACOR&livre=%28RESP.clas.+e+%40num%3D%221708325%22%29+ou+%28RESP+adj+%221708325%22%29.suce.&O=JT>. Acesso em: 1º nov. 2024); "O dever constitucional de proteção ao detento somente se considera violado quando possível a atuação estatal no sentido de garantir os seus direitos fundamentais, pressuposto inafastável para a configuração da responsabilidade civil objetiva estatal, na forma do artigo 37, § 6º, da Constituição Federal. A responsabilidade civil estatal resta conjurada nas hipóteses em que o Poder Público comprova causa impeditiva da sua atuação protetiva do detento, rompendo o nexo de causalidade da sua omissão com o resultado danoso. Em caso de inobservância do seu dever específico de proteção previsto no art. 5º, inciso XLIX, da Constituição Federal, o Estado é responsável pela morte de detento" (BRASIL. Supremo Tribunal Federal. **RE n. 841.526, de 30 de março de 2016**. Tribunal Pleno. Relator: Min. Luiz Fux. Data de julgamento: 30 mar. 2016. Data de publicação: Diário da Justiça Eletrônico, 1º ago. 2016. Disponível em: <https://redir.stf.jus.br/paginadorpub/paginador.jsp?docTP=TP&docID=11428494>. Acesso em: 1º nov. 2024; BRASIL. Supremo Tribunal Federal. **Tema de Repercussão Geral n. 592**. Disponível em: <https://portal.stf.jus.br/jurisprudenciaRepercussao/tema.asp?num=592>. Acesso em: 1º nov. 2024).

- **Informativo n. 733/2022 do STJ**[20] – ausência de manutenção e fiscalização estatal da via pública – a má prestação do serviço público ficou demonstrado por um buraco de 15 metros de profundidade não sinalizado[21].
- **Informativo n. 533/2015 do STJ**[22] – falha do dever de efetiva vigilância do reservatório de água. A má prestação do serviço ficou demonstrada pela concessionária no seu dever de manutenção da segurança do reservatório, pois nele foi encontrado cadáver em avançado estágio de decomposição[23].

- **Dano** – é o prejuízo sofrido em razão da conduta do Estado:

    - **Informativo n. 733/2022 do STJ** – morte em rodovia estadual de pessoas ocupantes de um caminhão em queda no buraco de 15 metros de profundidade não sinalizado.
    - **Informativo n. 533/2015 do STJ** – afronta à dignidade da pessoa humana, consistente no asco, angústia, humilhação, impotência da pessoa que toma ciência que consumiu água contaminada por cadáver em avançado estágio de decomposição. Sentimentos que não podem ser confundidos com o mero dissabor cotidiano. Ainda que assim não fosse, há que se reconhecer a ocorrência de dano moral in re ipsa, o qual dispensa comprovação do prejuízo extrapatrimonial[24].

- **Nexo causal** – relação de causa e efeito entre a conduta do Estado e o dano.

---

20 BRASIL. Superior Tribunal de Justiça. **Informativo de Jurisprudência n. 733, de 25 de abril de 2022.** Disponível em: <https://www.stj.jus.br/publicacaoinstitucional/index.php/Informjuris20/article/view/12448/12550>. Acesso em: 4 jul. 2024.

21 "(...) tem como causa de pedir a suposta deficiência na prestação de serviço público de administração e manutenção da rodovia pela empresa concessionária. Desse modo, a relação jurídica litigiosa é de Direito Público, relacionada à responsabilidade civil do Estado" (BRASIL. Superior Tribunal de Justiça. **CC n. 181.628-DF, de 11 de novembro de 2021.** Corte Especial. Relator: Min. Raul Araujo. Data de julgamento: 11 nov. 2021. Data de publicação: Diário de Justiça Eletrônico, 26 nov. 2021. Disponível em: <https://processo.stj.jus.br/SCON/jurisprudencia/toc.jsp?livre=%28CC.clas.+e+%40num%3D%22181628%22%29+ou+%28CC+adj+%22181628%22%29.suce.>. Acesso em: 1º nov. 2024).

22 BRASIL. Superior Tribunal de Justiça. **Informativo de Jurisprudência n. 533, de 12 de fevereiro de 2014.** Disponível em: <https://www.stj.jus.br/publicacaoinstitucional/index.php/informjurisdata/article/view/3839/4067 Acesso em: 4 jul. 2024.

23 BRASIL. Superior Tribunal de Justiça. **REsp n. 1.492.710-MG.** Segunda Turma. Relator: Min. Humberto Martins. Data de julgamento: 16 dez. 2014. Data de publicação: Diário da Justiça Eletrônico, 19 dez. 2014. Disponível em: <https://scon.stj.jus.br/SCON/pesquisar.jsp?b=ACOR&livre=%28RESP.clas.+e+%40num%3D%221492710%22%29+ou+%28RESP+adj+%221492710%22%29.suce.&O=JT>. Acesso em: 1º nov. 2024.

24 BRASIL. Superior Tribunal de Justiça. **REsp n. 1.492.710-MG.** Segunda Turma. Relator: Min. Humberto Martins. Data de julgamento: 16 dez. 2014. Data de publicação: Diário da Justiça Eletrônico, 19 dez. 2014. Disponível em: <https://scon.stj.jus.br/SCON/pesquisar.jsp?b=ACOR&livre=%28RESP.clas.+e+%40num%3D%221492710%22%29+ou+%28RESP+adj+%221492710%22%29.suce.&O=JT>. Acesso em: 1º nov. 2024.

- **Informativo n. 733/2022 do STJ** – morte pela queda de caminhão em buraco de 15 metros de profundidade, decorrente da ausência de manutenção e fiscalização estatal da via pública, não havendo quaisquer indícios de culpa exclusiva da vítima.
- **Informativo n. 533/2015** – a falha na prestação do serviço, indenizável por dano moral, quando a concessionária não garantiu a qualidade da água distribuída à população, porquanto inegável que, se o corpo estava em decomposição, a água ficou por determinado período contaminada[25].

4.2 Responsabilidade do Estado e fuga do preso

Nos casos de omissão genérica, ou seja, quando inexiste norma no ordenamento obrigando o Estado a agir, a responsabilidade é subjetiva. Todavia, havendo omissão específica, a responsabilidade seria objetiva. No caso de morte do detento, temos o Tema n. 592[26] de repercussão geral: "Em caso de inobservância do seu dever específico de proteção previsto no art. 5º, inciso XLIX, da Constituição Federal, o Estado é responsável pela morte de detento".

4.3 Responsabilidade civil do Estado e a reserva do possível[27]

4.3.1 Teoria do reserva do possível

a] **Origem**: foi elaborada no início da década de 1970, como resultado de julgados da Corte Constitucional alemã, que versavam sobre o direito ao acesso ao ensino superior, na qual ficou assente que a "construção de direitos subjetivos

---

25 BRASIL. Superior Tribunal de Justiça. **REsp n. 1.492.710-MG**. Segunda Turma. Relator: Min. Humberto Martins. Data de julgamento: 16 dez. 2014. Data de publicação: Diário da Justiça Eletrônico, 19 dez. 2014. Disponível em: <https://scon.stj.jus.br/SCON/pesquisar.jsp?b=ACOR&livre=%28RESP.clas.+e+%40num%3D%221492710%22%29+ou+%28RESP+adj+%221492710%22%29.suce.&O=JT>. Acesso em: 1º nov. 2024
26 BRASIL. Supremo Tribunal Federal. **Tema de Repercussão Geral n. 592**. Disponível em: <https://portal.stf.jus.br/jurisprudenciaRepercussao/tema.asp?num=592>. Acesso em: 1º nov. 2024.
27 BRASIL. Supremo Tribunal Federal. **ARE-AgR-segundo n. 1.092.138**. Rel. Min. Ricardo Lewandowski, 2ª Turma. Data de publicação: Diário da Justiça Eletrônico, 6 dez. 2018; **RE n. 559.646 AgR**, de 7 de junho de 2011. Relator: Min.ª Ellen Gracie. 2ª Turma. Data de julgamento: 7 jun. 2011. Data de publicação: Diário da Justiça Eletrônico, 24 jun. 2011; **ARE n. 654.823 AgR, de 12 de novembro de 2013**. Relator: Min. Dias Toffoli. 1ª Turma. Data de julgamento: 12 nov. 2013. Data de publicação: Diário da Justiça Eletrônico, 5 dez. 2020; ADPF n. 45/DF. Relator: Min. Celso de Mello. **Informativo n. 345/2004; ARE n. 1129152 AgR/RS, de 7 de dezembro de 2018 – Rio Grande do Sul – AG. REG. no Recurso Extraordinário com Agravo**. Relator: Min. Celso de Mello. 2ª Turma. Data de julgamento: 7 dez. 2018. Data de publicação: 19 dez. 2018.

à prestação material de serviços públicos pelo Estado está sujeita à condição da disponibilidade dos respectivos recursos" (SCAFF, 2005, p. 89).

b) **Conceito:** o Estado não é obrigado a cumprir as normas assecuratórias de prestações positivas quando provar impossibilidades fáticas e financeiras.

c) **Análise judicial:** o juiz, na análise do caso concreto envolvendo prestação positiva, deve verificar a razoabilidade da pretensão e a existência de disponibilidade financeira do Estado. é possível ao Poder Judiciário determinar a implementação pelo Estado, quando inadimplente, de políticas públicas constitucionalmente previstas, sem que haja ingerência em questão que envolve o poder discricionário do Poder Executivo.

d) **Jurisprudência do STF:** o egrégio tribunal tem reconhecido a possibilidade de o Poder Judiciário determinar, excepcionalmente, em casos de omissão estatal, a implementação de políticas públicas que visem à concretização do direito à educação, assegurado expressamente pela CF/1988.

e) **Não invocação:** ressalvada a ocorrência de justo motivo objetivamente aferível, a teoria não pode ser invocada pelo Estado com a finalidade de exonerar-se dolosamente do cumprimento de suas obrigações constitucionais, notadamente quando, dessa conduta governamental negativa, puder resultar nulificação ou até mesmo aniquilação de direitos constitucionais impregnados de um sentido de essencial fundamentalidade.

4.3.2 Responsabilidade do Estado

A jurisprudência do STF admite a utilização excepcional da tese da reserva do possível, desde que haja um justo motivo objetivamente comprovável, cabendo ao Estado demonstrar que não teve como concretizar a pretensão solicitada. Contudo, não se mostra lícito ao Poder Público criar obstáculo artificial que revele a partir de indevida manipulação de sua atividade financeira e/ou político-administrativa, o ilegítimo, arbitrário e censurável propósito de fraudar, frustrar e inviabilizar o estabelecimento e a preservação, em favor da pessoa e dos cidadãos, de condições materiais mínimas de existência

4.4 Responsabilidade civil do Estado por atos legislativos

4.4.1 Argumentos contrários

a) Normas gerais e abstratas não geram danos individualizados; b) soberania do Poder Legislativo.

4.4.2 Argumentos favoráveis

a) Poder Legislativo tem atuação limitada na ordem jurídica;
b) caráter genérico e abstrato das normas jurídicas;
c) Poder Legislativo atua no exercício da soberania;
d) cidadãos não podem responsabilizar o Estado por atos de parlamentares por eles mesmos eleitos[28].

4.4.3 Leis de efeitos concretos

a) **Conceito**: é lei em sentido formal, pois é elaborada pelo Poder Legislativo, em conformidade com o processo legislativo previsto na CF/1988, mas seu conteúdo é de ato administrativo.
b) **Responsabilidade civil do Estado**: se houver dano desproporcional e concreto a determinado indivíduo.

4.4.4 Leis inconstitucionais

a) **Tipo de dano**: dano concreto pela incidência da lei inconstitucional.
b) **Requisito da responsabilidade**: declaração de inconstitucionalidade da lei pelo Poder Judiciário.

4.4.5 Omissão legislativa

a) **Cabimento**: mora legislativa desproporcional.
b) **Prazo para legislar**: basta o descumprimento do prazo.
c) **Não prazo para legislar**: necessidade de configuração da mora legislativa por decisão proferida em sede de mandado de injunção ou ação direta de inconstitucionalidade por omissão.

---

28 DI PIETRO, Maria Sylvia Zanella. **Direito Administrativo**. São Paulo: Gen, 2024.

4.5 Responsabilidade civil do Estado por atos jurisdicionais

4.5.1 Argumentos contrários

a) Formação da coisa julgada, fundada no princípio da segurança jurídica, impede a modificação da decisão judicial; b) soberania do Poder Judiciário; c) independência do magistrado.

4.5.2 Argumentos favoráveis

a) Poder Judiciário tem atuação limitada na ordem jurídica; b) é possível desconstituição da coisa julgada, com a demonstração do erro judiciário; c) a independência do magistrado implica no exercício da função com respeito ao ordenamento jurídico.

4.5.3 Atos administrativos na função jurisdicional

Teoria objetiva na modalidade risco administrativo.

4.5.4 Erro judiciário

Tem que ser erro substancial e inescusável; abrange a jurisdição penal e a civil.

4.5.5 Excesso de prazo de prisão

- **Poder Judiciário**: erro judiciário objetivo ou qualificado.
- **Poder Executivo**: pela administração penitenciária – teoria objetiva na modalidade risco administrativo.

4.5.6 Demora na prestação jurisdicional

Há violação do direito fundamental à razoável duração do processo consagrado no art. 5º, inciso LXXVIII da CF/1988, fundamentado em erro judiciário praticado por omissão.

4.5.7 Prisão cautelar e posterior absolvição

Não gera responsabilidade, pois trata-se de ato permitido pela ordem jurídica.

4.5.8 Responsabilidade pessoal do magistrado

Há a possibilidade de responsabilidade pessoal, em ação regressiva, em duas hipóteses: 1) dolo ou fraude; 2) recusa, omissão ou retardamento, sem justo motivo, de providência que deva ordenar de ofício ou a requerimento da parte.

4.6 Responsabilidade civil do Estado por obras públicas

Na execução direta (pelo Estado), a responsabilidade será objetiva.

Na execução indireta (empresa contratada por licitação), se o dano for pelo fato da obra, a responsabilidade será objetiva; se o dano for pela má execução da obra, a responsabilidade será subjetiva (o Estado será subsidiário).

4.7 Responsabilidade civil do Estado por ato de multidão

A responsabilidade civil do Estado por ato de multidão depende da presença de requisitos cumulativos: a) previsibilidade – ciência prévia da manifestação coletiva; b) evitabilidade – possibilidade de evitar a ocorrência de danos (evitabilidade).

4.8 Responsabilidade civil do Estado por dano ambiental

A responsabilidade do Estado por danos ambientais é objetiva com fundamento na teoria do risco integral e solidária entre os poluidores diretos e indiretos.

A responsabilidade civil da Administração Pública por danos ao meio ambiente, decorrente de sua omissão no dever de fiscalização, é de caráter solidário, mas de execução subsidiária, nos termos da Súmula n. 652 do STJ[29].

---

29 BRASIL. Superior Tribunal de Justiça. **Súmula n. 652**. Primeira Seção: 2 dez. 2021. Data de publicação: Diário da Justiça Eletrônico, 7 dez. 2021. Disponível em: <https://www.stj.jus.br/publicacaoinstitucional/index.php/sumstj/article/viewFile/12730/12823>. Acesso em: 1º nov. 2024; "O Estado é solidário, objetiva e ilimitadamente responsável, nos termos do art. 14, § 1º, da Lei n. 6.938/1981, por danos ambientais decorrentes da omissão do seu dever de controlar e fiscalizar, nos casos em que contribua, direta ou indiretamente, tanto para a degradação ambiental em si mesma, como para o seu agravamento, consolidação ou perpetuação. Em casos tais em que o Poder Público concorre para o prejuízo por omissão, a sua responsabilidade solidária é de execução subsidiária (ou com ordem de preferência)" (BRASIL. Superior Tribunal de Justiça. **Informativo de Jurisprudência n. 758, de 28 de novembro de 2022**. Disponível em: <https://processo.stj.jus.br/jurisprudencia/externo/informativo/?aplicacao=informativo&acao=pesquisar&livre=@CNOT=%27019575%27>. Acesso em: 4 jul. 2024).

4.9 Responsabilidade civil do Banco Central do Brasil por danos causados pelo liquidante de uma empresa de consórcio que está em processo de liquidação extrajudicial

A responsabilidade do Banco Central do Brasil é objetiva, pelos danos que os liquidantes[30], no exercício da função pública, causem à massa falida, em decorrência da indevida utilização dos valores pagos pelos consorciados para a quitação das despesas de manutenção do procedimento liquidatório. A responsabilidade objetiva do Banco Central do Brasil é configurada com a presença de três elementos:

a) **Elemento subjetivo** – o causador do dano é liquidante[31] de uma empresa de consórcio que está em processo de liquidação extrajudicial[32].
b) **Elemento material** – indevida utilização dos valores pagos pelos consorciados para a quitação das despesas de manutenção do procedimento liquidatório.
c) **Elemento formal** – nexo de causalidade entre a ação do liquidante (considerado agente público[33]) e o dano causado a terceiro (consorciados).

---

30 "Art. 16. A liquidação extrajudicial será executada por liquidante nomeado pelo Banco Central do Brasil, com amplos poderes de administração e liquidação" (BRASIL. Lei n. 6.024, de 13 de março de 1974. **Diário Oficial da União**, Poder Executivo, Brasília, DF, 14 mar. 1974. Disponível em: <https://www.planalto.gov.br/ccivil_03/leis/l6024.htm>. Acesso em: 4 jul. 2024).
31 O administrador/liquidante "atua em nome e por conta do Banco Central do Brasil, como verdadeira longa manus dessa autarquia, administrando a empresa em liquidação sob as diretrizes ditadas pelo próprio BACEN, como se pode deduzir do que preconizam diversos dispositivos da Lei 6.024/74" (BRASIL. Superior Tribunal de Justiça. **AgRg no REsp n. 1.099.724/RJ**. Relator: Min. Castro Meira. Segunda Turma. Data de julgamento: 17 set. 2009. Data de publicação: Diário da Justiça Eletrônico, 5 out. 2009).
32 A "liquidação extrajudicial consiste numa forma excepcional de liquidação e extinção da empresa, por processo administrativo, determinada pelo estado ex officio, ou a requerimento de seus próprios órgãos dirigentes" (REQUIÃO, Rubens. **Curso de Direito Falimentar**. 14 ed. São Paulo: Saraiva, 1995. v. 2. p. 232).
33 "O liquidante extrajudicial, por deter a competência para a prática de atos vinculados às atribuições fiscalizadoras do BACEN, desempenha função pública e, por isso, é enquadrado no conceito de agente público, sendo irrelevante o fato de a liquidação se referir a pessoa jurídica de direito privado ou não se relacionar à gerência de recursos públicos" (BRASIL. Superior Tribunal de Justiça. **REsp n. 1.187.947/BA**. Relator: Min. Napoleão Nunes Maia Filho. Relator para acórdão: Min. Benedito Gonçalves. Primeira Turma. Data de julgamento: 27 maio 2014. Data de publicação: Diário da Justiça Eletrônico, 4 ago. 2014).

TÍTULO 18
PROCESSO ADMINISTRATIVO

1. Conceito de processo

O termo *processo* vem do latim *procedere*, que significa "caminhar para frente". Nesse contexto, *processo* comporta a ideia de movimento para a frente e para o futuro, exteriorizando-se por um conjunto de atos que permitem o desenvolvimento regular do processo e que seguem uma marcha ordenada para um alcance de um determinado fim[1].

2. Elementos do processo

a) **Finalístico**: o processo tem um objetivo a ser alcançado.
b) **Pessoal**: o processo é uma relação jurídica.
c) **Variedade**: o legislador tem liberdade para prescrever diversas espécies, levando em conta características, partes ou a natureza do bem da vida.
d) **Formal**: as formalidades podem ser de maior ou menor intensidade de acordo com a natureza e o objetivo do processo.

3. Processo, procedimento e rito

Processo é uma relação pessoal (vínculo entre duas ou mais pessoas) jurídica (subordinada a normas jurídicas) complexa (abrange um conjunto de direitos e deveres), enquanto *procedimento* é a sequência dos atos e das atividades que exterioriza o modo e a forma de desenvolvimento do processo[2].

A doutrina majoritária considera *rito* e *procedimento* como expressões sinônimas, significando a sequência de atos que visam um ato final. Porém, parte da doutrina sustenta que procedimento é a exteriorização do processo e que rito é a sequência de atos que visa o resultado final.

---

[1] "É instrumento, de maior ou menor formalismo, constituído de atos, fatos e atividades e gerador de vínculos entre as pessoas envolvidas, com vistas a alcançar determinado objetivo" (CARVALHO FILHO, José dos Santos. **Processo administrativo federal**. São Paulo: Atlas, 2023).

[2] "Processo é o método, isto é, o sistema de compor a lide em juízo através de uma relação jurídica vinculativa de direito público, enquanto procedimento é a forma material com que o processo se realiza em cada caso concreto" (THEODORO JUNIOR, Humberto. **Curso de Direito Processual Civil**. São Paulo: Forense, 2014).

4. Espécies de processo

Embora o poder estatal seja uno, indivisível e indelegável, ele desdobra-se em três funções: legislar, executar e julgar. O princípio da separação de poderes, como um princípio organizatório estrutural, gera separação de funções estatais, conferidas a órgãos especializados para cada atribuição.

Os órgãos especializados (Legislativo, Executivo e Judiciário) exercem suas respectivas funções por meio de processos, uma série de atos coordenados para a realização dos fins estatais, todos sujeitos às regras constitucionais. Nesse contexto, existem três espécies de processos:

a] **Processo legislativo**: no sentido jurídico é o conjunto de atos realizados com finalidade de elaborar uma espécie normativa (art. 59 da Constituição Federal de 1988 – CF/1988[3] – enumera as espécies normativas no Direito Brasileiro); no sentido sociológico é o conjunto de fatores que justificam ou inspiram a elaboração das normas.

As normas sobre o processo de elaboração de cada espécie normativa estão previstas na CF/1988. As normas do processo legislativo, previstas na Lei Maior, são modelos obrigatórios a serem seguidos pelas constituições estaduais e leis orgânicas municipais (ADI n. 1.254[4]). Quando uma espécie normativa for elaborada em desacordo com as normas previstas na CF, ocorrerá a inconstitucionalidade formal ou nomodinâmica.

b] **Processo judicial** – é o instrumento que permite a solução do conflito de interesses, com a declaração ou a atuação da vontade concreta da lei.

c] **Processo administrativo** – conjunto de atos coordenados para uma decisão administrativa ou prática de um ato administrativo.

---

3 BRASIL. Constituição (1891). **Diário Oficial [da] República dos Estados Unidos do Brasil**, Rio de Janeiro, 24 fev. 1891. Disponível em: <http://www.planalto.gov.br/ccivil_03/constituicao/constituicao91.htm>. Acesso em: 19 abr. 2024.
4 BRASIL. Supremo Tribunal Federal. **ADI n. 1.254, de 14 de agosto de 1996**. Relator: Min. Celso de Mello. Data de julgamento: 14 ago. 1996. Data de publicação: Diário da Justiça, 19 set. 1997. Disponível em: <https://portal.stf.jus.br/processos/detalhe.asp?incidente=1610838>. Acesso em: 4 nov. 2024.

5. Noções gerais do processo administrativo

a) **Terminologia**: há dois posicionamentos:

   1) **Majoritário** – deve ser adotada a expressão processo administrativo, pois trata-se de uma categoria do processo consubstanciado numa relação jurídica cujo objetivo final é a produção de um ato ou decisão administrativa.
   2) **Minoritário** – deve ser adotada para expressar a relação jurídica em desenvolvimento por meio de uma sequência de atos o termo *procedimento administrativo*, já que a expressão processo é associada a processo judicial trazendo confusão.

b) **Sentidos**[5]: 1) conjunto de papéis e documentos organizados numa pasta; 2) sinônimo de processo disciplinar (art. 41, § 1º, CF/1988); 3) conjunto de atos coordenados para a solução de uma controvérsia, assegurada ampla defesa; 4) série de atos preparatórios de uma decisão final.

c) **Conceito**: não há uniformidade, mas podemos obter seu conceito por meio da reunião de quatro elementos[6]:

   1) **Elemento pessoal** – é uma relação que envolve duas ou mais pessoas; jurídica, já que é submetida à observância das normas jurídicas.
   2) **Elemento formal** – envolve uma sucessão dinâmica e encadeada de atos.
   3) **Elemento finalístico** – visa obtenção de ato ou decisão administrativa.

d) **Processo administrativo e procedimento administrativo**: *processo* é instrumento para exercício da função administrativa; *procedimento* é a exteriorização do processo administrativo[7]. Nem todo processo envolve procedimento.

---

5   DI PIETRO, Maria Sylvia Zanella. **Direito Administrativo**. São Paulo: Gen, 2024.
6   "Processo administrativo é o instrumento formal que, vinculando juridicamente os sujeitos que dele participam, através da sucessão ordenada de atos e atividades, tem por fim alcançar determinado objetivo, previamente identificado pela Administração Pública" (CARVALHO FILHO, José dos Santos. **Processo administrativo federal**. São Paulo: Atlas, 2023).
7   "É uma sucessão itinerária e encadeada de atos administrativos tendendo todos a um resultado final e conclusivo" (BANDEIRA DE MELLO, Celso Antônio. **Curso de Direito Administrativo**. 25. ed. São Paulo: Malheiros, 2023. p. 495); "o meio ao qual se conforma a materialização, a dinâmica dos atos e dos trâmites do processo" (TELLES, Antônio de Queiroz. **Introdução ao Direito Administrativo**. São Paulo: Revista dos Tribunais, 1995. p. 513); "Os procedimentos administrativos podem ser disciplinados e consolidados em processos administrativos: sucessão de atos racionalmente dispostos para obter um resultado desejado" (MOREIRA NETO, Diogo de Figueiredo. **Curso de Direito Administrativo**. Rio de Janeiro: Forense, 2006).

Nem sempre a lei estabelece procedimentos a serem observados necessariamente pela Administração[8].

e] **Competência legislativa**: reconhecida a todos os entes federados. Trata-se de competência legislativa autônoma, inexistindo competência da União para elaboração de normas gerais sobre a matéria.

A competência para legislar sobre o tema não é privativa da União, de forma que os Estados e Municípios que queiram dispor sobre a matéria têm competência para promulgar as suas próprias leis, como no caso do estado de São Paulo, cuja matéria está disciplinada pela Lei n. 10.177/1998[9].

6. Procedimentalização administrativa[10]

A tendência do Direito Administrativo é a processualização das atividades administrativas, tendo em vista os seguintes fatores: a) legitimidade – permite maior participação do administrado na elaboração das decisões administrativas, reforçando, com isso, a legitimidade da atuação estatal; b) garantia – confere maior garantia aos administrados, especialmente nos processos punitivos, com o exercício da ampla defesa e do contraditório; c) eficiência – formulação de melhores

---

8 "Processo é o conjunto de atos coordenados para a obtenção de decisão sobre uma controvérsia no âmbito judicial ou administrativo; procedimento é o modo de realização do processo, ou seja, o rito processual. O processo, portanto, pode realizar-se por diferentes procedimentos, consoante a natureza da questão a decidir e os objetivos da decisão. Observamos, ainda, que não há processo sem procedimento, mas há procedimentos administrativos que não constituem processo, como, p. ex., os de licitações e concursos" (MEIRELLES, Hely Lopes. **Direito Administrativo brasileiro**. São Paulo: Malheiros, 2009); "O procedimento é o conjunto de formalidades que devem ser observadas para a prática de certos atos administrativos; equivale a rito, a forma de proceder; o procedimento se desenvolve dentro de um processo administrativo" (DI PIETRO, Maria Sylvia Zanella. **Direito Administrativo**. São Paulo: Atlas, 2023).

9 SÃO PAULO (Estado). Lei n. 10.177, de 30 de dezembro de 1988. **Diário Oficial do Estado**, Poder Legislativo, São Paulo, SP, 31 dez. 1998. Disponível em: <https://www.al.sp.gov.br/repositorio/legislacao/lei/1998/lei-10177-30.12.1998.html>. Acesso em: 19 abr. 2024.

10 "(...) a evolução do pensamento sobre o procedimento administrativo tem caminhado, de uma certa maneira, no sentido da valorização sucessiva de diferentes tipos de prestações que o procedimento, como modo de canalização de atividade administrativa, fornece. Se, no contexto da avaliação garantística do procedimento administrativo, a incidência recai nas funções de proteção jurídica e de defesa de posições jurídicas subjetivas, o alinhamento na perspectiva do procedimento visto como instrumento de correção decisória enfatiza as funções em que o procedimento administrativo revela sua capacidade de veicular o inquisitório administrativo" (DUARTE, Davi. **Procedimentalização, participação e fundamentação**: para a concretização do princípio da imparcialidade administrativa como parâmetro decisório. Coimbra: Almedina, 1996).

decisões administrativas a partir da manifestação de pessoas diversas (agentes públicos e administrados)[11].

7. Fases do processo administrativo

7.1 Fase introdutória ou inicial

a) **Formas:** de ofício ou a pedido de interessado.
b) **Iniciativa do interessado:** por meio de um requerimento escrito inicial do interessado, salvo casos em que for admitida solicitação oral.
c) **Requisitos dos requerimentos do interessado:** I – órgão ou autoridade administrativa a que se dirige; II – identificação do interessado ou de quem o represente; III – domicílio do requerente ou local para recebimento de comunicações; IV – formulação do pedido, com exposição dos fatos e de seus fundamentos; V – data e assinatura do requerente ou de seu representante.
d) **Pluralidade de interessados:** quando os pedidos de uma pluralidade de interessados tiverem conteúdo e fundamentos idênticos, poderão ser formulados em um único requerimento, salvo preceito legal em contrário.

7.2 Fase preparatória ou instrutória

a) **Abrangência:** etapa da produção de provas, de apresentação da defesa e outras alegações pelos interessados, elaboração de relatórios e outros atos necessários à formulação da decisão final.
b) **Instrução:** é a fase destinada a comprovar os dados necessários à tomada de decisão. Pode ser conduzida de ofício ou mediante impulsão do órgão responsável pelo processo, sem prejuízo do direito dos interessados de propor atuações probatórias.

---

11 OLIVEIRA, Rafael Carvalho Rezende. **Curso de Direito Administrativo.** Rio de Janeiro: Método, 2024. "A processualização das atividades administrativas ganha importância pois contempla diversas vantagens, garantindo: 1. maior transparência; 2. possibilidade de controlar a atuação administrativa antes da edição do ato final, o que viabiliza, portanto, o exercício do controle preventivo dos atos administrativos, realizado no iter de formação; 3. democratização, a partir da ampliação dos canais de participação do povo e de interessados na formação da vontade que deve ser estatal, e não dos agentes individuais, e pública, voltada, portanto, para a satisfação de interesses da coletividade, em sua concepção primária; e 4. respeito à dignidade dos cidadãos-administrados, que devem ser tratados como sujeitos e não como objetos" (NOHARA, Irene. **Direito Administrativo.** São Paulo: Gen, 2024).

c) **Instrução com interessados**: os atos de instrução que exijam a atuação dos interessados devem realizar-se do modo menos oneroso para estes.
d) **Inadmissibilidade**: são inadmissíveis no processo administrativo as provas obtidas por meios ilícitos.
e) **Parte integrante**: os elementos probatórios deverão ser considerados na motivação do relatório e da decisão.
f) **Recusa fundamentada**: somente poderão ser recusadas, mediante decisão fundamentada, as provas propostas pelos interessados quando sejam ilícitas, impertinentes, desnecessárias ou protelatórias.
g) **Ônus da prova**: cabe ao interessado a prova dos fatos que tenha alegado, sem prejuízo do dever atribuído ao órgão competente para a instrução.
h) **Documentos**: o órgão competente para a instrução proverá, de ofício, à obtenção dos documentos ou das respectivas cópias.
i) **Fase das diligências**: o interessado poderá, na fase instrutória e antes da tomada da decisão, juntar documentos e pareceres, requerer diligências e perícias, bem como aduzir alegações referentes à matéria objeto do processo.
j) **Alegações finais**: após encerrada a instrução, o interessado terá o direito de manifestar-se no prazo máximo de dez dias, salvo se outro prazo for legalmente fixado.
k) **Defesa**: os interessados têm direito à vista do processo e a obtenção de certidões ou cópias reprográficas dos dados e documentos que o integram, ressalvados os dados e documentos de terceiros protegidos por sigilo ou pelo direito à privacidade, à honra e à imagem.

7.3 Fase decisória ou de julgamento

a) **Abrangência**: a autoridade competente (unipessoal ou colegiado) emite a decisão administrativa e os atos necessários à eficácia da decisão (publicação, notificação etc.).
b) **Prazo da decisão**: dever da Administração, no prazo de até 30 dias, salvo prorrogação por igual período expressamente motivada.

7.4 Decisão coordenada

a) **Conceito**: é a instância de natureza interinstitucional ou intersetorial que atua de forma compartilhada com a finalidade de simplificar o processo administrativo mediante participação concomitante de todas as autoridades e agentes decisórios e dos responsáveis pela instrução técnico-jurídica, observada a natureza do objeto e a compatibilidade do procedimento e de sua formalização com a legislação pertinente.

b] **Cabimento:** I – quando for justificável pela relevância da matéria; e II – quando houver discordância que prejudique a celeridade do processo administrativo decisório.

c] **Quantidade:** são decisões administrativas, tomadas no âmbito da Administração Pública Federal, que exigem a participação de 3 (três) ou mais setores, órgãos ou entidades.

d] **Exclusão:** a decisão coordenada não exclui a responsabilidade originária de cada órgão ou autoridade envolvida.

e] **Princípios aplicáveis:** da legalidade, da eficiência e da transparência, com utilização, sempre que necessário, da simplificação do procedimento e da concentração das instâncias decisórias.

f] **Não aplicação:** aos processos administrativos de licitação; relacionados ao poder sancionador; ou em que estejam envolvidas autoridades de poderes distintos.

g] **Habilitados como ouvintes:** I – pessoas físicas ou jurídicas que o iniciem como titulares de direitos ou interesses individuais ou no exercício do direito de representação; II – aqueles que, sem terem iniciado o processo, têm direitos ou interesses que possam ser afetados pela decisão a ser adotada; III – as organizações e associações representativas, no tocante a direitos e interesses coletivos; IV – as pessoas ou as associações legalmente constituídas quanto a direitos ou interesses difusos.

h] **Participação na reunião:** será deferida por decisão irrecorrível da autoridade responsável pela convocação da decisão coordenada.

i] **Responsabilidade de cada órgão ou entidade participante:** é responsável pela elaboração de documento específico sobre o tema atinente à respectiva competência, a fim de subsidiar os trabalhos e integrar o processo da decisão coordenada. O documento previsto abordará a questão objeto da decisão coordenada e eventuais precedentes.

j] **Dissenso na solução do objeto da decisão coordenada:** deverá ser manifestado durante as reuniões, de maneira fundamentada, acompanhado das propostas de solução e de alteração necessárias para a resolução da questão. Não poderá ser arguida matéria estranha ao objeto da convocação.

k] **Conclusão dos trabalhos:** será consolidada em ata, que conterá as seguintes informações: I – relato sobre os itens da pauta; II – síntese dos fundamentos aduzidos; III – síntese das teses pertinentes ao objeto da convocação; IV – registro das orientações, das diretrizes, das soluções ou das propostas de atos governamentais relativos ao objeto da convocação; V – posicionamento dos participantes para subsidiar futura atuação governamental em matéria idêntica ou similar; e VI – decisão de cada órgão ou entidade relativa à matéria sujeita à sua competência. Até a assinatura da ata, poderá ser complementada a fundamentação da decisão da autoridade ou do agente a respeito de matéria de competência do órgão ou da entidade representada.

l] **Publicidade da ata**: a ata será publicada por extrato no Diário Oficial da União, do qual deverão constar, além do registro das orientações, das diretrizes, das soluções ou das propostas de atos governamentais relativos ao objeto da convocação, os dados identificadores da decisão coordenada e o órgão e o local em que se encontra a ata em seu inteiro teor, para conhecimento dos interessados.

8. Espécies de processo administrativo

8.1 Critério da litigiosidade ou da natureza

a] **Processo gracioso ou não litigioso**: não há conflito de interesses.
b] **Processo contencioso ou litigioso**: instaurado para resolver conflitos de interesse entre a Administração e o administrado.

8.2 Critério da ampliação ou a restrição dos interesses dos administrados

a] **Processo ampliativo**: busca ampliar interesses e direitos dos administrados.
b] **Processo restritivo ou ablatório**: tem por finalidade restringir interesses ou direitos do administrado.

8.3 Critério de incidência

a] **Processo interno**: envolve a Administração Pública e os administrados que possuem vínculos especiais com a Administração, tal como ocorre com os servidores públicos e empresas por ela contratadas.
b] **Processo externo**: engloba as relações jurídicas entre o Estado e os particulares.

8.4 Critério de conteúdo

a) **Processo de controle:** o objetivo é controlar a juridicidade de determinados atos administrativos ou privados.
b) **Processo punitivo:** apura irregularidades praticadas por servidores ou particulares para potencial aplicação de sanção.
c) **Processo de outorga:** reconhece direitos aos administrados.
d) **Processo de mero expediente:** são de mera tramitação interna dos expedientes administrativos.

8.5 Critério do objeto[12]

a) **Objeto de mera tramitação:** são aqueles em que há a formalização das rotinas administrativas.
b) **Objeto de controle:** são aqueles que visam à fiscalização das atividades e das funções públicas.
c) **Objeto contratual:** são aqueles que visam à celebração de contrato da Administração Pública.
d) **Objeto revisional:** são aqueles que visam à revisão de certo ato ou conduta administrativa.
e) **Objeto punitivo:** são aqueles que visam à aplicação de sanções quando constatadas prática de irregularidades.
f) **Objeto de outorga de direito:** visam ao deferimento de direitos.

9. Devido processo legal administrativo

O processo administrativo deve ser instrumento de atuação da Administração Pública preponderante, pois privilegia a disciplina e a democratização no conteúdo formativo da vontade administrativa. O processo administrativo deve ser desenvolvido com segurança jurídica e em conformidade, tanto formal como material com o Direito.

---

12 CARVALHO FILHO, José dos Santos. **Processo administrativo federal.** São Paulo: Atlas, 2023.

10. Processo administrativo federal

10.1 Regulamentação do processo administrativo federal

A lei que regulamenta o processo administrativo no âmbito da Administração Pública Federal é a Lei n. 9.784/1999[13], alterada pelas Leis ns. 11.417/2006[14], 12.008/2009[15] e 14.210/2021[16], que trazem em seu texto normas básicas sobre o processo administrativo no âmbito da Administração Federal Direta e Indireta.

10.2 Aplicação subsidiária no processo administrativo federal

É importante ressaltar que a lei do processo administrativo no âmbito da Administração Pública Federal pode ser aplicada de forma subsidiária no âmbito dos Estados e Municípios, desde que se inexista norma local e específica que regule a matéria.

Um exemplo que demonstra essa aplicação subsidiária é a Súmula n. 633[17] que prescreve que a Lei n. 9.784/1999, especialmente no que diz respeito ao prazo decadencial para a revisão dos atos administrativos no âmbito da Administração Pública Federal, pode ser aplicada, de forma subsidiária, aos Estados e Municípios, se inexistente norma local e específica que regule a matéria.

Em conformidade com o art. 69 da Lei n. 9.784/1999 os processos administrativos específicos continuarão a reger-se por lei própria, aplicando-se lhes apenas subsidiariamente os preceitos da lei do processo administrativo no âmbito da Administração Pública Federal.

---

13 BRASIL. Lei n. 9.784, de 29 de janeiro de 1999. **Diário Oficial da União**, Poder Legislativo, Brasília, DF, 1º fev. 1999. Disponível em: <https://www.planalto.gov.br/ccivil_03/leis/l9784.htm>. Acesso em: 19 abr. 2024.
14 BRASIL. Lei n. 11.417, de 19 de dezembro de 2006. **Diário Oficial da União**, Poder Legislativo, Brasília, DF, 20 dez. 2006. Disponível em: <https://www.planalto.gov.br/ccivil_03/_ato2004-2006/2006/lei/l11417.htm>. Acesso em: 19 abr. 2024.
15 BRASIL. Lei n. 12.008, de 29 de julho de 2009. **Diário Oficial da União**, Poder Legislativo, Brasília, DF, 29 jul. 2009. Disponível em: <https://www.planalto.gov.br/ccivil_03/_ato2007-2010/2009/lei/l12008.htm>. Acesso em: 19 abr. 2024.
16 BRASIL. Lei n. 14.210, de 30 de setembro de 2021. **Diário Oficial da União**, Poder Legislativo, Brasília, DF, 1º out. 2021. Disponível em: <https://www.planalto.gov.br/ccivil_03/_ato2019-2022/2021/lei/l14210.htm>. Acesso em: 19 abr. 2024.
17 BRASIL. Superior Tribunal de Justiça. **Súmula n. 633**. Primeira Seção: 12 jun. 2019. Data de publicação: Diário da Justiça Eletrônico, 17 jun. 2019. Disponível em: <https://www.stj.jus.br/publicacaoinstitucional/index.php/sumstj/article/download/5064/5190#:~:text=Na%20aus%C3%AAncia%20de%20lei%20estadual,prazo%20decadencial%20de%20cinco%20anos.>. Acesso em: 19 abr. 2024.

10.3 Natureza da Lei do Processo Administrativo Federal

A Lei do Processo Administrativo no âmbito da Administração Pública Federal é lei nacional, pois seu conteúdo não é assunto privativo da competência da União, sendo que seu principal objetivo foi o de dar aplicação a princípios constitucionais pertinentes aos direitos do cidadão perante a Administração Pública.

10.4 Princípios jurídicos aplicáveis ao processo administrativo

a] **Legalidade:** atuação conforme a lei e o Direito.
b] **Finalidade:** atendimento a fins de interesse geral, vedada a renúncia total ou parcial de poderes ou competências, salvo autorização em lei; objetividade no atendimento do interesse público, vedada a promoção pessoal de agentes ou autoridades.
c] **Moralidade:** atuação segundo padrões éticos de probidade, decoro e boa-fé.
d] **Publicidade:** divulgação oficial dos atos administrativos, ressalvadas as hipóteses de sigilo previstas na CF/1988.
e] **Proporcionalidade:** adequação entre meios e fins, vedada a imposição de obrigações, restrições e sanções em medida superior àquelas estritamente necessárias ao atendimento do interesse público.
f] **Motivação:** indicação dos pressupostos de fato e de direito que determinarem a decisão; os atos administrativos deverão ser motivados, com indicação dos fatos e dos fundamentos jurídicos, quando: I – neguem, limitem ou afetem direitos ou interesses; II – imponham ou agravem deveres, encargos ou sanções; III – decidam processos administrativos de concurso ou seleção pública; IV – dispensem ou declarem a inexigibilidade de processo licitatório; V – decidam recursos administrativos; VI – decorram de reexame de ofício; VII – deixem de aplicar jurisprudência firmada sobre a questão ou discrepem de pareceres, laudos, propostas e relatórios oficiais; VIII – importem anulação, revogação, suspensão ou convalidação de ato administrativo. A motivação deve ser explícita, clara e congruente, podendo consistir em declaração de concordância com fundamentos de anteriores pareceres, informações, decisões ou propostas, que, neste caso, serão parte integrante do ato.
g] **Formalismo:** observância das formalidades essenciais à garantia dos direitos dos administrados; adoção de formas simples, suficientes para propiciar adequado grau de certeza, segurança e respeito aos direitos dos administrados.

h] **Devido processo legal:** garantia dos direitos à comunicação, à apresentação de alegações finais, à produção de provas e à interposição de recursos, nos processos de que possam resultar sanções e nas situações de litígio.
i] **Gratuidade:** proibição de cobrança de despesas processuais, ressalvadas as previstas em lei.
j] **Impulso oficial:** impulsão, de ofício, do processo administrativo, sem prejuízo da atuação dos interessados.
k] **Segurança jurídica:** interpretação da norma administrativa da forma que melhor garanta o atendimento do fim público a que se dirige, vedada aplicação retroativa de nova interpretação.
l] **Pluralidade de instâncias:** o recurso administrativo tramitará no máximo por três instâncias administrativas, salvo disposição legal diversa.

10.5 Direitos dos administrados no processo administrativo federal

a] **Direito de respeito:** o administrado tem direito de ser tratado com respeito pelas autoridades e pelos servidores, que deverão facilitar o exercício de seus direitos e o cumprimento de suas obrigações.
b] **Direito de informação:** o administrado tem direito de ter ciência da tramitação dos processos administrativos em que tenha a condição de interessado, ter vista dos autos, obter cópias de documentos neles contidos e conhecer as decisões proferidas.
c] **Direito de defesa:** o administrado tem direito de formular alegações e apresentar documentos antes da decisão, os quais serão objeto de consideração pelo órgão competente.
d] **Direito de defesa técnica:** o administrado tem direito de fazer-se assistir, facultativamente, por advogado, salvo quando obrigatória a representação, por força de lei.

10.6 Deveres dos administrados no processo administrativo federal

Sem prejuízo de outros previstos em ato normativo:

a] **Dever de veracidade:** expor os fatos conforme a verdade.
b] **Dever de lealdade:** proceder com comprometimento e dedicação.
c] **Dever de urbanidade:** proceder com respeito.
d] **Dever de boa-fé:** proceder com ética e honestidade.

e] **Dever de respeito:** não agir de modo temerário.
f] **Dever de colaboração:** prestar as informações que lhe forem solicitadas e colaborar para o esclarecimento dos fatos.

10.7 Sujeitos ativos no processo administrativo federal

10.7.1 Legitimidade ativa no processo administrativo federal

I] Pessoas físicas ou jurídicas que o iniciem como titulares de direitos ou interesses individuais ou no exercício do direito de representação.
II] Aqueles que, sem terem iniciado o processo, têm direitos ou interesses que possam ser afetados pela decisão a ser adotada.
III] As organizações e associações representativas, no tocante a direitos e interesses coletivos
IV] As pessoas ou as associações legalmente constituídas quanto a direitos ou interesses difusos.

10.7.2 Capacidade ativa

São capazes, para fins de processo administrativo, os maiores de 18 anos, ressalvada previsão especial em ato normativo próprio.

10.8 Impedimento e suspeição

São motivos de impedimento: o servidor ou autoridade que – I – tenha interesse direto ou indireto na matéria; II – tenha participado ou venha a participar como perito, testemunha ou representante, ou se tais situações ocorrem quanto ao cônjuge, companheiro ou parente e afins até o terceiro grau; III – esteja litigando judicial ou administrativamente com o interessado ou respectivo cônjuge ou companheiro. Quando houver impedimento, a autoridade ou servidor deve comunicar o fato, sob pena de cometer falta disciplinar grave.

São motivos de suspeição: a autoridade ou servidor que tenha amizade íntima ou inimizade notória com algum dos interessados ou com os respectivos cônjuges, companheiros, parentes e afins até o terceiro grau. O indeferimento de alegação de suspeição poderá ser objeto de recurso, sem efeito suspensivo.

10.9 Forma, tempo e lugar dos atos do processo administrativo federal

Os atos do processo administrativo não dependem de forma determinada senão quando a lei expressamente a exigir.

Os atos do processo devem ser produzidos por escrito, em vernáculo, com a data e o local de sua realização e a assinatura da autoridade responsável.

Salvo imposição legal, o reconhecimento de firma somente será exigido quando houver dúvida de autenticidade.

Em dias úteis, no horário normal de funcionamento da repartição na qual tramitar o processo.

Serão concluídos depois do horário normal os atos já iniciados, cujo adiamento prejudique o curso regular do procedimento ou cause dano ao interessado ou à Administração.

Em relação ao lugar, será na sede do órgão, cientificando-se o interessado se outro for o local de realização.

10.10 Prazo no procedimento administrativo federal

Será de 5 dias, salvo disposição específica ou motivo de força maior. O prazo pode ser dilatado até o dobro, mediante comprovada justificação.

Começam a correr a partir da data da cientificação oficial, excluindo-se da contagem o dia do começo e incluindo-se o do vencimento.

Considera-se prorrogado o prazo até o primeiro dia útil seguinte se o vencimento cair em dia em que não houver expediente ou este for encerrado antes da hora normal.

Os prazos expressos em dias contam-se de modo contínuo. Os prazos fixados em meses ou anos contam-se de data a data. Se no mês do vencimento não houver o dia equivalente àquele do início do prazo, tem-se como termo o último dia do mês. Salvo motivo de força maior devidamente com provado, os prazos processuais não se suspendem.

A intimação é feita pelo órgão perante o qual tramita o processo administrativo, para dar ciência de decisão ou a efetivação de diligências. A intimação deverá conter: I – identificação do intimado e nome do órgão ou entidade administrativa; II – finalidade da intimação; III – data, hora e local em que deve comparecer; IV – se o intimado deve comparecer pessoalmente, ou fazer-se representar; V – informação da continuidade do processo independentemente do seu comparecimento; VI – indicação dos fatos e fundamentos legais pertinentes.

A intimação é feita com antecedência mínima de três dias úteis quanto à data de comparecimento.

A intimação pode ser efetuada por ciência no processo, por via postal com aviso de recebimento, por telegrama ou outro meio que assegure a certeza da ciência do interessado.

No caso de interessados indeterminados, desconhecidos ou com domicílio indefinido, a intimação deve ser efetuada por meio de publicação oficial.

As intimações serão nulas quando feitas sem observância das prescrições legais, mas o comparecimento do administrado supre sua falta ou irregularidade.

O desatendimento da intimação não importa o reconhecimento da verdade dos fatos, nem a renúncia a direito pelo administrado.

Devem ser objeto de intimação os atos do processo que resultem para o interessado em imposição de deveres, ônus, sanções ou restrição ao exercício de direitos e atividades e os atos de outra natureza de seu interesse.

10.11 Participação dos administrados no processo administrativo federal

Outros meios de participação poderão ser instituídos pelos órgãos administrativos, quando se tratar de matéria relevante – art. 33 da Lei n. 9.784/1999.

10.11.1 Consulta pública

a] **Cabimento:** quando a matéria do processo envolver assunto de interesse geral.
b] **Manifestação de terceiros:** o órgão competente poderá, mediante despacho motivado, abrir período para manifestação de terceiros, antes da decisão do pedido, se não houver prejuízo para a parte interessada.
c] **Publicidade:** a abertura da consulta pública será objeto de divulgação pelos meios oficiais, a fim de que pessoas físicas ou jurídicas possam examinar os autos, fixando-se prazo para oferecimento de alegações escritas.
d] **Comparecimento à consulta pública:** não confere, por si, a condição de interessado do processo, mas confere o direito de obter da Administração resposta fundamentada, que poderá ser comum a todas as alegações substancialmente iguais.

10.11.2 Audiência pública

Poderá ser realizada para debates sobre a matéria do processo, antes da tomada de decisão, a juízo da autoridade, diante da relevância da questão.

10.12 Parecer no processo administrativo federal

Deverá ser emitido no prazo máximo de 15 dias, salvo norma especial ou comprovada necessidade de maior prazo. Se for vinculante, enquanto não emitido, o processo fica paralisado; se não for vinculante, o processo terá seguimento, com a responsabilização do órgão omisso.

10.13 Medidas acauteladoras

a] **Cabimento**: em caso de risco iminente.
b] **Iniciativa**: Administração Pública.
c] **Requisito**: poderá motivadamente adotar providências acauteladoras sem a prévia manifestação do interessado.

10.14 Desistência no processo administrativo federal

a] **Forma**: manifestação escrita.
b] **Abrangência**: total ou parcial.
c] **Objeto**: pedido formulado.
d] **Pluralidade de interessados**: a desistência atinge somente quem a tenha formulado; não prejudica o prosseguimento do processo, se a Administração considerar que o interesse público assim o exige.

10.15 Renúncia no processo administrativo federal

a] **Forma**: manifestação escrita.
b] **Abrangência**: direitos disponíveis.
c] **Pluralidade de interessados**: a renúncia atinge somente quem a tenha formulado; não prejudica o prosseguimento do processo, se a Administração considerar que o interesse público assim o exige.

10.16 Término do processo

a] **Extinção do processo**: quando exaurida sua finalidade ou o objeto da decisão se tornar impossível, inútil ou prejudicado por fato superveniente.

b] **Arquivamento do processo:** quando o interessado for omisso, serão necessários a apresentação de dados, atuações ou documentos necessários para a apreciação do pedido formulado no processo.

10.17 Recurso administrativo

a] **Motivação:** pode ser motivado por razões de legalidade e de mérito.
b] **Endereçamento:** será dirigido à autoridade que proferiu a decisão, a qual, se não a reconsiderar no prazo de 5 dias, o encaminhará à autoridade superior.
c] **Caução:** salvo exigência legal, a interposição de recurso administrativo independe de caução.
d] **Contrariedade de súmula vinculante:** se o recorrente alegar que a decisão administrativa contraria enunciado da súmula vinculante, caberá à autoridade prolatora da decisão impugnada, se não a reconsiderar, explicitar, antes de encaminhar o recurso à autoridade superior, as razões da aplicabilidade ou inaplicabilidade da súmula, conforme o caso. O órgão competente para decidir o recurso explicitará as razões da aplicabilidade ou inaplicabilidade da súmula, conforme o caso. Acolhida pelo Supremo Tribunal Federal (STF) a reclamação fundada em violação de enunciado da súmula vinculante, dar-se-á ciência à autoridade prolatora e ao órgão competente para o julgamento do recurso, que deverão adequar as futuras decisões administrativas em casos semelhantes, sob pena de responsabilização pessoal nas esferas cível, administrativa e penal.
e] **Legitimidade para recorrer:** I – os titulares de direitos e interesses que forem parte no processo; II – aqueles cujos direitos ou interesses forem indiretamente afetados pela decisão recorrida; III – as organizações e associações representativas, no tocante a direitos e interesses coletivos; IV – os cidadãos ou associações, quanto a direitos ou interesses difusos.
f] **Prazo do recurso:** salvo disposição legal específica, é de 10 dias o prazo para interposição de recurso administrativo, contado a partir da ciência ou divulgação oficial da decisão recorrida.
g] **Prazo da decisão no recurso:** quando a lei não fixar prazo diferente, o recurso administrativo deverá ser decidido no prazo máximo de 30 dias, a partir do recebimento dos autos pelo órgão competente. O prazo poderá ser prorrogado por igual período, ante justificativa explícita.
h] **Forma do recurso:** por meio de requerimento no qual o recorrente deverá expor os fundamentos do pedido de reexame, podendo juntar os documentos que julgar convenientes.

i] **Efeito:** salvo disposição legal em contrário, o recurso não tem efeito suspensivo. Todavia, havendo justo receio de prejuízo de difícil ou incerta reparação decorrente da execução, a autoridade recorrida ou a imediatamente superior poderá, de ofício ou a pedido, dar efeito suspensivo ao recurso.
j] **Contrarrazões:** interposto o recurso, o órgão competente para dele conhecer deverá intimar os demais interessados para que, no prazo de 5 dias úteis, apresentem alegações.
k] **Não conhecimento do recurso:** quando interposto: I – fora do prazo; II – perante órgão incompetente; III – por quem não seja legitimado; IV – após exaurida a esfera administrativa. O não conhecimento do recurso não impede a Administração de rever de ofício o ato ilegal, desde que não ocorrida preclusão administrativa.
l] **Decisões no recurso:** poderá confirmar, modificar, anular ou revogar, total ou parcialmente, a decisão recorrida, se a matéria for de sua competência. Se puder decorrer gravame à situação do recorrente, este deverá ser cientificado para que formule suas alegações antes da decisão.

10.18 Revisão administrativa

Os processos administrativos de que resultem sanções poderão ser revistos, a qualquer tempo, a pedido ou de ofício, quando surgirem fatos novos ou circunstâncias relevantes suscetíveis de justificar a inadequação da sanção aplicada. Da revisão do processo não poderá resultar agravamento da sanção. As sanções terão natureza pecuniária ou consistirão em obrigação de fazer ou de não fazer, assegurado sempre o direito de defesa.

10.19 Prioridade no processo administrativo

a] **Sujeito:** quando a parte ou interessado for – I – pessoa com idade igual ou superior a 60 anos; II – pessoa portadora de deficiência, física ou mental; III – pessoa portadora de tuberculose ativa, esclerose múltipla, neoplasia maligna, hanseníase, paralisia irreversível e incapacitante, cardiopatia grave, doença de Parkinson, espondiloartrose anquilosante, nefropatia grave, hepatopatia grave, estados avançados da doença de Paget (osteíte deformante), contaminação por radiação, síndrome de imunodeficiência adquirida, ou outra doença grave, com base em conclusão da medicina especializada, mesmo que a doença tenha sido contraída após o início do processo.
b] **Requisito:** juntar prova de sua condição e fazer requerimento para autoridade competente.

c) **Identificação**: após deferida a prioridade, os autos receberão identificação própria que evidencie o regime de tramitação prioritária.

10.20 Temas do processo administrativo

a) **Decadência administrativa**: Administração Pública tem o prazo decadencial de cinco anos para anular seus atos administrativos, quando geradores de efeitos favoráveis para os destinatários, salvo comprovada má-fé.
b) **Coisa julgada administrativa**: impossibilidade de modificação, de ofício ou mediante provocação, da decisão na via administrativa.
c) **Programa Nacional de Processo Eletrônico (PROPEN)**:

- **Origem** – instituído pelo Decreto n. 11.946/2024[18].
- **Finalidade** – visa promover a adoção do processo administrativo eletrônico no âmbito dos Estados, do Distrito Federal e dos Municípios.
- **Diretrizes** – a) promover o uso do meio eletrônico para a autuação, a tramitação e a gestão de processos administrativos; b) estimular a transformação digital e a inovação na gestão dos processos administrativos; c) contribuir para a disseminação da cultura da transparência na administração pública; d) promover a sustentabilidade por meio da racionalização dos insumos necessários à produção de processos administrativos; e) promover a simplificação das rotinas administrativas; f) contribuir para o aumento da eficiência administrativa do Estado; g) contribuir para a melhoria dos serviços públicos prestados ao cidadão.
- **Participação dos Estados e o Distrito Federal** – poderão participar do PROPEN, por meio de acordo de adesão com o Ministério da Gestão e da Inovação em Serviços Públicos. O acordo de adesão será firmado pelos governadores dos Estados e do Distrito Federal. O Ministério da Gestão e da Inovação em Serviços Públicos disponibilizará aos Estados as soluções informatizadas do PROPEN para utilização e distribuição aos Municípios de sua área territorial. O Ministério da Gestão e da Inovação em Serviços Públicos poderá, excepcionalmente, disponibilizar as soluções informatizadas do PROPEN diretamente aos Municípios e aos consórcios públicos intermunicipais (prefeito ou a autoridade máxima do consórcio público intermunicipal firmará acordo de adesão com o Ministério da Gestão e da

---

18 BRASIL. Decreto n. 11.946, de 12 de março de 2024. **Diário Oficial da União**, Poder Executivo, Brasília, DF, 13 mar. 2024. Disponível em: <https://www.planalto.gov.br/ccivil_03/_ato2023-2026/2024/decreto/d11946.htm#:~:text=DECRETA%3A,Distrito%20Federal%20e%20dos%20Munic%C3%ADpios.&text=VII%20%2D%20contribuir%20para%20a%20melhoria%20dos%20servi%C3%A7os%20p%C3%BAblicos%20prestados%20ao%20cidad%C3%A3o.>. Acesso em: 18 fev. 2025.

Inovação em Serviços Públicos), consideradas a conveniência, a oportunidade e a capacidade de atendimento ao objetivo do Programa.

- **Atribuições do Ministério da Gestão e da Inovação em Serviços Públicos, por intermédio da Secretaria de Gestão e Inovação** – a) firmar acordos de adesão com os partícipes para cessão não onerosa das soluções informatizadas do PROPEN; b) orientar potenciais partícipes acerca dos procedimentos necessários para adesão ao PROPEN; c) disponibilizar as soluções informatizadas do PROPEN aos partícipes; d) manter atualizada a base de partícipes, para possibilitar o monitoramento das ações e da oferta de soluções informatizadas do PROPEN; e) promover a articulação com os partícipes, com vistas a assegurar a execução e o cumprimento do objetivo e das diretrizes do PROPEN; f) promover ações educativas e de divulgação junto aos partícipes para a disseminação de boas práticas de gestão documental, a transparência e a inovação na gestão dos processos administrativos; g) fornecer modelo de capacitação e material de apoio à implantação e à utilização das soluções informatizadas do PROPEN aos partícipes; h) manter a atualização e a compatibilidade tecnológica das soluções informatizadas do PROPEN; i) estimular iniciativas destinadas ao aprimoramento das soluções informatizadas do PROPEN, por meio da disponibilização aos partícipes de espaços virtuais de contribuição e discussão; j) receber e tratar as sugestões de melhoria dos partícipes e seus pedidos de correções referentes às soluções informatizadas do PROPEN; k) fomentar o desenvolvimento e o compartilhamento de soluções complementares em processo administrativo eletrônico e de integrações a sistemas finalísticos pelos partícipes.

- **Competências dos Estados e do Distrito Federal partícipes do PROPEN** – a) elaborar plano de implantação das soluções informatizadas do PROPEN no seu âmbito de atuação; b) utilizar e fomentar o uso das soluções informatizadas do PROPEN, de forma a contribuir para o desenvolvimento e o avanço da transformação digital no setor público; c) no caso dos Estados, distribuir as soluções informatizadas do PROPEN aos Municípios de sua área territorial; d) prestar informações à Secretaria de Gestão e Inovação do Ministério da Gestão e da Inovação em Serviços Públicos acerca das ações relativas ao PROPEN; e) promover ações de capacitação dos agentes públicos em temas relacionados com a otimização da gestão de processos administrativos e a operacionalização das soluções informatizadas do PROPEN; f) submeter sugestões de melhorias ou correções das soluções informatizadas do PROPEN; g) prover a conectividade para sustentação do processo eletrônico no seu âmbito de atuação; h) prestar suporte e assistência técnica, no seu âmbito de atuação, aos usuários das soluções informatizadas do PROPEN; i) observar as diretrizes e as orientações técnicas editadas pela Secretaria de Gestão e Inovação do Ministério da Gestão e da Inovação em Serviços Públicos; j) preservar o sigilo e a integridade do código-fonte das soluções informatizadas do PROPEN a que tiver acesso em razão das atividades exercidas no âmbito da implantação e do gerenciamento do Programa; k) executar os procedimentos relacionados à segurança da informação e à observância de normas legais que visem coibir o uso e a apropriação indevida do sistema por empresa contratada e a transmissão parcial ou total dos códigos-fonte a outra pessoa física ou jurídica; l) implementar o Plano de Classificação, a Tabela de Temporalidade e Destinação de Documentos de Arquivo e os demais instrumentos técnicos de gestão documental necessários ao PROPEN, de acordo com a legislação; m) compartilhar as boas práticas, os dados e as bases técnicas de conhecimento referentes à gestão de processos administrativos em meio eletrônico.

- **Competências dos Municípios e consórcios públicos intermunicipais** – as mesmas dos Estados e Distrito Federal, no que couber, quando, excepcionalmente, firmarem acordo de adesão diretamente com o Ministério da Gestão e da Inovação em Serviços Públicos.

d] **Processo administrativo eletrônico federal:**

- **Decreto n. 8.539/2015**[19] – dispõe sobre o uso do meio eletrônico para a realização do processo administrativo (sistemas informatizados para a gestão e o trâmite de processos administrativos eletrônicos) no âmbito dos órgãos e das entidades da administração pública federal direta, autárquica e fundacional.
- **Finalidades** – a) assegurar a eficiência, a eficácia e a efetividade da ação governamental e promover a adequação entre meios, ações, impactos e resultados; b) promover a utilização de meios eletrônicos para a realização dos processos administrativos com segurança, transparência e economicidade; c) ampliar a sustentabilidade ambiental com o uso da tecnologia da informação e da comunicação; d) facilitar o acesso do cidadão às instâncias administrativas.
- **Uso preferencial** – programas com código aberto e prover mecanismos para a verificação da autoria e da integridade dos documentos em processos administrativos eletrônicos.

---

19   BRASIL. Decreto n. 8.539, de 8 de outubro de 2015. **Diário Oficial da União**, Poder Executivo, Brasília, DF, 9 out. 2015. Disponível em: <https://www.planalto.gov.br/ccivil_03/_ato2015-2018/2015/decreto/d8539.htm>. Acesso em: 18 fev. 2025.

- **Atos processuais** – deverão ser realizados em meio eletrônico, exceto nas situações em que esse procedimento for inviável ou em caso de indisponibilidade do meio eletrônico cujo prolongamento cause danos relevante à celeridade do processo (poderão ser praticados segundo as regras aplicáveis aos processos em papel, desde que posteriormente o documento-base correspondente seja digitalizado).
- **Assinatura eletrônica** – a autoria, a autenticidade e a integridade dos documentos e da assinatura, nos processos administrativos eletrônicos, poderão ser obtidas por meio dos padrões de assinatura eletrônica definidos no Decreto n. 10.543/2020[20].
- **Documentos digitais** – a definição dos formatos de arquivo desses documentos deverá obedecer às políticas e diretrizes estabelecidas nos Padrões de Interoperabilidade de Governo Eletrônico – ePING – e oferecer as melhores expectativas de garantia com relação ao acesso e à preservação. Para os casos ainda não contemplados nos padrões mencionados, deverão ser adotados formatos interoperáveis, abertos, independentes de plataforma tecnológica e amplamente utilizados.

e] **Processo administrativo eletrônico estadual (paulista):**

- **Decreto Paulista n. 67.641/2023**[21] – dispõe sobre o uso de meio eletrônico para a formalização de processo administrativo no âmbito da Administração Pública Estadual, institui o Sistema Eletrônico de Informações do Estado de São Paulo – SEI/SP –, de forma centralizada e integrada, com vistas à produção, à gestão, à tramitação, ao armazenamento, à preservação, à segurança e ao acesso a documentos, aos processos e às informações arquivísticas em ambiente digital de gestão documental (o desenvolvimento e implantação de sistemas específicos de produção, gestão e tramitação digital de processos, com propósito diverso ou complementar ao do SEI/SP, poderão ser autorizados, excepcionalmente, pela Secretaria de Gestão e Governo Digital).
- **Objetivos do SEI/SP** – a) produzir documentos e processos eletrônicos com segurança, transparência, economicidade, sustentabilidade ambiental e, sempre que possível, de forma padronizada; b) assegurar a eficiência e a celeridade das ações governamentais; c) assegurar a gestão, a preservação

---

20 BRASIL. Decreto n. 10.543, de 13 de novembro de 2020. **Diário Oficial da União**, Poder Executivo, 16 nov. 2020. Disponível em: <https://www.planalto.gov.br/ccivil_03/_ato2019-2022/2020/decreto/D10543.htm>. Acesso em: 18 fev. 2025.

21 SÃO PAULO (Estado). Decreto n. 67.641, de 10 de abril de 2023. **Diário Oficial do Estado**, Poder Executivo, São Paulo, 11 abr. 2023. Disponível em: <https://www.al.sp.gov.br/repositorio/legislacao/decreto/2023/decreto-67641-10.04.2023.html>. Acesso em: 18 fev. 2025.

e o acesso aos documentos e processos eletrônicos no tempo d) formalização ou a celebração, conforme o caso, de atos e contratos administrativos, convênios, parcerias e outros instrumentos congêneres, por órgãos e entidades da Administração Pública do Estado de São Paulo, inclusive atos e negócios jurídicos de natureza privada, ressalvados aqueles cuja forma essencial seja prescrita em lei.

- **Órgão Gestor do SEI/SP** – Comitê Gestor de Governança de Dados e Informações do Estado de São Paulo.

f] **Lei n. 13.726/2018**[22]: racionaliza atos e procedimentos administrativos dos poderes da União, dos Estados, do Distrito Federal e dos Municípios mediante a supressão ou a simplificação de formalidades ou exigências desnecessárias ou superpostas, cujo custo econômico ou social, tanto para o erário como para o cidadão, seja superior ao eventual risco de fraude, e institui o Selo de Desburocratização e Simplificação.

- **Dispensa de exigência** – na relação dos órgãos e entidades dos poderes da União, dos Estados, do Distrito Federal e dos Municípios com o cidadão, é dispensada a exigência de: a) reconhecimento de firma, devendo o agente administrativo, confrontando a assinatura com aquela constante do documento de identidade do signatário, ou estando este presente e assinando o documento diante do agente, lavrar sua autenticidade no próprio documento; b) autenticação de cópia de documento, cabendo ao agente administrativo, mediante a comparação entre o original e a cópia, atestar a autenticidade; c) juntada de documento pessoal do usuário, que poderá ser substituído por cópia autenticada pelo próprio agente administrativo; d) apresentação de certidão de nascimento, que poderá ser substituída por cédula de identidade, título de eleitor, identidade expedida por conselho regional de fiscalização profissional, carteira de trabalho, certificado de prestação ou de isenção do serviço militar, passaporte ou identidade funcional expedida por órgão público; e) apresentação de título de eleitor, exceto para votar ou para registrar candidatura; f) apresentação de autorização com firma reconhecida para viagem de menor se os pais estiverem presentes no embarque.
- **Vedação** – exigência de prova relativa a fato que já houver sido comprovado pela apresentação de outro documento válido.

---

22 BRASIL. Lei n. 13.726, de 8 de outubro de 2018. **Diário Oficial da União**, Poder Legislativo, 9 out. 2018. Disponível em: <https://www.planalto.gov.br/ccivil_03/_ato2015-2018/2018/lei/l13726.htm>. Acesso em: 18 fev. 2025.

- **Comprovação** – quando, por motivo não imputável ao solicitante, não for possível obter diretamente do órgão ou entidade responsável documento comprobatório de regularidade, os fatos poderão ser comprovados mediante declaração escrita e assinada pelo cidadão, que, em caso de declaração falsa, ficará sujeito às sanções administrativas, civis e penais aplicáveis.
- **Não exigência de apresentação de certidão ou documento** – os órgãos e entidades integrantes de Poder da União, de Estado, do Distrito Federal ou de Município não poderão exigir do cidadão a apresentação de certidão ou documento expedido por outro órgão ou entidade do mesmo poder, ressalvadas as seguintes hipóteses: a) certidão de antecedentes criminais; b) informações sobre pessoa jurídica; c) outras expressamente previstas em lei.
- **Grupos setoriais** – os poderes da União, dos Estados, do Distrito Federal e dos Municípios poderão criar grupos setoriais de trabalho com os seguintes objetivos: a) identificar, nas respectivas áreas, dispositivos legais ou regulamentares que prevejam exigências descabidas ou exageradas ou procedimentos desnecessários ou redundantes; b) sugerir medidas legais ou regulamentares que visem a eliminar o excesso de burocracia.
- **Comunicação entre Poder Público e cidadão** – poderá ser feita por qualquer meio, inclusive comunicação verbal, direta ou telefônica, e correio eletrônico, devendo a circunstância ser registrada quando necessário, ressalvados os casos que impliquem imposição de deveres, ônus, sanções ou restrições ao exercício de direitos e atividades.
- **Selo de Desburocratização e Simplificação** – 1) *finalidade*: destinado a reconhecer e a estimular projetos, programas e práticas que simplifiquem o funcionamento da administração pública e melhorem o atendimento aos usuários dos serviços públicos; 2) *forma*: será concedido na forma de regulamento por comissão formada por representantes da Administração Pública e da sociedade civil, observados os seguintes critérios – a) a racionalização de processos e procedimentos administrativos; b) a eliminação de formalidades desnecessárias ou desproporcionais para as finalidades almejadas; c) os ganhos sociais oriundos da medida de desburocratização; d) a redução do tempo de espera no atendimento dos serviços públicos; e) a adoção de soluções tecnológicas ou organizacionais que possam ser replicadas em outras esferas da Administração Pública; 3) *efeito*: os órgãos ou entidades estatais que receberem o selo serão inscritos em Cadastro Nacional de Desburocratização. Serão premiados, anualmente, 2 (dois) órgãos ou entidades, em cada unidade federativa, selecionados com base nos critérios estabelecidos na Lei n. 13.726/2018.

- **Participação do servidor:** no desenvolvimento e na execução de projetos e programas que resultem na desburocratização do serviço público será registrada em seus assentamentos funcionais.

11. Direito Administrativo disciplinar

11.1 Conceito

É a parte do Direito Administrativo que define as infrações disciplinares, bem como as sanções disciplinares, visando à regularidade e ao bom funcionamento dos serviços e atividades públicas. Ato ilícito é o feito em desacordo com a ordem jurídica. Como espécie do gênero ato ilícito, existe o ilícito de Direito Administrativo Disciplinar, cuja conceituação reúne dois elementos: a) elemento formal – é a não observância de dever funcional ou violação de proibição legal; b) elemento subjetivo – é a conduta do servidor público. As fontes normativas são: a) Lei n. 8.112/1990[23], também conhecida como *Regime Jurídico dos Servidores Públicos Civis da União*; b) a Lei n. 4.878/1965[24]; c) Lei n. 9.784/1999[25]; d) Lei n. 4.898/1965[26]; e) Lei n. 8.429/1992[27].

11.2 Princípios

a) **Devido processo legal:** ninguém perderá a liberdade ou os bens senão através do devido processo legal (existência de um processo regulado por lei e contendo as garantias mínimas do contraditório e ampla defesa).

b) **Ampla defesa e do contraditório:** é assegurado ao servidor o direito de acompanhar o processo pessoalmente ou por intermédio de procurador, arrolar e

---

[23] BRASIL. Lei n. 8.112, de 11 de dezembro de 1990. **Diário Oficial da União**, Poder Executivo, Brasília, DF, 12 dez. 1990. Disponível em: <https://www.planalto.gov.br/ccivil_03/leis/l8112cons.htm>. Acesso em: 4 jul. 2024.

[24] BRASIL. Lei n. 4.878, de 3 de dezembro de 1965. **Diário Oficial da União**, Poder Legislativo, Brasília, DF, 6 dez. 1965. Disponível em: <https://www.planalto.gov.br/ccivil_03/leis/l4878.htm>. Acesso em: 4 jul. 2024.

[25] BRASIL. Lei n. 9.784, de 29 de janeiro de 1999. **Diário Oficial da União**, Poder Legislativo, 1º fev. 1999. Disponível em: <https://www.planalto.gov.br/ccivil_03/leis/l9784.htm>. Acesso em: 4 jul. 2024.

[26] BRASIL. Lei n. 4.898, de 9 de dezembro de 1965. **Diário Oficial da União**, Poder Legislativo, Brasília, DF, 13 dez. 1965. Disponível em: <https://www.planalto.gov.br/ccivil_03/leis/l4898.htm>. Acesso em: 4 jul. 2024.

[27] BRASIL. Lei n. 8.429, de 2 de junho de 1992. **Diário Oficial da união**, Poder Executivo, Brasília, DF, 3 jun. 1992. Disponível em: <https://www.planalto.gov.br/ccivil_03/leis/l8429.htm>. Acesso em: 4 jul. 2024.

reinquirir testemunhas, produzir provas e contraprovas e formular quesitos, quando se tratar de prova pericial, nos termos da Lei n. 8.112/1990.
c] **Informalismo moderado**: dispensa de formas rígidas, mantendo apenas as compatíveis com a certeza e a segurança dos atos praticados, salvo as expressas em lei e relativas aos direitos dos acusados.
d] **Verdade real**: é buscar como os fatos aconteceram na realidade.
e] **Presunção de inocência**: o acusado/indiciado durante o processo disciplinar e enquanto não houver decisão final condenatória deve ser considerado inocente.
f] **Motivação**: os atos administrativos devem ser fundamentados, nos termos do art. 50 da Lei n. 9.784/1999.

11.3 Espécies

a] **Procedimentos investigativos**: investigação preliminar, sindicância investigativa e a sindicância patrimonial.
b] **Procedimentos contraditórios**: sindicância acusatória, processo administrativo disciplinar sob o rito sumário e processo administrativo disciplinar sob o rito ordinário.
c] **Procedimento especiais**: processo administrativo sancionador no âmbito de licitações e contratos e termo circunstanciado administrativo.

12. Processo administrativo disciplinar

a] **Obrigatoriedade**: para a aplicação das penas que impliquem perda de cargo para o funcionário estável, nos termos do art. 41 da CF/1988.
b] **Lei n. 8.112/1990**[28]: para a aplicação das penas de suspensão por mais de 30 dias, demissão, cassação de aposentadoria e disponibilidade, e destituição de cargo em comissão (art. 146).
c] **Competência**: comissões disciplinares.
d] **Fases**:

---

28 BRASIL. Lei n. 8.112, de 11 de dezembro de 1990. **Diário Oficial da União**, Poder Executivo, Brasília, DF, 19 abr. 1991. Disponível em: <https://www.planalto.gov.br/ccivil_03/leis/l8112cons. htm#:~:text=LEI%20N%C2%BA%208.112%2C%20DE%2011%20DE%20DEZEMBRO%20DE%20 1990&text=Disp%C3%B5e%20sobre%20o%20regime%20jur%C3%ADdico,e%20das%20funda%- C3%A7%C3%B5es%20p%C3%BAblicas%20federais.>. Acesso em: 19 abr. 2024.

- **Instauração:** por portaria da comissão disciplinar contendo o nome dos servidores envolvidos, a infração de que são acusados, com descrição sucinta dos fatos e indicação dos dispositivos legais infringidos.[29]
- **Instrução:** a comissão disciplinar pode realizar diligências e permitir ao indiciado que acompanhe a coleta dos elementos de prova, com ou sem defensor.
- **Defesa:** apresentação das razões escritas, pessoalmente ou por advogado da sua escolha; na falta de defesa, a comissão designará funcionário, de preferência bacharel em Direito.
- **Relatório:** peça opinativa da comissão disciplinar de absolvição ou de aplicação de determinada penalidade, indicando as provas em que baseia a sua conclusão. Segundo o STJ, inexiste previsão na Lei n. 8.112/1990 de intimação do acusado após a elaboração do relatório final da comissão processante, sendo necessária a demonstração do prejuízo causado pela falta de intimação[30].
- **Decisão:** absolvição ou aplicação de penalidade.

e] **Motivação da decisão:** usar o relatório da comissão disciplinar ou realizar motivação com base nos elementos de prova do processo.

f] **Duração do processo:** Súmula n. 592 do STJ[31] – o excesso de prazo para conclusão do processo administrativo disciplinar só causa nulidade se houver demonstração de prejuízo à defesa.

g] **Sanção Disciplinar:** na "dosimetria" da sanção disciplinar, os antecedentes funcionais, que ostentam concepção técnica própria. Nesse passo, para que aqueles fossem considerados negativos, deveria constar na ficha funcional do

---

29 "O acusado se defende dos fatos", bastando, portanto, que "o termo de indiciamento elaborado pela comissão processante [contenha] descrição suficientemente detalhada dos ilícitos administrativos imputados ao indiciado, possibilitando-lhe a compreensão racional do que é chamado a responder" (BRASIL. Superior Tribunal de justiça. **MS n. 21.721/DF**. Relator: Min. Sérgio Kukina. Primeira Seção. Data de publicação: Diário da Justiça Eletrônico, 18 nov. 2022. Disponível em: <https://scon.stj.jus.br/SCON/GetInteiroTeorDoAcordao?num_registro=201500849246&dt_publicacao=18/11/2022>. Acesso em: 4 nov. 2024).

30 BRASIL. Superior de Justiça. **Informativo n. 784, de 29 de agosto de 2023**. Disponível em: <https://processo.stj.jus.br/jurisprudencia/externo/informativo/?acao=pesquisarumaedicao&livre=0784.cod.&from=feed#:~:text=29%20de%20agosto%20de%202023.,-S%C3%9AMULAS&text=Atendidos%20os%20requisitos%20de%20segurada,23%2F8%2F2023).>. Acesso em: 4 jul. 2024.

31 BRASIL. Superior Tribunal de Justiça. **Súmula n. 592**. Data de publicação: 18 set. 2017. Disponível em: <https://www.stj.jus.br/internet_docs/biblioteca/clippinglegislacao/Sumula_590_591_592_2017_primeira_secao.pdf>. Acesso em: 19 abr. 2024.

impetrante alguma condenação anterior, ou, no mínimo, alguma anotação de fato que desabonasse seu histórico funcional (Informativo n. 718/2021 do STJ[32]).

13. Sindicância

a] **Procedimento**: não tem previsão legal.
b] **Competência**: funcionário ou por comissão de funcionários.
c] **Previsão**: arts. 143 e seguintes da Lei n. 8.112/1990.
d] **Finalidade**: apuração de irregularidade.
e] **Resultado**: arquivamento do processo ou aplicação de penalidade de advertência ou aplicação de penalidade suspensão de até 30 dias ou instauração do processo disciplinar.
f] **Natureza**: fase preliminar à instauração do processo administrativo.

14. Controle jurisdicional do processo administrativo disciplinar (Súmula n. 665 do STJ[33])

a] **Alcance**: exame da regularidade do procedimento e da legalidade do ato.
b] **Base**: princípios do contraditório, da ampla defesa e do devido processo legal.
c] **Vedação**: incursão no mérito administrativo, ressalvadas as hipóteses de flagrante ilegalidade, teratologia ou manifesta desproporcionalidade da sanção aplicada.

---

32 BRASIL. Superior Tribunal de Justiça. Informativo n. 718, de 22 de novembro de 2021. Disponível em: <https://processo.stj.jus.br/jurisprudencia/externo/informativo/?aplicacao=informativo&acao=pesquisar&livre=@cnot=018667#:~:text=No%20contrato%20de%20compra%20e,vendedor%20pelo%20tempo%20de%20perman%C3%AAncia.>. Acesso em: 4 nov. 2024.
33 BRASIL. Superior Tribunal de Justiça. **Súmula n. 665, de 13 de dezembro de 2023**. Disponível em: <https://www.tjdft.jus.br/consultas/jurisprudencia/decisoes-em-evidencia/sumula-665-do-stj#:~:text=S%C3%BAmula%20665%20%E2%80%93%20O%20controle%20jurisdicional,administrativo%2C%20ressalvadas%20as%20hip%C3%B3teses%20de>. Acesso em: 4 jul. 2024.

Referências

ABREU, Jorge Manuel Coutinho de. **Sobre os regulamentos administrativos e o princípio da legalidade**. Coimbra: Almedina, 1987.

ABRUCIO, Fernando Luiz; LOUREIRO, Maria Rita. Finanças públicas, democracia e accountability. In: ARVATE, Paulo Roberto; BIDERMAN, Ciro (Org.). **Economia do Setor Público no Brasil**. Rio de Janeiro: Elsevier/Campus, 2004.

ACHE, P. Visions and Creativity: Challenge for City Regions. **Futures**, v. 32, n. 5, p. 435-449, June 2000

ADEODATO, João Maurício. **Ética & retórica**: para uma teoria da dogmática jurídica. São Paulo: Saraiva, 2009.

AFONSO, Luciano Parejo. **El concepto del derecho administrativo**. Caracas: Jurídica Venezolana, 1984.

AGRA, Cândido da. Podemos medir a criminalidade e a segurança? [CONGRESSO] INOVAÇÃO, PODER E DESENVOLVIMENTO: CONGRESSO DE CIDADANIA, **Separata**... p. 227-234, 2007.

AGRA, Walber de Moura. **Curso de Direito Constitucional**. Rio de Janeiro: Forense, 2010.

AGUIAR, Roberto A R. Parceria estado-sociedade: aspectos jurídicos. **Revista Subsídio – INESC – Instituto de Estudos Socioeconômicos**. Brasília, jun. 1994.

AGUILLAR, Fernando Herren. **Direito Econômico**: do direito nacional ao direito supranacional. São Paulo: Atlas, 2006.

AGUILLAR, Fernando Herren. **Controle Social de Serviços Públicos**. São Paulo: Max Limonad, 1999.

ALEXANDRINO. Marcelo; PAULO, Vicente. **Direito Administrativo**. São Paulo: Gen, 2013.

ALEXY, Robert. **Teoria de los derechos fundamentales**. Madrid: Centro de Estudios Constitucionales, 1993.

ALEXY, Robert. **Teoria dos direitos fundamentais**. São Paulo: Malheiros, 2000.

ALVES, Rogério Pacheco; GARCIA, Emerson. **Improbidade administrativa**. Rio de Janeiro: Lumen Juris, 2008.

AMARAL, Diogo Freitas do. **Curso de Direito Administrativo**. Coimbra: Almedina, 2022. v. I.

AMARAL, Diogo Freitas do. **Curso de Direito Administrativo**. Coimbra: Almedina, 2006. v. 1.

AMARAL, Diogo Freitas do. **Curso de Direito Administrativo**. Coimbra: Almedina, 2001. V. 1.

AMARAL, Diogo Freitas do. **Curso de Direito Administrativo**. Lisboa: Almedina, 1994. v. I.

AMARAL, Maria Lúcia. **A forma da República**. Coimbra: Coimbra Editora, 2005.

ANDERSON, Gavin W. **Constitutional Rights after Globalization**. Oxford and Portland, Oregon: Hart Publishing, 2005.

ANDERY, Maria Amélia et al. **Para compreender a ciência**: uma perspectiva histórica. São Paulo: Educ, 1999.

ANDERY, Maria Amália et al. **Para compreender a ciência**: uma perspectiva histórica. Rio de Janeiro: Espaço e Tempo, 1996.

ANDRADE, Adriana; ROSSETTI, José Paschoal. **Governança corporativa**: fundamentos, desenvolvimento e tendências. São Paulo: Atlas, 2004.

ANDRADE, José Carlos Vieira de. **Lições de Direito Administrativo**. Coimbra: Imprensa da Universidade de Coimbra, 2023.

ANDRADE, José Carlos Vieira de. **Lições de Direito Administrativo**. Coimbra: Coimbra Editora, 2011.

ANDRADE, José Carlos Vieira de. **Lições de Direito Administrativo**. Coimbra: Imprensa da Universidade de Coimbra, 2010.

ANDRADE, José Carlos Vieira de. **O dever de fundamentação expressa de actos administrativos**. Coimbra: Almedina, 2007.

ANDRADE ARAÚJO, Aloízio Gonzaga de. **O Direito e o Estado como estruturas e sistemas**. 288 f. Tese (Doutorado em Direito Público) – Faculdade de Direito da UFMG, Belo Horizonte 2001.

ANTHONY, Robert N.; GOVINDARAJAN, Vijay. **Sistemas de controle gerencial**. São Paulo: Atlas, 2001.
ANTUNES, Paulo de Bessa. **Direito Ambiental**. Rio de Janeiro: Lumen Juris, 2012.
ANTUNES, Paulo de Bessa. **Direito Ambiental**. Rio de Janeiro: Lumen Iuris, 2008.
ARAGÃO, Alexandre Santos de. **Curso de Direito Administrativo**. Rio de Janeiro: Forense, 2021.
ARAGÃO, Alexandre Santos de. **Curso de Direito Administrativo**. São Paulo: Gen, 2019.
ARAGÃO, Alexandre Santos de. **Curso de Direito Administrativo**. Rio de Janeiro: Forense, 2015.
ARAGÃO, Alexandre Santos de; MARQUES NETO, Floriano de Azevedo (Coord.). **Direito Administrativo e seus novos paradigmas**. Belo Horizonte: Fórum, 2008.
ARATO, Andrew. Representação, soberania popular e accountability. **Revista Lua Nova**. São Paulo, n. 55-56, p. 85-103, 2002. Disponível em: <https://www.scielo.br/j/ln/a/VpWCp39q68qHYsRdzkC77Qk/?lang=pt>. Acesso em: 25 jun. 2024.
ARAÚJO, Edmir Netto de. **Curso de Direito Administrativo**. São Paulo: Saraiva, 2020.
ARAUJO, Roberta Corrêa. **Legitimidade do poder político na democracia contemporânea**. Curitiba: Juruá, 2015.
ARBLASTER, Anthony. **A democracia**. Lisboa: Editorial Estampa, 1987.
ARENDT, Hannah. **A condição humana**. Rio de Janeiro: Forense Universitária, 1995.
ARENDT, Hannah. **As origens do totalitarismo**. São Paulo: Companhia das Letras, 2004.
ARENDT, Hannah. O que é política? In: ARENDT, Hannah. **O que é política?** Tradução de Reinaldo Guarany. Rio Janeiro: Bertrand Brasil, 1998. p. 21-25.
ARENILLA SÁEZ, Manuel. Administración Pública y ciencia de la administración. In: SÁEZ, Manuel Arenilla et al. (Coord.). **La Administración Pública entre dos siglos**: ciencia de la administración, ciencia política y Derecho Administrativo – homenaje a Mariano Baena del Alcázar. Madrid: Instituto de Administración Pública, 2010.
ARISTÓTELES. **A Política**. v. I.
ARNAUD, André-Jean. **O direito entre modernidade e globalização**: lições de filosofia do direito e do Estado. Tradução de Patrice Charles Wuillaume. Rio de Janeiro: Renovar, 1999.
ASCENÇÃO, José de Oliveira. **O Direito, introdução e teoria geral**. Lisboa: Fundação Calouste Gulbenkian, 1978.
ASSEMBLEIA NACIONAL CONSTITUINTE FRANCESA. **Declaração dos Direitos do Homem e do Cidadão, de 26 de agosto de 1789**. Disponível em: <https://www.ufsm.br/app/uploads/sites/414/2018/10/1789.pdf>. Acesso em: 12 abr. 2024.
ASSIER-ANDRIEU, Louis. **O direito nas sociedades humanas**. Tradução de Maria Ermantina de Almeida Prado Galvão. São Paulo: M. Fontes, 2000.
ATALIBA, Geraldo. **República e Constituição**. São Paulo: Revista dos Tribunais, 1977.
ATIENZA, Manuel. Argumentación y Constitución. In: AGUILÓ REGLA, Joseph, ATIENZA, Manuel; RUIZ MANERO, Juan. **Fragmentos para uma teoria de la constitución**. Madrid: Iustel, 2007.
ATIENZA, Manuel. Es el positivismo jurídico una teoría aceptable del derecho? In: MOREIRA, Eduardo Ribeiro; GONÇALVES JÚNIOR, Jerson Carneiro; BETTINI, Lucia Helena Polleti (Org.). **Hermenêutica constitucional**: homenagem aos 22 anos do grupo de estudos Maria Garcia. Florianópolis: Conceito, 2009.
ÁVILA, Humberto. **Teoria dos princípios**: da definição à aplicação dos princípios feitos. 21. ed. São Paulo: Juspodivm; Malheiros, 2022.
AYRES BRITTO, Carlos. Distinção entre "Controle Social do Poder" e "Participação Popular". **Revista de Direito Administrativo**, Rio de Janeiro, n. 89, p. 14-122, jul./set. 1992.
AZAMBUJA, Darcy. **Teoria geral do Estado**. São Paulo: Globo, 1998.
AZAMBUJA, Darcy. **Teoria geral do Estado**. Porto Alegre: Globo, 1971.
BACHELARD, Gaston. **A formação do espírito científico**: contribuição para uma psicanálise do conhecimento. Rio de Janeiro: Contraponto, 1996.
BALEEIRO, Aliomar. **Limitações constitucionais ao poder de tributar**. Rio de Janeiro: Forense, 1974.
BALL, Stephen John. Cidadania global, consumo e política educacional. In: SILVA, Luiz Heron da. **A escola cidadã no contexto da globalização**. Petrópolis: Vozes, 1998. p. 121-137.

BANDEIRA DE MELLO, Celso Antônio. **Curso de Direito Administrativo**. 25. ed. São Paulo: Malheiros, 2023.

BANDEIRA DE MELLO, Celso Antonio. **Curso de Direito Administrativo**. São Paulo: Malheiros, 2015.

BANDEIRA DE MELLO, Celso Antonio. **Curso de Direito Administrativo**. São Paulo: Malheiros, 2009.

BANDEIRA DE MELLO, Oswaldo Aranha. **Princípios gerais de Direito Administrativo**. Rio de Janeiro: Forense, 1979. v. 1.

BANDEIRA DE MELLO, Oswaldo Aranha. **Princípios gerais de Direito Administrativo**. 3. ed. São Paulo: Malheiros, 2007.

BANDIERI, Luis María. Justicia Constitucional y Democracia: ¿Un mal casamiento? In: LEITE, George Salomão; SARLET, Ingo Wolfgang (Org.). **Jurisdição constitucional, democracia e direitos fundamentais**: estudos em homenagem ao Ministro Gilmar Ferreira Mendes. Salvador: Juspodivm, 2012. p. 337-338.

BAPTISTA, Patrícia. **Transformações do Direito Administrativo**. Rio de Janeiro: Renovar, 2003.

BARBERIS, Mauro. Neoconstitucionalismo. **Revista Brasileira de Direito Constitucional: Revista de Pós-Graduação Lato Sensu em Direito Constitucional**. São Paulo, Escola Superior de Direito Constitucional (ESDC), n. 7, v. I, p. 18-30, 2006. Disponível em: <https://www.esdc.com.br/seer/index.php/rbdc/article/view/311/304>. Acesso em: 2 jul. 2024.

BARBOSA, Rui. **As Docas de Santos e as taxas de capatazia**: obras completas, XLV, 1918, I. Rio de Janeiro: MEC, 1967.

BARCELLOS, Ana Paula de; BARROSO, Luís Roberto. O começo da história: a nova interpretação constitucional e o papel dos princípios no Direito brasileiro. **Revista de Direito Administrativo**, v. 6, n. 23, p. 141-176, 2003. Disponível em: <https://www.emerj.tjrj.jus.br/revistaemerj_online/edicoes/revista23/revista23_25.pdf>. Acesso em: 2 jul. 2024.

BARKER, Sir Ernest. **Teoria política grega**. Brasília: Ed. da UNB, 1978.

BARRETO, Tobias. Comentário teórico e crítico ao Código Criminal Brasileiro. In: BARRETO, Tobias. **Obras completas**: v. 6; **Estudos de Direito**: v. 1. Aracaju: Edição do Estado de Sergipe, 1926.

BARRET, Pat. **Better Practice Public Sector Governance**. Canberra: Australian National Audit Office, 2003. Disponível em: <http://www.anao.gov.au/uploads/documents/>. Acesso em: 3 abr. 2024.

BARROS, Alberto Ribeiro de. O conceito de soberania no methodus de Jean Bodin. **Discurso**, n. 27, p. 139-155, 1996. p. 142. Disponível em: <https://filosofia.fflch.usp.br/sites/filosofia.fflch.usp.br/files/publicacoes/Discurso/Artigos/D27/D27_O_Conceito_de_Soberania.pdf>. Acesso em: 28 jun. 2024.

BARROS JUNIOR, Carlos S. de. **Do poder disciplinar na Administração Pública**. São Paulo: Revista dos Tribunais, 1972.

BARROSO, Luís Roberto. Crimes de Responsabilidade e processo de impeachment: descabimento contra secretário de Estado que deixou o cargo. **Revista de Processo**, ano 24, n. 95, p. 86-87, jul. 1999.

BARROSO, Luís Roberto. Fundamentos teóricos e filosóficos do novo Direito Constitucional brasileiro: pós-modernidade, teoria crítica e pós-positivismo. In: BARROSO, Luís Roberto (Org.). **A nova interpretação constitucional**: ponderação, direitos fundamentais e relações privadas. Rio de Janeiro: Renovar, 2003.

BARROSO, Luís Roberto. Fundamentos teóricos e filosóficos do novo Direito Constitucional brasileiro (pós-modernidade, teoria crítica e pós-positivismo). **Revista de Direito Administrativo**. Rio de Janeiro, n. 225, p. 5-37, jul./set. 2001.

BARROSO, Luís Roberto. Fundamentos teóricos e filosóficos do novo Direito Constitucional brasileiro: pós-modernidade, teoria crítica e pós-positivismo. **Revista Interesse Público**, Sapucaia do Sul, n. 11, p. 42-73, jul./set. 2001.

BARROSO, Luís Roberto. **Interpretação e aplicação da Constituição**. São Paulo: Saraiva, 2001.

BARROSO, Luís Roberto. Neoconstitucionalismo e constitucionalização do direito. In: SAMPAIO, José Adércio Leite (Coord.). **Constituição e crise política**. Belo Horizonte: Del Rey, 2006.

BARROSO, Luís Roberto. Neoconstitucionalismo e constitucionalização do direito. **Revista de Direito Administrativo**. Rio de Janeiro, v. 240, 2005. Disponível em: <https://periodicos.fgv.br/rda/article/view/43618/44695>. Acesso em: 2 jul. 2024.

BASTOS, Celso Ribeiro. **Curso de Direito Administrativo**. 5. ed. São Paulo: Saraiva, 2001.

BASTOS, Celso Ribeiro. **Curso de Direito Administrativo**. São Paulo: Saraiva, 2000.

BASTOS, Celso Ribeiro. **Curso de Direito Administrativo**. São Paulo: Saraiva, 1994.

BASTOS, Celso Ribeiro. **Hermenêutica e interpretação constitucional**. São Paulo: Celso Bastos Editor, 2002.

BASTOS, João Augusto de Souza L. A. Educação tecnológica: conceitos, características e perspectivas. **Revista Tecnologia e Interação**, Curitiba, CEFET-PR, 1998.

BATEMAN, Thomas S.; SNELL, Scott A. **Administração**: construindo vantagem competitiva. São Paulo: Atlas, 1998.

BATEMAN, Thomas S.; SNELL, Scott A. **Administração**: novo cenário competitivo. São Paulo: Atlas, 2006.

BATISTA JÚNIOR, Onofre Alves. **Transações administrativas**: um contributo ao estudo do contrato administrativo como mecanismo de prevenção e terminação de litígios e como alternativa à atuação administrativa autoritária, no contexto de uma administração pública mais democrática. São Paulo: Quartier Latin, 2007.

BAUMAN, Zygmunt. **Comunidade**: a busca por segurança no mundo atual. Tradução de Plínio Dentizien. Rio de Janeiro: Zahar, 2003.

BAUMAN, Zygmunt. **Identidade**: entrevista a Benedetto Vechi. Rio de Janeiro: J. Zahar, 2005.

BAUMAN, Zygmunt. **O mal-estar da pós-modernidade**. Rio de Janeiro: J. Zahar, 1998.

BAUMAN, Zygmunt. **Modernidade líquida**. Rio de Janeiro: Zahar, 1998.

BAUMAN, Zigmund. **Sobre educação e juventude**. Rio de Janeiro: Zahar, 2013.

BAUMAN, Zygmunt. **Vidas desperdiçadas**. Tradução de Carlos Alberto Medeiros, feita a partir de Wasted Lives (Modernity and Outcats), primeira edição inglesa publicada em 2004 por Polity Press, Cambridge, Inglaterra. Rio de Janeiro: J. Zahar Editor, 2005.

BAUMAN, Zygmunt; BORDONI, Carlo. **Estado de crise**. Tradução de Renato Aguiar. Rio de Janeiro: Zahar, 2016.

BEÇAK, Rubens. **Democracia**: hegemonia e aperfeiçoamento. São Paulo: Saraiva, 2014.

BECK, Ulrich. **Sociedade de risco**: rumo a uma outra modernidade. Tradução de Sebastião Nascimento. 2. ed. São Paulo: Editora 34, 2011.

BECK, Ulrich; GIDDENS, Anthony; LASH, Scott. **Modernidade reflexiva**: trabalho e estética na ordem social moderna. São Paulo: Ed. da Unesp, 1997.

BECKER, Alfredo Augusto. **Teoria geral do direito tributário**. São Paulo: Saraiva, 1972.

BELL, Daniel. **O advento da sociedade pós-industrial**: uma tentativa de previsão social. São Paulo: Cultrix, 1977.

BÉNOIT, Francis-Paul. **Le droit administratif français**. Paris: Dalloz, 1968.

BERGEL, Jean-Louis. **Teoria geral do Direito**. Tradução de Maria Ermantina de Almeida Prado Galvão. São Paulo: M. Fontes, 2006.

BETTI, Emilio. **Interpretação da Lei e dos atos jurídicos**: teoria geral e dogmática. Tradução de Karina Janinni. São Paulo: M. Fontes, 2007.

BIELSA, Rafael. **Derecho administrativo**. Buenos Aires: La Ley, 1964.

BIELSA, Rafael. **Derecho Constitucional**. Buenos Aires: Roque Depalma, 1959.

BIELSA, Rafael. **Princípios de Derecho Administrativo**. Buenos Aires: Universidad Nacional del Litorial, 1942.

BIGNE DE VILLENEUVE, Marcel de La. **Traité général de Létat**. França: Recuely Sirey, 1929.

BILLIER, Jean-Cassien; MARYOLI, Aglaé. **História da filosofia do Direito**. Tradução de Maurício de Andrade. São Paulo: Manole, 2005.

BINENBOJM, Gustavo. A constitucionalização do Direito Administrativo no Brasil: um inventário de avanços e retrocessos. **Revista Eletrônica sobre a Reforma do Estado (RERE)**. Salvador, Instituto Brasileiro de Direito Público, n. 13, p. 1-32, mar./abr./maio 2008. Disponível em: <http://www.direitodoestado.com.br/rere.asp>. Acesso em: 26 mar. 2024.

BINENBOJM, Gustavo. Da supremacia do interesse público ao dever de proporcionalidade: um novo paradigma para o direito administrativo. In: SARMENTO, Daniel (Org.). **Interesses**

Públicos versus Interesses Privados: desconstruindo o princípio de supremacia do interesse público. Rio de Janeiro: Lumen Juris, 2007.

BINENBOJM, Gustavo. **Uma teoria do Direito Administrativo**: direitos fundamentais, democracia e constitucionalização. Rio de Janeiro: Renovar, 2006.

BIRMAN, Joel. **Mal-estar na atualidade**: a psicanálise e as novas formas de subjetivação. Rio de Janeiro: Civilização Brasileira, 2001.

BITTAR, Eduardo Carlos Bianca. **O Direito na pós-modernidade**. Rio de Janeiro: Forense Universitária, 2009.

BOBBIO, Norberto. **A era dos direitos**. Rio de Janeiro: Campus, 1992.

BOBBIO, Norberto. **Dicionário de política**. Brasília: Ed. da UnB, 2004.

BOBBIO, Norberto. **Estado, governo, sociedade**: para uma teoria geral da política. Rio de Janeiro: Paz e Terra, 2007.

BOBBIO, Norberto. **Estado, governo, sociedade**. São Paulo: Paz e Terra, 1999.

BOBBIO, Norberto. **Liberalismo e democracia**. São Paulo: Brasiliense, 2005.

BOBBIO, Norberto. **Locke e il diritto naturale**. Torino: Giappichelli, 1963.

BOBBIO, Norberto. **O futuro da democracia**. Tradução de Marco Aurélio Nogueira. São Paulo: Paz e Terra, 2000.

BOBBIO, Norberto. **Teoria do ordenamento jurídico**. Tradução de Ari Marcelo Sólon. São Paulo: Edipro, 2011.

BOBBIO, Norberto. **Teoria do ordenamento jurídico**. Tradução de Maria Celeste Cordeiro Leite dos Santos. Brasília: Ed. da UnB, 1999.

BOBBIO, Norberto. **Teoria do ordenamento jurídico**. Tradução de Maria Celeste Cordeiro Leite dos Santos. Brasília: Ed. da UnB, 1996.

BOBBIO, Norberto et al. **Dicionário de política**. Coordenação da tradução de João Ferreira. São Paulo: Imprensa Oficial do Estado, 2000. v. I.

BÖCKENFÖRDE, Ernest Wolfgang. **Estudios sobre el Estado de Derecho y la Democracia**. Madrid: Trota, 2000.

BODIN, Jean. **Les six livres de la République**. Paris: Librairie Générale Française, 1993.

BODIN, Jean. Methodus ad facilem historiarum cognitionem (Méthode pour la connaissance facile de l'histoire. Tradução de Pierre Mesnard. In: **Œuvres Philosophiques de Jean Bodin**. Paris: PUF, 1951.

BOGASON, Peter. Networks and Bargaining in Policy Analysis. In: PETERS, Guy; PIERRE, Jon. (Ed.). **Handbook of Public Policy**. London: Sage Publications, 2006.

BONAVIDES, Paulo. A quinta geração de direitos fundamentais. **Revista Brasileira de Direitos Fundamentais & Justiça**, Rio Grande do Sul, v. 2, n. 3, p. 82-93, abr./jun. 2008

BONAVIDES, Paulo. **Ciência e política**. São Paulo: Malheiros, 2002.

BONAVIDES, Paulo. **Curso de Direito Constitucional**. São Paulo: Malheiros, 2010.

BONAVIDES, Paulo. **Curso de Direito Constitucional**. São Paulo: Malheiros, 2002.

BONAVIDES, Paulo. **Curso de Direito Constitucional**. São Paulo: Malheiros, 2001.

BONAVIDES, Paulo. **Teoria constitucional da democracia participativa**: por um Direito Constitucional de luta e resistência – por uma nova hermenêutica – por uma repolitização da legitimidade. 3. ed. São Paulo: Malheiros, 2008.

BONAVIDES, Paulo. **Teoria constitucional da democracia participativa**. São Paulo: Malheiros, 2001.

BORDIN, Luigi. Razão pós-moderna. In: HUHNE, Leda Miranda (Org.). **Razões**. Rio de Janeiro: Uapê, 1994. p. 159-160.

BORGES, José Souto Maior. **Introdução ao direito financeiro**. São Paulo: Max Limonad, 1998.

BORJA, Jordi. **Estado Y Ciudad**. Barcelona: PPU, 1988.

BOURDIEU, Pierre. **Os usos sociais da ciência**: por uma sociologia clínica do campo científico. São Paulo: Ed. da Unesp, 2002.

BOVENS, Mark. Analysing and Assessing Public Accountability: a Conceptual Framework. **European Governance Papers**: EUROGOV. C-06-01, 16 jan. 2006.

BOWLBY, J. **La separación afectiva**. Barcelona: Edicion es Paidos, 1985.

BRANCO, Paulo Gustavo Gonet. **Juízo de ponderação na jurisdição constitucional**. São Paulo: Saraiva, 2009.

BRASIL. Constituição (1988). **Diário Oficial da União**, Brasília, DF, 5 out. 1988. Disponível em: <http://www.planalto.gov.br/ccivil_03/constituicao/constituicao.htm>. Acesso em: 5 set. 2024.

BRASIL. Constituição (1891). **Diário Oficial [da] República dos Estados Unidos do Brasil**, Rio de Janeiro, 24 fev. 1891. Disponível em: <http://www.planalto.gov.br/ccivil_03/constituicao/constituicao91.htm>. Acesso em: 19 abr. 2024.

BRASIL. **Convenção Interamericana contra a Corrupção**: Presidência, Controladoria-Geral da União. Brasília: CGU, 2007. Disponível em: <https://www.gov.br/cgu/pt-br/assuntos/articulacao-internacional-1/convencao-da-oea/documentos-relevantes/arquivos/cartilha-oea/@@download/file/cartilha.pdf>. Acesso em: 14 out. 2024.

BRASIL. Decreto n. 200, de 25 de fevereiro de 1967. **Diário Oficial da União**, Poder Executivo, Brasília, DF, 27 mar. 1967. Disponível em: <https://www.planalto.gov.br/ccivil_03/decreto-lei/del0200.htm>. Acesso em: 5 abr. 2024.

BRASIL. Decreto n. 1.171, de 22 de junho de 1994. **Diário Oficial da União**, Poder Executivo, Brasília, DF, 23 jun. 1994. Disponível em: <https://www.planalto.gov.br/ccivil_03/decreto/d1171.htm>. Acesso em: 10 abr. 2024.

BRASIL. Decreto n. 2.487, de 2 de fevereiro de 1998. **Diário Oficial da União**, Poder Executivo, Brasília, DF, 3 fev. 1998. Disponível em: <https://www.planalto.gov.br/ccivil_03/decreto/d2487.htm>. Acesso em: 12 abr. 2024.

BRASIL. Decreto n. 3.555, de 8 de agosto de 2000. **Diário Oficial da União**, Poder Executivo, 9 ago. 2000. Disponível em: <https://www.planalto.gov.br/ccivil_03/decreto/d3555.htm>. Acesso em: 16 abr. 2024.

BRASIL. Decreto n. 5.687, de 31 de janeiro de 2006. **Diário Oficial da União**, Poder Executivo, Brasília, DF, 1º fev. 2006. Disponível em: <https://www.planalto.gov.br/ccivil_03/_ato2004-2006/2006/decreto/d5687.htm>. Acesso em: 8 abr. 2024.

BRASIL. Decreto n. 6.204, de 5 de setembro de 2007. **Diário Oficial da União**, Poder Executivo, Brasília, DF, 6 set. 2007. Disponível em: <https://www.planalto.gov.br/ccivil_03/_ato2007-2010/2007/decreto/d6204.htm>. Acesso em: 18 abr. 2024.

BRASIL. Decreto n. 6.029, de 1º de fevereiro de 2007. **Diário Oficial da União**, Poder Executivo, Brasília, DF, 2 fev. 2007. Disponível em: <https://www.planalto.gov.br/ccivil_03/_ato2007-2010/2007/decreto/d6029.htm>. Acesso em: 3 fev. 2025.

BRASIL. Decreto n. 7.777, de 24 de julho de 2012. **Diário Oficial da União**, Poder Executivo, Brasília, DF, 25 jul. 2012. Disponível em: <https://www.planalto.gov.br/ccivil_03/_ato2011-2014/2012/decreto/d7777.htm>. Acesso em: 4 jul. 2024.

BRASIL. Decreto n. 8.243, de 23 de maio de 2014. **Diário Oficial da União**, Poder Executivo, Brasília, DF, 26 maio 2014. Disponível em: <https://www.planalto.gov.br/ccivil_03/_ato2011-2014/2014/decreto/d8243.htm>. Acesso em: 16 abr. 2024.

BRASIL. Decreto n. 8.539, de 8 de outubro de 2015. **Diário Oficial da União**, Poder Executivo, Brasília, DF, 9 out. 2015. Disponível em: <https://www.planalto.gov.br/ccivil_03/_ato2015-2018/2015/decreto/d8539.htm>. Acesso em: 18 fev. 2025.

BRASIL. Decreto n. 8.945, de 27 de dezembro de 2016. **Diário Oficial da União**, Poder Executivo, Brasília, DF, 27 dez. 2016. Disponível em: <https://www.planalto.gov.br/ccivil_03/_ato2015-2018/2016/decreto/d8945.htm>. Acesso em: 24 fev. 2025.

BRASIL. Decreto n. 9.203, de 22 de novembro de 2017. **Diário Oficial da União**, Poder Executivo, Brasília, DF, 23 nov. 2017. Disponível em: <https://www.planalto.gov.br/ccivil_03/_ato2015-2018/2017/decreto/d9203.htm>. Acesso em: 24 fev. 2025.

BRASIL. Decreto n. 10.543, de 13 de novembro de 2020. **Diário Oficial da União**, Poder Executivo, 16 nov. 2020. Disponível em: <https://www.planalto.gov.br/ccivil_03/_ato2019-2022/2020/decreto/D10543.htm>. Acesso em: 18 fev. 2025.

BRASIL. Decreto n. 11.129, de 11 de julho de 2022. **Diário Oficial da União**, Poder Executivo, Brasília, DF, 12 jul. 2022. Disponível em: <https://www.planalto.gov.br/ccivil_03/_ato2019-2022/2022/decreto/d11129.htm>. Acesso em: 24 fev. 2025.

BRASIL. Decreto n. 11.317, de 29 de dezembro de 2022. **Diário Oficial da União**, Poder Executivo, Brasília, DF, 30 dez. 2022. Disponível em: <https://www.planalto.gov.br/ccivil_03/_ato2019-2022/2022/decreto/D11317.htm#:~:text=DECRETO%20N%C2%BA%2011.317%2C%20

DE%2029%20DE%20DEZEMBRO%20DE%202022&text=Atualiza%20os%20valores%20 estabelecidos%20na,vista%200%20disposto%20no%20art.>. Acesso em: 16 abr. 2024.

BRASIL. Decreto n. 11.461, de 31 de março de 2023. **Diário Oficial da União**, Poder Executivo, Brasília, DF, 31 mar. 2023. Disponível em: <https://www.planalto.gov.br/ccivil_03/_ato2023-2026/2023/decreto/D11461.htm>. Acesso em: 3 jul. 2024.

BRASIL. Decreto n. 11.529, de 16 de maio de 2023. **Diário Oficial da União**, Poder Executivo, Brasília, DF, 17 maio 2023. Disponível em: <https://www.planalto.gov.br/ccivil_03/_ato2023-2026/2023/decreto/D11529.htm>. Acesso em: 24 fev. 2025.

BRASIL. Decreto n. 11.946, de 12 de março de 2024. **Diário Oficial da União**, Poder Executivo, Brasília, DF, 13 mar. 2024. Disponível em: <https://www.planalto.gov.br/ccivil_03/_ato2023-2026/2024/decreto/d11946.htm#:~:text=DECRETA%3A,Distrito%20Federal%20e%20dos%20Munic%C3%ADpios.&text=VII%20%2D%20contribuir%20para%20a%20melhoria%20dos%20servi%C3%A7os%20p%C3%BAblicos%20prestados%20ao%20cidad%C3%A3o.>. Acesso em: 18 fev. 2025.

BRASIL. Decreto n. 12.304, de 9 de dezembro de 2024. **Diário Oficial da União**, Poder Executivo, 10 dez. 2024. Disponível em: <https://www.planalto.gov.br/ccivil_03/_ato2023-2026/2024/decreto/D12304.htm>. Acesso em: 24 fev. 2025.

BRASIL. Lei n. 12.187, de 29 de dezembro de 2009. **Diário Oficial da União**, Poder Legislativo, Brasília, DF, 29 dez. 2009. Disponível em: <https://www.planalto.gov.br/ccivil_03/_ato2007-2010/2009/lei/l12187.htm>. Acesso em: 24 fev. 2025.

BRASIL. Lei n. 12.846, de 1º de agosto de 2013. **Diário Oficial da União**, Poder Executivo, Brasília, DF, 2 ago. 2013. Disponível em: <https://www.planalto.gov.br/ccivil_03/_ato2011-2014/2013/lei/l12846.htm>. Acesso em: 24 fev. 2025.

BRASIL. Lei n. 13.303, de 30 de junho de 2016. **Diário Oficial da União**, Poder Legislativo, Brasília, DF, 1º jul. 2016. Disponível em: <https://www.planalto.gov.br/ccivil_03/_ato2015-2018/2016/lei/l13303.htm>. Acesso em: 24 fev. 2025.

BRASIL. Lei n. 14.133, de 1º de abril de 2021. **Diário Oficial da União**, Poder Legislativo, Brasília, DF, 1º abr. 2021. Disponível em: <https://www.planalto.gov.br/ccivil_03/_ato2019-2022/2021/lei/l14133.htm>. Acesso em: 24 fev. 2025.

BRASIL. Decreto n. 15.783, de 8 de novembro de 1922. **Diário Oficial da União**, Poder Executivo, Brasília, DF, 8 nov. 1922. Disponível em: <https://www.planalto.gov.br/ccivil_03/decreto/19101929/D15783.htm#:~:text=DECRETO%20N%C2%BA%2015.783%2C%20DE%208%20DE%20NOVEMBRO%20DE%201922.&text=Aprova%20o%20regulamento%20para%20execu%C3%A7%C3%A3o,que%20lhe%20confere%20o%20art.>. Acesso em: 19 abr. 2024.

BRASIL. Decreto n. 20.704, de 24 de novembro de 1931. **Diário Oficial da União**, Poder Executivo, 24 nov. 1931. Disponível em: <https://www.planalto.gov.br/ccivil_03/decreto/1930-1949/d20704.htm>. Acesso em: 18 abr. 2024.

BRASIL. Decreto n. 20.910, de 6 de janeiro de 1932. **Diário Oficial da União**, Poder Executivo, Brasília, DF, 8 jan. 1932. Disponível em: <https://www.planalto.gov.br/ccivil_03/decreto/antigos/d20910.htm>. Acesso em: 23 out. 2024.

BRASIL. Decreto n. 24.643, de 10 de julho de 1934. **Diário Oficial da União**, Poder Executivo, Brasília, DF, 20 jul. 1934. Disponível em: <https://www.planalto.gov.br/ccivil_03/decreto/d24643compilado.htm#:~:text=DECRETO%20N%C2%BA%2024.643%2C%20DE%2010%20DE%20JULHO%20DE%201934.&text=Decreta%20o%20C%C3%B3digo%20de%20%C3%81guas.&text=%C3%81GUAS%20P%C3%9ABLICAS-,Art.,de%20uso%20comum%20ou%20dominicais.>. Acesso em: 19 abr. 2024.

BRASIL. Decreto n. 85.064, de 26 de agosto de 1980. **Diário Oficial da União**, Poder Executivo, Brasília, DF, 27 ago. 1980. Disponível em: <https://www2.camara.leg.br/legin/fed/decret/1980-1987/decreto-85064-26-agosto-1980-434591-norma-pe.html>. Acesso em: 5 jul. 2024.

BRASIL. Decreto n. 99.165, de 12 de marco de 1990. **Diário Oficial da União**, Poder Executivo, Brasília, DF, 14 mar. 1990. Disponível em: <https://www2.camara.leg.br/legin/fed/decret/1990/decreto-99165-12-marco-1990-328535-publicacaooriginal-1-pe.html>. Acesso em: 5 jul. 2024.

BRASIL. Decreto-Lei n. 25, de 30 de novembro de 1937. **Diário Oficial da União**, Poder Executivo, Brasília, DF, 6 dez. 1937. Disponível em: <https://www.planalto.gov.br/ccivil_03/decreto-lei/del0025.htm>. Acesso em: 4 jul. 2024.

BRASIL. Decreto-Lei n. 200, de 25 de fevereiro de 1967. **Diário Oficial da União**, Poder Executivo, 27 mar. 1967. Disponível em: <https://www.planalto.gov.br/ccivil_03/decreto-lei/del0200.htm>. Acesso em: 17 abr. 2024.

BRASIL. Decreto-Lei n. 271, de 28 de fevereiro de 1967. **Diário Oficial da União**, Poder Executivo, 28 fev. 1967. Disponível em: <https://www.planalto.gov.br/ccivil_03/decreto-lei/del0271.htm>. Acesso em: 19 abr. 2024.

BRASIL. Decreto-Lei n. 667, de 2 de julho de 1969. **Diário Oficial da União**, Poder Executivo, Brasília, DF, 3 jul. 1969. Disponível em: <https://www.planalto.gov.br/ccivil_03/decreto-lei/del0667.htm>. Acesso em: 10 fev. 2025.

BRASIL. Decreto-Lei n. 2.484, de 7 de dezembro de 1940. **Diário Oficial da União**, Poder Executivo, Brasília, DF, 31 dez. 1940. Disponível em: <https://www.planalto.gov.br/ccivil_03/decreto-lei/del2848compilado.htm>. Acesso em: 15 abr. 2024.

BRASIL. Decreto-Lei n. 3.365, de 21 de junho de 1941. **Diário Oficial da União**, Poder Executivo, 18 jul. 1941. Disponível em: <https://www.planalto.gov.br/ccivil_03/decreto-lei/del3365.htm>. Acesso em: 17 abr. 2024.

BRASIL. Decreto-Lei n. 3.689, de 3 de outubro de 1941. **Diário Oficial da União**, Poder Executivo, Brasília, DF, 13 out. 1941. Disponível em: <https://www.planalto.gov.br/ccivil_03/decreto-lei/del3689.htm>. Acesso em: 18 set. 2024.

BRASIL. Decreto-Lei n. 4.657, de 4 de setembro de 1942. **Diário Oficial da União**, Poder Executivo, Brasília, DF, 9 set. 1942. Disponível em: <https://www.planalto.gov.br/ccivil_03/decreto-lei/del4657.htm>. Acesso em: 18 set. 2024.

BRASIL. Decreto-Lei n. 5.452, de 1º de maio de 1943. **Diário Oficial da União**, Poder Executivo, 9 ago. 1943. Disponível em: <https://www.planalto.gov.br/ccivil_03/decreto-lei/del5452.htm>. Acesso em: 18 out. 2024.

BRASIL. Decreto-Lei n. 9.760, de 5 de setembro de 1946. **Diário Oficial da União**, Poder Executivo, Brasília, DF, 6 set. 1946. Disponível em: <https://www2.camara.leg.br/legin/fed/declei/1940-1949/decreto-lei-9760-5-setembro-1946-417540-norma-pe.html#:~:text=EMENTA%3A%20Disp%C3%B5e%20sobre%20os%20bens%20im%C3%B3veis%20da%20Uni%C3%A3o%20d%C3%A1%20outras%20provid%C3%AAncais.&text=Observa%C3%A7%C3%A3o%3A%20Vide%20ADPFs%20n%C2%BAs%20264%2F2012%20e%201.008%2F2022.>. Acesso em: 5 jul. 2024.

BRASIL. Emenda Constitucional n. 6, de 15 de agosto de 1995. **Diário Oficial da União**, Poder Legislativo, 16 ago. 1995. Disponível em: <https://www.planalto.gov.br/ccivil_03/constituicao/emendas/emc/emc06.htm>. Acesso em: 18 abr. 2024.

BRASIL. Emenda Constitucional n. 7, de 13 de abril de 1977. **Diário Oficial da União**, Poder Legislativo, Brasília, DF, 13 abr. 1977. Disponível em: <https://www.planalto.gov.br/CCIVIL_03/////Constituicao/Emendas/Emc_anterior1988/emc0777.htm#:~:text=Lei%20complementar%20denominada%20Lei%20Org%C3%A2nica,nesta%20Constitui%C3%A7%C3%A3o%20ou%20dela%20decorrentes.>. Acesso em: 5 set. 2024.

BRASIL. Emenda Constitucional n. 19, de 4 de junho de 1998. **Diário Oficial da União**, Poder Legislativo, Brasília, DF, 5 jun. 1998. Disponível em: <https://www.planalto.gov.br/ccivil_03/constituicao/Emendas/Emc/emc19.htm>. Acesso em: 5 abr. 2024.

BRASIL. Emenda Constitucional n. 31, de 14 de dezembro de 2000. **Diário Oficial da União**, Poder Legislativo, Brasília, DF, 18 dez. 2000. Disponível em: <https://www.planalto.gov.br/ccivil_03/constituicao/emendas/emc/emc31.htm>. Acesso em: 5 abr. 2024.

BRASIL. Emenda Constitucional n. 32, de 11 de setembro de 2001. **Diário Oficial da União**, Poder Legislativo, Brasília, DF, 12 set. 2001. Disponível em: <https://www.planalto.gov.br/ccivil_03/constituicao/emendas/emc/emc32.htm>. Acesso em: 11 abr. 2024.

BRASIL. Emenda Constitucional n. 45, de 30 de dezembro de 2004. **Diário Oficial da União**, Poder Legislativo, 30 dez. 2004. Disponível em: <https://www.planalto.gov.br/ccivil_03/constituicao/emendas/emc/emc45.htm>. Acesso em: 15 abr. 2024.

BRASIL. Emenda Constitucional n. 49, de 8 de fevereiro de 2006. **Diário Oficial da União**, Poder Legislativo, Brasília, DF, 9 fev. 2006. Disponível em: <https://www.planalto.gov.br/ccivil_03/constituicao/emendas/emc/emc49.htm>. Acesso em: 18 abr. 2024.

BRASIL. Emenda Constitucional n. 118, de 26 de abril de 2022. **Diário Oficial da União**, Poder Legislativo, Brasília, DF, 27 abr. 2022. Disponível em: <https://www.planalto.gov.br/ccivil_03/constituicao/emendas/emc/emc118.htm>. Acesso em: 14 fev. 2025.

BRASIL. Lei n. 601, de 18 de setembro de 1850. **Coleção de Leis do Brasil**, Poder Executivo, Brasília, DF, 18 set. 1850. Disponível em: <https://www.planalto.gov.br/ccivil_03/leis/l0601-1850.htm>. Acesso em: 1º nov. 2024.

BRASIL. Lei n. 1.079, de 10 de abril de 1950. **Diário Oficial da União**, Poder Legislativo, Brasília, DF, 12 abr. 1950. Disponível em: <https://www.planalto.gov.br/ccivil_03/leis/l1079.htm>. Acesso em: 9 abr. 2024.

BRASIL. Lei n. 3.071, de 1º de janeiro de 1916. **Coleção de Leis do Brasil**, Rio de Janeiro, 1º jan. 1916. Disponível em: <https://www.planalto.gov.br/ccivil_03/leis/l3071.htm>. Acesso em: 31 out. 2024.

BRASIL. Lei n. 4.132, de 10 de setembro de 1962. **Diário Oficial da União**, Poder Executivo, 7 nov. 1962. Disponível em: <https://www.planalto.gov.br/ccivil_03/LEIS/L4132.htm>. Acesso em: 17 abr. 2024.

BRASIL. Lei n. 4.348, de 26 de junho de 1964. **Diário Oficial da União**, Poder Legislativo, 3 jul. 1964. Disponível em: <https://www.planalto.gov.br/ccivil_03/leis/l4348.htm#~:text=LEI%20N%C2%BA%204.348%2C%20DE%2026%20DE%20JUNHO%20DE%201964.&text=Estabelece%20normas%20processuais%20relativas%20a,Art.>. Acesso em: 16 abr. 2024.

BRASIL. Lei n. 4.717, de 29 de junho de 1965. **Diário Oficial da União**, Poder Executivo, Brasília, DF, 29 jun. 1965. Disponível em: <https://www.planalto.gov.br/ccivil_03/leis/l4717.htm>. Acesso em: 16 abr. 2024.

BRASIL. Lei n. 4.878, de 3 de dezembro de 1965. **Diário Oficial da União**, Poder Legislativo, Brasília, DF, 6 dez. 1965. Disponível em: <https://www.planalto.gov.br/ccivil_03/leis/l4878.htm>. Acesso em: 4 jul. 2024.

BRASIL. Lei n. 4.898, de 9 de dezembro de 1965. **Diário Oficial da União**, Poder Legislativo, Brasília, DF, 13 dez. 1965. Disponível em: <https://www.planalto.gov.br/ccivil_03/leis/l4898.htm>. Acesso em: 4 jul. 2024.

BRASIL. Lei n. 5.172, de 24 de outubro de 1966. **Diário Oficial da União**, Poder Legislativo, Brasília, DF, 27 out. 1966. Disponível em: <https://www.planalto.gov.br/ccivil_03/leis/l5172compilado.htm>. Acesso em: 4 jul. 2024.

BRASIL. Lei n. 5.869, de 11 de janeiro de 1973. **Diário Oficial da União**, Poder Executivo, Brasília, DF, 17 jan. 1973. Disponível em: <https://www.planalto.gov.br/ccivil_03/leis/l5869.htm>. Acesso em: 18 out. 2024.

BRASIL. Lei n. 6.001, de 19 de dezembro de 1973. **Diário Oficial da União**, Poder Legislativo, Brasília, DF, 21 dez. 1973. Disponível em: <https://www.planalto.gov.br/ccivil_03/leis/l6001.htm#~:text=LEI%20N%C2%BA%206.001%2C%20DE%2019,sobre%20o%20Estatuto%20do%20%C3%8Dndio.&text=Art.%201%C2%BA%20Esta%20Lei%20regula,e%20harmoniosamente%2C%20%C3%A0%20comunh%C3%A3o%20nacional.>. Acesso em: 18 abr. 2024.

BRASIL. Lei n. 6.015, de 31 de dezembro de 1973. **Diário Oficial da União**, Poder Legislativo, Brasília, DF, 31 dez. 1973. Disponível em: <https://www.planalto.gov.br/ccivil_03/leis/l6015compilada.htm>. Acesso em: 18 abr. 2024.

BRASIL. Lei n. 6.024, de 13 de março de 1974. **Diário Oficial da União**, Poder Executivo, Brasília, DF, 14 mar. 1974. Disponível em: <https://www.planalto.gov.br/ccivil_03/leis/l6024.htm>. Acesso em: 4 jul. 2024.

BRASIL. Lei n. 6.383, de 7 de dezembro de 1976. **Diário Oficial da União**, Poder Legislativo, Brasília, DF, 9 dez. 1976. Disponível em: <https://www2.camara.leg.br/legin/fed/lei/1970-1979/lei--6383-7-dezembro-1976-357226-norma-pl.html>. Acesso em: 5 jul. 2024.

BRASIL. Lei n. 6.404, de 15 de dezembro de 1976. **Diário Oficial da União**, Poder Executivo, Brasília, DF, 17 dez. 1976. Disponível em: <https://www.planalto.gov.br/ccivil_03/leis/l6404consol.htm>. Acesso em: 5 abr. 2024.

BRASIL. Lei n. 6.453, de 17 de outubro de 1977. **Diário Oficial da União**, Poder Legislativo, Brasília, DF, 17 out. 1977. Disponível em: <https://www.planalto.gov.br/ccivil_03/leis/l6453.htm>. Acesso em: 14 fev. 2025.

BRASIL. Lei n. 6.567, de 24 de setembro de 1978. **Diário Oficial da União**, Poder Legislativo, Brasília, DF, 26 set. 1978. Disponível em: <https://www2.camara.leg.br/legin/fed/lei/1970-1979/lei-6567-24-setembro-1978-365772-norma-pl.html>. Acesso em: 5 jul. 2024.

BRASIL. Lei n. 6.634, de 2 de maio de 1979. **Diário Oficial da União**, Poder Legislativo, Brasília, DF, 3 maio 1979. Disponível em: <https://www2.camara.leg.br/legin/fed/lei/1970-1979/lei-6634-2-maio-1979-365762-norma-pl.html>. Acesso em: 5 jul. 2024.

BRASIL. Lei n. 7.347, de 24 de julho de 1985. **Diário Oficial da União**, Poder Executivo, Brasília, DF, 25 jul. 1985. Disponível em: <https://www.planalto.gov.br/ccivil_03/leis/l7347orig.htm>. Acesso em: 16 abr. 2024.

BRASIL. Lei n. 7.565, de 19 de dezembro de 1986. **Diário Oficial da União**, Poder Legislativo, Brasília, DF, 23 dez. 1986. Disponível em: <https://www2.camara.leg.br/legin/fed/lei/1980-1987/lei-7565-19-dezembro-1986-368177-norma-pl.html>. Acesso em: 5 jul. 2024.

BRASIL. Lei 7.569, de 22 de dezembro de 1986. **Diário Oficial da União**, Poder Judiciário, Brasília, DF, 22 dez. 1986. Disponível em: <https://www.planalto.gov.br/ccivil_03/leis/1980-1988/l7569.htm#:~:text=LEI%20N%C2%BA%207.569%2C%20DE%2022,Recursos%20e%20d%C3%A1%20outras%20provid%C3%AAncias.>. Acesso em: 11 abr. 2024.

BRASIL. Lei n. 7.783, de 28 de junho de 1989. **Diário Oficial da União**, Poder Executivo, Brasília, DF, 29 jun. 1989. Disponível em: <https://www.planalto.gov.br/ccivil_03/leis/l7783.HTM>. Acesso em: 21 out. 2024.

BRASIL. Lei n. 7.990, de 28 de dezembro de 1989. **Diário Oficial da União**, Poder Legislativo, Brasília, DF, 29 dez. 1989. Disponível em: <https://www2.camara.leg.br/legin/fed/lei/1989/lei--7990-28-dezembro-1989-372285-norma-pl.html>. Acesso em: 5 jul. 2024.

BRASIL. Lei 8.078, de 11 de setembro de 1990. **Diário Oficial da União**, Poder Legislativo, Brasília, DF, 12 set. 1990. Disponível em: <https://www.planalto.gov.br/ccivil_03/leis/l8078compilado.htm>. Acesso em: 4 jul. 2024.

BRASIL. Lei 8.080, de 19 de setembro de 1990. **Diário Oficial da União**, Poder Legislativo, Brasília, DF, 20 set. 1990. Disponível em: <https://www.planalto.gov.br/ccivil_03/leis/l8080.htm>. Acesso em: 12 abr. 2024.

BRASIL. Lei n. 8.112, de 11 de dezembro de 1990. **Diário Oficial da União**, Poder Executivo, Brasília, DF, 19 abr. 1991. Disponível em: <https://www.planalto.gov.br/ccivil_03/leis/l8112cons.htm>. Acesso em: 12 abr. 2024.

BRASIL. Lei n. 8.257, de 26 de novembro de 1991. **Diário Oficial da União**, Poder Executivo, Brasília, DF, 26 nov. 1991. Disponível em: <https://www.planalto.gov.br/ccivil_03/leis/l8257.htm#:~:text=LEI%20N%C2%BA%208.257%2C%20DE%2026%20DE%20NOVEMBRO%20DE%201991.&text=Disp%C3%B5e%20sobre%20a%20expropria%C3%A7%C3%A3o%20das,psicotr%C3%B3picas%20e%20d%C3%A1%20outras%20provid%C3%AAncias.>. Acesso em: 17 abr. 2024.

BRASIL. Lei n. 8.429, de 2 de junho de 1992. **Diário Oficial da União**, Poder Executivo, Brasília, DF, 3 jun. 1992. Disponível em: <https://www.planalto.gov.br/ccivil_03/leis/l8429.htm>. Acesso em: 8 abr. 2024.

BRASIL. Lei n. 8.437, de 30 de junho de 1992. **Diário Oficial da União**, Poder Executivo, Brasília, DF, 1º jul. 1992. Disponível em: <https://www.planalto.gov.br/ccivil_03/leis/l8437.htm#:~:text=LEI%20N%C2%BA%208.437%2C%20DE%2030,P%C3%BAblico%20e%20d%C3%A1%20outras%20provid%C3%AAncias.>. Acesso em: 16 abr. 2024.

BRASIL. Lei n. 8.617, de 4 de janeiro de 1993. **Diário Oficial da União**, Poder Legislativo, Brasília, DF, 5 jan. 1993. Disponível em: <https://www2.camara.leg.br/legin/fed/lei/1993/lei-8617-4-janeiro--1993-362973-norma-pl.html>. Acesso em: 5 jul. 2024.

BRASIL. Lei n. 8.623, de 28 de janeiro de 1993. **Diário Oficial da União**, Poder Legislativo, Brasília, DF, 29 jan. 1993. Disponível em: <https://www.planalto.gov.br/ccivil_03/leis/l8623.htm>. Acesso em: 18 abr. 2024.

BRASIL. Lei n. 8.629, de 25 de fevereiro de 1993. **Diário Oficial da União**, Poder Legislativo, Brasília, DF, 26 fev. 1993. Disponível em: <https://www.planalto.gov.br/CCIVIL_03/////LEIS/L8629.htm>. Acesso em: 17 abr. 2024.

BRASIL. Lei n. 8.666, de 21 de junho de 1993. **Diário Oficial da União**, Poder Legislativo, Brasília, DF, 22 jun. 1993. Disponível em: <https://www.planalto.gov.br/ccivil_03/leis/l8666cons.htm>. Acesso em: 15 abr. 2024.

BRASIL. Lei n. 8.987, de 13 de fevereiro de 1995. **Diário Oficial da União**, Poder Legislativo, Brasília, DF, 14 fev. 1995. Disponível em: <https://www.planalto.gov.br/ccivil_03/leis/l8987cons.htm>. Acesso em: 4 jul. 2024.

BRASIL. Lei 9.074, de 7 de julho de 1995. **Diário Oficial da União**, Poder Executivo, Brasília, DF, 8 jul. 1995. Disponível em: <https://www.planalto.gov.br/ccivil_03/leis/l9074cons.htm>. Acesso em: 4 jul. 2024.

BRASIL. Lei n. 9.096, de 19 de setembro de 1995. **Diário Oficial da União**, Poder Legislativo, Brasília, DF, 20 set. 1995. Disponível em: <https://www.planalto.gov.br/ccivil_03/leis/l9096.htm>. Acesso em: 14 out. 2024.

BRASIL. Lei n. 9.099, de 26 de setembro de 1995. **Diário oficial da União**, Poder Legislativo, Brasília, DF, 27 set. 1995. Disponível em: <https://www.planalto.gov.br/ccivil_03/leis/l9099.htm>. Acesso em: 11 fev. 2025.

BRASIL. Lei n. 9.307, de 23 de setembro de 1996. **Diário Oficial da União**, Poder Legislativo, Brasília, DF, 24 set. 1996. Disponível em: <https://www.planalto.gov.br/ccivil_03/leis/l9307.htm>. Acesso em: 17 abr. 2024.

BRASIL. Lei n. 9.433, de 8 de janeiro de 1997. **Diário Oficial da União**, Poder Legislativo, Brasília, DF, 9 jan. 1997. Disponível em: <https://www.planalto.gov.br/ccivil_03/leis/l9433.htm>. Acesso em: 19 abr. 2024.

BRASIL. Lei n. 9.469, de 10 de julho de 1997. **Diário Oficial da União**, Poder Executivo, Brasília, DF, 11 jul. 1997. Disponível em: <https://www.planalto.gov.br/ccivil_03/leis/l9469.htm>. Acesso em: 16 abr. 2024.

BRASIL. Lei n. 9.472, de 16 de julho de 1997. **Diário Oficial da União**, Poder Legislativo, Brasília, DF, 17 jul. 1997. Disponível em: <https://www.planalto.gov.br/ccivil_03/leis/l9472.htm>. Acesso em: 17 abr. 2024.

BRASIL. Lei n. 9.494, de 10 de setembro de 1997. **Diário Oficial da União**, Poder Executivo, Brasília, DF, 11 set. 1997. Disponível em: <https://www.planalto.gov.br/ccivil_03/leis/l9494.htm>. Acesso em: 16 abr. 2024.

BRASIL. Lei n. 9.504, de 30 de setembro de 1997. **Diário Oficial da União**, Poder Legislativo, Brasília, DF, 1º out. 1997. Disponível em: <https://www.planalto.gov.br/ccivil_03/leis/l9504.htm>. Acesso em: 10 abr. 2024.

BRASIL. Lei n. 9.507, de 12 de novembro de 1997. **Diário Oficial da União**, Poder Legislativo, Brasília, DF, 13 nov. 1997. Disponível em: <https://www.planalto.gov.br/ccivil_03/leis/l9507.htm>. Acesso em: 16 abr. 2024.

BRASIL. Lei n. 9.514, de 20 de novembro de 1997. **Diário Oficial da União**, Poder Legislativo, Brasília, DF, 21 nov. 1997. Disponível em: <https://www2.camara.leg.br/legin/fed/lei/1997/lei--9514-20-novembro-1997-365383-publicacaooriginal-1-pl.html>. Acesso em: 5 jul. 2024.

BRASIL. Lei n. 9.527, de 10 de dezembro de 1997. **Diário Oficial da União**, Poder Legislativo, Brasília, DF, 11 dez. 1997. Disponível em: <https://www.planalto.gov.br/ccivil_03/leis/l9527.htm>. Acesso em: 12 abr. 2024.

BRASIL. Lei n. 9.636, de 15 de maio de 1998. **Diário Oficial da União**, Poder Executivo, Brasília, DF, 18 maio 1998. Disponível em: <https://www.planalto.gov.br/ccivil_03/leis/l9636.htm>. Acesso em: 31 out. 2024.

BRASIL. Lei n. 9.637, de 15 de maio de 1998. **Diário Oficial da União**, Poder Executivo, Brasília, DF, 18 maio 1998. Disponível em: <https://www.planalto.gov.br/ccivil_03/leis/l9637.htm#:~:text=LEI%20N%C2%BA%209.637%2C%20DE%2015%20DE%20MAIO%20DE%201998.&text=Disp%C3%B5e%20sobre%20a%20qualifica%C3%A7%C3%A30%20

BRASIL. Lei n. 9.784, de 29 de janeiro de 1999. **Diário Oficial da União**, Poder Legislativo, Brasília, DF, 1º fev. 1999. Disponível em: <https://www.planalto.gov.br/ccivil_03/leis/l9784.htm>. Acesso em: 5 abr. 2024.

BRASIL. Lei n. 9.790, de 23 de março de 1999. **Diário Oficial da União**, Poder Executivo, Brasília, DF, 24 mar. 1999. Disponível em: <https://www.planalto.gov.br/ccivil_03/leis/l9790.htm#:~:text=LEI%20No%209.790%2C%20DE%2023%20DE%20MAR%C3%87O%20DE%201999.&text=Disp%C3%B5e%20sobre%20a%20qualifica%C3%A7%C3%A3o%20de,Parceria%2C%20e%20d%C3%A1%20outras%20provid%C3%AAncias.>. Acesso em: 12 abr. 2024.

BRASIL. Lei n. 9.868, de 10 de novembro de 1999. **Diário Oficial da União**, Poder Executivo, Brasília, DF, 11 nov. 1999. Disponível em: <https://www.planalto.gov.br/ccivil_03/leis/l9868.htm>. Acesso em: 23 out. 2024.

BRASIL. Lei 9.873, de 23 de novembro de 1999. **Diário Oficial da União**, Poder Executivo, Brasília, DF, 24 nov. 1999. Disponível em: <https://www.planalto.gov.br/ccivil_03/leis/l9873.htm#:~:text=LEI%20No%209.873%2C%20DE%2023%20DE%20NOVEMBRO%20DE%201999.&text=Estabelece%20prazo%20de%20prescri%C3%A7%C3%A3o%20para,indireta%2C%20e%20d%C3%A1%20outras%20provid%C3%AAncias.>. Acesso em: 15 abr. 2024.

BRASIL. Lei n. 9.962, de 22 de fevereiro de 2000. **Diário Oficial da União**, Poder Executivo, 23 fev. 2000. Disponível em: <https://www.planalto.gov.br/ccivil_03/leis/L9962.htm>. Acesso em: 10 fev. 2025.

BRASIL. Lei n. 9.985, de 18 de julho de 2000. **Diário Oficial da União**, Poder Executivo, Brasília, DF, 19 jul. 2000. Disponível em: <https://www.planalto.gov.br/ccivil_03/leis/l9985.htm>. Acesso em: 1º nov. 2024.

BRASIL. Lei n. 9.986, de 18 de julho de 2000. **Diário Oficial da União**, Poder Executivo, Brasília, DF, 19 jul. 2000. Disponível em: <https://www.planalto.gov.br/ccivil_03/leis/l9986.htm>. Acesso em: 12 abr. 2024.

BRASIL. Decreto n. 10.029, de 20 de setembro de 2019. **Diário Oficial da União**, Poder Executivo, 23 set. 2019. Disponível em: <https://www.planalto.gov.br/ccivil_03/_ato2019-2022/2019/decreto/d10024.htm>. Acesso em: 16 abr. 2024.

BRASIL. Lei n. 10.257, de 10 de julho de 2001. **Diário Oficial da União**, Poder Legislativo, 11 jul. 2001. Disponível em: <https://www.planalto.gov.br/ccivil_03/leis/leis_2001/l10257.htm>. Acesso em: 18 abr. 2024.

BRASIL. Lei n. 10.176, de 11 de janeiro de 2001. **Diário Oficial da União**, Poder Executivo, Brasília, DF, 12 jan. 2001. Disponível em: <https://www.planalto.gov.br/ccivil_03/leis/LEIS_2001/L10176.htm>. Acesso em: 3 jul. 2024.

BRASIL. Lei n. 10.257, de 10 de julho de 2001. **Diário Oficial da União**, Poder Legislativo, 11 jul. 2001. Disponível em: <https://www.planalto.gov.br/ccivil_03/leis/leis_2001/l10257.htm>. Acesso em: 17 abr. 2024.

BRASIL. Lei n. 10.259, de 12 de julho de 2001. **Diário Oficial da União**, Poder Executivo, Brasília, DF, 13 jul. 2001. Disponível em: <https://www.planalto.gov.br/ccivil_03/leis/leis_2001/l10259.htm>. Acesso em: 5 abr. 2024.

BRASIL. Lei n. 10.308, de 20 de novembro de 2001. **Diário Oficial da União**, Poder Legislativo, Brasília, DF, 21 nov. 2001. Disponível em: <https://www.planalto.gov.br/ccivil_03/leis/leis_2001/l10308.htm>. Acesso em: 14 fev. 2025.

BRASIL. Lei n. 10.406, de 10 de janeiro de 2002. **Diário Oficial da União**, Poder Legislativo, Brasília, DF, 11 jan. 2002. Disponível em: <https://www.planalto.gov.br/ccivil_03/leis/2002/l10406compilada.htm>. Acesso em: 17 out. 2024.

BRASIL. Lei 10.520, de 17 de julho de 2002. **Diário Oficial da União**, Poder Executivo, Brasília, DF, 18 jul. 2002. Disponível em: <https://www.planalto.gov.br/ccivil_03/leis/2002/l10520.htm>. Acesso em: 16 abr. 2024.

BRASIL. Lei n. 10.746, de 9 de outubro de 2003. **Diário Oficial da União**, Poder Legislativo, Brasília, DF, 10 out. 2003. Disponível em: <https://www2.camara.leg.br/legin/fed/lei/2003/lei--10743-9-outubro-2003-459955-norma-pl.html>. Acesso em: 5 jul. 2024.

BRASIL. Lei n. 10.826, de 22 de dezembro de 2003. **Diário Oficial da União**, Poder Legislativo, Brasília, DF, 23 dez. 2003. Disponível em: <https://www.planalto.gov.br/ccivil_03/leis/2003/l10.826.htm>. Acesso em: 15 abr. 2024.

BRASIL. Lei n. 10.973, de 2 de dezembro de 2004. **Diário Oficial da União**, Poder Executivo, Brasília, DF, 3 dez. 2004. Disponível em: <https://www.planalto.gov.br/ccivil_03/_ato2004-2006/2004/lei/l10.973.htm>. Acesso em: 17 abr. 2024.

BRASIL. Lei 11.079, de 30 de dezembro de 2004. **Diário Oficial da União**, Poder Executivo, Brasília, DF, 31 dez. 2004. Disponível em: <https://www.planalto.gov.br/ccivil_03/_ato2004-2006/2004/lei/l11079.htm>. Acesso em: 5 abr. 2024.

BRASIL. Lei n. 11.101, de 9 de fevereiro de 2005. **Diário Oficial da União**, Poder Executivo, 9 fev. 2005. Disponível em: <https://www.planalto.gov.br/ccivil_03/_ato2004-2006/2005/lei/l11101.htm>. Acesso em: 18 abr. 2024.

BRASIL. Lei 11.107, de 6 de abril de 2005. **Diário Oficial da União**, Poder Legislativo, Brasília, DF, 7 abr. 2005. Disponível em: <https://www.planalto.gov.br/ccivil_03/_ato2004-2006/2005/lei/l11107.htm>. Acesso em: 12 abr. 2024.

BRASIL. Lei n. 11.417, de 19 de dezembro de 2006. **Diário Oficial da União**, Poder Legislativo, Brasília, DF, 20 dez. 2006. Disponível em: <https://www.planalto.gov.br/ccivil_03/_ato2004-2006/2006/lei/l11417.htm>. Acesso em: 19 abr. 2024.

BRASIL. Lei n. 11.771, de 17 de setembro de 2008. **Diário Oficial da União**, Poder Legislativo, Brasília, DF, 18 set. 2008. Disponível em: <https://www.planalto.gov.br/ccivil_03/_ato2007-2010/2008/lei/l11771.htm>. Acesso em: 18 abr. 2024.

BRASIL. Lei n. 12.008, de 29 de julho de 2009. **Diário Oficial da União**, Poder Legislativo, Brasília, DF, 29 jul. 2009. Disponível em: <https://www.planalto.gov.br/ccivil_03/_ato2007-2010/2009/lei/l12008.htm>. Acesso em: 19 abr. 2024.

BRASIL. Lei n. 12.016, de 7 de agosto de 2009. **Diário Oficial da União**, Poder Executivo, Brasília, DF, 10 ago. 2009. Disponível em: <https://www.planalto.gov.br/ccivil_03/_ato2007-2010/2009/lei/l12016.htm>. Acesso em: 16 abr. 2024.

BRASIL. Lei n. 12.187, de 29 de dezembro de 2009. **Diário Oficial da União**, Poder Legislativo, Brasília, DF, 29 dez. 2009. Disponível em: <https://www.planalto.gov.br/ccivil_03/_ato2007-2010/2009/lei/l12187.htm>. Acesso em: 16 abr. 2024.

BRASIL. Lei n. 12.259, de 30 de novembro de 2011. **Diário Oficial da União**, Poder Legislativo, Brasília, DF, 1º dez. 2011. Disponível em: <https://www.planalto.gov.br/ccivil_03/_ato2011-2014/2011/lei/l12529.htm>. Acesso em: 17 abr. 2024.

BRASIL. Lei n. 12.305, de 2 de agosto de 2010. **Diário Oficial da União**, Poder Legislativo, Brasília, DF, 3 ago. 2010. Disponível em: <https://www.planalto.gov.br/ccivil_03/_ato2019-2022/2021/lei/l14133.htm>. Acesso em: 3 jul. 2024.

BRASIL. Lei n. 12.527, de 18 de novembro de 2011. **Diário Oficial da União**, Poder Legislativo, 18 nov. 2011. Disponível em: <https://www.planalto.gov.br/ccivil_03/_ato20112014/2011/lei/l12527.htm>. Acesso em: 17 abr. 2024.

BRASIL. Lei n. 12.580, de 2 de agosto de 2013. **Diário Oficial da União**, Poder Legislativo, Brasília, DF, 5 ago. 2013. Disponível em: <https://www.planalto.gov.br/ccivil_03/_ato2011-2014/2013/lei/l12850.htm>. Acesso em: 9 abr. 2024.

BRASIL. Lei n. 12.840, de 9 de julho de 2013. **Diário Oficial da União**, Poder Legislativo, Brasília, DF, 10 jul. 2013. Disponível em: <https://www.planalto.gov.br/ccivil_03/_ato2011-2014/2013/lei/l12840.htm#:~:text=LEI%20N%C2%BA%2012.840%2C%20DE%209,Art.>. Acesso em: 9 abr. 2024.

BRASIL. Lei n. 12.846, de 1º de agosto de 2013. **Diário Oficial da União**, Poder Executivo, Brasília, DF, 2 ago. 2013. Disponível em: <https://www.planalto.gov.br/ccivil_03/_ato2011-2014/2013/lei/l12846.htm>. Acesso em: 8 abr. 2024.

BRASIL. Lei n. 13.022, de 8 de agosto de 2014. **Diário Oficial da União**, Poder Legislativo, Brasília, DF, 11 ago. 2014. Disponível em: <https://www.planalto.gov.br/ccivil_03/_ato2011-2014/2014/lei/l13022.htm>. Acesso em: 15 abr. 2024.

BRASIL. Lei n. 13.105, de 16 de março de 2015. **Diário Oficial da União**, Poder Legislativo, Brasília, DF, 17 mar. 2015. Disponível em: <https://www.planalto.gov.br/ccivil_03/_ato2015-2018/2015/lei/l13105.htm>. Acesso em: 16 abr. 2024.

BRASIL. Lei n. 13.178, de 22 de outubro de 2015. **Diário Oficial da União**, Poder Legislativo, Brasília, DF, 23 out. 2015. Disponível em: <https://www2.camara.leg.br/legin/fed/lei/2015/lei--13178-22-outubro-2015-781827-norma-pl.html>. Acesso em: 5 jul. 2024.

BRASIL. Lei n. 13.300, de 23 de junho de 2016. **Diário Oficial da União**, Poder Legislativo, Brasília, DF, 24 jun. 2016. Disponível em: <https://www.planalto.gov.br/ccivil_03/_ato2015-2018/2016/lei/l13300.htm>. Acesso em: 16 abr. 2024.

BRASIL. Lei n. 13.311, de 11 de julho de 2016. **Diário Oficial da União**, Poder Legislativo, Brasília, DF, 12 jul. 2016. Disponível em: <https://www2.camara.leg.br/legin/fed/lei/2016/lei-13311-11-julho--2016-783337-publicacaooriginal-150751-pl.html>. Acesso em: 5 jul. 2024.

BRASIL. Lei n. 13.364, de 29 de novembro de 2016. **Diário oficial da União**, Poder Legislativo, 30 nov. 2016. Disponível em: <https://www.planalto.gov.br/ccivil_03/_ato2015-2018/2016/lei/l13364.htm>. Acesso em: 14 fev. 2025.

BRASIL. Lei n. 13.460, de 26 de junho de 2017. **Diário Oficial da União**, Poder Legislativo, Brasília, DF, 27 jun. 2017. Disponível em: <https://www.planalto.gov.br/ccivil_03/_ato2015-2018/2017/lei/l13460.htm>. Acesso em: 17 abr. 2024.

BRASIL. Lei n. 13.465, de 11 de julho de 2017. **Diário Oficial da União**, Poder Legislativo, Brasília, DF, 12 jul. 2017. Disponível em: <https://www2.camara.leg.br/legin/fed/lei/2017/lei-13465-11-julho--2017-785192-norma-pl.html>. Acesso em: 5 jul. 2024.

BRASIL. Lei 13.575, de 26 de dezembro de 2017. **Diário Oficial da União**, Poder Legislativo, Brasília, DF, 27 dez. 2017. Disponível em: <https://www2.camara.leg.br/legin/fed/lei/2017/lei--13575-26-dezembro-2017-786006-norma-pl.html>. Acesso em: 5 jul. 2024.

BRASIL. Lei n. 13.655, de 25 de abril de 2018. **Diário Oficial da União**, Poder Legislativo, Brasília, DF, 26 abr. 2018. Disponível em: <https://www.planalto.gov.br/ccivil_03/_ato2015-2018/2018/lei/l13655.htm>. Acesso em: 22 out. 2024.

BRASIL. Lei n. 13.709, de 14 de agosto de 2018. **Diário Oficial da União**, Poder Executivo, Brasília, DF, 15 ago. 2018. Disponível em: <https://www.planalto.gov.br/ccivil_03/_ato2015-2018/2018/lei/l13709.htm>. Acesso em: 3 fev. 2025.

BRASIL. Lei n. 13.726, de 8 de outubro de 2018. **Diário Oficial da União**, Poder Legislativo, 9 out. 2018. Disponível em: <https://www.planalto.gov.br/ccivil_03/_ato2015-2018/2018/lei/l13726.htm>. Acesso em: 18 fev. 2025.

BRASIL. Lei n. 13.848, de 25 de junho de 2019. **Diário Oficial da União**, Poder Legislativo, Brasília, DF, 26 jun. 2019. Disponível em: <https://www.planalto.gov.br/ccivil_03/_ato2019-2022/2019/lei/l13848.htm>. Acesso em: 18 out. 2024.

BRASIL. Lei n. 13.867, de 26 de agosto de 2019. **Diário Oficial da União**, Poder Legislativo, Brasília, DF, 27 ago. 2019. Disponível em: <https://www.planalto.gov.br/ccivil_03/_ato2019-2022/2019/lei/l13867.htm>. Acesso em: 13 fev. 2025.

BRASIL. Lei n. 13.934, de 11 de dezembro de 2019. **Diário Oficial da União**, Poder Legislativo, Brasília, DF, 12 dez. 2019. Disponível em: <https://www.planalto.gov.br/ccivil_03/_ato2019-2022/2019/lei/L13934.htm>. Acesso em: 12 abr. 2024.

BRASIL. Lei n. 14.133, de 1º de abril de 2021. **Diário Oficial da União**, Poder Legislativo, Brasília, DF, 1º abr. 2021. Disponível em: <https://www.planalto.gov.br/ccivil_03/_ato2019-2022/2021/lei/l14133.htm>. Acesso em: 3 jul. 2024.

BRASIL. Lei n. 14.210, de 30 de setembro de 2021. **Diário Oficial da União**, Poder Legislativo, Brasília, DF, 1º out. 2021. Disponível em: <https://www.planalto.gov.br/ccivil_03/_ato2019-2022/2021/lei/l14210.htm>. Acesso em: 19 abr. 2024.

BRASIL. Lei n. 14.334, de 10 de maio de 2022. **Diário Oficial da União**, Poder Legislativo, Brasília, DF, 11 maio 2022. Disponível em: <https://www.planalto.gov.br/ccivil_03/_Ato2019-2022/2022/Lei/L14334.htm>. Acesso em: 5 jul. 2022.

BRASIL. Lei n. 14.368, de 14 de junho de 2022. **Diário Oficial da União**, Poder Legislativo, Brasília, DF, 15 jun. 2022. Disponível em: <https://www2.camara.leg.br/legin/fed/lei/2022/lei--14368-14-junho-2022-792828-norma-pl.html>. Acesso em: 5 jul. 2024.

BRASIL. Lei Complementar n. 76, de 6 de julho de 1993. **Diário Oficial da União**, Poder Legislativo, Brasília, DF, 7 jul. 1993. Disponível em: <https://www2.camara.leg.br/legin/fed/leicom/1993/leicomplementar--76-6-julho-1993-364965-norma-pl.html>. Acesso em: 17 abr. 2024.

BRASIL. Lei Complementar n. 97, de 9 de junho de 1999. **Diário Oficial da União**, Poder Executivo, Brasília, DF, 10 jun. 1999. Disponível em: <https://www.planalto.gov.br/ccivil_03/leis/lcp/lcp97.htm>. Acesso em: 5 fev. 2025.

BRASIL. Lei Complementar n. 101, de 4 de maio de 2000. **Diário Oficial da União**, Poder Legislativo, Brasília, DF, 5 maio 2000. Disponível em: <https://www.planalto.gov.br/ccivil_03/leis/lcp/lcp101.htm>. Acesso em: 8 abr. 2024.

BRASIL. Lei Complementar n. 123, de 14 de dezembro de 2006. **Diário Oficial da União**, Poder Legislativo, 15 dez. 2006. Disponível em: <https://www.planalto.gov.br/ccivil_03/leis/lcp/lcp123.htm>. Acesso em: 16 abr. 2024.

BRASIL. Lei Complementar n. 135, de 4 de junho de 2010. **Diário Oficial da União**, Poder Legislativo, Brasília, DF, 7 jun. 2010. Disponível em: <https://www.planalto.gov.br/ccivil_03/leis/lcp/lcp135.htm>. Acesso em: 8 abr. 2024.

BRASIL. Superior Tribunal de Justiça. **Ag int no RMS n. 49202/PR-2015/0218887-4**. Data de publicação: Diário da Justiça Eletrônico, 9 maio 2017.

BRASIL. Conselho Nacional de Justiça. **Resolução n. 7, de 18 outubro de 2005**. Disponível em: <https://atos.cnj.jus.br/atos/detalhar/atos-normativos?documento=187. Acesso em: 3 fev. 2025.

BRASIL. Conselho Nacional de Justiça. **Resolução n. 229, de 22 de junho de 2016**. Disponível em: <https://atos.cnj.jus.br/atos/detalhar/2300>. Acesso em: 3 fev. 2025.

BRASIL. Controladoria-Geral da União. **Guia de Integridade Pública**: orientações para a Administração Pública Federal – direta, autárquica e fundacional. set. 2015. Disponível em: <https://repositorio.cgu.gov.br/bitstream/1/41665/12/2015cgu_guia-de-integridade-publica.pdf>. Acesso em: 24 fev. 2025.

BRASIL. Superior Tribunal de Justiça. **Agravo em Recurso Especial n. 804.392-GO, de 1º de dezembro de 2015**. Relator: Min. Benedito Gonçalves. Decisão Monocrática. Data do julgamento: 1º dez. 2015.

BRASIL. Superior Tribunal de Justiça. **AgRg no REsp n. 1.099.724/RJ**. Relator: Min. Castro Meira. Segunda Turma. Data de julgamento: 17 set. 2009. Data de publicação: Diário da Justiça Eletrônico, 5 out. 2009.

BRASIL. Superior Tribunal de Justiça. **Agravo Regimental em Recurso Especial n. 1.129.668 – RS, de 29 de agosto de 2013**. Relator: Min. Napoleão Nunes Maia Filho. Decisão Monocrática. Data do julgamento: 29 ago. 2013.

BRASIL. Superior Tribunal de Justiça. **Agravo Regimental no Recurso Especial n. 1337768/MG**. Relator: Ministro Olindo Menezes. Primeira Turma. Data de publicação: Diário da Justiça Eletrônico, 19 nov. 2015. Disponível em: <https://scon.stj.jus.br/SCON/pesquisar.jsp?i=1&b=ACOR&livre=((%27AGRESP%27.clas.+e+@num=%271337768%27)+ou+(%27AgRg%20no%20REsp%27+adj+%271337768%27).suce.)&thesaurus=JURIDICO&fr=veja>. Acesso em: 11 out. 2024.

BRASIL. Superior Tribunal de Justiça. **AgRg RE n. 1.138.517/MG, de 18 de agosto de 2011**. Relator: Min. Humberto Martins. Data de julgamento: 18 ago. 2018. Data de publicação: Diário da Justiça Eletrônico, 1º set. 2011. Disponível em: <https://www.stj.jus.br/websecstj/cgi/revista/REJ.cgi/ITA?seq=935830&tipo=0&nreg=200900858110&SeqCgrmaSessao=&CodOrgaoJgdr=&dt=20110901&formato=PDF&salvar=false>. Acesso em: 30 out. 2024.

BRASIL. Superior Tribunal de Justiça. **CC n. 181.628-DF, de 11 de novembro de 2021**. Corte Especial. Relator: Min. Raul Araujo. Data de julgamento: 11 nov. 2021. Data de publicação: Diário de Justiça Eletrônico, 26 nov. 2021. Disponível em: <https://processo.stj.jus.br/SCON/jurisprudencia/toc.jsp?livre=%28CC.clas.+e+%40num%3D%22181628%22%29+ou+%28CC+adj+%22181628%22%29.suce.>. Acesso em: 1º nov. 2024.

BRASIL. Superior Tribunal de Justiça. **Habeas Corpus n. 82.009**. Relatora: Denise Arruda. Decisão monocrática. Data de publicação: 2 maio 2007.

BRASIL. Superior Tribunal de Justiça. **Informativo n. 152, de 21 a 25 de outubro de 2002**. Disponível em: <https://www.stj.jus.br/publicacaoinstitucional/index.php/informjurisdata/article/view/4176/4396>. Acesso em: 4 jul. 2024.

BRASIL. Superior Tribunal de Justiça. **Informativo n. 167, de 24 a 28 de março de 2003**. Disponível em: <https://www.stj.jus.br/publicacaoinstitucional/index.php/informjurisdata/article/view/4190/4410>. Acesso em: 4 jul. 2024.

BRASIL. Superior Tribunal de Justiça. **Informativo n. 222, de 20 a 24 de setembro de 2004**. Disponível em: <https://processo.stj.jus.br/jurisprudencia/externo/informativo/?aplicacao=informativo&acao=pesquisar&livre=punitive+p&refinar=S.DISP.&&b=INFJ&p=true&t=&l=20&i=15181>. Acesso em: 3 jul. 2024.

BRASIL. Superior Tribunal de Justiça. **Informativo n. 244, de 25 a 29 de abril de 2005**. Disponível em: <https://www.stj.jus.br/publicacaoinstitucional/index.php/informjurisdata/article/view/4268/4487>. Acesso em: 4 jul. 2024.

BRASIL. Superior Tribunal de Justiça. **Informativo n. 288, de 12 a 16 de junho de 2006**. Disponível em: <https://www.stj.jus.br/publicacaoinstitucional/index.php/informjurisdata/article/ view/4312/4532>. Acesso em: 16 abr. 2024.

BRASIL. Superior Tribunal de Justiça. **Informativo n. 319, de 30 de abril a 11 de maio de 2007**. Disponível em: <https://processo.stj.jus.br/jurisprudencia/externo/informativo/?acao=pesquisarumaedicao&livre=0319.cod.>. Acesso em: 16 abr. 2024.

BRASIL. Superior Tribunal de Justiça. **Informativo n. 334**. Primeira seção: 13 dez. 2006. Data de publicação: 14 fev. 2007. Disponível em: <https://www.stj.jus.br/publicacaoinstitucional/index.php/sumstj/article/download/5653/5776#:~:text=O%20servi%C3%A7o%20prestado%20pelos%20provedores,meio%20de%20uma%20linha%20telef%C3%B4nica.>. Acesso em: 16 abr. 2024.

BRASIL. Superior Tribunal de Justiça. **Informativo n. 388, de 23 a 27 de março de 2009**. Disponível em: <https://www.stj.jus.br/publicacaoinstitucional/index.php/informjurisdata/article/view/4436/4645>. Acesso em: 9 abr. 2024

BRASIL. Superior Tribunal de Justiça. **Informativo n. 411, de 12 a 16 de outubro de 2009**. Disponível em: <https://www.stj.jus.br/publicacaoinstitucional/index.php/informjurisdata/article/view/4479/4679>. Acesso em: 4 jul. 2024.

BRASIL. Superior Tribunal de Justiça. **Informativo n. 418, de 30 de novembro a 4 de dezembro de 2009**. Disponível em: <https:// www.stj.jus.br/publicacaoinstitucional/index.php/informjurisdata/article/view/4488/4687>. Acesso em: 9 abr. 2024.

BRASIL. Superior Tribunal de Justiça. **Informativo n. 448, de 20 a 24 de setembro de 2010**. Disponível em: <https://www.stj.jus.br/publicacaoinstitucional/index.php/informjurisdata/article/view/4545/4730>. Acesso em: 28 out. 2024.

BRASIL. Superior Tribunal de Justiça. **Informativo n. 486, de 24 de outubro de 2011**. Disponível em: <https://www.stj.jus.br/publicacaoinstitucional/index.php/informjurisdata/article/view/4616/4792>. Acesso em: 4 jul. 2024.

BRASIL. Superior Tribunal de Justiça. **Informativo 548, de 22 de outubro de 2014**. Disponível em: <https://processo.stj.jus.br/jurisprudencia/externo/informativo/?aplicacao=informativo&acao=pesquisar&livre=@cnot=014982>. Acesso em: 16 abr. 2024.

BRASIL. Superior Tribunal de Justiça. **Informativo n. 561, de 4 a 17 de maio de 2015**. Disponível em: <https://www.stj.jus.br/publicacaoinstitucional/index.php/informjurisdata/article/view/3966/4190>. Acesso em: 16 abr. 2024.

BRASIL. Superior Tribunal de Justiça. **Informativo n. 575, de 19 de dezembro de 2015 a 4 de fevereiro de 2016**. Disponível em: <https://www.stj.jus.br/publicacaoinstitucional/index.php/informjurisdata/article/view/3953/4177>. Acesso em: 16 abr. 2024.

BRASIL. Superior Tribunal de Justiça. **Informativo n. 594, de 1º de fevereiro de 2017**. Disponível em: <https://www.stj.jus.br/publicacaoinstitucional/index.php/informjurisdata/article/view/3836/4064>. Acesso em: 19 abr. 2024.

BRASIL. Superior Tribunal de Justiça. **Informativo n. 660, de 6 de dezembro de 2019**. Disponível em: <https://processo.stj.jus.br/jurisprudencia/externo/informativo/?livre=@CNOT=017371>. Acesso em: 13 fev. 2025.

BRASIL. Superior Tribunal de Justiça. **Informativo n. 662, de 31 de dezembro de 2020**. Disponível em: <https://processo.stj.jus.br/jurisprudencia/externo/informativo/?acao=pesquisarumaedicao&livre=0662.cod.>. Acesso em: 13 fev. 2025.

BRASIL. Superior Tribunal de Justiça. **Informativo n. 718, de 22 de novembro de 2021**. Disponível em: <https://processo.stj.jus.br/jurisprudencia/externo/informativo/?aplicacao=informativo&acao=pesquisar&livre=@cnot=018667#:~:text=No%20contrato%20de%20compra%20e,vendedor%20pelo%20tempo%20de%20perman%C3%AAncia.>. Acesso em: 4 nov. 2024.

BRASIL. Superior Tribunal de Justiça. **Informativo n. 720, de 6 de dezembro de 2021**. Disponível em: <https://processo.stj.jus.br/SCON/SearchBRS?b=INFJ&tipo=informativo&livre=%270720%27.cod.&force=yes>. Acesso em: 19 abr. 2024.

BRASIL. Superior Tribunal de Justiça. **Informativo n. 746, de 29 de agosto de 2022**. Disponível em: <https://processo.stj.jus.br/jurisprudencia/externo/informativo/?acao=pesquisarumaedicao&livre=%270746%27.cod.>. Acesso em: 15 abr. 2024.

BRASIL. Superior Tribunal de Justiça. **Informativo n. 752, de 11 de outubro de 2022**. Disponível em: <https://processo.stj.jus.br/jurisprudencia/externo/informativo/?acao=pesquisarumaedicao&livre=0752.cod.>. Acesso em: 19 abr. 2024.

BRASIL. Superior de Justiça. **Informativo n. 784, de 29 de agosto de 2023**. Disponível em: <https://processo.stj.jus.br/jurisprudencia/externo/informativo/?acao=pesquisarumaedicao&livre=0784.cod.&from=feed#:~:text=29%20de%20agosto%20de%202023.,S%C3%9AMULAS&text=Atendidos%20os%20requisitos%20de%20segurada,23%2F8%2F2023).>. Acesso em: 4 jul. 2024.

BRASIL. Superior Tribunal de Justiça. **Informativo de Jurisprudência n. 533, de 12 de fevereiro de 2014**. Disponível em: <https://www.stj.jus.br/publicacaoinstitucional/index.php/informjurisdata/article/view/3839/4067 Acesso em: 4 jul. 2024.

BRASIL. Superior Tribunal de Justiça. **Informativo de Jurisprudência n. 630, de 31 de agosto de 2018**. Disponível em: <https://www.stj.jus.br/publicacaoinstitucional/index.php/informjurisdata/article/view/3897/4123>. Acesso em: 4 abr. 2024.

BRASIL. Superior Tribunal de Justiça. **Informativo de Jurisprudência n. 649, de 21 de junho de 2019**. Disponível em: <https://www.stj.jus.br/publicacaoinstitucional/index.php/informjurisdata/article/view/3878/4104>. Acesso em: 4 abr. 2024.

BRASIL. Superior Tribunal de Justiça. **Informativo de Jurisprudência n. 733, de 25 de abril de 2022**. Disponível em: <https://www.stj.jus.br/publicacaoinstitucional/index.php/Informjuris20/article/view/12448/12550>. Acesso em: 4 jul. 2024.

BRASIL. Superior Tribunal de Justiça. **Informativo de Jurisprudência n. 758, de 28 de novembro de 2022**. Disponível em: <https://processo.stj.jus.br/jurisprudencia/externo/informativo/?aplicacao=informativo&acao=pesquisar&livre=@CNOT=%27019575%27>. Acesso em: 4 jul. 2024.

BRASIL. Superior Tribunal de Justiça. **Mandado de Segurança n. 13.520/DF**. Relatora: Min. Laurita Vaz. Terceira Seção. Data de julgamento: 14 ago. 2013. Data de publicação: *Diário da Justiça Eletrônico*, 2 set. 2013. Disponível em: <https://repositorio.cgu.gov.br/bitstream/1/33857/13/STJ_MS_13520.pdf>. Acesso em: 11 out. 2024.

BRASIL. Superior Tribunal de Justiça. **REsp n. 579.541/SP**. Relator: Min. José Delgado. Primeira Turma. Data de julgamento: 17 fev. 2004. Data de publicação: *Diário de Justiça*, 19 abr. 2004.

BRASIL. Superior Tribunal de Justiça. **REsp n. 608.324, de 12 de junho de 2007**. Relator: Min. Carlos Fernando Mathias. Data de julgamento: 19 jun. 2008. Data de publicação: *Diário da Justiça Eletrônico*, 2 set. 2008. Disponível em: <https://scon.stj.jus.br/SCON/GetInteiroTeorDoAcordao?num_registro=200302087908&dt_publicacao=03/08/2007>. Acesso em: 30 out. 2024.

BRASIL. Superior Tribunal de Justiça. **REsp n. 926.140/DF, de 1º de abril de 2008**. Relator: Min. Luiz Fux. Data de publicação: *Diário da Justiça*, 15 maio 2008. Disponível em: <https://scon.stj.jus.br/SCON/pesquisar.jsp?b=ACOR&livre=%28RESP.clas.+e+%40num%3D%2292614 0%22%29+ou+%28RESP+adj+%22926140%22%29.suce.&O=JT>. Acesso em: 29 out. 2024.

BRASIL. Superior Tribunal de Justiça. **REsp n. 1.187.947/BA**. Relator: Min. Napoleão Nunes Maia Filho. Relator para acórdão: Min. Benedito Goncalves. Primeira Turma. Data de julgamento: 27 maio 2014. Data de publicação: *Diário da Justiça Eletrônico*, 4 ago. 2014.

BRASIL. Superior Tribunal de Justiça. **REsp n. 1.236.488, de 26 de abril de 2011**. Relator: Min. Humberto Martins. Data de publicação: *Diário da Justiça Eletrônico*, 3 maio 2011. Disponível em: <https://processo.stj.jus.br/SCON/GetInteiroTeorDoAcordao?num_registro=201100295449&dt_publicacao=03/05/2011>. Acesso em: 29 out. 2024.

BRASIL. Superior Tribunal de Justiça. **Resp n. 1.492.710-MG**. Segunda Turma. Relator: Min. Humberto Martins. Data de julgamento: 16 dez. 2014. Data de publicação: *Diário da Justiça Eletrônico*, 19 dez. 2014. Disponível em: <https://scon.stj.jus.br/SCON/pesquisar.jsp?b=ACOR&livre=%28RESP.clas.+e+%40num%3D%221492710%22%29+ou+%28RESP+adj+%221492710%22%29.suce.&O=JT>. Acesso em: 1º nov. 2024.

BRASIL. Superior Tribunal de Justiça. **Resp. n. 1.770.001, de 5 de novembro de 2019**. 2ª Turma. Relator: Min. Mauro Campbell Marques. Data de julgamento: 5 nov. 2019. Data de publicação: *Diário da Justiça Eletrônico*, 7 nov. 2019. Disponível em: <https://processo.stj.jus.br/SCON/jurisprudencia/toc.jsp?livre=%28RESP.clas.+e+%40num%3D%221770001%22%29+ou+%28RESP+adj+%221770001%22%29.suce.>. Acesso em: 13 fev. 2025.

BRASIL. Superior Tribunal de Justiça. **REsp n. 1.708.325-RS**. Relator: Min. Og Fernandes. Data de julgamento: 24 maio 2022. Data de publicação: *Diário de Justiça Eletrônico*, 24 jun. 2022. Disponível em: <https://scon.stj.jus.br/SCON/pesquisar.jsp?b=ACOR&livre=%28RESP.clas.+e+%40num%3D221708325%22%29+ou+%28RESP+adj+%221708325%22%29.suce.&O=JT>. Acesso em: 1º nov. 2024.

BRASIL. Superior Tribunal de Justiça. **Súmula n. 2**. Primeira seção: 8 maio 1990. Data de publicação: *Diário da Justiça*, 18 maio 1990. Disponível em: <https://www.stj.jus.br/publicacaoinstitucional/index.php/sumstj/article/download/5137/5262#:~:text=%2O%20direito%20de%20a%C3%A7%C3%A3o%20relativamente,de%2002.05.1989).%22>. Acesso em: 16 abr. 2024.

BRASIL. Superior Tribunal de Justiça. **Súmula n. 37**. Corte Especial: 12 mar. 1992. Data de publicação: *Diário da Justiça*, 17 mar. 1992. Disponível em: <https://www.stj.jus.br/publicacaoinstitucional/index.php/sumstj/article/view/5223/5348>. Acesso em: 19 abr. 2024.

BRASIL. Superior Tribunal de justiça. Súmula n. 41, de 20 de maio de 1992. Disponível em: <https://www.stj.jus.br/publicacaoinstitucional/index.php/sumstj/article/view/5227/5352>. Acesso em: 3 jul. 2024.

BRASIL. Superior Tribunal de Justiça. **Súmula n. 140**. Terceira Seção: 18 maio 1995. Data de publicação: *Diário da Justiça*, 24 maio 1995. Disponível em: <https://www.stj.jus.br/docs_internet/revista/eletronica/stj-revista-sumulas-2010_10_capSumula140.pdf>. Acesso em: 30 out. 2024.

BRASIL. Superior Tribunal de Justiça. **Súmula n. 177, de 11 de dezembro de 1996**. Disponível em: <https://www.stj.jus.br/publicacaoinstitucional/index.php/sumstj/article/download/5531/5654#:~:text=O%20Superior%20Tribunal%20de%20Justi%C3%A7a,presidido%20por%20Ministro%20de%20Estado.>. Acesso em: 3 jul. 2024.

BRASIL. Superior Tribunal de Justiça. **Súmula n. 266, de 22 de maio de 2002**. Disponível em: <https://www.stj.jus.br/docs_internet/revista/eletronica/stj-revista-sumulas-2011_20_capSumula266.pdf>. Acesso em: 4 jul. 2024.

BRASIL. Superior Tribunal de Justiça. **Súmula n. 227**. Segunda Seção: 8 set. 1999. Data de publicação: *Diário da Justiça*, 20 out. 1999. Disponível em: <https://www.stj.jus.br/docs_internet/revista/eletronica/stj-revista-sumulas-2011_17_capSumula227.pdf>. Acesso em: 19 abr. 2024.

BRASIL. Superior Tribunal de Justiça. **Súmula n. 333**. Primeira seção: 13 dez. 2006. Data de publicação: *Diário da Justiça*, 14 fev. 2007. Disponível em: <https://www.stj.jus.br/docs_internet/revista/eletronica/stj-revista-sumulas-2012_28_capSumula333.pdf>. Acesso em: 16 abr. 2024.

BRASIL. Superior Tribunal de Justiça. **Súmula n. 387**. Segunda Seção: 26 ago. 2009. Data de publicação: *Diário da Justiça Eletrônico*, 1º de setembro de 2009. Disponível em: <https://www.stj.jus.br/docs_internet/revista/eletronica/stj-revista-sumulas-2013_35_capSumula387.pdf>. Acesso em: 19 abr. 2024.

BRASIL. Superior Tribunal de Justiça. **Súmula n. 496**. Primeira Seção: 8 ago. 2012. Data de publicação: *Diário de Justiça Eletrônico*, 13 ago. 2012. Disponível em: <https://www.stj.jus.br/publicacaoinstitucional/index.php/sumstj/article/viewFile/5178/5303#:~:text=a)%20Os%20terrenos%20de%20marinha,Uni%C3%A3o%20sobre%20as%20%C3%A1reas%20demarcadas.>. Acesso em: 1º nov. 2024.

BRASIL. Superior Tribunal de Justiça. **Súmula n. 517, de 12 de dezembro de 1969**. Disponível em: <https://portal.stf.jus.br/jurisprudencia/sumariosumulas.asp?base=30&sumula=2054>. Acesso em: 3 jul. 2024.

BRASIL. Superior Tribunal de Justiça. **Súmula n. 525, de 22 de abril de 2015**. Disponível em: <https://www.stj.jus.br/publicacaoinstitucional/index.php/sumstj/article/download/5126/5252#:~:text=A%20C%C3%A2mara%20de%20Vereadores%20n%C3%A3o,defender%20os%20seus%20direitos%20institucionais.>. Acesso em: 4 jul. 2024.

BRASIL. Superior Tribunal de Justiça. **Súmula n. 556, de 5 de janeiro de 1977**. Disponível em: <https://portal.stf.jus.br/jurisprudencia/sumariosumulas.asp?base=30&sumula=2793>. Acesso em: 3 jul. 2024.

BRASIL. Superior Tribunal de Justiça. **Súmula n. 592, de 18 de setembro de 2017**. Data de publicação: 18 set. 2017. Disponível em: <https://www.stj.jus.br/internet_docs/biblioteca/clippinglegislacao/Sumula_590_591_592_2017_primeira_secao.pdf>. Acesso em: 19 abr. 2024.

BRASIL. Superior Tribunal de Justiça. **Súmula n. 595, de 25 de outubro de 2017**. Data de publicação: *Diário da Justiça Eletrônico*, 6 nov. 2017. Disponível em: <https://scon.stj.jus.br/SCON/sumstj/doc.jsp?livre=%22595%22.num.&b=SUMU&p=false&l=10&i=1&operador=E&ordenacao=-@NUM>. Acesso em: 28 out. 2024.

BRASIL. Superior Tribunal de Justiça. **Súmula n. 601, de 7 de fevereiro de 2018**. Data de publicação: *Diário da Justiça Eletrônico*, 15 fev. 2018. Disponível em: <https://www.stj.jus.br/publicacaoinstitucional/index.php/sumstj/article/download/5069/5198#:~:text=O%20Minist%C3%A9rio%20P%C3%BAblico%20tem%20legitimidade%20subjetiva%20ativa%20para%20promover%20A%C3%A7%C3%A3o,da%20presta%C3%A7%C3%A3o%20de%20servi%C3%A7os%20p%C3%BAblicos.>. Acesso em: 4 jul. 2024.

BRASIL. Superior Tribunal Federal. **Súmula n. 619, de 24 de outubro de 2018**. Data de publicação: *Diário da Justiça Eletrônico*, 30 out. 2018. Disponível em: <https://www.stj.jus.br/publicacaoinstitucional/index.php/sumstj/article/download/5048/5175>. Acesso em: 5 jul. 2024.

BRASIL. Superior Tribunal de Justiça. **Súmula n. 633**. Primeira Seção: 12 jun. 2019. Data de publicação: *Diário da Justiça Eletrônico*, 17 jun. 2019. Disponível em: <https://www.stj.jus.br/publicacaoinstitucional/index.php/sumstj/article/download/5064/5190#:~:text=Na%20aus%C3%AAncia%20de%20lei%20estadual,prazo%20decadencial%20de%20cinco%20anos.>.Acesso em: 19 abr. 2024.

BRASIL. Superior Tribunal de Justiça. **Súmula n. 650, de 22 de setembro de 2021**. Data de publicação: *Diário da Justiça Eletrônico*, 27 set. 2021. Disponível em: <https://scon.stj.jus.br/SCON/sumstj/doc.jsp?livre=%22650%22.num.&b=SUMU&p=false&l=10&i=1&operador=E&ordenacao=-@NUM>. Acesso em: 22 out. 2024.

BRASIL. Superior Tribunal de Justiça. **Súmula n. 652**. Primeira Seção: 2 dez. 2021. Data de publicação: *Diário da Justiça Eletrônico*, 7 dez. 2021. Disponível em: <https://www.stj.jus.br/publicacaoinstitucional/index.php/sumstj/article/viewFile/12730/12823>. Acesso em: 1º nov. 2024.

BRASIL. Superior Tribunal de Justiça. **Súmula n. 665, de 13 de dezembro de 2023**. Disponível em: <https://www.tjdft.jus.br/consultas/jurisprudencia/decisoes-em-evidencia/sumula-665-do-stj#:~:text=S%C3%BAmula%20665%20%E2%80%93%20O%20controle%20jurisdicional,administrativo%2C%20ressalvadas%20as%20hip%C3%B3teses%20de>. Acesso em: 4 jul. 2024.

BRASIL. Supremo Tribunal Federal. **ADC n. 12, de 16 de fevereiro de 2006**. Tribunal Pleno. Data de julgamento: 16 fev. 2006. Data de publicação: *Diário da Justiça Eletrônico*, 1º set. 2006. Disponível em: <https://jurisprudencia.stf.jus.br/pages/search/sjur7900/false>. Acesso em: 3 fev. 2025.

BRASIL. Supremo Tribunal Federal. **ADI n. 132**. Relator: Min. Sepúlveda Pertence. Data de julgamento: 30 abr. 2003. Data de publicação: *Diário da Justiça*, 30 maio 2003.

BRASIL. Supremo Tribunal Federal. **ADI n. 246**. Relator: Min. Eros Grau. Data de julgamento: 16 dez. 2004. Data de publicação: *Diário de Justiça*, 29 abr. 2005. Disponível em: <https://redir.stf.jus.br/paginadorpub/paginador.jsp?docTP=TP&docID=9976625>. Acesso em: 10 out. 2024.

BRASIL. Supremo Tribunal Federal. **ADI n. 319-QO, de 3 de março de 1993**. Relator: Min. Moreira Alves. Data de julgamento: 3 mar. 1993. Plenário. Data de publicação: *Diário da Justiça*, 30 abr. 1993. Disponível em: <https://redir.stf.jus.br/paginadorpub/paginador.jsp?docTP=AC&docID=918>. Acesso em: 30 out. 2024.

BRASIL. Supremo Tribunal Federal. **ADI n. 1.023 RO/STF**. Relator: Ilmar Galvão. Data de julgamento: 17 nov. 1995. Data de publicação: *Diário de Justiça*, 24 nov. 1995.

BRASIL. Supremo Tribunal Federal. **ADI n. 1.247 MC**. Relator: Min. Celso de Mello. Data de julgamento: 17 ago. 1995. Data de publicação: *Diário da Justiça*, 8 set. 1995. Disponível em: <https://redir.stf.jus.br/paginadorpub/paginador.jsp?docTP=AC&docID=346923>. Acesso em: 1º jul. 2024.

BRASIL. Supremo Tribunal Federal. **ADI n. 1.254, de 14 de agosto de 1996**. Relator: Min. Celso de Mello. Data de julgamento: 14 ago. 1996. Data de publicação: *Diário da Justiça*, 19 set. 1997. Disponível em: <https://portal.stf.jus.br/processos/detalhe.asp?incidente=1610838>. Acesso em: 4 nov. 2024.

BRASIL. Supremo Tribunal Federal. **ADI n. 1.643/UF, de 5 de dezembro de 2002**. Relator: Min. Maurício Corrêa. Data de julgamento: 5 dez. 2002. Data de publicação: *Diário da Justiça*, 14 mar. 2003. Disponível em: <https://redir.stf.jus.br/paginadorpub/paginador.jsp?docTP=AC&docID=266708>. Acesso em: 30 out. 2024.

BRASIL. Supremo Tribunal Federal. **ADI n. 1.717-6, de 7 de novembro de 2002**. Relator: Min. Sidney Sanches. Data de julgamento: 7 nov. 2002. Data de publicação: *Diário da Justiça*, 28 mar. 2003. Disponível em: <https://redir.stf.jus.br/paginadorpub/paginador.jsp?docTP=AC&docID=266741>. Acesso em: 15 abr. 2024.

BRASIL. Supremo Tribunal Federal. **ADI n. 1.950, de 3 de novembro de 2005**. Relator: Min. Eros Grau. Data de julgamento: 3 nov. 2005. Plenário. Data de publicação: *Diário da Justiça*, 2 jun. 2006. Disponível em: <https://jurisprudencia.stf.jus.br/pages/search/sjur91952/false>. Acesso em: 29 out. 2024.

BRASIL. Supremo Tribunal Federal. **ADI n. 2.135, de 24 de abril de 2023**. Relatora: Min. Cármen Lúcia. 24 abr. 2023. Data de julgamento: 24 abr. 2023. Disponível em: <https://portal.stf.jus.br/processos/detalhe.asp?incidente=11299>. Acesso em: 12 abr. 2024.

BRASIL. Supremo Tribunal Federal. **ADI n. 2.937-600-DF, de 6 de junho de 1990**. Medida liminar. Relator: Min. Celso de Mello. Pleno. Data de julgamento: 6 jun. 1990. Data de publicação: *Diário da Justiça*, 16 abr. 1993.

BRASIL. Supremo Tribunal Federal. **ADI n. 3.352, de 2 de dezembro de 2004**. Relator: Min. Sepúlveda Pertence. Data de julgamento: 2 dez. 2004. Data de publicação: *Diário da Justiça*, 15 abr. 2005. Disponível em: <https://redir.stf.jus.br/paginadorpub/paginador.jsp?docTP=AC&docID=387242>. Acesso em: 30 out. 2024.

BRASIL. Supremo Tribunal Federal. **ADI n. 3.366, de 16 de março de 2005**. Relator para o acórdão: Min. Eros Grau. Data de julgamento: 16 mar. 2005. Data de publicação: *Diário da Justiça*, 2 mar. 2007. Disponível em: <https://redir.stf.jus.br/paginadorpub/paginador.jsp?docTP=AC&docID=408866>. Acesso em:30 out. 2024.

BRASIL. Supremo Tribunal Federal. **ADI n. 3.540-MC, de 1º de setembro 2005**. Relator: Min. Celso de Mello. Data de julgamento: 1º set. 2005. Plenário. Data de publicação: *Diário da Justiça*, 3 fev. 2006. Disponível em: <https://jurisprudencia.stf.jus.br/pages/search/sjur94859/false>. Acesso em: 29 out. 2024.

BRASIL. Supremo Tribunal Federal. **ADI n. 3.670-0, de 2 de abril de 2007**. Relator: Min. Sepúlveda Pertence. Data de julgamento: 2 abr. 2007. Data de publicação: *Diário da Justiça*, 18 maio 2007. Disponível em: <https://redir.stf.jus.br/paginadorpub/paginador.jsp?docTP=AC&docID=456060>. Acesso em: 3 jul. 2024.

BRASIL. Supremo Tribunal Federal. **ADI n. 4.033/DF, de 15 de setembro de 2010**. Relator: Min. Joaquim Barbosa. Data de julgamento: 15 set. 2010. Data de publicação: *Diário da Justiça Eletrônico*, 4 fev. 2011.

BRASIL. Supremo Tribunal Federal. **ADI n. 4.277; ADPF 132, de 5 de maio de 2011**. Relator: Min. Ayres Britto. Data de julgamento: 5 maio 2011. Data de publicação: Diário da Justiça Eletrônico, 14 out. 2011. Disponível em: <https://redir.stf.jus.br/paginadorpub/paginador.jsp?docTP=AC&docID=628635>. Acesso em: 10 out. 2024.

BRASIL. Supremo Tribunal Federal. **ADI n. 4.983, de 6 de outubro de 2016**. Relator: Min. Marco Aurélio. Data de julgamento: 6 out. 2016. Data de publicação: Diário da Justiça Eletrônico, 27 abr. 2017. Disponível em: <https://jurisprudencia.stf.jus.br/pages/search/sjur366632/false>. Acesso em: 14 fev. 2025.

BRASIL. Supremo Tribunal Federal. **ADI 5.374, de 24 de fevereiro de 2021**. Plenário. Data de julgamento: 24 fev. 2021. Disponível em: <https://portal.stf.jus.br/jurisprudenciaRepercussao/verAndamentoProcesso.asp?incidente=4476373&numeroProcesso=776594&classeProcesso=RE&numeroTema=919>. Acesso em: 11 fev. 2025.

BRASIL. Supremo Tribunal Federal. **ADI n. 6.357, de 13 de maio de 2020**. Relator: Min. Alexandre de Moraes. Data de julgamento: 13 maio 2020. Data de publicação: Diário da Justiça Eletrônico, 15 maio 2020. Disponível em: <https://portal.stf.jus.br/processos/detalhe.asp?incidente=5883343>. Acesso em: 9 abr. 2024.

BRASIL. Supremo Tribunal Federal. **ADI n. 7.042, de 6 de dezembro de 2021**. Relator: Min. Alexandre de Moraes. Disponível em: <https://portal.stf.jus.br/processos/detalhe.asp?incidente=6315635>. Acesso em: 9 abr. 2024.

BRASIL. Supremo Tribunal Federal. **ADI n. 7.043, de 6 de dezembro de 2021**. Relator: Min. Alexandre de Moraes. Disponível em: <https://portal.stf.jus.br/processos/detalhe.asp?incidente=6315955>. Acesso em: 9 abr. 2024.

BRASIL. Supremo Tribunal Federal. **ADI 7.400, de 19 de dezembro de 2023**. Disponível em: <https://portal.stf.jus.br/processos/detalhe.asp?incidente=6666958>. Acesso em: 11 fev. 2025.

BRASIL. Supremo Tribunal Federal. **ADI n. MC 1.634/SC, de 17 de setembro de 1997**. Relator: Min. Néri da Silveira. Data de julgamento: 17 set. 1997. Data de publicação: Diário da Justiça, 8 set. 2000. Disponível em: <https://redir.stf.jus.br/paginadorpub/paginador.jsp?docTP=AC&docID=347177>. Acesso em: 14 out. 2024.

BRASIL. Supremo Tribunal Federal. **ADPF n. 449, de 8 de maio de 2019**. Relator: Min. Luiz Fux. Data de julgamento: 8 maio 2019. Data de publicação: Diário de Justiça Eletrônico, 2 set. 2019. Disponível em: <https://www.jusbrasil.com.br/jurisprudencia/stf/1373030460/inteiro-teor-1373030475#:~:text=Disp%C3%B5e%20sobre%20a%20proibi%C3%A7%C3%A3o%20do,Fortaleza%2C%20e%20d%C3%A1%20outras%20provid%C3%AAncias.>. Acesso em: 1º jul. 2024.

BRASIL. Supremo Tribunal Federal. **AI n. 636.883 AgR, de 8 de fevereiro de 2011**. Relatora: Min. Cármen Lúcia. Primeira Turma. Data de julgamento: 8 fev. 2011. Data de publicação: Diário de Justiça Eletrônico, 1º mar. 2011. Disponível em: <https://jurisprudencia.stf.jus.br/pages/search/sjur188502/false>. Acesso em: 10 out. 2024.

BRASIL. Supremo Tribunal Federal. **AI n. 640.272 AgR, de 2 de outubro de 2007**. Relator: Min. Ricardo Lewandowski. Data de julgamento: 2 out. 2007. Primeira Turma. Data de publicação: Diário da Justiça, 31 out. 2007. Disponível em: <https://jurisprudencia.stf.jus.br/pages/search/sjur5405/false>. Acesso em: 10 out. 2024.

BRASIL. Supremo Tribunal Federal. **AI-QO n. 379.392-SP**. Primeira Turma. Data de publicação: Diário da Justiça, 16 ago. 2002.

BRASIL. Supremo Tribunal Federal. **CR n. 8.279 AgR, de 17 de junho de 1998**. Relator: Min. Celso de Mello. Data de julgamento: 17 jun. 1998. Data de publicação: Diário da Justiça, 10 ago. 2000. Disponível em: <https://redir.stf.jus.br/paginadorpub/paginador.jsp?docTP=AC&docID=324396>. Acesso em: 10 out. 2024.

BRASIL. Supremo Tribunal Federal. **Ext n. 855, de 26 de agosto de 2004**. Relator: Min. Celso de Mello. Data de julgamento: 26 ago. 2004. Data de publicação: Diário da Justiça, 1º jul. 2005. Disponível em: <https://www.jusbrasil.com.br/jurisprudencia/stf/14741218>. Acesso em: 10 out. 2024.

BRASIL. Supremo Tribunal Federal. HC n. 42.108. In: BRASIL. Supremo Tribunal Federal. **Memória jurisprudencial**: Ministro Evandro Lins. Brasília, DF: Supremo Tribunal Federal,

2009. p. 282-291. Disponível em: <https://bibliotecadigital.stf.jus.br/xmlui/bitstream/handle/123456789/3996/877015.pdf?sequence=1&isAllowed=y>. Acesso em: 14 out. 2024.

BRASIL. Supremo Tribunal Federal. **HC n. 82.424, de 17 de setembro de 2003**. Relator para o acórdão: Min. Maurício Corrêa. Data de julgamento: 17 set. 2003. Data de publicação: *Diário da Justiça*, 19 mar. 2004. Disponível em: <https://jurisprudencia.stf.jus.br/pages/search/sjur96610/false>. Acesso em: 10 out. 2024.

BRASIL. Supremo Tribunal Federal. **HC n.85.060, de 23 de setembro de 2008**. Relator: Min. Eros Grau. Data de julgamento: 23 set. 2008. Primeira Turma. Data de publicação: *Diário da Justiça Eletrônico*, 13 fev. 2009. Disponível em: <https://redir.stf.jus.br/paginadorpub/paginador.jsp?docTP=AC&docID=575869>. Acesso em: 10 out. 2024.

BRASIL. Supremo Tribunal Federal. **HC n. 85.237, de 17 de março de 2005**. Relator: Min. Celso de Mello. Data de julgamento: 17 mar. 2005. Data de publicação: *Diário de Justiça*, 29 abr. 2005. Disponível em: <https://www.jusbrasil.com.br/jurisprudencia/stf/765685>. Acesso em: 10 out. 2024.

BRASIL. Supremo Tribunal Federal. **HC n. 89.171, de 24 de abril de 2009**. Relator: Min. Marco Aurélio. Relator para o acórdão: Min. Carlos Alberto Menezes Direito. Data de julgamento: 24 mar. 2009. Data de publicação: *Diário da Justiça Eletrônico*, 8 maio 2009. Disponível em: <https://redir.stf.jus.br/paginadorpub/paginador.jsp?docTP=AC&docID=591293>. Acesso em: 10 out. 2024.

BRASIL. Supremo Tribunal Federal. **Informativo n. 474, de 6 de dezembro de 1969**. Disponível em: <https://portal.stf.jus.br/jurisprudencia/sumariosumulas.asp?base=30&sumula=4029#:~:text=N%C3%A3o%20h%C3%A1%20direito%20l%C3%ADquido%20e,constitucional%20pelo%20Supremo%20Tribunal%20Federal.>. Acesso em: 18 out. 2024.

BRASIL. Supremo Tribunal Federal. **Informativo n. 640, de 12 a 16 de setembro de 2011**. Disponível em: <https://arquivos-trilhante-sp.s3.sa-east-1.amazonaws.com/documentos/informativos/informativo--0640-stf.pdf>. Acesso em: 9 abr. 2024.

BRASIL. Supremo Tribunal Federal. **Informativo n. 787, de 25 a 29 de maio de 2015**. Disponível em: <https://www.stf.jus.br/arquivo/informativo/documento/informativo787.htm>. Acesso em: 9 abr. 2024.

BRASIL. Supremo Tribunal Federal. **Informativo n. 793, de 3 a 7 de agosto de 2015**. Disponível em: <https://www.stf.jus.br/arquivo/informativo/documento/informativo793.htm>. Acesso em: 15 abr. 2024.

BRASIL. Supremo Tribunal Federal. **Informativo n. 911, de 13 a 17 de agosto de 2018**. Disponível em: <https://www.stf.jus.br/arquivo/informativo/documento/informativo911.htm>. Acesso em: 5 abr. 2024.

BRASIL. Supremo Tribunal Federal. **Inq n. 1.376 AgR**. Relator: Min. Celso de Mello. Data de julgamento: 15 fev. 2007. Data de publicação: *Diário de Justiça*, 16 mar. 2007. Disponível em: <https://www.jusbrasil.com.br/jurisprudencia/stf/757996>. Acesso em: 10 out. 2024.

BRASIL. Supremo Tribunal Federal. **Mandado de Segurança n. 22.690, de 17 de abril de 1997**. Relator: Min. Celso de Mello. Data de julgamento: 17 abr. 1997. Data de publicação: *Diário da Justiça*, 7 dez. 2006. Disponível em: <https://www.jusbrasil.com.br/jurisprudencia/stf/742520>. Acesso em: 10 out. 2024.

BRASIL. Supremo Tribunal Federal. **Mandado de Segurança n. 25.668/DF**. Relator: Min. Celso de Mello. Data de publicação: *Diário de Justiça*, 4 ago. 2006. Disponível em: <https://www.jusbrasil.com.br/jurisprudencia/stf/761332>. Acesso em: 10 out. 2024.

BRASIL. Supremo Tribunal Federal. **MI n. 708, de 25 de outubro de 2007**. Relator: Min. Gilmar Mendes. Data de julgamento: 25 out. 2007. Data de publicação: *Diário da Justiça Eletrônico*, 31 out. 2008. Disponível em: <https://edisciplinas.usp.br/pluginfile.php/5849725/mod_folder/content/0/MI%20708.pdf?forcedownload=1>. Acesso em: 10 out. 2024.

BRASIL. Superior Tribunal de justiça. **MS n. 21.721/DF**. Relator: Min. Sérgio Kukina. Primeira Seção. Data de publicação: *Diário da Justiça Eletrônico*, 18 nov. 2022. Disponível em: <https://scon.stj.jus.br/SCON/GetInteiroTeorDoAcordao?num_registro=201500849246&dt_publicacao=18/11/2022>. Acesso em: 4 nov. 2024.

BRASIL. Supremo Tribunal Federal. **MS n. 23.006, 11 de junho de 2003**. Relator: Min. Celso de Mello. Data de julgamento: 11 jun. 2003. Plenário. Data de publicação: Diário da Justiça, 29 ago. 2003.

BRASIL. Supremo Tribunal Federal. **MS n. 23.452/RJ**. Relator: Min. Celso de Mello. Pleno. Data de julgamento: 16 set. 1999. Data de publicação: Diário da Justiça, 12 maio 2000. Disponível em: <https://www.jusbrasil.com.br/jurisprudencia/stf/14757406>. Acesso em: 15 out. 2024.

BRASIL. Supremo Tribunal Federal. **MS n. 24.631/DF**. Tribunal Pleno. Relator: Min. Joaquim Barbosa. Data de publicação: Diário da Justiça eletrônico n. 18, 1º fev. 2008; Informativo de Jurisprudência do STF n. 475.

BRASIL. Supremo Tribunal Federal. **MS n. 25.668/DF**, de 23 de março de 2006. Relator: Min. Celso de Mello. Data de julgamento: 23 mar. 2006. Data de publicação: Diário da Justiça, 4 ago. 2006.

BRASIL. Supremo Tribunal Federal. **MS n. 25.579 MC-DF, de 19 de outubro de 2005**. Relator do acórdão: Min. Joaquim Barbosa. Data do julgamento: 19 out. 2005. Data de publicação: Diário da Justiça, 24 ago. 2007. Disponível em: <https://jurisprudencia.stf.jus.br/pages/search/sjur90094/false>. Acesso em: 14 out. 2024.

BRASIL. Supremo Tribunal Federal. **MS n. 30.672 AgR-DF, de 15 de setembro de 2011**. Relator: Min. Ricardo Lewandowski. Data de julgamento: 15 set. 2011. Data de publicação: Diário da Justiça Eletrônico, 18 out. 2011. Disponível em: <https://redir.stf.jus.br/paginadorpub/paginador.jsp?docTP=TP&docID=1520013#:~:text=MS%2030.672%20AGR%20%2F%20DF&text=Bras%C3%ADlia%2C%2015%20de%20setembro%20de%202011.&text=Supremo%20Tribunal%20Federal-,Documento%20assinado%20digitalmente%20conforme%20MP%20n%C2%B0%202.200%2D2%2F2001,autenticacao%2F%20sob%20%20n%C3%BAmero%201469443.>. Acesso em: 14 out. 2024.

BRASIL. Supremo Tribunal Federal. **Pet. n. 3.388, de 19 de março de 2009**. Relator: Min. Ayres Britto. Data de julgamento: 19 mar. 2009. Data de publicação: Diário da Justiça Eletrônico, 1º jul. 2010. Disponível em: <https://jurisprudencia.stf.jus.br/pages/search/sjur180136/false>. Acesso em: 10 out. 2024.

BRASIL. Supremo Tribunal Federal. **QO – Pet n. 3.211-0**. Relator: Min. Carlos Alberto Menezes Direito. Data de julgamento: 13 mar. 2008. Data de publicação: Diário da Justiça Eletrônico, 27 jun. 2008. Disponível em: <https://redir.stf.jus.br/paginadorpub/paginador.jsp?docTP=AC&docID=535803>. Acesso em: 14 out. 2024.

BRASIL. Supremo Tribunal Federal. **RE n. 140.254-AgR, de 5 de dezembro de 1995**. Relator: Min. Celso de Mello. Primeira Turma. Data de julgamento: 5 dez. 1995. Data de publicação: Diário da Justiça, 6 jun. 1997. Disponível em: <https://edisciplinas.usp.br/pluginfile.php/2447024/mod_resource/content/1/RE%20140254%20indeniza%C3%A7%C3%A3o%20lavra%20autorizada.pdf>. Acesso em: 30 out. 2024.

BRASIL. Supremo Tribunal Federal. RE n. 168.110, de 4 de abril de 2000. Relator: Min. Moreira Alves. Data de julgamento: 4 abr. 2000. Primeira Turma. Data de publicação: Diário da Justiça, 19 maio 2000. In: BRASIL. Supremo Tribunal Federal. **Informativo 189, de 15 a 19 de maio de 2000**. Disponível em: <https://www.stf.jus.br/arquivo/informativo/documento/informativo189.htm>. Acesso em: 30 out. 2024.

BRASIL. Supremo Tribunal Federal. **RE n. 179.147, de 12 de dezembro de 1997**. Relator: Min. Carlos Velloso. Data de julgamento: 12 dez. 1997. Data de Publicação: Diário da Justiça, 27 fev. 1998.

BRASIL. Supremo Tribunal Federal. **RE n. 189.170, de 1º de fevereiro de 2001**. Relator para o acórdão: Min. Maurício Corrêa. Data do julgamento: 1º fev. 2001. Plenário. Data de publicação: Diário da Justiça, 8 ago. 2003. Disponível em: <https://redir.stf.jus.br/paginadorpub/paginador.jsp?docTP=AC&docID=230851>. Acesso em: 29 out. 2024.

BRASIL. Supremo Tribunal Federal. **RE n. 226.942, de 21 de outubro de 2008**. Relator: Min. Menezes Direito. Primeira Turma. Data de julgamento: 21 out. 2008. Data de publicação: Diário da Justiça Eletrônico, 15 maio 2009.

BRASIL. Supremo Tribunal Federal. **RE n. 349.686, de 14 de junho de 2005**. Relatora: Min. Ellen Gracie. Segunda Turma. Data de julgamento: 14 jun. 2005. Data de publicação: Diário de Justiça, 5 ago. 2005. Disponível em: <https://redir.stf.jus.br/paginadorpub/paginador.jsp?docTP=AC&docID=261185>. Acesso em: 29 out. 2024.

BRASIL. Supremo Tribunal Federal. **RE n. 351.750/RJ, de 25 de setembro de 2009**. Relator: Min. Roberto Barroso. Data de julgamento: 25 set. 2009. Data de publicação: *Diário da Justiça Eletrônico*, 25 set. 2009. Disponível em: <https://portal.stf.jus.br/processos/downloadPeca.asp?id=314137574&ext=.pdf>. Acesso em: 30 out. 2024.

BRASIL. Supremo Tribunal Federal. **RE n. 387.047, de 6 de março de 2008**. Relator: Min. Eros Grau. Plenário. Data de julgamento em: 6 mar. 2008. Data de publicação: *Diário da Justiça Eletrônico*, 2 maio 2008. Disponível em: <https://redir.stf.jus.br/paginadorpub/paginador.jsp?docTP=AC&docID=524433>. Acesso em: 30 out. 2024.

BRASIL. Supremo Tribunal Federal. **RE n. 422.941, de 5 de dezembro de 2005**. Relator: Min. Carlos Velloso. Data de julgamento: 5 dez. 2005. Segunda Turma. Data de publicação: *Diário da Justiça*, 24 mar. 2006. Disponível em: <https://redir.stf.jus.br/paginadorpub/paginador.jsp?docTP=AC&docID=368446>. Acesso em: 29 out. 2024.

BRASIL. Supremo Tribunal Federal. **RE n. 627.543, de 30 de outubro de 2013**. Relator: Min. Dias Toffoli. Data de julgamento: 30 out. 2013. Data de publicação: *Diário da Justiça*, 29 out. 2014. Disponível em: <https://redir.stf.jus.br/paginadorpub/paginador.jsp?docTP=TP&docID=7066469>. Acesso em: 30 out. 2024.

BRASIL. Supremo Tribunal Federal. **RE n. 648.622, de 20 de novembro de 2012**. Data de julgamento: 20 nov. 2012. Data de publicação: *Diário da Justiça Eletrônico*, 22 fev. 2013. In: CASAL, Vinícius Adami. Responsabilidade civil do Estado por atos de política econômica lícitos. Consultor Jurídico, 3 abr. 2023. Disponível em: <https://www.conjur.com.br/2023-abr-03/vinicius-casal-responsabilidade-civil-politica-economica/>. Acesso em: 30 out. 2024.

BRASIL. Supremo Tribunal Federal. **RE n. 670.422/RS, de 15 de agosto de 2018**. Relator: Min. Dias Toffoli. Data de julgamento: 15 ago. 2018. Data de publicação: *Diário da Justiça Eletrônico*, 17 ago. 2018. Disponível em: <https://informativos.trilhante.com.br/julgados/stf-re-670422-rs>. Acesso em: 10 out. 2024.

BRASIL. Supremo Tribunal Federal. **RE n. 841.526, de 30 de março de 2016**. Tribunal Pleno. Relator: Min. Luiz Fux. Data de julgamento: 30 mar. 2016. Data de publicação: *Diário da Justiça Eletrônico*, 1º ago. 2016. Disponível em: <https://redir.stf.jus.br/paginadorpub/paginador.jsp?docTP=TP&docID=11428494>. Acesso em: 1º nov. 2024.

BRASIL. Supremo Tribunal Federal. **RE n. 851.711 Agr-DF, de 12 de dezembro de 2017**. Relator: Min. Marco Aurelio. Primeira Turma. Data de julgamento: 12 dez. 2017. Data de publicação: *Diário da Justiça Eletrônico*, 10 abr. 2018. Disponível em: <https://redir.stf.jus.br/paginadorpub/paginador.jsp?docTP=TP&docID=14624254#:~:text=RE%20851711%20ED%2DAGR%2DAGR%20%2F%20DF,que%20distingue%20pessoa&text=de%20direito%20p%C3%BAblico.-,Nota%2Dse%2C%20oportanto%2C%20sem%20mesmo%20perquirir%2Dse%20o,prerrogativa%20de%20execu%C3%A7%C3%A3o%20via%20precat%C3%B3rio.>. Acesso em: 19 abr. 2024.

BRASIL. Supremo Tribunal Federal. **RE n. 1.281.774 AgR-ED-AgR/SP**. Relator: Min. Alexandre de Moraes. Primeira Turma. Data de publicação: *Diário da Justiça Eletrônico*, 13 jun. 2022. Disponível em: <https://redir.stf.jus.br/paginadorpub/paginador.jsp?docTP=TP&docID=762539529>. Acesso em: 15 abr. 2024.

BRASIL. Supremo Tribunal Federal. **Rel n. 11.243, de 8 de junho de 2011**. Relator para o acórdão: Min. Luiz Fux. Data de julgamento: 8 jun. 2011. Data de publicação: *Diário da Justiça Eletrônico*, 5 out. 2011. Disponível em: <https://www.jusbrasil.com.br/jurisprudencia/stf/20626370>. Acesso em: 10 out. 2024.

BRASIL. Supremo Tribunal Federal. **Súmula n. 164, de 13m de dezembro de 1963**. Data de aprovação: 13 dez. 1963. Disponível em: <https://portal.stf.jus.br/jurisprudencia/sumariosumulas.asp?base=30&sumula=2187#:~:text=No%20processo%20de%20desapropria%C3%A7%C3%A3o%2C%20s%C3%A3o,juiz%2C%20por%20motivo%20de%20urg%C3%AAncia>. Acesso em: 30 out. 2024.

BRASIL. Supremo Tribunal Federal. **Súmula n. 266, de 13 de dezembro de 1963**. Disponível em: <https://portal.stf.jus.br/jurisprudencia/sumariosumulas.asp?base=30&sumula=2459>. Acesso em: 3 jul. 2024.

BRASIL. Supremo Tribunal Federal. **Súmula n. 268, de 13 de dezembro de 1969**. Disponível em: <https://portal.stf.jus.br/jurisprudencia/sumariosumulas.asp?base=30&sumula=246

6#:~:text=N%C3%A3o%20cabe%20mandado%20de%20seguran%C3%A7a%20contra%20 decis%C3%A3o%20judicial%20com%20tr%C3%A2nsito%20em%20julgado.>. Acesso em: 24 out. 2024.

BRASIL. Supremo Tribunal Federal. **Súmula n. 269, de 13 de dezembro de 1963.** Disponível em: <https://portal.stf.jus.br/jurisprudencia/sumariosumulas.asp?base=30&sumula=2468>. Acesso em: 3 jul. 2024.

BRASIL. Supremo Tribunal Federal. **Súmula n. 330, de 13 de dezembro de 1963.** Disponível em: <https://portal.stf.jus.br/jurisprudencia/sumariosumulas.asp?base=30&sumula=2626>. Acesso em: 3 jul. 2024.

BRASIL. Supremo Tribunal Federal. **Súmula n. 340.** Data de aprovação: 13 dez. 1963. Disponível em: <https://portal.stf.jus.br/jurisprudencia/sumariosumulas.asp?base=30&sumula=3319 #:~:text=%22S%C3%BAmula%20340.,se%20pratiquem%20atos%20de%20posse.>. Acesso em: 19 abr. 2024.

BRASIL. Supremo Tribunal Federal. **Súmula n. 346, de 3 de março de 2008.** Disponível em: <https://portal.stf.jus.br/jurisprudencia/sumariosumulas.asp?base=30&sumula=1576>. Acesso em: 5 abr. 2024.

BRASIL. Supremo Tribunal Federal. **Súmula n. 416, de 1º de junho de 1964.** Data de publicação: Diário da Justiça, 8 jul. 1964. Disponível em: <https://portal.stf.jus.br/jurisprudencia/sumariosumulas.asp?base=30&sumula=4282#:~:text=Pela%20demora%20no%20pagamento%20 do,indeniza%C3%A7%C3%A3o%20complementar%20al%C3%A9m%20dos%20 juros.&text=A%20pesquisa%20no%20banco%20de,a%20Constitui%C3%A7%C3%A3o%20 Federal%20de%201988.>. Acesso em: 30 out. 2024.

BRASIL. Supremo Tribunal Federal. **Súmula n. 430, de 8 de julho de 1964.** Disponível em: <https://portal.stf.jus.br/jurisprudencia/sumariosumulas.asp?base=30&sumula=2771>. Acesso em: 3 jul. 2024.

BRASIL. Supremo Tribunal Federal. **Súmula n. 473, de 3 de dezembro de 1969.** Data de publicação: Diário da Justiça, 10 dez. 1969. Disponível em: <https://portal.stf.jus.br/jurisprudencia/sumariosumulas.asp?base=30&sumula=1602>. Acesso em: 5 abr. 2024.

BRASIL. Supremo Tribunal Federal. **Súmula n. 477.** Disponível em: <https://portal.stf.jus.br/jurisprudencia/sumariosumulas.asp?base=30&sumula=4033#:~:text=As%20concess% C3%B5es%20de%20terras%20devolutas,tolerante%2C%20em%20rela%C3%A7%C3%A3o%20 aos%20possuidores.>. Acesso em: 5 jul. 2024.

BRASIL. Supremo Tribunal Federal. **Súmula n. 510, de 12 de dezembro de 1969.** Disponível em:<https://portal.stf.jus.br/jurisprudencia/sumariosumulas.asp?base=30&sumula=2671>. Acesso em: 3 jul. 2024.

BRASIL. Supremo Tribunal Federal. **Súmula n. 618, de 17 de outubro de 1984.** Data de publicação: Diário da Justiça, 31 out. 1984. Disponível em: <https://portal.stf.jus.br/jurisprudencia/sumariosumulas.asp?base=30&sumula=2191#:~:text=O%20Supremo%20Tribunal%20 Federal%20possui,mesmo%20sendo%20o%20im%C3%B3vel%20improdutivo.>. Acesso em: 30 out. 2024.

BRASIL. Supremo Tribunal Federal. **Súmula n. 624, de 13 de outubro de 2003.** Disponível em: <https://portal.stf.jus.br/jurisprudencia/sumariosumulas.asp?base=30&sumula=2815>. Acesso em: 3 jul. 2024.

BRASIL. Supremo Tribunal Federal. **Súmula n. 625, de 24 de setembro de 2003.** Data de publicação: Diário da Justiça, 13 out. 2003. Disponível em: <https://portal.stf.jus.br/jurisprudencia/sumariosumulas.asp?base=30&sumula=2817>. Acesso em: 24 out. 2024.

BRASIL. Supremo Tribunal Federal. **Súmula n. 627, de 13 de outubro de 2003.** Disponível em: <https://portal.stf.jus.br/jurisprudencia/sumariosumulas.asp?base=30&sumula=2824>. Acesso em: 3 jul. 2024.

BRASIL. Supremo Tribunal Federal. **Súmula n. 632, de 5 de janeiro de 1977.** Disponível em: <https://portal.stf.jus.br/jurisprudencia/sumariosumulas.asp?base=30&sumula=2832#:~:text=Nos%20termos%20da%20S%C3%BAmula%20 632,eventualmente%20titularizado%20pela%20parte%20impetrante.>. Acesso em: 3 jul. 2024.

BRASIL. Supremo Tribunal Federal. **Súmula n. 646, de 24 de setembro de 2003**. Data de publicação: *Diário da Justiça*, 13 out. 2003. Disponível em: <https://portal.stf.jus.br/jurisprudencia/sumariosumulas.asp?base=30&sumula=1525>. Acesso em: 5 jul. 2024.

BRASIL. Supremo Tribunal Federal. **Súmula n. 668**. Data de publicação: *Diário da Justiça*, 13 out. 2003. Disponível em: <https://portal.stf.jus.br/jurisprudencia/ sumariosumulas.asp?base=30&sumula=1521#:~:text=%C3%89%20inconstitucional%20a%20 lei%20 municipal,fun%C3%A7%C3%A3o%20social%20da%20propriedade%20urbana.>. Acesso em: 18 abr. 2024.

BRASIL. Supremo Tribunal Federal. **Súmula n. 670**. Data de publicação: *Diário da Justiça*, 13 out. 2003. Disponível em: <https://portal.stf.jus.br/jurisprudencia/sumariosumulas.asp?base=30&sumula=1517>. Acesso em: 28 out. 2024.

BRASIL. Supremo Tribunal Federal. **Súmula n. 683, de 24 de setembro de 2003**. Data de publicação: *Diário da Justiça*, 13 out. 2003. Disponível em: <https://portal.stf.jus.br/jurisprudencia/sumariosumulas.asp?base=30&sumula=2413>. Acesso em: 10 fev. 2025.

BRASIL. Supremo Tribunal Federal. **Súmula n. 685, de 24 de setembro de 2003**. Data de publicação: *Diário da Justiça*, 13 out. 2003. Disponível em: <https://portal.stf.jus.br/jurisprudencia/sumariosumulas.asp?base=30&sumula=1508>. Acesso em: 10 fev. 2025.

BRASIL. Supremo Tribunal Federal. **Súmula n. 694**. Data de publicação: 13 out. 2003. Disponível em: <https://portal.stf.jus.br/jurisprudencia/sumariosumulas.asp?base=30&sumula=2720#:~:text=Nos%20termos%20do%20Enunciado%20694,de%20patente%20ou%20de%20fun%C3%A7%C3%A3o%22.>. Acesso em: 16 abr. 2024.

BRASIL. Supremo Tribunal Federal. **Súmula n. 722, de 26 de novembro de 2003**. Data de publicação: 11 dez. 2003. Disponível em: <https://jurisprudencia.stf.jus.br/pages/search/seq-sumula722/false>. Acesso em: 9 abr. 2024.

BRASIL. Supremo Tribunal Federal. **Súmula Vinculante n. 13, de 29 de agosto de 2008**. Data de publicação: *Diário da Justiça Eletrônico*, 29 ago. 2008. Disponível em: <https://portal.stf.jus.br/jurisprudencia/sumariosumulas.asp?base=26&sumula=1227>. Acesso em: 21 out. 2024.

BRASIL. Supremo Tribunal Federal. **Súmula Vinculante n. 46, de 16 de novembro de 2011**. Relatora: Min.ª Cármen Lúcia. Data de julgamento: 16 nov. 2011. Data de publicação: *Diário de Justiça Eletrônico*, 7 dez. 2011. Disponível em: <https://portal.stf.jus.br/jurisprudencia/sumariosumulas.asp?base=26&sumula=2368>. Acesso em: 14 out. 2024.

BRASIL. Supremo Tribunal Federal. **Tema de Repercussão Geral n. 592**. Disponível em: <https://portal.stf.jus.br/jurisprudenciaRepercussao/tema.asp?num=592>. Acesso em: 1º nov. 2024.

BRASIL. Supremo Tribunal Federal. **Tema n. 919**. Data de publicação: *Diário da Justiça*, 17 maio 2023. Disponível em: <https://portal.stf.jus.br/jurisprudenciaRepercussao/verAndamentoProcesso.asp?incidente=4476373&numeroProcesso=776594&classeProcesso=RE&numeroTema=919>. Acesso em: 11 fev. 2025.

BRASIL. Tribunal Superior Eleitoral. **Ag. n. 4.246/MS**. Data de publicação: *Diário da Justiça*, 16 set. 2005. Disponível em: <https://www.lexml.gov.br/urn/urn:lex:br:tribunal.superior.eleitoral;plenario:acordao;ag:2005-05-24;ag-4246>. Acesso em: 16 out. 2024.

BRITO, Jhon. A evolução do conceito de corrupção. **JusBrasil**, 2021. Disponível em: <https://www.jusbrasil.com.br/artigos/a-evolucao-do-conceito-de-corrupcao/1336039929>. Acesso em: 2 jul. 2024.

BRUNO, Lúcia Emília Nuevo Bueno. As teorias administrativas como teorias políticas do Estado amplo. In: OLIVEIRA, Dalila Andrade (Org.). **Gestão democrática da educação**. Petrópolis: Vozes, 1997. p. 35-36.

BULOS, Uadi Lammêgo. **Curso de Direito Constitucional**. São Paulo: Saraiva, 2019.

BULOS, Uadi Lammêgo. **Curso de Direito Constitucional**. São Paulo: Saraiva, 2011.

BURDEAU, George. **O Estado**. São Paulo: M. Fontes, 2005.

CAETANO, Marcello. **Do poder disciplinar no direito administrativo português**. Coimbra: Imprensa da Universidade, 1932.

CAETANO, Marcello. **Manual de ciência política e Direito Constitucional**. Lisboa: Coimbra Ed., 1972.

CAETANO, Marcello. **Manual de Direito Administrativo**. Coimbra: Almedina, 2015.

CAETANO, Marcello. **Manual de Direito Administrativo**. Coimbra: Almedina, 2010.

CAETANO, Marcello. **Manual de Direito Administrativo**. Coimbra: Almedina, 2009. v. 2.
CAETANO, Marcello. **Manual de Direito Administrativo**. 10. ed. Coimbra: Almedina, 1999. Tomo 2.
CAETANO, Marcello. **Manual de Direito Administrativo**. Lisboa: Coimbra Editora, 1973. v. II.
CAETANO, Marcello. **Manual de Direito Administrativo**. Coimbra: Coimbra Editora, 1951.
CAGGIANO, Monica Herman. Democracia. Há tratamento geriátrico para o seu rejuvenescimento? **Revista de Estudios Brasileños**, v. 2, n. 3, p. 22-31, 2º sem. 2015. Disponível em: <https://www.revistas.usp.br/reb/article/download/102713/100950/179504>. Acesso em: 1º jul. 2024.
CAGGIANO, Monica Herman Salem. **Sistemas eleitorais × representação política**. Tese (Doutorado em Direito do Estado) – Faculdade de Direito da Universidade de São Paulo, São Paulo, 1988.
CALDAS, Ricardo W. **Introdução à globalização**: noções básicas de economia, marketing & globalização. São Paulo: Instituto Brasileiro de Direito Constitucional, 1998.
CAMARGO, Ricardo Antonio Lucas. A configuração dos crimes de responsabilidade em face do instituto do planejamento. **Revista da Procuradoria Geral da República**, n. 9, p. 163-174, jul./dez. 1996.
CAMPBELL, Donald. Evolutionary Epistemology. In: SCHILPP, Paul (Ed.). **Library of Living Philosophers**. La Salle: Open Court, 1974. p. 413-463. v. "Popper".
CAMPILONGO, Celso Fernandes. **O direito na sociedade complexa**. São Paulo: Max Limonad, 2000.
CAMPOS, Ana Maria. Accountability: quando poderemos traduzi-la para o português? **Revista da Administração Pública**. Rio de Janeiro, FGV, v. 24, n. 2, p. 30-50, fev./abr. 1990. Disponível em: <https://periodicos.fgv.br/rap/article/view/9049/8182>. Acesso em: 28 jun. 2024.
CANOTILHO, José Joaquim Gomes. **"Brancosos" e Interconstitucionalidades**: itinerário dos discursos sobre a historicidade constitucional. Coimbra: Almedina, 2006.
CANOTILHO, José Joaquim Gomes. **Direito Constitucional e teoria da Constituição**. Coimbra: Almedina, 2002.
CANOTILHO, José Joaquim Gomes. **Direito constitucional e teoria da Constituição**. Coimbra: Almedina, 2023.
CANOTILHO, José Joaquim Gomes. **Direito Constitucional e teoria da Constituição**. Coimbra: Almedina, 2000.
CANOTILHO, José Joaquim Gomes. **Direito Constitucional e teoria da Constituição**. Coimbra: Almedina, 1999.
CANOTILHO, José Joaquim Gomes. **Direito Constitucional e teoria da Constituição**. Coimbra: Editora Coimbra, 2014.
CAPPELLETTI, Mauro; GARTH, Bryant. **Acesso à justiça**. Tradução de Ellen Gracie Northfleet. Porto Alegre: Fabris, 1988.
CAPRA, Fritjof. **A teia da vida**: uma nova compreensão científica dos sistemas vivos. São Paulo: Cultrix, 1996.
CAPRA, Fritjof. **O ponto de mutação**. Tradução de Álvaro Cabral. 22. ed. São Paulo: Cultrix, 2001.
CARDOSO, Ciro Flamarion. Epistemologia pós-moderna: a visão de um historiador. In: FRIGOTTO, Gaudêncio; CIAVATTA, Maria (Org.). **Teoria e educação no labirinto do capital**. Petrópolis: Vozes, 2001. p. 75-90.
CARNEIRO, Roberto. Globalização, governança e cidadania. In: GOMES, Maria Teresa Salis (Coord.). **A fase oculta da governança**: cidadania, administração pública e sociedade. Portugal: Instituto Nacional de Administração, 2003.
CARNELUTTI, Francesco. **A arte do Direito**. São Paulo: Bookseller, 2005.
CARRAZA, Roque Antonio. **Curso de Direito Constitucional Tributário**. São Paulo: Malheiros, 2012.
CARRAZA, Roque Antonio. **Direito constitucional tributário**. São Paulo: Malheiros, 2011.
CARRIÓ, Genaro R. **Notas sobre derecho y lenguage**. Bueno Aires: Abelo Perrot, 2006.
CARROLL, Archie B. The Pyramid of Corporate Social Responsibility: toward the Moral Management of Organizational Stakeholders. **Business Horizons**, v. 34, n. 4, p. 39-48, 1991. Disponível em: <https://www.sciencedirect.com/science/article/abs/pii/000768139190005G>. Acesso em: 10 out. 2024. Tradução nossa.

CARVALHO, Kildare Gonçalves. **Curso de Direito Constitucional**. 22. ed. Belo Horizonte: Del Rey, 2017.
CARVALHO FERNANDES, Ricardo Vieira de; BICALHO, Guilherme Pereira Dolabella. Do positivismo ao pós-positivismo jurídico: o atual paradigma jusfilosófico constitucional. **Revista de Informação Legislativa**, Brasília, DF, ano. 48, n. 189, p. 105-131, jan./mar. 2011. Disponível em: <https://www2.senado.leg.br/bdsf/bitstream/handle/id/242864/000910796.pdf?sequence=1&isAllowed=y>. Acesso em: 2 jul. 2024.
CARVALHO FILHO, José dos Santos. **Manual de Direito Administrativo**. São Paulo: Atlas, 2024.
CARVALHO FILHO, José dos Santos. **Manual de Direito Administrativo**. São Paulo: Atlas, 2023.
CARVALHO FILHO, José dos Santos. **Manual de Direito Administrativo**. Rio de Janeiro: Lumen Juris, 2005.
CARVALHO FILHO, José dos Santos. **Processo administrativo federal**. São Paulo: Atlas, 2023.
CASALI, Alípio. Ética e sustentabilidade nas relações públicas. **Revista Brasileira de Comunicação Organizacional e de Relações Públicas**. São Paulo, n. 8, jan./jul., p. 48-58, 2008. p. 52. Disponível em: <https://www.revistas.usp.br/organicom/article/view/138966/134314>. Acesso em: 2 jul. 2024.
CASINI, Paolo. **As filosofias da natureza**. Tradução de Ana Falcão Bastos e Luis Leitão. Lisboa: Presença, 1987.
CASSAGNE, Juan Carlos. **Derecho Administrativo**. 8. ed. Buenos Aires: Abeledo-Perrot, 2006. t. II.
CASSESE, Sabino. Il diritto alla buona amministrazione. **European Review of Public Law**, v. 21, n. 3, otoño de 2009, p. 1037 y ss.;
CASSESE, Sabino. **La Construction du Droit Administratif France et Royaume-une**. Paris: Montchrestien, 2000.
CASSESE, Sabino. Le transformazioni del diritto amministrativo dal XIX al XXI secolo. **Rivista Trimestrale di Diritto Pubblico**, 2002.
CASTORIADIS, Cornelius. **As encruzilhadas do labirinto**. Rio de Janeiro: Paz e Terra, 1997. p. 202. v. 1.
CASTRO, Carlos Roberto Siqueira. **A constituição aberta e os direitos fundamentais**: ensaios sobre o constitucionalismo pós-moderno e comunitário. Rio de Janeiro, Forense, 2010.
CASTRO, Guilherme Couto. **A responsabilidade civil objetiva no Direito brasileiro**. Rio de Janeiro: Forense, 1991.
CASTRO, José Nilo. **A defesa dos prefeitos e vereadores em face do Decreto-lei nº 201/67**. Belo Horizonte: Del Rey, 2002.
CATALÁ, Joan Prats. Derecho y management em las Administraciones Públicas. Ekonomiaz: **Revista Vasca de Economía**, n. 26, p. 130-143, 1993. Disponível em: <https://www.euskadi.eus/web01-a2reveko/es/k86aEkonomiazWar/ekonomiaz/abrirArticulo?R01HNoPortal=true&idpubl=22&registro=296>. Acesso em: 2 jul. 2024.
CAVALCANTI, Francisco. Contexto histórico do direito administrativo brasileiro e os atos administrativos. **Revista Acadêmica**, v. 84, 2012. Disponível em: <https://ns1.jfpe.jus.br/JFPE/Biblioteca%20Juizes%20que%20atuaram%20na%20JFPE/Biblioteca_Juizes_que_atuaram_na_JFPE/2021/05/11/20210511ContextoRevAcademicav842012.PDF>. Acesso em: 25 jun. 2024.
CAVALCANTI, Themístocles Brandão. A importância de Rousseau. In: CAVALCANTI, Themístocles Brandão. **Estudos em homenagem a J. J. Rousseau**. Rio de Janeiro: FGV, 1962.
CAVANCANTI, Themístocles Brandão. **Direito e processo disciplinar**. Rio de Janeiro: FGV, 1961.
CAVALCANTI, Themístocles Brandão. **Instituições de Direito Administrativo Brasileiro**. 2 ed. Rio de Janeiro: Freitas Bastos, 1938. v. II.
CAVALCANTI, Themístocles Brandão. **Tratado de Direito Administrativo**. 5. ed. Rio de Janeiro: Freitas Bastos, 1964. v. 1.
CAVALCANTI FILHO, Theophilo. **O problema da segurança no direito**. São Paulo: RT, 1964.
CAVARÉ, Louis. **Le droit international public positif**. Paris: A. Pedone, 1951.
CHALMERS, Alan Francis. **O que é ciência afinal?** São Paulo: Brasiliense, 1994.
CHALMERS, Alan Francis. **O que é ciência, afinal?** São Paulo: Brasiliense, 1993.
CHARDIN, Pierre Teilhard de. **O fenômeno humano**. São Paulo: Cultrix, 1986.
CHAUÍ, Marilena et al. **Primeira filosofia**. São Paulo: Brasiliense, 1987.

CHAVES, Jacqueline. **Contextuais e pragmáticos**: os relacionamentos amorosos na pós-modernidade. 2004. 212 f. Tese (Doutorado em Psicologia Social e da Personalidade) – Instituto de Psicologia, Universidade Federal do Rio de Janeiro, Rio de Janeiro, 2004. Disponível em: <https://buscaintegrada.ufrj.br/Record/aleph-UFR01-000627288/Description#holdings>. Acesso em: 24 jun. 2024.

CHEIBUB, José Antônio; PRZEWORSKI, Adam. Democracia, Eleições e Responsabilidade Política. **Revista Brasileira de Ciências Sociais**. São Paulo, v. 12, n. 35, out. 1997. Disponível em: <https://www.scielo.br/j/rbcsoc/a/Yf5ypDQ4DjV6VGTVj6YGPnh/?lang=pt>. Acesso em: 2 jul. 2024.

CHENEY, George et al. **Organizational Communication in na Age of Globalization**: Issues, Reflections, Practices – Prospect Heights. Illinois, EUA: Waveland Press, 2004.

CHESNAIS, François. **A mundialização do capital**. São Paulo: Xamã, 1996.

CÍCERO. In: **República**. v. I.

CHIAVENATO, Idalberto. **Introdução à teoria geral da administração**. São Paulo: Makron Books, 1997.

CHIAVENATO, Idalberto. **Introdução à teoria geral da administração**. São Paulo: Makron Books; McGraw-Hill, 1993.

CHIZZOTTI, A. **Pesquisa em ciências humanas e sociais**. São Paulo: Cortez, 1991.

CHOUKR, Fauzi Hassan. **Código de Processo Penal**: comentários consolidados e crítica jurisprudencial. Rio de Janeiro: Lumen Juris, 2005.

CÍCERO. **A República**. v. I.

CINTRA. Marcos. Segurança jurídica e os tributos. In: BOTTINO, Marco Túlio (Org.). **Segurança jurídica no Brasil**. São Paulo: RG Editores, 2012.

CLAD – Centro Latino-Americano de Administração para o Desenvolvimento. **La responsabilizacion en la nueva gestion pública latinoamericana**. Buenos Aires: Clad BID, 2000. Disponível em: <www.clad.org/siare_isis/innotend/control/control-nc.pdf>. Acesso em: 3 jan. 2013.

COING, Helmut. **Fundamentos de filosofía del Derecho**. Traducción de Juan Manuel Mauri. Barcelona: Ariel, 1961.

COLLIER, David; STEVEN, Levitsky. **Democracy "With Adjectives"**: Conceptual Innovation in Comparative Research. Kellogg Institute Working Paper. Helen Kellogg Institute for International Studies, 1996. Disponível em: <https://kellogg.nd.edu/publications/workingpapers/WPS/230.pdf>. Acesso em: 25 mar. 2024.

COMANDUCCI, Paolo. Formas de (neo)constitucionalismos: un análisis metateorico. Traducción de Miguel Carbonell. In: CARBONELL, Miguel (Org.). **Neoconstitucionalismo(s)**. Madrid: Trotta, 2003.

COMISSÃO SOBRE GOVERNANÇA GLOBAL. **Nossa comunidade global**. Rio de Janeiro: Fundação Getulio Vargas, 1996.

COMPARATO, Fábio Konder. **A afirmação histórica dos direitos humanos**. São Paulo: Saraiva, 2010.

COMPARATO, Fábio Konder. **Ética**: direito, moral e religião no mundo moderno. São Paulo: Companhia das Letras, 2006.

COMPARATO, Fábio Konder. O indispensável Direito Econômico. **Revista dos Tribunais**. São Paulo, v. 54, n. 353, p. 14-26, mar. 1965.

COMTE, Augusto. Curso de filosofia positiva. In: **Os pensadores**: Comte. São Paulo: Abril Cultural, 1988.

CORDI, Cassiano. **Para filosofar**. 4. ed. São Paulo: Scipione, 2003.

CORREIA, Fernando Alves. **Alguns conceitos de direito administrativo**. Coimbra: Almedina, 1998.

CORREIA, José Manoel Sérvulo. **Legalidade e autonomia contratual nos contratos administrativos**. Coimbra: Almedina, 1987.

CORREIA, Marcus Orione Gonçalves. Os direitos sociais enquanto direitos fundamentais. **Revista da Faculdade de Direito da USP**, n. 99, p. 305-325, 2004. Disponível em: <https://www.revistas.usp.br/rfdusp/article/view/67627/70237>. Acesso em: 2 jul. 2024.

COSSIO, Carlos. **La valoración jurídica y la ciencia del derecho**. Buenos Aires: Arayú, 1954.

COSTA, José Faria da. Poder e Direito Penal. **Revista de Legislação e Jurisprudência**, ano 136, n. 3942, jan./fev. 2007.

COSTA, Juliana Pedrosa. Gestão democrática das cidades. **Revista de Direito Municipal**. Belo Horizonte, ano 5, n. 13. jul./set. 2004.

COSTA, Pietro. Democracia. In: COSTA, Pietro. **Soberania, representação, democracia**: ensaios da história do pensamento jurídico. Tradução de Walter Guindalini Jr. Curitiba: Juruá, 2010. p. 79-152.

COSTA, Pietro; ZOLO, Danilo; SANTORO, Emilio (Org.). **O Estado de direito**: história, teoria e crítica. São Paulo: M. Fontes, 2006.

COTRIM, Gilberto. **Fundamentos de filosofia**: história e grandes temas. 15. ed. São Paulo: Saraiva, 2002.

COX, Robert W. A Perspective on Globalization. In: MITTELMAN, James H. (Ed.). **Globalization: Critical Reflections**. London: Lynne Rienner Publishers, 1997.

CREPALDI, Silvo Aparecido. **Contabilidade gerencial**: teoria e prática. São Paulo: Atlas, 2004.

CRETELLA JÚNIOR, José. **Curso de Direito Administrativo**. Rio de Janeiro: Forense, 2000.

CRUZ, Flávio da; GLOCK, José Osvaldo. **Controle interno nos municípios**: orientação para a implantação e relacionamento com os tribunais de contas. São Paulo: Atlas, 2007.

CUESTA, Rafael Entrena. **Curso de derecho administrativo**. 12. ed. Madrid: Tecnos, 1998. v. I.

CUNHA JÚNIOR, Dirley da. **Curso de Direito Constitucional**. Salvador, BA: JusPodivm, 2008.

CURY, Antonio. **Organização e métodos: uma visão holística**. São Paulo: Atlas, 2000.

CUSA, Nicolau de. **A douta ignorância**. Tradução, introdução e notas de João Maria André. Lisboa: Fundação Calouste Gulbenkian, 2003. Livro I. Cap. I.

CZEMPIEL, Ernst-Otto. Governança e democratização. In: ROSENAU, James N. **Governança sem governo: ordem e transformação na política mundial**. Tradução de Sergio Bath. Brasília: Ed. da Universidade de Brasília; São Paulo: Imprensa oficial do Estado, 2000. p. 363-392.

DAHL, Robert. **Poliarquia**. São Paulo: Edusp, 1997.

DAHL, Robert A. **Polyarchy**: Participation and Opposition. New Haven: Yale University Press, 1971.

DAHL, Robert A. **Sobre a democracia**. Tradução de Beatriz Sidou. Brasília: Universidade de Brasília, 2001.

DALLARI, Dalmo de Abreu. **Elementos da teoria geral do Estado**. São Paulo: Saraiva, 2011.

DALLARI, Dalmo de Abreu. **Elementos da teoria geral do Estado**. São Paulo: Saraiva, 2000.

DALLARI, Dalmo de Abreu. **Elementos de teoria geral do Estado**. 20. ed. São Paulo: Saraiva, 1998.

DALLARI, Dalmo de Abreu. **Elementos da teoria geral do Estado**. São Paulo: Saraiva, 1989.

DALLARI, Dalmo de Abreu. **Segurança e Direito**: o renascer do Direito. São Paulo: Saraiva, 1980.

DALLA-ROSA, Luiz Vergílio. Democracia substancial: um instrumento para o poder político. In: CLÈVE, Clèmerson Melin; SARLET, Ingo Wolfgang et al. (Org.). **Direitos humanos e democracia**. Rio de Janeiro: Forense, 2007.

DAMIANI, Ernesto Sticchi. **Attivitá amministrativa consensuale e accordi di programma**. Milano: Giuffré, 1992.

DAVID, René. **Os grandes sistemas do Direito Contemporâneo**. Tradução de Hermínio A. Carvalho. São Paulo: M. Fontes, 1996.

DE CICCO, Cláudio; GONZAGA, Álvaro de Azevedo. **Teoria geral do Estado e ciência política**. São Paulo: Revista dos Tribunais, 2009.

DELL ISOLA, Regina Lúcia Péret. **Leitura**: inferências e contexto sociocultural. Belo Horizonte: Formato, 2011.

DE MASI, Domenico (Org.). **A sociedade pós-industrial**. Tradução de Anna Maria Capovilla e outros. São Paulo: Senac, 2000.

DENHARDT, Robert B.; DENHARDT, Janet Vinzant. **The New Public Service**: Serving, not Steering. Armonk: M. E. Sharpe, 2000.

DIAMOND, Larry; MORLINO, Leonardo (Ed.). **Assessing the Quality of Democracy**. Baltimore: The Johns Hopkins University Press, 2004.

DIAMOND, Larry; MORLINO, Leonardo (Ed.). **Assessing the Quality of Democracy**. Baltimore, EUA: The Johns Hopkins University Press, 2004.

DIAMOND, Larry; PLATTNER, Marc F. (Ed.). **Nationalism, Ethnic Conflict and Democracy**. Baltimore: John Hopkins University Press, 1994.

DIAS, Hélder Valente. **Metamorfoses da polícia**: novos paradigmas de segurança e liberdade. Coimbra: Almedina, 2012.

DIAS, José Eduardo Figueiredo; OLIVEIRA, Fernanda Paula. **Noções fundamentais de Direito Administrativo**. Coimbra: Almedina, 2006.

DIAS, Maria Teresa Fonseca. **Direito Administrativo pós-moderno**. Belo Horizonte: Mandamentos, 2003.

DÍAZ, Elias. **Estado de derecho y sociedad democratica**. Madrid: Taurus, 1986.

DÍAZ, Elias. **Estado de Derecho y Sociedad Democratic**a. Madrid: Editorial Cuadernos para El Dialogo, 1975.

DIEZ, Manoel Maria. **Derecho Administrativo**. Buenos Aires: Omeba, 1963. v. 1.

DINIZ, Maria Helena. **Curso de Direito Civil brasileiro**. São Paulo: Saraiva, 2022. v. 7 – Responsabilidade Civil.

DINIZ, Maria Helena. **Dicionário jurídico**. São Paulo: Saraiva, 1998. v. 3.

DINIZ, Maria Helena. **Tratado teórico e prático dos contratos**. São Paulo: Saraiva, 1996. v. 1.

DI PIETRO, Maria Sylvia Zanella. 500 Anos de Direito Administrativo brasileiro. **REDE: Revista Eletrônica de Direito do Estado**, n. 5, Bahia, jan./fev./mar. 2006. Disponível em: <https://turma55fadi.wordpress.com/wp-content/uploads/2013/02/artigo-500-anos-de-direito--administrativo-no--brasil-profc2aa-maria-sylvia-di-pietro1.pdf>. Acesso em: 25 jun. 2024.

DI PIETRO, Maria Sylvia Zanella. **Direito Administrativo**. São Paulo: Gen; Atlas, 2025.

DI PIETRO, Maria Sylvia Zanella. **Direito Administrativo**. Rio de Janeiro: Forense, 2024.

DI PIETRO, Maria Sylvia Zanella. **Direito Administrativo**. São Paulo: Atlas, 2023.

DI PIETRO, Maria Sylvia Zanella. **Direito Administrativo**. São Paulo: Gen, 2024.

DI PIETRO, Maria Sylvia Zanella. Do regime jurídico da Administração Pública. In: DI PIETRO, Maria Sylvia Zanella. **Tratado de Direito Administrativo**: teoria geral e princípios do Direito Administrativo. São Paulo: Revista dos Tribunais, 2019. Disponível em: <http://www.jusbrasil.com.br/doutrina/tratado-de-direito-administrativo-teoria-geral-e-principios--do--direito-administrativo/1290405566>. Acesso em: 1º jul. 2024.

DI PIETRO, Maria Sylvia Zanella. O princípio da segurança jurídica diante do princípio da legalidade. In: MARRARA, Thiago (Org.). **Princípios de direito administrativo**: legalidade, segurança jurídica, impessoalidade, publicidade, motivação, eficiência, moralidade, razoabilidade, interesse público. São Paulo: Atlas, 2012.

DI PIETRO, Maria Sylvia Zanella. Participação popular na Administração Pública. **Revista Trimestral de Direito Público**. São Paulo, n. 1, p. 127-139, 1993. Disponível em: <https://periodicos.fgv.br/rda/article/view/45639/47412>. Acesso em: 28 jun. 2024.

DI PIETRO, Maria Sylvia Zanella. Transformações do Direito Administrativo. **Revista de Direito da Administração Pública**, ano 1, v. 1, n. 2, jun./dez. 2016.

NOHARA, Irene. **Direito Administrativo**. São Paulo: Atlas, 2024.

NOHARA, Irene. **Direito Administrativo**. São Paulo: Gen, 2023.

DOMINGUEZ LUIS, José Antonio. El derecho de información administrativa: información documentada y transparencia administrativa. **Civitas: Revista Española de Derecho Administrativo**, Madrid, n. 88, out. /dez. 1995.

DOWNS, A. **Uma teoria econômica da democracia**. Tradução de Sandra Guardini T. Vasconcelos. São Paulo: Edusp, 1999.

DRECHSLER, Wolfgang. The Rise and Demise of the New Public Management. **Post-Autistic Economics Review**, n. 33, 2005. Disponível em: <http://www.paecon.net/PAEReview/issue33/Drechsler33.htm> Acesso em: 26 mar. 2024.

DROMI, Roberto. **Derecho Administrativo**. Buenos Aires: Ciudad Argentina, 2004.

DRUCKER, Peter F. A disciplina universal. In: MAGRETTA, Joan. **O que é gestão**: como funciona e por que interessa a todos. Lisboa: Actual, 2003.

DRUCKER, Peter Ferdinand. **As novas realidades**. São Paulo: Pioneira, 1989.

DRYZEK, John S. **Deliberative Democracy and Beyond**: Liberals, Critics, and Contestations. Oxford, UK: Oxford University Press, 2002.

DRYZEK, John; TORGERSON, Douglas. Democracy and the Policy Sciences: a Progress Report – Introduction to Special Issue. **Policy Sciences**, v. 26, p. 127-137, 1993.

DUARTE, Davi. **Procedimentalização, participação e fundamentação**: para a concretização do principio da imparcialidade administrativa como parâmetro decisório. Coimbra: Almedina, 1996

DUARTE, José. O poder disciplinar. **Revista de Direito Administrativo**, v. 50, 1957. p. 18. Disponível em: <https://periodicos.fgv.br/rda/article/view/17506/16254>. Acesso em: 3 jul. 2024.

DUGUIT, Léon. **Fundamentos do Direito**. Revisão e Tradução de Marcio Pugliesi. São Paulo: Ícone, 1996.

DUGUIT, Léon. **Traité de droit constitutionnel**. Paris: Ancienne Librarie e Fontemoing, 1930.

DUGUIT, Léon. **Traité de Droit Constitutionnel**, T.II. Paris: De Boccard, 1928. p. 61. Tradução nossa.

DURKHEIM, Émile. **As regras do método sociológico**. São Paulo: Cia. Editora Nacional, 1960.

DWORKIN, Ronald. **Levando os direitos a sério**. São Paulo: M. Fontes, 2002.

DWORKIN, Ronald. **Los derechos en serio**. Tradução de Marta Guastavino. Barcelona: Ariel, 1995.

EAGLETON, Terry. **As ilusões do pós-modernismo**. Tradução de Elisabeth Barbosa. Rio de Janeiro: J. Zahar, 1996.

ELIADE, Mircea. **Aspectos do mito**. Lisboa: Edições 70, 1963.

ELLIOTT, Kimberly Ann. **A corrupção e a economia global**. Brasília: Ed. na UnB, 2002.

ENTERRÍA, Eduardo Garcia. **Curso de derecho administrativo**. 13. ed. Madrid: Thomson, 2006, v. 1.

ENTERRÍA, Eduardo García de. **La Constitución como norma y el Tribunal Constitucional**. 3. ed. Madrid: Civitas, 1985.

ENTERRÍA, Eduardo García de. **La lengua de los derechos**: la formación del derecho público europeo tras la revolución francesa. Madrid: Alianza, 1994.

ENTERRÍA, Eduardo García de. **Reflexiones sobre la ley y los principios generales del derecho**. Madrid: Civitas, 1986.

ENTERRÍA, Eduardo García de; FERNÁNDEZ, Tomás-Ramon. **Curso de Derecho Administrativo**. Madrid: Civitas, 1999. V. I.

ENTERRÍA, Eduardo García de; FERNÁNDEZ, Tomás-Ramón. **Curso de Direito Administrativo**. São Paulo: Revista dos Tribunais, 2015. v. I.

ENTERRÍA, Eduardo García de; FERNÁNDEZ, Tomás-Ramón. **Curso de Derecho Administrativo**. Madrid: Civitas, 1999. v. 1.

ESPÍNDOLA, Ruy Samuel. **Conceito de princípios constitucionais**. São Paulo: Revista dos Tribunais, 2002.

ESPÍNDOLA, Ruy Samuel. **Conceito de princípios constitucionais**: elementos teóricos para uma formulação dogmática constitucionalmente adequada. São Paulo: Revista dos Tribunais, 1999.

ESTEVES, João Pissarra. Sociedade da informação e democracia deliberativa. In: ESTEVES, João Pissarra (Org.). **Ciências da comunicação**: espaço público e democracia. Lisboa: Colibril, 2003. p. 169-205.

ESTORNINHO, Maria João. **A fuga para o Direito Privado**: contributo para o estudo da atividade de Direito Privado da Administração Pública. Coimbra: Almedina, 1999.

ESTORNINHO, Maria João. **Réquiem pelo contrato administrativo**. Coimbra: Almedina, 1990.

EUROPEAN COMISSION. **Better Regulation**: Delivering Better Results for a Stronger Union. Bruxelas: European Comission, Setp. 14th 2016. (Communication from the Commission). Disponível em: <https://eur-lex.europa.eu/legal-content/EN/TXT/PDF/?uri=CELEX:52017XC0119(01)>. Acesso em: 24 fev. 2025.

EUROPEAN UNION. European Union Law. **Directiva 91/308/CEE do Conselho, de 10 de Junho de 1991, relativa à prevenção da utilização do sistema financeiro para efeitos de branqueamento de capitais**. Disponível em: <https://eur-lex.europa.eu/legal-content/PT/TXT/?uri=CELEX%3A31991L0308>. Acesso em: 8 abr. 2024.

FACCIOLI, Franca. **Comunicazione pubblica e cultura del servizio**. Roma: Carocci, 2000.

FACHIN, Zulmar; SILVA, Deise Marcelino da. **Acesso à água potável**: direito fundamental de sexta geração. São Paulo: Millennium, 2010.

FAGUNDES, Seabra. **O controle dos atos administrativos pelo Poder Judiciário**. Rio de Janeiro: Forense, 1971.

FALLA, Fernando Garrido; OLMEDA, Alberto Palomar; GONZÁLEZ, Herminio Losada. **Tratado de derecho administrativo**. 14. ed. Madrid: Tecnos, 2005.

FARIA, José Eduardo. **Poder e legitimidade**. São Paulo: Perspectiva, 1978.

FAYOL, Henri. **Administração industrial e geral**. São Paulo: Atlas, 1989.

FAZZIO JÚNIOR, Waldo; ROSA, Márcio Fernando Elias; PAZZAGLINI FILHO, Marino. **Improbidade administrativa**: aspectos jurídicos da defesa do patrimônio público. São Paulo: Atlas, 2002.

FERGUSON, Marilyn. **A conspiração aquariana**. Tradução de Carlos Evaristo M. Costa. Rio de Janeiro: Record; Nova Era, 2000.

FERNANDES, Antonio Scarance. **Processo penal constitucional**. São Paulo: Revista dos Tribunais, 2005.

FERNANDES, António Teixeira. **Democracia e cidadania**. Disponível em: <http://ler.letras.up.pt/uploads/ficheiros/7207.pdf>. Acesso em: 25 mar. 2024.

FERNANDES, Bernardo Mançano; MOLINA, Mônica Castagna. **O campo da educação do campo**. Disponível em: <https://www2.fct.unesp.br/nera/publicacoes/ArtigoMonicaBernardoEC5.pdf>. Acesso em: 26 jun. 2024.

FERRAJOLI, Luigi. **Derecho y razón**: teoria del garantismo penal. Madrid: Trotta, 1995.

FERRAJOLI, Luigi. O Estado de direito entre o passado e o futuro. In: COSTA, Pietro et al. (Org.). **O Estado de Direito**: história, teoria e crítica. São Paulo: M. Fontes, 2006.

FERRAJOLI, Luigi. **Por uma teoria dos direitos e dos bens fundamentais**. Tradução de Alexandre Salim et al. Porto Alegre: Livraria do Advogado, 2011.

FERRARA, Rosario. **Cli accordi di programa**. Milão: Cedam, 1993.

FERRARI, Vincenzo. Democracia e informação no final do século XX. In: C. GUIMARÃES; C. JUNIOR (Org.). **Informação e democracia**. Rio de Janeiro: Ed. da UERJ, 2000.

FERRAZ, Ana Cândida Cunha. **Conflito entre poderes**: o poder congressual de sustar atos normativos do poder executivo. São Paulo: Revista dos Tribunais, 1994.

FERRAZ, Maria Nélida Sampaio. **Um novo sujeito para um novo espaço**. Disponível em: <http://www.revistaconecta.com/conectados/nelida_sujeito.htm>. Acesso em: 26 mar. 2024.

FERRAZ, Sérgio. Processo Administrativo e Constituição de 1988. **Revista Trimestral de Direito Público**. São Paulo, n. 1, p. 84-87, 1993

FERRAZ JR., Tercio Sampaio. Rigidez ideológica e flexibilidade valorativa: para uma análise da dimensão axiológica do Direito. CONGRESSO INTERAMERICANO DE FILOSOFIA E DA SOCIEDADE INTERAMERICANA DE FILOSOFIA. 8.; 5. **Anais**... São Paulo: Instituto Brasileiro de Filosofia, 1974.

FERREIRA, Edimur. **Controle do mérito do ato administrativo pelo Judiciário**. Belo Horizonte: Fórum, 2016.

FERREIRA FILHO, Manoel Gonçalves. **A democracia no limiar do século XXI**. São Paulo: Saraiva, 2001.

FERREIRA FILHO, Manoel Gonçalves. Corrupção e democracia. **Revista de Direito Administrativo**. Rio de Janeiro, v. 226, p. 213-218, out./dez. 2001. p. 214. Disponível em: <https://periodicos.fgv.br/rda/article/view/47241/44651> Acesso em: 2 jul. 2024.

FERREIRA FILHO, Manoel Gonçalves. **Curso de Direito Constitucional**. São Paulo: Saraiva, 2010.

FERREIRA FILHO, Manoel Gonçalves. **Curso de Direito Constitucional**. São Paulo: Saraiva, 2008.

FERREIRA FILHO, Manoel Gonçalves. **Estado de direito e Constituição**. São Paulo: Saraiva, 1999.

FERRERI, Janice Helena. Democracia e partidos políticos. In: GARCIA, Maria (Coord.). **Democracia, hoje**: um modelo político para o Brasil. São Paulo: Celso Bastos, 1997. p. 104-105.

FIGUEIREDO, Leonardo Viseu. **Direito Econômico**. Rio de Janeiro: Forense, 2021.

FIGUEIREDO, Paulo Cesar Negreiros de. Competindo globalmente: determinantes para empresas e governos. **RAP**. Rio de Janeiro, v. 29, n. 3, p. 231-245, jul./set. 1995. Disponível em: <https://periodicos.fgv.br/rap/article/view/8203/7003>. Acesso em: 17 out. 2024.

FILGUEIRAS, Fernando. A tolerância à corrupção no Brasil: uma antinomia entre normas morais e prática social. **Opinião Pública**. Campinas, v. 15, n. 2, p. 386-421, nov. 2009. Disponível em: <https://www.scielo.br/j/op/a/8vW5w5whdMLRD3sqWPV6fgg/?lang=pt>. Acesso em: 11 out. 2024.

FINGER, Ana Cláudia. Serviço público: um instrumento de concretização de direitos fundamentais. **Revista de Direito Administrativo & Constitucional**, Belo Horizonte, n. 12, abr./jun. 2003. Disponível em: <https://revistaaec.com/index.php/revistaaec/article/view/705>. Acesso em: 28 jun. 2024.

FINKELSTEIN, Lawrence S. What is Global Governance? **Global Governance**, n. 1, p. 367-372, 1995.

FLECK, L. **La génesis y el desarrollo de um hecho científico**. Madrid: Alianza Editorial, 1986.

FONTE, Felipe de Melo. **Para além da legalidade**: a constitucionalização do Direito Administrativo através do princípio da juridicidade – algumas propostas. 2009. Disponível em: <https://www.academia.edu/17175333/Para_al%C3%A9m_da_legalidade_a_constitucionaliza%C3%A7%C3%A3o_do_direito_administrativo_atrav%C3%A9s_do_princ%C3%ADpio_da_juridicidade >. Acesso em: 11 abr. 2024.

FONTES, Virgínia. Freud, conflito, contradição e história: elementos para uma discussão sobre a historicidade. **Revista TRIEB**, Rio de Janeiro, v. II, n. 2, set. 2003; **Revista da Sociedade Brasileira de Psicanálise do Rio de Janeiro**/Relume Dumará, 2003.

FORJAZ, Maria Cecília Spina. Globalização e crise do Estado nacional. **Revista de Administração de Empresas**. São Paulo, Brasil, v. 40, n. 2, abr./jun. 2000. Disponível em: <https://periodicos.fgv.br/rae/article/view/37692/36439>. Acesso em: 27 jun. 2024.

FORSTHOFF, Ernst. **Tratado de Derecho Administrativo**. Tradução de Legaz Lacambra. Madrid: Instituto de Estudos Políticos, 1958.

FOUCAULT, Michel. **História da sexualidade II**: o uso dos prazeres. Rio de Janeiro: Graal, 1984.

FRANÇA. Assembleia Nacional. **Declaração dos Direitos do Homem e do Cidadão de 1789**. Disponível em: <https://www.ufsm.br/app/uploads/sites/414/2018/10/1789.pdf>. Acesso em: 19 set. 2024.

FRANÇA, Rubens Limongi. **Princípios gerais do Direito**. São Paulo: Revista dos Tribunais, 1971.

FRANÇA, Vera Regina Veiga. Teorias da comunicação: busca de identidade e dos caminhos. **Rev. Esc. Biblioteconomia**, UFMG, n. 23, p. 138-153, 1994. p. 140. Disponível em: <https://periodicos.ufmg.br/index.php/reb/article/view/38276/29816>. Acesso em: 24 jun. 2024.

FREIRE, Paulo. **Educação e mudança**. Tradução de Moacir Gadotti e Lílian Lopes Martin. São Paulo: Paz e Terra, 1983.

FREIRE JUNIOR, Américo Bedê. **O controle judicial das políticas públicas**. São Paulo: Revista dos Tribunais, 2005.

FREITAS, Juarez. **Discricionariedade administrativa e o direito fundamental à boa Administração Pública**. São Paulo: Malheiros, 2009.

FREITAS, Juarez. **O controle dos atos administrativos e os princípios fundamentais**. São Paulo: Malheiros, 2013.

FREITAS, Juarez. O controle social no orçamento público. **Revista de Interesse Público**, Sapucaia do Sul, ano 3, n. 11, p. 13-26, jul./set. 2001.

FREITAS DO AMARAL, Diogo. **Curso de Direito Administrativo**. Coimbra: Almedina, 2000.

FRIEDRICH, Carl Joachim. **Constitutional Government and Politics, Nature and Development**. New York: Harper & Brothers Publisher, 1937

GABARDO, Emerson; HACHEM, Daniel Wunder. O suposto caráter autoritário da supremacia do interesse público e das origens do direito administrativo. In: DI PIETRO, Maria Sylvia Zanella; RIBEIRO, Carlos Vinícius Alves (Org.) **Supremacia do interesse público e outros temas relevantes do direito administrativo**. São Paulo: Atlas, 2010.

GALBRAITH, Jay. **Organizational design**. Reading, USA: Addinson Wesley, 1977.

GALLEGO ANABITARTE, Alfredo. **Derecho Administrativo**: programa, sistemática y guia para su estudio. Santiago de Compostela: Universidad de Santiago de Compostela, 1973.

GALLI, Carlo. **Il disagio della democrazia**. Torino: Einaudi, 2011.

GALLIANO, Alfredo Guilherme. **Introdução à sociologia**. São Paulo: Harper & Row do Brasil, 1981.

GALLIGAN, Denis J. **Due Process and Fair Procedures**: a Study of Administrative Procedures. Oxford: Clarendon Press, 1996.
GALLO, Carlos Alberto Provenciano. **Crimes de responsabilidade**: impeachment. Rio de Janeiro: Freitas Bastos, 1992.
GARAPON, Antoine; PAPAPOULOS, Ioannis. **Julgar nos Estados Unidos e na França**: cultura jurídica francesa e Common Law em uma perspectiva comparada. Tradução de Regina Vasconcelos. Rio de Janeiro: Lumen Juris, 2008.
GARCÍA-PELAYO, Manoel. **As transformações do Estado Contemporâneo**. Tradução de Agassiz Almeida Filho. Rio de Janeiro: Forense, 2009.
GARRETT, Geoffrey. The Causes of Globalization. **Comparative Political Studies**, v. 33, n. 6/7, p. 941-991, 2000. Disponível em: <https://journals.sagepub.com/doi/abs/10.1177/001041400003300610>. Acesso em: 24 jun. 2024.
GARRONE, José Alberto. **Dicionário jurídico**. Buenos Aires: Abeledo-Perrot, 1987. Tomo 3.
GASPARETTO JÚNIOR, Renato et al. **A sociedade da informação no Brasil**: presente e perspectivas. São Paulo: Telefonica, 2002.
GASPARINI, Diógenes. **Direito Administrativo**. 11. ed. São Paulo: Saraiva, 2006.
GASPARINI, Diógenes. **Direito Administrativo**. São Paulo: Saraiva, 2005.
GASPARINI, Diógenes. **Direito Administrativo**. São Paulo: Saraiva, 2002.
GASTIL, John. **By Popular Demand**: Revitalizing Representative Democracy through Deliberative Elections. Berkeley, CA: University of California Press, 2000.
GERMANO, Marcelo Gomes. **Uma nova ciência para um novo senso comum**. Campina Grande: EDUEPB, 2011. p. 41. Disponível em: <http://static.scielo.org/scielobooks/qdy2w/pdf/germano-9788578791209.pdf>. Acesso em: 16 fev. 2024.
GIACOMUZZI, José Guilherme. **Estado e contrato**. São Paulo: Malheiros, 2011.
GIANOPOULOS, Set Leonel López. La retroacción de los efectos de la sentencia de concurso mercantil: un análisis desde la seguridad jurídica. **Revista Del Instituto de la Judicatura Federal**, p. 119-138, 12 nov. 2013. Disponível em: <https://revistas-colaboracion.juridicas.unam.mx/index.php/judicatura/article/viewFile/32106/29099>. Acesso em: 24 jun. 2024.
GIBSON, James L. **Organizações**: comportamento, estrutura e processo. São Paulo: Atlas, 1981.
GIDDENS, Anthony. **As consequências da Modernidade**. São Paulo: Edunesp, 1991.
GIDDENS, Anthony. **A Terceira Via**. Brasília, DF: Instituto Teotônio Vilela, 1999.
GIL, José Luís Meilan. Una construcción jurídica de la buena administración. **Revista de Direito Administrativo & Constitucional**, v. 13, n. 54, p. 13-44, 2013. Disponível em: <https://www.revistaaec.com/index.php/revistaaec/article/view/111/294>. Acesso em: 2 jul. 2024.
GILDENHUYS, J. S. H. **Public Financial Management**. Pretoria: Van Schaik, 1997. p. 58.
GILES, Thomas Ranson. **Introdução à filosofia**. São Paulo: Edusp, 1979.
GIUFFRIDA, Armando. **Il "diritto" ad una buona amministrazione pubblica e profili sulla sua giustiziabilit**. Torino: G. Giappichelli Editore, 2012.
GOERGEN, Pedro. **Pós-modernidade, ética e educação**. Campinas: Autores Associados, 2005.
GOMES, João Salis. **A avaliação de políticas públicas e a governabilidade**: ética e administração. Lisboa: Celta, 2003.
GOMES, Luiz Flávio; CERVINI, Raul. **Crime organizado**: enfoque criminológico, jurídico (Lei 9034/95) e político-criminal. São Paulo: Revista dos Tribunais, 1997.
GOMES, Orlando. **Contratos**. Rio de Janeiro: Forense, 1997.
GONÇALVES, Pedro. **O contrato administrativo**: uma instituição do direito Administrativo do nosso tempo. Coimbra: Almedina, 2004.
GONÇALVES, Pedro Costa. Estado de garantia e mercado. **Revista da Faculdade de Direito da Universidade do Porto**, v. VII, p. 97-128, 2010. (Especial: Comunicações do I Triênio dos Encontros de Professores de Direito Público).
GONÇALVES, Pedro Costa. **Manual de Direito Administrativo**. São Paulo, SP: Almedina, 2019.
GONZÁLES PÉREZ, Jesus. **La ética em la administrácion pública**. Madrid: Civitas, 1996.
GONZÁLEZ PÉREZ, Jesus. **La ética em la administración pública**. Madrid: Civitas, 1996. p. 31-32.
GORDILLO, Augustin. **Princípios gerais de Direito Público**. Tradução de Marco Aurelio Greco. São Paulo: Revista dos Tribunais, 1977. p. 32.

GOUVEIA, Jorge Bacelar. O Estado Constitucional Contemporâneo e o Princípio do Estado de Direito. **Themis**, Faculdade de Direito da Universidade Nova de Lisboa, ano XI, n. 20-21, p. 7-18, 2011. Disponível em: <https://run.unl.pt/bitstream/10362/15398/1/JBG_Themis_2011.pdf>. Acesso em: 27 jun. 2024.

GOYARD-FABRE, Simone. **Os princípios filosóficos do direito político moderno**. São Paulo: M. Fontes, 1999.

GRAU, Eros Roberto. **A ordem econômica na Constituição de 1988**. São Paulo: Malheiros, 2011.

GRAU, Eros Roberto. **Ordem econômica na Constituição de 1988**. São Paulo: Malheiros, 2003.

GRAU, Eros Roberto. **A ordem econômica na constituição de 1988**. 7. ed. rev. e atual. São Paulo: Malheiros, 2002.

GRAU, Eros Roberto. Da arbitrabilidade de litígios envolvendo sociedades de economia mista e da interpretação da cláusula compromissória. **RDBA**, v. 18, p. 395-405, out./ dez. 2002.

GRAU, Eros Roberto. **Direito posto e direito pressuposto**. São Paulo: Malheiros, 1998.

GRAU, Eros Roberto. **O direito posto e o direito pressuposto**. São Paulo: Malheiros, 2008.

GRAY, John. **Cachorros de palha**: reflexões sobre humanos e outros animais. Tradução de Maria Lucia de Oliveira. Rio de Janeiro: Record, 2005.

GRESSLER, Lori Alice. **Introdução à pesquisa**: projetos e relatórios. São Paulo: Loyola, 2003.

GRINOVER, Ada Pellegrini; ARAÚJO CINTRA, Antônio Carlos; DINAMARCO, Cândido Rangel. **Teoria geral do processo**. São Paulo: Malheiros, 2007.

GROPALI, Alexandre. Doutrina do Estado. São Paulo: Saraiva, 1968.

GROPPALI, Alexandre. **Doutrina do Estado**. São Paulo: Saraiva, 1962.

GRUGEL, Jean. **Democratization**: a Critical Introduction. New York: Palgrave Macmillan, 2002.

GUALAZZI, Eduardo Lobo Botelho. **Direito Administrativo Ambiental**. Disponível em: <https://www.revistas.usp.br/rfdusp/article/view/67098>. Acesso em: 18 mar. 2024.

GUANDALINI JÚNIOR, Walter. **História do direito administrativo brasileiro**: formação (1821-1895). Curitiba: Juruá, 2016.

GUARDAS municipais integram o Sistema de Segurança Pública, decide STF. **Supremo Tribunal Federal**, 28 ago. 2023. Disponível em: <https://portal.stf.jus.br/noticias/verNoticiaDetalhe.asp?idConteudo=512996&ori=1>. Acesso em: 15 abr. 2024.

GUASTINI, Riccardo. **Das fontes às normas**. Tradução de Edson Bin. São Paulo: Quartier Latin do Brasil, 2005.

GUILLÉN, Mauro F. Is Globalization Civilizing, Destructive or Feeble? A Critique of Five Key Debates in the Social-Science Literature. **Annual Review of Sociology**, n. 27, p. 235-260, 2001. Disponível em: <https://www.researchgate.net/publication/234838556_Is_Globalization_Civilizing_Destructive_or_Feeble_A_Critique_of_Five_Key_Debates_in_the_Social_Science_Literature>. Acesso em: 24 jun. 2024.

GUSSI, Evandro. **A segurança na Constituição**. 169 f. Dissertação (Mestrado em Direito) – Porto Alegre: UFRGS, 2005. Disponível em: <https://lume.ufrgs.br/bitstream/handle/10183/8782/000588871.pdf?sequence=1&isAllowed=y>. Acesso em: 24 jun. 2024.

HABERMAS, Jurgen. **Direito e democracia**: entre facticidade e validade. Tradução do Flávio Beno Siebeneichler. Rio de Janeiro: Tempo brasileiro, 1997. v. 1 e 2.

HACHEM, Daniel Wunder. **Tutela administrativa efetiva dos direitos fundamentais sociais**: por uma implantação espontânea, integral e igualitária. 625 f. Tese (Doutorado em Direito do Estado) – Programa de Pós-Graduação em Direito, Universidade Federal do Paraná, Curitiba, 2014. Disponível em: <https://acervodigital.ufpr.br/xmlui/bitstream/handle/1884/35104/R%20-%20T%20-%20DANIEL%20WUNDER%20HACHEM.pdf?sequence=1&isAllowed=y>. Acesso em: 2 jul. 2024.

HALL, Stuart. **A identidade cultural na pós-modernidade**. Tradução de Tomaz Tadeu da Silva e Guaracira Lopes Louro. Rio de Janeiro: DP&A Editora, 2003.

HAMILTON, Alexander; JAY, John; MADISON, James. **O Federalista**. Rio de Janeiro: Editora Nacional de Direito, 1959.

HAMPTON, David R. **São Paulo**: administração contemporânea. São Paulo: Pearson Education do Brasil, 1992.

HANSEN, Gilvan Luiz. **Modernidade, utopia e trabalho**. Londrina: CEFIL, 1999.

HARADA, Kiyoshi. **Direito Financeiro e Tributário**. São Paulo: Atlas, 2021.

HARDT, Michael; NEGRI, Antonio. **Império**. Buenos Aires: Paidós, 2001.
HARVEY, David. **Condição pós-moderna**. São Paulo: Edições Loyola, 2011.
HARVEY, David. **Condição pós-moderna**. São Paulo: Loyola, 1992.
HASSEMER, Winfried. Segurança pública no Estado de direito. Tradução de Carlos Eduardo Vasconcelos. **Revista Brasileira de Ciências Criminais**. São Paulo, n. 5, jan./mar. 1994.
HAURIOU, André. A utilização em Direito Administrativo das regras e princípios do Direito Privado. **Revista de Direito Administrativo**. Rio de Janeiro, ano 1, n. 1, p. 466-467, abr. 1945. Disponível em: <https://periodicos.fgv.br/rda/article/view/8416/7165>. Acesso em: 27 jun. 2024.
HAYEK, Friedrich August. **El Ideal Democrático y la Contención del Poder**. Disponível em: <http://www.plataformademocratica.org/Publicacoes/9325.pdf>. Acesso em: 22 mar. 2024.
HAYEK, Friedrich Augus von. **O caminho da servidão**. São Paulo: Instituto Liberal, 1990.
HEALD, David. Fiscal Transparency: Concepts, Measurement and UK Practice. **Public Administration**, Malden, v. 81, n. 4, p. 723-759, 2003.
HEIDEGGER, Martin. **Ser e tempo**. Petrópolis: Vozes, 2006.
HELD, David. **Modelos de democracia**. Belo Horizonte: Paideia, 1987.
HELD, David. **Prospects for Democracy**: North, South, East, West. Stanford: Stanford University Press, 1993.
HELD, David et al. **Global Transformations**: Politics, Economics and Culture. Cambridge: Polity Press, 1999.
HELLER, Herman. **Teoria do Estado**. Buenos Aires: Fondo de Cultura Económica, 1961.
HENRIQUES, Mendo Castro. **A globalização**: mitos e realidades. 1998. Disponível em: <http://pwp.netcabo.pt/netmendo/Artigo%20globalização.htm>. Acesso em: 27 mar. 2024.
HENRY, J. **A revolução científica e as origens da ciência moderna**. Rio de Janeiro: J. Zahar, 1997. p. 20. Disponível em: <https://www.cle.unicamp.br/eprints/index.php/cadernos/article/download/562/442/1066>. Acesso em: 24 jun. 2024.
HERVADA, Javier. **Lições propedêuticas de filosofia do Direito**. São Paulo: M. Fontes, 2008.
HESPANHA, Antônio Manuel. **Pluralismo Jurídico e Direito Democrático**. São Paulo: Annablume, 2013.
HESSEN, Johannes. **Teoria do conhecimento**. Coimbra: Arménio Amado, 1980.
HIRST, Paul. **Representative Democracy and its Limits**. UK: Polity, 1991.
HIRST, Paul; THOMPSON, Grahame. **Globalização em questão**. Petrópolis: Vozes, 2002.
HOLLANDA, Aurélio Buarque de. **Dicionário Aurélio de Língua Portuguesa**. Curitiba: Positivo, 2020.
HOLZNER, Burkart; HOLZNER, Leslie. **Transparency in Global Change**: the Vanguard of the Open Society. Pensilvania: University of Pittsburgh Press, 2006.
HOPE, Kempe Ronald. Politics, Bureaucratic Corruption, and a mal administration in the Third World. **Revue Internationale des Sciences Administratives**. Bruxelles, v. 51, n. 1, p. 1-6, 1985.
HOUAISS, Antônio; VILLAR, Mauro de Salles. **Dicionário Houaiss da Língua Portuguesa**. Rio de Janeiro: Objetiva, 2009.
HUGHES, John. **A Filosofia da pesquisa social**. Rio de Janeiro: Zahar, 1980.
HUNGRIA, Nélson. **Comentários ao Código Penal**. Rio de Janeiro: Forense, 1959.
HUNTINGTON, Samuel P. Post-Industrial Politics: How Benign Will it Be? **Comparative Politics**, v. 6, n. 2, p. 163-191, 1975.
HUNTINGTON, Samuel P. **The Third Wave**: Democratization in the Late Twentieth Century. Norman, Oklahoma: University of Oklahoma Press, 1991.
HUSEK, Carlos Roberto. **Curso de direito internacional público**. São Paulo: LTr, 2004.
HUYSSEN, Andreas. Mapping the Postmodern. **New German Critique**, n. 33, p. 5-52; The Independent, May 28th, 1987.
IANNI, Octavio. **Teorias da globalização**. Rio de Janeiro: Civilização Brasileira, 1998.
IBGC – Instuto Brasileiro de Governança Corporativa. **Conheça os quatro princípios da governança corporativa**. 27 jan. 2020. Disponível em: <https://www.ibgc.org.br/blog/principios-de-governanca-corporativa>. Acesso em: 28 jun. 2024.
IELLINEK, Paul. **Teoria general del Estado**. Buenos Aires: Albatroz, 1973.

IHERING, Rudolf Von. **A luta pelo direito**. Tradução de Pietro Nassetti. 2. ed. São Paulo: M. Claret, 2008.

JAMBEIRO, O.; BORGES, J. Internet, participação política e organizações da sociedade civil. **Revista Eco-Pós**, v. 13, n. 1, 2010.

JAPIASSÚ, Hilton. **A revolução científica moderna**: de Galileu a Newton. São Paulo: Letras e Letras, 1997.

JELLINEK, Georg. **Teoría general del Estado**. Tradução de Fernando de Los Rios. Bueno Aires: Albatros, 1973.

JELLINEK, Georg. **Teoría general del Estado**. Buenos Aires: Albatroz, 1954.

JENSEN, M.; MECKLING, W. Theory of Firms: Managerial Behavior, Agency Costs, and Ownership Structure. **Journal of Financial Economics**, v. 3, n. 4, p. 305-360, 1976. Disponível em: <https://www.sciencedirect.com/science/article/pii/0304405X7690026X>. Acesso em: 28 jun. 2024.

JUSTEN FILHO, Marçal. **Curso de Direito Administrativo**. São Paulo: Saraiva, 2023.

JUSTEN FILHO, Marçal. **Curso de Direito Administrativo**. São Paulo: Gen, 2024.

JUSTEN FILHO, Marçal. **Curso de Direito Administrativo**. Salvador: JusPodium, 2022.

JUSTEN FILHO, Marçal. **Curso de Direito Administrativo**. Belo Horizonte: Fórum, 2012.

JUSTEN FILHO, Marçal. **Curso de Direito Administrativo**. São Paulo: Gen/Forense, 2022.

JUSTEN FILHO, Marçal. **Curso de Direito Administrativo**. São Paulo: Saraiva, 2005.

JUSTEN FILHO, Marçal. **Teoria geral das concessões de serviço público**. São Paulo: Dialética, 2003.

KATZ, Daniel; KAHN, Robert L. **Psicologia social das organizações**. São Paulo: Atlas, 1987.

KAUFMANN, Arthur. **Filosofia del derecho**. Tradução de Luis Villar Borda e Ana Maria Montoya. Bogotá: Universidad Externado de Colômbia, 2002.

KAUFMANN, Daniel; KRAAY, Aart Kraay. **Governance Indicators**: Where are We, Where should We be Going? Washington, DC: The World Bank, 2008.

KAZANCIGIL, Ali. A regulação social e a governança democrática da mundialização. In: MILANI, Carlos; ARTURI, Carlos; SOLINÍS, Germán (Org.). **Democracia e governança mundial**: regulações para o século XXI. Porto Alegre: Ed. Universidade/UFRGS/Unesco, 2002. p. 266-279.

KELSEN, Hans. **A democracia**. São Paulo: M. Fontes, 2000.

KELSEN, Hans. **Teoria general del estado**. México: Editora Nacional, 1950.

KELSEN, Hans. **Teoria pura do Direito**. 6. ed. Coimbra: Arménio Amado, 1984.

KEYNES, John Maynard. **Teoria geral do emprego**, do juro e da moeda. São Paulo: Atlas, 2009.

KINGSBURY, Benedict; KRISCH, Nico; STEWART, Richard B. The Emergence of Global Administrative Law. New York, **IILJ Working Paper 2004/1**, 2004. [Global Administrative Law Series].

KOPPELL, Jonathan G. S. Pathologies of Accountability: ICANN and the Challenge of "Multiple Accountabilities Disorder. **Public Administration Review**, v. 65, n. 1, p. 94-108, jan./fev. 2005.

KRAHMANN, Elke. National, Regional and Global Governance: One Phenome non or Many? **Global Governance**, v. 9, p. 323-346, 2003.

KUHN, Thomas. **A estrutura das revoluções científicas**. São Paulo: Perspectiva, 1994.

KUHN, Thomas. Logic of Discovery or Psycology of Research. In: LAKATOS, Imre; MUSGRAVE, Alan (Org.). **Criticism and the Growth of Knowledge**. London: Cambridge University Press, 1970. p. 1-2.

KUNSCH, Margarida Maria Krohling. **Planejamento de relações públicas na comunicação integrada**. São Paulo: Summus, 2003.

KUSCH, Rodolfo. **Esbozo de una Antropologia Filosófica Americana**. Buenos Aires: Ediciones Castañeda, 1978.

LAKATOS, Eva Maria. **Sociologia geral**. São Paulo: Atlas, 1989.

LAMARQUE, Jean. **Reserches Sur L'Application Du Droit Privé Aux Services Publics Administratifs**. Paris: Librarie Generale di Droit et Jurisprudence, 1960.

LARA, Thiago Adão. **Caminhos da razão no ocidente**: a filosofia ocidental do renascimento aos nossos dias. Petrópolis: Vozes, 1991.

LARENZ, Karl. **Derecho justo**. Madrid: Civitas, 1985.

LASCH, Cristopher. **A cultura do narcisismo**: a vida americana numa era de esperanças em declínio. Rio de Janeiro: Imago, 1983.

LAUBADERE, André de. **Traité de Droit Addministratif**. Paris: Librairie Générale de Droit Et de Jurisprudence, 1973.

LAUDAN, Larry. **O progresso e seus problemas**: rumo a uma teoria do crescimento científico. Tradução de Roberto Leal Ferreira. São Paulo: Ed. da Unesp, 2011.

LAUDAN, Larry. Teorias do método científico de Platão a Mach. **Cad. Hist. Fil. Ci.**, Campinas, série 3, v. 10, n. 2, jul./dez. 2000. p. 26. Disponível em: <https://www.cle.unicamp.br/eprints/index.php/cadernos/article/download/562/442/1066>. Acesso em: 24 jul. 2024.

LAZZARINI, Álvaro. **Estudos de Direito Administrativo**. São Paulo: Revista dos Tribunais, 1999.

LEAL, Mônia Hennig. **A Constituição como princípio**: os limites da jurisdição constitucional brasileira. São Paulo: Manole, 2003.

LEAL, Rogério Gesta. **Estado, Administração Pública e sociedade**: novos paradigmas. Porto Alegre: Livraria do Advogado, 2006.

LEE, Yuan-Tseh. Challenges Facing Human Society in the 21st Century. In: BURAWOY, Michael. (Ed.). **Facing an Unequal World**: Challenges for a Global Sociology. Taiwan: Institute of Sociology, Academia Sinica, 2010. p. 28-34. v. 1. Disponível em: <http://www.ios.sinica.edu.tw/cna/download/proceedings/02.Lee.Opening.pdf>. Acesso em: 3 abr. 2024.

LEFEBVRE, Henri. Lógica concreta (dialética): a superação. In: LEFEBVRE, Henri. **Lógica formal/lógica dialética**. Tradução de Carlos Nelson Coutinho. Rio de Janeiro: Civilização brasileira, 1991. p. 228-233.

LEOPOLDINO DA FONSECA, João Bosco. **Direito Econômico**. Rio de Janeiro: Forense, 2005.

LERBINGER, Otto. **The Crisis Manager**: Facing Risk and Responsability. Mahwah, New Jersey: Lawrence Erlbaum Associates Publishers, 1997.

LÉVY, Pierre. **Cibercultura**. Tradução de Carlos Irineu da Costa. São Paulo: 34, 1999.

LIJPHART, Arend. The Future of Democracy: Reasons for Pessimism but also Some Optimism. **Scandinavian Political Studies**, v. 23, p. 265-72, 2000.

LIMA, Newton de Oliveira. **Teoria dos valores jurídicos**. Recife: Fundação Antônio dos Santos Abranches, 2009.

LIMA, Raimundo Márcio Ribeiro. **Administração Pública dialógica**. Curitiba: Juruá, 2013.

LIMA, Ruy Cirne. **Princípios de Direito Administrativo**. São Paulo: Malheiros, 2007.

LIMA, Wellington de Pontos. **Controle interno e risco de auditoria**: influência na extensão dos testes substantivos em auditorias das demonstrações contábeis. 131 f. Dissertação (Mestrado em Contabilidade e Controladoria) – Universidade de São Paulo, São Paulo, 2002. p. 20. Disponível em: <https://www.teses.usp.br/teses/disponiveis/12/12136/tde-09052003-105548/pt-br.php> Acesso em: 4 jul. 2024.

LIMA FILHO, Altamiro de Araújo. **Prefeitos e vereadores**: crimes e infrações de responsabilidade – doutrina e jurisprudência. São Paulo: Editora de Direito, 2000.

LIPSON, Leslie. **História y filosofía de la democracia**. Buenos Aires: Tipográfica Editora Argentina TEA, 1969.

LISBOA, Ibraim. **Manual de auditoria interna**: conceitos e práticas para implementar a auditoria interna. Curitiba: Maph Editora Ltda., 2012.

LOCKE, John. **Coleção Os Pensadores**. São Paulo: Abril, 1973.

LOMBA, Pedro. **Teoria da responsabilidade política**. Coimbra: Coimbra Editora, 2008.

LOPES. Miguel Maria de Serpa. **Curso de Direito Civil**: Volume I – Introdução, Parte Geral e Teoria dos Negócios Jurídicos. São Paulo: Livraria Freitas Bastos, 1971.

LOUREIRO, Manuel Dias. **A política de segurança interna**. Lisboa: Ministério da Administração Interna, 1995.

LUCCHINI, Ricardo. Entre relativisme et universalisme: réflexions sociologiques sur la corruption. **Deviance et Societé**, v. 19, n. 3, Sep. 1995. p. 221. Disponível em: <https://www.persee.fr/doc/ds_0378-7931_1995_num_19_3_1576>. Acesso em: 2 jul. 2024.

LUCENA, Wenner Glaucio Lopes. **Avaliação de desempenho no setor público**: aplicação de modelos no Ministério da Ciência e Tecnologia. 2011. 367 f. Tese (Doutorado em Ciências Contábeis) – Programa Multi-Institucional e Inter-Regional de Pós-Graduação em Ciências Contábeis, UnB/UFPB/UFRN. João Pessoa: UnB; UFPB; UFRN, 2011.

LUCKESI, Cipriano. **Fazer universidade**: uma proposta metodológica. São Paulo: Cortez, 1985.
LUCKESI, Cipriano. **Filosofia da educação**. São Paulo: Cortez, 1994.
LUMIA, Giuseppe. **Elementos de teoria e ideologia do Direito**. São Paulo: M. Fontes, 2003.
LUNKES, Rogério João; SCHNORRENBERGER, Darci. **Controladoria**: na coordenação dos sistemas de gestão. São Paulo: Atlas, 2009.
LUÑO, Antônio Enrique Perez. In: GUSMÃO, Mônica. Considerações sobre a Lei n. 14.122/2020. **Revista Brasileira de Direito Societário e Registro Empresarial**, ano 1, n. 2, jun./dez. 2022. Disponível em: <https://rbdsre.ibremp.org.br/pdf-magazines/revista-ano-1-2.pdf>. Acesso em: 24 jun. 2024.
LYON, David. **Pós-modernidade**. São Paulo: Paulus, 1998.
LYOTARD, Jean-François. **A condição pós-moderna**. Rio de Janeiro: J. Olympio, 1979.
MacCORMICK, Neil. **Retórica e Estado de direito**. Tradução de Conrado Hübner Mendes. Rio de Janeiro: Elsevier, 2008.
MACHADO, João Baptista. **Introdução ao direito e ao discurso legitimador**. Coimbra: Almedina, 1999.
MACHADO NETO, Antônio Luiz. **Compêndio de introdução à ciência do Direito**. São Paulo: Saraiva, 1975.
MACHADO, João Baptista. **Introdução ao direito e ao discurso legitimador**. Coimbra: Almedina, 1999.
MacPHERSON, Crawford Brough. **A democracia liberal**: origens e evolução. Rio de Janeiro: Zahar, 1978.
MADURO, Otto. **Mapas para a festa**: reflexões latino-americanas sobre a crise e o conhecimento. Petrópolis, RJ: Vozes, 1994.
MALBERG, Raymond Carré de. **Contribution a la théorie générale de L'Etat**. Paris: Sirey, 1920.
MARKOFF, John. Globalization and the Future of Democracy. **Journal of World-Systems Research**, v. 5, n. 2, 1999. Disponível em: <http://jwsr.ucr.edu/archive/vol5/number2/v5n2_split/jwsr_v5n2_markoff.pdf>. Acesso em: 15 mar. 2016.
MAFRA FILHO, Francisco de Saltes Almeida. Nascimento e evolução do Direito Administrativo. **Revista de Direito Administrativo**. Rio de Janeiro, 238, out./dez. 2004. Disponível em: <https:// periodicos.fgv.br/rda/article/download/44077/44750/92423>. Acesso em: 25 jun. 2024.
MAGNOLI, Demétrio. **Globalização, Estado nacional e espaço mundial**. São Paulo: Moderna, 1997.
MAIA, Mário Sérgio Falcão. A recepção da teoria neoconstitucional pelo Supremo Tribunal Federal Brasileiro. **Revista Internacional de Direito e Cidadania**, n. 5, p. 151-163, out. 2009. Disponível em: <https://egov.ufsc.br/portal/sites/default/files/anexos/33287-42426-1-PB.pdf>. Acesso em: 25 jun. 2024.
MALLÉN, Beatriz Tomás. **El derecho fundamental a una buena administración**. Madrid: Instituto Nacional de Administración Pública, 2004.
MALUF, Sahid. **Teoria geral do Estado**. São Paulo: Saraiva, 2010.
MANGANARO, Francesco. **Principio di legalità e semplificazione dell'attività amministrativa**: i profili criticie principi ricostruttivi. Napoli: Edizioni Scientifiche Italiane, 2000.
MANIN, Bernard. **The Principles of Representative Government**. Cambridge: Cambridge University Press, 1997.
MANIN, Bernard; PRZEWORSKI, Adam; STOKES, Susan C. (Org.). **Democracy and Accountability**. New York: Cambridge University Press, 2000.
MANZINI, Vincenzo. **Tratado de derecho procesal penal**. Torino: Unione Tipografico-Editrice Torinese, 1948.
MAQUIAVEL, Nicolau. **O Príncipe e Escritos Políticos**. São Paulo: Folha de São Paulo, 2010.
MARCONDES, Danilo. **Iniciação à história da filosofia**. São Paulo: Zahar, 2002.
MARCUSCHI, Luiz Antônio. **Produção textual, análise de gênero e compreensão**. São Paulo: Parábola, 2008.
MARIN, Jeferson Dytz Marin; MARIN, Karen Irena Dytz. A imperatividade do reordenamento do espaço urbano e os contributos ambientais. **REDESG/Revista Direitos Emergentes na Sociedade Global**, v. 1, n. 1, jan./jun. 2012.

MARÍN, Rafael Hernández. **Introducción a la teoría de la norma jurídica**. Madrid: Marcial Pons, 2002.

MARQUES, Cláudia Lima. A crise científica do direito na pós-modernidade e seus reflexos na pesquisa. **Cidadania e Justiça**, Porto Alegre, n. 6, 1999.

MARQUES, Francisco Paulo Jamil Almeida. **Participação política e internet**: meios e oportunidades digitais de participação civil na democracia contemporânea, com um estudo do caso do estado brasileiro. 498 f. Tese (Doutorado em Comunicação e Cultura Contemporâneas) – Faculdade de Comunicação, Universidade Federal da Bahia, Salvador, 2008. Disponível em: <https://repositorio.ufba.br/bitstream/ri/11303/1/tese%20Francisco%20Marques.pdf>. Acesso em: 26 jun. 2024.

MARQUES, José Frederico. **Elementos de Direito Processual Penal**. Rio de Janeiro: Forense, 1962.

MARQUES NETO, Agostinho Ramalho. **A ciência do direito**: conceito, objeto, método. Rio de Janeiro: Renovar, 2001.

MARQUES NETO, Floriano de Azevedo. Os grandes desafios do controle da Administração Pública. **Fórum de Contratação e Gestão Pública FCGP**. Belo Horizonte, ano 9, n. 100, p. 730, abr. 2010. Disponível em: <https://editoraforum.com.br/wp-content/uploads/2016/10/desafios--controle.pdf>. Acesso em: 3 jul. 2024.

MARRARA, Thiago. As fontes do direito administrativo e o princípio da legalidade. In: DI PIETRO, Maria Sylvia Zanella; RIBEIRO, Carlos Vinicius Alves (Coord.). **Supremacia do interesse público e outros temas relevantes do direito administrativo**. São Paulo: Atlas, 2010.

MARTIN-CHENUT, Kathia. A internacionalização dos direitos humanos e as respostas à delinquência Juvenil. In: CONGRESSO MUNDIAL DE CRIMINOLOGIA, 13., **Anais**... 2003, Rio de Janeiro. Disponível em: <http://pagespersoorange.fr/societe.internationale.de.criminologie/pdf/Intervention%20Martin%20Chenut.pdf>. Acesso em: 8 abr. 2024

MARTÍN-RETORILLO BAQUER, Sebastian. **El Derecho Civil en la Genesis del Derecho Administrativo y de sus Instituciones**. Madrid: Editorial Civitas, 1996.

MARTINS, Leonardo Pereira. Da negação do acesso à justiça: identificando as matrizes dos mecanismos pelos quais se opera o fenômeno. **Revista dos Tribunais**. São Paulo, ano 93, v. 827, p. 732-733, set./2004.

MARTINS, Ricardo Marcondes. **Efeitos dos vícios do ato administrativo**: temas de direito administrativo 19. São Paulo: Malheiros, 2008.

MASLOW, A. **Introdução à psicologia do ser**. Rio de Janeiro: Eldorado, 1962.

MASSO, Fabiano Del. **Direito Econômico esquematizado**. São Paulo: Método, 2012.

MATALLO JÚNIOR, Heitor. A problemática do conhecimento. In: CARVALHO, Maria Cecília Maringoni de. **Construindo o saber**: metodologia científica – fundamentos e técnicas. Campinas: Papirus, 1989.

MATIAS-PEREIRA, José. A governança corporativa aplicada no setor público brasileiro. **Administração Pública e Gestão Social**, Viçosa, v. 2, n. 1, p. 110-135, jan./mar. 2010.

MATTEUCCI, Nicola. Liberalismo. In: BOBBIO, Norberto; MATTEUCCI, Nicola; PASQUINO, Gianfranco. **Dicionário de política**. 11. ed. Tradução de Carmen Varriale et al. Coordenação da tradução de João Ferreira. Brasília: UnB, 1998. v. 1.

MATURANA, Humberto; VARELA, Francisco. **A árvore do conhecimento**: as bases biológicas do conhecimento humano. Campinas: Psy, 1995.

MATUS, Carlos. **Adeus, senhor presidente**: governantes governados. São Paulo: Fundap, 1996.

MAUER, Hamut. **Droit Administratif Allemand**. Paris: LGDJ, 1994.

MAURER, Hartmuter. **Direito Administrativo geral**. São Paulo: Manole, 2006.

MAXIMILIANO, Carlos. **Hermenêutica e aplicação do Direito**. Rio de Janeiro: Forense, 2003.

MAYER, Otto. **Derecho Administrativo Alemán**: Parte General. Madrid: Depalma, 1949.

MAZZUOLI, Valério de Oliveira. Soberania e a proteção internacional dos direitos humanos: dois fundamentos irreconciliáveis. **Revista de Informação Legislativa**. Brasília: Senado Federal, Subsecretaria de Edições Técnicas, ano 39, n. 156, out./dez. 2002.

McMAHON, P. Technology and Globalization: an Overview. **Prometheus**, v. 19, n. 3, p. 211-220, 2001. Disponível em: <https://www.researchgate.net/publication/227623186_Technology_and_Globalisation_An_Overview>. Acesso em: 24 jun. 2024.

MEDAUAR, Odete. **A Processualidade no Direito Administrativo**. São Paulo: Revista dos Tribunais, 2008.
MEDAUAR, Odete. **Controle da administração pública**. São Paulo: Revista dos Tribunais, 2012.
MEDAUAR, Odete. **Controle da Administração Pública**. São Paulo: Revista dos Tribunais, 1993.
MEDAUAR, Odete. **Direito Administrativo em evolução**. São Paulo: Revista dos Tribunais, 2022.
MEDAUAR, Odete. **Direito Administrativo em evolução**. São Paulo: Revista dos Tribunais, 2003.
MEDAUAR, Odete. **Direito Administrativo em evolução**. 2. ed. São Paulo: RT, 1992.
MEDAUAR, Odete. **Direito Administrativo moderno**. São Paulo: Revista dos Tribunais, 2022.
MEDAUAR, Odete. **Direito Administrativo moderno**. São Paulo: Revista dos Tribunais, 2015.
MEDAUAR, Odete. **Direito Administrativo moderno**. São Paulo: Revista dos Tribunais, 2011.
MEDAUAR, Odete. **Direito Administrativo moderno**. São Paulo: Revista dos Tribunais, 1998.
MEDEIROS, Paulo Henrique Ramos; GUIMARÃES, Tomás de Aquino. Contribuições do governo eletrônico para a reforma administrativa e a governança no Brasil. **Revista do Serviço Público**. Brasília, v. 56, n. 4, p. 449-464, out./dez. 2005.
MEIRELLES, Hely Lopes. **Direito Administrativo Brasileiro**. São Paulo: Malheiros, 2023.
MEIRELLES, Hely Lopes. **Direito Administrativo Brasileiro**. São Paulo: Malheiros, 2022.
MEIRELLES, Hely Lopes. **Direito Administrativo Brasileiro**. São Paulo: Malheiros, 2020.
MEIRELLES, Hely Lopes. **Direito Administrativo Brasileiro**. São Paulo: Malheiros, 2010.
MEIRELLES, Hely Lopes. **Direito Administrativo Brasileiro**. São Paulo: Malheiros, 2009.
MEIRELLES, Hely Lopes. **Direito Administrativo Brasileiro**. São Paulo: Malheiros, 2002.
MEIRELLES, Hely Lopes. **Direito Administrativo Brasileiro**. São Paulo: Malheiros, 2001.
MEIRELLES. Hely Lopes. **Direito Administrativo Brasileiro**. São Paulo: Malheiros, 2000.
MEIRELLES, Hely Lopes. **Direito Administrativo Brasileiro**. São Paulo: Malheiros, 1990.
MELO, A. N. **Liberdade de expressão**: um direito fundamental na concretização da democracia. Fortaleza: Premius, 2009.
MELLO, Celso Antônio Bandeira de. **Apontamentos sobre os agentes e órgãos públicos**. São Paulo: Revista dos Tribunais, 1981.
MELLO, Celso Antônio Bandeira de. **Curso de Direito Administrativo**. São Paulo: Malheiros, 2024.
MELLO, Celso Antônio Bandeira de. **Curso de Direito Administrativo**. São Paulo: Malheiros, 2022.
MELLO, Celso Antônio Bandeira de. **Curso de Direito Administrativo**. São Paulo: Malheiros, 2008.
MELLO, Celso Antônio Bandeira de. **Grandes temas de Direito Administrativo**. São Paulo: Malheiros, 2009.
MELLO, Celso Antônio Bandeira de. **Natureza e regime jurídico das autarquias**. São Paulo: Revista dos Tribunais, 1968.
MELLO, Celso Antônio Bandeira de. **O conteúdo do regime jurídico-administrativo e seu valor metodológico**. Disponível em: <http://bibliotecadigital.fgv.br/ojs/index.php/rda/article/view/30088>. Acesso em: 4 abr. 2024.
MELLO, Celso D. de Albuquerque. **A soberania através da história**. Anuário: direito e globalização – a soberania. São Cristóvão-RJ: Renovar, 1999.
MELLO, Rafael Munhoz de. **Princípios constitucionais de Direito Administrativo sancionador**: as sanções administrativas à luz da Constituição Federal de 1988. São Paulo: Malheiros, 2007. (Coleção Temas de Direito Administrativo, v. 17).
MENDIETA, Manual Villoria. Transparencia y valor de la transparencia: marco conceptual. In: ASENSIO, Rafael Jiménez; ÁLVAREZ, Jesus Lizcano; MENDIETA, Manuel Villoria. **La transparencia en los gobiernos locales**: una apuesta de futuro. Madrid: Fundación Democria e Gobierno Local, fev. 2012. Disponível em: <https://gobiernolocal.org/docs/publicaciones/Transparencia_ponencias2.pdf>. Acesso em: 24 fev. 2025.
MENEGHETTI, Antonio. **A crise das democracias contemporâneas**. Recanto Maestro: Ontopsicológica Editora Universitária, 2014.
MENEZES, Philadelpho. **A crise do passado**. São Paulo: Experimento, 1994.
MENEZES, Fernando. **Contrato administrativo**. São Paulo: Quartier Latin, 2012.

MENEZES SOARES, Fabiana de. **Direito Administrativo de participação**: cidadania, direito, estado, município. Belo Horizonte: Del Rey, 1997.

MENON, Mambillikalathil Govind Kumar. O papel da ciência no desenvolvimento sustentável. **Estudos Avançados**, v. 6, n. 15, 1992. Disponível em: <http://www.scielo.br/pdf/ea/v6n15/v6n15a10.pdf>. Acesso em: 19 fev. 2024

MESSA, Ana Flávia. Caracteres do Direito Internacional Constitucional. **Revista Tributária e de Finanças Públicas: RTrib**, v. 21, n. 109, p. 15-24, mar./abr. 2013. Disponível em: <https://pge.es.gov.br/Media/pge/docs/Alertas%20de%20Sum%C3%A1rios/2013/junho/Revista%20Tribut%C3%A1ria%20e%20de%20Finan%C3%A7as%20P%C3%BAblicas,%20v.%2021,%20n.%20109,%20mar.abr.%202013.pdf>. Acesso em: 24 jun. 2024.

MESSA, Ana Flávia. Dimensão objetiva da segurança jurídica. **Cadernos de Dereito Actual**, n. 3, p. 411-434, 2015. p. 413. Disponível em: <https://www.cadernosdedereitoactual.es/ojs/index.php/cadernos/article/view/60/50>. Acesso em: 24 jun. 2024.

MESSA, Ana Flávia. **Direito Constitucional**. São Paulo: Rideel, 2023.

MESSA, Ana Flávia. **Sustentabilidade ambiental e os novos desafios da era digital**. São Paulo: Saraiva, 2012.

MESSA, Ana Flávia. **Transparência, compliance e práticas de anticorrupção na Administração Pública**. São Paulo: Almedina, 2019.

MESURINI, Mauricio Costa. História do Direito Administrativo no Brasil (1937-1964): o debate em torno das delegações legislativas. **Revista da Faculdade de Direito da UFRGS**, n. 35, dez. 2016. Disponível em: <https://seer.ufrgs.br/revfacdir/article/download/68051/39967>. Acesso em: 25 jun. 2024.

MEUCCI, Lorenzo. **Instituzioni di diritto amministrativo**. 3. ed. Torino: Fratelli Bocca, 1898.

MEYER-PFLUG, Samantha Ribeiro; OLIVEIRA, Vitor Eduardo Tavares de. O Brasil e o combate internacional à corrupção. **Revista de Informação Legislativa**, Brasília, ano 46, n. 181, jan./mar. 2009. Disponível em: <https://www2.senado.leg.br/bdsf/item/id/194901>. Acesso em: 2 jul. 2024.

MICHELON, Cláudio et al. Retórica e o Estado de direito no Brasil. In: MacCORMICK, Neil. **Retórica e Estado de direito**. Tradução de Conrado Hübner Mendes. Rio de Janeiro: Elsevier, 2008.

MICHELS, Robert. **Political Parties**. Nova York: Free Press, 1962.

MIGLIAVACCA, Paulo Norberto. **Controles interno nas organizações**: um estudo abrangente dos princípios de controle interno – ferramentas para avaliação dos controles internos em sua organização. São Paulo: Edicta, 2004.

MIGUEL, Luís Felipe. Impasses da accountability: dilemas e alternativas da representação política. **Revista de Sociologia e Política**. Curitiba, UFPR, n. 25, nov. 2005

MILANI, Carlos; SOLINÍS; Germán. Pensar a democracia na governança mundial: algumas pistas para o futuro. In: MILANI, Carlos; ARTURI, Carlos; SOLÍNÍS, Germán. **Democracia e governança mundial**: que regulações para o século XXI? Porto Alegre: Ed. da UFRGS, 2002.

MILLER, M. Where is Globalization Taking us? Why We Need a New "Bretton Woods". **Futures**, v. 27, n. 2, p. 126, 1995.

MINAYO, Maria Cecília de Souza (Org.). **Pesquisa social**: teoria, método e criatividade. Petrópolis: Vozes, 2000.

MIRANDA, Ana Paula Mendes de. Informação, política de segurança pública e sentimento de (in)segurança. In: CONGRESSO LUSO-AFRO-BRASILEIRO DE CIÊNCIAS SOCIAIS. 8., **Actas**... Coimbra: Centro de Estudos Sociais, 2004. p. 18. Disponível em: <https://www.ces.uc.pt/lab2004/inscricao/pdfs/painel56/AnaPaulaMendesMiranda.pdf>. Acesso em: 24 jun. 2024.

MIRANDA, Jorge. **Curso de Direito Internacional Público**. Portugal: Principia, 2009.

MIRANDA, Jorge. **Manual de Direito Constitucional**. Coimbra: Coimbra Editora, 2007. Tomo VII.

MIRANDA, Jorge. **Manual de Direito Constitucional**. Coimbra: Editora Coimbra, 1985. t. I.

MIRANDA, Jorge. Os novos paradigmas do Estado Social. **Revista Brasileira de Direito Comparado**, ano I, n. 1, jul. 1982. Rio de Janeiro: Instituto de Direito Comparado Luso-Brasileiro, 2011. Disponível em: <https://icjp.pt/sites/default/files/media/1116-2433.pdf>. Acesso em: 27 jun. 2024.

MONDIN, Battista. **O homem, quem é ele?** São Paulo: Paulinas, 1980.

MONTEIRO, Washington de Barros. **Curso de Direito Civil**. São Paulo: Saraiva, 2010.
MONTESQUIEU. **O espírito das leis**. São Paulo: Nova Cultural, 2000. v. 1.
MONTESQUIEU. **Do espírito das leis**. São Paulo: Nova Cultural, 1977. (Coleção Os Pensadores).
MORAES FILHO, Antônio Evaristo de. O círculo vicioso da corrupção. In: LEITE, Celso Barroso (Org.). **Sociologia da corrupção**. Rio de Janeiro: J. Zahar, 1987.
MORAES, Germana. **Controle Jurisdicional da Administração Pública**. São Paulo: Dialética, 1999.
MORAES, Guilherme Peña de. **Curso de Direito Constitucional**. São Paulo: Atlas, 2022.
MORAES, Guilherme Peña de. **Curso de Direito Constitucional**. São Paulo: Gen, 2024.
MORAES, Maria Cristina Pavan de; BENEDICTO, Gideon Carvalho de. Uma abordagem da importância da ética nas organizações. **Cadernos FACECA**, Campinas, v. 12, 2003. p. 18. Disponível em: <http://portal2.tcu.gov.br/portal/pls/portal/docs/2054982.PDF>. Acesso em: 5 abr. 2024.
MOREIRA, Eduardo Ribeiro. **Neoconstitucionalismo**: a invasão da Constituição. São Paulo: Método, 2008.
MOREIRA, Vital. **Economia e Constituição**: para o conceito de Constituição econômica. 2. ed. Coimbra: Coimbra Editorial, 1979.
MOREIRA NETO, Diogo de Figueiredo. A globalização e o Direito Administrativo. **Revista de Direito Administrativo**, Rio de Janeiro, n. 226, out./dez., p. 265-280, 2001. Disponível em: <https://periodicos.fgv.br/rda/article/view/47246/44653>. Acesso em: 24 jun. 2024.
MOREIRA NETO, Diogo de Figueiredo. **Curso de Direito Administrativo**. Rio de Janeiro: Forense, 2023.
MOREIRA NETO, Diogo de Figueiredo. **Curso de Direito Administrativo**. São Paulo: Gen-
-Forense, 2022.
MOREIRA NETO, Diogo de Figueiredo. **Curso de Direito Administrativo**. Rio de Janeiro: Forense, 2015.
MOREIRA NETO, Diogo de Figueiredo. **Curso de Direito Administrativo**. Rio de Janeiro: Forense, 2014.
MOREIRA NETO, Diogo de Figueiredo. **Curso de Direito Administrativo**. Rio de Janeiro: Forense, 2009.
MOREIRA NETO, Diogo de Figueiredo. **Curso de Direito Administrativo**. Rio de Janeiro: Forense, 2006.
MOREIRA NETO, Diogo de Figueiredo. **Legitimidade e discricionariedade**: novas reflexões sobre os limites e controle da discricionariedade. Rio de Janeiro: Forense, 1998.
MOREIRA NETO, Diogo de Figueiredo. **Mutações do Direito Administrativo**. Rio de Janeiro: Renovar, 2001.
MOREIRA NETO, Diogo de Figueiredo. **Mutações do Direito Público**. Rio de Janeiro: Renovar, 2006.
MOREIRA NETO, Diogo de Figueiredo. Novos institutos consensuais da ação administrativa. **Revista de Direito Administrativo**. Rio de Janeiro, v. 231, p. 129-156, jan./mar. 2003. Disponível em: <https://periodicos.fgv.br/rda/article/view/45823/45108>. Acesso em: 28 jun. 2024.
MORGADO, Cintia. A nova face da separação de podres: capacidades institucionais, vinculação dos poderes e constitucionalismo cooperativo. **Revista da Procuradoria Geral**. Rio de Janeiro, n. 66, 2011, p. 64-93. Disponível em: <http://febreamarela.rj.gov.br/comum/code/MostrarArquivo.php?C=MTExMA%2C%2C.>. Acesso em: 31 jan. 2025.
MORGADO, Cintia. Direito à boa Administração: recíproca dependência entre direitos fundamentais, organização e procedimento. **Revista de Direito Processual Geral**. Rio de Janeiro, n. 65, p. 68-94, 2010. Disponível em: <https://pge.rj.gov.br/comum/code/MostrarArquivo.php?C=MTE0Ng%2C%2C>. Acesso em: 2 jul. 2024.
MORIN, Edgar. **Ciência com consciência**. Tradução de Maria D. Alexandre e Maria Alice Sampaio Dória. Rio de Janeiro: Bertrand Brasil, 2001.
MORIN, Edgar. **Introducción al pensamiento complejo**. Barcelona: Gedisa, 1997.
MORIN, Edgar. **O Método V**: a humanidade da humanidade. Porto Alegre: Sulina, 2002.
MONTEIRO, Washington de Barros. **Curso de Direito Civil**. São Paulo: Saraiva, 2010.

MORGAN, Gareth. **Imagens da organização**. Tradução de Geni G. Goldschmidt. São Paulo: Atlas, 2002.

MOSCA, Gaetano. **The Rulling Class**. Nova York: McGraw Hill, 1939.

MOTA, Carlos Guilherme. **A Revolução Francesa**. São Paulo: Perspectiva, 2007.

MOTTA, Fernando Prestes; BRESSER-PEREIRA, Luiz Carlos. **Introdução à organização burocrática**. São Paulo: Pioneira Thomson Learning, 2004.

MOUFFE, Chantal. **O regresso do político**. Tradução de Ana Cecília Simões. Lisboa: Gradiva, 1996.

MÜLLER, Friedrich. **Métodos de trabalho do Direito Constitucional**. Rio de Janeiro: Renovar, 2005.

MÜLLER, Friedrich. **Quem é o povo?** A questão fundamental da democracia. São Paulo: Max Limonad, 2003.

MÜLLER, Friedrich. **Quem é o povo?** A questão fundamental da democracia. São Paulo: Max Limonad, 2000.

MUÑOZ, Jaime Rodríguez-Arana. **Direito fundamental à boa Administração Pública**. Tradução de Daniel Wuncher Hachem. Belo Horizonte: Fórum, 2012.

NABAIS, José Casalta. **Por uma liberdade com responsabilidade**: estudos sobre direitos e deveres fundamentais. Coimbra: Coimbra Editora, 2007.

NASCIMENTO, Kleber Tatinge. Implicações do moderno conceito de Administração para a Formulação de uma estratégia de reforma administrativa. **Revista de Administração Pública**. Rio de Janeiro, v. 6, n. 1, p. 5-31, jan./mar. 1972. Disponível em: <https://periodicos.fgv.br/rap/article/view/5851/4550>. Acesso em: 2 jul. 2024.

NAZAR, Nelson. **Direito econômico**. São Paulo: Edipro, 2004.

NEVES, Ana Fernanda. **O direito disciplinar da função pública**. Tese (Doutorado em Ciências Jurídico-Políticas) – Universidade de Lisboa, 2007. v. I. Disponível em: <https://repositorio.ul.pt/bitstream/10451/164/1/ulsd054620_td_vol_1.pdf>. Acesso em: 3 jul. 2024.

NIESS, Pedro Henrique Távora. **Direitos políticos**: elegibilidade, inelegibilidade e ações eleitorais. Bauru, SP: Edipro, 2000.

NOBRE, Marcos. Participação e deliberação na teoria democrática. In: COELHO, Vera Schattan P.; NOBRE, Marcos (Org.). **Participação e deliberação**: teoria democrática e experiências institucionais no Brasil contemporâneo. São Paulo: 34, 2004. p. 21-62.

NÓBREGA, José Flóscolo da. **Introdução ao Direito**. São Paulo: Sugestões Literárias, 1981.

NOGUEIRA, Marco Aurélio. Para uma governabilidade democrática progressiva. **Revista Lua Nova**, n. 34, p. 105-128, 1995. Disponível em: <https:// www.scielo.br/j/ln/a/nFdNzPQrqzW8pdTZFFKNDvh/>. Acesso em: 28 jun. 2024.

NOGUEIRA, Paulo Lúcio. **Leis especiais**: aspectos penais. São Paulo: Leud, 1986.

NOGUEIRA, Ruy Barbosa. **Direito Financeiro**. São Paulo: Saraiva, 1991.

NOHARA, Irene. Burocracia reflexiva. In: MARARA, Thiago (Coord.). **Direito Administrativo**: transformações e tendências. São Paulo: Almedina, 2014.

NOHARA, Irene. **Direito Administrativo**. São Paulo: Revista dos Tribunais, 2024.

NOHARA, Irene. **Direito Administrativo**. São Paulo: Gen, 2024.

NOHARA, Irene. **Direito Administrativo**. São Paulo: Atlas, 2023.

NOHARA, Irene. **Fundamentos do Direito Público**. São Paulo: Atlas, 2022.

NOHARA, Irene. **Fundamentos do Direito Público**. São Paulo: Atlas, 2016.

NORONHA, Edgar Magalhães. **Direito Penal**. São Paulo: Saraiva, 1986.

NORMANTON, L. E. Public Accountability and Audit: Reconnaissance. In: BRUCE, L. R. S; HAQUE, D. C. (Ed.). **The Dilemma of Accountability in Modern Governments**: Independence versus Control. London: Macmillan, 1972. p. 312.

NOVAIS, Jorge Reis. **Contributo para uma teoria do Estado de direito**: do Estado de direito liberal ao Estado social e democrático de direito. Coimbra: Coimbra Editora, 1987.

NOVAIS, Jorge Reis. **Os princípios constitucionais estruturantes da República Portuguesa**. Coimbra: Coimbra Editora, 2011.

NOVAIS, Jorge Reis. **Os princípios constitucionais estruturantes da República Portuguesa**. Coimbra: Coimbra Editora, 2011.

NOVAK, Joseph Donald. **Uma teoria da educação**. Tradução de Marco Antônio Moreira. São Paulo: Pioneira, 1981.

NOVELINO, Marcelo. **Curso de Direito Constitucional**. 18. ed. Salvador: 2023.

NOVOA, César García. **El princípio de seguridad jurídica em matéria tributária**. Madrid: Marcial Pons, 2001.

OCDE – Organização para a Cooperação e Desenvolvimento Econômico. **Recomendação do Conselho da OCDE sobre Integridade Pública**. Paris: OECD Publishing, 2017. Disponível em: <https://repositorio.cgu.gov.br/xmlui/bitstream/handle/1/69726/Recomenda%c3%a7%c3%a3o_do_Conselho_da_OCDE_sobre_Integridade_P%c3%bablica.pdf?sequence=1&isAllowed=y>. Acesso em: 24 fev. 2025.

O'DONNELL, Guillermo. Accountability horizontal e novas poliarquias. **Revista Lua Nova**. São Paulo, n. 44, p. 27-54, 1998. Disponível em: <https://www.scielo.br/j/ln/a/jbXvTQR88QggqcdWW6vXP8j/?lang=pt>. Acesso em: 26 jun. 2024.

O'DONNELL, Guillermo. Poliarquias e a (in)efetividade da lei na América Latina. **Revista Novos Estudos**. São Paulo, n. 51, jul. 1998.

O'DONNELL, Guillermo. Teoria democrática e política comparada. **Revista Dados**, n. 42, p. 577-654, 1999. Disponível em: <https://www.scielo.br/j/dados/a/rvQLbNfP5vTkW6F4ymxJXhq/>. Acesso em: 26 jun. 2024.

OECD – Organization for Economic Co-operation and Development. **OECD Integrity Review of Brazil**: Managing Risks for a Cleaner Public Service. Paris: OECD Publishing, 2012. Disponível em: <https://www.oecd.org/content/dam/oecd/en/publications/reports/2012/11/oecd-integrity-review-of-brazil_g1g14801/9789264119321-en.pdf>. Acesso em: 245 fev. 2025.

OECD – Organization for Economic Co-operation and Development. **Trust and Public Policy**: how Better Governance can Help Rebuild Public Trust. Paris: OECD Publishing, 2017. Disponível em: <https://www.oecd.org/en/publications/trust-and-public-policy_9789264268920-en.html>. Acesso em: 24 fev. 2025.

OHMAE, Keinichi. **O fim do Estado-nação**: a ascenção das economias regionais. Rio de Janeiro: Campus, 1996.

OLIVA, Alberto. **Filosofia da ciência**. Rio de Janeiro: J. Zahar, 2010.

OLIVEIRA, Djalma. **Sistemas, organizações e métodos**: uma abordagem gerencial. São Paulo: Atlas, 2000.

OLIVEIRA, Fábio Corrêa Souza de. **Por uma teoria de princípios**: o princípio constitucional da razoabilidade. Porto Alegre: Lumen Juris, 2007.

OLIVEIRA, Gustavo Justino; SCHWANKA, Cristiane. **A administração consensual como a nova face da Administração Pública no séc. XXI**: fundamentos dogmáticos, formas de expressão e instrumentos de ação. Disponível em: <http://www.publicadireito.com.br/conpedi/manaus/arquivos/anais/salvador/gustavo_henrique_justino_de_oliveira.pdf>. Acesso em: 19 abr. 2024.

OLIVEIRA, Ivanilde Apoluceno de. **Filosofia da educação**: reflexões e debates. Rio de Janeiro: Vozes, 2006.

OLIVEIRA, José Carlos de. **Administração Pública e sua vinculação ao conteúdo da legalidade**. Disponível em: <http://www.acervodigital.unesp.br/bitstream/123456789/65495/5/a2_m01_s01_l01_Print.pdf>. Acesso em: 11 mar. 2024.

OLIVEIRA, Rafael Carvalho Rezende. **Curso de Direito Administrativo**. Rio de Janeiro: Método, 2024.

OLIVEIRA, Rafael Carvalho Rezende. **Curso de Direito Administrativo**. São Paulo: Gen, 2023.

OLIVEIRA, Rafael Carvalho Rezende. **Curso de Direito Administrativo**. São Paulo: Gen, 2024.

OLIVEIRA, Rafael Carvalho Rezende. **Curso de Direito Administrativo**. Rio de Janeiro: Método, 2024.

ONU – Organização das Nações Unidas. **Resolução n. 2.625 (XXV), de 24 de outubro de 1970, da Assembleia Geral das Nações Unidas**. Disponível em: <https://documents.un.org/doc/resolution/gen/nr0/348/90/pdf/nr034890.pdf>. Acesso em: 29 out. 2024.

ORTIZ, Carlos Alberto. Improbidade administrativa. **Cadernos de Direito Constitucional e Eleitoral**. São Paulo, Imprensa Oficial do Estado, v. 7, n. 28, out./nov./dez. 1994.

ORTIZ DIAS, José. El horizonte de las administraciones públicas en el cambio de siglo: algunas consideraciones de cara al año 2000. In: SOSA WAGNER, Francisco (Coord.). **El Derecho**

Administrativo en el umbral del siglo XXI: homenage al Profesor Dr. D. Ramón Martín Mateo, Valencia: Tirant lo Blanch, 2000. t. 1. p. 63-117.

OSBORNE, Roger. **Do povo para o povo**: uma nova história da democracia. São Paulo: Bertrand Brasil, 2013.

OSTERMANN, F. A epistemologia de Kuhn. **Caderno Catarinense de Ensino de Física**, v. 13, n. 3, p. 184-196, 1996. p. 185. Disponível em: <https://periodicos.ufsc.br/index.php/fisica/article/view/7045/6521>. Acesso em: 24 jun. 2024.

OTERO, Paulo; GONÇALVES, Pedro. **Tratado de Direito Administrativo Especial**. Coimbra: Almedina, 2009. v. I.

PAES DE PAULA, Ana Paula. **Por uma nova gestão pública**. Rio de Janeiro: Fundação Getulio Vargas, 2005.

PANIAGO, Einstein Almeida Ferreira. Accountability e publicidade no estado democrático de direito. **Cad. Fin. Públ.** Brasília, n. 11, p. 59-89, dez. 2011.

PARETO, Vilfredo. **The Mind and Society**. London: Jonatham Cape, 1935.

PARREIRA, Luis Newton. Tardes de Queluz: a guarda face aos desafios do ambiente de segurança do século XXI. **Revista Pela Lei e Pela Grei**, n. 92, out./ dez. 2011.

PASSET, René. **Elogio da globalização**. São Paulo: Record, 2003.

PATEMAN, Carole. **Participação e teoria democrática**. Rio de Janeiro: Paz e Terra, 1992.

PAZZAGLINI FILHO, Marino; ELIAS ROSA, Márcio Fernando; FAZZIO JÚNIOR, Waldo. **Improbidade administrativa**: aspectos jurídicos da defesa do patrimônio público. São Paulo: Atlas, 1999.

PEARSON, C. M.; CLAIR, Judith A. Reframing Crises Management. **Academy of Management Review**, v. 23, n. 1, p. 59-76, 1998. Disponível em: <https://www.jstor.org/stable/259099?origin=crossref>. Acesso em: 26 jun. 2024.

PEREIRA, Affonso Insuela. **O Direito Econômico na ordem jurídica**. São Paulo: José Bushatsky, 1980.

PEREIRA. Caio Mario da Silva. **Instituições do Direito Civil**: introdução ao Direito Civil – Teoria Geral do Direito Civil. Volume I. Rio de Janeiro: Forense, 2023.

PEREIRA, José Matias. Reforma do Estado e transparência: estratégias de controle da corrupção no Brasil. In: CONGRESSO INTERNACIONAL DEL CLAD SOBRE LA REFORMA DEL ESTADO Y DE LA ADMINISTRACIÓN PÚBLICA, 7., Lisboa, Portugal. **Anales**... 8-11 Oct. 2002.

PEREIRA, Luiz Carlos Bresser. Estratégia e estrutura para um novo Estado. **Jornal de Política Econômica**, v. 17, n. 3, jul./set. 1997. Disponível em: <https://www.scielo.br/j/rep/a/5GLG9Nj8PTg5nzpXDh9Nmmy/?lang=pt>. Acesso em: 3 jul. 2024.

PERRY, Marvin. **Civilização ocidental**: uma história concisa. São Paulo: M. Fontes, 2002.

PETERS, B. Guy; PIERRE, Jon. Governance without Government? Rethinking Public Administration. **Journal of Public Administration Research and Theory**, J-Part, v. 8, n. 2, p. 223-243, Apr. 1998.

PETTER, Lafayete Josué. **Direito Econômico**. Porto Alegre: Verbo Jurídico, 2006.

PFEFFER, Jeffrey. Usefulness of the Concept. In: GOODMANN, Paul S.; PENNINGS, Johannes M. (Ed.). **New Perspectives on Organizational Effectiveness**. San Francisco: Jossey-Bass, 1977. p. 132-143.

PHILP, Mark. Delimiting Democratic Accountability. Political Studies. **Newcastle**, v. 57, n. 1, 2009.

PIERRE, Jon. **New Governance, New Democracy? Gothenburg**: The Quality of Government Institute, 2009 (Working Paper Serie, n. 2009/4).

PIERRE, Jon; PETERS, B. Guy. **Governance, Politics and the State**. New York: St. Martin's Press Inc., 2000.

PIMENTA BUENO, José Antônio. **Direito Público Brasileiro e Análise da Constituição do Império**. São Paulo: 34, 2002.

PINHO, José Antônio Gomes de; SACRAMENTO, Ana Rita Silva. Accountability: já podemos traduzi-la para o português? **Revista de Administração Pública**. Rio de Janeiro, v. 43, n. 6, p. 1343-1368, nov./dez. 2009. Disponível em: <https://www.scielo.br/j/rap/a/g3xgtqkwFJS93RSnHFTsPDN/?format=pdf&lang=pt>. Acesso em: 28 jun. 2024.

PINTO, José Fernando Vasconcelos Cabral. **A formação do homem no projeto da modernidade.** 598 f. Tese (Doutorado em Ciências da Educação) – Faculdade de Psicologia e Ciências da Educação da Universidade do Porto, Porto, 1994. p. 8. Disponível em: <https://repositorio-aberto.up.pt/bitstream/10216/53620/1/TD-116_TD_01_P.pdf>. Acesso em: 24 jun. 2024.

PINTO, Paulo Brossard de Souza. **O impeachment.** São Paulo: Saraiva, 1992.

PINTO FERREIRA, Luiz. **Princípios gerais do Direito Constitucional moderno.** São Paulo: Saraiva, 1983.

PINTO NETTO, Luísa Cristina. **A contratualização da Função Pública.** Belo Horizonte: Del Rey, 2005.

PINTO, Nuno Mota. **Novos desafios à governação democrática**: o impacto da crise global e as vantagens da democracia. Disponível em: <http://www.scielo.mec.pt/pdf/ri/n22/n22a03.pdf>. Acesso em: 22 mar. 2024.

PITKIN, Hannah Fenichel. **The concept of Representation.** Berkley: University of California Press, 1972.

PLATTNER, Marc. Para especialista, 'melhor democracia não significa melhor sociedade': depoimento (7 de maio de 2010). **BBC Brasil em Londres.** Entrevista concedida a Pablo Uchoa.

POPKEWITZ, Thomas. **Reforma educacional:** uma política sociológica – poder e conhecimento em educação. Porto Alegre: Artes Médicas, 1997.

POPPER, Karl. **A lógica da pesquisa científica.** São Paulo: Cultrix, 2011.

POPPER, Karl. **A lógica da pesquisa científica.** São Paulo: Cultrix, 2007.

POPPER, Karl. **La miséria del historicismo.** Madrid: Alianza, 1973.

POWELL JR., G. Bingham. The Chain of Responsiveness. In: DIAMOND, Larry; MORLINO, Leonardo (Ed.). **Assessing the Quality of Democracy.** Baltimore: The Johns Hopkins University Press, 2004.

PRIETO SANCHÍS, Luis. Sobre el neoconstitucionalismo y sus implicaciones. In: PRIETO SANCHÍS, Luis. **Justicia Constitucional y Derechos Fundamentales.** Madrid: Trotta, 2003

PRIEUR, Michel. **Droit de l'environnement.** Paris: Dalloz, 1996.

PRIMON, Ana Lúcia de Mônaco et al. História da ciência: da Idade Média à atualidade. **Psicólogo inFormação**, ano 4, n. 4, p. 35-51, jan./dez. 2000. Disponível em: <http://das.inpe.br/~alex/Ensino/cursos/historia_da_ciencia/HC_artigo_idade_moderna.pdf>. Acesso em: 24 jun. 2024.

PROMOTING good governance: European Social Fund Thematic Paper. European Commission: Directorate-General for Employment, Social Affairs and Inclusion Unit E1 Manuscript Completed, Jan. 2014.

PRUDENTE, Antonio Souza. Medida provisória e segurança jurídica. **Revista de Informação Legislativa**, n. 138, p. 237-248, abr./jun. 1998. Disponível em: <https://bdjur.stj.jus.br/jspui/bitstream/2011/176564/medida_provisoria_seguranca_prudente.pdf>. Acesso em: 24 jun. 2024.

PRZEWORSKI, Adam; STOKES, Susan C.; MANIN, Bernard. **Democracy, Accountability, and Representation.** New York: Cambridge University Press, 1999.

RABUSKE, Edvino Aloisio. **Antropologia filosófica.** Petrópolis: Vozes, 1999.

RADBRUCH, Gustav. **Introdução à ciência do direito.** São Paulo: M. Fontes, 1999.

RALLO LOMBARTE, Artemi. Prólogo. In: MALLÉN, Beatriz Tomás. **El derecho fundamental a una buena administración.** Madrid: Inap, 2004. p. 21-25.

RAMINA, Larissa L. O. **Ação internacional contra a corrupção.** Curitiba: Juruá, 2002.

RAMOS, Elival da Silva. O Estado na ordem econômica. **Revista de Direito Constitucional e Internacional.** São Paulo, RT, v. 43, p. 49-56, abr./jun. 2003.

RANCIÈRE, Jacques. **O ódio à democracia.** Tradução de Mariana Echalar. São Paulo: Boitempo, 2014.

RANELLETTI, Oreste. **Instituzioni di Diritto Pubblico.** Milano: Editora A. Giuffrè, 1955.

RÁO, Vicente. **O Direito e a vida dos Direitos.** São Paulo: Revista dos Tribunais, 1999.

RAZ, Joseph. **The Autority of Law**: Essays on Law and Morality. Nova York: Clarendon Press, 1979.

REALE, Miguel. **Teoria do Direito e do Estado.** São Paulo: Martins, 1960.

REALE, Miguel. **Teoria geral do Direito e do Estado.** São Paulo: Saraiva, 2000.

REICHELT, Luis Alberto. O direito fundamental à inafastabilidade do controle jurisdicional e sua densificação no novo CPC. **Revista de Processo**. São Paulo, v. 258, p. 41-58, ago. 2016.

REIS, Cláudio. Ética Pública: Corrupção e Democracia. **Diversitates**, v. 1, n. 1, p. 62-78. Disponível em: <https://doczz.com.br/doc/551088/%C3%A9tica-p%C3%BAblica--corrup%C3%A7%C3%A3o-e-democracia>. Acesso em: 11 out. 2024. p. 67.

REIS NOVAIS, Jorge. **Contributo para uma teoria do Estado de direito**. Coimbra: Almedina, 2006.

REQUIÃO, Rubens. **Curso de direito falimentar**. 14. ed. São Paulo: Saraiva, 1995. v. 2.

RESCIGNO, Giuseppe Ugo. **La responsabilità politica**. Milão: A. Giuffré, 1967.

RESEK, Francisco. **Direito Internacional Público**: curso elementar. São Paulo: Saraiva, 2012.

RESEK, José Francisco. **Direito internacional público**. São Paulo: Saraiva, 2005.

RIBAS, Antonio Joaquim. **Direito Administrativo brasileiro**. Rio de Janeiro: F. L. Pinto & C., Livreiros Editores, 1866

RIBEIRO, Renato Jorge Brown. **Controle externo da Administração Pública Federal no Brasil**. Rio de Janeiro: América Jurídica. 2002.

RIOS, Terezinha Azerêdo. **Ética e competência**. 20. ed. São Paulo: Cortez, 2011.

RIVAS DE SIMONE, Diego Caldas. **Segurança jurídica e tributação**: da certeza do direito à proteção da confiança legítima do contribuinte. São Paulo: Quartier Latin, 2011.

RIVERO, Jean. **Droit administratif**. 3. ed. Paris: Dalloz, 1965.

ROCHA, Carmem Lúcia Antunes. O Ministério Público, os movimentos sociais e os poderes públicos na construção de uma sociedade democrática. **Boletim de Direito Administrativo**, n. 8, p. 495-503, ago. 1998.

ROCHA, Carmen Lúcia Antunes. O princípio da coisa julgada e o vício da inconstitucionalidade. In: ROCHA, Carmen Lúcia Antunes. (Coord.) **Constituição e segurança jurídica**: direito adquirido, ato jurídico perfeito e coisa julgada. Belo Horizonte: Fórum, 2004.

ROCHA, Cármen Lúcia Antunes. **República e Federação**: traços constitucionais da organização política brasileira. Belo Horizonte: Del Rey, 1996.

ROCHA, Joaquim de Freitas. Contributo para um conceito de democracia plena. In: CONFERÊNCIA "AS AUTARQUIAS LOCAIS NO NOVO CONSTITUCIONALISMO", Lubango, Angola, 14 out. 2013, Universidade Mandume Ya Nde. Disponível em: <http://repositorium.sdum.uminho.pt/ bitstream/1822/37516/1/D%c3%a9fice%20democr%c3%a1t.pdf>. Acesso em: 5 out. 2014.

RODRIGUEZ, Libardo. Explicación histórica del derecho administrativo. In: SALGADO, David Cienfuegos; OLIVEIRA, Miguel Alejandro López (Coord.). **Derecho Administrativo**: estúdios em homenaje a don Jorge Fernández Ruiz. Mexico: Universidad Nacional Autônoma do México, 2005.

RODRÍGUEZ-ARANA MUÑOZ, Jaime. El Derecho Fundamental a la Buena Administracion em el marco de la Lucha contra la Corrupción. **RDAI: Direito Administrativo e Infraestrutura**, v. 5, n. 19, 2021. Disponível em: <http://derecho.posgrado.unam.mx/congresos/ConIbeConMexDA/ ponyprog/JaimeRodriguezArana.pdf> Acesso em: 5 abr. 2024.

RODRÍGUEZ-ARANA MUÑOZ, Jaime. La Buena Administración como principio y como Derecho Fundamental en Europa. **Misión Jurídica: Revista de Derecho y Ciencias Sociales**. Bogotá, D.C. (Colombia), n. 6, p. 23-56, jan./dez. 2013. p. 23. Disponível em: <https://dialnet.unirioja.es/servlet/articulo?codigo=5167578>. Acesso em: 2 jul. 2024.

RODRÍGUEZ-ARANA MUÑOZ, Jaime. **La dimensión ética**. Madrid: Dykinson, 2001.

RODRIK, Dani. **Has Globalization Gone too Far?** Washington: Institute for International Economics, 1997.

ROMEIRO, Artieres Estevão. **Fundamentos filosóficos**: noções de ética, estética, política e metafísica. Batatais-SP: Claretiano, 2009.

RONCONI, Luciana Francisco de Abreu. **A Secretaria Nacional de Economia Solidária**: uma experiência de governança pública. 279 f. Tese (Doutorado em Sociologia Política) – Programa de Pós-Graduação em Sociologia Política, Universidade Federal de Santa Catarina, Florianópolis, 2008. Disponível em: <https://base.socioeco.org/docs/262293-2.pdf>. Acesso em: 12 abr. 2024.

ROSA, Alexandre Morais da. **Garantismo jurídico e controle de constitucionalidade material**. Florianópolis: Habitus, 2002.

ROSA, Carlos Augusto de Proença. **História da ciência**. 2. ed. Brasília: Funag, 2012. v. 2. t. 1.

ROSENFELD, Michael. The Rule of Law, and the Legitimacy of Constitutional Democracy. **Working Paper Series**, n. 36. Cardozo Law School – Jacob Burns Institute for Advanced Legal Studies, 2001. Disponível em: <https://papers.ssrn.com/sol3/papers.cfm?abstract_id=262350>. Acesso em: 26 jun. 2024.

ROTHENBURG, Walter Claudius. **Princípios constitucionais**. Porto Alegre: Sergio Antonio Fabris Editor, 2003.

ROUANET, Sérgio Paulo. **As razões do iluminismo**. São Paulo: Companhia das Letras, 1987.

ROUSSEAU, Jean-Jacque. **O contrato social**. São Paulo: M. Fontes, 1998.

RUFFIA, Paolo Biscaretti di. **Derecho Constitucional**. Tradução de Pablo Lucas Verdú. Madrid: Tecnos, 1973.

RUSSELL, Bertrand. **My philosophical development**. Routledge, London: 1995.

RUTHER, Soraia de Oliveira. A responsabilidade dos agentes públicos e a lei de crimes contra as finanças públicas: uma abordagem analítica. **Revista Tribunal de Contas do Estado da Bahia**, v. 15, n. 18, p. 279-293, 2002.

SADER, Emir. Mandato ou cheque em branco? **Folha de S. Paulo**, p. 1-3, 9 ago. 1996.

SALDANHA, Nelson. **Ordem e hermenêutica**. Rio de Janeiro: Renovar, 1992.

SALGADO, Joaquim Carlos. O Estado ético e o Estado poiético. **Revista do Tribunal de Contas do Estado de Minas Gerais**, Belo Horizonte, v. 27, n. 2, abr./jun. 1998.

SALOMÃO FILHO, Calixto. **Regulação da atividade econômica**. São Paulo: Malheiros, 2008.

SALVETTI NETTO, Pedro. **Curso de teoria do Estado**. São Paulo: Saraiva, 1986.

SAMPAIO DÓRIA, Antônio. **Direito Constitucional**. São Paulo: Max Limonad, 1962. v. 1.

SANDHOLTZ, Wayne; GRAY, Mark M. International Integration and National Corruption International Organization, **Persée**, v. 57, p 761-800, 2003. Disponível em: <https://www.persee.fr/doc/ds_0378-7931_1995_num_19_3_1576>. Acesso em: 2 jul. 2024.

SANDSTROM, Annica; CARLSSON, Lars. The Performance of Policy Networks: The Relation between Network Structure and Network Performance. **Policy Studies Journal**, v. 36, n. 4, p. 497-524, 2008. Tradução nossa.

SANTAMARÍA PASTOR, Juan Alfonso. **Fundamentos de derecho administrativo I**. Madrid: Centro de Estudios Ramón Areces, 1988.

SANTANA, Jair Eduardo. **Democracia e cidadania**: o referendo como instrumento de participação política. Belo Horizonte: Del Rey, 1995.

SANTOS, André Luiz Lopes; CARAÇATO, Guilson. Participação popular na Administração Pública: a consensualidade e os canais de democratização. In: CARDOZO, José Eduardo; QUEIROZ, João Eduardo Lopes; SANTOS, Márcia Walquíria Batista dos (Org.). **Curso de Direito Administrativo Econômico**. São Paulo: Malheiros, 2006. v. I.

SANTOS, Boaventura de Sousa. **A crítica da razão indolente**. Contra o desperdício da experiência. Para um novo senso comum. A ciência, o direito e a política na transição paradigmática. São Paulo: Cortez, 2000. v. 1.

SANTOS, Boaventura de Sousa. **Pela mão de Alice**: o social e o político na pós-modernidade. São Paulo: Cortez, 1999.

SANTOS, Rafael. Dos recursos para o Supremo Tribunal Federal e para o Superior Tribunal de Justiça. In: CAMPOS, Rogério et al. **Novo Código Civil comentado nas práticas da Fazenda Nacional**. São Paulo, SP: Revista dos Tribunais, 2017.

SANTOS, Maria Helena de Castro. Governabilidade, governança e democracia: criação da capacidade governativa e relações executivo-legislativo no Brasil Pós-Constituinte. **DADOS – Revista de Ciências Sociais**. Rio de Janeiro, v. 40, n. 3, p. 335-376, 1997. Disponível em: <https://www.scielo.br/j/dados/a/Tg5ZpD4bVvfjFLg87yZB5gg/?lang=pt>. Acesso em: 28 jun. 2024.

SANTOS, Washington dos. **Dicionário jurídico brasileiro**. Belo Horizonte: Del Rey, 2001.

SANTOS FILHO, José Campos. Universidade, modernidade e pós-modernidade. In: SANTOS FILHO, José Campos; MORAES, Sílvia E. (Org.). **Escola e universidade na pós-modernidade**. Campinas: Mercado das Letras, 2000. p. 15-60.

SANTOS FILHO, José Carvalho dos. **Direito Administrativo**. São Paulo: Atlas, 2013.

SÃO PAULO (Cidade). Prefeitura de São Paulo. **Nota de Empenho**. Disponível em: <https://compras.prefeitura.sp.gov.br/glossario/nota-de-empenho/>. Acesso em: 25 out. 2024.

SÃO PAULO (Cidade). Prefeitura de São Paulo. **Termo de Contrato**. Disponível em: <https://compras.prefeitura.sp.gov.br/glossario/termo-de-contrato/#:~:text=O%20termo%20de%20contrato%20%C3%A9,ordem%20de%20%20execu%C3%A7%C3%A3o%20de%20servi%C3%A7o>. Acesso em: 25 out. 2024.

SÃO PAULO (ESTADO). Constituição Estadual, de 5 de outubro de 1989. **Diário Oficial do Estado**, Poder Legislativo, 6 out. 1989. Disponível em: <https://www.al.sp.gov.br/repositorio/legislacao/constituicao/1989/compilacao-constituicao-0-05.10.1989.html>. Acesso em: 12 fev. 2025.

SÃO PAULO (Estado). Decreto n. 67.641, de 10 de abril de 2023. **Diário Oficial do Estado**, Poder Executivo, São Paulo, 11 abr. 2023. Disponível em: <https://www.al.sp.gov.br/repositorio/legislacao/decreto/2023/decreto-67641-10.04.2023.html>. Acesso em: 18 fev. 2025.

SÃO PAULO (Estado). Decreto n. 67.683, de 3 de maio de 2023. **Diário Oficial do Estado**, Poder Executivo, São Paulo, SP, 4 maio 2023. Disponível em: <https://www.al.sp.gov.br/repositorio/legislacao/decreto/2023/decreto-67683-03.05.2023.html>. Acesso em: 25 fev. 2025.

SÃO PAULO (Estado). Lei n. 10.177, de 30 de dezembro de 1988. **Diário Oficial do Estado**, Poder Legislativo, São Paulo, SP, 31 dez. 1998. Disponível em: <https://www.al.sp.gov.br/repositorio/legislacao/lei/1998/lei-10177-30.12.1998.html>. Acesso em: 19 abr. 2024.

SARLET, Ingo Wolfgang. **A eficácia dos direitos fundamentais**: uma teoria geral dos direitos fundamentais na perspectiva constitucional. Porto Alegre: Livraria do Advogado, 2011.

SARMENTO, Daniel. **Direitos fundamentais e relações privadas**. Rio de Janeiro: Lumen Juris, 2010.

SARMENTO, Daniel. Interesses públicos vs. interesses privados na perspectiva da teoria e da filosofia constitucional. In: SARMENTO, Daniel. (Org.). **Interesses públicos versus interesses privados**: desconstruindo o princípio da supremacia do interesse público. Rio de Janeiro: Lumen Juris, 2010.

SARMENTO, Daniel (Org.). **Interesses públicos versus interesses privados**: desconstruindo o princípio de supremacia do interesse público. Rio de Janeiro: Lumen Juris, 2005.

SARMENTO, George. Aspectos da investigação dos atos de improbidade administrativa. **Revista do Ministério Público**. Alagoas, n. 1, p.91-116, jan./jun.; Maceió, MPE/AL, 1999.

SARTORI, Giovanni. A democracia vertical. In: SARTORI, Giovanni. **A teoria da democracia revisitada**. São Paulo: Ática, 1994.

SARTORI, Giovanni. **Homo videns**: televisão e pós-pensamento. Tradução de Antonio Angonese. Bauru: Edusc, 2001.

SCHEIN, H. Edgar. **Psicologia organizacional**. Rio de Janeiro: Prentice-Hall do Brasil, 1982.

SCHOLTE, Jan. **Globalization**: a Critical Introduction. New York: Palgrave, 2000.

SCHMITT, Carl. **Legalidade e legitimidade**. Tradução de Tito Lívio Cruz Romão. Belo Horizonte: Del Rey, 2007.

SCHMITT, Carl. **Teoria de la Constitución**. México: Editora Nacional, 1970.

SCHUMPETER, Joseph A. **Capitalismo, socialismo e democracia**. Tradução de Sérgio Góes de Paula. Rio de Janeiro: Zahar, 1984.

SCHUMPETER, Joseph A. **Capitalismo, socialismo e democracia**. Tradução de Ruy Jungmann. Rio de Janeiro: Fundo de Cultura, 1961.

SCHWARTZ, Bernard. **French Administrative Law and the Common-Law World**. New York: New York University Press, 1954.

SEVCENKO, Nicolau. O enigma pós-moderno. In: OLIVEIRA, Roberto Cardoso de (Org.). **Pós-modernidade**. Campinas, SP: Ed. da Unicamp, 1987.

SHAFFER, William R.; WEBER, Ronald E. **Policy Responsiveness in the American States**. Bervely Hills: Sage Publications, 1974.

SHAPIN, Steven; SCHAFFER, Simon. **Leviathan and the Air-Pump**: Hobbes, Boyle and The Experimental Life. Princeton: Princeton University Press, 1985.

SICHES, Luis Recaséns. **Tratado de sociologia**. Porto Alegre: Globo, 1968.

SIDOU, José Maria Othon. **Dicionário jurídico**. Rio de Janeiro: Forense Universitária, 1990.

SILVA, Almiro do Couto e. Os indivíduos e o estado na realização de tarefas públicas. **Revista de Direito Administrativo**, v. 209, p. 43-70, 1997. Disponível em: <https://periodicos.fgv.br/rda/article/view/47041/46025>. Acesso em: 2 jul. 2024.

SILVA, Américo Luís Martins da. **Introdução do Direito Econômico**. Rio de Janeiro: Forense, 2002.

SILVA, De Plácido e. **Vocabulário jurídico**. Rio de Janeiro: Forense, 1999.

SILVA, De Plácido e. **Vocabulário jurídico**. Rio de Janeiro: Forense, 1997.

SILVA, Edima Aranha. Evolução histórica do método científico. Desafios e paradigmas para o século XXI. **Econ. Pesqui**. Araçatuba, v. 3, n. 3, p. 109-118, mar. 2001. Disponível em: <https://feata.edu.br/downloads/revistas/economiaepesquisa/v3_artigo07_evolucao.pdf>. Acesso em: 24 jun. 2024.

SILVA, Ivan Luiz da. Introdução aos princípios jurídicos. **Revista de Informação Legislativa**. Brasília, DF, ano 40, n. 160, p. 269-290, out./dez. 2003. Disponível em: <https://www2.senado.leg.br/bdsf/bitstream/handle/id/918/R160-19.pdf?sequence=4&isAllowed=y>. Acesso em: 2 jul. 2024.

SILVA, José Afonso da. **Aplicabilidade das normas constitucionais**. São Paulo: Malheiros, 1998.

SILVA, José Afonso da. **Comentário contextual à Constituição**. São Paulo: Malheiros, 2007.

SILVA, José Afonso da. **Comentário contextual à Constituição**. São Paulo: Malheiros, 2005.

SILVA, José Afonso da. Constituição e segurança jurídica. In: ROCHA, Cármem Lúcia Antunes (Coord.). **Constituição e segurança jurídica**: direito adquirido, ato jurídico perfeito e coisa julgada. Belo Horizonte: Fórum, 2004.

SILVA, José Afonso da. **Curso de Direito Constitucional Positivo**. São Paulo: Malheiros, 2022.

SILVA, José Afonso da. **Curso de Direito Constitucional Positivo**. São Paulo: Malheiros, 2024.

SILVA, José Afonso da. **Curso de Direito Constitucional Positivo**. São Paulo: Malheiros, 2003.

SILVA, José Afonso da. **Curso de Direito Constitucional Positivo**. São Paulo: Malheiros, 1999.

SILVA, José Afonso da. **Democracia**: segurança e garantismo. Notícia do Direito Brasileiro, Brasília, n. 7, p. 163-174, 2000.

SILVA, José Afonso da. **Direito Ambiental Constitucional**. 2. ed. São Paulo: Malheiros, 1995.

SILVA, José Afonso da. **Direito Constitucional Positivo**. São Paulo: Malheiros, 1999.

SILVA, José Afonso da. **Direito Urbanístico brasileiro**. São Paulo: Malheiros, 2006.

SILVA, José Afonso da. **Poder constituinte e poder popular**: estudos sobre constituição. São Paulo: Malheiros, 2002.

SILVEIRA, Alexandre de Miceli da. **Governança corporativa e estrutura da propriedade**. São Paulo: Atlas, 2007.

SIMMEL, Georg. A sociabilidade: exemplo de sociologia pura ou formal. In: SIMMEL, Georg. **Questões fundamentais da sociologia**: indivíduo e sociedade. Tradução de Pedro Caldas. Rio de Janeiro: J. Zahar, 2006.

SINGLY, François de. **Uns com os outros**: quando o individualismo cria laços. Lisboa: Instituto Piaget, 2003.

SKINNER, Quentin. **As fundações do pensamento político moderno**. São Paulo: Companhia das Letras, 2003.

SOARES, Fabiana de Menezes. **Direito Administrativo de participação**: cidadania, direito, Estado e município. Belo Horizonte: Del Rey, 1997.

SORENSEN, Eva. Democratic Theory and Network Governance. **Administrative Theory & Praxis**, v. 24, n. 4, p. 693-720, 2002.

SOROS, George. **Globalização**. Lisboa: Temas e Debates, 2003.

SOUZA, Patrícia Cardoso Rodrigues de. Controle da Administração Pública. In: MOTTA, Carlos Pinto Coelho. **Curso prático de Direito Administrativo**. Belo Horizonte: Del Rey, 2004.

SOUZA, Washington Albino. **Primeiras linhas de Direito Econômico**. São Paulo: LTR, 2005.

SOUZA NETO, Cláudio Pereira. **Teoria constitucional e democracia deliberativa**: um estudo sobre o papel do direito na garantia das condições para a cooperação na deliberação democrática. Rio de Janeiro: Renovar, 2006.

SPINK, Peter. Possibilidades técnicas e imperativos políticos em 70 anos de reforma administrativa". In: PEREIRA, Luiz C. Bresser; SPINK, Peter K. (Org.). **Reforma do Estado e**

Administração Pública gerencial. Tradução de Carolina Andrade. 4. ed. Rio de Janeiro: Ed. da FGV, 2005.

SUNDFELD, Carlos Ari. **Fundamentos de Direito Público**. São Paulo: Malheiros, 2013.

STIGLITZ, Joseph Eugene. **A globalização e seus malefícios**. Tradução de Balzan Tecnologia e Linguística. São Paulo: Futura, 2002.

STOCCO, Rui. **Responsabilidade civil e sua intepretação jurisprudencial**: doutrina e jurisprudência. São Paulo: Revista dos Tribunais, 1999.

STONER, James A.; FREEMAN, R. Edward. **Administração**. Rio de Janeiro: Ltc, 1999.

STORK, Ricardo Yepes; ECHEVARRÍA, Javier Aranguren. **Fundamentos de antropologia**: um ideal de excelência humana. São Paulo: Inst. Bras. Filosofia Ciência Raimundo Lúlio, 2005.

STRECK, Lenio Luiz. **Hermenêutica jurídica e(m) crise**: uma exploração hermenêutica da construção do direito. Porto Alegre: Livraria do Advogado, 2009.

STRECK, Lenio Luiz. **Hermenêutica jurídica e(m) crise**: uma exploração hermenêutica da construção do direito. Porto Alegre: Livraria do Advogado, 2001.

STREIT, R. E.; KLERING, L. R. Governança Pública sob a perspectiva dos sistemas complexos. In: ENCONTRO NACIONAL DOS PROGRAMAS DE PÓS- GRADUAÇÃO EM ADMINISTRAÇÃO, 2004, Curitiba. **Anais**... Curitiba: ANPAD, 2004.

STURN, Susan. The Promise of Participation. **Iowa Law Review**. Iowa City, v. 78, n. 5, p. 996-997, July 1993.

SUMMERS, Robert S. **Lon Fuller**. Stanford: Stanford University Press, 1984.

TÁCITO, Caio. Bases constitucionais do Direito Administrativo. **Revista de Direito Administrativo**, Rio de Janeiro, n. 166, p. 37-44, out./dez. 1986.

TÁCITO, Caio. Direito Administrativo Participativo. **Revista de Direito Administrativo**. Rio de Janeiro, n. 209, p. 1-6, 1º jul. 1997. Disponível em: <https://periodicos.fgv.br/rda/article/view/47038/46022>. Acesso em: 28 jun. 2024.

TÁCITO, Caio. O desvio de poder no controle dos atos administrativos, legislativos e jurisdicionais. **Revista de Direito Administrativo**. Rio de Janeiro, v. 228, p. 1-12. abr/jun. 2002. p. 2. Disponível em: <https://periodicos.fgv.br/rda/article/view/46520/44472>. Acesso em: 2 jul. 2024.

TÁCITO, Caio. Perspectivas do direito administrativo no próximo milênio. **Revista de Direito Administrativo**. Rio de Janeiro, n. 212, abr./jun. 1998. p. 1. Disponível em: <https://periodicos.fgv.br/rda/article/view/47160/45630>. Acesso em: 25 jun. 2024.

TÁCITO, Caio. **Temas de Direito Público**: estudos e pareceres. Rio de Janeiro: Renovar, 1997.

TÁCITO, Caio. Transformações no Direito Administrativo. **Boletim de Direito Administrativo**, São Paulo, v. 15, n. 2, p. 82-86, fev. 1999. Disponível em: <https://periodicos.fgv.br/rda/article/view/47264/45342>. Acesso em: 25 jun. 2024.

TARDE, Gabriel. **Les Transformations Du Droit**. Paris: Berg, 1994.

TAVARES, André Ramos. **Direito Constitucional Econômico**. São Paulo: Gen, 2010.

TAVARES, André Ramos. **Direito Constitucional Econômico**. São Paulo: Método, 2006.

TAVARES, Marcelo Leonardo. **Estado de emergência**: o controle do poder em situação de crise. Rio de Janeiro: Lumen Juris, 2008.

TAVEIRA, Adriana do Val Alves. Descentralização e desconcentração da atividade estatal. **Revista Paradigma**, n. 18, p. 236-247. 2011. p. 36. Disponível em: <https://revistas.unaerp.br/paradigma/article/view/55/66>. Acesso em: 2 jul. 2024.

TCU – Tribunal de Contas da União. **Relatório de Atividades do TCU**: 2º Trimestre de 1999. Disponível em: <http://www.tcu.gov.br/isc/relatorios/Atividades/1999-t2/GLOSS%C3%81RIO.htm>. Acesso em: 10 maio 2013.

TEIXEIRA, Nuno Severiano. **Contributos para a política de segurança interna**: setembro de 2000 a março de 2002. Lisboa: Ministério da Administração Interna, 2002.

TEIXEIRA, Sebastião. **Gestão das organizações**. Lisboa: Escolar, 2013.

TELLES, Antônio de Queiroz. **Introdução ao Direito Administrativo**. São Paulo: Revista dos Tribunais, 1995.

TELLES JUNIOR, Goffredo. **Iniciação na ciência do direito**. São Paulo: Saraiva, 2001.

THEODORO JUNIOR, Humberto. **Curso de Direito Processual Civil**. São Paulo: Forense, 2014.

THOMPSON, John B. **Political Scandal**: Power and Visibility int the Media Age. London: Polity Press, 2000.

THORELLI, H. Networks: between Markets and Hierarchies. **Strategic Management Journal**, v. 7, n. 1, p. 37-51, 1986.

TOFFLER, Alvin. **A terceira vaga**. Tradução de F. P. Rodrigues. Lisboa: Livros do Brasil, 1999.

TOFFLER, Alvin. **O choque do futuro**. Lisboa: Edição Livros do Brasil, 1970.

TOCQUEVILLE, Aléxis de. **A democracia na América**: leis e costumes – de certas leis e certos costumes políticos que foram naturalmente sugeridos aos americanos por seu Estado social democrático. 2. ed. Tradução de Eduardo Brandão; prefácio, bibliografia e cronologia de François Furet. São Paulo: M. Fontes, 2005. v. I.

TOCQUEVILLE, Aléxis de. **A democracia na América**. Tradução, prefácio e notas de Neil Ribeiro da Silva. Belo Horizonte: Itatiaia; São Paulo: Edusp, 1998.

TOMEI, Patrícia Amelia. **Winning Commitment**: how to Build and Keep a Competitive WorkForce, de Gary Dessler. Nova York: McGraw Hill, 1993. **Revista de Administração de Empresas**, v. 34, n. 6, nov./dez. 1994.

TORRES, João Camillo de Oliveira. **Natureza e fins da sociedade política**: visão cristã do Estado. Petrópolis: Vozes, 1968.

TOURAINE, Alain. **A sociedade post-industrial**. Tradução Ruth Delgado. Lisboa: Moraes, 1970.

TOURAINE, Alain. **Crítica da modernidade**. Tradução de Elia Ferreira Edel. Petrópolis, RJ: Vozes, 1994.

TRANSPERENCY INTERNATIONAL. Disponível em: <https://www.transparency.org/>. Acesso em: 8 abr. 2024.

TRICOTT, Juliette. La corruption internationale. **Revue de Science Ciminelle et de Droit Penal Comparé**, n. 4, n. 753-765, Oct. 2005. Disponível em: <https://hal.science/hal-00424705>. Acesso em: 14 out. 2024.

TRIERWEILLER, Andréia Cristina. Efetividade e estrutura das organizações de tecnologia da informação e comunicação: um enfoque contingencial. 250 f. Tese (Doutoramento em Engenharia de Produção) – Programa de Pós-Graduação em Engenharia de Produção da Universidade Federal de Santa Catarina, Florianópolis, 2010.

UN – United Nations. **The Global Programme against Corruption, United Nations Anti-Corruption Toolkit**. 3. ed. Viena: United Nations Office For Drugs and Crime, 2004.

UN – United Nations Office on Drugs and Crime. **Convenção das Nações Unidas contra a Corrupção**. Disponível em: <https://www.unodc.org/lpo-brazil/pt/corrupcao/convencao.html>. Acesso em: 14 out. 2024.

UN – United Nations Office on Drugs and Crime. Office on Drugs and Crime. **Results of a Pilot Survey of Forty Selected Organized Criminal Groups in Sixteen Countries**. Sep. 2002. p. 34. Disponível em: <www.unodc.org/pdf/crime/publications/Pilot_survey.pdf>. Acesso em: 9 abr. 2024. Tradução nossa.

UNGER, Roberto Mangabeira. A Constituição do Experimentalismo Democrático. **Revista de Direito Administrativo**. Rio de Janeiro, n. 257, maio/ago. 2011.

UNIÃO EUROPEIA. Carta dos Direitos Fundamentais da União da União Europeia: Carta dos Direitos Fundamentais de Nice. **Jornal Oficial das Comunidades Europeias**. Disponível em: <http://www.europarl.europa.eu/charter/pdf/text_pt.pdf>. Acesso em: 5 maio 2024.

UNIÃO EUROPEIA. **Livro Branco**. Disponível em: < https://eur-lex.europa.eu/PT/legal-content/glossary/white-paper.html#:~:text=Os%20Livros%20Brancos%20da%20Comiss%C3%A3o,consulta%20a%20n%C3%ADvel%20da%20UE>. Acesso em: 4 jul. 2024.

UNICEF. **Declaração Universal dos Direitos Humanos, de 10 de dezembro de 1948**. Disponível em: <https://www.unicef.org/brazil/declaracao-universal-dos-direitos-humanos>. Acesso em: 15 abr. 2024.

UNITED STATES OF AMERICA. United States Congress. **One Hundred Fourteenth Congress of the United States of America**. Disponível em: <https://www.congress.gov/114/bills/s337/BILLS-114s337enr.xml>. Acesso em: 16 abr. 2024.

URBINATI, Nadia. O que torna a representação democrática? **Revista Lua Nova**. São Paulo, n. 67, p. 191-228, 2006. Disponível em: <https://www.scielo.br/j/ln/a/4qsH3GhJPTTnmmMhJg8jkhB/?format=pdf&lang=pt>. Acesso em: 1º jun. 2024.

URUGUAY, Visconde do. **Ensaio sobre o direito administrativo**: tomo II. Rio de Janeiro: Typografia Nacional, 1862.

VÁSQUEZ, Adolfo Sánchez. **Ética**. Rio de Janeiro: Civilização Brasileira, 1998.

VALIM, Rafael. **O princípio da segurança jurídica no direito administrativo brasileiro**. São Paulo: Malheiros, 2010.

VALLE, Vanice Regina Lírio do. **Direito fundamental à boa administração e governança**: democratizando a função administrativa. 254 f. Tese (Pós-Doutorado em Administração) – Escola Brasileira de Administração Pública e de Empresas. Rio de Janeiro: Fundação Getulio Vargas, 2010. p. 86. Disponível em: <https://repositorio.fgv.br/server/api/core/bitstreams/b9990046-f1b8-4b85-ad80-3202ae7a6413/content>. Acesso em: 28 jun. 2024.

VAN KERSBERGEN, Kees; VAN WAARDEN, Frans. "Governance" as a Bridge between Disciplines: Cross-Disciplinary Inspiration regarding Shifts in Governance and Problems of Governability, Accountability and Legitimacy. **European Journal of Political Research**, n. 43, p. 143-171, 2004.

VASCONCELLOS, Eduardo; HEMSLEY, James R. **Estrutura das organizações**: estruturas tradicionais, estruturas para inovação, estrutura matricial. São Paulo: Cengage Learning, 2002.

VASCONCELLOS, Maria José Esteves. **Pensamento sistêmico**: novo paradigma da ciência. Campinas: Papirus, 2002).

VATTIMO, Gianni. Pós-moderno: uma sociedade transparente? In: VATTIMO, Gianni. **A sociedade transparente**. Lisboa: Edições 70, 1991.

VEDEL, Georges. **Droit Administratif**: tomo I. Paris: PUF, 1958.

VEDEL, Georges; DELVOLVÉ, Pierre. **Droit Admnistratif**. Paris: PUF, 1992. 2 t.

VERDÚ, Pablo Lucas. **A luta pelo Estado de Direito**. Tradução de Agassiz Almeida Filho. Rio de Janeiro: Ed. Forense, 2007.

VERDÚ, Pablo Lucas. **Curso de Derecho Político**. Editorial Tecnos, 1974.

VIEIRA DE ANDRADE, José Carlos. **Lições de Direito Administrativo**. Coimbra: Imprensa da Universidade de Coimbra, 2012.

VIEIRA, Oscar Vilhena; SUNDFELD, Carlos Ari. **Direito global**. São Paulo: Max Limonad, 1999.

VILLAS BÔAS FILHO, Orlando. Democracia: a Polissemia de um Conceito Político Fundamental. **Revista da Faculdade de Direito da Universidade de São Paulo**, v. 108, p. 651-696, jan./dez. 2013. p. 651. Disponível em: <https://www.revistas.usp.br/rfdusp/article/download/67999/70856/89966>. Acesso em: 26 jun. 2024.

VILLAS BÔAS FILHO, Orlando. Democracia: Estado idílico da política? **Revista Brasileira de Ciências Sociais**. São Paulo, v. 25, n. 74, out. 2010.

VILLORIA MENDIETA, Manuel. **La modernización de la administración como instrumento al servicio de la democracia**. Madrid: Inap, 1996.

WARREN, Mark. What can Democratic Participation Mean Today? **Political Theory**, v. 30, n. 5, p. 677-701, 2002.

WEBER, Max. **A ética protestante e o espírito do capitalismo**. São Paulo: Pioneira, 1985.

WEBER, Max. **Ciência e política: duas vocações**. Tradução de Leônidas e Octany S. da Mota. São Paulo: Cultrix, 1968.

WEFFORT, Francisco. **Qual democracia?** São Paulo: Companhia das Letras, 1992.

WEIL, Prosper. **Direito administrativo**. Tradução de Maria da Glória Ferreira Pinto. Coimbra: Almedina, 1977.

WEINGARTNER NETO, Jayme. Ministério Público, boa governança e gestão estratégica. **Revista do Ministério Público**, n. 137, p.106-107, jan./mar. 2014.

WILLIAMS, Paul D. Security Studies: an Introduction. In: WILLIAMS, Paul D. (Ed.) **Security Studies**: an Introduction. London; New York: Routledge, 2008.

WOLF, A. Symposium on Accountability in Public Administration: Reconciling Democracy, Efficiency and Ethics. **International Review of Administrative Sciences**, v. 66, n. 1, p. 16-20, 2000.

WOLFF, Hans J.; BACHOF, Otto; STOBER, Rolf. **Direito administrativo**. Tradução de António F. de Souza. 11. ed. Lisboa: Fundação Calouste Gulbenkian, 1999. v. 1.

WOLKMER, Antônio Carlos. As necessidades humanas como fonte insurgente de direitos fundamentais. **Veredas do Direito**, v. I, n. 3, p. 85-92, jul./dez. 2004. Disponível em: <https://revista.domhelder.edu.br/index.php/veredas/article/view/133/112>. Acesso em: 24 jun. 2024

WOLKMER, Antônio Carlos. **Pluralismo jurídico**: fundamentos de uma nova cultura no Direito. São Paulo: Alfa Ômega, 2001.

WOLKMER, Antônio Carlos. **Pluralismo jurídico**: fundamentos de uma nova cultura no Direito. São Paulo: Alfa Ômega, 1997.

WOLKMER, Antônio Carlos. **Pluralismo jurídico**: fundamentos de uma nova cultura no Direito. São Paulo: Alfa-Ômega, 1994.

WOLKMER, Antonio Carlos. **Síntese de uma história das ideias jurídicas**: da Antiguidade Clássica à Modernidade. Florianópolis: Fundação Boiteux, 2008.

WORLD BANK. **Governance and development**. Washington, DC: Oxford University Press, 1992.

WURTENBERGER, Thomas. **Distance et rapprochement entre le droit administratif allemand et le droit administrati français**. Disponível em: <https://www.sciencespo.fr/chaire-madp/sites/sciencespo.fr.chaire-madp/files/thomas_wurterberger.pdf>. Acesso em: 18 mar. 2024.

XIMENES, Julia Maurmann. **Reflexões sobre o conteúdo do Estado Democrático de Direito**. 2007. Disponível em: <https://campanhanaweb.com.br/acsmce-antigo/wp-content/uploads/2012/10/ESTADO-DE-DIREITO-E-ESTADO-DEMOCR%C3%81TICO-DE-DIREIT.pdf>. Acesso em: 22 mar. 2024.

YOUNG, O. **Drawing Insights from the Environmental Experience**. Cambridge: MIT Press, 2000.

ZAMAGNI, Stefano. Economia del dono. In: AGAMBEN, Giorgio et al. **Del cooperare**: manifesto per una nuova economia. Milano: Feltrinelli, 2012.

ZANELLA, Andréa Vieira; LESSA, Clarissa Terres; DA ROS, Sílvia Zanatta. Contextos grupais e sujeitos em relação: contribuições às reflexões sobre grupos sociais. **Psicologia: Reflexão e Crítica**, v. 15, n. 1, p. 211-218, 2002. Disponível em: <https://www.scielo.br/j/prc/a/TT3B3txRfFtPG7ZDfxtMp5J/?lang=pt#>. Acesso em: 24 jun. 2024.

ZANETI JÚNIOR, Hermes; DIDIER JÚNIOR, Fredie. Justiça multiportas e tutela constitucional adequada: autocomposição em Direitos Coletivos. In: ZANETI JÚNIOR, Hermes; CABRAL, Trícia Navarro Xavier (Coord). **Justiça multiportas**: mediação, conciliação, arbitragem e outros meios de solução adequada de conflitos. Salvador: Juspodivum, 2017. p. 35-66.

ZANOBINI, Guido. **Corso di diritto amministrativo**. 5. ed. Milão: Dott. A. Giufrè, 1947. v. I.

Sobre a autora

Ana Flávia Messa é Advogada. Doutora em Direito Público pela Universidade de Coimbra, Portugal (UC/PT). Doutora em Direito do Estado pela Faculdade de Direito da Universidade de São Paulo (USP/SP). Mestre em Direito Político e Econômico pela Universidade Presbiteriana Mackenzie (UPM/SP). Graduada em Direito pela Pontifícia Universidade Católica de São Paulo (PUC/SP). Professora da Universidade Presbiteriana Mackenzie. Investigadora integrada na equipa do JUSGOV (no âmbito das atividades do JUSLAB e do ETEC) da Universidade do Minho/Portugal (UM/PT). Investigadora do Centro de Estudos Avançados em Políticas de Integridade e Políticas Públicas da Universidade Presbiteriana Mackenzie (CEMAPI). Diretora do Instituto Internacional de Pesquisa Jurídica Aplicada (IIPJA). Membro da Academia Paulista de Letras Jurídicas (APLJ) e do Conselho Científico da Academia Brasileira de Direito Tributário (ADBT). Professora convidada do Curso de Especialização em Direito do Estado da Universidade Estadual de Londrina (UEL). Tem experiência na área, com ênfase no Direito Público, atuando principalmente nos seguintes temas: processo penal, tributário, constitucional e administrativo.

Impressão: xxxxxxxxxxx